U0633807

中国社会科学年鉴

中国政府管理

YEARBOOK OF GOVERNMENT MANAGEMENT IN CHINA

赵景华　沈志渔　主编

中国社会科学出版社

图书在版编目（CIP）数据

中国政府管理年鉴．2013～2014／赵景华，沈志渔主编．—北京：中国社会科学出版社，2016.4

ISBN 978－7－5161－7845－4

Ⅰ.①中…　Ⅱ.①赵…②沈…　Ⅲ.①国家机构—行政管理—中国—2013～2014—年鉴
Ⅳ.①D630.1－54

中国版本图书馆CIP数据核字(2016)第063210号

出 版 人　赵剑英
责任编辑　孙铁楠
责任校对　邓晓春
责任印制　张雪娇

出　　版　中国社会科学出版社
社　　址　北京鼓楼西大街甲158号
邮　　编　100720
网　　址　http://www.csspw.cn
发 行 部　010－84083685
门 市 部　010－84029450
经　　销　新华书店及其他书店

印刷装订　三河市东方印刷有限公司
版　　次　2016年4月第1版
印　　次　2016年4月第1次印刷

开　　本　787×1092　1/16
印　　张　45.75
插　　页　2
字　　数　1168千字
定　　价　230.00元

《中国政府管理年鉴 2013～2014》编辑委员会

张占斌　国家行政学院经济学教研部主任、教授、博士生导师
张吉福　山西省大同市市委书记、博士
张定安　中国行政管理学会副秘书长、中国行政管理杂志社副社长、研究员
张康之　南京大学政府管理学院教授、博士生导师
陈　耀　扬州大学副校长、教授、博士生导师
陈庆云　北京大学政府管理学院教授、博士生导师
陈振明　厦门大学公共事务学院院长、教授、博士生导师
周志忍　北京大学政府管理学院党委书记、教授、博士生导师
郑俊田　对外经济贸易大学公共管理学院原院长、教授、博士生导师
赵丽芬　中央财经大学副校长、教授、博士生导师
赵景华　中国管理现代化研究会秘书长、中央财经大学政府管理学院院长、中国城市战略与管理研究中心主任、教授、博士生导师
赵新峰　首都师范大学管理学院院长、教授、博士生导师
赵曙明　南京大学国际商学院原院长、教授、博士生导师
胡　伟　上海交通大学国际与公共事务学院原院长、教授、博士生导师
胡乃武　中国人民大学经济学院教授、博士生导师
胡象明　北京航空航天大学公共管理学院副院长、教授、博士生导师
姜晓萍　四川大学公共管理学院院长、教授、博士生导师
娄成武　东北大学原副校长、教授、博士生导师
姚先国　浙江大学公共管理学院原院长、教授、博士生导师
秦惠民　中国人民大学教育学院教授、博士生导师
袁　东　中国驻洛杉矶总领馆教育参赞
倪海东　中央财经大学党委副书记、研究员
高小平　中国行政管理学会执行副会长兼秘书长、研究员
唐任伍　北京师范大学政府管理研究院院长、教授、博士生导师
曹现强　山东大学政治学与公共管理学院常务副院长、山东大学城市发展与公共政策研究所所长、教授、博士生导师
梁淑琴　内蒙古自治区赤峰市人民政府副市长

葛　荃　山东大学政治学与公共管理学院原院长、教授、博士生导师

董克用　中国人民大学公共管理学院原院长、全国公共管理专业学位研究生教育指导委员会秘书长、教授、博士生导师

韩　松　国家宗教事务局政策法规司司长

蓝志勇　清华大学公共管理学院教授、博士生导师

鲍　静　中国行政管理学会副秘书长、中国行政管理杂志社社长兼主编、研究员

解亚红　中国行政管理学会副秘书长、中国行政管理杂志社副主编、研究员

薛　澜　清华大学公共管理学院院长、教授、博士生导师

薄贵利　国家行政学院公共管理教研部主任、教授、博士生导师

Jon S. T. Quah　新加坡国立大学政治学系教授、亚洲公共行政学会副会长

Meredith Newman　美国佛罗里达国际大学副教务长、公共行政系教授

Allan Rosenbaum　联合国公共行政专家委员会（UNCEPA）委员、美国佛罗里达国际大学公共行政系教授、美国公共行政学会前任主席

主　　编　赵景华　沈志渔

副 主 编（按姓氏笔画排序）

于　鹏　邢　华　姜　玲　曹堂哲　崔　晶

主编助理　崔　晶　曹堂哲　李宇环

编写人员（按姓氏笔画排序）

于　鹏　王文娟　王　伟　王红梅　王　健　邢　华
毕鹏程　吕　阳　任建明　刘庆乐　刘骊光　刘　燕
江　涛　孙智慧　孙　静　李小红　李文彬　李双双
李宇环　李国平　李海明　吴国斌　沈体雁　宋魏巍
张占顺　张相林　张　鹏　陈　航　陈红霞　欧阳雁玲
罗海元　周湘林　赵景华　施青军　姜　玲　姜爱华
洪　宇　耿　云　栗玉香　曹堂哲　崔　晶　智　强
温锋华

目　录

第一章　国家治理能力与政府战略管理

赵景华　李宇环

改革开放以来，党的历次三中全会基本都将深化改革作为会议的重要议题，历届三中全会的研究议题、决定和举措是人们判断新一届中央领导集体施政方针和工作重点的重要依据。1978 年，十一届三中全会作出把党和国家的工作重心转移到经济建设上来、实行改革开放的伟大决策，被普遍认为是中国共产党历史上和新中国成立以来最具有深远意义的会议。35 年后，十八届三中全会又一次将中国定位在了一个新的历史起点上，面临新形势、新任务、新问题，党的十八届三中全会以全面深化改革作为主要议题，全会《关于全面深化改革若干重大问题的决定》（以下简称《决定》）合理布局了全面深化改革的战略重点、优先顺序、主攻方向、工作机制、推进方式和时间表、路线图，形成了改革理论和政策的一系列新的重大突破，是全面深化改革的又一次总部署、总动员，必将对推动中国特色社会主义事业发展产生重大而深远的影响。①

全会《决定》中明确提出全面深化改革的总目标是“完善和发展中国特色社会主义制度，推进国家治理体系和治理能力现代化”②，意义深远重大，为中国进一步深化行政体制改革指明了方向。“国家治理体系和治理能力现代化”成为新一届中央领导集体提出的一个全新的政治命题，围绕这一新命题社会各界展开了热烈的讨论、研究和实践创新，本部分将总结概述关于中国国家治理的理论进展和实践创新，为更深入的推进理论和实践的发展奠定基础。

第一节　理论进展

通过文献计量法，对近三年来国家治理的研究领域总体状况进行描述分析，通过绘制研究知识图谱，归纳总结中国国家治理的研究主题和研究特点，以对未来取得更有价值的研究成果提供启示。

一　分析样本与研究工具

以中国知网数据库（CNKI）为样本来源，在“内容检索条件”中的“篇名”和“关

---

① 习近平：《关于〈中共中央关于全面深化改革若干重大问题的决定〉的说明》，2014 年 9 月 20，新华网（http：//news. xinhuanet. com/politics/2013 - 11/15/c_ 118164294. htm）。

② 中国共产党第十八届中央委员会第三次全体会议：《中共中央关于全面深化改革若干重大问题的决定》，2013 年 11 月 12 日。

键词”中均键入“国家治理”检索词，检索逻辑关系选择“或”。结合本《年鉴》的时间范围要求，检索控制条件的“发表时间”选择为2012年1月1日至2014年11月1日，共检索到1562条记录；经过人工甄别、去重，并剔除会议通知、会议纪要、会议综述、学位论文、媒体访谈、期刊篇名索引等一些与本研究无关的文献，最终得到559篇文献，即为本研究的分析样本。

应用频次分析方法描述中国国家治理的研究概况，利用CNKI数据库的分析功能识别出本领域的核心作者（只统计第一作者）及核心研究机构。使用文献同被引分析国家治理研究的知识图谱。文献同被引分析方法的原理是：两篇文献如果同时被后来的某一篇或者多篇文献引用，则称这两篇文献为同被引；同被引频次越高，说明它们之间的联系越紧密。因此，根据文献的同被引关系可以分析它们之间的亲疏关系，把它们分成若干类，根据各个类中文献的内容分析当前中国国家治理的研究热点。

二　国家治理研究的核心作者与研究机构分析

（一）核心作者

对作者发文量进行统计分析，可识别国家治理领域的高产作者。本章识别出了发文量排名前30位的作者（见表1—1）。在十八届三中全会召开前后的两年间内，俞可平、刘尚希、方涛、何增科、许耀桐、胡鞍钢的发文量在5篇以上，被引率也相对较高，俞可平在2014年年初发表的“推进国家治理体系和治理能力现代化”一文被引频次达33次。但是，从总体发表情况来看，国家治理的研究作者比较分散，在500多篇分析样本中仅发表一篇的作者占总体的93%；另外，从发文作者的知识图谱（见表1—1）来看，研究“国家治理”的作者之间、相对独立，并没有形成一个联系紧密的研究共同体。由此也可以看出，为回应十八届三中全会提出的“国家治理体系和治理能力现代化”的研究力量还相对薄弱，未来需要更多相关领域研究者的推动和深入研究。

表1—1　　发文量排前30名的作者

序号	作者	篇数	序号	作者	篇数
1	俞可平	15	12	杨志军	3
2	刘尚希	12	13	李抒望	3
3	方涛	5	14	张文显	3
4	何增科	9	15	张峰	3
5	许耀桐	6	16	唐兴军	3
6	胡鞍钢	5	17	叶小文	3
7	竹立家	4	18	包刚升	3
8	包心鉴	4	19	刘扬	3
9	徐湘林	3	20	严强	3
10	陈金钊	3	21	丁志刚	3
11	燕继荣	3	22	黄前柏	2

续表

序号	作者	篇数	序号	作者	篇数
23	莫纪宏	2	27	封毅	2
24	王小鸿	2	28	宋琳	2
25	张兴华	2	29	姜明安	2
26	尚虎平	2	30	唐皇凤	2

（二）主要研究机构

从发文机构来看（表1—2），中央编译局、武汉大学、国家行政学院、中国社会科学院、中共中央党校的发文数量都在10篇以上，发文数量排在前6位的只有1个是高校，其余5个都是党中央或国家直属的研究机构。在一定意义上可以推断，当前对“国家治理”问题的研究大多数还是集中于党和国家的决策咨询机构，而在相对独立的高校还未形成强有力的研究力量。从发文机构的知识图谱（见表1—2）来看，各机构间的合作联系比较松散，在国家治理的研究上基本成一种各自独立的状态。但是，从十八届三中全会后成立的合作研究机构即看出，未来机构间可能会走向更加紧密的合作状态。例如，2013年12月21日，由北京大学牵头，复旦大学和吉林大学作为主要协同合作单位的协同创新机构——国家治理协同创新中心，将按照中央全面深化改革总目标的要求和部署，培养国家治理人才，深入研究和解决国家治理和深化改革的理论与实际问题。① 在此之后，华中科技大学、中山大学、清华大学先后成立国家治理研究院，这些研究院有望为推进国家治理体系和治理能力现代化提供理论参考和决策咨询，未来将可能成为以国家治理问题为研究中心的高校新型智库。除高校研究力量外，作为党中央机关报的《人民日报》也积极宣传、服务推进国家治理体系和治理能力现代化的改革总目标，为响应十八届三中全会提出的这一改革总目标，人民日报社主管的人民论坛杂志社主办了《国家治理》周刊，这是中国首家以治理为主题的主流期刊，周刊以对地方治理体系、治理能力、治理实效的调查评价为主要内容，以民智市场调查公司（人民论坛问卷调查中心）和人民论坛理论研究中心为依托，突出调查、评价、服务三大特色。是贯彻落实十八届三中全会精神的重要载体。②

表1—2　　发文量排前20位的研究机构

序号	机构	篇数	类别	序号	机构	篇数	类别
1	中央编译局	15	党/国家研究机构	11	华东政法大学	6	高校

① 参见《北京大学、复旦大学、吉林大学联合成立“国家治理协同创新中心”》，2014年10月16日，北京大学新闻网（http://pkunews.pku.edu.cn/xwzh/2013-12/24/content_280661.htm）。

② 《国家治理》周刊创刊启动仪式暨首届国家治理高峰论坛，2014年10月16日，人民论坛网（http://special.rmlt.com.cn/140617/）。

续表

序号	机构	篇数	类别	序号	机构	篇数	类别
2	武汉大学	14	高校	12	复旦大学	5	高校
3	国家行政学院	13	党/国家研究机构	13	华东师范大学	5	高校
4	中国社会科学院	11	党/国家研究机构	14	清华大学	5	高校
5	中共中央党校	10	党/国家研究机构	15	南京大学	5	高校
6	财政部财政科学研究所	9	党/国家研究机构	16	南开大学	4	高校
7	兰州大学	8	高校	17	苏州大学	3	高校
8	北京大学	7	高校	18	山东大学	3	高校
9	上海交通大学	7	高校	19	北京师范大学	3	高校
10	中国人民大学	7	高校	20	中央社会主义学院	3	党/国家研究机构

三　国家治理研究的热点主题

对国家治理文献的关键词共现情况进行研究，能够发掘这一研究领域内受关注较多的研究热点。文献关键词可以揭示文章内容所涵盖的主要方面，利用 Citespace 对 2012 年 1 月至 2014 年 11 月的 550 篇文献样本进行关键词分析，对主要关键词的频次进行统计（见表 1—3），并通过计算将结果以可视化图谱的形式展示出来①，可视化后得到国家治理研究的关键词知识图谱（见表 1—3）。

表 1—3　“国家治理”相关文献主要关键词频次统计

序号	关键词	频次
1	治理能力、国家治理能力、国家治理、治理、治理理念、国家治理体系、治理体系	385
2	财政 75【现代财政、财税体制改革、支出责任、税制改革、财政改革、现代财政制度、财政职能、税收制度、财税体制、个人所得税政管、增值税改革、征收范围】；制度 46【制度建设、治理制度、治理体制】；法治 17【法治中国、法治】	138
3	全面深化改革、顶层设计、总体布局	122

① Chen C. CiteSpace II: Detecting and Visualizing Emerging Trends and Transient Pattern s in Scientific Literature. *Journal of the American Society for Information Science and Technology*, 2006, 57（3）: 359－377.

续表

序号	关键词	频次
4	现代化、国家治理现代化、现代化建设	92
5	社会公平、社会活力、人民群众、社会矛盾、国家与社会	50
6	治理方式、协同治理、地方治理、善治、协商民主、威权主义、中央与地方、放权让利、分配关系	41
7	中国特色、党的领导	25
8	多元主体、治理主体	20

（一）全面深化改革与国家治理研究

20 世纪 90 年代西方政治学界将治理理论作为一种新的政治分析框架以来，它已形成一个内涵极为丰富的理论体系，特别是通过一些国际组织和发达国家的实践和经验，治理理论已日益成为经济全球化背景下公共行政改革和跨国组织管理的一种新理论和新理念。[①] 但是作为从西方引入的理论，治理研究还需要有一个中国化的过程，尤其是十八届三中全会提出“完善和发展中国特色社会主义制度，推进国家治理体系和治理能力现代化”后，如何在中国的历史传统和制度情景下探讨国家治理的内涵、结构、特征、内容等核心要素给学术界提出了重大的研究命题。围绕这一命题，学者们就国家治理及国家治理体系与治理能力的内涵开展了一些研究。

徐邦友提出国家治理体系现代化是中国版的“治道变革”，认为国家治理体系是指一个国家有效形成秩序的主体、功能、规则、制度、程序与方式方法的总和，并进一步分析论证了国家治理体系的结构状态、基本方式选择和国家治理体系现代化的基本路径。[②]

王浦劬提出国家治理的基本含义就是在中国特色社会主义道路的既定方向上，在中国特色社会主义理论的话语语境和话语系统中，在中国特色社会主义制度完善和发展的改革意义上，中国共产党领导人民科学、民主、依法和有效地治国理政。在此基础上，他又分析了国家治理、政府治理和社会治理的基本含义，阐发了其间的包容性关系、交集性关系和区别性联系。[③]

王绍光认为对国家治理的研究不应该面面俱到，要抓重点，他认为这个重点是“治理能力”，没有相应的治理能力，“治理体系”就只会是一个空架子，据此他进一步论述了“基础性国家治理能力”的八项内容，即强制能力、汲取能力、濡化能力、认证能力、规管能力、统领能力、再分配能力、吸纳与之后整合能力，其中前三项是近代国家的基本能力，中间四项是现代国家的基本能力，最后一项是民主国家的基础。[④]

还有学者为国家治理的文献及未来的研究主题进行了梳理，宋琳等回顾了学术界近些

① 俞可平：《作为一种新政治分析框架的治理和善治理论》，《新视野》2001 年第 5 期。

② 徐邦友：《国家治理体系：概念、结构、方式与现代化》，《当代社科视野》2014 年第 1 期。

③ 王浦劬：《国家治理、政府治理和社会治理的含义及其相互关系》，《国家行政学院学报》2014 年第 3 期。

④ 王绍光：《国家治理与基础性国家能力》，《华中科技大学学报》（社会科学版）2014 年第 3 期。

年对国家治理问题的三个研究主题，从体制上来看，主要讨论“如何看待中国政治体制的特征以及该体制能够应对经济社会变化的一系列挑战”；在领导力层面，主要讨论“领导人的权威基础和政策偏好对国家治理产生重要的影响”；从改革过程来看，主要讨论“中国改革进程不同阶段的特征及其对特征变化而相应变化的国家治理内容”。[①]

欧阳康提出了构建“五位一体”的现代国家治理研究和支撑体系，包括“国家治理的理论和价值体系”“国家治理体系与政策系统”“国家治理评估指标体系”“国家治理信息采集与数据处理”“政府决策支持系统”等为未来国家治理理论的研究勾画了一个基本框架。[②]

（二）国家治理的制度建设研究

十八届三中全会《决定》中提出的“国家治理”命题实际上是要通过合理的制度安排将改革推向深入，为此《决定》中也列出了15大领域的60项具体改革举措，但留给学界的一个重要问题是要推进国家治理体系和治理能力的现代化应该有何种制度安排与之相匹配。基于此，燕继荣研究了国家治理与制度建设的关系，试图说明国家治理现代化所需要的制度条件。他指出国家治理能力实则就是国家制度供给的能力，并进一步阐明了制度建设的任务在于实现国家的长治久安，核心在于构建现代官民关系。[③]

李放认为制度质量是衡量和决定国家治理现代性的关键变量，加强党的执政能力建设，以经济、政治、文化、社会和生态文明五大领域的现代国家制度建设为重点，着力培育市场、社会主体和公民的自主治理能力，构建“国家—市场—社会”三者之间的多元共治模式，是中国国家治理能力现代化的战略选择。[④]

除此之外，有多位学者还专门就财税领域和党的建设领域的制度改革与国家治理的关系进行了分析。[⑤] 高培勇[⑥]、王雍君[⑦]、李炜光[⑧]等学者论述了财政制度在构架治理中的基础和支柱性作用。

刘尚希论述了财政在国家治理中的基础性作用，提出当前财政治理的脆弱性弱化了国家治理，给国家治理带来越来越大的潜在风险，为消弭这种风险，未来财税体制改革需要融合效率与公平双重价值；平衡国家和老百姓两个钱袋子；在国家和地方实行两级治理。[⑨]

郭小聪着重讨论了财政改革、政治改革与国家治理转型的关系，他认为财政改革是国家治理转型的基础，但政治改革则是财政转型的保障，他针对财政本身的政治性改革提出

---

① 宋琳等：《理解中国国家治理：体制、领导与过程——相关文献的回顾与讨论》，《西北大学学报》（哲学社会科学版）2014年第5期。

② 欧阳康：《国家治理研究的问题域、价值取向和支撑体系》，《华中科技大学学报》（社会科学版）2014年第3期。

③ 燕继荣：《现代国家治理与制度建设》，《中国行政管理》2014年第5期。

④ 李放：《现代国家制度建设：中国国家治理能力现代化的战略选择》，《新疆师范大学学报》（哲学社会科学版）2014年第4期。

⑤ 莫纪宏：《国家治理体系和治理能力现代化与法治化》，《人民日报》2014年2月18日第1版。

⑥ 高培勇：《筑牢国家治理的财政基础和财政支柱》，《光明日报》2013年11月15日第11版。

⑦ 王雍君：《财政制度与国家治理的深层关系》，《人民论坛》2014年第6期。

⑧ 李炜光：《财政何以为国家治理的基础和支柱》，《法学评论》（双月刊）2014年第2期。

⑨ 刘尚希：《财政改革、财政治理与国家治理》，《理论视野》2014年第1期。

了对策建议；建立预算分权制度，强化财政系统的权力制衡；突出人民代表大会的审查权和扩大公众参与度；建立和完善财政法，规范和稳定各种财政关系。①

许光建等探讨了在国家治理前提下构建现代财政制度的路径，必须将财政的收、支、管（预算）以及政府间财政关系都必须纳入视野。② 在党的制度建设方面，齐卫平③、邹庆国④论述了国家治理现代化与党的制度建设之间的关系，指出党的领导能力建设是实现国家治理现代化的根本前提和保证。

（三）国家治理及其现代化问题研究

“现代化”概念的理解，费正清在《剑桥中国晚清史》中写道：“我们认为现代化一词是对各种进步思潮的概括。这个术语有可能成为一只方便的篮子，拿来盛放许许多多基本上不知其为何物的东西，未经译释的信息和没有解答的玄理。”⑤ 由此可见，现代化一词的概念具有高度概括性和模糊性。尽管如此，经济学、政治学以及社会学等领域的学者仍从各自的学科领域对“现代化”的概念做出了解释。许耀桐论析了习近平关于国家治理现代化的思想内涵，

有两层重要含义：一是不能割断与本国历史和文化的联系，也不能割断与世界社会主义历史和社会主义国家已有的实践之间的联系，重要的是要善于从中总结经验教训；二是对国外的治理理论和治理的经验与做法，既不能生搬硬套，也不能排斥拒绝，而要很好地进行吸收借鉴。⑥

俞可平提出了衡量国家治理体系是否现代化的五个标准，即公共权力的运行是否制度化和规范化；公共治理和制度安排是否从根本上体现了人民的意志和人民的主体地位；宪法和法律是否成为公共治理的最高权威；国家治理体系能否有效维护社会稳定和社会秩序；从中央到地方各个层级，从政府治理到社会治理，各种制度安排是否有机统一、相互协调。⑦

唐皇凤撰文讨论了现代国家治理体系的本质属性、外在表征、集中体现以及中国国家治理体系现代化的战略抉择，并指出在中国政治发展的特定时空情景中，国家治理体系现代化的核心内涵包括：治理主体的多层化和多元化；治理结构的分权化和网络化；治理制度的理性化和治理方式的民主化与法治化；治理手段的文明化与治理技术的现代化。⑧

竹立家认为一个现代化的国家治理体系需要实现国家“权力体系”的现代化、“依法治国”体系的现代化、“民主治理”体系的现代化。为了实现“国家治理现代化”这一总

---

① 郭小聪：《财政改革：国家治理转型的重点》，《人民论坛》2010 年第 5 期。

② 许光建、李天建：《国家治理体系视域下的现代财政制度建设》，《行政管理改革》2013 年第 12 期。

③ 齐卫平：《国家治理现代化与党的领导能力建设》，《光明日报》2014 年 7 月 23 日第 13 版。

④ 邹庆国：《论国家治理体系现代化与党的领导制度科学化》，《新视野》2014 年第 3 期。

⑤ 费正清：《剑桥中国晚清史》（下卷），中国社会科学出版社 1985 年版，第 5—6 页。

⑥ 许耀桐：《习近平的国家治理现代化思想论析》，《上海行政学院学报》2014 年第 4 期。

⑦ 俞可平：《沿着民主法治的道路，推进国家治理体系现代化》，2013 年 12 月 1 日，新华网（http：//news. xinhuanet. com/politics/2013 - 12/01/c_ 125788564. htm）。

⑧ 唐皇凤：《中国国家治理体系现代化的路径选择》，《福建论坛》（人文社会科学版）2014 年第 2 期。

体目标，反腐倡廉、确保权力的纯洁性仍然是未来全面深化改革的中心任务。①

江必新较为全面地探讨了国家治理现代化的基本问题，包括国家治理现代化的基本特征（治理视域的全面性、治理品质的时代性、治理制度的成熟性、治理结构的协调稳定性、治理方式的规范性、治理体系的开放性等），制度模式选择，基本理念，价值目标，战略要点，衔接匹配，方式方法，要处理的基本关系。②

张健分析了中国国家治理体系和治理能力现代化的历史逻辑和实践框架，他指出从逻辑上说，中国国家治理的一纲两目，来源于中国“政党政治”的国家道路选择，在当代中国，需要有五个要素对该道路进行支撑，即：党指挥枪、党的领导、发展生产力、共同富裕、共产主义理想信念。从实践上看，中国国家治理体系建构和治理能力提升，可概括为三层能力、四大领导、五项议程、六位一体。③

总结学者们关于现代化的论述，可以看出“现代化”是一个与传统相对应的概念，它既是一个从传统农业社会向现代工业社会转变的历史过程，也是一种发展状态④。亨廷顿将现代化的过程看作是一个革命性的、复杂的、系统的、全球性的、长期的、阶段性的、趋同的、不可逆的以及进步的过程。而实际上，现代化既表现为一种过程，也表现为一种状态，作为状态的现代化是指完成现代化过程的工业化国家所处的发展状态和特点；作为过程的现代化是指以工业化为推动力，进而渗透到政治、经济、社会、文化、思想等各个领域，从而推动人类文明进步的过程。与发达国家后现代化的进程相比，中国正处于第一次现代化的进程中，在各个领域都力争赶上世界先进水平，20 世纪提出的“农业现代化、工业现代化、国防现代化和科学技术现代化”就是要在四个领域学习和赶上世界先进水平。十八届三中全会又提出了“国家治理体系的现代化”，对这一概念的理解我们既需要从一般意义上去解读，更需要在中国特殊的时空阶段和制度情景下探讨。

（四）国家治理与社会建设

何艳玲认为要实现社会建设的目标，关键在于国家治理结构的调适促成强大的利益整合能力、再分配能力与市场规制能力，建立与市场经济相匹配的新利益调节机制。聚焦中国社会建设的意义绝不仅在于表面社会问题的解决，而是要推动整个改革和发展路径的重大变化。⑤

李新廷等认为创新社会治理体制、推进国家治理体系和治理能力的现代化的突破口，社会治理问题是国家治理的主要内容，社会多元主体也是国家治理的重要主体。⑥

严强认为社会治理及其创新是国家治理体系的重要部分和关键环节，它与政治领域的建设和治理、经济领域的建设和治理、文化领域的建设和治理、生态领域的建设和治理形成系统、整体和协同的机制，在五位一体的建设和治理中推进并实现社会领域的建设和治

① 竹立家：《国家治理体系重构与治理能力现代化》，《中共杭州市委党校学报》2014 年第 1 期。

② 江必新：《国家治理现代化基本问题研究》，《中南大学学报》（社会科学版）2014 年第 3 期。

③ 张健：《中国国家治理体系和治理能力现代化：历史逻辑和实践框架》，《长沙理工大学学报》（社会科学版）2014 年第 3 期。

④ 何传启：《现代化概念的三维定义》，《管理评论》2003 年第 3 期。

⑤ 何艳玲：《“回归社会”：中国社会建设与国家治理结构调适》，《开放时代》2013 年第 3 期。

⑥ 李新廷、朱凯：《刍论国家治理与社会治理的关系》，《大连干部学刊》2014 年第 4 期。

理，通过社会领域的建设和治理促进其他领域的建设和治理。①

姜晓萍解析了社会治理体制创新与国家治理体系的内在逻辑，明确了社会治理体制创新在国家治理现代化中的功能定位，并从完善社会政策体系、构建公民权利保障体系、优化基本公共服务体系、强化社会组织培育体系、建立社会行为规范体系、创新社区治理体系、巩固公共安全体系、健全社会风险预警与应对机制等八个方面提出推进社会治理体系和治理能力现代化的实施策略。②

刘新禄等着眼于国家治理体系和能力现代化的要求，认为要突破当下社会协商的困境，需要以国家与社会的良性互动、公民广泛参与、社会有序协同为重点，探索社会协商的实质内涵、实践困境、方式方法、程序环节、平台渠道和体制机制。③

（五）国家治理结构与治理方式研究

贺宝成④、王向民⑤讨论了大数据对国家治理的重要价值，他们认为大数据正在改变着社会政治形态，影响着国家治理的组织结构和决策方式。大数据将使国家治理的组织结构日益多元化与平权化，也将造成国家治理决策过程的民主化与科学化。大数据赋予了国家或政府不同于传统的角色。

徐晓全依托于田野调查中收集的文本材料和访谈记录，重点对新泰市和云浮市的地方创新经验进行案例分析，解释了地方创新与国家治理的关系。⑥

杨志军在中央与地方、国家与社会两个维度上论述了国家治理的改革走向，他认为大国治理要将中央与地方实践性分权的动态博弈过程回归到法理型权威治理和制度化分权的轨道上来，赋予地方治理大胆实践创新的空间与能力；在国家与社会双向互动关系中改变地方性的政府统合主义途径，激活体制改革红利，释放社会潜力与活力，实现赋权增能双赢发展。⑦

（六）法治化与国家治理研究

姜明安论述了法治在现代国家治理中的地位和作用，并分析了现代国家治理体系下改革与法治的关系。他指出法治不仅是现代国家治理的手段，更是现代国家治理的目标。在改革与法治的关系上，他认为法治是改革的目标，是改革的制约和保障。⑧

唐皇凤认为在中国特定的国家治理现代化逻辑中，法治化是国家治理体系现代化的主导原则，法治建设则是国家治理能力现代化的根本保障，构建法治秩序是中国国家治理现代化的必由之路。坚持依法治国、依法执政、依法行政共同推进，坚持法治国家、法治政

---

① 严强：《国家治理现代化进程中的社会治理创新》，《阅江学刊》2014 年第 2 期。

② 姜晓萍：《国家治理现代化进程中的社会治理体制创新》，《中国行政管理》2014 年第 2 期。

③ 刘新禄、曹彩霞：《社会协商机制构建与国家治理现代化》，《人民论坛》2014 年第 20 期。

④ 贺宝成：《大数据与国家治理》，《光明日报》2014 年 3 月 27 日第 7 版。

⑤ 王向民：《大数据时代的国家治理转型》，《探索与争鸣》2014 年第 10 期。

⑥ 徐晓全：《地方创新、治理变迁与国家治理——基于地方政府创新案例的分析》，《山东行政学院学报》2014 年第 9 期。

⑦ 杨志军：《中央与地方、国家与社会：推进国家治理现代化的双重维度》，《甘肃行政学院学报》2013 年第 6 期。

⑧ 姜明安：《改革、法治与国家治理现代化》，《中共中央党校学报》2014 年第 4 期。

府、法治社会一体建设，则是法治中国建设的战略路径。[①]

莫纪宏强调“国家治理体系法治化”是“国家治理体系和治理能力现代化”的核心要求。他将国家治理法治体系界定为是基于以国家根本法——宪法为核心的法律体系建立起来的规范国家管理活动的国家管理法律法规政策体系、国家权力体系、公民权利体系、公民义务体系、政府责任体系和国家责任体系等法律机制体制和制度组成的国家管理系统。[②]

四 国家治理研究评述

习近平在论述国家治理体系和治理能力时强调，十八届三中全会提出的全面深化改革问题，“不是推进一个领域改革，也不是推进几个领域改革，而是推进所有领域改革，就是从国家治理体系和治理能力的总体角度考”。[③] 从上述国家治理研究的主题来看，国家治理体系和治理能力的现代化涉及政治、经济、社会、文化、信息技术各个领域的改革，同时也涉及政治学、管理学、法学、经济学、社会学等多学科领域。例如，政治学着重从党的制度建设、中央与地方关系、国家与社会权力结构等视角讨论其与国家治理的关系；经济学多从政府、市场关系的视角探讨国家治理问题；公共管理学则从制度建设、治理结构、治理方式等角度建构国家治理理论；法学更多的是从法治化与国家治理的关系开展研究。这种多视角、多学科的研究丰富和完善了国家治理的理论基础和研究内容，更契合了十八届三中全会提出的全面深化改革总体目标的要求。

但是，从国家治理研究的知识图谱可以看出，对国家治理的讨论还多限于解读十八届三中全会提出的新政治名词，对什么是国家治理，国家治理最关注的核心问题是什么，如何有效地推进国家治理改革等问题还没有深入的研究，国家治理的知识范畴和研究主题都没有形成一致共识，无论在研究力量、研究机构还是研究主题上都呈现出较为分散的状态。当前，政治学和公共管理学界积累起来的国家治理的理论成果，为我们进一步研究探索提供了丰富的文献资料，同时也使我们对这一领域所呈现的多样性和复杂性有了较为清晰的认识。未来要完成党的十八大提出的推进国家治理体系和治理能力现代化的重大政治任务，还需要我们在体制改革、决策方式、改革路径等方面有更加深入的研究，从而为推动全面深化改革提供坚实的理论基础。

第二节 实践创新

十八届三中全会以来，从中央到地方都出台了一系列重大措施，以各种创新性的实践方式推动国家治理体系和治理能力的现代化。

---

① 唐皇凤：《构建法治秩序：中国国家治理现代化的必由之路》，《新疆师范大学学报》（哲学社会科学版）2014 年第 4 期。

② 莫纪宏：《国家治理体系和治理能力现代化与法治化》，《人民日报》2014 年 2 月 18 日第 1 版。

③ 习近平：《切实把思想统一到党的十八届三中全会精神上来》，《人民日报》2014 年 1 月 1 日第 2 版。

一　中央层面国家治理改革的实践创新

在一年多的时间里，党中央和国务院在审批制度、机构改革、财政改革、党的建设等方面出台了一系列重要举措。

（一）国务院行政审批制度改革

为使市场在资源配置中起决定性作用和更好发挥政府作用，2013 年以来，国务院连续七次公开发布政策文件，取消和调整行政审批项目。2013 年 5 月，第十二届全国人民代表大会第一次会议批准的《国务院机构改革和职能转变方案》明确提出，要减少和下放投资审批事项，减少和下放生产经营活动审批事项，减少资质资格许可和认定，取消不合法不合理的行政事业性收费和政府性基金项目。这次改革共取消和下放 117 项行政审批项目。其中，取消行政审批项目 71 项，下放管理层级行政审批项目 20 项，取消评比达标表彰项目 10 项，取消行政事业性收费项目 3 项；取消或下放管理层级的机关内部事项和涉密事项 13 项（按规定另行通知）。另有 16 项拟取消或下放的行政审批项目是依据有关法律设立的，国务院将依照法定程序提请全国人民代表大会常务委员会修订相关法律规定。① 两个月后，国务院决定再取消和下放一批行政审批项目等事项，共计 50 项。其中，取消和下放 29 项、部分取消和下放 13 项、取消和下放评比达标项目 3 项；取消涉密事项 1 项（按规定另行通知）；有 4 项拟取消和下放的行政审批项目是依据有关法律设立的，国务院将依照法定程序提请全国人民代表大会常务委员会修订相关法律规定。② 2013 年 11 月，国务院决定再取消和下放 68 项行政审批项目（其中有 2 项属于保密项目，按规定另行通知）。另建议取消和下放 7 项依据有关法律设立的行政审批项目，国务院将依照法定程序提请全国人民代表大会常务委员会修订相关法律规定。《国务院关于取消和下放一批行政审批项目等事项的决定》（国发〔2013〕19 号）中提出的涉及法律的 16 项行政审批项目，国务院已按照法定程序提请全国人民代表大会常务委员会修改了相关法律，现一并予以公布。③ 2014 年 1 月，国务院再取消和下放 64 项行政审批项目和 18 个子项。另建议取消和下放 6 项依据有关法律设立的行政审批项目，国务院将依照法定程序提请全国人民代表大会常务委员会修订相关法律规定。④ 2014 年 7 月，国务院决定取消和下放 45 项行政审批项目，取消 11 项职业资格许可和认定事项，将 31 项工商登记前置审批事项改为后置审批。另建议取消和下放 7 项依据有关法律设立的行政审批事项，将 5 项依据有关法律设立的工商登记前置审批事项改为后置审批，国务院将依照法定程序提请全国人民代表大会常务委员会修订相关法律规定。《国务院关于取消和下放 50 项行政审批项目等事项的决定》（国发〔2013〕27 号）和《国务院关于取消和下放一批行政审批项目的决定》

---

① 国务院：《国务院关于取消和下放一批行政审批项目等事项的决定》（国发〔2013〕19 号），2013 年 5 月 15 日。

② 国务院：《国务院关于取消和下放 50 项行政审批项目等事项的决定》（国发〔2013〕27 号），2013 年 7 月 23 日。

③ 国务院：《国务院关于取消和下放一批行政审批项目的决定》（国发〔2013〕44 号），2013 年 11 月 8 日。

④ 国务院：《国务院关于取消和下放一批行政审批项目的决定》（国发〔2014〕5 号），2014 年 1 月 28 日。

（国发〔2013〕44 号）中提出的涉及修改法律的行政审批项目，有 8 项国务院已按照法定程序提请全国人民代表大会常务委员会修改了相关法律，并已公布。① 据统计，2013 年至 2014 年，国务院各部委先后取消和下放 7 批共 632 项行政审批等事项。改革实践表明，从当前中国经济发展的阶段性特征出发，适应“新常态”，统筹稳增长、促改革、调结构、惠民生、防风险，切实推进各项改革措施的落实，市场就会迸发出巨大活力，中国经济发展就会释放强大动力。②

（二）国务院机构改革与职能转变

2013 年 3 月 14 日第十二届全国人民代表大会第一次会议批准通过国务院办公厅关于实施《国务院机构改革和职能转变方案》（国办发〔2013〕22 号）。这次国务院机构改革，重点围绕转变职能和理顺职责关系，稳步推进大部门制改革，实行铁路政企分开，将铁道部拟订铁路发展规划和政策的行政职责划入交通运输部；将卫生部的职责、人口计生委的计划生育管理和服务职责整合，组建国家卫生和计划生育委员会；将现国家能源局、电监会的职责整合，重新组建国家能源局，不再保留电监会，改革后，国家能源局继续由发展和改革委管理；将国家海洋局及其中国海监、公安部边防海警、农业部中国渔政、海关总署海上缉私警察的队伍和职责整合，重新组建国家海洋局；将新闻出版总署、广电总局的职责整合，组建国家新闻出版广播电影电视总局，不再保留广电总局、新闻出版总署；整合食品安全办、食品药品监管局、质检总局的生产环节食品安全监督管理职责和工商总局的流通环节食品安全监督管理职责。③ 改革后，国务院正部级机构减少 4 个，其中组成部门减少 2 个，副部级机构增减相抵数量不变。改革后，除国务院办公厅外，国务院设置组成部门 25 个。

（三）财税体制改革

2014 年 6 月 30 日，中共中央政治局召开会议，审议通过了《深化财税体制改革总体方案》等方案。会议指出，财政是国家治理的基础和重要支柱，财税体制在治国安邦中始终发挥着基础性、制度性、保障性作用。我们党历来高度重视财政工作与财税改革，在建立适应中国特色社会主义发展要求的财政制度方面进行了不懈探索。新一轮财税体制改革是一场关系国家治理体系和治理能力现代化的深刻变革，是立足全局、着眼长远的制度创新。会议认为，深化财税体制改革的目标是建立统一完整、法治规范、公开透明、运行高效，有利于优化资源配置、维护市场统一、促进社会公平、实现国家长治久安的可持续的现代财政制度。重点推进三个方面的改革：改进预算管理制度，强化预算约束、规范政府行为、实现有效监督，加快建立全面规范、公开透明的现代预算制度；深化税收制度改革，优化税制结构、完善税收功能、稳定宏观税负、推进依法治税，建立有利于科学发展、社会公平、市场统一的税收制度体系，充分发挥税收筹集财政收入、调节分配、促进结构优化的职能作用；调整中央和地方政府间财政关系，在保持中央和地方收入格局大体稳定的前提下，进一步理顺中央和地方收入划分，合理划分政府间事权和支出责任，促进权力和责任、办事和花钱相统一，建立事权和支出责任相适应的制度。新一轮财税体制改

---

① 国务院：《国务院关于取消和调整一批行政审批项目等事项的决定》（国发〔2014〕27 号），2014 年 7 月 22 日。

② 《十八届三中全会以来重大改革举措扫描》，《人民日报》2014 年 11 月 11 日。

③ 《国务院机构改革和职能转变方案》，《人民日报》2013 年 3 月 15 日。

革2016年基本完成重点工作和任务，2020年基本建立现代财政制度。[①]

2014年8月31日，十二届全国人大常委会第十次会议通过了《全国人民代表大会常务委员会关于修改〈中华人民共和国预算法〉的决定》（以下简称《决定》），并重新颁布修订后的预算法，《决定》对新预算法的修改主要体现在五个方面：第一，新预算法的宗旨是“为了规范政府收支行为，强化预算约束，加强对预算的管理和监督，建立健全全面规范、公开透明的预算制度，保障经济社会的健康发展”；第二，细化预算编制；第三，允许地方在国务院规定的限额内发行地方政府债券；第四，确立全口径预算体系，将政府的全部收入和支出都纳入预算管理；第五，完善财政转移支付制度；第六，加强对预算的审查；第七，明确审查预算决算的重点；第八，发挥代表与人民群众的联系。[②]

（四）党风廉政建设

十八大后中共中央出台了一系列廉政建设举措。2012年12月4日召开的中共中央政治局会议，审议通过了中共中央政治局关于改进工作作风、密切联系群众的八项规定。包括改进调查研究、精简会议活动、改进会风、轻车简从、改进文风、厉行节约、严格执行工作待遇规定等。[③] 2013年3月，李克强在“两会”记者招待会上提出“本届政府任期内，政府性的楼堂馆所一律不得新建；财政供养的人员只减不增；公务接待、公费出国、公费购车只减不增”。[④] 2013年5月，中纪委巡视组开始新一轮巡查，巡视重点包括领导干部是否存在权钱交易、以权谋私等违纪违法问题。中纪委数字显示，据不完全统计，全国共查处违反中央八项规定精神的问题2665个，给予组织处理和党政纪处分2290人次。[⑤]

（五）法治改革

党的十八大强调把法治作为治国理政的基本方式，十八届三中全会又对加强社会主义民主政治制度建设和推进法治中国建设提出了明确要求。2014年10月，十八届四中全会召开，首次将“依法治国”作为全会的主题，这也反映了中央领导集体把树立法治作为首要任务，为进一步深化政治经济改革及反腐搬开绊脚石。十八届四中全会在法治改革上提出的重大举措包括：（1）建立重大决策终身责任追究制及责任倒查机制。全会提出，健全依法决策机制，把公众参与、专家论证、风险评估、合法性审查、集体讨论决定确定为重大行政决策法定程序，建立行政机关内部重大决策合法性审查机制，建立重大决策终身责任追究制度及责任倒查机制。（2）建立干部干预司法活动责任追究制度。全会提出，完善确保依法独立公正行使审判权和检察权的制度，建立领导干部干预司法活动、插手具

---

① 参见《习近平主持政治局会议 审议通过户籍改革意见等》，2014年6月30日，新华网（http：//news. xinhuanet. com/politics/2014－06/30/c_ 1111388165. htm）。

② 参见《全国人大常委会关于修改〈预算法〉的决定》，2014年9月2日，新华网（http：//news. xinhuanet. com/ziliao/2014－09/02/c_ 126）。

③ 参见《解码中央八项规定》，2013年6月28日，新华网（http：//news. xinhuanet. com/ziliao/2013－06/28/c_ 124924818. htm）。

④ 参见《坚持改进作风 落实“约法三章”》，2013年8月8日，新华网（http：//news. xinhuanet. com/politics/2013－08/08/c_ 116862851. htm）。

⑤ 参见《落实八项规定 要对软执行说“不”》，2013年6月27日，人民网（http：//opinion. people. com. cn/GB/363551/36601/iudex. html）。

体案件处理的记录、通报和责任追究制度，建立健全司法人员履行法定职责保护机制。（3）探索设立跨行政区划的法院和检察院。全会提出，优化司法职权配置，推动实行审判权和执行权相分离的体制改革试点，最高人民法院设立巡回法庭，探索设立跨行政区划的人民法院和人民检察院，探索建立检察机关提起公益诉讼制度。（4）把法治建设成效纳入政绩考核。全会提出，提高党员干部法治思维和依法办事能力，把法治建设成效作为衡量各级领导班子和领导干部工作实绩的重要内容，纳入政绩考核指标体系，把能不能遵守法律、依法办事作为考察干部的重要内容。（5）最高法设立巡回法庭。全会提出，优化司法职权配置，推动实行审判权和执行权相分离的体制改革试点，最高人民法院设立巡回法庭，探索设立跨行政区划的人民法院和人民检察院，探索建立检察机关提起公益诉讼制度。（6）从律师、专家中招录法官、检察官。全会提出，推进法治专门队伍正规化、专业化、职业化，完善法律职业准入制度，建立从符合条件的律师、法学专家中招录立法工作者、法官、检察官制度，健全从政法专业毕业生中招录人才的规范便捷机制，完善职业保障体系。（7）形成配套完备的党内法规制度体系。加强党内法规制度建设，完善党内法规制定体制机制，形成配套完备的党内法规制度体系，运用党内法规把党要管党、从严治党落到实处，促进党员、干部带头遵守国家法律法规。（8）重大改革于法有据。实现立法和改革决策相衔接，做到重大改革于法有据、立法主动适应改革和经济社会发展需要。①

二　地方层面国家治理改革的实践创新

“郡县制则天下安”，各级地方政府作为国家战略的践行者，在推进国家治理体系与治理能力现代化中发挥着基础性和关键性的作用。十八届三中全会以来，各地纷纷探索创新，在治理主体、治理结构、治理工具等方面的改革取得了有益的成就。

（一）江苏简政放权加快转变政府职能的系统设计

作为经济大省的江苏，要加快政府自身改革与职能转变，才能更好地实现增强微观主体活力、促进经济转型升级的目标。江苏省委十二届七次全会审议了《关于进一步简政放权加快转变政府职能的实施意见》，提出了以“建立5张清单、1个平台、7项相关改革”为主要内容的简政放权一揽子改革。这是省级层面首次针对政府简政放权、转变职能进行的系统设计。

“5张清单”② 旨在厘清政府和市场的权力边界，包括：（1）行政审批事项目录清单，其中明确：凡是与投资、创业、就业密切相关的，以取消和下放为主，以激发主体活力；凡是直接面向民生和社会事务的，以下放为主，因为给群众服务越贴近越好；凡是需要保留的，尽量把前置审批改为取消或后置；非保留不可的，也要理顺关系、优化流程、从严监管，让权力在阳光下运行。（2）政府行政权力清单；集中对各级政府部门的行政权力进行全面梳理，以清单的形式通过省政务服务大厅网上平台向社会公布，主动接受社会监督。通过开展试点、以点带面，实现市县联动、上下协同。进一步扩大省直管县（市）、

① 中国共产党第十八届中央委员会第四次全体会议通过《中共中央关于全面推进依法治国若干重大问题的决定》，2014年10月23日。

② 参见《5张清单厘清政府与市场边界　加快转变政府职能实施意见解读之一》，2014年7月28日，中国江苏网（http：//jsnews. jschina. com. cn/system/2014/07/28/021483464. shtml）。

经济发达镇行政管理体制改革试点单位的经济社会管理权限。加强行政权力清单管理，确保权力清单真实准确完整，做到“法无授权不可为”。（3）投资审批“负面清单”。修订出台《省政府核准的投资项目管理办法》，并根据国家修订情况及时修订省政府核准的投资项目目录。扩大“负面清单”管理的适用领域，实行统一的市场准入制度，清单之外领域各类市场主体可依法平等进入。（4）政府部门专项资金管理清单。对上级补助和本级预算安排，具有指定用途的项目资金进行清理和规范。逐步减少专项转移支付资金，增加一般性转移支付规模和比例。（5）行政事业性收费目录清单。对行政事业性收费进行全面清理，取消不合法不合理的行政事业性收费项目，降低收费标准，完善收费公示、听证制度，严格征收管理，除国家规定外，把所有非税收入全部纳入预算管理，公布省级行政事业性收费和政府性基金项目目录清单并组织实施，实行“目录之外无收费”。

“1 个平台”是指打造网上办事大厅和实体大厅“线上线下、虚实一体”的政务服务平台。

“7 项改革”包括落实强化事中事后监管、推进监管执法体制改革、促进社会组织健康发展、推行政府购买服务制度、全面推行政府绩效管理制度、健全责任追究制度、深化地方政府机构改革。

全面深化改革的推进，必须以深化行政审批制度改革为重点，加大政府放权力度，简政放权，从制度上约束政府对微观经济活动的干预，减少政府对微观主体投资活动的审核审批程序，这是坚持以市场化改革为重点，充分发挥市场在资源配置中的决定性作用的必然举措。江苏省以加快政府自身改革与职能转变作为整体改革的关键切入点，厘清了哪些事情应该交给市场，哪些权力应该由政府来运行，并辅之以服务平台建设和各项配套改革措施，这种着眼全局的总体改革部署可以有效避免政府自身改革容易出现的“碎片化”倾向，解决政府治理失衡问题，激发经济主体的活力具有重要意义。

（二）安徽破解人大代表监督政府财政的难题

现代财政制度是国家治理的根基和保障，预算管理体制是现代财政制度的核心内容，能否提高财政预算透明度，管住政府“花钱的手”，直接关系到现代财政制度的成功与否。在中国，人大代表担负着审查财政预算的职能，但是长期以来对人大代表能否看得懂预算的质疑一直引发公众关注。为了破解这一难题，安徽省近年来力推“开门办预算”，探索透明预算制度，通过制度上的创新和尝试，让人大代表和公众能看懂财政预算。

安徽省的淮北市主要通过两个方面“开门办预算”。首先，让人大代表、专家等提前介入，了解预算编制过程，对年度预算收支规模、预算编制原则、重大资金分配等给予监督指导，提出建设性意见。对民生支出安排，以及社会关注度较高的支出安排，通过网络等方式公开，征求意见。其次，预算编制与执行挂钩。不仅要让人大代表看到财政花了多少钱，还要看到钱花的效果怎么样。淮北市财政局将人大预算审查结果、审计部门预算执行审计结论、预算支出绩效评价结果与下年度预算编制结合起来，统筹考虑。淮北市财政局还在预算公开文本如何更加通俗上下功夫，做到简明扼要，重点突出。另外，淮北市建立专家评审机制，根据预算项目支出分类分别评审，预算单位直接面对专家质询。除了淮北，合肥、滁州等地也有一些类似的探索，推进预算透明的做法，已经在安徽多地推行开展。“开门办预算的指导思想，就是要用制度管住政府‘钱袋子’，用制度让‘钱袋子’透明，科学分配有限财力。”淮北市市长黄晓武说，淮北是资源枯竭型城市，财政收入下滑，但淮北市政府坚持不减民生支出，将政府经费开支预算压缩 10%，并通过推进预算透明、完善人大监督，确保财政每一分钱都花到刀刃上。①

有学者将政治问责的三要素：信息、对话与强制，作为分析人大预算监督行动的基本框架。信息维度涉及人大在预算过程中，围绕预算的编制、执行和事后监督所展开的各种信息搜集行动，以及在此基础上对相关信息的掌握程度；对话维度涉及人大在预算过程中，围绕预算的编制、执行以及决算与政府及其各部门所展开的各种沟通与对话；强制维度涉及人大在预算过程中，根据获得的信息，经过与政府及其相关部门的对话与沟通之后，对政府的预算决策采取的强制性措施。② 如果按照这一框架来分析安徽省的创新改革举措，可以发现其在发挥人大对政府预算的监督方面进行了有益的探索，尽管这一举措要在更大范围内推动还需多方面的制度配套，但它已经为各地人大从整体上迈向实质性监督做出了典范。

（三）深圳罗湖全面构建法治化社区治理体系

十八届四中全会公报指出，要“推进基层治理法治化，发挥基层党组织在全面推进依法治国中的战斗堡垒作用，建立重心下移、力量下沉的法治工作机制”。③ 为贯彻这一精神，深圳罗湖区把社区体制改革的核心目标定位于“法治化”。2014 年 10 月 27 日，罗湖公布《罗湖区关于深化社区体制改革推进社区治理体系法治化的实施方案》（以下简称《方案》），在全区正式铺开改革。《方案》提出，以法治思维和法治方式推进社区治理，依法明确社区治理主体、厘清工作职责、核定岗位人员、规范财政保障、创新工作机制。通过长达数月的密集调研，罗湖区梳理出社区中的 7 股重要力量：社区综合党组织、社区居委会、社区工作站、社区服务中心、社区社会组织、业主委员会和社区服务机构以及驻社区单位。《方案》对这 7 股力量的角色和具体职能都作出了清晰的界定。罗湖冀望这个系统改革最终实现的目标是：建立以社区综合党组织为核心，以社区居委会为基础，以社区工作站为平台，以社区服务中心为依托，以社区社会组织为补充，驻社区单位密切配合，社区居民广泛参与的现代社区治理结构和议行分离的社区组织架构。罗湖区法治化社区治理改革的亮点④：

依法为社区减负，严格行政事务准入。通过梳理涉及社区治理的现行 76 部法律、法规、规章，以往社区工作站的 80 多项工作任务被全部“砍”掉，除计划生育以外的责任状全部撤销，检查评比考核事项只保留 4 项，各类台账被取消了 47 种，临时机构被撤销了 25 个。减负后，社区工作站的工作任务也不能随意增加，罗湖还专门设立了严格的社区行政事务准入机制——各个辖区职能部门向街道和社区下放任务需由区编委会审核。即使同意，也实行权随责走、费随事转。

实施社区第一书记制度。选任街道办事处的处级领导干部到各社区综合党组织担任第一书记，负责推进社区体制改革事务，指导社区治理各项工作，帮助解决群众关心关注的热点难点问题。社区第一书记每周至少需到挂点社区蹲点工作一天，并召集一次工作例会，安排部署社区工作。

---

① 参见《安徽力推“开门办预算” 人大代表看紧政府“钱袋子”》，2014 年 2 月 26 日，新华网（http：//news. xinhuanet. com/local/2014 - 02/26/c_ 119518704. htm）。

② 林慕华、马骏：《中国地方人民代表大会预算监督研究》，《中国社会科学》2012 年第 6 期。

③ 《中国共产党第十八届中央委员会第四次全体会议公报》，2014 年 10 月 23 日。

④ 《深圳罗湖社区改革：“法治化”重构社区治理体系》，《南方日报》2014 年 10 月 28 日。

定岗定人。除了厘清社区各类主体的工作职责，罗湖区还制定了工作岗位指引，通过定岗定人、明确标准、落实责任等做法，确保社区工作标准化和法治化。通过核定社区综合党组织、社区工作站、社区居委会的岗位设置，社区人员由原来的平均 20 多人减到 7 人，社区工作站和综管站的富余人员全部充实到网格员队伍。

丰富居民参与社区治理的形式和途径，推广应用社区议事规则。充分利用社区居民议事会、"党代表、人大代表和区党委委员"工作室等平台协商研究社区热点难点及涉及居民公共利益的事项等。继续推广借鉴罗伯特议事规则制定的罗湖"社区议事规则"，在议事中遵守主持中立、起立发言、表明立场、不超时、不打断、不攻击、机会均等、服从裁判等社区议事规则。

推进建立社区基金会。罗湖区民政局已专门制定了社区基金管理工作指引，社区基金来源包括政府资助、社区居民捐助、社会捐助、举办服务事业收入和基金利息收入等。各社区将以社区居委会名义设立"社区基金"专户，由社区居委会进行日常管理，由社区居民议事会决议。用途包括：推动社区公共事业和公共服务发展的"普惠型公益活动"，关爱弱势群体、增进邻里关系和社区凝聚力的"文体类公益活动"，以及培育发展社区社会组织。

罗湖区一直走在改革开放的前列，曾获批创建"全国社区治理和服务创新实验区"。2014 年"社区共治"改革项目又被民政部评选为"2013 年度中国社区治理十大创新成果"。而法治化社区治理改革正是罗湖区创建"全国社区治理和服务创新实验区"的重要举措，并以社区体制改革为载体和平台，创造全体罗湖人民安居乐业、幸福生活的社区生活环境。作为贯彻落实四中全会精神的基层实践，希冀努力通过依法治理，充分发挥法治的引领和规范作用，加快形成"党委领导、政府负责、社会协同、公众参与、法治保障"的社区治理体制。① 深圳罗湖区的创新实践为依法治国在基层社区的实施推进探索了一条改革路径。

（四）基层治理尝试"大数据"新手段

基层社区在治理工具和服务方式上不断寻求进步，特别是在借助信息化方面进行了有益的尝试。根据人民网的采访调查②，分别介绍上海黄浦区与湖南益阳市的实践创新。

1. 上海社区事务受理服务中心探索动态流程追踪审批

位于全上海最繁华、最核心区域服务的黄浦区南京东路社区事务服务中心，如何利用信息化的手段提供更方便、快捷、科学合理的窗口服务，让办事居民在线登录后，能够直接看见自己的流程走到哪儿了，经过了哪几步，接下来还需要几天，就像凭快递单号查包裹一样方便。

这项即将开发的信息化新功能的优点在于能够实现动态监控——居民能看到流程在谁手里，经过了多少天，哪个环节超时自动"亮红灯"，能有效防止办事人员拖延、推诿现象。当然，要付诸实现还有一定的难度。社区服务中心目前有 71 个服务项目，涉及民政、医保、人社、公安、计生等多个上级主管部门，各自的管理系统彼此封闭，与社区终端均是单线联系，信息开放度很低。要实现全流程透明化追踪，至少好几个部门的系统目前还

① 《罗湖全面构建法治化社区治理体系》，《深圳特区报》2014 年 11 月 18 日。

② 参见《地方实践"依法治国"之一："大数据"新手段》，2014 年 10 月 31 日，人民网（http：//www.cnnt.hk/a/zixun/zhuanticehua/2014/1031/47419.html）。

是不允许的。这种上下单线式管理体制，俗称“条”；而以社区服务大厅为代表的属地集中管理服务方式，俗称“块”。阻碍许多地方合并窗口功能的，让社区“整合服务”的想法难以变成现实的，都是“条”与“块”之间的矛盾。南京东路社区服务中心现已实现了窗口服务的综合受理，但后台系统中的“条”仍然是分开的。除了前述服务上的困难，“条块矛盾”一个最明显的表现就在数据共享上。各个条线之间不通，一方面是因为各自数据用途不同，“民政部门有民政部门的要求，人社部门有人社部门的要求”，甚至各级政府内部科室的要求也不一致；另一方面是出于信息安全性的考虑。但数据无法实现共享，落在基层就转化成为工作人员手工录入和整理的工作量。

针对这一问题，南京东路街道制订了解决方案和实施计划，在今年更新2013年编制的“权力清单”和工作优化流程图的基础上，下一步实现包括居委会工作在内的全面信息化。即便条块矛盾在短期内不能解决，他们也希望以终端信息化来尽量优化行政办事的效率。而对于全流程追踪的实施方案，南京东路街道的解决方法是至少做到让老百姓知道，在我们这一层级能够办的事情已经打通了。涉及上级单线主管部门审批的，在流程中注明，备注参考时间，让办事居民一目了然。

2. 湖南人口网格化管理监管平台

湖南益阳已有488多万益阳人的信息被采集录入到全员人口信息库。这些信息的录入是由专门的网格员上门调查获取。所谓的网格员就是上门采集并录入信息，服务社区居民，通过定时巡查对网格实行“精细化管理，贴心式服务”的人。为此，益阳市县乡三级投入了2100多万元，给2034个村和59个社区的所有网格员配发了直报终端，解决了基本待遇。

之所以投入如此大的人力、物力、财力是要建立分散部门间的信息共享机制。与以前各部门各搞一套数据系统不同，2014年，益阳市计生部门与公安、国土、民政等部门合作，将信息资源整合，构建部门共建共享新模式，建立了全市人口网格化服务管理数据系统。例如，两位新人某日领结婚证后，当天碰到网格员上门采集核对信息，系统会对采集录入的信息实时更新，各个部门都将获得两人已婚的信息。第二天零时后，系统自动汇总、分析各种数据。各部门对于居民个人信息如何保密，也需要解决之法。市县乡都定了信息保密制度，实行实名认证，严格按程序规范、依法使用信息，各乡镇都制定了网格员考核办法，事实数据监控和数据核查，信息采集更新录入都与绩效挂钩，纳入年度考核。不仅如此，在考核方面，益阳市对网格服务工作还开展公众评价，将公众对人口计生网格化服务评价调查直接纳入到抽样调查工作过程中，并系统分析工作中存在的问题，调查结果纳入基层年度考核。人们常说“寓管理于服务之中”，知易行难，实际工作中处理好两者关系并非易事。湖南益阳下一步或是在管理的基础上走出更好的服务基层群众之路。

三 实践创新评述

推进国家治理体系和治理能力现代化为全面深化改革的总目标，也将成为未来中央和地方推行各项改革的目标依据。十八届三中全会后，无论是中央层面还是地方层面都围绕这一目标进行了一系列改革举措，从简政放权到加强经济和社会监管；从机构改革调整到加快政府职能转变；从党风廉政建设到推进依法治国，可以看出，新一届中央领导集体将全面深化改革看作是一项系统工程，更加注重改革的系统性、整体性和协同性。正因如此，决定了国家治理体系和治理能力的现代化之路是泥泞前行的过程[①]，在这样一个革命性的、复杂的、系统的、长期的进步过程中[②]，需要践行这一目标的改革实践者们将中央战略与地方实际有机结合，将改革试点与全面推广有机结合，将横向部门与纵向层级有机结合，将经济效率与社会公平有机结合，力求在国家治理的顶层设计与改革的渐进调试间找到一个合适的张力平衡点，从而推动国家治理体系和治理能力现代化总体目标的稳中求进。

第三节　代表性成果

【《中国国家治理现代化》】

作　　者：胡鞍钢等

出版时间：2014 年

出版机构：中国人民大学出版社

内容摘要：党的十八届三中全会《关于全面深化改革若干重大问题的决定》围绕着全面深化改革的总目标提出了今后十年改革的指导思想、各项目标任务、重大原则以及时间表、路线图，可以视为中国改革开放时代的新的里程碑，也成为推进国家治理体系和治理能力现代化的重大标志。为什么党中央要提出全面深化改革的总目标？如何全面深刻理解这一总目标？怎样正确认识国家治理体系和治理能力现代化？它们与国家现代化总进程是什么关系？怎样客观评价中国的国家治理体系和治理能力？如何有步骤地推进国家治理体系和治理能力现代化？怎样科学评估国家治理绩效？怎样进行国际比较，进而增强制度自觉、制度自信？《中国国家治理现代化》从历史视角、国际视角、理论视角对上述命题作出了回答。该书以中国国家治理现代化为主题，从历史视角来梳理自新中国成立以来，中国领导人如何进行现代国家制度建设，又是如何影响中国国家现代化总进程和总道路；也从国际视角来比较中国与其他国家特别是西方国家不同的发展道路及不同制度的变迁，从而展现中国道路的独特性与优越性，也从深层次角度展现中国制度的独特性与优越性，诸如中国如同东方巨人，“两只手”总是优于“一只手”，“两条腿走路”总是优于“一条腿走路”，“两个积极性”总是优于“一个积极性”。最后从实证分析的角度比较了中美国家治理绩效（2000—2012 年）。书中运用大量翔实准确的数据和资料，分析了政府与市场、国有经济与民营经济、中央与地方关系这几对重大关系演变的历史逻辑和未来发展，阐述了中国特色社会主义民主政治之路的丰富内涵，彰显了中国共产党人勇于开拓创新的智慧和勇气。书中还从政治制度、治理机制、治理能力等层面对中国与欧盟、中国与美国的国家治理绩效进行了比较与分析，得出中国明显优于欧、美的结论，进而凸显了中国的制度优势。

该书围绕着全面深化改革的总目标，基于作者长期的思考和研究，阐述了新中国历届领导人是如何创建、巩固、完善、发展中国现代国家基本制度的，并探讨了如何正确认识、客观评价、有序推进、科学评估中国国家治理体系和治理能力现代化。是对全面深化改革总目标的权威解读，也是学习习近平总书记讲话和十八届三中全会精神的重要参考书。

---

① 薛澜：《国家治理体系和治理能力现代化之路》，《光明日报》2014 年 8 月 9 日。

② ［美］塞缪尔·亨廷顿：《变化社会中的政治秩序》，王冠华等译，上海人民出版社 2008 年版。

【《论国家治理现代化》】

作　　者：俞可平

出版时间：2014 年

出版机构：社会科学文献出版社

内容摘要：从统治走向治理，是人类政治发展的共同规律，不仅适用于西方国家，也同样适用于东方国家。不能因为发达国家率先进行了“少一些统治，多一些治理”的政治变革，并且对治理问题率先进行了研究，发展起了各种治理学说，就认定这只是西方的理论或实践。一种理论或实践，只要反映了人类社会发展的共同规律，无论最初在哪个国家或哪个地区出现，它们最终都会在其他国家和地区发生作用，并成为人类文明的共同价值。中国共产党十八届三中全会把“完善和发展中国特色社会主义制度，推进国家治理体系和治理能力现代化”作为全面深化改革的总目标，是重大的理念创新，也必将有力地推动中国的民主治理进程。这一全面深化改革的总目标，既立足于中国特色社会主义的现实，也符合人类政治发展的普遍趋势。治理改革是政治改革的重要内容。与此相应，国家治理的现代化也是政治现代化的重要内容。该书收入了作者在报刊上公开发表过的文章，分别从治理和善治的理论基础、全球化与治理变迁、社会自治与治理秩序以及全球治理等角度，深刻阐释了国家治理现代化之于现代中国的现实意义。

社会影响：该书为新闻出版广电总局深入学习贯彻习近平总书记系列重要讲话精神主题出版重点图书、国家出版基金项目“全面深化改革研究书系”之一。

【《大国治理：国家治理体系和治理能力现代化》】

作　　者：人民论坛

出版时间：2014 年

出版机构：中国经济出版社

内容摘要：该书分为上、下两篇，上篇侧重从大国治理的理论内涵与谋局出发，探讨党的十八届三中全会提出的国家治理体系和治理能力现代化的深层内涵，提出并阐释了“第五个现代化”的概念；下篇从政经改革、社会善治、县域治理、城镇化建设等多个维度有理有据地探讨了大国治理的不同面向和治理难题。专家在评价此书时，指出：《大国治理》一书不仅多角度、多层次、系统和全面地论述了“国家治理体系和治理能力现代化”这一改革的总目标，还从细处出发，从重视党的治理制度建设，到国家治理模式创新；从国家治理的核心任务，到转变政府职能；从治理体系与民主、法治的关系，到从严治吏；从权力制衡机制建设，到修正权力异化的制度改革，都进行了深入分析。不仅全面瞄准国家治理各个层面的理论议题，同时直击现实，既有理论深度又有现实案例。

社会影响：该书瞄准国家治理体系和治理能力现代化，会聚 50 余位权威专家的最新思考，全方位、多层次探讨了大国治理的深层意蕴与现实路径，是国内有关国家治理重大理论问题研究的第一本时政类专著。专家认为推进国家治理体系和治理能力现代化是中国转型改革的历史大考。“《大国治理》对这一历史大考，进行了多角度、全方位的解读，为系统把握新阶段全面深化改革目标提供了重要参考。”《大国治理》从国家治理的宏观战略目标出发，对“五位一体”的国家治理现代化建设作出了理论阐述。

【《国家治理、政府治理和社会治理的含义及其相互关系》】

作　　者：王浦劬

发表时间：2014 年第 3 期

期刊名称：《国家行政学院学报》

内容摘要：国家治理、政府治理和

社会治理是全面深化改革总目标和总部署的关键性范畴。基于中国国情政情社情，准确理解和把握这些基本范畴的内在含义，辨析其间相互关系，是贯彻落实全面深化改革设计，推进国家治理现代化的认识基础。该文基于中国共产党治国理政理论和中国国情，分析了国家治理、政府治理和社会治理的基本含义，阐发了其间的包容性关系、交集性关系和区别性联系。

社会影响：该文将国家治理、政府治理和社会治理及其相互关系看作是正确把握全面深化改革战略和内容的关键环节。基于中国国情政情社情，科学解析国家治理、政府治理和社会治理的内在含义，分辨和厘清其间的联系与差异，对于我们切实把思想认识统一到十八届三中全会精神上来，在国家治理和深化改革的基本范畴上达成共识，促进中国特色社会主义国家治理的科学、民主、依法和有效实施，推进改革开放事业的发展，具有重要的认识基础意义。

【《习近平的国家治理现代化思想论析》】

作　　者：许耀桐

发表时间：2014 年第 4 期

期刊名称：《上海行政学院学报》

内容摘要：习近平关于国家治理现代化的系统论述，已形成完整的国家治理思想，是党执政的重要理念。国家治理现代化是执政发展的最新阶段，具有十分丰富的理论内涵，包含两层重要的含义：一是不能割断与本国历史和文化的联系，也不能割断与世界社会主义历史和社会主义国家已有的实践之间的联系，重要的是要善于从中总结经验教训，二是对国外的治理理论和治理的经验与做法，既不能生搬硬套，也不能排斥拒绝，而要很好地进行吸收借鉴。国家治理现代化是继“四化”之后提出的“第五化”，随着国家治理体系和治理能力现代化“第五化”的提出，使我们对于现代化的整体认识渐趋完善。国家治理现代化是一个体系性的结构，表现为治理体系和治理能力系统。国家治理体系涵盖七大领域的治理，国家治理能力系统涵盖十大能力。

社会影响：该文系统论述了习近平十八大以来关于国家治理体系和治理能力现代化的系列讲话精神，总结了以习近平为总书记的党中央执政的重要理念，将国家治理现代化思想的宏大主旨总结为：必须坚持党的领导和国家主导的力量，坚持社会主义的方向和道路，坚持国家制度建设，充分调动和运用法治的力量、市场的力量、社会的力量、人民的力量，实现各项事务治理的制度化、规范化、程序化、民主化，体现中国特色社会主义的优越性，实现中华民族的伟大复兴。为学习贯彻十八届三中全会精神提供了重要的理论基础。

【《现代国家治理与制度建设》】

作　　者：燕继荣

发表时间：2014 年第 5 期

期刊名称：《中国行政管理》

内容摘要：该文讨论国家治理与制度建设的关系，试图说明国家治理现代化所需要的制度条件。文章引述早期共和主义学派和晚近制度主义学派以及发展政治学者的研究，说明国家兴衰与国家治理能力密切相关，指出国家治理能力实则就是国家制度供给的能力。文章梳理了有关制度性质、功能及评价标准的学术讨论，依照结构分析的方法，提出基础制度、基本制度和具体制度的分析框架，进而阐明制度建设的任务在于实现国家的长治久安，核心在于构建现代官民关系。

社会影响：学习贯彻党的十八届三中全会精神，是当前和今后一个时期全党全国的重大政治任务。该文着重从制度建设与国家治理的关系进行了论述，为如何从制度建设的角度推进国家治理体系和治理能力现代化提供了理论基础。

【《国家治理体系视域下的现代财政制度建设》】

作　　者：许光建　李天建

发表时间：2013 年第 12 期

期刊名称：《行政管理改革》

内容摘要：把现代财政制度的构建嵌入国家治理体系，不仅因为财政是国家治理的基础和重要支柱，也因为，在现代市场经济条件下，财政本身最具综合性。通过财政的收、支、管（预算）以及政府间财政关系的合理划分，不仅是一个国家政治、经济、社会良序运转的前提和基础，也是决定国家治理能力强弱的关键因素。因此，在国家治理前提下探讨现代财政制度构建，财政的收、支、管（预算）以及政府间财政关系都必须纳入视野。

社会影响：在国家治理体系中的众多领域的制度建设中，不论从历史的角度来看，还是从我们面对的现实治理挑战来看，现代财政制度的构建，具有非常重要的意义。十八届三中全会提出要实现国家治理体系和治理能力的现代化，同时，赋予了“财政是国家治理的基础和重要支柱”的新的定位。在当前的全面深化改革的大背景下，财政改革仍然具有“牵一发而动全身”的作用，通过财税体制改革，构建现代财政制度，可以有效化解国家治理存在的问题。

【《改革、法治与国家治理现代化》】

作　　者：姜明安

发表时间：2014 年第 4 期

期刊名称：《中共中央党校学报》

内容摘要：现代国家治理相对于传统国家治理具有主体多元化、客体立体化、目标人本化、方式规范化、手段文明化的特征。改革对于国家治理现代化有着决定性的作用，要推进和实现国家治理现代化，就必须进行全方位的深化改革，其中最重要的改革包括经济体制改革、政治体制改革、行政体制改革、司法体制改革和社会运行体制改革。在现代国家治理中，法治具有重要的地位和作用。法治既是现代国家治理的手段，更是现代国家治理的目标。为了不断推进国家治理体系现代化、提升国家治理能力，必须正确处理改革与法治的关系，以法治思维和法治理念指引改革、以法治原则和法律程序规范改革、以法律制度和法律机制制约和保障改革。

社会影响：法治是国家治理体系和治理能力现代化的重要基石。党的十八届四中全会研究了全面推进依法治国的重大问题，以法治促进国家治理体系和治理能力现代化的方向已经明确。当前，中国正处于改革开放的深水期、社会转型的关键期，各种利益冲突频繁、社会矛盾凸显。人民群众在物质生活条件不断得到改善的同时，民主法治意识、政治参与意识、权利义务、意识也得以普遍增强，对于社会公平正义的追求越来越强烈，对于更加发挥法治在国家治理和社会管理中的作用也越来越期待。在新形势下，深入推进国家治理体系和治理能力现代化，必须始终坚持依法治国的基本方略，切实将国家治理纳入法治的轨道。

【《大数据时代的国家治理转型》】

作　　者：王向民

发表时间：2014 年第 10 期

期刊名称：《探索与争鸣》

内容摘要：大数据正在改变着社会政治形态，也在塑造着国家治理方式。大数据主要来自数据挖掘技术与互联网信息技术，它造成国家治理的组织结构日益多元化与平权化，也将造成国家治理决策过程的民主化与科学化。大数据赋予了国家或政府不同于传统的角色。

社会影响：大数据，作为一种新兴数据处理技术，能够更为有效地集成国家政治、经济、文化、社会、生态等各领域方方面面的信息资源，为国家治理提供重要数据基础和决策支撑。更为重要的是，大数据的广泛应用，利于形成用数据分析、用数据决策、用数据创新的治理思维和文化，对于实现“数据治国”具有深远的影响和价值。

第二章　政府绩效管理

赵景华　罗海元　李宇环

第一节　政府绩效管理理论进展

从《年鉴》的定位出发，编者对中国政府绩效管理研究在2012—2013年度的学术成果进行了收集、整理、总结和分析。在以“政府绩效”“公共部门绩效”“公共组织绩效”“公共绩效”“政府绩效管理”“政府绩效评估”“政府绩效考核”“政府绩效评价”等为主题词，对中国知网《中国期刊全文数据库》《中国博士学位论文全文数据库》《中国优秀硕士学位论文全文数据库》《中国重要会议论文全文数据库》《中国重要报纸全文数据库》等进行文献搜索，共获取相关文献共513篇，来源分布如表2—1所示。按照期刊等级、与绩效评估或管理研究的直接相关性等标准筛选并剔除重复文献后，选取360篇文献进行分析与综述，其中论文文献297篇、报刊文献48篇、特色期刊15篇。

表2—1　　2012—2013年政府绩效管理研究文献来源简表

文献来源	文献数量（篇）	比例（%）
中国期刊全文数据库	284	55.4
特色期刊	26	5.1
中国博士学位论文全文数据库	10	1.9
中国优秀硕士学位论文全文数据库	137	26.7
中国重要会议论文全文数据库	3	0.6
中国重要报纸全文数据库	53	10.3
合计	513	100

为了便于梳理文献和总结成果，本章对政府绩效管理研究的对象和内容进行了划分，将研究类型划分为“基础理论研究”和“管理实践研究”两类，每类研究都包含若干项研究主题。其中，基础理论研究包括“含义与特征”“作用与意义”“管理理念”和“方法与工具”等主题；管理实践研究包括“借鉴与比较”“管理模式”“评估体系”“问题与对策”和“发展趋势”等主题。

一　基础理论研究

（一）含义与特征

包国宪、文宏、王学军在基于价值的政府绩效管理理论基础上，从学科属性与总体框架、核心议题与理论模型、基础内容与研究层次、理论基础与研究方法以及与相近学科的关系等方面研究和构建了政府绩效管理的学科体系，并提出了政府绩效管理学科发展的未来趋势。①

薄贵利认为服务型政府绩效管理领导体制应具有以下特性：（1）代表性；（2）权威性；（3）统一性；（4）相对独立性。②

包国宪、王学军依据以公共价值为基础的政府绩效治理理论与模型，从社会价值建构体系、组织管理体系、政府战略体系、政府绩效治理的部门体系和协同领导体系5个方面对政府绩效治理体系的核心内容进行阐释，提出政府绩效治理体系在实践中应树立和践行新政府绩效观，主要包括：深化对政府绩效概念的认识，理解公共价值对政府绩效合法性的本质规定性；强化公民参与是政府绩效管理不可或缺的环节与重要机制的宣传教育，构建和完善公民参与机制；加强以政府绩效领导为主题的公务员培训，使之形成以公共价值为基础的新政府绩效观。③

张瑄指出了新中国政府绩效制度变迁的三个发展趋势，概括出新中国绩效管理制度变迁的独特模式，即诱发性制度变迁与强制性制度变迁相统一、通过渐进式改革维持断续性平衡、“问题—政治—政策”之多元汇流，剖析了绩效管理制度变迁的六种动力学说和四种路径依赖，并对路径依赖之所以产生的三种效应，即成本担忧效应、制度协调效应与集体博弈效应进行了分析。④

（二）作用与意义

周省时为有效解决县级政府绩效管理和领导干部考核的战略性思想和战略性工具缺失问题，通过平衡计分卡与科学发展观、平衡计分卡与服务型政府战略辩证关系的研究，得出三者管理思想和理念协调统一的结论，从而为把科学发展观和服务型政府作为政府绩效管理和领导干部考核的战略性指导思想，为把平衡计分卡作为政府绩效管理和领导干部考核的战略性管理工具提供了理论依据。⑤

苗圩认为推行政府绩效管理对于创新行政管理方式、提高行政效能具有重要意义。实施绩效管理是提高政府公信力和执行力的有效渠道。绩效管理有助于加强对政府工作的过程控制和结果考评，有助于推动决策部署的贯彻落实。推进绩效管理是加强和改善行业管

---

① 包国宪、文宏、王学军：《基于公共价值的政府绩效管理学科体系构建》，《中国行政管理》2012年第5期。

② 薄贵利：《构建服务型政府绩效管理体制》，《中国行政管理》2012年第10期。

③ 包国宪、王学军：《我国政府绩效治理体系构建及其对策建议》，《行政论坛》2013年第6期。

④ 张瑄：《制度变迁视角下的政府绩效管理》，《上海师范大学学报》（哲学社会科学版）2013年第1期。

⑤ 周省时：《基于平衡计分卡的中国县级政府绩效管理体系研究》，博士学位论文，武汉大学，2012年12月。

理的有效抓手。推行绩效管理是加强干部队伍建设和机关作风建设的有效手段。①

傅兴国、宋汝冰认为推进政府绩效管理，是引导各级政府树立科学发展观的必然要求，是提高政府执行力和公信力的重要举措，是建设服务型政府的迫切要求，是加强公务员队伍建设的重要手段。②

（三）管理理念

包国宪、曹惠民、王学军在对中国地方政府绩效管理制度进行反思的基础上，提出地方政府绩效的研究应该实现从管理视角到治理视角的转变。解释了地方政府绩效治理的概念和特征，构建了一个地方政府绩效治理模型，并根据模型阐述了地方政府绩效的治理机制及其实现途径，为地方政府绩效研究提供了新的理论视角。③

刘金文、张昕、秦伟杰认为在构建政府部门内部控制框架时，应以绩效管理为导向，特别是在绩效预算管理中应通过强化各环节的内部控制措施，才能有利于绩效目标的实现和考评，才能将绩效管理落到实处。④

姜国兵基于政策倡议联盟框架和公共一致性理论，提供了四个发现：第一，GPM 试点工作结果因高层决策者与中层决策者之间态度不同而形成差异，为此，我们提出了一个分析视角；第二，试点工作走向主要是由决策者个人而非制度决定的；第三，建立在公共利益的基础上，以维护公共利益为导向，还是建立在官场禁忌的基础上，以维护部门或私人利益为导向，成为公共一致性的分水岭；第四，当高层决策者与中层决策者意见不一致时，政策方案至少形式上符合高层决策者的要求。⑤

孙洪敏认为要不断揭示公众参与政府绩效管理的特点与规律，不断拓展公众参与政府绩效管理的进程和路径，建立确保公众成为政府绩效管理主体的长效机制，不断完善公众参与政府绩效管理的制度建设、技术支持及组织保证。⑥

姜国兵、张兴认为，政府绩效管理试点工作的核心问题不仅在于调整管理权，还在于规范管理的组织权，或者说，政府绩效管理是对体制内权力关系的再分配。⑦

薄贵利认为深化行政体制改革，推进服务型政府建设，迫切需要构建以公共服务为主要内容、以提高公共服务效能为主要目的的服务型政府绩效管理体制。服务型政府绩效管理需要改革政府绩效管理领导体制，构建服务型政府绩效指标体系和评估体制，改进服务型政府绩效结果运用机制，加强服务型政府绩效管理法治建设。⑧

申喜连认为公共部门绩效评估借鉴私营部门绩效评估具有必要性和可行性，但也存在着差异性和障碍。在借鉴过程中，公共部门不能简单地照搬私营部门绩效评估的理论和方法，而要在对两者比较的基础上，探索公共部门绩效评估借鉴私营部门绩效评估的内容与

① 苗圩：《积极推行绩效管理，提高政府行政效能》，《行政管理改革》2013 年第 1 期。

② 傅兴国、宋汝冰：《推进政府绩效管理需要注意的几个问题》，《中国行政管理》2013 年第 6 期。

③ 包国宪、曹惠民、王学军：《地方政府绩效研究视角的转变：从管理到治理》，《东北大学学报》（社会科学版）2012 年第 5 期。

④ 刘金文、张昕、秦伟杰：《基于绩效管理的政府部门内部控制研究》，《中国会计学会 2013 年学术年会论文集》，2013 年。

⑤ 姜国兵：《论政府绩效管理结果形成的逻辑》，《行政论坛》2013 年第 5 期。

⑥ 孙洪敏：《论政府绩效管理中的公众参与机制》，《学术前沿》2013 年第 9 期。

⑦ 姜国兵、张兴：《政府绩效管理试点工作：路径与差异》，《中国行政管理》2013 年第 10 期。

⑧ 薄贵利：《构建服务型政府绩效管理体制》，《中国行政管理》2012 年第 10 期。

路径。[①]

（四）方法与工具

多纳德·莫尼汉等学者采用顺序 Probit 回归模型，通过对美国联邦审计总署 1996 年、2000 年、2003 年和 2007 年的数据进行调研，最终得出依赖于难以观测的官僚行为来实现的政府改革是具有局限性的以及在政府绩效改善的过程中绩效信息使用的重要性。对数据的深层分析还揭示了一系列影响绩效信息使用的组织因素，这包括领导对结果的承诺、监管者引导学习惯例、工作动机的性质、将测量与行动链接起来的能力、管理的自由裁量权以及利益相关者之间的政治冲突。[②]

胡晓东、刘兰华通过对美国联邦政府公务员绩效评价的研究，发现 360 度绩效评价是美国联邦政府对公务员进行绩效评价的一大亮点，并且给予了相应的法律、法令和政策的规范。另外，美国联邦政府将绩效评价得出的结果应用于公务员的薪酬、培训、晋升等公务员管理的相关模块。[③]

高树彬在面向服务型政府绩效管理模式与绩效评价研究中提出了基于模糊理论的服务型政府绩效评价方法，包括基于模糊 DEA 的政府绩效评价方法和基于模糊综合评价的服务型政府绩效评价方法。该方法将定性与定量技术相结合，在充分借助专家知识和经验的同时，能够有效解决评估初期数据少、存在大量定性指标、非确定性信息环境下的绩效评价问题。同时研究了基于流程优化技术的政府绩效改善方法，首先将流程再造的基本理论应用到政府绩效诊断中，提出了基于模糊灰色关联决策的流程诊断技术，在此基础上，将 QFD 的原理引入到的绩效改善过程中，提出了基于 QFD 的绩效改善模型框架。[④]

阎波、高小平探讨了样本点的特征及其在政府绩效管理中的作用，给出了改进政府绩效管理研究与实践的建议。研究发现，受“测不准原理”的影响，传统政府绩效测量的指标模拟方式难以有效控制测量偏误，而引入反映政务运行关键事项和活动状况的样本点可以发挥“三角验证”作用，能够避免片面依赖统计数据来评估政府绩效的偏误，有助于提升政府绩效信息的真实性和可靠性。[⑤]

吕双旗针对政府绩效评估中的复杂性与模糊性，采用多层模糊评估模型对政府绩效评估中各项指标进行层层分解，采用模糊综合算法计算政府绩效，为政府绩效评估工作提供了一个实用而有效的方法。[⑥]

二　管理实践研究

（一）借鉴与比较

2012 年 7 月，北京市人民政府办公厅印发《关于十二五期间区县政府绩效管理工作

---

① 申喜连：《试论公共部门绩效评估对私营部门绩效评估的借鉴》，《中央民族大学学报》（哲学社会科学版）2012 年第 1 期。

② ［美］多纳德·莫尼汉、［法］斯蒂芬·拉沃图：《绩效管理改革的效果：来自美国联邦政府的证据》，《公共管理学报》2012 年第 2 期。

③ 胡晓东、刘兰华：《美国联邦政府公务员绩效评价及其启示》，《中国行政管理》2012 年第 2 期。

④ 高树彬：《面向服务型政府绩效管理模式与绩效评价研究》，博士学位论文，天津大学，2012 年 11 月。

⑤ 阎波、高小平：《政府绩效管理创新中的“样本点”》，《中国行政管理》2013 年第 10 期。

⑥ 吕双旗：《政府绩效的混沌控制与模糊评估》，《行政领导》2013 年第 8 期。

实施意见的通知》（京政办发〔2012〕38号）。为进一步推动科学发展，推进政府管理创新，根据党中央、国务院关于开展政府绩效管理工作要求，经市政府批准，自2012年起对区县政府实施绩效管理。北京市十二五期间区县政府绩效管理评价体系包括战略绩效、行政效能、服务效果和创新发展四个方面（简称：三效一创）。战略绩效设置经济发展、民生改善、社会管理、文化建设、生态建设五个评价维度。行政效能设置依法行政、勤政廉政、高效行政三个评价维度。服务效果设置综合评价一个维度。创新发展设置创新驱动一个维度。区县政府绩效管理考评结果提交市委，作为对区县政府领导班子考核评价的重要内容和领导干部选拔任用。年度评先评优的重要依据区县政府根据反馈报告，认真分析查找工作中的薄弱环节，及时制定整改方案，切实抓好绩效整改，不断提升工作绩效。领导小组组织相关成员单位对整改情况进行督促检查。

江苏省审计学会课题组从国家审计是加强和改进政府绩效管理的重要力量以及政府绩效管理为国家审计提供了深入发展的平台两个方面分析了国家审计与政府绩效管理的关系，并结合现有经验，特别是江苏推进绩效审计的实践，阐述了国家审计推进政府绩效管理的主要途径，并提出国家审计进一步推进政府绩效管理需解决的主要问题。①

方振邦、葛蕾蕾、李俊昊通过对韩国中央政府和地方政府绩效管理实践以及发展历程的探析，提出对中国政府绩效管理的发展和进步有益的借鉴和启示：（1）制定体现政府组织战略的绩效目标，实现政府绩效管理战略性与协同性的统一；（2）构建科学的多元化政府绩效评估主体，提高公民对政府绩效管理的参与度；（3）突出政府绩效管理的自我评价环节，促进政府绩效的不断改进和完善；（4）积极出台全国性的政府绩效管理法规，加快政府绩效管理的法治化进程。②

胡晓东、刘兰华通过对美国联邦政府公务员绩效评价的研究，发现美国联邦政府遵循的绩效管理核心是绩效评价的理念，对公务员进行完善的绩效评价。从而提高美国联邦政府公务员绩效，最终提升联邦政府的绩效水平。③

董小麟在针对广州财政支出绩效管理现状与发展要求的《深化财政支出绩效管理研究》的报告中提出，广州市财政支出绩效管理改革的总体取向是：第一，从项目财政支出绩效评价，逐步延伸到经常性支出评价，到整体单位评价，再到对政府总体绩效评价的转变；第二，从选择部分项目进行绩效评价试点到项目绩效目标管理试点，再到全面绩效目标管理，最后实现向绩效预算的转变。“十二五”时期，是实现这“两个转变”的关键时期，也是广州创造财政绩效管理新经验的战略机遇期。④

包国宪、王学军通过对中国、美国、日本等国的实践案例考察，从制度变迁和公共行政学术史两个层面的质性研究，提出了以公共价值为基础的政府绩效治理理论体系

① 江苏省审计学会课题组：《国家审计与政府绩效管理》，《审计研究》2012年第2期。

② 方振邦、葛蕾蕾、李俊昊：《韩国政府绩效管理的发展及对我国的启示》，《烟台大学学报》（哲学社会科学版）2012年第3期。

③ 胡晓东、刘兰华：《美国联邦政府公务员绩效评价及其启示》，《中国行政管理》2012年第2期。

④ 董小麟：《深化财政支出绩效管理研究——以广州市为例的思考》，《“财富的生产和分配：中外理论与政策”理论研讨会暨中国经济规律研究会第22届年会论文集》，2012年。

框架。[①]

方振邦、罗海元基于中国政治与行政管理体制特色及新时期经济社会发展需要，对地方政府绩效管理科学化问题和平衡计分卡中国化问题进行了探讨，并以北京市延庆县为案例阐述了地方政府平衡计分卡模式的系统结构及其应用技术，以期为推动政府绩效管理制度创新和促进地方政府科学发展提供借鉴。[②]

2013 年公布的《中共中央关于全面深化改革若干重大问题的决定》明确指出，要完善发展成果考核评价体系，纠正单纯以经济增长速度评定政绩的偏向，加大资源消耗、环境损害、生态效益、产能过剩、科技创新、安全生产、新增债务等指标的权重，更加重视劳动就业、居民收入、社会保障、人民健康状况。加快建立国家统一的经济核算制度，编制全国和地方资产负债表，建立全社会房产、信用等基础数据统一平台，推进部门信息共享。

任毅、张国兴认为北京市政府绩效管理的发展路径包括：（1）营造氛围，培养政府绩效文化；（2）加强立法，实现政府绩效民主管理；（3）整合资源，凸显绩效管理服务功能；（4）优化流程，提高绩效管理精准化程度；（5）拓宽领域，推动绩效管理“向下延伸”和“横向拓展”。[③]

蔡立辉、吴旭红、包国宪从中国政府绩效管理试点工作的分析中提出以下理论思考：（1）需要更进一步健全政府绩效管理领导体制、运行机制和优化组织环境；（2）进一步完善政府绩效管理的流程与环节；（3）促进政府绩效评估更加科学；（4）实现信息技术应用与政府绩效管理有机结合。[④]

（二）管理模式

郑方辉、段静在省级“政府绩效评价”模式及比较中指出，目前省级政府绩效评价或政绩考核可划分为“效能考核”“科学发展水平考核评价”与“政府绩效评价”三种模式，福建、广东、深圳具有代表性。由于中国各地的情况迥然有别，不同评价模式表现出自身的地方特色和领导者的个人风格，但总体上看，三种模式均可视为自上而下的标杆管理，甚至成为强化上级政府管治的“理性工具”。[⑤]

方振邦、罗海元在政府绩效管理模式建构过程中，着重把握了以下三个要点：第一，依照地方政府绩效管理科学化的基本要求来建构中国化模式及设计政府组织平衡计分卡体系；第二，以平衡计分卡本质特征为是非判断标准，批判性地吸收国内外研究成果和实践经验，将平衡计分卡视为一种开放性思维框架，在敢于创新的同时注意避免不同管理工具的混淆；第三，在模式建构和绩效管理体系设计中强化政策研究导向，提高理论研究与应

① 包国宪、王学军：《以公共价值为基础的政府绩效治理——源起、架构与研究问题》，《公共管理学报》2012 年第 2 期。

② 方振邦、罗海元：《政府绩效管理创新：平衡计分卡中国化模式的构建》，《中国行政管理》2012 年第 12 期。

③ 任毅、张国兴：《北京市构建政府绩效管理制度体系研究》，《首都经济论坛》2013 年第 2 期。

④ 蔡立辉、吴旭红、包国宪：《政府绩效管理理论及其实践研究》，《学术研究》2013 年第 5 期。

⑤ 郑方辉、段静：《省级“政府绩效评价”模式及比较》，《中国行政管理》2012 年第 3 期。

用研究的契合度。①

何文盛、廖玲玲、王焱结合中国地方政府绩效评估的典型模式之一的“甘肃模式”，对该模式中出现的问题和面临的困境进行系统的理论分析，在此基础上分析总结出中国地方政府绩效评估可持续开展的重要影响因素：法律保障、政治支持、社会参与以及评估体系设计。在以往政府绩效评估理论研究的基础上，构建出一个新的理论分析模型，并据此模型对“甘肃模式”进行分析，提出促进地方政府绩效评估可持续性发展的若干建议。②

高小平等学者基于政府绩效管理中西方之间经验的比较，分析中国特色的政府绩效管理的实质和理论价值，可以发现这是一种新模式，即创效式绩效管理模式，这一模式涵括的体制、机制、功能、辅助性创效等内在结构是完善的，其未来发展路径还有待深入探讨。③

赵景华、李宇环认为国家主体功能区规划除了要实行差异化绩效管理外，还需要从战略协同的视角进行整体绩效管理。整体绩效管理与局部的、单一的、非均衡的绩效管理模式相对应，它是制订绩效计划、推进绩效协同、实施绩效评价、诊断和应用绩效结果的完整过程。在国家主体功能区整体绩效评价模式研究中，从主体功能区绩效和政府绩效耦合的角度设计了主体功能区整体绩效管理的评价矩阵，并从挖掘主体功能区绩效管理过程中的失效诱因以及提出国家主体功能区绩效改进的政策建议两个方面讨论了绩效评价结果的运用。④

刘晓洋、谭海波基于“控制权”的理论视角，将政府绩效管理置于中央—地方之间关系的宏观视野，借鉴不完全契约中控制权的理论观点，探讨控制权在中央—地方各层级政府之间的分配以及可能产生的不同模式（垂直整合型、行政发包型、松散关联型、地方自治型），为中国政府绩效管理的科学推进提供有益启示。⑤

桑助来认为公众参与政府绩效评估有六种基本模式：一是“下评上”模式；二是“评估团”模式；三是“政务公开”模式；四是满意度调查模式；五是“万人评议政府”模式；六是“第三方评估”政府模式。⑥

（三）评估体系

连维良、吴建南、杨宇谦从多角度全面、系统地对政府绩效进行分类、分级、量化的考核，提出“四位一体”的政府绩效管理体系。“四位一体”的政府绩效管理体系在实践中取得了良好效果，不仅形成了良好的激励结构，提升了政府绩效测量的准确性，而且为谋事干事的人预留了充足、适宜的创新空间。“四位一体”的地方政府绩效考核为创新实

---

① 方振邦、罗海元：《政府绩效管理创新：平衡计分卡中国化模式的构建》，《中国行政管理》2012 年第 12 期。

② 何文盛、廖玲玲、王焱：《中国地方政府绩效评估的可持续性问题研究——基于“甘肃模式”的理论反思》，《公共管理学报》2012 年第 2 期。

③ Gao Xiaoping, Sheng Mingke and Liu Jie: “Performance Management in China: Its Characteristics in Practice and Its Theoretical Value”, *Social Sciences in China*, No. 4, 2012.

④ 赵景华、李宇环：《国家主体功能区整体绩效评价模式研究》，《中国行政管理》2012 年第 12 期。

⑤ 刘晓洋、谭海波：《政府绩效管理：权力配置与模式选择——基于“控制权”的理论视角》，《学术研究》2013 年第 5 期。

⑥ 桑助来：《公众参与政府绩效评估的模式及展望》，《改革纵横》2013 年第 1 期。

践提供了一个可资借鉴的“标靶”，但“四位一体”的政府绩效管理体系在目标设置、样本点选择和公众参与等方面仍存在有待进一步完善之处。①

周省时构建了基于平衡计分卡的领导干部统筹优化发展考核模型和体系。通过论证领导干部考核与政府组织绩效之间、平衡计分卡四维度与领导干部德能勤绩廉指标之间、冰山素质模型与平衡计分卡之间的有机联系，并在海林市“三百分”领导干部考评体系的基础上，建立了符合科学发展观的领导干部统筹优化发展考核模型和体系，该体系有效地实现了与中国传统德能勤绩廉考核体系的对接，是平衡计分卡在领导干部考核领域应用并进行“中国化”改造的有益探索和改进。②

高树彬在面向服务型政府绩效管理模式与绩效评价研究中提出了基于政府绩效维度、管理职能维度和绩效层次特征的绩效目标的体系框架，并结合中国社会发展的总体要求，指出了服务型政府绩效目标体系的未来取向，为后续绩效评价指标体系的构建和绩效改善策略的研究提供依据。③

孟慧南在第三方评估中国政府绩效中提出加强中国政府绩效第三方评估工作的建议：在思想上正确对待第三方评估机构；在机制上确保第三方评估在政府绩效管理中的作用；建立健全第三方评估的制度规范；提高第三方评估的专业性、独立性和公信力。④

任毅、张国兴通过研究政府绩效管理相关理论与实践，探寻政府绩效管理的内在规律，并基于北京市推行绩效管理工作所取得的经验和成效，尝试提出了以指标评价、组织管理、运行监控、公众评价、创新发展为核心的“五位一体”绩效管理制度体系，并进一步从科学化、民主化、法治化的视角阐述了政府绩效管理的发展路径。⑤

（四）问题与对策

包国宪、曹惠民、王学军认为中国地方政府绩效管理中存在的问题主要有：（1）地方政府绩效管理观念落后，导致其价值取向严重背离政府自身的公共性；（2）地方政府绩效评价主体单一，上级政府成为绩效评价的单一主体；（3）公众参与地方政府绩效评价的政策、制度空间有限，形式化执行倾向明显；（4）公众参与地方政府绩效评价的具体手段和途径的缺失导致社会公众的参与有名无实；（5）地方政府绩效的公共治理水平低，社会公众的话语权缺失。在地方政府绩效治理中人们需要关注政府绩效治理的环境、治理主体的选择以及治理文化的塑造等。地方政府绩效的治理转变途径包括：（1）强化地方政府决策者的绩效治理理念，坚持正确的绩效价值取向；（2）完善地方政府绩效治理的政策和制度环境；（3）进一步明确社会公众参与政府绩效治理的途径、工具和手段；（4）塑造公民参与政府绩效治理的绩效文化。⑥

---

① 连维良、吴建南、杨宇谦：《“四位一体”：地方政府绩效管理体系的案例研究》，《西安交通大学学报》（社会科学版）2012 年第 3 期。

② 周省时：《基于平衡计分卡的中国县级政府绩效管理体系研究》，博士学位论文，武汉大学，2012 年 12 月。

③ 高树彬：《面向服务型政府绩效管理模式与绩效评价研究》，博士学位论文，天津大学，2012 年 11 月。

④ 孟慧南：《第三方评估在我国政府绩效评估中的应用》，《领导参考》2012 年第 8 期。

⑤ 任毅、张国兴：《北京市构建政府绩效管理制度体系研究》，《首都经济论坛》2013 年第 2 期。

⑥ 包国宪、曹惠民、王学军：《地方政府绩效研究视角的转变：从管理到治理》，《东北大学学报》（社会科学版）2012 年第 5 期。

薄贵利认为中国政府绩效评估体制存在的主要问题是：（1）对公众和第三方重视不够；（2）政府绩效评估内容尚未更新；（3）缺乏对政府履职成本的评估；（4）政府绩效评估程序不够规范；（5）政府绩效评估不够透明；（6）政府绩效评估方法不够科学。改进政府绩效评估体制的基本对策：（1）完善政府绩效评估主体；（2）重新构建政府绩效指标体系；（3）加强对政府履职成本的评估；（4）实行政府绩效管理全过程公开；（5）健全服务型政府绩效评估程序，改进评估方法。①

董礼胜、刘选会认为政府绩效管理过程实际上充满了理性设计和现实要求之间的冲突，每一个环节都存在不同的问题。我们在认识到这些问题复杂性的同时需要对深层次的原因进行思考，中国目前的政府绩效改革需要政治改革的推动和引导，同时也需要对研究方法进行创新。②

任毅、张国兴提出北京市政府绩效管理制度体系的推进思路：（1）以公共价值为基础，突出顶层设计，构建导向清晰、层次分明的绩效管理指标体系；（2）以强化统筹协调为牵引，注重制度管理，构建领导有力、运行有序的绩效管理组织体系；（3）以优化流程为抓手，注重绩效沟通，构建循环闭合、科学高效的绩效管理运行体系；（4）以建设服务型政府为归宿，注重公众参与，构建多层次、多维度的绩效管理公众评价体系；（5）以政学互动为支撑，注重开放包容，构建立体化、多元化的绩效管理创新发展体系。③

陈慧、祁凡骅、高璐认为中国政府绩效管理实践存在的问题主要有：第一，理论指导的系统性有待提高；第二，绩效评估体系的科学性亟须加强；第三，绩效管理制度平台有待完善；第四，绩效计划制订过程存在缺陷。完善地方政府绩效管理的对策建议：第一，建立健全科学的地方政府绩效管理体系；第二，实现政府绩效管理主体多元化；第三，重视全面绩效沟通；第四，强化绩效考核结果的反馈与利用；第五，加强政府绩效管理法治化建设。④

傅兴国、宋汝冰认为推进政府绩效管理应以绩效评估为抓手，重点做好三个方面的工作：（1）从实际出发，科学合理地确定评估的内容和指标体系；（2）明确评估的机制和方法；（3）明确评估结果的运用。妥善处理好推进政府绩效管理的几个问题：（1）建立符合科学发展观要求，既科学合理又简便易行的评估指标体系；（2）探索和完善于法周严、于事简便的绩效评估的方法和途径，提高绩效评估的准确性、公正性、有效性；（3）如何合理运用评估结果，形成正确的政绩导向和良好的政风问题（4）处理好政府绩效评估与其他考核、评估等的关系。⑤

郑方辉、廖鹏洲认为目前体制内自上而下、各自为政的各种考评强化了部门的执行力，但亦成为推进政府绩效管理的主要障碍，背后涉及行政权力格局，直指“顶层设计”。理顺管理权与组织权、目标管理与绩效管理、过程控制与结果导向等基本关系，中

---

① 薄贵利：《构建服务型政府绩效管理体制》，《中国行政管理》2012 年第 10 期。

② 董礼胜、刘选会：《政府绩效管理过程反思》，《中国行政管理》2012 年第 12 期。

③ 任毅、张国兴：《北京市构建政府绩效管理制度体系研究》，《首都经济论坛》2013 年第 2 期。

④ 陈慧、祁凡骅、高璐：《地方政府绩效管理创新研究》，《行政管理改革》2013 年第 7 期。

⑤ 傅兴国、宋汝冰：《推进政府绩效管理需要注意的几个问题》，《中国行政管理》2013 年第 6 期。

国政府绩效管理应指向“三个统一”。①

桑助来认为中国公众参与政绩评估还处在起步探索阶段，存在不少问题和挑战：一是公众参与的力度不够；二是公众参与的持续性不强；三是公众参与的权威性不足；四是公众参与的科学性不高。②

彭澎提出进一步改善和推进中国政府绩效评估工作的对策建议：在政府绩效评估管理工作中借鉴和吸收企业绩效评估管理理念；在政府绩效评估管理工作中借鉴和吸收西方国家绩效评估经验；重视中国政府绩效考核的关键问题，促进政府绩效评估管理的科学化；深入完善和继续优化政府绩效评估制度。③

（五）发展趋势

董小麟在针对广州财政支出绩效管理现状与发展要求所作的《深化财政支出绩效管理研究》的报告中指出，当前深化广州市财政支出绩效管理的路径包括：（1）要加速财政绩效管理的法治化进程；（2）要加强财政绩效管理的协调；（3）要加强项目绩效检测评价的科学合理性；（4）要深入评判主客观因素对评价结果的影响；（5）要强化绩效评价结果的运用机制；（6）进一步加强绩效目标申报环节的工作。④

郑方辉、段静认为从发展的趋势来看，中国省级“政府绩效评价”模式的演进取决于多种因素，但几个特点将日趋明晰：一是政府绩效导向下的目标（标杆）管理将成为中国省级政府绩效评价的理念定位；二是相对规范的评价组织机构与技术体系将逐步统一；三是省级政府绩效评价模式特色在于评价主体与结果问责。总体趋势是：省级“政府绩效评价”模式中的“效能考核”“科学发展水平考核评价”将向“政府绩效评价与管理”转变。衡量省级政府绩效评价模式特色在于多元化的评价主体，多样化的评价方式，多重化的评价机制，以及如何科学地使用评价结果，建立以评价结果为基准的奖惩制度。⑤

包国宪、王学军首先从“公共性”“合作生产”和“可持续”三个方面对新公共管理背景下的政府绩效管理进行了反思，认为公共价值对政府绩效合法性具有本质的规定性。其次，初步论证了以公共价值为基础的政府绩效治理的两个基本命题——政府绩效是一种社会建构，产出即绩效；认为只有来源于社会的政府绩效才能获得合法性基础，也只有根植于社会的政府绩效才能产生其可持续提升的需要，这是政府绩效管理的根本动力；而在政府绩效价值建构基础上的科学管理，才能保证政府产出与社会需求的高度一致，充分体现科学管理的价值。再次，从这两个基本命题出发，以价值管理和管理科学理论为基础，构建起了以公共价值为基础的政府绩效治理模型，并对模型中政府绩效的价值建构、组织管理和协同领导系统等主要内容进行了阐述。最后，从模型如何“落地”、政府绩效

---

① 郑方辉、廖鹏洲：《政府绩效管理：目标、定位与顶层设计》，《中国行政管理》2013年第5期。

② 桑助来：《公众参与政府绩效评估的模式及展望》，《改革纵横》2013年第1期。

③ 彭澎：《推进我国政府绩效评估制度发展的探索思考》，《南华大学学报》（社会科学版）2013年第5期。

④ 董小麟：《深化财政支出绩效管理研究——以广州市为例的思考》，《“财富的生产和分配：中外理论与政策”理论研讨会暨中国经济规律研究会第22届年会论文集》，2012年。

⑤ 郑方辉、段静：《省级“政府绩效评价”模式及比较》，《中国行政管理》2012年第3期。

管理的价值分析和研究拓展等方面提出了未来的研究方向。①

方振邦、罗海元认为尽管平衡计分卡初始设计难度和成本较高，但可以预期未来的政府绩效管理将强化与组织战略的匹配度，突出绩效评估指标体系的差异化，更为重视驱动经济社会可持续发展的潜在因素，由此可以判断平衡计分卡在政府组织中的应用前景是乐观的。当然，平衡计分卡中国化模式的探索只是一个起点，模式本身还需要在实践中继续加以调试、检验和完善。②

包国宪、孙斐综合运用了文献研究、质性研究和德尔菲法对政府绩效管理价值进行分析，并将其得出的价值类型和价值集合分解到以平衡计分卡为科学模型基础所构建的价值平衡分析框架的四个维度，基于四个维度的内在平衡性实现了各维度间的价值平衡，从而形成一个较为系统的政府绩效管理价值平衡分析体系，以期对理论和实践有所启示。③

苗圩认为在实践中积极探索政府绩效管理应始终坚持：一是继承创新，循序渐进；二是量化标准，注重规范；三是突出重点，推动工作；四是多维评价，着力改进；五是统筹兼顾，提高效率。以党的十八大精神为指导进一步深化绩效管理：一是要加强绩效管理研究；二是要解决绩效管理难题；三是要拓展绩效管理实施范围。④

周省时就政府战略规划、政府战略绩效管理单位重要性及其关系进行论证，并提出了制订战略规划、建立战略绩效管理体系的思路和做法，最后，通过平衡计分卡战略性绩效工具的引入对领导干部考核提供了有益启示。⑤

第二节　政府绩效管理实践创新

政府绩效管理研究与实践是相辅相成、共同发展的。回顾 2012 年、2013 年，无论是中央部委还是各级地方政府，创新绩效管理实践的热情仍十分饱满。编者从中央政府和地方政府两个层面对本年度政府绩效管理的实践创新情况进行了梳理。

一　中央政府实践创新

（一）国务院

2012 年 3 月 17 日，政府绩效管理工作部际联席会议在京召开第二次会议。会议强调，要认真贯彻落实国务院关于开展政府绩效管理试点的要求，以改革创新精神扎实推进政府绩效管理各项工作。会议指出，2011 年政府绩效管理工作稳步有序推进，实现了良好开局。经国务院同意，北京、吉林、福建、广西、四川、新疆、杭州、深圳以及国家发

---

① 包国宪、王学军：《以公共价值为基础的政府绩效治理——源起、架构与研究问题》，《公共管理学报》2012 年第 2 期。

② 方振邦、罗海元：《政府绩效管理创新：平衡计分卡中国化模式的构建》，《中国行政管理》2012 年第 12 期。

③ 包国宪、孙斐：《政府绩效管理价值的平衡分析体系》，《兰州大学学报》（社会科学版）2012 年第 5 期。

④ 苗圩：《积极推行绩效管理提高政府行政效能》，《行政管理改革》2013 年第 1 期。

⑤ 周省时：《政府战略绩效管理与战略规划关系探讨及对领导干部考核的启示》，《管理世界》2013 年第 1 期。

展和改革委、财政部、国土资源部、环境保护部、农业部、质检总局等 14 个省（区、市）和国务院部门认真开展政府绩效管理试点，积累了一定经验，取得了初步成效。目前，全国共有 24 个省（区、市）和 20 多个国务院部门探索开展了政府绩效管理工作。会议强调，要进一步加大试点工作力度，在建立健全绩效管理机制制度、指标体系、考评方法和运用考评结果等方面继续深入探索。要认真贯彻落实中央关于文化、教育、强农惠农、节能减排、医药卫生、水资源管理、质量安全与发展、扶贫等方面工作的考核要求，鼓励和支持各地区各部门探索开展对重大公共政策、政府重大投资项目、财政资金以及重大专项工作的绩效管理。在认真总结实践经验和深入调研论证的基础上，研究提出推行政府绩效管理的指导性意见，明确政府绩效考评指标体系的基本框架。[①]

（二）中组部

2012 年 2 月 1 日，根据中共中央组织部印发的《关于在创先争优活动中开展基层组织建设年的实施意见》（中组发〔2012〕6 号）提出的基层党组织“五个好”标准和“一个好的支部，必须要有一个好的带头人、一个好的发展思路、一个好的工作制度、一个好的活动阵地、一个好的保障机制”的要求，综合考虑基层党组织的功能定位、职责任务，确定“党组织带头人、工作思路、工作制度、活动阵地、保障机制、工作业绩、群众评价”七项分类定级指标。在具体实施中，可结合各领域各行业基层党组织的特点，对七项指标进一步细化分解。要建立“三级联述联评联考”制度，切实做到述职述党建、评议评党建、考核考党建，任用干部看党建。“三级联述”，要求市（地、州、盟）、县（市、区、旗）、乡镇（街道）党（工）委书记就抓基层党建工作情况分别向上一级党委进行专项述职。“三级联评”，要求组织基层党组织、党员和群众代表对县（市、区、旗）、乡镇（街道）、村（社区）党组织抓党建工作情况进行评议。“三级联考”，要求把抓基层党建工作情况作为市（地、州、盟）、县（市、区、旗）、乡镇（街道）党（工）委和部门党组（党委）领导班子、领导干部年度考核的重要内容。

2013 年 12 月 6 日，中共中央组织部发布《关于改进地方党政领导班子和领导干部政绩考核工作的通知》（中组发〔2013〕22 号）。通知明确规定政绩考核要突出科学发展导向；完善政绩考核评价指标；对限制开发区域不再考核地区生产总值；加强对政府债务状况的考核；加强对政绩的综合分析；选人用人不能简单以地区生产总值及增长率论英雄；实行责任追究；规范和简化各类工作考核。

（三）财政部

2012 年 9 月 21 日，根据党中央、国务院有关加强预算绩效管理的指示精神和提升政府绩效的总体要求，结合预算绩效管理工作发展需要，财政部制订了《预算绩效管理工作规划（2012—2015 年）》（财预〔2012〕396 号）（以下简称《规划》）。《规划》包括四部分内容：一是分析了中国预算绩效管理工作现状和存在的问题，阐明了制订规划的重要性和必要性，以及全面推进预算绩效管理的重要意义；二是确立了推进预算绩效管理的指导思想、基本原则，并提出了绩效目标逐步覆盖、评价范围明显扩大、重点评价全面开展、结果应用实质突破、支撑体系基本建立的总体目标；三是从“建立一个机制”“完善两个体系”“健全三个智库”“实施四项工程”四个方面，明确了 2012—2015 年预算绩效

---

① 资料来源：中华人民共和国中央人民政府门户网站。

管理的主要任务和重点工作；四是从组织领导、舆论宣传、机构人员、经费保障、强化素质培训等方面，提出了推进预算绩效管理工作的保障措施。

《规划》是继2011年《财政部关于推进预算绩效管理的指导意见》之后出台的另一份指导性文件，对进一步推进各地区、各部门的预算绩效管理工作，提高财政管理水平，完善公共财政体系具有重要作用。《规划》提出贯彻党中央、国务院提出的建设高效、责任、透明政府的总体要求，构建具有中国特色的预算绩效管理体制，牢固树立“讲绩效、重绩效、用绩效”“用钱必问效、无效必问责”的绩效管理理念，进一步增强支出责任和效率意识，全面加强预算管理，优化资源配置，提高财政资金使用绩效和科学化精细化管理水平，提升政府执行力和公信力。绩效目标逐步覆盖。不断增加编报绩效目标的项目和部门，逐步扩大覆盖范围。评价范围明显扩大。各级财政和预算部门都开展绩效评价工作，并逐年扩大评价的项目数量和资金规模。重点评价全面开展。中央和省级财政部门都开展县级财政支出管理绩效综合评价试点；各级财政部门对预算部门，预算部门对下属单位都开展部门（单位）支出管理绩效综合评价试点；各级财政部门和有关预算部门都开展重大民生支出评价试点和企业使用财政性资金绩效评价试点。结果应用实质突破。所有评价结果都反馈给被评价单位，增强支出责任；实现绩效报告及评价结果在本部门范围内的全面公开，扩大向社会公开的范围，强化社会监督；建立评价结果与预算安排相结合的激励约束机制，完善预算管理；重点评价结果向同级政府报告，实行绩效问责。支撑体系基本建立。省级以上财政部门构建较为科学、适用的分级分类绩效评价指标体系，完成专家学者库、中介机构库和监督指导库三个智库建设；建成有机融合的预算绩效管理信息系统，基本建成全国统一的绩效信息数据库，实现资源共享。

2013年4月21日，财政部发布《预算绩效评价共性指标体系框架》（财预〔2013〕53号）。预算绩效评价共性指标体系为参考性的框架模式，主要用于在设置具体共性指标时的指导和参考，并需根据实际工作的进展不断予以完善。各级财政部门和预算部门开展绩效评价工作时，既要根据具体绩效评价对象的不同，以《预算绩效评价共性指标体系框架》为参考，在其中灵活选取最能体现绩效评价对象特征的共性指标，也要针对具体绩效评价对象的特点，另行设计具体的个性绩效评价指标，同时，赋予各类评价指标科学合理的权重分值，明确具体的评价标准，从而形成完善的绩效评价指标体系。

（四）国家税务总局

2013年12月10日，国家税务总局在《关于实施绩效管理的意见》（税总发〔2013〕130号）中围绕提升站位、增强税务公信力和执行力的“一提双增”目标，打造一条锁链、构筑一个闭环、形成一种格局、建立一套机制，激发干部队伍动力活力，提高税收工作效能效率，努力开拓税收事业更加广阔的前景。一条锁链是“工作项目化、项目指标化、指标责任化”的工作锁链；一个闭环是“绩效管理有目标、目标执行有监控、执行情况有考评、考评结果有反馈、反馈结果有运用”的管理闭环；一种格局是“纵向到底、横向到边、双向互动、环环相扣、层层负责、人人向上”的责任格局；一套机制是落实重大决策部署的快速响应机制、税收工作持续改进的评价导向机制、树立税务队伍良好形象的内生动力机制、促进征纳关系和谐的服务增效机制。

按照“一年试运行、两年见成效、三年创品牌”的规划，扎实推进绩效管理工作。2014年是“绩效启动年”。主要建立绩效管理的制度框架，上线运行绩效管理信息系统，对税务总局各司局和省税务局试行绩效管理，各司局和省税务局探索向下延伸，在试行中及时总结经验、充分发现问题、积极探求对策，为正式实施绩效管理、开展考评、运用结果奠定坚实基础。2015 年是“绩效推进年”。主要结合各级税务机关岗责体系建设，进一步完善绩效管理制度，优化考评指标体系，升级改进信息系统，全面推进纵向到底、横向到边的各层级绩效管理，总局、省局、市局、县局四级联动，努力做到管理科学、措施完善、手段先进、运行高效。2016 年是“绩效提升年”。主要促进绩效管理体系更加完备、制度机制运行更加稳健，加强实践创新和理论研究，努力创建富于税务特色、具有示范效应、发挥引领作用的政府绩效管理模式。在实现三年规划的基础上，总结提升，再接再厉开创绩效管理工作新局面，坚定不移推进税收事业取得新跨越。

（五）国土资源部

2012 年，国土资源部制定出台了《深化绩效管理试点工作方案》以及与之相配套的五个绩效管理制度。2013 年 1 月，进一步整合原有的绩效管理制度，修订出台了《绩效管理暂行办法》，同步修订了相配套的《局级领导班子和干部年度考核办法》，初步构建起以一个绩效管理办法和一个干部考核办法为核心的考核评价制度体系，为推进绩效管理常态化奠定了良好的制度基础。设计差别化的指标体系，将职责履行、依法行政、领导班子建设、内部管理、改革创新等作为绩效管理重点内容，并根据机关司局、督察局和直属事业单位的不同性质和工作特点，设计差别化的考评指标体系。实施全方位考评，坚持定性与定量评估相结合、内部自评与外部测评相结合、过程管理与年终评估相结合。所有绩效指标均在过程管理中进行定量评估，年终只进行领导评价、群众评价、外部评价等多维度的满意度测评。探索引进外部考评，在坚持多主体、多层面考评的同时，探索增加各省级国土资源主管部门对机关司局的满意度测评，督察区域内省、市人民政府和国土资源主管部门对土地督察局的满意度测评。①

（六）农业部

《农业部关于印发〈农业部 2012 年度强农惠农富农政策落实延伸绩效管理工作实施方案〉的通知》（农财发〔2012〕80 号）要求，通过实施延伸绩效管理，建立以结果为导向的监测与评价体系，及时掌握资金使用、政策落实进展情况，客观评价实施成效、绩效目标实现程度等情况，查找问题，分析原因，总结经验教训，提出下一步推进政策落实、完善项目运行机制的建议，改进落实措施，持续提高政策绩效。

一是加强组织领导。农业部成立强农惠农富农政策落实延伸绩效管理领导小组，相关工作由部财务司牵头负责，部农机化司、科教司、计划司具体负责，驻部监察局参与，协同推进延伸绩效管理有力有序有效开展。地方农业部门也要成立相应工作机构，明确责任处室或牵头部门，加强队伍建设，强化组织协调，确保各项工作顺利推进。鼓励支持有条件的省（区、市）对地（市）、县（市、区）农业部门开展延伸绩效管理试点。

二是加强培训宣传。延伸绩效管理是一项新事物。农业部将适时组织省级农业部门举办培训班，邀请有关专家讲解绩效管理基本知识，解读实施方案和评估方法与标准，安排落实相关工作。同时，通过印发工作简报，介绍各地的好做法、好经验、好典型，努力营造上下联动、齐抓共管的良好氛围。

三是加强监督检查。省级农业部门要主动把这两项政策的落实情况纳入省级人民政府绩效管理或目标考核的重要内容。配合驻部监察局认真做好强农惠农富农政策落实情况的

① 资料来源：监察部网站。

监督检查，适时组织开展重点抽查，对发现的问题责成地方有关单位限期整改，确保政策项目落实到位、取得实效。

二　地方政府实践创新

（一）北京市

2012年7月4日，北京市人民政府办公厅印发《关于“十二五”期间区县政府绩效管理工作的实施意见》的通知（京政办发〔2012〕38号）。北京市“十二五”期间区县政府绩效管理评价体系包括战略绩效、行政效能、服务效果和创新发展四个方面（简称“三效一创”）。战略绩效设置经济发展、民生改善、社会管理、文化建设、生态建设五个评价维度：1. 经济发展评价旨在引导区县政府进一步加快转变经济发展方式，优化产业结构和投资消费结构，不断提升区域经济发展质量，实现居民收入与区域经济同步增长。由市发展和改革委、市经济信息化委、市财政局、市农委、市商务委、市旅游委、市统计局负责组织相关任务的管理并考评。2. 民生改善评价旨在引导区县政府推动教育、卫生事业优质均衡发展，进一步提高就业保障、社会保障、住房保障工作水平，使人民群众共享发展成果。由市教委、市民政局、市人力社保局、市住房城乡建设委、市卫生局负责组织相关任务的管理并考评。3. 社会管理评价旨在引导区县政府进一步加强城市管理，维护社会安全稳定，为人民群众生产、生活提供良好的社会环境。由市公安局、市民政局、市市政市容委、市交通委、市安全监管局、市食品办、市应急办负责组织相关任务的管理并考评。4. 文化建设评价旨在引导区县政府完善公共文化服务体系，促进文化创意产业发展，推进社会主义先进文化之都建设。由市文化局负责组织相关任务的管理并考评。5. 生态建设评价旨在引导区县政府做好资源节约和环境保护工作，推进“绿色北京”和宜居之都建设。由市发展和改革委、市国土局、市规划委、市水务局、市环保局、市市政市容委、市园林绿化局、市统计局负责组织相关任务的管理并考评。

行政效能设置依法行政、勤政廉政、高效行政三个评价维度：1. 依法行政评价旨在引导区县政府依法、科学、民主决策，规范行政行为，加大监督力度，加快法治政府建设。由市政府法治办牵头管理并考评。2. 勤政廉政评价旨在引导区县政府主动做好服务中央和驻京部队工作，全面落实市委、市政府重大决策，切实加强反腐倡廉体系建设，不断提升执行力和廉洁从政水平。由市监察局、市政府督察室（绩效办）、市政府外联服务办分别负责管理并考评。3. 高效行政评价旨在引导区县政府积极开展预算绩效管理工作，依法合规使用财政资金，有效控制财政供养人员规模，不断提高资金使用效益。由市编办、市财政局、市审计局分别负责管理并考评。

服务效果，设置综合评价一个维度。综合评价旨在引导区县政府强化服务意识，提高服务质量，践行“四个服务”，加快推进服务政府建设。由市政府绩效办委托第三方调查机构组织调查和评价。

创新发展，设置创新驱动一个维度。创新驱动评价旨在引导区县政府持续加强科技创新工作，积极探索行政管理体制创新，加快创新型城市建设。由市编办、市科委分别负责管理并考评。

2013年10月14日，北京市财政局发布《北京市财政局关于开展国有资本经营预算绩效管理和绩效评价试点工作的通知》（京财企〔2013〕2147号）。国资预算绩效管理和绩效评价试点工作由财政部门统一组织，适用于国有资本经营预算资金安排的项目支出。

各国资预算单位要充分认识和发挥自身作用，配合财政部门切实做好本部门国资预算绩效管理和绩效评价试点工作，提高国资预算绩效管理的时效性。国资预算绩效管理和绩效评价试点工作将根据设定的绩效目标，运用科学、合理的绩效评价指标、评价标准和评价方法，对国资预算支出的项目经济性、效率性和效益性进行客观、公正的评价。力争将结果应用纳入国资预算管理、执行、监督全过程，以提高国资预算资金使用效益。国资预算绩效管理和绩效评价试点工作包括两个方面，一是2014年国资预算的绩效管理试点工作；二是2012年国资预算资金安排项目绩效评价试点工作。

（二）广东省深圳市

2013年9月，广东省深圳市福田区首次开展“绩效面谈”。2013年上半年，福田区各部门向社会公布《公共服务白皮书》，17个政府职能部门确定了133项重点工作。区委、区政府决定以绩效管理为抓手，促进这些重点工作的落实。该区出台《政府绩效面谈工作实施办法》，对在半年评估中每个系列的单项指标排后3名且得分处于“红、黄区”（小于80分），以及《白皮书》和责任书工作任务未按进度目标完成且造成一定影响的被评估单位，实施绩效面谈。

按照《实施办法》，参加绩效面谈的是相关单位的分管领导，但多个单位的一把手均主动要求参加面谈。区里建立绩效面谈制度，健全政府部门层级之间的规范化沟通，确保任务明晰、职责明确、执行有力、反馈及时，促进本单位的各项工作上台阶、上水平。①

（三）福建省厦门市

近年来，福建省厦门市积极探索建立程序化、制度化、电子化绩效管理评估工作体系，有力促进了全市机关作风转变和效能提升。目前，全市各区党委和政府、市直党群部门、政府部门、驻厦部、省属单位，以及电业、邮政、水务、公交四个公共服务企业共五大系列、119个部门（单位）已纳入考评系统，覆盖面达100%。

管理有章法，评估有尺度。制定绩效管理系统流程图和年度绩效工作方案，不断完善评估指标体系设置和考评办法。对绩效目标的设定、分解和责任落实，绩效完成情况的收集、填报、监控与分析，绩效管理的改进和提升等方面作出详细说明，提出具体要求。指标设置力求体现不同评估系列的业务特点，与时俱进、科学合理地进行优化调整。如2013年政府部门的评估指标，业务工作增加“海纳百川”人才计划工作内容，行政能力建设部分增加审批制度改革、行政服务标准化、廉政风险防控工作等指标。

外部暗访与内部自纠双管齐下。采取日常巡查与年终察访核验相结合的方式，组织45名机关效能监督员开展明察暗访，主要检查违反公文流转、政务公开、岗位职责以及工作制度等机关效能问题。全市开展明察暗访565次，有180人受到效能问责。此外，建立察访核验激励机制，鼓励各区、各部门加强日常自我监督，对各单位自行发现效能问题并追究相关人员责任的，可抵扣察访核验发现的相同问题扣分。通过明察暗访和自查激励双管齐下，并及时整改，充分调动了各区、各部门的积极性，形成了齐抓共管的良好局面。

工作好不好，群众说了算。重点评议直接密切管理服务基层、企业、群众的66个单位，形成和完善网上评议、政风行风评议、调查测评、市区机关互评等10种公众评议方式。在全市服务窗口单位办事大厅、市政务服务中心放置上百个评议箱，提供评议表及含

---

① 资料来源：《中国纪检监察报》。

邮资的信封，方便群众随时评议。这样既可以随地随机发现机关效能作风问题，又可以通过社会反映发现好人好事，传递作风正能量。通过开门抓效能的方式，把专业评议与群众满意度评议相结合，把一年一度评议变为全年度、经常性评议，使评议更具针对性、务实性，促使各行政单位不断提升服务质量和水平。

联合评估，客观全面。全市成立了11个绩效评估小组，分别承担各系列不同类别指标的考核工作。采取分类集中评估的方式，由同一评估小组人员采用同一标准对各单位的同一部分指标进行无记名评分。同时，实行平时监督检查与年终考核相结合，客观、全面地评价各单位的绩效状况。

双向互动，开放公正。全市绩效评估结束后，市相关部门向被评估单位反馈初步评估结果，由被评估单位逐一核对，对认为不确实之处可提出申诉意见和依据。市相关部门组织评估人员进行复核纠错，最终形成各部门的绩效评估成绩。这项制度给被评估单位以申诉复核的机会，确保了评估结果更加开放公正。

动态管理，提速增效。厦门市在2006年研究开发网上绩效评估管理系统的基础上，近年来升级改造并正式运行《厦门市政府网上绩效管理系统》，实现了绩效管理电子化。绩效评估信息发布、方案填报与审核、目标完成情况评估以及反馈、建立绩效档案等各环节均在网上运行，既便于被评估单位进行绩效管理，又便于评估主体进行监督考核，实现资源共享和动态管理，节约了人力物力，提高了绩效管理评估工作效率。

（四）江苏省张家港市

张家港将“绩效评估报告”权威发布、公开通报，并将结果体现在年度绩效考评中，只是张家港市推进政府绩效管理工作的举措之一。近年来，从重大行政决策绩效评估到重大项目绩效管理，从人才项目绩效评估到财政绩效管理改革，该市逐步形成全方位、立体式的“大绩效”管理体系，实现了从标准化管理向卓越绩效管理的跃升，提升了行政效能，激发了党员干部干事创业的积极性。

早在2011年1月，张家港市就率先设立市纪委绩效管理监察室。2012年，又专门成立张家港市绩效管理委员会（简称市绩效委），由市委书记担任市绩效委主任，市长担任第一副主任，成员由市委办、市政府办、市委机关工委、市委农工办、监察局、人社局、文明办、发改委、财政局、审计局、统计局负责人组成。全市形成上下联动、全面覆盖的绩效管理组织体系。该市制定出台《张家港市经济社会发展主要目标任务进度监测办法》《张家港市党政机关绩效管理工作意见》等一系列相关工作制度，形成政府绩效管理工作制度体系，从“目标管理、过程监控、绩效考评、持续改进”四个基本维度开展工作，实现“以制度强管理、以明责提效率、以创新增绩效”的工作目标。张家港市通过“绩效评估报告”等形式，将各区镇主要目标任务完成情况等每月在一定范围内通报。市绩效委在监测督办过程中，一旦发现虚报监测数据、整改措施不力等行为，均严格实施责任追究，从重扣除责任单位的单项指标年度考核得分，并在全市范围内对有关责任人员进行通报批评。

张家港市率先建立了“人才项目绩效评估指标体系”。该体系运用“政策兑现、中期评估、优质项目再支持和清理退出”等人才工作管理链的各个环节，通过明确的、可量化的绩效评估和动真碰硬的评估结果运用，加强对项目承办或资金使用单位的跟踪管理和考核，提高了人才项目引进和发展的实效。2013年5月中旬，张家港市级机关和园区、乡镇都收到《生态文明建设绩效考核实施办法》，这个“实施办法”将生态文明建设列为绩效考核的关键指标，生态考核得分每季度公布一次，根据考核得分评出优秀、良好、一般、较差的部门和单位。

政府绩效管理的落脚点是提高效能，惠及民生。近年来，张家港市始终倡导“民生优先”理念，致力于创新行政服务举措，不断满足人民群众对优质公共服务和便捷社会化服务的新需求。2009 年 3 月开通的张家港市“12345”便民服务热线经过四年多努力，已被打造成“24 小时不下班”的服务型政府。2012 年，该市把“12345”便民服务热线与政风行风热线深度整合，并在张家港门户网、在线新闻网等同步开设“12345”政风行风热线专栏，以“现场直播”形式“晒”出投诉建议的办理过程，吸引网民围观，以外在压力激发职能部门办事的内生动力。

（五）黑龙江省大庆市

黑龙江省大庆市近年来创新绩效管理方式，推行以政府绩效管理为统领，辅之以行政绩效评估体系、四级便民服务体系、电子监察系统、巡视督察机制和奖惩问责机制的“1+5”绩效管理模式，推动政府机关行政提速、执行提效、服务提质、形象提升。在行政绩效评估体系中，该市针对县区政府、市直部门等分别设定评估指标，分类实施管理。其中，对县区政府设置了经济发展、民生改善、社会管理等 5 个一级评估指标和 13 个二级指标、42 个三级指标，对市直部门设置了行政效果、行政效率、行政成本等 40 个指标。该市建立健全以市行政服务中心为龙头、以县区行政服务中心为枢纽、以乡镇（街道）服务中心和村（社区）便民服务室为基础的四级便民服务体系。目前，四级便民服务网络已累计办理各类审批和服务事项 140 多万件，群众满意率达 98.2%。该市还建立行政效能电子监察系统，对行政权力运行全程实施监督。五年来，电子监察系统共发出预警信息 1260 条，纠错 38 起。建立健全巡视督察机制和市纪委常委联系巡视督察组制度，成立 10 个巡视督察组、2 个专项监督检查组，将市委、市政府 200 余项重点工作、百项民生项目和市县区领导联合包保的重点项目以及政府投资的 50 个城建重点项目全部纳入督察范围。强化奖惩问责机制。今年以来，针对部门监管不力、行政处罚不规范等问题，该市共问责责任单位 46 个次，责任人员 126 人次。

（六）新疆维吾尔自治区

2011 年以来，新疆维吾尔自治区有步骤、分层次开展政府绩效管理工作，初步建立以绩效指标考评为主体，以过程管理、公众评议、效能问责和电子监察为重要手段的“五位一体”绩效管理模式，在服务保障和促进新疆科学跨越、后发赶超，与全国同步建成小康社会方面发挥了积极作用。

新疆维吾尔自治区党委、政府高度重视政府绩效管理工作，专门成立绩效考评工作领导小组，自治区党委副书记和自治区党委常委、纪委书记分别担任正副组长，全区 14 个地（州、市）、自治区 76 个参评职能部门均组建绩效管理工作机构，形成了“党委、政府统一领导，领导小组具体负责，绩效办组织考核，社会公众参与，内考与外评相结合”的领导体制和工作机制。同时，按照“廉洁高效、优化环境、服务发展、群众满意”的绩效管理目标要求，制定印发《行政机关效能考评实施办法》《绩效考评工作方案》等制度规范，使绩效管理工作更加科学化、精细化、常态化。

自治区紧扣民生改善、环境保护、资源节约、社会管理、政务优化等目标任务，构建质量、经济、效益、民生、创新、稳定相结合的动态指标体系。2011 年，围绕改进机关作风、提高工作效能的目标，设置了履行职能职责、加强制度建设、提高效能效率和改进工作作风四项指标，着重对机关作风效能情况进行考评。2012 年，按照中央对新疆工作的要求，设置了经济发展、社会和谐、生态优美、民生保障改善、对口援疆、区域特色等 10 项一级指标，凸显了新疆特色。2013 年，全面落实党的十八大提出的“五位一体”总体布局，将一级指标调整为经济建设、政治建设、文化建设、社会建设和生态文明建设五项。在指标体系设置方面，紧紧盯住关键环节，对规范行政行为、改进工作作风、提升行政效率和服务质量等指标进行量化优化，确保了中央和自治区重大决策部署、重点工作贯彻落实不走样、不搞变通、不打折扣。

自治区加强效能监察，对绩效目标实行全过程规范化管理。一方面，寓监督于管理、以监督促管理。自 2011 年起，每年从社会各阶层选聘 100 名效能监督员，确定 50 个效能监测点，不定期对各地区各部门及其服务窗口进行明察暗访。2013 年以来，以贯彻落实中央八项规定和自治区“十条规定”，改进机关作风和提升效能效率为重点，围绕“新春好开局、实干促落实”八大系列活动进展情况，按季度开展集中监察，及时发现有关地区部门存在的问题，下发整改通知书 33 份，强令纠错，进一步践行“新疆效率”，巩固转变作风成果。另一方面，坚持“民生优先、群众第一、基层重要”理念，突出对各地区各部门保障和改善民生职责履行情况的监督检查，督促和推动自治区重大民生实事工程的落实。按照自治区“民生建设年”活动的部署，连续两年围绕民生实事工程各项指标建立样本点，开展专项察访核验。2012 年，把 25 类 90 项重点民生实事工程分解到自治区各职能部门，重点对定居兴牧、富民安居、保障房建设等十大项目进行察验。2013 年，把实施 25 类 100 项重点民生工程情况列为绩效考核的重要内容，通过明晰目标、全程监控、强令纠错、结果通报等措施，加强过程监管，确保每项工程的工作进度、经费来源、责任领导、承办主体等要求分解细化，履职效率和质量明显提升，绩效管理的服务保障作用得到发挥。

自治区坚持定性与定量、内考与外评、过程与结果相结合的原则，采用自评、指标考评、公众评议、领导评价、察访核验和加分减分六种方式，建立完善绩效台账登记、目标数据采集等质量保障体系，加强对指标完成情况的日常审核、专项评议、重点核验，保障考评真实、准确、有效、公正。采用科技手段不断创新考评方式，建设自治区电子监察系统综合平台，对行政审批、绩效考评、民生实事工程察访核验、效能投诉、援疆项目监督检查等开展网上监察，进一步提高推进绩效管理信息化水平。同时，自治区还注重绩效考评结果运用，坚持公开通报年度绩效考评结果，将其作为评价工作、领导班子考评、干部选拔任用、公务员评优评奖的重要依据，书面反馈每个参评地区和部门，督促整改问题，健全管理制度，促进服务水平和群众满意度的不断提高。坚持动态运用考评结果，对考评不合格单位的主要负责人进行诫勉谈话；对发生重大工作失误和行政不作为、慢作为、乱作为产生恶劣影响等问题，严格实施问责。2011 年，对公众评议问题突出的六个部门处室负责人作出免职处理，对 12 个处室负责人进行诫勉谈话，对年度考评排名靠后的六个部门主要领导进行约谈。两年来，全区共有 2124 名行政机关公务员被行政问责。建立以人民群众为主体的监督和评估机制，加强对政府绩效管理的外部监督。通过报纸专栏、电视访谈、网络监督、手机信息等渠道，把绩效管理从机关延伸到全社会，使社会公众逐步参与到政府管理中，为推进绩效管理营造了良好的社会氛围。

同时，委托社情民意调查机构，采用 CATI（计算机辅助电话调查系统）和社情民意调查热线“12340”，组织“两代表一委员”、普通群众、企业负责人和基层干部 4.2

万人次，对各地区各部门公众效能满意度情况进行民主测评，梳理存在的问题，明确整改要求，通报测评结果。采取座谈会、问卷调查、网上评议等方式，广泛征求社会各界对政府部门的意见建议，并通过单位内部征集和社区广泛征集，开展征求基层群众不满意事项试点工作，督促各地各部门加大政务公开力度，切实转变工作作风。此外，发挥效能投诉中心、“行风热线”和信访举报的作用，畅通基层和群众诉求渠道，坚持“老虎”“苍蝇”一起打，特别关注并严肃查处不正确履行职责、“吃拿卡要”等行为和典型案件。两年来，自治区效能投诉中心共接受群众行政效能投诉450件，办结435件，在办15件，督促相关地区和部门办理、回复群众有关问题2801件。严肃查处了12起严重违反行政效能建设制度和党纪政纪的案件，下发《监察建议书》11份，15名机关干部被追究党纪政纪责任，其中六人被移送司法机关处理，有效整治了机关干部“庸懒散”问题。

第三节 代表性成果

【《政府绩效管理理论与实践》】

编　　者： 鲍静

出版时间： 2012年

出版机构： 社会科学文献出版社

内容摘要：《政府绩效管理理论与实践》系统整理了中国行政管理学会十多年来对政府绩效评估和管理的研究成果，阐释了政府绩效管理的基本理念和内涵，论述了中国政府部门进行绩效管理工作的现实意义，梳理了中国历史上的政府考评制度，总结了世界各国政府绩效管理的经验和中国各地绩效管理的实践活动，力求在借鉴国内外相关理论和成功经验的基础上，为中国政府部门开展绩效评估工作提供方向性的、可操作的指导意见。

【《政府绩效评估》】

作　　者： 范柏乃　段忠贤

出版时间： 2012年

出版机构： 中国人民大学出版社

内容摘要： 该书以对科学发展观与正确绩效观的内涵及其关系的分析为基础，系统地介绍和讨论了美国、英国、日本和中国的政府绩效评估理论与实践活动，该书围绕政府绩效评估系统的四个核心要素，即评估指标、评估方法、评估主体和评估程序，分别进行了深入的理论分析和实证研究，进而系统地探讨了中国政府绩效评估的法治化问题。

【《21世纪公共管理系列教材：政府绩效管理》】

作　　者： 方振邦　葛蕾蕾

出版时间： 2012年

出版机构： 中国人民大学出版社

内容摘要： 该书在借鉴国内外研究成果和实践经验的基础上，以政府绩效管理系统模型为总体框架，对政府绩效管理的流程和关键决策等进行了系统的介绍和阐释，以期能够解答政府绩效管理工作中面临的问题。全书共九章，大体可以划分为四个部分。第一部分：第1章对政府绩效管理的理论基础进行了统领性的论述，探讨并界定了绩效与政府绩效、绩效管理与政府绩效管理等概念的内涵，探索性地构建了政府绩效管理系统模型，并介绍了政府绩效管理机构的类型和职责权限；第2章对目标管理、关键绩效指标以及平衡计分卡等政府绩效管理工具及其应用进行了系统的阐述。第二部分：以政府绩效管理系统模型为框架，对政府绩效计划、政府绩效监控、政府绩效评价、政府绩效反馈以及贯穿于这四个环节始终的五项关键决策等进行了细致的分析、总结和提炼。第三部分：介绍了外国政府绩效管理实践的具体经验和中国政府绩效管理的初步探索历程，重点阐释了美国、英国、韩国和新加坡政府绩效管理的相关法律法规和最新的绩效管理案例，期望能为中国政府绩效管理实践提供有益的指导和借鉴。第四部分：以中组部“平衡计分卡‘中国化’模式完善推广项目”试点城市——黑龙江省海林市为例，全面、系统地介绍了平衡计分卡在中国政府组织、部门和公务员绩效管理实践中的理论成果和应用经验。

【《中国地方政府绩效评估研究：基于广义模糊综合评价模型的分析》】

作　　者：朱俊峰　窦菲菲　王健

出版时间：2012 年

出版机构：复旦大学出版社

内容摘要：该书的具体内容包括五个方面：对政府绩效评估理论的评述及综合性研究、地方政府绩效评估模型的选择和构建、中国地方政府绩效问题的经验分析、对中国地方政府绩效问题的实证检验以及中国地方政府绩效管理和建设问题研究。

【《中山大学中国公共管理研究中心专题研究报告系列：地方政府绩效预算改革》】

作　　者：牛美丽

出版时间：2012 年

出版机构：格致出版社

内容摘要：该书选取了省、市、区三个层级共七个地方政府的绩效改革委案例，深入分析了改革的原因、进程、成果和所面临的挑战。此外，本书也加入了国际经验的介绍，目的是通过比较分析，为中国的绩效预算改革提供有益的参考。

【《中国政府绩效评价红皮书（2012）》】

作　　者：郑方辉

出版时间：2013 年

出版机构：新华出版社

内容摘要：该书阐述党的十八大报告指出的，要“创新行政管理方式，提高政府公信力、执行力，推进政府绩效管理”问题。2011 年，国务院批复由监察部（中央纪委）牵头建立政府绩效管理工作部际联席会议制度，选择北京等地进行地方政府及其部门绩效管理试点，财政部进行财政预算资金绩效管理试点等，为全国全面推行政府绩效管理制度探索积累经验。这种安排，将中国政府绩效评价研究与实践推向全国性的制度层面，亦为学术研究提出了新课题。“幸福中国”并不意味着经济方式自然转型升级，民生福祉自动缓解。本质上说，“幸福中国”实现取决于政治转型，涉及两个重要关系。一是国家幸福与国民幸福的关系。尤其要防止国民被幸福，或者是先制造不幸福，之后提出去“追求幸福”；二是幸福与民主、自由、富强的关系。2006 年，胡锦涛在耶鲁大学演说中，明确提出要“关注人的价值、权益的自由，关注人的生活质量、发展潜能与幸福指数”。民间对政府的看法能否带来实际变化，其希望并不在于民间的评估体系能否进入体制内部，或代替主流评价标准，而在于坐实民间机构的本分，坚守民间的价值立场。

【《中国政府绩效管理年鉴（第 2 卷）》（2012）】

编　　者：全国政府绩效管理研究会、兰州大学中国地方政府绩效评价中心

出版时间：2013 年

出版机构：中国社会科学出版社

内容摘要：以中国政府绩效管理改革和发展为主线，在国际视野上审视中国政府绩效管理的发展状况和演变态势，记录

了中国政府绩效管理领域理论研究和实践发展的年度进展，包括理论成果、典型事件、组织与人物、政策法规、实践模式等，注重转型时期中国政府的战略思维、资源配置和公共治理能力建设，以鲜明的风格、系统的内容和一流的质量，提供观察中国的政府绩效管理的平台。

【《基于数据挖掘的我国地方政府绩效评估指标设计：面向江苏四市的探索性研究》】

作　　者：尚虎平

出版时间：2013 年

出版机构：经济管理出版社

内容摘要：该书借助于“未来十大技术”之三的数据挖掘作为工具，以江苏四市（苏州、南京、盐城、徐州）作为研究对象，经过构建政府绩效指标数据库、数据集市、数据仓库，探索性地挖掘出了一套由 10 个一级指标、30 个二级指标和 90 个三级指标构成的较为完整的中国地方政府绩效评估通用指标体系。与美国、英国、瑞士、日本等国地方政府绩效评估通用指标相比较，该指标体系具有较好的科学性和国际通用性。

【《政府绩效管理：国际的潮流与中国的探索》】

作　　者：祁凡骅　张璋

出版时间：2013 年

出版机构：中国方正出版社

内容摘要：该书首先选择了美国的政府绩效管理进行总结和分析；其次，介绍了英国的绩效管理模式；再次，亚洲国家在政府绩效管理方面起步相对较晚，但其文化与我们有更大的共性，因此，该书对日本、韩国、印度的政府绩效管理也进行了剖析，以期发掘更多的经验参考；最后，我们对这些国家的政府绩效管理理念、体制、工具作了横向的对比，抽出了其在理念上的演变规律，总结了其体制上的共性与特点。这种横向的整体比较研究在国内政府绩效管理研究领域尚属首次。还在比较了国外的模式之后，笔者对国内 30 多个省、地级市的政府绩效管理实践进行了实证分析。数据来源于前几年的实证调查。该书对中国地方政府绩效管理的总结分为组织绩效和领导干部绩效两部分，梳理了已有的经验，指出了存在的问题，探讨了改进的方法。该书第三部分是政府绩效管理典型案例分析，有加拿大魁北克省的柔和管理取向，美国商务部、农业部的部门绩效追求，中国农业部的成功探索。该部分是前面内容的补充，希望给读者展现一个更加全面的政府绩效管理轮廓。

【《中国地方政府绩效评估创新研究》】

作　　者：倪星

出版时间：2013 年

出版机构：人民出版社

内容摘要：该书在贯彻落实科学发展观与构建和谐社会的价值理念指导下，以政府绩效评估和管理机制的系统构建为主线，系统全面地探讨了当今世界主要发达国家的政府绩效管理实践，并在深入研究中国地方政府绩效管理发展历程的基础上，以绩效评估指标体系为重点突破方向，分地区、分类别、分层级设计科学严谨、可操作性强的政府绩效管理评估体系，并搭建与之相配套的管理机制；最后，选取中国地方政府绩效管理实践中最为典型的目标责任考核和“万人评议政府”进行了案例剖析，具有重要的理论意义和现实意义。

【《国家主体功能区整体绩效评价模式研究》】

作　　者：赵景华　李宇环

发表时间：2012 年第 12 期

期刊名称：《中国行政管理》

内容摘要：国家主体功能区规划除了

要实行差异化绩效管理外，还需要以战略协同的视角进行整体绩效管理。整体绩效管理与局部的、单一的、非均衡的绩效管理模式相对应，是制订绩效计划、推进绩效协同、实施绩效评价、诊断和应用绩效结果的完整过程。该文根据整体绩效的内涵要求，从主体功能区绩效和政府绩效耦合的角度设计了主体功能区整体绩效管理的评价矩阵，并从挖掘主体功能区绩效管理过程中的失效诱因以及提出国家主体功能区绩效改进的政策建议两个方面讨论了绩效评价结果的运用。

【《“四位一体”：地方政府绩效管理体系的案例研究》】

作　　者： 连维良　吴建南　杨宇谦

发表时间： 2012 年第 3 期

期刊名称：《西安交通大学学报》（社会科学版）

内容摘要： 该文在进行绩效管理工作试点的背景下，呈现了某市地方政府绩效管理体系的创新案例。该市建立了融目标、业绩、过错和样本点“四位一体”的政府绩效管理体系，从多角度全面、系统地对政府绩效进行分类、分级、量化的考核。分析表明，“四位一体”的地方政府绩效管理体系形成了良好的激励结构，提升了政府绩效测量的准确性，为谋事干事的人预留了充足、适宜的创新空间，在实践中取得了良好效果。

【《政府绩效管理理论及其实践研究》】

作　　者： 蔡立辉　吴旭红　包国宪

发表时间： 2013 年第 5 期

期刊名称：《学术研究》

内容摘要： 政府绩效管理是借鉴工商企业管理方法、在 20 世纪 80 年代从西方新公共管理运动中产生发展起来的一种新型行政管理模式。随着中国特色社会主义各项事业的蓬勃发展和改革开放的不断深入，使绩效管理的理念和方法在政府管理工作中得到有效运用、探索建立中国特色政府绩效管理制度，已成为深化行政管理体制改革、加强政府自身建设、全面提高政府执行力和公信力的现实需求。然而，中国政府绩效管理理论研究的滞后性还有待创造性地推进；政府绩效管理试点工作的迷茫性还有待于科学理论指导。因此，在政府绩效管理理论研究和实践探索的基础上，如何构建和形成中国特色政府绩效管理理论和管理模式，任重而道远。

【《论政府绩效管理中的公众参与机制》】

作　　者： 孙洪敏

发表时间： 2013 年第 9 期

期刊名称：《学术前沿》

内容摘要： 公众参与政府绩效管理有利于实现公众的合理诉求与广泛监督，有利于提升政府绩效管理的有效性，弥补政府绩效管理的某些缺陷和不足，也为政府以“清廉、为民、务实”为宗旨推进绩效管理提供了现实依据。西方学者提出的“公民参与阶梯论”对我们扩大公众参与具有启发意义。要不断揭示公众参与政府绩效管理的特点与规律，不断拓展公众参与政府绩效管理的进程和路径，建立确保公众成为政府绩效管理主体的长效机制，不断完善公众参与政府绩效管理的制度建设、技术支持及组织保证。

【《政府绩效管理创新：平衡计分卡中国化模式的构建》】

作　　者： 方振邦　罗海元

发表时间： 2012 年第 12 期

期刊名称：《中国行政管理》

内容摘要： 绩效管理是当代政府管理领域的热点和难点。该文以地方政府为研究对象，按照科学发展观和正确政绩观的要求，基于中国政治与行政管理体制特色及新时期经济社会发展需要，对地方政府绩效管理科学化问题和平衡计分卡中国化问题进行了探讨，并以北京市延庆县为案例阐述了地方政府平衡计分卡模式的系统结构及其应用技术，以期为推动政府绩效管理制度创新和促进地方政府科学发展提供借鉴。

第三章　公共政策

施青军　刘庆乐　刘　燕

党的十八届三中全会通过的《中共中央关于全面深化改革若干重大问题的决定》提出推进国家治理体系和治理能力现代化，第一次把国家治理体系和治理能力与现代化联系起来。公共政策是国家治理体系的核心要素，公共政策的现代化水平是一国治理能力现代化的主要表征。中国公共政策学伴随着改革开放和现代化建设实践，经过三十多年的发展，学科建设与人才培养取得了长足的进步，学术研究取得了丰硕的成果，学科知识应用前景看好[①]，有义务、有资格、有能力为推进中国“第五个”现代化提供智力支持和精神动力。

2012—2013 年是中国改革开放和社会主义现代化建设承前启后的两年，2012 年是中国实施“十二五”规划的第二年，2013 年是党的十八大开局之年。在这一宏观社会实践背景下，中国公共政策学学者群体聚焦当下公共政策问题，在参与各级政府各个领域公共政策的制定、发挥参政议政作用的过程中，取得了一批高质量研究成果，总体上呈现出理论与实践相互激荡、学术与问题相互引领的良好态势。

第一节　理论进展

中国的现代化进程从总体上说是由传统农业社会转向现代工业社会的过程，这也是人类社会发展的必然趋势。由于西方国家在现代化进程中的先行者角色，以西方现代化为模板的道路、理论、制度，在一些人的观念里，被视为现代化的不二选择，这种思潮或趋势，在中国为期不长的公共政策学术史中有较为显著的体现。在以往研究成果中，生吞活剥西方公共政策理论模型、分析框架的公共政策学教材比比皆是，似乎不用西方学者提出的原理解释中国政策实际的研究，就登不了大雅之堂。2004 年毛寿龙曾经认为，公共政策的理论研究滞后于实践研究，本土化研究与独创性成果的缺乏，对国外公共政策研究成果消化吸收的不足，是当时中国公共政策研究面临的最大困境。[②] 又过了近 10 年，2013 年第二届公共政策年会在南京召开，中山大学岳经纶教授依然发现，从译著、著作、教材和学术论文方面审视中国公共政策研究，理论和实践脱钩、本土化程度不高，是中国公共

① 陈振明：《寻求政策科学发展的新突破——中国公共政策学研究三十年的回顾与展望》，《中国行政管理》2012 年第 4 期。

② 毛寿龙：《西方公共政策的理论发展之路及其对本土化研究的启示》，《江苏社会科学》2004 年第 1 期。

政策研究的主要问题之一。而实事求是地说，近年来，中国公共政策学更加注重真问题、真实际，更加接地气，理论和实践脱钩的现象正在改变，这在2012—2013年的研究成果中有显著体现。

一　反思经济理性和发展主义公共政策的限度

2013年，公共选择学派的奠基人物、宪政经济学之父布坎南去世，他留给后人的是基于理性经济人假设的"政府失灵"魔咒。在"经济学帝国主义"的话语霸权下，西方公共政策学一直对经济理性假设笃信不疑，多元主义、法团主义、官僚政治等理论流派，包括公共选择学派自身，都是建立在经济理性假设基础之上。[①] 近年来，西方公共选择理论侧重研究公众政策态度的生物学基础[②]，在一定程度上对经济理性进行了纠偏。今天在中国公共政策研究领域，公共选择理论仍然是重要的分析工具。不过，反思与质疑的观点、"理念视角"早已出现。陈冬梅等人提出，公共选择学派经济人假设有助于对政策失灵现象进行现实的描述与分析，但是由于这一学派对人性的狭隘理解，他们无意中却又使公共政策陷入了歧途，认为政策也只不过是各种利益相关者之间的互相妥协，所以最终选择的决策也无法对公共问题进行有效的解决。公共选择理论之所以走入了这一误区，根本性的原因就是因为对亚当·斯密理论的片面理解以及错误地阐释理性选择，把理性地达到目标的方法简单地归结为讨价还价。而与利益计算相比较，民主的决策程序更是理性选择的重要内容。[③] 陈冬梅的研究其实揭示了这样一个逻辑，公共选择是理性行为，但这个理性并不一定是个体理性，也可能是群体理性。在民主社会中，决策者的决策行为要受到决策者所代表的那些民众的约束。

王彩波等从公共政策效能的视角提出，社会公平是公共政策效能的价值基础，以追求效率为目标的公共政策精英模型和过程模型存在难以克服的缺陷与不足。公众舆论是实现公共政策制定者的价值偏好与公众意愿之间的有效衔接和互动的纽带，是提高公共政策效能的路径选择。[④] 王彩波的研究进一步证明，效率不是群体决策的唯一解。

与公共选择学派相比较，发展主义并没有一套完整的知识建制，可以粗略地表述为：为了实现从不发达的落后状态解脱出来的目标而进行操作化的理论、实践路径和理念信仰。在实践形态上，可以划分为西方型、拉美型和东亚型。[⑤] 杨寄荣指出发展主义的三大征候：第一，物本主义，片面强调经济发展，严重忽视了发展的人本主义前提；第二，发展的目的与手段相颠倒，发展的结果不是人的自由和解放，而是人的异化；第三，主客体的对立和分裂，人类社会被现代性分裂为各自孤立的人类自身、人类之间和自然界。[⑥]

---

① 薛澜、林泽梁：《公共政策过程的三种视角及其对中国政策研究的启示》，《中国行政管理》2013年第5期。

② Jennifer Bachner&Kathy Wagner Hill, "Advances in Public Opinion and Policy Attitudes Research", *Policy Studies Journal*, April, 2014.

③ 陈冬梅、谢金林：《公共政策"经济人"假设的批判》，《江西社会科学》2012年第4期。

④ 王彩波、丁建彪：《社会公平视角下公共政策有效性的路径选择——关于公共政策效能的一种理论诠释》，《吉林大学社会科学学报》2013年第2期。

⑤ 叶敬忠、孙睿昕：《发展主义研究述评》，《中国农业大学学报》（社会科学版）2012年第2期。

⑥ 杨寄荣：《发展主义及其反思》，《思想理论研究》2010年第5期。

姜尔林认为，作为一种意识形态，发展主义对公共政策产生了深刻的影响。在当代，发展主义将经济增长视为社会发展的先决条件，不但将经济发展作为中心任务，还过分地追求经济增长的速度，同时，以市场化作为实现经济增长的手段。在这种意识形态的影响下，公共政策重经济价值；轻伦理价值；重经济发展轻收入分配；重经济增长轻社会和谐；重物的价值轻人的价值，这导致公共政策整体功能的偏差与弱化，也使公共政策陷入了价值困境。在价值自觉的基础上，公共政策必须坚持以人为本，追求公平正义增进社会和谐，以实现公共政策的价值理性。①

二　重申公共政策的公共价值

作为主要的治理手段，公共政策利用的是公共资源，使用的是公共权力，解决的是公共问题，实现的也应当是公共利益。王正平等认为，社会公共政策具有重要的道德价值。公共政策与道德价值理念密不可分。一方面，制定怎样的公共政策本身需要一定的道德价值理念的指导和制约；另一方面，某种公共政策一旦确定和实行，其内在包含的道德价值理念，必然对社会公众的道德价值观念和社会道德风尚产生直接的积极或消极的巨大影响。②

张成福等认为，判断公共治理是否实现了公共利益，主要看五个方面：1. 是否尊重了人的尊严和保护了公民的权利；2. 是否体现了大多数人的利益和弱势群体利益优先；3. 是否超越了特殊利益集团、部门、地方和短期的利益；4. 是否尊重了科学与理性；5. 是否开放和尊重了民意、遵循了正当程序和社会公认的伦理和道德标准。③

孙悦等以“南通排海工程”项目为个案，验证了对公共政策进行正义性评估的可能性。这种评估的基本前提是从理论上厘清正义、公平、公正等概念，具体方法是从分配正义的形式正义和实质正义两个维度观察公共政策系统，形成以优先性、公正性、公平性、外部性为主要测评指标的多元复合型公共政策正义性评估坐标系。④

许淑萍提出，公共政策伦理评价标准是对公共政策过程及其结果作出评价的基本依据，而伦理标准是随着历史进步和社会发展而不断变化的。当代公共政策的伦理标准包括公共利益标准、社会公平标准和可持续发展标准等。⑤

邱晓星等提出，公共政策应当满足不同群体、包括女性群体的需要，公共政策制定应当坚持性别平等与公正原则，尊重两性自然的生理差异，尊重两性在家庭中的平等地位。⑥

---

① 姜尔林：《发展导向型公共政策的价值困境与实践反思——基于对“发展主义”的分析》，《行政论坛》2012 年第 3 期。

② 王正平、李耀峰：《论社会公共政策的道德价值》，《上海师范大学学报》2012 年第 5 期。

③ 张成福、李丹婷：《公共利益与公共治理》，《中国人民大学学报》2012 年第 2 期。

④ 孙悦、麻宝斌：《公共政策正义性评估的理念与方法》，《吉林大学社会科学学报》2013 年第 4 期。

⑤ 许淑萍：《公共政策伦理标准的演进及其当代探究》，《上海行政学院学报》2012 年第 4 期。

⑥ 邱晓星、畅引婷：《社会性别与公共政策——基于平等与公正的视角》，《理论探索》2013 年第 5 期。

三 关注民生政策与社会管理政策创新

党的十八大报告提出，加强社会建设，是社会和谐稳定的重要保证，必须从维护最广大人民根本利益的高度，加快健全基本公共服务体系，加强和创新社会管理，推动社会主义和谐社会建设。加强社会建设，重点是保障和改善民生。在中国知网上检索2012—2013年SCI期刊、EL期刊和CSSCI期刊中含有“政策”篇名的文章，共计4431篇，其中篇名中含有“教育”的286篇，“环境”的120篇，“农村”的102篇，“住房”或“房地产”的93篇，“农业”的68篇，“土地”的53篇，“就业”的40篇，“养老”的34篇（以上检索含有交叉），显示了公共政策对民生问题的关注。

在具体研究成果方面，关于教育政策，周谷平等以教育部年度《工作要点》为研究素材，运用文献计量方法对政策文本进行解读，考察近30年来中国教育公平问题的政策关注点及走向，发现《工作要点》对教育的城乡差异、区域差异、阶层差异和教育补偿均有涉及，关注点分布均匀。进入新世纪后对教育公平问题的关注面有所扩展。从整体走势看，政策话语对公平问题的关注呈低起点、快提升的特点。① 周谷平等的研究不仅是将近年来颇为流行的文本分析法运用于公共政策研究的一次尝试，也从一个侧面证实了改革开放以来中国教育政策在公平性方面取得的实际进展。

关于环境政策，邓集文将中国政府环境治理能力划分为四个向度，包括环境政策能力、环境监管能力、环境正义维护能力和环境政策创新制度能力。经过对以上四个向度的考察，发现中国城市环境治理信息型政策工具选择具有政治逻辑。邓集文的这项研究的创新之处，是抛开了西方政策工具研究的框架，另起炉灶，并将其运用于中国环境政策的信息工具分析，从而将政策工具研究又向前推进一步。②

居者有其屋，住房问题是当今中国社会重大民生问题。温来成等从财税政策的视角研究了中国公共住房制度，提出中国公共住房及其财税政策目标，应与现阶段经济社会发展水平相适应。该项研究的创新之处是设计了一个以房地产市场机制为基础，建立和公共住房制度相配套的、满足社会各个层次居民住房需要的财税等公共政策体系，并建议建立第三方独立机构核查机制和公共住房制度和政策效果评价体系，具有切实的操作性。③

千里之行，始于足下。强舸等以城市自行车容易被盗的“自行车难题”为例，研究了反事实分析与公共政策制定问题。按照已有研究假定，惩罚成本过低是导致“自行车难题”的主因，因而提高惩罚的治理政策就能解决“自行车难题”。该文章采用犯罪经济学的分析框架，通过反事实的逻辑分析，系统地考察惩罚严厉的治理政策的社会效果，得出与之相反的结论：惩罚严厉的治理政策仅考虑了单一的盗窃成本与收益，但实际上犯罪者的行为选择受各种社会条件制约，严厉的惩罚政策不但不能解决治理问题，并有可能导致社会治安恶化的非意愿后果。本项研究的普遍意义在于：单一政策目标和复杂社会系统之间的矛盾是中国公共治理中广泛存在的问题，而在政策制定中引入反事实分析则是避免

---

① 周谷平、余源晶：《近30年来政策话语对教育公平的关注——基于〈教育部工作要点〉的实证研究》，《教育研究》2012年第2期。

② 邓集文：《中国城市环境治理信息政策工具选择的政治逻辑——政府环境治理能力向度的考察》，《中国行政改革》2012年第7期。

③ 温来成、张偲：《新型城镇化进程中公共住房制度及其财税政策匹配》，《改革》2013年第9期。

这一困境的有效途径。[1]

患者有所医。马长山以中国医疗改革进程为中心，考察了中国公共政策的合法性供给机制与走向。研究者发现，由于公共领域正在中国蓬勃兴起，并促进了公共政策合法性供给机制的时代转向，中国三十年的医疗改革从总体上是从内部创议走向社会动员、从公众默认走向价值回归、从符合真理观走向共识真理观、从中心的内部循环走向中心与边缘的双向互动，展现着中国公共政策的重要民主化变革。虽然其中还存在着某些需要解决的问题，但它无疑构成了对多元和谐秩序的关键支撑和推进民主法治建设的新兴动力。[2]

社会管理政策创新，重点是创新社会管理的体制、机制创新。2010 年 9 月 2 日，国家行政学院院长马凯在国家行政学院 2010 年秋季开学典礼上作了题为《努力加强和创新社会管理》的讲话。这次讲话之后，成立了以魏礼群牵头、由有关部门和地方负责人参加的“加强和创新社会管理研究”重大课题组。作为这项课题的主要研究成果——《社会管理创新案例选编》一书于 2011 年 8 月在人民出版社出版。该选编从城乡社区治理模式、社会管理格局、人口管理、社会互助与社会关爱、群众利益协调机制、“维权”与“维稳”、社会风险评估机制、突发事件处置能力、社会秩序的民生基础、社会管理效率等 16 个方面，收集了来自全国各地的 118 个案例，重点总结社会管理领域丰富的实践经验、做法和措施，具有重要的理论与实践参考价值。

司法参与公共政策的制定、修改、完善和落实是更高层次的社会管理活动，是实现社会管理及创新的重要司法实践和保障。[3] 然而，相反的情形，即公共政策影响司法实践的情形也不容回避，如张友连等从《最高人民法院公报》中的典型案例研究发现，价值优位、社会环境、秩序管理、责任保险等公共政策因素，对侵权案件的裁判产生了重要影响。[4] 如果说在侵权案件中，公共政策是认定侵权行为及事实的依据，因而成为无法回避的客观事实，那么，在审理非侵权型案件时，当公共政策与法条并非一致时，法院又如何处置呢？曾娜提出，从审判实践看，法院一方面对行政机关的政策判断采取尊重的立场（这种立场被视为司法能动的表现），另一方面出于有效履行审判职能的考虑，坚持对公共政策的合法性进行审查。为减少公共政策适用中的负面性，法院审判在适用公共政策时不能背离法律规范的明确含义，不可放弃法的基本价值。[5]

四　探索公众参与公共政策过程的体制、机制

公民参与公共政策过程，是中国民主政治建设的重要环节，是国家治理现代的重要指标。徐琳从国家与社会关系的视角回顾了中国公共政策形成模式的现代转型，即从改革开放以前的政府主导，转向改革开放后政府与社会互动模式，但受当下中国社会政治发展水

---

① 强舸、唐睿：《反事实分析与公共政策制定——以“自行车难题”为例》，《公共管理学报》2012 年第 7 期。

② 马长山：《公共政策合法性供给机制与走向——以医改进程为中心的考察》，《法学研究》2012 年第 2 期。

③ 周迅：《社会管理创新视域下公共政策的司法落实途径》，《行政与法治》2013 年第 3 期。

④ 张友连、陈信勇：《论侵权案件裁判中的公共政策因素——以〈最高人民法院公报〉侵权案例为分析对象》，《浙江大学学报》（人文社会科学版）2013 年第 1 期。

⑤ 曾娜：《公共政策在法庭院审判中的适用》，《法治研究》2012 年第 9 期。

平和国家—社会关系的制约，这种转型还具有渐进性、局部性和不均衡性。[①]

梅煜认为，虽然当前中国公民参与公共政策的实践取得了一定成就，但仍存在许多缺陷，主要是公民参与公共政策的正式制度渠道并不畅通，非制度性参与又难以控制其负面影响。[②] 以上研究表明，中国公众参与公共政策过程已经在路上，但距离理想之乡尚有距离。

家庭是社会的基本细胞，却常常受到公共政策研究者的忽视。吴小英研究认为，在中国传统文化中，“家国同构”深入人心，这一理念在现代的延续，使得中国公共政策中的家庭定位存在制度性缺陷：第一，国家制度中家庭缺位；第二，国家制度背后家庭的价值取向在家庭主义和个人主义之间摇摆不定；第三，国家在公共政策的家庭界限问题上态度暧昧。[③]

丁守海等从用工荒现象出发研究劳动供给，认为个人的劳动供给行为在相当程度上是基于家庭理性而非个人理性。鉴于家庭成员劳动供给之间的交互影响，政府出台政策应当考虑该政策对其他家庭成员产生的负向影响，并采取相应的措施加以对冲。[④] 概括地说，吴小英的研究是“国”与“家”的关系，丁守海等研究的是“家”与“人”的关系，而它们的共同连接点都是公共政策。这说明，重视家庭与公共政策之间的关联，不仅是一个理论上值得继续探讨的问题，更是政策实践不容回避的问题。

信访是具有中国特色的公民参与公共政策过程的制度性渠道。王浦劬等以历史资料、现实数据及案例证明，新中国成立以来，中国信访制度的功能不断发生变化，总体上是由收发信件到影响公共政策转变。信访的公共政策功能主要表现为信访影响公共政策内容和过程，提升公共政策的民主化程度，并调试公共政策的合法性与合理性。信访影响公共政策的主要机制包括以信访政策信息收集为途径的决策信息获取机制、以信访矛盾分析研判为基础的政策问题察觉机制、以信访问题政策协调为基础的政策沟通协调机制、以重大决策信访风险评估为基础的决策制约监控机制、以信访政策阐释为途径的政策宣传教育机制以及以信访政策反馈为基础的政策反馈调整机制六大机制。但是，中国当下的信访制度也存在信访反映的问题与公共政策能够化解的矛盾存在落差、信访的协调与沟通困难、以重大决策信访风险评估为基础的决策制约监控机制失灵等亟待解决的问题。[⑤⑥]

传媒时代，网络是公众参与公共政策过程的重要途径，网络反腐、网络问政等成为公共政策研究的热点议题。网络等新兴媒体的崛起，大众传媒的市场化是中国公共政策输入方面必须应对的挑战。[⑦] 陈姣娥等以“郭美美事件”为例，分析了网络时代公民自媒体激活政策沉淀、助推焦点事件、触发公共政策议程的现象。该项研究表明，网络时代背景下，中国政策议程设置“自下而上”情形显著增多，议程之间相互作用，呈现出交互影响。与网络社会应运而生的公民自媒体（如微博客和博客等）是当下中国政策—媒体—

---

① 徐琳：《当代中国公共政策形成模式的现代转型——基于国家与社会关系的视角》，《社会主义研究》2012 年第 5 期。

② 梅煜：《公共政策制定与实施中的公民参与》，《人民论坛》2013 年 1 月中旬刊。

③ 吴小英：《公共政策中的家庭定位》，《学术论坛》2012 年第 9 期。

④ 丁守海、蒋家亮：《家庭劳动供给的影响因素研究：文献综述视角》，《经济理论与经济管理》2012 年第 12 期。

⑤ 王浦劬、龚宏龄：《行政信访的公共政策功能分析》，《政治学研究》2012 年第 2 期。

⑥ 王浦劬、龚宏龄：《行政信访影响公共政策的作用机制分析》，《中国行政管理》2012 年第 12 期。

⑦ 张小明：《我国公共政策输入面临的问题及挑战》，《中国行政管理》2013 年第 7 期。

公众议程设置中关键的推动力。[①]

五 政策扩散与风险管理成为公共政策研究新亮点

政策扩散（policy diffusion）是政策执行和实现政策规模化的前提。对政策扩散的研究，最早可以追溯到20世纪60年代，而在全球化和信息化时代，有些公共政策的扩散与传播甚至能够跨越地区与国家界限，成为区域性或全球性共识。随着公共政策扩散活动的丰富，政策扩散逐渐成为公共政策研究的重要课题。陈芳比较了政策扩散、政策转移（policy transfer）与政策趋同（policy convergence）三者在概念、类型和发生机制上的区别。[②]

刘伟分别以NAFTA（1992年8月美国、加拿大和墨西哥签署的三国之间全面贸易的协议）、全球控烟政策以及规制型政策在拉丁美洲国家建立三个政策为例，归纳了国际公共政策扩散的三种机制，即强权型扩散、道义型扩散和学习型扩散。[③]

王浦劬等则依据中国实际，归纳出中国公共政策存在自上而下层级扩散模式、自下而上政策采纳和推广模式、区域间和部门间扩散模式和政策领先地向政策跟进地扩散模式四种基本模式，同时存在学习机制、竞争机制、模仿机制、行政指令机制和社会建构机制五种机制，其中前三种机制是公共政策制定者主动和自愿推动政策扩散的机制，地方政府官员是推动公共政策扩散的主导力量，以专家学者为代表的知识分子也扮演着重要的角色。在后两种机制中，公共政策制定者被动接受和推动公共政策扩散的过程。[④]

刘雪明等提出，优化公共政策的传播机制，需要从硬件修复和软件优化两个方面考虑，前者包括重视“政策信息服务人”的塑造、加强政策信息的编排、实现媒体力量的联合、强化理性受众的培养等，后者包括完善政策传播制度、重启政策传播的互动模式，重视政府—媒介—受众之间的关系，注重政策传播效果的评价等。[⑤]

与政策扩散相近的另一个概念是政策营销，它是以政府为主体的公共部门，运用营销的技巧，促使公共政策和社会需求“互配”。章兴鸣认为，政策营销在政策产品供给与需求之间提供了相互衔接的思路与技术，这与当下中央重视回应广大人民群众的愿望和要求，在理念上一致，在本质上相通。[⑥] 而持谨慎观点的人认为，由于营销具有耗时性，对于那些需要快速执行的政策，并不适合进行政策营销；因激励缺乏而导致政策企业家的稀缺性，也会使得政策营销难以实施；政策营销是建立在公民价值本位的基础上，需要再造公共政策系统流程显然非一日之功；政策营销的“管理主义”倾向也可能导致公共政策公共性的弱化。[⑦]

传统的观点认为，公共政策是为了解决具体社会问题而对不同公共政策的性质、原因

---

① 陈姣娥、王国华：《网络时代政策议程设置机制研究》，《中国行政管理》2013年第1期。

② 陈芳：《政策扩散、政策转移与政策趋通》，《厦门大学学报》（哲学社会科学版）2013年第6期。

③ 刘伟：《国际公共政策的扩散机制与路径研究》，《世界经济与政治》2012年第4期。

④ 王浦劬、赖先进：《中国公共政策扩散的模式与机制分析》，《北京大学学报》（哲学社会科学版）2013年第6期。

⑤ 刘雪明、沈志军：《公共政策传播机制的硬件修复与软件优化》，《上海财经大学学报》2013年第3期。

⑥ 章兴鸣：《转型期我国公共政策营销研究》，《现代经济探讨》2013年第5期。

⑦ 谭翀：《“政策营销”：源流、概念、模式与局限》，《中国行政管理》2013年第12期。

及效果的研究。随着人类社会进入“风险社会”，这种传统的政策观已无法应对世界普遍存在的不确定性。20 世纪 90 年代，西方公共政策制定研究开始从传统的基础（社会问题）转向现代基础，即公共风险。中国学者对公共风险的研究几乎与西方同步。刘尚希从 1998 年开始发表了大量的公共风险的研究成果，这些成果集中体现在其专著《公共风险视角下的公共财政》（经济科学出版社 2010 年版）之中。他不仅对公共风险的基本理论如公共风险的性质、形成及原因等进行了研究，而且从公共风险视角对公共财政的许多理论问题，如财政风险、公共支出和公共债务的性质等进行了研究。

鉴于风险的客观存在及其与利益之间共生关系，刘兆鑫主张，应当改变过去公共政策过程分析仅注重利益分析的现状，建立公共政策过程的风险分析与利益分析双轨分析框架。[①]

随着中国改革进入“深水区”，社会利益再分配难度增加，社会矛盾频发，社会不稳定风险增加，社会稳定风险研究成为公共政策风险研究的一个侧重点。社会稳定风险是如何产生的？学界的认识也并不统一。一种观点认为，公共政策因为没能有效解决社会问题，因而引发社会稳定风险。如庞明礼提出，在社会问题向政策问题转化环节上、在政策议程建立的时机选择上、在政策功能整合作用的发挥上以及在群体决策的形式上，都可能引发社会稳定风险。[②]

另一种观点认为，公共政策后果引发社会稳定风险。如朱德米认为，公共政策虽然是经济增长、体制改革和国家转型的工具，但政策后果也会为社会带来不稳定的风险。他通过提炼相关案例，发现政策缝隙才是这类风险源头，即同一领域的政策在时间、空间、社会群体之间在政策实质性内容上存在着不一致，最终诱发社会稳定风险。[③] 而社会稳定真正的风险来源，可能就存在于两种观点的综合之中。

六 传统研究领域取得新的突破

公共政策过程研究一直是传统公共政策研究的基本模式，诸如支持联盟框架（Advocacy Coalition Framework）、制度分析与发展（Institutional Analysis and Development）、社会建构与设计（Social Construction and Design）、间断平衡框架（Punctuated Equilibrium）、政策扩散（Policy Diffusion）、多源流模型（Multiple Streams）等，从总体上都属于政策过程理论的范畴，未来的演进趋势则是向制度语法（Institutional Grammar）、叙事框架（Narrative Policy Framework）、集体学习框架（The Collective Learning Framework）等方向演化。近年来中国公共政策研究重点有偏向议程设置、政策执行和政策评估等环节。2012—2013 年，这些传统研究领域整体上也有新的突破。

公共政策执行难问题一直是公共政策研究学者试图解释和解决的问题。曹堂哲的《公共行政执行的中层理论——政府执行力研究》（光明日报出版社 2012 年版）一书建构了一个公共行政执行中层理论。该书思想深邃，视域宽广，逻辑缜密，是近年来中国公共政策学研究不可多得的上乘之作（详见代表性成果）。

公共政策评估环节继续关注政策的绩效评估。2002 年以后，受惠于国家“三农”政

① 刘兆鑫：《利益—风险分析：面向风险社会的公共政策分析》，《中国行政管理》2012 年第 8 期。

② 庞明礼：《公共政策社会稳定风险的积聚与演变——一个政策过程分析视角》，《南京社会科学》2012 年第 12 期。

③ 朱德米：《政策缝隙、风险源与社会稳定风险评估》，《经济社会体制比较》2012 年第 2 期。

策，中国农村养老保障水平有很大提高。黄俊辉等从养老保险、最低生活保障、养老服务、五保供养四个方面构建农村养老保障政策绩效的综合指标体系，采用因子分析和聚类分析方法对中国27个省域的农村养老保障政策绩效进行测度、排序和聚类分析。结果表明，中国农村养老保障政策绩效整体水平偏低，存在显著的省域差异，且各省域养老救助、养老机构、养老保险等养老保障政策子系统发展极不均衡。[①]

樊胜岳等从公共价值角度，构建了生态建设过程与生态效果的生态建设政策评级指标体系，并将其运用于宁夏某地的生态政策评估。[②] 而从整体上看，近年来政策绩效评估存在“碎片化”的趋势：每一种类型公共政策当然都可以构建一个评价指标体系，但由于研究者的视角和方法不同，绩效评价的标准、指标点位的选择也不同，构建的绩效评价体系及其评价结果也就见仁见智，最终在一定程度上抵消了对决策者的参考价值。

第二节　实践创新

2011年3月，国家“十二五”规划纲要公布。这个纲要规划了增加经济总量、调整经济结构、提升科技教育水平、节约资源保护环境、改善人民生活、加强社会建设、深化改革开放等各项指标，明确了加强和改善宏观调控、建立扩大消费需求的长效机制、调整优化投资结构、同步推进工业化城镇化和农业现代化、依靠科技创新推动产业升级、促进区域协调互动发展、健全节能减排激励约束机制、推进基本公共服务均等化、加快城乡居民收入增长、加强和创新社会管理宏观政策走向等宏观政策走向。各级地方政府、各个部门，在国家“十二五”规划纲要设计的指导下，也都各自出台了本地区、本部门的“十二五”规划。2012年至2013年，这些规划中的政策纷纷落地。这些政策，有些涉及顶层涉及，如2013年3月中央政府继续推进大部制改革。有些对普通民众的生产、生活及家庭会产生切实影响，如2012年1月1日，经国务院批准，财政部、国家税务总局联合下发营业税改征增值税试点方案，决定在上海交通运输业和部分现代服务业开展营业税改征增值税试点，这是继1994年分税制改革以后中国税收制度又一次重大改革，截至2013年8月1日，“营改增”范围已推广到全国试行；2012年8月初，国务院同意相关部门制定的《重大节假日免收小型客车通行费实施方案》；十八届三中全会以后启动的“单独二孩”政策，2013年12月30日，中共中央、国务院印发《关于调整完善生育政策的意见》，标志着“单独二孩”政策正式落地。有些政策不仅深受媒体关注，更是深得民心，如新一届中央领导集体上任以后在全国掀起的声势浩大的“打老虎”“拍苍蝇”运动。囿于篇幅所限，本节仅归纳总结2012—2013年中央在领导干部管理、宏观调控、贸易投资、农业经营、发展民生、社会管理六个领域具有典型性的创新型公共政策。

一　“八项规定”“六项禁令”——创新领导干部管理政策

中共中央政治局2012年12月4日召开会议，一致同意关于改进工作作风、密切联系

---

① 黄俊辉、李放：《农村养老保障政策的绩效考察——基于27个省域的宏观数据》，《人口学刊》2013年第1期。

② 樊胜岳、陈玉玲、徐均：《基于公共价值的生态建设政策绩效评价及比较》，《公共管理学报》2013年第2期。

群众的八项规定。

1. 改进调查研究，到基层调研要深入了解真实情况，总结经验、研究问题、解决困难、指导工作，向群众学习、向实践学习，多同群众座谈，多同干部谈心，多商量讨论，多解剖典型，多到困难和矛盾集中、群众意见多的地方去，切忌走过场、搞形式主义；要轻车简从、减少陪同、简化接待，不张贴、悬挂标语横幅，不安排群众迎送，不铺设迎宾地毯，不摆放花草，不安排宴请。

2. 要精简会议活动，切实改进会风，严格控制以中央名义召开的各类全国性会议和举行的重大活动，不开泛泛部署工作和提要求的会，未经中央批准一律不出席各类剪彩、奠基活动和庆祝会、纪念会、表彰会、博览会、研讨会及论坛；提高会议实效，开短会、讲短话，力戒空话、套话。

3. 要精简文件简报，切实改进文风，没有实质内容、可发可不发的文件、简报一律不发。

4. 要规范出访活动，从外交工作大局需要出发合理安排出访活动，严格控制出访随行人员，严格按照规定乘坐交通工具，一般不安排中资机构、华侨华人、留学生代表等到机场迎送。

5. 要改进警卫工作，坚持有利于联系群众的原则，减少交通管制，一般情况下不得封路、不清场闭馆。

6. 要改进新闻报道，中央政治局同志出席会议和活动应根据工作需要、新闻价值、社会效果决定是否报道，进一步压缩报道的数量、字数、时长。

7. 要严格文稿发表，除中央统一安排外，个人不公开出版著作、讲话单行本，不发贺信、贺电，不题词、题字。

8. 要厉行勤俭节约，严格遵守廉洁从政有关规定，严格执行住房、车辆配备等有关工作和生活待遇的规定。

以上八项规定虽然在提出时，只是中央政治局成员的自我约束，但随即成为全国各级党员干部的行为规范。

2012 年年底，浙江省在落实中央提出的“八项规定”时，提出“六项禁令”主要包括：严禁用公款搞相互走访、送礼、宴请等拜年活动；严禁向上级部门赠送土特产；严禁违反规定收送礼品、礼金、有价证券、支付凭证和商业预付卡；严禁滥发钱物，讲排场、比阔气，搞铺张浪费；严禁超标准接待；严禁组织和参与赌博活动。“六项禁令”由于非常贴近基层、贴近实际，也与“八项规定”一起，推行全国。

国家行政学院教授汪玉凯认为，“八项规定”体现了新一届中央领导集体亲民、为民的执政新风，显示了党中央整治沉疴顽疾的决心。这些规定针对的都是现实问题，不仅有助于改进党风政风，而且也有助于从源头上遏制腐败。

北京大学李成言教授认为，不深入基层、不联系群众，将会导致决策失误，把党的事业引向歧途；工作作风有问题，将会脱离群众，乃至走向腐败。党中央出台八项新规定，将行为准则和规范固化为制度，具有重大而长远的意义。①

在政策落实层面，截至 2013 年 11 月 30 日，全国共查处违反“八项规定”问题

① 参见《解读政治局关于改进工作作风密切联系群众八项规定》，新华网（http://news.xinhuanet.com/politics/2012-12/04/c_113907283.htm）。

21 149起，处理25855人，其中县处级以上领导干部1181人。

表3—1　全国查处违反中央八项规定精神问题汇总表（截至2013年11月30日）

内容	项目	数量					类型						
		总计	省部级	地厅级	县处级	乡科级	楼堂馆所违规问题	公款大吃大喝问题	违反公务用车管理使用有关规定问题	公款旅游问题（国内）	公款出国境旅游问题	大操大办婚丧喜庆问题	其他
2013年11月份查处违反八项规定问题情况	查处问题数	3038	0	13	138	2887	10	50	435	104	10	189	2240
	处理人数	5217	0	12	167	5038	11	58	496	180	20	201	4251
	给予党政纪处分人数	1510	0	7	85	1418	7	36	183	80	16	123	1065
八项规定实施以来查处问题情况	查处问题数	21149	1	82	1098	19968	94	1018	6158	477	76	1101	12225
	处理人数	25855	1	71	1014	24769	98	1049	5660	526	134	1276	17112
	给予党政纪处分人数	6247	1	33	356	5857	36	380	1020	243	71	678	3819
备注	"其他"，指其他违反中央八项规定精神的问题，主要包括收送节礼、接受或用公款参与高消费娱乐和健身活动、违反工作纪律、庸懒散等方面的问题。												

中央纪委监察部网站制作

二　"保持定力、深处着力、精准发力"——创新政府宏观调控政策

中国政府一般都在每年年末，召开中央经济工作会议，部署下一年度经济工作。2012—2013年是以十八大为标志的中央换届年，而中国经济发展面临的环境大致相同：世界经济增长放缓，国际贸易增速回落，国际金融市场剧烈动荡，各类风险明显增多，世界经济形势总体上严峻复杂，世界经济复苏的不稳定性不确定性上升。这两年，中央经济的总基调都是稳中求进。正如2012年中央经济工作会议指出的那样：稳，就是要保持宏观经济政策基本稳定，保持经济平稳较快发展，保持物价总水平基本稳定，保持社会大局稳定。进，就是要继续抓住和用好中国发展的重要战略机遇期，在转变经济发展方式上取得新进展，在深化改革开放上取得新突破，在改善民生上取得新成效。

2012年，中央宏观调控政策稳中求进，以稳为主。以货币政策为例，面对宏观经济下行趋势，2012年2月和6月，中国人民银行两次下调存款准备金率，其中第二次下调准备金率，还同时下调了金融机构一年期存款基准利率。7月初，中国人民银行再次下调金融机构人民币存贷款基准利率，此次降息距年内第一次降息还不足一个月。

中央财经大学郭田勇教授在谈到年内第一次降准时，解释了两个原因。第一，这是央行在进行货币政策预调微调的措施，因为从前几个月看，宏观经济指标不乐观，很多指标比较低，这是为了保持经济增速平稳，保持经济环境稳定采取的措施。第二，从 1 月份新增贷款规模低于万亿元，表明银行流动性紧张，银行资金量不足，这也是央行为了向银行注入流动性。①

2013 年，中央宏观调控政策稳中求进，凸显进取。同样以货币政策为例，2013 年 5 月下旬，多重因素叠加影响，中国银行间宽裕的市场流动性出现逆转，资金利率开始攀升。6 月 7 日，央行召集各商业银行金融市场相关管理层开会，市场预期中央将会注入流动性，但出乎市场预期，央行不但没有向市场注入资金，反而继续发行央票，同时进行了 100 亿元的正回购操作，回收流动性。13 日，央行几个月以来首次在常规操作日未进行任何市场公开操作，一度令市场认为央行态度有所缓和，但央行并没有采取任何措施注入流动性，市场利率短暂回落后继续攀升。17 日，央行发函要求各商业银行强化流动性管理。面对资金价格飙升，央行一反常态，铁血纠偏市场机构放水预期，市场流动性紧张预期成为共识，紧张情绪开始蔓延。6 月 20 日，央行不但没有注入流动性，反而继续发行 20 亿元央票，央行的突然“断奶”令市场担忧情绪瞬间到达顶点，当日隔夜头寸拆借利率一下子飙升 578 个基点，达到 13.44%，创下历史新高。直到 6 月 25 日，中国人民银行才正式出手救“钱荒”，并承诺对符合条件的银行提供资金支持。②

“钱荒”事件发生 20 天后，李克强总理阐述了自己的宏观调控思路。7 月 9 日，他在广西举行的一场经济形势座谈会上说：“宏观调控要立足当前、着眼长远，使经济运行处于‘合理区间’。”国务院一位工作人员解释为：“让市场知道，政府的手什么时候会动，什么时候不会动”“既不让市场觉得，一有困难政府肯定出手，也要让市场相信，真正遇到了困难，政府不会不管。”③

2013 年 10 月 21 日，李克强总理在中国工会第十六次全国代表大会上作了经济形势报告，第一次用“保持定力、深处着力、精准发力”完整阐述了他对创新宏观调控的理念：

> 面对经济下行的压力，怎么办？要稳增长、保就业，我们有两种选择。一种选择是扩大财政赤字，增加货币供应量。通过打赤字、发票子来带动投资，这样做，虽然当年可能见效，但需要财政、货币政策有相应的运作空间，更重要的是这种短期刺激政策难以持续……第二种选择，就是坚持不扩大赤字，既不放松也不收紧银根。这就需要我们保持定力、稳定政策。我们重点做了这几个方面工作。第一，深处着力……第二，精准发力……第三，扩大开放……第四，引导市场预期……④

---

① 参见《“存准”下调不改稳健货币政策基本态势》，2012 年 2 月 20 日，新华网（http：//news. xinhuanet. com/fortune/2012 －02/20/c_ 122727749. htm）。

② 李新、庆建奎、陈清磊：《钱荒事件的表现、原因及启示》，《金融研究动态》2013 年第 6 期。

③ 肖楠：《创新宏观调控：中国经济列车驶往更好方向》，2014 年 3 月 4 日，中华人民共和国中央人民政府门户网站（http：//www. gov. cn/xinwen/2014 －03/04/content_ 2627678. htm）。

④ 李克强：《在中国工会第十六次全国代表大会上的经济形势报告》，《工人日报》2013 年 11 月 4 日。

三　设立上海自由贸易实验区——创新贸易投资政策

2013年9月27日，国务院发布《上海自贸区总体方案》，宣布建立中国（上海）自由贸易试验区。9月29日，上海自由贸易区正式挂牌成立，范围涵盖上海市外高桥保税区、外高桥保税物流园区、洋山保税港区和上海浦东机场综合保税区4个海关特殊监管区域，总面积为28.78平方公里，形成“四区三港”的自贸区格局。

按照总体方案规划，自贸区的总体目标是经过两至三年的改革试验，加快转变政府职能，积极推进服务业扩大开放和外商投资管理体制改革，大力发展总部经济和新型贸易业态，加快探索资本项目可兑换和金融服务业全面开放，探索建立货物状态分类监管模式，努力形成促进投资和创新的政策支持体系，着力培育国际化和法治化的营商环境，力争建设成为具有国际水准的投资贸易便利、货币兑换自由、监管高效便捷、法治环境规范的自由贸易试验区，为中国扩大开放和深化改革探索新思路和新途径，更好地为全国服务。自由贸易实验区服务业扩大开放措施包括金融服务、航运服务、商贸服务、专业服务、文化服务和社会服务六大领域18项具体措施，详见表3—2。

表3—2　　中国（上海）自由贸易试验区服务业扩大开放措施

金融服务领域

1. 银行服务（国民经济行业分类：J金融业——6620货币银行服务）	
开放措施	（1）允许符合条件的外资金融机构设立外资银行，符合条件的民营资本与外资金融机构共同设立中外合资银行。在条件具备时，适时在试验区内试点设立有限牌照银行。（2）在完善相关管理办法，加强有效监管的前提下，允许试验区内符合条件的中资银行开办离岸业务。
2. 专业健康医疗保险（国民经济行业分类：J金融业——6812健康和意外保险）	
开放措施	试点设立外资专业健康医疗保险机构。
3. 融资租赁（国民经济行业分类：J金融业——6631金融租赁服务）	
开放措施	（1）融资租赁公司在试验区内设立的单机、单船子公司不设最低注册资本限制。（2）允许融资租赁公司兼营与主营业务有关的商业保理业务。

航运服务领域

4. 远洋货物运输（国民经济行业分类：G交通运输、仓储和邮政业——5521远洋货物运输）	
开放措施	（1）放宽中外合资、中外合作国际船舶运输企业的外资股比限制，由国务院交通运输主管部门制定相关管理试行办法。（2）允许中资公司拥有或控股拥有的非五星旗船，先行先试外贸进出口集装箱在国内沿海港口和上海港之间的沿海捎带业务。
5. 国际船舶管理（国民经济行业分类：G交通运输、仓储和邮政业——5539其他水上运输辅助服务）	
开放措施	允许设立外商独资国际船舶管理企业。

商贸服务领域

6. 增值电信（国民经济行业分类：I 信息传输、软件和信息技术服务业——6319 其他电信业务，6420 互联网信息服务，6540 数据处理和存储服务，6592 呼叫中心）	
开放措施	在保障网络信息安全的前提下，允许外资企业经营特定形式的部分增值电信业务，如涉及突破行政法规，须国务院批准同意。
7. 游戏机、游艺机销售及服务（国民经济行业分类：F 批发和零售业——5179 其他机械及电子商品批发）	
开放措施	允许外资企业从事游戏游艺设备的生产和销售，通过文化主管部门内容审查的游戏游艺设备可面向国内市场销售。

专业服务领域

8. 律师服务（国民经济行业分类：L 租赁和商务服务业——7221 律师及相关法律服务）	
开放措施	探索密切中国律师事务所与外国（及港澳台地区）律师事务所业务合作的方式和机制。
9. 资信调查（国民经济行业分类：L 租赁和商务服务业——7295 信用服务）	
开放措施	允许设立外商投资资信调查公司。
10. 旅行社（国民经济行业分类：L 租赁和商务服务业——7271 旅行社服务）	
开放措施	允许在试验区内注册的符合条件的中外合资旅行社，从事除台湾地区以外的出境旅游业务。
11. 人才中介服务（国民经济行业分类：L 租赁和商务服务业——7262 职业中介服务）	
开放措施	（1）允许设立中外合资人才中介机构，外方合资者可以拥有不超过 70% 的股权；允许港澳服务提供者设立独资人才中介机构。（2）外资人才中介机构最低注册资本金要求由 30 万美元降低至 12.5 万美元。
12. 投资管理（国民经济行业分类：L 租赁和商务服务业——7211 企业总部管理）	
开放措施	允许设立股份制外资投资性公司。
13. 工程设计（国民经济行业分类：M 科学研究与技术服务企业——7482 工程勘察设计）	
开放措施	对试验区内为上海市提供服务的外资工程设计（不包括工程勘察）企业，取消首次申请资质时对投资者的工程设计业绩要求。
14. 建筑服务（国民经济行业分类：E 建筑业——47 房屋建筑业，48 土木工程建筑业，49 建筑安装业，50 建筑装饰和其他建筑业）	
开放措施	对试验区内的外商独资建筑企业承揽上海市的中外联合建设项目时，不受建设项目的中外方投资比例限制。

文化服务领域

15. 演出经纪（国民经济行业分类：R文化、体育和娱乐业——8941文化娱乐经纪人）	
开放措施	取消外资演出经纪机构的股比限制，允许设立外商独资演出经纪机构，为上海市提供服务。
16. 娱乐场所（国民经济行业分类：R文化、体育和娱乐业——8911歌舞厅娱乐活动）	
开放措施	允许设立外商独资的娱乐场所，在试验区内提供服务。

社会服务领域

17. 教育培训、职业技能培训（国民经济行业分类：P教育——8291职业技能培训）	
开放措施	（1）允许举办中外合作经营性教育培训机构。（2）允许举办中外合作经营性职业技能培训机构。
18. 医疗服务（国民经济行业分类：Q卫生和社会工作——8311综合医院，8315专科医院，8330门诊部〔所〕）	
开放措施	允许设立外商独资医疗机构。

注：以上各项开放措施只适用于注册在中国（上海）自由贸易试验区内的企业。

资料来源：《上海自贸区总体方案》。

四 首倡家庭农场——创新农业经营政策（联产承包责任制）

2013年1月31号，中央一号文件《关于加快发展现代农业，进一步增强农村发展活力的若干意见》正式公布，连续第10年聚焦“三农”问题，再次强调了“三农”问题在中国的社会主义现代化时期“重中之重”的地位。文件认为，农业生产经营组织创新是推进现代农业建设的核心和基础，要尊重和保障农户生产经营的主体地位，培育和壮大新型农业生产经营组织，充分激发农村生产要素潜能。文件提出，坚持依法自愿有偿原则，引导农村土地承包经营权有序流转，鼓励和支持承包土地向专业大户、家庭农场、农民合作社流转，发展多种形式的适度规模经营。

家庭农场是指以家庭成员为主要劳动力，从事农业规模化、集约化、商品化生产经营，并以农业收入为家庭主要收入来源的新型农业经营主体。在美国和西欧一些国家，农民通常在自有土地上经营，也有的以租入部分或全部土地经营。农场主本人及其家庭成员直接参加生产劳动。早期家庭农场是独立的个体生产，在农业中占有重要地位。中国农村实行家庭承包经营后，有的农户向集体承包较多土地，实行规模经营，也被称之为家庭农场。

2013年3月，农业部首次对全国家庭农场发展情况开展了统计调查。调查结果显示，目前中国家庭农场开始起步，表现出了较高的专业化和规模化水平。一是家庭农场已初具规模。截至2012年年底，全国30个省、自治区、直辖市共有符合本次统计调查条件的家庭农场 87.7 万个，经营耕地面积达到 1.76 亿亩，占全国承包耕地面积的 13.4%。平均每个家庭农场有劳动力 6.01 人，其中家庭成员 4.33 人，长期雇工 1.68 人。二是家庭农场以种养业为主。在全部家庭农场中，从事种植业的有 40.95 万个，占 46.7%；从事养殖业的有 39.93 万个，占 45.5%；从事种养结合的有 5.26 万个，占 6%；从事其他行业的有 1.56 万个，占 1.8%。三是家庭农场生产经营规模较大。家庭农场平均经营规模达到 200.2 亩，是全国承包农户平均经营耕地面积 7.5 亩的近 27 倍。其中，经营规模 50 亩以下的有 48.42 万个，占家庭农场总数的 55.2%；50—100 亩的有 18.98 万个，占 21.6%；100—500 亩的有 17.07 万个，占 19.5%；500—1000 亩的有 1.58 万个，占 1.8%；1000 亩以上的有 1.65 万个，占 1.9%。2012 年全国家庭农场经营总收入为 1620 亿元，平均每个家庭农场为 18.47 万元。四是一些地方注重扶持家庭农场发展，提高管理服务水平。在全部家庭农场中，已被有关部门认定或注册的共有 3.32 万个，其中农业部门认定 1.79 万个，工商部门注册 1.53 万个。2012 年，全国各类扶持家庭农场发展资金总额达到 6.35 亿元。

在具体政策层面，查阅农业部网站 2012—2013 年强农惠农政策，发现 2012 年强农惠农政策 33 项，只有扶持农民专业合作社发展政策，没有提及家庭农场。2013 年强农惠农政策 39 项，其中专列“扶持专业大户、家庭农场和农民合作社等新型经营主体政策”。政策规定，国家将加大对专业大户、家庭农场和农民合作社等新型农业经营主体的支持力度，实行新增补贴向专业大户、家庭农场和农民合作社倾斜政策。鼓励和支持承包土地向专业大户、家庭农场、农民合作社流转，发展多种形式的适度规模经营。鼓励有条件的地方建立家庭农场登记制度，明确认定标准、登记办法、扶持政策。探索开展家庭农场统计和家庭农场经营者培训工作。推动相关部门采取奖励补助等多种办法，扶持家庭农场健康发展。

对于政府政策扶持家庭农场，中国农业大学朱启臻教授认为，家庭农场是新型职业农民的载体，综合家庭农场比专业农场更符合中国农业发展的特点和规律，有三个好处：一是种植业、养殖业的结合，有助于有机循环农业的保持，是可持续农业的重要条件。二是综合性农场有助于形成职业农民，农业的季节性是兼业农民存在的主要原因，通过建立综合性农场，可以解决农业劳动时间分配不均匀问题，为稳定就业提供保障。三是农业产业链在家庭农场的适度延伸，可以有效增加农民的收入，家庭农场多样化经营，也有助于避免自然风险和市场风险。①

五　节能家电补贴——创新发展民生政策（扩内需、调结构、惠民生综合政策）

2012 年 5 月 16 日，国务院召开常务会议，研究了促进节能家电等产品消费的政策措施，决定安排财政补贴 265 亿元，启动推广符合节能标准的空调、平板电视、电冰箱、洗衣机和热水器，推广期限暂定一年；安排 22 亿元支持推广节能灯和 LED 灯；安排 60 亿元支持推广 1.6 升及以下排量节能汽车；安排 16 亿元支持推广高效电机。会议指出，扩大节能产品消费既能稳定增长、扩大内需，又能促进调整结构、节能减排，各地区、各有关部门要高度重视，切实抓好各项政策措施的落实。一要推进重大节能技术产业化示范工程。实施能效“领跑者”制度，对达到“领跑者”能效指标的超高效产品设立较高补贴

① 朱启臻：《新型职业农民与家庭农场》，《中国农业大学学报》（社会科学版）2013 年第 2 期。

标准。二要严格能评制度。新上项目采用风机、水泵、空压机、电机、空调、照明器具等要达到国家1级能效标准，将产品能效指标列入设备招标文件和采购合同。三要提高能效准入门槛。四要加强监督检查。五要深入开展“节能减排全民行动”，倡导节约、绿色、低碳消费理念。①

根据下发的通知，家用空调定速、变频一级以及二级能效产品均可享受补贴，补贴从每台180—400元不等。能效1级的符合规定的液晶电视和等离子电视，补贴为每台100—400元不等，高效节能家用电冰箱补贴标准为每台70—400元，高效节能电动洗衣机为每台70—260元，家用燃气快速热水器和燃气采暖热水炉为每台200—400元，高效太阳能热水器为每台100—550元，高效节能空气源热泵热水器（机）为每台300—600元。

2013年5月27日，财政部、发展和改革委、工业和信息化部联合发布《关于停止节能家电补贴推广政策的通知》，节能家电补贴政策至6月1日正式退出。

节能家电补贴政策起到了扩大内需、调整结构、惠及民生三重功效，具有“一石三鸟”的综合政策效应。在政策实施一年中，中央财政对节能家电共拨付补贴资金122亿元，推广五类节能家电6500多万台，拉动消费需求超过2500亿元。据统计，节能家电每月销售数量，从2012年6月政策启动时的160余万台增加到政策实施后的每月700万台左右。节能家电市场份额大幅扩大，节能平板电视的市场占有率已高达93%，节能空调、冰箱、洗衣机的市场占有率分别达到53%、57%和46%。同时，该项政策有效促进了节能家电规模化发展，带动了生产成本和销售价格的降低，让广大消费者享受到了实惠。②

关于节能家电补贴政策，截至本文完稿，中国财经网共调查了620位网名，其中521人支持，占84%；79人不支持，占13%；20人无所谓，占3%。美的集团董事长方洪波认为，政府还是应该通过市场的力量促进行业发展，否则企业容易患上“补贴依赖症”。中国电子商会副秘书长陆刃波认为，政府扶持政策只能在一定程度上推动家电行业发展，但产品的创新与品质提升仍需企业、市场的推动。③

六 废止劳动教养制度——创新社会管理政策

劳动教养就是劳动、教育和培养，简称劳教。这一制度形成于20世纪50年代的“反右”运动，最初是从苏联引进的，并形成了中国独有的司法治度。劳动教养是依据国务院劳动教养相关法规的一种行政处罚，公安机关无须经法庭审讯定罪，即可将疑犯投入劳教场所，实行最高期限为三年的限制人身自由、强迫劳动、思想教育等措施。

2013年11月中旬，十八届三中全会《中共中央关于全面深化改革若干重大问题的决定》提出，“废止劳动教养制度，完善对违法犯罪行为的惩治和矫正法律，健全社区矫正制度”。

2013年12月28日，十二届全国人大常务委员会第六次会议通过《关于废止有关劳动教养法律规定的决定》。决定宣布：

---

① 参见财政部网站（http：//www.mof.gov.cn/zhengwuxinxi/caijingshidian/xinhuanet/201205/t20120517_651733.html）。

② 王劲松：《节能家电补贴政策“功成身退”》，《中国财经报》2013年6月3日。

③ 同上。

一、废止1957年8月1日第一届全国人民代表大会常务委员会第七十八次会议通过的《全国人民代表大会常务委员会批准国务院关于劳动教养问题的决定的决议》及《国务院关于劳动教养问题的决定》。二、废止1979年11月29日第五届全国人民代表大会常务委员会第十二次会议通过的《全国人民代表大会常务委员会批准国务院关于劳动教养的补充规定的决议》及《国务院关于劳动教养的补充规定》。三、在劳动教养制度废止前，依法作出的劳动教养决定有效；劳动教养制度废止后，对正在被依法执行劳动教养的人员，解除劳动教养，剩余期限不再执行。

废除劳教制度，是中国社会各界共同推进的结果。王书成认为，劳动教养在创建时期符合了社会发展的现实需要，与宪法规范的内容并不冲突。随着社会的发展，劳动教养演变成了惩罚措施，从而与宪法规范相冲突。施嵩认为，劳动教养制度违反了宪法等相关法律关于人身自由的立法规定以及立法目的，具有违宪性。[①]

2012年10月18日，司法部司法研究所所长王公义向媒体公开，当时中国被劳教人员数量有6万多。自中国劳教制度实施以来，被劳教人员最多时达到30余万人，最少时也超过5000人。[②] 法学家们普遍认为，废止劳动教养制度，是中国完善人权司法保障制度的重大进步。[③]

第三节 代表性成果

【《区域经济理论与政策：区域发展的公共政策》】

作　　者：马丁内斯－维斯奎泽　弗朗索瓦·瓦利恩考特

出版时间：2013年

出版机构：经济科学出版社

内容摘要：该书主要提出了如下很有见地的主张：1. 促进区域经济发展的策略是多种多样的，各种策略的相对重要性主要取决于现有的发展水平和各个区域的特定条件；2. 随着区域经济发展水平的提高，人力资本的重要性变得越来越大，而物质资本的重要性变得越来越弱；3. 对吸引外来投资并留住这些投资而言，良好的管理以及对基础设施和公共服务的有效支出比起税收优惠政策更加重要；4. 应重视地方政府对需要资助地区进行的资助行为；5. 精心设计的区域发展战略，常成为制定区域经济政策的基础。

社会影响：研究区域政策者不在少数，但侧重从人力资本角度研究区域政策者尚不多见。该书借用北美和欧洲区域经济学专家们的智慧，讨论了人力资本、经济政策对特定区域的影响，而重点讨论的是促进区域经济发展、提高当地居民的就业水平和收入水平的政策选项问题。该书被认为是研究区域经济政策的经典之作。

---

① 王书成：《"废除劳动教养制度建议书"的宪法学思考》；施嵩：《关于启动违宪审查程序废除劳动教养制度的若干问题》，《山东社会科学》2009年第1期。

② 温如军：《劳教制度正式废止　劳教人员剩余期不再执行》，《法治晚报》2012年12月28日。

③ 参见新华网（http://news.xinhuanet.com/2013－11/16/c_118165353.htm）。

【《公共行政执行的中层理论——政府执行力研究》】

作　　者：曹堂哲

出版时间：2012 年

出版机构：光明日报出版社

内容摘要：该书建构的公共行政执行中层理论以政府执行问题为导向，以回答公共行政执行的基本问题为宗旨，以批判实在主义认识论为基础，以权力结构、协同机制为核心范畴，以连接公共行政执行的宏观理论和微观理论为功能，以解释西方国家和当代中国公共行政执行实践为运用，以提升当代中国政府执行力的战略为落点，采用新方法回应了政府执行力建设的理论和实践问题。

社会影响：执行问题是古今中外困扰各国政府的基本问题，对国家发展有深刻的影响，该书在理论层面上深掘西方行政管理的哲学资源，在实践上面向中国公共政策实际，腾天潜渊，纵横捭阖，是近年来将公共政策执行的基本理论运用于政策实践领域的上乘之作。该书获得第十二届北京市哲学社会科学优秀成果二等奖。

【《政府间网络治理：垂直管理部门与地方政府间关系研究》】

作　　者：李瑞昌

出版时间：2012 年

出版机构：复旦大学出版社

内容摘要：该书认为，垂直管理部门与地方政府之间关系的实质是三种关系形态构成的同心圈：央地之间的政治关系形态、垂直管理部门与地方政府之间的政策伙伴关系形态、国家政权组织中功能性和地域性结构之间的行政关系形态。重点分析了垂直管理部门与地方政府之间的政策伙伴关系形态，提出了政府间网络的新解释模型。系统梳理了中国垂直管理部门的历史与现状，研究了海关、金融和环保部门与地方政府之间不同特色的治理网络，提出协调垂直管理部门与地方政府间复杂关系的基本思路是运用统筹治理思维，构建一种分享型政府间伙伴关系。

社会影响：政策网络治理模式是一种新的治理模式，也是一种对治理问题新的分析框架。全书采用实证研究和规范研究相结合的研究方法，以政府间网络中联结工具作为分析要素，探讨了垂直管理部门与地方政权之间的竞争、协作、监督和服务四种关系。该书是国内第一部专门研究垂直管理部门的专著，与其他类似著作相比，该将区域性要素考虑到府际关系中，更接近治理实际。

【《中国公共政策过程中利益集团的行动逻辑》】

作　　者：陈永生

出版时间：2012 年

出版机构：复旦大学出版社

内容摘要：该书运用公共政策和利益集团的相关理论和分析方法对当代中国公共政策过程中利益集团的行动逻辑这一核心问题进行了系统研究。从行动舞台、行动主体、行动过程和行动结果四个方面建构了利益集团行动逻辑的整体分析框架，重点从行为动机、行为资源和行为策略三方面分析利益集团影响公共政策的行动过程。通过对“两税”合并政策和“26 度空调节能”政策、《劳动合同法》的制定、2003 年房地产调控中的“121 文件”与“18 号令”的博弈等案例的研究发现，利益驱动、资源主导和策略组合揭示了公共政策制定过程中利益集团的行动逻辑。

社会影响：利益模型是分析西方国家、特别是美国公共政策的一个重要工具，但引进这一分析工具长期面临“水土不服”的问题，而中国利益集团成长壮大并介入到公共政策过程，又是一个基本事实。该书通过利益集团影响公共政策的行动分析，不仅提炼出利益集团“利益—资源塑造行为”逻辑，而且提出了在中国开展“利益集团政策学”的研究愿景。

【《公共政策过程的逻辑——倡导联盟框架解析应用与发展》】

作　　者：王春城

出版时间：2013 年

出版机构：中国社会科学出版社

内容摘要：探究倡导联盟框架形成发展的背景与历程，剖析了其基本概念、核心观点与整体逻辑，考察它在国外接受检验和应用的情况，并用之解释中国近年来医疗卫生政策的变迁过程。在此基础上，该书结合个案应用情况评估倡导联盟框架应用于中国政策过程的解释力，并针对当代中国公共政策实践过程的特征做出相应的拓展与修正，以提供一种能够有效理解政策过程的逻辑框架。

社会影响：倡导（支持）联盟框架是西方公共政策分析又一重要分析工具，在本质上也属于政策网络的范畴。2013 年，这一理论的主要提出者 Paul Armand Sabatier 因病辞世。在中国知网上检索，用“倡导联盟框架”为题的论文就有 290 篇（2014 年 10 月 19 日），可见这一理论对中国学术界的影响。该书的可贵之处，是没有拘泥西方的理论框架，而是对其进行了若干修正，从而使得改造后的框架对中国公共政策更具有解释力。

【《中国公共政策评论 2012》】

主　　编：岳经纶　郭巍青

发表时间：2013 年

出版机构：格致出版社、上海人民出版社

内容摘要：该书主要聚焦保险和社会保障，共推出 10 篇论文，分别为《全球史观下的中国社会保险（1949—1978）》《渐进与突变：我国养老保险制度变迁的逻辑》《重写社会契约：中国社会保险制度变迁背景的追溯性分析》《城市低保的目标瞄准探析：一个“街头官僚”的视角》《街头官僚理论视野下的低保政策实施研究：以广州某街道为例》《低保政策对受助者福祉的影响：三个城市低保人群生活状况调查报告》《新“世界工厂”下的学生工》《儿童人际关系及家庭与社会结构的影响研究》《“公—私”非典型联姻与分离：模式变革还是治理策略？——中国独立学院政策研究》《21 世纪初新加坡的高等教育发展策略》等。

社会影响：《中国公共政策评论》是中山大学行政管理研究中心社会保障与社会政策研究所、中山大学政治与公共事务管理学院定期出版的一份专业性学术出版物，每年出版一卷。该书的编辑方针是：推广政策科学的概念和理论，以关注中国公共与社会问题的解决为依归，既重视理论发展，又关注实际问题，集学术性、应用性和批判性于一体，探索中国的公共政策理论和规律，推动中国公共政策决策的民主化和科学化，提升公共政策的品质和公共治理的质量。

【《中国公共政策分析（2011—2012 年卷）》】

主　　编：白钢　史卫民

出版时间：2013 年

出版机构：中国社会科学出版社

内容摘要：本卷主要内容分为三个板块，第一板块对 2010 — 2011 年的中国政策选择与政策目标进行检验。第二板块基于“中国公民政策参与”的问卷调查，讨论了“政策依赖”对学生政策参与的影响、学生的政策过程认知以及中国公民的政策参与途径等问题。第三板块根据 2011 — 2012 年的经济社会变化情况，分析了中国的财政、收入分配、物价、医改、交通等政策。

社会影响：《中国公共政策分析》（2011—2012 年卷）是中国公共政策年度分析报告的第十一本。丛书重点导论本年

政府各个领域公共政策及其实践状况。该书对顶层决策者而言具有重要的参考价值。

【《行政信访的公共政策功能分析》】

作　　者：王浦劬　龚宏龄

发表时间：2012 年第 2 期

期刊名称：《政治学研究》

内容摘要：行政信访工作在不同的历史时期服从和服务于不同的社会主题，它的中心工作和主要功能因此呈现出发展阶段的差异性。从社会动员到以民生为重点的社会治理时期，行政信访的工作重心逐渐从收发信件向影响公共政策转变。信访工作实践表明，目前，行政信访对公共政策的内容、过程、价值调适和政策调整已经具有重要影响。与此同时，由于多方面原因，行政信访的政策功能也受到若干因素制约。为此，完善和提升行政信访的政策功能，是优化行政信访，进而优化公共政策的重要途径。

社会影响：行政信访是具有中国特色的公民参与公共政策过程的制度性渠道，但对这一制度进行系统研究的还不多见，本项研究弥补了这一研究缺憾。该文同时也是北京市信访研究中心项目“信访工作的定位、性质和作用的再审视和深度研究”以及国家哲学社会科学重大项目“科学发展观与政府管理改革”的主要研究成果。

第四章　政府职能转变与行政管理体制改革*

曹堂哲　李文彬

第一节　政府职能转变和行政管理体制改革的理论进展

党的十七大提出了“行政管理体制改革是深化改革的重要环节”的重要论断，指明了行政管理体制改革的重要性和必要性，同时明确要求“抓紧制定行政管理体制改革总体方案”，加快了中国行政管理体制改革步伐。特别是党的十七届二中全会通过了《关于深化行政管理体制改革的意见》，使得行政管理体制改革的研究成为学界焦点。学者们就中国行政管理体制改革的发展历程、主要目标、存在的问题、基本经验、路径选择等方面展开深入研究，取得了丰硕成果。①

一　关于政府职能转变和行政管理体制改革的发展历程

关于新中国成立60多年来中国行政管理体制改革的发展历程，学界主要从两个阶段来划分，即改革开放前和改革开放后，1949—1978年是与计划经济体制相配套的社会主义行政管理体制创立和发展阶段，1978—2009年是探索中国特色社会主义行政管理体制的变革创新阶段。而改革开放前主要是社会主义行政管理体制的形成发展阶段，改革开放后则主要是改革完善社会主义行政管理体制，学界主要集中对1982年、1988年、1993年、1998年、2003年、2008年6次较大行政管理体制改革来展开研究。②

1982年的改革是在党和国家工作重心全面转移到社会主义现代化建设上来的首次行政改革。这一阶段，改革首先在农村全面展开，逐步转向城市。在城市，进行以增强企业活力为中心，以打破条块分割为目的，扩大中心城市经济管理权限的改革。行政体制也进行了改革，改变农村政社合一的“人民公社”体制，实行行政权与生产经营权分离；1988年的改革则为社会主义市场经济体制的确立创造了条件。然而，改革是按计划经济模式要求进行的，因此难免带有一定的局限性，政府职能转变未达到预期结果；1993年的改革，是探索建立与市场经济体制相配套的行政体制的新阶段。这一阶段的改革由侧重下放权力转向制度创新，由改革旧体制转向建立新体制；1998年是历次改革中力度最大、机构变化和人员调整最大的一次，根据十五大精神，改革的目标是：建立办事高效、运转

---

* 本章第一节政府职能转变和行政管理体制改革的理论进展由李文彬完成。第二节、第三节和大事记由曹堂哲编辑完成。

① 刘洋：《行政管理体制改革综述》，《经营管理者》2013年第6期

② 夏书章主编：《行政管理学》，中山大学出版社2008年版。

协调、行为规范的行政管理体制，完善国家公务员制度，建设高素质专业化行政管理干部队伍，逐步建立适应社会主义市场经济体制的中国特色行政管理体制；2003 年改革的目的在于解决行政管理体制中的突出矛盾问题，为促进改革开放和现代化建设提供组织保障。党的十七大报告进一步强调加快行政管理体制改革，建设服务型政府。要加快推进政企分开、政资分开、政事分开、政府与市场中介组织分开，规范行政行为，加强行政执法部门建设，减少和规范行政审批，减少政府对微观经济运行的干预；2013 年改革以职能转变为核心继续简政放权、推进机构改革、完善制度机制、提高行政效能稳步推进大部门制改革。对减少和下放投资审批事项、减少和下放生产经营活动审批事项、减少资质资格许可和认定、减少专项转移支付和收费、减少部门职责交叉和分散、改革工商登记制度、改革社会组织管理制度、改善和加强宏观管理、加强基础性制度建设、加强依法行政等方面作出重大部署。

改革开放以来中国行政管理体制改革主要体现在政府职能转变和机构精简上。从改革原则方面看，每一次行政体制改革方案都有十分丰富的内容，特别是强调政府职能转变的内容。但从实际操作方面看，这七次改革的基本思路，说到底就是以机构和机构体系为对象的“政府精简”，即精简机构、精简人员、精简经费、精简总量规模。这种政府精简是改革走过的实际轨迹，也是 30 多年来行政管理体制改革的实际模式。虽然在行政管理体制改革不断推进的背景下，在中国政府职能得到转变的情况下，政府机构改革并未取得突破，还未能走出“精简—膨胀—再精简—再膨胀”的黄宗羲定律。

也有学者认为，经过 30 多年持续不懈的努力，行政管理体制改革取得明显成效其中最为重要的就是始终坚持以政府职能转变为核心。政府职能规定着政府管理的基本方向和主要内容，从 1983 年到 2013 年的改革始终都是围绕职能转变进行的，从加强经济管理职能到注重社会管理和公共服务，新的发展阶段转变职能有了新的丰富内涵。①

回顾行政管理体制改革的发展历程，最主要的目的就是总结行政管理体制改革的基本经验。有学者基于马克思国家相对独立性理论，认为行政国家比议会至上的国家具有更高程度的独立性，公共权力难以得到有效制约，行政权容易出现“异化”。② 中国迫切需要切实推进民主法治国家的建设。

有学者从决策的角度，运用历史制度主义理论，分析了中国行政改革渐进决策模式产生的国家结构、文化以及具体操作层面的根源，指出中国行政包括政治体制的改革在总体上选择渐进式战略的同时，可以在某些微观“节点”上采取激进式的策略，以突破目前出现的改革阻力。

还有学者提出行政发展要导入战略管理的思想，以此构建中国特色社会主义行政管理体制的总体战略、构建服务型政府的职能战略和重塑科层制的组织战略。

另外，有学者认为，中国行政管理体制改革的发展历程给我们积累了许多成功的经验，主要就是行政管理体制改革必须从国情出发；必须适应经济社会的发展要求；行政管理体制改革是一项系统工程；行政管理体制改革需要科学化、法治化。③

---

① 郝晓雅：《加强政府职能转变　深化行政管理体制改革》，《产业与科技论坛》2013 年第 15 期。

② 于常有、孔繁斌：《纪念邓小平〈党和国家领导制度的改革〉发表 30 周年暨第七届全国行政哲学研讨会综述》，《中国行政管理》2011 年第 1 期。

③ 魏来：《当前中国行政管理体制改革面临的四大困境》，《党政干部论坛》2013 年第 9 期。

有的学者认为中国行政改革最值得总结的基本经验有三个，即坚持共产党的领导，坚持科学发展观，坚持积极稳妥、循序渐进的基本原则。中央机构编制委员会办公室通过对改革开放 30 多年来行政管理体制改革进程的回顾，认为行政管理体制改革积累了一些重要经验和启示，即始终坚持党的领导，服从和服务于经济社会发展全局；始终坚持以转变政府职能为核心；始终坚持积极稳妥、循序渐进；始终坚持发挥中央和地方两个积极性，分类指导，因地制宜；始终坚持从中国国情出发，同时注重学习和借鉴国外有益经验；始终坚持与时俱进，大胆创新。认真总结这些经验和启示，有助于我们加深对改革基本规律的认识，牢牢把握正确的改革方向。

二　政府职能转变和行政管理体制改革的主要目标

国务委员兼国务院秘书长、国家行政学院院长马凯在第二届中国行政改革论坛上对行政体制改革提出了五个要：一要大幅减少政府对微观经济活动的直接干预，加强和改善宏观调控，推进市场开放和公平准入，构建新型社会管理制度体系，建立健全公共服务体系，为转变发展方式提供体制机制保证；二要合理划分中央地方事权，积极稳妥地分类推进事业单位改革，使行政权力的运行与转变发展方式的需要相适应，既有效维护国家法治统一、政令统一和市场统一，又使地方结合自身实际，创造性地开展转变发展方式的各项工作；三要把推动发展方式转变的成熟经验和做法上升到法律，尽快解决一些领域无法可依或有法难依的状况，为转变发展方式提供法律保障；四要形成决策前有调研、决策中有论证、执行中有监督、执行后有评价、决策失误有追究的全程制约，完善决策信息系统和智力支持系统，保证重大行政决策的科学性，避免不利于发展方式转变的重大决策、重大事项出台；五要建立科学合理的政府绩效评估指标体系和评估机制，形成符合科学发展要求的政府绩效评价体系，完善行政问责制度，加大对政府财政预决算、公共资源配置、重大建设项目投资以及重大政策制定等行为的监督度。

有学者指出，当前行政管理体制改革要坚持党领导、以法治国、人民当家做主有机结合，按照历史唯物主义的逻辑，这三者之间是辩证的关系，只有加强民主、法治，才能进一步改善和加强党的领导。

政府职能是现代政府的理论基石和逻辑起点，有学者总结了政府职能观的四种类型：自由主义、干预主义、引导主义和全能主义。针对中国政府职能越位、缺位的现状，提出理想政府职能的基本定位：在政治发展维度上，作为国家安全、秩序、民主和法治的供给者和维护者；在经济发展维度上，担当宏观经济的调节者、市场规则与制度的制定者和执行者；在社会发展维度上，扮演公民社会的培育者和引导者、公共服务的规划者和组织者的角色。

在行政管理体制改革的具体目标选择上，有学者认为，行政体制改革的重点应当是责任政府的确立。责任政府的确立需要关注两个基本条件：一是作为外在约束机制的权力制约，这是政府责任实现的根本条件；二是作为内在约束机制的责任伦理，这是政府责任实现的必要条件。

有学者认为，中国服务型政府建设的基本路径是协商治理，发展协商治理之于服务型政府建设具有优越性、保障性和提升作用，目前需要扎实推进公共协商的各种形式，尤其是政府与公民间的协商。

还有学者认为行政管理体制改革应当关注区域治理，需要对中国的区域发展的逻辑进行价值反思，从经济区域治理转向社会区域治理、权力本位治理到权利本位治理的转换已经势在必行。

有的学者从科学发展观来看中国行政管理体制改革未来目标，认为“十二五”期间中国行政管理体制改革必须要注意处理好几个方面的关系，即：改革的强度与社会的可承受程度之间的关系；政府机构改革和行政管理体制改革的关系；统一要求与分类指导的关系；立足中国实际与学习借鉴他国经验的关系。深化行政管理体制改革，着手点可放在合理界定政府职能，优化政府组织结构，建立健全政府责任体系等方面。①

学界一直把“小政府、大社会”作为中国行政管理体制改革的重要目标，但在现实贯彻中则成了盲目追求“小政府”②，所追求的就是如何精简政府，减少政府机构和政府组成人员，并未真正理解“小政府、大社会”的确切内涵。对此，有学者认为，对于中国来说，合理选择不在于政府的大小，而在于能够充分履行社会赋予的责任和职能，并引导中国走向现代化高效能的有效政府，中国行政改革的关键是构建一个适合中国国情的能促进经济和社会发展的有效政府，而不是小政府。

党的十七大报告中明确提出了“加快行政管理体制改革，建设服务型政府”的目标，“建设服务型政府”成了未来中国行政管理体制改革的方向。因而就有学者指出，服务型政府是行使公共权力、代表公共利益、管理公共事务、提供公共服务、维护公共秩序、承担公共责任的政府，建设服务型政府的内在要求是法治、责任、廉洁、高效。③ 服务型政府的目标统揽了学界关于行政管理体制改革的具体目标。有学者认为，将服务型政府确立为行政管理体制改革的目标，是我们党和政府对深化行政管理体制改革认识的升华，标志着政府职能转变和行政管理体制改革进入了新阶段。④

党的十七届二中全会又作出了加快行政管理体制改革的战略部署，明确提出了“到2020年建立起比较完善的中国特色社会主义行政管理体制”的总体目标，为推进行政管理体制改革指明了方向。学界开始把构建中国特色社会主义行政管理体制作为未来中国行政管理体制改革的方向。有学者认为，建立和完善中国特色社会主义行政管理体制的根本目的，就是为了建设一个以人为本、施政为民的服务政府；权责明晰、监督到位的责任政府；法律完备、行为规范的法治政府；清正透明、精干有力的廉洁高效政府。归根结底是建设一个人民满意的政府。⑤

也有学者认为，行政管理体制改革就是在科学发展观指导下的政府自身革命，是政府的自我超越。当前，加快推进行政管理体制改革，需要着重做好如下几项工作：一是从服务型政府建设的战略高度谋划行政管理体制改革；二是从行政管理体制走向公共行政体

---

① 张永刚：《深化行政管理体制改革的理论探析》，《南阳师范学院学报》（社会科学版）2012年第10期。

② 刘俊月、王力：《中国行政管理体制改革：从有限政府到有效政府》，《中南林业科技大学学报》（社会科学版）2010年第3期。

③ 齐桂珍：《“十二五”期间我国行政管理体制改革的模式选择与制度设计》，《财经观察》2012年第59期。

④ 刘芳：《培育社会组织：推进行政管理体制改革的强大动力》，《青岛行政学院学报》2013年第8期。

⑤ 袁曙宏：《中国特色社会主义行政管理体制的特征、问题与改革》，《中共四川省委省级机关党校学报》2012年第11期。

制；三是探索行政管理权力结构和运行机制的新途径；四是加强政府管理方式的改革与创新。[①]

三　政府职能转变和行政管理体制改革中存在的问题

改革开放30多年以来，中国行政管理体制改革取得了十分显著的成就，但在改革的过程中也存在着诸多问题亟待解决。

首先，行政体制改革滞后经济体制改革，滋生大量腐败机会，改革要先从反腐开始。从客观上来看，当前中国经济发展迅速，为腐败滋生创造了大量的机会。从体制上来看，中国仍处于经济转轨时期，由于经济体制发生了一系列变化，而相应的行政体制改革却滞后于经济体制改革，使一些地方领导干部往往能绕过有关的法律法规和制度，在一些关键环节产生决定性的影响，滋生腐败，改革必须先从反腐开始。

其次，行政机关自我限权有很大难度。部分政府部门及其负责人，不重视公开，不重视民主，不重视监督，不能规范权力行使运行。处理不好权力行使与规范制约的关系；处理不好向党内公开与向党外公开的关系；处理不好公开与秘密的关系。

最后，新的经济形势下，行政管理改革中的职能转换不到位。加快政府职能转变，是世界范围内应对经济危机，促进经济复苏的普遍做法。越发达的市场机制越要求高效率、高素质的政府调节。因为市场越完善、越有效，政府调节的针对性便越强。特别是随着经济的发展，总会不断提出新的问题，对于这些新问题，已经发育起来的市场总有不适应的方面，因而总会要求不断引入并完善政府职能。[②]

针对中国行政管理体制改革中存在的问题，学者们都提出了自己的思考。如有学者认为，目前行政管理实践中存在着四个层面的问题。第一，政府职能转变还不到位，政府直接干预微观经济活动的现象依然存在，国有资产监管有待进一步加强，市场监管体制仍不够完善，社会管理体系仍不健全，公共服务职能仍比较薄弱；第二，政府机构设置不尽合理，部门职能交叉、政出多门、权责脱节、监督不力的问题比较突出；第三，中央和地方的关系有待进一步理顺，有令不行、有禁不止和执行不力的问题未能得到全面解决；第四，依法行政观念不强，有法不依、多头执法、执法扰民现象比较普遍。[③] 主要从政府自身、市场主体和社会和谐这三个方面来分析行政管理体制改革中所存在的问题。

有学者指出，中国行政管理体制改革面临的主要问题有六个方面：一是政府自身改革和政府职能转变滞后；二是政府各个部门之间有严重的部门利益的倾向，政府公共政策制定过程实际上是部门主导的，导致部门利益凌驾于公共利益之上；三是有些关系群众切身利益的问题还没有得到根本解决；四是一些部门之间，有些政府工作人员依法行政观念不强；五是形式主义、官僚主义、弄虚作假、奢侈浪费的问题比较突出；六是腐败现象在一些地方、部门、单位比较严重。[④]

---

① 刘剑明：《加快推进行政管理体制改革的路径选择》，《行政与法》2013年第2期。

② 蔡高阳：《中国行政管理体制改革中的突出问题及启示》，《青春岁月》2013年第2期。

③ 高秀敏：《试论行政管理体制改革的问题》，《中国证券期货》2012年第6期。

④ 汪玉凯：《中国行政管理体制改革30年：思考与展望》，《党政干部学刊》2012年第1期。

有学者认为，在政府的行政管理中，仍然存在着一些与新形势新要求不相适应的地方和一些旧体制遗留下来的老问题，主要表现在：由“无限政府”向“有限政府”的转变还没有完成，与建立“小政府、大社会”的改革目标仍有较大差距；行政权力与行政责任脱节，主要体现在各种权力主体在对公共事务管理中形成的权力和责任关系失衡；机构重叠、职能交叉、层级过多的现象依然严重；在一些领域行政管理的规则不够公开、运行程序不够透明，致使权力运行的不确定性和风险增加，政府的公信力面临严峻挑战；由于分部门、分地区、分岗位绩效考评的标准尚不明确、不具体，导致政府的行政行为缺乏刚性的约束和量化的激励，从而使不作为和乱作为的现象并存。[①] 我们所要做的就是针对这些问题寻找解决方案，同时，还要在不断变化的新的实践中寻求解决问题的新途径。

四 政府职能转变和行政管理体制改革的路径选择

（一）国外经验及对中国的借鉴意义

20 世纪以来，为了最大限度地发展经济，为了满足民众对行政体制的要求，各个国家进行了一系列的行政体制改革。英国、法国、日本与中国都是单一制国家，他们成功的改革经验，对中国行政体制改革是一种反思，也是一种启示。我们要汲取各国优势之处，以此作为中国行政改革的借鉴。[②]

英国行政管理模式改革的基本状况基本分为两点：一是精简政府机构，提高政府效率。政府以精简文官人数来增强上层领导对内部工作的调控，以及通过降低中间管理层的作用为取消某些中间层次、实现扁平化结构增加了可行性并提高了政府工作效率。自 1979 年撒切尔上台以来，英国文官制度发生了一系列的变化。主要表现在削减四分之一的文官，建立新的财务制度、增强效率监督、引进竞争机制等。二是注重角色定位，转变政府职能。为建立小政府模式，英国政府主要采取将国有企业私有化和政策相分离的手段，转变政府的职能。

法国，曾经作为有着高度中央集权历史的国家，经过历年来的分权改革，在保持单一制国家结构的前提下，中央与地方行政职责分工日益具体、明确，逐步向分权管理方向发展。

近年来，日本中央与地方财政危机日益突出，政府官员渎职丑闻愈演愈烈，经济发展停滞不前；国际上，各国的行政改革都在紧锣密鼓地进行，这给日本行政体制的滞后带来严峻挑战。因此日本对行政体制改革的呼声也日益强烈。日本行政改革的重点在于：行政机构改革与地方分权改革。

无论是英国对行政管理模式的改革还是日本改变机构的设置，都体现了转变政府职能的理念。虽然政府在完善社会主义经济体制的过程中具有不可替代的主导作用，但要紧随时代变化，随时调整政府与社会的关系，重视公共服务市场化和社会化等理念。通过日本的行政体制改革的进程可以发现值得中国借鉴的改革程序和方法，即要立法先行。这样的改革程序使得整个改革过程中有法可循。而中国向来是“先实践，后立法”，这种程序恰恰不能起到系统推进的作用，反而会使本来就缺乏规范性的行政体制改革更加无章可循、无法可依。

---

① 万宇艳：《国内外行政管理体制改革的经验与启示》，《中国经贸导刊》2013 年第 4 期。

② 代敏：《英法日地方行政体制改革及对我国的借鉴意义》，《法治与社会》2011 年第 12 期。

（二）中国政府职能转变和行政管理体制改革的路径选择

行政管理体制改革的路径选择是学界关于中国行政管理体制改革研究的落脚点。针对中国行政管理体制改革中存在的诸多问题，学者们从不同方面提出自己的解决方案。有学者指出，加快行政管理体制改革，必须做到以下几点：一是转变理念，努力建设服务型政府；二是合理定位，明确政府的社会管理职能；三是转变方式，进一步深化行政审批制度改革；四是提高效率，继续深化政府机构改革；五是注重考核，完善政府绩效管理体系。① 主张从理念创新来推进行政管理体制改革。

有学者从中国国情入手来深化行政管理体制改革，指出必须解放思想，认真分析问题产生的原因，明确改革的目标。要敢于打破思想禁锢，冲出固定的思维方式，开动脑筋，勇于探索和创新。面对新问题，采取新措施，依据事物客观规律来分析事物的发展变化，坚持一切从客观实际出发。因此，想要深化行政管理体制改革，就必须从中国的实际国情出发，确定合理的改革目标，改革理念坚决不能脱离行政管理体制的实际情况，否则就犯了盲目冒进的错误，导致改革工作很难推行。②

许多学者一致认为，当前中国行政管理体制改革的关键环节和重点方向主要在于转变政府职能，以此来推动整个行政管理体制改革的发展进程。有学者指出，当前深化行政管理体制改革的关键，仍然是转变政府职能。为此要处理好五个关系，即处理好经济发展与社会事业发展的关系；处理好“管理”和“服务”的关系；处理好改革体制与创新机制的关系；处理好政府职能与其他社会主体职能之间的关系；处理好职能改革与依法行政的关系。③

有学者认为，深化行政管理体制改革的基本途径是正确定位政府职能，优化政府组织结构，实现决策的科学化、民主化、法治化，建立健全决策、执行、监督相互制约协调的运行机制，健全改革的法律保障机制。

有学者就当前行政管理体制依然存在着行政职能不彻底、行政管理费用增长过快和依法行政水平不高三个方面问题，提出推进中国行政管理体制改革必须从全面改革的视角来审视和规划，由中央主导、从地方试点开始进行，以转变政府职能为核心，配套改革机构和运行机制，同时要重点利用好公务员队伍建设和政府绩效评估两项主要工具。④

也有学者指出，全面推进地方政府职能转变是改革所面临的严峻挑战，有效规范政府官员的行为方式是深化改革必须突破的难点；充分调动政府官员的积极性是推进改革的着力点；科学评价、因势利导、提升素质是形成改革合力的必要条件。因而，无论如何改革，政府职能转变则成了中国行政管理体制改革路径选择中不能回避的问题。通过政府职能转变和定位，全面带动和整体推进中国行政管理体制改革继续向前发展成了学界的共识。因此，清晰合理定位政府职能，实现政府职能的转变是今后中国行政体制改革要重点突破的问题，也是实现中国行政体制改革，推动改革纵深发展的路径选择。

---

① 刘霞：《深化行政管理体制改革呼唤政府职能转变》，《山东省农业管理干部学院学报》2012 年第 5 期。

② 黄琴：《深化行政管理体制改革问题探析》，《中共乐山市委党校学报》2012 年第 3 期。

③ 高小平：《行政管理体制改革的关键是转变政府职能》，《人民日报》2008 年 2 月 27 日。

④ 李涛、曹立峰：《我国行政管理体制改革存在的主要问题与对策研究》，《唯实》2009 年第 8 期。

第二节　政府职能转变和行政管理体制改革的实践创新

行政体制改革是推动上层建筑适应经济基础的必然要求。要按照建立中国特色社会主义行政体制目标，深入推进政企分开、政资分开、政事分开、政社分开，建设职能科学、结构优化、廉洁高效、人民满意的服务型政府。深化行政审批制度改革，继续简政放权，推动政府职能向创造良好发展环境、提供优质公共服务、维护社会公平正义转变。稳步推进大部门制改革，健全部门职责体系。优化行政层级和行政区划设置，有条件的地方可探索省直接管理县（市）改革，深化乡镇行政体制改革。创新行政管理方式，提高政府公信力和执行力，推进政府绩效管理。严格控制机构编制，减少领导职数，降低行政成本。推进事业单位分类改革。完善体制改革协调机制，统筹规划和协调重大改革。①

一　政府职能转变与行政审批制度改革②

（一）改革方案的制定

2012 年 11 月发布的十八大报告在“五、坚持走中国特色社会主义政治发展道路和推进政治体制改革”部分对行政管理体制改革进行了部署。具体内容如下：

> 深化行政体制改革。行政体制改革是推动上层建筑适应经济基础的必然要求。要按照建立中国特色社会主义行政体制目标，深入推进政企分开、政资分开、政事分开、政社分开，建设职能科学、结构优化、廉洁高效、人民满意的服务型政府。深化行政审批制度改革，继续简政放权，推动政府职能向创造良好发展环境、提供优质公共服务、维护社会公平正义转变。稳步推进大部门制改革，健全部门职责体系。优化行政层级和行政区划设置，有条件的地方可探索省直接管理县（市）改革，深化乡镇行政体制改革。创新行政管理方式，提高政府公信力和执行力，推进政府绩效管理。严格控制机构编制，减少领导职数，降低行政成本。推进事业单位分类改革。完善体制改革协调机制，统筹规划和协调重大改革。
>
> 健全权力运行制约和监督体系。坚持用制度管权管事管人，保障人民知情权、参与权、表达权、监督权，是权力正确运行的重要保证。要确保决策权、执行权、监督权既相互制约又相互协调，确保国家机关按照法定权限和程序行使权力。坚持科学决策、民主决策、依法决策，健全决策机制和程序，发挥思想库作用，建立健全决策问责和纠错制度。凡是涉及群众切身利益的决策都要充分听取群众意见，凡是损害群众利益的做法都要坚决防止和纠正。推进权力运行公开化、规范化，完善党务公开、政务公开、司法公开和各领域办事公开制度，健全质询、问责、经济责任审计、引咎辞职、罢免等制度，加强党内监督、民主监督、法律监督、舆论监督，让人民监督权力，让权力在阳光下运行。

---

① 《中共中央关于全面深化改革若干重大问题的决定》（2013）。

② 杨晶：《国务院关于深化行政审批制度改革加快政府职能转变工作情况的报告》，2014 年 8 月 28 日，中国人大网（www.npc.gov.cn）。

2013 年 3 月《国务院机构改革和职能转变方案》中对政府职能转变与行政审批制度改革作了总体部署和筹划。具体内容如下：

政府职能转变是深化行政体制改革的核心。转变国务院机构职能，必须处理好政府与市场、政府与社会、中央与地方的关系，深化行政审批制度改革，减少微观事务管理，该取消的取消、该下放的下放、该整合的整合，以充分发挥市场在资源配置中的基础性作用、更好发挥社会力量在管理社会事务中的作用、充分发挥中央和地方两个积极性，同时该加强的加强，改善和加强宏观管理，注重完善制度机制，加快形成权界清晰、分工合理、权责一致、运转高效、法治保障的国务院机构职能体系，真正做到该管的管住管好，不该管的不管不干预，切实提高政府管理科学化水平。

（一）减少和下放投资审批事项。除涉及国家安全、公共安全等重大项目外，按照“谁投资、谁决策、谁受益、谁承担风险”的原则，最大限度地缩小审批、核准、备案范围，切实落实企业和个人投资自主权。抓紧修订政府核准投资项目目录。对确需审批、核准、备案的项目，要简化程序、限时办结。

对已列入国家有关规划需要审批的项目，除涉及其他地区、需要全国统筹安排或需要总量控制的项目以及需要实行国家安全审查的外资项目外，在按行政审批制度改革原则减少审批后，一律由地方政府审批。对国家采用补助、贴息等方式扶持地方的点多、面广、量大、单项资金少的项目，国务院部门确定投资方向、原则和标准，具体由地方政府安排，相应加强对地方政府使用扶持资金的监督检查。

加强对投资活动的土地使用、能源消耗、污染排放等管理，发挥法律法规、发展规划、产业政策的约束和引导作用。

（二）减少和下放生产经营活动审批事项。按照市场主体能够自主决定、市场机制能够有效调节、行业组织能够自律管理、行政机关采用事后监督能够解决的事项不设立审批的原则，最大限度地减少对生产经营活动和产品物品的许可，最大限度地减少对各类机构及其活动的认定等非许可审批。

依法需要实施的生产经营活动审批，凡直接面向基层、量大面广或由地方实施更方便有效的，一律下放地方。

（三）减少资质资格许可和认定。除依照行政许可法要求具备特殊信誉、特殊条件或特殊技能的职业、行业需要设立的资质资格许可外，其他资质资格许可一律予以取消。按规定需要对企业事业单位和个人进行水平评价的，国务院部门依法治定职业标准或评价规范，由有关行业协会、学会具体认定。

除法律、行政法规或国务院有明确规定的外，其他达标、评比、评估和相关检查活动一律予以取消。

（四）减少专项转移支付和收费。完善财政转移支付制度，大幅度减少、合并中央对地方专项转移支付项目，增加一般性转移支付规模和比例。将适合地方管理的专项转移支付项目审批和资金分配工作下放地方政府，相应加强财政、审计监督。

取消不合法不合理的行政事业性收费和政府性基金项目，降低收费标准。建立健全政府非税收入管理制度。

（五）减少部门职责交叉和分散。最大限度地整合分散在国务院不同部门相同或相似的职责，理顺部门职责关系。房屋登记、林地登记、草原登记、土地登记的职责，城镇职工基本医疗保险、城镇居民基本医疗保险、新型农村合作医疗的职责等，分别整合由一个部门承担。

整合工程建设项目招标投标、土地使用权和矿业权出让、国有产权交易、政府采购等平台，建立统一规范的公共资源交易平台，有关部门在职责范围内加强监督管理。整合业务相同或相近的检验、检测、认证机构。推动建立统一的信用信息平台，逐步纳入金融、工商登记、税收缴纳、社保缴费、交通违章等信用信息。

（六）改革工商登记制度。对按照法律、行政法规和国务院决定需要取得前置许可的事项，除涉及国家安全、公民生命财产安全等外，不再实行先主管部门审批、再工商登记的制度，商事主体向工商部门申请登记，取得营业执照后即可从事一般生产经营活动；对从事需要许可的生产经营活动，持营业执照和有关材料向主管部门申请许可。将注册资本实缴登记制改为认缴登记制，并放宽工商登记其他条件。

推进商务诚信建设，加强对市场主体、市场活动监督管理，落实监管责任，切实维护市场秩序。

（七）改革社会组织管理制度。加快形成政社分开、权责明确、依法自治的现代社会组织体制。逐步推进行业协会商会与行政机关脱钩，强化行业自律，使其真正成为提供服务、反映诉求、规范行为的主体。探索一业多会，引入竞争机制。

重点培育、优先发展行业协会商会类、科技类、公益慈善类、城乡社区服务类社会组织。成立这些社会组织，直接向民政部门依法申请登记，不再需要业务主管单位审查同意。民政部门要依法加强登记审查和监督管理，切实履行责任。

坚持积极引导发展、严格依法管理的原则，促进社会组织健康有序发展。完善相关法律法规，建立健全统一登记、各司其职、协调配合、分级负责、依法监管的社会组织管理体制，健全社会组织管理制度，推动社会组织完善内部治理结构。

（八）改善和加强宏观管理。强化发展规划制订、经济发展趋势研判、制度机制设计、全局性事项统筹管理、体制改革统筹协调等职能。完善宏观调控体系，强化宏观调控措施的权威性和有效性，维护法治统一、政令畅通。消除地区封锁，打破行业垄断，维护全国市场的统一开放、公平诚信、竞争有序。加强社会管理能力建设，创新社会管理方式。公平对待社会力量提供医疗卫生、教育、文化、群众健身、社区服务等公共服务，加大政府购买服务力度。国务院各部门必须加强自身改革，大力推进本系统改革。

（九）加强基础性制度建设。推进国务院组织机构、职能配置、运行方式法治化。加强政务诚信制度建设。建立以公民身份证号码和组织机构代码为基础的统一社会信用代码制度。建立不动产统一登记制度。加强技术标准体系建设。完善信息网络、金融账户等实名登记制度和现金管理制度。完善各类国有资产管理制度和体制。

（十）加强依法行政。加快法治政府建设。完善依法行政的制度，提高制度质量。健全科学民主依法决策机制，建立决策后评估和纠错制度。严格依照法定权限和程序履行职责，确保法律、行政法规有效执行。深化政务公开，推进行政权力行使依据、过程、结果公开。建立健全各项监督制度，让人民监督权力。强化行政问责，严格责任追究。

宪法和法律是政府工作的根本准则。国务院和国务院各部门都要带头维护宪法法律权威，发挥法律的引导和推动作用，用法治思维和法治方式深化改革、推动发展、化解矛盾、维护稳定。以政府带头守法、严格执法，引导、教育、督促公民、法人和其他组织依法经营依法办事。

（二）改革方案的实施过程

从 2012 年到 2013 年，国务院多次召开常务会议，分批分次下放了大量行政审批事项。

2012 年 8 月 22 日召开的国务院常务会议，决定取消和调整 314 项部门行政审批项目，批准广东省在行政审批制度改革方面先行先试。会议决定，在以往工作基础上，再取消和调整 314 项部门行政审批项目，其中取消 184 项，下放 117 项，合并 13 项。至此，国务院十年来分六批共取消和调整了 2497 项行政审批项目，占原有总数的 69.3%。

2013 年 4 月 24 日召开的国务院常务会议，决定取消和下放一批行政审批事项，推进政府职能转变。为落实《国务院机构改革和职能转变方案》，会议决定，第一批先行取消和下放 71 项行政审批项目等事项，重点是投资、生产经营活动项目。会议指出，这是深化改革、加快职能转变的重要一步，必须精心组织实施，做好与相关法律法规的衔接，及时公布，接受各方监督。对取消审批的事项，要相应加强事中事后监管。下一步，各部门要加大减少和下放行政审批事项工作力度，加快进度，科学评估，成熟一批推出一批。各级政府要适应职能转变新要求，把该放的事坚决放开，把该管的事管住管好，以政府职能转变的新成效为经济社会发展注入新的动力和活力。

2013 年 5 月 6 日召开的国务院常务会议，研究部署 2013 年深化经济体制改革重点工作，决定再取消和下放一批行政审批事项。会议决定，在第一批取消和下放 71 项行政审批项目等事项基础上，再取消和下放 62 项行政审批事项，并依法依规及时公布。

2013 年 5 月 13 日，国务院召开了机构职能转变动员电视电话会议，李克强总理发表重要讲话。李克强强调，行政审批制度改革是转变政府职能的突破口，是释放改革红利、打造中国经济升级版的重要一招，今年要开好头。

2013 年 5 月 16—31 日，国务院发布《关于取消和下放一批行政审批项目等事项的决定》。国务院决定，取消和下放一批行政审批项目等事项，共计 117 项。其中，取消行政审批项目 71 项，下放管理层级行政审批项目 20 项，取消评比达标表彰项目 10 项，取消行政事业性收费项目 3 项；取消或下放管理层级的机关内部事项和涉密事项 13 项（按规定另行通知）。另有 16 项拟取消或下放的行政审批项目是依据有关法律设立的，国务院将依照法定程序提请全国人民代表大会常务委员会修订相关法律规定。

2013 年 5 月 31 日召开的国务院常务会议，围绕转变政府职能通过一批法律修正案草案和废止、修改部分行政法规的决定。

2013 年 6 月国务院明确行政审批制度改革工作牵头单位由监察部调整为中央编办，国务院审改办设在中央编办。

2013 年 6 月 19 日召开的国务院常务会议，决定再取消和下放一批行政审批项目等事项。会议通过了国家新闻出版广电总局“三定”规定，至此，本次国务院机构改革涉及的新组建部门“三定”已全部完成。在这些部门“三定”中，又取消和下放了 32 项行政审批等事项，包括取消能源企业发展建设规划审批、铁路客货直通运输审批、出版单位变更登记等，下放电力业务许可、港澳台在内地设立独资医院审批等。

2013 年 7 月 22 日国务院决定，再取消和下放一批行政审批项目等事项，共计 46 项。其中，取消和下放 29 项，部分取消和下放 13 项，取消和下放评比达标项目 3 项；取消涉密事项 1 项（按规定另行通知）；有 4 项拟取消和下放的行政审批项目是依据有关法律设立的，国务院将依照法定程序提请全国人民代表大会常务委员会修订相关法律规定。

2013 年 8 月 21 日召开的国务院常务会议，决定出台严格控制新设行政许可的措施。要坚持依法设定行政许可，做到“三个严格”：一要严格设定标准。坚决控制新设对企业投资、产品、生产经营和资质资格的行政许可，放宽社会资金准入。能通过技术标准、规范等其他管理手段或措施解决的，不得设定行政许可；能通过设定一个行政许可解决的，不得设定多个行政许可。二要严格设定程序。对确有必要设定的行政许可，要加强合法性、必要性、合理性审查，并广泛听取意见。不符合相关法律法规的，不得设定。召开听证会要真实反映民意，防止成摆设。三要严格对设定和实施行政许可的监督。各部门要公布其负责实施的行政许可目录，并定期评价，及时提出修改或废止建议。实施行政许可，要明确责任、权责一致，注重事中事后监督。对违法设定许可和增设许可条件，或以登记、备案、年检、监制为名行许可之实的，要坚决纠正、严肃处理，特别要制止以许可增加收费的行为。

2013 年 9 月 25 日召开的国务院常务会议，修订政府核准投资项目目录，决定再取消和下放一批行政审批项目事项。会议指出，随着经济环境、科技进步和行业发展等情况的变化，2004 年出台的政府核准的投资项目目录已不完全适应现实需要，必须抓紧修订，以进一步发挥市场机制作用，促进产业升级，减少政府对微观事务的介入，转变政府作风，提高管理效能，防止寻租和腐败，让社会投资活力有效迸发。一是缩小核准范围，对市场竞争充分、企业有自我调节和约束能力、可通过经济和法律手段有效调控、符合结构调整方向、有利于防止产生新的过剩产能的项目，由核准改为备案。二是将仍需由政府核准，但可通过规划、产业政策、技术标准等引导和调控的项目下放给地方，增强就近监管能力。三是对已下放核准权的项目，相应调整相关前置审批权限，以提高效率。四是明确职责分工，国务院投资主管部门核准跨地区、跨行业、跨领域和涉及综合平衡、重大布局的项目，行业管理部门核准需由中央层面管理的其他项目，做到权责一致。按上述原则，此次修订取消和下放了分布式燃气发电等一批核准项目，放宽了部分外商投资准入条件。为深入推进政府职能转变，持续释放改革红利，会议决定再取消和下放 75 项行政审批事项。至此，新一届中央政府取消和下放的行政审批事项已达 221 项，激发市场和社会活力的成效正在显现。

2013 年 9 月国务院发布《关于严格控制新设行政许可的通知》。该文强调，今后起草法律草案、行政法规草案一般不新设行政许可，确需新设的，必须严格遵守行政许可法的规定，严格设定标准。在总结实践经验的基础上，《关于严格控制新设行政许可的通知》对行政许可法有关行政许可设定的规定作了细化，提出了 16 项设定标准，主要有四个方面。

2013 年 10 月国土资源部办公厅印发《关于下放部分建设项目用地预审权限的通知》，明确了以下简政放权措施：一是坚决落实国务院关于取消和下放部分行政审批项目等事项的决定。《关于下放部分建设项目用地预审权限的通知》指出，今年以来，国务院取消和下放了一批行政审批事项，《国务院关于取消和下放一批行政审批项目等事项的决定》

(国发〔2013〕19号，以下简称《决定》) 涉及国家发展和改革委下放12类企业投资项目的核准权限，取消13类企业投资项目的核准事项，调整管理方式为备案。对《决定》下放核准权限的12类项目，按照建设项目用地预审“同级审查”的原则，由省级或相应的地方国土资源主管部门办理。二是下放备案类项目用地预审权限。按照投资管理权限规定原相应需报部用地预审的备案类项目（含《决定》包括的核准类调整为备案类的项目)，由省级国土资源主管部门预审。三是进一步做好零星分散建设项目用地预审工作。国土资源部令第42号文件规定，应当由国土资源部负责预审的输电线塔基、钻探井位、通信基站等小面积零星分散建设项目用地，由省级国土资源管理部门预审，并报国土资源部备案。

2013年11月起中国取消314项省级行政事业性收费。为落实国务院推进政府职能转变的要求，财政部会同发展和改革委近日发出通知，决定自2013年11月1日起，取消314项各省、自治区、直辖市设立的行政事业性收费。两部门指出，上述行政事业性收费取消后，有关部门和单位依法履行管理职能所需相关经费，由同级财政预算予以保障。据介绍，加上6月份两部委发文公布取消和免征的33项中央级行政事业性收费，今年以来已共计取消和免征347项行政事业性收费。

二　大部门制改革①

国务院机构改革和职能转变方案，是根据党的十八大和十八届二中全会精神，深化国务院机构改革和职能转变的方案。《第十二届全国人民代表大会第一次会议关于国务院机构改革和职能转变方案的决定（草案)》于2013年3月14日批准通过。

（一）大部制改革方案的制定

这次国务院机构改革，重点围绕转变职能和理顺职责关系，稳步推进大部门制改革，实行铁路政企分开，整合加强卫生和计划生育、食品药品、新闻出版和广播电影电视、海洋、能源管理机构。

1. 实行铁路政企分开。为推动铁路建设和运营健康可持续发展，保障铁路运营秩序和安全，促进各种交通运输方式相互衔接，实行铁路政企分开，完善综合交通运输体系。将铁道部拟订铁路发展规划和政策的行政职责划入交通运输部。交通运输部统筹规划铁路、公路、水路、民航发展，加快推进综合交通运输体系建设。组建国家铁路局，由交通运输部管理，承担铁道部的其他行政职责，负责拟定铁路技术标准，监督管理铁路安全生产、运输服务质量和铁路工程质量等。组建中国铁路总公司，承担铁道部的企业职责，负责铁路运输统一调度指挥，经营铁路客货运输业务，承担专运、特运任务，负责铁路建设，承担铁路安全生产主体责任等。

国家继续支持铁路建设发展，加快推进铁路投融资体制改革和运价改革，建立健全规范的公益性线路和运输补贴机制，继续深化铁路企业改革。不再保留铁道部。

2. 组建国家卫生和计划生育委员会。为更好地坚持计划生育的基本国策，加强医疗卫生工作，深化医药卫生体制改革，优化配置医疗卫生和计划生育服务资源，提高出生人口素质和人民健康水平，将卫生部的职责、国家人口和计划生育委员会的计划生育管理和服务职责整合，组建国家卫生和计划生育委员会。主要职责是，统筹规划医疗卫生和计划

---

① 参见《国务院机构改革和职能转变方案》，2013年3月14日，新华网（www. xinhuanet. com)。

生育服务资源配置，组织制定国家基本药物制度，拟定计划生育政策，监督管理公共卫生和医疗服务，负责计划生育管理和服务工作等。

将国家人口和计划生育委员会的研究拟定人口发展战略、规划及人口政策职责划入国家发展和改革委员会。

国家中医药管理局由国家卫生和计划生育委员会管理。

不再保留卫生部、国家人口和计划生育委员会。

3. 组建国家食品药品监督管理总局。为加强食品药品监督管理，提高食品药品安全质量水平，将国务院食品安全委员会办公室的职责、国家食品药品监督管理局的职责、国家质量监督检验检疫总局的生产环节食品安全监督管理职责、国家工商行政管理总局的流通环节食品安全监督管理职责整合，组建国家食品药品监督管理总局。主要职责是，对生产、流通、消费环节的食品安全和药品的安全性、有效性实施统一监督管理等。将工商行政管理、质量技术监督部门相应的食品安全监督管理队伍和检验检测机构划转食品药品监督管理部门。

保留国务院食品安全委员会，具体工作由国家食品药品监督管理总局承担。国家食品药品监督管理总局加挂国务院食品安全委员会办公室牌子。

新组建的国家卫生和计划生育委员会负责食品安全风险评估和食品安全标准制定。农业部负责农产品质量安全监督管理。将商务部的生猪定点屠宰监督管理职责划入农业部。

不再保留国家食品药品监督管理局和单设的国务院食品安全委员会办公室。

4. 组建国家新闻出版广电总局。为进一步推进文化体制改革，统筹新闻出版广播影视资源，将国家新闻出版总署、国家广播电影电视总局的职责整合，组建国家新闻出版广电总局。主要职责是，统筹规划新闻出版广播电影电视事业产业发展，监督管理新闻出版广播影视机构和业务以及出版物、广播影视节目的内容和质量，负责著作权管理等。国家新闻出版广电总局加挂国家版权局牌子。

不再保留国家广播电影电视总局、国家新闻出版总署。

5. 重新组建国家海洋局。为推进海上统一执法，提高执法效能，将现国家海洋局及其中国海监、公安部边防海警、农业部中国渔政、海关总署海上缉私警察的队伍和职责整合，重新组建国家海洋局，由国土资源部管理。主要职责是，拟订海洋发展规划，实施海上维权执法，监督管理海域使用、海洋环境保护等。国家海洋局以中国海警局名义开展海上维权执法，接受公安部业务指导。

为加强海洋事务的统筹规划和综合协调，设立高层次议事协调机构国家海洋委员会，负责研究制定国家海洋发展战略，统筹协调海洋重大事项。国家海洋委员会的具体工作由国家海洋局承担。

6. 重新组建国家能源局。为统筹推进能源发展和改革，加强能源监督管理，将现国家能源局、国家电力监管委员会的职责整合，重新组建国家能源局，由国家发展和改革委员会管理。主要职责是，拟定并组织实施能源发展战略、规划和政策，研究提出能源体制改革建议，负责能源监督管理等。

不再保留国家电力监管委员会。

（二）中国铁路总公司获准组建

中国政府网2013年3月14日发布了《国务院关于组建中国铁路总公司有关问题的批复》。中国铁路总公司注册资金为10 360亿元人民币。并明确，历史债务问题没有解决前，国家对公司暂不征收国有资产收益。不增加铁路改革成本。批复说，中国铁路总公司是经国务院批准，依据《中华人民共和国全民所有制工业企业法》设立，由中央管理的国有独资企业，由财政部代表国务院履行出资人职责，交通运输部、国家铁路局依法对公司进行行业监管。批复同意将原铁道部相关资产、负债和人员划入中国铁路总公司，将原铁道部对所属 18 个铁路局（含广州铁路集团公司、青藏铁路公司）、3 个专业运输公司及其他企业的权益作为中国铁路总公司的国有资本。批复明确，建立铁路公益性运输补贴机制。对于铁路承担的学生、伤残军人、涉农物资等公益性运输任务，以及青藏线、南疆线等有关公益性铁路的经营亏损，研究建立铁路公益性运输补贴机制，研究采取财政补贴等方式，对铁路公益性运输亏损给予适当补偿。中国铁路总公司组建后，继续享有国家对原铁道部的税收优惠政策，国务院及有关部门、地方政府对铁路实行的原有优惠政策继续执行，继续明确铁路建设债券为政府支持债券。对企业设立和重组改制过程中涉及的各项税费政策，按国家规定执行，不增加铁路改革成本。①

三　省直管县改革

（一）政策背景

根据中华人民共和国宪法，中国大陆应当实行“省级、县级和乡级”三级行政区划，现今中国大陆已经实现省管县的省（直辖市、自治区）有海南省和四个直辖市。

1980 年特别是 1983 年以后，地级市的设立原意是想打破行政壁垒和城乡分隔，发挥中心城市带动农村经济发展的作用。但是在财政转移支付和分税制的制度背景下，地级市往往成了抽水机，为了中心城市的发展，截留辖属县的资金，从而使城乡差距越来越大。而地级市的作用只是上传下达，多了一个环节，反不利于政令的畅通。而且每年仅工资损耗财政之巨上亿元计。②

2008 年 10 月 19 日，新华社全文播发《中共中央关于推进农村改革发展若干重大问题的决定》。文件中提出，有条件的地方可依法探索省直接管理县（市）的体制。扩大县域发展自主权，增加对县的一般性转移支付、促进财力与事权相匹配，增强县域经济活力和实力。推进省直接管理县（市）财政体制改革，优先将农业大县纳入改革范围。坚持走中国特色城镇化道路，发挥好大中城市对农村的辐射带动作用，依法赋予经济发展快、人口吸纳能力强的小城镇相应行政管理权限，促进大中小城市和小城镇协调发展，形成城镇化和新农村建设互促共进机制。积极推进统筹城乡综合配套改革试验。

2009 年 7 月 9 日，财政部公布了《关于推进省直接管理县财政改革的意见》，指出将在 2012 年年底前在中国大部分地区推行省直接管理县财政体制。

2013 年党的十八届三中全会审议通过了《中共中央关于全面深化改革若干重大问题的决定》，提出：“统筹党政群机构改革，理顺部门职责关系。积极稳妥实施大部门制。优化行政区划设置，有条件的地方探索推进省直接管理县（市）体制改革。严格控制机构编制，严格按规定职数配备领导干部，减少机构数量和领导职数，严格控制财政供养人员总量。推进机构编制管理科学化、规范化、法治化。”推进省直接管理县（市）体制改革是国家深化改革的一项重大战略决策。

---

① 齐慧：《国务院批复组建中国铁路总公司》，《经济日报》2013 年 3 月 15 日。

② 许峰：《我国试行省直管县　取消地级市成趋势》，《南方周末》2005 年 9 月 15 日。

按照财政部的计划，作为“省管县”改革的关键一步，省级财政将在政府间收支划分、转移支付、资金往来、预决算、年终结算等方面，与市、县财政直接联系，开展相关业务工作。并于2012年年底前，在全国推开（民族自治区除外）。然而，目前各地改革进度各异，面临众多问题。要想将县、区政府从市级财政中全面剥离，殊为不易。①

（二）四川省推行行政省直管县

在中国大陆，除了四个直辖市和海南省实行三级行政管理体制以外，目前其他省份实施的“省管县”体制主要以财政直管为主。人事权、经济管理权、审批权等行政管理权的直管尚处于初步探索阶段。以下是四川省实施行政省直管县的探索案例。

2013年四川省委办公厅、省政府办公厅联合印发了《关于支持百万人口大县改革发展的政策措施》。根据该文件，四川省将选择个别条件成熟的人口大县探索开展省直接管理县行政体制改革试点。不同于之前的“省—市—县”三级管理体制，“省直管县”将实行“省—市、省—县”二级管理，以减少管理层级，提高行政效率，为县域经济提供更大发展空间。目前，在四川省183个县（市、区）当中，百万人口大县有20个，此20个县的人口占全省总人口的比例超过四分之一，经济总量占全省的六分之一，粮食产量超过全省的三分之一。该文件提出了包括产业、财政、金融、就业、土地等方面一揽子政策措施，旨在加快百万人口大县的改革发展。具体而言，在行政体制改革方面，该文件要求进一步依法下放市级经济管理权限和社会事业管理权限，支持人口大县开展扩权强镇改革试点；在城镇规划和建设方面，百万人口大县的县城将按照中等城市规划，加快推进城市新区建设和旧城改造，加强重点镇建设，支持人口大县规划建设县域副中心。在产业发展方面，百万人口大县将优先布局重大产业项目，具备条件的产业园区将升级为省级开发区；在财政金融方面，适当提高人口大县基本公共服务支持转移支付补助力度，减轻政策性新增支出负担压力，优先支持人口大县中条件成熟的农村信用社联合社改制成为农村商业银行。此外，根据该文件，四川省还将建立百万人口大县领导干部激励机制，落实符合条件的人口大县县委书记职级高配政策。②

（三）广东省省管县试点范围扩大

2010年，应财政部要求，广东决定选择既属财政部规定试点范围的粮食、油料、生猪生产大县，又属于广东省主体功能区规划中的生态发展区域的南雄市、紫金县、兴宁市和封开县四个县（市）开展省直管县财政试点工作。同年，为配合顺德区行政综合改革对顺德区也实行省直管财政体制。广东决定进一步扩大改革试点，按照主体功能区的规划要求，优先选择财力较薄弱、人口负担较重的县（市）扩大试点范围。据广东省财政厅计划，从2012年7月1日起，龙川县、五华县、博罗县、阳春市、徐闻县、高州市、英德市、饶平县、普宁市、罗定市纳入广东省省直管县财政改革第二批试点范围并正式启动。由此，省直管县财政改革试点从原有的南雄市、紫金县、兴宁市、封开县、顺德区5个，增加到15个。新一批试点县（市）的试点内容与第一批保持一致。包括市县间财政收入一般按属地原则划分，市、县辖区内的地方税收及非税收入除中央和省级收入外，都

① 方可成、王磬（实习生）：《省直管县改革出现“疲劳症”——专访国家行政学院经济学部主任张占斌》，《南方周末》2012年2月2日。

② 李渝、彭超：《四川将选取百万人口大县试点省直管县》，《中国日报》2013年11月12日。

归市、县财政所有等措施。[①]

四　乡镇行政体制改革

2010 年中编办下发了《关于开展经济发达镇行政管理体制改革试点工作的通知》（中央编办发〔2010〕50 号），通知选择河北、山西、吉林、江苏、浙江、安徽、福建、山东、河南、湖北、广东、四川、陕西 13 省开展发达乡镇的行政体制改革试点工作。初步确定进行试点的经济发达镇共计 25 个，分别是：河北省高碑店市白沟镇；山西省介休市义安镇；吉林省磐石市明城镇；江苏省昆山市张浦镇、江阴市徐霞客镇、兴化市戴南镇、吴江市盛泽镇；浙江省义乌市佛堂镇、余姚市泗门镇；安徽省无为县高沟镇、天长市秦栏镇；福建省晋江市陈埭镇、南安市水头镇；山东省广饶县大王镇；河南省安阳县水冶镇、信阳市平桥区明港镇；湖北省钟祥市胡集镇、谷城县石花镇；广东省增城市新塘镇、佛山市南海区狮山镇、东莞市长安镇；四川省大竹县庙坝镇、新津县花源镇；陕西省岐山县蔡家坡镇、南郑县大河坎镇。截至 2013 年，经济发达镇行政管理体制改革试点工作已经开展了三年。以下是无为县高沟镇推进发达镇行政管理体制改革试点的方案和办法。

为贯彻落实《中共安徽省委办公厅、安徽省人民政府办公厅关于印发〈关于经济发达镇行政管理体制改革试点工作的指导意见〉的通知》（皖办发〔2011〕4 号），积极推进无为县高沟镇行政管理体制改革试点工作，制定本方案。

以邓小平理论和“三个代表”重要思想为指导，深入贯彻落实科学发展观，按照加强基层政权建设、统筹城乡协调发展的要求，着力破解制约高沟镇经济社会发展的体制机制障碍，理顺职责关系，创新管理体制，优化组织结构，下放管理权限，不断提升社会管理和公共服务能力，加速推进高沟镇新型工业化、城市特色化和城乡一体化进程。力争到“十二五”末，实现镇区面积达 20 平方公里，城镇人口 10 万以上，城镇化率 70%，上缴税金 16 亿元，农民人均纯收入 2 万元，努力把高沟镇建设成为“全国一流，安徽第一”的经济强镇。

（一）扩大事权范围，完善管理功能

依法赋予高沟镇部分县级经济社会管理权限，按照权责一致、依法下放、能放即放的原则，进一步扩大高沟镇经济社会管理权限。

1. 调整充实扩权内容。在扩权强镇已明确的下放权力的基础上，着眼于促进高沟镇改革和发展，对不适合镇级操作的事项进行调整；对没有纳入放权范围，有利于镇级扩权和发展的事项，纳入放权范围，进一步增强高沟镇的决策自主权。重点扩大在项目审批、城镇规划建设管理、国土资源管理、环境保护、社会治安、劳动保障等方面的行政管理权限。今后，凡有利于高沟镇改革和发展的事项，要继续纳入放权范围。

2. 简化审批服务环节。需上报国家、省和市主管部门审批、核准或备案的项目，由高沟镇办理预审，报县主管部门“见文行文”，予以转报；其他项目由高沟镇办理预审，县主管部门“见章盖章”，予以审批、核准或备案。积极探索集中审批、定期审批、网上审批和流动便民等审批服务手段。

---

① 卢轶：《广东省直管县财政改革新增十试点》，《南方都市报》2012 年 5 月 29 日。

3. 规范权力运行方式。所有下放、委托的行政许可、行政审批事项，一律进入高沟镇便民服务中心，实行“一站式服务”。建设、规划、城管、环保、工商、交通等领域依法受委托行使的行政处罚权，交由镇综合执法机构行使，实行综合执法。

（二）调整财政体制，强化财力保障

在“镇财县管”的财政体制下，按照预算管理权、资金所有权、财政审批权“三权不变”的原则，构建财权与事权相匹配的镇级财政管理体制。

1. 加大财政保障力度。建立财政超收激励机制，以2010年财政收入为基数，超收县留成部分由县财政全额返还高沟镇，一定5年不变。在高沟镇辖区内收取的土地出让金净收益、社会抚养费，属县及县以下部分全额返还高沟镇。按规定报批后，高沟镇可收取城市公用事业费附加，由高沟镇统筹安排使用。

2. 加大项目扶持力度。对高沟镇迫切需要新上的优势产业、社会事业和基础设施建设项目，应优先列为市、县重点工程，并安排一定比例的配套资金给予支持。进一步整合各类财政专项资金，加大对高沟镇的扶持力度，特别是在交通、水利、安全饮用水、污水处理等项目、资金方面对高沟镇予以倾斜，支持改革试点。县政府对电缆主导产业转型升级项目和高沟镇基础设施建设给予政策倾斜，逐年加大财政扶持力度。

3. 完善金融服务体系。全面落实省、市、县鼓励银行业金融机构在扩权试点镇设立分支机构或网点的政策。鼓励金融机构在高沟镇设立村镇银行、融资性担保机构、小额贷款公司等，改善对中小企业、个体工商户和农户的融资服务。支持高沟镇推进投资体制改革，依法组建高沟镇城镇建设投资公司等融资平台。县城市投资公司在融资方面也要向高沟镇倾斜。

（三）优化组织结构，创新管理体制

以建设人民满意的服务型乡镇政府为目标，统筹行政事业机构编制资源配置，优化组织结构，探索建立机构设置综合、管理扁平高效、人员编制精干、运行机制灵活的乡镇行政管理体制。

1. 综合设置机构。按照“小政府、大服务”和精简统一效能的原则，整合现有行政、事业机构，加强执法队伍建设，合并职能重叠、相近机构，将现有的行政机构和事业机构设置成10个综合机构。

基层党群组织按有关规定和章程设置。

2. 理顺条块关系。保留国税、地税、工商、法院、司法、财政、国土等部门设在高沟镇的机构；将无为县公安局高沟派出所改设为高沟分局并组建高沟消防队；设立高沟环境监测（监察）站。国家、省垂直管理部门对派驻在高沟镇的机构要充分授权，能放的事权要下放到派驻机构行使。县派驻在高沟镇的机构，其主要负责人的任免，应事先征得镇党委同意，并参加镇政府年度考核，对工作不力造成严重后果的，镇党委可以提出书面调整建议。

3. 合理配置人员编制。在不突破无为县乡镇行政、事业编制总额前提下，可适当增加高沟镇人员编制。

4. 加强领导班子建设。实行党政领导交叉任职。高沟镇党政领导班子主要负责人职级配备，比照《中共安徽省委、安徽省人民政府关于实施扩权强镇的若干意见》（皖发〔2009〕15号）规定执行。

（四）创新社会管理，强化公共服务

切实转变政府职能，建设服务型政府，着力增强高沟镇的社会管理和公共服务能力。

1. 创新社会管理。加强党组织建设，探索新形势下加强和改进高沟镇党组织建设的新途径，不断扩大基层党组织的覆盖面，切实贯彻落实好党在农村各项方针政策和法律法规，促进农村社会事业的全面发展。进一步完善政务公开、村务公开等制度，积极推进基层社区建设，培育和扶持人民调解、行业协会等社会组织，完善村民自治，实现政府行政管理和社区自我管理有效衔接、政府依法行政和村民依法自治良性互动。加强社会管理和社会治安综合治理，及时化解社会矛盾，切实维护农民合法权益，确保农村社会和谐稳定。

2. 增强服务能力。加强规划编制和管理，加快基础设施建设步伐，重点加强道路、给排水、环境卫生、污水处理、垃圾处理、广播电视、网络通信等基础设施建设，使高沟镇的基础设施建设水平达到小城市标准，为高沟镇产业转型升级和滨江新城建设提供良好的配套服务；加快公共服务体系建设，按照统一规划、适度超前、突出重点的原则，结合民生工程的实施，加大对高沟镇科技、教育、文化、卫生等公共服务设施建设投入，力争用 3 年左右的时间，完善“一校一园（标准化学校、中心幼儿园）、两院两站（中心卫生院、敬老院、综合文化站、农村综合服务站）和市民休闲广场”等公共服务设施建设；建立和健全劳动就业和社会保障工作平台，支持高沟镇社会保障机构、人力资源市场、就业指导服务体系建设，健全农村劳动力转移就业培训制度，促进农村富余劳动力向非农产业转移，探索城乡养老保险、医疗保险制度的有效衔接办法。

3. 改进服务方式。以实现城乡基本公共服务均等化为核心，改革基本公共服务提供方式，引入竞争机制，进一步扩大“以钱养事”范围和领域，探索建立多元化的公共服务体系和运行机制。注重发挥农村经济合作组织和社会服务机构在提供公共服务中的作用，采取政府采购、合同外包、购买服务等方式，实现服务主体多元化、服务方式市场化。进一步落实为民服务全程代理制，健全服务代理网络，拓展服务项目，提升服务质量。

（五）推进配套改革，探索制度创新

1. 改革建设用地管理。在新一轮土地利用总体规划修编中，充分考虑高沟镇的发展需要，合理布局，统筹安排。省政府积极支持高沟镇开展城乡建设用地增减挂钩试点工作并安排适当数量的挂钩周转指标。省、市、县政府每年分别在建设用地计划指标中安排一定数量给高沟镇使用。鼓励和支持高沟镇推进土地整理复垦开发工作。进一步探索农村集体建设用地使用权的流转方式，保障集体建设用地依法、规范流转。

2. 推进户籍制度改革。鼓励引导外来人口和农村居民进入高沟镇就业、居住，放宽高沟镇落户条件。凡在高沟镇有合法固定住所、稳定职业或生活来源的人员及其共同居住生活的直系亲属，均可根据本人意愿办理城镇户口。经批准落户的人员，在就学、就业、兵役、社会保障等方面，按有关规定享受城镇居民同等的权利和义务。

3. 推进人事制度改革。建立和完善人才引进机制，有针对性地引进高沟镇在建设、规划、管理等方面急需的人才，为高沟镇全面履行职能提供人才保障。选好配强高沟镇党政领导班子，进一步优化领导班子结构，加强县、镇干部双向交流。创新人员配置方式，在行政、事业人员档案身份不变的前提下，允许行政事业单位工作人员双向选择、竞争上岗；根据工作需要，高沟镇可在一些辅助性、技术性、服务性岗位上实行人员社会聘用制。创新薪酬分配制度，完善薪酬激励机制，在年度财政超收分成中可适当提取政府奖励基金。创新考核评价机制，建立健全能够客观、真实反映工作人员工作业绩的考核评价体系。

（六）规范行政行为，健全决策监督机制

县、镇两级要进一步理顺关系，明确责任，确保下放的权力运行顺畅、管理高效，严防违规滥用权力，避免引发各类矛盾和问题。在扩大高沟镇管理权限的同时，明确高沟镇承担与其对等的责任，建立与高沟镇事权相适应的民主决策和权力监督机制。充分发挥基层群众自治组织、新闻媒体的监督作用，探索建立行政行为和绩效监督评估机制，重点对重大决策、项目建设、行政许可、行政执法、财政预决算、政府采购等行为进行监督和评估；加大政务公开力度，落实公众的知情权、表达权、参与权和监督权；逐步推行镇党政机关及所属机构预决算在网络等新闻媒体公开，鼓励村集体财务交由专业的会计服务中介审核，并定期公布；建立健全对环境保护、城乡规划、节能减排、土地节约等重点监管事项的监督标准，配套建立系统严密、设计科学、操作性强的奖惩制度。①

五 事业单位分类改革

2011 年 3 月 23 日，党中央、国务院发布了《中共中央国务院关于分类推进事业单位改革的指导意见》。该意见由 9 个方面 30 条组成。9 个方面是：改革的重要性和紧迫性；改革的指导思想、基本原则和总体目标；科学划分事业单位类别；推进承担行政职能事业单位改革；推进从事生产经营活动事业单位改革；推进从事公益服务事业单位改革；构建公益服务新格局；完善支持公益事业发展的财政政策；认真做好组织实施工作。该意见明确了事业单位改革的总体目标和阶段性目标：2020 年，建立起功能明确、治理完善、运行高效、监管有力的管理体制和运行机制，形成基本服务优先、供给水平适度、布局结构合理、服务公平公正的中国特色公益服务体系。今后 5 年，在清理规范基础上完成事业单位分类，承担行政职能事业单位和从事生产经营活动事业单位的改革基本完成，从事公益服务事业单位在人事管理、收入分配、社会保险、财税政策和机构编制等方面改革取得明显进展，管办分离、完善治理结构等改革取得较大突破，社会力量兴办公益事业的制度环境进一步优化，为实现改革的总体目标奠定了坚实基础。

2012—2013 年全国按照事业单位改革的部署，全面推进事业单位改革的工作。

（一）事业单位的清理规范工作

全国各省市县相继出台了事业单位清理规范工作的通知。以下是《山东省事业单位

① 以上内容摘自《〈关于经济发达镇行政管理体制改革试点工作的指导意见〉的通知》（皖办发〔2011〕4 号）。

清理规范工作实施方案》[①]。

为贯彻《中共中央国务院关于分类推进事业单位改革的指导意见》（中发〔2011〕5号），根据中央编办《关于开展事业单位清理规范工作的通知》（中央编办发〔2011〕24号），结合我省实际，现就事业单位清理规范工作提出如下方案。

1. 指导思想和原则

清理规范事业单位，是科学划分事业单位类别的重要步骤。要按照政事分开、事企分开的要求，以促进公益事业健康发展为目的，调整优化事业单位布局结构，合理配置事业资源，加强和规范机构编制管理。通过清理规范，全面掌握事业单位机构编制执行情况，解决目前一些事业单位机构设置不规范、编制管理不严格等问题，为分类推进事业单位改革奠定坚实基础。

清理规范工作的原则是：

精简、优化、效能的原则。按照区域覆盖和就近服务的要求，加大事业单位整合力度，规范机构设置，优化编制配备，增强事业单位服务功能，提高公益服务水平。

总量控制、只减不增的原则。清理规范期间，不增加机构和人员编制，不得提高机构规格，确因工作需要的，在现有机构和编制总量内调剂解决。

衔接配套、协调推进的原则。结合行业体制改革、政府机构改革，推进承担行政职能和从事生产经营活动事业单位改革工作；结合落实实名制和编制使用审核制度，推进机构编制精细化管理。

2. 范围和内容

（1）清理规范的范围：各级党委、政府直属和部门所属事业单位，各级人大、政协、法院、检察院、群众团体机关及其他组织所属事业单位。

（2）清理规范的内容。在对现有事业单位机构编制、人员情况等基础信息进行认真核实、摸清底数的基础上，组织开展清理规范工作。

①清理。通过“撤、并、转”等方式对存在以下情况的事业机构进行清理：批准设立两年以上未正式组建或未开展工作的，未核定事业编制、其日常工作由机关工作人员或其他外聘人员承担的，原承担的特定工作任务已完成或履行职责的法定依据已消失的，已无在职人员或虽有少数在职人员但已长期不开展工作的，予以撤销；因主管部门撤并或职责调整、需相应整合的，设置过于分散、规模过小、服务对象单一的，职责相同相近、重复设置的，予以整合；对条件成熟、改革方向明确，主要从事生产经营活动及其他以营利为主要目的的，予以转企改制。

在规范机构设置的基础上，对事业单位编制使用情况进行清理。凡撤销的事业单位，编制予以收回；调整整合后新组建的事业单位，本着精简效能原则重新核定编制；人员结构不合理的事业单位，按照优化结构的要求对相关岗位编制进行调整；对于职责任务萎缩编制未作调整的事业单位，相应核减编制。

②规范。在清理的基础上，按照机构编制管理有关法律法规和政策规定，对事业单位名称、职责任务、经费来源、人员编制、编制比例、内部机构、领导职数等事项

① 《关于开展事业单位清理规范工作的通知》，山东省机构编制委员会办公室，2011年8月22日印发。

进行规范。

3. 实施步骤和方法

清理规范工作从2011年8月开始，2012年3月底前基本结束，分四个阶段进行，具体步骤是：

①动员部署（8月）。8月下旬召开会议进行部署。

②核实摸底（8月至9月）。各事业单位依据有关文件资料，对机构编制、人员情况进行逐项核对，按要求填写《事业单位机构编制核查表》（附件1）和《事业单位人员情况核查表》（附件2），由主管部门（单位）汇总后，于9月底前报同级编办。各级党委、政府直属事业单位将核查表直接报同级编办。

③清理规范（10月至2012年2月）。省、市、县（市、区）各部门研究提出所属事业单位清理规范方案，党委、政府直属事业单位研究提出本单位及所属事业单位清理规范方案，与同级编办协商沟通后，于12月底前报同级编办。乡镇（街道办事处）事业单位由县级编办研究提出清理规范方案，报市编办审核。对涉及的机构编制调整事项，按规定程序审批。清理规范方案的主要内容包括：事业单位机构编制现状，当前存在的主要问题，对机构、编制等方面的清理规范意见和其他需要说明的问题等。

④总结（2012年3月）。清理规范工作基本结束后，各市编委形成总结报告和清理规范情况汇总表（附件3、附件4），于3月15日前报省编办。

4. 工作要求

事业单位清理规范工作涉及面广、政策性强。各级各部门要充分认识清理规范工作的重要意义，切实加强领导，周密部署，精心组织，确保按时完成工作任务。

①明确职责分工。全省事业单位清理规范工作由省编委统一领导。省编办负责全省事业单位清理规范工作的指导和协调，并组织实施省属事业单位清理规范工作。市、县（市、区）编办负责推进本地区事业单位清理规范工作，要按照本方案要求，制定本地区清理规范工作方案，报同级党委、政府批准后组织实施。各部门（单位）按照谁主管、谁负责的原则，做好所属事业单位的清理规范工作。

②加强机构编制管理。结合清理规范，加快推进机构编制实名制，将清理规范后的机构编制和人员纳入实名制管理，完善事业单位信息数据库，对编制和人员情况实施动态监管。落实编制使用审核制度，规范进人管理程序，杜绝超编进人和违规进人，现有超编人员逐步消化。推进编制精细化管理，明确事业单位各类人员编制比例，从根本上优化人员结构。

③严肃工作纪律。各级、各部门、各单位要严格遵守机构编制和组织人事纪律，对擅自设立机构、增加编制、提高机构规格、超职数配备干部等问题予以纠正，对违规进入人员予以清理清退。要强化责任意识，如实填报有关信息，不得虚报瞒报。省编办要会同纪检、监察等部门进行监督检查，严肃查处清理规范工作中发生的违规违纪问题，依法追究相关人员的责任。

（二）事业单位改革全面推进

1. 职能再纯化

吉林省图们市编办坚持“三项原则”对事业单位职能进行“再纯化”。为保障事业单位分类改革工作的顺利推进，吉林省图们市编办坚持“三项原则”，对清理规范后保留的事业单位进行了职能“再纯化”工作。一是坚持以事业单位改革（以下简称事议）领导小组牵头负责的原则。市编办向市事改领导小组负责人进行汇报。市事改领导小组办公室积极作为，多次召开会议学习有关文件精神，统一思想认识，明确工作任务，主动会同事改小组成员单位，指导各主管部门认真梳理界定所属事业单位管理职能，深入了解重新确定事业单位职能工作的重要性和必要性，充分认识到做好这项工作既是事业单位分类改革的要求，更是事业单位分类的重要依据，事关事业单位分类的成败，是一项最基本、最关键的基础性工作。工作中采取编办调研、拟定初稿、主管部门反馈意见、编办审核确认、编委会讨论并发文五步工作程序，完成了对全市 138 家事业单位的职能“再纯化”工作。

二是坚持注重协商尊重基层的原则。为确保重新确定事业单位职能的准确性和科学性，在重新确定事业单位职能工作过程中，图们市编办坚持深入各个主管部门和具体单位，加强调研、积极协调、多次上下沟通，了解各个事业单位新形势下职能变化情况，力求客观、准确、科学地确定事业单位的职能。同时，严格依据法律、法规，依据党委和政府的文件规定，征求相关部门意见，确保工作的严谨性和规范性。

三是坚持先易后难积极稳妥的原则。图们市编办在深入调研、全面调查摸底的基础上，根据事业单位分类改革和机构编制管理的要求，在确定职能的同时，规范机构名称、经费渠道、领导职数和编制结构，采取先易后难，先机关后基层，分阶段，分批次等办法，扎实有序地开展重新确定事业单位职能工作，通过分类改革逐步剥离非事业性职能及非事业性单位，纯化事业单位职能与机构，使事业单位真正成为公共服务的组织，为事业单位分类改革奠定扎实基础。①

2. 重点领域事业单位分类改革

2012 年以来，陕西省安康市紧扣省事业单位分类改革工作要求，突出重点，分步实施，扎实推进重点领域事业单位分类改革。试点公立医院改革。结合事业单位分类改革精神，积极组织对全市医疗卫生系统的分类改革进行了摸底调研，了解市直及各县区各医疗机构履行职责、实有人员、单位运行等情况，提出医疗卫生系统分类改革的具体方案。按照“先行试点、全面推进”的原则，选择三家医院作为试点，不断总结经验，为全面推进全市医疗卫生系统的分类改革奠定了基础。

整合农业科技资源。在全市科技行业分类改革中，该市结合中央文件精神，不断优化整合科技资源配置。针对市直及县区科技局下属生产力促进中心、情报研究所等事业单位职能职责弱化的状况，为适应现实发展需要，将上述两个机构予以整合，组建市科技资源开发中心，赋予新的工作职责，更好地为全市经济社会发展提供科技支撑。

优化教育资源配置。为优化配置全市基础教育编制资源，组织对全市中小学教育资源进行了摸底调研，制定下发了《关于做好中小学教职工编制调整核定工作的通知》《关于做好公办幼儿园教职工编制核定工作的通知》两个文件，按标准重新动态核定全市中小学幼儿园教职工编制。

完成体育分类改革。为优化中心城区体育资源配置，满足群众需求，相继撤销了汉滨区少儿体校、安康体育场、汉滨区金州广场管理所、安康市青少年业余体校，其编制、人员整体划转，整合组建市体育运动服务管理中心，并按照全市事业单位分类改革要求，重

① 成善龙：《吉林省图们市编办坚持“三项原则”对事业单位职能进行“再纯化”》，吉林省图们市编办，2013 年 1 月 14 日。

新下发“九定”方案，规范机构编制事项，理顺工作职责。[①]

3. 制定改革任务表

重庆市事改办部署2013年事业单位分类改革工作。按照中央分类推进事业单位改革的总体要求，经重庆市事改领导小组会议、市编委会议审议同意，重庆市事改办印发《2013年事业单位分类改革工作要点》和《2013年事业单位分类改革工作任务分解表》，对全市2013年事业单位分类改革工作进行了全面部署。全市事改工作采取“分类指导、分业推进、分级组织、分步实施”的方式，要求集中力量、突出重点、加大力度，全力抓好“十二项重点任务”，概括起来为“两个基本完成、两个完成一批、两个积极推进、五个完善、一个试点”。“两个基本完成”即：基本完成公益三类事业单位类别调整，基本完成公益类事业单位完善职责任务工作；“两个完成一批”即：完成一批经营类事业单位的转企改制工作，完成一批公益类事业单位的撤并整合工作；“两个积极推进”即：积极推进行政类事业单位改革工作，积极推进教育、科技、文化、卫生等行业体制改革；“五个完善”即：完善事业单位分类改革配套政策体系，完善财政分类保障机制，完善事业单位分配制度，完善事业单位编制和人事管理制度，完善事业单位机构编制标准体系；“一个试点”即：开展事业单位法人治理结构试点。《2013年事业单位分类改革工作任务分解表》以表格的形式，对全市“十二项重点任务”进行了细化，把每项任务分解为若干项具体工作，明确了每项工作的牵头部门、责任部门、参与部门，确定了每项具体工作的完成时限。在进行工作部署的同时，重庆市事改办坚持把建立健全工作机制作为事业单位分类改革的重要基础性工作，确定了领导小组决策制、联络小组负责制、项目小组承办制三种组织方式，形成了周例会、月例会、双月会、季度会四项工作机制，制定了项目小组提议、事业处处长审核、市事改办审定、领导小组决策四步办事流程。在接下来的工作中，重庆市事改办将严格按照《要点》和《分解表》作出的工作部署，切实履行起事改总牵头职责，与各市级有关部门、各区县事改办各司其职、紧密配合，形成推进改革的强大合力，确保各项工作任务如期圆满完成。[②]

六 地方改革特色创新

（一）河南省试行公务员聘任制

2013年12月河南省人力资源和社会保障厅召开新闻发布会宣布，经国家公务员局批准，河南省正式启动聘任制公务员试点工作，首批列入试点的有焦作、郑州、洛阳、平顶山四个省辖市。据河南省公务员局负责人介绍，进行聘任制公务员的试点，重点针对专业性较强的职位，辅助性职位暂不试行。聘任制公务员，是指机关在规定的编制限额和工资经费限额内，经中央或者省级公务员主管部门批准，以合同形式聘任依法履行公职、由国家财政负担工资福利的工作人员。聘任制公务员主要有两类，一是专业性较强的职位，指需要特殊技能或经验资历、技术性较强的职位；二是辅助性职位，指事务性较强，主要为机关日常行政事务提供一般性的行政辅助、后勤保障服务的职位。[③]

---

① 陕西省安康市编办：《陕西安康市分业开展重点领域事业单位分类改革》，2013年1月17日。

② 重庆市编办：《重庆市事改办部署2013年事业单位分类改革工作》，2013年3月19日。

③ 国家发改委经济体制改革综合司：《经济体制改革信息特刊》，《半月改革动态》2012年1月1—15日。

（二）绩效管理新进展

1. 北京市市属医院启动绩效考核工作

2012 年 5 月 10 日，北京市医管局对北京市 21 家市属医院正式启动医院绩效考核。25 项定量考核指标中，社会评价权重高，包括患者对医院是否满意、抗菌药使用是否合理、医疗纠纷发生率是否增加等。除定量指标外，定性考核指标占 30%。医院若发生乱收费、不良执业等不规范医疗行为，发生医疗事故造成社会影响，以及对公立医院改革、预防保健政府指令性任务执行不力等情况，都将被直接扣分，影响绩效成绩。年度考核的期限是从每年的 1 月 1 日起至当年的 12 月 31 日止。2012 年是首次考核，考核期从 2012 年 5 月 10 日开始至 12 月 31 日。[①]

2. 重庆市大幅精简优化区县综合考核及考核指标体系

2013 年 12 月重庆市委常委会会议审议通过《关于改进完善区县（自治县）党政领导班子和领导干部综合考核的意见》和《区县（自治县）经济社会发展实绩考核指标体系》。会议要求，严格设置考核项目，宁简勿繁，宁少勿多，防止表面整合、实际上又陷入分头考核、多头考核、交叉考核、重复考核的现象。经过大幅度精简、整合，以市委、市政府名义考核区县党委、政府的项目由 86 项整合精简为 1 项，即“区县党政领导班子和领导干部年度综合考核”；以市级部门名义考核区县部门的项目精简 80% 以上。除精简之外，新的考核“指挥棒”进行了大幅优化，避免以地区生产总值及增长率论英雄，包括加大了对资源消耗、环境保护、消化产能过剩、安全生产等指标的权重，加强了对政府债务状况的考核，对科技创新、劳动就业、居民收入等的考核也更为重视。对于不同的功能区域，考核上将充分体现差异化管理，让各地“有所为、有所不为”。按照重庆的功能区划分，全市分为都市功能核心区、都市功能拓展区、城市发展新区、渝东北生态涵养发展区、渝东南生态保护发展区五个功能区，在考核上将各有侧重。[②]

3. 北京市印发《关于“十二五”期间区县政府绩效管理工作的实施意见》

2012 年 7 月北京市印发《关于“十二五”期间区县政府绩效管理工作的实施意见》，《意见》提出，北京从今年起对区县政府实施绩效管理。区县政府绩效管理评价体系包括战略绩效、行政效能、服务效果和创新发展四个方面（简称“三效一创”）。其中，战略绩效评价涉及经济发展、民生改善、社会管理、文化建设、生态建设五个方面，民生改善中纳入了教育发展、就业保障、社会保障、医疗卫生和住房保障。行政效能的评价则涉及依法行政、勤政廉政、高效行政三个方面。《意见》规定，区县政府绩效管理考评结果，将作为对区县政府领导班子考核评价的重要内容和领导干部选拔任用、年度评先评优的重要依据。[③]

（三）权力公开运行

《辽宁省行政权力公开运行规定》自 2012 年 6 月 1 日起施行。《规定》适用于辽宁省、市、县（含县级市、区）政府及其所属部门，乡（镇）政府，经法律、法规、规章

---

① 国家发改委经济体制改革综合司：《经济体制改革信息特刊》，《半月改革动态》2012 年 5 月 1—15 日。

② 国家发改委经济体制改革综合司：《经济体制改革信息特刊》，《半月改革动态》2013 年 12 月 16—31 日。

③ 北京市政府：《北京市人民政府办公厅印发关于“十二五”期间区县政府绩效管理工作实施意见的通知》，（京政办发〔2012〕38 号）2012 年 8 月 1 日。

授权或者委托行使行政权力的机关和其他组织，实行垂直管理和双重管理部门的行政权力公开运行工作。《规定》明确，监察机关负责对行政权力公开运行工作的组织协调和检查指导。政府法治部门负责对行政机关行使行政权力的过程依法进行监督。政府信息公开工作主管部门负责行政权力运行信息公开的指导和监督。行政机关应当编制《行政职权目录》、制作《行政权力运行流程图》，并根据法律、法规和规章等情况变化及时修订。机构编制管理机关、政府法治部门负责对《行政职权目录》和《行政权力运行流程图》进行审核确认。行政机关是行政权力公开运行的责任主体，指定专门机构负责本机关行政权力公开运行的具体工作。政府及有关部门建立行政问责和绩效考核管理制度，将行政权力公开运行工作纳入政府绩效、目标绩效、行政执法责任制等考核评价体系。

（四）民政工作改革创新观察点

2012 年 7 月 14 日，民政部与广东省民政厅、汕头市政府举行签约仪式，在汕头市设立民政工作改革创新观察点。据介绍，民政部将与汕头市在改革城乡基层管理和服务体制、建立普惠型社会福利制度、深化社会组织管理体制改革以及各项相关的配套改革方面进行大胆探索、率先垂范，充分发挥先行先试优势、区位优势和立法优势，着力在政策研究、法治建设、体制改革、机制创新等方面先行先试，积极探索与经济特区相适应、与深化行政管理体制改革相衔接、体现社会建设客观要求和发展规律的现代民政事业新模式，成为推动全国、全省民政事业改革创新的示范区，为构建与中国经济社会发展趋势相适应的现代民政新格局积累经验。

（五）依法行政制度创新

1. 广东省通过《广东省法治政府建设指标体系（试行）》

《广东省法治政府建设指标体系（试行）》已经 2013 年 2 月 5 日广东省人民政府第十二届一次常务会议通过，自 2013 年 6 月 1 日起施行。该文件规定从 2013 年 6 月 1 日起，广东所有涉及民生的重大决策，必须 100% 听证，还要经过民意调查程序。《广东省法治政府建设指标体系（试行）》共设制度建设情况、行政决策情况、行政执法情况、政府信息公开情况、社会矛盾防范和化解情况、行政监督情况、依法行政能力建设情况、依法行政保障情况 8 项一级指标，40 项二级指标，108 项三级指标，对法治政府建设具体目标进行分解、细化和量化。在第二个一级指标“行政决策”中，规定了重大行政决策应事先向社会公布，开展民意调查，广泛听取社会公众意见。文件要求，制定、公布重大行政决策事项听证目录，其中“涉及民生的重大决策的听证率、民调率均达 100%”。听证程序也要规范合法，听证参加人须具有广泛代表性，产生方式和名单应向社会公开。听证意见采纳情况及理由向社会公布。

2. 四川省实行首席质量官制度试点食品安全责任强险

2013 年 5 月四川省提出，实行首席质量官制度，督促食品生产企业建立健全质量安全管理体系，强化农民专业合作社等经营主体的农产品质量安全管理责任。2013 年年底前，督促所有规模以上食品生产经营单位建立食品安全管理机制，推动更多食品工业企业通过诚信管理体系评价，推进食品安全责任强制保险制度试点。

3. 青海省启动环境污染强制责任保险试点工作

2013 年 10 月青海省有关部门制定印发《青海省环境污染强制责任保险试点工作实施方案》，首批 12 家高环境污染风险企业被列入试点范围。环境污染强制责任保险试点工作坚持政府推动、市场运作的原则，参保企业主要为青海省范围内的重金属冶炼、有色和金属矿采选、危险废弃物处置等高环境污染风险企业。为确保能够承担环境污染对第三者造成的损失，《实施方案》确定环境污染强制责任保险的最低责任限额，对在保险期内的污染事故，单次责任赔偿限额不得低于100万元，累计责任赔偿限额不得低于400万元。

七　第七届中国地方政府创新奖优胜奖①

“中国地方政府创新奖”由北京大学中国政府创新研究中心、中共中央编译局比较政治与经济研究中心和中共中央党校世界政党比较研究中心于2000年联合组织发起，其主要宗旨是发现、激励和推广各级地方政府改革创新的先进经验，以此推进中国特色社会主义民主法治的进步和国家治理体系的现代化。该奖项自2000年以来已成功举办七届。

第七届“中国地方政府创新奖”自2013年3月28日启动至9月15日申请截止，共收到132个申请项目，课题组对申报项目进行了资格审查和初选。随后，对初选项目进行认真评阅，投票选出了20个入围项目。本届入围的20个项目分别属于“政治改革”“行政改革”“公共服务”和“社会治理”四大类，集中反映了近几年来各级地方政府在发展基层民主、扩大公民有序政治参与、加快行政管理体制改革、建设服务型政府、推进政务公开和社会治理等方面改革创新的实践成果。

2014年1月11日，期待已久的第七届（2013—2014年度）“中国地方政府创新奖”获奖项目隆重揭晓。经过现场陈述、答辩和选拔委员会投票协商后，10个项目最终成为“中国地方政府创新奖”优胜奖得主；10个项目获得了“中国地方政府创新奖”提名奖。本届全国选拔委员会由中央部委官员、媒体代表、民间组织代表、专家学者以及上届获奖项目代表等14人组成。第九、十届全国政协副主席罗豪才同志出席颁奖大会，宣布了本届创新奖的获奖项目名单，并给获奖者颁奖。

优胜奖获奖名单（以项目名称的汉语拼音为序）
江西省司法厅：创新安置帮教模式
共青团贵州省委春晖行动发展中心：春晖行动
江苏省昆山市张浦镇党委镇政府：经济发达镇行政改革与流程再造
四川省残疾人联合会：“量体裁衣”式残疾人服务模式
广东省中山市社会工作委员会：流动人员积分制管理
四川省成都市政府：农村产权制度改革
吉林省安图县委县政府：群众诉求服务平台创新
河南省焦作市财政局：“四权分离”的财政管理新机制
陕西省岚皋县政府：镇办卫生院新农合报销制度改革
浙江省杭州市上城区委区政府：政府管理与公共服务标准化

提名奖获奖名单（以项目名称的汉语拼音为序）
内蒙古自治区开鲁县委县政府：嘎查村“532”工作法
陕西省紫阳县委：民意导向的干部选任新机制

① 参见《第七届中国地方政府创新奖优胜奖揭晓》，2014年1月11日，中国政府创新网（www.chinannovations. org）。

广东省肇庆市政法委："法治肇庆" 微博群
青岛市南区八大湖街道：社会组织 "伴生" 模式
重庆市金融工作办公室：小额贷款保证保险试点
浙江省庆元县纪律检查委员会：异地便民服务中心
山东淄博市淄川区审计局：政府直审 "村官" 模式
江苏省太仓市政府："政社互动" 创新实践
福建厦门市海沧区：政务综合体社会管理机制创新
北京市总工会：职工服务公益孵化项目

"中国地方政府创新奖" 以其 "独立性" "专业性" 和 "公正性" 赢得了广泛的社会声誉，已经成为具有相当影响力的品牌。据悉，自第八届开始 "中国地方政府创新奖" 将作较大幅度的调整以适应当前社会发展的需要。

第三节 代表性成果

【《行政改革蓝皮书：中国行政体制改革报告（2012）》】

主　　编： 魏礼群

出版时间： 2013 年 3 月 1 日

出版机构： 社会科学文献出版社

内容摘要： 魏礼群主编的《中国行政体制改革报告》（2012No.2）是中国行政体制改革研究会推出的第二本年度研究报告，与 "中国行政改革论坛" 一起成为中国行政体制改革研究会的重要品牌。该书约请国内公共行政领域的专家和实际工作者，对中国行政体制改革的进程、成就、问题、难点、热点等进行了深入分析和展示，总结经验教训，前瞻发展趋势，体现了理论与实践的统一，是一本向国内外读者介绍中国行政领域改革的前沿性研究成果。该书并未局限于 2012 年，而是比较集中地对 2008 年以来政府的行政体制改革进行了总体分析。该书资料翔实，分析有据，展示了中国行政体制改革的总体状况，具有一定的权威性和前瞻性。

【《行政改革蓝皮书：中国行政体制改革报告（2013）》】

主　　编： 魏礼群　汪玉凯

出版时间： 2014 年 3 月 1 日

出版机构： 社会科学文献出版社

内容摘要： 该书以党的十八届三中全会作出的全面深化改革的决定为指导，围绕 2013 年国务院机构改革与转变政府职能这个中心，以转变政府职能为主题，从不同层面对此进行了多角度的分析和论证。书中由总报告、简政放权与转变职能、审批制度改革与转变职能、结构优化与转变职能、创新管理方式与转变政府职能、转变政府职能的行业探索和转变政府职能的地方实践七部分组成。

该书认为，转变政府职能，是新一轮行政体制改革的核心，也是行政体制改革的重点。党的十八届三中全会通过的全面深化改革的决定，把市场在资源配置中的作用由过去的 "基础性" 作用调整为 "决定性" 作用，并发挥政府作用，这预示着政府与市场、政府与社会的关系，在新的历史条件下将发生一系列重要变化。如何实现市场决定论，并发挥政府的作用，对政府职能转变提出了一系列新的要求。该书资料翔实，分析有据，展示了 2013 年中国以转变政府职能为核心的行政体制改革的总体状况，具有一定的权威性和前瞻性。

【《城镇化进程中行政体制改革研究》】

作　　者：张占斌　马宝成　王君琦

出版时间：2013 年

出版机构：河北人民出版社

内容摘要：该书为中国新型城镇化建设重大问题研究丛书之一，主要内容包括中国城镇化进程中行政体制改革的重要性、紧迫性，行政体制改革发展方向及制度创新，政策保障等。重点关注财政体制、金融体制、社会体制、文化体制探索等，关注国际经验，并结合地方有特点的实践案例与典型进行评析。

【《国家综合配套改革试验区行政体制研究》】

作　　者：崔会敏

出版时间：2013 年

出版机构：中国社会科学出版社

内容摘要：从实然角度对中国深圳市和浦东新区两大综合配套改革试验区的行政体制改革历程进行了分析，总结其行政体制在改革过程中的创新，指出其存在的不适应配套改革任务的问题。最后提出国家综合配套改革试验区“协同型政府”的构建方案。

【《行政体制改革论》】

作　　者：魏礼群

出版时间：2013 年

出版机构：人民出版社

内容摘要：行政体制是国家体制的重要组成部分，行政体制改革贯穿于中国改革开放和社会主义现代化建设的全过程。深化行政体制改革，加快建立中国特色社会主义行政体制，既是深化整个改革的重要环节，也是全面发展中国特色社会主义的迫切需要。

【《行政体制改革新探索》】

作　　者：中国行政体制改革研究会研究部

出版时间：2012 年

出版机构：国家行政学院出版社

内容摘要：该书收录了“中国行政体制改革研究会行政改革研究基金”2011 年度资助的 8 个课题的研究成果。这些成果分别围绕当前行政体制改革中的热点、难点问题展开了研究。全书资料翔实、调查充分、研究深入将为有关方面进一步推进行政体制改革的理论研究和实践探索提供了参考。

【《中国行政体制改革的回顾与前瞻》】

主　　编：魏礼群

出版时间：2012 年

出版机构：国家行政学院出版社

内容摘要：2012 年 6 月 17 日，第三届中国行政改革论坛在北京成功召开。此次论坛由中国行政体制改革研究会、中国行政管理学会和中国机构编制管理研究会共同主办。全国政协副主席李金华出席会议并致辞，来自各部委、省市区的领导干部和行政管理领域的专家学者、论文代表等 150 多人参加了会议。此次论坛的主题是“中国行政体制改革的回顾与前瞻”，共收到来自社会各界的论坛征文 100 余篇。主办方组织专家评选出 30 篇优秀论文，并会同论坛研讨中的精彩演讲编辑成该书。

【《中国行政体制改革理论与实践》】

主　　编：刘峰　孙晓莉

出版时间：2012 年

出版机构：国家行政学院出版社

内容摘要：行政体制改革历来受到党和政府的高度重视。特别是党的十六大以来，行政体制改革不断得以推进，取得了明显成效。经过多年努力，政府职能转变迈出重要步伐，市场配置资源的基础性作用显著增强，社会管理和公共服务得到加强；政府组织机构逐步优化，公务员队伍结构明显改善；科学民主决策水平不断提高，依法行政稳步推进，行政监督进一步强化；廉政建设和反腐败工作深入开展。

【《中国行政体制改革研究》】

作　　者： 黄小勇

出版时间： 2013 年

出版机构： 中共中央党校出版社

内容摘要： 中共中央党校科研精品文库：《中国行政体制改革研究》是国家开发银行资助中央党校 2011 年度重点课题“十二五期间深化行政体制改革重点问题研究”的结项成果。

第五章　政府廉政建设

任建明　吴国斌　洪　宇

党的十七大报告首次将反腐倡廉建设单列为党的建设重要组成部分，形成新的五大建设的总体布局。党的十八大报告将反腐倡廉建设置于制度建设之前，进一步凸显其地位和价值。2012 年、2013 年两年，随着新一届中央领导集体对廉政建设的高度重视和反腐工作的深入开展，反腐倡廉建设取得新的明显成效，得到党内外、国内外的一致高度评价。学术界对反腐廉政建设的研究也逐步走向深入，不断运用新的理论、视角和方法展开研究，提出许多新的观点、主张和建议。本章对 2012 年、2013 年中国廉政建设理论方面的进展进行了归纳和总结，列举了代表性的著作，同时对廉政建设的实践成果进行了汇总和评价，梳理了这两年廉政建设领域的大事件。

第一节　理论进展

通过对 2012 年、2013 年中国廉政建设领域的研究文献进行梳理，以下用十个专题分别进行归纳分析，总结 2012 年、2013 年中国廉政建设理论进展的主要特征。

一　理论研究在总体上取得重要进展

（一）研究主题、研究质量和研究队伍情况

改革开放特别是新世纪新阶段以来，随着反腐倡廉建设在党的建设、国家政权建设和经济社会发展中的地位越来越重要，腐败和反腐败问题逐渐成为社会关注的焦点，学术界的研究也渐趋活跃和深化。张增田、杨惠采用社会网络分析方法与可视化技术，揭示 1992—2011 年这一阶段国内腐败与反腐败研究的热点主题及其演进趋势。研究发现，近 20 年来中国腐败与反腐败研究形成了包括腐败现象及其原因、反腐败斗争的对策、权力制约与体制机制制度建设、廉政文化与教育、执政党反腐倡廉建设经验与领导人思想、具体领域的腐败与反腐败问题六项热点主题。各热点主题呈现出不同的演变趋势，其背后的推动力包括现实需求、研究者的信念、历史事件和研究者的学术兴趣。[①]

曾明、刘婷从研究队伍、研究规范、研究方法等方面梳理了 2000—2012 年 13 年间的廉政研究论文，分析了当前中国廉政研究的学术队伍和学术质量。研究发现，对廉政研究感兴趣的学者并不多。从学术质量上来看，当前廉政研究高质量的成果也不多，规范研究

---

① 张增田、杨慧：《国内腐败与反腐败研究的热点主题及演进趋势——基于 1992—2011 年 CNKI 核心期刊论文的文献计量分析》，《学术界》2013 年第 4 期。

多，实证研究少，完全符合学术规范的成果也不多；不太注重在适用的理论框架下分析中国廉政现象。①

2012 年、2013 年学术界在前期研究腐败现状、成因和反腐败对策的基础上继续深化此方面的研究。公婷、吴木銮回顾分析了 2000—2009 年《检察日报》报道的官员腐败的基本情况与特征。数据分析的结果表明，腐败规模处于上升状态，政府采购、工程承包成为腐败高发案件领域，土地腐败案件更为突出。同时，处、厅局级干部成为腐败的高危人群，不仅是受贿和巨额财产来源不明等问题的主体，还是索贿案的主要查处对象。因此，中国廉政建设更趋复杂和艰巨。对此建议：政府采购领域的腐败治理要从三个方面入手：一是建立各种服务外包的规范和监督机制；二是加强政府采购、工程承包的透明度；三是适当限制官员的自由裁量权。政府需要进一步改善土地使用权出让的程序和机制。一方面，遏制土地腐败需要健全对土地分配权的监督机制，重新调整中央、地方的财政关系；另一方面，同级监督也相当重要。对处、厅局级干部的直接监督力度要加大，政府可以考虑进一步加强自下而上监督的作用。②

蔡宝刚根据约翰斯顿提出的腐败征候群理论，从国际比较的视野研究了腐败的发生病理和矫治法理。研究腐败的发生与矫治问题首先必须依据一定的核心要素作为考量观照的轴心。"参与"和"制度"是观照腐败发生与矫治问题的轴心，是研究腐败发生与矫治问题的分析模式，也是各国腐败现象具有可比性并分类为不同征候群的基础。约翰斯顿根据影响力的不同组合研究了四种腐败征候群的发生病理：权势市场腐败征候群、精英卡特尔腐败征候群、寡头和帮派腐败征候群、官僚权贵腐败征候群。矫治中国的腐败问题，一是反腐败要迈向深度民主化；二是反腐败要强化制度价值；三是反腐败要讲究策略性：策略之一是反腐败的循序渐进，策略之二是反腐败的有效管用，策略之三是反腐败的对症下药。策略之四是反腐败要加强法理研究。③

朱庆跃探析了 1978—1992 年改革开放初期党的权力运行中出现腐败的原因。对于 1978—1992 年党的权力运行中"为何"出现腐败以及反腐败实践状况"如何"，通过对此阶段腐败发生源的政治生态学分析，可以清晰地认识到由于权力运行内外环境的变迁而滋生的诸多特殊化劣变生态因子，导致了改革开放新条件下反腐败形势及其任务呈现出艰巨复杂性。外环境中潜伏的劣变生态因子包括，经济环境层面：体制初步转轨中出现的一些漏洞提供了腐败滋生的空间；政治环境层面：与经济体制改革相配套的政治体制改革的滞后性，造成了不能及时有效地预防、遏制新环境变迁下所滋生的劣变生态因子；文化环境层面：社会主义精神文明建设上思想认识不到位和实践操作层面的不成熟性，弱化了思想遏腐的效果；社会环境层面：公民社会发展的初步状态，尚不足以担当权力的外部监督重任。内环境中隐藏的异化风险："文革"中所形成的病态化党的权力运行体系"遗毒"的影响；复归的党的权力运行体系本身存在诸多弊端；复归的党的权力运行体系在不同步

① 曾明、刘婷：《中国廉政研究队伍与学术质量——基于中文核心期刊论文（2000—2012 年）的分析》，《江西社会科学》2013 年第 6 期。

② 公婷、吴木銮：《我国 2000—2009 年腐败案例研究报告——基于 2800 余个报道案例的分析》，《社会学研究》2012 年第 4 期。

③ 蔡宝刚：《腐败的发生病理与矫治法理——腐败征候群视域下的比较与启示》，《法律科学》2013 年第 2 期。

地适应新环境变迁中滋生了新劣变生态因子。[①]

卢晖对经济腐败的成本收益进行了详细分析，并对经济腐败的风险成本与反经济腐败的对策进行了博弈分析。在对经济腐败决策模型和影响其风险决策的主要因素分析的基础上，提出经济腐败行为总是遵循“以最小腐败成本获取最大腐败收益”的经济学原则。研究进而提出加大经济腐败成本可以减少经济腐败，从而降低经济腐败风险。[②]

化涛借鉴行政生态学的相关理论，深度剖析行政腐败的现状、类型、特征以及源头因素。从行政生态学的角度而言，中国行政腐败的现状主要表现：腐败向社会民生领域扩散；行政腐败问题呈现利益集团化；腐败领域出现“两搞”现象，一边搞经济建设，一边搞腐败；行政腐败涉及金额巨大。行政腐败类型主要包括经济性腐败、政治性腐败、社会文化因素腐败。腐败问题作为行政系统的重要问题，其出现与存在是社会公共行政生态综合作用的结果，尤其是政治、经济、社会文化生态因素对其影响甚大。当代中国要想在行政腐败治理方面取得更多成效，就必须充分考虑中国的具体行政生态，在此基础上“对症下药”，采取各种有效措施加以综合治理。一是深化政治生态改革；二是优化经济生态环境；三是强化文化生态建设。[③]

刘启君、彭亚平研究了腐败路径的选择及其变化的内生微观机制。在完全信息、制度环境不变，社会成员同质条件下，存在两个稳定的腐败均衡：当社会成员非集体理性行为不受约束时，腐败将成为行为人占优策略，全社会也会因之陷入高腐败均衡“陷阱”。研究发现，在制度环境不变的条件下，信息不完全、社会成员的异质性、相互信任程度和腐败环境，是可能引起腐败路径转变的关键因素。[④]

汪良军在现有有关腐败问题的实验研究文献的基础上，从实验研究方法、反腐政策、反腐制度以及其他影响因素等方面进行了综述性分析。在反腐政策方面，主要分析了惩罚、监督与工资对于腐败行为的影响；在反腐制度方面，分析了举报与宽大制度、“四眼原则”（简称4EP）以及工作轮换等制度对反腐的影响；在腐败的其他影响因素方面，分析了中间人、信息透明、文化与性别等因素对腐败活动的影响。[⑤]

薛虹、刘光顺结合委托代理理论，提出通过增强官员权力来自于人民的意识，出台保障新闻传媒监督的法案，创新民众获取信息新机制，制定弹劾纠错机制的启动程序，促进非政府组织更加健康发展等办法进行系统的顶层设计，预防和遏制官员的腐败行为。[⑥]

（二）经典作家、核心领导人反腐思想研究

闵雪、薛忠义考察了马克思、恩格斯的廉政思想，认为马克思、恩格斯在创立和发展无产阶级解放学说，构想人类美好理想社会的过程中，对廉政问题作了深刻论述，形成了

---

① 朱庆跃：《我国改革开创期腐败发生源的政治生态学分析》，《新疆社会科学》2012年第5期。

② 卢晖：《经济腐败的经济学分析》，《财经问题研究》2012年第2期。

③ 化涛：《社会转型期行政腐败的系统分析——基于行政生态学的视角》，《领导科学》2013年第2期。

④ 刘启君、彭亚平：《行为环境、社会资本与腐败均衡的演化机制》，《经济社会体制比较》2012年第5期。

⑤ 汪良军：《反腐的实验经济学研究》，《经济学动态》2013年第5期。

⑥ 薛虹、刘光顺：《从委托代理理论思考我国当前反腐败的路径选择》，《新疆大学学报》（哲学人文社会科学版）2012年第6期。

廉政的基本思想。其主要内容包括廉政的根基是公有制度，政治保障是民主政治，表现形式是公平正义，基本措施是建立廉价政府，基本方法是政治公开。马克思、恩格斯廉政思想为马克思主义政党和社会主义国家廉政建设奠定了思想理论基础，对于当前中国反腐倡廉建设具有重要的理论价值和实践意义。其启示价值主要体现在：优越制度，先进思想，建设廉政国家；民主政治，依法治国，完善廉政体制；公平正义，和谐社会，创建廉政文化；缩减机构，提高效率，构建廉价政府；政务公开，群众参与，加强廉政监督。①

周芳友分析了毛泽东的廉政建设思想。他认为毛泽东十分重视党和国家机关的廉政建设，不仅深刻地剖析了贪污腐化、为政不廉的原因，还指出了坚持廉洁的必要性和廉政搞不好的严重危害性。毛泽东依据马克思主义建党学说的基本原理，通过实践与探索提出了许多相互依存的实现路径。主要有思想育廉、以俸养廉、榜样带廉、制度保廉和民主督廉等。毛泽东提出的保持廉洁、反对腐化、建设廉洁政治的这些办法、举措，已经蕴含着反腐倡廉必须标本兼治、综合治理，形成合力效应的思想。毛泽东从严治党的思想体现在廉政建设上就是在对中小贪污实行教育改造的同时，运用重点打击、惩治严重的贪污腐化行为。一是经济上必须坚决退赔；二是开除党籍和撤销职务；三是给予法律的制裁。②

邵景均总结了毛泽东反腐败的基本经验：视腐败如仇雠，反腐败决心大；重在自己做好，着力管住下属；惩治腐败严厉，压制腐败强势；思想教育在先，端正人心至上；充分依靠群众，实行民主监督；树立先进榜样，营造反腐氛围；注重制度建设，依法解决问题；保持党的先进性，做好基础工作。毛泽东领导反腐败的伟大贡献：在理论上，为中国共产党建构中国反腐倡廉理论奠定了雄厚的基础；在实践中，成功压制了新中国成立初期出现的腐败倾向，营造了为世人称道的清廉党风、政风和社会风气。作为社会主义事业的继承者，我们必须像毛泽东那样，有强烈的责任感和使命感，树立腐败不除誓不罢休的彻底革命精神；注重打牢执政基础，营造反腐败大势；依靠群众，强化监督。③

李毅弘、伍本刚考察了邓小平反腐倡廉思想及其当代启示。邓小平反腐倡廉思想的主要内容：第一，反腐倡廉是关系党和国家生死存亡的重大问题；第二，反腐倡廉要充分依靠人民群众但不搞群众运动；第三，反腐倡廉制度建设是关键；第四，筑起思想政治教育和民主监督两大反腐防线；第五，反腐倡廉既要从严“治标”又要综合“治本”。邓小平反腐倡廉思想对新时期党的反腐倡廉建设的启示：第一，反腐倡廉要围绕党的中心任务来进行；第二，反腐倡廉必须始终坚持党的正确领导；第三，反腐倡廉必须走群众路线、坚持正确的群众反腐；第四，坚持走教育、制度、监督并重的中国特色反腐倡廉之路。④

邓小玲重点分析了邓小平廉政教育思想。邓小平廉政教育思想是邓小平理论的重要组成部分，是对马克思主义、毛泽东廉政教育思想的继承与发展，是党的一笔珍贵精神财富。邓小平廉政教育思想的主要内容：第一，科学的世界观、人生观和价值观的教育；第二，理想信念教育；第三，法纪教育；第四，优良传统作风教育。当前廉政教育面临的困境：一是廉政教育体系和模式缺乏完整性；二是廉政教育内容有失全面性。邓小平廉政教

① 闵雪、薛忠义：《马克思恩格斯的廉政思想》，《求实》2012 年第 7 期。

② 周芳友：《毛泽东廉政建设思想探析》，《湖南科技大学学报》（社会科学版）2012 年第 5 期。

③ 邵景均：《毛泽东反腐败的基本经验及启示》，《中共中央党校学报》2013 年第 6 期。

④ 李毅弘、伍本刚：《邓小平反腐倡廉思想及其当代启示述略》，《思想理论教育导刊》2012 年第 8 期。

育思想对我们今天进行廉政建设和反腐败斗争的现实指导意义：第一，坚持以正面教育为主、反面教育为辅的原则；第二，抓好对领导干部廉洁自律的教育；第三，注重青年廉政教育；第四，不断改进廉政教育的方式和方法。①

王平一研究了胡锦涛关于反腐倡廉思想。胡锦涛坚持科学发展观，围绕加强党的执政能力建设和先进性建设这个主题，确立了“标本兼治、综合治理、惩防并举、注重预防”的反腐倡廉战略方针，创造性地提出了一系列有效惩治和预防腐败的战略思想及政策措施，形成了具有鲜明中国特色的反腐倡廉建设的理论，使反腐倡廉工作进入了一个成熟、理性及科学化、法治化的发展时期，实现了反腐倡廉理论和实践的新的历史飞跃。（1）深刻认识反腐败斗争的长期性、复杂性、艰巨性，强调反腐败斗争关系到人心向背和党的生死存亡；（2）坚决惩治腐败以体现党的执政能力，用反腐倡廉的成果取信于民；（3）建立健全惩治和预防腐败的制度体系是反腐倡廉的根本保证；（4）加强和改进党的作风建设，保持党的纯洁性，增强领导干部拒腐防变能力；（5）健全权力运行监控机制，加大监督制度创新力度；（6）加强反腐败国际合作，构建反腐败工作的新平台；（7）在改革开放的实践中逐步探索出一条具有中国特色的反腐倡廉道路。②

（三）中国共产党反腐倡廉理论发展和现实实践史研究

罗国华、胡松探讨了中央苏区时期的廉政教育。中央苏区时期的廉政教育包含廉洁从政教育、艰苦奋斗教育、批评与自我批评教育、为民服务教育、民主作风教育、反腐警示教育等内容，蕴含着鲜活的经验。这些经验包括将廉政教育与加强思想政治建设结合，增强廉政教育的本源性；与严刑峻法结合，增强廉政教育的实效性；与开展群众运动结合，扩大廉政教育的参与性；与发挥领导干部示范作用结合，增加廉政教育的引导性。中国共产党在中央苏区的探索启示我们，廉政建设必须以思想教育为根本，以规章制度为保障，以严刑峻法为支撑，以坚持群众路线为动力。③

张吉雄分析了中央苏区反腐防腐实践的廉政文化价值。中国共产党在中央苏区局部执政的治国理政基本实践中，对反腐防腐工作进行了可贵的探索，积累了宝贵的经验。一是开展理想信念和宗旨教育，筑牢反腐防腐的思想防线；二是坚持党内民主，实行反腐防腐的党内监督；三是坚持群众监督和舆论监督，构筑反腐防腐的社会网络；四是把专项反腐斗争与专项教育活动结合起来。中央苏区的反腐防腐斗争，既是政治实践活动，也渗透和反映了丰富的政治文化内涵。这对我们今天的反腐倡廉和廉政文化建设具有重要的文化价值。第一，为当代廉政文化建设提供了本源性的导向。第二，为当代廉政文化建设提供了文化自觉的重要启示。第三，为当代廉政文化建设提供了文化自信的思想基础。第四，为当代廉政文化建设的实施提供了经验借鉴。中央苏区反腐防腐实践对当代廉政文化建设的启示：第一，培育和确立廉政价值理念。第二，建立廉政法律和制度规范体系。第三，广泛开展廉政文化创建活动。第四，创造丰富多彩的廉政文化产品。第五，构建现代廉政文化传播体系。④

---

① 邓小玲：《邓小平廉政教育思想及其当代启示》，《学术论坛》2013 年第 7 期。

② 王平一：《论胡锦涛同志关于反腐倡廉思想》，《探索》2012 年第 3 期。

③ 罗国华、胡松：《中央苏区时期的廉政教育及其现实启示》，《江西社会科学》2012 年第 9 期。

④ 张吉雄：《论中央苏区反腐防腐实践的廉政文化价值与启示》，《思想理论教育导刊》2012 年第 11 期。

邵景均研究了西柏坡精神与反腐倡廉建设的关系。西柏坡精神，是毛泽东在中国共产党七届二中全会上提出的。研究者普遍认为，西柏坡精神的内涵十分丰富，其中，最为党在执政以后看重的是“两个务必”。毛泽东之所以提出“两个务必”，并以此为核心形成西柏坡精神，完全是他对党的历史经验的正确总结，对中国政治发展规律的深刻认识，对党执政后发展趋势的科学判断，对胜利后可能产生骄傲自满、骄奢淫逸的有力应对，充分体现了此时中国共产党政治上的成熟和高瞻远瞩。以“两个务必”作为强大精神动力，一手抓发展，一手抓廉政，应当成为长期不变的方针。要扎实做好保持党的纯洁性各项工作，增强新形势下坚持“两个务必”的自觉性，坚定不移地加强惩治和预防腐败体系建设。①

陈东辉梳理了新民主主义革命时期党对反腐倡廉建设的探索。中国共产党从成立之日起就十分重视反腐倡廉建设。在新民主主义革命时期，为了有效防治各种腐败现象，保持党的廉洁性和先进性，中国共产党对反腐倡廉建设进行了一系列积极探索。建党初期，确立廉洁政治的思想基调，制定严格的监督约束条款，成立专门的党内监察机构，展开有效的反腐倡廉实践。土地革命时期，出于巩固新生政权的需要，党在干部培养保护、思想文化教育、廉政制度设置等方面做了大量工作，反腐倡廉建设呈现出与建党初期不同的特点。抗日战争时期，国共实现第二次合作。当时，国民党推行“融共”政策，对共产党的干部拉拢腐蚀，根据地出现了一些新的腐败现象。中国共产党深刻认识到这一点，采取有效的反腐倡廉建设，使根据地形成了前所未有的清廉之风。（1）强化廉政思想教育；（2）推动廉洁政府建设；（3）健全廉政法规制度；（4）探索新型廉政措施。解放战争时期，随着中国共产党在军事上的节节胜利，解放区不断扩大，大批党员干部被送到领导岗位。他们中的一些人被胜利冲昏了头脑，出现腐化堕落的苗头。中国共产党高度关注和警惕这种不良倾向，并采取一系列措施来防治。（1）加强解放区廉政建设；（2）开展整党整军运动；（3）严格军队入城纪律；（4）夯实执政的廉洁基础。②

徐理响分析了1949年以来中国共产党的反腐认知及其实践。在新中国成立初期，作为一个革命的无产阶级政党，身处复杂的国内外政治环境下，党对于这种腐化现象的认知是复杂的，具有鲜明的意识形态色彩。在党看来，腐败并非简单的违法乱纪问题，而是阶级斗争的问题，是国内外严峻的阶级斗争形势在党和国家政治生活中的映射，反映的是“两个阶级”“两条道路”之间你死我活的斗争问题。既然腐败是阶级斗争的一种表现形式，而阶级斗争实际上是一种“继续革命”，那么腐败问题的治理就不可能通过长效化的制度建设和规范化的案件检查的形式，而是采用了具有浓郁的革命化色彩的政治运动的形式。改革开放之初，重新恢复党和国家政治生活的正常化成为首要的任务。在党看来，这一时期党的头等任务在于党风建设。从党性党风的视角看待腐败现象，有助于从改革开放之前政治运动式反腐形式中摆脱出来。在新的时期，如何防范和纠正不正之风，在党看来，一靠党纪教育，二靠查办案件，三靠规章制度建设。然而，这一时期的反腐规章制度建设，实际上又难言制度反腐，因为这些反腐规章制度的制度化、规范化、法理化程度尚十分有限，具有明显的“文件治理”特征。腐败形势的恶化，使得党日益认识到，单纯党纪党风教育，单纯的文件治理，难以根治腐败现象的滋生。既然腐败是由于权力不受制

---

① 邵景均：《西柏坡精神与反腐倡廉建设》，《中共中央党校学报》2012年第4期。

② 陈东辉：《新民主主义革命时期党对反腐倡廉建设的探索》，《中州学刊》2012年第5期。

约造成的，那么通过长效化、规范化、法理化的制度建设将权力关进制度的笼子里就成为合乎逻辑的理性选择；既然腐败是一种违法犯罪行为，那么通过完善相关立法，通过独立的司法，实现对腐败的法律治理，无疑更是一种现实的必然路径要求。从阶级斗争到不正之风，再到违法乱纪；从政治运动到文件治理，再到制度建设与法律治理；从专案机构到党的纪检部门，再到系统化监督机制的建立，凸显了党对于腐败的认知日益明晰，形式选择日渐合理，体制安排渐行完善，反映了党对腐败治理技术的明显进步。①

朱庆跃探究了1978年以来党在反腐方面日益呈现出“深度化”发展的轨迹特征。这种特征明显体现在所构建的党的权力运行政治体系内在各层级上。（1）政党文化：从坚持指导思想的科学性到科学性与人本性的统一；（2）政治社会化：从坚持廉政文化建设的工具性到工具性与目标性的统一；（3）政治制度：从坚持制度的保障功能到保障与预防功能的统一；（4）政治关系：从坚持党的领导方式、执政方式的民主法治化到民主法治化与科学化的统一；（5）政治行为：从坚持惩处腐败到惩处和预防腐败的统一；（6）群众参与反腐制度建设方面的渠道拓宽到渠道拓宽和权利保障的统一。②

杨勇、朱庆跃总结了1978—1992年党的反腐败工作的理论发展与实践创新。（1）政党文化：从理想化向现实化的完全转型，以确保对党的权力运行的指导更具有现实针对性；（2）政治社会化：采用继承与创新并举法来促进转型性政党文化的内化，以抵御各种腐朽思想观念的侵袭；（3）政治制度：复归与调适党的权力有效有序运行的准则和规范，以推进制度建设为重点的反腐败新路径的发展；（4）政治关系：坚持党的领导的前提下改善相关政治关系，以实现新形势党的权力运行的规范有序；（5）政治行为：坚持以领导干部为重点监督对象和推进群众监督制度化建设。③

吴桂韩归纳了十六大以来反腐倡廉理论与实践的新发展。坚持标本兼治、综合治理，惩防并举、注重预防的方针，加强以完善惩治和预防腐败体系为重点推进反腐倡廉建设，是十六大以来党风廉政建设和反腐败斗争的根本举措。这一重大思想，体现了坚持教育防腐、民主反腐和依法治腐有机统一的反腐倡廉新思路。其中，教育防腐是指从保持马克思主义政党先进性和纯洁性的角度筑牢反腐蚀、防腐败的思想道德防线；民主反腐是指从民主政治制度设计的角度筑牢预防和抵制腐败的坚固组织防线和制度防线；依法治腐是指以新的工作成效取信于民与维护社会和谐稳定的角度坚定推进惩治腐败的规范化和法治化进程。④

孙丽华、杨建春研究了党的十六大以来廉政理论的新发展。以胡锦涛为总书记的党中央对廉政理论进行创新和发展，丰富和发展了马克思主义廉政理论。中国共产党廉政理论创新发展的思想基础是马克思、恩格斯的廉政思想。马克思、恩格斯认为，要根除腐败就必须彻底消灭私有制，通过无产阶级革命打碎旧的国家机器，建立真正为人民服务的廉洁

① 徐理响：《从阶级斗争到制度化构建：1949年以来中国共产党的反腐认知及其实践》，《江苏社会科学》2013年第6期。

② 朱庆跃：《1978年以来党的反腐败斗争的“深度化”发展》，《理论学刊》2012年第7期。

③ 杨勇、朱庆跃：《论1978—1992年党的反腐败工作的理论发展与实践创新——基于党的权力运行政治体系构建的分析》，《社会主义研究》2013年第1期。

④ 吴桂韩：《坚持教育防腐、民主反腐与依法治腐的有机统一——十六大以来反腐倡廉理论与实践的新发展》，《中州学刊》2012年第6期。

政府。党的历代领导人对马克思主义廉政理论都有创新发展。(1) 全心全意为人民服务：反腐倡廉的出发点和立足点；(2) 民主监督：反腐倡廉的有力手段；(3) 制度建设：反腐倡廉的根本性建设；(4) 依法防治：反腐倡廉的基本方略；(5) 注重教育：反腐倡廉的源头预防。十六大以来党的廉政理论的创新发展主要表现在：科学揭示反腐倡廉的价值诉求；鲜明凸显反腐倡廉的战略地位；清晰勾勒反腐倡廉的实现路径；深刻阐明反腐倡廉的动力机制。①

过勇关注了纪委的改革历程。他使用制度分析和实证分析的方法，从权威性、独立性、廉洁性和专业性四个维度，剖析了中国共产党纪律检查机关在改革时期的制度变迁。基于省纪委书记职业背景的实证研究表明，纪委的权威性、独立性和专业性在改革时期有了明显的发展，廉洁性也保持在一个较高的水准。这是中国近年来反腐败工作取得明显成效的重要原因。文章还认为，纪委的角色和定位，以及未来的改革取决于两个关系，即其与检察机关之间的关系和与党委之间的关系。②

（四）十八大以来廉政建设新变化研究

任建明、孟庆莉关注了党的十八大有关反腐败的新精神。新精神可以概括为以下四个方面：第一，对腐败危害和反腐败形势严峻性的认识更加深刻和清醒，显示出前所未有的危机感和紧迫感；第二，反对腐败的态度更加坚定，显示出前所未有的政治决心；第三，首次设定了反腐败工作的终极目标；第四，通过推进政治体制改革破解权力有效监督难题的方向更为明确。根据这些新的精神，我们如何扭转以往反腐败的被动局面，彻底战胜腐败？显然这是不容乐观的。理由至少有三：腐败包袱沉重，难以轻而易举地解决；十八大的精神主要还限于认识、决心、目标层面，在实质性的战略、对策和行动层面，还不够明确；新的、关键的行动方案必须要到深层次的制度和体制中去寻找，其难度当然就要大很多。文章尝试从深层次上、从战略层面提出两个有可能让中国战胜腐败的对策与建议。第一，尽快完成反腐败体制的改革，建立一个能有效运作的反腐败机构。第二，尽快设立“廉政特区”，进行反腐败的综合及深度试验。③

蒯正明分析了党的十八大对反腐倡廉建设的系统部署。(1) 坚持中国特色反腐倡廉道路是反腐倡廉建设的前提和导向。中国反腐倡廉建设必须立足于中国自身的特点，立足于中国共产党长期以来的实践，并在此基础上加以完善，这是新时期反腐倡廉建设的前提。(2) 廉政文化建设是反腐倡廉建设的“软实力”和重要支撑。十八大在反腐倡廉建设的部署中特别强调了廉政文化建设的重要性。(3) 制度建设是当前反腐倡廉工作始终要围绕的一条“主线”。要进一步发挥制度在反腐倡廉中的作用，贯彻落实十八大反腐倡廉的思想和精神，还需要做到：进一步完善反腐倡廉制度；必须认真抓好制度的贯彻落实，提高制度权威性；必须实现党纪党规建设与反腐倡廉法律法规建设的统一。(4) 保持惩治腐败高压态势是反腐倡廉取得实效的组织保障。如何保持这种“高压态势”，主要表现有两个方面：第一，完善反腐败领导体制和工作机制。第二，充分发挥人民群众的监督作用。(5) 加强反腐败国际合作是反腐倡廉建设的空间延伸与力量补充。要进一步提高国际反腐成效，按照十八大部署推进国际反腐合作，需要进一步做到：第一，建立腐败

---

① 孙丽华、杨建春：《党的廉政理论的创新发展》，《毛泽东邓小平理论研究》2012 年第 10 期。

② 过勇：《新时期中国共产党纪律检查委员会的改革历程》，《经济社会体制比较》2012 年第 5 期。

③ 任建明、孟庆莉：《何以战胜腐败：由十八大精神谈起》，《理论视野》2013 年第 2 期。

官员外逃预防制度。第二，健全相关反腐败配套法律制度，与国际惯例接轨。①

李永忠研究了党的十八大制度反腐战略。十八大后网络反腐的兴起有其必然性，也存在很大局限性。要克服这些局限，提升反腐绩效必须进行政治体制改革，强化制度反腐。制度反腐应促使权利反腐与权力反腐有机结合。如何有效推进官员财产公示？第一是设立政治体制改革特区，给政改上保险。第二是从两新干部（新提拔、新后备干部）起步，用新增量来改变或改善旧存量，用清水逐步把旧的浊水给排出去。第三是公开保持对腐败的一个强大的压力。而政治体制改革，首先必须是党内权力结构的改革。第一步党内要分权，决策、执行、监督，三个权力机关要分开。有了这一步就可以搞第二步了，党政就可以分工。有了这第二步，第三步党政就可以真正分开，党就可以实现自己的政治领导、组织领导，从而避免直接成为一线的焦点和矛盾的集中点。②

董世明探讨了党的十八大对权力监督问题的理论贡献。反对腐败现象是一个系统工程，加强对权力的监督是其中的一个重要环节。权力和腐败现象有着密切的关系，权力不受监督或监督不力就必然会产生腐败。党的十八大着重强调了权力监督问题，提出了一系列关于权力监督的重要思想。(1) 权力监督的直接目标是克服腐败现象，实现干部清正、政府清廉、政治清明。(2) 权力监督的重点是各级领导干部，特别是主要领导干部。(3) 加强制度建设，用制度来管权管事管人。在以反腐倡廉和权力监督为主要内容的制度建设方面，党的十八大强调了下列几个问题：强调要特别重视社会主义政治制度建设；明确了与权力监督和反腐倡廉有关的制度建设的具体内容。(4) 发扬民主，健全党和国家的民主生活。党的十八大十分重视发扬民主，保障人民的民主权利：要发扬党内民主；要发扬人民民主。(5) 通过多种途径开展权力监督工作。党的十八大对权力监督途径问题作了系统规定：党员的监督、群众的监督、党组织的监督、专门机关的监督、舆论的监督。(6) 通过选举制度来约束权力的运行。(7) 推行权力运行公开制度。③

李玉荣探究了党的十八大政治报告形成的全面推进反腐倡廉建设的方略。(1) 对反腐倡廉建设作出新的定位。十八大进一步提升反腐倡廉建设的地位，将其放在作风建设之后、制度建设之前。十八大将反腐倡廉建设放在更加突出的地位，充分反映了党中央对反腐倡廉建设的高度重视和坚强决心。(2) 阐明了反腐倡廉建设的目标。“建设廉洁政治”作为反腐倡廉建设的目标鲜明地提了出来，这在党的建设历史上是第一次，也是十八大的一大亮点。建设廉洁政治，既是中国共产党人的重要政治目标，也是现阶段中国社会发展的迫切要求和广大人民群众的普遍愿望。第一，建设廉洁政治是中国共产党人追求的重要政治目标。第二，建设廉洁政治是建设社会主义政治文明的题中应有之义。第三，建设廉洁政治是深化改革、全面建成小康社会的有力保障。第四，建设廉洁政治，体现了广大人民群众的普遍愿望和要求。(3) 提出了一系列反腐倡廉建设的新要求和新举措，其基本内容是：第一，坚持中国特色反腐倡廉道路，坚持标本兼治、综合治理、惩防并举、注重预防方针，全面推进惩治和预防腐败体系建设。第二，加强反腐倡廉教育和廉政文化建设。第三，各级领导干部特别是高级干部必须自觉遵守廉政准则。第四，严格规范权力行

① 蒯正明：《十八大对新时期反腐倡廉的系统部署与思考》，《中国特色社会主义研究》2013年第3期。

② 李永忠：《十八大后制度反腐战略》，《理论视野》2013年第2期。

③ 董世明：《党的十八大关于权力监督问题的理论贡献》，《江汉论坛》2013年第9期。

使，加强对领导干部特别是主要领导干部行使权力的监督。第五，深化重点领域和关键环节改革，健全反腐败法律制度，防控廉政风险，防止利益冲突，更加科学有效地防治腐败。第六，加强反腐败国际合作。第七，严格执行党风廉政建设责任制。第八，健全纪检监察体制，完善派驻机构统一管理，更好地发挥巡视制度监督作用。第九，始终保持惩治腐败高压态势，坚决查处大案要案，着力解决发生在群众身边的腐败问题。①

葛洪元探讨了政治清明与反腐败的关系。（1）政治清明的丰富内涵：首先，政治清明是一个贯通古今的关于好的政治的理想和标准。其次，政治清明是一个从老百姓的感受和期盼角度衡量的关于好的政治的理想和标准。再次，政治清明是一个从总体上而不是局部上着眼的关于好的政治的理想和标准。（2）十八大提出政治清明的重要意义。首先，提出政治清明的目标，标志着政治建设中一种价值观理性。其次，提出政治清明目标，是对社会现状的一种积极回应。再次，提出政治清明目标，是对反腐败理念和目标的重要拓展。（3）按照建设清明政治的要求深入推进反腐败工作。按照建设清明政治的要求推进反腐败工作，要求我们在反腐败工作的理念思路、目标要求、方式方法等方面作出调整。要与时俱进提高工作标准；要真正把“以人为本”理念贯穿到工作的全过程和各方面；要更加注重提高反腐败工作的协调性。②

（五）反腐败战略研究

1. 制度反腐

万广华、吴一平通过跨期腐败程度的变化分析了制度建设与反腐绩效的关系。文章创建了一个基于回归方程的分解框架，并将其运用于中国1989—2006年的跨省份面板数据。通过分解1989—1997年与1998—2006年间腐败程度的变化可以发现，法治建设、财政分权和预算外收入等制度性因素在相当程度上解释了腐败程度的下降；公务员相对工资、外商直接投资和经济开放度的影响则相对较弱。根据这些研究结果，文章提出了相关政策建议。第一，应通过加快经济发展来遏制腐败。第二，虽然财政分权对中国经济增长发挥了积极影响，但仍存在财政收入与支出不对称和预算外收入等问题，因此完善财政分权制度是一项紧迫的任务。第三，大力控制政府规模从而促进“以薪养廉”。第四，大力加强法治建设是反腐败的根本所在。③

雷玉琼、曾萌分析了制度性腐败的成因和破解方法。良好的制度建设已成为中国治理腐败的关键，但多而快的制度建设不一定能减少腐败，制度建设过程中存在的“制度缺陷”“制度漏洞”和“制度软约束”反而可能导致制度性腐败。制度设计本身存在先天性缺陷；制度难以变迁引致众多制度漏洞和制度软约束下腐败或廉洁的理性选择均容易出现制度性腐败。破解制度性腐败的路径选择：合理科学的制度设计安排避免制度的先天性缺陷；实现有效的制度变迁减少制度漏洞；提高制度的约束力，增强官员的道德感和责

① 李玉荣：《党的十八大反腐倡廉建设方略的确立》，《首都师范大学学报》（社会科学版）2013年第1期。

② 葛洪元：《按照建设清明政治的要求推进反腐败工作》，《理论视野》2013年第8期。

③ 万广华、吴一平：《制度建设与反腐败成效：基于跨期腐败程度变化的研究》，《管理世界》2012年第4期。

任感。①

倪星、黄辉关注了反腐败的制度转向问题。制度建设是中国反腐败活动的必然选择，但如何使制度运转起来则是下一步的关键。其中要以智力共识推动反腐败制度的顶层设计。首先，中国廉政建设亟须顶层设计，构建系统性的战略规划。其次，廉政制度设计要确保其实施的执行力。再次，形成各方都能接受的改革共识非常关键。最后，还应注意充分尊重基层的创新精神。而当前反腐败活动的工作重心包括以下几个方面：第一，以党内民主带动社会民主，破解一把手监督难题。第二，以官员财产公开为突破点，在廉政建设的关键节点上率先破局，取信于民。第三，以财政预算公开和政治问责机制为抓手，打造阳光政府。第四，加强对关键环节、重点领域和社会关注热点中的腐败惩防力度。第五，提高办案力度和结案率，严刑峻法，加大对腐败分子的惩处强度。第六，鼓励社会公众参与，有效利用互联网、微博等新技术和新媒体来加强社会监督。第七，提高反腐败的科技含量，用技术来固化制度创新的成果。第八，借鉴境外先进经验，推动纪检监察体制改革。②

2. 权力制约与监督

胡亚军、李安增研究了反腐倡廉监督体系建设科学化问题。反腐倡廉监督体系科学化的理想架构应体现整体性、突出约束性、呈现开放性、注重技术性。当前，反腐倡廉监督体系整体功能还不够强、监督主体对监督客体的约束力不够、信息公开力度不够，监督运用科技手段不多等问题成为制约监督效力的瓶颈。提高反腐倡廉监督体系科学化水平的实现路径：建立监督主体领导协调中心，整合监督资源，形成监督合力；拓宽监督领域和时限，实现全面全程监督；合理分解和科学配置权力，建立合理有效的公共权力架构；运用科技手段监督，发挥科技在监督中的辅助作用。③

吴海红分析了反腐倡廉建设中的社会监督机制问题。社会监督是权力制约的基本范式之一。目前，中国对社会监督的重要性已经有了深入的认识，但是社会监督在反腐败中的作用还有待进一步加强，其限制性的因素主要有：社会大众对于腐败问题的片面认知使其参与反腐败的动力难以充分激发，腐败隐蔽性和团体性的行为特征也使得社会参与反腐败面临很大阻力，公众参与反腐败的权益尚得不到充分保障。改变这种状况，关键是要为社会参与反腐败搭建有效平台：一是要摆正人民群众在反腐败中的主体地位；二是推进信息公开制度，满足公众的知情权；三是重视新形势下的网络监督作用；四是建立健全社会参与反腐败的保障和激励机制。④

刘金程、宋伟对廉政建设模式进行了国际比较。反腐败模式是指在一定社会基础上建立的具有代表性的、致力于防范以及遏制和打击腐败行为的制度结构与运行机制，这些制度与机制在实践中导致了确定反腐败结果，并且能够为其他国家和地区的反腐败提供参考。反腐败有三种典型模式：廉洁官僚模式；政党自律模式；权力制衡模式。国际反腐经验对中国的启示：意识形态基础：建立统一的反腐败共识。反腐败机构设置及其运行机

---

① 雷玉琼、曾萌：《制度性腐败成因及其破解——基于制度设计、制度变迁与制度约束》，《中国行政管理》2012 年第 2 期。

② 倪星、黄辉：《智力共识、顶层设计与反腐败活动的制度转向》，《理论视野》2013 年第 3 期。

③ 胡亚军、李安增：《论反腐倡廉监督体系建设科学化》，《理论学刊》2013 年第 4 期。

④ 吴海红：《反腐倡廉建设中的社会监督机制研究》，《探索》2012 年第 1 期。

制：反腐败部门的独立性和垂直管理基础上的领导体制。反腐败的法治化保障：不断完善反腐败立法、尊重制度和严格执法。行政改革与反腐败：规范行政过程，减少行政干预和公共信息公开机制。①

3. 民主及群众参与

龚蔚红、李虎探讨了民主与腐败治理的关系。能够有效地治理腐败常常被认为是民主重要的工具性价值，但目前的经验研究表明，民主与腐败治理之间的关系是复杂的，民主在许多情况下并不能够有效地治理腐败。民主的水平、民主的经验以及经济发展水平等因素都可能会影响民主治理腐败的效果。文章在对民主与腐败治理关系的经验研究进行综述的基础之上，提出了一种民主治理腐败机制的一般解释框架。当公民可以有效控制当选的政治精英，即存在自下而上的有效控制时，当选政治精英就会注重回应公民的要求，这样，如果公民在政治参与过程中表现出足够强的反腐败要求，当选政治精英就会有足够的动力去治理腐败；在此基础之上，如果当选政治精英可以有效地掌握权力，即当选政治精英可以有效地控制官僚，存在有效的自上而下的控制，民主就可以有效地治理腐败。②

李翔从市民社会阶层分化的视角分析了反腐败的中国社会语境和阶层动力。中国市民社会阶层分化表现出阶层差距过大加剧社会断裂、阶层结构闭塞导致社会流动不畅、权力配置失当加深阶层矛盾等现状。由此，埋藏着腐败的社会结构诱因。阶层差距过大造成某些公职人员的财富观异化、社会流动滞涩造成既得利益群体腐化堕落、权力配置失衡及不当运用触发腐败行为。而市民社会也蕴藏着反腐败的阶层动力，因为腐败行为与市民社会自由平等的价值基础相抵触、腐败行为与市民社会的存在基础——商品经济相抵触、腐败行为与从“身份”到“契约”的社会发展进程相抵触。③

杜治洲分析了影响公众参与反腐倡廉工作的主要因素：参与能力、参与意愿、参与机会。当前，中国公众参与反腐倡廉的积极性比以往有所提高，尤其是在网络普及率越来越高的背景下，网民积极揭露腐败现象的事件时有发生。但总体来看，公众参与反腐倡廉的广度和深度还有待提高，公众参与反腐倡廉仍面临着诸多挑战：公众对腐败的危害认识不够；对腐败的容忍度仍较高；信息公开程度不够；公众参与反腐败的渠道不畅通等。要提高公众参与反腐败的效果，需要提升公众参与反腐败的动力——强化公众参与反腐败的意愿；提升公众参与反腐败的素养——培养公众参与反腐败的能力；健全公众参与反腐败的制度——创造公众参与反腐败的机会。④

4. 法治与法治反腐

党的十八大报告提出要提高运用法治思维和法治方式的能力，党的十八届四中全会进一步提出全面推进依法治国，建设社会主义法治国家。蔡宝刚关注了法治思维和法治反腐方式的关系问题。党的十八大报告指出要提高运用法治思维和法治方式的能力，这从理念和实践层面为新时期法治反腐工作指明了路向。文章在总结依法治国、法律权威、人性本

---

① 刘金程、宋伟：《廉洁官僚、政党自律与权力制衡：廉政建设模式的国际比较》，《河南社会科学》2012 年第 10 期。

② 龚蔚红、李虎：《民主与腐败治理：一个经验研究综述》，《浙江社会科学》2012 年第 2 期。

③ 李翔：《反腐败的中国社会语境探析——以我国市民社会阶层分化为视角》，《华东政法大学学报》2013 年第 6 期。

④ 杜治洲：《公众参与反腐倡廉的影响因素及其挑战》，《理论视野》2013 年第 3 期。

恶、权力制约、权利保护和公平正义等法治思维的基础上，提出须强化相应的转变治腐模式、秉持依法治腐、规制官员道德、强化反腐治权、推进公民反腐和提升反腐素养等法治反腐方式。①

杨涛探究了法治反腐的思路。法治反腐是遏制腐败的有效手段，也是一个国家反腐体系成熟的标志。经过六十余年探索和实践，中国的法治反腐不仅时机已经成熟，而且形成了坚定的理论认同，这主要体现在两个方面：从中国实践来看，反腐法治不健全是导致中国腐败问题发生的重要原因；从世界范围来看，法治健全国家的清廉指数一直高居世界前列。中国法治反腐应坚持的思路：第一，以"人性恶"假定为前提，通过健全法律来遏制人性"恶"的一面。第二，要通过健全法律体系，在全社会形成良好的法治环境，减少社会对"人"的负面影响。实施法治反腐应坚持的主要原则：坚持惩处从严原则，以提高腐败成本；坚持自成体系原则，编织严密的"天网"；坚持法治必行原则，突出惩戒效应。建立健全反腐败法律体系：围绕规范公务人员行为，明确是非界限出台相关法律；围绕规范权力运行，促进权力公开透明出台相关法律；围绕加强公务人员财产监管出台相关法律；围绕对权力行使进行监督出台相关法律；围绕对腐败行为严肃惩治出台相关法律。②

（六）各领域反腐的理论与实践研究

1. 高校反腐

当前高校腐败问题呈现越演越烈趋势，而廉政建设研究的主体又是高校教师，这促进了高校反腐理论研究和现实实践的深化。田建伟研究了高校廉政的治理对策。"高校消极腐败"与"腐败"在特定语境下并无实质区别。因此，不能把"高校消极腐败"看作"一个特殊的腐败现象"或"一种腐败类型"，也不能把"消极现象"和"腐败现象"并列起来看待。从客观层面看，消极现象和腐败现象没有隔着不可跨越的鸿沟，不存在必然分界线。从理论层面看，高校消极腐败应是把我们过去一度曾经认为的消极现象纳入了腐败的范畴，扩大腐败现象的外延。高校消极腐败有着多种多样的表现形式：官僚主义、盲目决策、奢侈浪费、个人主义、消极怠工、任人唯亲。可以从历史文化层面、社会环境层面、体制机制层面、监督惩处层面、个人主观层面分析高校消极腐败的成因。治理高校消极腐败的对策：一是以保持党的纯洁性为重点，强化教育引导，从思想上筑牢高校消极腐败的防线；二是以提高反腐倡廉科学化水平为核心，着力加强制度建设；三是以严厉惩处为手段，保持高压态势。③

杜治洲思考了高校惩防体系构建问题。从众多高校腐败案例中选择"陈、龙案"作为分析对象，主要有以下三方面的原因：校领导的腐败案件在高校腐败案件中占据第一；受贿是高校腐败犯罪中的主要类型；窝案、串案是当前高校腐败案件的一个重要特点。"陈、龙案"引发的对高校腐败问题的深思：（1）长期潜伏——是什么原因导致腐败不能及时发现？（2）表里不一——廉政教育到底能否起作用？（3）瞒天过海——如何才能实现阳光治校？（4）体制约束——如何从根本上治理高校腐败？构建高校惩防腐败体系的对策：创新廉政教育方式——增强教育的针对性与实效性；统一高校门户网站——将权力

① 蔡宝刚：《法治思维和法治方式下的反腐路向论纲》，《法学杂志》2013年第11期。

② 杨涛：《法治反腐思路对策刍议》，《学习与探索》2013年第11期。

③ 田建伟：《论高校廉政治理对策》，《国家教育行政学院学报》2012年第9期。

运行过程彻底公开；改革纪检监察体制——纪委垂直管理提高独立性；探索建立教代会常任制——从源头上制约权力腐败。①

刘艳红关注了教育腐败问题。她区分了学术腐败与教育腐败的区别，认为教育腐败是指在知识的生产、传播和社会服务过程中，教育系统的各行为主体围绕教育和学术资源的分配和使用所产生的以权谋私行为。教育腐败具有极大的危害：首先，教育腐败所造成的直接后果是教育资源的浪费和低（无）效配置，以及教育质量和科研水平的下降。其次，教育腐败不仅使教育作为实现社会公平的重要手段失去其应有的功能，反而将很大程度上加剧社会不公。最后，教育腐败所导致的社会危害不仅局限于上述效率损失及其对经济发展和社会公平的损害，更直接关系到当前和下一代甚至几代人的道德水平。以垄断教育生产为目标的教育投入体制与治理机制，是造成教育腐败的制度根源。要使教育领域的腐败问题得到有效治理，需要从两方面着手：一是放松进入管制并扶持民办学校发展，确立公立与民办学校间的公平竞争；二是解除公立学校与政府间的行政依附关系，确保前者在人事和财务两方面的自主性。②

朱晓梅、扈航研究了高校廉政文化建设问题。高校要明确加强廉政文化建设的工作思路，积极探求适合自身实际的路径，充分发挥现有校园文化系统和文化载体的作用，不断提升高校廉政文化建设水平，为各项事业又好又快发展提供坚实保障。培育廉洁价值理念，夯实高校廉政文化建设的思想基础；加强廉政制度建设，构筑规范有序的廉政文化体制机制；打造“大宣教”格局，整合高校廉政文化资源；加强组织领导，推进廉政文化建设深入开展。③

宋伟、刘金程研究了大学生廉洁教育的正外部性价值。大学生廉洁教育是全民廉洁教育的重要组成部分，目标在于培养大学生的廉洁意识，提高大学生的廉洁素质，自觉抵制腐败行为。大学生廉洁教育的外部性主要体现在教育效果在国家社会发展中所产生出的溢出效应，大学生廉洁教育是具有完全正外部性的行为过程。大学生廉洁教育的外溢性突出表现为以下四个方面的外部性：对国家廉政体系建设的正外部性；对廉洁文化建设的正外部性；对加强反腐败监督的正外部性；对网络社会发展的正外部性。有效推进大学生廉洁教育的政策建议：制订大学生廉洁教育战略规划；创新设计大学生廉洁教育的课程体系；广泛开展大学生廉洁教育的社会实践活动；提高大学生廉洁教育的专业化水平；开拓大学生廉洁教育的网络阵地。④

冯虹、葛卫华关注了高校反腐败制度建设问题。高校腐败问题的突出特征：腐败高发于七个领域；犯罪个体多为高学历、高行政职务人员；犯罪手段相对隐蔽；受贿、贪污犯罪占较高比例。从制度层面分析高校腐败问题的原因，可以发现：高校上级管理部门部分制度设计不合理；高校权力制衡机制不健全；高校监督机制不到位；高校内部管理制度内容不够规范，关键点存在缺陷；高校制度执行随意性较大；制度建设面临较大的深层阻力。高校反腐败制度建设的对策思考：充分认识高校惩防腐败体系建设的重点应是预防腐

---

① 杜治洲：《构建高校惩防腐败体系的思考——陈昭方、龙小乐案的启示》，《理论探索》2012 年第 3 期。

② 刘艳红：《教育腐败：内涵、成因与治理》，《新视野》2012 年第 1 期。

③ 朱晓梅、扈航：《高校廉政文化建设路径探析》，《山东社会科学》2012 年第 8 期。

④ 宋伟、刘金程：《大学生廉洁教育的正外部性研究》，《现代远距离教育》2012 年第 2 期。

败；积极建议上级管理部门改革制度不合理因素；逐步完善分权制衡的权力制衡机制；建立完善重点领域业务管理制度；健全监督制度和民主管理制度；探索高校制度廉洁性评估机制。①

商光美探究了高校反腐倡廉建设问题。高校反腐倡廉制度建设涉及教学、科研、管理和党建等各方面，是现代大学制度建设的重要组成部分。高校反腐倡廉具有重要意义：建设校风、学风、教风的本质要求；优化高校四大功能的重要基础；推动高校科学发展的内在需要；实施国家两大战略的根本保证。高校腐败产生的制度因素：管理制度执行不力；内部监督制约不足；民主管理渠道不畅；惩治腐败力度不够。以现代大学制度推进高校反腐倡廉建设：加强高校党建，营造廉政文化；更新教育理念，开展教育培训；完善治理结构，推行民主管理；深化章程建设，强化监督考核；坚持依法办学，加大惩治力度；推进社会合作，构建预防体系。②

李双辰侧重研究高校党风廉政工作机制问题。（1）建立科学规范的干部选拔任用机制，实现廉政关口前移。坚持和完善干部竞聘制；坚持干部集体提名制；建立干部的交流制、学术回归制；坚持党委常委会票决制；建立任前公示制和试用期制。（2）建立干部教育的长效机制，筑牢干部思想防线。以任前谈话抓好领导干部岗前教育；将主题教育和平时教育相结合，营造“大宣教”格局；切实加强集中教育；注重发挥警示教育的作用；发挥惩处的威慑作用。（3）建立干部管理的责任机制，健全检查考评体系。领导干部个人的廉洁自律是责任机制的基本前提；认真落实党风廉政责任制是建立干部管理责任机制的中心环节；带好队伍是领导责任的重要体现。（4）建立干部权力的日常制约机制，保障权力规范运行。健全制度和机制，提高制度执行力；积极采用现代管理方法和现代技术手段；坚持办学过程中的公平、公正、公开；实施分权管理，形成各种权力的相互配合；加强审计和巡视工作；加强纪检队伍建设，强化监督管理。③

尹晓敏分析了透明度、权力监督与高校腐败治理的关系。高校腐败风险之源：权力在监督盲区中自由伸展。高校内部权力监督不力；高校外部权力监督孱弱。高校腐败治理之道：以信息公开开启高校权力监督之门。高校信息公开彰显权力监督本源；高校信息公开降低权力监督成本；高校信息公开强化权力监督基础；高校信息公开增强权力监督实效。高校腐败治理之要：提升办学透明度。（1）战略性地公布高校办学权力“清单”；（2）实质性地提升办学信息公开度；（3）系统性地建构信息公开监督保障机制。④

王洪彬同样关注透明度问题，主张以校务公开方式促进高校反腐倡廉建设。校务公开既包括高校行政管理业务的公开，也包括高校党务公开。（1）加强领导，明确职责。完善校务公开和反腐倡廉建设有机统一的领导体制和工作机制；明确校务公开和反腐倡廉建设的工作职责。（2）丰富内容，拓展渠道。不断丰富校务公开内容，保障源头预防和监督腐败目标的实现；通过创新公开形式将校务公开融入反腐倡廉建设过程中。（3）发挥优势，抓住重点。发挥校务公开制度的保障作用，从源头上为预防和治理腐败奠定基础；

---

① 冯虹、葛卫华：《高校反腐败制度建设探析》，《北京行政学院学报》2013年第6期。

② 商光美：《基于现代大学制度的高校反腐倡廉建设研究》，《国家教育行政学院学报》2012年第9期。

③ 李双辰：《健全高校党风廉政工作机制的路径分析》，《中国高等教育》2012年第6期。

④ 尹晓敏：《透明度、权力监督与高校腐败治理》，《高等教育研究》2012年第10期。

建立完善校务公开制度，不断创新反腐倡廉建设保障机制；把握校务公开的工作重点，切实解决反腐倡廉建设中的突出问题。（4）完善体系，加强监督。成立监督机构，明确双重监督职责；加大监督力度，增强校务公开监督和反腐倡廉监督的威慑力；建立校务公开评价机制促进反腐倡廉建设评价体系的完善。①

雷霆独辟蹊径，运用结构功能主义方法研究了高校廉政研究机构的角色和功能。高校廉政研究机构是为了适应中国反腐倡廉建设的需要而产生的。高校廉政研究机构在中国反腐倡廉建设中的作用，既表现在它的适应功能和目标实现功能上，又表现在它的整合功能和模式维持功能上。目标实现功能主要体现在：开展廉政理论研究；决策咨询与服务；廉政学科建设与人才培养。整合功能包括内部整合机制和外部整合机制。维持功能主要体现在：引导廉政舆情；宣传廉政理论；开展廉洁教育。高校廉政研究机构发展中存在的问题：高校廉政研究机构适应功能不强；高校廉政研究机构目标实现功能差异明显；高校廉政研究机构的整合功能不足；高校廉政研究机构维模功能不均衡。加强高校廉政研究机构建设的对策、建议：做好整体规划与建设工作；建立多元化的外部资源输入机制；探索科学有效的外部整合机制。②

2. 其他各领域的反腐

王世谊关注了非公企业的反腐问题。规模以上非公企业是反腐倡廉建设的重要阵地。第一，江苏非公企业反腐倡廉建设的创新实践与显著成效：（1）精心组织策划，非公企业反腐倡廉建设取得了丰富的实践成果。工作部署逐步推进；组织建设全面铺开；纪检工作帮扶到位；企业发展助推有力；工作模式各具特色。（2）加强政策引导，非公企业反腐倡廉建设形成了创新的制度成果。突出特点，机制创新；建章立制，规范运行；民主公开，全面监督；教育为本，文化防腐；（3）深化理论提升，非公企业反腐倡廉建设收获了积极的思想成果。理论联系实际，进行理论探索；遵循事物发展规律，点面质分层推进，实现了工作目标设计的科学化；把握根本出发点，融入企业发展，保证了纪律监督工作的实效性；坚持试点先行，推广典型经验，促进了反腐倡廉建设的规范化。第二，当前规模以上非公企业反腐倡廉建设面临的新问题：规模以上非公企业对开展纪律监督工作仍有一定程度的思想困惑；规模以上非公企业组织形式的多样化对反腐倡廉建设工作造成了挑战；一些规模以上非公企业反腐倡廉机构设置不够规范；政府职能转变不到位对规模以上非公企业造成不利影响。第三，加强规模以上非公企业反腐倡廉建设的对策建议：规范设置规模以上非公企业反腐倡廉纪检组织；准确定位规模以上非公企业纪检组织的职能；积极探索对规模以上非公企业主和管理者监管办法；加强舆论监督和社会监督，形成监督规模以上非公企业主诚信经营、廉洁经营的良好社会环境；建立纪检监察机关挂点联系服务规模以上非公企业制度，实现工作指导常态化。③

徐细雄从企业高管腐败的基本内涵、类型与途径、经济后果、关键诱因和治理四个方面系统回顾了国外相关研究文献，并在剖析现有研究所存在的不足的基础上对未来研究方向进行了展望。文章根据企业高管实施腐败行为的策略，把企业高管腐败分为隐性腐败

---

① 王洪彬：《以校务公开促进高校反腐倡廉建设》，《高校理论战线》2012 年第 6 期。

② 雷霆：《高校廉政研究机构角色和功能的社会学分析》，《河南大学学报》（社会科学版）2012 年第 4 期。

③ 王世谊：《当前规模以上非公企业反腐倡廉建设的新思考》，《新视野》2013 年第 6 期。

(implicit corruption) 和显性腐败 (explicit corruption) 两类。企业高管腐败途径也分为隐性腐败途径和显性腐败途径。作为一种权力寻租行为，无论是隐性还是显性腐败均会对公司治理效率和企业价值产生显著的负面影响。就显性腐败的经济后果而言，学者们的研究表明，显性腐败很容易使企业陷入财务困境，甚至陷入破产清算的境地。企业高管腐败还是破坏一个国家或地区廉政环境的重要因素。从微观层面来看，现有研究主要从企业高管的道德水平和领导风格两个方面来剖析领导个体因素对企业高管腐败的驱动效应，进而提出相应的治理建议；从中观层面来看，现有研究主要关注企业文化与公司治理因素对企业高管腐败的影响；从宏观层面来看，现有研究主要关注制度环境（尤其是法律制度环境）对企业高管腐败的影响，强调通过完善法律、加强监管、深化市场化改革等手段来防范企业高管腐败。①

狄小华、冀莹研究了工程领域的腐败问题。(1) 工程腐败的形成机理。在工程腐败案件中，行贿人与受贿人经历了相识期、暧昧期和交易期的博弈过程。从理性经济人的角度分析，行贿人行贿是一种低成本高回报的“明智投资”，受贿人的受贿是一种低风险高收益的“理性选择”，他们的选择符合经济理性。(2) 工程腐败的防治思路。行贿人与受贿人的理性选择背后，折射出的是制度上的漏洞，为此，要分散权力，细化制度，减少寻租空间；健全法律，严密法网，预防与惩罚并重；转变观念，加强教育，对腐败“零容忍”。②

乐云、张兵等分析了工程腐败规律。针对工程腐败问题，2009 年以来中国开展了为期两年的工程建设领域突出问题专项治理。筛选此次治理行动中曝光的 145 例腐败案例，通过聚类分析将中国工程腐败分为三种典型腐败模式。三类模式的主体属性、腐败环节、行为结果三个特征各异，第一类腐败是高层腐败，涉案金额较高，腐败环节主要发生在土地、审批和招投标环节；第二类腐败主要是主管权和管理权腐败，涉案金额同样较高，腐败环节主要有土地、审批和工程款；第三类腐败是东部地区特有的腐败，这类工程腐败人员发案年龄低，职务级别相对较低，潜伏年数也较少，主要集中在主管权和管理权，腐败环节集中在土地、招投标和工程款，涉案金额也较低。③

周娜、公婷以公共采购中的招投标为例分析了腐败与市场的关系。众多学者认为，经济市场化在增加自由竞争的同时还能减少政府的市场干预，从而缓解腐败问题。但中国的情况却并非如此，腐败问题自市场化改革之后反而日趋严重。也有学者将该问题归结为政府官员滥用改革赋予的自由裁量权。然而，这种观点未能解释自由裁量权为何没有在深化市场改革的同时受到抑制，以及它在市场条件下又是被如何运作的。文章以公共采购中的招投标为例，从市场行为角度探究为何腐败在经济改革过程中得以不断发展。文章将其原因归结为：官员可以运用自由裁量权削弱尚未成熟的市场机制，主导市场行为，从而以非正式规则取代市场竞争。④

---

① 徐细雄：《企业高管腐败研究前沿探析》，《外国经济与管理》2012 年第 4 期。

② 狄小华、冀莹：《工程腐败：形成机理与防治思路》，《理论探索》2012 年第 4 期。

③ 乐云、张兵等：《基于主体特征的工程腐败规律实证分析》，《科技进步与对策》2012 年第 18 期。

④ 周娜、公婷：《腐败与市场经济之关系：以公共采购中的招投标为例》，《公共行政评论》2012 年第 5 期。

吴松江关注了社会保障领域的腐败问题。社会保障领域中的腐败现象及其特点：腐败实施的方式复杂多样；“集团化”腐败现象严重；腐败手段隐蔽性强。社会保障领域腐败现象的成因分析：公共伦理道德丧失；法治薄弱；管理体制上的漏洞；有效监督机制的缺失。治理社会保障领域腐败的对策：加强伦理道德建设以防范腐败；完善社会保障法律规范以遏制腐败；深化体制机制改革以从源头治理腐败；促进社会保障管理创新严堵管理漏洞。[①]

（七）廉政风险防控理论与实践研究

1. 廉政风险与腐败风险

廉政风险防控是近年来预防腐败的一项重要探索，通过对权力的制约和监督来降低腐败发生的风险。李成言认为廉政风险不同于腐败风险，腐败风险是指各类腐败行为发生的可能性，而廉政风险是指廉政工作本身发生风险的可能性以及腐败对廉政形象产生损害的可能性。根据风险发生的特征，廉政风险包括伦理性廉政风险、结构性廉政风险、功能性廉政风险和关联性廉政风险四类。在分析现有的廉政预警体系的基础上，提出以防止利益冲突为核心的廉政预警模型。这一模型包括利益冲突模块、社会舆情模块、岗位分析模块和特定事件模块，四个模块各有2—3个二级指标和多个具体指标。[②]

郭兴全认为廉政风险是指公职人员在用权履职或日常生活中发生腐败行为的可能性，即发生腐败的特定风险，无须将腐败风险和廉政风险作严格的区分。廉政风险防控管理机制由运行机制和保障机制构成，其中运行机制包括查找并评估廉政风险，制定并实施防范措施，评估及检验防范效果，考核防范效果、完善管理体系四个环节；保障机制则包括廉洁自律的长效机制、防止利益冲突机制和制度机制创新。[③]

2. 防止利益冲突与廉政风险防控

什么是利益冲突？公婷、任建明认为，政府官员的利益冲突是与个人职务有关的公共利益同私人利益发生冲突的情况。利益冲突和腐败是两个不同的现象，利益冲突构成了腐败的必要但不是充分条件。利益冲突管理有利于腐败治理，完整的利益冲突制度则应该包括五个基本要素：规定、申报、公开、监督、问责，而中国的防止利益冲突制度在这五个方面都存在不足。[④]

杜治洲进一步指出，中国防止利益冲突制度的突出不足在于缺乏顶层设计，呈现出明显的碎片化、零散化、不稳定、不系统、执行力差的特点。[⑤]

防止利益冲突能够起到预防腐败的作用，王治国、李雪慧具体探讨了将防止利益冲突引入惩防腐败体系的必要性、可行性和具体路径。[⑥]

蔡小慎、刘存亮研究了公共资源交易领域的腐败，认为公共资源交易过程中公职人员自由裁量权滥觞、利益冲突防范机制缺失和委托—代理运行失灵导致利益冲突的发生，而

---

① 吴松江：《社会保障领域的腐败及其治理对策研究》，《湖南社会科学》2012年第6期。

② 李成言：《防止利益冲突与廉政预警模型设计研究》，《河南社会科学》2012年第2期。

③ 郭兴全：《关于完善廉政风险防控管理机制的思考》，《中州学刊》2012年第4期。

④ 公婷、任建明：《利益冲突管理的理论与实践》，《中国行政管理》2012年第10期。

⑤ 杜治洲：《我国防止利益冲突制度的顶层设计》，《河南社会科学》2012年第1期。

⑥ 王治国、李雪慧：《防止利益冲突与惩治和预防腐败体系的完善》，《河南社会科学》2012年第2期。

利益冲突则是公共资源交易领域腐败现象频发的根源。通过健全公共资源交易领域制度体系、完善公共资源交易领域多元防范机制和厘清公共资源交易领域政府角色扮演等措施，才能实现该领域利益冲突问题的有效防治。①

防止利益冲突和廉政风险防控的关系是什么？郭兴全、胡映雪认为，防止利益冲突和廉政风险防控的目标都是权力运行和监督，利益冲突的客观存在是廉政风险产生的根源，也是腐败产生的主要原因。廉政风险防控的范围比防止利益冲突更为广泛，通过廉政风险防控实施对权力的监督制约，是防止利益冲突的有效途径。②

崔会敏指出，防止利益冲突和廉政风险防控的核心共同点都是"预防腐败"，但两者又有着内在的区别。面对反腐败的严峻形势，有必要建立防止利益冲突与廉政风险防控的对接机制，通过文化交融、制度整合、组织对接和机制创新使两者对接起来，发挥制度合力。③

3. 技术预防腐败

随着科技的进步，技术手段也逐渐被应用于预防腐败。所谓技术预防腐败，是将电子信息技术、通信技术、计算机技术、网络技术等电子信息技术手段应用于预防腐败实践，实现权力监督以及腐败预防的信息化、网络化、数字化和电子化，从而减少腐败风险，提高预防腐败工作的有效性。技术预防腐败也可以视为廉政风险防控的一部分。

洪宇、任建明认为，智能化防腐是预防腐败系统未来发展的新趋势。在分析中国技术预防腐败创新实践及演进历程的基础上，提出未来预防腐败系统的智能化发展可从拓宽监督范围、扩大信息共享，增加节点设置、智能分析预警，减少人为干预、智能执行处置三个方面进一步完善。④

胡新丽运用相关分析法分析全球清廉指数排名靠前的国家和排名靠后的国家的清廉指数与电子政务发展的相关度，得出国外电子政务反腐取得成果的原因：完善反腐的法律法规、成立独立的反腐机构、公开反腐信息和利用电子政务反腐等。并据此总结出对中国信息技术反腐的三点启示。⑤

（八）廉政文化研究

1. 腐败的文化根源

学者们一般把腐败的成因归结为两点：制度不完善和经济不发达，然而文化因素也可能会导致腐败的发生。徐静总结了西方关于腐败的产生和蔓延的文化根源的相关研究，归纳出跨国回归分析、实验分析、委托—代理模型分析和动态传播分析四个主要研究范式，进一步指出由于文化对腐败的影响被忽视，导致很多国家采取的各种反腐败的政治和经济改革成效甚微。⑥

---

① 蔡小慎、刘存亮：《公共资源交易领域利益冲突及防治》，《学术界》2012 年第 3 期。

② 郭兴全、胡映雪：《利益冲突视野下的廉政风险防控管理》，《西北农林科技大学学报》（社会科学版）2013 年第 4 期。

③ 崔会敏：《防止利益冲突与廉政风险防控对接机制研究》，《河南社会科学》2013 年第 1 期。

④ 洪宇、任建明：《智能预防腐败系统建设思路初探》，《广州大学学报》（社会科学版）2013 年第 10 期。

⑤ 胡新丽：《技术创新与制度创新的融合：国外电子政务反腐启示》，《中州学刊》2013 年第 4 期。

⑥ 徐静：《西方学界关于腐败成因的文化解释》，《经济社会体制比较》2012 年第 6 期。

王艳珍的研究指出领导干部腐败的新特征："一把手"腐败，腐败主体集体化，腐败呈现"三高""三最""三贪"发展态势，"全家腐"的"家族式"腐败与官文化的深刻影响有关。反腐败要着力治本，建立有效的教育防范机制和监督制约机制。①

2. 廉政文化的反腐功效

宋伟、徐小庆将廉政文化界定为通过反腐倡廉实践活动，为政府工作人员及社会公众所接受和普遍认同的廉政价值观念、廉政制度、廉政作风、廉政形象，以及蕴含于所有与反腐倡廉相关的物化精神的总和。指出廉洁政治与廉政文化之间存在着相互促进的良性机制，廉政文化能与廉洁政治建设的教育、惩治、预防、监督四个维度对接，推动反腐败的发展。通过强化政治意愿、完善制度建设、创新有效载体、深度开发资源和构筑多维合力能够促进廉政文化建设，进而推动廉洁政治建设。②

袁峰认为，单纯依靠制度反腐是难以从根本上消除腐败，而当文化防腐的实施机制足够强大时，它不但具有遏制腐败的功能，而且最终能够达到让人不想腐败、不愿腐败的效果。随着网络媒体在文化建设中的地位不断提高，网络技术可以在促进反腐学术研究、开展廉洁教育、加强舆论监督、推动精英示廉等方面增强廉政文化建设的能力，使廉政文化建设发挥出实际的反腐功效。③

舒艾香、李妙颜、梅松比较了新中国廉政文化建设经验与国外廉政文化建设经验的共同和不同之处，认为中国的廉政文化建设可以借鉴吸收国外廉政文化建设的有效做法。④

（九）网络反腐研究

1. 网络反腐的形势

近年来，网络监督日益成为一种反应快、影响大、参与面广的新兴舆论监督方式，"网络曝光—纪委介入—核查处理"成为腐败案件查处的一条新路径，推动了反腐败工作的开展。文宏基于对2008年至2012年的60例网络反腐事件的整理和分析，归纳了网络反腐的特点：网络反腐涉案官员级别呈金字塔状分布，网络反腐事件倾向于选择当时的主流网络媒介，网络反腐事件呈现类型化的趋势，网络反腐具有较强的时效性，网络反腐过程中存在多元互动。以信息源、主观动机、互动过程为维度，将网络反腐事件区分为曝光型和实名举报型两大类，案例显示实名举报型呈逐渐增多的趋势。在网络反腐现象的基础上，从制度体系、现实需求、网络环境、政府行为模式和行政文化五个方面，对网络反腐的内在机理进行了深入分析，建立了对网络反腐现象的深度理解。⑤

王咏梅、翟冬冬基于对十八大后网络媒体反腐状况的描述和对典型案例的分析，总结了网络媒体反腐的特点：微博成为网络媒体反腐重要平台，意见领袖发挥积极作用；利用网络优势，展示腐败证据；将网络媒体反腐事件娱乐化，刺激网民广泛传播。⑥

---

① 王艳珍：《基于官文化批判视域下领导干部腐败的新特征及根治》，《理论探讨》2012年第6期。

② 宋伟、徐小庆：《建设廉洁政治：基于文化软实力的维度》，《中国行政管理》2012年第11期。

③ 袁峰：《文化防腐的网络机制研究》，《江淮论坛》2012年第4期。

④ 舒艾香、李妙颜、梅松：《新中国廉政文化建设基本经验之国际比较》，《江汉论坛》2012年第3期。

⑤ 文宏：《网络反腐：实证案例与内在机理》，《社会科学》2013年第10期。

⑥ 王咏梅、翟冬冬：《网络媒体反腐的总体态势及问题——以十八大以来网络媒体反腐案件为例》，《当代传播》2013年第6期。

2. 网络反腐的作用

杜治洲、张阳阳研究了微博反腐这一新兴的反腐模式，认为其具有高效便捷、公开透明、及时互动的特征。以微博反腐的积极作用和消极作用为维度，构建了四阶段模型；指出微博反腐通常要经历“低积极、低消极”“低积极、高消极”“高积极、高消极”“高积极、低消极”四个发展阶段，而当前中国微博反腐处于“高积极、高消极”阶段，在反腐败方面的积极作用更大。①

邹庆国指出，网络反腐起因于传统反腐方式的局限，其核心价值在于提升了社会监督的整体效能，为反腐倡廉注入了科学化元素。②

熊光清认为，由于网络舆论环境相对宽松和自由、网络为草根力量的彰显创造了条件以及网络的开放性使得互联网成为腐败问题“扒粪运动”展开的重要场域，网络“扒粪运动”丰富了监督渠道、增强了监督力度、扩大了监督主体，表现出全民监督、全民反腐的新特点，使社会公众可以非常便利地参与到反腐败的过程中来，推动腐败治理。③

陈潭、刘建义从政治社会学角度分析了网络反腐的技术条件和社会基础，指出网络技术的发展、公民的广泛参与、政府的宽容对待，使得公共话语权得到重新分配，虚拟公共领域快速成长，扮演信息供给者与舆论生产者的网民奠定了网络反腐的群众基础。作为政治与社会“合围”结果的网络反腐，丰富了网络监督形式、积累了公民参与经验、提高了反腐倡廉效率。④

3. 网络反腐的问题与对策

齐杏发分析了网络反腐的不足，认为它具有自身的局限性：无法保证持续性；对象有很大的选择性；缺乏制度保证，不确定性大，举报人和被举报人的合法权益可能会受影响。同时也存在一定程度的政治风险，会引发一定程度的政治不信任，架空和弱化纪检部门，存在着诱发过度政治参与的可能。针对网络反腐的无序状况，迫切需要进行制度规范，从法治建设等方面入手，将网络反腐纳入制度化政治参与渠道，发挥其积极作用，防范潜在风险，推动党风廉政建设和政治发展。⑤

王世谊指出，网络反腐在不少腐败案件上获得成功的同时，也暴露了一些缺陷。第一，其参与性质是惩治性的事后反腐；第二，参与群体是“乌合之众”，流动性大，参与过程也呈现出不稳定性；第三，参与形式表现出网络动员的非理性化与无序化。构建网络反腐新模式与权力监督的新形式，需要在体制内部各相关部门建立对应的制度、规章，保证相关人、财、物的稳定、持续，才能从根本上保证这一模式从民间网络现象变成真正的官民互动机制。⑥

王平运用发生学方法论，从反腐动机和反腐环境两个方面分析了个别网民举报阶段、网民群体围观阶段、公共部门介入阶段这三个阶段网络反腐的动力机制，指出为了使网络

---

① 杜治洲、张阳阳：《微博反腐：模型、现状与对策》，《理论视野》2012 年第 6 期。

② 邹庆国：《网络反腐：兴起缘由、价值解读与风险防范》，《理论导刊》2012 年第 4 期。

③ 熊光清：《网络“扒粪运动”：一种新型社会监督力量的兴起》，《探索与争鸣》2013 年第 2 期。

④ 陈潭、刘建义：《网络时代的“扒粪运动”——网络反腐的政治社会学分析》，《理论探讨》2013 年第 4 期。

⑤ 齐杏发：《网络反腐的政治学思考》，《政治学研究》2013 年第 1 期。

⑥ 王世谊：《网络反腐：权力监督的新形式》，《江苏行政学院学报》2012 年第 1 期。

反腐的发展更有方向和力度，需要对网络反腐的动力机制予以进一步健全、完善。具体而言，既要进一步发展具有积极效应的动力机制，确认和激励各类主体参与网络反腐的正向行为动机，又要改进具有消极效应的动力机制，抑制与公共理性相背离的反腐动机，创建更加优良的网络反腐环境。①

孙德超、孔翔玉认为，民间网络反腐存在娱乐化、非法治化、虚假举报、敲诈勒索等问题，必须要加快推进民间网络反腐的立法与制度建设，把民间网络反腐纳入法治化的轨道，使民间网络反腐有法可依。②

张春林指出，网络舆论监督具有真实性问题、偶然性问题和侵权问题，网络舆论监督要克服现实问题，发挥独特优势，彰显反腐威力，必须有制度方面的充分考虑。这种制度构建有三个维度：从网民层面看，基于有限实名制的自律和基于法律规范的他律同等重要；从网媒层面看，应尽快建立网络舆论监督平台建设机制、网络舆情监测与引导机制、媒体间协作与创新机制；从政府层面看，应着力推进政务信息公开机制、舆情快速反应机制、事件调查督办机制等。③

田旭明认为，制度反腐与网络反腐的互动互促有其现实必要性，网络反腐纳入制度化轨道能够引导和规范非理性的网络监督行为。通过将网络反腐具体工作纳入到制度反腐的整体框架和程序中，加快网络反腐的法治化建设，健全反腐倡廉网络举报和受理机制、网络信息收集和处置机制，创设制度反腐与网络反腐互动的载体，实现二者的和谐互动，增强反腐倡廉的力度和实效。④

陈潭、刘建义分析了网络反腐的优劣势，指出传统媒体对公共话语权的主导和政府机构、官员态度对网络反腐的决定性作用表明，网络反腐终究只是一个配角。没有“问题”官员的口出狂言和高调炫富，没有纪检部门的主动回应和适时介入，网络反腐只能是“水中月，镜中花”，只有“接地气”才能推动反腐的进程，实现反腐的目标。提升网络反腐的有效性需要经过一系列的制度化变革与建设，建立健全和完善“网上举报、网下查处、网上公布”的网络反腐体制、机制，培育良好的社会清廉环境，建立起现代化的公民社会，实现传统目标与新兴科技的完美契合。⑤

（十）国（境）外腐败与反腐败研究

1. 俄罗斯的腐败问题

在经济转轨过程中一般都会伴随着腐败蔓延的现象，中国如此，俄罗斯亦如此。中国和俄罗斯都面临着严峻的腐败形势，对俄罗斯腐败原因和反腐败措施的深入研究也能给中国的反腐败带来启示。

赵传君⑥与迟连翔、齐晓安⑦指出，俄罗斯的腐败问题已经成为一种普遍的社会现象，

---

① 王平：《当代中国网络反腐动力机制的现状与完善》，《中州学刊》2013 年第 11 期。

② 孙德超、孔翔玉：《民间网络反腐存在的问题与对策》，《求实》2013 年第 10 期。

③ 张春林：《网络舆论监督反腐败的制度化思考》，《重庆大学学报》（社会科学版）2013 年第 3 期。

④ 田旭明：《制度反腐与网络反腐的互动互促》，《理论探索》2013 年第 3 期。

⑤ 陈潭、刘建义：《网络反腐的限度及其优化》，《探索与争鸣》2013 年第 5 期。

⑥ 赵传君：《对俄罗斯腐败问题的深层思考》，《俄罗斯东欧中亚研究》2012 年第 1 期。

⑦ 迟连翔、齐晓安：《俄罗斯反腐败措施及其启示》，《东北亚论坛》2012 年第 3 期。

渗入社会生活的各个领域，并用翔实的数据和案例介绍了行政、司法、海关、警察、教育、卫生领域的腐败状况。普京和梅德韦杰夫两任总统上任后都采取了一系列措施打击腐败，包括：制定《反腐败法》等相关法律，以法治腐；把反腐纳入国家战略和工作规划；实行财产申报制度；提高政务和审判的透明度；建立综合电子数据库，对政府官员实行监督；减少政府对企业经营活动的行政限制和官员对企业的审查。但成效微弱，腐败形势仍然严峻。俄罗斯的腐败与反腐败对中国的启示有：政府的经济权力越大，干预经济的程度越深，腐败就越容易滋生，腐败程度就越严重；腐败的滋生与蔓延与体制密切相关，要根除腐败，必须深化体制改革；反腐主要依靠法律机制；提高透明度是防腐反腐的有效方式；打击腐败必须要充分发挥舆论监督、社会监督和内部监督的作用。

刘向文、王圭宇梳理了俄罗斯从1992年第一部反贪污贿赂法草案到2008年《国家反贪污贿赂计划》和《俄罗斯联邦反贪污贿赂法》的立法进程，并介绍了《俄罗斯联邦反贪污贿赂法》的具体内容，认为俄罗斯联邦实现了从“权力反腐”向“制度反腐”、从“分散反腐”向“系统反腐”的转变。该法的立法进程具有四个特点：坚持从本国现实国情出发、在总统的直接推动下进行、循序渐进地推进反贪污贿赂法治建设、力求制定统一的反贪污贿赂法典。在此基础上文章提出了对中国反腐败法治建设的启示。[①]

为什么俄罗斯的反腐败“越反越腐”？姜淼认为，俄罗斯特色反腐败遭遇困境，表面看是由社会转型期制度的不规范、法律的不健全所导致，实则是社会文化困境使然。腐败在俄罗斯已发展成为人们的一种文化观和社会生活方式，表现为认同腐败，腐败日渐合理化、合法化；腐败的日常生活化和竞相腐败。这种文化限制了惩治腐败法律制度发挥作用，因此，俄罗斯的反腐败要从制度和文化入手，既要构建反腐败法律规范和制度设计，也要重建社会文化，营造对腐败“零容忍”的社会文化，重建公平正义优先的法治精神，加强和完善社会反腐，通过社会文化建设为政治反腐、法律反腐奠定基础。[②]

俄罗斯对腐败的容忍文化与中国反腐败所面临的文化背景也颇为相似，中国很多民众虽然表面上对腐败很痛恨，但现实生活中他们却会主动行贿或受贿，对于腐败的实际容忍度较高，非正式制度削弱了正式制度的反腐功效。

2. 中国香港地区与新加坡的反腐败经验

中国香港和新加坡在清廉指数（CPI）等多个测量指标中其廉洁程度都处于世界前列。中国香港地区和新加坡的反腐败成功经验对于中国大陆的反腐败工作具有重要的借鉴意义。

曾巧认为，新加坡的廉洁与其独特的廉洁精英体制是分不开的，新加坡廉政体系主要由“精英治国”的廉洁精英甄选机制、内外并重的廉政监督机制以及一以贯之的廉洁教育制度所构成。每部分独立发挥作用，彼此影响，构成一个和谐的廉政体系。其精髓在于强化公务员制度建设和注重传统优秀文化的支撑。新加坡廉洁精英模式实现了集权与廉政建设的统一，在西方民主国家通过分权制衡来防止腐败的国际环境中显得尤其可贵。中国和新加坡都是以儒家文化为传统，而且某种形式上也都是威权政体，新加坡反腐的成功给

---

① 刘向文、王圭宇：《俄罗斯联邦反贪污贿赂法及其对我国的启示》，《俄罗斯东欧中亚研究》2012年第1期。

② 姜淼：《俄罗斯反腐困境的社会文化因素探析》，《俄罗斯东欧中亚研究》2012年第5期。

中国的反腐增添了信心。①

秦德占总结了新加坡人民行动党廉政理念的具体实践，包括：树立强烈的反贪意识，创造抵制贪腐的文化氛围；领导人率先垂范，树立清正廉洁形象；建立严格制度，减少公职人员贪腐的机会；从实际出发，建立“行得通”的薪金制度，降低贪腐冲动；依法治贪，从严治官。②

程海亮、韩俊丽总结了新加坡、中国香港的成功经验，包括：政府廉洁自律；严密而完备的法律制度；精干高效的专门反腐机构；广泛而有效的监督机制；思想品德教育；高薪养廉制度。认为中国大陆应该借鉴新加坡和中国香港的成功经验，通过加强权力的制衡与监督、加强思想品德教育、改进干部任命制、实行政务公开和官员财产申报制度、实行政务公开和官员财产申报制度等措施来加强廉政建设。③

中国香港的反腐败战略可以总结为惩处、预防和教育，但教育战略的重要性往往受到严重的低估。袁柏顺认为，在由腐败到廉洁的均衡转换当中，惩处和预防虽然是整个反腐败战略的基础，但却有着先天的不足，它们未必能够实现降低腐败收益及收益预期，影响均衡当中博弈者的理性选择；社会神话的构建与运用，可以赋予教育战略以更为巨大的力量。反腐败社会神话一方面可以激发民众痛恨腐败的情感，重塑廉洁的价值，另一方面可以鼓舞民众支持和参与反腐败行动，帮助实现由腐败到廉洁的关键性转换。④

3. 韩国、日本、印度的腐败问题

韩国、日本的现代化过程中都有较高程度的腐败，但同时仍实现了经济的高速增长。金香花分析了20世纪90年代前韩国权力腐败的历史成因，认为韩国腐败的实体性结构是威权政体、“政经瘉着”“言经瘉着”的产物，其结构性特点是政、军、经、言的跨界勾结，伪装合法或直接违法来滥用权力、谋取私利。20世纪80年代以来，韩国发起了反腐败运动和立法，到21世纪初制定了《腐败防止法》，正式建立了韩国国家反腐败体系，实现了从最初的“高度腐败国家”到“腐败程度较低国家”的转型。⑤

马占稳从对权力的审计监督、对腐败行为及腐败分子侦查起诉和预防腐败这三个反腐败环节的具体制度建设入手，以三个反腐败组织机构——韩国监察院、隶属于法务部的大检察厅和韩国公民权益委员会——为研究对象，探讨韩国反腐败的中观制度建设，揭示了反腐败制度建设的四条线索和一个目标，描述了韩国公民参与反腐败的制度平台建设和通往制度平台的灵活多样的开放沟通渠道。⑥

龚群指出韩国在军人政权时期主要依靠领导人的决心与威权来开展反腐败斗争，缺乏

---

① 曾巧：《精英政治文化背景下的廉政建设——以新加坡为例》，《河南社会科学》2012年第10期。

② 秦德占：《新加坡人民行动党廉政理念的践行与启示》，《新视野》2012年第1期。

③ 程海亮、韩俊丽：《构建多元性腐败治理体系的理论探索与实践尝试——新加坡、香港肃贪的成功经验及其借鉴意义》，《内蒙古社会科学》（汉文版）2012年第6期。

④ 袁柏顺：《反腐败神话与廉洁转型——基于香港案例的研究》，《河南社会科学》2012年第10期。

⑤ 金香花：《韩国国家反腐败系统的建构过程及其经验反思》，《北京行政学院学报》2013年第5期。

⑥ 马占稳：《韩国反腐败中的制度建设》（上），《北京行政学院学报》2013年第3期；马占稳：《韩国反腐败中的制度建设》（下），《北京行政学院学报》2013年第4期。

可持续性；而在文官政府时期则主要依靠行政伦理的制度建设反腐，扭转了国内的腐败形势。只有通过扎实的行政伦理制度建设和法治建设，从预防入手和依法治腐，才能有成效。①

冯春萍分析了日本追究公务员腐败行为责任的程序法治，认为其程序法治的重点在于预防，将公务员置于一种想腐败也难以腐败的制度状态之中；各种程序之间相互衔接，能够及时地预防和发现腐败行为，同时又突出对刑事责任的追究。这种程序设计值得中国借鉴。②

很多学者把民主视为治理腐败的一剂良药，认为民主国家较少存在腐败行为，然而印度则是特例，它既是民主国家，又是世界上腐败最严重的国家之一。张树焕基于民主的视角认为，印度的腐败与不完善的民主制度紧密相关，缺乏权力制约和规范的政党制度、以社会公平为取向的民众参与和不健全的司法体制导致了印度腐败盛行。③

二 理论研究进展述评

通过以上对2012年、2013年中国廉政建设理论进展的梳理，可以看出2012年、2013年廉政建设领域的理论研究呈现出以下四个特征。

（一）兼顾历史与现实、国内与国外

腐败是一个历史性问题，中国各个历史阶段都存在着程度不同的腐败问题。学者们研究了经典作家和毛泽东、邓小平等核心领导人的廉政思想，以及党在各个历史阶段廉政建设的历程。研究新民主主义革命时期和新中国成立以来的反腐廉政建设问题，特别是核心领导人的反腐败思想，对于当前和今后的反腐败实践具有一定的指导意义。腐败也是一个现实性问题，改革开放以来腐败形势越来越严峻，腐败形式也不断变化，这就要求反腐败要研究新形势，解决新问题。廉政研究者也密切地关注现实实践的发展。党的十八大之后，党和政府出台了一系列廉政新规定，反腐败力度空前加大，廉政研究者迅速跟进，研究党的十八大、十八届三中全会精神和反腐败新形势，提出政策建议，助力廉政建设。

腐败还是一个全球性问题，世界上各个国家都存在不同程度的腐败问题。有些国家采取了有力的反腐败措施使腐败处于很低的水平，有的国家则陷入越反越腐的怪圈。2012年、2013年廉政研究在立足国情的基础上分析了中国历史上和当前的腐败问题；又关注了世界各国、各地区的反腐进展，研究了新加坡、中国香港等反腐败比较成功的国家和地区的经验，以及俄罗斯、印度等反腐陷入困境的国家的教训，为中国的反腐败提供了历史镜鉴和现实启迪。

（二）以政府廉政建设问题为中心，研究领域日趋广泛化

中国的腐败问题主要发生在政府部门。学术界的研究主要集中在政府廉政建设方面，对中国腐败形势的定量研究主要以腐败的政府官员为样本，提出的政策建议如制度反腐、加强权力制约与监督等也都是针对政府部门。随着“滥用委托权力以谋取私利”这一“腐败”定义逐渐被接受，学术界对腐败的研究也逐渐不局限于政府部门，开始关注企业、高校等领域的腐败问题，这其中对高校腐败的研究占了很大比重。同时，对于政府部

---

① 龚群：《韩国政府的反腐败斗争和行政伦理建设》，《道德与文明》2013年第3期。

② 冯春萍：《日本追究公务员腐败行为责任的程序法治概观》，《社会科学研究》2012年第3期。

③ 张树焕：《民主视角下的印度腐败原因探析》，《南亚研究》2012年第4期。

门腐败问题的研究也逐渐细化，不仅将政府作为一个整体来研究，而且开始研究政府管理具体领域的腐败问题，如关注招投标、政府采购、社会保障等领域和环节的腐败问题。研究领域的多元化反映出廉政研究的深化，对多领域腐败问题的研究也有利于更全面、客观地把握中国目前的腐败状况。

（三）多学科研究视角，研究方法多样化

中国的廉政研究以公共管理学者为主，政治学、经济学、法学、社会学、心理学、传播学等其他学科的学者也不断加入进来，从各自学科的视角来研究腐败问题。公共管理领域的廉政研究者也开始利用其他学科的理论和方法来开展研究。这种多学科交叉融合的研究状态使研究内容更加丰富，产生了很多新见解。当然，这样的跨学科研究也存在一些问题，由于缺乏廉政研究必要的积累和规范的训练，很多学者只是将腐败问题作为检验、验证其原来学科研究理论、研究方法的一个素材、试验场，容易出现研究不规范、研究深度不够等问题。这是其他学科研究者在以后的研究中需要注意的问题。

（四）反腐败战略的研究不断深入

反腐败是一项系统工程，单靠某一方面的努力是难以取得明显成效的，需要战略规划、顶层设计。建立健全惩治和预防腐败体系既要有科学有效的权力制约和协调机制，也要有反腐败体制机制的创新和制度保障。2012 年、2013 年廉政理论研究既包括整体战略研究，也包括对反腐败制度、权力制约与监督、公众参与反腐、反腐败法治建设、廉政风险防控、利益冲突防范等具体战略的研究，使反腐败战略的研究体现出层次感、立体感。

第二节　实践创新

2012 年、2013 年，随着新一届中央领导集体的建立，中国的反腐廉政建设进入了新阶段，廉政建设的实践取得重要创新性成果。这些创新性成果既表现为领导人的带头示范、雷厉风行，又体现为普通群众的积极参与、热烈响应；既表现为反腐思路的调整、反腐战略的设计，又体现为反腐政策的连贯、反腐策略的配套；既表现为对腐败高官的查处、对腐败现象的高压，又体现为对身边蛀虫的清除、对社会环境的治理；既表现为廉政规定、规划的出台，又体现为纪检体制、机制的改革。

一　总书记在中央纪委全会上发表重要讲话及讲话精神的学习

2012 年 1 月 9 日，胡锦涛在中国共产党第十七届中央纪律检查委员会第七次全体会议上发表重要讲话。胡锦涛在肯定党风廉政建设和反腐败斗争取得突破进展的同时，强调“要充分认识反腐败斗争的长期性、复杂性、艰巨性，进一步坚定信心、加大力度，继续把反腐倡廉工作做深、做细、做实，做出成效”①。他提出了现阶段反腐倡廉建设的六项重点工作。第一，加强对中央重大决策落实情况的监督检查。第二，执行纪律，匡正用人风气。第三，加强领导干部作风建设。第四，建立健全惩治和预防腐败长效机制与顶层设计。第五，抓好专项治理工作，扎实推进基层党风廉政建设。第六，总结经验，把握形势，规划工作新思路。同时，他重点强调了保持党的纯洁性的意义和要求。他要求党员、

---

① 胡锦涛：《切实做好保持党的纯洁性各项工作　深入推进党风廉政建设和反腐败斗争》，《人民日报》2012 年 1 月 10 日第 1 版。

干部保持思想纯洁，坚定理想信念；保持队伍纯洁，加强教育管理；保持作风纯洁，勤俭节约，坚持群众路线；保持清正廉洁，严格执行廉洁规定和党的纪律。他希望各级纪律检查机关和广大纪检干部按照中央要求忠实履行职责，扎实开展工作。

此次讲话，胡锦涛分析了反腐败工作的形势与进展，明确了当前反腐廉政建设的主要工作和要求，深刻阐述了保持党的纯洁性的极端重要性、紧迫性。讲话对于保持和发展党员、干部的思想纯洁、队伍纯洁、作风纯洁、清正廉洁，推进反腐败工作，开创中国特色社会主义事业新局面均具有重要意义。

2013 年 1 月 22 日，习近平在中国共产党第十八届中央纪律检查委员会第二次全体会议上发表重要讲话。习近平充分肯定了改革开放以来党风廉政建设和反腐败斗争取得的成绩，同时明确指出反腐败斗争形势依然严峻，提醒全党认清反腐倡廉建设是一个长期的过程，要求全党“更加科学有效地防治腐败，坚定不移把党风廉政建设和反腐败斗争引向深入”①。习近平强调，要下定决心，对反腐廉政建设要“经常抓”“长期抓”，真正铲除腐败滋生的土壤。习近平要求做好四个方面的工作。第一，加强纪律建设。他指出，党面临的形势越复杂就越要严明党的纪律，要加强对党员遵守政治纪律的教育，强化监督检查，帮助党员、干部坚定政治信仰，树立大局意识，在思想上、政治上、行动上同党中央保持高度一致。第二，改进工作作风，发扬艰苦奋斗精神，落实改进工作作风、落实密切联系群众的八项规定，广泛听取群众的意见和建议，自觉接受各方面的监督。第三，坚定不移地惩治腐败。坚持“老虎”“苍蝇”一起打，“要加强对权力运行的制约和监督，把权力关进制度的笼子里，形成不敢腐的惩戒机制、不能腐的防范机制、不易腐的保障机制”②，加强对一把手的监督，健全施政行为公开制度。第四，反对和克服特权思想与现象。习近平强调，抓好党风廉政建设和反腐败斗争，必须全党动手。

习近平的讲话分析了反腐倡廉建设的新形势，对党风廉政建设作出了新的规划和部署。讲话既表明了党中央惩治腐败，彻底铲除腐败滋生、蔓延土壤的政治勇气，体现了以踏石留印、抓铁有痕的劲头抓党风廉政建设的坚定决心，又完善了反腐败战略，通过建立惩戒、防范和保障机制，把“权力关进制度的笼子里”，真正惩治和预防腐败的制度设计。习近平的讲话对反腐倡廉建设具有重要的指导作用，让广大党员干部对反腐倡廉工作充满信心。

二 一批腐败高官受到查处

党的十八大把反腐倡廉建设提到了新的高度。十八大以来，治标工作特别是“打老虎”力度显著加大。2012 年、2013 年中央政治局原委员、重庆市委原书记薄熙来，铁道部原部长刘志军，国资委原主任蒋洁敏，公安部原副部长李东生等一批腐败高官受到党纪国法惩处。十八大以来一年多时间，被纪检监察机关查处的违纪违法的省部级高官就超过 20 人。

（一）薄熙来案

2012 年 4 月 10 日，鉴于薄熙来涉嫌严重违纪，中央决定，停止其担任的中央政治局

① 习近平：《更加科学有效地防治腐败 坚定不移把反腐倡廉建设引向深入》，《人民日报》2012 年 1 月 23 日第 1 版。

② 同上。

委员、中央委员职务，由中共中央纪律检查委员会对其立案调查。2013 年 7 月 25 日，薄熙来涉嫌受贿、贪污、滥用职权犯罪一案，依法指定由山东省济南市人民检察院向济南市中级人民法院提起公诉。8 月 22 日，一审公开开庭审理。9 月 22 日法庭一审判决，对被告人薄熙来以受贿罪、贪污罪、滥用职权罪依法判处刑罚，数罪并罚，决定执行无期徒刑，剥夺政治权利终身。

（二）刘志军案

1986 年至 2011 年，刘志军在担任郑州铁路局、武汉铁路分局党委书记、分局长、郑州铁路局副局长、沈阳铁路局局长、原铁道部运输总调度长、副部长、部长期间，利用职务便利，为邵力平、丁羽心等 11 人在职务晋升、承揽工程、获取铁路货物运输计划等方面提供帮助，先后非法收受上述人员给予的财物共计折合人民币 6460 万余元；在担任铁道部部长期间，违反规定，徇私舞弊，为丁羽心及其亲属实际控制的公司获得铁路货物运输计划、获取经营动车组轮项目公司的股权、运作铁路建设工程项目中标、解决企业经营资金困难提供帮助，使丁羽心及其亲属获得巨额经济利益，致使公共财产、国家和人民利益遭受重大损失。2012 年 5 月 28 日，党中央决定开除刘志军党籍。2013 年 4 月 10 日，刘志军受贿、滥用职权案在北京提起公诉。2013 年 6 月 9 日，北京市第二中级人民法院一审开庭审理刘志军案。2013 年 7 月 8 日，刘志军一审被判死缓，并没收全部个人财产。

三　网络反腐热度不减

随着网络时代的发展，更多的人选择通过互联网技术，借助微博、论坛等方式来揭露、曝光腐败行为。网络反腐是互联网时代的一种群众监督新形式，借互联网人多力量大的特点，携方便快捷、低成本、低风险的技术优势，更容易形成舆论热点，成为行政监督和司法监督的有力补充。网络反腐，作为一种新的群众监督形式，呈现蓬勃发展之势。从“天价烟”局长、“房叔”到“表叔”杨达才等，一大批被网络举报官员的落马足以显示网络反腐的强大能量。

网络反腐的基本动因在于公民意识的觉醒，对腐败行为容忍度的降低。目前网络举报方式主要有官方途径的举报和微博、论坛等草根方式的举报两种。官方举报主要是通过政府部门开通的网站向相关部门举报官员腐败行为。最早的官方举报出现于 2003 年，最高人民检察院建立了网络举报平台。2005 年 12 月，中央纪委、监察部首次公布了中央纪委信访室、监察部举报中心的网址。这也标志着网络举报正式纳入了官方权威反腐渠道。目前，由中央纪委和监察部开通的中央纪委监察部网站是网络举报的主阵地。另一种通过微博、博客、论坛等方式进行的草根举报形式相对多样，例如 2012 年的“表叔”杨达才就是被网友“人肉”出在不同场合戴不同品牌的名表而遭陕西省纪委调查，广州“房叔”蔡彬是由网友在网络上曝帖称其坐拥 22 套房而被“双规”。

网络反腐作为一种社会舆论监督，使普通大众掌握了平等的话语权，能够使反腐线索迅速得到关注，引起专门机构对腐败现象的注意，达到反腐效果。网络反腐在反腐过程中的积极作用值得肯定，但网络反腐中存在的缺陷仍应理性审视。网络反腐的参与者层次复杂，难以对其形成有效的规范；网络反腐中出现的虚假言论、不实举报容易造成反腐资源的浪费；网络举报中的不正当行为也容易导致个人隐私难以得到切实的保护和尊重。未来的网络反腐，仍需要政府作为主体来积极引导。政府部门应鼓励网民积极参与网络举报，提高网络反腐的有效性，严厉打击腐败行为。网络反腐的有效性与网络反腐信息的质量密切相关。因此要加强网络信息的搜集，通过专业化工作对其进行甄别、筛选。在对网络信息进行搜集、研判后，应对信息及时进行处理和反馈，实现官方监督和民间监督的整合。总体来说，网络反腐作为官方反腐的有效补充，应肯定其积极作用，在推进的过程中要不断规范和完善网络反腐的制度及其运转的体制机制，以发挥其最大价值。

四　八项规定在十八大闭幕后第一时间出台

2012 年 12 月 4 日，中共中央政治局召开会议，审议通过中央政治局关于改进工作作风、密切联系群众的八项规定。

八项规定的内容十分明确、细致，在言简意赅的同时具有极强的针对性和可操作性，体现了党要管党、从严治党的根本要求。规定出台以来，中央、地方和基层部门认真学习领会，全面贯彻落实。纪检监察部门通报曝光、严肃查处了大量违反中央八项规定精神的案件，各地党风、政风也有了切实的转变。

自 2013 年 9 月中央纪委监察部实行全国查处违反中央八项规定精神问题每月通报制度以来，查处的案件数量呈现逐步上升的态势。这既体现了各地、各部门对违反中央八项规定精神问题查处力度在不断加大，同时也反映了部分党员、领导干部无视八项规定精神、顶风违纪的现象仍然存在。八项规定的本质要求是密切联系群众，做到以良好党风带动政风、民风、社风。要切实贯彻落实八项规定，搞好作风建设，既要依靠群众进行自下而上、持续的监督，又要通过教育使党员、干部清醒地认识到，八项规定既不是最高标准，更不是最终目的，而是共产党人应该做到的基本要求。只有全体党员、干部切实执行八项规定，才能改进工作作风，密切党群、干群关系，真正取信于民。

五　一系列廉政新规颁布实施

继八项规定之后，党中央、国务院在强化干部监督、引导示范带头、提倡厉行节约、规范公务接待、严禁公款送礼等方面先后出台了一系列廉政建设的重要规定。

（一）强化干部监管

2013 年 3 月，中共中央组织部颁布了《关于在干部教育培训中进一步加强学员管理的规定》，明确指出在干部教育培训过程中不得公款相互宴请，不准警车带路，不准接受和赠送礼品，不得留公车驻校；2013 年 10 月，中共中央组织部在《关于进一步规范党政领导干部在企业兼职（任职）问题的意见》中提出，党政领导干部不得在企业兼职、限期对党政领导干部违规兼职进行清理；2013 年 12 月，中共中央纪委、中央党的群众路线教育实践活动领导小组下发了《关于在党的群众路线教育实践活动中严肃整治“会所中的歪风”的通知》，坚决纠正将历史建筑、公园等公共资源变为私人会所，领导干部出入私人会所吃喝玩乐甚至权钱交易、权色交易等行为。

以上规定从干部教育培训、企业兼职、会所歪风等具体方面入手，有极强的针对性，并提出了明确的指导意见和规范，极大强化了对领导干部的监管，使违规行为的处理有章可依。

（二）引导示范带头

2013 年 5 月，中共中央纪委下发《关于在全国纪检监察系统开展会员卡专项清退活动的通知》，要求清退纪检监察干部收受的会员卡；2013 年 12 月，中共中央办公厅、国务院办公厅制定了《关于党员干部带头推动殡葬改革的意见》，提出党员干部要深刻认识推动殡葬改革的重要性和紧迫性，充分发挥带头作用，积极推动殡葬改革，大力营造良好环境；2013 年 12 月，中共中央办公厅、国务院办公厅下发《关于领导干部带头在公共场所禁烟有关事项的通知》，指出领导干部要模范遵守公共场所禁烟规定，把党政机关变成无烟机关。

以上规定强调了党员、干部在落实八项规定，改进作风方面的领导示范带头作用，有利于增强党员、干部的自律意识，营造良好的廉政氛围。

（三）提倡厉行节约

2013 年 7 月，中共中央办公厅、国务院办公厅在《关于党政机关停止新建楼堂馆所和清理办公用房的通知》中提出，全面停止新建党政机关楼堂会所、严格控制办公用房维修改造等一系列规定；2013 年 11 月，中共中央办公厅、国务院办公厅制定了《党政机关厉行节约反对浪费条例》，从经费管理、差旅、公务接待、公务用车、会议活动、办公用房等方面强调厉行节约，并建立责任追究制度。

以上通知与条例针对政府机关、人民团体与事业单位的浪费现象，提出坚持从严从简，坚持依法依规，坚持实事求是的原则，对各项具体事务进行了规范，有利于厉行节约内化于心，外化于行。

（四）规范公务接待

2013 年 9 月，财政部、国家机关事务管理局、中共中央直属机关事务管理局颁布《中央和国家机关会议费管理办法》，明确规范会议费综合定额标准，并制定会议费公示和年度报告制度；2013 年 12 月，中共中央办公厅、国务院办公厅制定《党政机关国内公务接待管理规定》，指出结合各地实际完善国内公务接待管理制度，制定国内公务接待标准，将国内公务接待工作纳入问责范围。

以上规定是在新时期、新环境下对之前的党政机关会议费用与公务接待的管理办法的修订与补充，措施具体、有力，为党政机关开展相关工作提供了标准，为社会的广泛监督提供了依据。

（五）严禁公款送礼

2013 年 9 月，中共中央纪委、中央党的群众教育路线教育实践活动领导小组下发《关于落实中央八项规定精神　坚决刹住中秋国庆期间公款送礼等不正之风的通知》，在双节前夕对公款送礼、公款吃喝、公款旅游等不正之风进行严厉打击；2013 年 10 月，中共中央纪委下发《关于严禁公款购买印制寄送贺年卡等物品的通知》，纠正奢靡之风，强化监督检查。2013 年 11 月，中共中央纪委制定《关于严禁元旦春节期间公款购买赠送烟花爆竹等年货节礼的通知》，提出严肃财经纪律，强化审计监督，对违纪行为快查快办，严格责任追究，及时通报曝光。

以上规定明确了对奢靡之风的强力打压，体现了中共中央对反“四风”的决心与力度，有利于广大党员干部带头勤俭节约、移风易俗，以优良党风政风带动民风社风。

党的十八大以来廉政方面的各项重要规定体现了中共中央落实“八项规定”、反“四风”、对腐败“零容忍”的态度与决心，从干部培训到企业兼职，从会议费用到公务接待，每项规定都具有极强的针对性，从公务用车到楼堂馆所建设，从公款送礼到会所歪风，每个方面都有规范、可操作的措施。这些规定为规范公务人员行为、纠正不良之风、加强全方位的监督提供了制度上的依据，为广大党员干部提高自律意识、防范违纪违法行为、营造良好的廉政环境提供了强有力的保证。

六 新一轮纪检监察体制机制改革启动

十八届中央纪委第一次会议选举王岐山为中央纪委书记。一上任王岐山就开启了机构和体制机制改革的大幕。他对这项工作给予了高度重视，提出了“当前以治标为主，为治本赢得时间”的反腐新思路，并且要求结合“转职能、转作风、转方式”的方针来进一步推进机构和体制机制改革工作。在纪检监察工作机制的改革完善中，有四个方面非常重要：建立和健全日常联系工作机制，上下级之间形成制度化的联系工作机制；健全和完善查办案件工作机制，加大腐败案件查办力度；改进和完善巡视制度，提高巡视效果；全面实行派驻纪检机构统一管理，探索提高派驻机构的独立性。

2013 年 5 月，中央纪委开始对内设机构和议事协调机构进行调整。纪检监察室由 8 个增加到了 10 个，原党风廉政建设室和原纠正部门和行业不正之风室整合为党风政风监督室，原执法监察室和原绩效管理监察室整合为执法和效能监督室。2013 年 9 月 2 日，王岐山出席中央纪委监察部网站开通仪式，亲手按下“启动”按钮，中央纪委监察部网站正式开通。改革后的中央纪委监察部的组织机构图也首次公开。在中央纪委的带动下，各个省、直辖市、自治区纪检监察机关增设了纪检监察室，各级纪委一线办案力量大大增强。同时，中央纪委也启动了巡视制度改革，运行十年的巡视工作迎来一次重大调整。2013 年 5 月 17 日，中央巡视工作动员暨培训会议召开，会议对中央巡视工作做出了重要调整：中央巡视组将收缩巡视范围，巡视重心由“相对全面”回归其最主要的职能：发现和反映违法违纪线索。之后，巡视组开始试行三个“不固定”：一是巡视组长不固定——成立巡视组长库，组长由“铁帽子”改为一次一授权；二是巡视的地区和单位不固定；三是巡视组与巡视对象的关系不固定。2013 年 5 月，中央启动第一轮巡视工作，派出 10 个巡视组对江西、湖北、内蒙古、贵州、重庆、中储粮、水利部、中国出版集团、中国进出口银行、中国人民大学开展巡视。2013 年 10 月，中央又部署第二轮巡视工作。两轮巡视工作发现大量腐败案件线索，对各种腐败行为起了极大的震慑作用。

派驻机构改革方面，2013 年 4 月 22 日至 26 日，中央纪委领导班子成员约谈了 53 位派驻到中央和国家机关的纪检组组长、纪委书记。2013 年 11 月，中纪委监察部网站首次公布了中纪委派驻机构及与其合署办公的内设机构纪检组组长（纪委书记）名单。

七 反“四风”取得明显成效

2013 年 6 月 18 日，党的群众路线教育实践活动工作会议在北京召开。习近平在此次会议上发表重要讲话。习近平指出，虽然从总体上看，各级党组织和党员、干部贯彻执行党的群众路线情况是好的，党群干群关系也是好的，但是党内仍然存在大量的脱离群众的现象，其主要表现在形式主义、官僚主义、享乐主义和奢靡之风这“四风”上。“四风”问题是群众反映最强烈、深恶痛绝的问题，也是“损害党群、干群关系的重要根源”。经中央反复研究，决定把这次党的群众路线教育实践活动的主要任务聚焦到作风建设上，集中解决“四风”问题。

此次会议后，全国各级党员、干部积极学习会议精神，努力解决实际工作中存在的“四风”问题。7 月 11 日至 12 日，习近平在河北省调研指导党的群众路线教育实践活动时，与平山县乡村干部、老党员和群众代表共同学习、讨论了西柏坡精神，重提“两个务必”，并再次强调要认真解决“四风”问题。2013 年 8 月，中央纪委书记王岐山主持召开中央纪委常委会，传达学习了习近平总书记关于“反对‘四风’要持之以恒”的重要批示精神。各级地方党员干部也采取一系列措施，努力解决“四风”问题，贯彻落实党的群众路线，加强与人民的血肉联系。

“反四风”作为党群众路线教育实践活动的主要任务，对党的群众路线教育实践活动的成功开展，保持党的纯洁性和先进性，巩固党的执政基础和执政地位，对全面建成小康社会和实现“中国梦”有着重大的意义。经过各级党委和政府的共同努力，“反四风”取得了明显的成效。文山会海的工作方式得到了改善，工作效率得到了提高，各级领导干部工作起来更讲实效，知行不一的“形式主义”有所改善；各级党员、干部加强了与人民群众的联系，“办事难”的“官僚主义”作风得到遏制；工作中厉行节约反对浪费，人际交往上也减少了迎来送往、过年过节送礼送卡等活动，遏制了建设豪华办公楼的不正之风，普遍压缩了“三公”经费，节省了社会资源，有效遏制了“享乐主义”和“奢靡之风”。另外，“反四风”使党内的不正之风有所收敛，理论联系实际、密切联系群众、批评和自我批评的优良作风在党内得到进一步弘扬，匡扶了社会正气。

八 《建立健全惩治和预防腐败体系2013—2017年工作规划》发布

2008年6月，中国共产党发布了新时期以来第一个反腐专项五年规划，2013年12月20日出台的《建立健全惩治和预防腐败体系2013—2017年工作规划》是党发布的第二个反腐专项五年规划。该规划的出台是党的十八大和十八届三中全会作出的重要部署。全文约6000字，从总体要求、作风建设、惩治腐败、预防腐败和加强领导五个方面对党风廉政建设和反腐败斗争进行了统筹规划和顶层设计，清晰传递出新一届中央领导集体坚持党要管党、从严治党的理念和构建惩治、预防腐败体系，加强反腐倡廉建设新的战略思路。规划将成为未来五年指导中国惩治和预防腐败体系建设和反腐廉政建设纲领性文件，必将有力促进干部清正、政府清廉、政治清明目标的实现和廉洁政治、廉洁市场和廉洁社会的建成。

该规划在作风建设方面强调要大力弘扬党的优良传统、深入落实党的八项规定、扎实展开党的群众路线教育活动以及严明党纪；在有力惩治腐败方面要求加大查案力度威慑腐败、严查用人腐败和查纠不正之风；在有效预防腐败方面要求深化党风廉政教育、加强反腐倡廉法治建设、强化权力制约监督和转变政府职能；在加强统一领导方面要求各级党委承担党风廉政建设和反腐败斗争主体责任、加强反腐败体制机制创新和制度保障、增强工作合力以及狠抓工作落实。总结起来，《建立健全惩治和预防腐败体系2013—2017年工作规划》有三大特点。

第一，明确设定了阶段目标。新五年规划设定的阶段总目标是：“坚决遏制腐败蔓延势头”。在这个总目标下，还分别设定了作风建设、惩治和预防三方面工作的子目标。在所有关于目标的描述中，这个阶段总目标最重要。

第二，大大精简和调整了工作内容体系。新五年规划把反腐败工作内容体系调整为三大部分，即：作风建设、惩治、预防。与老规划相比，新规划采取的内容体系既简略又重点突出。之前的反腐败工作规划一直采用的是六项工作格局，即：教育、制度、监督、改革、纠风、惩治。这个体系又源自于“惩防体系实施纲要”。老体系不仅使反腐败工作内容变得繁杂，而且事实上各项工作之间确实存在着很大的重叠与交叉。也正是由于这个原因，上一个规划在篇幅上几乎两倍于新规划。具体来看，尤其是制度、监督、改革几部分之间交叉重叠严重。而在新规划之中，则把这三部分连同教育部分都统统整合进预防部分。

第三，将反腐败体制机制改革纳入规划之中。在新的五年规划中，有一部分内容专门是反腐败体制机制创新方面的。在这部分之中，既有十八届三中全会通过的全面改革《决定》中的相关精神，例如，“改革党的纪律检查体制”“推动党的纪律检查工作双重领导体制具体化、程序化、制度化，强化上级纪委对下级纪委的领导”，全面派驻，巡视工作全覆盖等内容；又有十八大之后一年来在反腐败实践中新提出的改革纪检监察工作职能（包括在“三转”，即转职能、转方式、转作风之中），“强化对监管者的监督”等改革新要求。

第三节　代表性成果

【《中国反腐倡廉建设报告 No. 2》《中国反腐倡廉建设报告 No. 3》】

作　　者：李秋芳等

出版时间：2012 年、2014 年

出版机构：社会科学文献出版社

内容摘要：该书系坚持围绕“建设”主题，从学术的视角客观解读和全面反映 2012 年、2013 年两年特别是党的十八大以来中国反腐倡廉建设的新部署、新进展和新成效。该书从政治学、公共管理学、经济学、法学、社会学、心理学等多学科的视角出发，运用实地调研、访谈、问卷调查、文献等研究方法盘点了 2012 年、2013 年两年中国党风廉政建设和反腐败斗争取得的显著成效，客观分析了反腐倡廉建设面临的严峻形势，总结了这两年中国反腐廉政建设的 20 件大事，展望了未来一段时期内中国反腐廉政建设发展的趋势。全书由主编观察、总报告、专项报告、地区报告和专题报告组成。

社会影响：该书由中国社会科学院反腐倡廉建设课题组完成。总报告、专项报告、地区报告和专题报告汇总、评析是来自全国各地的最新实践成果和实践经验，具有极强的实效性和针对性。研究报告的部分成果得到中央高层的批示，学术界很多学者在研究中也经常借鉴、使用该书的研究成果，国内主流媒体和部分境外媒体对研究报告也有相关报道。该书系已成为中国反腐廉政建设研究的著名品牌。

【《反腐败制度与创新》】

作　　者：任建明

出版时间：2012 年

出版机构：中国方正出版社

内容摘要：该书在批判透明国际（Transparency International，TI）的国家廉政体系（National Integrity System，NIS）框架的基础上，提出了一个新的反腐败制度体系框架，共包括 14 项制度，即民主、法治、权力制约与监督、市场经济、廉洁文化、政府信息公开、公共财政与预算、利益冲突、财产申报、政府采购、惩治腐败法律、国际合作。全书依制度体系框架中的各个制度而展开，每项制度安排为一章，每章包括四节。四节内容分别为：该项制度的一般论述，包括该制度的定义，历史演进过程，主要制度要素等；该项制度与反腐败的关系，反腐败的机理和作用；在世界范围内挑选 2—3 个样板或典型制度案例进行研究和介绍；对中国的该项制度进行研究，提出发展和完善的对策建议。

社会影响：该书全面、系统地介绍了反腐败制度体系，涵盖了反腐败研究的各个方面，实现了国内与国外、理论与实践的结合。可以说是迄今为止最为全面的一部反腐败制度工具书和参考书。

【《惩治与预防腐败体系的评价机制研究》】
作　　者：倪星
出版时间：2012 年
出版机构：中山大学出版社

内容摘要：廉政工作具有自身的复杂性和特殊性，涉及的要素和环节众多。要准确地评估现实中的腐败趋势和各级政府的廉政工作，必须梳理腐败的发生机理，明确廉政建设的关键点，进而构建一套科学、合理、有效并可操作的评估指标体系。构建这样的指标体系，必须坚持系统性、有效性、科学性、操作性和导向性原则。该书对改革开放尤其是党的十六大以来中国反腐倡廉态势进行了系统梳理，重点探讨了制度反腐新战略的作用机理和实际效果。在此基础上，从“机会——意愿——行为”的腐败滋生逻辑和“投入——过程——产出——影响”的绩效评价维度出发，构建了一套包括腐败控制指数和腐败感觉指数在内的、主客观相结合的惩防腐败评价指标体系，并运用德尔菲法进行了指标筛选和赋权。

社会影响：该书是中共广东省纪律检查委员会委托项目和广东省人文社会科学重点研究基地重大项目，是研究惩治与预防腐败体系评价机制的一部力作。该书采用公共选择理论和新制度经济学的分析逻辑，开创性地将内容分析、统计分析等现代社会科学方法引入廉政研究领域，在理论和方法上推动了中国廉政研究的深入。该书所构建的腐败控制指数涵盖廉政工作的投入、过程和产出等方面，可供各级纪检监察机关进行工作考核使用；腐败感觉指数侧重于廉政工作的结果和影响，可供第三方机构进行民意调查使用。

【《中国转型期腐败问题实证研究》】
作　　者：孟庆莉
出版时间：2012 年
出版机构：中国方正出版社

内容摘要：该书运用多学科的理论框架，对 1980—2009 年关于腐败犯罪的分类数据进行实证研究。作者基于犯罪学理论框架，运用三个不同层面（结构层面、制度层面、个体层面）的理论，分别分析了中国转型期腐败的成因。运用定性的方法描述了中国政府的反腐败行动和措施；运用定量数据描述了中国不同阶段的腐败特征及表现形式，并用定量分析方法研究了中国腐败的决定因素，最后据此提出了一些反腐败的政策建议。

社会影响：该书是一本高水平的腐败问题实证研究的力作，在腐败数据处理与分析、实证研究方法的设计与运用等方面都有许多独到之处，比如用腐败大要案数占当期腐败案件总数的比值来测量腐败程度，从时间、省域、腐败犯罪类型三个维度深入分析转型期腐败问题，使用因子分析、回归分析等方法研究腐败的决定因素等。该书可以作为廉政理论研究者的研究参考书，也可作为廉政实践工作者的工作参考书。

【《腐败与改革：美国历史上的经验教训》】
作　　者：［美］爱德华·L. 格莱泽、［美］克劳迪娅·戈尔丁著　胡家勇、王兆斌译
出版时间：2012 年
出版机构：商务印书馆

内容摘要：该书由腐败与改革的定义及历史趋势、腐败的后果、改革之路、改革和规制四个部分共 11 篇文章构成，从经济学的角度分析了 19 世纪末至 20 世纪初美国的腐败史，涉及公共工程、公司治理、特许权、食品药品监督等领域。该书中的腐败特指“经济腐败”，额外支付、违反法律或社会规范、造成社会损失是腐败的三个特征。在此基础上提出了对腐败的不同测量方法并讨论了腐败的后果，指出由于处于镀金时代，尽管美国政府中的腐败及私人交易中的

欺诈十分盛行，它们对美国经济增长的阻碍作用却要小得多。该书还论述了改革的动因和反腐效用。作者指出，那个时期美国的腐败史与当今许多现代转型国家和发展中地区并无二致。

社会影响：该书关于美国的腐败及改革措施的分析对于中国的腐败研究和治理都具有参考价值，是一本具有较高学术价值的著作。

【《网络反腐的政治学：模式与应用》】

作　　者：袁峰

出版时间：2012 年

出版机构：中央编译出版社

内容摘要：该书从预防腐败、控制腐败和惩治腐败三个维度的绩效分析梳理了中国反腐败的现状和问题，分析了网络技术的社会性功能（交往、连锁、跨时空、形塑）及独特的技术特性（低成本、便利、非中心、差别化），探索网络技术作为反腐败工具的可能性和前景。该书对网络反腐做了归纳、分类，提出了网络反腐的四类运用模式：信息公开模式、廉洁教育模式、社会参与模式和政府流程监控模式。同时结合个案研究，对公职人员财产申报信息公示机制、网络游戏《清廉战士》、民间反腐网站、官民合作网络反腐和上海政府网站反腐功能这五个个案作了实证研究，反映中国在网络反腐领域的探索与实践。

社会影响：该书基于大量的网络反腐实践案例，归纳了四种网络反腐模式，有助于人们对网络反腐产生更清晰、深入的认识。作者提出的有中国特色的网络反腐机制也有助于网络反腐的规范发展。

【《当代中国反腐败制度研究》】

作　　者：李辉

出版时间：2013 年

出版机构：上海人民出版社

内容摘要：该书以中国反腐败机构，特别是纪检监察机构为着力点，介绍了中国的反腐败制度。主要包括三个方面的内容：一是纪检监察机构的历史变迁，分别介绍了新中国成立之前、新中国成立后到“文革”开始之前、1978 年之后纪检监察机构的发展状况；二是目前中国反腐败制度的结构和功能，作者全面、细致地剖析了纪检监察制度、审计监督制度和刑事检察制度，并认为纪检监察制度是中国反腐败的核心制度，纪检监察正逐渐成为中国反腐败行动的主导机构，在各项反腐败行动中起领导和协调作用；三是中国反腐败制度的问题和改革，作者认为双重领导体制、案件查处中的选择性惩罚、审计机关的独立性和案件办理中的部门协调等问题是中国反腐败制度的重要问题，提出中国目前采用的是国家中心主义的反腐败战略，而要解决腐败问题则必须迈向社会中心主义的反腐败路径。

社会影响：该书结合田野调查资料详细地梳理了中国的反腐败制度，着重分析了纪检监察机构的历史沿革、制度安排、功能发挥，其扎实的文献回顾和详细的制度分析可为反腐败研究者提供参考。

【《制度反腐实证分析》】

作　　者：杨鸿台

出版时间：2013 年

出版机构：上海人民出版社

内容摘要：现代一些国家长期执政党的反腐实践业已反复证明，它们之所以能够长期执政，在于致力于制度化的政治清廉和执政绩效，注重于反腐制度的完整性、实效性和政党自律与他律的统一性。探索中国根治腐败的必由之路在于体制反腐、机制反腐与法治反腐，即所谓“三制反腐”及其相得益彰的有机结合。该书在分析中国腐败新形势和新类型的基础上，主张从法律政治学分析：以体制创新遏制腐败；从法律社会学分析：以机制创新遏制腐败；从刑事法律学分析：以法治创新遏制腐败。该书把反腐败与体制改革、机制改革和法治建设有机地结合起来，在廉政建设过程中充分发挥这三者之间不可分割的内在统一性、互补性与联合效应。

社会影响：该书是上海市社会科学联合会资助的“全面建成小康社会”重大课题系列研究报告中的一项专题报告。正确认识和遵循执政规律，必然成为长期执政的中国共产党的重大理论与实践课题。党的十八大报告提出坚持中国特色反腐倡廉道路，坚持标本兼治、综合治理、惩防并举、注重预防的方针，全面推进惩治和预防腐败体系建设。这反映出中国共产党对执政规律和反腐倡廉规律的认识，达到了一个崭新的高度，实现了反腐倡廉工作的又一次与时俱进。该书是结合党的十八大精神，从反腐败与体制改革、机制改革和法治建设的关系上着手探讨中国的反腐问题的一部著作。

【《利益冲突管理的理论与实践》】

作　　者：公婷　任建明

发表时间：2012 年第 10 期

期刊名称：《中国行政管理》

内容摘要：该文认为政府官员的利益冲突是与个人职务有关的公共利益同私人利益发生冲突的情况，利益冲突转化为腐败有两个必备的条件：一是私人利益与公众利益互不相容，个人必须择其一；二是面对这种困境，当事人选择以牺牲公众利益来追求个人利益。利益冲突和腐败是两个不同的现象，利益冲突构成了腐败的必要但不是充分条件，利益冲突管理有利于腐败治理。该文梳理、分析了利益冲突管理的实践、发展以及当前中国利益冲突管理制度的主要内容。在此基础上指出利益冲突管理必须具备前瞻性和系统性。完整的利益冲突制度则应该包括五个基本要素：规定、申报、公开、监督、问责。而中国的防止利益冲突制度在这五个方面都存在不足，这些问题需要在制度层面加以解决。

社会影响：该文获香港大学教育资助委员会研究资助局（CityU 143210；RES—000—22—4407）资助。

【《新时期中国共产党纪律检查委员会的改革历程》】

作　　者：过勇

发表时间：2012 年第 5 期

期刊名称：《经济社会体制比较》

内容摘要：文章关注了纪委的改革历程。文章使用制度分析和实证分析的方法，从权威性、独立性、廉洁性和专业性四个维度，剖析了中国共产党纪律检查机关在改革时期的制度变迁。基于省纪委书记职业背景的实证研究表明，纪委的权威性、独立性和专业性在改革时期有了明显的发展，廉洁性也保持在一个较高的水准。这是中国近年来反腐败工作取得明显成效的重要原因。文章还认为，纪委的角色和定位，以及未来的改革取决于两个关系，即其与检察机关之间的关系和与党委之间的关系。

社会影响：该文是国家自然科学基金“基于博弈论的中国转轨期集体腐败的实证研究”（项目编号：70803025）的阶段性成果，在学术界引用率很高。

【《民主与腐败治理：一个经验研究综述》】

作　　者：龚蔚红　李虎

发表时间：2012 年第 2 期

期刊名称：《浙江社会科学》

内容摘要：能够有效地治理腐败常常被认为是民主重要的工具性价值，但目前的经验研究表明民主与腐败治理之间的关系是复杂的，民主在许多情况下并不能够有效地治理腐败。民主的水平、民主的经验以及经济发展水平等因素都可能会影响民主治理腐败的效果。文章在对民主与腐败治理关系的经验研究进行综述的基础之上，提出了一种民主治理腐败机制的一般解释框架：当公民可以有效控制当选的政治精英，即存在自下而上的有效控制时，当选政治精英就会注重回应公民的要求，这样，如果公民在政治参与过程中表现出足够强的反腐败要求，当选政治精英就会有足够的动力去治理腐败；在此基础之上，如果当选政治精英可以有效地掌握权力，即当选政治精英可以有效地控制官僚，存在有效的自上而下的控制，民主就可以有效地治理腐败。

社会影响：该文是国家社科基金重大项目“促进社会公平正义与政府治理研究”（10zd&040）、吉林大学“985 工程”项目、吉林大学“211 工程”项目的阶段性成果。

【《高校廉政研究机构角色和功能的社会学分析》】

作　　者：雷霆

发表时间：2012 年第 4 期

期刊名称：《江苏社会科学》

内容摘要：文章运用结构功能主义方法研究了高校廉政研究机构的角色和功能。高校廉政研究机构是为了适应中国反腐倡廉建设的需要而产生的。高校廉政研究机构在中国反腐倡廉建设中的作用，既表现在它的适应功能和目标实现功能上，又表现在它的整合功能和模式维持功能上。目标实现功能主要体现在开展廉政理论研究、决策咨询与服务、廉政学科建设与人才培养三个方面。整合功能包括内部整合机制和外部整合机制。维持功能主要体现在引导廉政舆情、宣传廉政理论和开展廉洁教育三个方面。高校廉政研究机构发展中存在的问题主要包括高校廉政研究机构适应功能不强、高校廉政研究机构目标实现功能差异明显、高校廉政研究机构的整合功能不足和高校廉政研究机构维模功能不均衡。加强高校廉政研究机构建设的对策、建议主要有做好整体规划与建设工作、建立多元化的外部资源输入机制和探索科学有效的外部整合机制。

社会影响：该文是中央纪委驻教育部监察局委托项目“高校廉政研究机构在廉政建设中的作用研究”（驻教纪函〔2009〕110 号）阶段性成果。

【《从阶级斗争到制度化构建：1949 年以来中国共产党的反腐认知及其实践》】

作　　者：徐理响

发表时间：2013 年第 6 期

期刊名称：《江苏社会科学》

内容摘要：新中国成立之后的一段时期内，腐败被党视为复杂的国内外阶级斗争在党和国家政治生活中的反映，政治运动成为反腐的主导形式，专案机构取代制度化机制成为基本组织形式。改革开放之初，不正之风取代阶级斗争成为中共对腐败的基本认知，文件治理取代政治运动成为主要反腐形式，党的专门化纪检机构成为反腐的基本制度载体。随着腐败形势的恶化，使得党日益认识到，单纯党纪党风教育，单纯的文件治理，难以根治腐败现象的滋生。从阶级斗争到不正之风，再到违法乱纪；从政治运动到文件治理，再到制度建设与法律治理；从专案机构到党的纪检部门，再到系统化监督机制的建立，凸显了党对于腐败认知日益明晰，形式选择日渐合理，体制安排渐行完善，反映了党的腐败治理技术的明显进步。

社会影响：该文系南京大学“985 工程”改革型项目“中国政治选举研究”（NJU985JD09）、教育部人文社科青年基金项目“现代国家构建的中国模式研究”（10YJC810021）、安徽大学第二批青年骨干教师培养计划（33010253）的阶段性成果。

第六章　地方政府与区域治理*

崔　晶　邢　华

近几十年来，为解决大都市区治理中的困境，“新区域主义”兴起，主张通过谈判形成都市区域不同层级政府、社会团体和私营部门间的协作机制，以此来共同解决区域公共事务。国外学者对大都市区协作治理模式、城市群地方政府合作中的博弈，以及制度集体行动框架在区域治理中的应用等方面都进行了深入研究。① 中国的长三角、珠三角和京津冀等都市圈的跨界河流污染、大气污染、沙尘暴等区域性生态治理问题也逐渐引起人们的关注。学者们对区域地方政府间关系、大都市区和城市群治理、区域治理的国际比较等问题进行深入而富有成效的研究工作，取得了丰硕的科学研究成果。在实践中，京津冀、珠三角、长三角、长株潭等区域地方政府的合作创新也不断推进中国区域公共管理的发展。

第一节　理论进展

在城镇化的发展过程中，中国都市圈治理和地方政府间关系等问题成为学者们研究的焦点。具体来说，国内学者主要从以下五个方面进行了研究：区域公共管理到区域治理的转型、府际关系与区域一体化、大都市区和城市群治理、跨域性公共治理，以及区域发展政策工具及其他。

一　从区域公共管理到区域治理的转型

伴随着中国城镇化的推进，学者们对于地方政府的研究从最初对各个地方政府的管理与改革②、政府间关系③、行政区划变革④等研究，到近年来新兴起的对于区域公共管理的研究⑤，这些成果都体现了国内学者对于地方政府和区域事务管理的关注。陈瑞莲在《区

---

* 在本章的编写过程中，中央财经大学政府管理学院的研究生金敏伊兰、本科生李湉帮助查阅资料，在此表示感谢。

① Richard Feiock. *Metropolitan Governance Conflict*, *Competition*, *and Cooperation*, Washington, D. C. : Georgetown University Press, 2004: 7.

② 谢庆奎等：《中国地方政府体制概论》，中国广播电视出版社 1998 年版。

③ 林尚立：《国内政府间关系》，浙江人民出版社 1998 年版。

④ 刘君德：《中外行政区划比较研究》，华东师范大学出版社 2002 年版。

⑤ 参见陈瑞莲《区域公共管理理论与实践研究》，中国社会科学出版社 2008 年版；《论区域公共管理研究的缘起与发展》，《政治学研究》2003 年第 4 期；陈瑞莲、孔凯《中国区域公共管理研究的发展与前瞻》，《学术研究》2009 年第 5 期。

域公共管理理论与实践研究》一书中提出了中国区域公共管理研究的十大主要领域：区域协调发展、区域公共政策、城乡协调发展、区域政府间竞争、区域政府间横向关系协调、区域发展与行政区划变革、“问题区域”的公共治理、流域公共治理、“一国两制”下的区域公共治理、国外区域公共管理。①

在以上研究的基础上，随着中国城镇化和城市群的发展，大气污染、河流污染等区域治理问题的凸显，不少学者提出中国的区域公共管理要向区域治理研究转变。陈瑞莲、刘亚平等认为，作为一个相对独立的研究领域，区域治理研究的缘起有其独特的催生动因，它缘于全球化下区域主义的崛起、经济市场化下区域间的竞争加剧、区域公共问题的凸显、组织间协作的大量出现。“从某种意义上说，21 世纪管理面对的最大挑战莫过于区域治理的挑战，处理和解决好了系列区域公共性问题，和谐社会的发展愿景就不再遥远。”②该研究以国际视角来全面透视具有中国特色的区域治理问题，从区域治理研究的缘起与发展、区域治理制度比较、政府间关系比较、城市治理比较、流域治理比较、水环境工具比较、食品安全监管比较七大方面切入，以中国问题为基本关怀，本着全球化视野、本土化思维的趋向来关注和展现现实中的区域治理问题。

陈瑞莲等学者还梳理了国外区域治理理论研究的主要领域：区域经济学和发展经济学对区域发展的探索、政府间竞争理论、地区竞争力与区域创新研究、政府间关系与地方治理研究、一体化理论、协作性公共管理、资源依赖理论、政府间管理、网络理论以及流域治理研究等。同时，还提出中国区域治理研究的诸多议题，如大都市区和城市群治理研究、府际关系视域下府际竞合与府际冲突研究、区域发展政策工具研究、跨域性公共治理研究、区域性公民社会研究、海域治理研究、区域治理绩效及其评估研究，等等。③

同时，陈剩勇等学者提出，网络化治理是近年来国际上兴起的一种新的公共治理模式。作为对传统官僚制和市场化治理模式缺失的反思，以及对经济全球化时代公共治理问题的探索，网络化治理主张政府、市场和市民社会作为社会多元治理主体，在制度化的治理结构中，为实现一定的公共价值而采取联合行动。当代公共行政和公共管理的实践表明，在准公共品的供给上，网络化治理在整合和利用资源，提高决策制定和执行质量，增强顾客满意度，提高组织灵活性和回应性等方面，要比传统的官僚制度、市场化治理模式更为有效，并对传统官僚制的治理模式及其理论形成了不小的冲击。网络化治理理论对推进当下中国的行政管理体制改革、创新社会管理，重构市场化背景下的社会治理结构，促进公共部门、企业、非营利组织和公民的协同治理的形成提供了重要的理论启示。④

在《从区域公共管理到区域治理研究：历史的转型》一文中，陈瑞莲和杨爱平提出，当代中国的区域公共管理研究发轫于十多年前，迄今已取得显著的进步，从区域行政到区域公共管理再到区域治理是一个逐步递进演化的过程。区域行政与区域公共管理均是源自中国国情的概念，二者差异比较明显，前者的行动主体仅指政府尤其是地方政府，而后者的行动主体包括政府、非政府组织乃至企业与公民个人，但政府仍然是主导者和控制者角色。区域公共管理（Regional Public Management，RPM），就是以区域政府组织和非政府

---

① 陈瑞莲：《区域公共管理理论与实践研究》，中国社会科学出版社 2008 年版。

② 陈瑞莲、刘亚平等：《区域治理研究：国际比较的视角》，中央编译出版社 2013 年版，第 1 页。

③ 同上书，第 2—3 页。

④ 陈剩勇、于兰兰：《网络化治理：一种新的公共治理模式》，《政治学研究》2012 年第 2 期。

组织为主体的区域公共管理部门，为解决特定区域内的公共问题，实现区域公共利益而对区域公共事务进行现代治理的社会活动。而区域治理则是来自西方语境的概念，它建基于西方社会的土壤和客观现实，强调多元主体和多中心共治区域公共事务，政府与非政府组织、公民之间是一种较为平等、协商的关系。区域治理就是治理理念或理论在区域公共事务管理中的具体运用。区域治理就是指政府、非政府组织、私人部门、公民及其他利益相关者为实现最大化区域公共利益，通过谈判、协商、伙伴关系等方式对区域公共事务进行集体行动的过程。区域治理具有三个基本特点：一是多元主体形成的组织间网络或网络化治理；二是强调发挥非政府组织与公民参与的重要性；三是注重多元弹性的“协调”方式来解决区域问题。由此可见，区域治理并非是无条件的，它必须有深厚的公民社会和公民参与传统、发达的非政府组织体系，以及公私合作与协商治理的文化。不过，自十七大以来，国内的政治、经济、社会等环境发生了诸多积极的变化。这些“增量”变化的各种因素，有些有利于区域治理在中国的萌芽发展，有些正促使区域公共管理向区域治理的方向转变。基于这个背景下学者们提出，中国的区域公共管理研究，可以而且应当适时地向区域治理研究转型了。当前中国民众参与区域公共事务治理的领域在不断拓展，对于社会组织的放松管制也有利于非政府组织参与区域性公共事务，公私合作伙伴关系在区域公共物品生产中发挥着愈发重要作用，这些政治、经济和社会生态的新变化都促使着区域公共管理向区域治理的“增量”嬗变。因此，中国的区域公共管理研究也应主动调适，逐渐实现向区域治理研究的历史转型，在这样的背景下，也督促着国内学者在具备国际视野的同时，立足“中国区域公共事务治理的现实场景，构建具有本土生命力的学术概念和理论体系”①。

有些学者进一步对区域治理理论对于中国都市圈发展的指导意义进行了探讨。例如，叶林在《找回政府：“后新公共管理”视阈下的区域治理探索》一文中指出，当前区域治理理论在延续了20世纪90年代“新区域主义”理论的同时，也受到了“整体政府”和“网络化治理”等理论的影响，经历着“后新公共管理”时代的变迁，提倡在加强宏观指导、统一治理目标的前提和保障下，政府间跨部门的统一协助和合作治理，构建网络化治理平台。把“后新公共管理”的理念应用到区域治理中将改变传统官僚制层级政府各自为政、各司其职的管理方式，解决区域治理中各地方政府之间、垂直部门与地方政府之间、各行政层级之间相互分割的“碎片化”管理的问题，同样也能化解“新公共管理”模式中片面追求市场化、淡化政府调节制的潜在弊端。在区域治理中政府职能的重新定位能为珠三角乃至中国的区域发展和治理提供新的参考坐标。中国以长三角、珠三角、环渤海为代表的区域迅猛蓬勃发展的实践迫切需要新的理论来指导。正确运用后新公共管理的治理模式成了一条可行的道路。“在中国现行的条件下，政府作为区域治理的主体仍然有很大的必要性，新型的区域治理模式提倡超越单纯政府干预或市场主导的单一模式，以灵活的合作机制和自愿参与为基础，将传统的纵向型政府管理变成现代化的水平型合作网络。”② 还有学者指出，区域治理是在基于一定的经济、政治、社会、文化和自然等因素而紧密联系在一起的地理空间内，依托政府、非政府组织以及社会公众等各种组织化的网

① 陈瑞莲、杨爱平：《从区域公共管理到区域治理研究：历史的转型》，《南开学报》（哲学社会科学版）2012年第2期。

② 叶林：《找回政府：“后新公共管理”视阈下的区域治理探索》，《学术研究》2012年第5期。

络体系，对区域公共事务进行的协调和自主治理的过程。区域治理是一个复杂的综合体系，它包括区域政治体系、区域市场体系以及区域社会体系，三种体系构建的重点分别是建立区域内政府间网络式关系与合作伙伴关系、区域企业网络与市场网络、区域社会信用体系和非政府组织体系。①

二　府际关系与区域一体化

府际关系视域下的府际竞合与府际冲突研究是一个既传统又崭新的研究课题。从早期谢庆奎、林尚立、薄贵利等学者对于中央与地方、地方与地方关系的研究②，到张可云、冯兴元等学者关于中国区域竞争的研究③，到周黎安关于地方政府官员晋升激励对区域竞争和区域合作影响的一系列论文④，再到杨龙、陈剩勇等学者对地方政府合作的制度安排和地方政府竞争的深入探讨⑤，无不反映了府际关系研究的重要性和紧迫性。

在新的形势下，杨龙等学者观察到中国区域发展战略的调整在更深层次上影响到了中央政府与地方政府的关系。首先，中央政府向地方政府以新的方式赋权。中央政府赋予被选中的地方政府更多的自主权，如天津滨海新区，并且打破行政区划的界限，改变以往各自为政的局面，通过资源共享和规划统筹方式，实现区域良好分工与合作，如长株潭城市群的“两型”社会建设；其次，地方政策进入国家区域发展战略，通过自上而下选择国家级试验区和自下而上争取把地方发展规划上升为国家发展战略两种方式实现；再次，试验区模式的向下扩散，模仿国家级经济开发区的设立，地方级的综合改革配套试验区开始出现，试验区模式开始逐步向下扩散；最后，这些方式使地方政府之间的关系也得以拓展。⑥

第一，地方政府在区域内合作多于竞争。地方政府规划上升为国家层面的区域发展规划之后，区域内地方政府之间有了新的共同利益，基于共同的利益需求，地方经济服从于区域经济，从而产生合作的意愿。第二，区域内可能形成具有实权的跨地方政府边界的行政协调机构。跨区域合作的出现需要面对行政区划和经济区划的不一致问题，为了有效地协调和解决区域合作过程中资源的流动和利益的分配问题，往往需要一个有效的行政协调机构，这类机构根据国家的授权和政策支持发挥其效力。第三，可能导致行政层级增加和

---

① 马海龙：《区域治理结构体系研究》，《经济纵横》2012 年第 6 期。

② 参见谢庆奎《中国政府的府际关系研究》，《北京大学学报》（哲学社会科学版）2000 年第 1 期；林尚立《国内政府间关系》，浙江人民出版社 1998 年版；薄贵利《集权分权与国家的兴衰》，经济科学出版社 2001 年版。

③ 参见张可云《区域大战与区域经济关系》，民主与建设出版社 2001 年版；冯兴元《论辖区政府间的制度竞争》，《国家行政学院学报》2001 年第 6 期。

④ 参见周黎安《转型中的地方政府：官员激励与治理》，上海人民出版社 2008 年版；周黎安《中国地方官员的晋升锦标赛模式研究》，《经济研究》2007 年第 7 期；周黎安《官员晋升竞争与边界效应：以省区交界地带的经济发展为例》，《金融研究》2011 年第 3 期。

⑤ 参见杨龙、彭彦强《理解中国地方政府合作：行政管辖权让渡的视角》，《政治学研究》2009 年第 4 期；陈剩勇、马斌《区域间政府合作：区域经济一体化的路径选择》，《政治学研究》2004 年第 1 期；刘亚平《当代中国地方政府间竞争》，社会科学文献出版社 2007 年版。

⑥ 杨龙、胡慧旋：《中国区域发展战略的调整及对府际关系的影响》，《南开学报》（哲学社会科学版）2012 年第 2 期。

复合。由国家批准或设立的新的试验区或跨区域规划，在原有的行政层级之间形成新的行政权力，这种权力不是一种与相应行政级别完全符合的行政管辖权，而是具有“复合”了不同行政层级权力的一种行政管辖权。第四，地方政府间管辖权的委托和“让渡”现象出现。参与合作的各地方政府之间签订行政协议，将一种或几种权力，或者权力运行的某一环节交由区域性管理机构行使，从而形成一种或几种超出地方权力空间界限的新的共同权力。这种权力一般由区域合作中的协调机构来行使，比如各种协调委员会，各地方权力要服从这种区域性权力。①

有学者认为随着中国经济社会的发展，改革不仅推动了府际关系的调整，而且使得社会生活中的多元利益主体逐步获得了独立、自主的地位，激发了其利益表达要求，当代传统府际关系面临挑战，应向府际治理转变，政府部门间、公私部门与公民共同构建政策网络，实现多元主体的互动和合作，从而增进公共利益。② 在当代中国传统府际关系研究面临挑战时，应该更多地寻求政府组织外部的社会资源，走向府际治理。首先，要以公共服务为中心转变政府职能，政府在继续强化宏观调控与严格市场监管的同时，应该加强社会管理和公共服务，把公共资源更多地向社会管理和公共服务倾斜。只有在各层级政府职能定位都回归公共财政定位中的事权后，划分中央与地方政府间职责权限才有实际意义，才能真正理顺府际关系。其次，理顺府际关系。在政府职能归位的基础上根据财权与事权相统一的原则，明确划分中央与地方政府间职责权限范围，充分保障中央政府在全国性和跨省事务上的集权，以促进统一的国家法治、政令与市场。促进中央与地方关系民主化、法治化，在重大决策或法律出台过程中，应该充分吸纳地方政府参与，使中央政策过程能够充分反映地方的利益诉求，使中央与地方的关系由过去以行政组织为基础的行政领导与服从关系转变为以相对经济实体为基础的对策博弈与合作关系。在明确划分中央与地方间职权范围的基础上，应该考虑将中央与地方政府间职权配置和调整程序法治化，使中央与地方政府间的领导、指挥、协调、约束和控制关系都有充分的法律保障和约束，而各级政府的职权也需要由本级人大授权并接受法律监督，重塑法律的权威与尊严。此外，要重塑地方政府间横向关系。一方面，要重建地方政府间竞争秩序，必须从以封闭式地方保护主义为策略的资源竞争转向开放式制度创新为基础的制度竞争，通过制度创新来吸引资源、创新技术、促进增长。另一方面，考虑到区域整合发展的需要以及日益增加的跨界公共议题使得单一地方政府往往无法独立承担，因此应该继续完善相关利益相关者之间的协作机制来促进区域间、区域内公共事务治理中的协作与资源整合。最后，建立跨部门伙伴关系，包括构建跨部门伙伴关系和构建政府与私营部门之间的伙伴关系。③

有学者提出，中国社会的多元化发展，要求社会治理在内容和手段上的多样化调整。尽管目前中国的政治制度和行政体制集权程度仍然较高，但政治领导和行政管理方式已呈现多元化趋势，中央与地方的关系以及地方之间的关系在多元社会的治理中也在向多样化发展。中央政府的区域发展战略、规划、政策，地方政府的发展规划和政策等在内容和形式上的变化，反映了府际关系适应社会发展的适时调整。改革开放以来，中国中央与地方

---

① 杨龙、胡慧旋：《中国区域发展战略的调整及对府际关系的影响》，《南开学报》（哲学社会科学版）2012 年第 2 期。

② 张紧跟：《府际治理：当代中国府际关系研究的新趋向》，《学术研究》2013 年第 2 期。

③ 同上。

关系呈现多元化发展趋势。首先，区域发展总体战略从分散向集中的调整，主体功能区规划就是最明显的体现，与之前的区域战略有着较多的不同。其次，区域发展政策从单一向多层次发展，从设立经济开发区，到设立综合配套改革试验区，再到设立专题型试验区，最后是地方区域规划上升为国家发展战略。最后，地方政府之间横向关系的多元化发展：（1）地方之间从竞争向合作发展。在经历了一段时间产业结构的雷同、港口和机场等基础设施重复建设、恶性的招商优惠政策竞争、"倾销式"的土地价格大战等恶性竞争之后，地方竞争"零和博弈"特点愈发明显。饱受恶性竞争之苦的地方政府开始尝试通过合作避免竞争，通过合作来获得共同利益，并且通过合作提高区域竞争力，以区域的共同发展来带动本地的经济增长，地方合作遂开始增加。（2）地方之间的合作从单一向多重合作发展。首先，有些地方处于不同经济区域的交界或边缘地区，它们可以通过加入范围不同的区域合作而获得区域合作收益。其次，一些小规模的区域合作存在于两个或更多的大规模合作区之间。此外，一些地方政府不仅同时加入不同规模的区域合作，而且同时加入不同层次的区域合作。地方政府同时加入不同层次区域合作，可以从不同层级的区域合作中，享用不同层级的区域公共物品，获得不同的利益。最后，跨合作区的区域合作除了出现在几个大的经济区之间的地带，以中部地区为多。（3）地方之间合作形式由简单向多样化发展。首先，从合作的组织方式来看，存在多种方式，适用于不同范围和不同程度的区域合作。最为常见的区域合作组织形式为联席会议，也是最为灵活的合作组织。其次，从合作的内容看，地方之间的合作从单项向多项发展，并且向一揽子合作发展，呈现多样性。再次，从地方合作的程度看，经历了由简单的部门合作向区域经济一体化的发展。最后，从地方合作的格局看，已经从地方之间的合作发展到区域之间的合作。①

有学者针对中国特有的对口支援这一府际关系进行了探讨，认为区域平衡发展既是世界性的难题，也是各国政府宏观调控的重要目标。区域平衡发展的重点区域大多是传统农牧区和边远地区，同时面临新型城镇化、新型工业化和农牧业现代化的统筹发展。以中央新疆工作座谈会的召开为标志，贯彻落实邓小平同志"两个大局观"，实行经济、干部、人才、教育、科技全方位对口支援，已经成为西部地区实现跨越式发展和长治久安的重要区域政策。该学者还考察了各国解决区域发展不平衡的主要做法及其局限性，分析了中国区域平衡发展战略的基本特征及其可能走向，研究探索适应正处于国际社会大变革、大调整、大发展时期的区域平衡发展模式的可行性，并提出，面对"先进—落后"二元结构的发展环境、"强政府—弱社会"二元结构的发展模式、"工业文明—生态文明"二元结构的思维方式，必须加强地方政府干部培养，增强地方政府的执政能力和学习能力，努力培养区域平衡发展的生态文明思维。②

还有学者从路径依赖的视角研究了中国区域一体化的困境，并指出要打破这种困境，就必须从地方政府及其领导者的意识理念、区域发展的制度和区域主体的行为等方面改革创新。③

---

① 杨龙：《变革与调整：多元治理中的府际关系》，《人民论坛·学术前沿》2012 年第 6 期（上）。

② 朱天舒、秦晓微：《国家支持与对口支援合作：我国区域平衡发展模式分析》，《中国行政管理》2012 年第 6 期。

③ 谢宝剑：《基于路径依赖视角的中国区域一体化发展研究》，《学术研究》2012 年第 1 期。

三 大都市区和城市群治理

城市化与区域一体化的发展，促生了中国大都市区和城市群的发展，而大都市区和城市群的治理问题也逐渐成为国内学者关注的热点，学者们对中国珠三角、长三角、京津冀等地区进行了专门的研究。

大都市区和城市群内地方政府的合作是区域治理研究中的核心问题。汪伟全认为，利益冲突与协调，始终是区域合作与区域一体化的主题。地方利益冲突的治理模式，涵盖治理主体、治理客体与治理机制等内容。根据国内外区域治理的理论与实践，地方利益冲突的协调模式归纳为科层制、市场机制、社群治理以及网络治理四种类型。每种模式均有其优缺点，都有独特的生长环境与制度空间，不同治理模式下的治理绩效各异。中国区域合作中的利益协调，属于以政府为主导的，市场与社会共同参与的科层制模式。当代中国的区域合作与区域一体化快速发展，涌现出长江三角洲、珠江三角洲和京津塘地区三大区域经济圈，以及北部湾经济区、成渝经济区、山东半岛经济圈、黄河三角洲经济区等其他区域经济圈。为了有效解决区域性公共问题，各地区进行了持续探索，如创建区域合作的长期互动机制，建立高层联席会议、城市政府联合体、经贸协调会等诸多区域合作组织；统一区域规划，制定了主体功能区、产业结构等指导性文件。针对当前区域利益治理模式的存在问题，需要在区域治理方面进行制度创新。首先，妥善处理好政府与市场关系；其次，构建多元参与的区域治理机制；再次，创新更为灵活的区域治理组织形式；最后，还需要构建利益共享与利益补偿的制度。①

在具体实践方面，就泛珠江三角洲都市圈的合作而言，杨爱平分析了粤港澳合作实现一体化合作的发展历程。改革开放30多年来，粤港澳合作深受中国内地发展模式的影响。伴随着中国内地发展模式由经济增长导向的发展向包容性发展的历史转型，粤港澳合作也由早期的发展型地方主义下的合作，向当下的区域一体化背景下的合作转变。就制度变迁的视角而言，发展型地方主义下的粤港澳合作，属于典型的市场驱动的需求诱致性制度变迁，带有利益离散型合作的特点；珠江三角洲“深度一体化”下的粤港澳合作，则是粤港澳三方联合与中央政府博弈后的一种“中间扩散性”制度变迁，体现出利益聚合型合作的态势，并以协力治理跨域性公共事务为目标。未来的粤港澳合作应加强制度学习与府际管理，以减缓彼此间的制度摩擦和府际冲突问题。一是加强府际管理，营造良性的府际关系；二是深化政府交流与制度学习，缩小珠江三角洲政府与港澳政府尤其是与香港政府间的“制度差距”；三是发展公私合作伙伴关系，构建大珠江三角洲跨域治理的网络体系。②

有学者基于制度性集体行动理论，对“9＋2”泛珠三角合作区的案例，分析了泛珠三角区域合作是建立在信息共享基础上的“弱关系”网络结构，这种网络结构打破原有行政隶属，通过代理人的传递作用，构建了包含三个模块的三元网络结构，这个网络机构连接了内地与港澳，实现了11个省区市在10个领域的跨界合作。利益相关者之间原本没有直接关联，通过代理人的传递关系，可持续的合作突破了交易成本障碍，拓展了合作边

① 汪伟全：《区域合作中地方利益冲突的治理模式：比较与启示》，《政治学研究》2012年第2期。

② 杨爱平：《从利益离散型合作到利益聚合型合作——改革以来内地发展模式的转型对粤港澳合作的影响》，《当代港澳研究》2012年第6辑。

界，并在持续的网络关系下不断加强和累积合作从而保障制度性集体行动的实现。区域合作治理的实质就是个体理性的地方政府为克服交易成本障碍互相连接，构建相互依赖的可持续合作网络，从而实现公共服务的供给。①

就长江三角洲而言，金太军等认为，长三角区域作为中国综合实力最强的区域之一，在经济高速发展的同时，区域内的生态治理问题日益凸显。区域内各政府间面临着生态治理合作理念淡薄、生态补偿机制不完善、利益协调机制不健全、政绩考核体系单一等问题。面对这些问题，区域内政府首先要更新思想观念，建立“双赢”的利益协调机制。由于长三角各城市在经济和社会发展水平上存在着很大的差异，在政府管理、发展规划、产业和投资政策等方面存在多方面的利益摩擦不可避免。建立新型的利益分享机制是实现长三角区域协作的重要途径。利益分享机制就是要客观地协调好产业政策和区域政策的关系。国家的产业政策和区域政策是相辅相成的，产业政策的重点是通过扶持贫穷落后地区，改善贫困落后地区的生活条件，以解决经济发展中的公平和平衡问题。新型的利益分享机制强调长三角地区城市之间在生态治理问题上既竞争又合作，并在此基础上实现生态治理收益的区域共享。利益分享机制应以实体化的组织形态为载体。为此，已有的长三角经协（委）办主任联席会议这个区域合作组织亟待完善。其次，建立健全法律机制。长三角政府间生态治理协作行动的制度化程度相对较低，基本停留在各种会议的层面上，采取集体磋商的形式。尽快建立保障长三角区域内一体化的法律法规，提高法律的执行力度，对污染环境的行为要坚决制止，对一些污染严重的企业要坚决关闭。此外，健全生态补偿机制来推动生态治理合作。如建立新型的生态治理的利益补偿机制，通过规范的利益转移使受损的一方获得合理补偿的重要方式。长三角区域内各地方政府应根据“谁开发谁保护、谁破坏谁恢复、谁受益谁补偿、谁排污谁付费”的原则，对长三角区域内开发和利用自然资源征收合理的生态补偿费用，用于对受污染问题损失较大的城市进行生态补偿，并且完善生态补偿机制的立法工作。最后，完善政绩评估体系，用绿色 GDP 作为政府和干部业绩的主要衡量标准，把资源的利用效率和环境保护的情况纳入干部考核范围，考察领导干部在抓经济发展的同时，是否注意保护生态环境，节约资源，从而推动粗放型经济增长模式向低消耗、高利用、低排放的集约型模式转变。②

对于京津冀大都市区的研究中，崔晶认为，随着区域一体化的推进，中国区域地方政府在跨界公共事务协作方面遇到了诸多问题，这些问题影响了区域政策的实际执行力。通过对改革开放以来京津冀都市圈地方政府跨界公共事务协作进程及其运转机制的分析与评估，发现其虽在跨界公共事务整体性协作方面进行了一些初步探索，但区域治理中的“碎片化”状况仍未得到有效缓解。因此，必须构建京津冀都市圈跨界公共事务整体性治理模式，以推进区域内地方政府的有效协作，运用整体性治理理论，推进都市圈内各个地方政府自身行政管理体系的整合，构建跨区域整体性合作组织以及在此基础上形成的整体性协作治理网络是区域地方政府跨界公共事务治理的一种有益尝试。为了解决京津冀都市圈地方政府在跨界公共事务治理时的“碎片化”问题，有必要构建跨界公共事务的整体性治理模式。这一模式应该包括四个部分：（1）都市圈内各个地方政府自身行政管理体

① 锁利铭、杨峰、刘俊：《跨界政策网络与区域治理：我国地方政府合作实践分析》，《中国行政管理》2013 年第 1 期。

② 金太军、陈雨婕：《论长三角区域生态治理政府间的协作》，《阅江学刊》2012 年第 2 期。

系的整合。区域内各个地方政府（北京、天津和河北诸市）均需按照职能对应原则推行内部机构和功能的整合，从而形成区域内统一的人事行政、财政支出和信息网络体系。(2) 跨区域整体性合作组织的构建。该组织需要获得中央的授权，对都市圈跨界公共事务治理专项资金拥有财政分配权和管理权，从而保证组织自身的合法性和权威性。同时，该组织的构建还要保证京津冀都市圈各个地方政府成员的自愿和公平性，对于各个地方政府而言，加入与退出跨区域整体性合作组织都是自愿的。(3) 整体性合作组织的运转机制。运转机制可以采取以下方式：京津冀都市圈内各个地方政府的行政首长授权跨区域合作组织设计并规划在环境保护、交通等公共事务治理方面的具体方案，然后合作组织将这些设计方案分别提交给区域内各个地方政府审批，之后各个地方政府将这些设计方案提交给国家相关部门核准。(4) 协作治理网络。作为代表京津冀各个地方政府共同利益的跨区域整体性合作组织，需要与区域内各级地方政府、非营利组织和私营部门在环境保护、交通运输、公共卫生、水资源分配与管理等跨界公共事务治理方面，共同构建一个协作治理网络。这一协作治理网络应以政府为主导，政府对协作网络拥有管理权。①

王佃利等学者对山东半岛城市群的一体化进行了深入的研究，提出在促进区域经济发展的过程中，"跨界问题"管理是区域合作中不得不面临的问题。半岛蓝色经济一体化发展需要一个良好的治理模式，这一模式不仅要包含政府内部的同级政府部门之间、上下级政府之间的合作网络，还要构建公共部门和私人部门之间制度化、经常化和有效的"跨界"管理途径，充分发挥政府、企业、非营利组织等治理主体自身的作用。②

李国平等从区域空间的角度定义了网络化大都市，把多中心、网络化的城市空间组织称为网络化大都市，并阐述了网络化大都市发展模式的内涵及特征。在空间组织上，网络化大都市发展模式摒弃传统的单中心聚焦的发展模式，倡导城市空间的多中心化发展，强调构建面向区域的开放的多中心区域城市空间格局。在功能整合上，网络化大都市发展模式强调分工与合作，促进区域城市网络的形成，从根本上将实体空间上的多中心区域城市变为真正意义的网络化大都市。网络化大都市的空间结构使其在享有聚集经济效益的同时，避免单中心集聚所导致的聚集不经济带来的效率损失。网络化大都市通过多中心整合，可以弥补单一中心城市发展的规模劣势，通过协同效应获取更大规模城市所享有的规模经济和竞争优势。网络化大都市的空间组织有利于城市区域整体的均衡发展。网络化大都市空间发展模式包括三方面的内容，即空间组织模式、空间整合模式和空间管治模式。在区域治理上，网络化大都市发展模式强调通过对话、协调与合作实现权利平衡和利益分配，通过网络化管治实现公平与效率并重的区域治理。③

还有不少学者研究了城镇化过程中，大都市区内部地方政府的管理创新。例如有学者从广州市政府近年来的管理创新实践出发，在对广州番禺垃圾处理和同德围地区的整治两个事件分析的基础上，探讨了公民权利意识的觉醒与公民社会的成长对地方政府创新的推动，呈现出参与式治理的发展趋向，提出参与式治理开启了地方政府创新的新方向。在环

① 崔晶：《区域地方政府跨界公共事务整体性治理模式研究：以京津冀都市圈为例》，《政治学研究》2012 年第 2 期。

② 王佃利、梁帅：《跨界问题与半岛蓝色经济区一体化发展探析》，《山东社会科学》2012 年第 3 期。

③ 李国平、孙铁山：《网络化大都市：城市空间发展新模式》，《城市发展研究》2013 年第 5 期。

境保护、基层自治、社区治理、公共决策等直接关涉民众切身利益的领域，都需要通过参与式治理来引入有序的、有效的公众参与，从而实现公共事务的有效和民主治理。但是在广州的实践中，既存在着政府主动信息公开不足、公共政策过程中“话语—权力”的垄断性结构、参与式治理的制度供给不足等制约因素，也因为公民社会还处于成长过程之中而使得公民参与的组织化程度与有序性和有效性不足，从而导致广州以参与式治理为趋向的政府管理创新远未成为一种制度化的惯习，而更多地体现为一种应对外在危机与风险的选择性反应。因此，参与式治理的成长既有赖于公民精神与公民社会的成长，也有赖于国家的积极回应和相应的制度保障，更有赖于公民社会与国家之间的良性互动。①

叶林通过有针对性地借鉴西方城市发展政治中的增长联盟理论，分析了中国城市改造的逻辑。虽然中国城市在土地制度、政府职能上与西方城市都有显著的不同，但由于中国地方政府所面临的财政压力和政绩驱动，在过去的城市改造过程中悄然形成了政府与企业的增长联盟。地方政府通过对城市资源，特别是土地资源的经营和操作，换取开发企业的资金投入等资本要素，以此推动城市土地的开发和再开发。这种“以土地换发展”的“增长联盟”虽然在中国快速城市化的进程中推动了中国的城市改造，但也带来城市文化的破坏和城市居民权益的削弱。通过对广州城市改造过去 30 年政策演变的审视和“三旧”改造的政策分析，叶林提出中国城市改造只有进行从“增长联盟”到“权益共同体”的逻辑重构，才能保证公共利益、市场利益和产权利益的共同实现，才能真正设计出推进城市土地集约利用、城市空间有序发展、城市文化有效传承、城市居民真正获益的城市改造政策。②

四　跨域性公共治理

近几年，随着跨界治理困境的不断出现，跨区域的流域治理和生态环境协作治理等公共事务治理问题在区域公共管理中备受关注。有学者探讨了跨域治理理论在中国区域管理中的应用问题，认为跨域治理涵盖了组织单位中的跨部门、地理空间上的跨区域，最终形成公私分野的伙伴关系和横跨各政策领域的专业合作。跨域治理在治理理念之上强调“跨域性”。“跨域”有多种表现形式：上下级政府之间、同级政府之间、政府和社会之间、政府和市场之间、不同的政策领域之间等。但是中国特殊的政治环境使得跨域治理在中国城市群区域发展中的应用体现出不同于西方国家的发展特征。③

（一）生态治理

生态治理中的核心问题在于，地方政府能否愿意实现良好的合作和基于此的地方政府互动行为。金太军、沈承诚认为，以往对政府生态治理意愿与效能的塑造路径局限于政府组织层面的理念、体制与机制上。事实上，政府生态治理过程无法回避政府体制中的核心行动者，即地方政府核心行动者，其意愿与行为将直接影响政府生态治理的政策走向与政策效能。通过政治锦标赛模式，塑造地方政府核心行动者的生态治理意愿与合理生态治理

---

① 张紧跟：《地方政府创新中的参与式治理趋向：以广州为例》，《人文杂志》2013 年第 10 期。

② 叶林：《从增长联盟到权益共同体：中国城市改造的逻辑重构》，《中山大学学报》（社会科学版）2013 年第 5 期。

③ 王佃利、史越：《跨域治理理论在中国区域管理中的应用——以山东半岛城市群发展为例》，《东岳论丛》2013 年第 10 期。

行为，从而有效保障政府生态治理的持续性绩效。目前的监督体系存在严重结构偏差：内部监督为主、外部监督不足，这种结构偏差也直接导致监督体系的效能低下。要培育整个社会的监督文化，使社会主体“想监督”“敢监督”。同时，要打破暗箱行政，实现政务公开，配之以多种技术手段让社会主体“好监督”。另外，政治锦标赛作为单一制国家的治国利器也将长期存在，因为在缺乏成熟替代性激励机制条件下，政治锦标赛的晋升激励机制将是中央政府主导公共政策走向，获取预期治理效果的必要手段，如果放弃了现行政治锦标赛的晋升激励机制，或者将可度量考核指标“虚化”，必然让中央政府无法把握地方政府官员（特别是核心行动者）的意愿与行为。当然，政治锦标赛的比赛内容将逐步以公共需求与公共利益为依归，加以明晰化，并且政治锦标赛的评分主体将逐步由上级政府的垄断格局演化成为融合市场与社会多元主体格局。①

杨龙、刘建军提出，中央政府的环境政治压力迫使省级地方政府积极进行制度创新，寻找对自己有利的途径来实现经济发展与环境保护的平衡。对于毗邻的地方政府来说，一方面，环境合作是责任共担、步调一致，使这项指标与存在权力晋升竞争的相邻地方政府间形成可比性和一致化，继续维持竞争的重点在经济领域；另一方面，地方政府合作减弱了政企博弈中地方政府对劣质资本的依赖。中央政府对跨界合作的正式制度供给不足，地方政府在权力自由度内设计的合作制度由于缺乏中央政府的正式制度支持，特别是缺乏作为独立的第三方的公正监督和仲裁，在运行实践中出现机会主义问题。地方政府以制度诉求的形式反馈给中央政府，请求制度调整。中央政府充分考虑在维系权力的手段（法理型合法性、服务型政府、保证政权对内对外稳定的军事力量）等条件现实状态的成熟度、可行性的前提下，决定制度变革的步伐和幅度，从而实现了中央与地方的协同演化。制度作为一种公共物品，也存在溢出效应。针对跨界地区的环境问题制定的环境合作制度往往在应用范围上超出了行政区边缘交界地带。目前，从府际环境合作机制和实践行为涵盖的空间范围指向上看，很少有仅仅限于跨界地区的，更多的是包括跨界地区在内的数个行政区地域的总和。②

还有学者指出，作为一个自然生态整体，都市圈生态环境问题的跨域性和流动性决定了生态治理需要地方政府之间的合作，然而在现实中跨域生态问题的协作治理面临着重重困境。从制度集体行动的视角看，地方政府生态协作治理整体目标上的偏好差异、生态治理公共物品的属性、合作成员间影响力不均衡等因素均影响着都市圈地方政府生态治理的协作。中国地方政府在生态协作治理整体目标上的偏好差异，或者说零和博弈问题的存在，使得各个地方政府在对本区域有利益的方面彼此竞争，从而对“环境资源”展开争夺；对本区域不利的方面却相互推让，听任跨域水污染、大气污染等流向其他地区。地方政府生态协作治理公共池塘资源物品的属性影响都市圈地方政府的合作。虽然这类物品的治理会为全区域带来共同利益，但非排他性和竞争性的特点使得地方政府会权衡成本与收益，并且由于这类物品协商成本较高，产出不易控制，使得地方政府签订合作契约的意愿降低。都市圈地方政府影响力的不均衡也影响其合作。一般来说，较强与较弱的地方政府容易达成合作，因为影响力较弱的参与者只有接受合作中提出的合作协议。破解地方政府

---

① 金太军、沈承诚：《政府生态治理、地方政府核心行动者与政治锦标赛》，《南京社会科学》2012 年第 6 期。

② 杨龙、刘建军：《环境治理中府际合作的逻辑》，《中国环境管理》2012 年第 3 期。

区域生态治理协作的困境，需要建立利益补偿和财政转移支付制度，建立水权和污染权交易机制，提升官员政绩考核体系中生态治理指标的权重。①

近年来，许多学者还专注于对大气污染的跨区域治理的研究。例如，蔡岚在分析了美国加利福尼亚州治理空气污染政策的基础上，提出中国空气污染日益显现出来的从局地污染到区域污染的趋势，使空气污染治理中的政府间关系成为关注焦点之一。中国区域空气污染治理既依赖于中央政府和地方政府在标准控制、法规制定、监督管理等方面的有效互动，又在于区域内横向政府间在构建合作平台、丰富合作方式、调动参与者积极性等方面的通力合作。②

（二）流域治理

近年来，区域视角下的流域治理方面也涌现出了不少学术论文，流域的生态补偿问题是学者们研究的焦点。首先，学者们对跨流域治理的补偿机制等方面进行了深入的探讨。胡熠认为，中国现行的流域科层治理机制，难以实现流域生态与经济社会的可持续发展。加快构建流域网络治理机制是流域生态系统复杂性和多功能性的客观要求，也是发达国家流域治理的普遍经验，更是推进中国流域治理府际间“碎片化”缝合的现实选择。流域治理机制是指流域治理体制的构造、功能以及该体制为了达到预期目标而展开的相互协同和制约关系，包括三项基本内容：一是治理主体及其相互关系。政府是科层治理机制中单一的治理主体，网络治理机制则包含着政府、企业和第三部门等共同参与的多元体，妥善处理政府、企业和第三部门的关系，是完善网络机制的核心。二是治理手段。在不同的治理体制下，治理主体会采取不同的政策工具组合。三是治理制度。包括正式和非正式的制度安排，它是治理主体之间关系以及治理方式差异的制度基础。按照治理主体、手段和制度差异，流域治理机制可分为科层管制、市场交易、自治化和网络化等四种机制。流域网络治理机制具体包括：（1）强有力的流域统一管理；（2）激励约束相容的各级政府分层治理；（3）基于信任的流域区际政府间伙伴治理；（4）公私合作的伙伴治理。根据流域网络治理机制的基本框架，以闽江流域为例，其政策着力点在于设立权威的流域协调机构、规范行政分层治理的考核体系、建立流域区际政府间的协商机制和完善流域治理的自愿性激励政策。③

王军锋、侯超波等认为，流域生态补偿机制是解决流域生态环境问题、实现环境资源有偿利用的重要政策工具，结合流域及地方实际情况。因地制宜选择合适的流域生态补偿模式对于在全国范围切实开展流域生态补偿实践具有重要意义，并把中国流域生态补偿模式划分为上下游政府间协商交易的流域生态补偿模式、上下游政府间共同出资的流域生态补偿模式、政府间财政转移支付的流域生态补偿模式和基于出境水质的政府间强制性扣缴流域生态补偿模式等类别。他们提出从以下几个方面来完善流域生态补偿机制：加快制定和完善流域生态补偿的法律制度，使流域生态补偿步入正规化、制度化、法治化轨道；逐步建立高效的纵向与横向相结合的财政转移支付补偿机制，提高补偿资金使用绩效；各地

① 崔晶：《生态治理中的地方政府协作：自京津冀都市圈观察》，《改革》2013 年第 9 期。

② 蔡岚：《空气污染治理中的政府间关系——以美国加利福尼亚州为例》，《中国行政管理》2013 年第 10 期。

③ 胡熠：《我国流域治理机制创新的目标模式与政策含义——以闽江流域为例》，《学术研究》2012 年第 1 期。

在开展流域生态补偿实践时，要结合流域及地方实际，综合权衡，选择合适的流域生态补偿模式，并对补偿资金分配予以足够关注；探索建立跨层级、跨行政区的流域生态补偿管理协调机构，不断优化完善流域生态补偿的管理体制。①

才惠莲认为，跨流域调水是中国21世纪水利的一大特点，协调调水沿线不同利益主体之间关系的焦点问题是生态补偿。随着跨流域调水工程不断增多，政府都无法全部承受生态补偿的巨大投入，完全由政府投入也并非总是最有效率。跨流域调水生态补偿制度的完善，应以利益协调原则、受益者补偿原则等为指导思想。跨流域调水生态补偿制度创新的关键，是探索与市场经济相适应的生态补偿制度。横向财政转移支付、政府购买、水权生态补偿及灌溉者付费制度，都是跨流域调水生态补偿制度的重要组成部分。与此相适应，政府主导、市场调节和社会协商共同成为跨流域调水生态补偿制度的运行机制。②

在流域治理中各主体的关系方面，邢华、赵景华认为，既要强调水利的保障作用，还要发挥水资源的约束作用。从“水—自然—社会”系统综合管理视角入手，研究水利与区域发展的协调性关系，从“水利可持续发展对水资源的合理利用”和“水利对区域发展的保障能力”两个角度，通过对松辽流域的水利与区域发展的协调性进行评价后发现，松辽流域经济社会发展对水资源的利用情况总体不高，现状值与规划值相比有一定的差距。应进一步加大水利投入，强化防洪抗旱减灾体系建设、水资源调配和高效利用体系建设以及水资源保护和河湖健康保障体系建设，为国民经济和社会发展提供强有力的保障；加大水资源管理力度，增强水资源对区域发展的约束性，促进水利可持续发展。水利不仅应作为区域发展的基础保障，还应成为优化区域发展质量的调控手段。通过严格的水资源管理，改善水资源利用的效率和效益，实现人与自然环境的和谐共处。提高协调管理水平，统筹满足不同类型和多主体的用水需求。③

王佃利、史越认为，中国的流域治理区分为三种模式：（1）跨省域治理：中央调控下的派出机构管控模式；（2）省域内治理：省政府调控下的地方协调模式；（3）市域内治理：城市政府主导下的层级考核模式。中国的流域治理表现出集权与分权相结合的形式，执行“纵向垂直分级、横向多头管理”的流域管理体制，也折射出中国流域治理中存在的条条为主、条块分割的特点。纵向对上层级组织的高度依赖，横向中部门协调困难，公众参与边缘化。因此，要审视层级制在流域治理中的推动作用，审视社会组织在流域治理中的作用，审视流域治理的过程和实现层次。④

此外，还有学者对中国流域治理的排污权交易进行了探讨。如封凯栋等学者认为，随着排污权交易制度在大气领域的成功应用，人们积极地探索怎样把这项环境政策应用于流域水污染控制。然而，由于水污染的特性使得流域排污权交易在制度设计上要更为复杂，因而在国内对这方面的系统研究比较少。该研究分析了国外在此领域的一系列政策措施，以求对中国流域排污权交易制度的建设起到一定的借鉴作用。通过比较分析，提出了基于中国国情的流域排污权交易制度理论模型，即TRS系统。在这个系统下，利用河流流向

① 王军锋、侯超波：《中国流域生态补偿机制实施框架与补偿模式研究——基于补偿资金来源的视角》，《中国人口·资源与环境》2013年第2期。

② 才惠莲：《我国跨流域调水生态补偿制度的完善》，《中国行政管理》2013年第10期。

③ 邢华、赵景华：《水利与区域发展协调性评价：松辽流域例证》，《改革》2012年第3期。

④ 王佃利、史越：《跨域治理视角下的中国式流域治理》，《新视野》2013年第5期。

固定不变的特点，计算上游对下游污染物的转移量。该系统把河流划分为若干区域，根据每个区域各自环境总量控制的目标，发放相应的排污许可。每一区域内把污染物视为均匀混合吸收性污染物，区域内排污者之间的交易率为1，区域间的排污权按照不同区域间的污染物转移系数进行交易，此时交易率为外生变量。某一区域内的排污者可以向本区域或者上游区域的排污者购买许可，因为下游排污者通过交易所得的许可是比其所在地区更上游的排污许可，而交易率的设计则控制了许可获得者的排污行为对所在区域及更下游区域的排污影响量，从而保证了各区域的排污总量控制目标。该系统的主要优点是：充分考虑到污染对区域的影响，可以用最小的治理成本实现预设的环境目标，可以很好地避免"热点"问题和搭便车行为。而且排污者和管理者的负担都会相对较轻，交易成本较少。[①]

还有学者对美国和加拿大的水利工程生态调度管理框架和管理模式进行了系统分析。就宏观管理而言，美国和加拿大的生态调度从取水的许可证管理、保留水权的建立、水质标准、濒危物种保护和环境流量设置等方面进行管理；而在直接管理方面，主要包括对联邦水利工程的《濒危物种法》（ESA）符合性审查和非联邦水电站（5MW 以上）的联邦能源管理委员会（FERC）的许可管理。通过分析中国水利工程生态调度管理中存在的问题，指出中国水利工程生态调度的体制和机制尚未有效建立，从明确生态需求、确定生态调度实施战略、加强基础研究工作以及建立和完善管理体制等方面，提出了加强中国生态调度管理的建议。在逐步建立流域生态调度管理体制的基础上，指出从生态补偿机制、参与协商机制、信息共享机制和监测反馈机制等方面建立和创新水利工程生态调度运行机制。[②]

除了学术论文，在流域治理方面还涌现出了不少学术专著。如徐大伟、赵云峰的《跨区域流域生态补偿意愿及其支付行为研究》，以辽河流域为研究对象，通过调查分析和实地考察，应用生态价值评估技术和环境经济分析方法，对流域生态补偿的驱动力及影响因素，建立流域生态补偿的运行机理模型和机制等问题进行了深入的研究，提出了基于补偿意愿（WTP）和受偿意愿（WTA）的跨区域流域生态补偿支付行为模型。[③]

黄寰的《区际生态补偿论》，以林区、牧区、流域、湿地、近岸海域、矿区、灾区、自然保护区等具体区域为整体研究对象，研究其生态公共产品的外部性内部化，提出进行纵向或横向区际生态补偿的形式，寻求环境与经济、落后地区与发达地区之间的和谐之道。[④]

郑海霞的《北京市对周边水源区的生态补偿机制与协调对策研究》，分析了北京市对周边水源区的生态补偿模式与现状，界定了密云水库流域生态服务的优先补偿区、次补偿区和潜在补偿区，并进行了主要利益相关者分析。结合首都经济圈规划和主体功能区划，提出京津冀流域生态补偿机制、政策框架及其区域经济协调发展对策。[⑤]

---

① 封凯栋、吴淑、张国林：《我国流域排污权交易制度的理论与实践——基于国际比较的视角》，《经济社会体制比较》2013 年第 2 期。

② 唐晓燕、曹学章、王文林：《美国和加拿大水利工程生态调度管理研究及对中国的借鉴》，《生态与农村环境学报》2013 年第 3 期。

③ 徐大伟、赵云峰：《跨区域流域生态补偿意愿及其支付行为研究》，经济科学出版社 2013 年版。

④ 黄寰：《区际生态补偿论》，中国人民大学出版社 2012 年版。

⑤ 郑海霞：《北京市对周边水源区的生态补偿机制与协调对策研究》，知识产权出版社 2013 年版。

五　区域发展政策工具及其他

随着研究的推进，公共管理学者开始注意对于区域政策工具的分析和研究。例如，王惠娜认为，区域环境问题是指一个行政辖区内的生产活动所带来的影响超出了辖区范围，产生了区域环境污染外部性。区域环境治理需要采用各种手段和途径实现治理目标，中国的区域环境治理自20世纪90年代以来开始逐渐采用以基于市场的工具、信息类工具、自愿型工具为主要内容的新环境政策工具，但是新环境政策工具并没有取代传统的管制型工具，因为政策工具的选择和使用受制于政策网络风格。在中国，区域政策网络在纵向上中央集权、地方权力有限，在横向上权力分散。环保局权力受制于地方政府和其他职能部门，是一种松散的、互相依赖性弱的政策网络，在这种政策网络中，新政策工具仅仅在渐进地改变着政策工具箱，而主导的环境政策网络风格并没有变化。① 在进一步的研究中，她还指出，自愿性环境政策工具是企业与管制机构博弈的结果，管制压力是影响该工具制定与效果的关键因素，那么，管制压力是如何影响自愿性工具呢？为了解释管制压力对自愿性环境协议的影响过程，文章建构了一个简单的经济模型，验证管制压力与自愿性协议的关系。研究表明：第一，管制压力是企业决定是否参加自愿性协议的主要因素；第二，自愿性协议中所确定的自愿削减量是管制机构与企业博弈均衡的结果，均衡结果有可能是最优自愿削减量，该削减量大于管制工具所强加的最优削减量，但是最优自愿削减量的产生依赖于强的管制压力。②

此外，还有学者针对区域地方政府合作中的府际契约进行了研究，认为府际契约属于一种不完全契约，伴有先天性缺陷，其成因包括合作中的决策者有限理性、机会主义、制度不完备、交易成本、信息不对称、环境不确定性等因素。针对其缺陷设计有效机制的思路，一方面是自我执行机制，即府际资本的积累；另一方面是第三方约束机制，即区域政府间合法规的创制。③

六　理论进展总评

综上所述，2012年至2013年，地方政府与区域治理领域的研究聚焦在五个部分：区域公共管理到区域治理的转型、府际关系与区域一体化、大都市区和城市群治理、跨域性公共治理，以及区域发展政策工具及其他。在对区域公共管理基础性理论的研究中，学者们对区域公共管理的概念界定、理论范畴、研究领域等都进行了深入的探讨，并从政治学、新制度经济学、区域经济学等视角对区域公共管理进行了解读。综观区域公共管理领域的研究内容，目前正在或逐步形成三个研究趋向：第一，对“新区域主义”本土化解读与应用是目前区域公共管理领域的一个重要方向。在大都市区和城市群治理、流域治理、生态治理等领域的研究中，“新区域主义”主张通过谈判形成大都市区不同层级政府、社会团体和私营部门间的协作网络，以此来共同解决区域公共事务。尽管新区域主义

---

① 王惠娜：《区域环境治理中的新政策工具》，《学术研究》2012年第1期。

② 王惠娜：《自愿性环境政策工具与管制压力的关系——来自经济模型的验证》，《经济社会体制比较》2013年第5期。

③ 胡炜光、杨爱平：《我国不完全府际契约的成因及有效实施路径》，《广东行政学院学报》2012年第1期。

面临诸多挑战，但它提出了一种新型的大都市区治理思路，对促进当代中国城市群健康发展也具有重要的启示意义。第二，从网络化治理的视角，诠释中国大都市区治理的趋势和未来的模式，是区域公共管理的另一重要研究趋向。主张将区域内的政府、私营部门、第三部门都纳入到网络治理主体的范畴，通过各种联系将治理主体结合在一起，强调各组织间通过合作与协调达到统一的网络目标。第三，从整体性治理的角度，探讨区域治理中的跨部门协作，关注区域内政府之间、政府和其他社会参与主体之间的合作机制的形成，也是目前区域公共管理研究中出现的一个新趋向。强调政府在进行公共事务治理时不仅要对政府内部各部门的机构与功能进行整合，而且也要对政府、私营部门和非营利组织的力量进行整合。此外，在区域公共管理领域的研究中，对定量方法的应用和大都市区治理政策工具的应用等方面的研究已经开始增多，学者们已经注意到方法论对于区域治理研究的重要性。

第二节　实践创新

当前世界发展的两大趋势即是经济全球化和区域一体化，而基于经济全球化背景下的区域合作就成为区域协调发展的重要途径。2012 年，全球经济形势日益复杂，世界经济复苏道路持续坎坷，欧债危机的恶化使本已脆弱的经济复苏态势日趋艰难。与以往不同的是，本次经济增速放缓呈现出全球普遍性，不仅是发达经济体经济增长率持续下滑，新兴市场和发展中经济体增速也呈现放缓态势。2013 年，全球经济仍处于低速增长阶段，但对刺激政策的依赖程度降低，复苏基础趋于稳固。依托如此复杂的国际环境，再加上中国融入全球化的程度加深，市场化改革和社会主义民主建设的进一步推进，地方政府面临着越来越大的挑战和困难，也常常产生一些地方政府无法单独解决的跨区域公共事务问题。[①] 所以，地方政府应该积极开展跨区域的合作治理，实现互利共赢的目的。回顾近年来中国针对区域公共管理的实践创新政策，各级政府在区域性地缘国家间的经济文化合作、生态环境治理、大城市圈间的合作、蓝色经济区等领域都进行了大胆的实践和创新，促进了区域内生产要素的自由选择和流动，优化了资源配置，为推进区域公共管理向区域治理的转变奠定了基础。

一　长三角区域跨界环境污染应急联动联盟的实践与创新

（一）长三角地区建跨界环境污染应急联动机制的背景

长江三角洲是中国第一大经济区，是亚太地区重要的国际门户，是全球重要的先进制造业基地，也是中国率先跻身世界级城市群的地区。2010 年 6 月，国家发改委根据《国务院关于长江三角洲地区区域规划的批复》（国函〔2010〕38 号），明确长三角地区是中国综合实力最强的区域，在社会主义现代化建设全局中具有重要的战略地位和突出的带动作用。2011 年 6 月，国务院批复了《全国主体功能区规划》，明确了长三角地区是位于全国“两横三纵”城市化战略格局中沿海通道纵轴和沿长江通道横轴的交汇处，包括上海市和江苏省、浙江省的部分地区。根据上海交通大学城市科学研究院和社会科学文献出版

---

① 李文星、蒋瑛：《简论我国地方政府间的跨区域合作治理》，《西南民族大学学报》（人文社会科学版）2005 年第 1 期。

社联合发布的首个《中国城市群发展指数报告2013》，以上海为首的长三角城市群位于第二名，在人口、经济、社会生活、文化和城市层级体系的发展相对均衡，雄厚的物质基础更是为长三角城市群得以实现均衡发展提供强大的保障。但是，该报告也指出，长三角地区的经济快速发展是以牺牲环境质量为代价的，经济建设落后于珠三角地区，能源耗损等情况也高于京津冀地区。[①] 事实上，能源危机和环境污染对长三角地区发展的制约影响日益凸显，已成为阻碍该地区可持续发展的两大难题。2012年10月，在长三角地区的新成员——安徽省的提议下，长三角三省一市（上海、江苏、浙江、安徽）签订跨界联动协议，并通过《长三角地区环境应急救援物资信息调查工作方案》；2013年4月中旬，又签订了《长三角地区跨界环境污染事件应急联动工作方案》，明确此后再有跨界污染事件发生，相关省市将协同处置。签订跨界污染应急联动协议，有利于各省联合对流域内省份进行定期或不定期检查，做到防微杜渐；跨界污染事故发生后，也可以客观地调查事故原因，严肃处理事故责任人，并使受损单位和群众得到合理补偿。

（二）长三角共谋区域公共安全，跨界联动四年

长三角地区作为中国经济发展速度最快、经济总量规模最大的区域，巨大的人口数量和高速发展的工业产生了大量生活与工业废弃物，远远超出生态环境的承载力，使长三角区域成为中国新生的生态环境脆弱区。[②] 长三角的土壤污染问题日益突出，不仅有重金属污染，还有有机物污染，更严重的是，长三角土壤污染由原来点状的、局部的发展成面上的、区域性的污染，污染面积在逐步扩大，适宜从事农业生产活动的土壤面积日益缩小，与长三角地区高密度的人口数量产生矛盾。此外，长三角地区的水污染问题也不容忽视。大量的工业废水未经处理就直接排放，不仅造成大面积水污染，更是直接威胁到居民的饮水安全。根据2012年水利部门的水资源评价初步结果，太湖流域有近一半地区的饮用水水源地的水质不合格，合格日供水量仅占日总供水量的52.5%，作为国际大都市的上海市也有2/3的饮用水水源地水质不合格。

2008年年底，江苏浙江上海两省一市的环境保护部门在苏州市签署了《长江三角洲地区环境保护工作合作协议（2008—2010年）》，希望通过发挥区域联动效益，共同提升长三角区域的环境质量。2009年4月29日，在上海市召开了长三角地区环境保护合作第一次联席会议，会议围绕2009年长三角地区环保合作的三项重点专题进行了深入讨论，并基本确定了具体工作方案。通过商议讨论，由上海市牵头开展的“加强区域大气污染控制”工作，将以为2010年上海世博会提供环境保障为核心，借鉴北京奥运会环境质量保障工作经验，研究制定并落实世博会区域联动空气质量保障措施；由浙江省牵头开展的“健全区域环境监管联动机制”，通过建立危险废物环境管理信息系统网络交流平台，共同打击危险废物非法转移处置等环境违法行为，进一步提高区域危险废物应急处置能力；由江苏省环保厅牵头开展的“完善区域‘绿色信贷’政策”，在制定《长三角地区企业环境行为信息评级标准》的基础上，组织开展企业环境行为信息评级。[③] 会议基本确定了

---

① 上海交通大学城市科学研究院、社会科学文献出版社：《中国城市群发展指数报告2013》，社会科学文献出版社2013年版。

② 黄丽娟：《长三角区域生态治理政府间协作研究》，《理论观察》2014年第1期。

③ 陆文军：《长三角地区环保合作实质性启动》，2009年4月29日，新华网（www.xinhuanet.com）。

2009 年两省一市环保合作的具体工作方案，标志着长三角地区环境保护合作工作进入实质性启动阶段。2009 年 7 月，上海市、江苏省和浙江省共同签订了《长三角地区跨界环境污染纠纷处置和应急联动工作方案》。2010 年 9 月，浙江省和安徽省共同签订了《浙皖跨界联动方案》。2012 年 5 月 8 日，“2012 年长三角地区环保合作联席会议”在浙江省龙泉市召开，江苏省、浙江省、安徽省和上海市三省一市签订了《2012 年长三角大气污染联防联控合作框架》协议。2012 年 10 月，长三角三省一市签订跨界联动协议，并通过《长三角地区环境应急救援物资信息调查工作方案》。2013 年 4 月 26 日，在马鞍山召开了“2012 年度长三角地区跨界环境污染纠纷处置和应急联动工作总结会议”，来自江浙沪皖四省市的环保部门就如何协作、共同促进边界环境纠纷问题的解决展开了讨论，而这已是长三角地区开展跨界环境应急联动工作的第 4 个年头。上海市、江苏省、浙江省以及安徽省在马鞍山市共同签订了《长三角地区跨界环境污染事件应急联动工作方案》，该方案是处置长三角区域跨界环境污染纠纷和应急联动的重要成果。

（三）确立应急联动“四原则”和“七工作”①

首先，方案明确了应急联动的“四原则”：

> 共保共赢原则。长三角地区经济社会共同发展和区域环境质量同步改善提升为目标，着眼发展大局，兼顾各方利益，加强团结协作，共同打击环境违法和生态破坏行为，合力推进共防、共治、共保，共同维护区域和谐稳定。
>
> 属地负责原则。各方要切实做好本辖区内环境污染隐患的排查和整治工作，尽最大努力控制和减少对相邻地区的影响。发生跨界环境污染纠纷和跨界突发环境事件时，三省一市环保部门在加强协作的同时，要负责做好各自辖区内的纠纷调处和应急处置工作。
>
> 预防为主原则。各方要按照“早发现、抓苗头、细排查、严整改、堵源头”的要求，将环境安全隐患排查、环境敏感问题和流域污染纠纷的预防工作落实到日常环保工作中，做到“防患于未然、治患于萌芽”。
>
> 开放创新原则。三省一市各方要不断加强交流合作，坚持开放创新，不断推进长三角地区环境污染纠纷处置和应急联动机制的制度创新和管理创新。

此外，方案还确立了扎实推进应急联动七个方面的工作：

> 建立各级跨界环境污染纠纷处置和应急联动机制。三省一市首先应建立省际机制，指导省界相邻地区地方环保部门建立相应机制，联合打击环境违法行为，处置跨界污染纠纷或跨界突发环境事件。
>
> 开展联合执法监督和联合采样监测。定期或不定期地组成联合检查组，共同对交界处环境污染防治情况开展现场检查和联合采样监测。对联合检查中发现的问题，所属方要督促落实整改措施，并将后督察情况通报有关各方。
>
> 协同处置应急事件。一旦发生跨界突发环境事件，三省一市各方应立即报请当地

---

① 华娟、闫艳、李莉、高杰：《长三角联动应对跨界环境污染》，《中国环境报》2013 年 5 月 24 日。

政府，协助做好污染控制和应急处置工作，立即启动突发环境事件应急调查方案，组织开展联合监测和联合调查，查清污染范围、来源及责任，并及时妥善采取各种应急措施。

妥善协调处理纠纷。跨界污染纠纷或信访、群体性事件发生后，三省一市应及时采取各种应急对策，必要时果断采取限产、停产等措施，避免污染进一步扩大。同时应及时将情况通报受污染方，必要时要开展跨界污染纠纷联合执法检查。

做好信息互通共享。当发生跨界污染、生态破坏事件或其他可能威胁邻省环境的事件时，事发地政府或环保部门要在第一时间通知相邻政府和环保等有关部门。当本地区发生严重污染事件并确认由相邻地区所致时，要在第一时间通报相邻政府和环保等相关部门。

加强预警工作。在敏感时段，三省一市各方应及时了解重点污染源排污变化情况，必要时采取限产、限排等控制排污总量的措施。要加强与当地有关部门的协调与沟通，及时了解水文、气象等情况。

开展后督察工作。对于引发跨界污染纠纷或事件的企事业单位，各方应依法处罚并提出限期整改要求，必要时要依法予以停产及关闭，事后应向受污染方通报处置情况，确保类似事件不再发生。

经济一体化和行政区域化的趋势使得区域内公共问题日益复杂，这就要求区域内各级地方政府联合起来，共同治理公共事务。长三角区域内生态治理方面的政府协作开展了多年，彼此间的协作也在不断加强，从原来的二省一市扩展到如今的三省一市，开创了长三角区域生态治理政府间协作的新局面，局部地区的生态环境治理有突破，如太湖治污行动，上海、杭州、南京等城市拒绝污染外资企业进驻本地等，使得长三角区域的生态环境明显好转。①

二　中原经济区的实践与创新

中原经济区是以全国主体功能区规划明确的重点开发区域为基础、中原城市群为支撑、以河南为主体，包括5省的30个省辖市和3个县（区）的经济区域，面积28.9万平方公里。该区域被定位为国家重要的粮食生产和现代农业基地，全国工业化、城镇化和农业现代化协调发展示范区，是中部崛起的重要基地，是支撑全国经济又好又快发展的新的经济增长板块，是华夏历史文明传承创新区，是引领中西部地区经济发展的重要引擎。

2009年12月1日，时任河南省委书记的卢展工提出“什么是中原、什么是中原崛起、为什么要中原崛起、怎样实现中原崛起”等问题，引发社会各阶层的思考。2010年4月23日，河南省委统战部组织全省各民主党派、工商联、无党派人士与社科界专家在郑州召开“构建中原经济区，促进中原崛起研讨会”，提出构建中原经济区的构想。2010年9月，由中国国际经济交流中心、北京大学联合主办了“建设中原经济区高层研讨会”，会上，专家各抒已见，力挺中原经济区。2010年11月，河南省委八届十一次会议审议通过《中原经济区建设纲要（试行）》，建设中原经济区、加快中原崛起成为河南省“十二五”重要建设规划。2011年1月26日河南省发改委宣布，“中原经济区”被正式纳入

① 施从美：《长三角区域环境治理视域下的生态文明建设》，《社会科学》2010年第5期。

《全国主体功能区规划》，上升到国家战略层面。2011年3月5日，第十一届全国人民代表大会第四次会议开幕，“中原经济区”写入“十二五”规划纲要草案。2011年10月，国务院正式印发《关于支持河南省加快建设中原经济区的指导意见》，这是国家大力实施促进中部地区崛起战略，推动区域协调发展的又一举措。2012年11月，国务院正式批复《中原经济区规划》，建设中原经济区拥有了纲领性文件。

（一）《中原经济区规划》（节选）

1. 推进新型农业现代化

推进以粮食优质高产为前提，以绿色生态安全、集约化标准化组织化产业化程度高为主要标志，基础设施、机械装备、服务体系、科学技术和农民素质支撑有力的新型农业现代化，构建具有中原特点的现代农业产业体系，夯实“三化”协调发展的基础。

（1）加快农业结构战略性调整

加快现代畜牧业发展，重点提高生猪产业竞争力，扩大奶牛、肉牛、肉羊等优势产品的规模，大力发展禽类产品，提高畜禽产品质量，建设全国优质安全畜禽产品生产基地。推进畜禽标准化规模养殖场（小区）建设，完善动物疫病防控和良种繁育体系，发展壮大优势畜牧养殖带（区）。优化生产布局，加大养殖品种改良力度，发展高效生态型水产养殖业。加快优势特色产业带建设，大力发展油料、棉花产业，推进蔬菜、林果、中药材、花卉、茶叶、食用菌、柞桑蚕、木本粮油等特色高效农业发展，建设全国重要的油料、棉花、果蔬、花卉生产基地和一批优质特色农林产品生产基地。大力发展设施农业。

（2）构建现代农业支撑体系

实施现代农业产业化集群培育工程，加快发展农民专业合作组织，壮大龙头企业，培育知名品牌，做大做强优势特色产业，构建现代农业产业体系，建设一批现代农业示范区。推动耕地向种粮大户、农机大户、家庭农场和农民专业合作社集中，促进农业适度规模经营。加强农技推广队伍建设，深入实施重大科技专项，推进农业科技创新和成果转化，提高农业公共服务能力。完善农产品流通体系，建设一批大型农产品批发交易市场。加强农产品质量安全体系建设，建立健全农产品质量安全标准体系和质检体系。加强农业信息和气象服务，推进农村信息化建设。

2. 加快新型工业化进程

坚持做大总量和优化结构并重，发展壮大优势主导产业，加快淘汰落后产能，有序承接产业转移，促进工业化与信息化融合、制造业与服务业融合、现代科技与新兴产业融合，推动产业结构优化升级，构建结构合理、特色鲜明、节能环保、竞争力强的现代产业体系，发挥新型工业化在“三化”协调发展中的主导作用。

（1）积极培育战略性新兴产业

科学布局、有序推进智能终端、新型显示、半导体照明生产基地建设，积极发展物联网、云计算、高端软件、新兴信息服务等新一代信息网络技术，加大推广应用力度，打造中部地区重要的新一代信息技术产业基地。推进生物医药、生物制造、生物农业等优势产业发展，打造全国重要的生物产业基地。发展壮大生物质能源、新能源装备等产业，提升新能源产业竞争力。提高动力电池及关键零部件配套水平，建设国内重要的新能源汽车产业基地。发展超硬材料、高强轻型合金、特种纤维等新材料，打造全国重要的新材料产业基地。大力发展高效节能、先进环保和资源循环利用的新装备和产品，打造国内具有较大影响的节能环保产业基地。积极发展轨道交通装备、智能电网装备、智能制造装备、航空装备、卫星应用等产业，建设中西部地区重要的高端装备制造业基地。

（2）提高自主创新能力

强化科技支撑，发挥企业自主创新主体作用，实施企业创新能力建设工程，强化与高等院校、科研院所及跨国企业的战略合作，建设一批企业技术中心、工程（重点）实验室、工程（技术）研究中心等研发平台。加强与中国科学院的合作，推进科技成果转移转化中心建设。在矿山装备、冶金节能、小麦育种、物联网等领域建设一批产业技术创新战略联盟，提高轨道交通、智能电网、花卉、生物医药等创新联盟发展水平。实施品牌创建工程，培育一批拥有自主知识产权和核心技术的知名品牌。支持郑州、洛阳等加快建设国家创新型城市，推动郑州、洛阳成为具有重要影响力的产业创新中心。推动在中原经济区布局建设知识产权区域中心。支持邢台、邯郸、长治、淮北、蚌埠、开封、洛阳、平顶山、安阳、新乡、南阳等老工业基地城市加快调整改造，支持焦作、濮阳、三门峡等资源型城市可持续发展。

3. 加快推进新型城镇化

发挥城市群辐射带动作用，构建大中小城市、小城镇、新型农村社区协调发展、互促共进的发展格局，走城乡统筹、城乡一体、产城互动、节约集约、生态宜居、和谐发展的新型城镇化道路，引领“三化”协调发展。

（1）加快城市群建设

实施中心城市带动战略，加快完善多层次城际快速交通网络，实现以郑州为中心的核心区域9个城市融合发展，进一步增强中原城市群辐射带动作用。依托以客运专线为主的高效便捷交通走廊，强化“米”字形发展轴节点城市互动联动，促进中原城市群扩容发展，提升综合实力和竞争力。深化城际开放合作，发挥轴带集聚功能，推动邯郸、安阳、邢台、鹤壁、聊城、菏泽、濮阳等北部城市密集区提升发展，促进蚌埠、商丘、阜阳、周口、亳州、淮北、宿州、信阳、驻马店等豫东皖北城市密集区加快发展，形成与沿海地区沟通联系的前沿地带。强化交通一体、产业链接、服务共享、生态共建，构建中原城市群、北部城市密集区、豫东皖北城市密集区一体化发展格局，形成具有较强竞争力的大中原城市群。

（2）探索推进新型农村社区建设

因地制宜探索新型农村社区建设模式，发挥农民主体作用，尊重农民意愿，稳步开展试点，把新型农村社区建设作为推进城乡一体化的切入点。发挥县域镇村体系规划对新型农村社区规划的指导作用，依据产业规模、产业特性和交通区位、生态环境条件，科学确定新型农村社区规模。增强产业支撑，促进大多数社区居民向二、三产业转移就业。推进社区水、电、路、气、房、通信等基础设施建设，配套建设教育、医疗、文化体育、超市等公共服务设施，建设垃圾集中收集、污水集中处理设施，推进农民生产生活方式转变。对社区居民住房，根据土地性质，依法核发土地使用证和房屋所有权证，维护农民合法权益。探索开展转移落户到城镇的居民退出农村房屋交易试点。按照依法、自愿、有偿的原则，鼓励和支持农村土地承包经营权流转，发展多种形式的适度规模经营。

(3) 促进城乡协调发展

统筹规划城镇建设、农田保护、产业集聚、村落分布、生态涵养等空间布局，推动形成城乡衔接的公共交通、供水供电和生态建设、环境保护一体化发展格局。加强城乡社会管理，推进农村人口向城镇转移、向新型农村社区集中。加强环境综合整治，改善农村人居环境，建设美好乡村。增强城镇对农村的产业辐射，形成合理分工的产业布局，引导农村工业适度集中，加快发展农村服务业。引导城市资金、技术、人才、管理等生产要素向农村流动，促进三次产业联动发展。统筹配置公共资源，促进基本公共服务均等化。提升城乡就业和社会保障服务能力，提高社会保障统筹层次和保障水平。深入推进新乡统筹城乡发展试验区建设和信阳、宿州、蚌埠龙亢农场农村改革发展综合试验。

4. 促进区域联动发展和开放合作

完善中原经济区联动发展机制，打造高水平开放合作平台，促进区域共同发展繁荣，全面提升对外开放水平，建设内陆开放高地，强化全国区域协调发展的战略支点作用。

(1) 优化区域内分工合作

加快区域一体化发展。完善产业分工协作体系，打造区域优势产业链，实现产业对接、错位发展。探索跨行政区域产业合作发展新模式，推动共建产业园区。打破行政界限和市场分割，建立统一的商品市场、产权交易市场、人力资源市场，加强科技资源、信用体系、市场准入、质量互认等对接。推动基础设施一体化，协同建设跨省铁路、高速公路等重大基础设施，加强能源开发、信息网络、生态保护等方面合作共建。合作开发精品旅游线路，打造“中原旅游”品牌。

完善区域合作机制。建立中原经济区五省政府高层协调机制，统筹协调区域发展重大问题。建立市长联席会议制度，强化在促进区域合作中的统筹、协调、指导和服务职能。在区域专项规划编制、区域政策协调、要素资源流动、生态环境联防联治、联合执法等领域探索建立合作新机制。发挥现有区域合作组织的作用，拓宽合作领域，提升合作水平。

(2) 密切与其他经济区联系

充分发挥中原经济区战略腹地效应，全面加强与周边经济区的合作互动，重点推动东向出海口和西向欧亚大陆桥的对外开放大通道建设，提升对内对外开放水平。依托东向交通通道，打通到上海、青岛、黄骅、日照等地的便捷出海口，密切与环渤海、皖江城市带、长三角等经济区的联系，有序承接产业转移，拓展合作领域。依托南向交通通道，推进与长江中游地区合作发展，积极参与珠三角产业分工。发挥陆桥通道功能，扩大向西开放，加强与关中—天水经济区和成渝经济区的联系，密切与西部地区在资源、能源等方面的合作，主动融入新一轮西部大开发。依托北向通道，加强与京津冀地区的经济技术交流与合作，提高产业链接和协作配套水平。深化与港澳台地区经贸合作，定期举办一批重大经贸文化交流活动，加快焦作（台湾）农民创业园等合作园区建设。

5. 弘扬中原大文化

加大中原文化遗产保护力度。加强以洛阳龙门石窟、安阳殷墟、登封“天地之中”历史建筑群等为重点的世界文化遗产保护研究工作。做好大遗址保护展示工程，加强古籍文献保护。加快建设河洛文化生态保护区、禹州钧瓷国家非物质文化遗产生产性保护示范基地、蚌埠中国花鼓灯原生态保护展示区、威县梅花拳传承文化园，促进非物质文化遗产活态传承。振兴传统戏剧。加强历史文化名城名镇名村及历史街区保护，在文化底蕴深厚的城市建设一批特色文化街区。构建中原文化创新发展载体。发挥中原文化独特优势，塑造昂扬向上的中原人文精神。依托新郑黄帝故里、老子故里、庄子故里、淮阳太昊陵、涉县娲皇宫等文化资源，打造中原根亲文化品牌。创新中原文化表现形式和传播方式，推进华夏历史文明全媒体出版工作，集中力量打造文化精品，培育中原文化海外传播平台。

健全公共文化服务体系。加快公共文化设施建设，实施农村广播电视“村村通”、直播卫星公共服务工程，加强广播电视无线发射台站基础设施和地面数字电视建设，推进农村数字电影放映和城镇数字影院建设工作。加强数字图书馆推广、农家书屋、城乡阅报栏（屏）和公共电子阅览室建设，推进省辖市图书馆、文化馆、博物馆和县级图书馆、文化馆达标改造，加快建设乡镇文化站。

6. 开展“三化”协调发展创新示范

鼓励各地结合自身实际，开展“三化”协调发展试验示范。支持河南省发挥主体作用，在有条件的地区围绕经济转型、生态经济、扶贫开发、承接产业转移、城乡一体化、可持续发展、文化传承创新等主题，开展“三化”协调发展先行先试。支持安徽省以沿淮经济带、现代产业园区和美好乡村建设为载体，建设皖北“三化”协调发展先行区，鼓励在区域合作发展、城镇提质扩容、新农村建设、城乡土地管理制度改革等方面积极探索，增强内生发展动力和活力。

（二）中原经济区的实践创新

《中原经济区规划》（以下简称《规划》）的发布，使中原经济区成为中国地域面积最大、覆盖人口最多的经济区，在经济总量上仅次于长三角、珠三角和京津冀三大经济区，在全国改革发展大局中具有重要战略地位。这是继国家出台《关于支持河南省加快建设中原经济区的指导意见》后，推进中原经济区建设的又一重大举措。《规划》使中原经济区建设的目标任务更加明确，发展布局更加清晰，政策支持更加有力，标志着中原经济区建设进入了整体推进、全面实施的新阶段。《规划》有诸多“亮点”和“新意”[①]。

1. 文化之光闪耀中原

中原地区文化资源厚重丰富，历史悠久。作为中国唯一一个具有传承创新文化使命和功能的经济区域，提升中原文化在全国的地位和影响力、建设中华民族共同的精神家园，理当成为中原经济区的责任。“文化产业必须成为中原经济区的强大推动力。”清华大学文化产业研究中心教授熊澄宇认为，把文化产业打造成支柱产业，要抓住四个核心点，即：差异化的、不可替代的内容，与现代科技的紧密结合，真金白银的资本，全方位的服务。《规划》提出加强洛阳龙门石窟、安阳殷墟、登封“天地之中”历史建筑群的保护研究工作，从世界遗产及大遗址保护展示、非物质文化遗产活态传承、历史文化名城名镇建

---

① 赵振杰、王映：《和谐中原的创新突破——〈中原经济区规划〉解读之四》，《河南日报》2012年12月7日。

设完善等方面提出了发展思路，全面涵盖了文化保护的各个方面，有利于中原文化的全面传承。更为重要的是，河洛文化生态保护区等重点项目纳入《规划》，为河南省下一步争取国家资金支持提供了有力支撑，将在一定程度上缓解河南省文物保护资金压力，使更多文化遗产得到良好保护。

中原文化是华夏文化的“正根、正道、正宗、正统”。但长期以来，河南省的根亲文化缺少具体载体、没有形成影响。《规划》鲜明地提出依托新郑黄帝故里、老子故里、淮阳太昊陵等独特优势文化资源打造根亲文化品牌，这使河南省的文化工作抓手更加有力。《规划》还强调了创新文化表现形式和传播方式，这是传统文化焕发活力的必然要求，随着华强文化科技产业基地、华夏历史文明全媒体出版工程等文化创新工作的推进，古老的中原文化将一改往昔土气形象，搭乘数字化、网络化的快车迎来更广阔的传播空间。

2. 区域联动合力中原

《规划》是迄今国家批复的规划覆盖面积最大的国家级区域规划。它以河南为主体，延及周边的河北、山西、山东和安徽，共涉及 5 个省份，近 30 万平方公里国土面积，占全国近八分之一的人口和近十分之一的经济总量，它所能产生的指导作用和影响无疑也是巨大的。

“经济区是客观存在的经济紧密联合体，但行政区划与经济区的不一致使得经济联系一定程度上受阻，人为抑制了要素合理流动。”中国社会科学院工业经济研究所研究员陈耀认为，《规划》提出要“完善中原经济区联动发展机制，打造高水平开放合作平台，促进区域共同发展繁荣”，这对于调动五省各方的积极性，促进要素资源在更广大范围优化配置，推进一体化建设意义重大。

3. 崛起之翼：郑州航空港“变身”实验区

郑州曾经是“火车拉来的城市”，如今正在张开“崛起之翼”。根据《规划》，中原经济区将以郑州航空港为主体，以综合保税区和关联产业园区为载体，以综合交通枢纽为依托，以发展航空货运为突破口，大力发展航空物流、航空偏好型高端制造业和现代服务业。力争到 2020 年基本建成全国重要的航空港经济集聚区，成为国际航空货运集散中心、高端制造业和现代服务业基地、对外开放新高地、现代航空都市和中原经济区核心增长极。

据郑州航空港相关负责人介绍，建设郑州航空港经济综合实验区，就是要通过航空枢纽建设和航空港经济发展，密切国际交流合作，为中西部地区搭建产业发展、贸易合作、技术交流、人才引进的载体和平台，进而承接国内外产业转移，深度融入全球产业链和产业分工体系，全方位扩大对内对外开放。

4. 崛起之力：国家给资金更给政策

根据河南省发改委相关负责人解读，《规划》从粮食生产核心区、产业升级和投资引导、统筹城乡发展、生态补偿等方面提出了支持中原经济区建设的具体政策措施，涵盖财政、金融、投资、产业、土地等多个方面。尽管从字面上来看，国家没有明确提出给多少钱，但实际上这些政策的含金量非常高，将为河南省下一步发展提供强有力的支撑，也使广大人民群众得到更多看得见、摸得着的实惠。

2012 年 3 月，经国务院批准，财政部决定 2012—2016 年期间每年给予河南省中原经济区建设专项财力补助 10 亿元，由河南省统筹用于中原经济区建设和发展，此举将支持河南省粮食主产区提高保障能力，逐步缩小地方财政收支缺口。国家在测算综合性转移支付和县级基本财力保障奖补资金时，充分考虑了对人口大省、产粮大省和财政困难地区有利的因素。2011 年仅此两项国家就对河南省补助 483.9 亿元，比 2010 年增加了 110.4 亿元，总额和增量均居全国第一。郑州机场二期工程等一批事关河南长远发展的重大项目，也相继获得国家发改委审批或进入国家规划。截至 2012 年上半年，全省共有 47 个重大项目获国家审批、核准，居中部地区首位，国家发改委已下达河南省建设资金超过 150 亿元。此外，《规划》明确提出要研究设立农村金融改革实验区，开展农村金融综合改革创新试点，对河南省来说也是保证现代农业发展资金的一条途径。

5. 先行先试创新中原

改革创新，是中原经济区建设的永恒主题。30 多年的改革开放，为中国全面建成小康社会打下了坚实基础，但制约经济社会发展的深层次矛盾依然存在，改革仍处在攻坚阶段。探索城乡之间、地区之间人地挂钩试点，试行城镇建设用地增加规模与吸纳农村人口进入城市定居规模挂钩——《规划》对土地管理制度改革上的创新试点，被认为是含金量极高的支持政策之一。

据河南省发改委相关负责人介绍，河南省每年城镇化、工业化建设过程中，实际需要的土地 80 多万亩，但每年所获建设用地指标不过 20 多万亩，实际缺口极大。不过，这一用地瓶颈，有望在人地挂钩试点推行后得以缓解。中国现行的城乡建设用地实行增减挂钩的计划管理模式，即依据土地利用总体规划，如果农村建设用地地块被整理复垦为耕地（即拆旧地块），城镇可对应增加相应面积的建设用地（即建新地块），最终实现保证耕地和节约集约利用建设用地的目标。但这一管理模式的三个特点常常成为制约发展的因素：一是不允许超出一个县域；二是建新与拆旧项目一一对应，严禁擅自扩大挂钩周转指标规模；三是严禁超出范围和数量开展自由增减挂钩。实行“人地挂钩”试点后，以上三方面限制将有所创新和突破。

6. 探索“两不三新”之路①

将探索“两不三新”路子写入指导思想，这是《规划》中的一个重大亮点，即持续探索不以牺牲农业和粮食、生态和环境为代价的新型城镇化、工业化和农业现代化协调发展的路子。中国社会科学院工业经济研究所专家陈耀表示，这抓住了中国转变经济发展方式、全面建成小康社会的关键问题。

中原经济区在交通、粮食、产业基础、市场和文化等方面有着诸多优势。但同时，中原经济区加快发展还面临着诸多共性矛盾和挑战，集中表现在：农村人口多、农业比重大、保粮任务重，经济结构不合理、农村富余劳动力亟待转移、基本公共服务水平低。

要破解诸多难题，实现跨越式发展，中原经济区的核心任务就是要探索“两不三新”路子，这一点也明确体现在了规划提出的发展目标中。《规划》中提出，中原经济区要在提升效益和降低消耗的基础上，使主要经济增长指标年均增速高于全国平均水平。人均地区生产总值要从 2011 年的 26 317 元增加到 2020 年的 60000 元，地区生产总值占全国比重从 9% 上升到 10.5%。而同时，现有耕地保有量 1423 万公顷到 2020 年必须保持不变，粮食综合生产能力要从 2011 年的 9326 万吨增加到 1.08 亿吨，森林覆盖率要从 22% 上升到

① 梁鹏：《“两不三新”：超越中原，启示全国——解读中原经济区规划的“亮点”和“新意”》，《新华每日电讯》2012 年 12 月 4 日。

25%，单位地区生产总值能耗比2010年下降30%左右，万元工业增加值用水量要从145吨下降到110吨。同时，服务业增加值显著提高，战略性新兴产业增加值占地区生产总值比重达到15%。陈耀等专家认为，中原经济区探索“两不三新”之路，不仅能很好地指导中原经济区科学发展，同时，它所探索的路子和建设经验对中部地区乃至全国都将产生重大示范意义。

三　长江中游城市群战略合作的实践与创新

20世纪90年代，中国经济的显著特征是长江三角洲、珠江三角洲和京津冀三大城市群不仅发展速度快，而且经济规模占全国的比重越来越高，成为中国经济发展的引擎。除了这三个城市群之外，还涌现出了新的城市群，已露端倪的有中原城市群、长江中游城市群、成渝城市群和哈长城市群，构成中国国家级的七大城市群。

长江中游城市群是中国具有优越的区位条件、交通发达、科技教育资源丰富的城市群之一，在中国未来空间开发格局中，具有举足轻重的战略地位和意义。2013年2月23日，武汉、长沙、南昌以及新加入的合肥共同签署了《长江中游城市群暨长沙、合肥、南昌、武汉战略合作协议》，“武汉共识”正式达成，四市将合作发展，倾力共同打造全国经济增长第四极，使长江中游城市群的发展规划与前途更明朗。

（一）“中三角”城市群的发展历程

长江中游城市群，也称“中三角”或“中四角”，是以武汉为中心城市，长沙、南昌、合肥为副中心城市，涵盖武汉城市圈、长株潭城市群、环鄱阳湖经济圈、江淮城市群等中国中部经济发展地区，以浙赣线、长江中下游交通走廊为主轴，向东向南分别呼应长江三角洲和珠江三角洲。“中三角”包括湖北武汉城市圈（武汉、黄石、黄冈、鄂州、孝感、咸宁、仙桃、天门、潜江）和宜荆荆城市带（宜昌、荆州、荆门）、湖南环长株潭城市群（长沙、岳阳、常德、益阳、株洲、湘潭、衡阳、娄底）、江西环鄱阳湖城市群（南昌、九江、景德镇、鹰潭、上饶、新余、抚州、宜春、吉安）和江淮城市群（合肥、芜湖、马鞍山、铜陵、安庆、池州、滁州、宣城、六安、淮南、蚌埠）。

2006年4月，中共中央、国务院《关于促进中部地区崛起的若干意见》出台。2012年12月底，时任中共中央政治局常委、国务院副总理李克强在江西九江主持召开区域发展与改革座谈会，会上谈到长江中游城市群，他对安徽、湖北、湖南、江西等省负责人说，把安徽纳进来。2012年2月，湘赣鄂三省首次会商共谋“中三角”，“中三角”起航。2013年，三省携手深化为四省共襄，“长江中游城市群”从呼之欲出到瓜熟蒂落，一个新经济地理概念水到渠成。2013年2月下旬，长江中游城市群四省会城市首届会商会在武汉举行。2月23日，长沙、合肥、南昌、武汉四省会城市达成《武汉共识》，将联手打造以长江中游城市群为依托的中国经济增长“第四极”。

2014年2月27日至28日，长江中游城市群省会城市第二届会商会在长沙举行。2月28日，长沙、武汉、南昌、合肥四省会城市共同签署发布了《长沙宣言》，携手冲刺中国经济增长“第四极”。《长沙宣言》约定，四省会城市要积极放大长江中游城市群的国家战略优势，共同建设具有国际竞争力的特大城市群，共同推动区域开放融合、创新发展，并就健全四省会城市交流合作保障机制达成了共识。按照“核心带动、多极协同、一体发展”原则，构建新型城市化合作体系和利益协调机制，全面提升省会中心城市高端服务和辐射引领功能，共同探索区域发展新模式；合作推进国家总体规划进程，争取重大基础设施布点，争取重大示范点政策，争取重大产业专项布局，争取重大环保项目布局；加快推进区域营商环境、要素市场、创新网络建设，全面巩固和深化专项领域合作；完善联席会议制度，建立重大项目调度机制，对四省会城市共同推进的重大项目、重大政策，逐项试行牵头负责制。

（二）“武汉共识”的政策解读

1. “武汉共识”的合作内容

按照“武汉共识”，四省会城市将在九个层面深入开展协作，包括：共同谋划区域发展战略，推动自主创新、转型发展合作，推进工业分工合作，共同推进内需发展和区域开放市场体系建设，共同推进交通基础设施建设，推进生态文明建设，共同建设文化旅游强区，共建公共服务共享区，共建共享社会保险平台。与此同时，四省会城市交通、科技、商务、卫生等 11 个部门也分别签署协议，将加强交通基础设施，推进科技资源相互开放和共享，鼓励科技成果、科技人才、创业资本等科技要素流动，建立医疗服务共享和新型农村合作医疗实现跨市结算等。具体合作内容主要包括：①

（1）交通：根据交通合作协议，四市将积极合作，以武广、合武、京九、沪昆、昌吉赣等客运专线为主体，加快推进四省会城市间高铁、城际铁路等快速通道建设，尽快研究建设长沙—南昌、九江—合肥、武汉—九江城际铁路及合武高铁改造等项目，使四省会城市间形成环状快速铁路网，从而建成四省会城市互达 2 小时经济圈。此外，四市将加快长江武汉至安庆段 6 米水深、武汉至岳阳城陵矶段 4.5 米水深航道工程的建设。推进湘江、赣江、汉江、巢湖流域等航道整治，形成长江中游港口群。联合争取开辟国际航空客货运航线和直达欧洲铁路货运专线。同时，四市要积极培育、引导发展豪华游轮旅游运输，重振内河水路客运业。巩固发展四市城际间公路高速客运，努力争取路桥通行优惠政策，降低成本，惠及旅客。

（2）旅游：在未来，城市群内可望实现异地租车、景点、酒店、交通等付费一卡通。2013 年 2 月 23 日，四市签订协议，力争构建长江中游无障碍旅游区。协议称，四市旅游局将依托岳麓山、巢湖、滕王阁、黄鹤楼等著名旅游区（点），以武合高铁和京广高铁为骨干，发挥长江黄金水道优势，共建长江旅游黄金带和中部高铁旅游协作区；致力于推动“美丽中部”“美丽城市（社区）”“美丽乡村（村庄）”等系列生态文明景观建设。完善异地汽车租赁网络，完善自驾车（房车）线路、标识和营地，实现景点、酒店、餐厅、交通等旅游付费一卡通。四市旅游局还将共同建立健全交通异地救援和保险理赔体系，搭建旅游警务合作机制。

（3）医疗：根据协议，四城将协同推动新农合平台的互联互通，逐步实现城市群内参合农村居民异地就诊，跨市农民工患者异地刷卡就医、异地报销结算的新机制。城市群内将协同推进新农合补偿政策相对统一，异地就医即时结报，费用由跨市定点医院先行垫付，按季（年）由经办机构与跨市定点医院结算。逐步实现城市群同级医疗机构检查检验结果互认。此外，四市将建立健全新生儿急救转运系统、孕产妇急救转运系统、妇女儿童重大疾病转诊网络，以及免疫规划信息管理系统的互联互

① 参见《“中三角”四城达成〈武汉共识〉，逐梦世界级城市群》，2013 年 2 月 24 日，荆楚网（http：//www. cnhubei. com/xwzt/2012/cjzycsq/201302/t2478365_ 6. shtml）。

通，方便适龄儿童异地接种；组建城市群卫生应急和重点疾病防控专家库，当需要时可相互调用。

（4）产业：以四城市优势产业和骨干龙头企业为切入点，在项目合作、技术创新、协作配套、企业重组等方面构建长江中游产业协作发展平台，推进四城市企业间协作配套和产业合作互补。同时，要共同推进市场全面开放，建立公平、开放、有序的市场环境，相互在经贸、会展等方面提供支持和便利。积极组织四市工业企业参加各市举办的各类名优特新产品展销活动，建立以企业为主体、政府推动的煤电保障共赢合作机制，充分利用长江水道，共同推进与拓宽水运电煤，共同争取国家支持加快推进输煤输电通道建设，改善四市能源供给结构，增强能源保障能力。

（5）文化：在未来，长江中游城市群居民，可免费享用群内各城公共图书馆、文化馆，在武汉可购长沙、南昌、合肥演出票。根据昨日签订的文化协议，四市将实现公共文化服务共建共享。四市还将举办长江中游城市群群众文化交流活动，推出长江中游城市群文化艺术节。建立长江中游城市群城市演艺联盟，推动精品剧目巡回交流演出。打通票务系统，四市任何一地可订购另外三地演出票。支持武汉地区高校在长沙、合肥、南昌三地的文化企业设立文化产业人才实训基地，创新文化产业人才培养模式。推动文化企业跨区域发展，鼓励传媒、影视、出版发行、印刷复制、演艺娱乐、创意设计、广告会展等文化企业跨区域投资与合作，参与文化创意产业园区开发。

（6）教育：加强四城市市属大中专院校在重点学科专业、科学研究、实验室建设、毕业生就业等方面合作，鼓励学校之间的联合办学。采取访问学者、客座教授、优秀教师讲师团、学术报告等形式开展干部教师队伍交流。定期互派一批优秀中青年干部教师挂职锻炼，相互学习交流。举办“教育改革发展论坛”。针对当前教育改革和发展中的全局性、前瞻性、瓶颈性问题，共同进行研究，开展论坛讲座和沙龙活动。建立教育局长联席会议制度，重点协调决定区域教育合作的重大事宜，推进教育合作平台的建设。长江中游城市群省会城市教育局长联席会议作为常设制度，每年举办一次。

（7）商贸：根据协议，四市将支持大型商业连锁企业在对方市场布点，开展跨市连锁经营，为对方商贸企业到本地投资建店、合作经营提供优惠政策和便利条件。支持专业批发市场建立跨市经营网络，共同打造长江中游商业功能区，强化商品特别是农产品现代物流基地和流通枢纽地位。由四市轮流牵头在境外举办大型对外投资合作对接推介会。加强会展业全面合作，支持四市联合举办或各市独自举办的各类会展活动，做大做强“中博会”和长沙的“国际农博会”、合肥的“家电博览会”、南昌的“绿色食品博览会”以及武汉的“机博会”等重要会展平台。

（8）科技：围绕沿长江、环洞庭湖、环鄱阳湖、环巢湖等重点区域的农业和资源环境，积极开展绿色食品、绿色建筑、绿色照明、绿色公交以及江河、湖泊水污染治理、工业脱硫脱硝等技术的联合攻关与协作，为四省会城市“天更蓝、水更绿”提供科技支撑。加强四省会城市节能与新能源汽车整车与零部件制造企业的合作，支持示范推广工作在同等条件下优先采用四省会城市生产的电池、电机、电控等关键零部件或整车产品。鼓励四省会城市相互建设大学科技园、科技企业孵化器。共同组建产学研合作示范基地和科技成果产业化基地，促进科技成果在四省会城市实现转化和产业化。

(9) 生态：四市将共同推进生态文明建设，特别是加强“三江四湖”水环境和流域生态保护合作，力争“两型社会”和生态文明建设上共同走在全国城市前列。根据协议，四市将加大环境保护体制机制创新合作与交流，共同争取国家关于环境税、排污权及碳交易等环境经济政策支持。联合争取国家有关部委向四城市引进国际环保合作项目。共同争取国家组织启动编制长江中下游水环境保护总体规划，共同争取开展环境税、节能量、碳排放权、排污权、水权交易等试点。同时，以地表水环境和大气环境保护为重点，加大环保科技交流力度。联合开展水生态修复、PM2.5 防治、机动车排气污染防治等城市环境保护重大项目科研合作。促进市场开放和产业协作，组成环保产业联盟。

(10) 规划：以四市为改革试点，积极探索长江沿线综合配套改革的试验区、集约节约土地空间资源的先行区，争取国家在制定区域产业政策和布局重大项目的优惠政策，争取在四市设立城建专项资金，争取年度土地利用计划指标单列，为长江中游城市群的经济社会发展提供经验和示范。加强四市经济社会发展规划、城乡规划、土地利用规划等衔接协调、多规融合，建议比照长三角、珠三角、京津冀等区域规划政策，探索支持新型工业化、城镇化、信息化和农业现代化发展的新路径，创新建设用地指标交易机制与新增建设用地计划管理模式。构建区域“智慧城市群”。运用数字城市建设的先进运营理念，共同组织开展智慧城市群总体规划和顶层设计，率先在全国范围内构建地理信息资源开发利用与规划信息共建共享的跨区域数字信息网络平台。

2. “武汉共识”的政策解读

作为全国首个长江中游城市群促进改革试验工作的综合性地方协议，它的颁布和实施不仅对长江中游城市群的改革试验工作起着重要的积极作用，更为中国经济腾飞中的分级制政策试验树立了标杆。① 以下，从两个方面对这部协议政策试验进行解读。②

(1) 给予优惠政策。作为国家改革试点单位往往进行一系列改革都需要承担一定的风险，为了鼓励政策试验，中央往往会给予试验单位一系列配套的优惠举措。这样可以减轻政策试验的负担，提高试验的成功率，从而激发非试验单位去学习和模仿，达到政策试验的扩散效果，进而在全国进行推广发展。

基于“武汉共识”的改革实验是打造并发展长江中游城市群的合作协议，因此获得中央给予的优惠政策。在“武汉共识”协议中都有体现：第一，经济上：建立煤电保障共赢机制以四城市优势产业和骨干龙头企业为切入点，在项目合作、技术创新、协作配套、企业重组等方面构建长江中游产业协作发展平台，推进四城市企业间协作配套和产业合作互补；第二，社会生活上：共建共享文化服务，实现四市高铁互通，实现通行优惠政策；建立大病转诊网络，实现四城新农合平台的互联互通；第三，教育文化上：鼓励学校间联合办学，创新文化产业人才培养新模式实现四市公共文化服务共建共享；第四，生态上：四市将共同推进生态文明建设，特别是加强“三江四湖”水环境和流域生态保护合

① ［德］韩博天：《中国经济腾飞中的分级制政策试验》，石磊译，《开放时代》2008 年第 5 期。

② 李文琪：《〈武汉共识〉背后的法律与政策思考》，《中国软科学》2014 年第 1 期。

作，力争“两型社会”和生态文明建设上共同走在全国城市前列。

（2）增强政策自主性。改革开放后，中央对试验单位或区域放宽条件，给予了很多优惠政策。与此同时，在遵循中央统一领导的原则下，中央对试验区域的地方政府也适当下放一些权力，使得试验单位有了一定的自主性。试验单位在人、财、物等方面的管理上都可以实行一定程度的“特事特办”，而不必完全遵循已有的规则和程序，可以发挥最大的主观能动性来提出适合试验区改革的措施。

“武汉共识”已经充分体现国家赋予试验单位较强的政策自主性。“武汉共识”在产业发展、科技创新、人力资源、资源节约、环境友好、城乡统筹、基础设施、社会保障、公共服务、商贸信息等内容上都提出了很多创新性的措施，将四省会城市作为一个整体来看，提出了各区域之间的协调机制、资源共享、收益共享、设施共建等自主性的措施，这已经突破了各市区域的地域限制和行政限制，给予了长江中游城市群的试验主体制定政策的自主性。在制度创新上还引进了国外的一些新理念新模式，这都充分体现了试验单位的政策创新自主性。当然，“武汉共识”的制定本身就显示了其政策自主性。

（三）长江中游城市群区域合作的阶段性成果

经过一年的努力，四城市在区域发展规划、自主创新、产业、市场、交通、文化、旅游、生态文明、公共服务等领域，进行了全面、卓有成效的合作与交流，如实现了四城专家库共享、组建了餐饮联盟、联手推出旅游优惠联票、共同开展医疗卫生培训、咸岳九“小三角”、黄梅小池“经济特区”、大别山等省级毗邻地区试行创新合作机制等，在合力推进长江中游城市群的多方面都取得了实实在在的成果：

在产业合作方面，企业跨区域投资和联合发展越来越活跃。截至 2014 年，三个兄弟城市在武汉投资注册企业累计 1898 家，武汉在三个兄弟城市投资注册企业累计 3077 家。仅过去一年间，武汉和三个城市之间的相互投资就超过 100 亿元。

在交通运输方面，咸（宁）通（山）高速、武（汉）咸（宁）城际铁路正式开通，四省已相继打通 10 余条高速“断头路”。

在市场合作方面，四城市组建了餐饮联盟，商业银行签署了《战略发展业务合作协议》，组建了长江中游会展集群。在工商方面，跨省投资不改字号、消费投诉一站式维权。

在教育方面，高校课程互选、学分互认、教师互聘破题。

在旅游合作方面，武汉、长沙、合肥、南昌四市成立了长江中游城市群四省会城市旅游发展合作组织，推出城市群旅游优惠联票，四城市民互游 8 大景区享 8 折优惠，促进了四市旅游客源互动共享。

在公共服务方面，建立了城市群医疗卫生合作机制，构建了四城市教师业务交流的“云平台”。

在创新合作方面，四城市成立了科技合作联席会，签订了科技合作协议，开通门户网站，实现了四城专家库共享。

四　福建构建海峡蓝色经济区的规划与实践

进入 21 世纪后，海洋开始扮演越来越重要的角色，可以说，21 世纪是海洋的世纪。中国是海洋大国，有着漫长的海岸线、辽阔的海域、丰富的海洋资源，海洋在社会发展与国民生活中占据着重要的历史地位。[①] 2012年9月，国务院颁布了《全国海洋经济“十二五”规划》，确定了中国今后一段时期海洋经济发展的总体思路、发展目标和主要任务；2012年11月在党的十八大即将召开之际，国务院批准了《福建海峡蓝色经济试验区发展规划》，国家发展和改革委印发了该规划。规划期为2012—2020年，重点为“十二五”时期。规划主体区范围包括福建省管辖海域和福州、厦门、漳州、泉州、莆田、宁德6个沿海设区市及平潭综合实验区陆域，海域面积13.6万平方公里、陆域面积5.47万平方公里。自此，福建成为继广东省、山东省和浙江省之后由国务院批准的中国第四个海洋经济发展试点省份。

（一）《福建海峡蓝色经济试验区发展规划》（节选）

1. 强化海洋资源科学利用与生态环境保护

树立绿色低碳发展理念，节约集约利用海洋资源，加大海洋生态环境保护力度，建成人海和谐、宜居宜业的海洋生态文明示范区。

（1）科学保护与利用海洋资源

①节约集约利用海洋资源。加强海域、海底、岸线、海岛等测绘工作，开展海洋生物、海底矿产、海洋能与油气等资源调查和勘探开发。健全海洋资源有偿使用制度，探索建立统一、开放、有序的海洋资源有偿使用机制。实施岸线有偿使用制度，有序开发利用岸线资源，严格保护深水岸线，推进项目沿垂直岸线方向布局，优先保证重要港口建设需要。坚持“深水深用、浅水浅用”，加强重要岸线的战略预留，保证定向投放。明确近岸海域港口、工业、航运、旅游、渔业等功能分区。制定岸线和海域投资强度标准规范，引导海洋产业集聚发展，加强沿海林地保护，合理高效利用岸线、滩涂和海域等海洋资源。大力发展海水淡化产业，将海水淡化水作为海岛的重要水源。加强海洋资源循环利用，推动技术创新，规划建设泉港、仙游、江阴等一批临港循环经济示范园区。

②科学有序开展填海造地。充分利用福建省主要海湾的数模研究成果，科学论证围填海项目，认真落实海域使用管理法律法规，扎实做好区域建设用海规划环评，严格执行围填海计划，实行总量控制制度，严格控制内湾填海造地；创新围填海形式，推行透水平面设计，提倡人工岛式和区块组团式填海。引导和推动围填海向湾外拓展，临港产业向湾外转移，根据海湾生态环境承载力、水下文化遗产分布情况、陆域产业布局以及各级主体功能区规划等，重点选择厦门大嶝、晋江金井、南安石井等13个湾外海域，作为围填海备选区，科学编制湾外围填海规划。

（2）构建蓝色生态屏障

①加强陆源和海域污染控制。坚持以海洋环境容量和承载力为基础，海陆统筹、河海兼顾，协同推进近岸海域污染防治和陆域、流域环境综合整治，切实加大海洋污染治理力度。抓好沿海重点行业、重点企业的污染源治理，加快推行清洁生产，鼓励企业开展节水改造，提高水资源利用效率，努力实现工业企业污水达标排放或“零排放”。完善城乡污水处理设施，加快配套管网建设，提高管网截污率和

① 潘新春、黄凤兰、张继承：《论海洋观对中国海洋政策形成与发展的决定作用》，《海洋开发与管理》2014年第1期。

污水处理厂的负荷率。加快建设城镇垃圾无害化处理设施，全面开展农村“家园清洁行动”。加强闽江、九龙江、晋江等主要入海河流污染治理和生态工程建设，强化各入海河流污染源的排污监控和监测。实行以环境容量为基础的污染物排海总量控制和排污许可证制度，以及主要河流入海污染物的溯源追究与生态补偿制度。切实减少农业面源污染，大力发展生态农业、生态林业，大力推广亲环境型畜禽水产养殖模式。加强海上污染源管理，严格控制港口、船舶倾泻排污，强化海洋重金属污染防治工作。

②加强海洋保护区建设和生态修复。推进建设海洋自然保护区和特别保护区，加快实施闽江口、福清湾、平海湾、泉州湾、九龙江口等海洋生态保护恢复工程，建立宁德大黄鱼、厦门中华白海豚等一批生态保护区，建立长乐蚌、云霄蛤等一批海洋珍稀、濒危生物重要栖息地自然保护区。建立一批具有典型海洋生态系统和景观的海洋特别保护区及海洋公园。加强海岸防护林带的建设与保护，提高海岸带、河口的防护水平和生态质量。加强渔业资源养护和恢复，严格实行伏季休渔制度，继续推行增殖放流、封岛栽培、人工鱼礁建设，营造海洋牧场，恢复近海海洋生物种群资源。加强海洋和沿海外来物种入侵监测预警和风险防控。

③加强滨海湿地生态保护。加强沼泽、红树林等重要滨海湿地保护，重点推进闽江口、九龙江口、罗源湾、兴化湾、湄洲湾、泉州湾河口等一批国家级和省级滨海湿地自然保护区建设。结合重点海域生态修复计划，因地制宜地开展红树林种植等生态修复工程，保护海洋生物多样性。加强具有特色的海岸自然和人文景观保护。

④加强海岛生态保护。推进无居民海岛有序利用和管理，加大海洋特别保护区建设力度，对领海基点岛屿、具有特殊价值的岛屿及其周围海域实施严格的保护制度。加强海岛生态建设和整治修复，推进海岛防护林体系、海岛植被恢复、近岛生态功能保护区等项目建设，巩固和完善海岛绿色生态屏障。加快建设福鼎鸳鸯岛、平潭山洲列岛等一批海洋特别保护区。

2. 深化闽台海洋开发合作

发挥福建对台合作的独特优势，全面推进闽台在海洋经济各领域的交流与合作，构建两岸海洋开发深度合作平台。

（1）全面推进闽台海洋开发合作

①建设两岸高端临海产业和新兴产业深度合作基地。重点推进闽台机械、船舶等临海产业对接。引进台湾先进游艇制造技术，建设中高档游艇生产基地。借助台湾先进的机械制造技术，选择厦门、漳州、宁德、泉州等地开展海洋工程装备制造业合作，建设闽台海洋工程装备制造业合作基地。合作开展台湾海峡海域综合地质调查，加快油气资源合作勘探和开发进程。利用台湾深层海水利用技术优势，建设深层海水资源研发基地、一次加工基地，推进深层海水产品应用与产业化推广。积极推进两岸在海洋生物医药、海洋可再生能源、海水综合利用、海洋新材料、海洋油气及天然气水合物勘探开发等海洋新兴产业领域的合作。

②建设两岸港口物流业合作基地。支持福建率先落实两岸经济合作框架协议和后续协议，在促进两岸贸易投资便利化、台湾海洋服务业市场准入等方面先行先试，推动两岸经贸关系制度化。推动建立闽台港口分工协作机制，推动闽台电子口岸互通和信息共享。推进两岸港区对接，增开两岸间集装箱班轮航线、滚装航线和散杂货不定

期航线，发展对台贸易采购、国际中转等业务。推动两岸运输业、仓储业、船舶和货运代理合作，鼓励和支持船舶所有人选择福州港、厦门港、湄洲湾港作为船籍港，吸引台湾航运公司、商港服务等相关物流企业入驻福建或投资建设物流基础设施项目，鼓励福建物流企业到台湾设立办事机构及营业性机构。创建两岸物流合作平台，推动两岸物流信息网络相互衔接。加快福州、厦门邮政物流中心建设，做大做强对台邮政和快递物流业务。扩大厦门—金门、马尾—马祖的邮政合作范围。加强涉台邮政基础设施建设，推动建立对台邮件总包交换中心。

③建设两岸海洋服务业合作基地。积极引进台资发展滨海旅游业。鼓励闽台互设旅游机构、互认导游资格，支持在两岸旅游往来证件办理、空中航线配额、邮轮航线开通、滚装车辆进出车牌互认等方面先行先试；鼓励大陆居民经福建口岸赴台旅游和台胞经福建口岸赴大陆旅游，进一步加强两岸旅游合作；推进漳州滨海火山国家地质公园与台湾澎湖列岛联手申报世界地质公园。弘扬两岸同根同源的特色文化，推进两岸文化合作。强化闽台金融合作，加快厦门海峡两岸金融合作试验区建设，促进两岸银行、保险机构双向互设、相互参股，加强两岸证券业合作交流，推动对台离岸金融业务发展。

④建设两岸现代海洋渔业合作基地。条件成熟时将福州、漳州的海峡两岸渔业合作实验区扩大到福建沿海六市，全面深化闽台水产养殖、水产品加工、渔工劳务、远洋渔业、休闲观赏渔业、水产品营销以及科技等方面的交流合作。推进建设海峡两岸（漳州）海洋生物育种及健康养殖基地、南日岛海洋生态渔业合作示范区、海峡两岸（东山）水产品加工基地、平潭闽台水产品加工园区、霞浦台湾水产品集散中心、南安闽台水产品物流中心、惠安大港湾台湾渔民生态养殖创业园等一批闽台现代渔业合作示范区，鼓励台商投资漳州、宁德水产品加工贮藏和冷链物流，在东山、龙海、漳浦、诏安、蕉城、福鼎、霞浦、惠安等地建立一批闽台水产品精深加工区。支持闽台合作组建远洋渔业船队，建立远洋渔业合作基地。推动建立闽台渔业科技合作与交流中心。

（2）构建两岸海洋经济合作示范区域

依托平潭综合实验区特殊区位与政策优势，积极打造两岸海洋经济合作示范区域。广泛吸引台湾规划机构、各界人士参与开发建设，共同拓展境内外市场，探索台湾同胞参与海洋经济发展的有效途径，实现互利共赢。积极承接台湾海洋产业转移，高起点发展海洋生物医药、港口物流、滨海旅游等产业。开展两岸海洋科技领域合作，重点建设两岸合作的低碳技术研发基地和科技示范区。开展两岸合作办学，建设海洋科教合作园区和文化产业合作基地。开辟平潭至台湾直航航线，建立以平潭为节点的两岸往来便捷综合交通体系，构建两岸区域合作前沿平台。

（3）加强闽台海洋环境协同保护

合作开展放流增殖活动，共同养护海峡区域水生生物资源，改善水域生态环境，促进闽台水生生物资源保护合作交流；扩大闽台在台湾海峡海洋资源调查、养护、可持续利用等方面的合作交流。共同开展厦门金门海域、马尾马祖海域海漂垃圾治理和生态环境综合整治，扩大两岸海洋环境整治的合作交流范围；推进台湾海峡防污治污合作，共同开展台湾海峡海洋环境监测，建立海洋生态环境及重大灾害动态监视监测数据资料共享平台。

（4）深化闽台海洋综合管理领域合作

加强闽台海洋与渔业执法交流合作，积极与台湾海洋、渔业管理部门开展对口交流，寻求实质合作，尝试建立台湾海峡海域海洋、渔业联合执法机制；建立闽台海洋与渔业案件的通报和协查制度，联合开展司法互助专项行动。开展台湾海峡防灾减灾与救助合作，推动建立两岸渔业搜救沟通协调机制，主动为两岸渔民服务。加强台湾海峡海事专业搜救能力和海上搜救辅助能力建设，形成全面覆盖的搜救网络，构建海、陆、空立体式的海难救助体系。强化台湾海峡搜救预报信息沟通交流，建立两岸海难事故联合救助机制。

3. 加强与周边地区涉海领域合作

加强与浙江海洋经济发展示范区、广东海洋经济综合试验区的合作，建立常态化交流机制，形成优势互补、良性互动、协调发展的合作新格局。充分发挥沿海港口优势，构筑以福建沿海港口为龙头向周边内陆辐射的综合交通运输网络，与周边内陆地区合作建设"陆地港"，不断完善口岸大通关机制，扩大区域通关覆盖范围，推进口岸通关规范化、便利化。加快福建电子口岸建设，大力发展多式联运，畅通沿海港口与内陆腹地间的物流，进一步提升福建在对外开放中的窗口和门户作用。

（二）福建海峡蓝色经济区发展取得的阶段性成就

2013年6月，福建省出台《福建省海洋经济重大项目建设实施方案》，确定全省重点推进建设的305个海洋经济重大项目，并建立重大项目省直有关部门挂钩联系机制，有力地推动了全省海洋经济重大项目建设。① 2013年，全球经济处于低速增长阶段，国际市场萎缩、成本增加等因素对海洋经济的发展产生了不利的影响，但是在如此艰难的发展环境下，福建超额完成了蓝色经济实验区发展规划和海洋经济试点工作启动阶段的5400亿元（人民币）既定目标，海洋经济生产总值预计达5900亿元（人民币），同比增长15%，占全省GDP的27.1%；全省水产品出口创汇51.09亿美元，居全国第一。海洋生物医药业、海洋工程装备业等海洋战略性新兴产业快速发展，海洋经济已成为拉动福建经济增长的新引擎。

1. 重视生态保护，推动海洋管理创新

2013年，福建在海洋生态文明建设方面取得了可喜成绩。近岸海域水质达到二类或优于二类的面积提高到63.9%，比2012年上升1个百分点，水质状况位居全国前列。厦门、晋江和东山3个市县成为全国首批国家级海洋生态文明示范区。②

福建向来十分重视海洋生态文明建设，在2013年先后制定了《福建省海洋生态补偿赔偿管理办法》《福建省滨海沙滩资源保护规划》和《福建省沿海重点生态保护名录》，并将建设"碧海银滩"作为全省生态建设的重要组成部分。在全国率先形成省、市、县三级政府海洋环保责任目标逐级分解落实机制，创新海洋环保工作机制，开展近岸海域海洋环境监测工作，提高环境监测的针对性，坚持集约用海，严格执行海洋开发总量控制。

此外，2013年，福建在加强海洋环境整治，放流增殖、退养还滩、海漂垃圾清理等整治、修复工作成效明显。在福建三沙湾、闽江口、湄洲湾、东山湾等8个海湾以及海洋

① 《福建2013年海洋经济发展回顾》，《福建日报》2014年2月13日。

② 《福建海洋经济发展迎来春天》，《中国海洋报》2014年3月14日。

牧场海域、主要江河流域，增殖放流适宜在福建海域和江河流域生长、具有福建特色的海淡水经济物种10亿尾（粒）。建造和投放钢筋混凝土人工鱼礁1800个，礁体总立方约32400立方米，形成人工鱼礁区面积360万平方米；福建推进海洋牧场示范区建设，秀屿南日岛、诏安城洲岛和霞浦福宁湾等4个人工鱼礁工程已顺利竣工。[①]

2. 瞄准海外市场，养殖交易对接东盟

2013年，福建大力实施现代渔业建设，渔业经济增产增收取得良好成效。全省水产品总产量658.76万吨、渔业经济总产值2215亿元、渔民人均纯收入达1.33万元，分别比上年增长4.8%、10.6%、13%。全省水产品出口创汇51.09亿美元，居全国第一。[②]福建之所以在海洋渔业方面取得如此傲人的成绩，是因为其具有先进的水产养殖技术和丰富经验。东南亚国家协会成员国海外侨胞中闽籍乡亲居多，东协国家海洋资源条件好，但养殖发展较晚，需要养殖技术、管理、资金的引进。通过海外侨胞穿针引线，福建渔民带着先进的技术、资金，走出国门发展远洋水产养殖，带动当地渔业经济发展。[③]

福建目前有远洋企业28家，远洋渔船420艘，并在印尼、缅甸等国投资兴建了7个境外远洋渔业基地。随着远洋船队远赴世界各地的开拓、境外远洋基地的建设，各类资讯频频带回福建，为正在寻找发展空间的福建水产养殖业，加速走出国门提供有力参考。同时，福建引导并鼓励有实力的企业和养殖大户开发境外水产养殖基地，开拓"二下西洋"新时代。此外，为了充分利用产业优势、区域优势及辐射港澳台和东南亚的区位优势，福建搭建中国与东盟国家渔业产业合作及渔产品交易平台，依托福州马尾的福建名成海产品交易市场，设立东盟海产品交易所。东盟海产品交易所将吸纳中国和东盟国家拥有大宗海产品和海产品资源的龙头企业为会员，建立大宗海产品现货的交易场所和电子交易平台，实现海产品"线上交易、线下交收、人民币结算"的交易模式。[④]

3. 闽台蓝色产业，打造福建蓝色硅谷

福建与台湾一水之隔，在海洋经济发展方面可以优势叠加、互补，实现双赢。近年来，闽台海洋合作持续拓展，福建将继续发挥对台优势，全面深化闽台海洋开发保护合作，如建设闽台（福州）蓝色经济产业园。

闽台蓝色经济产业园位于福建省福清市，距离福州市区69公里，距平潭综合实验区25公里，距福州长乐机场71公里，距江阴港区8公里，地处福州市"一带一核两翼四湾"海洋开发新格局中的环兴化湾重点区域，以江镜华侨农场为依托，规划总面积约60平方公里，区位优势突出，交通条件便捷。根据《福建海峡蓝色经济试验区发展规划》，闽台蓝色经济产业园功能定位为国家级闽台蓝色经济高新产业园、海洋经济自主创新的领航区、海西涉海产业研发转化基地、涉海高新技术产业和高端人才集聚中心、绿色宜居的生态型滨水科技新城，重点发展海洋科技、海洋文化创意产业、海洋金融保险、海洋工程装备、海洋能源、海洋生物、海洋环保、海水综合利用等蓝色经济产业。闽台蓝色经济产

---

① 《福建2013年海洋经济发展回顾》，《福建日报》2014年2月13日。

② 《福建海洋经济发展迎来春天》，《中国海洋报》，2014年3月14日。

③ 参见《福建加强与东盟国家合作，扩大远洋水产养殖》，2014年1月25日，中国新闻网（www.chinanews.com）。

④ 参见《福建海洋创新发展，成经济增长新引擎》，2014年4月11日，人民网（http://news.ifeng.com/gundong/detail_2014_04/11/35703921_1.shtml）。

业园将积极争取平潭优惠政策支持，主动承接台湾高端临港工业和海洋新兴产业，打造水在园中、园在水中、水园交相辉映、人与自然和谐统一、具有滨海特色的生态型产业园区。

福建将把握国内外海洋经济发展新趋势，主动承接台湾产业转移；对接平潭综合实验区优惠政策，引导高端海洋产业向园区集聚；重点发展临海装备制造产业，培育发展海洋生物产业，扶持发展海洋服务产业，致力于建设以涉海高新技术产业、海洋战略性新兴产业和现代海洋服务业为支撑的滨海城市新区和蓝色经济密集区。①

五　丝绸之路经济带的实践与创新

2013 年 9 月 7 日，国家主席习近平在哈萨克斯坦纳扎尔巴耶夫大学作重要演讲。习近平表示，为了使我们欧亚各国经济联系更加紧密、相互合作更加深入、发展空间更加广阔，我们可以用创新的合作模式，共同建设“丝绸之路经济带”。② 这是丝绸之路经济带成为国家战略之始。2013 年 11 月，党的十八届三中全会通过的《中共中央关于全面深化改革若干重大问题的决定》中强调“推进丝绸之路经济带”建设，形成“横贯东中西”的对外经济走廊。③ 2013 年 12 月，中央经济工作会议把“不断提高对外开放水平”作为 2014 年经济工作的六大主要任务之一，并再次强调“推进丝绸之路经济带建设，抓紧制定战略规划，加强基础设施互联互通建设”。④ 丝绸之路经济带，是中国与中亚各国之间形成的一个经济合作区域，大致在古丝绸之路范围之上，包括西北陕西、甘肃、青海、宁夏、新疆五省区，西南重庆、四川、云南、广西四省市区。新丝绸之路经济带，东边牵着亚太经济圈，西边系着发达的欧洲经济圈，被认为是“世界上最长、最具有发展潜力的经济大走廊”。

（一）丝绸之路经济带的提出背景

古丝绸之路作为东西方商贸往来和文明交流的大通道，至今仍对亚欧国家开展合作具有深刻影响。近年来，受美国金融危机和欧洲债务危机等因素的影响，世界经济复苏乏力，中国经济增长也存在下行压力，相关大国围绕丝绸之路沿线区域的战略竞争日趋激烈。中国作为古丝绸之路的起点和主要国家，在与亚欧国家合作日益密切的背景下，有必要通过共建丝绸之路经济带的形式进一步加强区域经济合作，这成为丝绸之路经济带的提出背景。

西汉时张骞出使西域，以长安（今陕西西安）为起点，经关中平原、河西走廊、塔里木盆地，到达锡尔河与乌浒河之间的中亚河中地区、大伊朗，并联结地中海各国，开通了一条陆上通道，在这条具有历史意义的国际通道上，中国的五彩丝绸、瓷器和香料络绎不绝于途，为古代东西方之间经济、文化交流作出了重要贡献，由于丝绸是这条交通大道上交易的重要商品，因此后世称之为“丝绸之路”。尽管在宋元之后这条陆上丝绸之路逐

---

① 参见《福建海洋创新发展，成经济增长新引擎》，2014 年 4 月 11 日，人民网（http：//news. ifeng. com/gundong/detail_ 2014_ 04/11/35703921_ 1. shtml）。

② 习近平：《弘扬人民友谊共创美好未来——在纳扎尔巴耶夫大学的演讲》，《人民日报》2013 年 9 月 8 日。

③ 《中共中央关于全面深化改革若干重大问题的决定》，人民出版社 2013 年版，第 27—28 页。

④ 《中央经济工作会议在北京举行》，《人民日报》2013 年 12 月 14 日。

渐衰落，但通过丝绸之路，中国与中亚、西亚、南亚、欧洲、北非等地区建立起密切的商贸联系，促进了东西方文化交流和生产力发展，而作为经济全球化的早期版本，这条贸易通道也被誉为全球最重要的商贸大动脉，作为亚欧大陆文明交流的典范，这条陆上丝绸之路对当代亚欧国家的经贸合作仍有深刻影响。鉴于此，在推动中华民族伟大复兴、实现“中国梦”的时代背景下，建设丝绸之路经济带就具有重要意义。

丝绸之路沿线地区具有重要的区位优势、丰富的自然资源和广阔的发展前景，近年来一些相关大国纷纷提出了针对这一区域的战略构想，其中比较有影响的是日本的“丝绸之路外交战略”、俄印等国的“北南走廊计划”、欧盟的“新丝绸之路计划”和美国的“新丝绸之路战略”，大国丝路战略竞争激烈，这也进一步促使中国提出自己的丝路战略计划。

21 世纪初，贸易和投资在古丝绸之路上再度活跃。中亚各国希望与中国扩展合作领域，在交通、邮电、纺织、食品、制药、化工、农产品加工、消费品生产、机械制造等行业对其进行投资，并在农业、沙漠治理、太阳能、环境保护等方面进行合作，为这块沃土注入“肥料”和“生机”。中亚地处连通中国与欧洲的枢纽位置，无论是从地理、历史还是当前合作关系来看，中国与中亚五国都有紧密联系，这为丝绸之路经济带建设提供了重要保障。中国一些有识之士也不断呼吁，在现代交通、资讯飞速发展和全球化发展背景下，促进丝绸之路沿线区域经贸各领域的发展合作，既是对历史文化的传承，也是对该区域蕴藏的巨大潜力的开发。[①] 在中国与丝绸之路沿线国家合作日益密切的背景下，通过共建丝绸之路经济带的形式，可以促进亚欧国家的经济社会发展，进一步推动区域经济一体化。

2013 年 9 月 7 日上午，中国国家主席习近平在哈萨克斯坦纳扎尔巴耶夫大学作重要演讲时称，为了使欧亚各国经济联系更加紧密、相互合作更加深入、发展空间更加广阔，可以用创新的合作模式，共同建设“丝绸之路经济带”，并指出这是一项造福沿途各国人民的大事业。

（二）丝绸之路经济带的实践与创新

1. 丝绸之路经济带的主要内容

关于丝绸之路经济带的主要合作内容目前只体现在习近平主席在哈萨克斯坦纳扎尔巴耶夫大学的演讲和上合组织元首理事会第十三次会议讲话中，概括起来就是中国对中亚各国外交政策的“四大原则”、丝绸之路经济带战略的“五大支柱”和上合组织开展合作的五大具体措施。

其中，“四大原则”是：（1）中国与中亚国家要坚持世代友好，做和谐和睦的好邻居；（2）要坚定相互支持，做真诚互信的好朋友；（3）要大力加强务实合作，做互利共赢的好伙伴；（4）要以更宽的胸襟、更广的视野拓展区域合作，共创新的辉煌。[②]

“五大支柱”是：（1）加强政策沟通。各国可以就经济发展战略和对策进行充分交流，本着求同存异原则，协商制定推进区域合作的规划和措施，在政策和法律上为区域经

---

① 朱显平、邹向阳：《中国—中亚新丝绸之路经济发展带构想》，《东北亚论坛》2006 年 9 月第 5 期。

② 习近平：《中国同中亚国家关系发展面临难得机遇》，2013 年 9 月 7 日，人民网（www. people. com）。

济融合“开绿灯”；（2）加强道路联通。上海合作组织正在协商交通便利化协定。尽快签署并落实这一文件，将打通从太平洋到波罗的海的运输大通道。在此基础上，我们愿同各方积极探讨完善跨境交通基础设施，逐步形成连接东亚、西亚、南亚的交通运输网络，为各国经济发展和人员往来提供便利；（3）加强贸易畅通。丝绸之路经济带总人口近30亿，市场规模和潜力独一无二。各国在贸易和投资领域合作潜力巨大。各方应该就贸易和投资便利化问题进行探讨并作出适当安排，消除贸易壁垒，降低贸易和投资成本，提高区域经济循环速度和质量，实现互利共赢；（4）加强货币流通。中国和俄罗斯等国在本币结算方面开展了良好合作，取得了可喜成果，也积累了丰富经验。这一好的做法有必要加以推广。如果各国在经常项下和资本项下实现本币兑换和结算，就可以大大降低流通成本，增强抵御金融风险能力，提高本地区经济国际竞争力；（5）加强民心相通。国之交在于民相亲。搞好上述领域合作，必须得到各国人民支持，必须加强人民友好往来，增进相互了解和传统友谊，为开展区域合作奠定坚实民意基础和社会基础。①

五大具体措施是：（1）开辟交通和物流大通道；（2）实现贸易和投资便利化，打破地区经济发展瓶颈；（3）推进金融领域合作；（4）成立能源俱乐部；（5）建立粮食合作机制。②

2. 丝绸之路经济带的发展状况

（1）能源合作。能源合作是中国与中亚国家合作的亮点。全长2800公里的中哈石油管道自2006年正式开通以来，已成为中国同里海相连的能源大动脉，哈萨克斯坦已经累计向中国输送原油5000多万吨。中国—中亚天然气管道年设计输气量为300亿—400亿立方米，自2009年年底到2013年，已累计向中国输送天然气600多亿立方米，相当于中国2010年天然气总产量的一半。中哈原油管道和中国—中亚天然气管道等大型能源合作项目的相继建成并投入运营，为区域经济发展输入新鲜血液。

（2）经济贸易。中国已分别成为哈萨克斯坦、乌兹别克斯坦、吉尔吉斯斯坦和塔吉克斯坦的第二大贸易伙伴，同时，随着对中亚各国的直接投资快速增长，也已成为乌兹别克斯坦、吉尔吉斯斯坦第一，塔吉克斯坦第二大投资来源国。未来，中国与中亚国家在经贸、金融、投资等领域合作将不断扩大，经济合作的内容将更加丰富，规模将进一步扩大。

（3）互联互通。加快推进互联互通建设是丝绸之路经济带相关国家的共识。上合组织在其中期发展战略中明确提出了大力发展金融、能源、通信、农业四大领域的经济合作。当前，中国正在积极推动与中亚国家间建成铁路、公路、航空、电信、电网、能源管道的互联互通网络，发展与中亚国家的资金流、物流、人流和信息流等方面的合作，激活新的经济增长点。在中国政府优惠贷款和援助支持下，中国企业在中亚地区承揽了公路、电信、电力等基础设施建设项目。中吉乌公路、塔乌公路、塔境内输变电线等一批经济合作项目已经成功启动并在积极落实之中。随着区域内基础设施的不断完善，连接本地区的能源、交通、电信等网络已初显轮廓。2012年，在上合组织峰会上，中国政府承诺向中

---

① 习近平：《弘扬人民友谊共创美好未来——在纳扎尔巴耶夫大学的演讲》，《人民日报》2013年9月8日。

② 新华社：《记习近平出席上合组织成员国元首理事会第十三次会议》，2013年9月14日，中央政府门户网站（www. gov. cn）。

亚提供100亿美元贷款，主要用于中亚地区铁路、公路、光缆、石油天然气管道等基础设施建设。中国资金的注入，将加快中亚各国经济建设的步伐。上合组织正着手建立开发银行等金融合作机制，为合作项目提供融资平台，这将给丝绸之路经济带各国间的经贸合作增加动力，为未来各领域合作发展提供广阔空间和持久动力。

（4）区域合作。2013年，区域经济合作的法律基础和组织机制正在不断完善中。上海合作组织成立了负责组织和协调区域经济合作的成员国经贸部长会议机制，下设高官委员会和海关、质检、电子商务、投资促进、发展过境潜力、能源、信息和电信等重点合作领域专业工作组，担负着落实峰会及总理会议在经贸领域的决议的重任。各专业工作组加强海关互助、海关统计等方面合作与协调，已经建立了技术法规、卫生和植物卫生措施信息交流的程序和机制，研究协调和完善合格评定程序的方法等。上海合作组织实业家委员会和银行间联合体为各国企业合作搭建了平台。推进旨在降低区域内贸易和投资成本的物流、贸易和投资便利化，是全球性的大趋势，也是发展区域经济合作的关键。要推进贸易投资便利化，提升海关、交通运输、出入境检验检疫、金融、信息交流等功能领域的合作显得非常重要，须加强各国有关政府部门和国家之间的贸易政策协调和沟通。

（5）金融合作。上海合作组织成员国金融主管部门交流增加，2009年11月召开了首届央行和财政部长会议，积极探讨地区融资领域合作。由中方牵头的国家开发银行开展授信和融资额度规模已超过500亿美元。中国分别与俄、吉、哈三国先后签署边境贸易本币结算协议，推进了相互贸易合作。下一步，各国将推进区域内货币互换，推动离岸贸易和上合组织开发银行等其他金融合作措施。

3. 丝绸之路经济带的创新①

丝绸之路经济带是不同发展水平国家能够实现互利共赢的区域合作新模式。丝绸之路横跨亚欧大陆，绵延7000多公里，途经多个国家，总人口近30亿。以上合组织为例，组织内的6个成员国（中、俄、哈、吉、塔、乌）、5个观察员国（蒙古、巴基斯坦、印度、伊朗、阿富汗）、3个对话伙伴国（白俄罗斯、土耳其、斯里兰卡）绝大部分都位于丝绸之路沿线。从上合组织成立以来的发展进程看，在安全反恐等领域取得了较多进展，在经济合作领域也有推进，但目前还不令人满意。目前各国政治制度不同，发展水平差距很大，开展合作顾虑很多，落实多边项目受到资金的制约，需要探索一条各方都能受益的合作方式。而“丝绸之路经济带”提倡不同发展水平、不同文化传统、不同资源禀赋、不同社会制度国家间开展平等合作，共享发展成果，通过合作与交流，把地缘优势转化为务实合作的成果，丝绸之路经济带是一种创新的合作模式和有效途径。中国作为“负责任大国”，应当为区域经济一体化作出更多的贡献，在扩大本国经济发展空间的同时，实现与地区国家包括区内其他大国经济发展的战略对接，进而打造一个幅员辽阔的亚欧经济合作带，实现互利共赢。

丝绸之路经济带属于跨国经济带，远景目标是构建区域合作新模式。丝绸之路经济带与传统的区域合作模式的区别在于：传统的区域合作是通过建立互惠的贸易和投资安排，确立统一的关税政策，然后建立超国家的机构来实现深入的合作；丝绸之路经济带没有设立高端目标，近期主要是贸易、交通、投资领域的合作，未来不会设定关税同盟。它不是

① 李建民：《“丝路精神”下的区域合作创新模——战略构想、国际比较和具体落实途径》，《人民论坛·学术前沿》2013年第23期。

“紧密型一体化合作组织”，不会打破现有的区域制度安排，更多的是一种务实灵活的经济合作安排。目前在丝路经济带沿线地区已存在不少多边经济合作机制，各国也很重视已经与区域外国家建立的传统经济联系。因此，要充分利用已有的具有发展前景的国际机制，特别是上海合作组织和俄罗斯主导的欧亚经济共同体的潜力，使之成为“经济带”建设的基础，丝绸之路经济带应与区域内已有的制度安排共同发挥作用。丝绸之路经济带建设必须贯彻务实灵活的合作方针，多种合作形式并举，“以点带面、从线到片”，积极稳妥、循序渐进。

六 实践创新总评

中国人口众多，大多居住在城市数量较多、城市规模较大、生态环境较好的中东部地区，随着城市化水平的不断提高，城市的数量和规模将进一步扩大，高速公路和高铁的修建极大地改善了交通状况，城市间的公共治理、产业联系和经济合作也不断加强，区域经济一体化的进程加快。根据中国科学院地理科学与资源研究所完成的《2010 中国城市群发展报告》指出：目前中国已形成和正在形成的有 23 个城市群。在这 23 个城市群中，有 15 个为达标城市群（长三角、珠三角、京津冀、山东半岛、辽东半岛、海峡西岸、长株潭、武汉、成渝、环鄱阳湖、中原、哈大长、江淮、关中、天山北坡城市群），8 个为非达标城市群（南北钦防、晋中、银川平原、呼包鄂、酒嘉玉、兰白西、黔中和滇中城市群）。从知名度和影响力来看，诸城市群中，京津冀、长三角、珠三角“三个老大哥”最为人熟知，其中，长江三角洲城市群已跻身于国际公认的六大世界级城市群，但根据上海交通大学城市科学研究院和社会科学文献出版社联合发布的首个《中国城市群发展指数报告 2013》指出，长三角地区的经济快速发展是以牺牲环境质量为代价的，可以说，环境污染已成为制约长三角地区进一步发展的大难题，其带来的后果也是非常严重的，在这样的背景下，长三角的三省一市签订了《长三角地区跨界环境污染事件应急联动工作方案》，明确此后再有跨界污染事件发生，相关省市将协同处置，表现了治理环境污染的决心。在东南部地区的区域合作中，海洋大省福建成立福建海峡蓝色经济试验区，成为继广东省、山东省和浙江省之后由国务院批准的中国第四个海洋经济发展试点省份，在中国的海洋经济发展布局中具有重要战略意义。在中部地区的区域合作中，中原经济区被要求要持续探索不以牺牲农业和粮食、生态和环境为代价的新型城镇化、工业化和农业现代化协调发展的路子，这不仅能很好地指导中原经济区科学发展，同时，它所探索的路子和建设经验对中部地区乃至全国都将产生重大示范意义；长江中游城市群则呈现出“抱团”谋发展的景象，并致力于共同打造全国经济增长“第四极”，“武汉共识”的达成，也使长江中游城市群的发展规划与前途更明朗。中原经济区的探索和长江中游城市群的崛起，为中国进一步深入推动区域合作增添了一抹亮彩。在西部地区的区域合作中，作为一条连接东亚、中亚、西亚及海湾各国的通道，建设丝绸之路经济带，对于构建横贯东中西、连接南北方的经济走廊，实现中国内陆地区同丝绸之路沿边国家协作一体化，开创互利共赢的区域合作新模式，培育新的经济增长极，促进产业结构调整，保障国家安全，深化区域经济合作，具有重要的理论和现实意义。

第三节　代表性成果

【《区域治理研究：国际比较的视角》】

作　　者：陈瑞莲　刘亚平等

出版时间：2013 年

出版机构：中央编译出版社

内容摘要：随着全球一体化的发展，如何突破旧有的行政辖区而实现区域公共事务的有效治理，已经成为世界各国政府的一个重要议程，从某种意义上说，21 世纪公共管理面对的最大挑战莫过于区域治理的挑战。该书的主要特色在于以国际视角来全面透视具有中国特色的区域治理问题，为中国公共管理学的研究注入新鲜血液，按照“理论、实践、比较”的架构来描述区域治理国际比较的知识图景，从区域治理研究的缘起与发展、区域治理制度比较、政府间关系比较、城市治理比较、流域治理比较、水环境工具比较、食品安全监管比较七大方面切入，以中国问题为基本关怀，本着全球化视野、本土化思维的趋向来关注和展现现实中的区域治理问题。

该书梳理了国外区域治理理论研究的主要领域：区域经济学和发展经济学对区域发展的探索、政府间竞争理论、地区竞争力与区域创新研究、政府间关系与地方治理研究、一体化理论、协作性公共管理、资源依赖理论、政府间管理、网络理论以及流域治理研究等。同时，还提出中国区域治理研究的诸多议题，如大都市区和城市群治理研究、府际关系视阈下府际竞合与府际冲突研究、区域发展政策工具研究、跨域性公共治理研究、区域性公民社会研究、海域治理研究、区域治理绩效及其评估研究，等等。

社会影响：该书是中山大学“985 工程”三期建设项目、教育部人文社会科学重点研究基地2007 年度重大项目“区域公共管理研究：国际比较的视角”（07JJD630014）的重要成果，也是中山大学公共行政学丛书之一。

【《中国区域发展战略的调整及对府际关系的影响》】

作　　者：杨龙　胡慧旋

发表时间：2012 年第 2 期

期刊名称：《南开学报》（哲学社会科学版）

内容摘要：中国经济发展的区域化趋势日趋明显，跨越行政区的经济联系增强，越界经济行为越来越多。与此同时，政治、社会和文化等方面的发展也提出越来越多的跨行政区问题。地方政府之间为了本地的经济和社会发展，相互间的竞争一直较为激烈。在经济区域化发展的推动下，为了消解经济区域化与行政区划之间的张力，借助区域的整体力量发展地方经济，地方政府之间合作愈来愈多。地方政府发展策略的改变影响到国内的政府间关系，包括中央与地方以及地方政府之间的关系。改革开放以来，中国的区域发展格局和增长极布点模式历经几次较大的调整，区域经济发展战略逐步形成了整体性、网络化和增长极多元化的特征。在区域经济新格局下，区域发展战略的功能不断增加和细化，近期密集出台的专题型试验区和区域发展规划上升为国家发展战略被分别赋予了不同的功能。区域经济发展战略的调整和中国经济发展格局的变化影响到中央与地方以及地方之间的关系，中央向地方以新的方式赋权，地方以新的方式影响中央的政策，地方政府之间的关系也得以拓展。

在新的形势下，中国区域发展战略的调整在更深层次上影响到了中央政府与地方政府的关系。首先，中央政府向地方政府以新的方式赋权。中央政府赋予被选中的地方政府更多的自主权，如天津滨海新区，并且打破行政区划的界限，改变以往各自为政的局面，通过资源共享和规划统筹方式，实现区域良好分工与合作；其次，地方政策进入国家区域发展战略，通过自上而下选择国家级试验区和自下而上争取把地方发展规划上升为国家发展战略两种方式实现；再次，试验区模式的向下扩散，模仿国家级经济开发区的设立，地方级的综合改革配套试验区开始出现，试验区模式开始逐步向下扩散；最后，这些方式使地方政府之间的关系也得以拓展。如，地方政府在区域内合作多于竞争；区域内可能形成具有实权的跨地方政府边界的行政协调机构；可能导致行政层级增加和复合；地方政府间管辖权的委托和“让渡”现象出现等。

社会影响：该文是国家自然科学基金面上项目（70973059）的阶段性成果，也是《南开学报》（哲学社会科学版）2012年第2期开辟的专栏“区域治理与府际关系”的专题文章之一。目前国内学界对地方竞争与合作、区域公共管理、区域发展等已经开始从多学科进行研究，该专题通过对近年来国家区域发展战略重大调整的政治经济分析、对地方政府间合作从制度主义视角的深入分析、对中国区域管理问题历年来研究的总结，试图推进对区域治理和府际关系的研究。

【《从区域公共管理到区域治理研究：历史的转型》】

作　　者：陈瑞莲　杨爱平

发表时间：2012年第2期

期刊名称：《南开学报》（哲学社会科学版）

内容摘要：当代中国的区域公共管理研究发轫于十多年前，迄今已取得显著的进步，从区域行政到区域公共管理再到区域治理是一个逐步递进演化的过程。当前，中国的政治、经济和社会生态发生了新的积极的变化：一是公民参与领域向区域公共事务不断拓展；二是社会组织发展的放松管制有利于非营利组织参与区域性公共事务；三是区域一体化的全面推进重塑了传统的政府间关系；四是公私合作伙伴关系在区域公共物品生产中发挥着愈发重要作用。在此背景下，实践中的区域公共管理正历经向区域治理的“增量”嬗变。与此相适应，中国的区域公共管理研究也应主动调适，逐渐实现向区域治理研究的历史转型。中国未来的区域治理研究，不仅要有国际视野，能够与国际学界展开学术交流与学术对话；更应扎根于中国区域公共事务治理的现实场景，构建具有本土生命力的学术概念和理论体系。

社会影响：该文是国家社会科学基金一般项目（10BZZ026）、教育部人文社会科学研究青年基金项目（09YJC810013）的阶段性成果，也是《南开学报》（哲学社会科学版）2012年第2期开辟的专栏“区域治理与府际关系”的专题文章之一。

【《区域合作中地方利益冲突的治理模式：比较与启示》】

作　　者：汪伟全

发表时间：2012年第2期

期刊名称：《政治学研究》

内容摘要：利益冲突与协调始终是区域合作与区域一体化的主题。地方利益冲突的治理模式，涵盖治理主体、治理客体与治理机制等内容。根据国内外区域治理的理论与实践，地方利益冲突的协调模式归纳为科层制、市场机制、社群治理以及网络治理四种类型。每种模式均有其优缺点，都有独特的生长环境与制度空间，不同治理模式下的治理绩效各异。中国区域合作中的利益协调，属于以政府为主导的，市场与社会共同参与的科层制模式。当代中国的区域合作与区域一体化快速发展，涌现出长江三角洲、珠江三角洲和京津塘地区三大区域经济圈，以及北部湾经济区、成渝经济区、山东半岛经济圈、黄河三角洲经济区等其他区域经济圈。为了有效解决区域性公共问题，各地区进行了持续探索，如创建区域合作的长期互动机制，建立了高层联席会议、城市政府联合体、经贸协调会等诸多区域合作组织；统一区域规划，制定了主体功能区、产业结构等指导性文件。针对当前区域利益治理模式的存在问题，需要在区域治理方面进行制度创新。首先，妥善处理好政府与市场关系；其次，构建多元参与的区域治理机制；再次，创新更为灵活的区域治理组织形式；最后，还需要构建利益共享与利益补偿的制度。

【《找回政府："后新公共管理"视阈下的区域治理探索》】

作　　者：叶林

发表时间：2012 年第 5 期

期刊名称：《学术研究》

内容摘要：珠三角区域虽然是中国经济发展最快、区域政策最完备的区域之一，但是其"多中心、不均衡"的发展模式要求区域治理的模式进一步完善。"后新公共管理"提出了"整体政府"和"网络化治理"等理论和实践模型，在加强宏观指导、统一治理目标的前提和保障下，提倡政府间跨部门的统一协助和合作治理，构建网络化治理平台。把"后新公共管理"的理念应用到区域治理中将改变传统官僚制层级政府各自为政、各司其职的管理方式，解决区域治理中各地方政府之间、垂直部门与地方政府之间、各行政层级之间相互分割的"碎片化"管理的问题，同样也能化解"新公共管理"模式中片面追求市场化、淡化政府的协调机制的潜在弊端。在区域治理中政府职能的重新定位能为珠三角乃至中国的区域发展和治理提供新的参考坐标。中国以长三角、珠三角、环渤海为代表的区域迅猛蓬勃发展的实践迫切需要新的理论来指导。正确运用后新公共管理的治理模式成了一条可行的道路。在中国现行的条件下，政府作为区域治理的主体仍然有很大的必要性，新型的区域治理模式提倡超越单纯政府干预或市场主导的单一模式，以灵活的合作机制和自愿参与为基础，将传统的纵向型政府管理变成现代化的水平型合作网络。

社会影响：该文是中山大学"百人计划"引进人才科研启动基金、教育部人文社会科学重点研究基地重大项目"中国城市政府公共服务能力建设"、中山大学"985 工程"三期建设项目、中山大学中国公共管理研究中心公共行政精品培育专项资金及人文社会科学青年教师桐山基金的阶段性成果。

【《区域地方政府跨界公共事务整体性治理模式研究：以京津冀都市圈为例》】

作　　者：崔晶

发表时间：2012 年第 2 期

期刊名称：《政治学研究》

内容摘要：随着区域一体化的推进，中国区域地方政府在跨界公共事务协作方面遇到了诸多问题，这些问题影响了区域政策的实际执行力。通过对改革开放以来京津冀都市圈地方政府跨界公共事务协作进程及其运转机制的分析与评估，发现其虽在跨界公共事务整体性协作方面进行了一些初步探索，但区域治理中的"碎片化"状况仍未得到有效缓解。因此，必须构建京津冀都市圈跨界公共事务整体性治理模式，以推进区域内地方政府的有效协作，运用整体性治理理论，推进都市圈内各个地方政府自身行政管理体系的整合，构建跨区域整体性合作组织以及在此基础上形成的整体性协作治理网络是区域地方政府跨界公共事务治理的一种有益尝试。为了解决京津冀都市圈地方政府在跨界公共事务治理时的“碎片化”问题，有必要构建跨界公共事务的整体性治理模式。这一模式应该包括四个部分：(1) 都市圈内各个地方政府自身行政管理体系的整合；(2) 跨区域整体性合作组织的构建；(3) 整体性合作组织的运转机制；(4) 协作治理网络。

社会影响：该文系教育部人文社科基金青年项目“整体性治理视角下的中国大都市区地方政府跨界公共事务协作研究”(项目编号：11YJC630033) 的阶段性成果。

【《水利与区域发展协调性评价：松辽流域例证》】

作　　者：邢华　赵景华

发表时间：2012 年第 3 期

期刊名称：《改革》

内容摘要：在水利与区域发展之间的关系上，既要强调水利的保障作用，还要发挥水资源的约束作用。从水利可持续发展和水利对区域发展的保障能力两个方面，对松辽流域的水利与区域发展的协调性进行评价后发现，松辽流域经济社会发展对水资源的利用情况总体不高，现状值与规划值相比有一定的差距。应进一步加大水利投入，强化防洪抗旱减灾体系建设、水资源调配和高效利用体系建设以及水资源保护和河湖健康保障体系建设；加大水资源管理力度，增强水资源对区域发展的约束性；提高协调管理水平，统筹满足不同类型和多主体的用水需求。

【《跨域治理视角下的中国式流域治理》】

作　　者：王佃利　史越

发表时间：2013 年第 5 期

期刊名称：《新视野》

内容摘要：流域治理中所面临的问题是跨域问题的典型表现，具有跨越边界的外部性、不可分割的公共性、政治性、层次性等特点。中国流域治理模式呈现出明显的层级差异，在跨省域治理层面是中央调控下的派出机构层级管控模式，在省域治理层面则主要表现为省政府调控下的地方政府协调模式，在城市内的流域治理主要为城市政府主导下的层级考核模式。总体而言，中国式流域治理在当前针对跨域问题时，仍然呈现出对层级组织的高度依赖、公众参与不足等特点，这也体现了跨域治理理论在当下应用中的限制。

社会影响：该文系国家社会科学基金项目 (10BZZ031)、山东大学创新项目 (IFYT12104) 的阶段性成果。

【《政府生态治理、地方政府核心行动者与政治锦标赛》】

作　　者：金太军　沈承诚

发表时间：2012 年第 6 期

期刊名称：《南京社会科学》

内容摘要：市场机制的内在机制失灵与公民社会的自组织困境凸显了政府生态治理的主体角色。然而，以往对政府生态治理意愿与效能的塑造路径局限于政府组织层面的理念、体制与机制上。这实质上是传统西方组织理论囿于组织结构研究视角的逻辑结果。事实上，政府生态治理过程无法回避政府体制中的核心行动者，即地方政府核心行动者，其意愿与行为将直接影响政府生态治理的政策走向与政策效能。通过政治锦标赛模式，塑造地方政府核心行动者的生态治理意愿与合理生态治理行为，从而有效保障政府生态治理的持续性绩效。

社会影响：该文是国家社会科学基金青年项目“经济性特区治理体制变革与地方政府核心行动者研究”(11CZZ038)、江苏高校优势学科建设工程资助项目 (PAPD)“地方政府与社会管理”、江苏省高校哲学社会科学研究重大项目“公民社会视野下乡村社区治理路径研究——基于苏南、苏中、苏北的比较分析”（SK10200411）的阶段性成果。

【《跨界政策网络与区域治理：我国地方政府合作实践分析》】

作　　者：锁利铭　杨峰　刘俊

发表时间：2013 年第 1 期

期刊名称：《中国行政管理》

内容摘要：基于制度性集体行动理论，文章指出区域合作治理的实质就是个体理性的地方政府为克服交易成本障碍互相连接，构建相互依赖的可持续合作网络，从而实现公共服务的供给。该文在政策网络理论模型的基础上，将区域因素加入了政策网络理论的分析框架之中，界定了跨界政策网络的形成机理与结构状态。通过“9+2”泛珠三角合作区的案例，指出它是建立在信息共享基础上的“弱关系”网络结构，这种网络结构打破原有行政隶属，通过代理人的传递作用，连接了不同的参与者，从而保障制度性集体行动的实现。

社会影响：该文系国家自然科学基金资助项目“中国区域水资源共享冲突的网络治理模式选择与理论验证”（71003013）、国家社会科学基金资助项目“资源环境约束下中国区域经济发展中的政治协调与区域公共管理创新研究”（08CZZ025）的阶段性成果。

【《我国流域治理机制创新的目标模式与政策含义——以闽江流域为例》】

作　　者：胡熠

发表时间：2012 年第 1 期

期刊名称：《学术研究》

内容摘要：中国现行的流域科层治理机制，难以实现流域生态与经济社会的可持续发展。加快构建流域网络治理机制是流域生态系统复杂性和多功能性的客观要求，也是发达国家流域治理的普遍经验，更是推进中国流域治理府际间“碎片化”缝合的现实选择。根据流域网络治理机制的基本框架，以闽江流域为例，其政策着力点在于设立权威的流域协调机构、规范行政分层治理的考核体系、建立流域区际政府间的协商机制和完善流域治理的自愿性激励政策。

社会影响：该文系国家社会科学基金青年项目（08CZZ023）、教育部人文社会科学基金项目（08JC630016）、福建省财政厅科技专项“基于网络治理视角的流域区际生态利益协调机制构建：以闽江流域为例”（CH－0153）、福建省党校中特理论研究中心课题“公共治理与公共服务”的阶段性成果。

【《府际治理：当代中国府际关系研究的新趋向》】

作　　者：张紧跟

发表时间：2013 年第 2 期

期刊名称：《学术研究》

内容摘要：改革以来，随着府际关系实践的改革，府际关系研究逐渐成为一个日益重要的研究领域，研究者先后围绕中央与地方的纵向关系以及地方政府间的横向关系展开了相关研究。但是，既有以政府为基本行动者的府际关系研究面临着诸多挑战，因此，应该拓宽既有府际关系研究的视野，走向府际治理。

社会影响：该文系教育部人文社会科学规划项目（12YJA810019）、中山大学“985 工程”三期“中国政府与政治重大转型问题研究项目”、广州市哲学社会科学规划项目（11Y04）的阶段性成果。

【《自愿性环境政策工具与管制压力的关系——来自经济模型的验证》】

作　　者：王惠娜

发表时间：2013 年第 5 期

期刊名称：《经济社会体制比较》

内容摘要：自愿性环境政策工具是企

业与管制机构博弈的结果，管制压力是影响该工具制定与效果的关键因素，那么，管制压力是如何影响自愿性工具呢？为了解释管制压力对自愿性环境协议的影响过程，文章建构了一个简单的经济模型，验证管制压力与自愿性协议的关系。研究表明：第一，管制压力是企业决定是否参加自愿性协议的主要因素；第二，自愿性协议中所确定的自愿削减量是管制机构与企业博弈均衡的结果，均衡结果有可能是最优自愿削减量，该削减量大于管制工具所强加的最优削减量，但是最优自愿削减量的产生依赖于强的管制压力。

社会影响：该文系国家社会科学项目“基于生态文明建设的流域生态服务供给机制研究”（12BKS043）；教育部人文社会科学研究青年基金项目“区域公共事务的合作治理研究”（12YJC 630003）的阶段性成果。

第七章　城市管理

陈红霞　王　伟　李国平

第一节　理论进展

城市管理的理论涉及了城市经济管理、城市社会管理、城市空间管理、城市环境管理，以及非常态的城市危机管理等诸多领域。通过对中国知网等学术期刊数据库相关资料的搜集和梳理发现，2012—2013 年城市管理方面的研究成果数量呈现稳步增长的趋势，从研究内容上看，主要文献集中在城市经济管理、生态规划与低碳城市、城市更新与棚户区改造、数字化城市管理、协同治理与多规合一、城市危机管理等方面，以下将重点从以上几个层次回顾相关理论的研究。

一　数字化城市管理研究

近年来，数字化城市管理是城市管理领域的研究热点，以“数字城市”为关键词在中国知网上可以检索到 907 篇研究文章，其中，2012 年 426 篇，2013 年 481 篇，整体呈现增长的态势，从侧面印证了城市管理研究的实践驱动导向。通过对近 2012 年和 2013 年的文献内容梳理可知，研究主要有两个方面的侧重，一是数字化城市的技术支持，相关内容涉及了地理信息采集和数字城市数据库的建设等；二是数字化城市的发展特征与趋势等。

首先，数字城市与物联网的集成推动了使数字城市向智慧城市发展网络通信技术、物联网、大数据与 NoSQL、SOA 与 ESB、云计算、地理信息技术与 BIM、社会计算及其他相关技术的发展是数字化城市建设中的关键技术，通过构筑全面的城市数字神经网络系统可以实现城市系统的行为智能化。[①] 基础地理信息数据库建设是数字城市建设的基础[②]，进一步的，地理信息公共平台是数字城市地理空间框架建设的重要内容[③]，数字城市将不同空间数据组织成基础地理信息数据，在平台内将其整合，展示出一个虚拟城市，提供基于空间信息之上的各种智能化应用服务，从这一角度看，三维展示效果的提升也是数字化城

---

① 梁军、黄骞：《从数字城市到智慧城市的技术发展机遇与挑战》，《地理信息世界》2013 年第 1 期。

② 郭有为、姜芸、巩翼龙：《数字城市基础地理信息数据库建设研究》，《测绘与空间地理信息》2012 年第 5 期。

③ 王艳军、邵振峰：《面向服务的地理信息公共平台关键技术研究》，《测绘科学》2012 年第 3 期。

市建设的关键。[①] 也有学者的研究从实践问题出发，研究数字化城市建设中关键问题的技术支持，如郭仁忠等基于测绘和地理信息产业发展背景，针对日益增长的数据融合、实时共享、深度处理和个性化的需求，研制开发了开放式空间基础信息平台，并成功应用于数字深圳的建设中。[②]

在第二类研究中，比较有代表性的研究是从案例分析入手关注数字化城市带来的城市管理创新，如曾燕南的研究认为现代化城市管理的方法和思路需要实现战略性转变，城市管理精细化程度是提高城市品位和竞争力的关键所在。[③] 二是对城市精细化管理的信息技术的研究。技术是城市精细化管理得以实现的手段，不同技术发展对城市精细化管理的作用方向也存在一定差异。如郭理桥等从高分辨率遥感影像技术角度出发，研究该技术在城市精细化管理中的应用特点、应用模式及典型应用方向，认为该技术能够实现在较小的空间尺度上观察地表的细节变化，从而使实现城市精细化管理成为可能。[④] 空间技术是贯穿智慧城市最重要的位置信息获取、传输、定位技术，在城市精细化管理实践中具有不可或缺的作用。[⑤]

与社会各界开展的智慧城市建设实践相对应的是理论界的关注，对智慧城市的研究已经成为国内相关学科领域尤其是数字化城市管理方向的一个热点问题。从时间维度出发，智慧城市建设和发展大体可分为前期的规划、中期的建设以及后期的运行管理三个阶段，智慧城市的理论研究也可从上述三个方面进行梳理。

首先，智慧城市的规划研究。有学者提出，智慧城市的建设无法由单一部门在相对封闭的内部完成，需要依赖顶层设计进行整体布局和规划，通过主持牵头部门，调动政府机关、社会团体、企业大众、工商资本等各方面力量共同完成。[⑥] 更多的研究涉及了智慧城市理念对城乡规划[⑦]、城市规划[⑧]理论和相关实践[⑨]的影响等。相关的研究认为，智慧城市作为一种新型的城市形态，其影响尚不可被完全预知，因此城市规划必须对智慧城市引发的变革有充分的认知，并在城市规划去积极摸索与之相适应的规划思路和方法。[⑩] 其次，智慧城市的建设方面，相关的研究集中于智慧城市的关键技术分析，以及国内外智慧城市

---

① 李环寰、高飞、胡小华：《数字城市三维展示效果提升关键技术研究》，《测绘》2012 年第 6 期。

② 郭仁忠、刘江涛、彭子凤、唐岭军：《开放式空间基础信息平台的发展特征与技术内涵》，《测绘学报》2012 年第 3 期。

③ 曾燕南：《城市精细化管理对城市发展的促进——以哈尔滨市为例》，《中国青年政治学院学报》2012 年第 6 期。

④ 郭理桥、林剑远、王文英：《基于高分遥感数据的城市精细化管理应用》，《城市发展研究》2012 年第 19 期。

⑤ 李忠宝：《空间技术支持智慧城市建设与发展的思考》，《卫星应用》2012 年第 2 期。

⑥ 陆伟良、吉星：《智慧城市建设目标与顶层设计概念辨析》，《智能建筑与城市信息》2013 年第 4 期。

⑦ 丁国胜、宋彦：《智慧城市与"智慧规划"——智慧城市视野下城乡规划展开研究的概念框架与关键领域探讨》，《城市发展研究》2013 年第 8 期。

⑧ 赵四东、欧阳东、钟源：《智慧城市发展对城市规划的影响评述》，《规划师》2013 年第 2 期。

⑨ 孙中亚、甄峰：《智慧城市研究与规划实践述评》，《规划师》2013 年第 2 期。

⑩ 姚南：《智慧城市理念在新城规划中的应用探讨——以成都市天府新城规划为例》，《规划师》2013 年第 2 期

建设案例解读两个层次。肖建华的研究认为，测绘地理信息行业通过建设智慧城市时空信息云平台，构建智慧城市的重要空间信息基础设施，为智慧城市提供智能化时空载体。有学者在案例分析基础上提出，智慧城市应在政府主导下进行，以推进公共管理服务体系的完善促进智慧城市的建设，以加强社会建设和民生工作作为智慧城市建设的支撑点。① 针对智慧城市建设领域的问题，有学者提出应重视城市发展的差异定位，注重区域特色激发智慧城市发展活力，以市场需求引导项目建设，以技术创新和战略性新兴产业发展为依托，推进智慧整合等。② 最后，智慧城市的运行管理方面。已有的研究认为，智慧城市运行涉及了智慧电力、智慧交通、智慧环保、智慧给排水、智慧供应链、智慧银行、智慧教育、智慧医疗、智慧企业、智慧社区、智能家居等城市发展的方方面面。③ 部分学者提出，智慧产业是知识经济的核心，也是智慧城市的重要物质载体，智慧城市的运行应依托结合城市产业升级，走智慧城市和智慧产业融合发展之路。④ 还有研究涉及了智慧城市的商业运作等领域。

二　城市经济管理

将城市的发展纳入区域体系是经济地理学、区域科学的学科优势，这种思想也不断渗透和改变着传统的城市管理思维。近两年来，从区域分工合作角度探索中心城市的经济发展，从城市群、都市圈等区域单元尺度探索城市的职能定位等依然是城市管理的研究重点。

首先，从区域分工合作角度探索中心城市的经济发展方面。魏后凯认为，区域竞合是城市群形成发展的基础，具体在产业分工合作发展方面，应处理好产业疏散和产业集聚之间的关系，构建一体化的城际轨道交通和快速交通网络，实现城际铁路公交化。⑤ 城市之间的分工合作不仅可以强化自身的专业分工，形成区域内部多样化的产业类型，而且通过专业化与多样化城市可以构筑网络化城市体系，这种介于市场交易与一体化组织之间的中间性网络产业组织是城市群形成的关键。⑥ 也有学者关注具体的产业发展领域，如翁钢民等以河北省环京津休闲旅游产业带所包含的七个城市为研究对象，对其旅游产业竞争力进行了测评和分类，在此基础上提出了面向区域发展的地区竞合对策，旨在推动七个城市开展合理分工和有序竞争。⑦ 孙久文等运用2003年和2009年地级及以上行政单元的四位数制造业数据，分析制造业的空间特征，结论认为近年来，制造业突出表现为向发达城市群

---

① 刘刚、张再生、梁谋：《智慧城市建设面临的问题及其解决途径——以海口市为例》，《城市问题》2013年第6期。

② 辜胜阻、杨建武、刘江日：《当前我国智慧城市建设中的问题与对策》，《中国软科学》2013年第1期。

③ 杨再高：《智慧城市发展策略研究》，《科技管理研究》2012年第7期。

④ 张向阳、袁泽沛：《广州智慧城市与智慧产业融合发展路径研究》，《科技进步与对策》2013年第12期。

⑤ 魏后凯：《构建面向城市群的新型产业分工格局》，《区域经济评论》2013年第2期。

⑥ 邬丽萍、刘文婷：《城市群形成演化：基于专业化、多样化的解释与实证》，《经济问题探索》2012年第1期。

⑦ 翁钢民、杨绣坤：《河北省环京津休闲旅游产业带城市群竞合研究》，《人文地理》2012年第4期。

边缘区、发育城市群和粤、苏、鲁省内欠发达区域集聚的态势，而东部发达城市群核心区、中西部欠发达区域则是产业份额减少的区域。[①] 在具体区域发展方面的研究文献也较丰富，如2013年9月，由两院院士吴良镛主持完成的《京津冀地区城乡空间发展规划研究三期报告》提出京津冀一体化策略，以北京新机场规划建设为契机，京津冀共建“畿辅新区”，疏解首都政治文化功能，正是从区域分工角度分析了北京的城市发展方向。[②]

其次，从城市群、都市圈等区域单元尺度探索城市的职能定位等方面。进入21世纪，中国进入城市群快速发展时期，而中心城市的辐射和带动是城市群形成发展的重要基础。[③] 由于城市群（或都市圈）内城市行政隶属关系不同，地区间的协调难度较大、城市之间产业趋同现象严重，削弱了该区域整体竞争力。[④] 在以中心城市为核心的城市群逐渐成为地区和国家经济发展的主要动力时，产业结构的优化与升级应以区域分工为基础，在时间上注重主导产业的更迭，在空间上强调产业的对接。[⑤] 罗守贵等的研究认为，长三角区域城市之间的职能分工是区域一体化发展的基础，在长三角区域由“产业一体化”向“功能一体化”发展转变中，区域制度合作是实现长三角功能一体化的核心与关键。[⑥]

通过近两年的文献梳理可以看到，从区域视角探讨城市管理问题目前还主要集中在经济领域，在具体研究表述中，“区域协调发展”“区域一体化”“区域分工合作”等概念经常被使用，表征在资源环境约束条件下，城市发展的区域合作诉求。尽管在从区域合作角度探讨城市管理的研究中，空间、社会发展等问题也有涉及，但主要集中在从对策建议角度提出的一体化的发展路径等方面。

三 生态规划与低碳城市

（一）生态规划

党的十八大提出了“五位一体”的中国特色社会主义建设总体布局，将生态文明建设与经济建设、政治建设、文化建设、社会建设并列。生态文明建设被放在突出地位，着力推进绿色、循环、低碳等生态发展理念，正越来越受到国家政策层面的重视。中国向全世界宣告：我们要转变发展模式，降低能耗和物耗，保护和修复生态环境；我们要发展循环经济和低碳技术，使经济社会发展与自然相协调。截至2012年7月，全国97.6%地级（含）以上城市和80%的县级城市均提出建设生态型城市的目标。全国生态城市的各种试验区、示范区明显增多，空间尺度跨越城镇群、城市、新城与社区等不同的空间层级，实践探索逐渐加强，“生态”理念下的中国现实国家政策选择将引发中国城乡规划与管理思路的转变。

---

① 孙久文、胡安俊：《产业转入、转出的影响因素与布局特征——基于中国城市四位数制造业的分析》，《南开学报》（哲学社会科学版）2013年第5期。

② 吴良镛等：《京津冀地区城乡空间发展规划研究三期报告》，清华大学出版社2013年版。

③ 王成新、郝兆印、姚士谋、丁庆福：《城市群时代中心城市的影响腹地界定研究——以济南市为例》，《人文地理》2012年第4期。

④ 聂小桃：《都市圈经济发展中的产业整合——以珠三角都市圈为例》，《市场经济与价格》2012年第1期。

⑤ 鄂冰、袁丽静：《中心城市产业结构优化与升级理论研究》，《城市发展研究》2012年第2期。

⑥ 罗守贵、金芙蓉：《都市圈内部城市间的共生机制》，《系统管理学报》2012年第5期。

在理念层面，仇保兴从城市如何与自然共生入手提出“共生城市”的理念（Symbiocity），将“共生城市”可以分成三个相互作用的协同集，即能源和资源的协同集，城市服务功能与产业协同集，气候、自然与景观的协同集，这三个协同集自身的共生性能以及相互之间的共生性就能影响城市生态足迹的大小。文章提出“共生”设计是生态城市规划的核心，并对“共生城市”与“机械城市”进行了比较（见表7—1）。

表7—1　“共生城市”与“机械城市”的比较

共生城市特征	机械城市特征
资源能源节约	经济效率至上
物质循环利用	低成本排放
遵循生态学原则	遵循物理学原则
混合用地空间	严格的功能分区
多样化	标准化、同质化
尊重地方文化与自然	千城一面
扁平化、组团式集群	层级制、服务于中心
新陈代谢性	平等性
内部基因传承和自演进为主	外部设计强加为主
系统内各元素共生（自组织）	二元论（他组织）
感性和理性共生	理性主义为中心的人本主义
异质文化包容	欧美文化占据
生态文明的依托	工业文明的依托
信息化服务业为主动力	工业化为主动力

资料来源：仇保兴：《“共生”理念与生态城市》，《城市发展研究》2013年第8期。

生态文明为城市规划建设提供了一个很好的时代命题，在生态城市规划的理论研究和实践中，城市规划与管理者到底应该怎么理解和把握生态概念，杨培峰等认为有以下三个层次：第一层次是自然生态的概念，指自然界动植物与其生境的关系。这是影响面最广、最为直接的概念层面；第二层次是系统生态的概念，指研究对象是由自然演替和人为开拓两者交叉作用的结果，是自然、社会、经济系统复合的结果；第三层次是哲学生态的概念，指事物与周围环境的关系或事物之间的关联。对这三个境界的理解，会影响规划从业者对生态城市建设现象的理解、运行和创新。

李浩针对中国特殊的资源条件、地理格局、体制环境、社会背景和发展阶段等基本国情，提出了以“中国范式”思维推进中国生态城市规划建设的基本要义：有序推进、因地制宜、安全至上、返璞归真、部门协同、政府转型、引导消费、文化传承。袁牧等认为既然发展是硬道理，就需要对发展加以科学引导。“低碳”和“生态”的发展模式必须建立在广泛的社会基础之上，应当以“整体”的视角看待“低碳”和“生态”问题，而不应仅仅局限于资源消耗、环境污染问题本身。只有伴随着社会和谐的低碳生态发展模式，才是真正可持续的发展模式。为此，袁牧等提出三种行动策略：一是从借鉴西方经验到探索中国特色；二是从创新示范引领到推动社会行动；三是从宣传教育呼吁到公众广泛参与。三种技术途径：（1）从“传统城市化”到“城市范式变革”；（2）从“高成本的高技术”到“可承受的适用技术”；（3）从“目标引导型技术”到“过程激励型技术”。那鲲鹏针对当前中国生态城市的规划建设缺乏明确方向指引的现实，尝试构建具有中国特色的生态城市发展框架和路径，并从城市规划、低碳产业、水资源、能源、固体废物、绿色交通、生态安全、低碳社区、绿色建筑及实施保障十个方面展开讨论，以期为中国的生态城市发展提供认识论和方法论上的指导，正确引导中国生态城市的规划建设。

20 世纪 80 年代以来，中国生态城市相关政策也在从片面向全面转变。从国外生态城市相关理论与实践中提出的生态城市建设策略可归纳出以下 20 项基本策略，将中国各时期国家层面生态城市相关政策涉及内容与此 20 项基本策略相比较，可以看出，中国生态城市相关政策经历了从无到有、从片面到全面的过程（见表 7—2）。20 世纪 90 年代的相关政策着重以增加绿化、治理污染改善城市生态环境，大多数规划建设策略都是从城市绿化美化的角度来制定和执行的；2000 年以后，相关政策的内涵更加丰富，提出了提高基础设施建设水平、循环利用资源、使用可再生能源、保护生物多样性等更多根本性策略，而非仅停留在绿化、排污层面；2006 年后，相关政策进一步强调了节能、低碳理念，并以此为出发点提出了鼓励土地混合使用，鼓励选择步行、自行车与公共交通方式出行，采用绿色建筑技术等策略。至此，表 7—2 中的 20 项基本策略中的大部分在中国相关政策中均已有所体现。这一发展趋势的原因之一是长期的研究与实践使中国对生态城市的理解与国际更加接轨，也更加全面；原因之二是随着中国城市化进程的加速，中国城市、特别是一线城市的发展状况与面临的问题和国外城市有了更多共通之处，使国外相关理论与实践经验在中国有了更高的适用性。

表 7—2　　国内外生态城市建设策略比较

国际生态城市建设策略	园林城市	生态示范区[35]	生态园林城市	生态市	生态文明示范区[36]	低碳生态试点城（镇）[37]	生态园林城市
提出时间	1992	1995	2004	2003	2013	2011	2012
限制城市扩张，保证植被覆盖率	○	○	○	○			√
鼓励土地混合使用						√	○
鼓励步行、自行车与公共交通						√	√
构建连通的绿地与开放空间系统	√	○	○			√	√
提高基础设施建设水平		○	√	√		√	√
采用适宜的生态技术							
采用绿色建筑技术						√	√
降低能源消耗				√	√	√	√
使用可再生能源			○			√	

续表

国际生态城市建设策略	园林城市	生态示范区[35]	生态园林城市	生态市	生态文明示范区[36]	低碳生态试点城（镇）[37]	生态园林城市
提出时间	1992	1995	2004	2003	2013	2011	2012
降低碳排放量					√	√	
循环利用水、能源、废弃物等各类资源			○	○		√	○
综合治理水、空气和土壤的污染	√	√	√	√	√	○	√
保护生物多样性			√		√		
发展生态型经济		○			○		
鼓励绿色生活方式					√	○	○
保护当地文化和历史	○		○			○	○
使每个人享受平等的环境质量							
使每个人享受公平的福利和机会			○		√		√
鼓励公众参与（市民、企业、组织）				○	√		
有良好的生态城市实施监督机制	√				√	√	√

注：√代表全面要求，有详细指标；○代表部分要求或提出要求但无详细指标。

国内学者对大量国外生态城市典型案例进行了引介分析，如德国埃朗根市、巴西库里蒂巴市、澳大利亚怀阿拉市、丹麦哥本哈根市、美国伯克利市与波特兰市、日本北九州市、瑞典斯德哥尔摩市与哈马碧新城、加拿大温哥华市等。通过梳理国外案例可以大致看出，生态城市总的发展目标是实现人与自然的平衡，实现最大限度地节约能源、资源，保护自然生态环境与本地文化，建立有经济活力、社会公平和谐的新型城市。为实现这些目标，主要通过物质空间规划、生态技术应用、规划建设管理、经济社会发展调控管制等途径，全面推进生态城市建设。其中在物质空间规划方面，重点对土地利用与功能布局、能源利用与可再生能源开发、生态保护与绿色基础设施管控、绿色建筑与生态住区建设、废弃物处理和资源化利用、交通引导开发与绿色交通体系等领域进行规划设计。规划形成用地集约、结构紧凑、功能混合的空间布局，高效低碳、循环再生的资源能源利用体系，行人优先、通畅便捷的绿色交通体系，布局均匀、互相连接的绿色基础设施，绿色环保、宜居舒适的绿色建筑与社区。在生态技术应用层面，重点关注可再生能源利用、供水排水、污水处理与再生利用、垃圾处理与资源化利用、交通系统与车辆技术、信息网络技术，并集成应用到城市开发建设过程。在规划建设管理层面，从法律法规标准制定、决策支持平台搭建、规划实施激励机制等方面形成系列的配套政策。在社会经济发展调控与管制方面，通过创造就业机会、营造公平和谐的社会环境、提供便捷高效的公共服务、保护本地文化、倡导绿色生活等方面，引导城市向着生态化的方向迈进。生态城市规划建设涉及众多专业领域，有涵盖规划、设计、管理、运营等阶段，需要以系统的思维，全面整体推进。

此外，一些学者对生态城市建设评价指标体系、紧凑型生态城市、中国生态城市研究领域的热点与发展趋势等方面展开研究，也都为深化生态城市研究及相关决策提供了很好的参考。

（二）低碳城市

在快速城市化和工业化进程中，近年来中国能源消耗正在持续以年均10%左右的速度快速增长，且由于能源消耗基数低，随着中国经济发展和生活水平的进一步提高，人均能源消耗水平还会持续上升。到目前为止，中国的人均碳排放水平虽然还处于世界平均水平，但是碳排放总量已经跃升世界最前列，资源环境压力巨大。面对日益严峻的气候变化和资源环境约束，作为人口和经济活动的中心，城市不但是全球最主要的碳排放和能源消耗主体，还是对气候变化高度敏感的地区，因此建设低碳城市、发展低碳城镇化已成为重要的战略选择。

低碳城市作为当前中国城市实现可持续发展建设的一个热点，备受人们关注。许禄等在概念辨析的基础上，探讨了低碳城市与低碳经济、低碳社会等相关术语间的联系与区别，指出了低碳城市的建设不是一种单一的、平面的模式，而是一种系统的、立体的发展方式。陈飞等学者提出的低碳城市2.0理论——不仅包含二氧化碳排放的经济产出，还包含碳的社会福利产出的低碳发展概念。在其研究中提出的三重底线的界面分析与城市规划中的门槛跨越是一种富有意义的创新，其中三重底线的界面分析包括界面一：城市增长福利绩效；界面二：碳经济增长绩效；界面三：碳福利发展绩效。从可持续发展的角度讨论中国低碳增长与公平发展的转型，绕不开对三个门槛问题的认识，即经济增长与社会福祉（福利门槛）、经济增长与碳排放（低碳门槛）、政府治理与民生发展或社会公平发展（治理门槛），对这些问题认识的不同将导致不同的发展战略与政策。三个门槛的跨越分别表达了当代低碳增长与社会公平的迫切需求以及双赢的发展轨迹及发展路径。

对中国城市而言，协调能源消耗与经济发展，实现构建低碳城市的构建目标并非易事。陈超凡等在低碳城市发展历史回顾与现状调查分析基础上，绘制了中国低碳城市（省）分布图，归纳了代表性城市发展低碳城市的主要措施，并对中国发展低碳城市过程中存在的主要问题进行了分析；随后根据相关资料，对中国低碳城市发展进行SWOT分析，并应用SWOT矩阵组合分析提出了中国低碳城市发展的战略对策。最后在低碳城市发展回顾与SWOT矩阵分析基础上，设计了中国低碳城市发展战略，确定了低碳城市发展模式、发展战略路线与发展重点。他们认为低碳城市应该从单一由政府主导的发展模式向以政府、市场、企业、公众为主体的模式转变，即低碳城市既需要政府在制度和法律上进行规范引导，也需要完善的市场机制、积极开拓技术创新的企业、拥有低碳化的消费理念的公众来共同发展（见图7—1）。

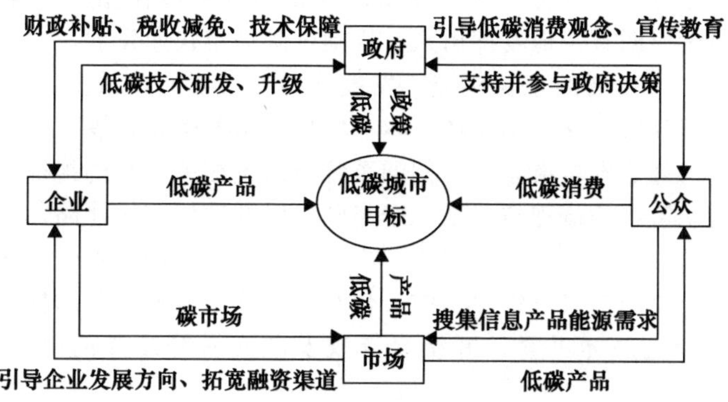

图7—1　低碳城市发展战略模式框架

低碳城市发展战略路线是城市实现低碳发展而制订的战略和规划，以及对城市制订低碳城市战略、编制温室气体排放清单、制订和实施规划以及检测等一系列活动的过程和制度设计。在SWOT分析等基础上，确定了中国低碳发展战略路线（见图7—2）具体步骤：(1）进行情景分析并运用反溯法等确定实现低碳城市发展的目标；（2）明确低碳城市的发展模式、发展路径、规划重点、规划指标；（3）对低碳城市进行深入研究并运用方法、模型制订详细的低碳城市发展规划方案，明确各主要部门和行业的减排目标和实现途径，以及成本效益等；（4）结合相应理论制定能够保证方案实施的法律法规体系和评价体系。

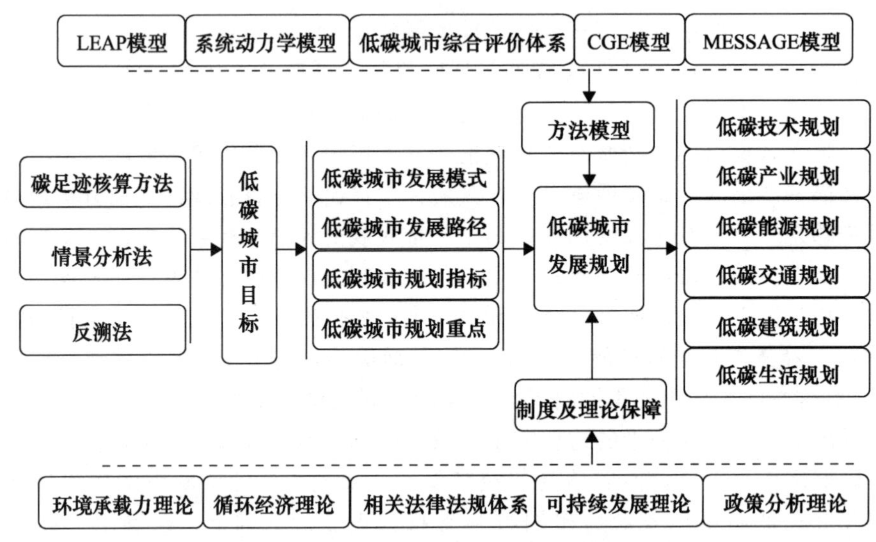

图7—2 低碳城市发展战略路线

现阶段中国低碳城市发展重点主要集中在以下四个方面（见图7—3）。

(1）完善低碳城市法规体系和理论方法体系。发展低碳城市需要依据相关理论及方法制定出详细的规划方案及评价体系，同时构建完善的政策法规体系，并重视低碳经济制度创新，以推动低碳城市科学发展。

(2）将低碳理念与城市发展相结合。以低碳理念引导城市发展，将低碳理念贯穿于生产、生活、服务等各个方面。

(3）发挥政府、企业、市场、公众在低碳城市中的主体作用。明确各自的目标与任务，将各方面的力量协调有效地发挥出来，推动低碳城市快速发展。

(4）确定低碳城市发展的主要领域。发展低碳城市要有的放矢，需要确定各个阶段低碳城市发展的主要领域，这有利于从根本上实现城市低碳化发展。

基于对当前国内外低碳城市建设案例的系统研议及相关文献的提炼，结合对国内外低碳城市建设案例行动策略的梳理与总结，李超骕等对低碳城市构建路径与策略体系进行探索性构建，认为中国城市需从能源低碳化、产业低碳化、交通低碳化、建筑低碳化等关键部门的低碳化策略中遴选与自身资源、城市化与工业化阶段相匹配的核心策略。同时，低碳城市建设应该策略与技术并重，并结合碳税及碳交易等必要的财政手段，有侧重地推进。

与此同时，闫理等认为低碳城市建设中的政策保障尤为重要。政府可以从低碳产业、

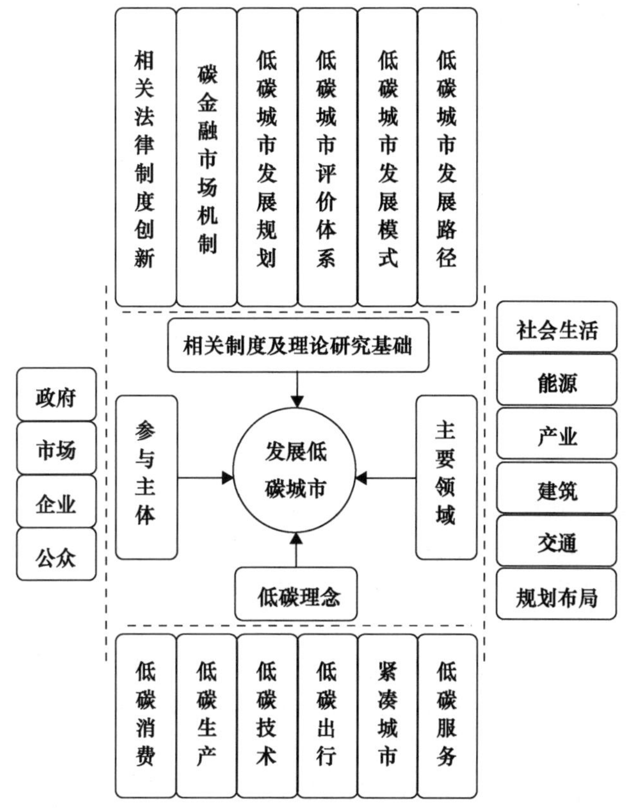

图 7—3　中国低碳城市发展重点方向

低碳消费和污染治理、城市规划、城市运行、城市生活这“两个领域，四个层面”来构建、完善低碳城市建设的政策保障体系，实现城市发展模式的转型。那鲲鹏等则从低碳生态城市规划的领域切入，提出低碳生态城市规划编制的重点领域包括土地利用、经济发展、绿色交通、绿色建筑、水资源利用、能源利用、废弃物处理、信息化建设和能力保障等多个方面。

与生态城市一样，国内很多学者基于国际低碳城市案例为中国城市向低碳化转变提供了很好的借鉴。比如从纽约低碳城市规划体系看低碳城市目标机制的落实，从日、韩低碳型生态城市探讨相关生态城规划实践。有学者综合比较若干建设低碳城市的国际性大都市的政策制定和实施，归纳提炼出具有相似的四步法路线图：第一，了解城市碳足迹。这要求建立一个碳排放核算框架（排放清单、排放源和排放因子）和基准，据此评估进展情况。城市碳足迹是低碳城市建设的基础框架；第二，设立城市愿景，制定低碳目标。首先进行全面细致的温室气体减排潜力和成本分析，确定城市的温室气体减排成本曲线。进而通过不行动情景、基准情景（BAU）和减排潜力情景三种情景结果的比较，确定城市温室气体减排的目标，并且将减排目标分解到行业，设定可衡量的行业指标；第三，制定城市减排行动方案。全面的低碳城市战略和实施计划将有助于城市实现其总体的减排目标，这要求整合现有的相关政策，并通过有效的创新机制和有针对性的融资，采取综合的多行业途径，使低碳城市成为现实；（4）建立机制以监测和评估。为保证战略计划的实施，需建立机制以监测、核实和报告温室气体排放情况。

特别需要指出的是，国际经验显示，良好的城市治理（city governance）是达成低碳城市建设愿景的执行途径和重要保障，这需要中央、地方、城市政府之间有效的协调和配合，即通过适宜的多层治理架构来推动应对城市气候变化。多层次的治理架构旨在通过加强纵向和横向的协调和分工缩小甚至是消除不同层级政府间的政策空白点，主要包括三种模式。

（1）中央主导、自上而下的机制，例如挪威。主要的特点是中央政府施加绝对的影响，通过国家政策推动地方、城市管理者将应对气候变化纳入决策范围，引导不同经济主体的行动，同时也包括中央对于地方（也包含城市，下同）有较大的授权范围，可以形成适应本地特点的政策体系。

（2）地方主导、自下而上的行动，例如美国。主要的特点是通过地方自发项目和活动经验教训的学习和积累来影响中央政策的制定。

（3）混合模式，例如巴西、日本和瑞典。兼具上述两者的特点。

从国际经验来看，应对气候变化的城市治理模式大致可归纳为四类，可以分别称为：自我管理（self-governing）、供给倡导（provision）、权威管制（regulation）和授权管理（enabling mode）。这四种模式并不是相互独立的，相反，城市政府倾向于将它们结合起来同时使用。

（1）自我管理模式。城市政府通过独立活动和自有资源的操作和运用，推动自身温室气体排放的减少，主要采取三种方法：第一种，通过管理政府建筑、车队和服务；第二种，通过采购政策，包括采购可再生能源用于市政管理，或在交通行业购买替代性的低碳燃料；第三种，地方当局可以起带头作用，通过制定最佳实践的原则或展示某种技术的使用或社会实践。

（2）供给倡导模式。该模式是借助政府提供的某些特定的服务或资源，促使城市向低碳生态方向发展，主要是通过基础设施建设或借助金融经济手段执行。

（3）权威管制模式。此种模式较为传统，主要通过政府所掌握的公共权力，设置相应的制度规范与限制性措施，约束和管理城市相关活动，如土地利用规划和建设标注审核等。

（4）授权管理模式。城市政府可利用各种机制来支持其他机构减少温室气体排放的活动，如通过各种形式的信息传播和教育活动来影响行为改变，或利用各种刺激手段，包括提供补贴、信贷、取消补贴、取消对新技术的壁垒，以鼓励新技术的使用或推动行为的改变，还可与企业和社会团体开展多种形式的合作。

郭强等认为，国外低碳生态城市政策中注重政治文化的基底作用、注重系统政策的整合作用、注重法律法规的保障作用、注重市场化政策的激励作用与注重自愿性政策的协同作用值得中国借鉴，并提出完善中国低碳生态城市政策的政策建议：健全低碳生态城市领导体制、完善低碳生态工作推进机制、加大低碳生态财税支持力度、创新低碳生态投资融资方式、探索试行低碳生态专项制度。

此外，李凡等从中国多级次政府的现实出发，说明财政分权对于低碳城市建设的重要性，深入分析了政治激励与财政激励对低碳城市建设的巨大影响，并给出了具体的对策建议；李健等从产业影响和空间重构两个视角分析了天津市低碳城市建设的思路；刘伟等对城市进行能流分析并基于可量化的目的确定低碳城市发展规划的重点；其次，构建出低碳城市发展规划指标体系；最后，采用系统动力学软件构建了低碳城市发展规划系统动力学模型。以北京市为例，设定 3 种情景模拟预测了 2010—2020 年北京低碳城市发展状况，根据模型预测结果提出了北京低碳发展规划的建议。

四　城市更新与棚户区改造

虽然中国正处于城市化的中期加速阶段，2011 年城镇化率超过 50%，并将于 2020 年达到 60%，但还应看到，在人口中心集聚的同时也伴随着城市郊区化现象，中心城区后续发展乏力，面临转型困境，老社区设施配套陈旧，供需矛盾突出。鉴于此，有专家提出：中国的城市规划师要未雨绸缪，不仅要面对做好“为了增长而规划”的增量规划，还要做好“为了萎缩而规划”的存量规划，两者结合方能实现城市与区域更健康的发展。

因此，在城市快速发展过程中，城市更新作为城市改造、再生和复兴的重要手段，逐渐受到地方政府和专业技术人员的关注。城市更新的目的是对城市中某一衰落的区域进行拆迁、改造、投资和建设，以全新的城市功能替换功能性衰败的物质空间，使之重新发展和繁荣。一般是针对解决城市中影响甚至阻碍城市发展的城市问题，这些城市问题的产生包括环境、经济和社会方面的原因。2011 年中国的旧房拆迁量约为 1.3 亿平方米，占住宅存量的 0.75%。到 2013 年，中国每年拆除的建筑面积上升至 4 亿平方米，约占新建建筑面积的 1/5。城市更新已经成为中国大中城市房地产土地供应量的主要来源之一、老旧城区建设项目的工程重点和提升城镇化质量的核心领域。

与工业革命之前相比，现代意义上的有组织、有计划的城市更新是伴随着工业革命、人口集中引起的“城市病”而产生。随着城市问题的复杂化和二战后的城市重建，国外城市更新的概念和内涵在过去 50 多年中不断发展变化，一方面它们之间存在内在的连续性，同时在发展动力、机制、更新对象、更新的重点城市区域，及外部表现的特征都迥异（见表 7—3）。

表 7—3　　城市更新的时代特征

英文名词	中文名词	表现特征	历史时期
Urban Restoration	城市修复	对具有历史文化价值的建筑物、构筑物、街区进行保护性修缮	20 世纪 50—60 年代
Urban Rehabilitation	城市恢复	对城市中功能部分丧失、布局混乱、环境恶化的城区进行修复	
Urban Renovation	城市整治	对城市的某一完整地段的综合治理，剔除不适应的部分，增加新的内容，达到提高该地段环境质量之目的	
Urban Reconstruction	城市重建	强调功能分区，以物质形体的规划为主，改造方式主要采用大规模推到式重建	

续表

英文名词	中文名词	表现特征	历史时期
Urban Revitalization	城市振兴	取代城市重建，改造中注重解决就业问题、关注弱势群体的利益，并把改造与区域的发展相结合	20 世纪 60—70 年代
Urban Redevelopment	城市再开发	对旧城市未得到充分利用的资源，经过重新调整以期达到高效益的充分利用，剧烈、大规模的城市改造方式	
Urban Renewal	城市复兴	更加务实的内涵式更新，解决内城衰退，注重邻里社区就业、人口与就业平衡，排斥大规模的重建，注重小规模更新	20 世纪 70—90 年代
Urban Regeneration	城市更新	向更全面的方向发展，可持续理念下更注重用综合手段解决处理城市社会问题，改造主体多元化，不排斥大规模拆除重建	20 世纪 90 年代至今

资料来源：冯斌：《城市更新背景下的城市文态——成都开创性实践的经验与启示》，《城市发展研究》2013 年第 9 期。

罗翔在其研究中提出，在新形势下，传统的关注中心城区物质空间、以改造项目为途径的城市更新理念，正逐渐演化为空间尺度更大、内涵更丰富的城市复兴理念。在分析当代城市衰败主要原因的基础上，研究对不同语境下从城市更新到城市复兴的内涵差异进行辨析，进而结合国际经验，提出存量更新、结构升级和多元融合的城市复兴模式，以及经济转型、创新驱动、社会融合、文化引领和空间重构的城市复兴策略，并进一步指出中国的城市复兴在宏观背景、微观动力和现实结果等方面与西方城市有所不同（见表 7—4），不一定要经历先衰败再复兴的既有模式，应从供给和需求两个方面着手，鼓励政府、企业和社区进行合作，以“规划先行”作为城市复兴的有力保障，在“科学发展观”和“新型城镇化”的国家战略思想指导下，完全可以走出一条具有中国特色的城市复兴道路。

表 7—4　　城市复兴模式的中西方城市比较

	西方城市	中国城市
宏观背景	始于 20 世纪 50 年代 历经城市更新、城市再生等阶段 开放的市场经济条件 后工业化时代	始于 20 世纪 90 年代 有希望实现跨越式发展 建立市场经济的转型背景 新型工业化与新型城镇化协同发展
微观机制	源于旧城衰败 人口外迁、资金外溢 土地私有条件下的市场调节 私家车成为主要通勤工具	中心城区并未衰败 人口、资金依然向心集聚 土地有偿使用制度下的级差置换 刚步入汽车时代，公交车出行仍为主导

续表

	西方城市	中国城市
现实结果	中心城区经历衰败后开始“绅士化” 郊区成为富人聚居区 出现逆城镇化 区域环境质量得到提高	中心城的商贸、服务、文化功能加强 郊区居住人群以工薪阶层为主 向城镇群形态演化 区域生态环境而临压力

资料来源：罗翔：《从城市更新到城市复兴：规划理念与国际经验》，《规划师论坛》2013 年第 5 期。

徐振强等认为，“城市更新”，即针对城市发展过程中结构和功能衰退以及随之带来的城市环境、生态、形象以及综合竞争力的下降，通过结构与功能调整、环境治理改善、设施建设、形象重塑等手段，使城市重新保持发展活力，实现持续健康发展，并提高综合竞争力的过程。城市更新主要包括两方面的内容：一方面是对客观存在实体（建筑物等硬件）的改造；另一方面是对各种环境（如生态、空间、文化、视觉和游憩等）的改造与延续，包括邻里的社会网络结构、心理定式和情感依恋等软环境的延续与更新。在中国，城市更新主要有三种方式，重建或再开发（redevelopment）、综合整治和功能改变。理论上，可将更新的方式分为三类，但在实际操作中应视当地的具体情况，将多种方式相结合。随着城市化进程中原农村社区力量的崛起，城市规划开始关注和吸纳社区诉求，其中城市更新驱动型成为五种实践模式之一。中国目前关于城市更新的规划技术相对欠缺。

中国现阶段城市更新类型主要是旧城、旧村、旧工业区和烂尾楼改造等。如全国范围内针对居住的棚户区改造，2008—2012 年，全国改造各类棚户区 1260 万户，2013 年至 2017 年改造各类棚户区 1000 万户，如按照安置标准按户均 45m^2 计算，将新建 4.5 亿 m^2，约占全国新建建筑面积的 4.5%）；全国范围内以资源型城市为主的工业遗产保护与改造；全国范围内中小型城市的城市升级三年计划；部分城市提出的有机更新，以及广东省全面实施的“三旧改造”等。

表 7—5　2013 年对中国城市更新有积极促进作用的关键性政策和政府活动

时间	关键性政策和政府工作	与城市更新相关的主要内容	政策意义
2013. 7. 4	全国加快棚户区改造工作	（一）加快推进各类棚户区改造，重点推进资源枯竭型城市及独立工矿棚户区、三线企业集中地区的棚户区改造，稳步实施城中村改造。2013—2017 年改造各类棚户区 1000 万户；（二）政府主导，市场运作。必须发挥政府的组织引导作用，在政策和资金等方面给予积极支持；注重发挥市场机制的作用，充分调动企业和棚户区居民等社会力量广泛参与	明确了改造目标、对象，提出了投融资的原则性安排。从制度上保障了中国城市更新工作的稳定持续推进

续表

时间	关键性政策和政府工作	与城市更新相关的主要内容	政策意义
2013. 11. 9—12	中国共产党十八届三中全会	（一）完善城镇化健康发展体制机制。坚持走中国特色新型城镇化道路，推进以人为核心的城镇化，推动大中小城市和小城镇协调发展、产业和城镇融合发展。优化城市空间结构和管理格局。（二）推进城市建设管理创新。建立透明规范的城市建设投融资机制，允许地方政府通过发债等多种方式拓宽城市建设融资渠道，允许社会资本通过特许经营等方式参与城市基础设施投资和运营，研究建立城市基础设施、住宅政策性金融机构。（三）推进农业转移人口市民化，逐步把符合条件的农业转移人口转为城镇居民。把进城落户农民完全纳入城镇住房和社会保障体系。（四）从严合理供给城市建设用地，提高城市土地利用率	坚持农村人口向城镇转移和提高城镇化质量，使得城市更新成为适应人口城镇化的支撑方式和实现城市建成区集约发展的核心渠道
2013. 11. 12	全国资源型城市可持续发展规划	262个资源型城市（其中地级行政区126个，县级市62个，县58个，市辖区16个），到2020年资源枯竭城市历史遗留问题基本解决，可持续发展能力显著增强，转型任务基本完成。资源富集地区资源开发与经济社会发展、生态环境保护相协调的格局基本形成。转变经济发展方式取得实质性进展，建立健全促进资源型城市可持续发展的长效机制	约占全国城市总量的20%，资源型城市面临"复兴"的内在要求，城市更新作为城市复兴的铺垫阶段，能够促进资源型城市实现转型发展
2013. 12. 10—13	中央经济工作会议	调整产业结构、防控债务风险，促进区域协调发展、保障和改善民生（棚户区改造）	地方产业升级压力加大、政府借贷将更加严格，投融资渠道紧缩，棚户区改造是民生工作的核心。促进城市更新，创新投融资体制，有利于城市经济稳定健康发展

续表

时间	关键性政策和政府工作	与城市更新相关的主要内容	政策意义
2013.12.12—13	中央新型城镇化工作会议	明确了推进新型城镇化的六大任务，论述了当前城镇化工作的着力点	城市更新目标直接与前五项任务相适应（农业人口市民化、提高城镇建设用地利用效率、建立多元可持续的资金保障机制；优化城镇化布局和形态；提高城镇建设水平。通过有效实施城市更新能促进第六项任务的达成（加强对城镇化的管理）
2013.12.24	全国住房城乡建设工作会议	重点推进各类棚户区改造。转变城乡规划理念，切实提高城乡规划编制的科学性。鼓励社会资本参与城市基础设施建设	落实国务院〔2013〕25 号文要求，突出了对规划科学性与投融资方面的要求。从操作层面对城市更新提出了创新要求

资料来源：徐振强、张帆、姜雨晨：《论我国城市更新发展的现状、问题与对策》，《中国名城》2014 年第 4 期。

随着中国城市更新的不断深化，制度、组织和社会影响等方面的内容日益受到关注。一方面，因为新一轮的城市更新的目的更为复杂，所涉及的利益主体更多，需要更多的智慧来指导其实践；另一方面，城市更新作为重要的公共政策的理念已经深入人心，作为公共政策的制定者——政府，对其的研究也就不可避免。程佳旭开展了在多中心治理视角下城市更新模式转变研究，提出政府角色的转变成为关键，政府需要由单一主导者的角色向统筹者、协调者、监督者等多重角色转化，其核心在于平衡多方利益。赵若焱对深圳市更新“协商机制”进行简要介绍，评价深圳城市更新实施效果和博弈结果，重点从协商角度剖析深圳更新政策和制度中存在的问题，包括调控手段单一、缺乏系统指引、经济分析不客观、忽视全程管控，以及忽视低收入群体利益等。并对城市更新制度的完善提出几点建议，包括调整更新机构设施与之职能、制定多元化的利益调控政策、重视片区层面的更新规划、转变经济分析方法、重视低收入群体利益等。胡超文针对城市更新背景下中国历史地段保护规划制订与实施过程中多种权力之间的激烈博弈，提出一个基于管治理论的历史地段保护规划分析框架，并针对各博弈主体提出管治策略，以平衡各方利益，有效保护历史地段，促进社会的和谐发展。易晓峰则对 20 世纪 80 年代的英国城市更新与 20 世纪 90 年代的中国城市更新中的中央和地方政府的作用进行比较、总结，具体在法律与法规、组织、资金等方面分析了中、英两国的中央与地方政府扮演的角色及发挥的作用，总结出英国的模式为中央干预、地方参与，中国的模式则是中央指导、地方主导。两国的城市更新模式虽有较大差异，但都是为了寻求地方的经济发展和环境改善等，实施了更贴近市场、鼓励私人资本参与的“企业化管制”道路。

英国在制度化的城市更新过程、高规格和多部门合作、资金杠杆鼓励城市更新等方面为中国提供了借鉴。

此外，国内学者还进行了创意产业集聚与城市更新的互动、城市更新的社会可持续性评价指标体系、城市更新规划中市政设施配置标准、城市更新模式的可持续性评价、城市更新时代紧凑型发展的政策导向、“文化引导型”城市更新下的工业遗产保护、城市更新的战略性等多方面研究，丰富了中国城市更新理论理念和策略方法，为实践提供更多指导。

五　城市危机管理研究

在城市非常态化对对象的管理方面，随着近年来城市内部危机事件的频频发生，城市危机研究从城市管理研究中凸显出来，成为城市管理研究领域的一个热点问题。其中，城市邻避危机是伴随着现代工业革命推动的大型城市公共基础设施建设而产生的，随着近年来中国公共服务设施建设的步伐加快，邻避危机也呈现逐年增加的态势，社会各界对邻避危机的关注度也逐渐提高。以“邻避”为主题词，在中国知网的数据库中共可以检索到108篇文章，尽管在总量上少于其他主题研究，但从2006年的1篇，到2012年的23篇和2013年的86篇，能够明显感觉到这一问题引起的学术研究热情。通过文献梳理可以总结以下两个方面的研究重点，一是邻避危机的成因及本质；二是邻避冲突的治理。

首先，关于邻避危机的成因及本质，现有的研究一般遵循两种研究思路，即或是通过理论建构基础上的推理，强调某一因素的影响；或是通过案例分析与讨论，将邻避冲突归因于多个内外因的共同作用。代表性的研究如王心邑通过对西二旗餐厨垃圾处理站事件的分析，发现邻避设施负外部性的存在和政府决策过程中公众参与的不足，是导致群体性抗议的根本原因。① 娄胜华、姜姗姗以澳门美沙酮服务站选址争议为个案，从风险认知和决策模式两方面分析了社区居民反对政府选址政策的原因。② 黄汇娟分析了2009年番禺垃圾焚烧事件，发现公众的心理因素、经济因素、信任危机、公平性问题以及决策的公正性是导致邻避冲突产生的原因。③ 崔晶的研究是基于对四个邻避危机典型案例的分析展开的，提出了“中国式”邻避抗争的特征和集体行动类型，进而阐述在作为“次政治”和“新社会运动”的邻避抗争中，公民的集体行动成为参与区域治理的主要方式。④ 王奎明以上海松江垃圾场焚烧场事件为例，指出风险认知因素、经济发展水平、经济补偿因素为显著影响因素，而教育程度、社区组织化程度、社会压力、政府决策模式、公平性均为非显著性影响因素。⑤

---

① 王心邑：《邻避现象与治理：西二旗餐厨垃圾处理站的个案分析》，《北京规划建设》2012年第5期。

② 娄胜华、姜姗姗：《“邻避运动”在澳门的兴起及其治理——以美沙酮服务站选址争议为个案》，《中国行政管理》2012年第4期。

③ 黄汇娟：《邻避情结与邻避治理——番禺垃圾焚烧厂设置的个案分析》，《广东广播电视大学学报》2012年第2期。

④ 崔晶：《中国城市化进程中的邻避抗争：公民在区域治理中的集体行动与社会学习》，《经济社会体制比较》2013年第3期。

⑤ 王奎明、于文广、谭新雨：《“中国式”邻避运动影响因素探析》，《江淮论坛》2013年第3期。

其次，关于邻避危机的治理，近两年的研究在处理邻避危机管理与邻避危机问题两者关系方面，出现了整合趋势，即强调具有针对性的解决途径。王佃利等人的研究认为，尽管邻避问题是基于公众环境保护意识的提升产生的环境抗争问题，但是随着世界政治、经济的发展和国家经济结构的转型，邻避问题不再是单一的环境问题，其影响已经扩张到政治、经济、社会以及法律等不同的层面。[①] 因此，从广义角度看，城市邻避危机从属于城市危机范畴，但由于危机本身的特殊性，决定了对其管理无法简单复制其他危机处理手段。陈佛保等人的研究以上海市垃圾中转站为例，通过上海 25197 户二手住房价格的空间差异调研，分析了城市居民对环境邻避设施的负面支付意愿。作者建议邻避设施规划时应参考设施的科学防护距离和居民的心理可接受距离，给予适当的经济补偿，或者在邻避设施附近建立具有正外部性的公共设施给予规划补偿，从而减少邻避设施带来的冲突。[②] 陈宝胜的研究将邻避冲突的治理途径总结为：加强设施负外部性影响治理、优化公共政策制定、建立设施设址的利益激励机制和信息公开与协作交流机制、加强城市功能区规划等几个方面。[③]

此外，一些高校或研究机构开展的专项研究对城市危机管理也具有启发意义。2013 年 5 月，上海交通大学在上海发布了《2013 年中国城市居民环保态度调查报告》，该项研究从环境状况评估、环保知识认知、对地方城市政府环保行为评价、环保态度评估及“邻避情节”测评五个方面评估了中国城市居民环保态度。其中，在“邻避情节”测评方面，研究调查显示，民众对于邻避设施抵触情绪较为激烈，51.3% 的民众坚决反对居住区周围建立污染性设施，若居住区周围拟建污染设施，78.1% 的受访民众表示会参与请愿活动。[④] 该项研究从实证角度较为全面地分析了城市居民的环保态度，对思考和应对近年来频频发生的与环保相关的群体性事件具有较科学的参考价值。

六　协同治理与多规合一

国家治理现代化包括国家治理体系现代化和国家治理能力现代化。这两者是浑然一体、不可分割的有机组成部分。在今天大力提升国家治理能力的形势与要求下，规划作为一项重要的政府公共职能，如何兼顾规范、高效与公平。面对一系列问题与挑战，当前亟须对中国规划的定位、编制主体、方式、内容、执行流程、实施监测、责任考核等一系列制度性问题进行全新的认识与积极的革新。

据不完全统计，政府法定规划有 80 多种，相当大部分带有严重的计划经济色彩。由于中国政府部门设置的条块分割，人为造成一种碎片化的管理体制，伴随国家治理趋于分权化，部门本位主义日益强势。从国家到地方，各职能部门主导的各项规划尽管按照法律法规的要求，在编制阶段征求了其他相关部门意见，但由于缺乏实际操作方面的依据，往

---

① 王佃利、徐晴晴：《邻避冲突的属性分析与治理之道——基于邻避研究综述的分析》，《中国行政管理》2012 年第 12 期。

② 陈佛保、郝前进：《环境市政设施的邻避效应研究——基于上海垃圾中转站的实证分析》，《城市规划》2013 年第 8 期。

③ 陈宝胜：《公共政策过程中的邻避冲突及其治理》，《学海》2012 年第 5 期。

④ 上海交通大学民意与舆情调查中心：《上海交大发布 2013 年中国城市居民环保态度调查报告》，2013 年 5 月 10 日，中国经济网（http：//district. ce. cn/zg/201305/10/t20130510_ 24370276. shtml.）。

往做不到有机衔接，致使在同一个区域内规划层面之间“各吹各的号，各唱各的调”。例如，发改委的主体功能区规划、国土资源部的土地利用总体规划、环保部的生态功能区规划以及住建部的城乡总体规划等，在同一片行政辖区范围内形成了“多元编制”“多规管控”的独特现象。针对同一片国土，不同部门由于规划理念不同、利益诉求各异，管理部门之间缺乏有效沟通，导致各规划在编制及实施管理中纷争严重。例如，土地利用总体规划是“以供给定需求”，与城乡总体规划“以需求定供给”的编制思路恰好相反，出现规划“失衡”与“打架”现象在所难免。此外，中国条块分割的管理体制也导致管理部门之间协调难度大，如城乡规划中的建设用地范围划定受制于上级土地利用规划的用地指标分配，地方政府编制的各类规划往往难以顺利通过上级土地审批，规划的执行力便大打折扣。

资源紧约束条件已经成为中国快速城市化发展阶段的共同特征，如何寻求一种既保障发展、保护资源，同时又兼顾两者各自工作重心的发展途径，已经成为规划和国土资源部门的迫切需求和共同责任。陈涛从探索武汉市江汉区城市土地集约利用评价与城市规划相互衔接的实践出发，借助于集约利用评价，结合专项规划需求，通过编制土地利用发展规划来进一步优化用地布局，合理调配管理单元建设容量，探讨如何实现法定规划与专项规划在人口、布局、容量上的全面对接，总结城市土地集约利用评价与城市规划的目标、特征和实施途径、工作效果，使得土地集约利用评价与城市规划工作的有效对接，保证了规划的操作性、实施性和实效性。谭都以天河区“三规合一”规划为例，从用地分类标准、建设用地规模、建设用地用途、生态用地规模潜力等角度，在不突破现行政策的情况下，介绍广州在新型城市化探索道路上的重要经验。李鹏等梳理并总结了中国城乡空间管制中的问题，在“多规合一”导向下针对性地提出了“四区”划定过程中用地评定优化思路与应遵循的划分原则，并对已建区、适建区、禁建区与适建区的管制内容与管制措施作出原则性要求，最后通过对管制分区空间协调问题的回应，探讨了城乡规划中空间管制由技术性分区向政策性实现的可能途径。

王吉勇以分权化为切入点，聚焦于从分权到新区成立、发展的逻辑演变，思考城市规划如何在这一过程中发挥作用以及未来的路径选择。首先对分权下的深圳新区发展历程及阶段特征进行分析，对其中的分权化、新区发展及城市规划之间的相互关系进行思考，提出城市规划的战略性引导和综合性实施两种作用方式。在此基础上，认为新型功能区的出现将是深圳城市治理和空间优化的主要空间平台，并为“多规合一”编制实践提供了很好的实施平台，而基于“多规合一”的综合发展规划将成为引导新型功能区发展的主要路径。最后，从组织机制、规划编制、规划实施三个方面对新区综合发展规划提出了具体建议。

蒋蓉等在城乡统筹背景下，成都市以“两规合一”的思路及“导则研究＋三个试点镇推进”相结合的方式，开展乡镇村综合规划编制探索。实现“规划一张图，城乡全覆盖”有所贡献。

七　理论研究评述

通过相关文献的梳理可以看到，城市管理研究文献数量上的增长和研究内容结构方面的变化等趋势明显，此外，在对相关文献进行整理分析的基础上，也可以得到一些有价值的判断。

首先，研究主题和内容呈现明显的问题导向型。以数字化城市管理研究为例，与前期的研究相比，近两年来，随着国内数字城市和智慧城市等新型城市业态的践行，学术界的相关研究已经从基本概念的辨析和认知、国内外基本框架的梳理和比较等，转为对数字化城市建设在中国需要破解的关键问题，数字化城市带来的城市管理变革等深层次问题的关注。通过文献梳理可知，目前在国内，智慧城市建设已经得到社会各界的广泛认可，与对智慧城市的技术研究相比，有关智慧城市及其管理的基础理论研究尚显薄弱。目前，中国城市的发展正逐渐由以“建设为主”进入“建管并举”的时代，利用先进、可靠的信息技术，配合以更好的城市管理体制、理念和平台保障城市社会的良好秩序将是重大课题①。

其次，在研究方法上，主要采用基于案例分析的归纳、总结和演绎。例如在邻避危机管理问题的研究中，多数研究文献都是在典型事件分析上展开的。这一研究方法在城市经营方面的体现也较为明显，对于城市品牌的塑造，城市文化的培育等研究均遵循相似的研究思路。这样的研究方法也直接带动了相应的政策设计，使之呈现新的发展趋势，近两年来的研究除了强调借鉴国外经验，加强制度和政策层面的设计之外，将视角回归问题本身，即更关注“本土化”城市管理问题的破解途径。

第二节　实践创新

2012—2013 年，城市管理在实践领域的探索成果也很丰富，本报告将从智慧城市规划与建设、城市经济管理、生态规划与低碳城市实践、城市更新与棚户区改造实践、城市危机管理、协同治理与多规合一实践等方面分析来自全国各地典型城市的经验做法。需要特别说明的是，本部分内容主要来源于对相关网站、新闻报道等资料的梳理和总结。

一　智慧城市规划与建设

综观全球城市发展实践，智慧城市的规划和建设不仅成为欧美等发达国家城市发展的主流趋势，其概念也越来越被国内各界所接受。2012 年 4 月，在北京召开的中国智慧城市大会中，北京、上海、广州、南京、武汉、宁波、扬州 7 个城市被授予全国“智慧城市领军城市”称号。2013 年年初，住房和城乡建设部组织召开了国家智慧城市试点创建工作会议，公布首批国家智慧城市试点名单，并与第一批试点城市（区、县、镇）及所在省级人民政府签订共同推进智慧城市创建协议。如表 7—6 所示，包括北京市东城区、河北省石家庄市、江苏省无锡市、浙江省温州市、河南省郑州市、湖南省株洲市、广东省珠海市、湖北省武汉市等 90 个城市（区、镇）通过审核，成为首批国家智慧城市试点，试点智慧城市的公布标志着中国的智慧城市建设进入了自上而下有序规划、统筹发展的新阶段。

---

① 屠启宇：《全球智慧城市发展动态及对中国的启示》，《南京社会科学》2013 年第 1 期。

表 7—6　　　　**首批智慧城市试点**

省、生活区	所辖范围	省（市）	所辖范围
北京市	东城区、朝阳区、北京未来科技城、丽泽商务区	天津市	天津津南新区、天津市生态城
河北省	石家庄、秦皇岛、廊坊、邯郸、迁安、北戴河新区	山西省	太原、长治、朔州市平鲁区
内蒙古自治区	乌海	辽宁省	沈阳市浑南新区、大连市生态科技新城
吉林省	辽源、磐石	黑龙江省	肇东市、肇源县、桦南县
上海市	浦东新区	江苏省	无锡、常州、镇江、泰州、南京河西新城、苏州工业园区、盐城市城南新区、昆山市花桥经济技术开发区、昆山市张浦镇
浙江省	温州、金华、诸暨、杭州上城区、宁波镇海区	安徽省	芜湖、铜陵、蚌埠、淮南
福建省	南平、平潭、福州市苍山区	江西省	萍乡、南昌红谷滩新区
山东省	东营、威海、德州、新泰、寿光、昌邑、肥城、济南西区	河南省	郑州、鹤壁、漯河、济源、新郑、洛阳新区
湖北省	武汉市、武汉市江岸区	湖南省	株洲、韶山、株洲市云龙示范区、浏阳市柏加镇、长沙市梅溪湖国际服务区
广东省	珠海、广州番禺区、广州萝岗区、深圳坪山新区、佛山顺德区、佛山乐从镇	海南省	万宁
重庆市	南岸区、两江新区	四川省	雅安、成都市温江区、郫县
贵州省	铜仁、六盘水、贵阳乌当区	云南省	昆明五华区
西藏自治区	拉萨	陕西省	咸阳、杨凌示范区
宁夏回族自治区	吴忠	新疆维吾尔自治区	库尔勒、奎屯

北京是国内较早践行智慧城市理念的城市，近年来，在智慧城市技术的推广和应用、智能化管理基础设施建设等方面取得了可喜成绩。在智慧化城市管理方面，截至 2013 年，北京已经建设完成了“1 + N + 16”市级政务云体系，能够有效整合基本的计算资源、存储资源和网络资源等，形成全市 IT 基础设施，并通过虚拟化技术形成 APPS 服务平台，有效支撑北京城市管理各个应用领域的应用。2012 年 3 月，北京市经济信息化委员会发

布的了《智慧北京行动纲要》（以下简称《纲要》），提出到2015年，北京要实现从“数字北京”向“智慧北京”的全面跃升。具体地讲，在人口管理方面，应用信息技术实现人口信息实时统计，推进人口信息化和精细化管理；在城市交通管理方面，推进智能控制体系建设用以提供路况信息，并引导车辆行驶缓解交通压力；在社区建设方面，规划建设智慧社区（村），旨在实现面向社区居民、老年人和特殊人群的数字便捷服务。此外，北京的智慧城市建设还涉及了食品安全监管，节能监测体系建设、网络基础设施建设、智能化社会保障体系等方面。

广东的智慧城市建设起步较早，早在2011年，广东省委、省政府出台的《关于提高我省城市化发展水平的意见》就确定了广州、佛山、云浮等开展智慧城市建设试点。在《云浮市智慧城市建设规划（2011—2015年）》中，明确指出，“推进智慧城市建设，是云浮加快实现创新驱动、转型发展的重要手段，是加快云浮（扩容提质）和提高城市化发展水平的重要举措，也是云浮信息化、三网融合新一轮加速发展的必然要求。以智慧城市建设带动农村信息化发展，实现城乡统筹发展，形成城乡信息化发展有机融合的智慧云浮”①。其他城市也积极实践智慧城市理念，或是制订相关规划，或是提供配套政策。2013年，在住建部公布的首批90个国家智慧城市试点名单中，广东省珠海市、广州市番禺区、广州市萝岗区、深圳市坪山新区、佛山市顺德区、佛山市乐从镇6个城市或地区名列其中。在之后公布的2013年度智慧城市试点名单中，广东省肇庆市端州区、东莞市东城区、中山翠亨新区成为新增的试点地区。智慧城市的顶层规划和各级政府出台的相关政策措施，成为智慧城市实践的强大助推力量。

广东省珠海市在智慧城市建设的相关工作中已取得阶段性成果，该市的智慧城市实践不仅包括智慧城市技术的应用推广，还十分注重智慧城市的整体规划，与知名企业合作和建设标准的国际对接，截至2013年，该市政府已与新加坡IDA②在智慧城市建设方面初步达成12项合作意向。2012年12月，珠海市人民政府与中国联通广东省分公司签署《推动智慧珠海建设战略合作协议》，根据协议，联通公司将全面支持珠海市便民惠民的智慧城市建设，双方将就“信息强政”“信息惠民”等9个方面进一步深度合作。此外，珠海市与惠普公司的合作也取得实质性进展，在斗门新青科技工业园投资设立了惠普（珠海）智慧城市项目，重点发展云计算创新引擎、3D在线网上购物、3D影视创意制作基地、3D在线虚拟未来城市等10项智慧城市相关业务。在基础设施建设方面，广东联通规划将在珠海市继续投资20亿元，打造WCDMA3G网络及固网宽带高速网络，推动新一代移动通信的研发及产业化，加快物联网、云计算的研发和示范应用。此外，珠海市在智慧交通、信息基础设施建设、电子商务应用等方面的工作也卓有成效。

上海浦东新区是中国第一个综合配套改革实验区，早在2011年就提出了智慧浦东概念，是智慧城市理念的区域应用，浦东新区也是进入首批90个国家智慧城市名单的试点地区。2012年4月，成立的上海市浦东新区智慧城市建设专家委员会（上海浦东智慧城

---

① 本部分资料来源于《云浮市智慧城市建设规划（2011—2015年）》。

② 注：新加坡IDA英文全名为Infocomm Development Authority of Singapore（英文缩称IDA），中文翻译为新加坡资讯通信发展管理局，是新加坡专门负责资讯通信管理的法定机构。新加坡的“智慧国2015计划”主要是由新加坡资讯通信发展管理局（IDA）主导实施，该计划的目标是打造“一个智慧的国家、全球化的都市、无处不在的信息科技”。

市发展研究院），为全面推动智慧城市建设提供了组织保障。近年来，上海浦东新区在智慧城市建设方面取得了阶段性成效，2010 年和 2011 年，浦东新区连续荣获“中国城市信息化卓越成就奖”，并在 2013 年中国社会科学院牵头的全国智慧城市发展第三方评估中位列第二名。浦东的智慧城市建设成绩体现在卓多方面，首先，浦东新区通过着力推进城市光网升级、无线城市完善和配合市推进三网融合等网络基础设施建设计划，目前已经逐步建成了以“光网 + 无线”为主的城市网络体系，其次，在城市管理和信息化建设方面，浦东也积极倡导和实践智慧城市技术应用。《智慧浦东建设纲要（iPudong2015）——浦东新区国民经济和社会信息化“十二五”规划》《推进智慧浦东建设 2011—2013 年行动计划》和《智慧城市指标体系 1.0》等规划或文件都将信息化建设、IT 治理纳入智慧城市建设的考评要素。新区在人口信息、公用安全信息、市场经济信息、物流仓储信息等数据的收集、整理等方面都取得了显著成绩，并在一定程度上实现了跨部门的信息共享和整合。

温州也是住建部首批智慧城市试点的城市之一，作为浙江省三大中心城市之一的温州，也是中国民营经济率先发展的地区。长期以来，温州的城市经济建设取得了可喜成绩，在人民生活水平不断提高、城市规模不断扩大、城市精细化管理需求日趋迫切的前提下，智慧城市建设成为温州城市发展的必然选择。于 2011 年年初投入运行的温州市智慧城管中心，是在原温州市数字城管基础上建设发展起来的，在智慧城市技术的支持下，服务范围由数字城管的 174 平方公里扩大到 320 平方公里。通过将管理区域划分责任网格，指派信息采集员巡查、信息实时采集、上报、受理、立案的方式，该中心实现了对涉及城市市容市貌等问题的全面智能化管理。此外，温州的智慧城市建设还积极在便民服务中寻求突破，2013 年，“智慧城管”发布了浙江省首个智慧城管便民服务手机 APP——“温州市民通”（暂名），该手机应用软件提供电话连线功能、实时投诉功能，以及公共服务查询功能，软件操作简单，使用方便，切实满足了市民的公用服务需求。①

北京、上海、广东的试点城市，及其他地区的智慧城市实践是新型城镇化发展战略下新型城市业态和新型城市化实现模式的积极探索，不仅提高了市民生活的舒适度、便捷度和满意度，也全面提升了城市管理能力和服务水平。综观智慧城市的实践，尽管每个城市都独具特色，但也存在一些共同点，例如，都非常重视智慧城市的统筹规划，加强与智慧城市技术提供企业的互动和合作，从市民需求角度适度的、有计划的推进智慧城市技术应用等。同时，这些试点城市在实践过程中出现的新问题，总结出的新思路，摸索出的新经验也将成为其他城市或地区智慧城市发展的重要参考案例。

二 城市经济管理

城市经济管理是城市管理的永恒主题，近年来，城市经济管理实践不断拓展新的创新领域，如从科技发展、技术创新等角度寻求城市经济转型的突破，在区域分工合作中寻求城市经济发展的新契机。

北京市从产业升级、区域协同发展与首都非核心功能疏解等方面推进首都经济建设。首先，近年来北京市产业升级的步伐加快，全市各部门通力配合，通过投资发展新兴产业带动就业，拉动经济，增强城市竞争力。2012 年 1 月，23 个新兴产业项目落户北京，项

① 杜一川：《晒一晒“智慧城市管家”今年的“成绩单”》，《温州都市报》2013 年 12 月 30 日。

目涉及了汽车制造、生物医药和文化创意等领域，总投资达107亿元，这也是继2011年年底颁布的《北京市“十二五”时期现代产业建设发展规划》之后，北京市产业升级又一实质性举措。据统计，自大兴区和北京经济技术开发区行政资源整合后，截至2012年1月，已形成了首都产业发展新区域——南部高技术制造业和战略性新兴产业聚集区，已吸引来自30多个国家和地区的4500多家企业在新区投资发展，其中包括75家世界500强企业的106个项目入驻。[①] 资料显示，随着首钢的搬迁，近年来北京市石景山区的支柱产业已经逐渐完成由工业向文化创意产业的转型。截至2013年1月，该区集聚了3000多家文化创意企业和全国十大动漫游戏公司，2006年至2012年该区的文化创意产业收入年均增长20%以上。[②] 其次，在区域协同发展与首都非核心功能疏解方面，北京市也积极实践各种形式的探索，2013年，北京市与河北省签署了区域合作框架协议，提出进一步深化合作，着力打造首都经济圈，加快区域一体化进程，共促区域经济社会协调发展。2012年，北京新机场（也称首都第二机场）确定选址在北京市大兴区榆垡镇境内，大兴区南各庄与河北廊坊市广阳区白家务接壤处，该区位与河北省固安县仅一河之隔。从区域协同发展角度看，新机场的区位优势十分明显，将依托地理中心辐射京津冀区域。

天津市近年来城市经济总量增长较快，随着滨海新区的开发建设以及城市产业转型升级的步伐加快，2012年城市经济总量已经接近广州和深圳水平，分别比广州和深圳少600亿元和65亿元。城市经济管理中的一些措施也值得其他城市借鉴，如在产业结构调整中，具有预见性的谋划和重点发展电子信息、生物医药、新能源新材料等优势支柱和战略性新兴产业，将先进科技的引进和自主研发作为发展高新技术产业的关键，全市高新技术企业实力进一步壮大，产业利润也快速增长。在服务业发展中，根据自身资源禀赋条件和地区比较优势，优先发展金融创新、会展经济和商贸旅游，在区域分工中，实现了和北京市的错位发展和优势互补。此外，在城市规划建设中，根据经济社会发展需要统筹谋划基础设施建设，将市域范围内的地铁、铁路客运站枢纽地下换乘中心、轨道交通，以及城际高速等工程项目建设作为城市空间管理的重心，有效保证了城市经济发展的顺利进行。

上海从三次产业调整、工业转型、科技发展等方面积极探索创新驱动转型道路。[③] 在产业结构调整升级方面，2011年，上海实现以高端和新兴服务业为引领的第三产业增加值增长9.5%，快于第二产业3个百分点。金融等生产性服务业成为第三产业中的重点行业，2011年增加值占第三产业比重为20.2%，比2005年提高5.6%。新兴服务业增势良好，2011年信息服务业、生产性服务业、文化创意产业经营收入分别增长20%、15%和10%左右。在工业转型中强调战略性新兴产业加快培育，重点培育新能源、民用航空、先进重大装备、新材料等战略性新兴产业。同时，上海也不断强调科技创新的发展，积极建设科研院所、技术中心，采取多种有效途径选拔、引进、留住人才。至2011年年末，全市拥有四十余家国家级企业技术中心和分中心，三百余家市级企业技术中心，累计认定高新技术企业总数三千多家，共认定高新技术成果转化项目七千余项，主要指标均在全国处

① 苏民、金晶：《北京产业升级换代步伐加快》，2012年1月31日，中国经济网（http://www.sina.com.cn.）。

② 闫雪静：《北京石景山区文创产业2012年收入240亿元》，《北京日报》2013年1月5日。

③ 发展和改革委员会：《上海积极探索创新驱动转型发展之路》，2012年3月13日，中华人民共和国中央人民政府门户网站（www.gov.cn）。

于前列。上海在经济发展方面重视人才发展战略，目前，全市高技能人才占技能劳动者比例超过25%，人才贡献率接近40%，为城市经济的持续增长和城市竞争力的稳步提升储备了丰富的人力资本和智能资源。

深圳市在城市经济管理方面强调科学发展的“深圳质量”，一些思路和方法也非常具有借鉴价值。例如，在产业结构优化升级的同时注重经济增长方式的转变，强调节能环保的生产技术应用和推广，在实现社会可持续和生态环境可持续的前提下，实现经济可持续发展。此外，科技创新也是深圳经济管理工作的重点，并在技术研发、产学研合作、人才队伍建设等方面积极探索。2012年召开了深圳市科技创新大会，出台实施《关于努力建设国家自主创新示范区实现创新驱动发展的决定》和十个配套政策文件，将“建设国家自主创新示范区、实现创新驱动发展”作为发展目标和努力方向。

青岛市着眼“十二五”时期循环经济发展新要求，围绕区域和企业绿色、低碳发展的关切，集中力量对循环经济、低碳发展等重点行业和领域的核心技术、产业化前景及国家产业政策导向等进行研究，开展循环经济关键技术公关，制定了一批循环经济产业标准，建设了一批体现技术特色、区域特色和循环经济示范基地，培育了一批具有竞争力的企业。① 从科技创新角度寻求循环经济发展的突破点，不仅为青岛的可持续发展带来新的契机，也成为其他城市实现经济转型的典范。

大连市在2012年政府工作报告中提出“以国家创新型城市建设为引领，启动大连市创造力产业发展示范工程，推动经济发展向内生增长、创新驱动方向转变”。在实践中，也积极探求经济发展转变的可持续推动力量，即创造力产业的培育和发展，其中，2012年实施了六项创造力产业示范工程，分别是创造力产业创新平台建设工程、高成长性创造力企业培育工程、高价值核心专利创造与转化工程、知识密集型服务体系建设工程、创造力产业基地拓展工程、创造力产业文化提升工程。②

杭州经济通过发展创新型经济实现经济的持续增长，以及竞争力的全面提升。2012年8月，杭州市委十一届二次全体（扩大）会议提出，杭州市要全面实施创新强市战略，发展创新型经济，建设创新型城市，同时还出台了含金量十足的“创新30条”。同年，该市规模以上工业完成新产品产值2835.02亿元，增长12.8%，增幅高于工业总产值5.7个百分点，新产品产值率24.34%，再创历史新高。③

日照市则在区域合作中寻求经济发展机遇。④ 2011年年初国务院正式批复了山东半岛蓝色经济区的规划，日照市是蓝色经济区的重要组成部分。日照市在蓝色经济的发展中十分注重体制和机制的创新，在日照国际海岸建设方面就是运用了中外合作的这种模式，来推进海洋城建设。日照市的区域合作模式也取得了阶段性成效，2011年，日照港吞吐量突破了2.5亿吨，货资已经突破了5000亿元，进出口总额突破了200亿美元，增幅达到

---

① 青岛市科技局：《青岛市依靠科技创新促进循环经济发展》，2012年6月29日，中华人民共和国科学技术部网站（http：//www.most.gov.cn）。

② 刘湘竹：《创造力产业成大连城市经济转型最好着力点》，《大连日报》2013年4月19日。

③ 李长灿：《2012年杭州经济亮点回眸创新驱动成为发展新引擎》，2012年12月31日，浙江在线新闻网站（http：//zjnews.zjol.com.cn.）。

④ 参见《蓝色经济区对日照创造的机遇最多》，2012年3月4日，中国网（www.news.china.com.cn.）。

了 55.9%，蓝色经济的比重已经上升到了 42.5%。

尽管城市面临的内外部环境不同，在城市经济管理中采取的具体措施也有差异，不过从近年来的地区实践中不难发现一些共同点，如将产业升级作为经济持续发展工作的重心，以科技创新和产业转型作为产业发展的抓手；强调城市基础设施建设和城市空间结构的优化，以此保证城市经济布局的合理化；重视区域范围内地区之间的合作，通过区域分工发挥各自比较优势，通过经济、社会、空间、环境等领域的充分合作实现区域发展的共赢格局。

三　生态规划与低碳城市实践

中国的低碳城市发展初期受到国际的影响和推动。2007 年中国城市科学研究会等机构与美国能源基金会合作研究中国低碳生态城市发展战略。其后，城科会通过其所属的生态城市委员会推动了低碳生态城市建设的研究和示范。

2008 年年初，世界自然基金会（WWF）选取上海市和河北省保定市两个城市进行低碳城市试点，试图通过试点探索中国低碳发展模式，积累经验，为其他城市的发展提供示范。上海试点集中于降低城市建筑能耗，对大型公建的能源消耗情况进行调查、统计、审计，以提高大型建筑能效，提高其节能运行的能力，推进生态建筑发展的政策研究。保定市打造“太阳能示范城”和新能源制造基地，建设可再生能源信息交流与技术合作网络，促进可再生能源产品的投资与出口。在此基础上，保定市人民政府与清华大学合作共同制定了《保定市低碳发展意见》及《保定市低碳发展规划》。该规划成为中国第一个低碳城市规划。

2009 年，南昌市完成了低碳经济发展研究报告。结合此前“绿色崛起”的发展目标，制定了试点工作实施方案，试图以此为内陆城市转变发展方式，实现跨越式的低碳发展。厦门市在 2010 年完成了《厦门市低碳城市规划总体纲要》，该规划以空间布局设计为出发点，注重建筑和交通的节能降碳，重点探索建筑、交通低碳发展模式。杭州市在 2009 年起草了《关于建设低碳城市的实施意见》，提出“六位一体”的发展模式，即低碳经济、建筑、交通、生活、环境和社会。《杭州市低碳城市试点实施工作方案》在 2011 年 12 月编制完成，探索以低碳产业为主导，以低碳生活为基础、以低碳社会为根本的发展道路。2010 年贵阳市制订了《贵阳市低碳发展行动计划纲要（2010～2020)》，确定了贵阳市低碳城市发展目标，试图寻找一条欠发达、资源依赖型城市的低碳跨越发展道路，为其他类似城市提供有益借鉴。2010 年完成的《吉林市低碳发展规划》，提出吉林市低碳发展目标，对当地重点行业的投资机遇、政策与制度、技术的重点领域、国内外合作等，描绘出详尽的路线图。

2010 年以来，国家发改委设立国家试点，期望具有典型代表性的试点省市在同类地区起到示范带头作用，厘清低碳发展思路，以便在全国范围推广，要求各试点地区编制低碳发展规划、制定支持低碳绿色发展的配套政策、加快建立以低碳排放为特征的产业体系、建立温室气体排放数据统计和管理体系，以及积极倡导低碳绿色生活方式和消费方式。至此，中国低碳城市发展形成了以推动和自发相结合、试点与自主相结合的低碳城市建设体系。

中国低碳试点根据中央政府要求并结合地方特点形成了“1+4+X”的低碳规划体系（见图 7—4）。各试点省（区、市）根据中央政府的要求将低碳发展纳入地区性的国民经济和社会发展“十二五”规划。同时，省级试点都制定了“应对气候变化方案”，正在制定“控制温室气体排放方案”；所有试点都制定了“低碳试点实施方案”和“低碳发展规划”。此外，所有试点都根据地方特点和发展要求制订了多项与低碳相关的专项规划，如节能、清洁能源、循环经济、建筑、交通等方面的专项规划。这些规划对以上低碳发展规划起到支撑、完善和配合的重要作用。

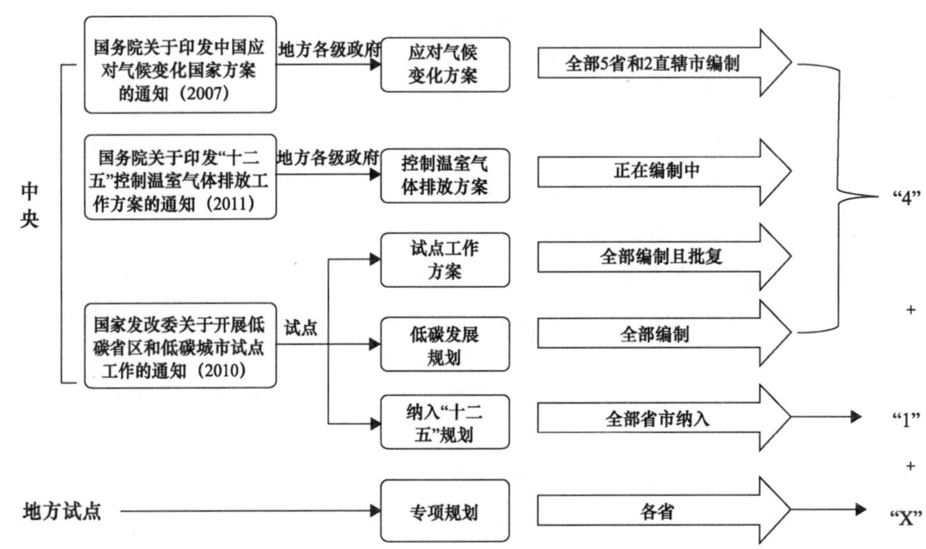

图 7—4 中国第一批低碳试点低碳规划体系

资料来源：齐晔：《中国低碳发展报告 2013》，社会科学文献出版社 2013 年版。

（一）深圳案例

2010 年，深圳市与国家住房和城乡建设部签署共建国家低碳生态示范市合作框架协议，合作建设全国第一个“低碳生态示范市”。住房和城乡建设部要求深圳市重点探索在城市发展转型和南方气候条件下的“渐进常态化”低碳生态城市规划建设模式，即深圳市的低碳生态建设不能依赖政府的单一财政投资和终端技术投入，而是要通过技术法定化规范城市建设者和使用者的行为逐步实现，这是大尺度城市以低成本走向低碳生态转型的唯一途径，其模式可复制，成本可负担，在全国将形成广泛的示范意义。低碳生态指标体系的制定是自上而下引导城市发展方向，规范开发建设行为，实现“渐进常态化”转型最有力的抓手。

深圳市低碳生态城市指标体系由深圳规划和国土资源委员会（以下简称“规土委”）主导编制，是“建设国家低碳生态示范市”的重要课题，首先应保证全面、准确地理解和诠释低碳生态城市，其次应在具体指标的选择上体现规土委对城市空间进行管理的执行主体特点。

1. 目标分层构建体系框架

借鉴国际上通用的指标体系研究方法和框架，深圳市低碳生态城市指标体系采取分层构建原则，对“建设国家低碳生态示范市”这一总体目标进行层层分解和具体化，共四个层次。

（1）第一层为总目标层，对“建设国家低碳生态示范市”目标和内涵进行定性、定量诠释。按照深圳市政府审批通过的《深圳创建国家低碳生态示范市行动纲要》，“国家低碳生态示范市”应具有生态城市、低碳发展和国家示范三重内涵，因此其指标体系首先体现了三大目标：①2015年全面实现国家生态城市相关标准；②2020年成为国家低碳发展先进城市；③实现一定规模的低碳技术创新和生态建设示范。

（2）第二层为子系统层，即支撑总目标实现的各系统要素，对应深圳市低碳生态示范市建设的各项分目标，分为经济转型、环境优化、城市宜居、社会和谐、示范创新五个子系统。

（3）第三层为路径层，为达到上述各项分目标的路径选择。例如，实现“经济转型”的路径为优化产业结构、调整能源结构和资源集约高效；实现“环境优化”的路径为自然环境保护、环境污染治理、城市环境与自然环境协调。

（4）第四层为指标层，为约束上述路径的具体因子，可作为评价考核的各项量化指数，如“可再生能源占一次性能源消费比重”“绿化覆盖率”等。

2. 面向部门事权构建子系统

研究设置的五大子系统是“基于对低碳城市是生态城市的一种类型”的判断，即基于广义生态学原理和生态文明在空间布局、资源节约、生态系统和环境保护、制度建设四大方面的标准和要求，构建可持续的复合生态系统，而不是局限于“低碳城市发展路径”。

五大子系统首先包括经济转型、环境优化和社会和谐三个子系统。首先，经济转型类指标由发改部门制订年度计划并统筹执行，环境优化类指标由环保部门统筹执行，社会和谐类指标由人居部门统筹执行，最终由深圳市建设国家低碳生态示范市联合会议办公室牵头召开多部门联席会议，形成指标的采集、汇总和综合。其次，考虑到本指标体系由规土委具体执行，设立城市宜居子系统，目的是明确执行单位管理事权，以城市规划的空间保障体系对低碳生态城市形成前端结构性锁定。最后，为明确深圳市的示范创新路径，将“示范创新”作为一个单独的子系统，主要纳入体现深圳市生态建设进展、低碳产业特点和技术创新能力的指标。

（二）武汉案例

1. 以产业结构优化升级为契机积极构建低碳型现代化产业体系

加快建立以低碳排放为特征的产业体系是建设低碳城市的重载体，预计到2015年，武汉市高新技术产业产值可达到7500亿元，实现在2010年的基础上年均增长23%；服务业增加值5200亿元以上，实现在2010年的基础上年均增长12%以上；战略性新兴产业产值5400亿元，总体规模超过2010年基数的2倍，占武汉市工业的比重超过33.8%。

（1）推进先进制造业实现低碳化发展。加快用高新技术、先进适用技术改造提升汽车、钢铁、石化等传统产业，提升产业竞争力。调整武汉市工业布局，有序推进中心城区制造业向新城区转移，鼓励新城区大力引进和发展先进制造企业，支持省级示范园区加快建设，推进工业规模化、集约化发展。

（2）大力发展高技术产业和战略性新兴产业。加快高新技术产业发展速度，重点推进电子信息、新能源汽车、高端装备制造、生物、节能环保、新能源、新材料等战略性新兴产业的规模化、集聚化和国际化。发挥武汉环保技术、产业、品牌优势，促进节能环保产业集群化、规模化，形成辐射全国的节能环保技术研发和产业化中心，将武汉建设成为环保产业之都。推进全市经济增长由要素驱动向创新驱动转化。

（3）全面加快现代服务业发展。提高现代服务业比重，大力发展高端生产性服务业和新型生活性服务业。实现生产性服务业与先进制造业的融合互动发展，大力发展现代物流、金融服务、软件及信息服务、文化创意、科技服务、商务会展六大产业。大力发展现代商贸、旅游、房地产、公共服务、家庭服务和市政公用服务业等面向民生的生活性服务业，积极拓展新型服务领域，满足人民群众不断增长的消费需求。

（4）积极发展绿色都市农业。以节能、降耗、减排、治污为重点，努力构建现代都市农业的产业体系、资源节约体系、生态环境保护体系、人才支撑体系和生态家园和谐体系。大力发展循环农业，积极推广养殖业循环模式、种植业循环模式、农林牧复合模式、农产品加工及综合循环模式。加快发展生态农业，深入实施农业投入品减量化工程，大力推广生物有机肥、生物农药和可降解农膜。大力推广节约型农业技术，重点推广节地、节水、节时、节药、节肥、节种、节粮、节能等节约型农业技术和装备。大力发展农村可再生能源，因地制宜地推广“一池三改”户用沼气和太阳能热水器。

2. 以发展新能源产业为突破口不断优化能源结构

以光伏、生物质能、风电装备等为重点，促进新能源产业规模化发展，预计到2015年，新能源产业产值550亿元，实现在2010年的基础上年均增长31.48%，光伏发电装机规模达到200兆瓦，生物质发电规模达到80兆瓦。

（1）积极发展太阳能光伏和热利用。逐步推广太阳能发电的应用规模，提高太阳能光伏发电等新能源利用设备生产能力。实施光伏并网发电示范工程建设，重点推进建筑屋顶和地面大型光伏并网电站试点示范。推广使用光伏发电照明系统，在道路、公园、车站等公共设施推广使用光伏电源路灯照明，建设一批新能源照明示范项目。提高光伏发电利用率，积极拓展光伏产业发展市场空间。积极推进太阳能热水系统的应用，重点发展超过12层的住宅建筑和其他公共建筑运用太阳能热水系统和其他太阳能利用系统。

（2）因地制宜利用生物质能源。积极发展生物质发电，优先建设生物质热电联产项目，有序发展林业生物质直燃发电，加快发展沼气发电，推动城市垃圾焚烧和填埋气发电。积极开发生物秸秆资源，在深入开展农村秸秆气化试点工作的基础上，广泛实施推广应用，同时充分利用农村秸秆资源布局建设生物秸秆发电项目，改善农民生活条件和农村环境。建设一批农林废弃物直燃与气化发电供热供气示范工程，建设国家生物质能源利用先进示范区。

（3）适度推广应用地源热泵技术。加大政策扶持力度，适度推广应用地源热泵技术。在有条件地区，建议政府投资的学校、医院、行政事业单位办公楼等建筑工程项目的供暖制冷系统优先选用地源热泵。鼓励支持国内外企业在武汉投资建立专业化能源公司，从事地源热泵的研发、建设、经营和服务。

（4）大力发展电动汽车及氢燃料电池。支持发展武汉理工大学新能源电动车用燃料电池项目，鼓励企业参与国家相关示范工程的建设，利用国家推进“十城千辆”计划的机会，积极发展新能源汽车电池项目，形成良好的示范和带动效应。适时发展拥有3G移动通信基站使用的氢燃料电池。

（5）培育新能源技术创新基地。发挥武汉地区科教资源和研发力量聚集优势，以光伏、风能、生物质能等新能源技术领域为重点，加快推进自主创新和技术突破，加快推进能源技术研发机构和人才的集聚，争取成为国家级新能源技术创新基地。以武汉新能源研究院为基地，以凯迪、日新、中科凌云、长动等骨干企业为龙头，以武汉大学、华中科技大学等高校科研院所和湖北省光伏工程技术研究中心、凯迪电力技术研发中心等研发平台为技术支撑，依托武汉雄厚的装备制造业基础，形成立足武汉、面向武汉城市圈、辐射中部乃至全国的新能源产业发展格局。

3. 以打造公交都市为载体加快建设低碳交通体系

大力发展以大容量快速公交和轨道交通为重点的城市公共交通系统，推进新能源与新技术在城市公共交通中的应用。争取到 2015 年，武汉市市民公共交通出行比例达到 40%，比 2010 年提高 16.2%。

（1）优先发展绿色公共交通。全力打造“公交都市”，大力发展轨道交通，完善公共交通换乘系统，基本形成覆盖三镇的轨道交通骨架网络，在航空港、火车站、长途汽车站、轨道交通站点、大型居住区等地方建设公共交通枢纽站，加强公共交通无缝衔接，引导绿色出行，减少市民对小汽车的使用和依赖。优化城市慢行交通网络体系，改善自行车和步行交通环境，在主要街道建立无障碍步行系统。加快城际快速轨道交通建设。

（2）改革综合交通运输体系管理体制。探索铁、水、公、空大委办综合管理体制，提高交通基础设施建设水平和管理水平。大力推进铁水公空交通枢纽工程项口实施，加快形成全国性铁路路网中心、全国高速公路路网重要枢纽、国家重要门户机场和长江中游航运中心。

（3）加快发展低能耗运输装备。推广使用低能耗、低排放的运输工具，重点开展新能源汽车、节能环保船型等示范推广。发展技术先进、经济安全、环保节能的运输装备。加快竹能技术改造，鼓励发展厢式运输、甩挂运输和汽车列车，推进轮胎式集装箱门式起重机油改电等。出台出租汽车、公共汽车能耗限额标准和轨道交通企业合理用能指南，研究制定交通运输系统节能减排标准框架体系及其他相关能耗限额标准等。

4. 以推行绿色建筑为抓手，控制建筑领域温室气体排放

推广应用新型墙体材料、建筑节能材料，推动城市绿色建筑的设计、建造及使用，争取到 2015 年，中心城区的新建居住建筑全面施行节能 65% 的低能耗居住建筑节能标准。规划到“十二五”期末，绿色建筑占新建建筑比重超过 20%，政府投资的公益性建筑和直辖市及省会城市的保障性住房全面执行绿色建筑标准，可再生能源建筑应用 1700 万平方米，利用法国开发署贷款开展既有公共建筑节能改造 60 万平方米。

（1）严格执行建筑节能标准。强化建筑节能全过程闭合管理，加强建筑节能施工现场监督检查，确保新建建筑严格执行节能 50% 的标准。政府投资新建的公益性建筑、政府机关办公建筑、大型公共建筑严格执行绿色建筑标准。积极推广绿色建筑，实施绿色建筑评价标识制度。

（2）大力推进可再生能源建筑应用。充分利用丰富的可再生能源资源条件，优化建筑用能结构。大力发展可再生能源建筑一体化应用，严格执行 12 层以上居住建筑太阳能热水系统一体化应用，因地制宜推广地源热泵技术和太阳能光伏发电建筑一体化应用，推进国家可再生能源建筑应用城市示范和农村地区示范以及太阳能光电建筑应用示范。发展节能绿色建筑材料和低能耗建筑用能设备，推广建筑墙体自保温体系、建筑外遮阳、节能型门窗、节能照明灯具、节能环保空调、蓄冷蓄热空调、冷热电联供、余热回收等节能产品与技术。

（3）稳步推进既有建筑节能改造。制订既有建筑节能改造计划并启动改造试点工作，结合建筑维护和城市街道整治、“平改坡”等旧区改善工程对建筑外窗、外墙、屋面、照

明系统和空调系统等进行改造。政府投资的既有公益性建筑、政府机关办公建筑和大型公共建筑实施改造时，优先选择绿色建筑标准。鼓励支持其他城镇既有建筑按绿色建筑标准实施节能改造。

（4）推广应用适用技术、高效节能设备和绿色照明。优先利用自然通风、自然采光、建筑遮阳等经济高效适用的被动式技术，实现建筑性能的优化。加强城市办公、商业、产业、居住等区域道路、景观照明的科学设计和管理，推广应用太阳能和高效照明产品。新建和改造建筑采用高效采暖、空调、热水系统，节能及能量回收利用技术，高效节能的设备及照明灯具。

5. 以现有碳汇潜力为依托，建设滨江滨湖生态武汉

滨江滨湖特色是武汉的城市名片，建设低碳城市应着力推进山、水、林自然生态环境建设与保护，全面增强碳汇能力。争取到2015年，武汉市森林覆盖率达到28%，森林蓄积量达到700万立方米，建成区绿化覆盖率40%，人均拥有公园绿地10平方米。

（1）构建“二轴两环、六楔入城”生态园林框架。整合山体、河流、湖泊、湿地、森林等生态要素，突出风景区、自然保护区、重要湿地、森林公园、农业生态区及郊野公园的生态保育和建设，强化自然山体的保护和绿化，重点推进公路、铁路沿线及重要景区可视范围内毁损山体的生态修复，维护好武汉市江、湖、山、城的自然生态格局，突出江河交融、湖泊密布的城市风貌特色。

（2）完善城市园林绿地体系。着力构建点、线、而相结合的园林绿地系统，实现道路林荫化、城市园林化、市郊林网化。积极推进黄鹤楼风景名胜区、江湖港渠公园绿地建设，推进两江四岸江滩开发及绿化，建成一批全市和I区域性公园、居住区公园和街头游园。划定绿地范围控制线。编制《武汉都市发展区生态绿地系统专项规划2010—2020年》。提高内环线和一环线附近低密度区内的绿地率，建设一批由中心城区向外辐射的城市绿道。实施三环线绿化隔离带建设。加快实施湿地保护与回复体系建设工程、自然保护区建设工程。

（3）增加森林固碳能力。加强天然林保护、退耕还林和植树造林力度，积极推进以封山育林为重点的山区绿化，以农田水网为重点的平原绿化，以绿色通道为重点的沿路、沿河、沿湖绿化美化。大力培育能充分利用大气中较高浓度二氧化碳的良种，提高森林生产力。研究设立碳中和基金，通过募集资金的运作，增加武汉市及周边地区森林碳汇，构建绿色生态屏。

四 城市更新与棚户区改造实践

（一）深圳案例

2009年12月1日，《深圳市城市更新办法》正式施行之后，市政府相继出台了一系列政策，包括《关于深入推进城市更新工作的意见》《深圳市城市更新提速专项行动计划》《拆除重建类城市更新项目操作基本程序（试行）》《深圳市城市更新单元规划制定计划申报指引（试行）》《城市更新单元规划审批操作规则》《深圳市城市更新项目保障性住房配建比例暂行规定》《深圳市城市更新单元规划编制技术规定（试行）》《深圳市城市更新办法实施细则》等多个文件。

2012年出台的城市更新《暂行措施》则解决了深圳的城市更新的一个核心难题，首次明晰了确权路径，对阻碍城市更新的多个方面进行了突破，城市更新从限定于五类的合

法用地，拓展到可以对未建的违法用地进行更新；70 个历史遗留项目通过协议方式出让，以及地价收缴等方面进行了松绑和突破。

截至 2013 年 12 月，深圳全市在建的城市更新项目已达 72 个，用地 5650 万平方米，建筑面积约 1923 万平方米。2013 年前 3 季度，城市更新供地 56. 5 万平方米，占全市房地产土地供应的 91%，城市更新批准预售量达到了 184 万平方米，占新建建筑的 37%。深圳市最大的旧改项目华润大涌的总建筑面积约有 300 万平方米，该建筑体量相当于一个北京中关村的东升科技园或一个江苏太仓新区的规模。

从万象城、京基 100 到南科大、布吉污水处理厂，这些城市的新地标、重点教育和市政配套设施，都是深圳城市更新项目的成功范例。

在 2012 年 8 月 25 日，深圳市以六十大项目同时开工为城市和产业转型奠基，启动了深圳市有史以来最大规模的 20 个城市更新项目，合计投资总额达到 220 亿元。项目包括下梅林村改造项目、长城国际物流中心项目、上合旧村改造项目等。而总投资额 600 亿元的“新蛇口”再造工程，成为深圳最具代表性的产业升级转型项目。该片区计划未来 5 年深圳投资 600 亿元实现腾笼换鸟、促转型升级，拟用 5—8 年的时间系统推进“再造新蛇口工程”。项目包括蛇口太子湾片区综合开发、蛇口网谷、海上世界城市综合体项目等，意在促使蛇口由工业制造基地向高新技术、金融服务、港口物流、高尚人文住宅等产业并存的国际化现代园区转变。

在深圳东门、华强北有多个旧改项目，如东门 168、东门天下、东门 Ucity、华强北燕南路 88 号、都市千千汇、金茂礼都等，在经过城市更新后，这些地区将形成新的商圈及新的经济增长点。

而从 2012 年计划新增开工的 50 个城市更新项目，到 2013 年则增加至 80—100 个项目。深圳市在推进岗厦河园、大冲村等重大更新项目的同时，还将积极推进工业区升级改造，2013 年目标为完成 4 批次城市更新单元计划报批，推动 180 公顷城市更新项目用地供应。

根据 2013 年深圳市规土委公布的土地出让计划，深圳的商业和住宅用地供应，都主要依赖城市更新项目，截至 2012 年年底，深圳市城市更新在售在建项目规划面积已经达到了 1610 万平方米。

在 2013 年深圳市安排建设的 6 万套商品住房中，有一半供应是来自对存量土地的盘活即城市更新的建设，这意味着在住宅新增供应中，有一半是来自于城市更新项目，这是一个非常庞大的数字，足以说明深圳目前房地产的发展几乎是依赖于城市更新。

这些数据最终构成深圳城市更新的重要元素，也逐渐变成深圳的美丽建筑及社区。

（二）成都案例

中国在当前的社会转型期下进行了大量的“推倒重建”式的城市更新，对城市历史遗产和文化资源造成了很大破坏。城市文态建设与城市更新在基础、动力和实现上表现出天然的耦合性。文化主导下的成都城市更新实践可以归纳为文化旅游经济、文化创意经济和文化产业综合体三种发展模式（见表 7—7）。

表 7—7 文化主导下的成都城市更新模式

更新策略	主要城市更新手段	空间的发展重点	城市更新案例
文化旅游经济模式	依据文脉的形象更新、地域特色文化的提炼和放大	文化消费空间	锦里、琴台路、宽窄巷子、文殊坊
文化创意经济模式	文化产业区的建设、文化创意产业的培育	文化生产空间	红星路 35 号
文化产业综合体模式	上述两者的复合	上述两者的复合	成都东区音乐公园

资料来源：高德武：《论文化主导下的城市更新实践：成都案例》，《城市发展研究》2013 年第 3 期。

1. 文化旅游经济模式

在文化主导下的城市更新中最常见的策略就是以提炼和放大地域特色文化为主要思路，通过装饰性的手段来改善城市形象，并以此来吸引文化旅游。这种策略主要是以地方营销和文化遗产的开发利用为特点，偏重于发展必须在产地消费文化产品（如旅游观光、特色购物等）以及城市物质环境和形象的营造和营销，也被人称为不可移动的文化经济，是第一代城市文化发展策略。

成都这一类型的城市实践案例主要有锦里、宽窄巷子、文殊坊和琴台路等。南北走向的锦里古街全长 350 余米，北临锦江，东望彩虹桥，是成都首个以历史文化为主题的城市更新案例。锦里由旧民房改造而来，原址内并无有价值的历史文化遗存。因其紧邻三国胜迹武侯祠，与武侯祠博物馆一体规划，故以“三国古蜀文化”为主题，以川西民俗民风为文化内涵，以茶坊、餐厅、酒吧、四川土特产、风味小吃等特色餐饮为主要业态，将历史文化与现代商业需求相融合，形成了一个展现成都特有休闲文化氛围的旅游休闲街区。锦里古街吸引了大量海内外游客，创造了令人瞩目的商业成功，是目前成都休闲旅游的代表品牌之一。

宽窄巷子街区位于成都西部原老皇城片区内，是清代成都满城的部分遗存。由于满城基本依汉代少城旧基所建，被认为是老成都“千年少城”城市格局和百年原真建筑格局的最后遗存。同时由于满城院落在形式上仿效京师胡同形制，体型较为高大，装饰和做法都颇有北方神韵，与四川传统民居常用有所区别，也被认为是北方胡同文化和建筑风格在南方的孤本。宽窄巷子由宽巷子、窄巷子和井巷子 3 条平行排列的街巷和四合院落群组成，面积约 479 亩。宽窄巷子案例以“成都生活精神”为线索，以“院落式情景消费街区”和“成都城市怀旧旅游的人文游憩中心”为建设目标，以民俗生活体验、高档餐饮、宅院酒店、特色策展等为主要业态，采用循序渐进、小规模修缮与建设方法，形成具有鲜明地域特色的文化旅游街区。在保持街巷整体风貌和氛围的基础之上，商家根据院落的条件和业态的需要进行了局部装修，形成了传统和现代的结合、并置的风貌。宽窄巷子也获得了巨大的商业成功，目前已经成为到国内外游客访成都时的必游之地和成都的“都市客厅”。

文殊坊街区位于文殊院历史文化保护区内，紧邻号称“都市第一禅林”的文殊院，包含成都会馆和成都庙街两大部分，面积约 33 公顷。街区以佛禅文化、民俗文化为主题，整体风貌为传统川西街院建筑群。虽然规划提出了打造以文化休闲旅游为主的城市“游憩商务区”（RSD），并且也初步形成集宗教、餐饮、休闲、特色购物、古玩鉴赏与艺术交流等集多功能于一体的城市旅游商业文化街区，但是由于对佛禅文化的特色从概念到形式都表达不够，其知名度、美誉度和商业成功度都无法与锦里和宽窄巷子相提并论。

琴台路原为成都市内的珠宝购物街，原有一些仿古样式建筑，但整个街区风貌杂乱，无明显特色。琴台路是为纪念西汉时期卓文君与司马相如的传奇爱情而命名的，位于成都市古建筑比较密集、地域文化气息比较浓厚的地段，毗邻杜甫草堂、青羊宫、百花潭等古文化公园，全长900余米。该街区的更新以司马相如和卓文君的爱情故事为主线，以汉唐仿古建筑样式为整体风貌，地面由16万块天然青石砖铺筑而成，贯通整条街道的汉画像砖带，集中展示了汉代宴饮、歌舞、弋射、出巡等社交活动场景。由于更新的目标含混、机械的城市装饰手段以及交通上人车混杂等原因，如今琴台路文化旅游氛围不盛，游客寥寥。

2. 文化创意经济模式

在城市更新中，另一种文化发展策略偏重于文化的经济产出方面，发展可移动的文化产品和产业，如可在全球范围出口和销售的艺术产品、文化设计设计产品、视听产品、多媒体产业等。这种策略被称为第二代城市文化发展策略。

这种文化创意经济的发展模式在成都的代表性案例为“红星路35号”。红星路35号位于成都市红星路一段35号，由原成都军区7234印刷厂改建而成，是中国西部首个文化创意产业园，园区建筑面积17000平方米。该园区设定了工业设计产业、数字娱乐产业、设计广告产业三大主力产业集群。工业设计作为园区核心产业，现已汇集了一定数量的国内知名工业设计企业入驻园区，形成了创新设计产业聚集发展的态势。这是成都第一个城市更新的文化创意案例，当前以红星路35号为代表的成都文化创意经济正在发展和培育过程中。

3. 文化产业综合体模式

这种模式是第一代和第二代城市文化发展策略的复合，将文化旅游经济和文化创意经济相结合，既有文化生产功能，又有文化消费功能，可以称之为“文化产业综合体”。成都的代表性案例是成都市文化创意产业的重点项目——成都东区音乐公园。成都东区音乐公园由原成都红光电子管厂的旧工业厂房改建而成。原厂区是成都“东郊工业区”东调后唯一完整保留的老工业厂区，建筑类型包含了从20世纪50年代苏联援建的办公楼，到90年代初修建的各类厂房，既有沉淀了充满工业化记忆的红砖厂房，又有较为现代的多层厂房，以及具有强烈工业符号感的建筑物，它们共同构成了成都工业文明的历史遗迹。园区在结合国际工业遗产保护协会拟定的关于工业遗产的《塔吉尔宪章》和德国鲁尔区的改造经验基础上，确定了“保留为主、新旧协调、品质至上、创意时尚、注重现实、多样呈现”的更新思路，定位为以音乐消费为主题的旧工业改造娱乐目的地，并以实现“国家级数字音乐全产业聚集区”“国家级音乐文化旅游消费街区”为目标，以“数字音乐企业聚集”和“音乐互动体验消费”为特色，是目前中国唯一的一个音乐互动体验和数字音乐产业聚集园区。

成都东区音乐公园在产业发展方面规划了七大业态，分别是商务办公、演艺与展览、音乐培训、音乐主题零售、设计酒店和文化餐饮，并规划和国内知名通讯公司联手推动从明星制造到音乐展演再到音乐消费的产业链的发育，从而形成音乐资源集聚、衍生产业接入、多元文化互动和新媒体产业发展的规模化数字音乐产业聚落、音乐新媒体发展基地和创意文化体验园区。东区音乐公园从2011年开园至2013年，已经形成了一定的演艺与展览、酒吧娱乐和文化餐饮的文化消费氛围，其文化生产功能尚需进一步的培育和发展。

（三）枣庄案例

作为传统的资源枯竭型城市，枣庄市棚户区改造任务十分艰巨，截至2012年年底，全市累计改造棚户区10.1万户，开工建设安置房10.8万套，竣工5.6万套，完成投资520亿元。按照住房城乡建设部等7部门《关于加快推进棚户区（危旧房）改造的通知》（建保〔2012〕190号）做好棚户区（危旧房）摸底调查要求，经认真摸底核实，枣庄市截至2012年年底剩余棚户区15009户，2013—2015年枣庄市计划改造棚户区12396户，其中2013年枣庄市计划改造棚户区4182户，占剩余改造任务量的34%；2014枣庄市计划改造棚户区4084户，占剩余改造任务量的33%；2015年枣庄市计划改造棚户区4130户，占剩余改造任务量的33%；剩余2613户棚户区计划安排在2015年后进行改造。枣庄棚户区改造的主要做法和成效如下：

1. 提升理念，一把手工程强力推进

住房问题是城镇化发展中遇到的突出问题，也是枣庄市经济社会发展诸多矛盾表现的一个侧影。在温饱问题解决后，群众改善住房条件的愿望十分强烈。枣庄市是传统的资源型工矿城市，棚户区量大面广，占了山东省棚户区总量的四成多，且多数是低收入家庭，居住环境恶劣。为此，枣庄市把改善群众住房条件作为各级党委、政府的头号民心工程和“一把手”工程，市委领导多次深入棚改一线视察调研，现场指导，鼓舞士气，提振信心；市政府领导亲自召开调度会议，详细了解项目进展，及时帮助解决项目推进中遇到的困难和问题；市纪委坚持双月督导，将棚户区改造工作纳入纠风专项治理业务，实施重点监督，对进展较慢的区（市）和工作服务力度不到位的部门进行随机约谈，指出问题，限期整改。在2013年的任务目标下达后，为确保2013年棚户区改造工作能够起个好头，尽快掀起工作热潮，4月初，市纪委牵头带领相关部门人员开展了第一季度棚户区改造督导检查活动，起到了良好的督促作用。

2. 关注民生，改善群众住房条件

居者有其屋，是群众最基本的幸福追求。棚户区是城市发展的集中体现，也是影响居民幸福感的重要因素。枣庄市把群众的所需、所求、所盼始终装在心里，把棚户区改造作为现阶段偿还历史欠账、弥补发展短板、保障改善民生的基本要求，增强市民对城市的认同感、归属感、满足感。

一是在政策上惠及群众。制定完善了拆迁安置、征收补偿、税费减免等一系列优惠政策，将政策着力点向中低收入家庭倾斜。特别是对只有一套住宅且房屋面积低于国家标准规定的被征收户，设计了最低套型的生活保障房，让居民少花钱甚至不花钱就能住上新房子。采取了奖励住房面积或免收物业费等措施，解决了居民选择高层住宅的后顾之忧。只要政策允许，枣庄市就给予回迁户最大的优惠，在坚持“拆一补一”原则的基础上，还对原居民院落、房屋外紧邻生活地块及一些附着物占地也予以补偿。燕山路项目改造，仅补偿安置政府就投入1.7亿元。

二是在规划上方便群众。坚持超前统筹规划，突出交通优先、区域特色和功能配套，统筹考虑学校、医院、停车场等公共基础设施，增强服务功能，让城市成为群众安居乐业的家园。中心城区将同步新增道路133个，停车场65个、总面积118万平方米，城市绿地298万平方米，中小学和幼托设施52个、总面积42.5万平方米。

三是在征收上依靠群众。建立了“政府主导、条块协作、群众参与、合力推进”的工作机制，对实施的棚改项目推选被征收居民代表全程参与棚改各项事务，回迁安置方案、评估机构、征收单位等重大事项由居民投票决定。对项目规划、建设、征收、补偿、安置等方案依法公示，确保了和谐征收。

四是在回迁安置上服务人民群众。对闲置房源摸底汇总，编制成册，分发到被征收居民手中。在安置小区中保留部分经营用房，利用租赁收入解决特困家庭的住房、供暖和物业费补助。在新建小区中按照房屋总面积4‰的比例建设经营用房，经营收入用于物业服务等支出。

周到细致的安民惠民措施，使得枣庄市的棚户区改造工作中，迄今为止，枣庄市10万余户的拆迁过程中，未发生一起群体上访事件。

3. 促进发展，把城市转型发展作为重要目标

棚户区改造不仅是民生工程，更是发展工程。为了实现从城市建设向城市经济转变，枣庄市在工作中将棚户区改造与新型城镇化、文化旅游和服务业有机结合，推进城市资源优化整合，统筹区域协调发展。

不仅注重“造城”，更注重“造市”，是枣庄市棚户区改造过程中的突出亮点。在棚户区改造中，千方百计植入“市”的种子，激活城市发展的内生动力，让城市成为安居乐业的幸福家园。注入楼宇经济、专业市场群、特色商业街区、各类产业园、邻里中心等要素，建设城市综合体。对规模较大的改造片区，融入商业、办公、酒店、会展、文娱等要素，打造了一批城市综合体，改造后新增商业面积190万平方米；对中等规模的改造片区，规划建设专业化、特色化、地域化的市场，建设一批特色商业街区。薛城区燕山路、火车站棚户区改造片区，规划建设了燕山路商业圈、火车站城市综合体街区、民国风情临城老街、珠江路金融商务区等项目，推动城市经济发展。

台儿庄区依托棚户区改造，建设了占地2平方公里的台儿庄古城，到2013年目前接待游客已超过500万人次，推动全市服务业特别是文化旅游业的繁荣发展，实现了就业富民，有力推动了区域经济的转型跨越。同时，通过实施棚户区改造活跃了房地产交易，保持了房地产业健康发展势头。同时带动了机械加工、建筑建材、交通运输、冶金制造、物业管理、社区服务业等60多个相关产业的同步发展，拉动了住房消费，实现了投资拉动效应。棚户区集中连片的大规模改造，盘活了存量土地，提高了土地的利用率和使用价值，相应扩大了城市发展空间，增加了政府土地储备预期收益。与此同时，全市城镇化率达到51.1%，比5年前提高6个百分点。

4. 带动就业，把解决群众后顾之忧作为重要条件

棚户区改造，不仅建设了大批回迁安置住宅，而且通过土地置换和整理，实现了旅游景区规划、产业园区建设、“城中村”改造和土地开发升值的有机结合，大力优化产业和用地结构，促进了旅游、社区服务、资讯等服务业的发展，同时也为劳动就业提供了广阔空间。一方面，棚户区改造带动了房地产及相关联行业的就业，直接创造了建筑业从业人员的就业机会，特别是安排了大量棚户区居民从事房屋拆除、生产运输、环境卫生、安全保卫等就业岗位。另一方面，棚户区改造安排了所在社区及配套设施建设和管理岗位就业。通过小区物业管理、设施设备运行维护来扶持社区服务业，吸纳再就业人员。

针对当前棚户区回迁居民中的零就业家庭，枣庄市为有劳动能力和就业需求的下岗失业人员至少提供一次合适的就业岗位，并通过政策扶持、岗位援助等多种形式，确保棚户

区中的零就业家庭实现双就业。同时，在继续做好社区保洁、保绿、保安等岗位开发的基础上，有组织地开发社区配送、公益小饭桌等就业岗位，优先考虑棚改回迁居民家庭中的零就业家庭成员，使他们生活有保障，极大提升了市民的幸福感。

五 城市危机管理

化解城市危机是维系城市经济、社会健康运行的根本保障，近年来，城市邻避等城市危机事件频繁发生，统计显示，自1996年以来，环境群体性事件一直保持年均29%的增速。在这样的背景下，城市危机管理方面的创新成为城市管理相关部门积极实践的领域，本文选取了广州、南京、宁波等几个代表性城市在邻避设施建设或城市治理等方面的一些有益探索。

其中，2012年5月1日起，广州市实施了《广州市生活垃圾终端处理设施区域生态补偿暂行办法》，针对具体项目制定了较为完善的生态补偿方案。其中受益受损范围的确定是经济补偿方案的关键，广州市的做法如下："广州市区生活垃圾主要送往白云区兴丰垃圾填埋场以及李坑垃圾焚烧厂处理。市内六区加上萝岗和南沙均要向白云区缴付生态补偿费。广州生活垃圾（含餐厨垃圾）生态补偿费标准定为75元/吨，其中5%用于实施该项目的工作经费。未来黄埔的厨余垃圾生化处理项目、萝岗区垃圾焚烧处理设施投入运营后，也有望获得生态补偿。此外，太和镇过去承担了广州绝大部分的垃圾处理任务，生态补偿主要是给兴丰、穗丰、永兴三条村。"[①] 这也标志着广州市在探索诸如垃圾处理设施等公共服务项目的邻避问题方面，迈出了积极探索的一步，这些邻避设施不仅可能包括垃圾处理厂、铁路、高压线等"厌恶型"项目，也包括如发电站、传染病医院等"危险型"项目。广州市设施的生态补偿办法能够在一定程度上缓解或解决因邻避设施规划、建设衍生的邻避危机，是通过经济补偿实现社会矛盾化解的一种尝试，对其他城市的邻避危机管理具有一定的启发意义。

2013年3月1日，《南京市城市治理条例》（下文简称为《条例》）正式实施，从城市管理主体角度明确了公众参与城市管理的途径和方式，为实现可能会造成城市危机的邻避项目选址等关系公众利益的重大决策制定提供了组织保障。《条例》第一章第一条明确"为了推动公众参与城市治理，提高城市管理和服务水平、建设宜居城市和幸福城市"；第一章第二条指出条例实施的根本目标，即"为了促进城市和谐和可持续发展，增进公众利益"，实施方式上是"政府主导、公众参与"。根据《条例》成立"南京城市治理委员会"（简称"城治委"），作为全市城市管理领域的议事协调机构，并可以"依据授权"对重大事项做出决议；"城治委"做出的决议经市长签字后生效并执行。其中，城市管理主体的构成和相关人员的比例是实现城市治理的关键，为保证公众参与的广度，《条例》规定，"城治委"的公众委员不低于50%，据统计，南京第一届"城治委"由84名委员构成，其中公务委员39名，公众委员45名。此外，委员的构成也较为多样化，最大程度保证了各行各业的公众利益，其中，公务委员包括市长、常务副市长、分管市长、秘书长、城管局及各相关部门和各区政府一把手；公众委员包括来自社会学、法学、行政管理学等学界的13名专家，以及来自NGO、企业、高校、部队的19名社会组织代表，来自

---

① 本案例资料来源：《破解邻避冲突的广州样本》，《南方日报》2012年10月31日。

国企、民企、外企、媒体等方面的 13 名代表。①

浙江省宁波市长期以来面对快速城市化需求与经济发展主导产业选择的矛盾，在国内多个城市相继出现因大型化工项目的规划选址引发的社会危机事件背景下，经过与项目投资方的商讨研究，2012 年 10 月，宁波市最终做出决定：坚决不上 PX 项目，炼化一体化项目前期工作停止推进，再作科学论证。此外，对于镇海炼化扩建一体化项目，宁波市也在召开的市委会议中强调，“要多途径征求群众意见，畅通群众诉求渠道，搭建联系群众、服务群众平台，积极主动回应群众的合理诉求”。②

六　协同治理与多规合一实践

（一）广东省河源市：以技术创新为主导的“三规合一”尝试

河源是最先探索“三规合一”的试点城市。为改变长期以来各类规划之间不协调而导致的一系列问题，2008 年开始编制的河源新一轮城市总体规划以“三规合一”为工作目标，率先以“三统一、二协调、一平台”为技术目标，编制了广东省内第一个“三规合一”的城市总体规划。

1. 三统一

（1）统一数据与年限。建立共同的经济、人口、土地利用、各类资源等包括在内的全方位的基础数据资料库，避免“三规”在基础资料收集方面的重复工作和引用数据不一致等问题。尽管“三规”基础年不尽相同，但三规的规划目标年尽量保持统一。

（2）统一目标。建立“三规”共同遵守的城市发展目标、发展地位、空间发展战略，统领城乡规划的编制。

（3）统一标准。建立涵盖城乡、内涵统一的用地分类与建设标准，可协调转换的城市规划与土地利用总体规划的用地指标。明晰两规如建设用地、城乡（建设）用地、城市（建设）用地、建制镇用地、农村居民点用地等名称内涵，建立城乡统一的建设用地细分标准。

2. 二协调

协调土地利用。在城市发展战略的指导下，针对不同功能分区，由土地利用总体规划提出耕地、基本农田的空间分布，由城市总体规划确定城市的重点发展地区和各类建设用地空间布局，确保农用地和建设用地边界不冲突，保证两规建设用地空间的一致协调空间管制。根据不同功能分区的主导功能、发展方向、开发时序和管制原则，由城市总体规划确定城市重点发展方向、土地利用结构功能，由土地利用总体规划确定各个分区的用地规模和土地利用政策，从而规避各个规划均从自身角度出发，出现相互冲突的管制分区和管制措施。

3. 一平台

搭建“三规”规划信息统一平台，建立“一图多规划”的空间信息基础平台，在一张“管理图”上同时叠加城市规划、土地利用总体规划及其他部门规划的相关信息，形

① 本案例资料来源：《南京出台国内首部综合性“城市治理条例”》，《南方日报》2013 年 10 月 9 日。

② 本案例资料来源：《宁波市政府决定：坚决不上 PX 项目，停止炼化一体化项目》，2012 年 10 月 28 日，人民网（http：//politics. people. com. cn）。

成有效可行的信息共享机制。

（二）广东省云浮市：以“规编委”为核心的机制创新

云浮推进“三规合一”的主要特点是积极进行改革创新，整合部门，优化行政资源配置，构建“一套规划，统一编制，统一平台，分头实施”的“三规融合”的规划管理机制。

1. 成立审批委员会，集中决策

云浮市规划审批委员会是市人民政府的规划决策机构，对规划建设的重大事项进行审查并提出决策意见，其意见是市人民政府各部门进行土地规划建设行政审批、管理与决策的主要依据。规划审批委员会下设的规划监督监察委员会，作为规划监督机构，受规划审批委员会委托，对各项规划实施情况进行监督检查，并提出处理意见。委员会的处理意见是市监察局对各项规划实施情况进行处理的主要依据。

2. 成立“规编委”，统筹“三规”编制与审批

为解决规划“打架冲突”问题，云浮市把原市发展和改革局组织制订全市国民经济和社会发展总体规划的职责、原市城乡规划局编制城乡总体规划的职责、原市国土资源局制订土地利用总体规划的职责整合到云浮市规划编制委员会（下文简称“规编委”），统筹编制“三规”，同时赋予组织编制和审查全市各部门的专项规划，并监督其实施的职责。此外，“规编委”下设总规划师和总建筑师，负责规划审批决策的技术把关，最终实现国民经济和社会发展总体规划、城乡建设规划以及土地利用总体规划在规划编制、实施与管理上的统一，有效避免了各种规划“打架”的现象。

3. 下设信息中心，统一信息平台

在云浮市“规编委”下成立云浮市地理信息中心构建“一个平台、统一标准、分类管理”的规划管理体系。主要任务为负责全市规划、国土、建设、交通、市政、环保、人口、教育、医疗卫生、农林水、档案等有关地理信息方面的管理工作，梳理出一套“多个规划”都适用与认可的技术规范和标准，实现“三规”之间的衔接，让涉及规划职能的部门都能通过该平台进行规划管理。

4. 部门分头实施，“规编委”统筹

调校规划编制完成后，分别交由市发改局、市国土资源和城乡规划局组织实施，在实施过程中如发现问题，则及时反馈到地理信息平台上进行技术融合，如有必要，则反馈给市“规编委”调整相关规划，从而形成一个相互反馈、调校、融合的良性循环机制，确保规划的顺利实施。

（三）广东省广州市：从技术创新到制度创新

2011 年 12 月 24 日，中共广州市第十次党代会提出“全面提升城市发展质量”“优化城市空间布局”“科学编制城市总体规划，促进三规有机衔接”的要求，全面部署全市新一轮的“三规合一”工作，提出广州将于 2013 年年底完成“一张图”、一个信息平台、一个协调机制、一个审批流程、一个监督体系、一个反馈机制 6 大工作内容，构建具有广州特色的“三规合一”综合性协调管理决策机制。并将在“三规合一”的基础上，实现电力建设、交通、环保、科技等专业规划的“多规融合”。这表明广州“三规合一”工作从“技术创新，总体协调”阶段转人“机制创新，面向实施”的阶段。广州“三规合一”工作主要进行了三点探索。

1. 设立机构，统筹工作

广州市层面成立“三规合一”工作领导小组并下设办公室和专责小组，由广州市市长任组长，负责协调解决全市“三规合一”重大问题与决策重大事项，同时建立工作领导小组会议制度，推进“三规合一”工作。各区参照市“三规合一”工作架构，分别设立区领导小组及办公室。区工作领导小组以区长为组长，区发改、规划、国土、经贸、建设、财政、环保、农林、水务、交通、城管等相关部门为主要成员，负责决定区“三规合一”重大事项，并向市领导小组负责。区领导小组下设“三规合一”办公室（下文简称区“三规办”），由区规划、国土、发改3个部门主要领导及技术力量组成，负责与市“三规合一”办公室对接技术问题，制订试点区工作计划与“三规合一”具体工作开展。

2. “市区互动，三上三下”

与河源、云浮等以市域为主体，围绕总体规划层面开展“三规合一”工作相比，广州新一轮的“三规合一”工作形成“市区互动，三上三下”的机制。

（1）“一上一下”：图斑衔接，划定“四线”。“三规合一”工作最终需要落实到具体的城市空间，在总体规划中进行宏观层面的对接与协调后，必须在详细规划层面进行微观具体的落实，因此直接面临规划实施与管理的区（县级市）政府成为广州新一轮“三规合一”工作的主体。通过控制性详细规划与本区土地利用总体规划对比，各区明确各自“三规合一”的工作对象——“差异图斑”，并提出相应的“差异图斑”协调策略。依据协调策略，各区对“差异图斑”进行调整，形成第一轮“三规合建设用地布局方案与4条空间管制线，即“建设用地控制线——引导城乡建设项目布局”“产业区块控制线——作为产业项目选址区域”“生态控制线——保障城市基本生态安全”以及“基本农田控制线一落实耕地保护”。广州市层面主要制定《广州市区（县级市）“三规合一”规划编制技术指引》及《广州市“三规合一”规划成果数据标准》，对各区、县级市提交的“三规合一”工作成果进行初审，提出审查意见。

（2）“二上二下”：明确方案，优化“四线”。各区（县级市）根据市对“一上”成果回馈的意见，优化调整“四线”划定方案，明确“两规”图斑调整方案，依据已有成果标准修改数据库及技术报告，形成“二上”成果上报市“三规合一”办公室和专责小组审定。市“三规合一”办公室和专责小组协助市发改、国土、规划对区、县级市“四线划定”成果进行审查，并通过上下协调，指导区、县级市完成“四线”划定。

（3）“三上三下”：汇总方案，形成。全市成果。各区（县级市）根据市发改、规划、国土等部门审查意见修改上报各项成果。市“三规合一”办公室和专责小组通过分析全市城市空间增长方向和趋势，研究有条件建设区、城市生态绿地差别化管理等相关政策，划定广州市城市增长边界；整合区、县级市“四线”划定成果，形成坐标统一、无缝对接、矢量化的“四线”管控图，并制定相应的管制规则。

3. 部门联动，项目整理

除了对城乡规划与土地利用规划“两规”进行协调外，国民经济发展计划对城市空间的土地需求管理也是“三规合一”的重要工作内容。通过项目协调会的形式，区“三规办”召集区各职能部门与下属各镇街对各自的用地需求进行上报汇总，并呈报区“三规合一”领导小组，对各类重点项目进行整理、甄别、排序，按照项目立项和资金情况、成熟程度、开发需求和开发规律进行分期，最终形成“三规合一”重点项目库，作为“两规”重点落实建设用地规模的对象。以白云区为例，共召开5次大型项目协调会，涉及68个相关部门与单位，最终形成包括254项各类项目的“三规合一”重点项目库，明确各个项目的近中远期用地需求，保证了“三规合一”工作的有效实施。

4. 城乡统筹，综合改革

面向实施的“三规合一”规划涉及两规大量差异图斑的调整工作，这将涉及对国土及规划两大部门相关管理与政策的创新工作，2013年8月国土资源部批复同意《广州市城乡统筹土地管理制度创新试点方案》（下文简称《试点方案》）为广州“三规合一”工作提供了土地管理政策创新的保障。

一方面，《试点方案》提出“创新土地利用规划编制和审批机制”，可以由广州市依据土地利用总体规划编制功能片区方案，报广东省国土资源厅备案，功能片区内实现土地利用规划批量调整，为广州“三规合一”差异图斑批量调整提供政策支撑。

另一方面，《试点方案》提出对“城市生态用地差别化管理”的政策，对城市建成区内大面积连片的园地、山林、水面等具有生态功能的用地，以及采取拆危建绿、拆旧建绿等措施增加的大面积用地，在符合土地利用总体规划前提下，纳入非建设用地管理，为优化广州“三规合一”建设用地规模的空间布局，有效利用建设用地规模指标提供了政策指引。

（四）山西省太原市：围绕总规修编实现“三规合一”

2007年5月，太原市开展了《太原市城市总体规划（2010—2020）》的编制工作。在该次总体规划编制过程中，太原市充分认识到“三规合一”这个工作的重要性，并对“三规合一”进行了探索和实践。2011年4月，《太原市土地利用总体规划（2006—2020年）》经山西省政府常务会审议通过，做到了与产业发展规划、城市总体规划、环境保护规划的相互协调、有机统一，首次实现了“三规合一”，为规划的有效实施和项目的顺利落地奠定了基础。探讨在现有的体制框架内，如何从技术层面上建立太原市“三规”衔接机制，进而保证“三规”在修编过程中互相协调、有效衔接，共同在太原市落实科学发展观、建设“有国际影响力的区域性大都市”中发挥作用。

1. “三规合一”的指导思想和原则

“三规”衔接首先要取得指导思想和规划原则上的协调一致，应以科学发展观为指导，以产业转型为手段，实现可持续发展，统筹考虑供给与需求、耕地保护和城镇建设的相对平衡。在规划原则上，要重点考虑“节约、集约和高效利用土地，合理布局各类建设用地，控制建设用地占用农用地”“保障重点区域和重点项目的开发，保障近期建设用地需求”“高度保护耕地和基本农田”及“保护生态，鼓励环境友好型土地利用模式”等方面取得一致。

2. “三规合一”的技术衔接内容

基于“三规”在工作目标、空间范畴、技术标准、运作机制、法律授权、规划内容等方面存在的不衔接，鉴于当前体制改革推进的难度和解决问题的急迫性，近期在规划编制、法律和管理体系未能及时调整的情况下，必须从技术层面上建立一套规“衔接的工作体系，以务实的态度解决规划”不衔接的问题。

（1）基础数据统计的衔接

基于当前总规编制过程中的基础数据、图件的来源、依据和可信度存在一定的差异，建议在今后规划的编制过程中统一采用最新的基础数据，基础图件采用统一的参照坐标系。

（2）统计口径与指标的衔接

统计口径与指标的衔接主要包括人口统计口径和人均用地指标的衔接。在人口统计方面，两个规划应统一城市人口规模统计口径，采取切实可行的办法和措施对本地区的流动人口数据进行统计分析，同时结合人口普查数据进行校核和更新，使流动人口的基础数据翔实可靠，注重流动人口的预测与研究。在人均用地方面，“两规”须衔接建设用地内涵的界定以统一的口径统计各类用地，确保“两规”的用地规模具有可比性，真正实现用地规模的控制和反馈。

（3）规划期限的衔接

为加强项规划的衔接力度，对规划采用的有关数据统计基期也应做统一规定，并且相关专业规划和深化规划也应在总体规划确定的规划期限内进行编制，具体还应与国民经济与社会发展规划衔接，不得随意改变规划编制期限。统一一个规划的期限，有利于“三规”的衔接。

（4）相关规划内容的衔接

相关规划内容的衔接主要包括城市发展目标与战略、规划目标年限、人口规模、用地规模、城镇发展方向与布局、重点建设项目、管制分区等内容，从各个方面进行统一衔接。

第三节　代表性成果

【《构建面向城市群的新型产业分工格局》】

作　　者：魏后凯

发表时间：2013 年第 2 期

期刊名称：《区域经济评论》

内容摘要：当前，中国已经结束以乡村型社会为主体的时代，开始进入到以城市型社会为主体的新的城市时代。在这一新的时代中，城市群已经成为推进城镇化的主体形态和吸纳农业转移人口的主要载体。据 2011 年国务院发展研究中心的研究，在 2020 年前，城市群地区将集聚中国城镇人口的 60% 以上。城市群的迅速崛起，促使中国的区域竞争正由过去的单个城市之间的个体竞争转变为区域一体化背景下各城市群之间的群体竞争。这种群体竞争主要表现为以城市群为载体的整个产业链的竞争。在这种新的群体竞争态势下，区域一体化和产业链式发展将成为必然的趋势。因此，实行资源和产业链重组，构建面向城市群地区的一体化新型产业分工格局，提升产业链的控制力和整体竞争优势，将是促进城市群转型升级，提升其整体竞争力的关键所在。一是要处理好中心城市之间的竞合关系；二是推动形成合理分工、错位发展的格局；三是促进大中小城市和小城镇产业差异化；四是实行产业疏散与产业集聚有机结合；五是依靠产业园区共建发展“飞地”经济；六是建立差别化的产业准入和退出机制。

【《环境市政设施的邻避效应研究——基于上海垃圾中转站的实证分析》】

作　　者：陈佛保　郝前进

发表时间：2013 年第 8 期

期刊名称：《城市规划》

内容摘要：环境市政设施由于对周围居民的负面环境影响，其选址、建设和运行中引发的冲突是中国城市建设中社会矛盾的主要来源之一。该文梳理和归纳了邻避设施的内涵、邻避效应形成的原因及解决措施，并以垃圾中转站为例，通过上海 25197 户二手住房价格的空间差异研究了城市居民对环境邻避设施的负面支付意愿。

研究结果显示，住宅到垃圾中转站的距离每减小1千米，住宅价格降低3.6%，表明居民对于垃圾中转站具有较强的邻避效应；垃圾中转站规模越大，其影响的范围越大，居民的邻避效应越强。建议邻避设施规划时应参考设施的科学防护距离和居民的心理可接受距离，给予适当的经济补偿，或者在邻避设施附近建立具有正外部性的公共设施给予规划补偿，从而减少邻避设施带来的冲突。

【《邻避冲突的属性分析与治理之道——基于邻避研究综述的分析》】

作　　者：王佃利　徐晴晴

发表时间：2012年第12期

期刊名称：《中国行政管理》

内容摘要：早在20世纪70年代，“邻避”（NIMBY）的概念就在西方学者研究社区反对某些基础设施建设的基础上提出来了，从政治学、社会学、心理学等多学科的角度对这一问题进行了探讨。20世纪80年代，台湾地区也开始出现因反对垃圾填埋场、焚烧厂的选址建设的“邻避运动”，很多学者也开始对这一问题从多个学科和多个角度进行探讨。随着中国大陆“邻避设施”的日渐增多，由其引发的冲突问题也开始进入国内学者的视野。该文章认为国内外学者的深入研究，进一步帮助我们理清了邻避问题的真相和逻辑，“邻避”概念本身并没有褒义和贬义，重点是我们赋予其什么样的思考内涵，不管怎么样，邻避问题已经渗透到社会生活的许多方面，透过“邻避”的理念和分析框架，我们提高对社会邻避问题的关注和理解，通过政策和技术的双重手段，建立灵活互动的公众参与机制，减少转嫁给周边民众的外部成本，最终形成解决这一问题的最佳决策，以实现政府和民众的双赢。

【《当前中国智慧城市建设中的问题与对策》】

作　　者：辜胜阻　杨建武　刘江日

发表时间：2013年第1期

期刊名称：《中国软科学》

内容摘要：在“十二五”时期，中国将全面进入城市时代，城市将成为真正意义上的经济社会主导。城市增长的驱动因素将由劳动、资本、土地等传统要素转向知识、信息、技术等创新要素，城市发展更富有创新活力，城市运行更具“智慧”。智慧城市是继数字城市和智能城市后的城市信息化高级形态，是信息化、工业化和城镇化的深度融合。发展智慧城市对城市的经济转型、居民生活方式变革、环境保护和社会管理具有重要的战略意义。目前中国智慧城市建设存在“千城一面，缺乏特色”“重项目、轻规划”“重建设、轻应用”“重模仿、轻研发”资源整合难度大等问题。该文章建议，智慧城市建设应高度重视差异定位，注重区域特色激发智慧城市发展活力；秉承“应用为王”的原则，以市场需求引导项目建设；坚持技术支撑，以技术创新和战略性新兴产业发展为依托；推进智慧整合，破解“信息孤岛”问题。

【《智慧城市与“智慧规划”——智慧城市视野下城乡规划展开研究的概念框架与关键领域探讨》】

作　　者：丁国胜　宋彦

发表时间：2013年第8期

期刊名称：《城市发展研究》

内容摘要：智慧城市建设已成发展趋势，是跨学科研究的热点。智慧城市理念为城乡规划学科发展提供了全新图景，将智慧城市理念引入城乡规划研究既必要也可行。在阐释智慧城市概念、实践、评价体系和理念的基础上，借用“智慧规划”对智慧城市视野下城乡规划展开研究的概念框架与关键领域进行探讨。智慧城市的核心理念就是运用新一代信息技术对城市发展问题做出创新和积极响应。“智慧规划”应具有系统性、智能性、共享性和动态性等特征，其关键领域包括智慧化提升城乡规划自身能力和智慧化解决城乡规划中遇到的问题两个方面，并就具体思路进行了阐述。在新型城镇化战略下，规划学科应主动对正蓬勃展开的智慧城市实践做出应有贡献，同时应加强分析智慧城市理念对城乡规划学科产生的影响，不断吸纳智慧城市理念，深化城乡规划理论。未来研究的重点应包括如何智慧化提高城乡规划自身能力以及如何智慧化解决城乡规划中遇到的实际问题两方面。

【《低碳城市的构建路径与策略》】

作　　者：李超骕　曾辉　宋彦　彭科

发表时间：2013 年第 5 期

期刊名称：《城乡规划建设》

内容摘要：低碳城市是低碳经济与低碳社会发展的地域主体，亦是应对气候变化、减少温室气体排放的空间聚焦点。现今低碳城市的构建已成为多个学科的研究热点。中国政府已承诺2020 年将单位 GDP 的二氧化碳排放在 2005 年的基础上降低 40% ~45%，中国低碳城市建设亦是大势所趋。

【《深圳市低碳生态城市指标体系构建及实施路径》】

作　　者：陈晓晶　孙婷　赵迎雪

发表时间：2013 年第 1 期

期刊名称：《规划师》

内容摘要：21 世纪是从“工业文明”走向“生态文明”的时代，对于处于快速城市化过程中的中国，“低碳生态城市”建设是重要的战略途径。深圳市作为中国第一个“低碳生态示范市”，试图通过建立量化目标导向下的规划管理执行机制，在低碳生态城市建设的“渐进常态化”方面做出有益探索，由此开展“低碳生态城市指标体系”研究。研究综合采用比较分析、空间分析、统计分析、部门走访、问卷调查、专家咨询等多种方法，着眼于与部门事权相对接，构建起了一套兼顾通用性与地方特性、先进性与可操作性的目标指标体系，为深圳市的生态文明建设提供了量化标准和考核依据。

【《城市更新背景下的城市文态——成都开创性实践的经验与启示》】

作　　者：冯斌

发表时间：2013 年第 9 期

期刊名称：《城市发展研究》

内容摘要：在国内城市的更新热潮下，作为反映特定城市历史文化脉络和个性的有机文化体系，城市文态对城市转型发展的作用凸显。在引入城市文态概念的基础上归纳出其地域性、系统性、动态性、多样性和创新性的特点。城市文态建设与城市更新在基础、动力和实现上表现出天然的耦合性。以成都为例整理了城市文态建设体系，并总结其开创性实践的经验（改善城市形象、优化公共文化服务、引导文化发展和促进经济发展）和不足（文化趋同、公平失衡和文化割裂）。

【《城市更新背景下我国历史地段保护规划研究——一个基于管治理论的分析框架》】

作　　者：胡超文

发表时间：2013 年第 7 期

期刊名称：《现代城市研究》

内容摘要：城市化的快速推进与土地资源紧张的现实牵引着中国城市建设加快向旧城转移。由于自身的特殊性，历史地段已成为城市更新进程中的关注重点。以经济增长为主要诉求，罔顾文化遗产的重要价值导致中国的历史地段保护一开始就陷入泥潭难以自拔，而传统的基于建筑与规划学科的解决方法作用有限，保护实践的困局呼唤着新的解决思路。研究在对管治理论的内涵和核心思想进行总结的基础上，分析了历史地段保护规划制订与实施过程中多种权力之间的激烈博弈，提出了一个基于管治理论的历史地段保护规划的分析框架，并针对各博弈主体提出管治策略，以平衡各方利益，有效保护历史地段，促进社会的和谐发展。

【《从技术创新到制度创新：河源、云浮、广州“三规合一”实践与思考》】

作　　者：赖寿华　黄慧明　陈嘉平　陈晓明

发表时间：2013 年第 5 期

期刊名称：《城市规划学刊》

内容摘要：“三规合一”是将国民经济发展规划、城市规划与土地利用总体规划三者进行充分协调的工作，是目前国内城乡规划发展的主要趋势之一。2008 年，广东省提出“三规合一”的要求并确立河源、云浮、广州 3 个试点城市。现根据这 3 个城市的工作实践，总结其经验做法，提出了三地分别在技术、机制与政策上的一系列探索与创新，分析目前广东“三规合一”工作在政策、机制以及技术上存在的重点难点问题，并对未来工作与研究方向予以展望。

第八章　新型城镇化管理

温锋华　姜玲　沈体雁

从15世纪末的“圈地运动”开始到19世纪中叶，英国用了大约3个世纪的时间完成城市化。到20世纪20年代，英国政府通过扶持北部区域发展，解决城市化进程中的经济发展不均衡问题；“二战”结束后，英国政府采取设置环城绿化带和建设新城，遏制了大城市无序蔓延。政府发挥的显著主导作用，使得英国成为世界上最早实现城镇化的国家之一。

中国长期的城乡二元体制，依靠廉价农村劳动力和土地支撑的工业化、城镇化，导致农村不断被边缘化，“大城市病”日益显现：高投入、高消耗、高污染、高代价的发展方式难以为继；两亿多农民工流动人口带来严重的社会问题；农村内生动力不足，“三农”问题越发突出。改变旧的城镇化模式，加速推进“五位一体”的新型城镇化模式成为中国经济社会发展的重大体制性问题。党的十八大报告确定了中国的新型城镇化战略，2013年12月召开的中央城镇化工作会议，提出了中国新型城镇化的六项任务，即推进农业转移人口市民化、提高城镇建设用地利用效率、建立多元可持续的资金保障机制、优化城镇布局和形态、提高城镇建设水平和加强对城镇化的管理。

目前学术界对新型城镇化管理的理论演进和实践创新有了广泛的研究和讨论。包括对世界城市化理论研究、新型城镇化发展的国外模式总结、中国新型城镇化的科学内涵与动力机制研究、中国新型城镇化的创新模式等内容。

第一节　理论进展

城镇化作为目前世界上最重要的社会现象和经济现象之一，是各个国家实现工业化、现代化过程中经历社会变迁的一种必然反应。2013年的中央城镇化工作会议召开，中央对新型城镇化进行了具体部署和详细规划，至此，学术界对新型城镇化理论、实践和管理都开展了广泛和深入的研究。包括新型城镇化模式创新、新型城镇化制度创新、新型城镇化战略下的城乡统筹发展管理、新型城镇化战略下的经济发展、新型城镇化的文化特征、新型城镇化战略下的社会管理等内容。2013年以来，专家、学者们在上述领域，通过系统的研究，已取得显著成果。在著作方面，有魏后凯、易鹏、新玉言、叶连松等针对新型城镇化问题进行了系统的研究；论文方面，根据笔者对中国期刊网上相关文献检索发现，2013年1月1日至2014年1月，以“新型城镇化”为主题的中国知网收录的全部记录数达到15 212条，现就上述领域的理论研究综述如下。

一 新型城镇化模式创新研究

（一）国外城镇化模式研究

城镇化是经济社会发展过程中的一个必经阶段，是随着一个国家或地区社会生产力的发展、科学技术的进步以及产业结构的调整，农村人口不断向城镇转移，第二、三产业不断向城镇聚集，从而使城镇数量增加，城镇规模扩大的一种历史过程。工业革命开启了工业化推进人类城镇化的历程；在“二战”结束后，全世界开始了工业化和城市化发展进程，城镇化以前所未有的速度向前迈进；在经济全球化时代，世界已经完成了城镇化过半的伟大创举，人类进入普遍繁荣的城镇时代。世界各国学者都对城镇化理论进行深入的探索和总结，对中国当下新型城镇化建设提供了宝贵的成功经验。国外城镇化发展模式与各国的经济和政治状况密切联系，杨仪青根据市场机制和政府在城镇化发展中的作用，将国外城镇化发展模式概括为三种：以西欧国家为代表的政府调控与市场主导并重的城镇化，以美国为代表的以市场为主导的低密度蔓延式的城镇化，以拉美、非洲等国家为代表的缺乏产业支撑的过度城镇化。[①] 杨仪青还分析了英国在政府宏观调控下的城镇化发展模式，指出加强政府在新型城镇化过程中的调控符合中国国情。[②] 王千、赵俊俊提出国外城市化理论研究大致分为四大类型，即区位理论、城乡结构转换理论、非均衡发展理论和协调发展理论，同时梳理了世界发展中国家城镇化道路演进的三个阶段，分别为城市化与工业化基本同步推进的阶段、城市化问题突出的阶段和重新审视发展中国家城市化的阶段。[③]

（二）中国新型城镇化发展模式研究

2013 年 12 月召开的中央城镇化工作会议，对新型城镇化进行了具体部署与详细规划，会议提出了中国新型城镇化的六项任务，即推进农业转移人口市民化、提高城镇建设用地利用效率、建立多元可持续的资金保障机制、优化城镇布局和形态、提高城镇建设水平和加强对城镇化的管理。[④] 新型城镇化对中国经济社会发展意义重大，必须探索新型城镇化的发展模式。倪鹏飞提出了新型城镇化模式的基本模式，即以科学发展观为指导方针，坚持“全面、协调、可持续推进”的原则，以人口城镇化为核心内容，以信息化、农业产业化和新型工业化为动力，以“内涵增长”为发展方式，以“政府引导、市场运作”为机制保障，走可持续发展道路，建设城乡一体的城市中国。[⑤] 杨仪青提出了中国新型城镇化发展的具体模式：遵循市场的理念，加强国家的宏观调控；改变增长方式，进行产业内涵和产城联动建设；进行制度探索，提供保障措施，构建城乡一体化发展；分区域

---

① 杨仪青：《新型城镇化发展的国外经验和模式及中国的路径选择》，《农业现代化研究》2013 年第 4 期。

② 杨仪青：《国外经验及启示：以政府调控促进新型城镇化健康发展》，《世界农业》2013 年第 9 期。

③ 王千、赵俊俊：《城镇化理论的演进及新型城镇化的内涵》，《洛阳师范学院学报》2013 年第 6 期。

④ 魏后凯、关兴良：《新型城镇化之“新”专题研究——中国特色新型城镇化的科学内涵与战略重点》，《河南社会科学》2014 年第 3 期。

⑤ 倪鹏飞：《新型城镇化的基本模式，具体路径与推进对策》，《理论参考》2013 年第 5 期。

组团式发展，构建新型城镇化建设。[1] 仇保兴提出新型城镇化给中国的城市发展带来新的机遇是：城乡环境最优美的协调发展模式，全国最具竞争力的城市群和创新基地，全国最为密集的生态城市集群，全球人均能耗和碳排放最低的区域发展模式。[2]

新型城镇化是以人为核心的城镇化，不同地区应立足自身发展情况，合理选择新型城镇化发展模式。郑砚砚、何志文、刘勤等提出中国农村城镇化目标体系的构建、道路的选择在尊重城镇化一般规律的基础上，要充分考虑农村城镇化水平和发展现状。中国的农村地区新型城镇化要大、中、小城市协调发展，东、中、西部地区因地制宜地推进，依靠市场推动，发挥政府主导作用，坚持经济、社会、环境的协调统一，走多元化发展的新型城镇化道路。[3]

（三）省域新型城镇化发展模式研究

为深入贯彻落实党的十八大、十八届三中全会精神和中央城镇化工作会议部署，推动新型城镇化科学有序、积极稳妥发展，全国各省市相继提出推进新型城镇化的战略举措。河南省抓住中原经济区上升为国家战略的机遇，在推进新型城镇化过程中勇于探索，涌现出一系列亮点。湖南、山东、浙江、四川等省市也相继提出新型城镇化的发展战略。

张占仓、蔡建霞博士研究认为伴随中原经济区建设进程，河南省在新型城镇化战略实施中涌现出郑州都市区规划建设、中心城市新区建设、中原城市群一体化网络化发展、县城的快速扩张、特色镇的崛起、新型农村社区建设的突破等亮点，新型农村社区建设涌现出移民搬迁型、产业集聚区建设集中型等六种模式。[4]

欧阳昊明在分析湖南省城镇化发展现状的基础上，总结出湖南省城镇化发展的三大主要动力：农业稳步发展为城镇化发展提供了有力支持，城乡差距较大为城镇化提供了较强的拉力，长、株、潭突出的中心城市地位将有效带动湖南省整体城镇化水平的提升。同时提出了湖南省新型城镇化建设的发展模式：以都市群带动全省经济发展的城镇化进程；通过工业化与城镇化形成良性互动推进城镇化进程；通过提升城市建设质量实现深度城镇化。[5]

（四）市（县）域新型城镇化发展模式研究

中国地域广阔，对于中国的城市、县区来说，新型城镇化的发展没有固定的成功模式，在一定时期某一地区的城镇化发展模式之所以较成功，主要是因为该模式契合当地经济、社会、地理、资源等条件。在市（县）域的层面上，学者、专家对推进新型城镇化发展取得成效的城市（县）展开了研究。全国先后出现过各种新型城镇化的改革尝试，如以大城市带动大郊区发展的成都模式，以宅基地换房集中居住的天津模式，以产业集聚带动人口集聚的广东模式，以乡镇政府为主组织资源的苏南模式和以个体经济为主的温州模式等。这些都是各地在推行新型城镇化过程中从当地人口、区位、产业等实际出发，因

---

① 杨仪青：《新型城镇化发展的国外经验和模式及中国的路径选择》，《农业现代化研究》2013 年第 4 期。

② 仇保兴：《新型城镇化：从概念到行动》，《行政管理改革》2012 年第 11 期。

③ 郑砚砚、何志文、刘勤等：《对我国农村城镇化建设的思考》，《安徽农业科学》2013 年第 41 期。

④ 张占仓、蔡建霞：《河南省新型城镇化战略实施的亮点研究》，《经济地理》2013 年第 7 期。

⑤ 欧阳昊明：《湖南省新型城镇化建设的路径选择》，《商情》2013 年第 22 期。

地制宜、合理选择的城镇化路径。①

向建、吴江提出集约式、质量化的新型城镇化建设将成为重庆经济社会发展的强力助推器，坚持“一个统领，五个重点”的原则，运用协调路径、高效路径、多样路径三条路径相结合的新型城镇化模式，最终实现重庆城乡一体化发展。② 李优树、苗迪书、陈丹等通过 SWOT 分析法系统梳理了藏区城镇化发展条件，运用对比分析法比较与中国中部地区城镇化发展的差异，提出了针对中国藏区因地制宜的城镇化发展模式，认为中国藏区新型城镇化发展要以交通网络带为依托，以生态景观带为保障，以发展高原特色中小城市为主导，立足资源优势，壮大支柱产业，采取集约型城镇化的模式。③

二 新型城镇化背景下的经济发展

党的十八大报告明确提出，要“坚持走中国特色新型工业化、信息化、城镇化、农业现代化道路”“促进工业化、信息化、城镇化、农业现代化同步发展”。事实上，对于正处在经济转型关键阶段的中国而言，快速发展的新型城镇化正在成为经济增长和社会发展的强大引擎。④

（一）城市经济转型发展与新型城镇化管理

李程骅提出，新型城镇化战略强调要强化产业的支撑作用，坚持城市发展与产业增长两手抓，表明中国的城市经济转型必须以改善需求结构、优化产业结构为突破，以经济的转型来推进城市与区域发展转型。过去中国工业化主导的经济增长较快，城市之间的 GDP 比拼，主要得益于土地红利和劳动力红利，但随着劳动力成本快速增加，土地供应也越来越难，环境的压力也越来越大，城市的产业发展必须向高端化、服务型转变。只有通过产业结构的大力调整、构建适应城市空间要求的现代服务经济体系，才能真正提升城市的发展质量，使大城市承担起区域经济中心、对外开放门户、科技创新基地和教育文化中心的使命。⑤

（二）农村经济发展与新型城镇化管理

在以“新型城镇化背景下的中国农村发展”为主题的 2013 年农村社会学论坛中，钟涨宝、韦宏耀、尤鑫指出，在新型城镇化过程中，必须重新思考“三农”问题，对土地配置、农民出路、粮食体系、农业经营、新农村建设等给予具体回答，形成“新三农”即现代农村、现代农业和汇入现代职业体系的现代农民的发展格局。⑥

改革开放以来，中国农村经济社会迅猛发展，取得了巨大成就。然而在这一过程中，也产生了新的问题，遇到了新的挑战。奂平清、夏志新、陆学艺对“小农经济是否仍将

① 汪斌：《芜湖市推进新型城镇化的思考》，《宏观经济管理》2013 年第 7 期。

② 向建、吴江：《城乡统筹视阈下重庆新型城镇化的路径选择》，《现代城市研究》2013 年第 7 期。

③ 李优树、苗书迪、陈丹等：《藏区新型城镇化的发展路径探讨——以康定县为例》，《经济地理》2013 年第 5 期。

④ 陈雨露：《中国新型城镇化建设中的金融支持》，《经济研究》2013 年第 2 期。

⑤ 李程骅：《新型城镇化战略下的城市转型路径探讨》，《南京社会科学》2013 年第 2 期。

⑥ 钟涨宝、韦宏耀、尤鑫：《新型城镇化背景下的中国农村发展——“2013 年农村社会学论坛”综述》，《华中农业大学学报》（社会科学版）2014 年第 2 期。

是中国农业的出路”进行了探究。他们认为，当下对于“三农”问题的研究由于缺乏综合性视角而呈现出单一化和片面化的缺陷，存在大量如“城市化是否必然导致农村和农业的衰落”“土地规模经营效率较低”“农民愿不愿意市民化”等这样的伪命题提出“三农”问题的根本出路还是在于以推动市民化为核心的新型城市化建设和以推动土地规模经营为核心的新型农业化或农民的专业化。①

王传荣在对山东农村经济文化变迁进行分析的基础上，提出经济文化变迁通过加快技术进步步伐、推动制度创新、劳动力投入增加等促进山东农村经济的发展。进而总结山东经济文化变迁的制约因素，并相应提出了通过制度创新、加大农村开放度、培育具有企业家精神的新型农民、鼓励农民工返乡创业等加强农村经济文化转型、促进农村未来发展的对策建议。②

（三）农业现代化与新型城镇化管理

新型城镇化是当前和今后一个时期拉动中国经济发展的内生动力，农业现代化是农业发展的战略目标，实现新型城镇化与农业现代化同步发展是党的十八大提出的“四化同步”重大战略。

赵弘认为，“四化”相互交织，相互作用，又与中国现阶段几大战略紧密相连，信息化和工业化深度融合是中国特色新型工业化道路的核心内容，工业化和城镇化良性互动是城市可持续发展的重要途径，城镇化和农业现代化相互协调是实现城乡一体化的关键所在。以农民工市民化为核心的城镇化，以农村土地规模化流转为前提的农业现代化，将推动中国城市发展和几千年来的农业生产发生翻天覆地的变革。③

江华安在分析海南新型城镇化与农业现代化的独特性基础上，提出把热带特色农业打造成优势产业和海南经济的王牌，促进国际旅游岛建设和新型城镇化建设背景下的海南农业转型升级。④

陈江龙、高金龙、卫云龙在系统阐述工业化、城镇化、农业现代化“三化融合”的概念内涵及内在机制的基础上，对江苏省“三化融合”现状进行实证检验。作者进一步提出江苏省“三化融合”过程中表现出的最主要问题是城镇化与农业现代化发展的脱节，以及工业化对城镇化发展的带动作用不明显。基于此，作者提出江苏省要实现“三化融合”，必须加快体制机制改革，坚持“三化”同步发展，走新型工业化、城镇化、农业现代化的发展道路。⑤

（四）旅游业引导的新型城镇化建设

国务院提出把旅游业培育成国民经济的战略性支柱产业和人民群众更加满意的现代服务业的战略目标，旅游业的发展和新型城镇化建设已经成为旅游城市或地区的经济发展最

---

①　奂平清、夏志新、陆学艺：《“三农”问题研究的社会学理论自觉及其意义》，《社会学评论》2013 年第 6 期。

②　钟涨宝、韦宏耀、尤鑫：《新型城镇化背景下的中国农村发展——“2013 年农村社会学论坛”综述》，《华中农业大学学报》（社会科学版）2014 年第 2 期。

③　赵弘：《推进城镇化和农业现代化同步协调发展》，《中国合作经济》2013 年第 12 期。

④　江华安：《推进新型城镇化进程助力海岛农业转型升级》，《农村工作通讯》2013 年第 18 期。

⑤　陈江龙、高金龙、卫云龙：《工业化，城镇化和农业现代化“三化融合”的内涵与机制——以江苏省为例》，《农业现代化研究》2013 年第 3 期。

重要的两个方面。

张扬通过分析国际旅游岛建设背景下海南新型城镇化的发展，探索城市在旅游城镇化过程中更为行之有效的政策措施：在新型城镇化规划体系中纳入旅游元素；在全岛范围内有序推进新型城镇化；按景区标准建设新型农村社区，打造独具特色的海南风情小镇；加大旅游公共服务投入，建立覆盖海南的旅游公共服务体系；努力提高城镇管理水平，坚持依法管理和人性化管理。①

季如漪、曾新春通过湖北省汉川市汈东片区城乡规划的具体实践，在多方面做出了有益的探索，以顺应旅游业发展的客观规律，为旅游业转型发展引导新型城镇化的模式研究提供了有益的借鉴和参考。②

三　新型城镇化背景下的城镇文化发展

随着城镇化进程的演进，城市的文化在潜移默化中改变，新的文化又推动新的城镇化的产生。因此，不同阶段的城镇化在不同的文化背景下产生，具有各自的文化特征。《国家新型城镇化规划（2014—2020年）》共出现“文化”一词45次，并在基本原则中明确提出——文化传承、彰显特色。新型城镇化以科学发展观为指导，坚持以人为本，强调社会全面、协调、可持续的发展，力图实现城乡互促共进。新型城镇化产生于新的文化背景，在基本内容、目标等方面都有别于传统的城镇化，拥有其显著的特点。

（一）新型城镇化背景下的文化特征

王杉剖析了新型城镇化阶段表现在文化层面的特征：新型城镇化具有新的社会文化，即坚持以人为本和社会和谐发展；新型城镇化具有新的环境文化，即走绿色、低碳、集约的发展之路，维持生态平衡，传承传统历史文化；新型城镇化具有新的经济文化，即实现以城市作为依托和载体，以产业作为支撑的，集约高效、可持续的，经济、生态、社会全面协调的发展，并且实现工业化、城镇化、信息化以及农业现代化的同步发展，即“四化同步”的基本要求。③

据中国艺术科技研究所2013年完成的《中国居民文化消费与需求调查报告》显示，居民认为“阻碍文化产品消费因素”中，“周边缺乏合适的文化设施或场所”这一因素占到48.94%，文化产品供给不足，特别是公共文化产品稀缺，公共文化消费设施欠缺，特别是人均基础设施拥有量太少成为两大突出制约瓶颈。

（二）新型城镇化背景下的文化发展路径

新型城镇化的文化建设必须切实坚守“关注城市遗产”“关照城市美学”“关怀城市公民”的城市文化使命，要关注文化民生，重视公共文化服务的均等化、普适化、大众化，从而以文化关怀驱动城镇化，实现生产方式、生活方式、思维方式的现代化。④

“文态”是一个复合型的内涵与目标系统，是城乡地域中文化传承、文化认知、文化符号、文化遗产、文化产品、文化设施、文化环境等组成的文化综合体与生命体，在新型

① 张扬：《国际旅游岛背景下的海南新型城镇化发展研究》，《人力资源管理》2013年第11期。

② 季如漪、曾新春：《旅游业转型发展引导新型城镇化——以湖北汉川市汈东片区为例》，《城市建设理论研究》（电子版）2013年第34期。

③ 王杉：《新型城镇化文化的特征及作用》，《决策与信息》2013年第10期。

④ 卜希庭、齐骥：《新型城镇化的文化路径》，《现代传播》2013年第7期。

城镇化进程中，体现着城市的个性与软实力。王伟和许立勇从“文态”的内涵出发，提出了包括文化理念、文化形象、文化精神、文化服务和文化活力等在内的六个城镇文化发展的目标。[①]

（三）新型城镇化背景下的文化规划

西方城市发展策略经历了从追求经济发展转变为运用文化规划来促进城市整体发展，致力于社会目标、经济目标和美学目标的并重，兼顾文化资源和文化活动的合理空间布局的转变，对中国城镇的规划建设具有一定的参考价值。[②]

屠启宇、林兰提出文化规划是城镇规划的重要组成部分，应贯穿于公共规划与政策的制定，并在分析中国城镇文化规划问题的基础上，提出了文化规划的三大指导原则。[③]

李伟伟与杨永春在研究中指出，将文化规划根据不同的标准可划分为不同类型，常见分类包括：第一，依据规划属性差异，划分为文化发展战略规划、文化发展总体规划、文化发展详细规划与设计；第二，依据规划内容侧重点和编制深度差异，划分为政策过程型文化规划、工程设计型文化规划、专项性文化规划、综合性文化规划和策略性文化规划；第三，按照规划地域空间层次差异，划分为社区（微观）文化规划、城市（中观）文化规划、区域（宏观）文化规划（见表8—1）。[④]

表8—1　　常见文化规划类型比较一览

划分标准	规划类型	规划内容与特点	规划实例
规划属性	文化发展战略规划	重视文化发展环境和基本条件的分析论证以及未来发展机遇与挑战的判断，注重文化发展方向、战略目标、战略措施等研究，是决定全局的重大谋划	宜兴市文化发展战略规划、广州文化发展战略纲要
	文化发展总体规划	侧重于文化发展总体空间结构和文化空间的布局设计，突出文化项目和文化设施的布局结构等	贵州省生态文化旅游发展总体规划
	文化发展详细规划与设计	直接指导各项文化项目和文化工程建设，侧重于文化设施和场所的场地规划与设计等	广州沙面历史文化保护区详细规划

① 王伟、许立勇：《新型城镇化视角下中国“文化—空间”规划管理系统构建探讨》，《中国区域经济》2014年第7期。

② 黄鹤：《文化规划——基于文化资源的城市整体发展战略》，中国建筑工业出版社2010年版。

③ 屠启宇、林兰：《文化规划：城市规划思维的新辨识》，《社会科学》2012年第11期。

④ 李伟伟、杨永春：《文化规划引入我国城市规划的机制及其层系构建》，《规划师》2013年第2期。

续表

划分标准	规划类型	规划内容与特点	规划实例
规划内容侧重点与编制深度	政策过程型文化规划	以政策导则为成果，以文化发展政策的设计和实施对地方文化发展进行引导或控制，多为宏观规划	重庆市城乡规划历史文化特色保护规划导则
	工程设计型文化规划	以具体文化工程或项目的方案设计为主，包括文化场所、设施、产业集聚园等小规模文化空间设计	鄂尔多斯博物馆展陈工程设计规划
	专项性文化规划	以特定文化领域为对象编制的文化规划，包括文化产业规划、文化设施规划和教育培训规划等	文化产业振兴规划、全国地市级公共文化设施建设规划
	综合性文化规划	有机整合和规范化专项性文化规划的多数内容，并形成系统完整的地方文化规划	国家或地方“十二五”文化发展规划
	策略性文化规划	与文化发展战略规划相当，侧重于文化发展的战略目标、策略抓手和保障措施等	中新生态城文化发展策略规划
规划地域空间范围	社区（微观）文化规划	侧重于文化场所和文化活动安排，鼓励公众参与等，目的在于提高“社区共同体”文化意识与文化自主性，激发社区活力和塑造社区文化特色，培育社区文化自主发展能力，提升社区整体生活品质等	桃源居社区文化发展规划纲要、重庆市万州区乌龙池社区文化规划
	城市（中观）文化规划	通过城市发展过程中对文化资源整体性及策略性的运用，提升城市的整体竞争力、适宜性、地方文化影响力、居民文化福利及其生活质量和凝聚力等	深圳市实施文化立市战略规划纲要、珠海市建设文化盛市规划纲要
	区域（宏观）文化规划	通过区域文化资源的整合与有效布局，推动区域文化发展合理分工与协作，促进区域文化整体联动与共赢发展，增强区域综合竞争力和文化影响力	广东省和河北省建设文化大省规划纲要、山西省建设文化强省发展规划纲要

当前中国文化规划发展仍处于初级阶段，从编制到实施都缺乏成熟条件，如迄今为止中国文化规划成熟的指导理论方法和成功的项目实践仍很匮乏，文化规划尚未形成完善的体系和相对统一的标准。文化规划未能受到法律的有效保障，非法定规划的地位致使实际效果难以确定，这些都严重制约着文化规划的现实效力。

（四）城镇文化发展对新型城镇化的促进作用

林拓、张修桂提出，城市文化发展能刺激文化与产业的融合，推进文化创意产业发展为一种新兴城市产业形态，整合和运作城市文化创意资源，填补城市工业外迁后遗留的城市“产业空洞”，这样不仅能促进产业结构调整和区域经济发展，还能提高城市的文化品位和创新能力并增加就业机会，最终推进新型城镇化进程。①

许光中提出，城市文化发展可以强化生态文明理念，协助树立科学发展的城市生态观，通过土地集约统筹利用来引导企业更加友好地对待生态环境，通过完善各类生态法规并深化环评制度改革来引导政府更加友好地对待生态环境，通过开展对城市居民的生态教育来引导居民更加友好地对待生态环境，进而改善人居生态环境并最终推进新型城镇化进程。②

四　新型城镇化制度改革与创新研究

通过全面深化改革，进行体制机制创新，破除导致城乡分割和区域分割的体制因素，营造公平统一的体制环境，建立市场经济体制下的新型城乡关系是消除城镇化发展障碍，走新型城镇化道路的根本途径。

（一）土地制度创新研究

通过土地制度改革与创新，完善土地价格形成的市场机制，使土地价格真正反映土地资源的稀缺性，促进土地资源的集约利用，有助于协调土地城镇化与人口城镇化的进度。王素斋提出，土地制度创新主要包括三个方面：一是健全农村土地承包经营权流转市场，在稳定和完善土地承包关系的基础上，按照依法自愿有偿原则，农民采取转包、租赁、土地使用权入股、抵押等方式实行承包土地使用权的流转，为迁入城镇的农户进行土地承包经营权有偿转让提供制度保障，同时也可以促进农村剩余劳动力的转移与耕地的适度集中和规模化经营结合，为推进农业现代化奠定基础；二是探索农村建设用地使用权流转模式，完善土地征用补偿机制，严格管理土地收益，维护失地农民的合法权益，为农民工进城定居创造条件；三是控制建设用地供给量，对于城镇国有土地的规划、使用、批租必须公开、透明，按照规范化、法治化、市场化、集约化、科学化的原则进行招投标和开发建设，加大城镇内部闲置、废弃土地的再开发利用，以高密度、集约化的用地模式，提高土地承载力，建设集约型城镇。③

陈昊、夏方舟、严金明梳理了现有农村土地制度创新文献成果，提出土地产权、承包经营权流转、农村建设用地流转、征地制度改革、城乡统筹试点地区土地制度创新经验等

---

① 林拓、张修桂：《文化产业与城市竞争力的双向推动及其战略选择》，《上海行政学院学报》2003 年第 4 期。

② 许光中：《城市文化生态与现代城市文化建设》，《青海师范大学学报》（哲学社会科学版）2010 年第 1 期。

③ 王素斋：《新型城镇化科学发展的内涵》，《目标与路径》2013 年第 30 期。

方面研究可为合适的制度优化路径选择奠定基础，得出今后须注重基本国情与环境约束，以资源配置效率与权益保护作为评判制度适宜性的标准，加强对制度变迁动态性与路径的研究的结论，为协调城镇化与农村土地制度创新提供借鉴。①

农村集体土地管理制度创新特别是农村集体建设用地管理制度的创新对于新型城镇化的发展，搞活农村经济，构建和谐社会以及体现农村土地的资产属性都具有重要的理论和现实意义。郝玉林通过分析山东省集体建设用地存在的主要问题，提出新型城镇化建设中农村集体建设用地管理制度创新改革的五个方面：进行农村集体建设用地使用权确权，明确土地的权利归属；健全相关法律制度，规范集体建设用地流转；建立城乡统一土地市场，实现同地同权同价；盘活存量农村集体建设用地，提高土地利用效率；建立宅基地退出机制，降低宅基地空置率，减少空心村问题，为新型城镇化发展提供土地资源。②

（二）户籍制度

新型城镇化的核心是“人”的城镇化，而要解决好“人”的城镇化问题，推进土地制度改革的同时，要深化户籍制度改革。③ 2012 年，中国人均 GDP 已经超过 6000 美元，城镇化率为 52.57%，如果按户籍人口来算，2012 年中国城镇化水平只有 35.29%，远低于世界 52% 的平均水平。中国城镇化水平滞后的原因在很大程度上与户籍制度有关。当前，中国传统的户籍制度改革虽有所进展，但仍然是广大外来人口进入城市的一大障碍，即便是已被城镇纳入城镇常住人口统计、早已不再从事农业生产的农民工，也难以在城镇落户。这就使得他们在身份、社会地位和福利待遇上与城市居民存在着巨大的差异。

户籍制度改革对于当前中国加快城镇化进程、破解城乡二元结构意义重大，是中国迫切需要推进的一项重大任务。能否成功深化户籍制度改革，不仅直接影响到中国新型城镇化推进、公民平等社会福利权实现，还影响到经济持续健康较快发展、社会秩序和谐稳定、经济社会结构转型顺利完成。

张占斌提出，中国新型城镇化建设要统筹推进户籍制度改革。深化户籍制度改革，必须以城乡一体化、迁徙自由化为目标和方向，在中央的统一规划下，加快剥离户口所附着的福利功能，恢复户籍制度的本真功能，同时改革嵌入户籍制度之中的其他二元制度，分类整体推进。首先要剥离户籍制度的福利分配功能，恢复其本身的管理功能。要打破城乡分割的农业、非农业二元户口管理结构，建立城乡统一的户口制度。特大城市和大城市要合理控制人口无体量。其次要建立健全深化户籍制度改革的配套制度。这也是户籍制度改革的难点所在。要继续弱化直至最后消解城市户口的附加利益，必须同时解决土地制度、劳动就业制度、社会保障制度等的配套改革问题。最后要改革公共财政体制，为户籍制度改革提供必要的财政基础。要进一步完善分税制财政体制改革，确保地方财政有稳定可靠的税源，推动市民化的财力支持，调整城镇财政支出结构，户口登记与财政待遇相结合，以财政管理促进户口管理。④

---

① 陈昊、夏方舟、严金明：《新型城镇化背景下农村土地制度创新研究评述》，《中国土地科学》2013 年第 11 期。

② 郝玉林：《新型城镇化背景下农村集体建设用地管理制度创新研究》，硕士学位论文，山东师范大学，2013 年。

③ 许经勇：《新型城镇化有赖于户籍　土地制度改革同步推进》，《学习论坛》2013 年第 7 期。

④ 张占斌：《新型城镇化的战略意义和改革难题》，《国家行政学院学报》2013 年第 1 期。

（三）社会保障制度

美国城镇化前期没有建立完善的社会保障制度，造成贫富差距悬殊，是导致20世纪30年代大萧条时期美国国内经济危机的重要原因之一。创新社会保障制度，为城镇居民和外来农民提供医疗保险、养老保险、失业保险等各种最低生活保障，以及为其子女提供良好的医疗、卫生条件和公平的教育机会，成为中国新型城镇化建设的有力保障。

倪鹏飞提出，中国新型城镇化建设要形成完善社会保障制度。第一，积极推进社会保障制度改革，突破城市社会保障不管进城农民的误区，建立覆盖城市所有居民的统一的社会保障体系，改变社会保障城乡分割的二元格局。第二，进一步扩大社会保障的宽度和广度，建立全国统筹的养老保险、失业保险、医疗保险、工伤保险和生育保险等社会保险制度。第三，建立以最低生活保障为基础、专项救助为支撑、慈善帮扶为补充的新型社会救助体系。第四，建立具有地方特色的统筹就业、养老、医疗等方面的大社保制度框架和政策体系。[①]

梅红霞以山东省淄博市为例，探讨在新型城镇化背景下加快完善覆盖城乡的社会救助制度。主要包括：进一步健全医疗救助制度，淄博市调整职工大额医疗的救助基金最高支付限额由25万元提高至30万元；扩大社会救助的覆盖面，淄博市研究制定了《淄博市人民政府关于建立被征地农民基本生活保障制度的意见》，优先吸纳被征地农民参加新农保、新农合，并将老弱病残的失地农民纳入社会救助范围；逐步提高社会救助标准，提高城乡居民低保标准和农村五保供养标准。[②]

（四）财税金融制度

马海涛、肖鹏集中剖析了现行财政制度设计在实现新型城镇化进程中的不足与缺陷，提出了推进中国新型城镇化进程中创新中国财政制度变革的顶层设计思路：明晰各级政府的财政责任，建立财权与事权动态匹配的机制；创新新型城镇化融资机制设计，防控地方政府债务融资风险；财政改革要与区域发展战略、土地制度、不动产制度改革等协调配合等。[③]

燕芬、陆俊、杨宜勇在分析中国新型城镇化现状及存在问题的基础上，提出新型城镇化的财税制度取向：彻底打破“土地财政”的利益格局，扩大房产税试点，渐进从“土地财政”转型为“房产财政”；调整财政支出结构，推进建立包括农民工在内的基本公共服务体系，实现基本公共服务均等化；尽快明确城镇化进程中各级政府支出责任和财力保障；修改《预算法》，规范地方政府的债务管理；加强“顶层设计”，实现户籍—土地—财政税收制度的良性联动机制。同时提出了五项配套改革：深化巩固市场机制的基础性作用，将“政府主导”转化为“政府引导”；深化城镇建设投融资体制改革；改革城市等级制度；大力发展中小城镇，注重大中小城镇协调发展；新型城镇化应关注城乡一体化，兼顾农业现代化和新型农村社区建设。[④]

---

① 倪鹏飞：《新型城镇化的基本模式，具体路径与推进对策》，《理论参考》2013年第50期。

② 梅红霞《社会保障：新型城镇化背景下的路径选择》，《中共中央党校学报》2011年第75期。

③ 马海涛、肖鹏：《新型城镇化进程中的财政制度变革顶层设计研究》，《湖南财政经济学院学报》2013年第5期。

④ 燕芬、陆俊、杨宜勇：《中国新型城镇化过程中的财税制度取向与配套改革》，《经济研究参考》2013年第67期。

五 新型城镇化背景下的城乡统筹发展

从改革开放至2013年，中国城镇化主要解决了三个问题：一是基本解决了城镇化落后于工业化的问题；二是为非农产业发展提供了空间；三是提高了人民生活水平和生活质量。然而，中国城镇化进程中仍然存在着城乡二元结构日趋强化、城乡居民收入差距逐年拉大、土地的城镇化快于人口的城镇化等诸多问题，它们正在成为城镇化加速发展的障碍。中国特色的新型城镇化内涵之一就是城乡统筹、互动融合发展，走城乡融合型城镇化之路。

杨素梅认为，在新型城镇化背景下城乡统筹发展是消除中国城乡差别的二元经济结构、从根本上解决三农问题的重要战略。通过社会管理制度的改革和完善促进农民工的市民化，改变资源过分向城市集中的投资倾向，加快农村土地的集约利用与流转和加强农村地区的教育投入这几项具体举措，让城乡能够协调均衡发展，最终消除城乡差别的二元经济结构。①

吴理财、杨桓以一直走在改革开放前沿的浙江省温州市为例，总结其新型城镇化时期的城乡协调发展策略。在城乡统筹综合改革中根据城镇化发展要求，以镇街为基础加强国家政权建设，以社区为单元创新社会治理，以合作社为单位配置集体产权，努力破除城乡二元结构，促进城乡社会经济一体化发展，探索了一套全新的城乡一体的基层治理体系，使之与城乡社会经济统筹发展相适应，取得了显著成效。这一“温州模式”对于促进步入新型城镇化时代的中国城乡基层社会融合、统筹发展和治理转型具有十分重要的实践价值和时代意义。②

向建、吴江总结了城乡统筹视阈下重庆市的新型城镇化发展路径。重庆结合区域实际，坚持“一个统领，五个重点”的原则，运用协调路径、高效路径、多样路径三条路径相结合推进新型城镇化建设，最终实现重庆城乡统筹一体化发展。③

六 新型城镇化背景下的城市空间增长

新型城镇化战略推进区域协调发展的战略导向，将是中国大城市、中小城市告别自我膨胀的“恐龙型”增长方式，加快向带动区域联动发展，形成科学、协调的空间扩张方式。

诺瑟姆曲线表明，④ 当城市化率触及50%的时候，将会普遍出现“城市圈化”的特征。中国新型城镇化战略的推进，必须顺应这个大趋势，在城市群和都市圈的趋势中来构建“科学合理的城市化格局”，使特大城市、大城市、中小城市与小城镇形成一个有机的网络体系，即按照“统筹规划、合理布局、完善功能、以大带小”的原则，遵循城市发

---

① 杨素梅：《新型城镇化背景下的城乡均衡发展》，《广东社会科学》2013年第4期。

② 吴理财、杨桓：《城镇化时代城乡基层治理体系重建——温州模式及其意义》，《华中师范大学学报》（人文社会科学版）2013年第6期。

③ 向建、吴江：《城乡统筹视域下重庆新型城镇化的路径选择》，《现代城市研究》2013年第7期。

④ 美国城市地理学家诺瑟姆（Ray. M. Northam）在1979年发现并提出了“诺瑟姆曲线”：城市化进程分为三个阶段：起步阶段、加速阶段和成熟阶段。加速阶段会出现郊区城市化现象，成熟阶段则会出现逆城市化现象.

展客观规律，以特大城市、大城市为依托，以中小城市为重点，逐步形成辐射作用大的城市群，促进大中小城市和小城镇协调发展。①

孔令刚、蒋晓岚分析了在中国新型城镇化背景下，城市空间结构演化过程既遵循西方国家城市化过程中表现出的一般规律，更因为中国国情的特殊性而具有自己的特色。在推动新型城镇化的背景下，基于“精明增长”和紧凑型城市发展理念，探索有效的空间重构和整合策略与机制，对于引导城市空间扩展由建成区的外延式水平空间扩展转变为内涵式城市空间“精明增长”模式，引导城市空间发展的良性重构与发展转型，具有重要意义。②

张润朋从珠三角城市空间组织出发，提出了在新型城镇化背景下，构建珠三角城市空间最优组织模式：识别具有战略价值的区域绿地，构建区域生态结构；构建城际轨道等快捷交通网络，提高一体化水平；构建以“组团式城市”为主导的城镇群网络体系；以“三旧”改造促进尘世更新发展，优化城镇内部空间组织；营建绿色社区，完善社区公共服务，促进城市提质。③

第二节　实践创新

一　河南省以新型城镇化为引领的“三化”协调发展实践

作为一个拥有1亿人口的欠发达地区的大省，河南省近几年推进新型城镇化过程中，乘中原经济区上升为国家战略的机遇，大胆探索，勇于创新。

（一）河南省新型城镇化实践

2010年7月，河南省委正式确定力争推动中原经济区建设上升为国家战略，并把“三化”协调发展即推动工业化、城镇化与农业现代化协调发展作为最大特色。2011年9月，中共中央下发的《国务院关于支持河南省加快建设中原经济区的指导意见》提出，中原经济区建设的核心任务，是积极探索不以牺牲农业和粮食、生态和环境为代价的“三化”协调发展的路子。2011年10月，河南省委第九次党代会正式把新型城镇化引领“三化”协调科学发展纳入工作报告，并且把新型农村社区建设纳入城镇体系管理，进一步创新了新型城镇化理念。2012年6月，国家发改委等10部委组成的调研组，来河南省就城镇化工作进行专题调研。2013年12月，中国共产党河南省第九届委员会第六次全体（扩大）会议在郑州举行，会议审议通过了《中共河南省委关于科学推进新型城镇化的指导意见》，强调深入贯彻落实中央城镇化工作会议精神，统一思想，凝聚共识，遵循规律，因势利导，推动新型城镇化积极稳妥发展。

河南特色、科学发展的新型城镇化道路是旨在提高城镇化质量、以“三化”协调为引领的新型城镇化：加快转变城镇化发展方式，深入推进三大体系、五大基础建设；坚持以人的城镇化为核心，强化“一基本、两牵动”，推进农业转移人口进得来、落得住、转

---

① 李程骅：《新型城镇化战略下的城市转型路径探讨》，《南京社会科学》2013年第2期。

② 孔令刚、蒋晓岚：《基于新型城镇化视角的城市空间“精明增长”》，《中州学刊》2013年第7期。

③ 张润朋：《新型城镇化下的珠江三角洲城市空间组织研究》，《规划师》2013年第4期。

得出；坚持因地制宜，合理布局，以中原城市群为主体形态，促进大中小城市和小城镇协调发展，提高城市综合承载能力，提升可持续发展水平；创新体制机制，调动农民积极性，消除城镇化的政策障碍，加快城镇化进程，促进富强河南、文明河南、平安河南、美丽河南建设，为全面建成小康社会，实现中原崛起、河南振兴、富民强省奠定坚实基础。[①]

二 广东省新型城镇化背景下城镇群建设的实践创新

作为改革开放的前沿，广东省在城市化进程中先行先试、积极探路，走出一条具有广东特色的新型城镇化之路。作为目前城镇化率最高的省份之一，改革开放30年来广东省的城镇化成就令人瞩目。这里不仅有广州、深圳这样的一线中心城市，有遍布珠三角乃至全省的专业镇，更形成了规模宏大的巨型城镇群。

（一）广州特色的新型城镇化之路

2013年广东省人民政府办公厅印发《广东省城镇化发展“十二五”规划》，提出以邓小平理论、“三个代表”重要思想、科学发展观为指导，紧紧围绕“加快转型升级、建设幸福广东”的核心任务，按照“绿色、智慧、包容、人本、特色”的理念，加强生态文明建设，推进城镇化绿色发展、循环发展、低碳发展；突出加强城镇群建设，优化城镇体系结构，推进城乡发展一体化进程，构建科学合理的城镇化格局；增强城镇文化特色，提升城镇综合实力和宜居水平，建设文明、宜居、承载力和可持续发展能力强的理想城镇，全面提高广东省城镇化发展的质量和水平。

（二）珠三角新型城镇化下城市空间的最优组织模式

珠江三角洲地区是中国城镇化水平最高的地区之一，在经历了快速工业化和城镇化的发展后，地区内的城市发展出现了一系列空间发展的问题，包括自然生态空间遭侵蚀、建筑密度过高、绿化率低、空间形态松散、公共设施缺失、公共服务非均等化、城市边界模糊和城乡关系冲突发展等。

新型城镇化是集城乡统筹、协调发展、以人为本和可持续发展等理念于一体的城镇化模式。从城市空间组织出发，构建新型城镇化珠江三角洲的城市空间最优组织模式：识别具有战略价值的区域绿地，构建区域生态结构；构建城际轨道等快捷交通网络，提高一体化水平；构建以“组团式城市”为主导的城镇群网络体系；以“三旧”改造促城市更新与再发展，优化城镇内部空间组织；营建绿色社区，完善社区公共服务，促进城市提质。[②]

三 山东省新型城镇化实践

改革开放以来，山东省城镇化发展逐步走上健康发展的轨道。全省城镇体系不断完善，承载能力不断增强，人居环境不断优化，城镇化质量和水平不断提高。

（一）山东省新型城镇化实践

2000年，山东省将城镇化战略列为全省经济社会发展的四大战略之一；2008年，山

① 参见《河南省新型城镇化规划（2014—2020年）》，2014年7月31日，河南省人民政府网站（www. henan. gov. cn）。

② 张润朋：《新型城镇化下的珠江三角洲城市空间组织研究》，《规划师》2013年第4期。

东省城镇化率达到47.6%，城镇化进入快速发展阶段，城镇体系初步形成；2009年，山东省委、省政府印发《关于大力推进新型城镇化的意见》，提出走以城市群为主体，大中小城市和小城镇科学布局，城乡互促共进，区域协调发展的新型城镇化道路；2013年，山东省政府印发《山东省城镇化发展纲要（2012—2020年）》，提出以“提质加速、城乡一体”为目标，以“人的城镇化”为核心，以提升产业支撑力和城镇承载力为重点，同步推进新型工业化、信息化、城镇化和农业现代化，加快培育山东半岛城市群和济南省会城市群经济圈，积极构筑“一群一圈一区一带”的城镇空间格局，走大中小城市和小城镇、城市群协调发展的山东特色城镇化道路。①

（二）城镇空间格局

围绕打造山东半岛蓝色经济区，积极构筑“一群一圈一区一带”的城镇空间格局。“一群”是以青岛为龙头、青岛和济南为中心的山东半岛城市群，是蓝色经济区建设的重要载体、全省经济社会和城镇化发展的核心区。“一圈”是以济南为中心的济南都市圈，是带动中西部发展、加快城镇化进程的经济增长极。“一区”是以东营为中心，依托黄河三角洲高效生态经济区的开发建设，培植环渤海经济圈新的经济增长极和城镇发展区。“一带”是以日照为对外开放平台，以临沂、济宁为中心，依托鲁南经济带尤其是鲁南临港产业带的开发建设，构筑亚欧大陆桥东部新的经济增长极和城镇带。②

四　江苏省新型城镇化实践

改革开放以来，江苏的城镇化先后经历了以苏南乡镇工业驱动的小城镇快速发展阶段，以开发区建设和外向型经济驱动的大中城市加快发展阶段，以及以城乡发展一体化为引领、全面提升城乡建设水平的发展阶段。截至2013年年底，江苏城镇化率已经达到64.1%。

从20世纪80年代开始，伴随着江苏乡镇企业异军突起，大量农民实现非农化就地转移，促进了苏南小城镇的繁荣发展，可以视作江苏城镇化的启动期；进入20世纪90年代以后，开放型经济发展，各地开发园区建设蓬勃兴起，不仅成为经济发展的新增长点，也成为城市拓展的新空间，中心城市集聚发展水平显著提高，城镇化进入了快速发展期；进入21世纪，江苏省在全国率先提出实施城市化战略，制订“十二五”规划时进一步深化拓展为城乡发展一体化战略，现已进入城乡融合发展的新阶段。

江苏省政府2013年一号文件下发《关于扎实推进城镇化促进城乡发展一体化的意见》，一条“以人为本、因地制宜、城乡共赢”的新型城镇化道路正在江苏全面铺开。③

五　其他地区新型城镇化实践

四川省转变城镇化发展思路，2013年以来，四川省人民政府发布《2013年四川省加

---

① 参见《中共山东省委山东省人民政府召开关于大力推进新型城镇化的通知》，《山东政报》2009年第22期。

② 参见《山东省关于印发山东省城镇化发展纲要（2012—2020年）的通知（全文）》，2013年1月29日，山东省人民政府网站（www.shangdong.gov.cn）。

③ 参见《江苏省关于扎实推进城镇化促进城乡发展一体化的意见》，2013年10月15日，江苏省人民政府网站（http://district.ce.cn/zt/zlk/wj/201310/15/t20131015_1623135.shtml）。

快推进新型城镇化重点工作实施方案》，提出六大重点工作和五大改革措施。至此，四川省新型城镇化工作思路已经从原来的以城镇化支撑工业化发展转变为以人为核心的城镇化发展。在城镇体系构建上，四川省的新型城镇化发展按照率先发展成都平原城市群、加快发展川南和攀西城市群、积极培育川东北城市群的步骤，突出重点，分步推进。四川省重点加快成都平原城市群、“成德绵”城市带以及川南和攀枝花的城镇化建设力度。重点部署成都平原都市圈和江油至峨眉山一条线经济建设规划，加快其城市群建设。同时努力构建合理的城镇体系，发挥中心城市带动作用，集中力量优先发展大城市，努力促进中等城市尽快跨入大城市行列。逐步形成了以成都为核心，区域性大城市为骨干，其他中小城市和小城镇为基础的现代城镇体系。在城乡一体化统筹发展方面，四川省成都市打造 8 个乡镇作为新型城镇化综合示范项目，同时选择了 6 个改革创新项目作为“统筹城乡专项改革试点项目”，为推进新型城镇化与新农村建设同步发展、完善城乡经济社会一体化发展的体制机制总结探索更多实践经验。

近年来，山西省委、省政府按照“一核一圈三群”的战略布局全面推进新型城镇化建设，加快建设小城镇，积极推进农业转移人口市民化、公共服务均等化、基础设施标准化、产业发展集群化、资源环境集约化，大力推动全省新型城镇化沿着正确方向发展，走出一条具有资源型地区特色的新型城镇化道路。

改革开放以来，湖南省城镇化率不断提升，至 2012 年年底，城镇化水平达到 46.65%，进入推进新型城镇化的关键时期。2012 年，湖南省委、省政府出台了《关于加快新型城镇化　推进城乡一体化的意见》，提出以科学发展观为统领，以人口城镇化为核心，以宜居宜业为目的，以城乡一体化为方向，大力提升城镇化水平和发展质量。2014 年 7 月，湖南省推进新型城镇化工作会议召开，会议要求全省各地要深入贯彻落实中央城镇化工作会议精神，把握全省城镇化现状，切实走出一条具有湖南特色的新型城镇化路子。湖南省通过以都市群带动全省经济发展的城镇化进程，以工业化与城镇化形成良性互动推进城镇化进程，通过提升城市建设质量实现深度城镇化。同时重点加速形成了以长、株、潭城市群为主体形态，以特大城市为依托、大中小城市和小城镇协调发展的新型城镇体系，走以长、株、潭中心城市带动的、具有湖南特色的新型城镇化建设之路。

六　实践创新总结

随着 2013 年年底中共中央政治局会议和中央城镇化工作会议的先后召开，提出要制订实施好国家新型城镇化规划，到《国家新型城镇化规划（2014—2020 年）》的制订实施，2014 年成为中国推进新型城镇化的破题之年。各级党委和政府全面推进新型城镇化工作，已相继取得初步成果，同时，学术界对新型城镇化理论、实践和管理都展开了广泛和深入的研究。

在地方实践方面，河南省在国务院出台的《国务院关于支持河南省加快建设中原经济区的指导意见》的政策优势下，以中原经济区为空间载体支撑，提出走以新型城镇化为引领的“三化”协调发展战略，为中国中西部城市和地区提供经验借鉴。同时，广东、山东、江苏等沿海发达省份分别在加快转型升级、打造优越的城镇空间格局和城乡一体的新型工农城乡关系等方面做出了积极的探索和创新，取得了良好的社会和经济效果。

在学术研究实践创新方面，国内众多专家学者围绕新型城镇化这一主题，通过系统的研究，已取得显著成就。同时，以发展中国论坛（CDF）、国家行政学院新型城镇化研究中心等为代表的学术机构组织了多次高水平的新型城镇化峰会和论坛，提出了不少创新型学术观点，对今后中国新型城镇化管理创新有很大指导意义。

第三节 代表性成果

【《中国特色新型城镇化发展战略研究（第一卷 中国城镇化道路的回顾与质量评析研究）》】

作 者：周干峙 邹德慈

出版时间：2013 年

出版机构：中国建筑工业出版社

内容摘要：该书包括《中国特色新型城镇化发展战略研究》的课题一和课题二的研究报告。课题一《中国城镇化道路的回顾与质量评析研究》由周干峙院士主编，邹德慈院士和王凯担任副主编。该书梳理了全球城镇化的历程和基本规律，对中国城镇化发展的阶段和主要特点进行了系统的研究，对中国快速城镇化进程中取得的成就和存在的问题进行了客观的评价，对不同发展情景下的中国未来城镇化的速度、三次产业结构的变化和基础设施的投资规模等进行了分析和判断，并提出了中国城镇化未来的战略取向。课题二《城镇化发展空间规划与合理布局研究》由邹德慈院士牵头，中国城市规划设计研究院联合同济大学、城市规划学会、城市科学研究会共同承担，通过人口、产业和交通发展等因素分析，预测了城镇化的空间态势，提出了未来 5—10 年城镇化速度将趋缓的判断。专家们提出了从国家和地方两个层面优化城镇化发展的策略，提出了以县级单元为重点的协调发展思路，提出了分类分区的城镇化发展指引和政策建议。

【《中国特色新型城镇化发展战略研究（第二卷 城镇化进程中的综合交通运输问题研究）》】

作 者：傅志寰 朱高峰

出版时间：2013 年

出版机构：中国建筑工业出版社

内容摘要：该书包括《中国特色新型城镇化发展战略研究》课题三和课题四的研究报告。课题三《城镇化进程中的综合交通运输问题研究》，对中国城市的交通问题进行全面梳理和分析；对国内外成功经验进行总结和归纳；对城市土地利用与交通系统的互动关系、城市群（区域）交通运输系统、综合交通枢纽布局与功能实现等进行了系统研究。提出了发挥交通系统对城市发展的引导作用、调整交通供给策略、实施绿色交通优先、加强交通需求管理、重视交通枢纽的规划建设、实施更加严格的交通环保节能政策等综合交通政策和对策建议。课题四《城镇化与产业发展互动研究》，总结了改革开放以来中国城镇化与产业发展互动特点及存在的问题；提出工业化是城镇化的基本动力，城镇化是工业化的体现形式的互动关系；归纳出城镇化与产业发展互动的五种机制（要素集聚机制、效率互促机制、产城融合机制、体系匹配机制和理念传导机制）；结合中国发展趋势，从九个方面提出进一步促进城镇化与产业发展互动的政策建议。

【《中国特色新型城镇化发展战略研究（第三卷 城镇化进程中生态环境保护与生态文明建设研究）》】

作 者：钱易 吴良镛

出版时间：2013 年

出版机构：中国建筑工业出版社

内容摘要：该书包括《中国特色新型城镇化发展战略研究》的课题五和课题七的研究报告。课题五《城镇化进程中的生态环境保护与生态文明建设研究》，对中国快速城镇化进程中出现的资源短缺、环境污染、生态危机等问题进行全面梳理和分析；提出了以生态文明理念贯穿新型城镇化道路的全过程，构建与国土生态安全相适应的城镇化发展空间，控制建筑总量和营造速度，推进循环、绿色、低碳、生态的产业体系和绿色健康的消费方式，弘扬生态文化，创新政策体系等综合战略建议。课题七《城镇化进程中的城市文化研究》，报告指出文化繁荣关乎社会的各个方面，包括物质文化与非物质文化的保护与发展，传统文化的继承与新文化的融入；文化建设的根本目的在于满足人民的精神需求，其核心价值是中华文化精神之提倡、中华创新智慧之弘扬、中华民族感情之凝聚。

【《中国特色新型城镇化发展战略研究（第四卷　城镇化进程中人口迁移与人的城镇化研究）》】

作　　者： 李强　薛澜

出版时间： 2013 年

出版机构： 中国建筑工业出版社

内容摘要： 该书包括《中国特色新型城镇化发展战略研究》的课题六和课题八的研究报告。课题六《城镇化进程中的人口迁移与人的城镇化研究》提出新型城镇化必须从“物的城镇化”走向“人的城镇化”，而人的城镇化是包括生产方式、生活方式、文明素质和社会权益等全方位进入现代文明体系的过程。该书建议以市县域综合改革引导农民就近城镇化，实现从城乡“单向流动”到“双向流动”，从“被动城镇化”向“主动城镇化”的转变，构建大中小协调发展的城镇化格局。课题八《城镇化进程中的公共治理研究》提出，通过建立以人为本、多主体、包容性的城镇公共治理体系，由政府、经济组织、社会组织等以网络型互动式共同参与，适应市场经济体制下发展动力多元化、社会群体分化、社会信息化与科技迅速发展的形势，谋求城镇全面协调可持续发展，促进城乡一体化，满足人的城镇化、现代化的公平需求，增强城镇公共治理的系统性、协调性，提高城镇治理能力，加快城镇化中的社会主义市场经济、民主政治、先进文化、和谐社会、生态文明的共同发展。

【《新型城镇化——模式分析与实践路径》】

作　　者： 新玉言

出版时间： 2013 年

出版机构： 国家行政学院出版社

内容摘要： 该书在遵循国家发展战略背景下的新型城镇化发展逻辑，回顾和总结了具有中国特色的城镇化发展历程和经验。从国家战略的区域特色城镇化的视角，遴选了京津冀、长江三角洲、珠江三角洲等地区城镇化的策略及模式，重点将所在地区城镇化的主要内容和特色逐一细致地讲解。另外，还列举了云南省实现特色城镇化作为落脚点，统筹格局，揭示出新型城镇化战略中区域协调发展与西部地区城镇化的内在规律，进而从实践维度开辟了多元形式的城镇化路径及发展前景，为中国新型城镇化道路提供创新性实践支撑。

第九章　政府采购管理

姜爱华

第一节　理论进展

政府采购具有节约财政支出、调节宏观经济秩序、打击贪污腐败等犯罪行为的作用，是中国政府财政支出中非常重要的一环。完善的政府采购制度能够加强财政支出管理，有效平衡社会需求和供给，保护和扶持民族产业，支持科技创新，对于社会经济和公益事业都能起到明显的促进作用。

但中国的政府采购制度起步较晚，在理论研究和实践中尚存在一定的不足之处。特别是2001年中国加入世界贸易组织（World Trade Organization，简称WTO）后，经济的对外开放程度逐渐加大，政府采购走向国际化已经成为未来发展的宏观趋势。在这种背景下，我们必须构建一套既与中国社会主义市场经济体制相适应，同时又能与国际惯例接轨的政府采购制度体系，以应对政府采购市场的开放对中国民族产业带来的巨大压力和冲击，更充分的发挥政府采购对中国经济社会发展的推动作用。围绕着这些问题，学者们进行了相关研究。

一　政府采购法律建设研究

（一）关于《政府采购法》自身的问题与缺失

中国政府采购立法起步较晚，加之国内政府采购的环境和法律制度复杂特殊，《政府采购法》从法律制度到具体实施都存在一些缺陷，与有关法律衔接不到位，导致法律责任的难以确定。具体表现在：

1.《政府采购法》中对工程建设招投标规定缺失

《政府采购法》在《招标投标法》之后颁布实施，是关于政府采购活动的一般规范，《招标投标法》是规范工程建设的招投标活动的法律。汤媛认为，这两部法律在适用范围、监管机构、司法适用诸多方面都存在着矛盾，这些矛盾为法律责任的确定和落实埋下了隐患。[①] 如《政府采购法》第十三条规定政府采购法定监管机构是各级人民政府财政部门，而《招标投标法》在第七条中规定国家发展和改革行政部门负责对招标投标活动进行监督。包括监督体制在内的政府采购法治体系的内在矛盾容易导致从司法适用到法律遵守的空白和冲突，在法律责任的确定与承担上留下了隐患。

---

① 汤媛：《试论我国政府采购法律责任的完善》，《法治与社会》2013年第5期。

2.《政府采购法》中有关法律责任的规定缺失

汤媛认为，政府采购法律责任是一种综合性的责任，虽然《政府采购法》对适用民事、行政或刑事责任的情况用法条分别作了规定，但是对这三种责任适用情形的区分过于粗略和笼统，民事、行政、刑事责任的规定与相关法律具体责任制度的衔接脱节，这也导致法律责任难以确定。

（二）《政府采购法实施条例》与《政府采购法》有冲突

2010 年国务院颁布的《中华人民共和国政府采购法实施条例（征求意见稿）》（以下简称《条例》）中的法律问题。靳家佳认为《条例》与《政府采购法》至少存在以下几个方面的冲突：一是中标供应商的“采取分包方式履行合同”缺乏明确的行为规范；二是政府采购方式的划分没有统一明确的标准；三是分散采购业务是否存在化整为零的问题；四是联合体各方的资质要求缺乏统一规范。①

（三）完善政府采购法律制度的政策建议

吕艳滨通过对中央政府采购以及 26 个省、直辖市政府采购信息公开情况的分析，可以观察到当前政府采购的政府信息公开情况不佳，且部分商品的采购成交价格明显高于市场价格，分析原因主要在于当前政府采购监管面临着监管理念认识错位、政府采购透明度不高、监管缺位等问题，为此应当注意加强政府采购法律制度的修改与完善，加强对政府采购的监管。作者提出，主要应从明确政府采购功能定位、落实监管责任、理顺政府采购管理体制、统一办公用品标准、提升政府采购透明度、建立科学的市场价格衡量标准、提升政府采购的信息管理水平等方面入手。②

二 政府购买服务问题研究

政府购买服务诞生于西方福利社会，是一项政府实行社会公共管理的措施，具体是指政府将原来由自己直接为社会发展和人民生活提供服务的事项，通过“购买”服务的方式交给有资质的社会组织（包括从事社会公共服务的非营利部门和社会服务组织等），并根据社会组织提供服务的数量和质量，按照一定的标准进行评估后支付其服务费用的一种公共服务供给机制。

（一）政府购买服务的质量评估问题研究

韦朝烈、尹红晓通过对广州市政府购买服务现状进行调查，认为广州市在政府购买服务方面取得了一定的成效：如购买服务的范围和数量快速增长；购买服务日益规范化——围绕服务使用方（试点街道或单位）对承办机构的评价、承办机构对服务购买方的评价、服务对象的满意程度以及评估专家专业意见等内容对全市 33 个试点项目进行了评估，保证了政府购买服务的质量。但也存在一些问题，诸如：社工短缺，而且流动性强；社会组织成分复杂，有的专业性不足；项目审批手续烦琐，而且税收制度不合理；购买服务的绩效评估体系不完善，要全面获知社会组织所提供的公共服务的效果和问题，需要有一套专业的评估机制，但当前的评估机制还远不够成熟。在评估人员方面，其组成主要以政府人员为主，市人大代表、专家学者、社会公众参与度不够，由此在很大程度上影响评估结果的客观性和公正性。在评估标准上，还没有形成比较系统和详细的评估标准，随意性较

---

① 靳家佳：《论〈政府采购法实施条〉中的法律问题》，《现代商业》2012 年第 5 期。

② 吕艳滨：《论政府采购法律制度的完善》，《中国社会科学院研究生院学报》2013 年第 5 期。

大。在评估方式上，主要以听取汇报和检查为主，不免具有主观性。同时，在政府购买服务的评估方面还存在“外行领导内行”的现象。①

（二）政府购买服务中的公私合作研究

於乾英认为，在政府领域中，政府向社会组织购买服务属于政府放权的直接表现，也是一项重要变革。当然，经过多年的实践，在部分地区，政府购买服务也取得了明显的成效，例如：在上海、深圳等地区的政府购买服务实践当中，也取得了普遍的成功。但是，在社会组织承担购买服务中，中西部地区却存在较大的差异。之所以政府购买服务能够在发达国家与地区快速的发展，一定程度上取决于国家、地方法律制度的建立健全以及稳定的宪政体制和发达的公民社会的支持。在国内，尤其是中西部地区，想要政府购买服务不陷入“乌托邦”式的理想情景，就要对实现政府购买服务所受到的阻碍进行深层次的解析，找出针对性问题。首先，对于社会组织发展态度，政府部门处于摇摆不定的局面，这对社会组织健康、快速的发展产生了阻碍。其次，要打破政府垄断公共服务，就必须做到高透明度、高竞争度，这就需要政府、企业、社区、公民等社会各级参与到公共服务当中去，从而形成公私合作机制，参与到建设公共服务体系和公共产品的提供中去。②

（三）政府购买公共服务中政府责任研究

甘开鹏、马国芳认为，缺乏制度保障是中国政府购买公共服务的最大障碍，制度缺失导致了当前中国政府购买公共服务的范围非常狭窄以及服务评价与监督机制的缺失③。吴振宇认为，在政府购买服务的过程中，政府通过委托、契约、许可等方式将原先由政府部门提供的公共服务转移给民营主体及社会组织来承担，引起了法律关系从“公、私二元对立”转变为“国家、市场、社会”的多元合作与融合；在这种情况下，为了使公益目的真正实现，国家应当积极促进公平竞争，积极承担管制责任并准备在私人部门提供无效率的情况下担负接管责任。④ 张顶浩认为，公共服务市场化中政府应承担的责任有：法治化治理责任、公共资源支持责任、监管与舆论引导责任。⑤

（四）政府购买公共服务的风险问题研究

公共服务购买并非是解决公共服务供给不足的完美手段，它本身也附带着一些风险，黄正群认为风险主要集中在：一是“去公共性”风险。在公共服务民营化过程中，由于利润导向的影响会导致经济性与公平性的失衡、企业效率性与公共责任缺失。二是民营化后，提供者“负面作为”会影响政府的形象与公信力。即民营化后，作为公共服务提供者的行为不确定性加剧了政府形象与公信力的波动风险。对于政府购买公共服务风险的规避，主要通过完善立法建立中国公共服务民营化制度框架及政府监管体系，通过培养公益组织促进公共服务供给市场竞争，打破公共服务供给垄断，等等。⑥

---

① 韦朝烈、尹红晓：《广州政府购买服务现状调查与对策建议》，《探求》2012 年第 5 期。

② 於乾英：《试论政府购买服务中存在的问题及完善对策》，《社科纵横》2013 年第 4 期。

③ 甘开鹏、马国芳：《我国政府采购公共服务的困境及对策》，《中国物流与采购》2013 年第 1 期。

④ 吴振宇：《民营企业参与公共服务的思考：公、私的划分与融合》，《企业研究》2012 年第 20 期。

⑤ 张顶浩：《公共服务市场化中的政府责任》，《理论导刊》2012 第 2 期。

⑥ 黄正群：《中国公共服务逆向民营化研究——以十堰市公交逆向民营化为例》，《法治与社会》2012 年第 1 期。

（五）政府购买公共服务的国外经验借鉴与比较

米本家研究并总结了西方发达国家公共服务市场化过程中暴露出来的主要局限性：一是供给垄断导致公共服务设施投资不足；二是私人利润最大化与规制不足导致公共服务收费与拟实现的公共服务目标不匹配；三是寻租导致腐败滋生。从而提出中国公共服务市场化的路径选择：一是保留政府公共权力并创造公平的竞争环境；二是积极扶持公益组织发展与倡导公民参与；三是推动公共服务供给领域法治化建设，以明确界定政府对公共服务供给监管的范围；四是借助公共部门改革用市场化修正政府公共服务供给中的缺陷。①

综合来看，国外学者在政府购买服务风险管理研究方面，起步相对比较早，程度也比较深，已经从“为什么购买”“购买什么”“向谁购买”等粗浅阶段，向“如何购买”“防范风险”“加强管理”等更深领域拓展，已经从可行性分析向技术性研究转变。当然，对购买服务成本核算、合同微观管理办法、腐败成因和防控等方面的细节研究的成果还不够多，这些也是国外学者现在和未来研究的重点领域。国内学者对这一领域研究比较晚、相对滞后，研究更多的是对理论来源、社会意义等宏观层面的讨论，而对于如何解决这一系列风险，构建风险控制体系、建立激励约束机制、增强社会监督等缺乏具体操作办法的研究和归纳，在决策的综合性研究与管理机制、社会效益等单科性基础研究上存在较为明显的不足等，导致研究链条的结构性失衡。

三　政府采购预算管理研究

政府采购预算是部门预算的重要组成部分，是制定采购计划和方案的前提和基础，是政府采购制度实施成功与否的关键。政府采购预算管理在各地政府采购实际操作中还存在诸多不规范之处。

刘佳认为，加强政府采购预算管理工作是十分有意义的：它有利于提高财政资金使用效益，提高部门预算编报质量，因此在执行时尤其应注意加强监管，保证政府采购预算执行过程中的严肃性。为了保证政府采购预算的严肃性，预算单位应当严格按照财政部批复的部门预算开展政府采购活动，财政部门、审计部门、监察部门应加强对政府采购预算管理的监督检查，建立政府采购监察和审计制度。在政府采购预算的执行过程中，对单位应履行政府采购程序的货物、工程和服务，预算单位在政府采购预算中没有上报或虽上报但未经批准的政府采购项目，不得擅自组织采购，同时财务部门应把好支付关，对未纳入政府采购预算项目内的不予付款并且要建立顺畅高效的信息传递机制，使政府采购做到预算合理、执行可控。②

李艳秀认为，实际操作中的问题主要有：一是没有制定采购预算或预算不够细化，导致实施过程中存在较大变化；二是采购预算的编制缺乏科学性、合理性和预见性；三是对于结余资金的安排缺乏充分的法律解释；四是“拼盘资金”构成的采购项目资金落实困难；五是缺乏统一的采购标准，形成了“苦乐不均”或互相攀比的风气等。③

王永泰认为，要增加政府采购预算的调整和决算环节。预算毕竟是预计数，在执行过

---

① 米本家：《公共服务市场化：成效、困境及路径选择》，《西南大学学报》（社会科学版）2012年第3期。

② 刘佳：《关于加强政府采购预算管理的思考》，《交通财会》2012年第11期。

③ 李艳秀：《提升政府采购预算管理水平》，《中国财政》2013年第15期。

程中难免有与实际不相符的情况发生，这种情况可称之为预算偏差。在保证政府采购预算合理、科学的基础上，还要兼顾预算执行的灵活性。在目前政府采购预算制度还不完善的情况下，可以在年初政府采购预算的基础上，年中编制中央单位政府采购预算调整表，对年初政府采购预算中的采购项目、技术指标、型号、价格、金额、采购方式和组织形式等方面进行调整，并说明理由，在规定时间内报财政部审核，中央单位根据审核调整后的政府采购预算开展政府采购活动。年终部门决算报表中增加政府采购支出决算明细表，总结报告全年政府采购预算执行的情况。①

贡凌飞认为，应该实行政府采购的国库集中支付制度。实行统一的政府采购制度后，采购资金不再层层下拨给用款单位，而是直接支付给供货商。因此，需要对现行的预算会计制度进行改革，实行直接支付及其核算办法，以适应建立政府采购制度的需要。要增设政府采购资金专户。目前政府采购资金来源比较复杂，包括各级财政预算安排的资金，需要购买商品或者接受服务的单位预算外资金，自有资金和其他收入，国内外贷款与捐赠款，各级政府规定的其他资金等，但实践中规范政府财政行为在短时期内无法完成。②

四 政府采购政策功能和实现研究

落实政府采购政策功能是政府采购制度建设的重要目的之一。近年来，国内学术界有关政府采购政策功能效应研究随着中国政府采购实践的推进不断深入，研究内容包括：政府采购政策功能认识研究政府采购具体政策功能的研究，国际政府采购政策功能经验研究，中国政府采购政策功能实现障碍研究等方面。

（一）政府采购支持自主创新研究

姜爱华认为，应充分发挥政府采购的政策功能。一是给予国内产品一定的价格优惠。中国在政府采购市场开放后，对于公共事业项目可采取价格优惠措施，对于中国产品可以满足采购需求的政府采购项目，给予相应的价格优惠。二是要鼓励自主创新。虽然在2011年6月中国停止执行2007年5月颁布的《自主创新产品政府采购预算管理办法》《自主创新产品政府采购评审办法》《自主创新产品政府采购合同管理办法》三个文件，但这并不意味着我们就不能利用政府采购促进自主创新，国外的经验也表明，即使加入GPA，也可以将高新技术作为保护领域。③

马理、吴金光从经济学的角度解释政府采购扶持自主创新企业发展的必要性与合理性，为政府采购促进自主创新企业发展的偏好政策提供理论支撑。以此为基础，作者构建多阶层的模糊甄别模型探讨自主创新企业的资质衡量，确保政府采购资金引导的有效性。建立了市场条件下的招投标的价格模型，加入优惠偏好政策等因素后改进基于自主创新的政府采购模型。从信息不对称的角度探讨政府采购资金分配中可能存在的问题。从比较的视角阐述政府采购促进自主创新企业发展的实践，梳理归纳发达国家政府采购促进自主创新企业发展的成功经验。在分析结论的基础上提出促进自主创新企业发展的政府采购基本原则，优化完善政府采购的规模与结构，以及促进自主创新企业发展的政府采购机制设计

---

① 王永泰：《关于政府采购预算的问题及思考》，《中国政府采购》2012年第7期。

② 贡凌飞：《论加强政府采购预算制度抑制腐败》，《经济研究导刊》2013年第12期。

③ 姜爱华：《我国加入GPA的开放与保护策略选择》，《地方财政研究》2012年第12期。

等政策建议。①

（二）政府采购支持小微企业发展研究

马海涛、王东伟、冯鸿雁认为，政府采购对中小企业发展有积极的作用。其主要体现在：一是为企业提供进入市场的便捷通道；二是为企业提供稳妥的资金渠道，代政府变相给予企业融资优惠；三是成功中标政府采购相当于企业在政府平台上免费进行大型宣传。同时，发达国家政府采购支持中小企业给我们提供了一定的经验：发达国家中小企业支持体系经历了一个确立后不断调整的过程才建立起比较完善的支持体系；扶持中小企业在发达国家政府采购体系中一般被作为政府采购支持自主创新的工具。发达国家通过政府采购支持中小企业发展的举措可概括为：（1）出台专门支持中小企业的法律：一方面出台专门支持中小企业的法律，包括通过立法对中小企业参与政府采购项目提供服务支持和采购优惠；另一方面出台相关法律减少中小企业参加政府采购的成本；（2）设立专门的部门落实对中小企业的优惠政策；（3）建立年度汇报和评估制度，确保对中小企业的扶持落到实处；（4）为政府采购支持中小企业制定详细的实施操作规则：首先，为中小企业提供预留和分拆采购合同；其次，降低中小企业参与政府采购的门槛；最后，为中小企业参与政府采购提供全方位的服务支持。②

镇江财政局课题组的调查表明政府采购有助于积极扶持中小企业发展。政府通过确定一定比例的政府采购项目，专门面向中小企业采购。主要指通用性强、标准或规格较为统一或者预算金额不超过100万元的政府采购项目，在满足采购需求的前提下，应当面向中小企业采购；对于非专门面向中小企业采购的项目，政府采购中心在采购文件中专门增设条款，给予中小企业6%—10%的价格扣除，用扣除后的价格参与评审。这项业务的落实让众多中小企业受益匪浅。③

王丛虎认为，在不同时期，政府基于其改革和发展的需要，都会对政府采购的政策功能定位有所侧重。即扶植小企业、民族企业、平等就业和环境保护等。但是，不管不同时期侧重何种政策功能，要想得以发挥其应有作用，都必须具备一定条件：第一，完备而操作性强的法律法规体系。第二，集中而高效的政府采购执行组织。第三，公开而简洁的政府采购运行机制。第四，强调绩效且透明的政府采购预算体系。纵观发达国家的政府采购体系，精细而严格的政府采购绩效预算是其明显特征。④

五　政府采购公开透明问题研究

王丛虎、涂晓霞对政府采购公开透明进行了明确的界定，他们认为公开透明是公共治理的基础，是指在保证国家和公共利益的基础上，所有公共信息和会议的内容可以被社会组织和个人获得和知晓。透明度原则是指政府的公共信息和会议等相关内容公开的程度，往往可以通过一些指标来衡量。政府采购透明度是指在政府采购领域的公共信息公开的程

---

① 马理、吴金光：《政府采购与企业自主创新》，经济管理出版社2012年版。

② 马海涛、王东伟、冯鸿雁：《国内政府采购政策功能效应研究：综述与展望》，《经济研究参考》2013年第67期。

③ 镇江财政局：《在新形势下不断提升政府采购政策功能的执行力》，《中国政府采购》2013年第6期。

④ 王丛虎：《论我国政府采购政策功能实现条件》，《中国政府采购》2012年第3期。

度，政府部门应该保证政府采购信息的可获取性、时效性、完整性和可靠性。中国正在构建现代化的政府采购制度，所以应该更加重视政府采购信息的公开透明，可从以下几个方面进行努力：完善政府采购公共信息公开的法律法规，建立一个专门的政府采购信息公开网站，其他网站一律不得以任何名义公开采购信息，明确各方责任，避免重复公开造成的资源浪费和信息混乱；建立衡量政府采购公开透明的关键性指标体系，这些指标可以准确、完整地反映出政府采购信息的可得性、时效性、完整性和准确性，以方便对信息的评估和管理。①

熊淑君研究了构建公开透明的政府采购竞争平台，保证政府采购工作的公开、公正进行。为了构建政府采购公开透明的竞争机制，首先应该完善政府预算制度，强化源头管理，政府采购预算是政府采购工作的基础和起点，也是政府采购工作各环节中最关键的一个环节，预算不仅关系到采购规模的大小，也影响到采购效率的高低。其次，要将信息公开放到预算审批的阶段，预算审批后第一时间就应该公开政府采购信息，利用网络、报刊等途径充分公开政府采购信息，增强采购过程中的透明度。再次，要明确规定违法行为的范围，加大对违法行为的惩处力度，充分完善法律法规，明确围标、串标等违法行为的具体认定依据、监督和处罚的部门、处罚标准等。最后，要建立有效的社会监督顾问制度，通过特邀监督顾问对政府采购的政策落实、执行、履约情况等方面进行监督，提出专业性的指导意见，让政府采购全过程真正成为阳光下的交易。②

六　政府采购电子信息化建设研究

张建成、闵珍兰在研究中认为，推进政府采购电子化建设有利于提高采购效率，降低采购成本；有利于增强政府采购的透明度，促进廉政建设；有利于促进公平竞争，支持中小企业发展；有利于深化政府采购制度改革，推动服务型政府建设。但是中国目前的政府采购电子化建设还存在着很多的问题，包括法律法规不健全、信息共享渠道不畅通、政府采购网站利用率不高、政府采购电子化系统的安全性不高、政府采购电子化专业人才匮乏等。③ 贾晋通过借鉴国际经验拟提出了一些完善中国政府采购电子化的对策，包括统一管理，加快政府采购信息系统建设、加强立法，尽快搭建电子化政府采购的法律制度框架、构建安全的系统环境，确保信息顺畅流通、培养人才，打造高素质的电子化政府采购队伍等。④

常明从政府采购电子化建设的现状出发，分析了政府采购电子化的信息安全需求，认为实现政府采购的电子化，需要建立一个完整的信息平台。这个平台既涵盖政府相关部门对采购环节的审批与管理，又涉及与供应商、采购代理机构进行的市场交易，可以说它具备电子政务与电子商务的双重特点。同时，政府采购关系着采购部门和供应商利益，在利益驱动下，某些采购活动的参与者对获取采购信息有着迫切的需求。正是由于系统平台涉

---

① 王丛虎、涂晓霞：《政府采购透明度及其相关问题分析——基于 OECD 成员国 2008 年以来的改革实践》，《中国政府采购》2013 年第 4 期。

② 熊淑君：《构建公开透明的政府采购竞争平台》，《中国政府采购》2012 年第 4 期。

③ 张建成、闵珍兰：《深入推进政府采购电子化开创政府采购制度改革新局面》，《党史文苑》2013 年第 1 期。

④ 贾晋：《我国政府采购电子化发展问题研究》，《武警学院学报》2012 年第 5 期。

及的群体多、类型广、信息杂，导致政府采购电子化平台具有保密需求、身份认证与权限管理需求、可靠性与可用性需求、完整性需求、不可否认性需求等特殊的信息安全需求。结合这些政府采购电子化的安全需求，再考虑到在实践中的现状，作者得出结论，当前，政府采购的电子化面临三大层次的信息安全隐患。一是实体层次上的安全隐患；二是信息层次上的隐患；三是管理层次上的隐患。①

芦艳荣对信息化背景下的政府采购问题进行了理论方面的研究，并提出政府采购制度改革的基本目标是完善规则程序，提高采购效率；公开、公正、透明，实现公平交易；采购结果最佳，确保物有所值，提高财政性资金的使用效率；发挥政策功能，促进经济发展；形成制约机制，防范和抑制腐败。为实现上述目标，政府采购信息化平台必须统一设计、统一规划、统一数据库管理，为政府采购监督管理部门、政府采购当事人（采购人、采购代理机构、供应商、物流配送企业）、评审专家、社会公众以及领导机关和审计机构提供一个统一的交流平台，以先进的信息化技术为依托，推动政府采购信息化建设；同时，还要集中管理，通过高效合理的流程设计，规范政府采购行为，增强政府采购透明度，提高工作效率，提升管理水平，全面实现政府采购管理与分析手段的自动化和信息化。②

肖飞、毛华扬等对政府采购管理模式、政府采购信息化技术与运营架构、政府采购信息化的实施方法、政府采购系统应用，并对信息化环境下政府采购内部控制体系构建、政府采购数据仓库建立与数据挖掘、政府采购信息化保障体系建设等进行了探索。③

七　批量集中采购的理论依据研究

马海涛、王东伟运用规模效应理论、宏观调控理论、企业声誉理论、品牌成长理论、博弈论等多领域知识，着重从经济学和管理学两个方面研究这种需求高度整合的政府采购组织形式与其发挥作用的理论依据，并根据相关理论为批量采购进一步推行提供建议。他们认为，从拉动当前市场需求和加强政府宏观经济调控角度看，批量采购是符合当前现实情况的政府采购组织形式。批量采购的规模效应，即成本节约效果，最终是随着需求集中程度的提高趋向于递减的，故在集中采购需求时，应进一步探索采购需求集中程度问题；声誉和品牌属于供应商参与批量采购所得之无形资产，其内涵是协助企业树立榜样和形象，政府采购在将自身打造成品牌的同时，一定要考虑由此造成的荣誉的稀缺性不要太高，避免不合理的稀缺导致市场竞争秩序的紊乱，特别是其均衡思想提示我们不要将博弈双方对立起来，博弈是为了达到“双赢”。所以，站在政府采购管理与组织者的角度，批量采购无论是需求集中还是设计产品配置到接下来的产品（或服务）配送以及履约验收等合同条款，应切身调查当前行业市场企业运营整体情况，尽量方便企业生产和供货。④

八　政府采购市场开放研究

中国加入《政府采购协议》（GPA）顺应了经济全球化的趋势，国内对此的研究主要

---

① 常明：《政府采购电子化的信息安全风险与对策》，《中国信息安全》2013 年第 5 期。

② 芦艳荣：《信息化背景下的政府采购问题研究》，国家行政学院出版社 2012 年版。

③ 肖飞、毛华扬、宾燕渝、杨树维等：《政府采购管理信息化指南》，电子工业出版社 2012 年版。

④ 马海涛、王东伟：《论政府批量集中采购的理论依据》，《中央财经大学学报》2013 年第 4 期。

集中于对 GPA 规则的介绍，以及中国加入 GPA 的市场实践和所面临的问题。

张家瑾从历史到现实，从国内到国外，全面、系统地对政府采购的发展历程、当前情况、未来趋势进行了综合阐述，介绍了国际和区域组织有关政府采购的规则，阐述了开放政府采购市场对中国的影响，进而提出应对中国政府采购市场开放的具体建议：应实行渐进性策略，逐步、适度地开放中国政府采购市场；扩大政府采购规模和范围，提高政府采购规模效益；增强政府采购政策功能导向，推动经济社会和谐发展；完善政府采购相关立法及其配套措施；推进电子化政府采购发展进程；建立专业化的政府采购从业人员队伍，等等。①

姜爱华认为，中国还应充分利用 GPA 中规定的例外条款。结合美国、日本、欧盟等国家和地区的经验，中国在涉及国家安全、能源、公共事业等领域的政府采购活动，以及为扶持中小企业发展、保护民族企业、促进落后地区经济发展、具有特殊帮扶用途等的政府采购项目，应列为 GPA 的例外条款，同时进一步完善中国国内政府采购法律法规的相应配套依据，在不同 GPA“非歧视性原则”相违背的前提下，更好地促进中国经济发展。由于例外条款的存在，即使像美国这样的发达国家，其实际开放程度也是有限的，如美国 70% 的政府采购来自于国防安全。②

关于 GPA 规则的研究主要是针对谈判条款对谈判方和参与方的不同影响，孟晔在研究中从不同的角度出发，指出政府采购协议能给参与国带来利益，同时谈判的条款也给谈判方一定的灵活性和自主性。但是，GPA 的规则协议主要还是代表了发达国家的利益，对于发展中国家的加入进行限制，即使允许加入，对发展中国家的待遇也有所差别。③ 吕汉阳、韩佳庆研究了在 WTO 框架下与政府采购相关的协议规定，欧盟政府采购国际化历程，亚太经合组织和北美自由贸易区的不同规定，指出在经济全球化和区域经济一体化日益加深的过程中，区域政府购买的自由化和一体化使全球范围内政府采购贸易的趋势越来越明显，区域政府采购自由化和全球政府采购自由化相互促进，共同推动政府采购市场的全球开放和流通。④

关于中国加入 GPA 的市场实践以及其他方面的问题也有很多的研究。陈永成、刘小红运用博弈论的模型，研究了政府采购市场开放机制的动态演变过程，他们认为在经济实力相当的情况下，政府采购市场开放是一种不可避免的趋势，否则实力较弱方就会更加处于劣势。因此，发展中国家必须以适当的身份，在适当的时候加入 GPA，同时，也要研究 GPA 的条款，及时履行义务，行使权力，确保自己的综合利益最大化。⑤ 石静霞、杨幸幸通过介绍于 2012 年产生效力的 GPA2007 文本的发展历程，从中国加入 GPA 谈判的实践需要和发展需要出发，对中国政府采购实体中的国有企业、中国政府采购适用 GPA 协议中对发展中国家的规定条款以及中国政府采购反腐败机制的构建三个焦点问题进行了法律分析，并且评估了 GPA 规则的制定对中国加入 GPA 谈判的具体影响，作者还在上述介绍

---

① 张家瑾：《我国政府采购市场开放研究》（第 2 版），对外经济贸易大学出版社 2012 年版。

② 姜爱华：《我国加入 GPA 的开放与保护策略选择》，《地方财政研究》，2012 年第 12 期。

③ 孟晔：《中国加入 WTO〈政府采购协议〉谈判分析》，《世界贸易组织动态与研究》2013 年第 5 期。

④ 吕汉阳、韩佳庆：《国际组织框架下政府采购市场开放解析》，《Economy》2012 年第 6 期。

⑤ 陈永成、刘小红：《政府采购市场开放的演化博弈分析》，《地方财政研究》2012 年第 12 期。

和分析的基础上提出了针对性的应对建议，认为中国在加入 GPA 谈判之后，应该遵守 GPA 谈判规则，开放政府采购市场，尤其是在三个方面要继续努力。第一，要加深对国情的了解，正确的评估中国政府采购市场的发展情况，为中国政府采购市场的开放和发展奠定扎实的基础。第二，以加入 GPA 谈判为契机，改革和完善国内的政府采购制度，加强监督和管理。第三，用发展的眼光来看待 GPA 谈判规则及其修订文本，并通过多渠道的参与和交流，进一步推进 GPA 规则的良性发展。①

刘建琼研究了开放的政府采购市场的理论基础，包括博弈论原理和竞争优势论等。此外，她还介绍了中国政府采购市场的主要实践，在实践中中国做出了很多努力和尝试，包括“本国产品”界定标准高于国际惯例，引进外资间接开放了政府采购市场，中国已废除政府采购的部分排外规定，来自国际金融组织资助的相当一部分政府采购市场已对外开放等，目前，联合国已经越来越关注在中国的直接采购。作者还指出当前中国政府采购市场开放中的一些问题，主要有支持国货的法律规定没有得到很好地贯彻，软硬件相对缺乏困扰着国内政府采购市场的开放，国内政府采购发展得比较晚、市场制度不完善缺乏统一性，另外还有国内的企业竞争实力不强制约着政府采购市场的开放进程。②

九　完善政府采购制度研究

陈向阳从政府采购制度中的法律层面进行研究，分析了各国政府采购法律的特征以及中国政府采购法律体系的缺陷，中国在短短十多年间就走过了西方发达国家几百年的发展历程的政府采购立法之路，加入 GPA 谈判给中国造成了巨大的压力，但是也大大促进了中国的政府采购立法的发展。GPA 出价清单的多轮协商不断地鞭策着中国政府采购的发展，也给修改和完善中国政府法律体制提出了更加直接的要求。在 GPA 谈判的契机下，中国应该继续多维度、多层次、全方面地推进政府采购法律制度的完善，以促进中国经济又好又快发展。主要的措施包括政府采购立法统一化，政府采购法律目标扩张化，政府采购程序健全化等。③ 张南研究了中国政府采购制度中存在的两方面的主要问题，一是中国的政府采购没有独立而强有力的监管机构；二是中国政府采购法律制度体系不健全，而中国政府采购的管理机制的完善可以从解决这两点难题入手。作者提出要完善政府采购的制度，首先要加快立法建设，构建完善的政府采购的法律法规体系，实现中国政府采购的法治化和制度化；其次要加强监督力度，设立相应的独立采购监管机构；最后削弱政府在采购中的权力，以保证法律的崇高威严，并且保证监督机构能够真正敢于公正有效的履行其职能，使法院具有独立的审判权，也就是我们一直所追求的司法独立。④

贾晋研究了政府采购制度在运作模式中存在的问题和政府采购中的腐败问题。运作模式中的问题主要有政府采购的范围较窄，通常集中在交通工具、医疗设备、办公设备等货

---

① 石静霞、杨幸幸：《中国加入 WTO〈政府采购协定〉的若干问题研究——基于对 GPA2007 文本的分析》，《政治与法律》2013 年第 9 期。

② 刘建琼：《开放政府采购市场的理论与实践》，《开放导报》2012 年第 4 期。

③ 陈向阳：《我国政府采购法律体制的缺陷及重构》，《贵州大学学报》2013 年第 5 期。

④ 张南：《我国政府采购制度存在的问题及解决意见》，《法治与社会》2013 年第 5 期。

物类的采购上，作为财政支出大项的工程类采购以及新兴的服务采购上面所占的比重仍然很低，与完整意义上的政府采购还有一定的距离；政府采购最主要的运作方式应该是公开招标，但由于受专业知识有限等多种因素的制约，目前的公开招标仅仅停留在运作初期，还没有达到统一、严谨、高效的标准；政府采购信息沟通渠道不畅，不能及时、充分地传递给社会公众。政府采购中的腐败行为主要是“寻租”行为时有发生，中国市场经济体制不够完善，相关的管理和监督体系还不健全，一些政府官员的权力又很大，在政府采购中起着至关重要的作用，很容易产生“寻租”行为。他认为要想健全中国的政府采购制度必须在以下几个方面做出努力：尽快明确中国政府采购管理机构的具体设置，使集中采购机构与财政脱钩，健全政府采购管理体系；加快政府采购法律制度体系建设步伐，在以《政府采购法》为核心的前提下，尽快建立与之配套的法律法规；完善政府采购监督约束机制，包括法律监督机制、内部监督机制、外部监督机制和社会监督机制；提高信息化水平，推行电子采购；推进预算资金管理等配套制度改革，改革预算编制方法、实行部门预算，改革总预算会计制度、使之与政府采购相适应，改革现行国家金库制度、实行国库集中支付制度。[①]

韩宗保研究了中国政府采购在采购法规、采购规模、采购政策、采购预算、采购方式和采购监管等方面存在的问题。针对这些问题，作者认为应该从五个方面来努力：第一，全面扩大政府采购管理范围，尤其是提高工程类采购和服务类采购的比重，并且要拓展政府采购资金的管理范围。第二，完善政府采购法律法规体系建设和制度建设，结合部门预算改革，尽快制定和完善政府采购目录标准，为扩大政府采购范围奠定基础；完善政府采购预算编制和执行管理制度，推进政府采购管理与预算编制管理、资金支付管理、资产管理、绩效评价等的有机融合。第三，推动政府采购操作执行标准化管理，巩固和完善“管采分离”的体制、完善政府采购对象的采购标准、推进政府采购执行标准化和规范化、提高政府集中采购管理效率、完善采购信息化平台建设。第四，全面发挥政府采购的政策功能，要在制定国货采购标准的基础上，完善促进采购国货的政策规定，完善实现政府采购政策功能的实施办法和方式，并且要加强审计监督。第五，要推动政府采购监管方式的创新，健全政府采购动态监控体系，不断扩大监督管理的范围，正确处理好政府采购监督管理与工程采购监督管理的关系。[②] 肖北庚、邓嵘在研究中认为仅仅研究完善政府采购制度本身存在的缺陷还不足以解决政府采购中存在的一系列问题，加强政府采购制度外围的配套制度的建设也非常重要。在配套制度中，预算制度是影响政府采购实施的首要限制环节，预算制度的不完善也不可避免地会导致政府采购制度上的漏洞。行政问责机制是追究政府采购主体的责任的事后环节，所以要正确进行行政责任的确定、行政责任的追究和行政问责的救济。监管体系是规制政府采购运行的检查控制环节，建立协调统一、权责明确的监督管理体系有利于防止政府采购超出合法、合理的界限。建立政府采购电子化、信息公开和公众参与的制度，可以强化政府采购的透明度，从而弥补监督管理漏洞。具体而言就是：第一，要抓住政府预算制度改革的契机，加强政府采购的监督管理。第二，要构建政府采购行政问责机制。第三，要缩小法律冲突，协调政府采购监管体系。第四，要

---

① 贾晋：《健全我国政府采购制度的对策研究》，《理论导报》2012 年第 7 期。

② 韩宗保：《我国政府采购制度标准化建设研究》，《河南财政税务高等专科学校学报》2012 年第 3 期。

强化政府采购电子化、信息公开与社会监督。①

龚美霞从中国政府采购的国情和现状出发，对中国现有的政府采购制度进行深入的研究。作者认为，完善中国现阶段的政府采购制度，应该既要借鉴国际上的立法经验和实施经验，又要充分地立足国情，既要完善内部机制，又要健全外部机制，从内、外两方面同时入手，才能最终实现政府采购制度的规范化、制度化和法治化。具体来讲就是将预算编制与资产管理紧密结合，推进预算公开和支出绩效评价，加快建立政府采购支出绩效评价结果公开和问责机制；改进现行的行政、事业单位的财务管理体系和具体操作方式；加强政府采购需求论证和计划管理，加大批量集中采购力度，扩大集中采购品目范围；完善立法，健全政府采购管理模式，进一步提高政府采购的透明度，主动接受社会监督。②

庞光远认为，当前中国政府采购制度改革中在研究完善政府采购制度的方面，存在的主要问题有：工程采购的进程推进缓慢，规模还没有达到预期的大小，在整个政府采购中占的比重还比较小；政府采购的招标文件不规范，没有统一的格式和标准，甚至有的地区编制的招标文件随意性大、带有倾向性，招标文件编制的质量不高；政府采购制度不完善，导致政府采购政策功能难以发挥；为了提高政府采购的工作效率和透明度，各地按照自己的工作方式组建电子平台，没有统一的标准，缺乏全国统一的政府采购电子交易平台。针对这些问题，作者提出了一些对策和建议，包括以下几个方面：以各种方式理顺政府采购法和招标投标法之间的关系，重点解决两部法律之间不一致的地方，扩大政府采购规模；规范作为政府采购项目评标最主要依据的招标文件，保证政府采购活动的公正、公开，杜绝一些限制性的不合理条款；国家要尽快研究制定出政府采购货物的标准，加紧研究制定促进中小企业发展的政府采购管理办法和政府采购自主创新产品目录，以支持国家宏观调控、扩大内需和调整经济结构等政策的实施；要强化对地方政府采购信息化建设的指导，明确地方政府采购信息化建设在预案编制、计划执行、信息发布、专家抽取、采购评审、合同签订履行等环节的规范和标准，尽快开始建设全国统一的政府采购电子信息平台。③

付强运用经济学的原理研究了中国现行政府采购制度所存在的问题和改革建议。“经济人”是以追求自身经济利益最大化为根本目标的主体，在政府采购招标投标活动中，从供应商角度来看，其在生产经营活动中追求自身经济利益最大化，这种行为符合“经济人”的假设；从采购人的角度来看，也是为了追求自身经济利益最大化。这些“经济人”为了各自自身利益的最大化，可能会踩着法律的红线，采取行贿受贿、提前串通等非法手段来实现自己的目标，而部分官员也会利用手中握有的特权进行寻租，谋取私利，于是便滋生了腐败问题。为了解决这一问题，必须建立多层次的监督管理体系，采取有效的措施使政府采购的整个过程处于公开透明的状态，接受社会公众的监督。同时，要加强对政府工作人员的思想教育，培养其廉洁自律的品德，切实依法办事，使政府采购真正做到“阳光采购”。④

---

① 肖北庚、邓嵘：《政府采购监管配套制度之改进》，《北京行政学院学报》2013 年第 6 期。

② 龚美霞：《对深化政府采购制度管理的探讨》，《观点》2013 年第 8 期。

③ 庞光远：《关于完善政府采购制度的思考》，《经济研究参考》2012 年第 23 期。

④ 付强：《对完善政府采购制度的初步思考》，《研究与探索》2012 年第 5 期。

十　国外政府采购先进经验研究

张惠彬研究了新加坡政府采购制度，新加坡政府采购拥有完善的法律体系、明确的采购程序和完善的救济机制。在管理体制上，新加坡政府呈现“小集中、大分散”的格局，他们还在财政部专门设立了政府采购仲裁法庭，负责对政府采购过程中的各种争议进行裁决，为政府采购供应商提供及时救济。新加坡政府采购制度以其廉洁高效的管理体制在全球供应商当中赢得了良好的声誉，对中国构建完备的政府采购法律体系，强化政府采购监督机制，建立透明的信息公开制度有借鉴作用。①

金武、林松、朱振聪、祖融研究了国外各国、各组织在政府采购方面的经验，欧盟组织中的法国采用描述性的采购目录，具有信息含量丰富的采购指南，而且投标工作必须经过第三方的认证，这些都让法国的政府采购具有国际化、信息透明化和充分市场化的特点。美国的政府采购不仅保护政府的权利，还保护供应商的权利，且更加注重后者。美国政府提倡购买国货，帮助联邦政府实现社会经济目标，采用灵活的采购方式，有助于美国实现社会经济目标，维系国家支柱性产业。韩国的政府采购注重保护本国的利益，大力支持中小企业，这些政策平衡了市场经济下的各种经济主体的实力，以政府手段影响经济但又能做到不违背经济规律，促进了国家经济多元化发展。②

车靓、谢向鹏研究了政府采购制度中的政府采购合同，政府采购合同是政府采购制度的核心内容，它既具有民事合同的外在特征，又有行政合同的公法性质。美国联邦政府对政府采购的监督管理深入到政府采购的各个方面，包括立法、行政和司法三个方面下的三位一体的监督管理体制。欧盟政府明确规定了政府采购的方式，英国政府非常重视“物有所值”的原则，通过选取合理的采购方式，制定规范的政府采购合同，激发供应商之间的竞争，使之更加物有所值。③

王斯彰、孙才华、宁纯通过对美国、英国、日本等发达国家的政府采购制度特点的分析和国际比较，指出发达国家的政府采购制度的特点是：完备的政府采购法律法规体系，不断扩大的采购范围和规模，强有力的程序监管，采购组织形式以分散采购为主，电子化政府采购的实施和采购人员的资格管理。④

第二节　实践创新

政府采购是市场经济条件下政府加强财政支出管理的一项基本制度，其涉及面广、影响力大、示范效应强。近年来，伴随着中国经济的高速发展和市场经济体制的不断完善，政府采购实践的发展朝气蓬勃、日新月异，积累了很多成功经验，取得了丰硕成果。

---

① 张惠彬：《反腐倡廉与政府采购：新加坡的经验及启示》，《东南亚纵横》2012 年第 12 期。

② 金武、林松、朱振聪、祖融：《从国外政府采购经验看我国政府采购的瓶颈和发展路径》，《金融时务》2012 年第 1 期。

③ 车靓、谢向鹏：《国外对政府采购合同监管机制及对我国的借鉴》，《观点》2013 年第 5 期。

④ 王斯彰、孙才华、宁纯：《国外政府采购制度及其对我国的启示》，《法学论丛》2012 年第 6 期。

一 政府采购扶持中小企业发展政策落地

2012 年 1 月 1 日，为贯彻落实《国务院关于进一步促进中小企业发展的若干意见》(国发〔2009〕36 号)，发挥政府采购的政策功能，促进中小企业发展，根据《中华人民共和国政府采购法》和《中华人民共和国中小企业促进法》，财政部、工业和信息化部制定了《政府采购促进中小企业发展暂行办法》(以下简称为《暂行办法》)，并正式施行。

该《暂行办法》适用于《政府采购法》规定的各类采购主体，包括国家机关、事业单位和团体组织，采购对象包括货物、工程和服务。该《暂行办法》对中小企业参与政府采购活动的资格确认、出现资格争议时的解决办法、参与采购活动可享受的优惠性政策以及其他扶持性措施和限制性条件等作出明确要求，是中国首个政府采购扶持中小企业发展的实施办法。此外，该办法明确要求面向中小企业采购的预算应占政府采购项目预算总额的 30% 以上，其中，预留给小型和微型企业的不能低于 60% 。[①]

中小企业是促进国民经济社会发展的重要力量，对于平衡区域经济结构、促进科技创新、提供就业岗位、满足社会需要具有重要作用。随着政府采购制度改革的不断推进，越来越多的中小企业积极参与政府采购活动，获得合同金额逐年增加。此次《暂行办法》的出台，可以通过预留采购份额、评审优惠、鼓励联合体投标和分包等措施，提高采购中小企业货物、工程和服务的比例，促进中小企业发展。切实解决之前政府采购扶持中小企业发展的法律制度不细化；一些政府采购门槛较高，中小企业特别是小企业难以达到；部分采购人倾向于大企业或大品牌的产品，对中小企业持不信任或怀疑态度等问题，为中小企业创造出更多的市场机会。[②]

二 财政部实施新修订的《政府采购品目分类目录》

2012 年 6 月，财政部公布修订后的《政府采购品目分类目录（试用)》，该目录涵盖中央、地方目前已实施采购或未来一段时间涉及采购的所有货物、工程和服务，并按货物、工程、服务 3 大类划分为 54 个二级分类。

2013 年 10 月 29 日，财政部正式印发《政府采购品目分类目录》。相比 2012 年的试用版，2013 年的正式新目录不仅细化、调整了部分品目，规范了品目说明，而且删除和新增了部分品目。例如，新目录删除了“PC 服务器”“小型机”“并行运算服务器”“单口服务器”和“其他服务器”，将其归入“A02010103 服务器”。同时，新目录新增 7 个货物类、8 个服务类、1 个工程类共计 16 个品目，覆盖范围进一步扩大。

新目录还进一步细化了货物、工程和服务三大类中的部分品目，使得政府采购品目分类体系更加完整，操作适应性更强，更加有利于指导各地制定集中采购目录。例如，在“B0601 电子工程安装”下细化了“B060101 雷达、导航和测控系统工程安装”“B060102 监控系统工程安装”“B060103 电子自动化工程安装”、“B060104 电子设备工程安装”以

---

① 参见《财政部、工业和信息化部有关负责人就政府采购促进中小企业发展暂行办法答记者问》，2012 年 1 月 6 日，中国网（http://www.china.com.cn/policy/txt/2012－01/06/content_24339344.htm）。

② 参见《关于印发〈政府采购促进中小企业发展暂行办法〉的通知》，2012 年 1 月 1 日，财政部网站（http://www.gov.cn/zwgk/2011－12/31/content_2034662.htm）。

及“B060199 其他电子工程安装”。①

新目录结合当前政府采购制度改革实践和发展方向，参考有关国家标准和通用规范修订而成，对于全面加强政府采购科学管理、指导政府采购工作开展、加快政府采购信息化建设进程等具有十分重要的意义。②

三 中国加入《政府采购协议》谈判取得新进展

2012 年 11 月，经国务院批准，中国向世贸组织（WTO）提交了加入《政府采购协议》（GPA）第四份出价，GPA 谈判进入新阶段。

此份出价一是增加了货物附件，与参加方新一轮出价形式保持一致；二是增加了福建、山东、广东三省，扩大了地方实体开放范围；三是再次降低了工程项目门槛价，中央实体起始门槛价由 8000 万特别提款权（SDR）下调到 5000 万 SDR，地方实体起始门槛价由 1.5 亿 SDR 下调到 1 亿 SDR，其余阶段除最后一年不变外均作了下调；四是删减和调整了有关例外情形。

2013 年 11 月初，为进一步加强对谈判工作的组织领导，推动谈判工作全面深入开展，国务院成立 GPA 谈判工作领导小组，这标志着中国 GPA 谈判受到进一步重视，成为国家的重要战略之一。领导小组办公室设在财政部，成员包括财政部、国家发展和改革委员会、商务部、解放军总后勤部等 24 个部门。③

截至 2013 年年底，中国政府在 GPA 谈判的路上，已走过近 6 个年头。回顾中国政府近 6 年的 GPA 谈判之路，可用艰辛而漫长来形容。正如不少业内专家一致认为，虽然加入 GPA 符合中国的长远利益，但短期内完全对外开放政府采购市场是不现实的，在加入 GPA 的进程中，中国现行的政府采购制度将受到较大挑战，而加入 GPA 将是一个长期过程。④

四 中国政府购买服务进入实质性阶段

2013 年 9 月 26 日，国务院办公厅印发《关于政府向社会力量购买服务的指导意见》，明确提出到 2020 年，在全国基本建立比较完善的政府向社会力量购买服务制度，形成与经济社会发展相适应、高效合理的公共服务资源配置体系和供给体系，公共服务水平和质量显著提高。

该意见规定，政府向社会力量购买服务的内容为适合采取市场化方式提供、社会力量能够承担的公共服务，突出公共性和公益性。教育、就业、社保、医疗卫生、住房保障、文化体育及残疾人服务等基本公共服务领域，要逐步加大购买服务的力度。非基本公共服务领域，要更多更好地发挥社会力量的作用，凡适合社会力量承担的，都可以通过委托、

---

① 参见《新修订的政府采购品目分类目录公布》，《中国财经报》2012 年 6 月 11 日。

② 参见《关于印发〈政府采购品目分类目录〉的通知》，2013 年 10 月 29 日，中华人民共和国中央人民政府门户网站（http：//www. gov. cn/zwgk/2013 - 11/25/content_ 2534057. htm）。

③ 参见《我国加入 GPA 谈判大事记》，2012 年 12 月 12 日，政府采购信息网（http：//www. caigou2003. com/news/local/news/20121224/news_ 515138. html）。

④ 参见《国务院成立 GPA 谈判领导小组副总理任组长》，2013 年 11 月 27 日，新浪财经（http：//finance. sina. com. cn/china/20131127/105717451166. shtml）。

承包、采购等方式交给社会力量承担。

意见要求，各地要按照公开、公平、公正原则，建立健全政府向社会力量购买服务机制，及时、充分地向社会公布购买的服务项目、内容以及对承接主体的要求和绩效评价标准等信息，建立健全项目申报、预算编报、组织采购、项目监管、绩效评价的规范化流程。购买工作应按照《政府采购法》的有关规定，采用公开招标、邀请招标、竞争性谈判、单一来源采购、询价等方式确定承接主体，严禁转包行为。

2013 年 12 月 4 日，为了加快推进政府购买服务工作，财政部印发《关于做好政府购买服务工作有关问题的通知》，提出要处理好积极推进和制度建设的关系，做好相关政策的完善和相互衔接。既考虑当前政府购买服务工作的重点是鼓励和推进改革，在坚持大原则不变和透明预算的前提下，注重研究解决现行政府采购、预算编制、会计处理等技术性管理难题，必要时可适当作出政策调整，为政府购买服务工作的顺利推进创造条件；又兼顾长远，在实践中不断总结经验，注重体制机制建设，为将来建立购买服务制度打基础。①

五　中国批量集中采购范围进一步拓展

2013 年 8 月 21 日，财政部印发《中央预算单位批量集中采购管理暂行办法》，决定自 2013 年 9 月 1 日起，列入国务院公布的《中央预算单位政府集中采购目录及标准》中的集中采购机构采购品目应当逐步实施批量集中采购，中央预算单位要严格执行批量集中采购相关规定。此举旨在进一步规范政府采购行为，提高财政资金使用效益，也是落实党中央、国务院厉行节约、反对浪费要求和政府采购有关法律制度规定的重要举措。

2013 年 9 月 4 日，财政部办公厅印发《关于中央预算单位实施批量集中采购工作的通知》，进一步明确了批量集中采购范围：中央预算单位采购满足办公需求的台式计算机、打印机、便携式计算机、复印机、传真机、扫描仪、复印纸、空调机和碎纸机，原则上全部纳入批量集中采购范围，用于科研、测绘等工作的专用台式计算机、便携式计算机也纳入批量集中采购范围。其中，台式计算机不包括低泄射计算机、无盘工作站、图形工作站、工控机；便携式计算机不包括移动图形工作站、加固型笔记本等特殊用途设备；空调机不包括用于机房、基站等特殊场所的空调机；打印机不包括便携式打印机等。财政部党组成员、副部长刘昆指出，各级财政部门要根据中共中央、国务院《党政机关厉行节约反对浪费条例》要求，在本级财政推开批量集中采购改革工作。

财政部在通知中指出，将会定期公布批量集中采购品目，集中采购机构应当按照相关工作安排，综合考虑预算标准、办公需要、市场行情及产业发展等因素，提出相应采购需求技术服务标准。财政部在组织完成对相关技术服务标准的论证后发布中央预算单位批量集中采购品目基本配置标准。

财政部要求，中央预算单位应当执行基本配置标准，并根据预算及实际工作需要，确定当次采购品目不同的档次或规格。部分主管预算单位因特殊原因需要另行制定本部门统一执行的通用或专用办公设备等配置标准的，应当按基本配置标准规范确定相应配置指标，且相关指标不得指向特定的品牌或供应商。同时，还应明确专用办公设备等品目的预

---

① 参见《政府购买服务走向制度化》，2013 年 12 月 31 日，政府采购信息网（http://www.caigou2003.com/news/local/news/20140106/news_ 762363.html）。

算金额上限。

财政部表示，将加强对批量集中采购工作的组织监督管理，把批量集中采购工作纳入集中采购机构的业务考核范围。对主管预算单位及所属单位规避批量集中采购、不执行采购计划以及无故延期付款等行为应当及时进行通报批评。应当根据集中采购机构提供的报告，对中标供应商虚假承诺或拒不按合同履约的行为进行严肃处理。①

六　广东率先公布首批政府购买服务目录

2012 年 5 月 25 日，广东省政府印发实施《政府向社会组织购买服务暂行办法》（以下简称《办法》）。根据《办法》，除法律法规另有规定，或涉及国家安全、保密事项以及司法审判、行政许可、行政审批等事项外，政府承担的社会公共服务——如资产评估、法律援助、公益服务、慈善救济等，以及履行职责所需服务——如法律服务、监督评估等，应通过政府向社会组织购买服务的方式，逐步转移由社会组织承担。根据《办法》要求，各级财政部门应拟订本级政府每年度向社会组织购买服务目录。

2012 年 7 月，广东省财政厅正式向社会发布了《2012 年省级政府向社会组织购买服务项目目录》（以下简称《目录》），为全国首创。《目录》涉及基本公共服务、社会事务服务、行业管理与协调事项、技术服务事项、政府履职所需辅助性和技术性服务等 262 项服务项目被纳入第一批政府采购服务范围。

广东省政府向社会组织购买服务划分为社会公共服务与管理事项和履行职责所需要的服务事项两大类。相应的，《目录》划分为四个级次。其中一级目录共 5 项，分别为基本公共服务、社会事务服务、行业管理与协调事项、技术服务事项、政府履职所需辅助性和技术性服务等。以一级目录为主干，再进一步细分为 49 项二级目录、262 项三级目录，四级目录则由各购买主体根据实际情况对应前三级目录自行设置。首次具体明确了在政府职能范围内哪些事项可以交由社会组织承担，哪些应由政府履行。②

《目录》显示，保障房后期管理，农产品质量安全风险评估，动物重大疫病和农作物重大病虫害监测预警与防控，助老助残、外来人口管理、社区调查等社区事务组织与实施，行业准入条件审核，慈善救济监管及服务，政策实施、资金使用绩效评价等服务均在其中。

广东省财政厅厅长曾志权表示，实行政府购买社会服务，是加强创新社会管理的重要举措，对于培育发展社会组织、促进政府职能转变、构建服务型政府、改善公共服务供给机制、提高公共服务水平具有重要意义。四级目录由各政府部门结合实际自行设置，具有一定的“自主权”。同时，该批公布目录只是第一批目录，今后政府购买服务目录还可根据实际情况进行调整、补充。

曾志权也表示，《目录》的实施有利于发挥社会组织的专业特长，提高财政资金使用效益和行政效能，促进公共服务供给主体多元化，优化和提升基本公共服务水平。同时，使社会组织对可承接的政府职能转变事项有更全面和清晰的了解，有利于激发社会组织的

---

①　参见《财政部：9 月起中央预算单位扩大批量集中采购产品范围》，2013 年 9 月 4 日，新华网（http：//www. chinanews. com/gn/2013/09 - 04/5246782. shtml）。

②　参见《广东 2012 年省级政府向社会组织购买服务项目目录（第一批）》，2012 年 7 月 4 日，政府采购信息网（http：//www. caigou2003. com/law/ll/20120704/ll_ 892995. html）。

发展活力，充分发挥自身优势，积极参与社会管理，从而实现自我发展。

广东省省政府采购范围已由单纯的货物类采购扩大到工程类和服务类采购，中小学校、大中专院校、公立医院等也逐步纳入了政府采购范畴。一些公益性强、关系民生的采购项目，如中小学免费教材等也纳入了政府采购范围，日益增多的民生项目成为政府采购规模扩大中的亮点。①

七 天津市强化政府采购政策导向功能、引导绿色消费

为推动政府绿色采购发展，引导绿色生产和绿色消费，天津市财政部门从发挥政府采购政策功能出发，积极落实绿色采购扶持政策，探索拓展绿色采购的新途径，研究建立绿色采购的管理体制和执行机制，努力服务经济社会发展。

一是积极落实节能环保产品强制采购和优先采购政策，不断提高政府绿色采购份额。自2009年财政部对节能环保产品明确了政府采购强制采购和优先采购政策以来，天津市财政部门每年均将强制采购节能产品品目纳入政府集中采购目录和协议供货采购范围，并通过在协议供货招标文件中明确节能要求，保证入围产品全部为节能产品。同时，2013年，天津市财政部门还制定出台了《关于政府采购支持节能环保产品的实施意见》（津财采〔2013〕28号），在国家相关政策的基础上，对实施优先采购的节能环保产品细化了具体的评审优惠比例，并新增了减免供应商标书费用、缩短合同付款期限等多项扶持措施，不断推动绿色采购发展。

该意见明确，政府采购工程项目应当严格执行节能环保产品优先采购和强制采购制度。在控制履约风险的前提下，采购人可以采取适当提高预付款比例、减免履约保证金及缩短尾款付款期限等措施对节能环保产品供应商予以支持。此外，还对采购代理机构提出了要求。禁止在法定收费项目和收费标准外向节能环保产品供应商收取费用。对节能环保产品供应商可以适当减免标书费用和招标代理服务费用。

二是拓展绿色采购的新途径，努力为经济社会发展服务。在终端产品绿色采购的基础上，天津市财政部门加强研究和探索，引入全生命周期理念，推进绿色供应链产品政府采购。天津市政府采购中心率先尝试建立了绿色环保评价指标和评价方法，参与了欧盟中国城市可持续采购项目研究和中国绿色供应链政策项目研究，进行了有益探索。

2013年，天津市政府采购节能环保产品采购金额达到32.1亿元，占同类产品比重的76.8%，占货物类比重的39.8%。2013年，天津市被确定为中国环境与发展国际合作委员会首批绿色供应链管理试点城市，在市政府制定的绿色供应链管理试点实施方案中，绿色产品政府采购被确定为示范项目。②

八 北京市创新政府采购模式、节约财政资金

（一）创新价格监控技术

北京市政府采购中心通过引入“中电指数”，对台式计算机、便携式计算机及激光打印机3类协议供货产品实施价格监控，运用信息化手段将协议供货产品库数据与“中电

---

① 参见《广东公布首批政府购买服务目录共262项服务项目》，《南方日报》2012年8月15日。

② 参见《助力美丽天津建设：政府优先采购节能环保产品》，2013年10月13日，天津网（http：//www.tianjinwe.com/tianjin/ms/qjtj/201310/t20131013_451650.html）。

指数”数据同步对接，并逐步搭建起 IT 类协议供货产品价格监控平台。在价格监控平台运作中，为了让“中电指数”更好地发挥价格监控的效果，中电指数参考价格每月随市场价格更新一次。此外，该监控平台对 IT 类协议供货产品进行最高限价，即 IT 类协议供货产品供货价不得高于该产品“中电指数”参考价。否则，该产品将被价格监控平台冻结，无法销售。供应商只有将产品价格降至中电指数参考价以下，才能继续销售该产品。

（二）引入团购机制，进行集中采购

北京市政府采购中心为了进一步降低采购价格，提高财政资金使用效率，自 2013 年起，采购中心开始实行批量集中采购的“团购”模式。对于当年采购电脑数量较大、采购金额超过 50 万元的预算单位，由采购中心统一汇总各单位需求后，直接与电脑厂商谈判议定“团购价”。

通过批量集中采购，大大增强了政府采购的议价能力，使得商品的政府采购价格，在原来平均低于市场零售价 10% 左右的基础上，进一步拉低了 2—3 个百分点，降低了采购成本，起到了提供财政资金使用效率的积极作用。

截至 2013 年 10 月底，政府批量集中采购计算机 2378.29 万元，其中台式计算机 3627 台，价格平均降幅 11.2%；便携式计算机 690 台，价格平均降幅 6.58%。印刷网上竞价项目 8 个，涉及预算金额 1548.23 万元，通过竞价共节约资金 599.95 万元，资金节约率 38.75%。[①]

九　山东省完善评审专家管理体系

在政府采购工作的实践中，由于存在抽取过程中经办人员泄密、评标过程中专家存在倾向性、评审专家都是被临时聘用，所属单位复杂，出了问题也很难追究责任等诸多风险，评审专家的管理工作便成为制约一些地区政府采购工作顺利开展的难题。机遇往往与问题并存，评审专家虽然不好管理，可是如果加大监管力度，也是反弹力相对最小的一方。

山东省财政厅基于此，以《山东省政府采购评审专家管理办法》为纲，搭建框架、绘制蓝图；以资源丰富的专家库为基础，备齐原材料；大刀阔斧地筑起了科学、规范、运转顺畅的评审专家抽取、使用和管理体系，逐步破解政府采购评审专家的相关难题。

（一）出台评审专家管理办法

评审专家管理工作不好做，但是也非常重要。山东省政府采购中心为做好这项工作，首先出台了新的《山东省政府采购评审专家管理办法》（以下简称《办法》），并照此严格执行。

该《办法》对评审专家管理和使用等相关工作进行了细致和明确要求：提出了参加政府采购活动评审专家要持证上岗，明确了各级财政政府采购监管部门的职责，细化了专家申请事宜和财政部门受理时限，明晰了评审专家工作纪律，制定了评审专家抽取和使用的各项规则，确定了评审专家劳务报酬的具体规定，推出了评审专家复验的标准和方法，严格了评审专家处罚规定。

---

① 参见《前三季本市通过创新政府采购模式节约资金 12.21 亿元——政府采购“砍价”不手软》，2013 年 12 月 16 日，京报网（http://bjrb.bjd.com.cn/html/2013-12/16/content_134413.htm）。

（二）广泛征集政府采购评审专家

在新的管理办法出台后，山东省财政厅为保证入库专家的权威性和广泛性，向社会广罗精英人才，以进一步充实和完善政府采购专家库。

山东省财政厅一方面通过各种媒体发布消息，另一方面也会同山东省各地级市财政部门、各行业部门、科研院所和各大高等院校多方征集专家。通过一年多的征集，目前山东省新评审专家库的入库专家达到 11087 人，在全国名列前茅。截至 2012 年 3 月，全省使用专家管理系统的社会代理机构用户达到 337 个，各级监管部门和集中采购机构用户达到 203 个，评审专家全省统一管理、分级选用的模式已经基本实现。

（三）完善电子化管理系统

在构建工作开展蓝图，充实丰富专家库资源后，山东省财政厅继续谋划，通过建立科学严谨的电子化管理系统，努力将评审专家的管理和使用工作落到实处。

山东省的评审专家管理系统不仅包括专家的抽取和专家基本信息统计管理板块，还新建立了专家评价和费用信息板块。为了确保用户按照规定抽取使用评审专家，山东省还在建设过程中强化了系统自动监控功能。用户一旦违规抽取确定评审专家或不按照规定报送评审专家使用信息，系统将自动关闭用户使用权，财政监督部门查清违规原因并纠正处理后，用户才能重新使用。目前，该系统的使用用户已经达到了 540 家，基本覆盖了全省各级监管部门、集中采购机构和集中采购机构。

目前评审专家管理系统运行得很顺畅，不过随着工作的推进，2013 年还在现有基础上对该系统进行进一步的完善。具体包括完善评审专家管理系统、强化评审专家抽取功能、防止不按规则抽取使用评审专家及抽取过程泄密等。此外，目前的评审专家管理系统将对专家的抽取过程进行自动记录。该省还不定期分析抽取情况的记录，对有违规抽取告知行为的责任人和代理机构进行通报。①

十　杭州市全力打造政府采购“廉洁商城”

杭州以信息化、网络化、电子化技术为支撑推出的政府采购“网上商城”新模式。在纪检部门的全程监控下，杭州政府采购“网上商城”正成为群众眼中的“廉洁商城”，有效遏制了采购源头腐败，节约了财政资金，创新了政府采购形式，为中国政府采购实践提供了宝贵经验。

（一）打造高效便捷网购平台

杭州市推出的政府采购“网上商城”模式，实现了线上遴选订购、线下履约配送、网上支付、统一归档、平台监管的采购服务模式，使得公共财政资金的使用也可以像上淘宝那样方便快捷，点点鼠标采购就可迅速完成。

杭州市推出的“网上商城”模式，位于杭州市政府采购网的首页上，采购人可根据下达到“采购账户”的采购通知书，登录到“网上商城”专栏，随时进行采购。

以台式电脑采购为例，采购人既可从采购需求出发，选择按品牌、价格来检索产品，也可参考市场认可度，按销量排名、价格排序、好评度、上架时间等来检索，平台会实时给出同类别、同品牌、同价位商品的销量排行榜，以方便采购人遴选。“网上商城”公布

① 参见《山东省大刀阔斧构建专家管理体系》，2012 年 3 月 22 日，山东省政府采购中心网站（http：//www.ccgp－shandong.gov.cn/fin_info/site/read.jsp？colcode＝15&id＝29456）。

的产品价格为采购最高限价，采购人可发起“一对多”议价、网上竞价和批量打包集中等方式“讨价还价”，以获得更优惠的价格。

杭州市的“网上商城”按照商品性质分为协议采购（货物）类和定点（服务）类，据杭州市公共资源交易中心提供的数据，截至2013年7月，已有台式电脑、笔记本电脑、复印机、打印机、传真机、照相机、空调、公务用车等17项货物类品目和定点印刷、定点饭店（会议）、公车定点维修、小型基建工程、信息化项目监理等10项服务类品目共计6611款产品入驻“网上商城”。2013年内，公务用车、物业管理、工作制服三大类新项目采购也将登陆“网上商城”。

（二）实行网上透明竞价

按照《政府采购法》规定，政府采购方式有5种：公开招标、邀请招标、竞争性谈判、询价和单一来源采购。但杭州市建立电子化政府采购系统其实是在这5种方式基础上，利用电子信息技术整合出来的第6种方式。

政府采购的核心原则是“透明、竞争”，杭州市“网上商城”电子化采购一改传统模式，让采购交易的每一环节都公开、透明，朝着理想政府采购模式迈进。

“网上商城”实现了流程再造变革和采购模式创新，将过去传统的“人际交易”变为“网络交易”。政府采购的购买方可在网上选购商品、签订电子合同、网上归档采购资料而实现“网上采购”，供需双方不用跑采购机构，不需出具任何纸质文件，大大提高了政府采购的效率，降低了政府采购的时间成本和财务成本。

经过摸索尝试，杭州市政府采购“网上商城”基本上实现了打造规范、便捷、高效的“1+5+N”政府采购电子政务模式的目标，即在1个统一平台上，监管部门、采购人、代理机构、供应商、评审专家5个采购相关人协同工作，议价、竞价、批量集中等N种竞价方式并存，采购流程清晰、可见、可控、留痕，实现“阳光采购”，走出了一条具有杭州特色的政府采购电子化建设路子。

（三）纪检部门全程监控

理想的政府采购既要“选优”，又要“低价”，杭州市监察局对政府采购“网上商城”的“价格监测”作出要求，并实行采购价动态管理。

在杭州市纪委监察局的指导下，在《政府采购法》的框架下，财政部门出台了《电子化政府采购管理办法》《政府采购评审专家考核办法》《政府采购中介机构考核办法》《供应商考核办法》，在此基础上配套《网上商城操作规程》《网上商城密码管理办法》等管理制度。同时，根据政府采购招标项目，纪检部门安排监督员对政府采购全过程实施监督，并对采购程序、采购当事人进行评估，通过动态监控及时发现、纠正和处理违反政府采购制度规定的行为。

为能真正杜绝政府采购的源头腐败，杭州纪检部门还专门制定了政府采购“网上商城”执行情况审核机制，督导市公共资源交易中心每月组织专家对“网上商城”的执行情况、价格、服务进行审核、谈判，对供应商履约情况进行跟踪、监督，对中标产品性能、用户使用反馈及协议供应商的售后服务质量进行评估。如发现产品故障频繁、服务不到位、供货不及时、价格过高等问题，将约谈相关中标人及供应商并追究违约责任，遇情节严重或拒不改正的，市公共资源交易中心将视情给予扣除履约保证金、暂停三个月、取消本年“网上商城”供货资格直至取消下一年“网上商城”投标资格。①

十一　实践创新总评

2012—2013 年度，中国各级政府采购主管部门锐意进取、大胆创新、勇于实践，进一步丰富了政府采购形式、完善了政府采购制度、提高了政府采购效率，扩大了政府采购的影响力，在中国政府采购的发展里程中迈出了坚实的一步。

（一）政府采购的政策功能得到进一步发挥

在 2012—2013 年度中，政府采购的政策引导功能得到进一步发挥，在促进中小企业发展、扩大政府采购政策影响力、引导绿色消费等诸多领域发挥了积极的建设性作用。

为了支持和促进中小企业发展，发挥政府采购的政策引导功能，2012 年，中央政府出台了《政府采购扶持中小企业发展暂行办法》。为适应经济社会发展的新形势和新要求，更好地发挥政府采购的政策引导功能，财政部新修订了《政府采购品目分类目录》，对有关项目进行了更加科学翔实的规定。此外天津市等地方政府将可持续发展观念落实到工作实处，通过出台相应的优惠政策措施，拓宽绿色采购的形式，大力引导绿色消费，取得了积极的效果，进行了有益的探索和实践。

此外，中国还积极谋求加入《政府采购协议》，进行 GPA 谈判。这项谈判一方面会有利于中国优质企业扩大出口，抢占国际市场；另一方面较高 GPA 的标准，也会对中国的政府采购主管部门和民族企业造成一定的压力，这就要求我们继续以高标准、严要求做好政府采购工作，通过不断学习、实践，创新发展思路，进一步发挥政府采购的政策引导功能。

（二）网上采购得到快速发展

在 2012—2013 年度，北京、杭州等多个地方进一步推行政府采购的新形式——网上采购。其中，北京市采取构建动态的价格监控体系促进政府采购健康有序交易，杭州市则设置了全程留痕、动态监管、纪委监督的阳光运行机制。通过建立政府采购供应商诚信库、协议供货执行情况审核机制、实行采购最高限价以及对协议供货价格进行动态监测管理等多项措施，维护网上超市有效运转，收到了较好的效果。

由于网上采购形式顺应了网络时代的信息化发展趋势，降低了中间环节和交易成本，利用了电商平台成本低、种类齐全的优势，提升了价格透明度，解决了协议采购中价格与折扣不透明的弊端。由于这一形式全过程实施“痕迹化管理”，实施“责任追溯”，可以有效杜绝政府采购的源头腐败与浪费公款行为，也可以有效规范供应商的履约行为，解决了协议采购监管不力的问题。因此，网上采购这一形式代表了政府采购下一步的创新趋势和发展方向，也值得进一步的探索和实践。

（三）探索推进政府采购服务

2012 年 7 月，广东省财政厅正式向社会发布了《2012 年省级政府向社会组织购买服务项目目录》，开启了中国政府采购服务的先河。此后，2013 年 9 月 26 日，国务院办公厅印发了《关于政府向社会力量购买服务的指导意见》，明确提出到 2020 年，在全国基本建立比较完善的政府向社会力量购买服务制度，形成与经济社会发展相适应、高效合理

---

① 参见《杭州全力打造政府采购“廉洁商城”》，2013 年 10 月 15 日，中国政府采购网（http://www.ccgp.gov.cn/dfcg/jingyan/201310/t20131025_3186280.htm）。

的公共服务资源配置体系和供给体系，公共服务水平和质量显著提高。

由于服务作为一种特殊商品，大多具有无形、成本不确定、周期长、专业性较强的特点，特别是公共服务项目，大多为系统工程，不仅要考虑服务项目本身的管理和操作特点，还会涉及社会评价、社会效益，其复杂性远非一般的项目可比。因此，在发展实践中，我们应当逐步制定科学的评审方法和评标标准，而以广东为代表的地方政府，通过对政府采购服务的不断实践将为中国这一领域的发展积累非常宝贵的经验。

总之，在2012—2013年度中，各级、各地区政府采购的信息化水平和信息使用能力都不断增强，科技在政府采购中的地位和作用也越来越大，电子信息化无疑将成为下一步政府采购发展的一个重要趋势。此外，批量集中采购、服务性政府采购也将成为政府采购发展的重要方向。在这两年中，从中央到地方，各级政府采购主管部门在政府采购领域中都进行了积极有益的探索和实践，强化了政府采购管理，创新管理机制，为维护经济和社会和谐起到了不可忽视的积极作用。

（四）批量集中采购模式得到推广

批量集中采购是指对一些通用性强、技术规格统一、便于归集的政府采购品目，由采购人按规定标准归集采购需求后交由政府集中采购机构统一组织实施的一种采购模式。在政府采购公开透明程度及社会关注度不断增强的背景下，“豪华采购”“天价采购”事件频现报端。协议供货暴露出的种种问题，是引发批量集中采购改革的直接原因之一。2013年8月21日，财政部印发《中央预算单位批量集中采购管理暂行办法》，2013年9月4日，财政部办公厅印发《关于中央预算单位实施批量集中采购工作的通知》，进一步明确了批量集中采购范围与协议供货的内容。中央单位推行批量集中采购具有积极的示范作用。一方面，其他集中采购品目也可实行批量集中采购，减少协议供货品目和规模，逐步形成批量集中采购为主、协议供货为辅的格局。另一方面，各省、区、市地域覆盖要求和需求复杂程度低于中央单位，实施批量集中采购更具备条件，批量集中采购可在地方政府采购中推广。

（五）政府采购市场开放步伐进一步加快

2012—2013年，中国政府加入GPA的步伐进一步加快，并成立了国务院GPA谈判工作领导小组。在谈判出价上，进一步拓展了政府采购市场开放的范围，增加了货物附件，扩大了地方实体开放范围，再次降低了工程项目门槛价，充分显示出中国在加入GPA上的诚意。

第三节　代表性成果

【《信息化背景下的政府采购问题研究》】

作　　者：芦艳荣

出版时间：2012年9月

出版机构：国家行政学院出版社

内容摘要：该书以政府采购制度和行为规范为主线，抓住政府采购的组织结构优化和对经济运行的特有职能，在许多方面进行了较为深入的研究，做出了一些有益的探索。随着政府采购规模在GDP总量中所占比重的提高和信息化进程的加快，许多潜在的功能和作用及对国际经济的影响力还将不断显现，一些新的问题和矛盾也会伴随出现，该书正是在这一背景下对当前和未来形式进行了细致地分析与论述。

该书共分为九章，主要内容包括：政府采购与信息化的基本理论、政府采购发展的估计比较、政府采购信息化的技术发展环境、信息化背景下的政府采购组织优化、政府采购绩效评估指标体系构建等。

社会影响：该书紧扣时势，立足信息化快速发展的大背景，对政府采购在新形势下的发展方向、发展思路和面临的新挑战进行了具体分析，为未来中国政府采购的研究提供了有价值的借鉴。

【《政府采购与企业自主创新》】

作　　者：马理　吴金光

出版时间：2012 年 4 月

出版机构：经济管理出版社

内容摘要：该书尝试对政府采购制度实施中的问题与对策进行研究，以探讨在特定条件约束下的政府采购的相关策略。

全书的主要内容包括：从经济学的角度解释政府采购扶持自主创新企业发展的必要性与合理性，为政府采购促进自主创新企业发展的偏好政策提供理论支撑；构建多阶层的模糊甄别模型探讨自主创新企业的资质衡量，确保政府采购资金引导的有效性；介绍政府采购实施机制的理论基础，推导市场条件下的招投标的价格模型；加入优惠偏好政策等因素后改进基于自主创新的政府采购模型，并讨论合谋操纵带来的危害及其风险防范；从信息不对称的角度探讨政府采购资金分配中可能存在的问题，提出减小认知差异以缓解资金配给困境的若干建议；从比较的视角阐述政府采购促进自主创新企业发展的实践，梳理归纳发达国家政府采购促进自主创新企业发展的成功经验以及中国政府采购的发展历程；在分析结论的基础上提出中国政府采购机制设计的政策建议。

社会影响：该书一方面基于中国的国情，加入新的参数对理论模型进行了修正，将纯市场条件下的招投标理论拓展成为有中国特色的政府采购招投标理论；另一方面设计了科学合理的促进自主创新企业发展的政府采购招投标机制，促使政府采购从单纯追求经济效益最大化向强调社会效益与产业发展转化，为中国的政府采购更好地履行产业导向的功能提供了有益的思路，也为财政部门今后进一步完善政府采购机制提供了决策参考。

【《我国政府采购市场开放研究（第 2 版）》】

作　　者：张家瑾

出版时间：2012 年 7 月

出版机构：对外经济贸易大学出版社

内容摘要：在研究方法上，在大量文献及调研的基础上，该书采用实例、统计数据和图形、表格及计量经济学模型进行实证分析，并引用近年来经济数据绘制成图表，对中国加入 GPA 的背景、中国政府采购发展状况以及扩大政府采购规模等问题予以论证。

在结构处理上，为避免给读者造成阅读不便和跳跃的感觉，该书采取近似专题的形式，将有关政府采购或政府采购市场开放问题逐章进行阐述或论证，对于不同章中的交叉内容，均以脚注形式详细标明。此外，为便于读者查阅，该书将中国近 20 年与政府采购相关的法律、法规及重要文件进行整理并编制成附录。另外，还将本书写作过程中浏览的国外涉及政府采购的重要网站收录至附录。

在内容上，该书共分为 15 个章节，对政府采购市场的现状进行了系统分析，并提出了下一步可能的发展思路。

社会影响：该书从历史到现实，从国内到国外，全面、系统地对政府采购的发展历程、当前情况、未来趋势进行了综合阐述，涉及政府采购制度概述，现代政府采购制度的理论渊源及缺陷，国际和区域组织有关政府采购的规则等诸多方面，内容翔实，逻辑明晰，具有很强的研究和借鉴价值。

【《招标采购管理与监督》】

作　　者：赵勇　陈川生

出版时间：2013 年 7 月

出版机构：人民邮电出版社

内容摘要：该书是从事招标采购教育的院校学者与从事招标采购实践专家联合撰写的关于招标采购管理与监督的专著。该书以《招标法》及其《条例》为指导，通过案例解读法条的方式和项目管理的视角，以制定招标方案、编制招标文本、执行招标程序、完成中标项目为经度；以招标代理机构、评标委员会、招标投标交易场所三个组织；程序管理、结果管理、投诉管理三种管理；民事责任、行政责任、刑事责任三种责任为纬度，面向招标人和招标代理机构、招标投标交易场所从业人员，以及行政监督、行政监察部门工作人员精心编著的普及教材。该书中的法理解读有创新、故事撰写有新意、通俗易懂，是作者近年来从事招标投标相关教学实践的总结和结晶。相关附录是有关人员在工作中经常需要的工具表。

社会影响：该书以市场需求为目标，依据作者近年来在国家机关、各类企业、院校咨询部门组织的专场报告会的讲稿系统总结、精选，所编著而成的提高版。两位作者都是中国招标投标协会的专家、参与招标师相关教材的编写或审核，近年来听课学员上万人。该教材对从事招标投标管理和监督的人员是非常实用的工具和参考，是国内目前唯一一本招标采购管理监督的专业书籍。

【《政府采购方法与实务》】

作　　者：于安　宋雅琴　万如意

出版时间：2012 年 1 月

出版机构：中国人事出版社

内容摘要：该书以现行的政府采购法律制度为基本框架，通过引用大量生动、鲜活的案例，向读者呈现中国政府采购制度的现状、存在的问题以及发展的趋势。该书希望广大读者在对政府采购的基本业务流程有所了解的前提下，对政府采购的认知从个人工作经验的层面提升到政府采购的全景层面，能够用发展的眼光看待政府采购制度，看待中国政府采购的事业。

社会影响：该书深入浅出，注重实务。案例分析深入透彻，逻辑层次清晰明了，言简意赅，切中要害，非常有助于解决实际问题，是一本非常具有指导性、可操作性的工具书。

【《政府采购补偿交易研究》】

作　　者：孙天法　温晓红　柴华

出版时间：2013 年 9 月

出版机构：中国经济出版社

内容摘要：该书分为三个部分，第一篇为补偿交易措施及其应用，具体阐述了补偿交易措施、应用、经验与教训。第二篇为补偿措施的必要性研究，在系统分析国际贸易框架缺陷的基础上，分析了国内外产业发展的差距，剖析了实施补偿交易面临的困难，研究了中国补偿交易的外部约束与存在的问题。第三篇为中国采取补偿交易的主要目标和方案设计，分析了中国加入 GPA 的政策目标、政府采购补偿交易的政策目标、政府采购补偿交易的方式以及 GPA 的贸易补偿谈判要价。

社会影响：《政府采购协议》（GPA）规定，发展中国家在加入 GPA 的过渡期内可以实施补偿交易。补偿交易对发展中国家提高技术创新能力、开拓国际市场、整合产业等各个方面具有不言而喻的作用与意义。该书对中国开展政府采购补偿交易的各个方面进行了深入研究，具有很强的现实意义。

【《政府采购管理信息化指南》】

作　　者： 肖飞　毛华扬　宾燕渝　杨树维等

出版时间： 2012年5月

出版机构： 电子工业出版社

内容摘要： 传统的政府采购并没有很好的遵循高效性和透明性等原则。在以往的政府采购中经常出现低效、浪费、重复采购，甚至是滥用职权等现象。这些现象的出现与传统采购方式及相关采购制度均有关系。随着计算机、网络、通信技术等科技的发展，信息化也可以应用到政府采购中，实现公开、公平、高效、透明的采购，推动其健康的发展。该书聚焦政府采购信息化这一热点问题，对政府采购在"云计算"、网上政府采购系统、网络应用安全等新领域进行了全新的探讨和研究。

该书的主要内容包括政府采购管理概述、政府采购管理模式、政府采购信息化技术与运营架构、政府采购信息化实施方法、政府采购软件应用，并对信息化环境下政府采购内部控制体系构建、政府采购数据仓库建立与数据挖掘进行了探索。

社会影响： 该书摄取理论界和学术界众多专家的研究成果，注重政府采购理论与采购实践相结合，深入浅出，主要供政府采购监管部门和采购机构业务管理人员、预算单位相关业务管理人员使用。还可供政府采购供应商、教学研究单位参考。

【《论政府批量集中采购的理论依据》】

作　　者： 马海涛　王东伟

发表时间： 2013年第4期

期刊名称：《中央财经大学学报》

内容摘要： 从中国政府采购组织历史来看，批量集中采购并不是一件新生事物，后来因平均周期过长而搁浅。2011年，财政部作为全国政府采购主管部门，在分析当前经济和社会实际的基础上，将批量集中采购作为中央预算单位政府采购的主要组织形式是具有理论上的合理性的。

该文运用规模效应理论、宏观调控理论、企业声誉理论、品牌成长理论、博弈论等多领域知识，着重从经济学和管理学两个方面研究这种需求高度整合的政府采购组织形式与其发挥作用的理论依据，并根据相关理论为批量采购进一步推行提供建议。该文认为从拉动当前市场需求不足和加强政府宏观经济调控角度看，批量采购是符合当前现实情况的政府采购组织形式。

社会影响： 该文为批量采购进一步的推行提供了建设性建议，以广阔的视野对相关理论进行研究，将综合性、跨学科理论应用于政府批量集中采购现实分析和推理，成为中国政府批量集中采购理论体系的重要补充。

【《我国加入GPA的开放与保护策略选择》】

作　　者： 姜爱华

发表时间： 2012年12期

期刊名称：《地方财政研究》

内容摘要： 该文以中国当前应对《政府采购协议》（GPA）谈判的国家行为作为实证研究的基础，积极探索和论证中国应如何适应经济全球化的时代条件，在国际自由贸易框架内争取发展机会和贸易利益，如何运用发展中国家身份和地位，在政府采购市场竞争中充分使用政策手段规避风险、提高效益，更好地为国民经济整体大局谋利。

该文分别从开放实体范围的确定、门槛价的制定、开放项目的例外与发展中国家条款、确立国货标准优先购买国货、规定对外采购的规模限制、充分发挥政府采购的政策功能六个方面阐述了中国加入GPA的现实可能的举措。

社会影响： 加入GPA是中国自入世后国际经贸领域的又一重大战略选择，如何最大程度地趋利避害、扬长避短，抓住机遇、迎接挑战，是中国面临的极具现实意义的一道考题。该文通过全面系统的分析，从六大方面进行阐述，为相关领域的战略抉择提供参考和借鉴。

【《提升政府采购预算管理水平》】

作　　者：李艳秀

发表时间：2013 年第 15 期

期刊名称：《中国财政》

内容摘要：政府采购预算是部门预算的重要组成部分，是制定采购计划和方案的前提和基础，是政府采购制度实施成功与否的关键。政府采购预算管理在各地政府采购实际操作中还存在诸多不规范行为。例如：没有制定采购预算或预算不够细化，导致实施过程中存在较大变化；采购预算的编制缺乏科学性、合理性和预见性；对于结余资金的安排缺乏充分的法律解释；“拼盘资金”构成的采购项目资金落实困难；缺乏统一的采购标准，形成了“苦乐不均”或互相攀比的风气等。

为预防和解决这些不良行为，该文立足实际，提出以下四方面的建议和意见。一是加强采购预算编制，提高政府采购预算的科学性和效益性。二是细化采购预算。政府采购预算编制应依照政府采购“应采尽采”原则，对资金来源为预算内资金、预算外资金、政府性基金、非税收入的采购项目支出全部纳入政府采购管理。三是及时下达采购预算，加强政府采购预算管理。政府采购预算应与部门预算统一布置、统一编制、统一审核、统一批复。四是维护采购预算的严肃性。采购单位要增强预算意识，按照规定编制并执行预算，不得擅自改变资金用途和超标准采购。

社会影响：该文针对当前政府采购执行中预算编制不科学合理，缺乏统一性等问题，针砭时弊的从规范政府采购预算的角度提出了四点建议，对于下一步继续规范中国财政预算编制，提高政府采购水平和效益具有重要的参考意义。

【《我国政府采购法律体制的缺陷及重构》】

作　　者：陈向阳

发表时间：2013 年第 5 期

期刊名称：《贵州大学学报》

内容摘要：围绕政府采购出价清单的多轮谈判预示着中国加入 GPA 的日期临近，中国现行政府采购体制的内在冲突以及与 GPA 的外围对接障碍都凸显重构政府采购法律体制的迫切需求。为了推进国际经济一体化，促进世界贸易的自由化，审视政府采购体制的缺陷，转变政府立法理念，以公平、正义、透明领衔各项采购制度设计，才能从根源上破除政府采购的困境，实现政府采购体制功能的有效发挥。

该文借鉴 GPA 的有关要求和国际上的先进经验，根据中国具体国情，指出当前中国面临着政府采购法和招标投标法难以有效对接，政府采购法律价值目标单一，以及政府采购程序尚待完善等三大问题，并对这三大问题分别提出了可能的解决方案。

社会影响：该文立足中国进行 GPA 谈判的有关国情，结合国内外相关经验和理论研究，对新形势下中国政府采购的法律体制建设提出了新的要求并提出相关建议，具有较强的现实针对性和可操作性。

【《广州政府购买服务现状调查与对策建议》】

作　　者：韦朝烈　尹红晓

发表时间：2012 年第 5 期

期刊名称：《探求》

内容摘要：广州市近年来在政府购买服务方面进行了一系列积极的探索和实践，购买服务的范围和数量快速增长，管理也日益规范化。同时，广州市在政府向社会组织购买服务方面的人员、组织、制度也存在一些问题和困难。要促进政府向社会组织购买服务健康发展，必须加强社工人才队伍建设，加大社会组织培育力度，加快建立完善服务绩效评估机制。

社会影响：广州市是中国最早实施政府购买服务的地区，广州的有关经验教训对推动中国政府购买服务的研究具有很强的借鉴意义。该文立足广州政府购买服务的现状，对广州在政府购买服务中的经验教训进行了实证研究，是中国基于国内具体实践来研究政府购买服务的拓疆之作。

第十章　政府管制

王　健　王红梅　李双双

第一节　理论进展

政府规制，是指政府为了维护公众利益、纠正市场失灵，依据法律和法规，以行政、法律和经济等手段，限制和规范市场中特定市场主体活动的行为，确立市场竞争秩序，促进市场经济稳定发展。按照政府对微观经济干预政策的性质不同，政府规制可以分为：经济规制、社会规制、行政规制。①

2012—2013年，中国政府规制领域的理论进展主要体现在政府规制基本理论问题探析、政府规制创新研究、具体领域政府规制研究、政府规制的国际比较几部分。本节将对2012—2013年中国政府规制领域理论进展进行梳理，以掌握中国政府规制理论研究的热点、重点和趋势。

一　政府规制基本理论问题探析

（一）政府"为何规制"以及"如何规制"问题探析

政府"为何规制"和"如何规制"是政府规制理论必须要回答的两大问题。各种政府规制理论都对这两大问题进行了探讨。白静和李艳对已有政府规制理论对上述问题的研究情况进行了述评。② 关于政府"为何规制"的问题，公共利益规制理论假设政府是道德人，其规制目标是克服市场失灵、实现社会福利最大化，规制是一种外生变量。随后的规制俘获理论、规制经济理论、激励性规制理论逐渐形成了共同范式：共同的基本假设是政府以强制权作为基础性资源，使得社会福利在不同社会成员之间发生转移；共同的基本构想是规制供求双方都是理性"经济人"，通过选择性行为谋求自身福利最大化；共同的基本观点是政府通过规制在公共政策形成过程中发挥重要作用；共同的基本方法是供求分析方法。政府规制理论的各个阶段，体现为逐步将对规制理论的研究置于经济学标准的供求分析框架下，实现了规制经济学在政府特性假设研究重心下的演进。关于政府"如何规制"的问题，公共利益规制理论将政府规制视为暗箱操作，只谈规制不谈如何规制。而规制俘获理论开始在操作层面进行研究，假设规制者为了自身福利最大化，可能被利益集团俘获；规制经济理论对假设命题进行了论证，构建了分析模型，将规制作为一个经济系

---

① 王健等：《政府经济管理概论》，中国人民大学出版社2007版。

② 白静、李艳：《实践中的"扬弃"式演进——政府规制理论述评》，《中共郑州市委党校学报》2013年第4期。

统的内生变量，对规制供需双方进行研究；激励性规制理论则进一步将规制置于利益集团、规制机构、国会结构框架下探讨委托——代理问题，构建相应的激励模型，解决政府“如何规制”的问题，完成了对规制经济学最前沿的发展。

（二）政府规制的要素探析

所谓要素，指事物必须具有的体现其实质或本质的组成部分。政府规制的要素就是规制的必须组成部分，通常包括规制主体、规制对象、规制方式、规制依据、规制内容、规制目的等。王雪认为，规制主体和规制依据（法律制度）是研究重点，原因在于规制主体和规制依据是规制的基本构成要素：一方面，政府规制体制必须有法律的明确规定加以规范；另一方面，政府规制体制必须有具体的组织机构发挥作用。①

（三）政府规制的优势和作用范围探析

政府规制与宏观调控都是政府管理经济不可或缺的手段，二者是互补的关系，但是二者在调节目标、调节视角、调节手段、政策稳定性上存在着差异。任晔研究了政府规制与宏观调控的互补性和差异性，指出二者在纠正市场失灵方面相辅相成。政府规制从微观层面纠正市场失灵，规范市场主体运营，维护市场竞争秩序，提高市场运行效率，增进社会福利，为宏观调控构建健康的微观基础；宏观调控使社会资源得以充分利用，保持物价稳定和低失业率，为政府规制的实施提供良好的宏观环境。针对同样的问题，二者关注和解决的侧重点不同，使用的政策手段也不同，但正是这种差异，互相弥补了各自政策的不足与缺陷。②

政府规制的领域全面涉及经济和社会发展。任晔从经济规制、社会规制、行政规制的角度分别进行了分析。经济规制以某个具体产业为主要研究对象，其研究领域主要是自然垄断领域（其典型产业包括有线通信、电力、铁路运输、管道煤气和自来水供应等具有物理网络的自然垄断产业）和存在严重信息不对称的领域（其典型产业主要是金融保险业）。在经济领域，政府规制要纠正市场失灵，消除外部效应；培育和发展竞争性市场，抑制垄断，减少不正当竞争；规范市场主体、市场客体和市场载体的行为，创造一个公平竞争的市场环境，从而达到优化资源配置，提高市场经济效益的目的。社会规制则是围绕为达到一定社会目标的跨产业、全方位规制而展开，涉及领域主要包括卫生健康、安全和环境保护。在社会领域，政府规制要协调社会成员的利益，维护社会公平和社会稳定，通过实施个人收入均等化政策，调节社会成员收入水平，通过累进税、转移支付、限制最低工资、社会福利等诸多措施和手段，避免收入差距过大，防止两极分化。行政规制又称为对规制者的规制，是对进行经济规制和社会规制的政府行政机关工作人员的规制，是派生的规制，属于政府部门内部监督和管理。政府规制要通过对规制者的规制，修正在经济和社会规制过程中产生的政府失灵，提高政府规制效率。

二　政府规制创新研究

（一）政府规制道德性维度研究

崔德华提出政府规制的可能性和有效性需要多种规制方式共同发挥作用，其中道德作为一种软规制方式，其规范调整作用是不可忽略的，强调政府的道德性规制必须具有一个

① 王雪：《政府规制的要素研究》，《价值工程》2013 年第 24 期。

② 任晔：《政府规制的比较优势与作用范围分析》，《内蒙古科技与经济》2012 年第 8 期。

科学的维度，忽视这个维度就很难实现规制的目标。他将政府规制应当具有的道德性维度概括为六个方面，即政府规制的道德基础、政府规制的道德尺度、政府规制的道德目标、政府规制的道德要求、政府规制的道德约束和政府规制的道德底线。①

（二）政府规制能力研究

吴佳惠指出，政府规制能力是政府规制机构依据掌握的规制权力，运用适当的规制工具，履行相应规制职能，实现规制目标和效果的能量与力量。政府规制能力的影响要素包括基础要素、保障要素和提升要素，而规制决策能力、规制执行能力、规制调整能力、规制监督能力构成了政府规制能力的主体内容。在政府规制实践中，政府规制能力的外显形式主要包括经济性规制能力、社会性规制能力和反垄断规制能力，这三者之间相互区别，互为补充，构成了政府规制能力的外在表现形式。②

（三）政府规制新框架构建

构建政府规制新框架是当今世界各国普遍关注的一个重要问题。从规制理论建设与发展来看，20 世纪以来的政府规制经历了市场失灵与政府的矫正措施、检视规制政策的效果、寻求规制政策的政治原因、政府规制中的激励问题四次主题变迁，形成了公共利益规制理论、部门利益规制理论、放松规制理论和激励性规制理论等。随着社会发展变化与规制改革的推进，相关理论也需要进一步发展和完善。

吴江通过研究发现，从规制制度建设来看，新的规制框架需要更加重视行政程序的完善和规制的法治化管理。社会中大量的风险问题涉及的是政策科学性，要求通过法律法规建设进行有效的风险规制。就当前和未来的形势来看，应将社会安全、食品药品安全、失业风险以及基础设施等领域确定为社会规制的优先领域。他提出了构建政府规制新框架的思路。第一，必须建立干预微观主体活动的规制标准。第二，要建立和完善各种规制共享数据库。第三，加强技术手段的应用，提高规制效率和质量。第四，规制新框架应建立在高效、专业的治理之上，必须进行有针对性的组织再造和公务员能力建设。第五，要保持规制政策的循环管理。③

（四）政府规制创新与变革

当前西方政府规制方式的发展趋势表现为规制方式不断创新且非强制性日益突出。中国当前政府规制方式的总体特征是“命令控制”色彩依然浓厚并且管制低效。与西方法治国家不同，中国并没有一个从自由经济中萌生政府规制经济的过程，而是从一开始，政府计划力量便过于强大。行政性限制准入和计划配置资源是主要的规制手段，形成了全国性的国家行业垄断，市场调控功能在这种计划经济体制下所形成的行政垄断中极度萎缩，亟须要在政府规制方面进行创新与变革。

刘恒、黄泽萱认为，西方政府规制的理论基础在于“市场失灵”和“私法失灵”，但在中国几乎不存在市场调节的时期，并无所谓“市场失灵”的存在。此后的发展也区别于西方规制国家的成长路径——在放弃了计划经济时代的“所有者政府”后，中国并没有转向“守夜人”政府，而是直接走向了“规制政府”，具有现代意义的政府规制开始于改革开放，市场经济的发展要求政府与市场分离。三十多年的政府体制重组，一方面改革

---

① 崔德华：《论政府规制的道德性维度》，《海南师范大学学报》（社会科学版）2013 年第 11 期。

② 吴佳惠：《政府规制能力的解读与探析》，《福建行政学院学报》2013 年第 5 期。

③ 吴江：《加强和创新社会管理，构建政府规制新框架》，《中国机构改革与管理》2012 年第 6 期。

着高度计划经济留下的规制体制，另一方面尝试着与市场经济相协调的现代规制手段。可见，中国的政府规制的发展是从一开始的过于强大向逐渐放松转变，从传统的规制手段向新型规制模式转变。这种政府规制背景对行政权行使的影响表现在：第一，规制放松意味着政府让权与赋权，因此需要建立分离、制约行政权，规范行政执法的法治制度；第二，规制放松并不等于撒手不管，而是新型规制手段的形成，因此，行政权的行使方式必须改革，行政执法面临着包括执法主体与执法手段等方面的转变。欧美国家由于具有较为浓厚的法治传统，政府权力难以任意膨胀，政府与市场早已形成良好互动，因此，规制经济的发展给他们带来的更多的是第二种影响，即如何发挥行政权的功能性与灵活性而应对公共行政和福利时代的新任务。而在中国，这两个影响是同时萌生、同时发展的。在中国尚未真正建立一个制约行政权的法治框架、一套高效运行的法治制度时，行政权如欧美国家一般面临着新规制时代的到来，面临向能动行政和服务行政转型的任务。因此中国并不是在高度法治国家运行体制下寻求如何高效执法的问题，而是一边继续着划分执法权力边界的基础制度构建，一边兼顾行政事务日益复杂化、专业化带来的行政执法转型问题。在这种双重任务下，中国的行政执法建设既需要继续规范化、法治化，又需要创新思维，寻找新的行政执法手段应对市场经济的深入、公私边界模糊以及民主理念的广泛传播等趋势。①

陈茂国、李沫认为，中国当前政府规制方式改革是借鉴西方政府规制方式的成功经验，适应社会发展需求，顺应全球政府规制方式的发展趋势，对现行规制方式进行改革创新，以实现从传统命令控制型手段到非强制的政府活动方式的转变，其目的是为了增进规制实效。中国政府规制方式的创新主要包括继续放松政府规制和引入多元化规制方式两个方面。②

三　具体领域的政府规制研究

政府规制理论的演进源自规制实践。这一理论与社会不同历史时期的社会政治、经济状况紧密相连，正是现实中存在的具体问题，引起一些经济学家对规制有效性的思考和对政府规制效率问题的质疑，并着力于进行具体领域政府规制方式方法等问题的研究。按照政府对微观经济干预政策的性质不同，政府规制可以分为：经济规制、社会规制、行政规制。近两年，中国学者对社会规制、经济规制以及二者兼有的综合性规制的多领域的政府规制问题进行了研究。

（一）社会规制问题研究

社会规制，是政府对涉及生产、消费和交易过程中的安全、健康、卫生、环保、提供信息、社会保障等社会行为进行规范和管理，以协调社会成员的利益，提高市场效率，增进社会福利，维护社会的公平和稳定。③

1. 媒体业的政府规制

在当前融媒体竞争格局下，新兴媒体对广播电视传统媒体的竞争格局产生深远影响，特别是微博、微信的崛起使人们获取信息的方式发生转变，视频网站的崛起直接分流电视观众，给广播电视媒介的政府规制带来新的课题。张永从媒体融合和政府规制两个方面入

① 刘恒、黄泽萱：《政府管制与行政执法的变革》，《江苏社会科学》2012 年第 4 期。

② 陈茂国、李沫：《我国政府管制方式的发展与创新》，《社会主义研究》2013 年第 4 期。

③ 王健等：《政府经济管理概论》，中国人民大学出版社 2007 版。

手，回顾了广播电视媒介政府规制的发展沿革，试图在媒体融合前景下，探讨广播电视规制的现状与出路。他研究认为，政府对于广播电视传媒产业的规制和引导是影响广播电视传媒发展的关键，能直接影响传媒产业的竞争态势与发展格局，因此，必须深化广电体制改革，建立公平的市场机制，加强对广播电视媒体，特别是电视媒体的监管和电视产业的引导，进一步推进广播电视的声屏净化与市场繁荣，以开放的视野和客观、理性、包容的心态，高度关注广播电视媒体在融媒体环境下的变化。①

张文祥以国家广电总局实施的“限广令”为分析对象，以西方法治国家广播电视政府规制为比较视角，从规制依据、规制目标、规制主体、规制结构、规制手段、规制效果等具体问题入手，探讨政府对广电媒体广告播放行为进行规制的正当性、必要性和实效性，分析规制应遵循的原则和界限，提出在权利保障和行政法治前提下改进中国广播电视规制。他研究发现，中国媒介规制变迁中，一直没有超越对规制和正式约束的移植阶段，只是将国外与市场经济相关的条文拿过来使用，而没有变革、改善根本性的正式约束及其生存土壤与根基——非正式约束，也没有建立一套有效的实施机制。而有效的制度安排包括非正式约束、正式约束和实施机制三个不可或缺的内容。他认为，对广播电视的政府规制应以保护言论（包括广告在内）为前提，在规制依据、规制目标、规制手段、规制主体等方面实现变革，以实现广播电视规制的法治化。②

2. 宗教文化遗产政府规制

陈雅岚对宗教文化遗产中的政府规制问题进行了研究。她认为由于宗教文化遗产的稀缺性、公共性以及法律的不完备性，在其保护与开发中应加强政府规制。目前中国宗教文化遗产资源政府规制主体存在独立性和专业性缺乏、以发挥综合性规制机构的作用为主、管理职能和规制职能混淆等问题；文化遗产政府规制模式的权力归属于政府机关，行政垄断严重；宗教文化遗产政府规制法律法规立法滞后、缺乏配套法律；中国的宗教文化遗产政府规制手段单一，规制的各种手段之间不协调。因此应该明确规制主体，改变规制模式，完善规制法律，运用多种规制手段，才能更好地保护宗教文化遗产。③

3. 收入差距的政府规制

过大的居民收入分配差距不仅不利于社会的和谐与稳定，而且还严重影响着消费需求的增长、产业结构的升级和经济发展的质量。调节收入分配差距是社会规制的重要目的之一，尽管随着学者对政府规制问题研究领域的不断扩展，调节收入差距问题不再是政府规制研究领域的热点，但也仍然是重点。徐充、王晓策通过对美国、日本和中国台湾地区平抑居民收入分配差距的举措进行了经验分析，提出加快新农村建设缩小城乡差距、强化税收政策对收入分配的调节力度、提高国民教育水平促进劳动力就业、完善社会保障体系促进慈善事业发展等中国规制收入分配差距的基本对策。④

4. 公共文化服务的政府规制

---

① 张永：《融媒体竞争格局下广播电视媒介的政府规制研究》，《东北财经大学学报》2012 年第 6 期。

② 张文祥：《“限广令”、规制与行政法治——以西方国家广播电视业政府规制为比较视角》，《西北大学学报》（哲学社会科学版）2013 年第 2 期。

③ 陈雅岚：《论宗教文化遗产资源开发的政府规制》，《云南社会科学》2012 年第 1 期。

④ 徐充、王晓策：《中国政府规制收入分配差距的对策思考》，《理论探讨》2012 年第 3 期。

公共文化服务是现代社会文明的基本标尺，也是社会主义文化建设的重要一环。朱云、包哲石分析指出，推进公共文化服务市场化，引入竞争机制，发挥市场在文化资源配置中的基础性调节作用，才能优质、高效地提供公共文化产品。然而，在用足市场的同时，政府的重要职能同样不应被忽略，发挥政府规制的控制、规范及其引导作用，营造符合市场化规律的制度环境，才能为公共文化服务的供给提供有力保障。①

（二）经济规制问题研究

经济规制，是政府依据法律法规，对市场主体的市场准入、市场运营、市场退出，既定数量产品（包括商品和服务）的价格、质量、交易方式和条件等经济活动进行监督、管理和规范，以限制不公平竞争，纠正市场失灵，维护市场经济秩序，提高市场效率，增进社会福利。② 经济规制的领域主要集中在公共产品以及以自然垄断行业为主的准公共产品，涉及土地、城市垃圾处理、供水、煤电、景区、铁路、公路等多个行业。除此之外，关系到民生的药品、在经济中作为重要指标的零售、近年成为热点的新兴战略性产业以及紧密联系实体经济的股市等方面的政府规制问题亦受到学者关注。

1. 公共产品领域的政府规制问题

公共产品特性决定了其市场供给的低效性，这种低效性会直接危害公共利益、降低社会福利水平。政府直接干预市场配置机制或间接改变企业和消费者供需决策的各种规制政策是必要的和正当的。曾广录、李映辉认为，政府规制有着不同的表现形态，其归宿都是围绕社会公共利益的实现和社会福利水平的提高这一价值逻辑而展开。政府规制理论和实践演进的历史是印证这一价值逻辑的最有力证据。③

城镇化发展产生了对建设用地的迫切需求，土地规制问题也随之出现，其中以土地征收和土地利用问题最为突出。土地征收问题的核心是对公共利益的界定与征收权力的限制，土地使用的关键是制定科学合理的用地政策。宋光宇通过对比研究中国与国外土地征用、使用的政府规制制度，为政府实现征收权力、耕地保护和统筹城乡协调发展提出合理化建议：界定公共利益，限制征收权力；完善征收补偿和争议处理制度；建立科学的土地使用规制制度；建立科学的城乡规划体系。④

聂永有、王振坤对公共产品的民营化进行了研究。他们认为公共产品供给民营化，并不意味着政府的完全退出，政府始终负有向社会公众提供公共产品或服务的原始责任，民营化只是在提供的形式上完成了向私人部门的转移，政府应完成从公共产品直接提供者向规制者的角色转换。他们以城市生活垃圾产业为例，进行了系统的分析。他们认为有效的规制应建立在真实的规制环境上，在城市生活垃圾产业民营化的规制中，面临着现有规制者与合约方一体、规制机构与企业信息不对称、政府部门承诺有限等规制约束。基于目前的规制环境，中国城市生活垃圾产业在推进民营化的同时，应建立起独立的规制机构，加

---

① 朱云、包哲石：《我国公共文化服务市场化视阈下的政府规制研究》，《世界经济与政治论坛》2013 年第 3 期。

② 王健等：《政府经济管理概论》，中国人民大学出版社 2007 版。

③ 曾广录、李映辉：《论公共产品供给中政府规制的价值逻辑》，《求索》2013 年第 1 期。

④ 宋光宇：《城镇化背景下建设用地政府规制的国际比较》，《世界农业》2013 年第 11 期。

强监管，逐步纵向一体民营化以降低交易成本，在合约中采用指数化价格分享企业租金。①

2. 准公共产品领域的政府规制问题

准公共产品的社会认可度是政府规制准公共产品运行效果的一个重要衡量指标，因此，研究准公共产品的社会认可度具有重要的理论与实践意义。方德斌认为以往针对准公共产品社会认可度的研究主要集中在确定信息下的研究，而准公共产品的社会认可度指标具有很多不确定信息。他建立准公共产品社会认可度综合指标体系，分析准公共产品社会认可度指标中具有的定性与定量相结合及不确定性信息特点，运用证据理论对不确定信息进行融合，建立不确定信息下准公共产品社会认可度理论模型，研究探索了准公共产品社会认可度指标中的不确定信息及不确定信息的处理合成方法。他的研究为不确定信息下准公共产品的社会认可度问题提供了理论体系，为准公共产品的运营及政府规制提供有效的决策支持。②

自然垄断行业被认为是准公共产品的典型代表之一。资本沉淀、不合理的政府规制导致自然垄断行业有效竞争不足，民间资本始终徘徊在行业门外，政府规制改革需要新视角和新思路。王璐、陈民通过引入可竞争市场理论，从加强沉淀成本管理的角度分析不同性质自然垄断行业的政府规制，旨在促进民间资本的有效进入。其中，准自然垄断行业规制的重点是消除人为制造的沉淀成本，并通过相关政策完善行业环境，降低沉淀成本，而完全自然垄断行业规制的重点是隔离沉淀成本和通过间接竞争、比较竞争减少沉淀成本。③

城市水业作为公共事业，是典型的自然垄断产业，政府规制对于城市水业市场化改革至关重要。蒋寒迪分析认为，当前政府对城市水业规制的路径有以下几点：在行政框架内建立相对独立的规制机构；以法律法规为基础建立一整套规制体系；建立公开透明的决策程序；建立必要的制衡机制。④ 于良春、程谋勇通过构建规制模型，分析地方政府在不同目标下对水务行业纵向分离政策的选择。他们的研究发现，在地方政府追求融资最大化时会选择水务行业纵向一体化；在追求社会福利最大化时会选择纵向分离。在纵向分离时不会在上游引入竞争，最终水价不会发生变化。他们通过利用面板数据进行检验，证实了模型的结论。他们认为结合中国现状和国际上在水务规制方面的经验，现阶段中国水务行业的改革可以从几个方面加以推进：利用特许经营吸引投资，引入竞争；完善水价定价机制；明确监管，信息透明。⑤

煤电企业是自然垄断行业中典型的供应链企业，煤电关系紧张、冲突不断，表现为电煤价格之争，本质是煤电利益之争。桂良军、谷增军、乔英伟分析认为，现有的煤电冲突治理模式不能从根本上解决煤电矛盾，煤电各方会采取各种策略应对以获取利润；同时，

① 聂永有、王振坤：《公共产品供给民营化背景下的政府规制研究》，《中国人口·资源与环境》2012 年第 1 期。

② 方德斌：《不确定信息下准公共物品社会认可度与政府管制政策——基于电网运行的证据研究》，《管理世界》2012 年第 10 期。

③ 王璐、陈民：《民间资本进入下自然垄断行业政府管制——基于可竞争市场理论的探讨》，《中国行政管理》2012 年第 10 期。

④ 蒋寒迪：《城市水业政府规制的路径分析》，《辽宁行政学院学报》2012 年第 8 期。

⑤ 于良春、程谋勇：《地方政府规制与水务行业纵向分离研究》，《理论学刊》2013 年第 7 期。

中国煤电企业供应链市场结构导致煤电价格传导机制失效。要从根本上解决煤电矛盾，政府部门应减少直接干预市场，而是以价格、税收等作为调控杠杆，让市场形成竞争环境的收益分配协调机制，这一协调机制是以供应链合作为基础。首先，在供应链整体收益最大化基础上，各方商定整体收益的分配率；其次，作为现实的选择，政府要研究制定电煤、电力规制价，对电煤、电厂和电网各方因规制损失进行补贴；从长远看，要在坚持放开煤价的基础上，在发电侧实行竞价上网，取消生产环节的价格补贴；在销售侧实行竞价向用户供电并实行上网电价与销售电价的市场联动，使价格充分反映市场供求的变化及资源的稀缺程度，同时，在政府规制下，减少或取消交叉补贴，建立合理透明的能源定价机制，将补贴和交叉补贴从价格中剥离出来，变目前电网企业的低电价或亏损对电力用户的“暗补”为政府对居民、农村或困难电力用户的“明补”，对电网企业因受到政府规制损失进行补贴。同时，加大对煤炭企业资源税费的征收，补充政府财政收入，减少政府补贴压力，从根本上解决煤电矛盾。①

景区经营权转让是旅游资源市场化经营的一种创新模式，与景区经营权转让相关的问题一直以来都受到学者的关注。梁明珠、王琦在前人研究的基础上，针对目前旅游资源市场化经营存在的问题，结合景区经营权转让下政府和企业的行为，构建政企进化博弈模型，根据模型分析得到以下结论：一方面，政府规制的罚金应该远远大于企业不保护旅游资源所得的额外收益，因为企业追求的目标是利润最大化，不保护旅游资源为其带来的利润空间巨大，如果罚金微不足道，就不能起到威慑作用，所以，关键是提高企业不保护旅游资源的成本；另一方面，只有当政府有效规制的成本足够小，即政府要采取有效措施降低自身对企业规制的成本费用，政府规制的动力和效率才更高，才有可能降低企业不保护旅游资源的概率。为实现政府有效规制和企业保护旅游资源的优势策略组合，应当采取以下措施：第一，政府和企业要建立更清晰合理的委托代理关系。第二，增加投资企业保护旅游资源合理发开经营的长期稳定收益。第三，完善相关的法律体系，加大企业违法成本。第四，加强社会监督，增强企业责任感。②

在2013年国务院大部制改革中，铁道部被撤销，其客货运输服务经营管理职能由中国铁路总公司这一国有企业承担，如何保证这种“单纯组织私法化”形式的民营化改革顺利进行，是接下来需要着重解决的问题，而近年来发生在中国公交民营化改革中的逆民营化现象，即公交事业由民营重新收归国营，使得人们开始怀疑民营化改革本身的合理性。陈思融、章贵桥通过分析西方国家民营化经验得出结论：民营化改革过程是一个公共服务市场供给和政府供给之间的动态运动过程。逆民营化现象是民营化改革中的正常现象，并不能说明民营化的失败。民营化改革成功的关键在于革新政府规制，明确政府责任。③

收费公路具有基础设施和自然垄断属性，这导致市场失灵的存在，要求政府规制的介入，但受到政府规制合理性和执行有力性的影响，收费公路行业政府规制效率有待提高。

---

① 桂良军、谷增军、乔英伟：《基于政府规制的我国煤电企业收益协调机制设计》，《中国软科学》2012年第7期。

② 梁明珠、王琦：《景区经营权转让下政府规制和企业经营的进化博弈》，《生产力研究》2012年第4期。

③ 陈思融、章贵桥：《民营化、逆民营化与政府规制革新》，《中国行政管理》2013年第10期。

因此，陈明蔚、陈贵华在分析政府规制效率理论基础之上，研究了收费公路行业政府规制效率的影响因素，进而提出了相应整改措施。他们认为，收费公路行业政府规制效率主要受到政府规制合理性和政府规制执行有力性两方面的影响。基于上述分析，为提高收费公路行业政府规制效率，促进收费公路行业的可持续发展，他们从以下几个方面提出相应措施：第一，合理界定政府规制边界，弥补市场失灵的范围。第二，建立独立、高效的政府规制机构，并加强对其监督。第三，规制成本收益分析对政府规制效率提高的机制。①

作为矿产品贸易大国，中国却长期在矿产品国际市场上处于弱势地位，其中一个重要原因在于中国对矿产品相关政府规制的失当。袁红林、吴朝阳认为，要提升矿产品的国际市场势力，中国应针对矿产品特性，根据自身实际，分类别从矿产品的经济规制、社会规制和涉外规制多方面着手对现有矿产品规制措施与体系不断进行优化。相关规制措施应着力于完善矿产品市场机制，理顺市场关系，整合市场力量，治理市场失灵，避免成为“规制俘虏”。②

为降低组织对捐赠的依赖，获取持续稳定的资金来源，中国基金会正转向商业领域，从事商业活动；然而，基金会在商业活动中频频出现的违规行为折射出政府规制的不适应性。基于此，颜克高、薛钱伟通过梳理中国现行相关政府规制，从基金会商业行为与慈善活动的边界界定、关联交易、税收优惠政策、风险防控四个方面分析问题，在借鉴国外经验的基础上，针对性地提出了完善中国基金会商业行为政府规制的具体对策建议：明确界定商业行为与慈善活动的边界；规范关联交易；实行差异化的税收优惠政策；建立风险防控机制。③

3. 药品行业的政府规制

对药品市场进行严格的政府规制是世界范围内的一个普遍现象。张庆霖指出，在社会性规制被用来保障药品的质量和安全等，经济性规制则用来控制居民和政府医疗费用支出的此逻辑下，医疗卫生公平问题被简单地归结为居民用药安全和全社会医疗费用支出的降低，并往往被等同于社会福利的改进，政府规制对企业技术创新的挤出效应在规制的目标和过程中基本被忽略，而技术创新直接影响到创新药品的推陈出新，更长远地关系到人类健康改善和生命延续。他认为，政府规制必须兼顾短期社会福利改进与技术创新效率“遗失”所造成的长期社会福利损失，规制影响评价的介入有助于更加科学、合理地进行政府规制。④

4. 零售业的政府规制

自零售业对外资实行开放以来，零售商规模不断扩张，市场集中度日益提高，其对供应商的买方势力也越来越强，对供应商和消费者都产生了较大的影响。于霞、温孝卿通过计算市场集中度衡量了自2000年以来大型零售商的买方势力，并分析了其带来的正面和

---

① 陈明蔚、陈贵华：《收费公路行业政府规制效率问题研究》，《贵州师范大学学报》（社会科学版）2013年第6期。

② 袁红林、吴朝阳：《提升中国矿产品国际市场势力的对策：基于政府规制视角》，《中央财经大学学报》2012年第7期。

③ 颜克高、薛钱伟：《基金会商业行为政府规制的逻辑起点与逻辑链》，《求索》2013年第3期。

④ 张庆霖：《药品市场的政府规制：社会福利改进与技术创新效率》，《改革》2012年第7期。

负面社会效应，最后指出进行有效的政府规制是促进中国零售业健康发展的重要策略。[①]

5. 物流行业的政府规制

舒辉、李建军通过建立博弈模型，对企业与企业、企业与政府在实施绿色治理物流负外部性的过程中的博弈行为以及企业与政府之间的合谋行为进行了分析。分析结果表明，在政府规制前提下，为了激励企业实施绿色物流，政府应尽量减少监督检查成本，并对负外部性比较严重的企业加以重罚，对实施绿色物流的企业给予补贴，以提高企业实施绿色物流的积极性；另外，在进行政府规制的过程中，必须制定严格的监督机制、奖惩机制和利益协调机制，增加企业寻租的成本和风险，尽量避免企业和政府合谋行为的产生。[②]

6. 战略性新兴产业的政府规制

发展战略性新兴产业是破解资源环境压力、提高可持续发展能力的有效举措。现阶段，中国战略性新兴产业重复建设等同构现象较为严重。邹艳芬、陆宇海分析认为，消除战略性新兴产业同构隐患，应从政府规制入手，坚持动态系统规制原则，建立健全信息技术服务，适度限制模仿企业进入，合理促进替代组织进入，科学制定退出机制，努力提升中国战略性新兴产业的竞争力，改变低端锁定的现状，推动战略性新兴产业的健康有序发展。[③]

7. 证券市场的政府规制

2010—2011 年中国经济凯歌高奏，GDP 居世界第二位，然而，A 股连续两年熊冠全球，证券市场成了宏观经济的反向“晴雨表”。王健认为其消极影响极为明显：国内充裕的流动性，要么投资于实体经济、导致供给大于需求及生产过剩，要么在实体经济中投机、轮番炒作产品价格、导致实体经济的产品此起彼伏地涨价，通货膨胀持续；当深陷经济衰退“泥潭”的美国证券市场和政府债务危机缠身的欧洲证券市场都纷纷回到国际金融危机前的水平时，中国证券市场却退回到十年前的水平，影响了中国在国际上的形象。王健建议，深化政府规制改革，培育和发展中国证券市场，建立一个与世界 GDP 第二相称的世界第二大的现代证券市场，这不仅能够以证券市场投资效应解决中国经济面临的全球经济滞胀和出口增速下跌、房产调控力度加大和经济增长速度放缓等问题，而且能够以证券市场财富效应刺激消费推动经济增长，还能够缓解通胀压力和人民币国际化，促进实体经济持续健康发展。[④]

中国股市具有政策导向性显著的特点，而创业板市场开板两年多以来，出现的诸如“三高一破”、突击入股、保荐人利益输送等问题导致了政府对于创业板市场较为频繁的规制。闻岳春、徐晓雯对创业板市场存在的问题、相对应的政府规制手段及规制效果进行了系统分析，认为创业板政府规制存在强制性变迁导致的政府规制错位；政府规制理念及方式的定位不明；政府规制的权利配置不合理的问题，随意性、易变性、临时性的特点削弱了创业板市场政府规制的规制效果。在此基础上，他们提出政策建议：加强证监会的独

---

① 于霞、温孝卿：《我国大型零售商买方势力及政府规制的思考》，《学术论坛》2013 年第 9 期。

② 舒辉、李建军：《物流负外部性及其政府规制》，《中央财经大学学报》2013 年第 1 期。

③ 邹艳芬、陆宇海：《战略性新兴产业的同构隐患、内因探究及其政府规制行为》，《改革》2013 年第 5 期。

④ 王健：《深化政府规制改革，培植世界第二大证券市场》，《中国经济时报》2012 年 5 月 9 日第 7 版。

立性，避免规制目标的多重化；调整证监会规制工作的范围和重点；重视证监会的立法职能。①

（三）综合性问题研究

一个具体的问题往往很难用单一的规制就能解决，经济规制和社会规制常常是综合使用的，因此就出现了边界模糊，需要综合多种规制的综合性问题。这些问题由于既是经济问题，又对社会发展具有非常重要的意义，因此受到学者的深刻关注。

1. 转变经济增长方式的政府规制

加快经济发展方式转变，提高发展的全面性、协调性、可持续性，是中国经济发展和社会发展领域的一场深刻变革，关系改革开放和社会主义现代化建设全局，是推动科学发展的必由之路。古新功提出，加快经济发展方式转变，要求各级政府必须加强和改进对市场微观经济主体的规制。政府规制是加快经济发展方式转变的动力和制度保障。他认为当前加强和改进政府规制的重点方向是：加强对微观主体市场准入（退出）规制；加强商品和服务质量技术标准规制；加强价格规制；加强环境规制。②

2. 农民专业合作社以及农民社区的政府规制

由于能够提高农民组织化程度，农民专业合作社成为具有广泛正外部效应的特殊市场主体，如何认识、规范并推动其发展，成为政府规制研究领域的重要议题。崔宝玉、刘峰、杨模荣认为，中国农民专业合作社发展中存在的主要症结是内部人控制引发的合作社治理失范。在中国农民专业合作社发展的初级阶段，内部人控制具有必然性、应然性和现实性，但其极易诱发合作社社员利益冲突、利益侵占和委托代理等合作社治理失范问题。政府规制和外部条件改善是合作社健康和规范发展的根本，正式制度和非正式制度是规范合作社治理和纠正合作社治理失范的关键，尤其是正式制度的设计和实施，从长期看，它是中国合作社规范健康发展的基础和保障。③

崔宝玉、刘峰研究发现，在政府合作社发展至上战略选择和政府激进的推动方式下，中国农民专业合作社发展凸显出重规模轻规范、重效率轻公平的现实路径，合作社迅猛发展与失范发展并存，如果对此现象不加以纠正、任由其发展，必然会损害小农参与合作的信心，进而损害中国蓬勃发展的农村合作事业。由此需要政府积极行动，宏观层面上要扭转发展至上的合作社发展战略和政府强制推动的合作社发展方式，具体操作层面上要改进政府规制，以破解政府规制机构组织要素失衡、政府规制缺位、政府规制俘虏、政府行政规制不足等规制难题，确保合作社在数量快速增加的同时其规范性也能够不断增强，从而推动中国农民专业合作社快速、健康、规范、可持续发展。④

任梅借鉴法约尔企业管理理论的经典归纳，构建了农民专业合作社政府规制体系和分析框架。她沿着农民专业合作社经营所涉及的管理活动、商业活动、技术活动、资本活

① 闻岳春、徐晓雯：《我国创业板市场的政府规制问题探讨》，《上海金融学院学报》2012 年第 5 期。

② 古新功：《加快经济发展方式转变必须加强和改进政府规制》，《科学社会主义》2012 年第 6 期。

③ 崔宝玉、刘峰、杨模荣：《内部人控制下的农民专业合作社治理——现实图景、政府规制与制度选择》，《经济学家》2012 年第 6 期。

④ 崔宝玉、刘峰：《快速发展战略选择下的合作社政府规制及其改进》，《农业经济问题》2013 年第 2 期。

动、会计活动和安全活动六条清晰线索，将合作社本质特征所决定的不同于营利性企业的经营特点考量在内，以目前政府相关规制政策为依据，创设了农民专业合作社的政府规制体系，并从中国农民专业合作社现实出发，概括了每项规制的内涵及构成，试图为研究中国农民专业社及政府规制提供一套有效的分析框架。① 任梅认为政府能否在规制中遵循正确的价值取向，将对农民专业合作社的发展具有深远影响。目前，中国农民专业合作社政府规制的价值取向存在一定偏差，主要体现在对农民主体地位的维护、对“规范”与“发展”的平衡和对“公平”与“效率”的取舍过程中。她对此提出了“大力保障弱势小农户的主体地位”“先规范，再发展”和“重公平，促效率”等矫正政府规制价值取向偏差的建议。②

陈世伟研究发现，从中国农村基层治理模式转换与变迁的历史来看，乡村基层社会组织和管理体制的变革与农民需求、自发创造和政府规划、资助密不可分，是一种规划性变迁过程。在统筹城乡发展、人地流动的背景下，中国着力推行的农村社区建设，是从“村民自治”向“社区自治”创造性转换的探索，旨在建立新型的开放、多元的乡村治理机制。他认为，要推动村社治理顺利转型，就要在尊重居民自身需求和发挥农民主体作用的基础上，加强政府规制和支助，着力在赋予农民完整的土地产权、加快农村社区服务体系建设、实行村民委员会与村经济合作社分离上下功夫。③

3. 企业治理的政府规制

基于中国国有企业高管薪酬激励的制度背景，公司内外部治理结构的不完善可能导致高管薪酬具有能升不能降的刚性特征。刘星、徐光伟以2005—2010年国有上市公司为样本，实证检验了政府管制、管理层权力对国企高管薪酬刚性的影响。他们研究发现：政府对国有企业的管制降低了高管薪酬业绩敏感性，导致高管薪酬不仅具有向下的刚性，也具有向上的刚性；高管利用手中权力影响了自身薪酬契约，导致薪酬具有向下的刚性和向上的弹性。薪酬业绩敏感性存在的不对称现象，说明高管利用手中权力具有获取私利的动机；在市场化程度较高的地区，政府对经济的干预程度较低、公司治理结构也较为完善，国企高管薪酬业绩敏感性显著增强，市场化改革减少了薪酬刚性现象。④

张西征、刘志远、王静利用世界银行对中国投资环境的调查数据，使用联立方程组控制融资约束、投资规模和企业增长之间的内生性，检验政府规制负担对企业增长的影响。他们研究发现，政府规制负担和法律保护程度都对企业增长产生影响，并且政府规制负担的作用力更强；政府规制负担不仅增加了企业的融资约束程度，而且降低了企业投资规模，这都会抑制企业的增长速度。他们认为，政府在进行经济管制时，要以不增加企业负担为前提，否则，不但不能弥补市场机制的不足，而且会抑制企业增长速度。⑤

---

① 任梅：《农民专业合作社政府规制体系——基于法约尔企业管理理论的探讨》，《中国行政管理》2012年第3期。

② 任梅：《农民专业合作社政府规制的价值取向：偏差与矫正》，《中国行政管理》2013年第10期。

③ 陈世伟：《政府规制与农民创造：规划性变迁中的村社治理转型》，《求实》2012年第4期。

④ 刘星、徐光伟：《政府管制、管理层权力与国企高管薪酬刚性》，《经济科学》2012年第1期。

⑤ 张西征、刘志远、王静：《政府管制负担、融资约束与企业增长——基于企业调查数据的经验分析》，《当代经济科学》2012年第4期。

4. 市场经济条件下劳动关系的政府规制

曹绪红分析认为，市场经济条件下，劳动关系各个层级均面临严峻现实，个别劳动关系资强劳弱、集体劳动关系主体缺失和社会劳动关系基准失当，政府规制应通过在宏观层面上完善劳工政策法规，严格而适度监管，中观层次上建立劳方自治组织，转变工会职能，微观方面简化程序，降低维权成本，畅通利益诉求渠道，确保社会弱势群体利益得到切实保障，从而实现社会公平正义，使整个社会真正走向和谐。①

袁青川通过对近几年的文献研究发现，在中国经济转型阶段，劳动关系问题由个别的劳动争议逐步演化为集体劳动争议，劳动关系也处于一个转型阶段：由个别劳动关系向集体劳动关系转化。然而，在中国的劳动关系转型阶段，由于经济发展的需要，使得中国的集体劳动关系制度出现了隐形特征，即利用非正式的规则边缘化了劳动政策尤其是集体劳动政策。劳动者的自发救济推动了工会组建的发展，在国家允许的框架下，劳动者通过自己选举工会，实现了工会与管理者之间的相对独立。这为集体谈判权利的制定、有效实施奠定了基础。集体劳动关系的“自发救助”的频繁出现，反映了目前相关法律制度方面的薄弱，以及对于相关问题的忽视，这种形式引起了政府和学者等的高度关注。对诸多集体劳动关系的“自发救助”，政府都积极地进行参与和协调，使得“自发救助”时间较短，政府的积极介入和协调也表明了对这种“自发救助”的高度关注。同时，学者对“自发救助”的研究也越来越多，尤其是从2006年以后出现了迅猛的增加。而2006年以前研究集体劳动关系“自发救助”的学术文章比较少。这些都表明“制度救济”方式既存在动力，更存在政府的高度关注。②

5. 食品安全的政府规制

姜涛、王怀明以2008—2010年沪深两市食品、饮料业上市公司为研究样本，基于食品生产者视角，在揭示政府安全规制下中国食品安全信息披露的状况及变化的基础上，通过配对样本差异检验得到的实证结果表明：政府规制的推进显著提高了食品企业食品安全信息披露水平。进一步的多元回归结果显示：公司规模、盈利能力、公司最终控制人性质、董事长与总经理两职状态、高管的平均年龄和技术背景以及公司所处地区的法治化水平是与政府规制共同影响食品安全信息披露的主要因素。③

乳品供应链安全目标体系是评价整条乳品供应链安全度的基础，其中的具体指标体系是核心部分。刘俊华、芦颖、白宝光系统分析了供应链不同环节对乳品质量安全影响的关键因素，统计了近些年来中国发布的相关政策规范，提出了乳品供应链安全目标体系，将整个乳品供应链的安全目标自顶向下划分为三个层次，即总体目标、供应链各成员目标和操作环节具体目标。具体目标均以相关政策规范为标准，以此衡量操作环节的安全性。该体系对于乳品供应链质量安全评价和管理具有直接可操作性指导意义。④

---

① 曹绪红：《政府规制视角下的劳动关系探析》，《东岳论丛》2013年第11期。

② 袁青川：《中国集体劳动关系的政府规制：从“自发救济”到“制度救济”——基于相关文献的研究》，《当代经济管理》2013年第10期。

③ 姜涛、王怀明：《政府规制与食品安全信息披露》，《华南农业大学学报》（社会科学版）2012年第2期。

④ 刘俊华、芦颖、白宝光：《政府规制下乳品供应链安全目标体系的构建》，《内蒙古大学学报》（自然科学版）2012年第6期。

6. 其他方面的规制

废旧电器电子产品的非生态拆解引发的环境问题日益突出，该问题的根本原因在于单纯市场机制下多数处理商会选择非生态拆解方式，政府规制介入成为必然。付小勇、朱庆华、窦一杰运用演化博弈方法探讨政府规制在处理商拆解方式选择过程中的角色。他们首先分析了政府不规制下和政府规制下处理商选择拆解方式博弈关系；然后运用演化博弈理论建立了政府规制下处理商选择拆解方式的演化博弈模型；并分析了模型中一些主要参数对处理商选择拆解方式的影响；最后通过数值仿真了不同参数下处理商选择拆解方式的演化过程。他们得到结论：政府需要对废旧电子产品的拆解工作进行监督和管制；政府的规制力度和处理商拆解方式选择比例的初始值均会对最终演化结果产生影响。他们的研究表明：政府对处理商选择生态拆解方式的激励效应及对选择非生态拆解方式的管制效应对处理商选择拆解方式的行为演化结果起着至关重要作用，政府通过制定合适的规制政策可以有效推动废旧电子电器产品处理商选择生态拆解方式。①

随着信息技术的快速发展，三网融合在推动科技进步、拉动经济增长、改善民众生活水平方面将发挥极其重要的作用。张爽通过对中国三网融合必要性、可行性和政府规制现状的分析，在体制和监管方面为中国三网融合的政府规制改革提出建设性意见。他们指出，三网融合政府规制面临着三方面问题：第一，体制约束市场；第二，法律确实、监管者多重角色、监管权力分散、范围模糊等监管约束。对此他们提出了如下对策：在体制上：明确融合目标，加快融合建设，推动双向进入；在监管上：完善法律法规，创建监管机构，制定监管政策。②

四　发达国家经验与国际比较

（一）发达国家政府规制经验

张秉福指出20世纪70年代以来发达国家政府规制创新的特点，主要包括设立独立的规制机构、放松经济性规制、强化社会性规制、实施成本—收益分析、推行激励性规制、完善规制权力监督机制等方面。中国的政府规制创新应结合中国实际，借鉴发达国家经验，完善政府规制的法律体系，健全政府规制的行为主体，构建适度型政府规制模式，提高政府规制的质量和效率，实现对规制者的有效规制。③

高碳型经济发展模式带来了生态破坏、环境污染、气候变化等很多不利人类生存和发展的问题。低碳经济成为人类社会走向可持续发展的必由之路，也是对高碳模式的矫正和更新。在低碳经济成为研究热点的背景下，刘媛研究了英国低碳经济中的政府规制。在发展低碳经济的进程中，英国政府不仅起了主导作用，还实行了强有力的政府行为：将低碳经济提高到国家战略的高度；出台一系列法律法规；整合组建促进低碳经济发展的政府部门；鼓励低碳升级改造、引导低碳技术研发；尝试建立政府参与投资的绿色银行；积极宣

---

① 付小勇、朱庆华、窦一杰：《政府管制下处理商选择拆解方式的演化博弈研究》，《中国人口·资源与环境》2012年第1期。

② 张爽：《三网融合背景下政府规制改革的对策分析》，《中南林业科技大学学报》（社会科学版）2013年第2期。

③ 张秉福：《发达国家政府规制创新特点及其对我国的启示》，《经济体制改革》2012年第3期。

传低碳理念等。她指出，中国在进行低碳经济转型过程中应学习英国的一些成熟做法。[①]

（二）中外政府规制的制度性差异

政府规制关键是提供一套有效的制度安排。马云泽的研究表明，由于制度性的差异，中国和西方国家的政府规制改革呈现出诸多的不同——宪政差异、经济体制差异和行为主体差异，因此，以三权分立为前提假设的西方规制经济理论不能直接应用于中国的政府规制改革实践。中外政府规章制度性差异的分析有助于中国政府规制改革的深化与完善。[②]

五　理论进展总评

通过以上对 2012—2013 年中国政府规制理论研究最新进展的梳理，可以看出，2012—2013 年政府规制领域的理论研究呈现出以下特征和趋势：

（一）对于具体领域的政府规制研究仍占有较大比重

在 2012—2013 年政府规制理论研究的四个部分中，具体领域的政府规制研究这部分是学者着墨较多的领域，而在基本理论的问题探讨上研究已经不多。这说明政府规制理论研究已经逐渐走过基础性理论分析阶段，逐渐过渡到对具体的实际问题的关注和解决上。这也说明政府规制得到了学者们的广泛重视，认识到政府除了宏观调控，也不能忽视围观层面的规制。但是，在政府规制的创新性研究上还存在着不足，从目前中国进行深化改革，各方面的改革亟待推进，如何在政府规制上有所作为是必须多方探讨的重大问题，但是显然从目前的情况看，学者们在这方面的研究并不够深入全面，需要在研究视野中将应急政府规制与中国的政治体制改革、行政管理体制改革、社会体制改革、法治政府建设等宏观领域相结合，提出能见实效、利长远的政府规制创新研究。

（二）对于公共物品政府规制的研究仍保持较高热度

政府规制的目的主要是维护公众利益，弥补市场失灵。公共物品由于市场失灵的存在成为政府规制的重要对象之一，也成为政府规制领域研究的热点。总结近两年的研究成果，发现学者们对于公共物品政府规制的研究仍保持较高热度。如，陈雅岚在《论宗教文化遗产资源开发的政府规制》中对宗教文化遗产的政府规制的研究；朱云、包哲石在《我国公共文化服务市场化视阈下的政府规制研究》中对中国公共文化服务的政府规制的研究；方德斌在《不确定信息下准公共物品社会认可度与政府管制政策——基于电网运行的证据研究》中对电网运行中政府规制的研究；蒋寒迪在《城市水业政府规制的路径分析》以及于良春、程谋勇在《地方政府规制与水务行业纵向分离研究》中对城市供水产业中政府规制是研究；宋光宇在《城镇化背景下建设用地政府规制的国际比较》中对城镇化过程中土地征收和土地利用过程中如何更好地发挥政府规制作用的研究；曾广录、李映辉在《论公共产品供给中政府规制的价值逻辑》中对公共物品供给采取政府规制的价值逻辑的研究，等等。

（三）呈现出多学科交叉研究的趋势

政府规制虽然属于政府管理范畴，但是其实研究的都是综合性很强的问题，在实践中需要不同部门协同合作，在研究中更需要不同学科间开拓、交叉、渗透与融合，从多学科交叉的角度开展研究，为解决此类问题的关键技术提供新的思路、理论和方法。从

---

① 刘媛：《英国低碳经济中的政府规制及启示》，《中州大学学报》2012 年第 6 期。

② 马云泽：《中外政府规制的制度性差异》，《桂海论丛》2012 年第 5 期。

2012—2013 年政府规制研究文献所采用的研究方法中可以看出，在以政府管理理论为主体的基础上，政府规制领域的研究正在向政治学、经济学、社会学、法学、新闻传播学等社会科学领域拓展，呈现出多学科交叉研究的趋势。

（四）呈现出国际比较视野下的研究趋势

在 2012—2013 年的政府规制研究文献中，出现了对国外先进政府规制经验的介绍以及中外各国政府规制差异性研究。基于国际比较的视野，学者们发现发达国家政府规制创新的特点，主要包括设立独立的规制机构、放松经济性规制、强化社会性规制、实施成本—收益分析、推行激励性规制、完善规制权力监督机制等方面。同时也指出，由于宪政差异、经济体制差异和行为主体差异，中国和西方国家的政府规制改革呈现出诸多的不同，因此，以三权分立为前提假设的西方规制经济理论不能直接应用于中国的政府规制改革实践，中国的政府规制创新应结合中国实际。

（五）呈现出对新媒体环境下政府规制的关注趋势

在当前融媒体竞争格局下，新兴媒体对广播电视传统媒体的竞争格局产生深远影响，特别是微博的崛起使人们获取信息的方式发生转变，视频网站的崛起直接分流电视观众，给广播电视媒介的政府规制带来新的课题。因此，对于如何在新媒体竞争格局下对广播电视媒介进行政府规制，以正确引导文化产业健康发展，发挥正确的舆论导向作用，成了政府规制理论研究的新领域。

第二节 实践创新

本节主要从社会组织与社会责任领域、金融领域、互联网及其相关领域、教育、医疗、环保领域、能源及自然垄断行业领域，以及民生相关领域，对 2012—2013 年中国在上述各个领域开展的政府规制实践案例进行了简要的梳理和介绍。随着中国社会主义市场经济建设进入转型期，各类社会组织以及经济个体的社会责任对经济社会的运行发挥着重要的作用，引导、发挥和利用好社会组织的作用对于进一步促进经济社会健康发展具有重要的意义。21 世纪是一个互联网的世代，互联网给传统领域和行业带来了翻天覆地的变化，围绕互联网领域的快速发展，政府适时地出台政策保障和维护互联网及其相关领域的健康发展具有重要意义。在互联网行业的快速带动和推动下，中国的金融行业正在发生着巨大的变化，如何更好地保证传统金融机构的转型和互联网机构的快速发展，需要推动金融监管体系改革。随着中国市场经济体制的改革深化，化解教育难、就业难、就医难等问题必然需要政府规制的创新。长期以来，中国的要素价格过低导致高投资、高污染、高消耗的经济增长。因此，围绕推动垄断行业价格改革和运行体制改革等一系列政府规制措施的出台是推动中国进一步深化改的重点所在。随着人民物质文化生活水平的提高，人们在住房、食品安全等相关领域提出了更高的需求，对住房保障、食品安全方面的政府规制亟待加强。在上述背景下，2012—2013 年，中国政府在上述各个领域进行了广泛和深入的实践。

一 社会组织与社会责任领域

（一）规范基金会行为

1. 案例概述

2011 年，“郭美美”“卢美美”“尚德发票门”等热点事件掀起了公众对公益组织的广泛质疑，这反映出社会组织在开展业务活动中，出现了把关审核不严、内部监督缺失等不规范行为。为进一步规范和促进基金会的发展，民政部在总结分析基金会运作特点和主要存在问题的基础上，起草了《关于规范基金会行为的若干规定（试行）》（以下简称《规定》），旨在现有法律框架内细化和完善有关基金会行为规范的法规政策，夯实登记管理机关履行职责、加强监管的法律基础，为基金会等公益慈善组织的有关重要行为提供指引，促进规范运作和公开透明。2012 年 7 月，民政部正式印发《关于规范基金会行为的若干规定（试行）》，对于规范基金会接收和使用捐赠行为，基金会的交易、合作以及保值增值行为以及基金会的信息公开行为作了更具有可操作性的指导。另外，与征求意见稿不同的是，《规定》还就基金会应当及时向社会公众公布的信息进行了明确，提出基金会内部制度的公开不再区分公募基金会和非公募基金会，都应当予以公开。

2. 经验总结

随着中国的公益事业的发展，各类基金会募集的公共资金规模日益扩大，社会影响力日趋显著，加大对于各类基金的监管显得尤为必要。目前，中国公益事业的发展势头十分迅猛，新的公益形式和活动方式不断涌现，加上社会公众对公益组织发展的热切关注，都使得进一步引导和规范基金会行为的任务日益迫切。尤其是对于一些具有明确社会效益的基金会的监管显得尤为重要。对基金会接受和使用公益捐赠、捐赠的权益、非现金捐赠、工作人员的工资福利、基金会保值增值、信息公开等方面的规范，是顺应时代发展，具有明显的社会效益。随着社会公益组织和公益活动的不断深入开展，进一步根据公益组织和公益活动运行的特点、发展趋势，不断深入地调查研究，及时地出台保证公益基金得到有效和合理使用的法律法规体系，是未来推动基金会合理有效发展的基础。在政府方面，应进一步完善公益立法，尤其是科学制定公益组织的财务公开要求，同时放开门槛，让更多的基金会和其他公益组织涌现并形成良性竞争，包括财务透明方面的竞争；加强监管强度和财务审计机构的中立性建设，树立政府监督的威信。在公益机构方面，应对财务透明采取更加开放的态度，在决策方面更加注重程序合法性和合理性。

（二）社会组织登记政策改革

1. 案例概述

2012 年全国多地开始实行社会组织直接登记政策。广东省发布《关于进一步培育发展和规范管理社会组织的方案》。辽宁、广西、深圳、青岛、宁波、郑州等地也相继出台相关政策，开展省、市两级社会组织直接登记试点工作。多年困扰社会组织发展的管理体制逐步松绑，公民结社的便利明显提高。2012 年 5 月 1 日起，广州市全面实施社会组织直接登记，即除法律、行政法规规定成立社会组织须经政府有关主管单位前置审批或审核外，可以直接向民政部门申请登记。这是全国最早全面改革社会组织双重管理体制，实行直接登记的城市。广州市以行业协会直接登记为突破口，逐步、并最终实现社会组织全面的直接登记，且打破社会组织垄断化格局，鼓励社会组织有序竞争，极大地激发了社会组织发展热情。2012 年 1—6 月，广州市新成立社会组织 227 个，相比 2011 年同期（167 个）增加 60 个，同比增幅达到 36%，而 2005—2011 年，广州市社会组织年均增幅在 6% 左右。

从 2013 年 4 月 1 日起，北京市行业协会商会类、公益慈善类、城乡社区服务类、科技类 4 类组织将可直接向民政部门申请登记注册。从社会组织申请登记须先挂靠政府部门作为业务主管单位，由业务主管部门和民政部门实行“双重管理”，到现在四类社会组织可直接向民政部门申请登记，是北京市社会组织管理制度的重大突破。社会组织直接登记从一开始提出，到少数几个城市大胆进行试行，再到如今，大多数地区纷纷开始试行和扩大范围、制定暂行办法，社会组织登记管理的三个行政法规的修订工作被提上日程，社会组织直接登记已经正式步入社会组织管理的舞台。

2. 经验总结

社会组织要在解决了法律身份之后，才能解决自身的能力问题，谋求永续发展。现在政府实行“登记和业务主管一体化”管理，放宽对社会组织的登记限制，并在进行有效监管的同时为之提供全方位培育服务，就表明政府不但消除了对社会组织的戒备心理，而且希望把社会组织打造成为与政府分担社会服务职能、共担社会治理责任的得力助手。长期以来，中国社会组织先天发育不足，自治能力和运行能力偏弱，在“登记难”问题解决后，社会组织需要进一步得到政府有关部门的培育服务和孵化支持。社会组织虽然不像企业那样要参加激烈的市场竞争，但仍然要培养和提高自己的竞争能力，通过与其他社会组织展开有序、有效的竞争，不断发育成熟、发展壮大。现在，社会组织登记注册虽然比过去容易得多，但面临的竞争压力和生存压力也要比过去大得多——无论是通过提供良好的公益服务以赢得更大的声誉和影响力，还是通过争取“政府购买服务”项目以获得更多的活动经费，社会组织都要在服务质量、组织实力、战略水平等多方面展开竞争。这有助于社会组织内部的良性互动。

（三）社会组织与灾害救援

1. 案例概述

2013 年 4 月 20 日，四川雅安发生 7.0 级地震，在政府做出快速救灾反应的同时，社会组织也很快投入到抗震救援行动之中。23 日，基金会中心网与多家基金会共同发起成立“中国基金会 4.20 救灾行动自律联盟”，建立救援协同机制，成为社会组织参与灾后救援的精神支柱。其间，雅安灾区出现了多个社会组织联合而成的救灾联盟，有力提升了它们的救灾能力。25 日，四川省抗震救灾指挥部决定设立社会管理服务组，引导和组织社会力量依法、有序参与抗震救灾。28 日，社会管理服务组建立了四川省级抗震救灾社会组织和志愿者服务中心，负责对参与抗震救灾的社会组织和志愿者进行登记、备案，发布灾区需求，引导他们有序投入抗震救灾工作。

在雅安地震灾后救援行动中，社会组织自觉有序地结成联盟协同救援、政府在其主导的救灾机制中特意构建社会组织和志愿者服务体系，见证了 2008 年汶川地震后，政府与社会组织在灾害救援协作机制方面的共同成长。

2. 经验总结

在中国这样一个自然灾害多发的国家，单纯依靠政府开展灾后救援的组织和领导是完全不够的，因此，社会组织作为政府规制和政府公共管理的重要力量，对于推动社会各个领域的制度完善和推动社会层面的良性互动具有重要的意义，因此，雅安地震之后，社会组织已经能够有序参与救援与灾后重建，与政府合作的方式和机制都得以革新。这是全社会的进步。社会组织只有学会自组织，才能成为有分量的合作伙伴。只有社会组织和政府机构得到良性互动和相互补充，才能够有效地推动社会规制和社会管理的创新，促进全社会的健康有序运行。面对日益增多的社会组织和社会救援力量，政府部门需要及时有效地建立信息畅想和组织沟通工作，只有建立起全面的社会组织沟通渠道才能够保证政府和社会组织的力量得到有效的补充。

（四）强化企业社会责任

1. 案例概述

2012 年 10 月，因为 PX 项目中含有对二甲苯（英文名缩写 PX）生产装置，引起宁波市镇海区大规模封路抗议。最终，2012 年 10 月 28 日，宁波市经与项目投资方研究决定：坚决不上 PX 项目，炼化一体化项目前期工作停止推进，再做科学论证。6 月 29 日上午，在四川什邡同样因为 PX 项目爆发群体性事件。一系列经济项目在合法合规的情况下，由于项目未能够考虑对当地民众生产生活的影响，而引起了全社会的广泛影响和广泛关注，甚至爆发了群体性事件。2012 年里频频发生的该类事件引发对企业社会责任的深入思考。在此类事件中，企业的市场投资经营活动均以失败而告终，企业的品牌声誉也遭受巨大危机。其实早在 2012 年 3 月 13 日，国务院国有资产监督管理委员会就已发布《关于中央企业开展管理提升活动的指导意见》。2012 年上半年多家企业和行业联合会发布了自己行业的社会责任报告。2012 年 8 月 16 日，为建立和规范重大固定资产投资项目社会稳定风险评估机制，国家发展和改革委员会制定了《国家发展改革委重大固定资产投资项目社会稳定风险评估暂行办法》。2012 年 9 月 7 日，商务部向各地方商务部门和中央企业印发《中国对外承包工程行业社会责任指引》，为中国对外承包工程企业提升社会责任能力和水平提供了一套系统的行为框架。2012 年 12 月 15 日至 16 日，中央经济工作会议明确“强化大企业社会责任”。2013 年 2 月 28 日，商务部和环境保护部联合发布《对外投资合作环境保护指南》。这是中国在对外投资合作领域中，针对企业环境保护行为发布的首个专门性指南。2013 年 8 月 21 日，国务院总理李克强主持召开国务院常务会议时指出，中央企业要用改革的办法和调结构的措施解决存在的问题，加快完善企业法人治理结构，提升管理水平，花大力气增强自主创新能力，建设“阳光央企”，促进国有资产保值增值，切实履行社会责任，在打造中国经济升级版中发挥骨干作用。2013 年 11 月 12 日，中国共产党第十八届中央委员会第三次全体会议通过《中共中央关于全面深化改革若干重大问题的决定》，“社会责任”首次出现在中央全会文件中，而且将其提到深化国企改革、完善国有企业现代企业制度的战略高度和深度具有里程碑意义，对于国有企业社会责任工作将有一个极大的推动并带来极大的发展。由于国有企业是中国国民经济的支柱，在国民经济的关键领域和重要部门中处于支配地位，其社会责任工作的深入推进，还将有力推动中国社会责任的整体进程。

2. 经验总结

社会责任报告发布平台示范带头作用日益显著，并成为社会责任报告集中发布一种新的趋势，一方面有利于引领行业内的企业积极履行社会责任，同时激励其他行业加强行业对话机制建设；另一方面，也将有利于形成多方推动各行业社会责任发展，同时促进行业品牌建设提升行业竞争力。企业进行项目投资，不仅要分析项目明显影响到的相关方，还要识别出对项目有潜在影响的利益相关方；不仅要认识到项目给企业和社会带来的益处，还应特别评估可能会给社会带来的不利影响，并考虑采取什么样的方法态度去回应利益相关方的诉求，以及通过何种措施和手段去重点解决，以取得谅解和共识，这样才能避免投资和经营决策的风险，发挥公司对社会的最大贡献，最大程度减少公司对相关方的负面影响。公民参与是企业社会责任行政规制法治化的实质内容。在今后的政府规制中，应当把公民参与看成一种提高行政能力、回归公共目的、促进社会理解、增强反思能力的机会，行政对公民参与的平等尊重才可能使行政法充满一种“责任伦理”。

二 金融领域

（一）互联网金融

1. 案例概述

互联网金融并不是2013年才在中国出现，早在2005年左右，就有一批创业者将欧美国家的网贷模式搬回中国，P2P应运而生。但2013年无疑成为互联网金融爆发性成长的一年，整个行业也呈现出多元化、差异化的发展路径，出现了网络贷款、大数据金融、互联网金融门户、第三方支付、众筹、在线金融信息服务等多种模式。在此大环境下，基于第三方支付和电商平台的迅速发展，阿里巴巴开始在互联网金融全领域发力——成立小额贷款公司，并于6月推出余额宝业务。数据显示，至2013年11月14日，余额宝规模首破1000亿元大关，用户数近3000万，与之合作的“天弘增利宝”也成为国内基金史上首只规模破千亿元关口的基金。互联网金融在2013年引人关注，不仅是因为大批企业进入市场。同时，伴随着行业的过快发展，互联网金融的风险也开始逐步暴露，让其未来的发展看起来扑朔迷离。2013年下半年，风头强劲的P2P行业出现了不少公司跑路倒闭的现象，为整个行业敲响一记警钟。另外值得关注的还有比特币在中国的“昙花一现”，也反映出互联网金融的先天性缺陷。首先，互联网的特点有可能将极小的风险放大，在安全层面上出现问题，如何保障客户资金的安全，就成为行业要考虑的重要问题；其次，目前互联网金融的门槛较低，监管相对缺失，不少人踩着监管的红线，出现超范围经营等问题，都使得风险控制尤为重要。

中国人民银行2013年2季度货币政策执行报告给予互联网金融正面评价，认为互联网金融具有透明度高、参与广泛、中间成本低、支付便捷、信用数据更为丰富和信息处理效率更高等优势，这是互联网金融第一次进入金融方面的权威文件。2013年4月，国务院部署了金融领域的19个重点研究课题，“互联网金融发展与监管”是其中之一。课题组由中国人民银行、银监会、证监会、保监会、工信部、公安部、法治办共同组成，中国人民银行牵头，在北京、上海、杭州开展了调研。这个课题组的研究意见将对中国互联网金融的发展产生深远影响。2013年8月，国务院的两个重要文件都正式写入了互联网金融。国务院办公厅《关于金融支持小微企业发展的实施意见》提出：“充分利用互联网等新技术、新工具，不断创新网络金融服务模式。”国务院《关于促进信息消费扩大内需的若干意见》提出：“推动互联网金融创新，规范互联网金融服务。”2013年12月，中国支付清算协会成立互联网金融专业委员会，引入自律监管。地方政府对互联网金融的热情很高，比如北京中关村和石景山、上海黄浦区等，都将互联网金融作为一个重要的新兴产业在抓，出台了一系列促进互联网金融发展的优惠措施。国务院出台的《关于金融支持经济结构调整和转型升级的指导意见》为未来一段时间统筹金融资源，支持经济结构调整和转型给出了明确的规划，使“盘活存量、用好增量”的要求更具可操作性。

2. 经验总结

互联网金融的发展是近年来中国互联网领域的快速发展，同时，也是互联网金融领域结合中国特殊时期的宏观经济形势，借势发展起来的，对于推动互联网金融领域的发展具有重要的指导意义，一系列防范金融风险政策的出台，对于维护金融稳定和推动长期以来推动的普惠金融具有重要的意义。各个与金融领域相关的部门能够及时跟进互联网金融领域的创新，逐步地完善金融领域的监管具有重要的指导意思。互联网提供大量数据为金融机构风险管理、决策使用，但本身却不提供风险管理的功能，所以，在这方面还是要靠传统金融几十年甚至上百年积累下来的经验。目前看来，中国的互联网金融环境尚未完善，而相关监管部门对创新还是持一个审慎的鼓励态度，不去过快地用条条框框来约束其发展，给予一定的观察期，并注重规范与引导。所以在当下阶段，应加快建立信用体系，加强自身的风险管控和行业自律，再逐步跟进监管，从内部和外部来保障整个行业的规范发展。

（二）银行理财

1. 案例概述

近年来，受资金供需紧张、吸储压力、金融创新及监管套利等多方面因素影响，商业银行理财产品业务获得蓬勃发展。但是，针对银行理财产品的监管体系尚未建立健全，市场透明度不够，产品鱼龙混杂，金融风险不断聚集。针对商业银行将理财资金直接或通过非银行金融机构、资产交易平台等间接投资于"非标准化债权资产"业务开展中存在规避贷款管理、未及时隔离投资风险等问题，2013 年 3 月 25 日，银监会发布《中国银监会关于规范商业银行理财业务投资运作有关问题的通知》（银监发〔2013〕8 号文，下称"8 号文"），对商业银行理财资金直接或通过非银行金融机构、资产交易平台等间接投资与"非标准化债权资产"业务做出了规定：第一，"8 号文"提出了"非标准化债权资产"的概念，包括"未在银行间市场及证券交易所市场交易的债权性资产，包括但不限于信贷资产、信托贷款、委托债权、承兑汇票、信用证、应收账款、各类受（收）益权、带回购条款的股权性融资等"，这一切均被列入了整顿范围。第二，银监会重申一贯强调的"坚持资金来源运用一一对应原则"，即每个理财产品与所投资资产（标的物）应做到一一对应，做到每个产品单独管理、建账和核算。第三，"8 号文"要求披露理财产品的各项信息，实现透明化监管，如要求银行"充分披露投资非标准化债权资产情况，包括融资客户和项目名称、剩余融资期限、到期收益分配、交易结构等"。6 月 14 日，银监会下发《中国银监会办公厅关于全国银行业理财信息登记系统（一期）运行工作有关事项的通知》，正式启用了理财信息登记系统，之后所有理财产品只有在该系统登记后才可以发售。9 月末，中国银监会批准国内 11 家商业银行开展理财资产管理业务试点和债权直接融资工具的试点（之后扩大到 14 家），各家银行的试点额度为 5 亿—10 亿元。2013 年 10 月份，银监会再次针对理财业务推出银行理财计划及理财直接融资工具等创新业务品种，逐步赋予银行理财产品独立主体地位、实现由投资者真正承担投资收益与风险的目的越来越清晰。

2. 经验总结

监管部门出台一系列专门规范条例，加强对理财产品的监管，这既有利于银行系统的健康发展，也有利于保护金融消费者的权益。从监管设置看，由于银行理财产品设计由多个监管部门、应构建监管部门、银行自身及银行理财协会"三位一体"的监管体系，监管部门尝试综合性监管模式、完善政策及法律法规的制定、加强监管力度、发挥投资者保护机构作用；银行自身主要负责风险内控机制的制定、建立理财产品交易披露制度；银行业理财协会负责理财机构评价体系、理财人员资格认证制度及行业自律公约的制定工作，通过三方合力做好商业银行理财市场的监管。从监管政策看，监管当局应首先防范各项业务过快膨胀，积极进行总量管理，同时，在各个领域应该要求分账经营、分类管理，厘清各业务风险衍生及传染机制。从具体的监管指标看，资本充足率的监管能显著影响银行理财产品的定价，可运用该指标对银行理财产品的开发进行有效的引导，形成更多不同利率期限结构和风险结构的理财产品，从而有利于投资者根据自身的风险偏好更好地配置资产。可见，中国的银行业监管必须能够及时跟随中国长期的经济发展需要，要服务于中国的金融市场发展需要，同时兼顾防范经济金融风险，考虑各个社会和阶层的利益和机制。只有综合考虑各个方面的社会利益，作为当前中国深化经济体制改革的重要领域，银行也是中国深化改革和面临未来市场化改革冲击最大的领域，同时，也必然是创新更丰富、更多的领域，监管部门只有一方面控制相关创新的风险，同时适应这些机构的创新和业务转型，制定适当的监管政策，才能既防范风险又促进社会经济的发展。

（三）新股发行制度改革更进一步

1. 案例概述

为落实党中央、国务院的工作部署，进一步深化改革，完善资本市场功能，更好地服务实体经济需要，在对新股发行体制进行深入调查研究并广泛征求意见的基础上。2012年4月28日，中国证监会正式发布《关于进一步深化新股发行体制改革的指导意见》，自公布之日起施行。2012年以来，证监会的改革力度确实比较大，共出台规则、制度52件，对于规范市场秩序、保护投资者合法权益、提升市场运行效率、促进国民经济转型升级、提升中国资本市场国际影响力都起到了积极作用。但是随着IPO开闸，市场上的“三高”现象并未杜绝。自2012年11月2日浙江世宝登陆中小板后，A股市场再没有新股上市发行，IPO再次停摆。2013年6月7日，在深入调查研究、广泛听取市场意见的基础上，中国证监会制定了《中国证监会关于进一步推进新股发行体制改革的意见（征求意见稿）》，向社会各界公开征求意见。

在新股发行之后，最主要的还是新股发行环节出了问题，这也导致了后来的IPO公司专项财务检查的进行，而新股发行环节的问题所暴露出来的最终还是新股发行制度的问题。这就有了IPO改革征求意见稿在2013年6月的出台。自2012年11月2日浙江世宝上市以来，IPO停摆已逾一年，成为A股历史上8次IPO暂停中最长的一次。A股IPO闸门长时间关闭，倒逼VC/PE机构改变投资和退出策略。如果从历史的时间顺序上看，本次新股发行制度改革已经是第4次改革，如果算上一些小幅度的制度变革，那这次的改革是第9次。

党的十八届三中全会后，中国证监会于2013年11月30日发布了一系列新股发行改革的意见，包括《关于进一步推进新股发行体制改革的意见》《国务院关于开展优先股试点的指导意见》《上市公司监管指引第3号——上市公司现金分红》以及“借壳上市审核严格执行首次公开发行股票上市标准”等一揽子监管政策。上述制度是监管部门贯彻落实十八届三中全会重要精神的重大举措。从新股改革的框架设计上看，证监会在明确市场化改革的方向并厘清监管部门的职能边界方面，其主要内容超出了市场的预期。《意见》坚持市场化、法治化取向，突出以信息披露为中心的监管理念，加大信息公开力度，审核标准更加透明，审核进度同步公开，通过提高新股发行各层面、各环节的透明度，努力实现公众的全过程监督。12月13日证监会就《优先股试点管理办法（征求意见稿）》公开征求意见，进一步完善后将正式发布实施，资本市场投融资工具将进一步丰富。2013年12月2日，证监会发布《首次公开发行股票时公司股东公开发售股份暂行规定》，细化了老股转让的相关行为。2013年12月13日《国务院关于全国中小企业股份转让系统有关问题的决定》发布后，“新三板”扩容至全国正式落地。挂牌公司不再受高新园区的限制，不受所有制的限制，也不限于高新技术企业。

2. 经验总结

新股发行制度改革的根本是看其能否做到全面的市场化。前面的多次改革之所以不成功就是因为未能做到全面的市场化。站在监管部门的立场上看，新股发行制度改革已经做出了相当大的变化和调整，但是全面的市场化改革不是仅仅靠一个部门就可以完成的，而仅仅就某个环节进行补缺拾漏，在大的制度环境不进行充分的市场化，那么这样改革的效果也难以达到最初改革设计者心中的目标。2012—2013 年，中国的新股发行停摆一年多，成为中国史上最长的 IPO 停摆时间，这其中主要的原因有证监会适应新的证券市场运行而进行的改革，也是完善中国证券业良性运行的基础，但是，从中国 2012 年开启新股发行制度改革不足一年即停滞 IPO，而进入二次改革，这显然反映了中国证券监管部门在制定发行方案的思考不周全、不完善，另一方面中国的资本市场不完善，投资者和机构的行为预期不能够完全一致等各种原因，因此，这一案例告诉我们，作为中国新时期的制度改革，要有足够的耐心，只有树立了正确的改革方向，才能够有效地推动制度改革，才能够有效地推动中国的制度改革；不断完善中国的资本市场运行机制，不断地为完善中国的资本市场服务实体经济的发展和保证投资者利益方面做出改善，保证中国的基本的市场收益。另一方面在推出政策时，能够考虑得更加周全，能够在监管改革机制设计方面能够更加灵活，更好地适应市场的变化，逐步有效地完善新股发行制度。

三　互联网及其相关领域

（一）网络问政

1. 案例概述

2012 年 7 月 21—22 日，中国大部分地区遭遇暴雨，其中北京及其周边地区遭遇 61 年来最强暴雨及洪涝灾害。官方收到的被困于房山的几十名学生的信息就来自新浪微博，而官方也在第一时间通过网络与受困师生进行互动，了解灾情及现场的实况。在北京“7·21”特大暴雨中，网络问政的内容较为零碎，其指导方针和组织目标模糊，符合当下自媒体发展的特性。这从一个侧面表明，网民通过微博问政的信息源渠道的活动大多是网络上的“二手”甚至“多手”信息，一些有关暴雨的看法认知也与问政主体的生活习惯、学识背景以及政治倾向等有关。同样，在北京“7·21”特大暴雨中，批评性的意见也很多，尤其是质疑政府能力的声音此起彼伏。网民在微博上参与互动的议题多样。新浪、搜狐与腾讯等商业门户网站微博上有关“7·21”特大暴雨的议题既有官方采取的各种救灾措施，也不乏质疑政府救灾能力的声音。网民参与的议题多样性与网络的自由开放性密切相关。在“7·21”特大暴雨中，微博尤其是政府微博成为官民互动的新平台，快速便捷地实现了双方的交流沟通。与此同时，中国各级政府和行政管理单位设立自己的微博和微信平台，加强对微博、微信平台的管理和维护。对于推动行政管理体系的变革，推动服务型政府的构建，推动完善行政服务体系等方面发挥具有重要的作用。截至 2013 年 3 月底的最新统计数据显示，政务微信发展总量已达 5043 个，除台湾地区外，政务微信全面覆盖中国大陆 31 个省级（省、自治区、直辖市）行政区以及香港特别行政区和澳门特别行政区。同时，随着微信国际化的普及发展，其中还包括中国政府驻外机构政务微信 7 个，以及外国驻华机构所开设的涉外类政治账号 47 个。《2013 年新浪政务微博报告》显示，截至2013年10月底，新浪认证的政务微博总数100151个，其中机构官方微博66830个，公职人员微博33321个，已经实现全国各省（直辖市、自治区）的覆盖拼接。此外各级政府推出新闻发言人，微信、微博平台积极参与互动，回应社会质疑。

2. 经验总结

网络问政政策的实施，网络微博、微信及时推出，是政府部门适应社会，改进工作方式的重要举措，同时也是政府行政规制的一种新的举措，尤其是围绕一些突发事件，政府公共平台及时地辟谣、及时地说明情况，是公共政策制定者具有的重要指导意义。在一些重大事件面前，政府的公共平台未能做到及时到位，是目前网络问政表现出来的最大问题。随着网络的不断普及，互联网逐步深入影响人们的生活，政府部门的服务行为必须能够逐步满足人们的社会生活的需要，推动建立完善的网络服务体系，及时的针对网络文化，公布及时的社会服务平台，推动网络文化的完善。

（二）网络安全与言论自由

1. 案例概述

2012年3月16日，新浪、搜狐、网易等各大网站微博全部实行实名制，要求微博新用户必须进行真实身份信息注册。实名制本身并不必然是洪水猛兽，它的实施实际上是在造就有操守的网民与为言论自由提供制度保障的政府。2013年8月20日，公安部宣布北京警方打掉网络推手——北京尔玛互动营销策划有限公司，刑拘公司负责人“立二拆四”（杨秀宇）和该公司前员工“秦火火”（秦志晖）。此后，公安机关又以网络造谣传谣抓捕周禄宝、傅学胜等。2013年9月4日下午，国家互联网信息办公室召开“打击网络谣言网民座谈会”，11位网民代表出席，就网络言论责任进行讨论。2013年9月9日，最高人民法院、最高人民检察院出台《关于办理利用信息网络实施诽谤等刑事案件的司法解释》，利用网络诽谤他人，同一诽谤信息实际被点击、浏览达5000次以上，或被转发达500次以上可构成诽谤罪。网络是公民实现知情权和表达权的重要渠道，网络治理是法治中国题中之意。网络监管政策出台之后，公众表达了对动辄因言获罪的担忧。如何不因噎废食，既能甄别网络虚假信息，又能保障公众意见自由合理表达，尚需政府和社会共同探寻平衡之道。近期，公安部门集中打击网络谣言违法犯罪，被奉为圭臬的“秦火火”“立二拆四”等一些“网络大谣”因涉嫌寻衅滋事罪和非法经营罪被警方刑事拘留，此事引起社会广泛关注。

2. 经验总结

各种网络谣言的滋生、扩散和传播，不仅损害了公民权益，扰乱了社会秩序，引发了公众恐慌，而且破坏了政府公信力，损害了政府形象，遏制网络谣言、净化网络空间已成为公民、社会以及政府一致的目标，是众心所向。打击网络谣言必须坚持：第一，依法打击网络谣言。第二，政府要加强信息公开。政府信息及时公开制度是治理网络谣言的有效方法，及时发布政府及公共事务、突发事件信息，使政府公开信息的速度大于网络谣言传播的速度，用正确的信息抵制谣言。第三，政府要加强与网络媒体的合作，提高互联网的创新技术。第四，网络媒体要自觉遵守行业自律制度，加强自我教育、自我管理力度；提高网站识别、管理、惩戒网络谣言的能力和水平；当然，在法律的框架内，公民自律的同时，要用理性的精神、批判反思的态度积极传播先进文化，弘扬正气，传递正能量。第五，完善公民网络行为法律制度。虽然中国现行法律法规对网络谣言的规制已经建立了一套制度，但相关法律法规、司法解释对网络谣言的定义以及网络谣言的“情节严重”都没有明确界定。因此，在保证言论自由不被抑制的前提下，厘清言论自由与造谣中伤的界限、言论自由与侵犯他人隐私的界限，明确网络谣言“情节严重”的具体内容等已是社会形势所需，所以，完善法律法规以及司法解释对网络谣言行政处罚、政府监管、民事责任、刑事惩罚等配套的规范非常必要。并且，随着社会的发展和进步，也要不断完善中国现行的法律法规，使各项法律法规都具有实际可操作性，并使其与时俱进，满足社会发展的需要。

（三）打车手机应用（APP）

1. 案例概述

手机打车应用最早出现于2012年年初，2012年手机打车应用陆续上线，一年时间市场获得400万注册量。2013年更是市场加速增长期，用户注册数高速提升。截至2013年8月，全国手机打车应用每日订单量达34万。在打车APP推出之初，市场上大部分打车软件为鼓励出租车司机在高峰时段和“打车难”地区拉活儿，允许用户在叫车时“加价”，一般加价5—30元不等。而打车应用之所以能迅速在司机中得到推广，主要原因也正是纳入了加价的激励机制，解决了司机拉活儿不赚钱宁愿不做的“怪现象”。但这个让打车人和驾车人都喜欢的功能，却遭遇着政策的瓶颈。按照现有出租车管理条例，加价和拒载一样都是要受到严格治理的。但是在特定时间要打到车，加价往往是有效的激励机制。如果连加价都无法解决的交通问题，那就只能是个人运气不好了。但是这个从5元到20元的加价程序，严重触及了现有的行业规则。在主管者眼中，这既是对现行管理的挑衅，也不利于管理。雷霆万钧之下，取消加价功能肯定是大势所趋，如何接受管理并获得更大发展才是整个打车APP行业必须解决的问题。2013年1月22日，上海市交港局官方微博“交通港航”发布微博称：管理部门明确表示，乘客使用手机软件预约出租汽车服务，创新了出租汽车预约服务方式，在行业内值得借鉴，并将制定相关措施予以规范。但对乘客使用手机叫车软件预约出租汽车过程中，私下与出租汽车驾驶员预约加价行为不予认可。该局要求所有出租汽车驾驶员必须依照《上海市出租汽车管理条例》和《上海市出租汽车客运服务规范》依法经营，按照合理路线或者乘客要求的路线行驶，按标准收费并出具车费发票。

2013年5月24日，深圳市交委客运管理局下发“禁令”，要求各企业自纠自查，对已经安装手机召车软件的驾驶员必须责令卸载，不得继续使用。如果有继续安装使用的，将按不诚信经营记入驾驶员档案。

2013年5月7日，北京市交通委员会颁布了《北京市出租汽车电召服务管理试行办法》（下称《办法》），于2013年6月1日起实施。《办法》对目前北京叫车服务的规范进行了升级。《办法》指出，乘客通过电话、网络、手机等形式经过调度中心调派出租车的方式为电召服务，而电召服务将遵循统一管理，建立统一特服号码的调度，交通运输管理部门负责对出租行业的电召服务进行日常监督和检查等。北京市相关部门也对媒体表示，希望叫车APP清除加价功能。之后，嘀嘀、快的和大黄蜂三大打车软件高调宣布，他们从10月份在广州取消“加价”功能，软件正式默认为零小费。广州市交委相关人员则称，目前，广州的出租车管理条例明确规定出租车司机不得在里程运费之外向乘客加价收取任何费用。北京市出租车调度中心96106宣布与“嘀嘀打车”进行战略合作，这是政府设立的传统电调平台与民间手机打车软件的首次合作。从2013年5月份开始，通过“嘀嘀打车”叫来的出租车，既有来自嘀嘀打车司机端的车，也有通过公司车载GPS接单的车。

2. 经验总结

总体从打车手机应用的发展来看，总体全国普遍经历了从最开始的禁止和消极抵制，到最近的逐步完善和改进，到最终得到全社会的广泛认可，这其中经历的重大问题，是相关部门利用自身的规制权力，进行简单粗暴的管理，并没有考虑整个社会的需求，以及社会民众对于打车服务的需求，在打车领域存在的供求矛盾，并没有从基本的市场发展和发展需要出发，在这一个具有地域和区域特征明显的打车软件其实是具有明显的差别的。尤其是在出租车行业这个原本具有较为垄断特征的行业，监管者的思路显然没有能够适应现代社会发展的需要，及时有效地更新自己的信息，根据社会生活的变化及时地调整自己的监管思路，制定适应社会发展需要的监管措施。

（四）电子商务与物流

1. 案例概述

随着中国电子商务产业的快速发展，物流产业也在快速的扩展和发展，为了规范和引导、物流业、持续健康快速的发展，中国政府出台了一系列法律法规和规范，以应对物流业的快速发展。一方面，为了促进这一新型产业的快速发展，推动物流业的繁荣发展，推动流通行业的改革，促进经济持续健康的发，推动物流行业的快速发展，针对这一新型产业，国家出台了一系列政策规范这一领域和行业的发展。另一方面，物流业和快递业作为一种新型的服务行业，作为新生事物，其往往缺乏及时的法律法规的监管，针对相关法律法规缺失的情形，近两年各部门推出了针对物流业的法律法规体系，不断完善行业的规范和操作流程，包括物流的收发、登记、配送、从业资质等一系列法律法规。

财政部下发《关于物流企业大宗商品仓储设施用地城镇土地使用税政策的通知》。该通知规定，享受优惠税率企业大宗商品仓储设施必须是专业物流企业。并满足占地面积达6000平方米以上且储存粮食、棉花、油料等12种农产品和农业生产资料；煤炭、焦炭、矿砂等16种矿产品和工业原材料；食品、饮料、药品等7种工业制成品的仓储设施。2013年12月29日，国家发展和改革委员会下发《关于加强2014年元旦春节期间市场价格监管工作的通知》，并强调将加强对网购、快递等新兴服务业价格的监控，并根据12358全国价格举报管理信息系统及时回应群众诉求加强对网购等新兴服务业价格监控。据了解，根据以往群众反映强烈的生活服务业“逢节必涨”问题以及电商“逢节必战”的打折促销活动，国家发改委要求各级主管部门加强对网购、快递等新兴服务业价格的监控，并将区别不同行业特性和服务方式实施分类监管，及时回应群众诉求。对价格变动、调整速度快、频率高的网络购物，将重点关注大型电商企业的促销宣传和海报，依法查处误导性价格标示，虚假的原价标示、价格附加条件不明示等违法行为。同时，对节假日期间供需矛盾加大、人工成本增高的快递、洗车、保洁等服务，要重点关注物流公司和家政公司的价格承诺，依法查处价外加价、排除会员价以及采取减少服务内容，缩短服务时间等手段变相涨价的违法行为。

2. 经验总结

2013年中国出台了一系列的促进和规范物流业发展的相关法律法规，从疏和堵两个方面对中国物流业的发展进行进一步规范。一是严格规范市场主体，提高准入门槛。对申请许可开展物流的市场主体，认真审查《道路运输许可证》许可的范围，并上门实地察看是否具备符合条件的经营场所，对不具备准入资格条件的，一律不予登记。二是坚决取缔无照经营。物流业的无照经营既扰乱物流市场经济秩序，造成不正当竞争，又给消费安全带来隐患。因此，工商部门应经常开展专项清查行动，特别是对屡教不改的“钉子户”及城乡结合的无照经营加大查处力度，深挖无照窝点，对屡教不改的要坚决予以查处。三是加强市场巡查。日常巡查中，执法人员应查看物流公司是否设置了公示牌，公示牌要公示国家对物流行业管理的有关规定、物流行业规范制度、本业户证照号码及名称、本业户负责人姓名、通信方式及地址等，并要求各业户在经营场所显著位置悬挂，接受客户监督。同时，应认真检查物流商品质量、商标标识、业户设置广告，及时发现和处理假冒伪劣商品以及虚假商标标识、违法广告等行为。四是强化行政指导。工商部门要加强对物流业的行政指导力度，定期检查物流格式合同的条款是否符合公平公正原则，是否有侵害消费者权益的“霸王”条款存在，对于免责条款必须醒目标示。对于在经营活动中可能发生的纠纷，要对物品的包装、放置、装卸做出书面要求，在物品交付前，要明确提出赔偿计算依据。五是发挥舆论作用。应通过各类媒体加强对物流业信息发布、经营行为的舆论监督力度，从外部环境上提高经营者的责任意识。同时发布消费提示，提醒广大消费者在快递重要物品或易损坏物品时应事前约定责任，收到货物后要打开检查后再签收，从而有效降低快递风险。

四　教育、医疗、环保领域

（一）民营医院准入

1. 案例概述

随着中国的医疗体制改革进入“深水区”，民营医院发展也进入了“既注重数量更注重质量”的攻坚阶段，需要从国家到地方各级政府给予积极支持、鼓励和引导。2012 年 4 月 13 日，卫生部下发《关于社会资本举办医疗机构经营性质的通知》指出，社会资本可以按照经营目的，自主申办营利性或非营利性医疗机构。2012 年 5 月 17 日，卫生部办公厅下发《关于确定社会资本举办医院级别的通知》提出，为深化医药卫生体制改革，各地积极鼓励和引导社会资本举办医疗机构，但是部分地区未及时确定新设置审批医院的级别。2012 年 6 月 25 日，北京市政府《关于进一步鼓励和引导社会资本举办医疗机构若干政策》明确提出，支持社会资本参与北京市公立医院改制重组。优先选择并支持具有办医经验、社会信誉好的社会资本通过合作、兼并、收购等多种形式，参与北京市公立医院改制重组。政府相关部门要在严格执行国有资产处置监督管理相关规定的同时，为社会资本参与公立医疗机构改制重组提供指导与服务。截至 2012 年 5 月末，全国各地落实《国务院办公厅转发发展改革委、卫生部等部门〈关于进一步鼓励和引导社会资本举办医疗机构的意见〉的通知》配套文件，有 14 个省、市、区已经出台，10 个省、市、区正在报批过程中，6 个省、市、区正在制定过程中。2012 年 6 月 29 日，卫生部《关于做好区域卫生规划和医疗机构设置规划，促进非公立医疗机构发展的通知》指出，第一，要将政府主导与市场机制相结合，充分发挥医疗卫生服务体系的整体功能，实现公平与效率的统一。第二，要给非公立医疗机构留出足够的发展空间。第三，要拓宽社会资本举办医疗机构的准入范围。第四，要加强非公立医疗机构与公立医院、专业公共卫生机构以及基层医疗卫生机构之间的分工协作。2012 年 8 月 31 日，浙江省温州市委、市政府加快推进社会办医工作力度，出台了《关于加快推进社会资本举办医疗机构的实施意见及配套改革政策》（称“社会办医 1 + 11 文件”）。2012 年 9 月 14 日，发改委批复同意温州作为国家社会资本办医联系点城市，先行先试，落实完善价格、税收、医保定点、土地和人才方面的政策，为全国医改工作积累经验。广州、武汉、厦门等城市鼓励社会力量举办医疗机构，严格执行医院准入制度，专科医院的专科床位不低于80%，科室设置和学科发展具备鲜明特色。以广州复大肿瘤医院、武汉亚洲心脏病医院等民营专科医院和厦门长庚医院等为代表的民营综合性医院保持了较好的发展势头。2013年3月30日，上海市政府发布的《关于进一步促进上海市社会医疗机构发展的实施意见》提出，鼓励社会资本参与公立医疗机构改制。根据上海市区域卫生规划和医疗机构设置规划，鼓励、支持社会资本参与公立医疗机构改制。优先选择办医经验丰富、社会信誉良好、管理方式先进的社会医疗机构参与改制。实行改制的公立医疗机构，原则上国有资本全部退出。2013年5月24日，国务院批转发展和改革委员会《关于2013年深化经济体制改革重点工作的意见》指出，2013年将继续深化已出台的各项改革，加快教育、文化、医药卫生等社会事业各项改革。深化医药卫生体制改革，加快公立医院改革，完善社会办医政策，逐步形成多元化办医格局。

2. 经验总结

社会资本进入医疗机构投资，对于完善中国的医疗服务体系、健全医疗服务制度、推动中国的医疗服务体系改革具有重要意义，但是在新的形势下，建立一套完整的监督和管理民营医疗机构的制度体系，显得十分必要和重要。一是各地将制定医疗机构服务价格行为规范，并要求非公立医疗机构建立健全内部价格管理制度，合理约束价格行为。二是非公立医疗机构要严格执行明码标价和医药费用明细清单制度，通过多种方式向患者公示，自觉接受社会监督。三是加强诊疗行为和医疗质量监管。政府将加强对医疗机构的行为监管，严控不合理处方及诊疗行为，切实维护患者合法权益；促进非公立医疗机构坚持以病人为中心，不断提高服务质量和效率。四是加强价格监督检查。对医疗机构的价格违法行为，价格主管部门将及时调查并依法严肃查处。民营资本进入医疗行业不仅仅是一个政府准入规制的变化，其涉及医疗监管体制和机制改革的方方面面，需要出台更加严格和可行的行为规范标准予以监督，保证医疗机构的健康发展和老百姓看病就医的基本权利。

（二）校车安全管理

1. 案例概述

2011年9月9日，湖南省邵阳县塘田市镇一个渡口发生沉船事故，共造成12人落水遇难，其中包括9名学生，出事渡船涉嫌严重超载。2011年5月，河南淮阳一家幼儿园校车载送孩子途中遇路边砖堆刮擦，导致车内一名6岁女童当场身亡，调查后发现该校车疑为报废车辆。2011年3月，北京门头沟一辆核定载客49人，实载81名幼儿园师生（其中76名儿童）的大客车超速行驶，途中发生事故，造成包括园长和一名5岁儿童死亡，3名儿童受伤。近年来，由于多方面的原因，中国多次发生校车安全事故，造成未成年人重大伤亡，引起社会高度关注。制定出台校车安全管理的专门法规，建立起有法律约束力的切实可行的校车安全管理制度，保障学生上下学集体乘车安全，已显得十分迫切。

2012年4月5日，温家宝签署国务院令，公布了《校车安全管理条例》（以下简称条例）。《条例》基本确立了以学校和校车服务提供者为校车运营的责任主体，而有关校车运营模式则由地方政府按照各地实际情况探索建立。

2012年4月10日，国家质量监督检验检疫总局、国家标准化管理委员会批准发布《专用校车安全技术条件》和《专用校车学生座椅系统及其车辆固定件的强度》两项强制性国家标准。两项标准于当年5月1日实施。新修订的两项标准明确了专用校车及座椅系统的各项技术指标和试验方法，充分考虑了专用校车的设计、生产、使用等各阶段的特点，更加注重车辆的安全性能，更加注重车辆配置的人性化，更加注重车辆安全管理的可操作性。整个《条例》贯穿着县级以上地方人民政府负总责的原则，颁布以后，所有省（区、市）均已按照《条例》要求启动了实施办法的制定工作。26个省份建立了省级校车安全管理工作协调机制。截至2012年12月27日，全国共有1235个县、区制定了校车服务方案；1556个县、区建立了校车使用许可制度；1541个县、区建立了校车驾驶人资格审批制度。从各地自查和联席会议抽查的情况来看，各地普遍高度重视学生上下学交通安全工作，《条例》的有关要求在各地得到了较好的落实，校车安全管理工作取得了积极进展，有力保障了学生上下学交通安全。各省（区、市）分别立足当地经济社会发展现状和学生上下学交通需求，探索可持续的校车运营管理模式。

2. 经验总结

《条例》的出台，充分体现了中国根据经济社会发展的需要以及经济生活水平提升，人民生活方式发生显著变化，对于新的经济领域和生活方式的需求的变化，而出台的针对校车安全的一系列政策建议。校车安全立法体现了中国的政府立法进程效率的提升，各个部门及时有效的协同配合，促进了校园安全条例的快速出台和实施，面对不断出现的新的经济社会发展需要，政府部门应该及时地出台相关的政府标准和准入标准，规范相关行业的运行，同时，明确相关责任部门的主体责任。只有做到及时、全面、责任明确，同时又能够结合中国地区发展不平衡的城乡实际情况，才能够有效的促进城乡经济的发展的需要。但就规范校车安全保障上学安全而言，仍有大量的工作需要进一步的完善：一是校车安全管理协调机制有待进一步健全，目前主要工作仍集中在教育部门，尚未形成有效、有力的工作机制，各成员单位发挥职能作用并形成合力仍需进一步加强。二是《条例》规定的各项制度有待进一步落实，部分县区仍在按照此前制定的相关规章制度审批校车使用许可和校车驾驶人资格，部分地区存在新校车上牌难等问题。三是对《条例》的学习宣传培训有待深入；校车安全管理的一些细节还需要进一步完善，部分学校有关制度还没有与条例接轨。

（三）学前教育收费

1. 案例概述

为了促进学前教育事业科学发展、规范幼儿园收费行为、保障受教育者和幼儿园的合法权益，2011年12月31日，国家发展和改革委、教育部、财政部联合印发《幼儿园收费管理暂行办法》（以下简称为《办法》），严禁幼儿园以任何名义向入园幼儿家长收赞助费等各种费用，这是发改委等部门首次对幼儿园收费专门进行规范。民办幼儿园制定和调整保教费、住宿费标准，要报当地价格主管部门、教育行政部门备案后执行。同时要求，享受政府财政补助的民办幼儿园，可由当地人民政府有关部门以合同约定等方式确定最高收费标准，由民办幼儿园在最高标准范围内制定具体收费标准，报当地价格、教育、财政部门备案后执行。

2012年8月23日，北京市教委发布公办幼儿园价格调整通知，民办幼儿园保育教育费、住宿费实行市场调节价。费用标准由幼儿园按照《中华人民共和国民办教育促进法》及其实施条例和相关规定，根据保育教育和住宿成本合理确定，上报相关部门审批备案。民办幼儿园保育教育费和住宿费按月或按学期收取，不得跨学期预收。幼儿园收费标准调整时，对在园幼儿按照入园合同约定的办法收费。但是，北京市公办园保教费，现行标准为1997年制定，最高收费230元/月，最低收费115元/月。近年来幼儿园运行成本不断上升，已大大超过收费水平。北京市民办园实行市场调节价，由幼儿园根据成本情况自行制定收费标准。民办幼儿园提供的服务范围、质量水平差异较大，收取的服务费用各不相同。

《办法》作用有限，据统计，中国幼儿教育占公共教育经费的比重，一直在1.2%—1.3%的水平。而这一比例在巴西是5.1%，墨西哥是8.9%，泰国是16.4%。很大程度上讲，正是因为有了政府公共投入严重不足这一基本背景，以高收费为特征的幼儿教育的逐利化，以“应试化”“小学化”为特征的幼儿教育品质的异化，才会如此大行其道。

2. 经验总结

在学前教育资源紧缺的当下，政府部门在问责违规收费的幼儿园时，势必需要考虑其是不是会影响幼儿的入园问题。要根本治理幼儿园的违规收费、天价收费，还在于以政府主导为基本原则，扩大学前教育资源，提高学前教育质量。在此基础上，才能进一步核算幼儿园的办学成本，建立合理的成本分摊机制，制定合理的收费标准，且在家长和社会的参与监督中实施。《国家中长期教育改革和发展规划纲要（2010—2020年）》颁布以后，首次将学前教育纳入国家教育发展规划，大力发展公办幼儿园，积极扶持民办幼儿园。加大政府投入，完善成本分担机制，对家庭经济困难幼儿入园给予补助。完善国家对于幼儿园等学前资源的投入才是化解当前幼儿入园难、入园贵的根本办法所在。

（四）异地高考“破冰”

1. 案例概述

随着中国经济社会的不断发展和城市化进程的逐步推进，进城务工人员规模将不断扩大，随迁子女完成义务教育人数不断增多，随迁子女升学考试问题也将日益突出。进一步做好随迁子女升学考试工作，既是坚持以人为本、保障进城务工人员随迁子女受教育权利、促进教育公平的客观要求，也是保障和改善民生、加强和创新社会管理、维护社会和谐稳定的重要组成部分，有利于中国经济社会健康协调发展。各地必须高度重视，提高认识，采取切实措施，积极推进随迁子女升学考试工作。2012年8月30日，国务院办公厅转发《关于做好进城务工人员随迁子女接受义务教育后在当地参加升学考试工作的意见》。通知要求，各省、自治区、直辖市有关随迁子女升学考试的方案原则上应在今年年底前出台。截至11月底，黑龙江、安徽等地率先打破户籍限制开放异地高考。对于社会各界广泛关注的“异地高考”问题，有了一个迄今为止最为清晰的“时间表”。2013年12月30日，北京市随迁子女在京升学考试工作方案正式出台。根据方案，2013年符合相关条件的随迁子女可以参加中等职业学校考试录取；2014年符合相关条件的随迁子女可以参加高等职业学校考试录取。不过，这个分步走必须给出一个明确的期限。截至2013年1月1日，全国共有27个省市已公布随迁子女就地中高考的方案。这其中，浙江、江苏等地的政策收获颇多赞誉，多数省份也被指称“有诚意”，而争议一致指向最后的“堡垒”——北京、上海、广州。这三者中又以北京推延出台异地高考方案的表态招致最为激烈的讨论。但是北京异地高考方案未提本科开放时间。

2. 经验总结

开放异地高考，是推进教育公平的重要举措。随迁子女的升学问题已经存在，短期来看，放开异地高考是较为有效的解决办法。各地、各有关部门要加强对随迁子女升学考试工作的组织领导，明确责任分工，密切协作配合，形成齐抓共管的工作格局。目前，大学招生地域歧视是非常严重的，本地大学对本地考生投放了比平均水平高得多的名额。一旦放开异地高考，让更多的随迁子女在当地参加高考，自然就会和当地的考生争抢录取名额。在北、上、广这样的城市，可以让大学适当地增加录取人数，来维持当地户籍考生的录取比例不变。总之，放开异地高考本身只是一个阶段性、临时性的策略，唯有改革招生指标和分省命题制度，建立全国统一考试、公平录取体制，异地高考的问题才能迎刃而解。

（五）大气污染防治

1. 案例概述

雾霾，是雾和霾的组合词。雾霾常见于城市，中国不少地区将雾并入霾一起作为灾害性天气现象进行预警预报，统称为“雾霾天气”。2013 年，“雾霾”成为年度关键词。这一年的 1 月，4 次雾霾过程笼罩 30 个省（区、市），在北京，仅有 5 天不是雾霾天。有报告显示，中国最大的 500 个城市中，只有不到 1% 的城市达到世界卫生组织推荐的空气质量标准，与此同时，世界上污染最严重的 10 个城市有 7 个在中国。大气污染不限于“一城一池”，其治理应当实施“区域联防联控”，同处一片蓝天下，共居一池碧水间，环境污染没有行政区划之隔，环境保护同样必须重视区域合作。今天的大气污染已经不是一个局部的、个别城市独立产生的问题，由于细颗粒物是长途传输，大气污染是一个区域性乃至全球性的问题。中国大气污染控制的思路仍然多以属地管理为主流，忽略了空气的流动性和复合污染的复杂性，使区域内的统一规划没有落到实处。跨区域的空气传输是大气污染的一个重要来源。行政区“各自为战”的防治模式，难以根本解决区域性大气污染问题。2013 年 6 月，国务院出台大气污染防治“国十条”，将建立环渤海包括京津冀、长三角、珠三角等“区域联防联控机制”作为单独一条措施列出，进一步明确了区域联防联控在中国大气污染防治工作中的地位。作为“国十条”的配套措施，9 月 17 日，环境保护部、发展和改革委等 6 部门联合印发《京津冀及周边地区落实大气污染防治行动计划实施细则》，建立了由北京市牵头的涵盖北京、天津、河北、山东、山西、内蒙古的“六省区市协作机制”。按照“六省区市协作机制”的要求，为有效抗击雾霾、防治空气污染。各城市要执行一系列工作制度，包括信息共享制度、空气污染预报预警制度、联动应急响应制度、环评会商制度和联合执法机制。但他们的一些计划和措施显然“联动不够”。要执行信息共享制度，建立一个通道，让区域间可以交流，或者政府部门间可以交流数据，前提条件是真正促进落实污染源信息实时公开政策。针对持续雾霾天气，国务院总理李克强也指出，在治理雾霾过程中及时并如实向公众公开 PM2.5 的数据是非常重要的。

2. 经验总结

尽管中国出台了一系列监管措施，但环保部门陷入“单打独斗”，部分应急措施遭遇落实难，环境保护所涉及领域和行业众多，几乎渗透到社会发展的方方面面，而环保部门目前所拥有的权限却并不足以支撑其工作。而在中国现实情况中，环境问题由环保部门负责的固有思想已经深入人心。就出现了部分县（市、区）只是环保部门在“单打独斗”，如河北省邢台市个别县（市、区）政府在应急工作开展和部门联动上无实质性举措。跨区域联防联控在中国并非从未成功。近年来的国际赛事、活动，中国似乎总能在世界目光聚焦之时，通过实施联防联控突击完成一份漂亮的蓝天白云答卷。这种成功是全政府部门、全民参与的一场控制实验，利用许多非常规的手段实现了平时不可能实现的条件。但要把应急手段转为常态措施，则需要制定更长远的目标，采用更加科学的技术方法，花费更长的时间。常态化的区域联防联控除了要保证环境质量，还必须兼顾经济效应，常态化治理中，考验区域联防联控的，则是各地以空气污染治理推进经济优化和社会转型的能力。以京津冀区为例，为响应“京津冀区域联防联控”，治理华北区域的空气污染，需要河北压缩工业，而之后，经济如何发展，就业如何解决等问题，始终没有实质性的解决方案。“赛会空气”证明了区域空气质量达标联防联控是必经之路，但如何把应急手段转为常态措施，中国还有很长的路要走。

（六）高校毕业生就业歧视规制

1. 案例概述

重庆市定向选调全国“985”“211”工程高校2010年应届优秀大学毕业生到基层工作；《2010年非上海生源高校毕业生进沪就业评分办法》规定“对申请上海落户的为211高校毕业生的给予加15分”；国内某知名企业在招聘前台服务员时都设定了“须为211工程高校毕业生”的条件。时下“中国式”就业歧视日益“显性化”和“普遍化”：有的地区和用人单位在人才开发、人才发展战略实施过程中，硬性提出限招“211”“985”工程高校毕业生；有的规定对“211”“985”工程高校毕业生在人才选拔聘用中予以优先；有的则规定对“211”“985”工程高校毕业生在就业待遇方面予以优待。针对招聘中存在的就业歧视现象，2013年4月17日，教育部发出《关于加强高校毕业生就业信息服务工作的通知》，强调，凡是教育行政部门和高校举办的高校毕业生就业招聘活动，要做到“三个严禁”：严禁发布含有限定“985”“211”高校等字样的招聘信息；严禁发布违反国家规定的有关性别、户籍、学历等歧视性条款的需求信息；严禁发布虚假和欺诈等非法就业信息，坚决反对任何形式的就业歧视。高校毕业生就业的制度性院校歧视，在当前突出地表现为对非“211”“985”工程大学毕业生就业的制度性院校歧视，这可谓是“中国所特有的”。虽然一些招聘条款的出台，主观上是为了避免选人时的“中国式打招呼”，但其客观上却是对一些大学毕业生的就业歧视。即便是毕业于重点大学的博士，在求职应聘中也会遭遇学历“查三代”的尴尬。有的仅仅是由于本科没有就读“211”“985”等名校，就被拒之门外。尽管如此，很多同学表示教育部的规定并不能改变目前中国就业市场存在的非名校歧视的现状。

2. 经验总结

教育部率先正式发出“三个严禁”的通知，起到了一个示范作用。通知中传达的信息，表明国家反就业歧视的姿态，对促进高校就业公平迈出了重要的一步。但是，教育部的一纸通知，由于受到教育职权部门的制约且又不具备法律效应，最终所起到的作用是有限的。要消除就业歧视，真正保证毕业生的就业公平和合法权益，不仅要借鉴公务员、国企的选拔聘用机制，最根本的就是加强反就业歧视立法，从法律和制度层面解决就业歧视问题。要从根本上解决用人歧视，就必须对教育体制进行改革。企业招聘“名校情结”根在“工程”，应该取消一系列导致高校不平等竞争的政策、制度，淡化“985”“211”的光环，同时消除高校在招生中的名校情结等等，才能最终消除用人不公平现象。要想消除非名校歧视，要从源头做起，从教育制度本身做起。

五　能源及自然垄断领域

（一）小客车免费通行

1. 案例概述

收费公路政策的实施，拓宽了中国公路建设的投融资渠道，对加快中国公路基础设施建设，在保障人民群众安全便捷出行，推动经济社会健康持续发展方面，都发挥了极为重要的作用。但在实施过程中也出现了一些问题，特别是随着近年来中国汽车保有量的快速增长，在重大节假日期间，部分公路收费站因车流量大、排队缴费而导致的拥堵现象时有发生，直接影响人民群众的通行效率，已成为社会关注的焦点。为提高车辆通行效率，保障公众在重大节假日期间方便快捷出行。交通运输部等六部委在深入推进收费公路专项清理工作的同时，结合各地实践，研究制定并报请国务院批转了《重大节假日免收小型客车通行费实施方案》。2012 年 7 月 24 日，国务院国发〔2012〕37 号文批转交通运输部等部门制定的《重大节假日免收小型客车通行费实施方案》。该方案规定，免费通行时间为春节、清明节、劳动节、国庆节四个国家法定节假日，以及当年国务院办公厅文件确定的上述法定节假日连休日；免费通行车辆为行驶收费公路的 7 座以下（含 7 座）载客车辆，包括允许在普通收费公路行驶的摩托车；交通运输部要求，作为第一个实施小型客车免费通行的国庆节假日，各地交通运输主管部门和收费公路经营管理单位要认真做好准备工作，严格按照国务院批准的实施方案。另外，要切实加强收费公路出行信息服务。重大节假日期间要通过高速公路信息情报板、交通广播、电视、网站、手机短信等多种媒体，及时发布重大节假日期间公路交通出行信息，提前告知并引导公众合理选择出行时间和路线，避免车辆过度集中，导致收费公路拥堵或行驶缓慢。国庆长假期间，七座及以下小客车的出行总量比去年同期增长 1.5 倍，异常火爆的自驾车旅游刺激了消费、拉动了经济；特别是通过公路前往景区旅游的客流量比 2011 年同期增长近 70%。小客车通过收费站的时间由原来的平均每辆 14 秒至 20 秒缩短到一两秒，通行效率提高近 10 倍；往年重大节假日期间在收费站前排队缴费和交通严重拥堵的问题基本得到解决。“十一黄金周”高速公路免费通行景区管理压力大，2012 年 9 月 30 日—10 月 7 日，中秋、国庆双节合并形成“最长黄金周”，全国首次实行高速公路 7 座（部分为 6 座）以下小客车免费通行，自驾游人数暴增。全国多地旅游景点均创历史新高。

2. 经验总结

小客车免费通行是惠及千家万户的民生工程，对于推动民生项目的运行，促进经济发展具有重要的作用，但是在小客车免费政策的制定实施初期，全国出现了大面积的拥堵现象，受到各方的广泛质疑，几次通行之后，尽管免费出现的拥堵现象仍然存在，但是效果较为明显，有效地缓解了地方的拥挤状况，可见，行政规制是一个具有牵一发动全身的政府行政规制行为，对于新时期的政府规制行为的事实，政府需要准备充足的预案应对可能出现的出行高峰，加强对于政策变动对于居民行为印象的预期，政府政策的出台对于广大居民的行为的影响和决策行为改变的影响程度进行科学的预测和准确的估计。进一步而言，在作出尽可能准确估计的基础上，对这一规则进行调整，以增强政策持续性和延续性。

（二）阶梯电价

1. 案例概述

中国资源产品价格严重偏低，是造成加工业经营粗放、浪费严重的重要原因之一。因此，资源产品价格改革，是转变发展方式、实现经济健康可持续发展的必然途径。资源价格改革的方向是要逐步建立由市场供求决定的价格机制。这些年来，电价市场化改革步伐大大加快，科学合理和公开透明的政府定价制度初步建立。2012 年 6 月 14 日上午，发改委在有关阶梯电价的新闻发布会上宣布，29 个省、市、区已经听证结束，各地将陆续出台阶梯电价实施方案，7 月 1 日起全国全面试行。发改委相关负责人表示，绝大部分省份上调了第一档电量，根据目前确定的方案，绝大部分地区第一档电量覆盖率都超过80%，部分地区超过90%。中国阶梯电价政策形成历时4年，2008年开始研究，2010年形成了初步指导意见，并通过互联网公开征求社会各方意见。2012年5月以来各地又就实施方案召开听证会，进一步听取社会意见、完善方案。除新疆、西藏外，居民阶梯电价制度将覆盖中国大部分省份。截至2012年7月1日下午，除安徽、贵州、湖南、陕西尚在筹备外，25个省份开始全面试行这一制度。建立“多用者多付费”的阶梯价格机制，将有助于形成节能减排的社会共识，促进资源节约型、环境友好型社会的建设。

2. 经验总结

综观这次试行居民阶梯电价的决策和听证过程，我们看到了政府回应民生关切，寻求利益平衡的价格决策导向。目前，中国正处于经济社会转型期，各种矛盾交织错综复杂，利益诉求多元化。这次试行居民阶梯电价的决策过程，遵循公平公正公开的原则，充分了调动人民群众参与决策、监督决策过程的积极性，使各方面能够充分表达不同的利益诉求。政策制定的过程敢于面对质疑，乐于接受监督，勇于听取各种批评和不同意见，从而在最大程度上维护了价格决策的公开性、透明度。决策程序的公开、透明，广大人民群众的积极参与和监督，是平衡好各方面利益关系，维护群众知情权，从而提高政策执行力的有效途径。随着中国民主法治建设进程的不断推进，政府价格政策将更多地回应民生关切，平衡好各方面的利益关系。唯其如此，才能切实维护社会的和谐稳定和公平正义。推行居民阶梯电价只是第一步，天然气、自来水等资源性产品都面临着与电力类似的问题。

（三）铁路部门改革

1. 案例概述

2013年3月19日，第十二届全国人民代表大会宣布，有着64年历史的铁道部被撤销。根据国务院机构改革和职能转变方案，国务院将组建国家铁路局，国务院不再保留铁道部，根据国务院机构改革和职能转变方案，实行铁路政企分开。将铁道部拟定铁路发展规划和政策的行政职责划入交通运输部；组建国家铁路局，由交通运输部管理，承担铁道部的其他行政职责；组建中国铁路总公司，承担铁道部的企业职责；不再保留铁道部。铁路机构必须按照政企分开、政资分开、政事分开、政社分开的方向，加快转变铁道部职能，充分发挥铁路运输企业市场主体作用。2013年6月15日，中国铁路货运改革正式启动。这是中国铁路总公司成立后推出的首项改革，旨在实现铁路运输组织由内部生产型向市场导向型转变，并以此为突破口，推动铁路运输整体改革，加快建立符合市场经济要求的铁路运输管理体制和运行机制，提高铁路运输质量和效益。铁路本次正式实施货运组织改革，一方面是铁路转企改制的客观需要，过去铁路货运“不求人”，只看计划，很少看市场。如今，随着市场经济的变革和其他物流形式的发展，铁路货运的市场份额正在快速流失，不符合企业发展的市场规律。另一方面，随着大量高铁线路的投入运行，为铁路客货分离创造了条件，有利于加快铁路走向市场的步伐，充分展现铁路运输全天候、大运力、低运价、节能环保的优势。

2. 经验总结

铁路政企分开，并不是说铁路改革已经完成，恰恰相反，这只是改革的序幕。比政企分开更难以处理的挑战将随之显现，至少有三方面的问题不容回避：第一，本次改革将拟定铁路发展规划和政策的行政职责划入交通运输部，铁路、公路、水运、民航的发展规划和政策制定在交通运输部内如何整合，对交通运输部是一个巨大挑战。交通运输部如何摆正位置扭转交通结构不合理的问题，不仅涉及机构职能整合，而且涉及观念、政策、规划、规范、工作流程的调整。另外，交通运输部还负责管理国家铁路局，而国家铁路局除负责安全监管，还要承担对其而言完全陌生的经济监管职能。交通运输部进行职能整合、重新定位、机构重组的工作面临诸多挑战。第二，铁路巨额债务和公益性运输亏损问题亟待解决。高速铁路的技术标准高，建设运营成本高、票价高，且与既有线不兼容，普通客车不能上高速客运专线运行，导致投入运营的高速客运专线普遍严重亏损，而老百姓抱怨“被高铁”。在铁路政企合一的原有体制下，公益性运输（包括农产品运输、学生票半价、客票价格长期不变等）是用货运收入来弥补亏损的。政企分开后公益性运输亏损不能再由铁路总公司承担，需要国家财政补贴，而国家财政该补贴多少？如何补贴？无疑将面临艰难选择。第三，新组建的中国铁路总公司需要进行打破垄断引入竞争的改革。铁路政企分开的最主要目标是，激发企业活力、提高运输效率、加快铁路发展。如果不进行打破垄断、引入竞争的铁路运输企业重组，上述目标将无法实现。

（四）反价格垄断和不正当竞争

1. 案例概述

经过多年的发展，在很多充分竞争的市场领域已经进入了“寡头”竞争的阶段。这其实是市场充分竞争足够时间后的常态，一般来说，这些大企业成功的基本条件是低成本下的规模经济优势。从国家的战略层面来看，也只有这些企业发展到如此程度，其创新能力和品牌能力才会有牢固的基础。《反垄断法》2008 年实施至今仍然面临一个普法的问题，进入 2013 年，国家发改委在反垄断调查上突然发力。2013 年 1 月 4 日，韩国三星、LG，中国台湾地区奇美、友达等 6 家国际大型液晶面板生产商，因垄断液晶面板价格，遭到国家发改委经济制裁罚款 3.53 亿元，这是中国政府对境外企业价格垄断开出的首张罚单。2013 年 2 月 22 日，茅台、五粮液为维系高端价格体系明令各经销商强制保价，随即两大白酒行业巨头遭国家发改委反垄断调查，茅台和五粮液被发改委合计罚款 4.49 亿元。2013 年 8 月 7 日，国家发改委宣布，合生元等 6 家乳粉企业因违反反垄断法，限制竞争行为共被罚款约 6.7 亿元，成为中国反垄断史上开出的最大罚单，“洋奶粉”走下神坛。2013 年 8 月 12 日，国家发改委公布了对操纵黄、铂金饰品价格的上海黄金饰品行业协会以及老凤祥银楼、老庙、亚一、城隍珠宝、天宝龙凤 5 家金店的价格垄断行为的处罚决定，依法对 5 家金店处以上一年度相关销售额 1% 的罚款，共计 1009.37 万元。2013 年 9 月，国家发改委在其官网披露了三亚水晶店价格协同该案的调查与处罚情况。2013 年 9 月，广东省物价局披露其查处了关于河砂垄断高价的案件。广东省物价局价监局认为，明华沙石场及林源公司，在取得市场支配地位的情况下，销售商品的提价幅度明显高于成本增长幅度，其行为符合认定“不公平的高价”的基本条件。2013 年，国家工商行政管理总局自《反垄断法》实施以来，第一次以总局名义立案并调查查处利乐涉嫌滥用市场支配地位案。

2. 经验总结

监管部门对垄断企业的重拳出击，直接受益者当然是消费者。国家发改委对垄断企业的“重拳出击”应当成为进一步完善反垄断制度的开始。通过进一步完善反垄断的相关制度设计，切实降低消费者的反垄断成本，充分调动消费者的反垄断积极性，形成官民联合作战的社会氛围，让每一家有借垄断行为发不义之财念头的企业都明白：若伸出垄断之手，落下来的必将是反垄断的利剑。此时，反垄断的作用首先是防止寡头们联合操纵价格，损害消费者利益，这种现象已经出现，但未必会是主流。更有害的是，如果寡头时代逐渐进入一个稳定的状态（或者说到了“利益固化”的阶段），可能会以各种办法扼杀新的竞争者，这就从根本上损害了自由竞争的真谛。而对境外企业和洋品牌的反垄断，也与中国经济的一个变局密切相关，即从中国制造输出世界这个单极状态，开始向中国制造和世界市场两极演变。其实，在中国转变经济发展方式，国内很多企业日子不好过的时候，很多国外企业在中国市场逆势扩张，收购动作频频。政府通过反垄断给出明确的边界，已经越来越重要。严格执法是对法律的最好宣传，执法的权威性更需要依法行政和公正执法来逐步建立。2013 年尚未出现对反垄断执法提起行政诉讼的案件，反垄断执法尚未有一起案件经过司法的审查，这虽然能体现出一定的行政执法技巧，但在中国当前的法治环境下，这并不能说明反垄断执法已尽善尽美。反垄断执法机构能够只有不断审视自身执法的不足，及时总结某些案件的教训和经验，倾听相关利害关系国家的意见，提高反垄断执法的水平，对中国《反垄断法》先天不足的法律制度进行不断总结和完善，早日制定出更完善的配套的规章制度，规范自由裁量权的行使，提高执法信息透明度和政府信息公开的规范性，体现反垄断执法机构执法的自信力和执法的公信力。

六　民生及其相关领域

（一）住房调控

1. 案例概述

2012—2013 年两年间，中国房地产市场出现了相对的复杂的走势和局面，为了应对房地产市场出现波动，及可能对实体经济和社会生活产出的影响，保障居民的基本住房需求，满足基本的生产、生活需要，中国政府出台了大量促进房地产市场发展的各种经济政策。2012 年下半年，中国多地调整住房公积金政策，或提高最高贷款额度，或降低首付比例，或允许提现，偿还异地房贷。2012 年 3 月份“两会”期间，国务院和住建部要求：40 个重点城市个人住房信息系统要实现与住建部联网。截至 2012 年 6 月 30 日，全国 40 个城市个人住房信息联网工作已经达标，未来该系统或将扩大到 500 个主要地级市。2013 年 2 月 20 日，国务院常务会议出台楼市调控“新国五条”。重申坚持执行以限购、限贷为核心的调控政策，坚决打击投资投机性购房，要求各地公布年度房价控制目标。国务院办公厅发布了《关于继续做好房地产市场调控工作的通知》，诸如，“提高房价上涨过快城市第二套住房贷款的首付款比例和贷款利率”和“对执行限购政策措施不力的地方政府进行约谈和问责”等更严格、更细致的楼市调控措施出台。“新国五条”中规定，二手房交易中个税按个人所得的 20% 征收，这项规定会抑制投资需求，影响成交量，这是房地产调控的一个正面效果。但不可避免会对居民改善性购房需求带来抑制作用。2013 年 4 月 9 日，住建部发布《关于做好 2013 年城镇保障性安居工程工作的通知》明确要求各地适当上调收入线标准，有序扩大住房保障覆盖范围；在当年年底前，地级以上城市要明确外来务工人员申请住房保障的条件。2013 年 5 月 24 日，国务院批转《2013 年深化经济体制改革重点工作的意见》，意见中要求扩大个人住房房产税改革试点范围，从上海、重庆的试点情况来看，房产税在短期内影响更多的是市场预期而非房价，由于试点初期税率低、征税范围小，房产税对降低房价的作用不应被过度放大。2013 年 10 月 23 日，北京发布“京七条”，首次提出自住改善型商品住房概念。自住型商品住房套型建筑面积，以90平方米以下为主，最大套型建筑面积不得超过140平方米，销售均价，原则上按照比同地段、同品质的商品住房价格低30%左右的水平确定。此外，按照限购政策规定在北京具有购房资格的家庭，均可以购买自住型商品住房，两类家庭可优先购买：一类是北京市户籍无房家庭（含夫妻双方及未成年子女，单身人士须年满25周岁），另一类是经济适用住房、限价商品住房轮候家庭。每个符合条件的购买家庭限购一套自住房。“自住型”商品住房购房人取得房屋所有权证后，原则上5年内不得转让。为了加快棚户区改造，让更多人住上更好的房子，2013年财政部出台了一系列税收优惠政策。在中国的棚户区，房屋通常比较老旧，结构简易，基础设施简陋。政府希望通过改造棚户区，改善居民的住房条件，拉动投资和消费需求，带动相关产业发展，同时提高城镇化质量。按照最新安排，个人首次购买90平方米以下的改造安置住房，将按1%的税率征收契税。此外，个人取得的拆迁补偿款将免征个人所得税。除提供税收优惠外，还将通过增加财政投入、加大信贷支持、完善安置补偿政策、鼓励民间资本参与等多种手段，实现这一目标。

2. 经验总结

近两年的房地产调控政策，是在房地产价格快速飙升的背景下，推出的宏观调控政策，这些规制包括基于整个行业规制长期发展需要的补充，也有单纯为实现短期目标而进行的强化管制，总体而言，现在的调控政策正在突破传统的“以控为主”的政府规制政策，逐步出台了一系列的针对房地产价格暴涨的本质原因，就是房地产市场存在的供需矛盾，缓解房地产市场的供需矛盾才是解决这一问题的根本，因此，出台一系列住房保障项目的推出对于保障房地产项目的平稳运行具有重要的意义，对于维护中国的房地产市场和宏观经济运行具有重要的意义。作为住房调控的规制措施，政府层面推出了大量的住房宏观调控和规制政策，一方面是通过政府的宏观调控解决住房问题，另外一方面是将政府的宏观调控进一步复杂化了。

（二）计划生育政策调整

1. 案例概述

2012年6月2日，陕西省安康市镇坪县渔坪村，怀孕7个多月的冯建梅，因无钱缴纳4万元的“超生罚款”，在所在镇政府计生部门的强制下被迫实施终止妊娠手术。孕妇冯建梅大月引产一事经网络传播后，引起社会的广泛关注。随着老龄化浪潮日益逼近，以节制生育为核心的中国人口政策遭遇空前挑战。除了面对强制剥夺公民生育权的质疑，学术界早已开始对生育率走低、劳动人口减少、养老负担沉重等问题进行讨论并提出改革建议。2013年3月1日在北京大学召开的“人口政策改革研讨会”上，各界专家学者讨论提出人口结构而非人口数量已成威胁当下社会发展的重要因素，踢出了人口政策变革的临门一脚。

2013年10月26日，中国发展研究基金会发布的《人口形势的变化和人口政策的调整》报告就集纳了这20多位人口学者的政策建议。他们提出，中国应实施“生育自主、倡导节制、素质优先、全面发展”的新人口政策。其中涉及的改革包括调整生育政策、投资健康和教育、注重农村地区儿童发展、统筹城乡发展中的人口流动、激发老龄社会的发展活力、促进性别社会平等和加强家庭发展7个方面。2013年11月15日，十八届三中全会通过《中共中央关于全面深化改革若干重大问题的决定》，明确“启动实施一方是独生子女的夫妇可生育两个孩子的政策”。次日，国家卫计委副主任王培安介绍了启动实施

"单独二孩"政策细则。据悉，北京、云南等地已于年底启动相关立法程序，并预计2014年年初开始实施。

2013年12月30日，中共中央、国务院近日印发了《关于调整完善生育政策的意见》，对实施单独两孩政策作出总体部署，并明确全国不设统一时间表，由各地根据实际情况确定具体实施时间。各地要根据中央意见和本实施意见精神，结合实际，制定具体措施，并认真抓好工作落实。省委办公厅、省政府办公厅及有关部门将适时组织督促检查。

2. 经验总结

三十多年来，独生子女政策的强制推行，给一代中国家庭造成了难以承受之痛。如今，面对百万失独家庭的丧子悲剧，面对未来加速的少子老龄化，以及几千万光棍的严峻形势，政府虽未废除独生政策，但朝着正确的方向迈开了步伐。计划生育政策涉及中国人口社会长期发展的重大举措，而且人口变动具有自身的规律性，且其政策效果具有十分强烈的政策滞后性，因此，制定人口政策、控制人口增长必须要有具有科学的决策眼光，能够遵循人口增长的自然规律，需要提前进行决策，提前进行规划。只有科学的认识人口问题，才能够有效地促进经济政策的实施。尽管如此，很多学者认为中国目前的人口政策调整具有严重的滞后性，可能给国家和民族未来的发展具有重大的负面影响，因此，未来根据新施行的计划生育政策的实施效果，及时有效的调整和完善计划生育政策，推动人口数量和质量的健康有序增长，才能够保证社会的长期、持续、平稳发展。

（三）食品安全标准

1. 案例概述

据中国居民营养与健康状况调查结果显示，中国居民膳食中盐、脂肪、能量摄入偏高，慢性非传染性疾病防治形势严峻。膳食是慢性非传染性疾病的重要影响因素，科学研究和国外管理经验证明，食品标签上的营养信息可以帮助公众做出合理膳食选择，可使居民减少饱和脂肪、胆固醇和钠的摄入，增加膳食纤维摄入，是预防膳食相关慢性病的良好手段，对全民营养教育和健康促进发挥重要作用。2013年1月1日施行的《预包装食品营养标签通则》标志着中国全面推行食品营养标签管理制度，对指导公众合理选择食品，促进膳食营养平衡，降低慢性非传染性疾病风险具有重要意义。世界卫生组织调查显示，目前，74.3%的国家有食品营养标签管理法规。预包装食品应当在标签上强制标示4种营养成分和能量（"4+1"）含量值及其占营养素参考值的百分比，"4"是指核心营养素，即蛋白质、脂肪、碳水化合物、钠，"1"是指能量。标准还对其他营养成分标示、营养声称和营养成分功能声称等作出了具体规定。新一轮《食品标准清理工作方案》，全面启动对5000余项食品标准的系统清理工作，到2013年年底，提出现行相关标准或技术指标继续有效、整合和废止的清理意见。同时，将加快食品安全标准制修订工作步伐，包括《食品中污染物限量》和《食品中致病菌限量》等基础标准。截至2014年，中国制定公布了乳品安全标准、真菌毒素、农兽药残留、食品添加剂和营养强化剂使用、预包装食品标签和营养标签通则等303部食品安全国家标准，覆盖了6000余项食品安全指标。

2. 经验总结

从重要性而言，食品安全关系到千家万户，关系到整个国家，整个民族的安全，因此，政府对食品安全的规制显得尤为重要，在当前食品安全形势日益严重的情况下，加大食品安全执法力度，完善食品安全法规体系，制度更加具有可行性和可操作性的食品安全标准时能否有效推动食品安全，保证居民食品安全的关键因素，在新的技术条件下，制定具有针对性，且切实可行的食品安全标准对于规范食品安全具有重大的指导意义。尤其是食品安全的领域十分广泛。对于食品安全的监管不仅仅是建立食品安全的标准，更为重要的是，建立一个由生产者、消费者、政府监管机构三者之间构成的良性互动的监督体系，能够及时有效地对食品安全问题，产生反馈和监督。

（四）上海自贸区改革

1. 案例概述

中国（上海）自由贸易试验区于2013年9月29日正式挂牌，自贸区致力于加快政府职能转变、投资领域的开放、推进贸易方式发展转变、深化金融领域的开放创新以及完善法治领域的制度保障，是个重大制度创新，其潜在意义堪比当年深圳特区的建立。上海自贸区挂牌后的首个业务受理日，就有570家企业申请注册登记，管委会综合服务大厅受理咨询1400余次。此外，《中国（上海）自由贸易试验区总体方案》放宽了包括民营企业在内的国内企业进入的领域，并降低了其进入门槛。现有政策的效果和改革的初衷，导致大量企业进入。上海自贸区2013年提出了98项改革措施，涵盖制度创新、服务业开放和功能拓展等方面。上海将按照中央要求，积极探索在全国其他地方可复制、可推广的改革模式，更好地为全国服务。十八届三中全会通过的全面深化改革的《中共中央关于全面深化改革若干重大问题的决定》中，有7个方面10多处具体改革要求与上海自贸区建设密切相关，这表明自贸区是一项国家战略。上海将以“可复制、可推广”为目标，着力推进改革试验，努力完成好中央交给上海的重要任务。制度创新包括投资管理、贸易监管、金融和综合监管四个方面，核心在于政府职能转变，营造国际化、法治化的营商环境。上海自贸区建设不仅在微观主体上对国外企业放开，而且对国内企业进一步开放，特别是对民营企业开放。这种开放必然会激发国内企业的热情，真正发挥企业作为微观主体的作用。上海自贸区对企业注册和项目投资实行备案制，也必然会缩短国内企业对市场的反应时间，鼓励企业进入。值得关注的是，这种对国内企业的开放和激活，本身就是上海自贸区在行政审批制度改革上的推进和突破。而国内企业参与上海自贸区建设反过来会进一步促进行政审批制度改革，并将改革成果巩固和稳定下来。上海自贸区总体方案中明确的23项开放措施，目前有15项可以实施，4项在相关行政法规和国务院文件调整后实施（游戏游艺设备生产销售、演出经纪、娱乐场所、增值电信），还有4项需进一步协调推进（国际运输管理、国际船舶管理、有限牌照银行、律师服务）。上海自贸区将进一步扩大服务业开放，争取国家将更多事项放在区内先行先试。上海自贸区总体方案主要涉及5个方面的任务和90多项政策措施。主要包括：一是加快政府职能转变。二是扩大投资领域开放，同时推进外商投资管理体制改革，主要是探索建立负面清单管理模式，此外，还将深化境外投资管理方式改革，进一步减少审批，对境外投资开办企业实行以备案制为主的管理方式，对境外投资一般项目实行备案制。三是推进贸易发展方式转变。四是深化金融领域的开放创新。包括加快金融制度创新，在试验区内对人民币资本项目可兑换、金融市场利率市场化、人民币跨境使用等方面先行先试。增强金融服务功能，推动金融服务业对符合条件的民营资本和外资金融机构全面开放等。五是营造良好的监管和税收制度环境。

2. 经验总结

建立上海自贸区，最大的亮点在于建立“负面清单”管理模式，也就是政府在行业准入上的一系列审批制度将基本放弃。回顾中国三十多年改革开放的得失，凡是政府放权充分的地方，改革的成果就比较显著，凡是政府管得太多、卡得太紧的地方，改革就缺乏生气。上海自贸区实行的“负面清单”则将基本上终结政府审批的制度，完全由企业来自行决定是否进入市场。这种管理模式也与国际准则相一致，国外的实践已经证明，它更有利于吸收投资，也更有利于市场的形成和成熟。无论如何，上海自贸区扩大开放主要集中在贸易、投资、金融和监管四个经济领域，而对与市场准入有关的环境保护、劳动权益、知识产权保护、官吏清廉、政府透明度、技术贸易壁垒等社会与政治领域尚无涉及。只有广泛、深入地削减妨碍有效竞争的限制性措施，才能够充分发挥一国比较优势，从贸易协定中获得更大收益。因此，未来负面清单的修订过程中，参照国际准则，要扩充架构，采用“保留行业加不符措施”的方式。自贸区应根据先行先试情况，以及产业发展需要，不断探索扩大开放的领域、试点内容及相应的制度创新措施。如今“负面清单”虽然出台了，但自贸区在相关配套改革等领域依然存在众多不确定性，需要顶层设计。许多领域的重大制度性改革不仅局限于自贸区本身，还涉及全国宏观整体层面的改革，尤其金融、法律、监管等领域诸多问题需要破解。从这个意义上讲，上海自贸区在形成国际通行经贸投资法则建设方面任重而道远。综上所述，“负面清单”作为中国经济转型升级关键时期的一项新生事物，其意义和作用是巨大的、深远的，其困难与风险也是客观存在的，我们既要坚定不移地发挥好其积极作用，又要结合本国实际并借鉴国际规范不断加以完善。

七 实践创新总评

2012—2013 年，中国的政府规制政策实践创新取得了显著的成绩，政府规制呈现出以下几个方面的新特征：

第一，政府规制更加注重创新。

面对互联网环境下不断涌现的新业态、新产业，监管部门在“严格把关”的同时必须要跟上互联网创新步伐，因为在互联网时代，商业的发展日新月异，每一项真正的互联网创新所带来的都将是对原有商业规则的突破与重构。因此，监管自身也应不断提升与创新，不断丰富手段，创新监管方式。“凡事预则立，不预则废”，创新与监管都应未雨绸缪，既不能放任自流，也不能因噎废食。而对于监管者而言，如何在深入实际、认真调研学习的基础上，实施管理创新，兼顾行业创新和行业规范的矛盾，已成当务之急。

第二，政府规制更加注重社会性、适用性。

2012—2013 年中国进一步完善了社会组织的登记和管理办法，进一步推动了社会组织的改革，同时，进一步规范了相关的社会组织基金的使用范围和使用方法进行规范。一方面在社会规制更加注重社会组织的作用；另一方面更加强调政府组织对于社会组织的规范和引导，能够更好地发展社会组织，促进社会组织和社会服务于政府规制的融合，能够更好地发挥社会组合和社会服务的优越性，推动社会公共服务的便捷性和实效性。

第三，政府规制更加强调前瞻性。

近两年，政府相关的规制政策的出台，政府决策更加需要依据社会发展规律，更加具有前瞻性。比如，人口生育政策具有相当长的滞后性，在研究人口生育和增长的客观规律基础上，中国及时调整和完善了中国的计划生育政策，只有根据社会经济发展的需要、充分认识社会发展的客观规律，才能够有效地推动政府政策制定的前瞻性。

第四，政府规制更加强调系统性。

随着经济社会的发展，政府规制体现出越来越强的系统性，需要各个部门、各个地区之间进行更加深入和系统的协调实施。只有将相关的政府规制主体之间进行有效协调，系统的组织才能够有效地调动全体政府规制体系的积极性，推动规制体系的完善，保证规制措施的实施，保证政府规制的效果。

第五，政府规制更加注重科学性。

政府规制不仅仅是一个简单的部门协调，其更加需要去研究问题的源头，不仅是规范社会各个参与主体的行为，更重要的是深刻认识各个社会主体的行为和现象背后的基本逻辑和运行机制，需要从社会现象和行为的源头进行规制。新时期的政府规制需要转变过去简单依靠行政命令式的禁止等措施进行社会规制和管理，需要更加深入、科学地去探寻经济行为、社会发展的客观规律，在此基础上针对所存在的突出问题，寻求更加科学有效的解决办法和措施。

第三节 代表性成果

【《政府规制：理论、政策与案例》】

作　　者：文学国　何辉

出版时间：2012 年

出版机构：中国社会科学出版社

内容摘要：政府规制是现代政府的重要职能之一，规制的主要内容为经济性规制与社会性规制。经济性规制的目的在于校正市场失灵、规范自然垄断行业的竞争行为；社会性规制的目的在于解决信息不对称问题，维护信息劣势一方的合法利益。该书将政府规制的理论与中国的规制政策及案例进行有机的融合，以规制政策来解释规制理论，以案例来检验与分析规制政策的得失。

【《中国农民专业合作社的政府规制研究》】

作　　者：任梅

出版时间：2012 年

出版机构：中国经济出版社

内容摘要：该书依托政府规制理论和合作社理论，针对中国农民专业合作社，分析了其规制需求，回顾了其规制发展历程，概括了其规制体系的构建、规制成效、规制运行中存在的问题及原因，在合理借鉴国内外政府规制经验的基础上，提出规制优化的原则、目标体系和政策建议。第一，既针对合作社这一类特殊市场主体研究政府规制，也从政府规制视角分析合作社，丰富了政府规制理论和合作社理论的跨学科研究；第二，构建了合作社的政府规制分析框架，在对中国农民专业合作社的规制需求、规制体系构成及运行、规制效果的分析归纳中，系统展现了其政府规制的全貌；第三，依托法约尔对企业经营活动的经典概括，构建了合作社规制的内容体系；第四，以“规制方法”和“规制内容”为纵横交错的两条线索，分析了大量规制政策，更加深入、客观地认识和评价了合作社的规制状况。

【《行政规制论丛（2012 年卷）》】

作　　者：江必新

出版时间：2012 年

出版机构：法律出版社

内容摘要：该书主要收录了围绕以“行政规制”“两型和会”“法治建设”为主题的相关论文，主要分为四个部分：第一个部分是两型社会建设法治基本理论，法治作为社会管理的重要方式之一，在

“两型社会”建设中，可以且应当发挥重要作用，为其架设有力的法律引导与规制屏障。第二个部分是“促进两型社会”建设立法。域内外发达国家或地区实践表明，区域协调发展，目的在发展，难点在协调，关键靠法治，法治是“两型社会”建设的基本依据；第三个部分是“两型社会”资源环境制度；“两型社会”是法节约型，环境友好型社会，各领域、各类型资源环境制度的确实直接维系“两型社会”建设的程度与水平。该书主要围绕探讨处于转型期的当下中国社会，在社会监督领域将面临哪些问题或挑战。

【《中国反垄断与规制经济学学术年鉴（2013卷）》】

作　　者：山东大学反垄断与规制经济学研究基地

出版时间：2013年

出版机构：经济科学出版社

内容摘要：该书收录了2011年和2012年两年内反垄断与规制经济学领域的研究成果和重大事件，介绍了两年内活跃于这一领域的研究机构，并进一步完善了中国反垄断与规制机构的信息。该书共十个部分，其中有两部分内容做了调整。第一，在中国反垄断与规制经济学研究进展综述中，增加了“垄断和规制失效对于收入分配的影响”，以及“地方政府竞争及其规制研究进展”两个主题，以更好地反映中国反垄断与规制领域的焦点问题，并努力推动其本土化进程。第二，为了更好地反映国外反垄断与规制领域的实际情况，该书将之前的国外学术论文观点摘录改为国外反垄断法规和案例介绍。

社会影响：山东大学反垄断与规制经济学重点研究基地是在山东大学反垄断与竞争政策研究中心和山东大学规制理论与政策研究中心的基础上，整合反垄断与规制经济学领域的科研力量组建而成的，2009年5月被山东省政府确定为省社会科学重点研究基地。

【《跨国公司转让定价与政府规制研究》】

作　　者：鄂立彬

出版时间：2013年

出版机构：科学出版社

内容摘要：在跨国公司的母、子公司之间存在股权、债权、管理、产品、技术、物流、后勤等多个方面的内部交易，这些内部交易的价格为转让价格，不同于不存在关联关系的企业间的独立交易价格。由于跨国公司的母、子公司分处不同国家，其内部交易所采用的转让价格高低会对包括中国在内的相关国家带来很多影响，具体体现在税收收入、企业竞争环境及股东在合资企业的股权比例等多个方面。该书在对国内外相关文献进行系统回顾的基础上，采用博弈分析方法，紧密结合中国实际情况，运用数理模型来探明跨国公司转让定价的决策机理，并就如何设计合理的政府规制政策提出建议。

社会影响：该书则主要从数量模型角度进行分析研究，可以作为理论研究者和实务操作者的参考用书。

【《开放与博弈——新媒体语境下的言论界限与司法规制》】

作　　者：展江　吴薇

出版时间：2013年

出版机构：北京大学出版社

内容摘要：该书在对新媒体的概念及其发展演变进行简要介绍的基础上，对由于新媒体的迅速发展而带来的个人隐私权保护、网络消费者权益保护、言论自由等一系列相关法律问题进行了详细阐述，并举出大量实际案例，以期引起新媒体管理者及立法机关对相关法律问题的关注，并使人们了解新媒体言论的界限，更好地保护公民的隐私权和言论自由，使依法行政在媒体领域得到落实。

【《政府规制工具的组合选择：由秸秆禁烧困境生发》】

作　　者： 张会恒

期刊名称：《改革》

发表时间： 2012 年第 10 期

内容摘要： 秸秆禁烧的规制困境源于未选择有效协调各方利益关系的规制工具组合。解困的思路是：从中长期看，政府要鼓励企业加快秸秆利用的科学研究和成果转化，降低处理秸秆的成本。出台扶持性产业政策，促使秸秆产业健康成长从短期看，政府规制仍是现阶段解决秸秆焚烧问题的主要手段，但要选择有效协调各方利益关系的规制工具组合。

社会影响： 该文系 2010 年度教育部人文社会科学研究一般项目“规制影响评估制度在中国政府规制质量提升实践中的应用研究”（批准号：10YJA790245）。

【《公共产品供给民营化背景下的政府规制研究》】

作　　者： 聂永有　王振坤

发表时间： 2012 年第 1 期

期刊名称：《中国人口资源与环境》

内容摘要： 20 世纪 90 年代，中国启动了公用事业市场化改革，民营资本特别是外资流向自来水供给、污水处理、城市生活垃圾收集与处理、燃气供应等行业。私人部门的介入激活了公共产品供给市场，有利于社会福利的增进，但也招致诸多问题。公共产品供给民营化，并不意味着政府的完全退出，政府始终负有向社会公众提供公共产品或服务的原始责任。民营化只是在提供的形式上完成了向私人部门的转移，政府应完成从公共产品直接提供者向规制者的角色转换。该文以城市生活垃圾产业为例，进行了系统的分析，认为有效的规制应建立在真实的规制环境中。在城市生活垃圾产业民营化的规制中，面临着现有规制者与合约方一体、规制机构与企业信息不对称、政府部门承诺有限等规制约束。基于目前的规制环境，中国城市生活垃圾产业在推进民营化的同时，应建立起独立的规制机构，加强监管，逐步纵向一体民营化以降低交易成本，在合约中采用指数化价格分享企业租金。

社会影响： 该文系教育部人文社会科学规划基金项目“公共治理视角下的中国静脉产业发展政策研究”（编号：10YJA790139）；上海市教委创新基金项目“生态视角下上海市商业活动空间结构研究”（编号：09YS47）。

【《我国近海渔业管理方式的优化和改进——基于政府规制研究的视角》】

作　　者： 易传剑

发表时间： 2012 年第 5 期

期刊名称：《社会科学家》

内容摘要： 由于渔业资源的持续衰退和生态环境的不断恶化，完全由市场来调节和控制渔业管理存在着明显的不足。基于保护渔业自然资源的可持续利用，防止市场失灵、避免过度竞争、缓解渔业捕捞中的负外部性和保障渔业产品的有效供给，有必要对渔业产业结构及其经济绩效进行控制和制约。该文从环境公共信托理论出发，指出政府渔业规制的核心在于资源的分配和使用，关键在于改革规制机构，引入私有规制，实现多主体共同治理；渔业管理方式由“管制”向“激励”转变，创设合理的产权制度；构建经济规制多元并存、社会性规制持续加强的规制格局。

社会影响： 该文系国家自然科学基金项目（30970464）。

【《工业企业环境污染与实施生态工程的激励机制构建——以制药企业为例》】

作　　者： 苗泽华　彭靖　董莉

发表时间：2012 年第 12 期

期刊名称：《企业经济》

内容摘要：随着中国工业化、城镇化进程的加快和经济的迅猛发展，在 GDP 快速增长的同时，工业化所导致的环境污染问题也非常严峻。各类企业排放的“三废”所引发的水污染、大气污染、土壤污染令人触目惊心，严重威胁到人类的正常生活与复合生态系统的稳定和安全。制药产业是当前污染较为严重的行业之一，要促进企业的可持续发展，实施生态工程是一条重要途径。在市场经济环境下，制药企业与市场、政府形成博弈关系。为了促进企业实施生态工程，政府应当制定经济性和社会性规制，以及促进制药企业实施生态工程的激励机制，以保障企业与复合生态系统的协调发展。

社会影响：该文系 2010 年度国家社科基金项目“发展循环经济背景下工业企业与生态工程良性发展研究”（批准号：IOBJY027）。

【《政府竞争、规制失效与垄断行业高收入来源探析——以中国电力产业为例》】

作　　者：付强　于良春

发表时间：2012 年第 5 期

期刊名称：《产业经济研究》

内容摘要：该文通过建立电力产业规制模型来探讨垄断的电力产业促进中国经济增长的具体机制。该文认为，相对于无规制的独家垄断状态，规制者通过降低垄断者的电价和利润来实现经济增长的目标，但是不完美监督则造成了“双赢互换型”规制失效和小工商业用户对耗电大户的交叉补贴，这构成了电网高收入的主要来源。经验证据进一步证明了本文提出的理论命题，最后，该文总结提出了中国的电力产业规制理论，并对现行的电力产业改革路径进行了反思。

社会影响：该文受国家自然科学基金国家自然科学基金课题“转轨经济条件下网络型产业竞争政策研究”（项目编号：70973066）资助。

【《我国政府管制方式的发展与创新》】

作　　者：陈茂国　李沫

发表时间：2013 年第 4 期

期刊名称：《社会主义研究》

内容摘要：当前西方政府管制方式的发展趋势表现为管制方式不断创新且非强制性日益突出。中国当前政府管制方式的总体特征是“命令控制”色彩依然浓厚并且管制低效。中国当前政府管制方式改革是借鉴西方政府管制方式的成功经验，适应社会发展需求，顺应全球政府管制方式的发展趋势，对现行管制方式进行改革创新，以实现从传统命令控制型手段到非强制的政府活动方式的转变，其目的是为了增进管制实效。中国政府管制方式的创新主要包括继续放松政府管制和引入多元化管制方式两个方面。

社会影响：该文系教育部人文社会科学研究青年基金项目“服务行政视野下的激励型监管程序立法研究”（11YJCA20059）研究成果。

【《论政府规制的道德性维度》】

作　　者：崔德华

发表时间：2013 年第 11 期

期刊名称：《海南师范大学学报》（社会科学版）

内容摘要：该文提出，政府规制的可能性和有效性需要多种规制方式共同发挥作用，其中道德作为一种软规制方式的规范调整作用是不可忽略的。强调政府的道德性规制必须具有一个科学的维度，忽视这个维度就很难实现规制的目标。该文将政府规制应当具有的道德性维度概括为六个方面，即政府规制的道德基础、政府规制的道德尺度、政府规制的道德要求、政府规制的道德约束和政府规制的道德底线。

社会影响：该文系 2011 年海南省哲学社会科学规划课题《行业道德建设的理论与实践研究》（编号：HNSK12－52）阶段性成果。

【《政府规制能力的解读与探析》】

作　　者：吴佳惠

发表时间：2013 年第 5 期

期刊名称：《福建行政学院学报》

内容摘要：政府规制能力是政府规制机构依据掌握的规制权力、运用适当的规制工具、履行相应规制职能、实现规制目标和效果的能量与力量。政府规制能力的影响要素包括基础要素、保障要素和提升要素，而规制决策能力、规制执行能力、规制调整能力、规制监督能力构成了政府规制能力的主体内容。在政府规制实践中，政府规制能力的外显形式主要包括经济性规制能力、社会性规制能力和反垄断规制能力，这三者之间相互区别，互为补充，构成了政府规制能力的外在表现形式。

社会影响：该文系厦门大学 985 工程“公共管理重点学科建设”项目、教育部新世纪优秀人才支持计划项目（NCET－09－0672）阶段性成果。

【《“限广令”、规制与行政法治——以西方国家广播电视业政府规制为比较视角》】

作　　者：张文祥

发表时间：2013 年第 2 期

期刊名称：《西北大学学报》（哲学社会科学版）

内容摘要：以国家新闻出版广电总局实施的“限广令”为分析对象，该文以西方法治国家广播电视政府规制为比较视角，从规制依据、规制目标、规制主体、规制结构、规制手段、规制效果等具体问题入手，探讨政府对广电媒体广告播放行为进行规制的正当性、必要性和实效性。同时该文分析规制应遵循的原则和界限，提出在权利保障和行政法治前提下改进中国广播电视规制。

社会影响：该文系国家社科基金项目（12BXM017）阶段性成果。

【《快速发展战略选择下的合作社政府规制及其改进》】

作　　者：崔宝玉　刘峰

发表时间：2013 年第 2 期

期刊名称：《农业经济问题》

内容摘要：在政府合作社发展至上战略选择和政府激进的推动方式下，中国农民专业合作社发展凸显出重规模轻规范、重效率轻公平的现实路径，合作社迅猛发展与失范发展并存，如果对此现象不加纠正、任由其发展，必然会损害农户参与合作的信心，进而损害中国蓬勃发展的农村合作事业。由此需要政府积极行动，宏观层面上要扭转发展至上的合作社发展战略和政府强制推动的合作社发展方式，具体操作层面上要改进政府规制，以破解政府规制机构组织要素失衡、政府规制缺位、政府规制俘虏、政府行政规制不足等规制难题，确保合作社在数量快速增加的同时其规范性也能够不断增强，从而推动中国农民专业合作社快速、健康、规范、可持续发展。

社会影响：该文系国家自然科学青年基金（编号：71103056）和中央直属高校基本科研业务经费专项资助项目（编号：2011HGQC1051）的阶段性研究成果。

【《论公共产品供给中政府规制的价值逻辑》】

作　　者：曾广录　李映辉

发表时间：2013 年第 1 期

期刊名称：《求索》

内容摘要：公共产品特性决定了其市场供给的低效性，这种低效性会直接危害公共利益、降低社会福利水平。政府直接干预市场配置机制或间接改变企业和消费者供需决策的各种规制政策是必要的和正当的。政府规制有着不同的表现形态，其归宿都是围绕社会公共利益的实现和社会福利水平的提高这一价值逻辑而展开。政府规制理论和实践演进的历史是印证这一价值逻辑的最有力证据。

社会影响：该文是国家社会科学基金项目（10BJY043）；湖南省哲学社会科学基金项目（12YBB026）；湖南省保障性住房研究基地成果。

第十一章　社会管理

耿　云　李小红

加强和创新社会治理是当前党、各级政府和广大公众最为关切的话题。党的十七大报告中8次出现“社会管理”，党的十八大报告中16次出现“社会管理”，党的十八届三中全会通过的《中共中央关于全面深化改革若干重大问题的决定》中首次提出了“创新社会治理体制”的概念，“社会治理”第一次在党和国家的正式文件中出现，这意味着党推进国家治理体系和治理能力现代化的重大变革。

本年鉴在《中国公共管理发展报告（2012—2013）》的基础上，进一步梳理和总结2012—2013年间社会治理领域取得的最新理论及实践成果。考虑到内容上对《中国公共管理发展报告（2012—2013）》“社会管理”部分的承接性以及“社会治理”在正式文件中出现的时间为2013年年末，本章仍然按照加强和完善社会管理格局、加强和完善党和政府主导的维护群众权益机制、加强和完善流动人口和特殊人群管理和服务、加强和完善基层社会管理和服务体系、加强和完善公共安全体系、加强和完善非公经济组织、社会组织管理、加强和完善信息网络管理、加强完善思想道德建设八个方面来撰写。

第一节　理论进展

毫无疑问，社会治理是2012—2013年公共管理领域的研究热点和研究重点。截至2014年12月31日，根据中国知网的检索，2012—2013年间中国期刊全文数据库标题直接含有“社会管理”的文献就有4693篇，含有“社会治理”的文献有239篇；中国博士学位论文数据库标题直接含有“社会管理”的论文有12篇，含有“社会治理”的论文有3篇；中国重要会议全文论文数据库标题直接含有“社会管理”的论文有167篇，含有“社会治理”的论文有15篇。据不完全统计，理论研究领域出版的相关理论及实践总结性、指导性著作、教材、论文集、研究报告及相关读物每年均有上百种。

一　加强和完善社会管理格局

社会管理格局仍然是当前的研究热点和重点。围绕形成和完善党委领导、政府负责、社会协同、公众参与的社会管理格局问题，2012—2013年的研究成果主要从社会管理格局的形成与发展、社会管理体制改革两个方面展开。综合来看，相关研究仍然延续了2011年之前的研究思路，体现了“追寻现有社会管理格局的形成原因—思考未来社会管理格局的发展方向—探索现行社会管理体制的改革”的研究脉络。

（一）社会管理格局的形成与发展

一些学者研究了当前社会管理格局的形成原因并提出了相应的解决思路。西北政法大学的贾宇认为，新中国成立六十多年来，中国社会管理模式经历了由传统社会管理体制向现代社会管理体制自觉构建的演变。但现行社会管理格局仍没有形成社会管理的有效合力和系统网络，没有充分发挥全社会的力量促进社会管理。要树立正确的社会管理理念，实现政府法治、街道共治、单位管理和村（居）民自治的有机统一，做到政府行政管理和居民自治的有效衔接和良性互动，这是建立社会管理格局的关键。①

湖南省社会科学院的陈文胜、陆福兴、王文强研究了城乡一体化背景下的社会管理创新问题。他们研究表明，当前中国社会进入城乡一体化的关键期，全国不少地方将城乡一体化发展与社会管理创新有机结合整体推进，探索城乡一体化社会管理创新的有效途径：以党组织为核心的城乡社会管理组织体系创新，以社区为依托的城乡社会管理服务体系创新，以和谐为目标的城乡社会稳定治理体系创新，以电子信息为平台的城乡政务网络体系创新，以改善民生为方向的城乡社会保障与公共服务体系创新，以经济发展为支撑的城乡产业融合对接体系创新。全国各地实践探索所积累的经验有着深刻的启示：形成城乡一体的利益协调机制是前提，科学定位城乡一体的政府职能是基础，完善民意表达的公共决策机制是根本，构建民生本位的阳光财政政策体系是保障，培育城乡一体的多样化社会组织是重点，建立多元开放的公民社会流动机制是关键。因此，社会管理创新是加快城乡一体化的切入点和突破口；城乡社会融合是加快社会管理创新的核心；加快城乡资源要素优化配置是社会管理创新的根本目标。②

东北大学文法学院的魏淑艳、邵玉英研究了中国城乡社会管理格局的失衡问题及其解决思路，指出，改革开放以来，中国社会发生了重大变化，但社会的二元结构并未根本改观，导致当前中国的社会管理存在二元格局。这种城乡二元的社会管理格局在维护中国城乡社会稳定的历史进程中发挥了不小的作用，但随着社会的变迁这种城乡失衡的格局必然孕育出更多新的矛盾和问题。要建设城乡均衡的社会管理格局，必须坚持以下几项原则：一是以城带乡原则。工业支援农业，城市反哺农村，解决城乡二元社会管理体制。二是制度保障原则。要在公共服务制度、农村社会制度上下功夫，构建农村的和谐社会。三是重点突破原则。抓住关键，切实解决好农村民生问题，提升农民对政府的信任感和生活的幸福感，改善城乡社会管理的大环境。四是重在落实原则。政府要改革不合时宜的社会管理体制、机制，创新社会管理方式，创造城乡均衡的社会管理新格局。③

北京行政学院的金国坤指出，强化社会管理是要求政府加大民生福利方面的投入，而不是包揽一切社会管理事务。政府、社会组织以及其他社会管理主体共同履行公共服务职能的社会管理新格局正在形成。政府通过购买公共服务，与社会组织在社会管理和公共服务中形成合作伙伴关系是社会管理创新的重要途径。社会组织走上公共服务的前台引发了行政主体理论的变迁，社会行政组织成为行政主体的重要组成部分。④ 中国人民大学的于显洋从实践的角度研究了社会管理格局中的政府职能转变问题。他认为，基层社会稳定和

---

① 贾宇：《关于开创社会管理新格局的几点思考》，《人民论坛》2012 年第 9 期。

② 陈文胜、陆福兴、王文强：《城乡一体化进程中的社会管理创新研究》，《政治学研究》2013 年第 2 期。

③ 魏淑艳、邵玉英：《中国城乡社会管理格局失衡的问题及解决思路》，《社会科学辑刊》2012 年第 2 期。

④ 金国坤：《论社会管理新格局的形成与行政主体理论的变迁》，《江汉论坛》2012 年第 1 期。

谐作为社会良性运行的基础，因而在完善社会管理格局中，需要明确政府职能，做到既不越位也不缺位。同时，在构建服务型政府的过程中，需要在关注民生问题的基础上处理好改革、发展、稳定的关系，实现经济发展、社会治理、行政改革的有机统一。社区服务站作为公共服务延伸至社区的制度设计，是实现服务型政府目标的重要载体。基于社区服务站提供良好的社会服务，能够有效化解矛盾，促进资源整合，进而实现政府责任在基层的落实。①

中国人民大学的韩大元以法治思维提出了未来管理格局的建设思路。他指出，30年来，在中国社会的改革开放进程中，1982年宪法成为国家与社会生活的重要内容，奠定了国家治理的正当性基础，确立了国家与社会的价值观与目标，推动了中国社会的发展与进步。1982年宪法为中国社会发展作出的重要贡献之一是通过宪法治理初步形成了社会共识，凝聚了民心，维护了国家统一与社会稳定。未来的宪法发展应当以宪法理念为本，重视宪法运行机制，以宪法意识处理国家和社会事务，通过宪法的发展推动国家社会的发展，维护人类和平与人的价值。②

上海大学的李友梅研究了中国社会管理新格局中遭遇的问题，指出，当前学术界关于中国社会管理创新已经形成了一些基本共识，但这些共识基本是建立在市民社会理论、治理理论和新公共管理理论基础上的，虽然可以在理想类型的意义上为人们思考当代中国社会管理创新提供一种初步的分析框架和认知路径，却无力在中观层面揭示社会管理实践中诸多组织机制间的复杂因果链条和微妙互动关系。因此，我们需要将理论分析的层次由宏观层面降至中观维度，进而形成一些更具洞察力和分析效力的研究框架。中国的创新社会管理实际上同时面临着两条相互影响的主线：第一条是如何适应当前社会分化的客观情境，发展出有中国自身特色的横向秩序协调机制。这个问题的复杂性远远超出诸如“发育社会组织”之类的简单理论预设。第二条是如何在纵向秩序协调机制几近高峰的当代中国建立起一种纵横结合的秩序整合新框架。在很大程度上，解决这个问题遇到的挑战并不在于如何设计一些形式上的保障制度，而在于如何在实践中找到一种理性克制纵向秩序整合机制无限自我强化的现实路径。社会管理的创新关键在于如何处理好纵向整合与横向协调机制之间的有效衔接，即以何种方式能够推动公众参与并形成有效的社会协商，在激发社会内在活力的同时来强化纵向秩序的合法性，实现有效的社会整合。③

李友梅、肖瑛、黄晓春等对当前社会管理的公共性困境进一步跟踪研究，认为，“公共性”既是社会建设的重要目标又是其支撑性条件之一。近年来的民主制度建设和促进社会组织发育等政策的实施对于“公共性”的生长产生了明显的积极效果。但是，“公共性”依然是当下中国社会建设面临的主要瓶颈。除部分的制度性因素之外，社会心理、共识缺失以及管理的技术化也是阻滞公共性发展的重要原因。推进公共性，提升不同利益

---

① 于显洋：《社会管理格局中政府职能转变之实践研究》，《中国特色社会主义研究》2013年第2期。

② 韩大元：《宪法实施与中国社会治理模式转型》，《中国法学》2012年第2期。

③ 李友梅：《中国社会管理新格局下遭遇的问题——一种基于中观机制分析的视角》，《学术月刊》2012年第7期。

群体参与社会建设的积极性，需要增进公共权力部门与民众之间的相互信任。①

（二）社会管理体制改革

一些学者研究了社会管理体制的变迁、困境、发展与创新等相关问题。中央编译局的丁开杰阐述了中国社会体制变迁动力及阶段划分，指出，改革开放多年以来，来自内部的改革实践和来自外部的先进理念与实践影响两股力量，共同推动了中国社会管理体制的变迁。从历史角度看，以“利益分化”和“社会流动”两个维度为轴心，中国社会管理体制的变迁经历了四个阶段，包括：从1978年至1984年的阶段，以“社会维稳”为特征；从1984年至1992年的阶段，以“社会流动”逐渐增加为特征；从1992年到党的十六大的阶段，以“转变政府职能”为特征；自党的十六大以来的现阶段，以“科学发展”和建设“和谐社会”为特征。同时，这个变迁过程具有渐进、非均衡、开放动态、社会管理载体社区化、自下而上和自上而下结合五个明显特征。②

华中农业大学的张开云、张兴杰重点研究了当前社会管理体制的困境及其未来框架建构，认为，随着经济社会的发展，社会管理环境发生了深刻变化。当前，以维稳型、管制型、单向型和补救型为特征的社会管理体制与社会化、多元化、信息化、动态化的社会发展趋势不相适应，社会管理创新必须摒弃纯粹的“技术”或“工具”路径，理性选择“法治”或“制度”路径。具体而言，当前社会管理体制困境主要体现在：其一，理念与定位困境：社会管理理念落后，服务定位存在偏差；其二，管理制度和机制困境：立法不足，制度“碎片化”，忽视利益表达、利益协调和利益整合；其三，管理主体困境：政府包揽过多，社会管理主体单一；其四，管理方式困境：手段“暴力化”和“经济化”，难以适应公民社会意识增强和社会利益格局变化的现实与趋势。为此，未来社会管理体制框架建构应以社会管理理念更新和准确定位为前提，以社会管理制度和管理机制优化为基础，以社会管理主体多元化及有效参与为关键，以社会管理方式信息化、多样化和人性化为重点。同时，从宏观层面和法治高度对社会管理制度进行“顶层设计”，实现制度间的相互匹配和相互增强，推动社会管理发展，实现民生幸福。③

中国海洋大学的王印红认为，在推进社会管理体制创新之前，几个基本问题有必要取得共识：第一，明确社会管理的内涵和外延是社会管理体制创新的基础和前提；第二，任何体制、制度、政策都是基本理念的具体体现，这凸显了基本理念的重要作用，它们是社会管理体制创新的指导思想和价值观；第三，平衡机制的探索是社会管理体制创新的基本方向，就目前实践而言，在于寻求公共利益与私人利益、各利益集团之间、城乡之间、行业之间、区域之间等的平衡机制；第四，契约式社会管理的良好效果表明它或许是社会管理体制创新的基本方式和途径。④

天津市委党校的刘琼莲研究了社会管理体制与机制的创新问题，指出，社会管理体制与机制创新是社会管理创新的关键，其运行机理基于信任、宽容、参与和法治的思想理念。社会管理体制与机制受制于非良性路径依赖、不断增加的社会风险以及不可避免的利

① 李友梅、肖瑛、黄晓春：《当代中国社会建设的公共性困境及其超越》，《中国社会科学》2012年第4期。

② 丁开杰：《社会管理体制的基本阐释、变迁动力与阶段划分》，《重庆社会科学》2012年第2期。

③ 张开云、张兴杰：《社会管理体制的困境及其未来框架建构》，《江海学刊》2012年第1期。

④ 王印红：《社会管理体制创新中的几个基本问题》，《中国行政管理》2012年第5期。

益冲突等因素。因而要在利益协调中进行创新，且要着眼于社会管理的动力机制、整合机制、激励机制、调控机制、抗风险机制以及利益相关方的供需关系。从不同的角度看，社会管理体制与机制创新的侧重点各异：从政治学的角度看要关注法治化与宪政化，从管理学的角度看要主张服务化与制度化，从哲学的角度看要强调自主性，从社会学的角度看要突出公众参与权。①

还有一些学者研究了社会管理体制中的社会协同、民族地区多元自治社会管理体制等相关问题。中共浙江省委党校的严国萍、浙江大学的任泽涛研究了社会管理体制中的社会协同问题，指出，十八大要求加快形成党委领导、政府负责、社会协同、公众参与、法治保障的社会管理体制。其中，公众参与是基础，社会协同是依托，法治保障是根本。确立社会协同治理模式，基础和前提是培育社会力量不断成长成熟，关键和核心是建立健全社会协同治理机制，根本保障是协同治理机制的制度化与法治化。当各类社会主体日渐成熟后，就可能推动政府转移更多职能，更多发挥社会的治理主体作用。由此形成政府与社会间协同关系的良性循环，巩固甚至超越社会协同治理模式。②

广西师范学院的卢明威、汤伶俐研究了民族地区多元自治社会管理体制的构建问题，认为，多元主义是社会管理的主流思想，依法自治是中央提出的社会管理组织体制的要求，民族地区社会管理应体现多元主义的管理思想，并充分利用民族地区的自治传统，将民族区域自治与社会管理群众自治相结合，尊重不同民族的风俗习惯。在厘清"社会自治"与"民族自决"的基础上，应坚持国家身份认同，实现民族地区的和谐发展。③

二　加强和完善党和政府主导的维护群众权益机制

（一）群众路线的坚持和完善

部分学者从党和政府的视角，研究群众路线的坚持和完善，以更好地维护人民群众的基本权益。苏州大学的高祖林研究了群众路线的意义、问题与时代主题，指出，中国共产党的群众路线既是世界观又是方法论。党的十八大报告部署以"为民、务实、清廉"为主要内容的"党的群众路线教育实践活动"，因其强烈反映和回应了时代"突出问题"，彰显出新时期党的群众路线的价值诉求、工作作风和党的执政形象，是党的群众路线的又一次与时俱进的伟大创举。④

南京政治学院的张雪梅认为，群众路线作为党的优良传统和政治优势，经过改革开放三十多年实践的洗礼，既有值得坚守的价值传统，也面临着群众主体分化、精英化官僚、阶层固化所带来的离散、退化和虚化的挑战。只有着力以人为本提升价值理念，努力促进公共决策参与的广泛性，积极提升公共服务的平等性，大力推进人才选拔的公开性与竞争性，群众路线才能与时俱进，获得新的生命力。⑤

中共湖南省委党校党史教研部的戴安林研究了党的群众路线教育实践活动常态化及其机制构建，认为，建立和完善党的群众路线教育实践活动常态化机制，是由中国共产党的

---

① 刘琼莲：《试论中国社会管理体制与机制改革和创新》，《天津行政学院学报》2012 年第 4 期。

② 严国萍、任泽涛：《论社会管理体制中的社会协同》，《中国行政管理》2013 年第 4 期。

③ 卢明威、汤伶俐：《民族地区多元自治社会管理体制的建构》，《人民论坛》2013 年第 11 期。

④ 高祖林：《群众路线的意义、问题与时代主题》，《毛泽东邓小平理论研究》2013 年第 6 期。

⑤ 张雪梅：《群众路线面临的时代挑战与对策解析》，《求实》2013 年第 1 期。

阶级性质和党的制度建设的基本特征决定的。建立和完善党的群众路线教育实践活动常态化机制，必须建立和健全党员干部的群众路线教育培训机制，激发密切联系群众的主动性；建立和完善党员干部联系与服务群众的工作机制，保持与人民群众的经常性联系；建立和完善群众利益保障及多渠道利益表达机制，使人民群众享有充分的知情权、发言权和监督权；建立和完善联系群众的信息网络平台沟通机制，保证党的政治社会化功能的充分发挥；建立和健全监督约束机制，强化党员干部联系群众的自觉性；建立和健全激励评价机制，提高党员干部密切联系群众的积极性。①

（二）民众利益诉求的表达与平衡

一些学者从综合性的视角研究民众利益诉求的表达与平衡问题。中山大学的蔡禾从利益诉求的视角研究了社会管理创新问题，认为，社会管理不是要追求一个无差别、无矛盾的社会，而是要在不同利益群体之间建立一个有序的关系。当今中国社会矛盾的凸显和日显激烈的趋势与普遍存在的“个体化诉求”和利益博弈力量不对称相关，与利益诉求的转型和群体博弈制度的缺失相关。社会管理创新需要搭建与社会主义市场经济相符的利益博弈平台，探索利益诉求的群体表达机制；需要搭建能累积以网络、信任和规则为要素的社会资本的平台。由此，国家与个人之间的“中间地带”才能重新形成，政府才能真正回归到法律的执行者、秩序的维护者角色。②

吉林大学的殷冬水、周光辉认为，社会不公正日益成为中国政治发展进程中面临的一个重要问题。关于中国为何出现社会不公，目前国内学界主要有五种解释。作为转型中的大国，中国所面临的社会不公问题必然是综合政治领域利益表达不平衡造成的，这种失衡主要体现在两个方面：一是部分弱势群体在政治领域处于失声状态，缺乏有效的机制合法表达其正当的利益诉求；二是强势群体拥有丰富的资源，运用不同的策略，对政府的决策产生着巨大的影响。中国要实现社会公平正义，一方面要提升社会若是群体的政治影响力，另一方面则要有效限制强势群体左右公共政策的力量。③

天津师范大学的韩志明通过对“闹大”现象的描述性分析，研究了社会管理中的利益表达、资源动员与议程设置问题。他指出，在当前社会转型时期的利益冲突中，“闹大”已经成为公民抗争的重要逻辑。他以近年来大量具有“闹大”特点的社会事件为研究对象，从理论上归纳了“闹大”的发展过程，概括和抽象了“闹大”的逻辑，并在公民与政府关系的框架下，从利益表达、资源动员和议程设置三个方面对“闹大”的功能性作用进行了深入的描述性分析。他认为，从利益表达的角度分析，“闹大”主要涉及谁来表达、如何表达以及表达了什么的问题；从资源动员的角度分析，“闹大”的主要问题是动员的对象、动员过程的特征和动员的机制等问题；从议程设置的角度分析，“闹大”则与公民成为问题的界定者、问题是如何引起政府官员的注意的以及由谁用什么办法来解决问题等密切相关。④

---

① 戴安林：《党的群众路线教育实践活动常态化及其机制构建》，《重庆社会科学》2013 年第 6 期。

② 蔡禾：《从利益诉求的视角看社会管理创新》，《社会学研究》2012 年第 4 期。

③ 殷冬水、周光辉：《利益表达平衡：社会正义的内在要求——我国社会不公发生逻辑与社会正义实现方式的政治学分析》，《江汉论坛》2013 年第 2 期。

④ 韩志明：《利益表达、资源动员与议程设置——对于“闹大”现象的描述性分析》，《公共管理学报》2012 年第 2 期。

中国传媒大学的任孟山研究了网络动员与利益诉求的关系问题，认为，在中国社会转型的时代情景下，网络动员以及紧密相连的利益诉求，成为中国互联网的特色景观。他通过区分与网络动员事件相关的不同利益目标诉求，解释了不同利益诉求者均愿意通过网络动员试图达致目标的发生动因。[①]

农民工群体的利益表达是学者们2012—2013年的一个研究重点。华南农业大学的罗天莹、连静燕研究了NGO在农民利益表达中的作用机制，研究指出，伴随着农民工利益表达的强烈需求，维权NGO在珠三角地区的发展日渐蓬勃，其在农民工利益表达的过程中发挥着重要作用。她们从赋权视角出发，以关心和促进农民工生活与权益状况的非营利社会服务机构——P机构为研究对象，结合近距离观察、访谈和参与所获得的机构服务活动开展的实践经验，通过分析NGO在农民工利益表达中的赋权角色、赋权途径、赋权内容及其局限性，深入探讨了NGO在农民工利益表达中的作用机制。[②]

黑龙江省社会科学院的高洪贵研究了农民工的“创意讨薪”问题。其研究表明，随着农民工群体的壮大和新媒体的发展，农民工面对侵权行为不再听之任之，其利益表达的底层方式更加多元。以农民工“创意讨薪”为例，在合法与非法、无助与无奈之间，农民工既有极端的“跳楼、跳河、活埋、爬塔吊”等讨薪行动，又有悲情色彩浓郁的“子女替父母讨薪”，还有吸引观众眼球，带有行为艺术色彩的“裸体讨薪”，更有颇具现代手段的“微博讨薪”和“召开新闻发布会式讨薪”。作为弱者的武器，农民工利益表达的底层方式背后有其一定的生成逻辑。正式制度虚置、公民意识觉醒和网络新媒介助推，构成了农民工利益诉求的表演化方式创意表达的隐藏文本。畅通农民工群体利益表达渠道，健全利益表达机制，有效地保障其制度范围内利益表达权的实现等路径，是解决农民工“创意讨薪”治本之道。[③]

三　加强和完善流动人口和特殊人群管理和服务

（一）流动人口管理和服务

针对流动人口的研究，2012—2013年的研究成果主要集中在流动人口的概况以及流动人口的管理和服务两个方面。

流动人口的概况方面：根据第六次全国人口普查主要数据公报，在中国大陆31个省、自治区、直辖市的人口中，流动人口为2.614亿人，同2000年第五次全国人口普查相比，流动人口增加1.170亿人，增长81.30%。《中国流动人口发展报告2013》指出：大规模的人口流动迁移是中国工业化、城镇化进程中最显著的人口现象。2012年中国流动人口数量达2.36亿人，相当于每6个人中有一个是流动人口。报告主要内容如下：一是从流动人口的总量上看，新生代流动人口已经成为流动人口的主体，流动人口正在经历代际更替。2010年第六次人口普查时，新生代流动人口已经超过流动人口半数，总量达1.18亿。全国流动人口动态监测数据显示，2012年流动人口的平均年龄约为28岁，超过一半

① 任孟山：《转型中国的互联网特色景观：网络动员与利益诉求》，《现代传播》2013年第7期。

② 罗天莹、连静燕：《NGO在农民工利益表达中的作用机制——基于赋权视角的实证研究》，《社团管理研究》2012年第8期。

③ 高洪贵：《作为弱者的武器：农民工利益表达的底层方式及生成逻辑——以农民工“创意讨薪”为分析对象》，《中国青年研究》2013年第2期。

的劳动年龄流动人口出生于1980年以后。与上一代相比，新生代流动人口的外出年龄更低，流动距离更长，流动原因更趋多元，也更青睐大城市。新生代流动人口在20岁之前就已经外出的比例达到75%，在有意愿落户城市的新生代流动人口中超过七成希望落户大城市。新生代流动人口由生存型向发展型转变：其进入城市不仅仅是为了挣钱，其对未来发展有更多新期待；流动方式由个体劳动力流动向家庭化迁移转变；流动形态由“钟摆式”流动向在城市稳定生活、稳定工作转变，最近3年没有更换过工作的比例超过六成。二是从流动迁移模式上看，家庭化迁移成为人口流动迁移的主体模式，新生代流动人口表现更为突出。调查显示，超过六成的已婚新生代流动人口与全部核心家庭成员在流入地共同居住。但大多数家庭不能一次性完成核心家庭成员的整体迁移，近七成的家庭中，家庭成员为分次流入，夫妻首先流入，再把全部或部分子女接来同住是最常见的方式。家庭化迁移使得流动人口在流入地更容易产生归属感，有利于增强其幸福感。三是从流动人口就业收入来看，流动人口收入稳步提升。2013年4月就业流动人口的平均工资收入为3287.8元，同比增长4.9%。流动人口主要就业于私营部门或从事个体经营，就业集中在制造业等五大行业。最新调查数据显示，制造业从业人员比例为33.3%，较2011年下降4.1个百分点。第三产业就业比例出现上升趋势，2013年在批发零售和住宿餐饮行业就业的比例分别为20.1%和11.3%，比2011年分别上升2个百分点和1.4个百分点。四是流动人口卫生计生基本公共服务均等化问题值得关注。流动人口是卫生和计生工作的重点人群和弱势人群。近年来，流动育龄妇女数量和比重在不断增加，流动育龄妇女在户籍地以外生育的比例逐年提高。2012年流动已婚育龄妇女约为6307万人，占全国已婚育龄妇女的近1/4。流动人口家庭上一年出生的孩子数量约占全国同期出生数量的1/3，已孕妇女选择在现居住地分娩的比例已接近70%。在孕产期保健、儿童健康管理、预防接种等方面，流动孕产妇和儿童是应当关注的重点人群。同时，新生代流动人口婚前同居、婚前怀孕、生殖健康问题比较突出。这些都对流动人口卫生计生服务管理提出了更高要求。五是促进流动人口社会融合是值得关注和着力推进的工作。当前，欧美等发达国家将促进移民社会融合作为应对人口老龄化、化解群族矛盾、全面提升劳动力素质的重要人口战略。虽然中国的流动人口不同于国外的移民，但由于区域之间、城乡之间公共服务政策制度存在差异，流动人口特别是来自农村的流动人口还没有真正融入所居住的城市。在我们这个世界第一人口大国推进城镇化，需要有流动迁移人口社会融合方面的战略考虑和制度安排。①

流动人口的管理与服务方面：中国人口与发展研究中心的杜旻研究了中国流动人口的变化趋势、社会融合及其管理体制问题。他利用历年人口普查数据与原国家人口和计划生育委员会“2011年人口动态监测数据”，对人口流动的规模、流向和变动趋势，以及流动人口的特征、就业、收入、享有公共服务、社会融合等情况进行分析。研究表明，以户籍制度为基础的传统社会管理模式未能与人口流动的新情况、新问题相适应，导致流动人口尤其是农民的市民化程度低。农民工人力资本和社会资源的缺乏，加之流入地在公共服务和社会福利供给上的缺失，使流动人口无法真正分享经济增长和城镇化的成果，引发了一系列经济和社会问题。现阶段，要完善流动人口社会管理体制，创新管理制度，促进人口

① 国家卫生和计划生育委员会流动人口司：《中国流动人口发展报告2013》，中国人口出版社2013年版。

合理、有序流动。[①] 华东理工大学的陈丰认为，在现行社会管理体制下，流动人口的社会管理和公共服务存在着明显的脱节现象，跨部门、跨地区服务管理体制未能有效理顺。流动人口社会管理与公共服务一体化有助于解决流动人口服务管理中存在的问题，当前应建立起多层次、多主体的服务管理模式，在政策保障、体制保障、信息保障、资金保障等方面加以完善，并进行相应的制度创新。[②]

江西警察学院的张艺探讨了流动人口的社区化管理问题。他认为，流动人口社区化管理对社会融合的促进作用主要体现在以下几个方面：一是为流动人口提供均等化公共服务的基本途径；二是有效管理流动人口的重要手段；三是实现流动人口社会融合的重要途径。现阶段社区发展并不完善，对流动人口社区化管理的障碍主要体现为以下几点：社区基层组织定位不准，行政化趋势明显；流动人口社区参与不足，社区归属感亟待提高；流动人口所需公共服务短缺，公共财政投入不足；流动人口素质缺乏提升通道，社区教育缺失。在社会管理创新的语境下，应该通过实施包括重构社区服务管理职能、积极推动流动人口参与社区活动、完善社区经费保障机制、完善社区教育在内的政策举措，大幅提高流动人口社区管理的效率与效果。[③]

（二）特殊人群管理和服务

针对特殊人群管理和服务方面的研究相对较少，主要针对农民工、青少年、残疾人等群体展开。代表性成果有：浙江师范大学的鲁可荣、周洁、刘红凯研究了农民工群体的管理和服务问题。他们通过对浙江桐琴镇的实地调研发现，外来农民工存在着包括社会融入难、服务不完善、社会管理待加强等一系列问题。在总结"桐琴经验"的基础上，他们提出在新型城镇化进程中要完善流动人口政策保障体系，加强融合组织和"两新组织"建设，以此来促进农民工社会融入服务与社会管理创新。[④] 此外，鲁可荣、杨亮承也从社会融入与社会管理机制创新的角度对新生代农民工进行了相应的研究。[⑤] 北京大学的阮草基于社会管理的视角研究了青年工作创新问题。他认为，在高校青年组织分布广泛、青年思想日益理性、利益诉求更加多元的大背景下，高校共青团组织应该基于知行合一实践育人的理念，从管理结构立体化、手段信息化、结构扁平化三个层面入手，实现青年社会管理机制的创新。[⑥] 吉林大学的宋宝安、刘婧娇以东北三省为例，研讨了农村残疾人的社会管理问题，强调了解决农村残疾人社会管理问题的紧迫性。[⑦]

---

① 杜旻：《我国流动人口的变化趋势、社会融合及其管理体制创新》，《改革》2013 年第 8 期。

② 陈丰：《流动人口社会管理与公共服务一体化研究》，《人口与经济》2012 年第 6 期。

③ 张艺：《流动人口社区化管理研究——以社会管理创新为背景》，《人民论坛》2012 年第 1 期。

④ 鲁可荣、周洁、刘红凯：《新型城镇化中外来农民工社会融入服务及社会管理机制创新——基于浙江省武义县桐琴镇的调查》，《华中农业大学学报》（社会科学版）2013 年第 6 期。

⑤ 鲁可荣：《新生代农民工社会融入与社会管理机制创新》，《山东青年政治学院学报》2012 年第 4 期。

⑥ 阮草：《论社会管理视野下的青年工作创新》，《思想教育研究》2012 年第 8 期。

⑦ 宋宝安：《一个亟待填补的空白：农村残疾人社会管理——以东北三省为例》，《残疾人研究》2013 年第 2 期。

四 加强和完善基层社会管理和服务体系

（一）基层社会管理与服务

一些学者从综合性的视角研究了基层社会管理与服务体系问题。代表性的成果主要有：国家行政学院的龚维斌对当前基层社会管理的创新做法和经验进行了深入总结，并提出了进一步的改革建议。他认为，当前基层社会管理创新的主要做法包括八个方面：强化公共服务、加强基层组织、改进工作方法、创新体制机制、整合基层资源、使用专门人才、推进基层民主、重视思想文化；基层社会管理创新的主要经验包括七个方面：一是统筹管理与服务；二是统筹民生与民主；三是统筹德治与法治；四是统筹维权与维稳；五是统筹政府与社会；六是统筹体制与方法；七是统筹社区与单位。在进一步推进基层社会管理创新方面，他提出了以下六个方面的政策建议：加强社会建设，创新社会管理；改革管理模式，实现多元共治；维护公平正义，保护公众权益；把握基层信息，充分整合资源；基于因地制宜，践行差异管理；改进考核方式，完善群众工作。①

中国人民大学的孙柏瑛对基层政府社会管理中的适应性变革进行了深入探究。她认为，基层政府处于社会管理中的关口位置，是社会问题的最直接感知者和回应者。基层改革的主要路径包括如下几个方面：一是塑造服务型基层政府，寓社会管理于公共服务；二是改革基层政府组织机构设置；三是加强社会矛盾的化解与调处；四是积极培育公益类慈善社会组织；五是创新管理信息技术和协同机制设计。她强调，政府转型关系中基层政府的走向，涉及核心的权力利益调整，涉及职能权责的彼此适应，因此“博弈在所难免，变革任重道远”。②

南京大学的林闽钢从国际比较的视角，探讨了社会服务范围扩大化的趋势，分析了中国社会服务管理体制的演变和面临的改革问题，对社区社会服务管理体制及其探索进行了总结，同时对社会服务购买进行了比较研究，最后，提出了中国社会服务管理体制和机制的发展取向：健全以政府为主导的多中心社会服务供给模式，实现社区社会服务的复合生产及其管理再造，大力推进政府购买社会服务，建立多元参与的社会服务机制，推进社会服务的标准化和专业化。③

西南财经大学的陈家健研究了项目制对基层政府的动员作用。他认为，在基层行政资源紧张条件下，上级部门为达成工作目标，越来越多地通过项目制来调动基层政府。相比于传统的科层体制，项目制使得上级部门拥有集中的资金管理权、特殊的人事安排权以及高效的动员程序，从而能更快地见到成效。项目制在基层政府的推行使得科层体系发生重构，政府内部动员由“层级动员”转向“多线动员”，行政资源的分配也演变为项目中心模式；同时，项目制的“自我扩张”效应使得项目制越来越深入到政府体系中，具有持续性及不断增长的影响力。④

---

① 龚维斌：《基层社会管理创新的探索与思考》，《国家行政学院学报》2012 年第 3 期。

② 孙柏瑛：《基层政府社会管理中的适应性变革》，《中国行政管理》2012 年第 5 期。

③ 林闽钢：《我国社会服务管理体制和机制研究》，《华中师范大学学报》（人文社会科学版）2013 年第 3 期。

④ 陈家健：《项目制与基层政府动员——对社会管理项目化运作的社会学考察》，《中国社会科学》2013 年第 3 期。

北京师范大学的汪大海、南锐认为，在新型城镇化背景下，社会管理转型升级应该从碎片化的社会管理走向整体性的社会管理。通过在宏观上构建社会管理体系，中观上整合社会管理机制，微观上选择社会管理路径的三位一体化建设，实现系统性组合创新。[①]

厦门大学的陈振明等基于某省实践，以城市社区治理、农村村民自治两个维度来开展研究，通过对制度规则、组织体系、运行机制三方面来把握基层社会管理现状，认为通过以下政策举措能够有效解决问题：一是要重塑基层社会管理格局；二是要提高基层社会管理水平；三是要完善基层社会管理运行机制；四是要培育非政府治理主体；五是要营造良好制度环境。通过以上措施共同实现基层社会管理体制机制创新。[②]

还有一些学者侧重研究城市或农村的基层社会管理问题，尤其是农村基层社会管理创新问题成为研究的热点。例如，吉林大学的田毅鹏对城市社会管理网格化模式进行了探讨。他认为，作为新时期中国城市社会治理的一种方法，网格化管理存在着运行成本高、持久性不强、弱化社区自治、网格泛化等风险，应该通过处理好网格化社会管理体系中“行政化”与“社会化”的关系，寻找“政府治理”与“社区自治”之间有效的联结点。[③] 在量化研究方面，广东海洋大学的周春霞基于2005年CGSS（中国社会综合调查）的数据资料，以默顿结构功能主义为视角，对农村社会管理创新进行了实证研究。[④] 南开大学的程同顺在分析城市化进程中的农村社区多样化和农村社会管理复杂性及特点的基础上，提出了创新农村社会管理的原则，并提出了创新农村社会管理的战略选择：依靠发展解决最普遍的社会管理问题，通过完善机制解决最突出的社会管理问题，借助法律援助解决最棘手的社会管理问题，建立应急反应机制解决突发性的社会管理问题，通过周密部署解决周期性的社会管理问题。[⑤] 清华大学的王名、杨丽基于河北肃宁“四个覆盖”工作模式——基层党组织覆盖、民主组织覆盖、经合组织覆盖、维稳组织覆盖——对农村社会管理创新展开了探索。他们认为，基层党组织弱化、村民自治乏力、农业与市场脱节、农村治安差是现阶段农村管理的四大难题。要破解这个难题，就要引导培育农村社会组织、创新社会管理模式。作为一个系统工程，农村社会管理创新是以农民为主体，涉及网络、职能、机制、资源、信息、文化环境等各个方面，是推进政府与市场杭、与社会良性互动实现共治的过程。[⑥] 华中师范大学的李增元认为，农村社区管理体制的生成及运行是国家基于不同时期经济社会发展变化，对基层治理体制做出的重新调整，本质上反映着不同性质力量的互动关系。当代农村社区管理体制的生成呈现出类型化特征，表现为“行政支配、社会自组织、官治”与“自治”互动、市场主导、多元力量合作“四类生成机制”，不同性质力量的价值理念、运作方式、运行机制、功能价值也不同。当代农村社区管理体制是

① 汪大海、南锐：《新型城镇化背景下的社会管理转型升级——从碎片化社会管理走向整体性社会管理》，《学术界》2013年第12期。

② 陈振明等：《基层社会管理体制机制优化的策略——对于F省实践的分析》，《电子科技大学学报》（社会科学版）2012年第2期。

③ 田毅鹏：《城市社会管理网格化模式的定位及其未来》，《学习与探索》2012年第2期。

④ 周春霞：《结构功能主义视阈下的农村社会管理——基于2005CGSS的实证分析》，《东南学术》2012年第3期。

⑤ 程同顺：《快速城市化进程中的农村社会管理》，《学术界》2013年第1期。

⑥ 王名、杨丽：《农村社会管理创新的肃宁实践及其启示》，《探索》2012年第4期。

多元力量共同参与的“合作秩序”，是适应时代发展要求的社会管理创新，是社会治理模式的根本性变革，是对“开放性、包容性”社会治理模式的探索尝试。①

（二）城乡社区治理

城市社区治理方面的研究日益深入，研究成果主要围绕社区建设理念、社区的分类发展、社区党员的作用、社区参与、业主委员会的发展等方面展开。代表性成果主要有：中国人民大学的郑杭生、黄家亮认为，中国的社区治理模式普遍面临着“居委会困境”和“共同体困境”，要突破这双重困境，必须创新社区管理体制，建立起既能够保障居委会自治功能发挥，又能够保障各项行政事务在社区“落地”，同时也能够吸纳社区居民广泛参与的新型社区治理模式。北京市社区管理体制改革的实践表明，要实现这一目标，必须按照复合治理和参与式治理的社区治理理念，构建多元主体合作的社区治理结构和开放多元的社区自治体系。②

江苏省社会科学院的陈颐认为，在“加强和创新社会管理”的背景下研究城市社区建设和管理问题，必须首先进行理念创新，从中国国情出发，比较中外社区的异同，树立“中国社区”的理念；进而从城市社会管理全局的高度，明确社区在社会系统运行和管理中特有的功能；再根据“管理体制必须满足功能需要，体制和功能相统一”的方法论原则，创新社区管理体制，充分发挥社区应有的社会管理功能。③

中国人民大学的李东泉、蓝志勇研究了城市化进程中的不同类型的社区发展问题。他们认为，中国近三十年来的快速城市化进程带来了许多前所未有的社会问题，给城市的管理和发展提出了新的挑战。其中值得重点关注的一个挑战就是如何改造、更新和发展城市社区。结合中国现阶段的发展现实，旧城社区、单位社区、城中村、城乡接合部社区是中国城市化进程中需要特别关注的四类社区，分析了它们的成因、功能和存在的问题，提出要重新认识这些社区的价值，结合新的社区发展理念，有针对性地制定不同的发展战略，实现社区发展的目标，保障城市化过程的健康稳定与和谐。④

中国政法大学的吕芳研究了社区减灾中的政府角色问题。她认为，社区减灾强调居民、企业、民间组织、基层政府等结成一种合作伙伴关系，在灾害面前具备基本的自救、互救能力。但是，政府在社区减灾中应该承担什么职责，需要进一步深入研究。依据政府干预的强弱、政府是汲取还是释放资源，社区减灾的模式可以分为以下四种类型：无为型、吸纳型、委托型和合作型。有效的社区减灾模式既依赖于政府的权力授予，也需要政府的资源支持。只有在政府行政干预的同时，并把减灾视为公共产品，承担起相应的职责，与社会建立起适应中国国情的合作模式，才能有效提高社区减灾的能力。⑤

中共中央政策研究室的高同星研究了社区党员的作用问题。他指出，当前中国城市社区，居住着近9亿人口、6000多万党员。6000多万党员中80%以上是“隐身”，包括机

---

① 李增元：《合作秩序与开放性、包容性治理：当代社会管理创新中的农村社区管理体制》，《社会主义研究》2012年第6期。

② 郑杭生、黄家亮：《论我国社区治理的双重困境与创新之维——基于北京市社区管理体制改革实践的分析》，《东岳论丛》2012年第1期。

③ 陈颐：《社会管理创新和城市社区管理体制创新》，《江海学刊》2012年第2期。

④ 李东泉、蓝志勇：《中国城市化进程中社区发展的思考》，《公共管理学报》2012年第1期。

⑤ 吕芳：《中国式社区减灾中的政府角色》，《政治学研究》2012年第3期。

关和企事业单位党员、党员干部、青壮年农民工党员，他们的党组织关系不在社区，既可不在社区显露党员身份，也可不在社区发挥作用。如果这6000多万党员的模范作用能在社区充分发挥出来，改变目前社区群区群众感觉不到党员和党组织存在和作用的状况，真正使社区党组织在社区发挥核心凝聚作用，使生活在社区的党员的先进性在社区得以体现，从而使社区党群的血肉关系得以巩固，进一步加强党执政的组织基础和群众基础。[①]

南开大学的王星将城市基层社会的参与者分为生计型参与者和权责型参与者两类。他认为，在基层社会管理实践中，代表国家的权责型参与者与代表社会的生计型参与者内部均存在着利益分化。权责型参与者处于强势地位，可以在部门利益与公共利益之间自由切换；生计型参与者处于弱势地位，相互间的利益冲突却使“社区自治”陷入需要权责型参与者重新介入才能达成的尴尬境地。中国城市基层社会秩序建构中的“悖论事实”要求我们的理论研究必须转向——从规范理论走向实证理论。[②]

北京师范大学的陈鹏基于B市的社区民族志调查，从国家—市场—社会的三维视野出发，结合多中心治理理论，探讨和解析了业委会在实践运作过程所呈现出的多重组织面相。其论文通过对业主“维权”和“自治”阶段的区分，将业委会划分为“斗争型业委会”和“常规型业委会”两种基本类型。基于这种概念区分，论文进一步描述和分析了斗争型业委会和常规型业委会所呈现出的组织形象及其背后的治理机制和认知逻辑。其研究认为，物管体制、领袖特质、制度供给和政府干预这四个变量是影响“斗争型业委会”和“常规型业委会”转变的重要因素和条件。[③]

农村社区治理方面的研究成果相对较少。华中师范大学的徐勇研究了“社区化”在乡土社会整合中的作用。他认为，如何将“一盘散沙”的乡村社会聚合起来，建立与国家认同相关的新的社会联系，是现代国家建构的社会组织基础。在中国现代化进程中，通过“阶级化”实现家族社会到阶级社会的转变，通过“集体化”实现个体社会到集体社会的转变，通过“社区化”实现家庭社会到社区社会的转变，并在流动性社会里推动城乡一体化。孤立分散的乡村社会因此成为具有广泛社会联系和社会组织的有机体，但这一过程并不是直线和线性的，期间充满着复杂的极化和回归因素。[④] 南京师范大学的吴业苗基于城乡一体化视角对农村基层社会管理与“社区化”体制建构展开相应研究。他认为，作为与城市社区对接和并轨的新型农村社区，是农民实现向市民转身的重要场域。然而，新型农村社区建设却忽视了它在社区城市化和居民市民化中的意义，仍把新型农村社区视为农村社会的一个部分，没有注意到农民身份将要发生的变化，更没有采取积极措施以减少居民的社区失范行为，致使居民的社区适应处境出现诸多问题。他提出，新型农村社区建设要秉持城乡一体化发展理念，从保证居民能享受到与城市社区居民等值公共服务着

---

① 高同星：《关于发挥城市社区“隐身”党员作用的思考》，《政治学研究》2012年第1期。

② 王星：《利益分化与居民参与——转型期中国城市基层社会管理的困境及其理论转向》，《社会学研究》2012年第2期。

③ 陈鹏：《国家—市场—社会三维视野下的业委会研究——以B市商品房社区为例》，《公共管理学报》2013年第3期。

④ 徐勇：《阶级、集体、社区——国家对向乡村的社会整合》，《社会科学战线》2012年第2期。

手，逐步改善新型农村社区的适应处境，最终促进其居民向市民转身。①

五　加强和完善公共安全体系

（一）公共安全体系

公共安全体系方面的代表性成果要侧重于公共安全事件的扩散原理以及多主体分工明确、共同参与的公共安全体系的构建。西安交通大学的朱正威、赵欣欣、蔡李对突发公共安全事件的扩散动力学模型进行了仿真研究。他们以复杂系统理论和复杂网络理论为基础，借鉴了灾害链的相关研究，分别针对单一突发公共安全事件、突发公共安全事件链式扩散和突发公共安全事件网络扩散的特征、共性进行探索，建立事件发生和扩散的复杂系统动力学模型，通过突发公共安全事件扩散网络的动力学模型进行仿真实验，进一步探索了不同网络结构和影响因素下的突发事件扩散机理。其研究结论表明，在复杂网络中，不同网络结构、事件爆发阈值、事件间关联度都会对突发事件的扩散产生影响。② 公共安全体系的构建方面，从主体性的角度来说，新疆维吾尔自治区党委副秘书长郭永辉提出，维护公共安全要构建多元化的社会管理格局，强调党委领导是根本、政府负责是前提、社会协同是依托、公众参与是基础。③ 中共湖南省委党校的李礼提出，城市公共安全治理中要采取合作治理的模式，构建政府、市场主体、社会组织或个人共同参与的公共安全治理体系。与此相对应的是公共安全服务供给机制也要发生转变，改变政府作为单一供给主体的现状，政府公共安全管理要实现从“守夜人”到“掌舵者”的理念转变，从具体的纷繁复杂的事情中解脱出来；公安机关应树立成本效益观念，对于一些城市准公共安全产品或服务，基层公安机关可以适当引入市场机制。④ 从公共安全体系子系统的构成来看，中共中央党校的邓正刚认为，应构建城乡一体化公共安全突发事件应急处理体系、行政管理体系、安全生产监管体系、法律体系、教育预防体系、资源保障体系和防控体系。⑤

基层公共安全管理也是当前学界研究的一个重要领域，宁波大学的何永红以实证研究的方法，主要从健全公共安全监管的基层组织，动员基层社会力量共同参与，明确各级各线的工作职责，完善多方联动的工作机制四个方面介绍了宁波市基层公共安全管理的经验，突出了乡镇政府以及村（社区）在基层公共安全管理中的责任。⑥ 郭永辉在总结新疆社会安全管理的经验时，提出大力加强乡镇（街道）综治维稳中心建设，通过建立综治维稳中心，完善协作联动工作机制，实现社会治安联合防控，矛盾纠纷联合调解，重点工作联勤联动，突出问题联合治理，基层平安联合构建的工作格局，改善基层条件，加强基层队伍建设，整合基层资源和维稳力量。⑦

---

① 吴业苗：《农民转身：新型农村社区的适应处境与公共服务建设》，《浙江社会科学》2013 年第 1 期。

② 朱正威、赵欣欣、蔡李：《突发公共安全事件扩散动力学模型仿真研究》，《中国行政管理》2012 年第 9 期。

③ 郭永辉：《加强和创新社会管理维护新疆和谐稳定》，《新疆社科论坛》2012 年第 1 期。

④ 李礼：《城市化进程中的公共安全治理》，《电子科技大学学报》（社会科学版）2012 年第 4 期。

⑤ 邓正刚：《构建我国城乡一体化的公共安全体系》，《中共中央党校学报》2012 年 2 期。

⑥ 何永红：《基层公共安全监管体系的创新——以宁波试点地区为例》，《宁波大学学报》（人文科学版）2013 年第 5 期。

⑦ 郭永辉：《加强和创新社会管理维护新疆和谐稳定》，《新疆社科论坛》2012 年第 1 期。

（二）物联网技术在公共安全领域的应用

随着物联网技术的发展，在公共安全领域引入物联网技术成为加强和完善公共安全体系的重要研究领域。物联网技术被称为继计算机、互联网之后的世界信息产业发展的第三次浪潮。2012 年 6 月，公安部牵头成立了国家物联网社会公共安全领域应用标准工作组，审议了社会公共安全领域物联网标准体系、拟报的第一批物联网国家标准及部分 2012 年社会公共安全领域物联网行业标准，由公安部第一、第三研究所负责的“十二五”国家科技计划“公共安全物联网技术研究与示范应用”“基于视觉语义感知技术系统研发与典型应用示范”项目也相继正式启动，这标志着涉及公安物联网应用的关键技术研究已全面展开。

这方面的代表性文献主要有林孝平的《物联网技术及其在公共安全领域的应用》[①]，张伟、庞博、梁海鹏的《物联网技术在公共安全领域的应用初探》[②]，林国荣的《物联网在公共安全领域中的应用分析》[③] 等。这些文献分析了物联网的发展过程以及在中国的应用情况，最后提出应从提高城市安全感知能力、提高智能分析应用水平、提高公众信息服务能力、提高物联网安全保障能力四个方面推进物联网技术在公共安全方面的应用。

（三）食品药品安全

食品药品安全一直是整个社会关注的焦点。为加强监管，2013 年中国进行了食品药品监管体制的改革，组建国家食品药品监督管理总局，对国务院食品安全办公室的职责、食品药品监督管理局的职责、质检总局的生产环节食品安全监督管理职责、工商总局的流通环节食品安全监督管理职责进行了整合，进而对生产、流通、消费环节的食品安全和药品的安全性、有效性实施统一监督管理。食品安全方面，中国人民大学的朱明春等在梳理了美日欧等发达国家和部分发展中国家食品安全事故的发展历程之后，提出中国应对食品安全的策略，对待食品安全违法犯罪行为“零容忍”，平衡科学与价值观的选择，主动告知食品安全风险；提高违法犯罪成本，维护公众权益。[④] 在药品安全方面，国家行政学院的胡颖廉以监管政治学理论为分析框架，系统分析药品安全问题中政府、产业、社会组织和消费者等利益相关方的行为及其关系，提出在理念上由应急管理向风险治理转变，体制上实行药品监管省以下垂直管理，主体方面充分发动各利益相关方“共享共治”，手段上构建多元、动态和柔性的利益治理。[⑤]

（四）环境安全

东北财经大学的孙开、金哲提出，从改革消费税的角度来引导人们和企业维护环境安全，主要措施包括：优化消费税税率设计；强化对生产环节从价计征应税消费品的税收征

---

① 林孝平：《物联网技术及其在公共安全领域的应用》，《技术交流》2013 年第 1 期。

② 张伟、庞博、梁海鹏：《物联网技术在公共安全领域的应用初探》，《天津科技》2012 年第 4 期。

③ 林国荣：《物联网在公共安全领域中的应用分析》，《发展与社会》2013 年第 10 期。

④ 朱明春、何植民、蒋宇芝：《食品安全发展的阶段性及我国的应对策略》，《中国行政管理》2013 年第 2 期。

⑤ 胡颖廉：《监管和市场：我国药品安全的现状、挑战及对策》，《中国卫生政策研究》2013 年第 7 期。

管；增加“绿色税目”的覆盖面，推进消费税的逐步扩围。① 国务院发展研究中心的李佐军、华中科技大学的盛三化研究了城镇化过程中的环境保护问题，认为快速推进的城镇化对环境的影响主要有三个方面，即城镇环境压力加大，城镇污染向农村转移和扩散，城镇化大规模基础设施建设影响了生态环境。其对策主要有，提高新兴城镇建设的环保标准、将环境保护纳入到旧城改造中、遏制城镇污染向农村扩散、降低基础设施建设对生态环境的破坏、优化城镇布局减少环境污染、加大环境基础设施建设。②

复旦大学的沈红波等以紫金矿业环境污染事件为例提出了完善企业环境治理的政策建议，即转变经济增长方式，加快产业结构调整；完善政府官员考核体系，克服财政分权、晋升激励下的地方政府投资冲动；企业应秉承社会责任理念，加大环境投资和环境支出力度；加强法律执行和惩戒力度；提高环境治理的透明度。③

六　加强和完善非公有制经济组织、社会组织管理

（一）非公经济组织管理

对非公有制经济组织管理的研究主要集中在党组织建设方面。2012 年 5 月中共中央办公厅印发《关于加强和改进非公有制企业党的建设工作的意见（试行）》（以下简称为《意见》），该《意见》从明确非公有制企业党组织的功能定位、建立健全领导体制和工作机制、努力推进党的组织和工作覆盖、探索党组织和党员发挥作用的有效途径、加强以党组织书记为重点的党务工作者队伍建设、加强对非公有制企业出资人的教育引导、强化非公有制企业党建工作保障七个方面对非公有制企业党的建设提出了新要求。在这一总体要求的指导下，学界对于非公有制党建也进行了有益的探索。

由中国传媒大学的冯波、高慧燃主编的《非公企业党建研究》一书较全面地研究了中国非公有制企业党建的发展历程与现状，用定量研究的方法描述和分析了北京市海淀区上地街道非公有制企业党组织对党员观念和行为的影响。在此基础上，总结了北京金秋集团、北京叶青大厦驻厦企业以及天津天士力集团党建的经验，并从学习型党组织建设、党建与企业文化建设、公司治理中的党建、新形势下党建创新四个方面做了探索性的研究。④ 汕头市社会主义学院的杨玉民对汕头市非公有制经济组织党建工作进行了总结和思考。作者认为，汕头市非公有制经济组织党建在取得一定成绩的同时，还存在企业主对党组织的认知偏差、党组织自身建设薄弱、相关政策法规滞后、党务工作人员素质能力不适应、党员流动性大、非公有制企业家族化等问题。针对这些问题，他们提出加强领导，吸收优秀的私营企业主入党，把党建与企业文化建设结合起来，积极开展活动，加强党务干

---

① 孙开、金哲：《论环境保护视角下消费税改革的再次深化财经问题研究》，《财经问题研究》2013 年第 1 期。

② 李佐军、盛三化：《城镇化进程中的环境保护：隐忧与应对》，《国家行政学院学报》2012 第 4 期。

③ 沈红波、谢越、陈峥嵘：《企业的环境保护、社会责任及其市场效应——基于紫金矿业环境污染事件的案例研究》，《中国工业经济》2012 年第 1 期。

④ 冯波、高慧燃主编：《非公企业党建研究》，中国传媒大学出版社 2012 年版。

部队伍建设，创新工作机制等措施。①

江西省赣州市龙南县委的黄斌从加强非公有制企业党支书绩效考核的角度来探讨非公企业党建工作。提出通过明确要求、确定特色、完善奖罚指标来实现干与不干不一样；通过强化书记述职、突出民主测评、坚持综合评定确保干多干少不一样；通过考核结果与经济待遇、表彰激励、政治地位相挂钩来实现干好干坏不一样。② 在党建平台建设方面，广州地铁总公司的李美珍提出QQ群党建、手机党建、网络党支部、微博党建等主张。③

（二）社会组织管理

加强和完善非公有制经济组织和社会组织的管理，是当前社会管理研究的重点，尤其是社会组织作为当前社会管理体系的重要组成部分，在社会生活中发挥着越来越重要的作用，其自身建设、枢纽型社会组织建设，以及与政府的关系等是当前研究的重点。

1. 社会组织的特征及自身建设

浙江大学的王诗宗、宋程成对中国社会组织的特征进行了深入研究。他们认为，在研究中国社会组织的特征方面，现存有结构性与能动性两种解释视角；两者虽然论点差异显著，却不约而同地混同了“独立性”与“自主性”概念。综合考察既有的理论成果，可知由单一的独立性、自主性概念难以生成对中国社会组织特征的较完备描述。基于结构与能动统一的理念，应用新制度理论晚近成就，可以发现中国社会组织之独特结构及实践，乃是组织对其所面对的“制度复杂性”的能动“回应”；这种回应导致了中国社会组织独立性与自主性的复杂且多样组合，并在总体上呈现“依附式自主”特征。同时，从制度逻辑出发，对中国社会组织进行多层次制度分析，将形成关于中国社会组织依附式自主特征成因的系统描述，而且可能导出一种关于中国社会组织的新“研究纲领”。④

江苏省姜堰市民政局的刘昊宸从组织文化、党建工作、内控结构建设、公信力塑造和公共关系建设五个方面论述了社会组织的自身建设问题。⑤ 民政部民间组织服务中心的和慧卿从三个方面探讨了社会组织人才队伍建设的措施，即要理顺机制，解决社会组织人员职业规划和人员结构问题；坚持全覆盖、保基本、多层次、可持续的方针，统筹解决专职人员社会保障问题；有效引导、科学设计，逐步推进社会组织薪酬福利体系建立。⑥

华中师范大学的姚锐敏从提升社会组织公信力的角度探讨了社会组织的建设问题，他认为，公信力是社会组织建设的核心，也是当前制约中国社会组织健康发展的根本原因，有针对性地提出了提升公共组织公信力的对策，包括夯实社会组织公信力建设的思想理论基础；重视社会组织公信力建设的顶层设计和科学筹划；推进社会组织内部管理的规范化和科学化；大力加强社会组织的人才队伍建设；增强社会组织的公开性与透明度；强化社

---

① 杨玉民：《汕头非公有制经济组织党建工作的研究与思考》，《农业部管理干部学院学报》2012年第6期。

② 黄斌：《从“三个一样”到“三个不一样”——龙南县推行非公经济组织党支书绩效考核管理》，《当代江西》2012年第10期。

③ 李美珍：《关于积极探索“网络建党”创新党建工作方式》，《东方企业文化》2013年第14期。

④ 王诗宗、宋程成：《独立抑或自主：中国社会组织特征问题重思》，《中国社会科学》2013年第5期。

⑤ 刘昊宸：《社会组织自身建设与发展探索》，《社团管理研究》2012年第1期。

⑥ 和慧卿：《建设社会组织人才队伍的思考》，《中国社会组织》2013年第4期。

会组织的外部监督等。①

2. 枢纽型社会组织体系建设

枢纽型社会组织体系是为了克服传统的政社不分的社会组织管理体制弊端，按照“政社分开、管办分离、以社管社”的原则，在同类别、同性质、同领域的社会组织中组建大型联合性组织，并通过联合性组织对大量分散的小型社会组织进行联系、服务和整合。中国社会科学院的高勇认为，枢纽型社会组织未来的发展方向有两个，一是沿着现有的治理方式，进一步细化业务主管单位与社会组织的职责关系，大力充实“枢纽型”社会组织的管理人力、管理物力和管理财力，对社会组织进行更精细化的监督管理，对某些具体的社会组织进行重点培育或管理等。另一种思路是改变现有的治理方式，通过试点等手段来建立健全社会组织的行动规则，明晰社会组织独立行动的边界，逐步使得社会组织领域能够自主而又良性地发展起来，同时政府通过法律手段、财政手段调控社会组织整体发展布局的能力也会得到实质性增强。结合当前的社会实际，他认为“枢纽型”社会组织目前最重要的职责和作用是探索创新社会组织的治理方式，具体而言，可以从“分级吸纳、强化问责、资源引导、价值构建、人才培养”入手，创新社会组织的治理手段和方式。②

清华大学的杨丽用实证研究的方法，总结了北京市枢纽型社会组织的具体实践，主要做法包括扩大覆盖，增进联系；打造公益品牌，促进作用发挥；拓展参与渠道，增强凝聚力；提高服务管理规范化水平；创新社会组织党建工作模式；搭建区（县）枢纽型组织平台。③

中国红十字总会的孙志祥从扶持和培育枢纽型社会组织发展的角度提出若干政策建议，认为应该提高枢纽型社会组织的服务支持能力，合理界定政府的社会管理职能，加强对社会组织的扶持培育，并向枢纽型社会组织购买公共服务。④

3. 农村社会组织

随着中国经济社会的不断发展进步，加之村民自治的推行，中国农村社会组织开始不断发育，并在农村生活中发挥着越来越重要的作用，其也逐渐进入学界的视野，成为学术界研究的主要内容之一。

华中科技大学的徐顽强等界定了农村社会组织在农村社会中的功能，即实现农村善治的主要参与者、促进农村经济发展的重要推手，完善农村社会保障体系的关键力量，繁荣农村文化的主要传播者。⑤

西北农林科技大学的赵晓峰等以鄂东南一个村庄社区发展理事会的发展过程为例，分析了农村社会组织不同发展阶段的政府角色，社会组织诞生期政府扮演扶持者，社会组织

① 姚锐敏：《困境与出路：社会组织公信力建设问题研究》，《中州学刊》2013 年第 1 期。

② 高勇：《治理主体的改变与治理方式的改进“枢纽型”社会组织工作体系的内在逻辑》，《北京社会科学》2013 年第 2 期。

③ 杨丽：《“枢纽型”社会组织研究——以北京市为例》，《社会组织研究》2012 年第 3 期。

④ 孙志祥：《枢纽型社会组织的双重属性及其治理》，《中国社会组织》2013 年第 8 期。

⑤ 徐顽强、邓小伟、朱喆：《社会管理创新视角下农村社会组织发展困境和路径研究》，《广西社会科学》2012 年第 6 期。

发展期政府扮演引导者，社会组织成熟期政府扮演合作者，社会组织分化期政府扮演监督者。①

华中师范大学的陈荣卓、陈鹏认为应从五个方面构建农村社会组织管理体制，一是优化农村社会组织资源配置，包括构建农村社会组织管理专项法规体系，建立持续的农村社会组织多元投入机制，建立集中统一的农村社会组织基础信息数据库等。二是创新农村社会组织管理机制，包括构建方便组建、强化监管的农村社会组织管理体制，完善农村社会组织内部治理结构，成立联合性、枢纽型农村社会组织，建立县乡村三级监督预警机制，形成完善的农村社会组织自律机制。三是构建农村社会组织支持体系，包括加快建立政府购买服务和财政资金支持农村社会组织制度，积极利用社会力量孵化农村社会组织，对农村社会组织进行分类指导，重点扶持一批影响大、效果好、有活力的农村社会组织，整合功能欠佳、认可度较低、规模偏小的农村社会组织。四是增强农村社会组织运行活力，包括积极探索和创新财政投入方式，引导农村社会组织依据法律、法规和政策独立履行法人职责，拓展农村社会组织参政议政的新渠道。五是提高农村社会组织服务能力，包括开展实用技能培训，大力发展民间调解、仲裁机构等农村社会组织，引导学校、企业、社区、行业普遍建立志愿者服务队，加强和改进农村社会组织党建。②

4. 政府与社会组织的关系

十八大报告指出，要围绕构建中国特色社会主义社会管理体系，加快形成党委领导、政府负责、社会协同、公众参与、法治保障的社会管理体制。政府与社会组织的关系调整就成为加强和完善社会组织管理的一个重要内容。

清华大学的王名、丁晶晶总结了各级党政部门在促进社会组织参与社会管理创新方面的基本经验，主要包括：重塑合法性、让渡公共职能、建立社会支持体系、促进党委领导下的社会协同、鼓励多元化发展、建立社会监督体系。③ 西北师范大学的张文礼用合作共强来概括公共服务领域政府与社会组织关系的中国经验，他认为，虽然有学者对政府与社会组织共强关系提出质疑，但合作共强关系对解释中国转型时期政府与社会组织关系更具有说服力，同时有助于推动社会组织发育发展，也有利于深化政府职能转变和机构改革。合作共强关系不会自动形成，它需要政府转变社会组织管理观念，健全社会组织良性发展制度，建立政府与社会组织合作机制。④ 青岛大学的高红和朴贞子从社会组织政策参与的角度探讨了政府与社会组织的关系，认为政府应构建“分类管理、项目引导、行为监管”的新的社会组织管理模式；应出台社会组织基本法并完善专项法规体系；还要进一步转变职能，拓展并完善社会组织政策参与的渠道，如听证制度、意见征询制度、选举制度、问责制度、信访申诉制度等，建立健全民间社会组织的利益表达机制、对话协商机制和参政

---

① 赵晓峰、刘涛：《农村社会组织生命周期分析与政府角色转换机制探究——以鄂东南一个村庄社区发展理事会为例》，《中国农村观察》2012 年第 5 期。

② 陈荣卓、陈鹏：《新型城镇化背景下现代农村社会组织管理体制构建研究》，《社会主义研究》2013 年第 6 期。

③ 王名、丁晶晶：《社会组织参与社会管理创新的基本经验》，《中国行政管理》2013 年第 4 期。

④ 张文礼：《合作共强：公共服务领域政府与社会组织关系的中国经验》，《中国行政管理》2013 年第 6 期。

议政渠道。[①] 浦东干部学院的萧炳南从社会协同的视角探讨了政府与社会组织的协同路径，主要包括政府转变观念，牢固树立正确的社会协同治理观念；提高社会组织协同管理参与公共服务本领，拓展社会组织的活动空间；搭建社会组织协同管理参与公共服务平台；拓展多元化互动模式和互动领域。[②] 广州大学的谢宇和谢建社从政府对社会组织的培育定位和规范管理两个维度探讨了二者的关系。政府对社会组织的培育定位是，政府管理的有力助手，社会整合的重要力量，服务社区的能手，就业的重要基地，维护社会稳定的急先锋。政府对社会组织的规范管理方面，主要是构建政府对社会组织的合理引导机制、政策扶持机制、常态化评估机制、激励机制和社会组织进退机制。[③] 中国人民大学的韩沛锟从明确政社分开内涵的角度进一步界定了二者的关系。他认为，政社分开并不是政社割裂，而是为了更好地实现政社沟通；政社分开并不是政社对立，而是为了更好地实现政社合作；政社分开主要是指社会组织管理权与政府相分离，政府对社会组织的监督引导仍是必要的。[④] 谭日辉、罗军研究了社区社会组织的发展现状及其政府对社区社会组织的培育问题。[⑤]

七 加强和完善信息网络管理

随着中国经济的快速发展和网络技术的进步，中国社会网络普及程度迅速提高，网络在为人们提供各种便利的同时，也引发了一系列的社会问题，亟待研究解决。

（一）虚拟社会管理

虚拟社会管理已成为信息网络管理的重要组成部分，当前的研究主要集中在虚拟社会管理面临的挑战、管理理念、网络立法等方面。

中国科学院的冯登国、苏璞睿从虚拟社会的虚拟身份管理、网络犯罪治理、舆论引导与监督、网络空间安全保障体系建设等方面分析了国内外虚拟社会管理的发展现状及面临的挑战，并分别提出应对思路。虚拟身份管理方面，强调加强统一虚拟身份管理基础设施建设，加强虚拟身份管理法律法规、技术、标准体系建设，加强用户意识教育和相关应用的扶持。在网络犯罪治理方面，强调提升网络犯罪检测和取证的技术能力，完善网络犯罪惩治法律法规体系，加强打击网络犯罪的国际合作。在舆论引导与监督方面，强调加强重大事件的分析预警能力建设，完善信息发布机制，加强舆论引导。网络安全空间保障方面，强调加强网络空间安全事件预警与应急响应能力建设，加强网络空间软件产品的安全评测，加强用户安全意识教育和基础安全服务能力建设。[⑥]

华中科技大学的徐晓林、陈强、曾润喜专门探讨了当前中国虚拟社会治理研究中要重点关注的几个问题，分别是虚拟社会治理的逻辑起点，社会分层与虚拟社会治理，流动空间与虚拟社会治理，越轨行为与虚拟社会治理以及虚拟社会治理模式等。作者认为现实社

---

① 高红、朴贞子：《我国社会组织政策参与及其制度分析》，《中国行政管理》2012 年第 1 期。

② 萧炳南：《浅谈社会管理创新背景下政府与社会组织的协同》，《学习论坛》2012 年第 2 期。

③ 谢宇、谢建社：《政府培育发展和规范管理社会组织研究》，《城市观察》2012 年第 2 期。

④ 韩沛锟：《政社分开：政府对社会组织管理动态》，《改革与开放》2013 年第 9 期。

⑤ 谭日辉、罗军：《管理创新与政策选择政府培育扶持社区社会组织的研究》，中国社会科学出版社 2013 年版。

⑥ 冯登国、苏璞睿：《虚拟社会管理面临的挑战与应对措施》，《中国科学院院刊》2012 年第 1 期。

会和虚拟社会的“虚实关系”是虚拟社会治理的逻辑起点；虚拟社会治理应考虑到中国特殊的国情和网情，不被西方发达国家的价值审视和批判所干扰；中国虚拟社会治理的模式应该从政府主导型走向多中心协同治理。①

深圳大学的郑志平从管理理念的角度探讨了中国虚拟社会的管理问题。中国虚拟社会管理理念存在诸多问题，包括遇到问题“推、捂、瞒”，权利导向意识不强，服务意识、开放意识不强，分权思想、多元思维难以确立，协作意识不强等问题。针对这些理念方面的偏差，他认为应树立宗旨意识和服务理念，强化权利导向意识，加强放权意识和社会自治理念，确立多元共治理念和协作意识。②

湖北工业大学的夏露从健全网络立法的角度探讨了虚拟社会管理问题，认为应从做好立法顶层设计，确认虚拟社会民商事主体资格，规制虚拟社会中不良信息，加强虚拟社会知识产权立法保护，推行虚拟社会网络实名制，形成防范虚拟社会犯罪的科学立法体系等六个方面推动网络立法工作，进而强化虚拟社会管理。③

中国河南省直机关党校的陶鹏从网络文化的视角探讨虚拟社会的管理问题，强调应对网络文化挑战，要坚持网络文化自觉，加强主流文化建设，促进文化与科技的融合，培育良好的社会心态，打造服务性网络媒体。④

（二）网络管理与网络民主

北京师范大学的施雪华将互联网管理放到党、国家和政府对社会公共事务管理的高度，认为互联网已经成为社会生活的重要组成部分，它开辟了一个异于实体社会的新的生活空间，创造了一种新的生产和生活方式，还改变了政治生态和氛围。因此也给社会管理类带来了诸多挑战，例如，网络安全缺乏保障，网络违法犯罪蔓延，网络文化渗透加剧，网络对敌斗争复杂激烈，网络成为社会矛盾的放大器。在此基础上，他认为互联网的社会管理应着重从以下几个方面入手，即放松政策限制，大力发展互联网虚拟社会组织；完善相关法律法规，依法管理互联网虚拟社会组织行为和网民个人行为；建构多元化综合管理体制，发挥政府在互联网管理中的主导作用；运用财政和税收手段鼓励互联网虚拟社会组织更多从自利组织、互益组织走向公益组织；引导互联网行业加强自律体系的建设，构建从虚拟社会到现实社会的自律性传导机制；运用技术手段遏制互联网上不良违法信息的生产与传播，净化社会生产与生活的环境。发动公众广泛参与互联网规则的制定、执行和监控，制定切实可行的网络道德教育方案；加强网络舆情的引导工作，形成正确的网络舆论导向。⑤

随着中国网络的不断普及，网络民主也在快速发展，其在促进政务公开，推动公民政治参与，加强民主监督等方面都发挥了积极的作用，也成为学界研究的热点。山东大学威海分校的孙光宁主要分析了微博问政存在的局限性。他认为，微博问政更多的是权力机关

---

① 徐晓林、陈强、曾润喜：《中国虚拟社会治理研究中需要关注的几个问题》，《中国行政管理》2013年第11期。

② 郑志平：《我国虚拟社会管理理念的评估、反思与重构——基于2009—2012年的分析》，《青海社会科学》2013年第6期。

③ 夏露：《强化虚拟社会管理与健全网络立法研究》，《湖北工业大学学报》2012年第3期。

④ 陶鹏：《网络文化视角下的虚拟社会管理》，《领导与管理》2013年第2期。

⑤ 施雪华：《互联网与中国社会管理创新》，《学术研究》2013年第6期。

进行信息公开的手段，以单向性为主的交流方式影响着网民“加关注”的热情；微博问政还缺少有效的互动手段，在权力机关和普通网民之间的交流还相当有限；微博问政的实践还缺少相应的正式制度约束，缺少常态化机制对其效果进行保障。①

中国传媒大学南广学院的杨妍以“7·23”温州动车事故为例，从重塑政府公信力的角度分析了政府应对微博传播中的“塔西佗陷阱”问题，对策主要是开诚布公，重塑政府公信力；建构信任文化，政府与网民都要学会聆听；缓和分歧，主流媒体应干预危机传播；顺势而为，政府主动利用自媒体改进公共服务；慎待公共话语权，政府需加强对公共权力代言人素质的培养。②

吉林大学张欧阳的博士论文《网络民主的核心要素及现实效应理论分析》围绕网络民主这一核心主题，在对网络民主相关理论进行梳理的基础之上，对网络民主的概念、基础要素、实现途径以及自身缺陷进行了全面的梳理。在结合民主理论的有关概念与现实的社会和心理因素的基础上，作者分析了在信息技术发展的背景下，网络对权力分配、公民权利以及政治心理等方面产生影响的内在机制，网络民主对现实政治发生影响的途径和结果，以及网络民主对现实的政治和社会发展可能造成的危害。③

当前，加强和完善网络信息管理已经成为社会日常管理的重要组成部分。随着中国步入信息时代步伐的不断加快，信息网络管理将在社会管理中发挥越来越重要的作用，也将成为整个社会关注和研究的重点和热点。

八　加强和完善思想道德建设

加强和完善思想道德建设一直是党、政府和整个社会的关注的重点，党的十八大提出，要深入开展社会主义核心价值体系学习教育，用社会主义核心价值体系引领社会思潮、凝聚社会共识。推进马克思主义中国化、时代化、大众化，坚持不懈用中国特色社会主义理论体系武装全党、教育人民。广泛开展理想信念教育，把广大人民团结凝聚在中国特色社会主义伟大旗帜之下。大力弘扬民族精神和时代精神，深入开展爱国主义、集体主义、社会主义教育，丰富人民精神世界，增强人民精神力量。倡导富强、民主、文明、和谐，倡导自由、平等、公正、法治，倡导爱国、敬业、诚信、友善，积极培育和践行社会主义核心价值观。这为当前社会主义思想道德建设指明了方向。当前的思想道德建设主要围绕党员干部思想道德、社会公德、职业道德、家庭美德等展开。

党员干部思想道德建设关系着党的事业的兴衰成败，党中央对此高度重视，2012 年 12 月 4 日，中共中央政治局召开会议，审议中央政治局关于改进工作作风、密切联系群众的八项规定。2013 年 4 月 19 日，中共中央政治局召开会议，决定从 2013 年下半年开始，用一年左右时间，在全党自上而下分批开展党的群众路线教育实践活动，来改进和加强党的思想作风建设。围绕群众路线实践教育活动出现了一批理论成果。解放军南京政治学院上海分院的孙力认为，党的群众路线在新的历史条件下从三个方面开拓了时代新篇章，即价值层面体现在以人为本的时代提升上，制度层面集中在民主模式的时代鼎新上，

---

① 孙光宁：《从微博问政到微博议政：网络民主的扩展与延伸》，《中州学刊》2013 年第 3 期。

② 杨妍：《自媒体时代政府如何应对微博传播中的“塔西佗陷阱”》，《中国行政管理》2012 年第 5 期。

③ 张欧阳：《网络民主的核心要素及现实效应理论分析》，博士学位论文，吉林大学，2013 年。

运作层面集中在公共服务的时代建构上。[①]

南京政治学院的张雪梅首先分析了群众路线面临的时代挑战，即多元分化的主体、精英化的官僚和固化的阶层。并针对性地提出提升以人为本价值理念，促进公共决策参与的广泛性，提升公共服务的平等性，大力推进人才选拔的公开性竞争性等对策。[②]

中共湖南省委党校的戴安林从建立和完善党员干部的群众路线教育培训机制，建立和完善党员干部联系与服务群众的工作机制，建立和完善群众利益保障及多渠道利益表达机制，建立和完善联系群众的信息网络平台沟通机制，建立和健全监督约束机制，建立和健全激励评价机制六个方面提出了建立党的群众路线教育实践活动的常态化机制。[③]

另外罗平汉主编的《中国共产党群众路线思想史》则全面梳理了党的群众路线思想产生和发展历史。[④]

群众路线的实践教育活动是近一段时期党的思想政治教育的重要战场，也是学术界研究的重点，除此之外，还有一些学者对从其他角度对党员干部的思想道德进行了研究，如南昌大学的刘春滚、程样国从制度伦理的角度探讨了领导干部的思想道德建设，提出要以实现和维护最广大人民群众根本利益为干部制度伦理的出发点；要建立严格的领导干部队伍选拔任用机制，从制度上确保坏人无法进入干部队伍；要扩大民主监督，为好人不变坏提供制度保障；要发挥政绩考核的方向标作用，引导领导干部树立有利于人民群众的道德观。[⑤]

当前社会道德受经济社会急剧转型的影响，出现了滑坡。社会公德建设也成为理论界研究的热点。江苏师范大学的陈延斌认为在社会公德建设方面，应从深化政治经济体制；端正党风，搞好廉政建设；提高广大社会成员的道德认知、判断和选择能力；发挥社会舆论的道德评价功能四个方面入手。[⑥] 湖南城市学院的李建华和中南大学的蒋林峰则从社会管理与社会公德之间关系的角度提出，要建立社会管理的道德评价和反馈机制；创立道德文明社会引导机制，建立道德准入机制，只有具备良好社会声誉和道德的人才能进入管理系统，成为社会管理主体；在社会管理中设置道德行为的鼓励、诱导机制，保护道德行为者的切身利益，把道德价值与经济、社会回馈相结合。[⑦] 还有一些学者从完善法律制度和道德文化软实力的角度来研究加强和完善社会公德，如中国人民大学的葛晨虹就提出，建立良好社会道德秩序，不仅要靠教育和宣传引导，还要靠法律和制度的规导，因此要进一步加强国家和社会对各行各业的公共监管，完善相关立法和制度建设。另外，还要关注并反思我们社会的价值观现状和价值导向，积极进行社会道德文化的软实力建设。[⑧]

职业道德的研究是分别针对不同的职业展开的，以公务员职业道德为例，北京大学的萧鸣政、张满将公务员的职业道德归纳为：为民爱民、爱岗敬业、清正廉洁、公平公正、

① 孙力：《群众路线三大开拓的时代新篇》，《社会科学》2012 年第 7 期。

② 张雪梅：《群众路线面临的时代挑战欲对策解析》，《求实》2013 年第 1 期。

③ 戴安林：《党的群众路线教育实践活动常态化及其机制构建》，《重庆社会科学》2013 年第 6 期。

④ 罗平汉主编：《中国共产党群众路线思想史》，人民出版社 2013 年版。

⑤ 刘春滚、程样国：《领导干部思想道德建设之制度伦理反思》，《求实》2012 年第 12 期。

⑥ 陈延斌：《当前中国社会道德状况的评价与治理对策》，《中州学刊》2013 年第 5 期。

⑦ 李建华、蒋林峰：《创新社会管理与社会道德建设》，《求索》2012 年第 1 期。

⑧ 葛晨虹：《社会道德问题与道德实力重建》，《西北师大学报》（社会科学版）2012 年第 1 期。

求真务实等。[①] 徐顽强的著作《公务员职业道德修养》从公务员职业道德修养的基本意蕴，中国公务员职业道德修养的现状展示及面临的困境，中国传统官德修养培育的合理成分，国外公务员职业道德修养的培育经验，中国公务员职业道德修养的正确定位、培育生态以及培育路径等方面全面分析公务员职业道德的建设问题。[②] 教师职业道德建设也是当前职业道德建设的重要内容。孔德生、张玉杰把教师的职业道德概括为敬业、奉献、博爱、尊重、宽容、诚信、公正、和善、博学、正气。[③] 完善教师职业道德修养的方法方面，潘利英认为，要从提高教师的待遇和社会地位；营造公平和谐的工作环境，减轻教师的心理压力，培养教师持久的职业热情；开展正面教育，推进师德建设工作开展；建立一套公正、合理、规范的教师职业道德评价体系等方面着手。[④] 职业道德建设还涉及会计人员、医生、法官、律师等其他职业群体，研究主要集中在不同职业道德的描述和建设方面。

家庭美德方面的研究相对较少，重点在于社会转型时期家庭道德体系的建构。安徽师范大学的路丙辉等提出，要从优化家庭道德建设的社会环境；健全家庭道德建设的法律体系；建立家庭道德评价的社会一体化机制；发挥现代传媒的道德评价和教育功能四个方面来建构新的家庭道德体系。[⑤] 中南大学的孙宇和曾长秋认为，在社会急剧转型时期，农村家庭应树立以集体主义为原则的价值取向；以勤劳致富为根本的生活态度；以义务责任为规范的角色意识；以平等相亲为核心的健康人格；以健康文明为导向的生活方式。[⑥]

九　理论进展总评

社会治理在 2011 年成为公共管理及相关研究领域最热门的研究主题之一，这一研究势头一直持续到 2012 和 2013 年，研究成果一直保持着高速增长的状态，平均每年新增的相关研究文章有近万篇，研究著作、教材、报告等有上百本。

总体而言，2013—2013 年的社会治理研究取得了丰硕的成果，体现出如下研究趋势：一是研究的视角逐步清晰和深入。社会治理的研究具有典型的多学科特征，公共管理学、社会学、政治学、法学、经济学、生物学、环境科学等都涉猎了这一研究领域。但从学术界和政策界的广泛探索来看，其研究视角主要在国家中心主义、公民社会、社会政策学三个方面得以深入。国家中心主义的视角与社会治理被作为中国党和政府执政能力建设的重要内容的政治背景密不可分；公民社会的视角则来源于社会治理范畴的狭义界定。狭义角度的社会管理指与经济管理、政治管理、文化管理相对的狭义社会领域事务的管理。既然

---

① 萧鸣政、张满：《公务员职业道德及其内容标准的分析》，《东北师大学报》（哲学社会科学版）2012 年第 5 期。

② 徐顽强：《公务员职业道德修养》，科学出版社 2013 年版。

③ 孔德生、张玉杰：《教师职业素养与发展规划：新时期教师的职业修养》，吉林文史出版社 2012 年版。

④ 潘利英：《新课程改革背景下教师的职业道德义务与职业道德情感》，《思想理论教育》2013 年第 5 期。

⑤ 路丙辉、钱进：《转型期家庭道德建设的社会理路与方法》，《安徽师范大学学报》（人文社会科学版）2012 年第 3 期。

⑥ 孙宇、曾长秋：《社会主义新农村家庭道德体系的构建》，《河北科技师范学院学报》（社会科学版）2013 年第 3 期。

社会管理是对狭义社会领域的管理，那么首先应该有“社会”的存在。为此，很多学者提出要培育和壮大公民社会，对社会管理的主体也倾向于政府、市场、社会组织等多元治理；在社会政策的视角下，社会管理创新最重要的任务就是完善起到安全网与跳板作用的社会保护，建立积极福利社会，建构统一的公民身份。① 二是研究逐步走向实证化和微观化。与前期研究相比，实证研究的方法越来越多地被运用于社会治理领域的研究，社会管理创新、基层社会管理、社区自治、农村自治、典型区域的管理等微观领域的研究取得了较大进展。三是研究体现出多元化和个性化的趋势。许多学者不仅关注不同区域、不同领域社会治理问题的共性，更关注其社会生态不同所导致的个性差异，强调多元化的发展道路。

虽然社会治理方面的研究成果汗牛充栋，但是也存在一些问题，主要体现在：一是研究的整体质量仍有待提升。社会治理领域每年出版的各类著作，但大都以研究论文汇编、研究报告汇编、研究素材汇编、教材等为主，高质量的精品专著仍不多见。二是经验性研究偏多，理论性研究不足。一些研究成果侧重于现实经验的总结，避开了理论的逻辑推导和实践的理论合法性。三是研究的系统性有待提升。现有的高质量研究成果主要体现为研究一些具体问题的论文，许多具体领域尚未形成系统化的理论体系。

随着十八三中全会提出全面深化改革的总目标是完善和发展中国特色社会主义制度，推进国家治理体系和治理能力现代化，并明确提出创新社会治理体制，可以预见，社会治理仍然是近来乃至将来很长一段时间内的研究热点。

第二节 实践创新

一 北京市西城区“全响应”机制的探索

在全国各地社会建设与社会管理频频创新的大势中，北京市西城区区委、区政府为促进基层社会建设，首创并积极推行的“全响应”社会服务管理机制（以下简称“全响应”机制）堪称一道亮丽的风景线：它构建了集社会服务管理理念、组织、工具整合的“三位一体”工作模式，形成了广泛社会动员与多主体参与的基层社会建设与管理体系。

（一）“全响应”机制的建构

自2010年年底开始，西城区委社会工委牵头，组织街道和有关职能部门，聘请专业咨询研究机构，开展了“全响应”社会服务管理可行性研究和实践探索。目前，在西城区的绝大部分街道都已搭建了“全响应”社会服务管理平台，并建立了区级“全响应”社会服务管理指挥中枢。通过统一的数据中心、调度平台、服务渠道以及多个业务系统，实现了民生服务、城市管理、应急处理、绩效考评等功能。西城“全响应”机制强调以社会为本位，以多元参与为核心，以构建全方位响应链为手段，以优化社会治理结构、社会管理良性运转为目标，是多元主体参与社会服务管理的制度体现。该机制的主要功能包括：

一是整合管理资源。以社会为本位，注重整合政府和社会两种管理资源。“全响应”社会服务管理把社会作为一个整体，不仅限于政府的社会服务管理资源，同时重视其他主

① 邓智平、岳经纶：《社会管理研究的三种理论视角》，《广东社会科学》2012年第3期。

体和社会自身的管理资源，尊重了社会的运行规律，从根源上提升社会服务管理的能力。

二是建立响应链。以感知、传递、响应三大环节为核心，建立响应链。动员社会各种力量，建立社会服务管理的感知系统、传导系统和响应机制：全面感知社会需求；通畅服务管理的网络，快速传递社会需求和动态信息至各级政府部门和社会成员；建立分工明确、合作协同的工作机制，全面、快速、合理地响应社会服务管理诉求。

三是创建管理网络。即政府管理、社会协作、居民参与三大网络。政府管理网络，及时化解基层矛盾、维护社会稳定安全，为居民、特别是弱势群体提供基本公共服务；重视社情民意，主动回应民众需求。社会协作网络，扶持社会组织和便民服务商的发展，规范、调控、激励社会服务创新行为，形成多样的社会化服务力量。公众参与网络，搭建社区居民诉求表达和相互服务的沟通平台，鼓励居民的自我服务与交流。

为实现上述功能目标，构建了两大支持系统：一是政府主导的社会服务管理系统。主要通过区街两级城市社会服务管理指挥中心、社区楼门（院）长信息系统，建立起集应急处置、城市管理、综治维稳、民生服务为一体的精细化、全覆盖的城市社会服务管理系统。二是社会力量参与的社会服务与自治管理系统。主要通过区街两级社会服务中心、社区网（楼宇网），建立起集社会组织培育、基层民主自治、民意诉求表达于一体的全参与、多联动的社会参与系统。两个层面的系统平台相互贯通，构成了“全响应”机制的支持系统。

（二）“全响应”机制的三大要素

西城区“全响应”机制的建立，源自对计划经济遗留的基层行政管理观念与方式的深刻反思，体现了基层政府在现有体制框架下积极回应民意，改进传统管理模式的巨大努力；同时，该机制回答了基层政府职能转变的方向与方式问题，提供了基层社会服务管理经验学习的范例。按照西城区委、区政府自己的总结，“全响应”机制力求探索“响应谁”“谁响应”和“怎么响应”三个核心问题，目的是“实现社会服务管理全覆盖、全感知、全时空、全参与、全联动，促进社会健康、持续、和谐发展。”我们可以用社会服务管理理念、组织、工具整合的“三位一体”框架来解析西城“全响应”机制的三大要素。

1. 理念要素：民本立场与民生关怀

西城区“全响应”机制是根据北京市西城区发展状况，在了解、分析、判断主要社会问题的基础上，以全面回应区域内居民需求为突破口，力求解决百姓重点关注和遇到困难的问题。从设立邻里居民生活便利项目，如买菜和解决居民停车难到完善养老服务方式等，下沉公共服务职能；再到快速反应社区各类突发性问题等，西城区“全响应”机制所采取的行动，均立足于一个明确的观念，即以民众为本，反映民意和关注民生。

西城区“全响应”机制在两个基本问题上下了大功夫：一是解决如何知晓和获得民情民意的问题，即获知民众意愿“是什么”，从而保证了政府公共服务项目与民众真实需求之间的有效衔接，实现从民众诉求到政府回应的对接，为政府工作确立了方向和目标。二是解决如何有效回应民情民意，解决现实需求问题，即实现民众意愿“怎么办”，从而保证政府执行力支持预设的服务目标实现，完成政府内部以及政府与社会力量，多元参与主体之间的对接与整合，为预设目标达成建立了基本的组织制度保证。

实现前一对接，获知民意表达是关键。西城区“全响应”机制构建的民众利益感知、传导、响应系统，打造了民意表达、利益传导的途径。在社区层面，“全响应”实施了

“一本，一会，一单”的民生工作法。建立健全这项制度，采取了多项措施。社区民情日记制度：按照服务管理网格，要求社区党组、社区居委会成员按照一事一记、一日反馈的原则，对居民关心的热点、难点问题进行收集、整理反馈，社区服务站设立社情民意收集窗口，负责登记居民的需求和意见。社区议事会制度：建立由居民代表、辖区单位代表、社会组织代表、驻社区科站队所组成的社区议事决策平台，定期共同商议，每月召开一次，处理解决社区民生工作遇到的问题，整合社区资源，解决居民日常生活中反映强烈的重点难点问题。社情民意转交督办制度：社区通过民情日记收集汇总的问题，能够解决的，要求责任人进社区解决并反馈居民；不能解决的，可以通过社情民意转交督办单，将问题转给街道相关科室或驻街站队所予以解决。

与此同时，在区委、区政府层面，建立区级民生统筹督导制度：由社会建设工作领导小组办公室牵头，建立社情民意调查分析机制，每个季度对全区社情民意进行收集、汇总、梳理、分析、形成报告，对共性问题加强调研，为领导部门决策提供参考；完善“全响应”工作联系会议，协调解决共性问题，分解任务，具体落实；建立“访听解”工作督导机制，由区委、区政府督察室牵头，会同相关部门，每个季度对各个部门联系街道、社区情况进行督察；建立区领导和职能部门联系街道、社区制度，各级领导定期定点深入街道和社区举行座谈会。推行区级职能部门社区调研制度，听取基层群众意见。开展机关干部融入社区活动，帮助社区解决困难，并将此项实绩作为年终干部考评的重要参考依据。

2. 组织要素：“三级联动”与动员式协同

西城区“全响应”机制的运行依托于一整套组织体系来支撑，而政府内组织的资源整合，政府与驻区各类组织协同、互动，特别是政府对社会各种资源广泛的动员，为“全响应”机制运转搭建了组织平台。其组织基础可以用“三级联动”与动员式协同来概括。

“三级联动”是运用信息化技术将政府组织系统自上而下整合起来，围绕着民生诉求事务，协同聚合政府的资源，处置问题。在这个框架下，运用高科技手段，区政府及其职能部门、街道和社区三个层面分别承担“全响应”链条上的统分责任。在区级层面，作为“全响应”指挥中枢，承担着统筹全区社会管理服务网格化工作，掌握并汇总各类数据和基本情况为决策提供支持；对上报的问题进行审核、派发，并对街道、职能部门的工作进行监督、考核；指挥重要事件以及需要其协调解决的问题的处置。在街道层面，统一设计基本功能模块，规范技术标准，将多个业务系统进行整合，建立“全响应”社会管理服务指挥中心，实现民生服务、城市管理、应急处理、绩效评分、分析研判、统筹协调等功能。社区层面，通过楼门（院）长信息系统，为社情民意的感知、传递、处理提供技术支撑。

值得注意的是，在西城区“全响应”机制中，公共服务事项处于下沉态势，显示了服务提供前移的目标，以提高服务对于居民的便利性和可及程度使组织体系的跟进十分明显。2012 年 5 月，西城区出台文件，进一步明确提出加强街道统辖辖区发展的作用，指出强化街道在社会服务管理中的主体地位、强化街道公共服务能力、强化街道统筹辖区发展能力，从而推动基层社会服务管理精细化、标准化、日常化。据此规定，规范街道与职能部门派驻机构的关系，街道对专业管理部门的日常服务负有监督之责；建立职能部门工作事项下街道社区准入制度，街道负责统筹、组织、协调辖区内各组织和单位，对促进地区发展和需要跨部门协作的重大事项进行研究协商；行政和专业管理部门单位的负责人需参加所在街道的地区管理委员会，共同参与地区管理，并建立协调联动机制。这凸显了西城区社会服务管理机制充实基层、权力下放、属地为主的管理意图。

与此同时，围绕“全响应”机制，西城区委、区政府寻求社会资源的支持和协作。在政府主导下，“全响应”机制在部门协作响应链之外，动员和融通社会力量共享资源、共享发展，以增强基层公共服务供给能力。“全响应”机制拓展了与驻区单位资源共享“响应链”，通过共建互助将驻区优质资源向社区群众开放，缓解居民停车困难、活动场地不足、老年人就餐资源缺少的问题；通过社会组织公益服务的“响应链”，完善孵化社会公益组织的机制，支持“枢纽型”社会组织与街道培育服务性、公益性和互助性组织，实现政社共治；通过专业社会服务资源的“响应链”，开发专业社工人力资源，增强社工专业应用能力，等等。①

3. 工具要素：搭建信息化平台、改进工作流程与实施覆盖

搭建信息化平台。这在汇集社情民意、整合资源、建立联动的社会服务管理组织体系等方面发挥了巨大作用。通过建立社会服务管理基础信息库，实现社会服务管理事项的统计分析，有效发现薄弱环节和重点方向。搭建基础信息库及其采集与更新机制，实现人、地、事、物、组织等基础信息的精细管理与综合查询，支撑区街两级基础数据共享、社会服务管理的响应调度。建立社会服务管理决策支持系统，为基层的辅助决策提供数据支撑。

改进工作流程。响应民众需求，优化公共服务，以流程再造为民众提供高效“无缝隙”的服务。“全响应”网格化社会服务管理平台，以街道为单位，同时区里设立一个总平台，老百姓在家里通过“一键通”，以及登录网站等方式，可以享受到各种生活服务。不仅能够为居民提供政务、便民、商业、公益等服务，还可以根据需求变化，更新服务项目。

实施网格全覆盖。将服务管理延伸，不留管理的缺位和死角，能够最大限度地感知、传递和响应来自民众的诉求。西城区委、区政府积极构建基层全感知网格，强化城市化网格管理；全面推广楼门（院）长信息系统（全响应基层数据采集终端），充分利用楼门（院）长、社会工作者组织，实现楼门（院）长网格管理。城市管理网格和社区楼门（院）长网格相结合，构建了完善的基层全感知网格，实现了全覆盖的精细化管理。②

二 杭州市上城区居家服务的体系建设与实践创新

上城区地处杭州市中心，面积18.1平方公里，下辖6个街道办事处、54个社区，区域内常住人口34.5万。上城区作为杭州市的中心城区和最“老”（历史老、房子老、人口年龄老）又最“小”（面积小）的城区，特殊的区情决定了在完善公共服务体系、提升公共服务质量方面必须从区域实际出发，突出重点，凸显特色。为此，上城区围绕“具有国际水准的高品质中心城区”建设目标，以机制创新作为提升政府公共服务水平的突破口，按照基本公共服务均等化原则，推进居家系列惠民工程。居家服务在原有基础较好的“居家养老、居家教育”等公共服务模式基础上，借助互联网“云计算”工作原理和

---

① 西城区新闻中心：《西城区：“全响应”创造城市美好生活》，《北京日报》2014年1月21日。

② 喻匀：《基层社会管理能力创新与可持续发展》，《中国行政管理》2013年第2期。

后台支撑，以信息化为手段整合民政、劳动、教育、卫生、计生、文化等多部门公共服务资源和社会资源，实施“居家服务无忧在线平台”工程，让居民从面对“单个部门”变成面对“一个政府”，从享受“单一部门服务”变为享受统一的“政府服务”，明确服务对象、内容和标准。上城区通过居家服务无忧在线平台，为辖区所有居民“零距离”提供居家养老、居家教育、居家医疗、居家三优、居家就业、居家文化、居家安养和居家办事八项系列服务，实现居民群众求助无忧、服务无忧、质量无忧、安全无忧和关怀无忧，逐步建立完善区、街道、社区以及社会机构有机结合的公共服务体系。杭州市上城区居家服务体系建设内容与实践创新的特点主要有：

1. 明确服务民需的顶层设计理念以实现五大“无忧”的居家服务目标

杭州市上城区委、区政府致力于为居民提供更好的公共服务，通过区级层面的制度设计推动下辖职能部门整合资源，最大限度地服务民需作为居家服务工作最基本的制度内涵与顶层设计的理念和指导方针，以实现五大“无忧”的居家服务为工作目标。

五大“无忧”主要是：

第一，求助无忧。居民群众可以通过以下任意一种方式获取自己想要的服务，实现居家服务全覆盖。网上服务，即通过上城居家无忧网或杭州上城网；电话服务；特需服务，即“一键通”呼叫器。

第二，服务无忧。把居民提出的服务需求，以电子派单形式，传递到各服务部门，接单的服务部门根据要求及时做好服务工作。

第三，质量无忧。严格筛选引进服务实体，按时培训服务人员，对每一项服务实行全程跟踪。建立入户电子刷卡，服务回访、满意度测评制度，经费结算与服务满意度挂钩，有效保证服务质量。

第四，安全无忧。对有需要的独居老人提供安全防护设施，开发烟感、光感软件，帮助社区或老人的家属提供老人安全在家的服务信息。当居民发生紧急情况时，按“一键通”呼叫器，服务人员按照居民的要求立即开展救助服务。

第五，关怀无忧。既对“特扶人群”实行无偿服务，政府买单，同时又力求惠及更多居民群众有关养老、教育、就业、医疗、安全公共服务需求，实行有偿低价的增值服务，进一步拓宽保重点、管长效的服务理念，体现人文关怀。

2. 强调行政整合与社会参与并重，为居家服务提供集成化的资源支撑

杭州市上城区在体制内先做好政府服务的供给整合，把民政、社保、卫生、教育、计生、文广新局、残联、行政服务中心这八家部门按照“响应及时、操作留痕、流程自驱、后台统计、量化评价、信息共享”的统一技术标准接入居家服务“无忧在线”平台，提高了政府资源整合力。但要做好居家服务，更需要通过社会参与对社会资源进行整合。上城区通过政府购买服务方式推进居家服务项目运行，形成了良好的政社合作机制。比如，在信息平台建设和服务过程中，上城区主要委托社会组织“大管家服务社”承接相关平台建设和服务提供工作。“大管家服务社”充分发挥社会组织优势，先后集聚了600家商户，在剔除收费较高，服务不到位的商户后，目前稳定合作的商户达到340余家。同时，为满足居民公共服务需求，招标引进“96345”作为二级平台，形成了公共服务前置分流，成功实现了服务的链式聚集。上城区按照共建、共治、共享的理念，着力建设一种注重社会参与的多元复合服务体系集成化模式，推动了公共服务主体由单一向复合转型，由政府、企业、社会组织和志愿者等多方共同提供社会服务，推动了公共服务渠道由单一向

多元转型，推动了公共服务内容由按供决定向按需决定转型。

3. 开发“无忧在线”平台作为居家服务的信息化工作载体

居民生活服务需求的基本特点是非规模化和个性化，传统的政府公共服务方式基本上是以部门为界，各自为政、各管一摊。因此，如何把琐碎的生活服务需求转化成便捷的服务流，实现社会需求与政府及社会服务资源的无缝对接，是上城区政府在实施“居家系列惠民工程”中需要解决的关键难题。为此，上城区依据互联网“云计算”工作原理和后台支撑，应用物联网技术，专门设计开发出居家服务“无忧在线”平台。

平台建设的目标是：

第一，从资源整合上，构建“大服务”体系。目前在政府公共服务领域存在的最大问题是政府服务部门化、部门服务单体化，导致政府公共服务部门条块分割严重，无法全面满足群众日益增长的公共服务需求。因此，上城区提出建设“居家服务无忧在线平台建设”项目，目的是“打破部门界限、打通服务内容”，逐步构建以需求为导向的信息共享、资源整合、协调有序、服务高效的综合“大服务”体系，有效破解部门条块分割问题，更大程度满足社区居民多元化的生活生产需求。

第二，从流程设计上，保障服务质量。通过信息化技术实现了信息呼叫自动中转，不用借助人工服务；服务全过程实时监控、留痕运作，既做到了对服务需求的快捷反应，也便于统计管理与效能考评，从而保障服务质量。

第三，从技术支持上，实现信息互联共享。居家服务在前台信息采集、中间信息处理、后台数据处理等阶段，均充分应用 RFID（射频识别）、无线数据通信、云计算等最新科技成果，实现居家服务需求自动识别和信息互联共享。

4. 坚持以标准化作为保障居家服务质量的手段

上城区居家服务建设作为保障民生、推动公共服务发展的重要举措，始终坚持以标准化作为保障居家服务质量的手段。上城区政府针对群众关心关注的教育、医疗、住房等焦点问题，制定了关于居家养老、网上行政服务、学校教育、社区卫生服务机构、危旧房改善等方面的一系列标准，强化了与群众工作生活密切相关的公共服务质量保证。2008 年，上城区在全国率先制定了《居家养老服务与管理规范》，对居家养老服务的每个环节均作了明确规定，通过开发居家养老服务网上审批评估系统，实现了菜单式的申请、服务、评价，使得管理与服务更加高效、规范。随后，上城区政府以居家养老服务为基础，坚持标准化、信息化和集成化的核心理念，整合实施“居家系列惠民工程”，目前包括了居家养老、居家教育、居家医疗、居家三优、居家就业、居家文化、居家安养和居家办事八项内容，最终形成了标准化和规范化的办事流程，为居家服务绩效评估和居家服务质量保障奠定了良好的基础。①

5. 通过“社会服务管理网格化工作体系”构建居家服务的兜底保障

杭州市上城区的“社会服务管理网格化工作体系”借鉴了网格的条理性、关联性，政府把整个上城区划分成一个个网格，并对网格进行日常管理和服务。该工作体系遵循标准化、集约化、协同化、服务化、可视化五大指导原则，构建了纵向到底、横向到边的“四级管理、三级平台”管理模式。该体系不仅使社区社会管理工作更细化，也使得每个

---

① 常马琴等：《杭州市上城区探索建设“居家医疗”服务模式》，《中国改革报》2012 年 7 月 24 日。

网格管理员的职责更明确。“无忧在线”平台与该体系相连通，为其高效运作提供网格化管理、兜底保障和服务支撑。在信息管理平台的基础上，居家服务所接到的特殊处理事件可由社会服务管理网格化工作体系承担兜底功能，依靠制度、行政和技术等多种手段相结合，把居民需求及时反映给相关部门，并按照网格化管理流程的要求再及时反馈给居民，提高了各职能部门对社会问题的发现能力和处理时效，使反馈的民情民意可以更加及时和有针对性，进一步提升了社会管理范围和深度以及社会服务管理水平。①

三　厦门市鼓浪屿“社区网格化”管理创新

《厦门市深化两岸交流合作综合配套改革试验总体方案》（以下简称《总体方案》）提出“建立完善新型高效的社会管理体系”，探索行政管理和社区自治机制有机结合的共治机制，建立和完善网格化的联动管理机制。2012 年 4 月，厦门市在思明区鼓浪屿街道和湖里区康乐社区推行“社区网格化”管理试点。2012 年 8 月，社区网格化管理已经在鼓浪屿街道全面实施，各项工作特别是网格组织构建取得重要进展。2012 年 8 月，厦门市委办公厅、市政府办公厅印发《关于全面推进城市社区网格化建设的指导意见》，开始在厦门市全面推行社区网格化管理，作为加强城市管理能力建设的重要工作。

（一）鼓浪屿社区管理网格化的方法

社区网格化管理是指按照管理方便、界定清晰的原则将社区划分为若干网格，然后通过利用一系列现代信息化手段和组织再造技术建立起灵活高效的社区网格管理组织对其进行管理，目的是整合共享各种资源，建立精细化、全覆盖、高效率的社区管理模式。管理组织重构、工作流程再造、管理重心下移和信息资源共享是社区网格化在社区治理方面的新尝试。

1. 构建无缝隙工作流程

（1）网格划分与人员配置。鼓浪屿街道将下辖的每个社区划分为 3 个网格，每个网格划分为 2 个小组，每个小组划分为 3 个网格单元，每个网格单元约 200 户。总网格长由社区党委书记担任，网格长分别由党委成员担任。网格管理员由社会工作人员担任，实行“一员多能，一岗多责”和“AB 岗”制度，即临近的网格管理员彼此互为副职。网格管理员独立负责各自网格内综合性管理工作，同时确保彼此之间的工作连续性和协同性，促进社区管理资源整合和共享。

（2）工作机制。首先，在社区网格化管理中，建立“工作分块、责任到人、街道协调、全面覆盖”的管理方式；其次，结合原有的工作流程，完善条块结合的管理体制。网格单元既要向上级部门负责，就是网格组织成员各自向上级主管部门汇报工作并接受考核，同时又通过“组团式”的网格团队整体性负责管理和服务社区。第三，积极构建起规范化工作机制。主要包括责任机制、联动机制、绩效考核机制、公示制度、例会制度。责任机制是指明确从总网格长、网格长、网格小组长到网格管理员的职责；联动机制是指加强管理组织和人员之间的沟通与协调，特别是由街道办负责与区级层面的协调工作；绩效考核机制，制定《网格化管理督察考核办法》，依照考核结果决定工作人员的奖惩和任免；公示制度，建立责任公示牌，使居民对所属网格的范围、负责人、服务电话等信息一目了然；例会制度，通过例会汇总和共享网格内的社情民意，及时分析处理，确保有效解

① 翁列恩、王振、楼佳宁：《集成化、信息化与标准化的居家服务创新研究——以杭州市上城区为例》，《公共管理学报》2013 年第 3 期。

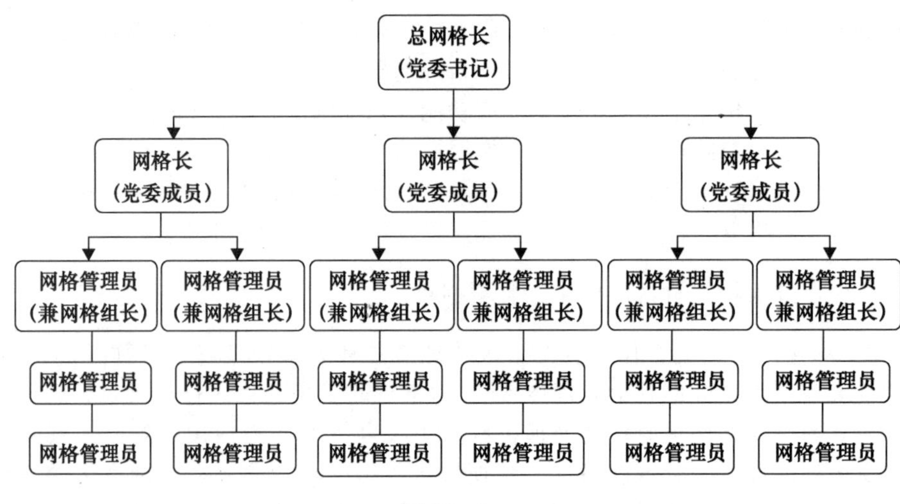

图 11—1

决社区问题。实现各行政管理部门工作重心的整体下移，切实在社区公共事务和群众生活需求的层面上做到管理到位、服务到位。

（3）“7＋N＝1”的社区服务模式。其中“7”是指“下沉”到网格中的7名工作人员，即网格长、网格管理员、社区民警、司法调解员、消防员、城管员、市环卫员。“N”是指在管理过程中被积极引入的社会力量，如技术专家、社区督察员和志愿者等。“1”是指网格管理团队服务的对象，也是指最终实现管理服务的闭合和圆满。

（4）问题发现解决机制。在鼓浪屿社区网格化管理实践中，社区问题的解决路径是：第一，问题发现。居民通过公布的网格联系方式主动反映问题或网格管理员每日巡查发现问题。第二，问题处理。首先，一般性问题由网格管理员负责在网格单元内解决。其次，网格内不能化解的问题，上报由网格长、总网格长解决。最后，社区不能解决的问题，由街道办负责与区级职能部门下派到网格的工作人员协调解决。

2. 创建信息化管理平台

信息化建设是社区网格化管理的基础。鼓浪屿街道结合社区网格化管理工作的新要求，科学设计“社区网格化管理综合信息采集卡”。按网格单元对社区居民和商家进行无缝隙式登记，建立包含管理对象各类信息的数据库，实现信息一次采集多次使用，同时注重信息的及时更新和日常维护。此外，鼓浪屿街道办与厦门电信合作建立移动信息平台。网格管理员可以通过配发的移动信息终端，实现网格信息的实时采集和反馈。

3. 构建规范化工作机制

为保障社区网格化管理工作规范有序地进行，鼓浪屿街道办积极构建起规范化工作机制，主要包括：第一，责任机制。明确从总网格长、网格长、网格小组长到网格管理员的职责；第二，联动机制。加强管理组织和人员之间的沟通与协调，特别是由街道办负责与区级层面的协调工作；第三，绩效考核机制。制定《网格化管理督察考核办法》，依照考核结果决定工作人员的奖惩和任免；第四，公示制度。建立责任公示牌，使居民对所属网格的范围、负责人、服务电话等信息一目了然；第五，例会制度。通过例会汇总和共享网格内的社情民意，及时分析处理，确保有效解决社区问题。

（二）鼓浪屿社区网格化管理的特色

分散化的社区管理机制、能力、资源和信息必须保持整合，社区网格化构造利于有效提升社区整体治理的网络系统。依托社区网格化管理系统，构建基层社区治理的协同创新机制，有助于更好地预测社区问题，加强基层社区管理和服务体系建设，强化公众和基层社会力量参与，充分发挥群众参与基层社会管理的基础作用。社区网格化的特色主要体现在以下三个方面。

1. 创新社区治理模式

网格化管理是对“无缝隙政府”的全面突破和超越。社区网格化管理在制度设计上，是通过重构社区管理组织完善社区管理模式。它的管理组织再造方式在某种程度上和“无缝隙政府（Seamless Government）”是一致的，如整合碎片化的组织结构、顾客导向和培养通才式的管理者。更具有创新意义的是，鼓浪屿社区网格化管理将“无缝隙”的理念向管理组织以外进行扩展，力求实现管理和服务范围的全覆盖。这也是鼓浪屿社区网格化超越“无缝隙政府”的地方。鼓浪屿街道通过社区网格化改革，使社区管理工作变被动为主动，变宏观为微观，变以前的被动应对问题为主动发现和解决问题，将社区问题化解于基层，及时有效地应对突发事件。此外，社区网格化管理实现政府各行政管理部门工作重心的整体下移，同时整合和修复被碎片化的社区管理，提高对社区公共事务的管理效能。

2. 完善社区治理流程

对社区管理组织进行无缝隙的流程再造，其主要目的就是解决现行基层社区管理中的体制弊端。社区网格化管理是对现存社区管理体制的完善，并非颠覆式的变革。鼓浪屿社区网格化管理，在不对现行的基层行政管理体制进行大规模的改革、不增加机构数量和人员编制的前提下，通过社区网格建立起组织和人员的协同机制协调条块关系，整合各层级和各部门的职能，实现全面覆盖和整体化的管理服务。鼓浪屿社区网格化管理通过无缝隙式的组织重构和工作流程再造，在一定程度上解决了现行基层社区管理中存在的部门职责不明确、权力重复交叉、资源和信息分割等问题。

3. 整合社区管理资源

鼓浪屿社区网格化管理的重要优势还在于能够充分发挥网格的资源整合与共享功能。不仅区政府各职能部门下放的权力在网格中相互配合、协同工作，而且社区资源尤其是信息资源，在很大程度上也集中到网格中，实现整合与共享。以信息资源为例，它实现了信息采集者和信息所有者、管理者的分离，这样可以将被不同组织分割化的信息模块整合到一个综合数据库中，同时信息资源的共享功能得以顺利实现。在另一种意义上，移动终端和信息化平台等技术资源、政府财政等经济资源也在这里汇集。从这个角度看，社区网格化管理是一种跨组织协作体制和资源整合共享机制，其目的是把原先分属不同社区管理主体的资源在网格化管理模式下实现整合，为社区全面精细化管理提供基础和载体。[①]

四　上海市徐汇区枫林街道党建工作创新实践

在改革开放新形势下，随着城市基层社会转型、社会群体归属分化以及多种类型社区

---

① 毛万磊、吕志奎：《厦门综改区“社区网格化”管理的优化——以鼓浪屿社区为例》，《东南学术》2013 年第 4 期；推进厦门综合配套改革试验区社会管理体制创新研究课题组：《厦门综改区社会管理创新的实践及其特色》，《东南学术》2013 年第 4 期。

的出现，整个社会关系样式也发生了深刻的变化。在传统的纵向行政关系基础上，逐步发展出大量的扁平化横向关系样式，这些变化直接导致原先被单位所分割的社会空间逐步从其中溢出并重新组合。上海市徐汇区枫林社区（街道）党工委积极拓展自身的组织体系和组织结构，形成了以区域化党建推进社会管理创新的实践特色。

（一）枫林社区（街道）以区域化党建推动社会管理创新的动因

近年来，枫林社区（街道）针对区域内不同行政单位、新经济组织、社会组织管理相对独立、资源相互分割的特点，提出以区域化党建推动社会管理创新的工作思路，探索以区域化党建的政治优势、组织优势创新社会管理的方式。

1. 客观动因：社会转型期破解社会管理难题的必然要求

改革开放以来，随着城市基层社会的嬗变，呈现产权多元化和现代企业制度框架下的公司治理模式，传统的"单位人"逐渐转变为"社会人"，原来由国家和单位承担的社会职能全部释放到社会，单位对社区资源的依赖性增强，党的政治核心功能及其表现方式发生了变化。而社区随着经济社会的发展和人口的大量导入，辖区内环境污染、社会治安矛盾突出，一些社会管理问题积重难返，形成难以切割的"肿瘤"。如位于枫林区域内的复旦大学附属肿瘤医院，随着医院规模的扩大以及社会影响力的提高，周边出现停车难、吃饭难、住宿难等问题，而仅靠单位自身力量难以解决，最终都转移到社区。尽管近年来枫林社区（街道）党建组织化、社会化程度不断提高，工作覆盖面不断延伸，凝聚力不断增强，但专业力量、资源支持有限，面临如何构建有别于传统单位体制、社区体制的党建模式，实现有效整合、联动发展的问题。

2. 主观动因：实现基层社会治理"多中心主体"模式的必然选择

枫林社区（街道）地处繁华的徐家汇商圈，是典型的居住型社区，辖区内60%以上的房屋为老公房和不成套房屋。辖区内人口呈现"两高"特征，即人口密度高（2.68平方公里有常住人口10万）、老龄化程度高（老龄人口占到总人口的30.6%），且流动人员多，由此产生的需求也存在多样化。如老旧小区的居民有改善居住环境的需求，房屋设施条件差、物业管理不到位等现象降低了社区群众的幸福指数。另外不同群体间的矛盾也逐渐增多。这迫切要求街道党工委整合区域单位的资源优势，形成社会各方协同、"多元共治"的管理模式，带动社会自我调节与居民自治管理良性互动。

3. 主体动因：区域单位共建共享建设"健康枫林"的现实需要

社区是党的基层组织的细胞。社区党建具有参与社会管理的天然优势。枫林辖区内单位众多，共有997家，具有鲜明的"三多"特征，即优质资源多、科研院所多、高知群体多。其中包括复旦大学附属中山医院等在内的三级甲等医院有5家，中交第三航务工程勘察设计院等在内的科研院所12家，上海市南模中学等6所学校，还包括上海市精神卫生中心在内的4家卫生福利单位以及均瑶集团等诸多知名企业。但长期以来受传统体制的影响，区域内单位党建资源分散，各自为政，难以发挥综合优势，社区党组织由于缺乏明确的行政依托，且拥有的专业力量不足，解决涉及群众利益的专业性问题、社会问题势单力薄，功能发挥有限。近年来，枫林社区（街道）党工委以建设"健康枫林"为价值取向，形成区域单位"共建共享"的共同价值认同。枫林社区（街道）丰富的医疗、研究、教育、卫生福利等资源，以及良好的经济发展效益，为枫林区域化党建工作推动社会管理创新创造了良好的人文环境。

（二）枫林社区区域化党建的组织特色及推动社会管理的路径

1. 区域化党建的组织特色

枫林社区（街道）党工委自2005年以来，坚持以“共同需求、共同目标、共同利益”为基础，以党建联席会及其分会为纽带，把驻区单位，包括区域内的行政事业单位、居民区以及“两新”组织等有效整合起来，积极探索“1 + 5 + X”模式，形成以多元主体参与为特色的党建工作联合体，打破了以往条块分割和封闭的党组织设置形式，强化了基层党组织的宽领域、全覆盖的组织属性，为加强党对社区的全面领导提供了体制保障。

在“1 +5 + X”模式中，“1”即党建联席会，“5”即按片建立的5个党建联席会分会，作为驻区党委横向联系的纽带；“X”即党员服务中心和各类公益组织。这样，使社区党建工作在纵向上形成了从社区党工委到居民区党组织的全覆盖，在横向上形成了单元性党的工作全覆盖，突破了传统基层党建工作以纵向行政化管理为特征的“单位建党”模式，形成了以街道党工委为核心、社区党组织为基础、其他基层党组织为节点的区域性党的组织结构，以弥合社区与单位、与行业间的组织缝隙，极大地扩大了基层党组织凝聚群众、凝聚社会的“辐射力”。

2. 以区域化党建推动社会管理创新的路径探索

（1）优化组织体系，加强党对基层社会的领导。枫林社区（街道）区域内单位类型多样，党组织设置方式、活动方式和运行机制多样，党建目标、党建资源和工作方式也不尽相同。党工委从体制、机制创新入手，按照区域化大党建的要求，打破了行政隶属关系或者单位、部门和行业条块分割的体制藩篱，形成社区（街道）党工委——社区单位党建联席会——社区单位党建联络员（党办主任）的三级组织体系，使城市基层党组织走出传统的“单位”堡垒，走入社会，使党在社会的组织联系成为有机整体，共同承担起关怀社会、服务社会和保障社会的功能，极大地拓宽了党的社会工作空间。

全面推行“社区党委 + 兼职委员”的“大工委”制，实现组织“扩容”，发挥党的政治引领功能。自2006年起，社区（街道）党工委全面推行“社区党委 + 兼职委员”的区域化“大工委”制，使党组织隶属关系不在社区、但有影响力的驻区单位党组织负责人，以“兼职委员”身份进入社区党工委领导班子，这不仅充实了区域党建工作的领导力量，而且直接搭建了区域民主决策共商共议平台。社区党工委先后吸收了5家驻区单位的党组织负责人担任社区党委兼职委员，其中有9位局级领导干部先后“高职低配”兼任委员。各兼职委员在参与社区公共事务决策的同时，主动引导本单位党组织、党员增强区域认同感，发挥自身专业优势和资源优势，盘活社区资源，参与社区建设，协助落实需由本单位完成的社区相关工作任务。这种区域化“大工委”制充分发挥委员单位党员、党组织在社区建设和社区管理中的骨干带头作用，打破了以往条块分割和封闭的党组织设置形式，把区域内的行政事业单位、居民区以及“两新”组织有效整合起来，包括把一些无行政隶属关系的单位也吸纳进来，强化了基层党组织的宽领域、全覆盖的组织属性，为实现党的社会工作全覆盖提供了体制保障。

建立党建联席会与分会制度，变革组织流程，发挥党组织在社会网络中的“网格”作用。枫林社区（街道）通过建立党建联席会，把区域内隶属不同系统、掌握不同资源、比较松散的党组织全部“网起来”，形成以驻区单位为网络节点，紧密联系的党建工作联合体。把党的工作做到社会网络的网格上，这是现代网络社会党建工作的新特征，从体制上突破了传统基层党建工作以纵向控制为特征的“单位建党”模式，通过制定章程、定期召开联席会议、公开联席单位联系方式等，实现互通信息，资源共享，共同参与社会管理的新颖的组织架构。对一些规模小、流动大、分布散的单位，社区党工委建立了一支由驻区单位党办主任组成的区域化大党建联络员队伍，以委派党建联络员的形式使之融入区域化大党建管理体系，使整个区域党的工作形成“片区联动”“多元共治”的格局。

（2）创新服务平台，解决城市社会管理中的突出问题。枫林社区（街道）通过搭建各种服务平台，使社区党组织和单位党组织、党员和群众间形成了以地区性、社会性、群众性、公益性活动为载体，按有效服务半径网格化配置，共建共享、多元参与、共同治理的模式，极大地拓展了区域内党组织和党员服务群众、服务社会的空间和领域。

构建与驻区单位双向服务平台，及时化解社会矛盾。社区党工委每半年主动走访各驻区单位，通过发放意见征询表、上门了解区域单位意见，及时掌握相关信息。同时，社区党工委向驻区单位介绍社区（街道）拥有的组织资源，列出服务菜单，包括企业登记咨询、助老、环境整洁、群众性矛盾疏导、党员服务、进城务工人员管理、志愿者服务以及国防教育等26个项目。同时又以项目化的形式列出需要驻区单位提供“党建共建”的服务菜单，供驻区单位选择，实现需求对接、驻区单位根据自身的资源优势，认领服务项目，并作为反哺社会的长效机制，形成有特色的双向服务。在建立互帮互助服务平台的同时，针对枫林社区近年来因地铁施工、社会公益项目建设与居民发生的矛盾和纠纷比较多的情况，与区域内相关单位签订了平安责任书，并在3家社区单位试点创建“企业综治工作室”等，形成需求对接、责任共担的双向服务平台。

搭建社区志愿者服务平台，满足社会多元化需求。枫林社区（街道）拥有一支8000多人的志愿者队伍，年龄最大的高达82岁，最小的16岁，党员3567人，占总人数的44%。自2011年1月起，社区党工委在社区层面成立了社区志愿者管理服务中心。枫林社区志愿者服务队分为三大类：一是居民区志愿者服务队，由居民区党（总）支部负责活动开展。二是驻区单位志愿者服务队，依托社区大党建机制，由街道文明办负责牵头，协调活动开展，并将单位志愿服务工作直接与文明单位等荣誉称号的评比挂钩。三是社会团体志愿者服务队，由工青妇等社会团体负责牵头，协调活动开展。各服务队可根据具体服务项目，设立服务分队，或联合招募志愿者，积极开展各种便民服务、关爱老人活动、提供社区网络技术支持以及为社区再就业提供岗位等。

建立资源保障平台，加强社会公共服务。社区党工委专门设立区域化党建工作专项基金，为区域单位参与社会公共服务提供资金保障。与驻区单位共同设立了社区党员帮困基金，各区域单位开展党员多交一个月党费活动，29家社区单位组织近万名党员参加，共筹集资金33万元，用于资助困难学生、困难党员和困难职工。另外，与三航设计院等联合建立居民区党校，作为区域单位党务工作者、居民区党组织负责人、社区党员的教育基地。由区域单位党委书记组织的党建报告团，目前已扩大成由区域单位党委书记、专家学者、科技人员、先进模范人物和领导干部等组成的一支常态化的党员教育师资力量，进社区、进企业、进学校，送学送教上门，这激发了党员参与宣传社区、建设社区的内动力，为推进区域化党建工作提供了人才支持。

（3）创新工作载体，推动社会管理各方协同、多元共治。近年来，枫林社区推进区域化党建坚持“不求所属，但求联动”，着力倡导社会多元主体协同模式，并通过采取项目化管理、培育社会组织等，创新工作载体，使党组织在与各类治理结构要素和基本力量的广泛联系中，实现积极有效的整合，充分体现广泛的社会代表性和协同参与的社会力量。

以项目化管理确保社会服务制度化。枫林社区每年都通过设计活动项目，供区域单位选择。在党建联席成员单位中通过推广《党员志愿者服务记录册》，为区域单位党员提供公益性服务岗位，鼓励他们在八小时以外参加社区公益活动，发挥先锋模范作用。

2012 年，社区与区域单位共同设计了包括 6 大类 18 项内容的党建共建服务菜单，遵循自愿、个性化的原则，开展项目化运作，如：充分整合区域内多家医院优质医疗资源，积极搭建健康教育平台，定期开展养生讲座等，这些既促进了“健康枫林”建设，同时也为区域单位承担企业责任、提高社会影响力提供了有效载体。青松城老干部活动中心向辖区内 500 位社区群众免费开放浴室；龙华医院和区牙防所利用本单位医疗资源，每年提供 300 个名额为社区内困难家庭居民免费体检和进行牙科检查；中山医院党委、建筑科学研究院党委、船舶工艺研究所党委、肿瘤医院党委等与 50 户困难家庭长期结对帮扶。

以组织化管理促进社会公益服务多样化。枫林社区（街道）党工委在推进区域化党建、不断完善“事务共管、资源共享、文明共创”的同时，越来越意识到社会公益组织在参与社会管理、提供公共服务方面的重要作用。通过不断培育社会公益组织，尤其注重培育、发展社区教育、医疗卫生等关键领域的公益性社会组织，如：国际医学交流和发展中心、慈善工作站以及荆棘鸟书会等 NGO 组织，为社区单位和居民提供了多样化服务。几年来，与区域单位联合举办了“枫、雅、韵”社区艺术节、“枫林佳缘——青年之家”社区白领青年交友会、端午节龙舟赛、“枫林心苑”以及枫林社区运动会等活动，作为组织化管理的有效方式，增强了彼此之间的互动交流和信任，共同推进和谐家庭、和谐社区建设进程。另外，社区党工委与区域单位还在“助学帮困”“助养认亲”以及“助医帮困”等方面加强合作，共同推进社区公益事业发展。这些活动不仅极大地提高了单位和居民对社区生活的满意度，而且形成了社会公益性服务的有效机制。

以“大联勤”推动社会综治维稳常态化。枫林社区大院大所多、社区矛盾多。以往由于“条块”之间缺乏较为完善的协调机制，基层政府在履行城市管理职能时，往往面临“条块”脱节、资源分散、权责不清等问题，导致各类城市管理顽症“久治不愈”。为此，党工委提出以区域化党建为平台，整合综治、城管、工商、市容等力量，建立了枫林街道城市综合管理委员会（下设办公室），负责将辖区“条线”资源与“块上”资源进行有效整合，在进一步融合综治工作中心职能的基础上，成立了枫林社区联勤指挥中心（设在派出所）及督察考核办公室，进一步明晰各部门管理职责，推动综治维稳、市容管理常态化。城区综合管理实现两个转变：一是从事后处置“被动出击”向事前管理“主动发现”转变；二是从分散执法“各自为政”向团结协作“主体合一”转变。通过“大联勤”管理，借人、借力、借势，有效降低了执法成本，提高管理效率，形成联合执法优势。在医院周边巡查时，联勤队伍严厉处置了兜售假药案件；在黑网吧赌博专项整治行动中，联勤队伍协助公安捣毁两家网吧赌博点，并收缴赌博机 30 台。“大联勤”作为合力推进社会综合治理工作的有效载体，很好地发挥了区域化党建共建共享、资源大整合的优势。

（三）枫林社区（街道）推进区域化党建加强社会管理的启示

长期以来，由于条线分割，单位党建的活动一般囿于本单位，使其所拥有的行政资源难以被充分利用。社区党组织尽管掌握丰富的群众资源、组织资源，但行政资源匮乏。而行业党建尽管拥有大量的行政、管理资源，但由于在实践中“属业”与“属地”的分离难以整合。这种局面使区域内社区党建、单位党建、行业党建的综合力量得不到有效发挥。枫林社区（街道）区域化党建“条管块推”“片区联动”，创新社会管理的模式，为建立健全党委领导、政府负责、社会协同、公众参与的社会管理格局提供了新鲜经验和有益启示。

1. 区域化党建的组织优化是创新社会管理的重要基础

枫林社区（街道）以党建联席会为媒介，把区域内隶属不同系统、掌握不同资源、比较松散的党组织联系成为紧密型的党建工作联合体，从体制上突破了传统基层党建工作以纵向控制为特征的“单位建党”模式。通过社区党组织与企业、机关、学校等单位党组织建立共建共享长效机制，使党组织在与各类治理结构要素和基本力量的广泛联系中，实现积极有效的组织整合，实现基层党组织力量“整体最强”，并形成了多元主体共同参与的社会管理“各方协同”模式。

2. 区域化党建的组织功能是创新社会管理的必要保证

推进区域化党建不是简单的基层党组织流程再造，而是党的组织功能的拓展。区域化党建的生命力在于党组织内在服务功能的强化。枫林社区（街道）以推进区域化党建为契机，通过构建社区管理对接平台，统筹优质公共服务资源，使原来只针对社区或单位的服务半径扩大到整个区域，将被动应对问题的管理转变为主动发现问题和解决问题，回应社会治理需求，形成服务社区、服务驻区单位、服务群众的长效机制。

3. 区域化党建的组织协同是创新社会管理的必然要求

社会管理要求整体规划、统筹推进。枫林社区（街道）坚持以街道为界面，以社区为基本单元，以区域内各类党建元素为工作主体，围绕“共同需求、共同目标、共同利益”，找准社区党建与驻区单位党建的结合点，形成具有多元化特征的党建工作体系，使党组织在各类社会组织联系中成为有机整体，共同承担起关怀社会、服务社会和保障社会的功能，促进社会管理统筹发展。

4. 区域化党建的组织优势是创新社会管理的内在动力

加强社会管理要求党获得更为广泛的社会资源、政治资源与执政基础。枫林社区（街道）区域化党建以实现区域内党建工作的目标、机制和运作模式的一致性为基础，加强社会领域党建工作的引领，使党在与各类治理结构要素和基本力量的广泛联系中，实现积极有效的组织整合，为社会管理实现多元主体共同参与提供强大动力。①

五　江苏省无锡市：智慧型治安防控体系建设

在2012年的中国智慧城市发展年会上，无锡市以71.2分的总评分获得全国智慧城市第一名，顺利入选首批国家智慧城市试点单位。无锡市委、市政府紧紧抓住打造“感知中国”中心契机，加快实施物联网技术示范应用工程战略，积极推进“感知安保”“感知防控”“感知交通”“感知校园”“感知小区”等系列智能治安防控体系建设。

（一）积极创建“感知安保”，切实维护社会公共安全

重点建设四个系统：即城市热点监控系统、周界防入侵系统、城市公共安全保障系统、安全生产监管系统。城市热点监控系统：具备异常事件自动发现和智能预警功能，对突发事件、事故灾难、重要场合、大型活动等进行实时全程监控、应急指挥和事后评估。周界防入侵系统：在城市重要部门和重点区域建设周界防入侵系统，达到全天候、全天

---

① 上海市领导科学学会课题组：《枫林街道区域化党建推动社会管理创新路径探索》，《上海党史与党建》2012年第10期；上海市徐汇区枫林社区（街道）党工委编：《枫林党建分外红：上海市徐汇区枫林社区区域化党建推动社会管理创新的实践与思考》，上海社会科学出版社2012年版。

时、低漏警率和低虚警率的周界安全防范要求。城市公共安全保障系统：以城市轨道交通公共安全为突破口，将传感网技术融合于城市公共安全保障系统，提高公共安全保障系统的可靠性与效率，维护社会稳定。安全生产监管系统。建立了危险物品物联网管控平台，通过改进利用单位原有的视频监控、红外报警和网络系统，增设视频、身份传感等功能，集数据采集、视频识别、身份识别和互联网传输为一体，动态监控单位场所、出入人员和危险物品，并通过互联网接入公安监控平台，在不改变企业原来技防设施管理的基础上，公安机关不增加人力的情况下，通过网络平台完成24小时实时监控，掌握动态画面，获得即时情报信息。

（二）积极创建“感知防控”，切实提升治安防范水平

积极运用物联网等信息技术，开展物联网应用示范建设，逐步打造立体化治安防控感知体系，包括建立机动车轨迹智能防控体系，社会信息采集（感知）汇聚项目，警用地理信息系统（PGIS），公安信息化指挥系统，推广实施居民电动车物联网防盗工程。

建立机动车轨迹智能防控体系。目前，无锡市设置了1324套机动车轨迹设备，初步形成了以省、市际卡口为第一道防线，城区快速通道为第二道防线，市、区际主要道路出入口为第三道防线的道路监控网和车辆轨迹网，每日感知通行车辆900多万辆（次），对过往车辆牌照、车型及驾乘人员面部自动抓拍识别、实时传送，并在视频专网上分市、县二级建设了车辆轨迹数据汇集管理平台，二级平台共汇集机动车通行数据约38亿条。在公安信息网上建设图像综合应用平台，并作为视频图像的整合共享平台，在“大平台”框架下与其他公安信息系统互联互通，形成集全市视频图像信息采集、传输、汇集、应用于一体的汇集管理应用综合体系，在满足省“3·20”工程六大功能的前提下，扩充研发了视频分析、套牌分析、跟车分析、区域比对、拥堵分析、轨迹刻画、综合查询、统计分析、涉车研判、设备管理和监督考核等应用模块，为“大情报”和各类业务系统深度应用提供了强大的视频图像技术支撑。

建立社会信息采集（感知）汇集项目。完成对全市45个政府部门、社会企事业单位的49类数据信息、共2265万条数据的汇集和更新，建立了部门间信息共享与服务平台，开展了数据资源交换和共享应用工作，为情报研判、治安管控、重大事件预警、刑侦网上作战和社会管理提供了全面、实时、准确的数据支撑。

建立警用地理信息系统（PGIS）。目前，系统已累计采集、整合警用地理信息数据1800余万条，并开发推出了指挥调度、社区警务、治安管理、单位管理、案事件分析等业务应用模块10个，发布数据图层18个，为开展PGIS上线综合应用和投入实战打下坚实基础。

建立公安信息化指挥系统。建立健全统一指挥、反应灵敏、协调有序、运转高效的公安指挥机制，集成警用地理信息系统、“3·20”工程及视频监控、3G移动图像传输、警车GPS定位、集群通信、警车GPS终端短信派警等系统，打造智能指挥调度系统，综合运用信息化手段，通过为一线执勤执法民警配备应用移动警务通、执勤执法记录仪等信息化终端装备，实现对治安卡口查报站、治安岗亭、巡逻特警武装、交巡警、“群防群治”队伍等一线警力、协警力量智能化、可视化、扁平化的指挥调度。

推广实施居民电动车物联网防盗工程。2012年起，无锡市公安局与无锡移动公司合作启动了居民电动自行车物联网防盗工程（车卫士）建设，搭建起了公安物联网应用和商业化运作相结合的电动车防盗新模式。系统由车身无线传感器主机、无线网络和中心控制平台构成，在电动自行车内部隐蔽安装定位和传感防盗报警设备，支持GPS定位、智

能传感和无线通信传输，通过移动通信基站网络实时上报车辆安全状态、位置信息、速度信息到系统后台。系统具有自动设防撤防转换、异常报警、定位查询、轨迹监控查询、远程锁车等功能。同时，居民电动自行车运行状态、停放位置等信息接入依托公安内网建立的“车踪信息平台”，在平台地图上实现电动自行车报警提示、实时车辆位置查看、行车历史路径查询等功能。一旦车辆被盗，公安机关可快速、有效开展协查布控、侦查破案，依托“车卫士”形成了“由车到人”“由车到案”的侦破模式。

（三）积极创建“感知交通”，切实压降道路交通事故

目前，无锡市已基本建成覆盖全市的智能交通物联网雏形，依托交通指挥中心系统平台建设，覆盖范围为城区1350多个主要路口（段），实现缓解城市交通堵塞和压减交通事故伤亡的双赢。智能交通主要由以下7个子系统组成：机动车流量采集系统、交通监控系统、交通信号控制系统、交通违法监测系统、动态诱导系统、机动车轨迹系统、停车诱导系统。

机动车流量采集系统。通过大范围布设地磁传感器及其他辅助感知手段对道路交通流进行感知，在630多个主要交叉口和快速路上，实时采集道路机动车的流量、占有率、排队长度、速度等信息传输到指挥中心信息平台，为全市智能管理提供基础数据。

交通监控系统。在全市主要交叉口、主要路段上设置了763套交通电视监视设备，目前，已实现崇安、南长、北塘、锡山、惠山和新区6个区的联网功能。在省内率先完成无锡高速公路视频汇集，161路视频监控资源全部接入交通指挥中心，实现了视频平台在无锡市辖区内所有高速公路的视频全覆盖，大大增强了高速公路交通治安管理工作效能。

交通信号控制系统。对市区1230个路口信号灯中的1100个实行了集中联网控制，其中对52条道路的196个路口实行绿波带控制，有效提升了全市路网的通行效率，并创新推行机动车可变车道和公交信号优先等试点工作。

交通违法监测系统。在市区655个路口安装了闯红灯自动抓拍系统，45套固定测速抓拍系统和80套动态违法抓拍系统，对交通违法进行监控抓拍。

从2011年起，无锡市基于高清视频检测技术和人流统计分析技术，融合视频处理、图像处理、模式识别、车辆跟踪以及人工智能等多个领域的技术，研发应用了“人行横道智能监测系统”对机动车经过人行横道未礼让行人的违法行为进行抓拍。2012年，该系统通过省厅科技处组织的科技成果鉴定会，与会专家一致认为该系统推广前景广阔，达到国内领先水平。

动态诱导系统。构建一个集数字电视网、移动通信网、互联网于一体（三网合一）的发布平台。该平台打破了传统汽车导航的技术路线和商业模式，不仅可以实现传统导航产品的路径诱导，而且可以获得实时的路况信息，并根据当前路况信息进行最佳路径规划，充分体现了智能导航的特点与优势。

机动车轨迹系统。通过号牌自动识别技术、数据库比对技术和网络通信技术将通过的机动车辆信息进行记录比对，从而达到车辆信息查询、流量统计、轨迹采集、追逃布控等功能。

停车诱导系统。截至2013年，市中心建设了30块交通诱导屏，与交通指挥中心实现联网控制，引导机动车驾驶人合理、高效停车。

（四）积极创建“感知校园”，切实保障校园师生安全

利用物联网技术，推动智能化教室、远程教学、平安校园等教育各环节的物联网应用，提升学校教学和管理水平，积极建立校园安全系统平台、校园移动传感平台和校车平

安运行监控平台。

积极建立校园安全系统平台。平台主要由周界智能防入侵系统、安检门系统、一卡通门禁系统、访客系统、智能视频监控和报警系统6个子系统组成，具有身份对比、访客拍照、金属探测、全时监控、智能报警等功能，先后在全市657个大中小学校和幼儿园推广运用，受到学校普遍欢迎。

积极建立校园移动传感平台。运用物联网技术，通过计算机、RFID、视频监控、网络通信及智能终端等技术，深度挖掘手机移动功能的内涵，将手机上升为感知校园的载体——手机移动传感器，实现手机支付、手机信用卡、手机终端电子校务系统功能等，使感知校园延伸到人与人、人与物、物与物的信息交换，实现校园各领域的智能化。

积极建立校车平安运行监控平台。应用物联网技术，将指挥控制中心与所有运行的多功能校车互联，建成集指挥控制、信息服务、安全监控、危险预警于一体的校车运行监控平台，使指挥控制更为高效，服务质量更为优越，安全稳定更有保障。可以在物联网系统中为每辆校车设置报警选项，包括：防盗报警、紧急报警、疲劳驾驶报警、超速报警等。比如在设置危险预警后，当附近有其他车辆过于靠近校车时，系统将会自动报警，提醒驾驶员，同时将信息自动传输到指挥控制中心进行报警，指挥控制中心也可以实时指挥每一辆校车。信息服务主要是将校车的相关信息通过手机短信传输给每位乘车学生家长，如系统会将校车到达的时间通知到家长，校车在某一站点停靠后，系统还会将学生上下车的信息发送到学生家长手机上并自动存档，系统采用的人员识别功能也能防止学生误乘及非正常人员上车等情况的发生，大大提高人员管理的自动化程度。

（五）积极创建“感知小区”，切实提高服务民生能力

在家庭和社区逐步试点和推广基于物联网等信息技术的便民利民服务，保障家庭人员和财产安全。大力推行平安家居、社区数字化、智能家居和健康家居四大工程。

平安家居工程。充分运用物联网技术，在社区积极推广物联智能技防系统和智能化隐形防护网等新型技防手段。物联智能技防系统由智能实时监控和智能感应联动周界组成，可对异常入侵实现联网报警和目标定位；智能化隐形防护网与小区安防系统监控平台连接，防盗网被破坏后，可现场80分贝声音报警、用户电话报警以及接警中心联网报警，从而保证家庭财产和人身安全。

社区数字化工程。利用数字技术、信息技术和网络技术，建设和推广应用社区地理信息与数字化管理系统。对社区的基础地理、基础设施、基础资源和基础功能进行信息采集、动态监测、辅助决策和科学管理，为监管社区、预测社区和调控社区提供重要的决策依据和革命性的管理手段。

智能家居工程。推广基于物联网等技术的家居感知和控制系统，支持自动监测门窗开闭、燃气泄漏、火灾等家庭环境，实现智能家电联网和远程家电控制，使家庭网络与水、电、气智能计量系统的互联，并与社区服务系统连接，使居民群众不出小区、家门就能智能获取所需的家居服务及各种生活资讯信息。

健康家居工程。推广基于物联网技术的数字医疗传感器、智能家庭网和社区健康信息系统，搭建居家式、虚拟化、社区型，包括健康随访、医疗监测和保健环境等为一体的工作平台，平台通过日常监护、疾病预防、信息整合、慢病跟踪、术后随访等手段，实现从“以医院为中心的疾病治疗”向“以民众为中心的全面健康”的医疗模式转变，打造全新

的健康跟踪与服务模式。①

六　青岛市李沧区探索构建社会组织发展的“五个三”新模式

近年来，李沧区民政局积极探索社会组织发展新路径，构建起“五个三”的社会组织发展的新模式，全区登记社会组织已达368家，拥有500余家备案制社区社会组织，每万人拥有社会组织12个，该区社会组织实现了跨越式发展。

（一）创建三级中心，搭建各类社会组织发展平台

李沧区委、区政府近三年来先后投资近亿元在区、街道、社区建设起三级市民中心，为不同层次的各类社会组织搭建了发展平台，促进了社会组织的全面发展。首先，把区级市民中心建成为龙头式社会组织发展平台。目前，已建区级市民中心2个，面积均在5000平方米以上，该中心自2011年12月建成以来，引进孵化总部型、枢纽型、支持型和孵化型社会组织17个。其次，把街级市民中心建设成为骨干式的社会组织发展平台。已建成街级市民中心7个，面积均在3000平方米左右。再次，把社区市民中心建成为居民广泛参与的社区社会组织发展平台。每个社区都建有1—2处1000平方米以上的室内或室外市民活动中心，目前，在社区发展的自治类、文体类、公益类、便民服务类等社区社会组织已达500余个，带动和影响居民10万余人参与活动，成为社区管理服务的重要力量。

（二）畅通三个渠道，助推社会组织快速发展

随着社会管理创新和政府职能转变步伐的加快，急需社会组织快速成长。为此，区政府每年支出2000余万元用于购买社会组织的服务项目，为社会组织免费提供近5000平方米的办公场所，免费为社会组织提供价值近百万元的电脑等办公设备，积极为社会组织发展筑巢引凤。首先，抓好引进。目前，李沧区已引进具有国际标准的社会组织4个、服务项目20个，引进的重点是人才、理念和社会工作方法。引进的上海新途社区健康促进项目，带动了相关的区机关领导、社区及社会组织负责人、社工社会工作观念和方法的转变。其次，注重孵化。2013年以来，根据居民及社会组织发展需求孵化各类社会组织10个。为了规范社会组织孵化工作，出台了相关文件，对社会组织孵化范围条件、申报方法、评审程序和孵化流程等都作了明确规定，提高了孵化的效益。再次，加强培育。从2012年开始，李沧区通过政府采购招投标的形式，投资480万元购买社会组织服务项目。投资80万元开展了公益创投评选活动，评选10个居民需求的项目实施公益创投，以项目为抓手，提升了社会组织的能力。

（三）加强三个合作，创新社会工作转型升级

首先，较好地实现了政社合作。目前，李沧区在民生领域政府向社会组织购买服务的部门有6个，20余个项目。社会组织已经成为政府的重要合作伙伴。其次，较好地实现了社企合作。根据居民需求，充分调动企业和社会组织的各方力量，通过市场化运作的手段，吸引企业为居民提供公益服务。体现了企业的社会责任，同时为社会组织注入了活力，使居民享受到了专业化的服务。李沧区2008年以来就在全区各类所有制企业中征集“爱心超市”冠名活动，将企业与“爱心超市”对接，建立并定期公布企业爱心排行榜。

---

① 参见《无锡市：智慧型治安防控体系建设》，2013年5月2日，人民网（http://leaders.people.com.cn/n/2013/0502/c359550-21341987.html）。

此做法也先后吸引豪伦置业、凤凰印染等十余家企业成为爱心股东，为 10 家“爱心超市”募集资金 100 万元。2013 年又有 10 余家企业积极参与公益项目冠名，资金额近百万元。再次，较好地实现了社社合作。通过整合各类社会组织，形成优势互补，重点解决社会问题，推动社会管理服务工作创新。比如上海新途健康促进社、青岛的你我社会工作服务中心、李沧的阳光心理研究中心和李沧佳家健康促进社联手合作推进社区老年人健康服务项目，在社区建立“健康小屋”，老人不出社区就可以享受免费便捷的 10 余项查体服务，深受社区老年人欢迎。

（四）实现三个配套，改善社会组织发展环境

首先，建立了评估机制。把对社会组织评估工作作为促进社会组织发展的长效措施，列入社会组织管理工作计划。2013 年计划评估 50 个社会组织，力争三年把全部社会组织评估一遍。为了增强评估工作实效，我们把评估工作与登记管理结合，与年检结合，与孵化培育结合，与政府购买服务结合，把评估工作贯穿于促进社会组织健康发展的全过程。通过评估工作达到促进社会组织快速发展、健康发展和规范发展的目标。其次，建立了培训机制。坚持培训需求导向原则，把培训与社会组织培育孵化、培训与社会组织规范化建设相结合，并做好培训的后续咨询指导工作。培训采取理论与实践相结合的方法，通过案例分析、知识传授、互动讨论、现场练习、点评答疑、实地考察等多种方法，以提高培训的有效性。2013 年结合“双十、双百”惠民项目的落实，计划培训政府有关部门负责人、社区和社会组织负责人、社工及财会人员 200 余人，在全国聘请有专长的老师授课，建立人才库，使之成为社会组织发展的骨干人才。再次，建立咨询机制。成立了李沧区社会组织发展专家组，聘请山东省、北京和上海等地 20 余名社会组织发展研究专家和学者参加，主要承担教学培训、政策制定、项目设计、评估咨询等工作，为全区社会组织的发展提供了智力支撑。

（五）开展三方联动，发挥社会组织带动作用

首先，与社区发展联动。坚持把社区社会组织作为社区居民参与的平台和社区管理服务的有效载体，较好解决了社区活力不足和管理服务薄弱的问题。其次，与社工队伍建设联动。到 2013 年，全区有 40 多人考取全国社工师资格，把这些社会工作人才列入全区人才库和项目经理人才。委托区社会管理咨询中心进行专业培训，通过实施项目管理使之成为社会组织发展的骨干力量。再次，与社会组织党建联动。坚持把党建工作与社会组织登记、年检和评估工作联系起来，实现社会组织发展与党建工作同步推进。目前，已建社会党组织的 25 个、建立联合党组织 7 个。对不符合建立党支部条件的，全部由业务主管单位选派党建工作指导员指导社会组织开展党建工作。初步形成了以组织部、社会组织工委和各业务主管单位党工委、党支部齐抓共管的良好局面，实现了社会组织党建工作全覆盖。[①]

七　实践创新总评

当前中国正处于全面推进改革开放的关键时期，也是各种社会矛盾汇集、积累和爆发的集中凸显期。社会结构的深刻变革既对传统的社会管理提出了新的更高要求，也对中国

① 李沧区民政局：《青岛市李沧区探索构建社会组织发展新模式》，2013 年 10 月 21 日，中国社会组织网（http：//www. chinanpo. gov. cn/3501/70770/newsindex. html）。

政府管理的思路、理念、方法、手段构成了新的挑战。历史经验表明，政府完全主导的“管制型”模式已经不再适用于当今社会发展。政府社会管理改革的核心在于政府与社会权力关系的调整。建立政府与社会良性互动的关系，这既需要政府在理念上的转变、权力关系的调整、参与主体责任的明确、社会公众的一致共识，也需要进行社会治理理论上的创新，更需要实践中因地制宜探索政府与社会良性互动、共同治理的路径与模式，特别是需要来自基层政府的实践创新和积累。基层政府处在各类社会问题的第一线，对社会治理有着更直观、敏锐的感受。因此，从某种意义上来说，基层政府的社会治理实践创新构成了当前中国社会治理发展的主要力量。

2012—2013 年是中国社会治理实践创新不断涌现、蓬勃发展的一个阶段。各地方围绕社会治理的相关领域开展了有益的探索，形成了一系列有重要影响的社会治理实践创新成果。这些实践活动根植于各地方因地制宜的社会治理土壤，实践措施各不相同，但总体上具有以下特点：一是社会治理实践创新的主体思路是围绕中国当前群众反映强烈、社会矛盾凸显的领域展开探索。例如社会管理体制改革、非公经济组织和社会组织管理、城市流动人口管理、基层群众路线建设、信息网络维护、社会治安综治等。地方政府的各类实践总体上体现了社会治理“维护社会秩序，促进社会和谐，保障人民安居乐业，为党和国家事业发展营造良好社会环境”的根本目的。二是社会治理实践创新具有明显的政府主导特征。当前中国社会组织的发育不够成熟，民众的思想亦尚未完全转变，社会治理实践创新体现出明显的政府主导色彩，很多实践创新活动要么由政府主导推动，要么由政府与社会组织合作展开，主要由社会组织自身推进的实践创新活动相对较少。政府在引导、规范、促进、扶持社会组织的发展方面仍然肩负着较重的责任。三是社会组织在社会治理中的作用日益增强。社会组织、城乡社区、公民团体等各类多元社会因素得到不断的发展，加之信息网络等技术因素的推动，各类组织在政社互动、汇集民意、激发民智、双向交流等方面发挥了越来越重要的作用。社会力量的兴起要求政府改变传统的社会管理方式，主动简政放权，调整权力关系，通过良好的政府与社会互动来推进社会管理，实现共同治理。

从存在的问题上看，各地今后开展社会治理探索需要更加突出以下三个方面的结合：一是社会治理与社会需求相结合。社会治理只有将社会发展与社会需求结合起来，增强对社会需求的回应性，才能奠定社会长期和谐稳定的基础。二是社会治理与政府管理方式改革相结合。社会治理要求政府不断创新管理方式，提高政府管理的效率、效益和效果。三是社会治理与社会力量规范发展相结合。随着社会不断发展进步，社会组织、城乡社区、信息网络等社会力量得到不断发展，但也出现了一些新的问题，社会治理要求汇集和善用各种社会力量，在规范发展的基础上引导社会力量共同治理。

伴随着党的十八大和十八届三中、四中全会的胜利召开，党和国家已经对全面推进改革开放、全面深化行政体制改革、全面推进依法治国作出了总体部署和细致安排。在外部环境层面，俄美之间的博弈和中东乱局在一定程度上削弱了“亚太再平衡”战略对中国的不利影响，使中国能够在一个相对宽松的环境中推进社会治理改革；在中央层面，通过建立“权力清单”将不必要的审批事项予以下放，给地方和基层以更大的自主权，这在宏观层面为基层政府社会治理实践创新提供了坚强的保障；在基层政府层面，越来越多的基层政府和官员开始接受共同治理的思想，在实践中引入多元社会组织和公众的有序参与，这必将大大提高社会治理的科学性。

第三节　代表性成果

【《公共安全管理：整合与重构》】

作　　者：张海波

出版时间：2012 年 6 月

出版机构：生活·读书·新知三联书店

内容摘要：该书重点研究了应急管理模式的内在缺陷，提出了面向风险的公共安全管理模式的初步设想。全书包括五个相对独立又相互联系的研究内容：1. 威胁、根源与挑战。这部分研究着重于前瞻性地分析和预测中国当前和未来在公共安全领域所面临的主要威胁，分析这些威胁背后的根源，以及这些威胁给中国的公共安全与公共安全管理带来的挑战。2. 概念、理论与范式。作者在对公共安全的一些基本概念，如“风险”“灾害”“危机”“脆弱性”“恢复力”“突发事件”“公共危机”进行辨析，并在此基础上，构建了一个风险、灾害、危机三个概念间关系的分析模型。这一模型重点阐述了由风险到危机的因果关系，认为灾害是由风险向危机转变的显性化。在对风险、危机和灾害等概念辨析的基础上，将国外主流安全理论按功能定位分为理念启示类和管理创新类。这样依托概念维度和功能定位维度构成一个二维表格，将所有理论纳入二维表分成的六类中。3. 话语、政策与模式。这部分研究着重于讨论日常话语所隐藏的社会认知及其对公共安全政策的影响，在结构性条件的基础上，对重大突发事件背景中的公共安全政策形成的机制与过程的路径进行分析，并通过比较分析总结公共安全管理的成熟模式。4. 实践、经验与反思。这部分研究包括“城市应急机制建设现状的政策内容分析”“城市基层维稳机制的运行与效用”和“社区应急能力评价”三项经验研究，通过对具体地方实践的实证调查，尤其是城市基层维稳的一手访谈材料，包括上访者的苦衷与维稳官员处理此类事项的心得来描述中国公共安全管理的现状与问题。5. 对策、建议与思路。在理论探讨、政策分析和经验研究的基础上，这部分研究主要从对策、建议和路径三个层面提供相应的操作方案。

【《社会组织论纲》】

作　　者：王名

出版时间：2013 年 3 月

出版机构：社会科学文献出版社

内容摘要：该书共十一章，基于以课题为中心的实证调研、理论研究和政策分析，沿着“公域”和“公益”的主线，在较为全面和客观地把握中国社会组织发展及其主要功能的基础上，分别以行业协会、社区社会组织、基金会、社会企业和国际 NGO 等主要形式的社会组织为对象，系统社会组织的主要作用及其制度建设问题。在对各种主要类别的社会组织研究中，重点分析它们对于构建和谐社会所发挥的作用，揭示其内在规律和机制。同时从体制和制度层面研究中国社会组织的管理体制、相关立法、政策和监管手段等特征、效能及存在的问题，总结并评析国内外关于社会组织及其管理体制的主要理论观点，揭示社会组织的本质特征，提出社会组织是改革发展的内生变量、社会重建的基本构件、人类历史上一种重要的组织制度创新等基本认知。在此基础上，作者提出我们对当前中国社会组织制度重构的基本判断，并针对体制改革、政策调整和加快形成现代社会组织体制，提出明确的政策主张。

社会影响：入选 2012 年《国家哲学社会科学成果文库》。

【《社会的兴起——社会管理创新的核心问题》】

作　　者：任剑涛

出版时间：2013 年 2 月

出版机构：新华出版社

内容摘要：该书围绕社会兴起呈现的理论与实践论题，从理论概观、案例分析、观念碰撞三个部分解析中国社会发展与社会管理创新的基本问题。第一部分是社会发展的基本概观。在这一部分，首先讨论了中国处在现代转型情境中，国家与社会关系的三次极大扭曲的情况，并陈述必须进行三次反扭的主张；其次分析了国家管理社会的前提条件，即国家权力必须尊重社会，才能管理社会；再次，对近期学术界关于社会发展与社会管理创新的讨论进行了概述。第二部分是对发达国家、转轨国家与中国自己在社会管理及其创新方面的经验与教训的重要案例分析。该部分分别选取了发达国家、转轨国家以及中国的三个典型案例，剖析了国家与社会关系的不同状态。第三部分是作者与相关媒体就社会发展与社会管理创新进行对话的纪录。首篇对话主要着眼于社会管理与社会自治的主题；次篇对话着重从事业单位的改革来观察国家如何通过有序地培育社会的进路，将依附于国家的社会组织逐渐分离出去；最后一篇对话则从催生社会的方式，针对国家组织的门类进行区分，采取不同方式进行管理，并以适当的技术性措施促成社会的自我管理。

【《当代中国社会建设的公共性困境及其超越》】

作　　者：李友梅　肖瑛　黄晓春

发表时间：2012 年第 4 期

期刊名称：《中国社会科学》

内容摘要：“公共性”既是社会建设的重要目标又是其支撑性条件之一。近年来的民主制度建设和促进社会组织发育等政策的实施对于“公共性”的生长产生了明显的积极效果。但是，“公共性”依然是当下中国社会建设面临的主要瓶颈。除部分的制度性因素之外，社会心理、共识缺失以及管理的技术化也是阻滞公共性发展的重要原因。推进公共性，提升不同利益群体参与社会建设的积极性，需要增进公共权力部门与民众之间的相互信任。

社会影响：教育部哲学社会科学研究重大课题攻关项目“新时期加强社会组织建设研究”（项目编号：11JZD07）的部分研究成果。

【《社会管理创新八议——基于社会风险视角》】

作　　者：童星

发表时间：2012 年第 4 期

期刊名称：《公共管理学报》

内容摘要：为推进社会管理创新，该文以社会风险防范和社会矛盾化解为视角，采用理论分析的方法，主张当前社会管理创新的突破口和重点在于对风险社会、开放社会、多元社会、虚拟社会的管理，以满足民众的安全、融入、公平、表达等需求；确认中国处于“风险共生”下的高风险社会，其依据在于经济社会发展可能停滞、社会结构紧张、社会系统复杂、现代性的不确定性。创建了“风险—灾害—危机演化连续统”模型和“风险管理—灾害（应急）管理—危机管理全过程应对”模型，提出了“三位一体”的战略治理。揭示了社会目标单一、社会结构失衡、社会关系失调、社会冲突增生等四大社会风险源，概括出暴力群体性事件、具体利益冲突、集体性敌视、普遍的社会不满等四种矛盾形式，构建了“社会矛盾冰山结构”模型，设计出阻断和化解社会矛盾的五大制度体系，即事前的应急管理（含维稳）制度、事后的社会矛盾化解（含诉讼、调解、信访与仲裁）制度、事先的社会稳定风险评估制度、社会整合（含公平竞争与社会保障）制度、政治参与（含政务公开、社会监督、政策参与与网络表达）制度。

社会影响：作者2006年中标国家社科基金重大课题“建立健全社会预警机制与应急管理体系研究”（项目编号：06&ZD025），任首席专家，该课题于2011年成功结项，其最终成果《中国应急管理：理论、实践、政策》入选“国家哲学社会科学成果文库”（2011）；2011年又中标国家社科基金重大课题“社会管理创新和社会体制改革研究”（项目批准号：11&ZD028），也任首席专家。该论文以两个课题所发表的系列阶段性论文的观点为基础，进一步提炼、发挥并加以系统化而成。

【《基层政府社会管理中的适应性变革》】

作　　者：孙柏英

发表时间：2012年第5期

期刊名称：《中国行政管理》

内容摘要：基层政府处于社会管理中的关口位置，是社会问题的最直接感知者和回应者。基层改革的主要路径包括如下几个方面：一是塑造服务型基层政府，寓社会管理于公共服务；二是改革基层政府组织机构设置；三是加强社会矛盾的化解与调处；四是积极培育公益类慈善社会组织；五是创新管理信息技术和协同机制设计。该文认为这五个方面呈现了社会管理创新的基本内容，并进一步分析了变革议程所针对的问题和预期目标，从中分析基层政府社会管理创新秉持的观念和遵循的逻辑。

社会影响：国家社会科学基金重大项目“基层政府社会管理体制机制创新研究”（项目编号：11&ZD032）的阶段研究成果，并得到教育部“211工程”三期中国人民大学公共管理学院“中国特色的公共管理与公共政策学科平台建设”子项目与中国人民大学行政管理国家重点学科资助。

【《利益表达、资源动员与议程设置——对于“闹大”现象的描述性分析》】

作　　者：韩志明

发表时间：2012年第2期

期刊名称：《公共管理学报》

内容摘要：在当前社会转型时期的利益冲突中，“闹大”已经成为公民抗争的重要逻辑。该文以近年来大量具有闹大特点的社会事件为研究对象，从理论上归纳了“闹大”的发展过程，概括和抽象了“闹大”的逻辑，并在公民与政府关系的框架下，从利益表达、资源动员和议程设置三个方面对“闹大”的功能性作用进行了深入的描述性分析。从利益表达的角度分析，“闹大”主要涉及谁来表达、如何表达以及表达了什么的问题；从资源动员的角度分析，“闹大”的主要问题是动员的对象、动员过程的特征和动员的机制等问题；从议程设置的角度分析，“闹大”则与公民成为问题的界定者、问题是如何引起政府官员的注意的以及由谁用什么办法来解决问题等密切相关。“闹大”是透视公共治理状况的一面镜子，对“闹大”的描述性分析有助于深入把握和理解当前中国公共治理的规律和逻辑。

社会影响：国家社科基金重大项目“中国特色社会主义社会管理体系研究”（项目编号：11&ZD070）的部分研究成果。

【《阶级、集体、社区——国家对向乡村的社会整合》】

作　　者：徐勇

发表时间：2012年第2期

期刊名称：《社会科学战线》

内容摘要：如何将“一盘散沙”的乡村社会聚合起来，建立与国家认同相关的新的社会联系，是现代国家建构的社会组织基础。在中国现代化进程中，通过“阶级化”实现家族社会到阶级社会的转变，通过“集体化”实现个体社会到集体社会的转变，通过“社区化”实现家庭社会到社区社会的转变，并在流动性社会里推动城乡一体化。孤立分散的乡村社会因此成为具有广泛社会联系和社会组织的有机体，但这一过程并不是直线和线性的，期间充满着复杂的极化和回归因素。

社会影响：国家社会科学基金重点项目“基层民主发展的途径和机制研究：权利保障与社区重建”（项目编号：08AZZ003）的部分研究成果。

【《论我国社区治理的双重困境与创新之维——基于北京市社区管理体制改革实践的分析》】

作　　者：郑杭生　黄家亮

发表时间：2012 年第 1 期

期刊名称：《东岳论丛》

内容摘要：当前，中国的社区治理模式普遍面临着“居委会困境”和“共同体困境”，要突破这双重困境，必须创新社区管理体制，建立起既能够保障居委会自治功能发挥，又能够保障各项行政事务在社区“落地”，同时也能够吸纳社区居民广泛参与的新型社区治理模式。北京市社区管理体制改革的实践表明，要实现这一目标，必须按照复合治理和参与式治理的社区治理理念，构建多元主体合作的社区治理结构和开放多元的社区自治体系。

【《独立抑或自主：中国社会组织特征问题重思》】

作　　者：王诗宗　宋程成

发表时间：2012 年第 1 期

期刊名称：《中国社会科学》

内容摘要：在研究中国社会组织的特征方面，存在结构性与能动性两种解释视角；两者虽然论点差异显著，却不约而同地混同了“独立性”与“自主性”概念。综合考察既有的理论成果，可知由单一的独立性、自主性概念难以生成对中国社会组织特征的较完备描述。基于结构与能动统一的理念，应用新制度理论晚近成就，可以发现中国社会组织之独特结构及实践，乃是组织对其所面对的“制度复杂性”的能动“回应”；这种回应导致了中国社会组织独立性与自主性的复杂且多样组合，并在总体上呈现“依附式自主”特征。同时，从制度逻辑出发，对中国社会组织进行多层次制度分析，将形成关于中国社会组织依附式自主特征成因的系统描述，而且可能导出一种关于中国社会组织的新“研究纲领”。

社会影响：国家社会科学基金项目“地方政府社会管理与社会自治的互动机制研究”（项目编号：12BZZ045）；国家自然科学基金项目“非营利组织与企业跨部门合作的风险及其控制研究”（项目编号：71173183）的阶段性成果。

【《党的群众路线教育实践活动常态化及其机制构建》】

作　　者：戴安林

发表时间：2013 年第 6 期

期刊名称：《重庆社会科学》

内容摘要：该文共两部分内容，一是建立和完善党的群众路线教育实践活动常态化机制的价值，二是党的群众路线教育实践活动常态化机制的构建策略。第一部分从中国共产党的阶级性质和党的制度建设的基本特征两个角度论述了党的群众路线教育实践活动常态化机制的价值。第二部分从六个方面提出了建立和完善党的群众路线教育实践活动常态化机制的策略，包括：建立和健全党员干部的群众路线教育培训机制，激发密切联系群众的主动性；建立和完善党员干部联系与服务群众的工作机制，保持与人民群众的经常性联系；建立和完善群众利益保障及多渠道利益表达机制，使人民群众享有充分的知情权、发言权和监督权；建立和完善联系群众的信息网络平台沟通机制，保证党的政治社会化功能的充分发挥；建立和健全监督约束机制，强化党员干部联系群众的自觉性，建立和健全激励评价机制，提高党员干部密切联系群众的积极性。

第十二章　社会保障管理

李海明

社会保障是最重要的民生保障制度之一。自从 1995 年职工养老保险改革以来，国家密集出台了大量社会保障领域的政策文件，逐步建立社会保障体系。社会保障既是学术研究的热点，同时也是政府实践的重点。社会保障研究与实践的发展呈现欣欣向荣的局面。

第一节　理论进展

一　社会保障基础理论研究

（一）社会保障的研究界定

社会保障（Social Security）一词最早出现于美国 1935 年的《社会保障法案》（Social Security Act）。根据美国社会保障总署的定义，其基本含义是“根据政府法规而设立的计划，为个人谋生能力中断或丧失提供保险，并对其因结婚、生育或死亡而需要某些特殊开支时提供保障”[①]。日本、韩国采用类似的社会保障定义。[②] 社会保障的基本内涵是为人们的年老、疾病、失业、生育等风险提供保障，但学术界对于它的外延仍缺乏共识，对于社会保障与社会福利、社会救助等基本概念的联系与区别，更是缺乏研究。

在中国，社会保障是一个涵盖社会保险、社会救助、社会福利、住房保障等一系列制度的宏大概念，其中社会保险是最为核心的制度。但在学术研究中，社会福利经常被当作上位的概念，将社会保险（或者社会保障）作为福利制度之一，关于福利国家的研究中尤为明显。本章将尽量避开概念上的争论，着重介绍学术研究的关键和实质内容，关于概念的辨析留待日后研究。就内容而言，本章重点介绍社会保险制度，某种程度上将社会保障与社会保险在同等意义上使用。例如，社会保障经办机构与社会保险经办机构只是概念上的区别，实质是同一机构，许多地方政府虽设有冠以社会保险事业管理中心之名的经办机构，但实际经办管理的业务范围包括医疗救助、最低生活保障等社会保险之外的内容。

社会保障具有普惠性的特征，宪法（第 14 条、第 45 条）明确将社会保障规定为公民的一项基本权利。作为一种权利，社会保障已经从单纯的工人权利发展为全民权利

---

① 徐晓新、高世楫、张秀兰：《从美国社会保障体系演进历程看现代国家建设》，《经济社会体制比较》2013 年第 4 期。

② 陈姗：《东亚社会保障模式的文献综述及理论思考》，《社会保障研究》2011 年第 1 卷。

（公民权利），全体公民都被纳入覆盖范围，具有普惠制福利的特征。[①] 实现社会保障覆盖全民，成为中国社会保障建设的重要主题之一。

（二）福利体制视角下的社会保障发展方向

福利国家是“对公民的一些基本的、最低限度的福利负有保障责任”的政制。福利国家存在三种模式：一是社会民主主义模式，以北欧国家为代表；二是自由主义模式，以美国、英国为代表；三是保守主义模式，以德国为代表。“去商品化”（de-commodification）是艾斯平·安德森研究福利国家的核心概念工具，它的含义是“个人福利相对地独立于其收入之外，又不受其购买力影响的保障程度”。[②] 实证研究发现，1990—2000 年间，福利国家的养老体系呈现再商品化趋势；2000 年以后，社会民主主义国家的养老金体系发展呈去商品化的趋势，自由主义国家则呈再商品化的发展趋势，保守主义国家的养老金体系相对较为稳定。[③] 中国的社会保障体系去商品化程度偏低，普惠制的社会保障制度欠缺，社会保障的公共支出水平比较低。[④]

东亚国家的福利体制却难以纳入艾斯平·安德森的分析框架，“家庭中心”“不情愿”“传统慈善”和“威权主义”是东亚国家社会保障制度的典型特征。[⑤] 福利模式的选择与发展深受历史传统、价值取向、文化、国情等因素的影响，这催生出东亚国家与欧美国家迥然相异的社会保障制度。[⑥] 亚洲的社会保险带有明显的儒家文化特征，政府强制储蓄积累社会保险资金、以家庭为核心的风险分散机制等亚洲国家的做法都契合了儒家文化。[⑦]

东亚国家的社会保障，是作为促进经济发展的工具而发展，具有明显的补救性特征，是一种“不情愿的福利主义”。[⑧] 中国的社会保障建设，最初亦是作为国有企业改革的配套措施，以服务于经济发展为导向。胡湛、彭希哲从发展型福利的角度反思这种发展路径，认为在老龄化的社会背景下，中国社会保障制度应向发展型福利转型。依照发展型福利的理念，社会保障不仅是促进经济平等的再分配政策，更是经济与社会协同发展的推动力。老年人不是“被供养”的对象，而是积极参与经济社会发展的主体。政府通过人力资本投资、创造参与机会等措施，引导老年人参与经济活动和公共事务，创造价值，分享发展的成果。[⑨] 谢琼突破“作为最低保障的福利”，直接将福利界定为“生存”和“发展”，兼顾了补救型与发展型的社会福利。[⑩]

---

① 李志明：《社会保险权的发展：从工业公民资格到社会公民资格》，《社会学研究》2012 年第 4 期。

② Esping-Andersen, G., “Multi-dimensional De-commodification: A Reply to Graham Room”, *Policy and Politics*, 2000, Vol. 28, No. 3, pp. 353 – 359.

③ 孙博：《2000 年以后福利国家养老金体系发展趋势考察——基于“去商品化”的分析框架》，《经济社会体制比较》2012 年第 1 期。

④ 周蕾：《社会保障制度非商品化的国际比较与战略取向》，《改革》2012 年第 7 期。

⑤ 郑功成：《东亚地区社会保障模式论》，《中国人民大学学报》2012 年第 2 期。

⑥ 谢琼：《从东西方比较看东亚国家社会保障的同质性》，《中国人民大学学报》2012 年第 2 期。

⑦ 李耀华：《儒家文化与社会保险：以近代中国职工强制储蓄为例》，《财经研究》2013 年第 9 期。

⑧ 郑功成：《东亚地区社会保障模式论》，《中国人民大学学报》2012 年第 2 期。

⑨ 胡湛、彭希哲：《发展型福利模式下的中国养老制度安排》，《公共管理学报》2012 年第 3 期。

⑩ 谢琼：《福利、福利制度与福利权》，《中国行政管理》2013 年第 4 期。

（三）社会保障与现代国家建设的互动

以构建社会保障体系为主线，是美国国家建设的经验。随着社会保障体系的发展，美国联邦政府强化了国家责任；通过保护公民的社会权利，重塑了国家与公民的关系，“为所有公民提供保障成为现在国家合法性的重要来源”；将国家力量渗入社会，强化了联邦的公共服务和社会管理能力。[①] 经历了20世纪90年代的市场化改革之后，中国社会保障制度发展的突出特点是国家角色的回归，并重新塑造政府、家庭与市场的互动关系。新世纪的社会保障带有典型的福利多元主义色彩，强调不同主体的福利责任相互匹配与互动。[②]

社会保障政策的发展，深受国家建设的影响。考察医疗保险政策的发展逻辑可以发现，医疗保险的发展显著受国家能力和经济发展的影响，尤其政府的行政能力与财政能力更是至关重要。[③] 随着中国的发展转型，保障民生成为政府最重要的施政方向，政府从片面追求经济增长，转向强调社会保障等民生建设。但省级数据的研究表明，从财政分权的视角看，地方政府缺乏激励将地方财政收入用于社会保障，社会保障支出更多依赖于中央政府的定向转移支付。[④] 中央政府对地方的政绩考核，仍以GDP等经济指标为主，导致地方政府激励的扭曲。

社会保障始终是现代国家的稳定器，尤其是应对各类社会危机时，如“应对社会危机或社会威胁的德国社会保险模式，应对第二次世界大战后出现的社会危机的英国贝弗里奇模式，应对大萧条的社会危机的美国社会保障法，应对各种经济危机和社会危机的拉丁美洲有条件的货币转移支付，以及应对亚洲金融危机的亚洲社会救助等”。社会保障能够短期内消除社会危机的最坏影响，为长期应对争取准备时间，从而有利于长远发展。[⑤]

（四）社会保障的经济社会影响

在微观经济研究中，社会保障作为一个重要的政策变量影响经济运行。社会保障对微观经济的影响，集中表现为对消费和储蓄行为的影响。

高储蓄率一直是中国宏观经济的突出特征之一。社会保障制度的建立，或许将对储蓄率产生影响。杨继军、张二震归纳出三种观点。第一种观点认为，养老金作为资产组合之一，与储蓄存在替代关系，因此社会保障制度会抑制储蓄。第二种观点认为，养老保险制度引起个体消费认知和边际储蓄倾向的变化，它使个体认识到养老储蓄的重要性，因此会增加储蓄。第三种观点认为社会保障制度的影响是中性或不确定的，它通过“资产替代效应”和“诱致退休效应”产生方向截然相反的影响。他们的研究表明，中国的养老保险制度显著提高了储蓄率水平，其原因在于：一是居民对于养老金账户的资产评价较低，

---

① 徐晓新、高世楫、张秀兰：《从美国社会保障体系演进历程看现代国家建设》，《经济社会体制比较》2013年第4期。

② 胡薇：《国家角色的转变与新中国养老保障政策变迁》，《中国行政管理》2012年第6期。

③ 刘军强：《社会医疗保险发展的逻辑：中国城镇职工基本医保覆盖面的跟踪研究》，《经济社会体制比较》2012年第1期。

④ 庞凤喜、潘孝珍：《财政分权与地方政府社会保障支出——基于省级面板数据的分析》，《财贸经济》2012年第2期。

⑤ ［印］纳伦·普拉萨德、［印］梅甘·格雷克：《危机时刻的社会保障支出》，张文成译，《经济社会体制比较》2012年第1期。

养老金资产与其他资产的替代关系不成立；二是中国养老保险制度处于不断改革过程中，不能为居民提供稳定的预期，居民仍然需要增加储蓄以应对不确定性；三是养老保险改革的不公平性，受益者的边际消费倾向较低时会推高储蓄率。[①] 白重恩等针对养老保险缴费率的研究得到一致的结论，他们发现当家庭面临着信贷约束并且存在目标性储蓄时，养老保险缴费会抑制当前消费、提高储蓄率。养老保险缴费显著抑制家庭消费，降低边际消费倾向，缴费的上升基本全部转化为消费的下降。[②] 刘远风针对新型农村养老保险（简称"新农保"）的研究结论正好相反，认为新农保并没有挤出消费，而是起到了扩大内需的效果，而且预期新农保扩大覆盖面之后对社会总消费的影响将更加明显。[③]

医疗保险对消费的影响似乎结论更加一致。来自新型农村合作医疗保险（简称"新农合"）的证据表明，新农合能够显著增加农村家庭非医疗类的消费支出，而且保障水平越高消费增加的效果越明显，这说明新农合能够减少农村家庭的预防性储蓄。新农合刺激消费的作用在当年没有医疗费用支出的家庭中同样存在，这一点很难用医疗保险的挤入效应解释，却更符合预防性储蓄的理论假说。[④] 城镇居民医疗保险具有同样的效果，参保家庭的非医疗消费显著增加，而且中低收入家庭受医疗保险的影响更明显。[⑤]

社会保障还深刻影响中国的社会结构和传统文化。在农村地区，随着新农保制度的推行，老年人的经济独立性逐渐提高，相应地老年人经济上和生活上对子女的依赖度下降，社会正式照料的养老需求正在增加[⑥]，并且使子女对老年人的经济供养明显减少。[⑦] 这意味着中国传统社会"反哺式"的社会结构在渐次解体。新农合的影响则恰恰相反，非但没有减少子女对老年人的经济供养，反而具有明显的挤入效应，也就是说"老年人参加社会保障促使子女给予老年人更多的经济供养，即社会保障对子女供养老年人具有正向促进作用"。[⑧]

此外，社会保障缴费过快增长，对中国就业市场产生明显的挤出效应，尤其对中高收入地区的挤出效应更加明显。[⑨]

---

① 杨继军、张二震：《人口年龄结构、养老保险制度转轨对居民储蓄率的影响》，《中国社会科学》2013 年第 8 期。

② 白重恩、吴斌珍、金烨：《中国养老保险缴费对消费和储蓄的影响》，《中国社会科学》2012 年第 8 期。

③ 刘远风：《新农保扩大内需的实证分析》，《中国人口·资源与环境》2012 年第 2 期。

④ 白重恩、李宏斌、吴斌珍：《医疗保险与消费——来自新型农村合作医疗的证据》，《经济研究》2012 年第 2 期。

⑤ 臧文斌、刘国恩、徐菲、熊先军：《中国城镇居民基本医疗保险对家庭消费的影响》，《经济研究》2012 年第 7 期。

⑥ 程令国、张晔、刘志彪：《"新农保"改变了中国农村居民的养老模式吗？》，《经济研究》2013 年第 8 期。

⑦ 陈华帅、曾毅：《"新农保"使谁受益：老人还是子女？》，《经济研究》2013 年第 8 期。

⑧ 胡宏伟、栾文敬、杨睿、祝明银：《挤入还是挤出：社会保障对子女经济供养老年人的影响——关于医疗保险与家庭经济供养行为》，《人口研究》2012 年第 2 期。

⑨ 朱文娟、汪小勤、吕志明：《中国社会保险缴费对就业的挤出效应》，《中国人口·资源与环境》2013 年第 1 期。

二　社会保障管理体制研究

社会保障管理体制涉及社会保障行政主管机构、经办机构的职能定位、各级机构的权责配置、社会保障的顶层设计与宏观制度等方面，其核心问题是人财物等资源的优化配置。

（一）社会保障机构管理

中国初步建成相对完整的社会保障体系，但社会保障的管理体制仍然存在诸多问题。首先，社会保障的主管机构是人力资源和社会保障部门，但由于社会保障制度建设过程的“碎片化”，各项制度实际的管理职能分散在多个部门，呈现“多头管理”的局面。人社部只是主管社会保险，且其中的新农合由卫生部管理；社会救济和社会福利，特别是最低生活保障由民政部管理；住房公积金和保障性住房由住房和城乡建设部管理；企业年金由人社部、保监会、证监会、银监会按照各自的管辖范围共同管理。

其次，社会保障的行政主管机构与经办机构的职能定位不清，尤其是社会保障经办机构属于行政主管机构下辖的事业单位，但事业单位本身就处于改革过程中。社会保障经办机构具有“准金融机构”的性质，实质是参保人群的“代言人”和社会保障基金“守门人”。

再次，社会保障管理与服务尚未实现一体化管理，统一的信息系统尚未建成，“一站式”“一窗式”服务尚未实现。

按照大部门体制的要求，完善社会保障管理体制，应当从“统一社会保障行政管理机构、加强社会保障经办机构建设、构建综合的社会保障管理服务大平台、制定完善相关法律体系、充分调动社会参与”等方面着手。①

（二）社会保障制度的宏观管理

社会保障制度的基本目标是促进社会公平。但是，中国社会保障制度的发展存在明显的省际差异，出现省际逆向分配和“福利地区”的问题。“经济发达省份，社会保障覆盖水平较高，政府财政社会保障负担较轻，已经逐步实现良性循环；而经济欠发达省份，社会保障覆盖缺口较大，政府社会保障负担较重。”② 东、中、西部的社会保障发展水平不均衡，且与经济发展水平不相匹配。③ 新农保省际不均衡的问题同样突出，基础养老金的收入替代率最高的省份达22.1%，最低仅为5.3%。④ 如何通过中央财政拨款平衡地区间的差异、促进社会保障均等化发展，成为有待研究的重要问题。

社会保障的城乡差异同样是值得关注的问题。顾海兵等提出“社会保障均匀度”的概念，并利用社会保障基尼系数和修正的社会保障基尼系数测量“社会保障均匀度”。研究发现,“城乡养老保障基尼系数为0.34，呈现中度不均匀；城乡医疗保障基尼系数为

---

① 叶响裙：《论我国社会保障管理体系的改革与完善》，《中国行政管理》2013年第8期。

② 果佳、唐任伍：《均等化、逆向分配与“福利地区”社会保障的省际差异》，《改革》2013年第1期。

③ 江华、吕学静、王延中：《中国省际社会保障经济公平非均衡发展评估》，《中国人口科学》2012年第5期。

④ 何晖、殷宝明：《“新农保”基础养老金计发办法与筹资机制研究》，《中国软科学》2012年第12期。

0.49，呈现重度不均匀；而城乡社会保障基尼系数（0.41）处于中度不均匀状态；修正后的城乡养老保障基尼系数（0.61）和城乡医疗保障基尼系数（0.79）均处于危机的状态。这表明中国目前社会保障制度安排未能有效调节城乡之间收入分配的差距格局。"①

社会保障制度的功能之一为平抑不同收入阶层的贫富差距，促进收入分配的公平性。但是中国社会保障制度的再分配功能并未有效发挥，考虑社会保障因素之后，基尼系数并未缩小，甚至还有所扩大，说明社会保障的某些制度设计不利于低收入人群。②

（三）社会保障监督管理

《社会保险法》第十章以专章规定了社会保险的监督问题，尤其是社会保险基金的监管，明确相关部门的监管权限和职能，以保证社会保险的基金安全。第十一章则明确规定违犯《社会保险法》的法律责任，其中第87、88条规定了骗取社会保险基金支出和社会保险待遇的处罚措施。这两条涉及社会保险反欺诈的问题。但是在执行中，中国社会保障的监督机构之间不能形成合力，缺乏有效的风险管理协调，导致其运行面临重重风险。③

林源、李连友总结了美国医疗保险反欺诈的经验，发现从20世纪80年代开始已经形成完善的反欺诈组织体系、法律体系及方法、原则。美国的反欺诈组织体系包括四类组织：一是政府机构，如联邦调查局、司法部、卫生和公共事务部等；二是行业协会，如国家医疗保健反欺诈协会、保险反欺诈联盟等；三是保险公司反欺诈部门；四是反欺诈专门小组，如医疗保健欺诈预防与执法行动小组、Medicare欺诈打击小组、Medicaid欺诈控制小组等。卫生和公共事务部的监察主任办公室提出反欺诈的五项原则：一是注册，二是支付，三是合规性，四是监督，五是回应。此外，还有大量反欺诈的方法和措施。经过这些实践，有效地打击了欺诈犯罪，追加大量医疗保险损失。④

三　社会保障基金管理研究

社会保障基金管理涉及基金筹集、基金运营、基金支付三个环节，学术界的研究重点关注社会保障筹资与基金运营的问题。

（一）社会保障基金筹集

中国社会保障的资金来源由单位和个人缴费、政府补贴、基金投资收益等部分构成。城乡居民的养老保险、医疗保险的资金来源主要是财政补贴，个人缴费数额较低。职工的"五险一金"资金来源主要是单位和个人缴费，政府财政给予适当补助。针对企业和个人缴费部分，社会保障基金的征缴中存在重重问题，现有制度难以调动缴费积极性，导致基金征缴困难，影响长期持续性。⑤

---

① 顾海兵、张实桐、张安军：《我国城乡社会保障均匀度的衡量方法与测度评价》，《财贸经济》2012年第11期。

② 金双华：《现行社会保障制度对不同阶层收入影响的实证分析》，《经济社会体制比较》2012年第1期。

③ 武萍：《社会养老保险基金运行风险管理存在的问题与对策》，《中国行政管理》2012年第3期。

④ 林源、李连友：《美国医疗保险反欺诈实践及对我国的启示》，《中央财经大学学报》2012年第1期。

⑤ 艾慧、吴延东、李洁明、李长昱：《我国城镇职工基本养老保险金征缴的不利因素研究——基于统筹账户精算视角》，《华东经济管理》2012年第3期。

与世界其他国家相比，中国社会保险缴费比例偏高，企业和个人缴费负担沉重。按照中央制度规定，社会保险总费率高达41%，再加上住房公积金的总费率高达51%（见表12—1），与欧洲发达国家的缴费率相当。社会保险费率过高导致企业拖欠、逃避缴费的现象非常严重，费率对企业的社会保险参保程度具有显著的负向影响。降低费率能够显著提高征缴率，非但不会减少社会保险基金收入，反而能够提高企业的参保程度，增加社会保险基金的实际收入。[①] 过高的缴费率使企业的劳动力成本过高，影响企业的活力与发展[②]；还会减少居民的当期可支配收入，降低居民的边际消费倾向，缴费的上升基本全部转化为消费的下降。[③] 社会保障缴费率过高对就业存在显著的挤出效应，缴费率每提高1%，总就业水平将降低0.153%。挤出效应在中高收入地区更加明显。[④]

表12—1　　城镇职工“五险一金”制度缴费率

社会保险	单位费率（%）	个人费率（%）	政策依据
基本养老	20	8	国务院关于完善企业职工基本养老保险制度的决定（国发〔2005〕38号）
基本医疗	6	2	国务院关于建立企业职工基本医疗保险制度的决定（国发〔1998〕44号）
失业	2	1	失业保险条例
工伤	1	—	工伤保险条例
生育	1	—	企业职工生育保险试行办法（劳部发〔1994〕504号）
住房公积金	5	5	住房公积金管理条例
合计	35	16	总费率：51%

中国社会保障制度中的财政补贴占比非常高，从侧重反映出社会保障制度与财政制度紧密关联。财政资金在社会保障制度中的使用效率不高、与社会保障制度相契合的财政管理不健全、社会保障的财政风险管理落后等诸多问题，反映出当前财政制度层面的缺陷，需要采取“注重顶层设计、加强制度衔接、扩大覆盖范围、完善多元化保障、创新管理机制、突破体制障碍、加强资金监管”等改革措施。[⑤]

（二）社会保障基金运营

2013年，中国社会保险（含城乡居民基本养老保险）基金收入合计35253亿元，比上年增长4514亿元，基金支出合计27916亿元，比上年增长4585亿元。社会保险基金运

---

① 封进：《中国城镇职工社会保障制度的参与激励》，《经济研究》2013年第7期。

② 黄庆杰：《关于社会保险缴费负担的几点思考》，《宏观经济管理》2012年第10期。

③ 白重恩、吴斌珍、金烨：《中国养老保险缴费对消费和储蓄的影响》，《中国社会科学》2012年第8期。

④ 朱文娟、汪小勤、吕志明：《中国社会保险缴费对就业的挤出效应》，《中国人口·资源与环境》2013年第1期。

⑤ 刘大卫：《社会保障条件下的财政变量与政策匹配》，《改革》2013年第5期。

营的最终目标是保证基金的安全性、持续性和收益性。学术界的研究重点是关注养老保险基金的运营管理，针对医疗保险基金的研究则主要涉及医疗保险基金的持续性问题。

1. 养老保险基金的安全性

安全性是养老保险基金管理运营的首要条件。在基金运营中，养老保险基金面临着筹集风险、管理风险、投资风险、给付风险、逆向选择风险五大风险。在风险管理中，存在法律手段不足、运作制度不够、内控手段欠缺、技术手段落后、管理依据分散、管理机制低效等问题，导致养老保险基金的安全性受到威胁。①

2. 养老保险基金的持续性

养老保险基金的持续性，需从两个角度审视。一是当期收支状况。全国养老保险基金总体当期收大于支，2013 年结余 4914 亿元，年末累计结存 31275 亿元，当期支付压力并不大。但各级财政大量补贴养老保险基金，如果剔除财政补贴，当期结余将微乎其微。一些中西部省份的养老保险基金当年出现收不抵支，其主要原因在于：退休人员和退休待遇不断提高，缴费人员数量减少，中断缴费、退保、提前退休等现象存在，统筹层次低致使难以进行资源调剂，等等。②

养老保险的积累和支付期限时间跨度很长，不能仅考虑当期收支，还要根据精算模型测算、分析长期收支状况。养老保险基金的长期持续性“正面临经济增长速度可能放缓、转轨成本模糊化处理、人口老龄化、扩面难度越来越大、收入缩水难改、支出压力凸显、财务状况地区差异显著等因素带来的财务风险”。③ 未来 10—20 年可能出现养老保险基金缺口，其后基金缺口将进一步扩大。④ 随着中国人口老龄化的加剧，“养老保险制度内赡养比不断上升”，结果将导致养老保险的长期支付危机。采取扩大覆盖面、延迟退休、改革计发办法等措施，都能在一定程度上改善养老保险基金的收支状况，但是扩大覆盖面和延迟退休的措施在短期内效果明显，之后改善效果将逐步下降，长期可能加剧养老保险基金的财务风险；改革计发办法“通过降低退休金水平改善代际核算平衡”，长期来看比较有效。⑤ 改革计发办法涉及两代人之间的代际公平，实质是损失一部分当前利益以换取养老保险基金的长期平衡，不能仅以精算结果定论，还应结合政治风险、社会公平等因素综合考量。

从个人账户来看，个人账户养老基金提供的养老金替代率水平低于 24.2% 的目标水平，基金长期支付压力较大。⑥

3. 养老保险基金的收益性

中国基本养老保险基金尚未进行市场化投资，年均收益率非常低，减去通货膨胀等因

---

① 武萍：《社会养老保险基金运行风险管理存在的问题与对策》，《中国行政管理》2012 年第 3 期。

② 赵应文：《城镇职工基本养老保险基金“收不抵支”原因分析与对策选择》，《北京社会科学》2013 年第 3 期。

③ 孙永勇、石蕾：《我国城镇职工基本养老保险制度财务风险的主要来源及对策》，《中国行政管理》2012 年第 11 期。

④ 艾慧、张阳、杨长昱、吴延东：《中国养老保险统筹账户的财务可持续性研究——基于开放系统的测算》，《财经研究》2012 年 2 月第 2 期。

⑤ 杨翠迎、冯广刚：《上海市基本养老保险制度三大改革的基金精算评估》，《上海财经大学学报》2013 年第 3 期。

⑥ 章萍：《养老保险个人账户基金可持续运行能力分析——以上海市为例》，《经济体制改革》2012 年第 4 期。

素，实际收益率为负。如何实现基本养老保险基金的保值增值，是当前养老保险基金管理的重大问题。中国基本养老保险基金的投资运作面临着一些困境：一是投资运营缺乏良好的制度环境；二是投资方式单一，只允许存入银行专户和购买国债；三是养老保险空账运营，导致出现基金收支缺口；四是养老保险基金统筹层次低。① 其中，拓宽投资渠道以使养老保险基金进行资本化运作，是养老保险基金管理中最为关键，但也最受争议的改革举措。

4. 医疗保险基金的持续性

医疗保险基金为现收现付的模式，其使用原则为“以收定支、略有结余”，基金的当期支付压力不大。但随着人口老龄化的加剧，老龄人口的医疗费用支出大幅度增加，未来医疗保险基金将面临更大的支付压力。统筹基金的持续性受人口老龄化的影响显著，未来10—20年将统筹基金累计结余消耗殆尽，并逐年扩大形成巨额赤字。根据当前制度，医疗保险个人账户基金可以保证长期持续性。② 但关于医疗保险的个人账户仍存在很大争议，尤其是统筹账户与个人账户的衔接关系。罗微建议将医疗保险个人账户定位为“个人发展账户”，增加医疗保险个人账户的积累额，并扩大个人账户资金的使用范围。③

四 养老保障研究

（一）养老保险评价与改革

中国已经初步建立较为完善的社会保障制度，并基本实现人人享有养老保障的目标。对于中国的社会保障制度应当如何评价与改革？路锦菲借鉴世界银行的研究成果，从充足性、可负担性、可持续性、稳健性四个方面评价OECD国家的养老金制度，并据此提出中国养老金制度的改革路径。④ 杨长汉建议运用现代投资组合理论，按照法定的资产配置比例及实际的金融资本市场指数构建养老金指数，将其作为养老金制度和投资绩效的评价准则。⑤

基本养老保险的替代率是衡量其保障水平的重要指标。李珍、王海东研究发现，中国养老金的社会平均工资替代率水平实际不断下降，至2011年已经下降为44%，低于制度设定60%的目标替代率。缴费水平下降、提前退休、养老基金收益率过低等因素导致替代率水平下降。⑥ 肖小提出“合意替代率”的概念，认为养老金替代率由供给与需求的合意决定，供给替代率取决于养老基金的支付能力，合意需求替代率则取决于基本生活需求。⑦

由于基本养老保险的替代率较低甚至不断下降，提高基本养老保险待遇的社会压力非

---

① 杨华：《完善我国基本养老保险基金投资运营机制研究》，《中央财经大学学报》2012年第9期。

② 曾益、任超然、李媛媛：《中国基本医疗保险制度财务运行状况的精算评估》，《财经研究》2012年第12期。

③ 罗微：《资产社会政策视角下的医疗保险个人账户改革设想》，《华东经济管理》2013年第2期。

④ 路锦菲：《从国际养老金制度评价体系看中国养老金制度的问题及对策》，《华东经济管理》2012年第3期。

⑤ 杨长汉：《构建中国养老金指数》，《管理世界》2012年第6期。

⑥ 李珍、王海东：《养老金替代水平下降的制度因素分析及对策》，《中国软科学》2013年第4期。

⑦ 肖小：《基本养老金替代率合意水平研究——以上海市城镇居民为例》，《华东经济管理》2012年第6期。

常大。从 2005 年以来，国家每年都大幅度提高养老金待遇，基本养老保险待遇每年保持 10% 左右的增长率。但这种调整方式过于随意，不仅造成养老保险待遇差距拉大，而且影响养老保险基金的长期支付能力。基本养老保险的待遇调整既要保障基本生活，保证公平性；又要分享经济发展的成果，体现激励性。[①] 如何建立合理的养老保险待遇调整机制，仍是理论和实务中悬而未决的问题。

替代率还反映基本养老保险的公平性和再分配功能。测算发现，中国不同人群的基本养老保险替代率存在较大差异，低收入群体的基本养老保险替代率较低，而高收入群体的替代率则相对较高。养老保险制度未能有效发挥再分配功能，低收入群体的基本养老保险待遇主要取决于缴费，能够获得的社会互济非常有限。灵活就业人员、高龄老人和弱势群体发生老年贫困的可能性很高。[②]

（二）养老保险制度整合

中国的养老保险制度是由城镇职工养老保险、城乡居民养老保险、机关事业单位养老保险（正在改革过程中）以及作为补充养老保险的企业年金等构成，还有其他一些针对特殊人群的政策，如农民工养老保险等。因此，中国的养老保险制度具有明显的“碎片化”特征。养老保险的保障水平存在显著的制度间差异，机关事业单位的养老金替代率和相对水平最高，企业职工次之，新农保最低。随着收入水平的提高，制度不公平的问题将越来越突出。[③] 如何对养老保险制度进行整合以保证制度公平、提高管理水平，始终是政府面临的难题。

1. 双轨制问题

养老保险的“双轨制”是一个经常被混淆和误用的用语，它的确切含义是指城乡养老保险（尤其是城镇职工养老保险）和机关事业单位退休制度的“双轨制”，或者说养老保险与退休制度的“双轨制”，而不是城乡养老保险的二元结构问题。双轨制备受诟病，主要原因是其不公平，机关事业单位工作人员未参加社会养老保险，不用缴纳养老保险费，却享受远远高于企业职工的退休金。养老保险缴费的实际负担不同，企业职工的负担重于机关事业单位工作人员，而且企业职工养老保险的缴费存在明显的累退性，进一步加剧了“双轨制”的不公平性。[④] 吴玥彤等通过实证研究发现，双轨制可能对居民退休生活满意度产生影响[⑤]，但他们的研究并没有清晰地提示企业和机关事业单位退休人员的满意度差异。双轨制下的养老金替代率存在较大差距，公务员养老金的替代率高达 70%—90%，而企业职工养老保险的替代率只有 40%—60%。养老金替代率的差异导致企业职工与公务员的消费差距，如果提高企业职工的养老金替代率将显著提高其生命周期内的平

---

① 何文炯、洪蕾、陈新彦：《职工基本养老保险待遇调整效应分析》，《中国人口科学》2012 年第 3 期。

② 郑春荣：《中国城镇职工基本养老金的公平性——基于不同收入群体的分析》，《中国人口科学》2013 年第 1 期。

③ 王亚柯、王宾、韩冰洁、高云：《我国养老保障水平差异研究——基于替代率和相对水平的比较分析》，《管理世界》2013 年第 8 期。

④ 李真男：《社会分层、收入差异和机关事业单位养老保险的可能取向》，《改革》2013 年第 2 期。

⑤ 吴玥彤、牛津、仲高艳：《退休双轨制对退休人员生活满意度的影响研究》，《中国人口·资源与环境》2012 年第 11 期。

均消费支出。①

中国社会科学院经济研究所社会保障课题组将城乡二元结构养老保险和机关事业单位退休制度统称为“多轨制”，并指出“多轨制”的根本矛盾在于养老保险待遇取决于身份特征，这既造成不同身份群体间的“福利竞赛”，又影响了养老基金的可持续性。为此，课题组建议采取如下步骤整合养老保险制度：第一，建立覆盖全体国民的普惠制公共养老金，由政府财政负担，参保最低生活保障标准确定待遇水平；第二，改革城镇职工养老保险，将统筹基金用于正规就业者社会养老保险，机关事业单位人员逐步并入正规就业者社会养老保险；第三，将完全积累的个人账户转化为部分积累的记账式缴费确定型账户，由专业机构进行投资运作。② 清华大学公共管理学院提出的养老金改革方案曾在2013年下半年引起高度关注，方案提出建立“国民基础养老金+个人账户养老金”的二元结构养老金，国民基础养老金以保障基本水平为准统一标准发放，确保公平性；个人账户养老金体现贡献与差异，确保激励性。③ 这一方案将机关事业单位退休制度以及各类社会养老保险实现高度整合，具有颇高的前瞻性和超前性，但具体的实施步骤则尚待研究。

2. 城乡养老保险整合

养老保险城乡整合的基本思路已经非常清晰，分为两步：第一步是将城镇居民养老保险与新农保整合为城乡居民养老保险；第二步是实现居民养老保险与城镇职工养老保险等其他养老保险制度相衔接。④ 刘苓玲、李培综述了2012年以前关于居民养老保险城乡整合的研究，并归纳整理了城乡居民养老保险体系的不同目标模式、制度框架及整合路径。⑤ 王晓东的综合分析更具有概括性与展望性，他发现“在城乡社会养老保险统筹发展的概念内涵、社会功能、统筹原则以及可行性等方面的研究已逐渐由异议走向共识，但在统筹的制度模式和实施方案等问题上还存有争议。”⑥

城乡养老保险的三大制度均采用“统账结合”的模式，待遇由基础养老金（社会统筹账户支付）和个人账户养老金（个人账户支付）构成。城乡养老保险关系转移接续的关键是基础养老金的转移接续，瓶颈则是计发办法的差异。⑦ 居民养老保险的基础养老金由财政全额支付，实行“非缴费型普惠制”统一标准计发，社会统筹账户是一个“虚账户”；职工养老保险的基础养老金则来源于单位缴费，按照社会平均工资关联缴费的方式计发，社会统筹账户是现收现付的“实账户”。实现城乡整合，需要统一城乡养老保险待

---

① 徐舒、赵绍阳：《养老金“双轨制”对城镇居民生命周期消费差距的影响》，《经济研究》2013年第1期。

② 中国社会科学院经济研究所社会保障课题组：《多轨制社会养老保障体系的转型路径》，《经济研究》2013年第12期。

③ 杨燕绥、胡乃军、刘广君：《清华方案：中国养老金顶层设计》，《第一财经日报》2013年8月12日。

④ 参见国务院《国务院关于开展城镇居民社会养老保险试点的指导意见》（国发〔2011〕18号）。

⑤ 刘苓玲、李培：《建立覆盖城乡居民的养老保险体系研究：一个文献综述》，《保险研究》2012年第2期。

⑥ 王晓东：《社会养老保险城乡统筹研究的争议与展望》，《社会保障研究》2013年第1期。

⑦ 刘昌平、殷宝明：《基本养老保险关系城乡转续方案研究及政策选择》，《中国人口科学》2010年第6期。

遇计发方式，将新农合改为按照缴费年限关联农民纯收入计发。①

居民养老保险与城镇职工养老保险的制度模式一致，都是“统筹账户 + 个人账户”，从制度上看二者并轨并没有障碍。以“统账结合”的部分积累制为基础整合城乡养老保险，在学者看来是较为稳妥和可行的方案。② 如果能够筹集到农村养老保险的社会统筹基金，就能实现统账结合模式的城乡统一的养老保险制度。③ 黄丽、罗锋敏锐地提出，新型农村养老保险中不存在类似于“企业”的缴费者，承担单位缴费责任，这是阻碍城乡整合的瓶颈所在。他们通过广东省中山市的案例研究发现，中山市的农村集体经济发达，农民集体经济组织承担单位缴费，按照10%的缴费比例进入社会统筹账户，实现统筹账户的“做实”，成功将新农保并入城镇职工养老保险。④ 他们最终的结论是，城乡养老保险整合的关键在于发展农村集体经济，这样的结论对于完善养老保险管理体制本身并没有直接的政策意义。其案例研究的结论个性化过强，缺少通用性和推广价值。

3. 养老保险关系的转移携带

养老保险关系的异地转移携带困难的问题由来已久，这既阻碍了劳动力的自由流动，又影响统筹层次的提高。在“统账结合”的模式下，个人账户养老金的转移携带相对容易，难点在于统筹账户养老金的转移。2009 年国务院出台《城镇企业职工基本养老保险关系转移接续暂行办法》（国发〔2009〕66 号），规定了企业职工基本养老保险的异地转移办法。刘昌平、殷宝明提出以“便携性损失”的视角分析不同转移接续办法的优劣，发现现行政策兼顾各个阶段的参保利益，相比原转移接续政策（即不允许转移携带）和“分段计算”政策，现行政策不存在便携性损失。⑤

（三）退休年龄问题

2013 年下半年，延迟退休的问题在网上引起激烈的争论。这一争论的起源是，清华大学公共管理学院教授杨燕绥等基于人口结构的测算，提出通过延迟退休保证养老基金的可持续性。⑥ 早在 2010 年，上海市就开始探索柔性延迟退休的政策。延迟退休能够增加养老保险个人账户的积累额，提高养老保险待遇水平。⑦ 然而反对的声音主要来自社会舆论，学术界的态度相对比较冷静，多数学者都肯定延迟退休在当前中国具有积极意义。⑧

退休年龄与领取法定养老金年龄并不是同一概念，前者指退出劳动力市场的年龄，后者则是开始领取法定养老金的年龄。中国实行法定退休制度，到达退休年龄之后必须退出

---

① 何晖、殷宝明：《“新农保”基础养老金计发办法与筹资机制研究》，《中国软科学》2012 年第 12 期。

② 王晓东：《社会养老保险城乡统筹研究的争议与展望》，《社会保障研究》2013 年第 1 期。

③ 赵志刚：《中国公共养老保险制度的基础整合》，《中国软科学》2008 年第 5 期。

④ 黄丽、罗锋：《城乡基本养老保险并轨的可行路径与难点——基于广东中山的实证分析》，《公共管理学报》2012 年第 3 期。

⑤ 刘昌平、殷宝明：《养老金便携性与基本养老保险关系转移接续——基于便携性损失的测算》，《中国软科学》2012 年第 4 期。

⑥ 杨燕绥、胡乃军、刘广君：《清华方案：中国养老金顶层设计》，《第一财经日报》2013 年 8 月 12 日。

⑦ 刘彩云、王裕明、高艳杰：《柔性延迟申领养老金政策视角下个人账户效益分析》，《华东经济管理》2013 年第 4 期。

⑧ 《人口研究》编辑部：《退休年龄调整：为何如此纠结?》，《人口研究》2012 年第 6 期。

工作岗位，并依照规定开始领取养老金。随着劳动力市场的发展，强行绑定退休年龄和领取法定养老金年龄的做法已经愈发不可行。发达国家的经验是政府规定领取法定养老金的年龄，退出劳动力市场的时间则由劳动者自由选择。

当前养老保险制度中存在的突出问题，乃是大量提前退休现象存在，毋论延迟退休。广东省的抽样调查发现在职职工具有明显的提前退休倾向，男职工选择55岁之前退休的比例达55%，女性在50岁之前退休的比例达41.2%。参加养老保险制度，可能进一步增加职工提前退休的预期。① 阳义南利用广东省内大样本问卷调研的截面数据，进行回归分析发现，提前退休与基础养老金显著正相关，这说明如果选择提前退休，可能获得更高的养老金待遇。② 这一结论无疑与养老保险制度的初衷相悖，但研究并没有揭示出现这一现象的内在原因，只是粗略地提及工资增长率和养老金增长率“倒挂”等可能激励提前退休。

（四）养老服务

随着老龄化的不断加剧，养老保障远不是仅依靠养老金就能实现。由于劳动力人口下降、劳动力成本上升等原因，养老服务紧缺成为未来养老保障的突出问题。目前，中国养老服务体系非常不健全，主要表现在：养老服务机构床位和配套设施供需矛盾突出，日常护理、医疗康复、精神慰藉等专业化的养老服务严重缺乏。通过政府购买服务的方式提供养老服务，是未来养老服务供给的重要方式之一。政府购买养老服务，存在“公建民营、民办公助、服务外包和服务券”四种形式，体现了政府与市场主体、社会组织合作共同提供养老服务的过程。③

养老服务机构的供给是养老服务供给的重要方面。在养老机构的选择中，“老年人群体对不同性质、区位、服务标准和收费的养老设施的偏好呈现明显分化，而且居住在商品房社区、混合社区、单位社区、旧城社区、经适房社区和廉租房社区的居民有明显差异”。④

（五）以房养老

以房养老又称“住房反向抵押贷款”或“倒按揭”，最初起源于荷兰。在美国，住房反向抵押贷款已经形成成熟的制度和实施细则，由住房与城市发展部负责审批和管理。60岁以上的老年人可以申请住房反向抵押，由政府作为担保人，为老年人寻找一家银行借贷。根据房屋的估值确定贷款总额，老年人可以选择领取贷款的方式，如按月领取。当老年人去世之后，房屋所有权归政府所有，住房与城市发展部出售房屋并还清银行贷款，如果售房款仍有剩余，则由继承人所有。⑤ 相比于直接售房养老，住房反向抵押贷款能够让老年人获得更高的收入。同时，贷款方（银行）会面临着长期风险，需要政府提供担保

---

① 阳义南、才国伟：《推迟退休年龄和延迟领取基本养老金年龄可行吗——来自广东省在职职工预期退休年龄的经验证据》，《财贸经济》2012年第10期。

② 阳义南：《基本养老保险制度激励提前退休的实证研究》，《财贸研究》2013年第3期。

③ 章晓懿：《政府购买养老服务模式研究：基于与民间组织合作的视角》，《中国行政管理》2012年第12期。

④ 高晓路：《城市居民对养老机构的偏好特征及社区差异》，《中国软科学》2013年第1期。

⑤ 鲍家伟：《“以房养老”的国际经验及建议》，《宏观经济管理》2012年第3期。

以及政策、法律支持。[①]

中国已经开始摸索以房养老的模式，出现了南京市“以租换养”、上海市“住房自助养老”、北京市“养老房屋银行”、中信银行“以房养老倒按揭贷款”等多种模式。由于住房自有化率比较高，房地产二级市场成熟活跃，金融机构在“以房养老”中寻找营利商机，可见以房养老具有一定的可行性，但同时也面临着传统观念的约束等障碍。[②] 从实践中看，住房反向抵押贷款在中国的试行并不成功，如上海市住房公积金管理中心曾推行一段时间后被迫停办。[③]

五　医疗保障研究

（一）医疗保险体系研究

中国医疗保险体系为多层次的结构，包括基本医疗保险、补充医疗保险和商业保险三个支柱。医疗保险的主体是基本医疗保险，补充医疗保险定位于弥补基本医疗保险的不足，类型有企业补充医疗保险、职工互助医疗保险、公务员医疗补助等。补充医疗保险发展中面临着诸多问题：补充医疗保险相应的法律法规不健全，政府在补充医疗保险发展中的职能不清，补充医疗保险风险管理困难，基本医疗保险与补充医疗保险的衔接不顺畅，补充医疗保险的地区、行业发展不均衡，等等。[④]

商业健康保险是纯粹的市场产品，其定位于满足改善性、高层次的保险需求。中国商业健康保险的发展仍处于初级阶段，健康保险的保费收入低于成熟保险市场的标准。健康保险产品的种类以医疗保险和疾病保险为主，涉及护理、失能收入损失等领域的险种很少。居民购买商业健康保险的比率也非常低。实证研究发现，购买商业保险的行为受个人风险偏好、购买能力等因素的影响。而且，基本医疗保险对购买商业健康保险的行为还具有正向的促进作用。[⑤]

（二）信息经济学视角的医疗保险

信息经济学关注的核心问题之一是信息不对称及由此带来的道德风险。医疗保险的参保人与保险人（社会保险经办机构）之间存在明显的信息不对称，社会保险经办机构很难掌握参保人的隐藏信息和隐藏行为。医疗保险参保中的逆向选择问题，是说低风险的人群不愿意参加医疗保险，反之，高风险的人群则更愿意参保，这样导致医疗保险的风险加剧，医疗保险基金支出增加。参保中的逆向选择得到实证数据的支持，职工医疗保险未覆盖的人群中，健康状况较差的个体更愿意参加居民医疗保险，参保人群中健康状况较差的人群也更倾向于购买补充医疗保险。[⑥] 赵绍阳等针对未参保的城镇非正式职工的研究，同样证实

---

① 周俊山：《以房养老方式的住房释放金额比较》，《社会保障研究》2012 年第 2 期。

② 董建平、韩清河、潘振华：《现行养老体制下“以房养老”模式的可行性探讨》，《河北金融》2013 年第 7 期。

③ 鲍家伟：《“以房养老”的国际经验及建议》，《宏观经济管理》2012 年第 3 期。

④ 贾洪波、阳义南：《中国补充医疗保险发展：成效、问题与出路》，《中国软科学》2013 年第 1 期。

⑤ 刘宏、王俊：《中国居民医疗保险购买行为研究——基于商业健康保险的角度》，《经济学》2012 年第 4 期。

⑥ 臧文斌、赵绍阳、刘国恩：《城镇基本医疗保险中逆向选择的检验》，《经济学》2012 年第 1 期。

了逆向选择现象的存在。[①] 新农合和城市居民医疗保险采取自愿参保模式，可能加剧逆向选择和道德风险问题。实证研究发现，城市居民的自评健康状态与居民医疗保险参保状态存在显著的负相关，说明自愿参保可能导致逆向选择。[②] 在商业保险中，一方面商业保险公司会对参保人进行风险识别和筛选；另一方面参保人的参保需求明显存在逆向选择。[③]

（三）医疗保险的健康保障功能

医疗保险制度的基本目标是促进参保人的健康，因此医疗保险能否改善参保人的健康状况是学术争论的焦点问题之一。潘杰等采用工具变量分析城镇居民医疗保险对居民健康的影响，发现城镇居民医疗保险能够显著改善居民健康状态，而且可能对经济社会状态较差的居民影响更大。原因在于，城镇居民医疗保险能够增加居民的医疗服务利用，同时没有显著增加居民的医疗费用负担。[④] 俞乔等利用全病种、超大样本的数据分析发现，增加医疗费用支出对治疗效果具有显著的正效应，但基本医疗保险支付的医疗费用对治疗效果的边际效应低于自付费用。这说明基本医疗保险制度内的医疗资源配置效率较低。[⑤] 但同样存在相反的研究结论，李华、俞卫的调查数据表明新农合筹资水平对居民健康没有显著影响。[⑥] 不过，使用新农合的筹资水平作为代理变量，可能不能准确反映医疗保险制度的影响。

中国医疗保险已经从制度上覆盖所有人群，但现实中仍有大量的人群因就业单位没有缴费而无法参加职工医疗保险，赵绍阳等将其称之为“医保夹心层”。他们研究发现，医保夹心层的健康状况相对较差。无保险的状态通过两种机制影响职工的健康状况：一是无保险状态直接影响医疗服务利用，“医保夹心层”往往更少接受住院服务，一旦住院其负担和花费也更重；二是无保险状态影响健康意识，“医保夹心层”在了解医疗保健知识、定期检查身体等方面更缺乏积极性。“无医保不仅在短期会直接影响对医疗服务需求的满足，在长期还会导致健康状况以及健康意识的恶化。”有关医疗保险经济绩效与健康绩效的研究，往往忽视了医疗保险对健康观念与健康状况的长期影响，结果导致低估了医疗保险的实施效果。[⑦]

其他与医疗保险相关的因素，如社会资本同样会影响居民的健康状况。社会资本对居民的健康状况存在显著的正向影响。[⑧]

---

① 赵绍阳、臧文斌、傅十和、刘国恩：《强制医保制度下无保险人群的健康状况研究》，《经济研究》2013 年第 7 期。

② 潘杰、雷晓燕、刘国恩：《医疗保险促进健康吗？——基于中国城镇居民基本医疗保险的实证分析》，《经济研究》2013 年第 4 期。

③ 刘宏、王俊：《中国居民医疗保险购买行为研究——基于商业健康保险的角度》，《经济学（季刊）》2012 年第 4 期。

④ 潘杰、雷晓燕、刘国恩：《医疗保险促进健康吗？——基于中国城镇居民基本医疗保险的实证分析》，《经济研究》2013 年第 4 期。

⑤ 俞乔、杜修立、赵昌文等：《有限疗医疗资源在全病种范围配置的有效性》，《中国社会科学》2013 年第 10 期。

⑥ 李华、俞卫：《政府卫生支出对中国农村居民健康的影响》，《中国社会科学》2013 年第 10 期。

⑦ 赵绍阳、臧文斌、傅十和、刘国恩：《强制医保制度下无保险人群的健康状况研究》，《经济研究》2013 年第 7 期。

⑧ 薛新东、刘国恩：《社会资本决定健康状况吗——来自中国健康与养老追踪调查的证据》，《财贸经济》2012 年第 8 期。

（四）医疗保险的经济分担功能

基本医疗保险遵循“低水平、广覆盖”的思路，侧重于基本保障，以维护社会公平为要旨。医疗保险迅速扩大覆盖面，坚持“应保尽保”，体现的是机会平等的精神；而全覆盖之后，医疗保险将注重实质公平的实现。医疗保险全覆盖保证了全体公民平等的参保机会，参保机会平等能够使医疗服务利用有利于中低收入人群，发挥医疗保险的再分配功能，促进医疗服务利用的实质公平性。[①] 医疗保险基金能够有效地平滑老年人的医疗消费支出，老年人健康波动带来的风险主要由医疗保险分担，尤其是大额医疗费用支出风险，统筹基金的分担比例可达77%。[②] 城镇居民医疗保险显著增加医疗服务利用，而且不会增加医疗费用支出，实质上这一效果在经济社会状态差的群体身上更加显著。[③] 城镇居民医疗保险能够显著促进中低收入家庭的非医疗消费，减少预防性储蓄，而对高收入家庭的影响并不显著。[④] 这些都说明医疗保险能够基本实现促进社会公平的制度目标。

从医疗费用的实际负担来看，结果并不乐观，由于起付线、封顶线、报销比例等条件限制，住院医疗费用中个人自付比例仍偏高。全国各地的医疗费用分担情况差异很大，一些发达地区（如江苏等）医疗保险的实际报销率已达到70%以上，但大多数地区个人自付比例偏高仍是医疗保险的主要问题之一。湖北省有的城市，个人实际自付比例高达60%—70%，医疗保险的实际效用大打折扣，究其原因则是待遇支付条件过于严格。[⑤] 医疗保险的个人账户造成门诊医疗资源分配的不公平，中低收入人群难以享受门诊医疗服务，而且高收入人群留存了高额的个人账户余额。[⑥] 健康风险较高的老年人群体，其医疗服务需求并没有因医疗保险制度，而得到充分释放，医疗保险分担的医疗费用仍显不足。子女还负担较高的老年人医疗费用。医疗保险制度带来过度医疗、费用激增等问题，在中国当前还未广泛出现。[⑦] 即使在已经释放的医疗服务需求中，富裕阶层的老年人医疗服务需求会得到更大程度的释放，因此医疗保险在一定程度上导致“穷帮富”的逆向分配问题，加剧社会不公平。[⑧] 这种“逆向分配”的问题在农村地区更加明显，农村中低收入、大病患病率高的老年人参保率相对较低，农村老年人的医疗服务需求并没有因医疗保险而

---

① 瞿婷婷、申曙光：《参保机会、保障水平与医疗服务利用均等化——基于广东省A市的地区差异分析》，《财经研究》2013年第7期。

② 许玲丽、龚关、周亚虹：《老年居民健康波动、医疗支出风险与医疗保险风险分担》，《财经研究》2012年第10期。

③ 潘杰、雷晓燕、刘国恩：《医疗保险促进健康吗？——基于中国城镇居民基本医疗保险的实证分析》，《经济研究》2013年第4期。

④ 臧文斌、刘国恩、徐菲、熊先军：《中国城镇居民基本医疗保险对家庭消费的影响》，《经济研究》2012年第7期。

⑤ 方黎明、乔东平：《城镇医疗保障制度对城镇贫困居民就医经济负担的影响——基于霸州、赤壁和合川城镇贫困家庭调查数据的分析》，《财经研究》2012年第11期。

⑥ 曾益：《我国城镇职工基本医疗保险个人账户公平性研究》，《上海财经大学学报》2012年第1期。

⑦ 薛伟玲、陆杰华：《基于医疗保险视角的老年人医疗费用研究》，《人口学刊》2012年第1期。

⑧ 胡宏伟、栾文敬、杨睿、祝明银：《挤入还是挤出：社会保障对子女经济供养老年人的影响——关于医疗保险与家庭经济供养行为》，《人口研究》2012年第2期。

有效释放，相反城市中这类老年人的参保率则相对更高。①

（五）医疗保险付费机制研究

付费机制是医疗保险制度的要害环节，它不仅是以何种方式补偿医疗机构的问题，更是医疗保险机构约束和控制医疗服务机构、控制医疗费用过度增长、提高医疗服务质量的关键举措。付费方式改革，已经成为医药卫生体制改革的重点和难点问题。顾昕认为，医疗保险付费机制将走向公共契约模式，即医疗保险机构利用市场机制，“通过供方支付方式的新组合，建立一种全新的激励机制，使得医疗机构唯有向参保者提供高成本效益比的医疗服务，才能实现自身的收入最大化”。② 人力资源和社会保障部社会保险事业管理中心组织编写的《医疗保险付费方式改革经办管理城市实例》，对各地医疗保险付费机制改革的实践和经验进行梳理和总结，介绍了全国的典型城市案例。③

六　住房保障研究

住房保障可从供给和需求两个视角展开研究。从供给角度来看，住房保障的核心在于如何保证住房供应，由此延伸至保障性住房的政策与制度问题。从需求角度来看，住房保障的要旨在于如何提高需求方的购买能力，具体内容包括购房补贴、租金补贴等，其中最重要的是住房公积金。考虑供需两个角度，住房保障政策的设计就有两个方向：一是以供给为导向的政策，即政府通过财政、税收等工具支持中低收入住房的开发建设；二是以需求为导向的政策，即政府采用住房券等形式直接补贴住房的需求方。政府干预公共住房供给，会对商品住房市场产生挤出效应；政府补贴需求方，假如住房供给没有增加，则将推高租金价格。④ 可见，两个导向的政策都各有利弊，但两类政策并没有冲突，完全可以配合使用。通常讨论住房保障体系，主要是从保障性住房的角度展开，而需求方购买能力的问题则相对关注较少。

（一）供给视角的住房保障制度

1. 保障性住房的构成

保障性住房定位于满足中低收入阶层的住房需求，主要包括廉租房、经济适用房、公共租赁住房、两限房、棚房区改造，等等。由于保障性住房的类型繁多，不同制度难以有效搭配与衔接，导致执行过程中保障不到位，且滋生不公平乃至腐败。为此，许安拓建议以公共租赁住房为主体构建住房保障体系。⑤ 钱小利梳理住房保障制度的演进轨迹之后，发现2010年以后中国住房保障制度的重心已经逐渐向公共租赁住房转移。根据中央的政策走向，重庆市加快发展公共租赁住房，创新管理制度，完善覆盖人群、开发投资、物业

---

① 胡宏伟、张小燕、赵英丽：《社会医疗保险对老年人卫生服务利用的影响——基于倾向得分匹配的反事实估计》，《中国人口科学》2012年第2期。

② 顾昕：《走向公共契约模式——中国新医改中的医保付费改革》，《经济社会体制比较》2012年第4期。

③ 人力资源和社会保障部社会保险事业管理中心：《医疗保险付费方式改革经办管理城市实例》，中国劳动社会保障出版社2012年版。

④ 刘斌、姜博：《住房保障政策的国外文献及引申》，《改革》2013年第1期。

⑤ 许安拓：《构建我国住房保障体系：本土实践与国际经验》，《中央财经大学学报》2012年第5期。

管理、退出机制等相关制度。[①]

难点问题是“夹心层”的住房保障，即如何为那些收入中等偏下，既不符合廉租房和经济适用房的申请条件，又没有能力通过市场租赁或购买住房的“夹心层”人群提供住房保障。例如，北京市采取的措施为限价房、公共租赁住房，但这类住房的准入与退出机制面临诸多问题。[②]

2. 保障性住房的投资建设

加快保障性住房的建设，是政府解决住房市场供给不足的主要策略。“十二五”期间，政府计划新建 3600 万套保障性住房。但是实际执行效果不佳，保障性住房建设的开工量远低于预期。谭羚雁、娄成武将其原因归结为中央政府与地方政府的非合作博弈，并采用政策网络理论加以“解释”和“建构”。他们认为，在中国保障性住房政策执行过程中，中央决策利益联盟呈现精英决策的模式，地方政府执行利益联盟采用服务于经济生产者利益的政策执行方式，议题网络联盟则被排斥在决策之外，这些是保障性住房政策执行中中央政府与地方政府协调不畅的症结。从网络治理的“建构性”来看，可以采用调整互动关系、优化资源配置、修正调适规则、转变治理工具等网络治理措施纠正政策执行中的偏差。[③]

保障性住房建设的融资渠道是政府提供，如财政拨款、土地出让金净收益等。由于保障性住房为公共品或准公共品，市场投资开发的动力不足，必须依靠一定程度的政府支持。但政府在政策工具的使用上比较单一，主要是直接投资支持，这也成为保障性住房开工不足的原因之一。政府在保障性住房开发中应同时发挥资金支持和政策导向职能，引导私人资本和社会资本参与开发，借鉴美国、英国的等创新多元化的投资开发模式。[④]

保障性住房的建设规划不仅是地理、建筑科学问题，更重要的是社会问题。由于保障性住房选址、户型、面积、配套设施、购买条件等方面的特殊限制，容易使其成为低端住房的代名词，成为社会弱势地位的象征。从“住房阶级”的角度分析，这将人为地制造社会群体间的隔离与冲突。采用香港公屋的数据进行实证研究发现，住户对保障性住房的满意度受社会排斥、相对剥夺等因素的影响，“社会标签上的污名化、社会关系上的弱势地位等”都会影响住户的满意度体验。[⑤] 中国住房市场的分割性正日益严重，群体间的住房差异拉大，空间上的群体隔离加强。[⑥] 实证研究表明，“居民群体与其住房阶层地位之间存在强相关性”“因其住房阶层地位不同而存在高低有序的等级联系”。居民群体依有无住房及住房的类型可划分为“三阶五级”的等级结构，分别为：多产权房阶层、有产权房阶层（等级由高至低又包括福利性产权房、商品性产权房、继承性产权房）、无产权

① 钱小利：《住房保障制度演进轨迹与现实响应：解析一个实例》，《改革》2012 年第 11 期。

② 陈俊华、吴莹：《公租房准入与退出的政策匹配》，《改革》2012 年第 1 期。

③ 谭羚雁、娄成武：《保障性住房政策过程的中央与地方政府关系——政策网络理论的分析与应用》，《公共管理学报》2012 年第 1 期。

④ 谢恒、周雯珺：《国外保障性住房建设融资方式借鉴》，《宏观经济管理》2012 年第 5 期。

⑤ 吴莹、陈俊华：《保障性住房的住户满意度和影响因素分析：基于香港公屋的调查》，《经济社会体制比较》2012 年第 7 期。

⑥ 李斌：《中国住房改革制度的分割性》，《社会学研究》2002 年第 2 期。

房阶层。①

（二）需求视角的住房保障

从需求视角来看，住房保障的关键是提高需求方的购买能力，如《廉租住房保障办法》第5条明确提出“增强城市低收入住房困难家庭承租住房的能力”。而学术界的研究则对需求方保障政策关注较少。中国现有的需求方保障政策有实物配售、实物配租、货币补贴、贷款优惠等。廉租房的保障政策有实物配租、租金补贴、租金核减等方式，以租金补贴为主要保障手段。按照国际经验，家庭住房支出超过家庭收入的一定比例时即构成过度负担，需要政府提供一定的保障，如加拿大规定房租不超过家庭收入的25%—30%。除租金补贴之外，如果住房困难家庭选择购房，政府可以提供购房补贴，如长沙市规定低收入家庭购买经济适用房时可获得5万—8万元的货币补贴。

从经济学分析，实物配售与实物配租两类政策的效果有所不同。实证研究发现，实物配售和实物配租虽然都能显著改善受补贴家庭的基本生活，但是二者效用增加量取决于“住房消费效用与家庭消费总效用的比值”，当比值大于临界值时，实物配售的效用增加量大于实物配租。该结论与经验观察相一致，现实中也是实物配售的家庭满意度略高于实物配租的家庭。② 然而，鉴于住房保障的目的是“有房住”而不是“有房产”，实物配售可能加剧住房分层与社会不公平，因此应以不同形式的公租房来满足住房困难群体的需求。③

七　农村社会保障研究

（一）农村养老保障

农村养老保障制度包含养老保险、最低生活保障、养老服务、五保供养等多个方面。二元经济结构造成的农业福利差，为农村建立普惠制的养老保障制度提供了合理性依据，并养老保障水平要兼顾二元农业福利差和农民的生存需求。④ 整体而言，中国农村养老保障的政策绩效偏低，养老保障的制度供给和财政投入仍显不足。从省域来看，各地农村养老保障的政策绩效极不均衡，其发展水平严重受经济发展水平的影响和制约，北京、上海等发达地区的发展水平远高于其他地区。⑤

农村养老保障的研究焦点为新农保制度。戚晓明、周应恒统计分析了2003—2011年新农保研究的学术期刊论文。期间共有809篇学术论文发表（见表12—2），论文数量呈上升趋势，可见有关新农保的研究日益受到重视。2008年起开始有基金论文发表，当年仅11篇；至2011年已有246篇基金论文发表。国家级基金论文有62篇，省部级基金论文有122篇，可见新农保研究越来越多地得到高级别基金的支持。“参保”“财政”“基金

① 刘祖云、毛小平：《中国城市住房分层：基于2010年广州市千户问卷调查》，《中国社会科学》2012年第2期。

② 余劲、袁南南：《廉租住房实物配售与实物配租的效果研究》，《公共管理学报》2012年第1期。

③ 刘祖云、毛小平：《中国城市住房分层：基于2010年广州市千户问卷调查》，《中国社会科学》2012年第2期。

④ 穆怀中、沈毅：《中国农民养老生命周期补偿理论及补偿水平研究》，《中国人口科学》2012年第2期。

⑤ 黄俊辉、李放：《农村养老保障政策的绩效考察》，《人口学刊》2013年第1期。

筹集”“保障水平”“基金管理”“政府责任”“制度衔接”“经办服务”等关键词的出现频率较高，说明参保问题、筹资与基金管理、可持续性、城乡制度整合、保障水平等主题成为研究焦点。[①] 薛惠元回顾新农保的发展之后，提出了七个关键的问题：第一，新农保实现全覆盖的条件具备吗？第二，个人缴费是采用定额缴费制还是比例缴费制？第三，捆绑式参保取消还是保留？第四，多缴多得的激励政策是否公平？第五，个人账户中的财政补贴部分继承还是充公？第六，个人账户积累额按一年定期存款利息合理吗？第七，地区差异的中央财政补助政策公平吗？[②]

表 12—2　　2003—2011 年新农保期刊论文分布表[③]

年份	论文数量（篇）	比例（%）
2003	2	0. 25
2004	0	0. 00
2005	1	0. 12
2006	10	1. 24
2007	9	1. 11
2008	38	4. 70
2009	133	16. 44
2010	278	34. 36
2011	338	41. 78
合计	809	100

1. 新农保的参保意愿与行为研究

新农保采取自愿参保的政策，那么农民的参保意愿与参保行为就是值得关注的问题。农民的参保行为受到年龄、家庭承包土地面积、收入水平等家庭经济因素的影响。[④] 低学历、中低收入、健康水平低的农民更倾向于参加新农保，同时新农保政策推广过程中的政策宣传、参保流程、经办服务水平等因素将影响农民的参保行为。[⑤] 由于农村性别比例失衡，婚姻挤压极大影响了农民的养老模式，大龄未婚男性难以从家庭获得养老

① 戚晓明、周应恒：《从文献计量分析看新型农村社会养老保险制度的研究进展》，《经济体制改革》2012 年第 6 期；戚晓明、周应恒：《我国新型农村社会养老保险制度研究述评》，《经济问题探索》2012 年第 11 期。

② 薛惠元：《对我国新型农村社会养老保险制度的反思》，《当代经济管理》2012 年第 2 期。

③ 戚晓明、周应恒：《从文献计量分析看新型农村社会养老保险制度的研究进展》，《经济体制改革》2012 年第 6 期。

④ 赵光、李放、黄俊辉：《新农保农民参与行为、缴费选择及其影响因素——基于江苏省的调查数据》，《中国农业大学学报》（社会科学版）2013 年第 1 期。

⑤ 穆怀中、闫琳琳：《新型农村养老保险参保决策影响因素研究》，《人口研究》2012 年第 1 期。

支持，他们参加新农保等政府养老模式的意愿强于其他人群。[①] 流动人口是一个特殊的群体，其参保意愿明显受到个人因素和工作状况的影响，其中个人养老观念是不可忽视的因素，希望通过养老金、退休金养老的流动人口参保率明显高于愿意依靠自身或子女养老的流动人口。[②]

为了保证参保率，新农保的政策中设定了一些激励措施，如设置缴费档次、财政补贴、捆绑式参保等。其中最具争议的是捆绑式参保政策，即“年满60周岁的农民直接领取养老金，但其子女参保缴费”。捆绑式参保政策会扭曲农民的参保行为，造成参保行为与参保意愿的偏离。这种偏离表现在两个方面：一是没有参保意愿却实际参保；二是具有参保意愿却没有参保。农民的参保意愿和参保行为分别受不同因素的影响：农民的婚姻状况和家庭收入显著影响参保意愿，而没有影响参保行为；性别、文化程度、家庭人均耕地显著影响参保行为，而没有影响参保意愿。[③] 但该研究并没有回答参保行为与参保意愿偏离的原因，以两种偏离为被解释变量将更具有研究意义。

2. 新农保的政策效果研究

新农保是否影响家庭代际支持关系，是评估新农保政策效果的重要方面。随着新农保制度的推行，老年人的经济独立性逐渐提高，相应地老年人经济上和生活上对子女的依赖度下降，社会正式照料的养老需求正在增加。[④] 老年人的经济状况改善，意味着他们不必过度依赖子女的经济供养，也就是说新农合对子女提供的代际支持存在挤出效应。因此，与其说新农保提高了农村老年人的福利水平，不如说新农合减轻了子女的供养负担。[⑤] 封铁英、高鑫还试图分析新农保对养老模式的影响，但并没有得到有价值的结论，新农保是否使农村养老从“家庭养老”转向“机构养老”“商业养老”，答案并不清晰。[⑥]

新农保制度的特色在于政府的配套财政补贴。财政补贴对经济落后地方具有显著的激励作用，通过财政补贴，能够有效提高农民的缴费能力。[⑦] 新农保具有正向的收入再分配效应，其收入再分配主要通过财政补贴实现，针对个人账户的财政补贴体现代内再分配，针对基础养老金的财政补贴体现代际再分配。根据新农保养老金的“净受益额”进行精算分析，结果发现缴费档次高、寿命长、长期缴费的群体从新农保中受益更多。[⑧]

---

① 靳小怡、郭秋菊、刘蔚：《性别失衡下的中国农村养老及其政策启示》，《公共管理学报》2012年第3期。

② 吕学静、李佳：《流动人口养老保险参与意愿及其影响因素的实证研究——基于“有限理性”学说》，《人口学刊》2012年第4期。

③ 林本喜、王永礼：《农民参与新农保意愿与行为差异的影响因素研究》，《财贸经济》2012年第7期。

④ 程令国、张晔、刘志彪：《“新农保”改变了中国农村居民的养老模式吗？》，《经济研究》2013年第8期。

⑤ 陈华帅、曾毅：《“新农保”使谁受益：老人还是子女？》，《经济研究》2013年第8期。

⑥ 封铁英、高鑫：《新农保政策主导下的农村养老方式选择偏好及其融合效应研究》，《经济社会体制比较》2013年第6期。

⑦ 王晓洁：《新型农村养老保险制度中财政补贴对农民缴费能力影响分析——基于河北省37个试点县数据的考察》，《财贸经济》2012年第11期。

⑧ 王翠琴、薛惠元：《新型农村社会养老保险收入再分配效应研究》，《中国人口·资源与环境》2012年第8期。

现行农村养老保险与社会保障水平普遍较低，低于农村养老保险适度性水平下限。提高农村养老保险水平，建立适应水平的个人账户和基础养老金，能够大幅度提高全国养老保险和社会保障水平。[①] 该研究使用养老保险和社会保障支出的数据，证明增加农村养老保险支出将导致全国养老保险支出、社会保障支出的增加，这一结论似乎是同义反复。“适度性水平”取决于社会保障负担系数（社会保障支出/工资收入总额）和劳动要素投入分配系数（工资收入总额/GDP），而中国社会保障的保障水平低的重要原因是农村的保障水平低。从适度性的角度分析，有无土地严重影响农民的养老安排和养老水平，因此需要建立有无土地两序列农民的养老保障联动机制，保证两序列农民达到相同的适度性水平。[②]

新农保的“保障水平”实际取决于基本生活需求。薛惠元提出以“供给替代率”和“需求替代率”两个维度评价新农保的保障水平，测算结果表明现行新农保制度“不能满足老年、中年人和大部分新人的基本生活需求”。[③] 张思锋等试图将“保障水平”的概念定义为养老金占老年人基本生活需求的比重，经测算现行新农保制度的保障水平仅为50%左右，长期来看保障水平呈下降趋势。因此，他们建议提高新农保的财政补贴和个人缴费水平，从而保证新农保能够保障基本生活需求。[④]

尽管新农保的保障水平较低，但其经济社会影响仍不容忽视。广大农民对新农保制度抱有很高的信心与期望，参保之后农民的边际消费倾向变化，消费支出增加，说明新农保能够起到“扩大内需”的效果。[⑤] 岳爱等以家庭为单位分析，发现参保的农村家庭日常支出费用显著高于未参保的家庭，说明新农保促进农村家庭的当期消费。[⑥]

3. 新农保的可持续性研究

新农保采用政府补贴、集体补助与个人缴费相结合的筹资模式，其中中央和地方财政补贴在筹资中占据非常大的比例，这成为新农保的突出特点之一。长远来看，中央和地方财政补贴能否可持续是新农保制度中不可忽视的问题。薛惠元经过仿真测算，发现财政保障能力依赖于经济发展，只要经济能够实现稳定增长，各级财政补贴都是可持续的，但经济发展水平较低的贫困地区，其地方政府的财政保障能力可能不足。[⑦] 如果不考虑财政补贴，仅测算个人账户的基金收支状况，未来30年新农保将出现亏损，并且基金缺口将逐年扩大。短期内，新农保的基金收支平衡得益于覆盖面的迅速扩大，但随着全覆盖的实现

① 穆怀中、沈毅、樊林昕、施阳：《农村养老保险适度水平及对提高社会保障水平分层贡献研究》，《人口研究》2013年第3期。

② 穆怀中、沈毅：《中国农民有无土地两序列养老路径及养老水平研究》，《中国软科学》2012年第12期。

③ 薛惠元：《新农保能否满足农民的基本生活需要》，《中国人口·资源与环境》2012年第10期。

④ 张思锋、张园、何江平：《“新农保”对农村老年居民基本生活的保障程度研究》，《中国人口科学》2013年第1期。

⑤ 刘远风：《新农保扩大内需的实证分析》，《中国人口·资源与环境》2012年第2期。

⑥ 岳爱等：《新型农村社会养老保险对家庭日常费用支出的影响》，《管理世界》2013年第8期。

⑦ 薛惠元：《新型农村社会养老保险财政保障能力可持续性评估——基于政策仿真学的视角》，《中国软科学》2012年第5期。

以及人口老龄化的加剧，新农保基金将逐渐出现收不抵支。① 从农村的养老需求来看，现行筹资模式在短期内能够满足农村的养老需求，但长期养老需求将超出筹资规模，且缺口逐年扩大。②

尽管新农保的基金积累规模不大，但同样存在基金保值增值的问题，尤其是积累制的个人账户基金。由于养老基金投资政策的限制，新农保基金的投资收益水平很低，考虑通货膨胀率等因素的实际收益率为负，未来的基金贬值非常高。③

（二）农村医疗保障

学术界关于新农合的研究集中在农民的参保意愿与参保行为及其影响因素、公平性与再分配功能、基金筹集问题等方面，而新农合对农民实际医疗负担的影响则是新的研究热点。杨志武、宁满秀指出，供方诱导需求提供了一个分析新农合政策效果的视角，他们总结了国内外有关的研究成果，并探讨了实证研究的可能方向。④

新农合的福利性得到大多数农民的认同，“居住区自然环境、医药费报销总额、医药费负担减轻程度、健康状况改善程度和“应住院未住院”5个因素，显著影响农民对新型农村合作医疗的福利认同”。⑤ 但新农合的政策效果却不理想，并没有对农民的健康状况产生显著影响。⑥

商业医疗保险中的小额保险能够适应农村的需求，又能为农民提供部分风险补偿。农民的小额保险需求受可支配收入、受教育程度、基本医疗保险等因素的影响，基本医疗保险与小额商业保险存在明显的替代关系。可支配收入是小额保险需求的约束因素，但是采用团销模式的小额保险需求不受可支配收入的影响，可见通过保费支付方式的调整能够释放农村的小额保险需求。⑦

（三）农民工社会保障

农民工是中国城乡二元体制下一类特殊的弱势群体，他们在城市中工作，却没有享受与城市居民同等的就业、社会保障、公共服务等。随着2000年以后“农民工新政”的推行，农民工明确纳入到社会保障体系之中，其社会保险参保率大幅度提高。尽管如此，农民工的参保率仍然显著低于市民流动人口和城市本地居民。在就业正规程度较高的国有企业、外资企业和机关事业单位就业的农民工参保率显著高于私营企业、股份制企业、集体

---

① 钱振伟、卜一、张艳：《新型农村社会养老保险可持续发展的仿真评估：基于人口老龄化视角》，《经济学家》2012年第8期。

② 封铁英、董璇：《以需求为导向的新型农村社会养老保险筹资规模测算——基于区域经济发展差异的筹资优化方案设计》，《中国软科学》2012年第1期。

③ 马伟：《新型农村社会养老保险基金保值增值问题研究》，《西安交通大学学报》（社会科学版）2012年第5期。

④ 杨志武、宁满秀：《我国新型农村合作医疗制度政策效果研究综述》，《华东经济管理》2012年第1期。

⑤ 于长永：《农民对新型农村合作医疗的福利认同及其影响因素》，《中国农村经济》2012年第4期。

⑥ 李华、俞卫：《政府卫生支出对中国农村居民健康的影响》，《中国社会科学》2013年第10期。

⑦ 李晓洁、魏巧琴：《破解贫困农民保费支付之困：收入约束与保险需求》，《财经研究》2012年第12期。

企业的就业者以及灵活就业者，中高端职业地位就业的农民工参保率显著高于低端职业。[①] 这些就业部门的农民工社会保障问题应更加受到重视。

农民工作为一个流动性非常高的群体，其参保深受社会保险关系转移接续的影响。"在各项社会保险中，城镇养老保险的跨地区转移接续困难最大，因此农民工的参保率最低；工伤保险没有跨地区转移问题，农民工的参保率最高。"[②] 现行的社会保险关系转移接续办法实施效果并不理想，甚至出现鼓励农民工"退保"的现象。地方政府出于地方利益，往往设置转入附加条件，阻碍了社会保险关系的转移。[③]

农民工参加社会保险存在不同的方案，现行方案是将农民工逐步纳入城镇职工或城乡居民社会保险，并保证两种社会保险制度的衔接。长期来看，不同的参保方案中政府的财政负担有所不同。以养老保险为例，如果农民工全部参加城乡居民养老保险，现存的财政政策将不可持续；如果参加城镇职工养老保险，农民工未来的养老金水平会大幅提高，政府的财政负担反而会下降，但企业和农民工个人缴费负担则大大加重。缴费负担过重不仅影响农民工的参保意愿，而且影响企业的经营活力。正视农民工与城镇人口的收入差距，为农民工建立低缴费和低待遇的养老保险，或许是更为现实和可行的方案。[④]

八　社会保障国际比较研究

（一）澳大利亚

自 2009 年以来，上海财经大学社会保障研究中心开始编写"各国社会保障制度丛书"，截至 2012 年已经出版了美国、智利、瑞典、加拿大、埃及、德国、日本、韩国、新加坡、英国、法国、澳大利亚等 12 国的社会保障制度专著。《中国公共管理发展报告（2012—2013）》已有介绍，本节仅介绍 2012 年 10 月出版的《澳大利亚社会保障制度》。

澳大利亚最具特色的社会保障制度为其超级年金（Superannuation）。超级年金计划可追溯至 19 世纪银行、大公司及政府部门为其雇员建立的职业年金计划。1991 年澳大利亚通过《超级年金担保法案》，强制要求雇主为所有雇员缴费，建立超级年金计划。2002 年以来，雇主缴费率维持在 9%。超级年金是完全市场化投资的养老金计划，因此深受宏观经济波动的影响。超级年金经历 1998 年、2001 年、2008 年三次金融危机的冲击，每次冲击的影响逐次加深。从资产规模、投资方式和资产配置来看，超级年金应对外部冲击的能力不足。深层次而言，这反映出强制性缴费与市场化投资之间的内在矛盾，强制性缴费使投资基金的资金来源稳定而充足，抑制了投资人之间的竞争性。[⑤]

---

① 郭菲、张展新：《农民工新政下的流动人口社会保险——来自四大城市的证据》，《人口研究》2013 年第 3 期。

② 郭菲、张展新：《农民工新政下的流动人口社会保险——来自四大城市的证据》，《人口研究》2013 年第 3 期。

③ 沙治慧、罗静：《农民工基本养老保险关系转移接续机制研究》，《经济体制改革》2012 年第 2 期。

④ 蒋云赟：《我国农民工养老保险方案的再研究——基于财政负担的代际核算模拟》，《财经研究》2013 年第 10 期。

⑤ 郑秉文、李亚军：《澳大利亚超级年金 20 年改革及应对危机的经验教训》，《经济社会体制比较》2012 年第 1 期。

（二）东亚国家

在社会保障制度与模式的研究中，东亚国家被视为具有同一性的整体。东亚国家的社会保障制度演进具有怎样的特征？它与欧美国家具有怎样的区别？陈姗较为全面地概括了2011年以前国内外学者针对这一问题的研究成果。①

比较研究发现，东亚国家的社会保障制度与欧美国家存在明显的异质性，而东亚国家之间则具有较高的同质性。早在2002年，郑秉文等便指出东亚国家的社会保障制度具有国家中心主义特征。② 东亚国家的社会保障制度深受威权主义政体的影响，其创建与发展是出于国家责任，这与公民权利本位的欧美社会保障制度截然不同。③ 社会保障经常被置于福利国家的框架下加以研究，这反映出社会保障本身的政治属性。将国家、政体与文化因素引入社会保障的比较研究无疑具有学术意义。④

在郑功成看来，东亚国家的社会保障制度构成一种异于欧美国家的独有模式，他借用C. Jones的概念称之为“儒家福利体制”。从建制理念与福利文化、需求满足与责任承担、制度结构与发展路径三个维度分析，东亚国家社会保障模式的共性体现为：社会保障的工具性价值高于目的性价值，家庭是基本的社会保障机制，法定社会保障制度具有补救性，制度结构属于混合型制度。⑤ 他的研究沿袭了以往研究的经典结论，同时提出新的视角，即东亚国家的社会保障建设乃是出于促进经济发展的工具理性。林义探讨了东亚国家的社会保障是否发展成为一种“模式”，尽管他提及一些质疑或反对的观点，但他同样承认东亚国家在传统文化、政治体制等方面的异质性。⑥

何文炯回避了“社会保障模式”这一存在争议的用语。他以风险管理为切入点，对比分析了东亚与欧洲社会保障的历史传统。自封建社会以来，东亚国家形成以家庭和家族为基础的二元保障，欧洲国家则发展出家庭、宗教、社团、政府的多元保障；东亚国家以仓储积累和财政预算为风险管理工具，欧洲国家则在实践中发明了保险制度，至今社会保险仍是社会保障制度的主体。⑦

（三）美国

在发达国家中，美国的社会保障制度特色鲜明，如强调个人责任等，但制度效果却并不值得称道。通常认为，美国的社会保障制度秉承了自由主义的传统，最为强调个人自由与个人责任。徐晓新等的研究则质疑了这一认识，其实美国社会保障体系构建与国家建设融为一体，“社会保障体系的演进过程，就是重塑现代化条件下政府与社会、政府与公民以及联邦政府和州政府、地方政府关系的过程，它强化了联邦政府的责任和权威，促进了美国的现代国家制度建设”。⑧

① 陈姗：《东亚社会保障模式的文献综述及理论思考》，《社会保障研究》2011年第1卷。

② 郑秉文、史寒冰：《试论东亚地区福利国家的国家主义中心特征》，《中国社会科学院研究生院学报》2002年第2期。

③ 谢琼：《从东西方比较看东亚国家社会保障的同质性》，《中国人民大学学报》2012年第2期。

④ 陈姗：《东亚社会保障模式的文献综述及理论思考》，《社会保障研究》2011年第1卷。

⑤ 郑功成：《东亚地区社会保障模式论》，《中国人民大学学报》2012年第2期。

⑥ 林义：《关于东亚社会保障模式的理论思考》，《中国人民大学学报》2012年第2期。

⑦ 何文炯：《东亚社会保障与欧洲社会保障的差异》，《中国人民大学学报》2012年第2期。

⑧ 徐晓新、高世楫、张秀兰：《从美国社会保障体系演进历程看现代国家建设》，《经济社会体制比较》2013年第4期。

九　理论进展总评

在“关注民生”的执政理念和社会共识推动下，社会保障成为一门“显学”。社会保障研究成为学术界的最热门主题之一，同时这一领域的研究得到国家社会科学基金、自然科学基金以及其他各类基金的大量资助。在《中国社会科学》《经济研究》《人口研究》《中国人口科学》等顶级期刊刊发的学术论文中，社会保障主题所占的比重渐次提高。2012—2013 年社会保障研究的重心集中在养老保险、医疗保险和农村社会保障三大主题。其中养老保险研究的重点是养老保险基金的安全运营、养老保险制度整合；医疗保险研究的重点是医疗保险的政策效果，尤其是医疗保险对参保人医疗费用负担、健康状态、消费与储蓄行为等方面的影响；农村社会保障研究的重点是新农保制度，尤其是新农保的可持续性与政策效果。

在方法论方面，社会保障领域以实证研究和预测性研究为主流。实证研究大多采用大样本微观数据，探讨参保行为与参保意愿、社会保障的政策效果等。研究方法以定量研究为主，在定量分析方法的使用上日渐前沿，面板数据、工具变量、倾向得分匹配、聚类分析等方法被广泛运用。预测性研究在社会保障研究中占有重要地位，这是因为长期的可持续性是社会保障制度的核心目标，当前的制度设计必须考虑能否保证长期可持续发展。预测性研究主要采用精算分析的方法，重点是探索社会保障基金是否能够保证长期支付能力，以及如何设计社会保障制度以保证长期持续性。

研究主题紧紧围绕社会保障实务中面临的突出问题。社会保障研究具有很强的问题导向和实用导向，研究的目的是解决社会保障发展的瓶颈问题，从而推动社会保障制度的变革与完善。如何整合社会保障制度、如何保证社会保障基金的长期收支平衡、如何理顺社会保障管理体制，等等，这些都是困扰政府的重大课题，同时也是学术研究的热点。从过去经验来看，社会保障的政策方案凝聚了学术研究的成果与共识。理论与实务相互促进、相得益彰，是社会保障研究的典型特征。

社会保障的基础理论研究仍显欠缺。学术界高度关注社会保障的实践动向，但对于社会保障的概念、理论体系、分析框架等基本问题缺乏研究。已有研究大多使用经济学、管理学、人口学等其他学科的理论框架，用来分析社会保障问题，因此，社会保障类似于交叉学科研究的一个焦点问题，但作为学科的社会保障还未形成一致认同的基本架构。

第二节　实践创新

一　社会保障发展战略创新

（一）国务院发布医药卫生体制改革“十二五”规划

2012 年 3 月，国务院印发《“十二五”期间深化医药卫生体制改革规划暨实施方案》（以下简称“医药卫生体制改革‘十二五’规划”），对“十二五”期间医药卫生体制改革的发展战略和实践路径做出规划。医药卫生体制改革“十二五”规划主要包括医疗保障、基本药物制度、基层医疗卫体制、公立医院改革等方面的内容，其中健全全民医疗保障体系为“十二五”期间保障和关注民生的关键举措。

全民医保体系建设的整体目标为：“充分发挥全民基本医保的基础性作用，重点由扩大范围转向提升质量。通过支付制度改革，加大医保经办机构和医疗机构控制医药费用过快增长的责任。在继续提高基本医保参保率基础上，稳步提高基本医疗保障水平，着力加强管理服务能力，切实解决重特大疾病患者医疗费用保障问题。”具体包括八大方面：第一，巩固扩大基本医保覆盖面。第二，提高基本医疗保障水平。第三，完善基本医保管理体制。第四，提高基本医保管理服务水平。第五，改革完善医保支付制度。第六，完善城乡医疗救助制度。第七，积极发展商业健康保险。第八，探索建立重特大疾病保障机制。

（二）国务院发布社会保障“十二五”规划

2012 年 5 月，国务院通过并发布《社会保障“十二五”规划纲要》。《社会保障“十二五”规划纲要》围绕“2020 年基本建立覆盖城乡居民的社会保障体系”的政治目标，具体实现以下目标：“社会保障制度基本完备，体系比较健全，覆盖范围进一步扩大，保障水平稳步提高，历史遗留问题基本得到解决，为全面建设小康社会提供水平适度、持续稳定的社会保障网。”

“十二五”期间社会保障事业的发展，需要重点把握如下几个方面：一是大力推进社会保障制度建设，基本解决制度缺失问题。二是加快城乡社会保障统筹，稳步推进保障制度和管理服务一体化建设。三是进一步扩大社会保障覆盖范围，基本养老、基本医疗保险保障人群实现基本覆盖。四是逐步提高保障标准，增强保障能力。五是建立健全社会救助体系，大力发展福利和慈善事业。六是加强社会保障管理与监督，提升管理服务水平；强化基础保障，确保纲要实施。

（三）十八大报告推进社会保障体制建设

2012 年 11 月，党的十八大报告中提出统筹推进城乡社会保障体系建设。社会保障体系建设的基本原则是“全覆盖、保基本、多层次、可持续”，重点是“增强公平性、适应流动性、保证可持续性”，最终目标是“全面建成覆盖城乡居民的社会保障体系”。

十八大报告着重于宏观社会保障体制的建设，构建了包括养老保障、医疗保障、住房保障、社会救助等内容的完整体系。在社会保障管理体制方面，十八大报告要求，“健全社会保障经办管理体制，建立更加便民快捷的服务体系。”在社会保障基金管理方面，要求“扩大社会保障基金筹资渠道，建立社会保险基金投资运营制度，确保基金安全和保值增值”。在养老保障方面，要求“改革和完善企业和机关事业单位社会保险制度，整合城乡居民基本养老保险和基本医疗保险制度，逐步做实养老保险个人账户，实现基础养老金全国统筹，建立兼顾各类人员的社会保障待遇确定机制和正常调整机制”。在医疗保障方面，要求“健全全民医保体系，建立重特大疾病保障和救助机制，完善突发公共卫生事件应急和重大疾病防控机制”。在住房保障方面，要求“建立市场配置和政府保障相结合的住房制度，加强保障性住房建设和管理，满足困难家庭基本需求”。在其他社会保障方面，要求“完善社会救助体系，健全社会福利制度，支持发展慈善事业，做好优抚安置工作”。在特殊人群的社会保障方面，要求“坚持男女平等基本国策，保障妇女儿童合法权益，健全残疾人社会保障和服务体系，切实保障残疾人权益”。

（四）十八届三中全会部署社会保障体制深化改革

2013 年 11 月 12 日，中共中央通过《关于全面深化改革若干重大问题的决定》（十八届三中全会报告，以下简称“改革决定”）。“改革决定”的突出特征是涉及领域的全面性，其对国家政治、经济、社会等各个方面的改革与发展问题进行全面部署。社会保障体制改革是全面深化改革的重要内容之一。“改革决定”重点着力于社会保障体制改革中存在的重大问题，突出社会保障在政府职责中的重要地位，以社会保障管理体制、基金管理以及养老保险、医疗保险为改革重点。

“改革决定”强调“完善发展成果考核评价体系”，改变过去单纯以经济发展作为评价指标的做法，要求“更加重视劳动就业、居民收入、社会保障、人民健康状况”。这意味着，社会保障体制的改革、发展与完善，以及社会保障制度的成效（体现在生活水平、健康状况等方面），将成为评价政府政绩的重要内容。

“改革决定”确定社会保障发展的基本原则是“公平可持续”，因此社会保障体制改革应当立足于长远，尤其是社会保障基金必须考虑长期收支平衡，不能仅以目前存在当期结余而忽视基金长期平衡问题。

在社会保障管理及经办服务方面，“改革决定”要求：“完善社会保险关系转移接续政策，扩大参保缴费覆盖面，适时适当降低社会保险费率”“加快健全社会保障管理体制和经办服务体系。”

在社会保障基金管理方面，“改革决定”要求：“健全社会保障财政投入制度，完善社会保障预算制度。加强社会保险基金投资管理和监督，推进基金市场化、多元化投资运营。制定实施免税、延期征税等优惠政策，加快发展企业年金、职业年金、商业保险，构建多层次社会保障体系。”

在养老保险方面，“改革决定”要求：“坚持社会统筹和个人账户相结合的基本养老保险制度，完善个人账户制度，健全多缴多得激励机制，确保参保人权益，实现基础养老金全国统筹，坚持精算平衡原则。推进机关事业单位养老保险制度改革。整合城乡居民基本养老保险制度、基本医疗保险制度。”并要求“积极应对人口老龄化，加快建立社会养老服务体系和发展老年服务产业”，“研究制定渐进式延迟退休年龄政策”。

在医疗保险方面，“改革决定”要求：“改革医保支付方式，健全全民医保体系。加快健全重特大疾病医疗保险和救助制度。”

在住房保障方面，“改革决定”要求：“健全符合国情的住房保障和供应体系，建立公开规范的住房公积金制度，改进住房公积金提取、使用、监管机制。”

其他社会保障制度方面，“改革决定”要求：“推进城乡最低生活保障制度统筹发展。建立健全合理兼顾各类人员的社会保障待遇确定和正常调整机制”“健全农村留守儿童、妇女、老年人关爱服务体系，健全残疾人权益保障、困境儿童分类保障制度。”

二　企业年金政策创新

中国养老保险制度是由基本养老保险、补充养老保险、个人储蓄构成的三支柱体系，其中补充养老保险主要是指企业年金。2004 年，劳动和社会保障部联合其他部委先后制定实施《企业年金试行办法》《企业年金基金管理试行办法》，这两个“办法”充分借鉴国际经验，并结合国情，建立了中国的信托式企业年金制度。2011 年，为了适应企业年金的新发展，人社部与银监会、证监会、保监会联合修订《企业年金基金管理办法》，进一步完善企业年金基金的监督、管理制度。中国企业年金迅速发展，截至 2013 年年末，全国已有 6.61 万户企业建立了企业年金，参加职工人数为 2056 万人，企业年金基金累计结存 6035 亿元。企业年金基金由受托机构进行市场化运作，并保持平稳较高的收益率，2008 年经受住了金融危机的冲击，实现基金保值增值。

为了进一步推动企业年金的发展、鼓励单位建立企业年金，2013 年 7 月，人社部、民政部、财政部、国家税务总局等联合出台《关于鼓励社会团体、基金会和民办非企业单位建立企业年金有关问题的通知》，将举办企业年金的单位扩展到社会组织，促进企业年金向职业年金转变，强化企业年金的补充养老保险地位。该通知规定，已经参加基本养老保险并缴纳养老保险费的社会组织，可以建立企业年金。企业年金的缴费由社会组织和个人共同承担，社会组织的缴费比例不超过工资总额的1/12，社会组织和个人合计的缴费比例不超过工资总额的1/6。

中国企业年金发展的一个重大障碍是税收优惠政策。2008 年，财政部《关于企业新旧财务制度衔接有关问题的通知》规定，企业补充养老保险的缴费占工资总额4%以内的部分在成本中列支，初步提出企业年金免征企业所得税的思路，但由于缴费比例过低、税收优惠制度不合理等问题饱受诟病。2013 年 12 月，财政部、人社部和国家税务总局发布《关于企业年金职业年金个人所得税有关问题的通知》，自 2014 年 1 月 1 日起，实施企业年金、职业年金个人所得税递延纳税的税收优惠政策。该通知详细规定了企业年金、职业年金缴费、基金投资收益和领取年金时的个人所得税政策，企业年金、职业年金的单位缴费部分，在计入个人账户时免征个人所得税，个人缴费在不超过缴费工资计税基数4%的标准内，应从个人所得税中扣除；个人达到退休年龄领取企业年金时，全额按照“工资、薪金所得”项目适用的税率，计征个人所得税。

三　养老服务业发展

（一）政策创新

2013 年 9 月，国务院发布《关于加快发展养老服务业的若干意见》，要求“到 2020 年，全面建成以居家为基础、社区为依托、机构为支撑的，功能完善、规模适度、覆盖城乡的养老服务体系”。为实现这一目标，政府的主要任务集中在六个方面：一是统筹规划发展城市养老服务设施，将养老服务设施建设纳入城市总体规划，完善社区的各类养老服务设施。二是大力发展居家养老服务，“建立以企业和机构为主体、社区为纽带、满足老年人各种服务需求”的服务网络。三是大力加强养老机构建设，支持社会力量举办养老机构，发展公办保障性养老机构。四是切实加强农村养老服务，完善农村养老服务托底的措施，拓宽养老服务的资金渠道。五是繁荣养老服务消费市场，拓展养老服务内容，开发老年产品用品，培育养老产业集群。六是积极推进医疗卫生与养老服务相结合，健全医疗保障制度，推动医养融合发展，促进医疗卫生资源进入养老机构、社区和家庭。

（二）典型实践

泰康人寿保险股份有限公司是国内最早进入养老服务业的保险公司。早在 2009 年保监会就批准了泰康人寿的养老社区股权投资计划，2012 年 4 月泰康人寿推出国内第一款保险与养老社区相结合的“幸福有约终身养老计划”。2012 年起，泰康人寿开始投资建设实体的养老社区，2012 年 6 月泰康之家养老社区率先在北京市昌平区投资建设，同年底泰康人寿获得上海市松江养老社区项目，2013 年 7 月获得泰康广州养老社区项目。随着泰康之家养老社区的顺利建设，泰康人寿摸索的养老服务业发展路径渐次清晰，“泰康之家”的理念日益受到重视，已经成为养老服务业的一种“泰康模式”。

1. 保险产品与养老社区结合

“泰康人寿”推出的“幸福有约终身养老计划”，是一款保险与养老社区相结合的综合养老服务产品，它由泰康人寿的保险产品和入住泰康养老社区的服务产品两部分组成。

保险产品采用养老年金的方式，居民通过投资保险产品，实现个人养老资金的保值增值，并在将来获得相应的养老年金。养老社区的服务产品则保证购买保险产品的居民入住泰康养老社区，获得全方位的养老保险。如此一来，泰康养老模式实现了虚拟金融产品与实体养老服务相结合、养老理财和养老消费相结合、传统养老保险与现代养老社区相结合。

2. 专业化养老社区建设

北京市昌平区的“泰康之家”养老社区占地 17 万平方米，建筑面积 30 万平方米，建成之后能够容纳 3000 名居民入住，2015 年首批居民能够入住。“泰康之家”养老社区的核心理念有两点：一是医疗养老，二是活力养老。“泰康之家”养老社区内将建成一座二级医院——泰康国际康复医院，提供专业的康复治理、急诊救护、综合诊疗、慢病管理和私人保健等医疗服务，并建立了与北京市内多家三甲医院的转诊绿色通道和专家坐诊机制。可见，“泰康之家”将医养结合、医养融合的思路落到实处。同时，“泰康之家”还重视养老社区的文化氛围，以后将逐渐建成幼儿园、果园、菜园等配套设施，丰富老年人的文化娱乐生活，满足老年人的精神和文化需求。

“泰康之家”将由专业的管理公司负责运营管理，管理公司将引入金融、保险、医疗、护理、社式、建筑、物业等十几个专业领域的管理人才，进行专业化的运作管理。

四　社会保障“一卡通”建设

（一）政策创新

社会保障卡是社会保障参保人员在办理业务的电子凭证，使用社会保障卡可以享受各类社会保障服务。凭卡可以进行医疗保险个人账户结算，办理养老保险事务；可以到相关部门办理求职登记和失业登记手续，申领失业保险金，申请参加就业培训；还可以申请劳动能力鉴定和申领享受工伤保险待遇。总之，社会保障“一卡通”建设，乃是建设成高度集成各类社会保障业务的社会保障卡，将大量社会保障公共服务项目通过社会保障卡实现。

中国的社会保障“一卡通”建设经过几年的发展，已经取得初步成效。截至 2013 年年底，全国实际持卡人数已达到 5.4 亿。[①] 全国已有 30 个省份发行了社会保障卡，发卡地市（含省本级及省直管县）达到 334 个，其中 22 个省份实现了所辖地市全部发卡。发卡人群已按照“覆盖全民”的要求，从城镇职工扩展到城镇居民和农村居民。[②] 但是社会保障卡的服务功能仍有待进一步完善，使用社会保障卡办理的业务有待扩展，社会保障卡背后的服务体系有待强化。

社会保障“一卡通”建设，与信息化发展战略紧密结合在一起。2013 年 8 月 8 日，国务院印发《关于促进信息消费扩大内需的若干意见》，要求“加快社会保障公共服务体系建设，推进社会保障一卡通，建设医疗保险费用中央和省级结算平台，推进医疗保险费用跨省即时结算”。在养老保险服务方面，要“推进养老机构、社区、家政、医疗护理机构协同信息服务”；在医疗保险服务方面，要“推进优质医疗资源共享，完善医疗管理和

---

① 参见人力资源和社会保障部《2013 年全国社会保险情况》，2014 年 6 月 24 日，人民网（www. people. com）。

② 参见《人社部：2015 年社会保障卡发放数量将达 8 亿张》，2013 年 12 月 31 日，证券时报网（http：//kuaixun. stcn. com/2013/1213/11001240. shtml）。

服务信息系统，普及应用居民健康卡、电子健康档案和电子病历，推广远程医疗和健康管理、医疗咨询、预约诊疗服务”。

早在2011年，人社部和中国人民银行就联合发布《关于社会保障卡加载金融功能的通知》，要求在社会保障卡中加载银行业务。这是第一次扩展社会保障卡服务功能、在社会保障卡中集成其他服务功能的尝试。在社会保障卡加载金融功能之后，持卡人除了享受信息记录、信息查询、业务办理等基本社会保障和公共就业服务功能，还可作为银行卡使用，实现现金存取、转账、消费等金融功能。

（二）典型实践

2012年7月，东莞市公开发行新社会保障卡，在社会保障一卡通建设中取得巨大进展。东莞市新的社会保障卡将就诊身份识别、社保信息查询、社保结算、金融支付、诊疗一卡通、健康档案信息查询等功能集于一身，“将逐步取代与东莞市城乡一体社保制度发展不相适应的金卡、银卡、农医卡”①。具体服务功能如下：

就诊身份识别：通过社会保障卡上相关信息识别使用者身份。

社保信息查询：自助查询参保、缴费、就医结算等信息。

社保结算：实现社会保障卡一卡结算报销门诊、住院待遇。

金融支付：社会保障卡中设有医保账户和银行账户两个账户，医保账户用于支付符合规定的医药费用；银行账户用于支付个人自付费用。每次付费只能选择医保账户或银行账户其中一个账户付费。

诊疗一卡通：社会保障卡具备诊疗卡功能，可取代各医疗机构自行发放的诊疗卡在市内各定点医疗机构互认互用，并可自助完成挂号、缴费及诊疗等，实现社会保障卡诊疗一卡通。

到2013年8月底，东莞市已经制卡473.76万张，发卡422.99万张，激活307.33万张。同时，社会保障一卡通在医疗保险定点医疗机构中推广使用，目前已有市内98家社保定点医疗机构开通，包括市人民医院等42家定点医院、32家社区卫生服务中心以及石龙、常平两个镇的24个社区卫生服务站。

1. 社会保障卡扩展金融业务功能

东莞市的社会保障卡卡面除了印有持卡人的姓名、社会保障卡号、发卡日期等身份信息，还带有银联标志，这意味着社会保障卡同时还是一张银行卡。东莞市已经按照《关于社会保障卡加载金融功能的通知》，在社会保障卡中加载金融功能。加载金融功能的社会保障卡，同时具备社会保障账户和金融账户的“双账户”，既能用来办理社会保障业务，又能作为一张银行卡使用。

东莞市社保局与中国银行、中国工商银行、中国农业银行、广发银行和东莞银行等银行签订服务协议，将这些银行作为发卡银行，采取“统一标准，银行合作”的方式发放。社会保障卡的数据采集和管理费用由合作银行承担，同时免除社会保障卡金融账户的年费、小额账户管理费等银行费用。②

---

① 参见《东莞社保卡实现就医一卡通　社保基金20年没问题》，2012年7月10日，新浪网（http://finance.sina.com.cn/roll/20120710/095012524213.shtml）。

② 参见《东莞社保卡实现就医一卡通　社保基金20年没问题》，2012年7月10日，新浪网（http://finance.sina.com.cn/roll/20120710/095012524213.shtml）。

2. 社会保障卡扩展医疗服务功能

东莞市社会保障卡的创新之处在于将诊疗服务集成于卡片中。通过“诊疗一卡通”自助服务终端，使用社会保障卡能够进行身份识别、挂号、划价付费、社保结算、社保信息与健康档案信息查询等，能够完成所有就医流程，也可在各社保定点医院、社区部署的社保卡“诊疗一卡通”自助服务终端，自助完成挂号、预约挂号、预约取号、结算与缴费、信息查询等流程。参保人在就医时选择使用“诊疗一卡通”自助服务平台，可免去在人工挂号、付费窗口排队等候的时间，并可自主选择就诊医生、查询处方的情况，大大地提高了就医的主动权、选择权和知情权。[①]

3. 社会保障卡链接外部服务机构

东莞市已将多项社会保障服务集成于社会保障卡内，这一方面需要社会保障信息系统的整合，另一方面还需要社会保障经办机构与其他服务机构链接。东莞市社会保障卡加载金融功能、扩展医疗服务功能，说明社会保障经办机构已经与银行、医疗机构有效对接，能够协同提供公共服务。未来，社会保障卡的服务功能将不断完善，其链接的外部服务机构越来越多，社会保障卡将逐渐发展为享受各类市民服务的“市民卡”。

五　城乡居民大病医疗保险

（一）政策创新

中国医疗保险的发展依照“低水平、广覆盖”的原则，优先扩大基本医疗保险的覆盖面，短时间内迅速实现全民享有医疗保障的政治目标。但医疗保险侧重基本保障，保障水平维持在较低层次。提高医疗保险的待遇水平，成为医疗保险发展的当务之急。在基本医疗保险制度中，城镇职工医疗保险的待遇水平相对较高，城乡居民医疗保险的待遇水平则相对较低。为提高城乡居民的待遇水平，尤其是针对大病的保障水平，政府提出发展居民大病医疗保险的政策目标。

医疗保险发展的另一个难题是医疗保险经办服务能力不足。由于受财政预算、人员编制、专业能力等方面的约束，政府医疗保险经办机构的服务能力难以满足日益增长的服务需求。在医疗保险实现全覆盖之后，医疗保险经办机构面对着数量庞大的服务对象，而且多样化、个性化的服务需求日益增加。如何以有限的资源满足无限的服务需求，成为需要政府破解的难题。

2012 年 8 月，发改委、卫生部、财政部、人社部、民政部、保监会六部委联合发布《关于开展城乡居民大病保险工作的指导意见》，推动城乡居民大病医疗保险的发展。城乡居民大病医疗保险旨在提高大额医疗费用的保障水平，定位于基本医疗保险的延伸和补充。确定“高额医疗费用，可以个人年度累计负担的合规医疗费用超过当地统计部门公布的上一年度城镇居民年人均可支配收入、农村居民年人均纯收入为判定标准”。

居民大病医疗保险采用购买商业大病保险的模式。由地方政府通过招投标确定承办大病保险的商业机构，并支付相应的保费收入，由商业保险提供保险服务并自负盈亏、自主经营。地方政府部门与商业保险机构订立合同，明确双方的权利、义务与责任。地方政府部门与商业保险之间具有长期合作伙伴关系的特殊，双方订立的合同期限不低于 3 年。长期合作伙伴关系有利于保证医疗保险服务供给的稳定性，但可能造成商业保险机构的道德

① 刘秋伟：《东莞社保卡实现“诊疗一卡通”》，《深圳特区报》2013 年 9 月 3 日。

风险。

居民大病医疗保险的筹资主要来源于医疗保险基金，地方政府部门按照一定的比例向商业保险机构划拨。市场风险主要由商业保险承担，为了保证居民大病医疗保险的持续性和稳定性，政府部门与商业保险机构在合同中明确基金划拨的动态调整机制，根据外部环境的变化及时进行调整。

（二）典型实践

在中央政策出台之前，许多地方政府已经开始探索居民大病医疗保险的模式。随着地方政府实践的发展，中央政府及时总结经验，适时提出全国性的指导意见。城乡居民大病医疗保险政策的核心内容以“湛江模式”为范本，吸取了其他地方政府实践的经验。湛江市创新性地建立了将商业保险机构引入社会保险经办的医疗保险制度，实现医疗保险受益人、政府、医疗机构和商业保险机构四方利益的平衡与协调，被称为“湛江模式”。“湛江模式”受到政府高层的重视，时任副总理李克强曾先后两次做出批示，肯定湛江模式的做法。

为了实现城乡基本医疗保险制度的统一，2008 年湛江市人民政府颁布《湛江市城乡居民基本医疗保险试行办法》，对城镇居民基本医疗保险和新型农村合作医疗保险进行整合，建立统一的城乡居民基本医疗保险制度。在新的城乡居民基本医疗保险制度下，城镇和农民居民在基本医疗保险上的差异被消除，实行完全一致的缴费标准、财政补贴、待遇支付和管理服务制度。城乡居民基本医疗保险实行市级统筹，改变了过去县级统筹、管理混乱的局面。

在整合城乡基本医疗保险的过程中，商业保险机构发挥了不可替代的作用。2009 年，经过公开招标，湛江市人力资源和社会保障局与中国人民健康保险股份有限公司湛江支公司（下称人保健康）签订合同，将城乡居民基本医疗保险服务外包，建立起政府与商业保险合作的模式。2010 年、2011 年湛江市进一步调整政策，提高政府对于人保健康的补助标准，以期确保可持续性。湛江市的主要做法包括：

1. 商业保险承担基本医疗保险中的大病保险

湛江市的城乡居民基本医疗保险由三部分组成：一是社区普通门诊医疗保险，从医疗保险基金中划拨出 70% 用于支付此类费用；二是住院统筹基金，从医疗保险基金中划拨出 15% 用于支付此类费用；三是大额医疗补助，从医疗保险基金中划拨出 15% 用于支付此类费用（2010 年划拨标准提高到 30%）。

湛江市将住院医疗费用的报销分为两部分，起付线到住院统筹基金报销限额（2 万元）之间的费用，由政府经办管理的住院统筹基金报销；住院统筹基金报销限额到大病保险封顶线之间的费用，由人保健康承担的大病保险报销。住院统筹基金和大病保险的报销比例为一级医院 70%、二级医院 60%、三级医院 40%。个人缴费分为两档：20 元和 50 元。湛江市政府划拨个人缴费的 15%，作为保费用于支付人保健康，购买其大病保险。根据个人缴费水平不同，大病保险的封顶线为 5 万元或 8 万元，2010 年提高到 8 万元或 10 万元（见表 12—3），2011 年提高 10 万—12 万元，2012 年进一步提高到 16 万—18 万元。这样一来，由于人保健康参与居民医疗保险，使待遇水平从 2 万元提高到数倍，保障水平大为提高。

人保健康将“再保险”的机制引入居民医疗保险。“再保险”是原保险人（政府）为减轻自身保险责任而将其不愿意承担或超出其承保能力的部分保险责任，转交给其他保险人（商业保险）承保的行为。政府向人保健康支付“分保费”，人保健康则承担再保险的赔付责任。

表 12—3　　湛江市城乡居民医疗保险缴费及待遇结构

年份	个人缴费	起付线和报销比例	住院统筹基金报销限额	大病保险报销限额
2009	低档：20 元/年	一级医院：100 元，75% 二级医院：300 元，65% 三级医院：500 元，45%	起付线：1.5 万元	1.5 万—5 万元
	高档：50 元/年		起付线：1.5 万元	1.5 万—8 万元
2010	低档：20 元/年		起付线：2 万元	2 万—8 万元
	高档：50 元/年		起付线：2 万元	2 万—10 万元

资料来源：《湛江市城乡居民基本医疗保险试行办法》及湛江市政府上报的内部文件。

2. 商业机构与政府合署办公

将社会保险交由商业保险机构承担，这本身即是医疗保险公共服务外包，换言之，将由政府承担的基本医疗保险职能外包于商业保险机构，政府对其进行监管，并由政府对职能的实现承担最终责任。但湛江模式超越了医疗保险公共服务的外包，商业机构不仅分担医疗保险的风险，而且承担政府职能、参与政府管理。

在湛江模式中，人保健康与社保局合署办公，建立一体的医疗保险公共服务平台。在湛江市区及下辖的 5 个县设立合署办公地点，社保服务大厅内建立专门的服务窗口，人保健康派驻 90 多名工作人员，承担基金征缴、凭证审核、费用报销的职能。

为了控制风险，人保健康向湛江市的主要医院派驻工作人员，现场办公与服务，并对医院的医疗服务行为进行全程监督，还建立了专门的巡查队，对各医院进行巡查，防止出现“小病大治”“挂床住院”等现象。

3. 商业机构承建医疗保险信息系统

人保健康投资建设一体化的结算支付系统，实现诊疗信息和费用结算信息在政府、医院和人保健康之间实时共享，简化审批和报销流程，医保受益人只需要支付自付费用即可，而不需要垫付医疗保险费用，医疗保险费用由政府或人保公司直接与医院进行结算。一体化结算支付的平台，简化了医疗保险费用报销和审批的流程，方便受益人享受医疗保险待遇。

为了提高大病医疗保险费用的结算效率，人保健康建立与定点医疗之间的一体化资金预付与结算平台，实行医疗保险费用管理的预付费制。根据“总量控制，按月预付，年终结算”的原则，人保健康精算每月的应付款，并按 80% 预付于定点医院，10% 作为年终结算资金，10% 作为审核和奖惩资金，根据最终审核结果退补。

4. 湛江模式的效果

湛江模式在一定程度上实现了多方共赢。对医疗保险受益人而言，参保费用并没有增加，而待遇水平大幅度提高，受益人有能力承担更为优质的医疗服务。受益人可自主选择全市任何一家定点医院就医、异地转诊和双向转诊。预付费制和一体化支付结算系统的建立，使受益人可以享受便捷的医疗保险服务，服务质量和满意度得以提高。

对医院而言，住院率提高，因为受益人的医疗保险费用由政府、人保健康和个人三者分担，受益人的实际支付能力提高，就诊的积极性提高。医疗费用拖欠的问题得以解决，拖欠住院费用从2008年的560万元降至2009年的6万元。医院的收入有所保证，医患关系得以和谐化。

对政府而言，在政府编制、人员、经费没有增加的前提下，实现了扩大医保覆盖面、提高医保待遇水平、整合城乡基本医疗保险等职能。人保健康公司负责建立信息系统和结算系统，政府的基础设施投入并没有增加，但却建成了高效的公共服务平台。

对人保健康而言，通过与政府合作，承担医疗保障责任，人保健康提高了品牌知名度，树立了良好的企业形象，从而使其整体竞争力得以提升。人保健康提供医疗保险已超过3500亿元。人保健康与政府的合作中取得政府和社会的信任，合作的范围逐步扩大，除城乡居民基本医疗大病补助保险外，湛江市政府将“市直公务员补充医疗保险”“城镇职工大额医疗救助保险”一并交给人保健康经营。人保健康的经营范围扩大，经办管理的边际成本下降，有助于提高其经济效益。通过参与医疗保险服务外包，人保健康获得的机构客户超过300万、个人客户超过30万，其占有的健康管理服务业务规模大为扩展。若非介入大病医疗保险服务外包项目，人保健康根本无从开展这些多样化、多层次的健康管理服务和保险业务，而这些高增值、高回报的商业保险业务无疑对人保健康更具吸引力。

六　医疗保险智能审核系统

（一）政策创新

2012年4月，人力资源和社会保障部发布《关于开展医疗服务监控系统建设试点工作的通知》，要求在地方政府中开始试点建立医疗服务监控的指标、规则和监控体系，并确定天津、太原等18个地区作为试点地区。医疗保险除了具有分担经济风险的功能之外，还具有医疗服务治理的功能。医疗服务治理是指医疗保险采取各种措施约束医疗机构和医生的医疗服务行为，最终实现防止过度医疗、保证合理医疗、控制医疗费用的效果。医疗服务监控系统是实现医疗服务治理的信息化工具，通过建立监控指标和监控体系，及时发现和制约违规医疗行为。

医疗服务监控系统以日常医疗服务行为的事后监管为主，起步阶段可采用就诊费用、就诊次数等总量控制指标进行筛查；同时兼顾事中监管，明确的违规医疗服务行为通过监控系统实现实时控制；最后逐步发展到事前预防，建立违规行为的信息提示机制。随着医疗服务监控系统的完善，进一步探索监控系统的数据挖掘和数据分析功能。

早在2012年3月，国务院通过《“十二五”期间深化医药卫生体制改革规划暨实施方案》（简称“医改十二五规划”），其中就已经明确提出利用智能化、即时化的医疗保险信息系统，促进医疗服务治理。“医改十二五规划”要求，“加快建立具有基金管理、费用结算与控制、医疗行为管理与监督等复合功能的医保信息系统，实现与定点医疗机构信息系统的对接”，并进一步实现将“医保对医疗机构医疗服务的监管延伸到对医务人员医疗服务行为的监管”，最终实现“医疗服务、公共卫生、医疗保障、药品监管和综合管理等应用系统信息互联互通”。“医改十二五规划”提出的医保信息系统建设，其中涵盖了医疗服务监控的功能，同时整合了其他多种功能，是一个高度集成的服务系统。

（二）典型实践

2013 年 8 月，苏州市社会保险基金管理中心与中公网医疗信息技术有限公司（以下简称“中公网”）合作，在社会保险经办机构原有的信息系统基础上，采用外挂模式建立医疗保险智能审核系统。智能审核系统在加强医疗行为监管、控制医疗费用、推动医疗服务治理等方面发挥了巨大作用。

1. 苏州市建立智能审核系统的制度背景

苏州全市户籍人口 647 万，外来人口全部纳入医疗保险体系，总参保人数达 852 万人。2012 年年末，苏州市实现城镇职工和城乡居民养老保险、医疗保险并轨运行，医疗保险待遇城乡同等。市区职工医疗保险参保人个人负担率从最初的 40.2%，逐年下降并稳定在 22% 左右；城镇职工医疗保险、居民医疗保险的住院大病医疗费用，目录内的医疗保险基金结付率分别为 90.85% 和 76.65%。苏州市的医疗保险待遇已经达到较高水平，基本上解决了“看病贵”的问题。但是，由于老龄化速度的加快以及医疗服务需求的增加，苏州市医疗保险基金面临着较大压力，如何控制医疗费用过快增长成为医疗保险经办机构面临的突出问题。控制医疗费用，核心问题在于控制不合理的医疗费用，既保证居民合理的医疗服务需求，同时减少过度医疗、诱导医疗等不合理的医疗服务需求。

苏州市的社会保障经办机构为社会保险基金管理中心，它隶属于苏州市人力资源和社会保障局，属于参照公务员管理的事业单位。苏州市社会保险基金管理中心为高度整合的执行机构，全面负责各类社会保障业务的经办、管理和服务，养老、医疗、工伤、失业、生育等社会保险实行统一征缴、统一待遇发放，此外还负责被征地农民基本生活保障、企业退休人员和老年居民社会化管理等职责。

苏州市社会保险基金管理中心采取一系列措施加强医疗服务监管，例如在定点药店安装监控摄像头、定期抽查定点医院等，这些监管措施起到一定的效果。尽管苏州市的监管水平较之其他地区已经比较高，但由于人员、信息系统的局限，苏州市还难以做到实时监控，仍然以事后监控、兼顾事中为基本原则。

2. 智能审核系统的构成

为了提高社会保险经办机构的监管能力、促进医疗服务治理，苏州市与中公网合作建设了智能审核系统。智能审核系统由三部分组成：一是审核规则数据库，包括临床知识库、医保政策库和医药标准数据库；二是实时的审核系统，包括审核、监督、稽核等不同功能，不同的工作人员具有不同权限，初审、复审、稽核等职责由不同人员承担；三是决策支持系统，包括决策支持和评价，可进行数据分析和绩效评估。智能审核系统的核心是医保监管平台，该平台利用医保的基础信息（参保信息、诊疗信息等）和审核规则（医保政策、临床规则、医药标准），对医生的医疗行为进行全面、实时监控，违规或疑似违规的医疗行为均可被筛查出来。医保稽核人员可以进一步审核违规、疑似违规的医保单据，如果确认违规，医保后台可以扣款或拒付。

3. 智能审核系统有效增强医保监管能力

过去，由于机构人员、经费的约束，社会保险经办机构只能通过过程抽查、结果审核等手段监控医疗机构，难以实现全面审查、全程监控，因此不能有效抑制医疗机构的道德风险。以苏州市为例，全市共有 850 万医疗保险参保人，每月大约产生 300 万人次的医疗行为，以社会保险经办机构的有限资源，不可能全面审核数量如此庞大的医疗行为。而且，医疗服务具有极高的专业性，社会保险经办机构与医疗机构之间存在明显的信息不对称，社会保险经办机构不具备监控医疗行为的专业能力。智能审核系统能够使社会保险经办机构在不掌握医学专业知识的前提下，利用系统内的审核规则数据库全面审查每一项医疗行为，违背临床规则、医药标准和医保政策的医疗行为将被系统自动筛查出来，社会保险经办机构只需对违规行为进行核实即可。

智能审核系统使社会保险经办机构的监管从事后监管走向事中控制和事前预防。采用智能审核系统之后，医生的医疗行为全部需要通过智能审核，对于明显违规的处方行为，系统自动禁止提交处方；对于疑似违规的处方行为，在医生提交处方时系统自动提示，并允许医生根据其专业判断确认提交处方。社会保险经办机构的监管人员能够在系统后台实时监控全部处方行为，并且由系统自动筛查出违规或疑似违规的行为，由监管人员进一步核实。

4. 智能审核系统有效改善医院管理

智能审核系统采用外挂模式，能够与医院原有的信息系统实现并行对接，技术上不存在障碍。在采用智能审核系统之后，医院有动力强化内部控制、减少不合理医疗行为。作为医疗服务的付费方，在医疗保险机构实时掌握医生的处方行为之后，其能够据此采取相应的惩罚措施，如扣减医疗保险基金结算额等。

5. 智能审核系统的前景

在苏州市采用智能审核系统之后，医疗服务监控取得立竿见影的效果。苏州经验得到江苏省的高度认同，随后江苏省出台《医疗保险医疗服务监控及数据挖掘系统建设的指导意见》，明确要求“建立以数据质量为核心，强化医疗保险标准化、精细化管理”，并要求“引入精算、概率等科学方法，制定多重数据过滤、统计、分析模型”，在此基础上开展数据挖掘，“通过智能仿真手段对历史数据分析，确定审核监控规则和阈值的本地化”。除了苏州以外，杭州、广州、南京等十几个省市都在根据当地实际，探索建设智能审核系统的模式。随着智能审核系统的完善和医疗保险机构能力的提高，智能审核系统将逐渐向数据挖掘与数据分析、居民健康档案管理、社区医疗等多个领域延伸其服务链条。

七 公共租赁住房与廉租房并轨运行

（一）政策创新

2013 年 12 月 2 日，住建部、财政部、发改委联合发布《关于公共租赁住房和廉租住房并轨运行的通知》，规定从 2014 年起各地公共租赁住房和廉租住房实行并轨，统称为公共租赁住房。各地廉租房建设计划调整并入公共租赁住房建设计划，2014 年以前已列入廉租住房年度建设计划的在建项目可继续建设，建成后统一纳入公共租赁住房管理。

公共租赁住房面向住房困难群体，由政府统一规划、建设、管理。公共租赁住房的租金由政府根据住房市场租金水平、建设与运营成本、保障对象支付能力、财政承受能力等因素确定，并根据经济社会的发展状况进行动态调整。租金水平适当低于市场租金水平，政府根据保障对象的支付能力实行差别化的租金，并给予低收入保障对象提供租金补贴或租金减免。

全国住房保障制度并未形成统一的体系，以前廉租房、经济适用房为保障性住房的两大构成。随着廉租房与公共租赁住房并轨，保障性住房实现初步整合，通过租赁方式保障低收入人群的住房，成为发展住房保障的基本思路。住房保障制度的构建，遵循优先解决低收入人群住房问题的路径。针对中等收入人群的住房保障则尚未形成统一制度，存在经济适用房、自住型商品房、两限房等“碎片化”的制度，各项制度间的保障范围、衔接方式等缺少整体构建。

（二）典型实践

2012 年，河北、上海、广西等地开始试点公共租赁住房与廉租房并轨。2012 年 2 月，河北省住房和城乡建设厅印发《河北省住房和城乡建设事业发展第十二个五年规划纲要》，其中明确要求，完善住房保障体系，推行“租补分离、梯度保障”的“两租房”并轨试点，探索经济适用住房和限价商品住房并轨，逐步形成结构合理、层次分明的城镇住房保障体系。

廉租房的保障对象是城市低收入的住房困难群体，公共租赁住房的保障对象为城市中等偏下收入的住房困难家庭，以及面临阶段性住房困难的新就业职工、有稳定收入的外来务工人员等群体。实际上，公共租赁住房的保障对象已经覆盖廉租房的保障对象，而且两者都属于租赁型的保障性住房，两种制度并存导致制度运行成本偏高，不同制度之间的房源调剂难度过大，因此两者并轨为大势所趋。

在保障性住房建设过程中，不再区分公租房或廉租房，而是统一为租赁型保障性住房。在公共租赁住房的分配过程中，针对不同人群设定相应的申请资格条件，并针对不同人群提供分层次的补贴，从而实现“租补分离、梯度保障”。河北省还在研究保障性住房“可租可售”的制度，对可售的保障性住房实行“内部循环”制度；在确保“政府拥有产权”的保障房达到规定占比基础上，推进共有产权等多种建设和房源筹集方式。①

八　实践创新总评

2012—2013 年，中国社会保障事业发展迅速，推出了一些重大难题上的政策创新，不断完善社会保障制度，打造精细的社会保障“安全网”。基本养老保险、基本医疗保险基本实现全覆盖，各项社会保障制度的衔接逐渐畅通，这意味着低水平、保基本、全覆盖的社会保障体系基本建成。中国社会保障第一阶段的发展目标已经初步实现，即从无到有建立比较全面的社会保障制度，下一阶段的发展目标将是不断提高社会保障待遇水平，不断完善各项社会保障制度，建成精细化、专业化、高效率的社会保障体系。

社会保障实践创新集中在养老保障、医疗保障和住房保障等领域，这正是问题最为突出、影响民生最大的社会保障项目。养老保障的实践创新表现在：一是完善多支柱的养老保险制度，推动和鼓励第二支柱的企业年金、职业年金发展；二是发展养老服务业。2013 年被专家称为“养老产业元年”，原因就是许多有利于养老产业发展的政策出台，在 2013 年逐渐形成“政策红利”，这些政策以《关于加快发展养老服务业的若干意见》为代表。医疗保障的实践创新表现在：一是提高医疗保险的保障水平，完善居民大病医疗保险制度；二是拓展医疗保险的功能，发挥医疗保险在医疗服务治理中的作用。住房保障的重大政策创新为公共租赁住房与廉租房的并轨，这体现出国家对中国严重“碎片化”的住房保障制度进行整合的政策动向。此外，在社会保障发展战略、社会保障“一卡通”建设方面还有一些重大政策和实践创新。

---

① 田娜：《河北今年试点两租房并轨》，《河北青年报》2012 年 2 月 15 日。

中国社会保障的发展充分体现“实验主义治理”的逻辑，即首先进行试点，在此基础上总结经验形成统一的政策文件，然后推广实施，并在实施过程中不断发现问题、解决问题、总结经验，从而进一步修改完善相应政策。社会保障在近二十年来才成为政府高度重视的职能，而这期间又是社会保障发展的关键时期，高速发展的社会保障实践与低效落后的政府管理能力之间始终存在着突出矛盾，实验主义治理的路径一定程度上实现了二者的调和。但是，实验主义造成的问题是政策落后于实践，政策的前瞻性、预测性欠缺。在江苏、浙江、广东等地，政府的社会保障管理已经达到相当高的水平，它们的实践经验成为中央政策的重要依据。

展望未来，社会保障实践的创新与发展呈现三个趋势：第一，社会保障成为地方政府最重视的施政方向之一。在“关注民生”和“科学发展”的指导思想下，地方政府将投入越来越多的资源发展社会保障事业，这既是中央考核地方政府政绩的标准，也是地方政府树立良好形象的要求。第二，社会保障的信息化发展层次不断提高。信息化不仅能够破解地方政府经办管理服务能力不足的难题，而且能够带动政府结构转型和职能转型。社会保障的信息化发展具有一些先天的优势，例如社会保障信息管理的互动性强等等，未来社会保障信息化将进一步加速发展。第三，社会保障制度的精细化和集成化同步前进。社会保障制度的精细化体现社会保障制度对不同人群的适应性和针对性更强，而集成化则体现在社会保障制度的整合层次和程度不断提高。总而言之，社会保障不仅是学术界的“显学”，更是实践中的“热门”，未来社会保障的实践创新将带动和引领政府的转型与发展。

第三节 代表性成果

【《医疗保险付费方式改革经办管理城市实例》】

作　　者：人力资源和社会保障部社会保险事业管理中心

出版时间：2012 年 8 月

出版机构：中国劳动社会保障出版社

内容摘要：该书由人力资源和社会保障部社会保险事业管理中心组织编写。编者召集各地医疗保险经办机构开展“医疗保险付费方式改革经办管理专题研究”，分析、研究了 30 个典型城市，并将其中较为成型的 6 个城市整理成为范例。这 6 个实例涵盖了目前医疗保险付费方式改革的主要方式，包括总额预算、复合式付费、按病种分值付费、单病种付费和按人头付费等。各个城市在付费方式改革中充分考虑了当地的医疗保险基金收支、卫生资源配置、医疗保险信息系统建设、医疗保险经办管理水平、参保人员就医习惯等因素，形成的管理措施具有操作性和可行性。此外，实例中还对付费方式改革的相关方面，如协议管理、分组管理、谈判机制等，进行了深入的阐述。

【《中国医疗保险谈判机制研究：理论基础与框架设计》】

作　　者：周尚成

出版时间：2013 年 1 月

出版机构：科学出版社

内容摘要：中国社会医疗保险谈判机制的理论研究和实践工作刚起步，在理论上缺乏足够的支撑。该书立足于中国现实，参照国际新型医疗保险谈判机制发展的一般规律，紧扣中国医疗保险谈判实践工作的需要，进行理论模型构建。通过对社会医疗保险领域相关主体的博弈方式深入分析，进一步明确社会医疗保险谈判机制的实质内涵，形成有关社会医疗保险谈判机制的基本理论框架，并制定出中国社会医疗保险谈判机制实施的实务规则。首先，对医疗保险谈判机制进行理论分析和论证，探讨各相关理论对医疗保险谈判机制的贡献及应用；其次，选取湖北省武汉市、十堰市及江苏省镇江市三地医疗保险机构、医疗机构作为研究对象，对医疗保险谈判研究现状及实践现状进行分析，并初步界定医疗保险谈判构建和发展的方向，同时尝试探索建立医疗保险谈判博弈模型，结合前述理论及样本地区调查，选出相关典型案例深入剖析，诠释医疗保险谈判机制构建及开展情况；最后，为医疗保险谈判机制构建制定实务规则，以期为医疗保险机制创建提供借鉴和参考。该书研究获得了丰富定量数据，从多方面对目前医疗保险谈判的现实情况进行分析，可以为中国有关部门制定医疗保险谈判机制方案提供政策依据。

【《基本养老保险制度分析与评估——基于养老金水平的视角》】

作　　者：李珍

出版时间：2013 年 6 月

出版机构：人民出版社

内容摘要：该书以养老金水平为视角，通过定性和定量分析，研究了基本养老保险社会统筹和个人账户相结合的制度结构以及制度规定的各参量对养老金水平的影响。研究发现，社会统筹和个人账户相结合的制度结构不合理、获取养老金的资格条件过低是造成养老金水平下降的原因。据此作者提出结构改革与参量改革并举的政策建议：一方面将社会统筹与个人账户分离，政府对基础养老金负责，将个人账户做成自愿性养老储蓄账户；另一方面改革参量，提高获取养老金的资格条件，如提高退休年龄、提高缴费年限等。这些措施不仅能够提高个人养老金水平，而且能够保障养老保险制度可持续发展。但是，提高获取养老金的资格条件与“广覆盖”的目标是冲突的，作者认为当制度的多重目标冲突时，应当优先选择“保基本”和“可持续”，“广覆盖”的目标由不同制度共同达成。

社会影响：该书得到国家“985 工程优势学科创新平台”项目专项经费资助。

【《养老保险统筹层次收入再分配系数研究》】

作　　者：穆怀中等

出版时间：2013 年 9 月

出版机构：中国劳动社会保障出版社

内容摘要：该书由养老保险统筹层次收入再分配理论、模型与方法、全国统筹收入再分配系数实证分析、财政补贴适度水平、异地接转收入再分配效应和全国统筹方案选择及其对策建议等内容构成，其主要内容概括为：一核心、两类型、四模式、六方案、两检验、一对接。在养老保险统筹层次生存公平、劳动公平、养老保险适度水平等理论观点基础上，作者提炼出养老保险统筹层次收入再分配核心系数模型，依据分层平均递进规律设计全国统筹“四模式”，发现统筹层次、收入差距与收入再分配系数之间的联动收敛规律，并根据“双检验”（帕累托检验和适度水平检验）和“一对接”（与省级统筹合理对接）原则，确定收入再分配系数对接的最佳模型是模式 III。模式 III 原型即为分层平均统筹类型，模式 III 变形即为分比例统筹类型，两者共同构成全国统筹“两类型”。依据“两类型”“四模式”设计全国统筹“六方案”：全国平均工资模式；（全国平均工资 + 个人指数化工资）/2 模式；（全国平均工资 + 省平均工资 + 个人指数化工资）/3 模式；15% 中央统筹模式；10% 中央统筹模式和个人指数化工资模式。依据收入再分配系数、财政补贴水平、异地接转统筹差额及与省级统筹平稳对接，确立全国统筹分比例统筹模式为最优选择，并据此提出相关政策建议。

社会影响：该书为国家自然科学基金项目（项目编号：70973048）“养老保险统筹层次收入再分配系数研究”的研究成果。

【《国际社会保障动态——全民医疗保障体系建设》】

主　　编：俞卫

出版时间：2013 年 10 月

出版机构：上海人民出版社

内容摘要：《国际社会保障动态》橙皮书由上海财经大学策划撰写，计划每年出版一本，系统、定期地介绍国外社会保障的最新实践，配合国内社会保障热点问题的研究，提出一些可供借鉴的经验。该书以全民医疗保障体系建设为主题，全面地介绍了国内外全民医疗保障研究的最新成果和实践动态。全书分为六章，第一章介绍拉美、东欧、南欧和北欧国家的社会保障制度，以及 2007—2008 年世界金融危机在这些国家产生的影响。第二章介绍当前国际社会保障体系中的几个热点问题：退休年龄调整、欧元区国家财政危机对社保体系的影响、美国商业长期护理保险和欠发达地区社区医疗保险。第三章讨论了世界医疗保障体系建设的起源和全民化发展历程。第四章主要分析各国全民医疗保障体系的基本框架、管理体制和运营机制，包括医疗保障体系对不同人群的保障制度、医疗保障体系的管理模式、医疗保障体系的筹资方式和筹资水平，以及医疗保障体系的支付方式。第五章全面介绍了中国医疗保障体系的发展历程，分析了现状和主要存在的问题，同时与国外医疗保障体系进行了比较，指出值得借鉴的地方。第六章分析了中国地方政府与商业医疗保险合作实施的大病医疗保险比较成功的两个案例：江苏太仓和广东湛江。

社会影响：上海财经大学在社会保障研究领域独树一帜，2009 年以来组织编写了《各国社会保障制度丛书》，先后出版了 12 个国家的社会保障制度专著，成为国内首套系统、完整的外国社会保障制度丛书。2013 年上海财经大学再次推出社会保障橙皮书，追踪国内外社会保障研究的热点与动态，使其研究处于前沿地位。

【《中国社会保障发展指数报告 2012》】

作　　者：褚福灵

出版时间：2013 年 10 月

出版机构：经济科学出版社

内容摘要：该报告根据现有数据和评价需要建立由 49 个核心指标组成的评价指标体系，根据统计数据、计算公式和软件编程测算指标值。根据理论标准与实际数据的正态分布情况确定指标的目标参数值。以指标值为基础，根据无量纲化方法，产生数值在［0，1］的指数值。根据加权方法，由单一的指数值计算出综合指数值，并以此作为社会保障发展指数排名的基础。在指标值和指数值计算中，可能出现个别地区的指标值和指数值异常，但总体上计算出的指标值和指数值是有代表性的。

该报告以社会保障、养老保障、医疗保障、就业保障、贫困保障等为研究对象，通过“覆盖面、保障度、持续性、高效性、公平性”等维度对各个部分进行“水平分析、趋势分析和结构分析”，利用“优良度、向好度、正常度、均衡度”等参数进行综合评价，得出了一系列的针对性结论，具有代表性、科学性和一定的创新性。总体判断认为，该指标指数体系反映的中国社会保障发展情况是基本符合实际的。

该报告认为，2011 年中国社会保障在中低水平运行，各地发展不平衡问题仍然突出；社会保障覆盖面不断扩大，保障水平呈下降态势；可持续性在中位运行，有下滑态势；高效性在低位运行，呈下降态势；公平性在高位运行，总体有所改善。

社会影响：在《中国社会保障发展指数报告 2010》《中国社会保障发展指数报告 2011》研究成果发布之后，引起广泛关注和强烈反响。本报告总体上沿用之前的研究方法，进一步完善部分指标解释，充实了公平性指数均值、贫困保障标准、报销率均值等内容，既保持稳定性和一致性，同时体现发展性。

【《中国养老保险缴费对消费和储蓄的影响》】

作　　者：白重恩　吴斌珍　金烨

发表时间：2012 年第 8 期

期刊名称：《中国社会科学》

内容摘要：考虑到家庭可能面临信贷约束，同时可能有目标储蓄的动机，当期养老金缴费可能会减少当期可支配收入，进而抑制消费，并可能提高储蓄率。使用城镇住户调查 2002—2009 年 9 省市的数据，利用养老保险缴费率和养老保险参与率的城市差别随时间的变化，构建家庭养老金缴费的工具变量，实证研究发现：在 2006 年之前，尽管增加养老保险覆盖率本身有助于刺激消费，在给定缴费前的收入水平以及养老保险覆盖状态时，提高养老金缴费率会显著抑制缴费家庭的消费。另外，养老保险缴费负担对总消费的影响主要也是负面的。

社会影响：该研究得到国家社科基金重大项目（项目编号：10ZD&007）、自然科学青年基金（项目编号 70903042）的资助。

【《“新农保”基础养老金计发办法与筹资机制研究》】

作　　者：何晖、殷宝明

发表时间：2012 年第 12 期

期刊名称：《中国软科学》

内容摘要：新农保基础养老金待遇计发办法和筹资机制是制度设计的重要内容并关系到政策的实施效果。现行政策所实行的统一额度计发办法造成各地收入替代率失衡且存在实际收入替代率不断下降的风险，同时与之相配套的一刀切的财政补贴办法导致地方政府财政负担苦乐不均。文章设计了“统一比率计发待遇 + 分层负担多方筹资”的基础养老金待遇计发办法和相匹配的财政筹资机制，在此基础上通过测算对比评估了试点方案与改革方案的财政补贴规模。研究结论显示，改革方案保证了各地基础养老金收入替代率的稳定，实现了各级政府筹资责任与能力大小的匹配，优化了中央政府、地方政府以及个人的养老保障责任分担。

社会影响：该研究得到国家社会科学基金项目（12CGL078）、湖南省教育厅青年项目（12B122）“新型农村社会养老保险风险识别与防范研究”、湖南省社科基金项目（11YBB352）“新型农村社会养老保险风险识别与预警研究”、湘潭大学博士基金项目（12QDGG02）“新型农村社会养老保险试点跟踪与可持续性评估”等基金项目的资助。

【《强制医保制度下无保险人群的健康状况研究》】

作　　者：赵绍阳　臧文斌　傅十和　刘国恩

发表时间：2013 年第 7 期

期刊名称：《经济研究》

内容摘要：该文利用国务院关于城镇居民基本医疗保险试点评估调查 2007—2009 年的跟踪调查微观数据，研究了医保夹心层人群的健康及其医疗服务利用情况。研究发现，在控制了个人特征、就业状况、保险状态以及家庭经济状况后，医保夹心层职工的健康状况较差；其无保险状态会直接影响医疗服务利用，这表现为医保夹心层更少接受住院服务（但在门诊服务方面没有差别），但一旦住院，夹心层住院花费及其负担都会更重；其次，医疗保险状态还会影响健康意识，这表现为夹心层人群在了解医疗保健知识、定期身体健康检查方面缺乏积极性。

社会影响：该研究得到四川大学中央高校基本科研业务费研究专项项目（SKQY20132）、教育部人文社科项目（11YJC790257）、西南财经大学中央高校基本科研业务费的资助。研究得到中国医疗体制改革——评价与展望论坛、西南财经大学海峡两岸保险与风险管理学术讨论会、中国经济学年会（2010）、香港经济学双年会（2010）参与者的评论。

【《我国养老保障水平差异研究——基于替代率和相对水平的比较分析》】

作　　者：王亚柯　王宾　韩冰洁　高云

发表时间：2013 年第 8 期

期刊名称：《管理世界》

内容摘要：该文在统一框架内，利用替代率和相对水平指标对中国各种养老保障制度的保障水平进行了比较和分析。结果显示，无论是替代率还是相对水平，机关事业单位养老保险提供的保障水平都是最高的，其次是企业职工养老保险和企业年金，最低的是新型农村养老保险。而且，收入水平不同，各种养老保障制度间的差距也有所不同。收入水平越低，各种养老制度间的差距越小，收入水平越高，不同制度间的差距则趋于扩大。在制度设计上，作为第二支柱的企业年金可以弥补企业职工养老保险改革所导致的差距。与其他国家相比较，中国企业职工养老保险提供的是一个较为合理的保障水平，机关事业单位养老保险过高，新型农村养老保险则过低。因此，其他养老制度应逐渐与企业职工养老保险并轨，并采取有效措施大力发展企业年金和职业年金，以发挥其第二支柱的补充作用。同时，中国养老保障水平的持续实现，需要一定的制度保证，即建立和完善养老金正常调整机制与养老保险基金管理机制。

社会影响：该研究获国家社科基金项目（08CJY006）、国家自科基金项目（71173038）和对外经济贸易大学优秀青年学者培育计划的资助。

【《人口年龄结构、养老保险制度转轨对居民储蓄率的影响》】

作　　者：杨继军　赵二震

发表时间：2013 年第 8 期

期刊名称：《中国社会科学》

内容摘要：居民储蓄持续升温与人口年龄结构、人均预期寿命延长和养老保险制度改革有很大关系。利用 1994—2010 年中国省际数据进行动态面板回归发现：家庭支出结构的“远期化”和内生性劳动供给等原因，使少儿人口抚育负担对居民储蓄的影响为正；作为“非生产性”的老年人口比重的上升，则倾向于抑制储蓄；养老保险覆盖面、养老保险缴费水平对居民储蓄的影响显著为正，表明养老保险制度改革并没有纾解居民对于未来养老的担忧，进而并未起到给储蓄降温的目的。因此，弱化计划生育政策、提高人口出生率并不能降低当下的居民储蓄，而延迟退休年龄、挖掘适龄劳动人口消费潜力、通过养老保险制度改革降低不确定性，对降低高储蓄率则更为有效。

【《多轨制社会养老保障体系的转型路径》】

作　　者：中国社会科学院经济研究所社会保障课题组

发表时间：2013 年第 12 期

期刊名称：《经济研究》

内容摘要：该报告基于文献研究和实地调查指出，中国社会经济的二元结构和计划经济时代遗留的公务员及事业单位退休制度，造成了多轨制的养老安排。在这样的制度安排下，不同身份的个人在缴费义务和养老金给付水平上的差别日益显著。这不但引发了不同职业群体的福利竞赛，进而损害养老基金的财务可持续性，而且还导致社会疏离与日俱增。解决这一问题的根本出路，在于整合多轨制，推进适应市场经济运行和人口老龄化趋势的养老保障制度改革。现有的社会保险应为制度整合的基点：第一，合并城乡居民社会养老保险，将其扩展为覆盖全体国民的非缴费型普惠制公共养老金。第二，改进城镇企业职工基本养老保险管理方式，将统筹基金依然用做与薪酬相关联的正规就业者社会养老保险，将个人账户基金转化为由专业公司管理的覆盖正规和非正规部门就业群体的个人储蓄投资账户。第三，将公务员和事业单位人员纳入规则统一的正规就业者社会养老保险。

社会影响：该文为中国社会科学院的集体研究成果，代表了社会保障体系整合的一家之言。

第十三章　资源与环境管理

刘骊光　吕　阳　智　强

公共资源与环境管理的研究对象是在政府、社会、市场等利益相关方作用下的资源与环境系统的结构、功能、效益和运行机制。在宏观上，资源与环境管理分析资源和环境基本问题，研究人类与资源、人类与环境、资源与环境、经济发展与资源、环境保护之间的相互关系和作用机理；在微观上，资源与环境管理运用多学科理论和方法，研究人类如何合理地开发利用自然资源，并保护人类赖以生存的生态环境，以实现可持续发展。近年来，学术界在资源与环境的理论方面取得了显著的成果和进展；与此同时，中国在资源与环境的实践领域中也开展了积极的探索和尝试，有力地促进了经济、社会、环境的协调发展。本部分将重点总结 2012—2013 年度资源与环境管理领域的理论进展和创新实践，以及部分代表性成果。

第一节　理论进展

资源与环境管理是公共政策与管理的重要分支。资源与环境管理领域的理论进展为丰富公共管理学科发展做出了重要贡献，也为各级政府政策实践提供了重要理论依据和参考。理论内容涵盖很广，我们主要从绿色经济发展、自然资源管理、能源管理三大领域进行介绍。

一　绿色经济发展理论进展

绿色经济是“促成提高人类福祉和社会公平，同时显著降低环境风险和生态稀缺的经济”，是近年来国际社会呼吁经济范式变革的意义上提出的可持续发展的新理念。中国对绿色经济的理论研究从 80 年代开始，近十年来开始逐渐成为关注的热点。学术界主要以国情为立足点，从不同角度进行了多方面的研讨，研究范畴主要集中于绿色经济内涵的确定、绿色经济指标设计、绿色经济研究模型等。

（一）概念界定

绿色经济的概念发展由来已久。20 世纪 80 年代末，在“可持续发展”理念初步形成全球共识的背景下，皮尔斯（D. Pearce）等经济学家在《绿色经济蓝图》一书中最早使用了“绿色经济”一词指代“可持续”的经济发展模式。[①] 1992 年，联合国召开里约环境与发展大会以来，可持续发展成为广为采用的概念，改变着全球的环境与发展版图。

---

① D. Pearce, A. Markandya and E. Barbier, *Blueprint for a Green Economy*, London: Routledge, 1989.

2002 年的可持续发展问题世界首脑会议进一步提出了采取有针对性的办法和步骤，推进可持续发展战略在各国的实施。[①] 然而，气候变化、能源、粮食、金融危机、发展差距等问题限制了《里约环境与发展宣言》《21 世纪议程》《联合国千年发展目标》《约翰内斯堡执行计划》等行动方案的全面实施。这一期间，“绿色经济”一词，被当成可持续发展的代名词，而鲜有创新性的突破。“绿色经济”被理解为能协调好环境与发展关系的经济发展模式。

为应对全球金融与经济危机及一系列全球环境、资源挑战，发达国家相继提出了振兴经济的“绿色新政”（Green New Deal）计划。2008 年 10 月 2 日，联合国环保署（UNEP）召开了《绿色经济行动倡议》（Green Economy Initiative）项目启动会和《全球绿色新政》（Global Green New Deal）专家会议，发出“绿色经济”和“绿色新政”倡议，意在通过采纳一整套公共投资、补充政策和价格改革措施，实现重振经济，减少贫穷，减缓碳排放和生态系统退化三大目标。2009 年联合国环境署在国家环境部长会议上正式提出绿色经济倡议，同年 4 月初又发布了《全球绿色新政政策概要》的报告，呼吁各国领导人实行绿色新政，实施绿色经济发展战略。全球绿色新政被认为是及时、妥当应对经济危机的响应政策，也是联合国启动的向绿色经济过渡的发展绿色经济等相关倡议的早期成果。[②③] 通过 20 多个联合国机构共同开展的广泛研究和能力建设活动，2011 年，联合国环保署正式发布了《绿色经济报告——迈向绿色经济：实现可持续发展和消除贫困的各种途径》。[④] 该报告给出了绿色经济的最广为使用的和最权威的定义：绿色经济是“促成提高人类福祉和社会公平，同时显著降低环境风险和生态稀缺的经济”。报告认为，绿色经济认可自然资本的价值和对自然资本的投资，强调建立更有效、公正的经济模式；经济的“绿色化”不但不会拖累增长，反而是新的增长引擎，并将成为体面就业的创造者和消除贫困的关键战略。此外，报告鼓励政府机构为向绿色经济过渡创造更适宜的条件。

2012 年 6 月，可持续发展和消除贫困背景下的绿色经济与构建可持续发展的体制框架一道成为里约 +20 联合国可持续发展大会的主题。根据大会《我们希望的未来》的成果文件，绿色经济是可以实现可持续发展的重要工具之一，但不应该成为一套僵化的规则。每个国家都可以根据本国可持续发展计划、战略和优先事项选择适当的办法。发展绿色经济该有助于消除贫穷，有助于持续经济增长，增进社会包容，改善人类福祉。

中国学者结合中国实际情况，对发展绿色经济提出不同的观点。成思危认为，绿色经济是当前可持续发展的重点。对中国来说，绿色经济意味着将“三低”（低污染、低排放、低能耗）作为当前经济发展的重点。绿色经济的内涵非常广泛，包括低碳经济、循

---

① United Nations. WSSD Johannesburg Plan of Implementation［EB/OL］. 2002. http：//www. johannesburgsummit. org/html/documents/summit_ docs/2309_ planfinal. htm

② UNEP. Global Green New Deal-Policy Brief［EB/OL］. 2009. http：//www. unep. org/pdf/A_ Global_ Green_ New_ Deal_ Policy_ Brief. pdf

③ UNEP. Global Green New Deal：an Update for the G20 Pittsburgh Summit［EB/OL］. 2009. http：//www. unep. org/pdf/G20_ policy_ brief_ Final. pdf

④ United Nations. The future We Want［EB/OL］. 2012. http：//www. uncsd2012. org/rio20/thefuturewewant. html

环经济、生态经济等诸多方面。[①] 解振华认为，在未来相当一段时间，中国能源需求还会合理地增长，但绝不重复发达国家传统的发展道路，也不会靠无约束地排放温室气体来实现经济发展，中国将把应对气候变化作为国家重大战略纳入国民经济和社会发展的中长期规划，大力发展以低碳排放、循环利用为内涵的绿色经济，逐步建立以低碳排放为特征的工业、建筑、交通体系，加快形成科技含量高，资源消耗少，经济和环境效益好的国民经济结构。[②] 孙鸿烈认为，绿色经济是最大的概念，它包含了循环经济、低碳经济和生态经济，其中循环经济主要是解决环境污染问题的，低碳经济主要是针对能源结构和温室气体减排而言的，生态经济主要是指向生态系统（如草原、森林、海洋、湿地等）的恢复利用和发展的（如发展生态农业等）。[③] 胡鞍钢认为，转向绿色经济首先需要转向绿色发展战略，而对于中国来说，转向绿色发展战略则首先需要从过去的"加快发展"理念转向"科学发展"理念。[④]

吕福新指出，生态文明是绿色发展的目标和方向，也是绿色发展的重要内容和条件。[⑤] 绿色发展要尽可能充分吸收和运用生态文明的思想、理念、技术和方法。发展状态是人类或人群与自然和社会联系在一起的生存发展状态或生态。不同的发展模式，其实就是不同的主体——生态模式。[⑥] 在绿色发展的理论模式中，体现自然经济和农耕文明的自然→亲情→缘约相关→自主是传统，而反映绿色经济和生态文明的多元—共生→生态相关→自主是主导，体现市场经济和工业文明的自主→契约相关→交换—竞争，以及体现信息经济和后工业文明的自主→公共相关→公平—共享是重要内容。蒋南平等认为绿色发展应建立在"资源能源合理利用，经济社会适度发展，损耗补偿互相平衡，人与自然和谐相处"的基础上。只有马克思主义生态理论才是指导中国经济绿色发展的基本理论。而全面树立珍惜及合理利用自然资源、尽快制定资源能源补偿标准、避免资本统制力对生态的破坏、以科技手段来加速生态的修复及经济的发展，是中国乃至世界各国绿色发展的有效途径。[⑦]

时至今日，尽管绿色经济的定义仍存争议，绿色经济的内涵已更加清晰：绿色经济已从政府规制视角的"使褐色产业（Brown Industry）绿色化"发展为集"绿色投资、生产、贸易与消费"为一体的全新理念。绿色经济成为接续农业经济、工业经济、服务经济、知识经济的新型经济增长范式，和能够实现经济效益、生态和谐、社会和谐与包容的人类生存发展模式。[⑧] 值得一提的是，"绿色经济""可持续发展""低碳经济""循环经济""绿色增长""可持续消费与生产（SCP）""千年发展计划"等名词都在一定的语境和范围中广为使用，并进化成为"绿色谱系"中意义相近的术语。这些概念既有紧密的关联，

---

① 成思危：《可持续发展与绿色经济》，中国工程系统工程年会发言，2010年。

② 解振华：《中国为绿色经济付出了巨大努力》，绿色经济与应对气候变化国际合作会议发言，2010年。

③ 孙鸿烈：《什么是绿色经济》，《中国环境报》2010年6月5日。

④ 胡鞍钢：《中国绿色发展与"十二五"规划》，《农场经济管理》2011年第4期。

⑤ 吕福新：《绿色发展的基本关系及模式——浙商和遂昌的实践》，《管理世界》2013年第11期。

⑥ 吕福新：《加快转变经济发展方式的主体——生态模式——基于"浙商"的视角》，《商业经济与管理》2012年第12期。

⑦ 蒋南平、向仁康：《中国经济绿色发展的若干问题》，《当代经济研究》2013年第2期。

⑧ Sheng Fulai, "A Green Economy: Conceptual Issues", http: //www. rona. unep. org/documents/partnerships/GreenEconomy/GE_ Conceptual_ Issues. pdf.

又各有侧重；其中，绿色经济被认为是“一个象征性的、广义的概念，是生态经济与可持续经济的实现形态和形象概括”。[①]

（二）绿色经济指标体系

随着绿色经济概念的提出，建立绿色经济指标体系开始受到关注。2009 年美国加州政府公布的绿色创新指数中包括低碳经济、能源效率、绿色科技创新、绿色经济政策体系 4 个大项、17 个小项，评估其绿色经济发展情况。[②] 中国北京师范大学、西南财经大学和国家统计局中国景气监测中心联合研制的《2010 中国绿色发展指数年度报告——省际比较》将绿色发展指数分成经济增长绿化度、资源环境承载潜力和政府政策支持度三部分，分别反映经济增长中生产效率和资源使用效率，资源与生态保护及污染排放情况，政府在绿色发展方面的投资、管理和治理情况等。[③] 薛珑遵循绿色经济发展测度体系建立原则，从绿色经济效率、绿色资源环境、绿色科技创新和绿色经济政策四个方面入手，建立了 4 个一级目标、9 个二级准则和 38 个三级指标在内的绿色经济发展测度体系。[④]

石敏俊等从环境健康、资源节约、低碳发展和生活宜居四个方面构建绿色城市指数（Green City Index，简称 GCI）的指标体系。通过测算总结出中国城市经济增长与绿色发展关系呈现出以下特点：（1）中国城市经济增长普遍较快，但绿色转型发展的差异较大；（2）少数城市片面追求经济增长速度，轻视低碳环保，节能减排任重道远；（3）大多数城市绿色发展处于中游水平。[⑤]

向书坚等根据生态经济系统物质流动的原理与绿色经济的关系，构建了中国绿色经济发展指数。中国绿色经济发展指数总体上分为四层，第一层是一级指数即中国绿色经济发展指数；第二层是二级指数，包括中国绿色生产指数、中国绿色消费指数及中国生态健康指数 3 个二级指数；第三层又分解为绿色投入、绿色产出、绿色消费水平、绿色消费结构、绿色消费效果、生态破坏、生态“疾病”以及生态修复 8 个三级指数；第四层为具体测评指标，根据上一层次指数特征进行选择。通过运用“十一五”时期的数据对指数进行验证，表明：中国绿色经济发展处于低水平发展阶段，目前的绿色经济发展不具有典型绿色经济的性质。[⑥]

（三）绿色经济研究模型

大量专家学者建立了绿色经济的概念框架和研究模型。联合国环保署（UNEP）的 T-21 研究模型表明，绿色经济发展模式具有更好的三重底线效益。在自然资本的环境收益方面，绿色经济发展情景下自然资本的退化得到了基本遏制；在物质资本的经济收益方面，绿色经济发展情景下，2020 年以前经济增长率会低于褐色经济，但绿色经济长期增长率更高；在人力资本的社会效益方面，在 2030 年以前绿色经济发展情景下就业机会有小幅减少，但长期来看，绿色经济能够创造比褐色经济更多的就业机会。此外，绿色经济

---

① 陈银娥等：《绿色经济制度创新》，中国财政经济出版社 2011 年版。

② NEXT10. *California Green Innovation Index* 2009，California，2009.

③ 北京师范大学科学发展观与经济可持续发展研究基地等：《绿色经济与中国绿色发展指数的编制》，《经济研究参考》2011 年第 1 期。

④ 薛珑：《绿色经济发展测度体系的构建》，《统计与决策》2012 年第 18 期。

⑤ 石敏俊、刘艳艳：《城市绿色发展：国际比较与问题透视》，《城市发展研究》2013 年第 5 期。

⑥ 向书坚、郑瑞坤：《中国绿色经济发展指数研究》，《统计研究》2013 年第 3 期。

投资于自然资本可以实现所需要的经济社会发展与自然资本消耗的脱钩，而且，通过生态绩效模型、结构方程模型以及典型案例研究三种方法进行分析，绿色经济发展模式不仅有利于经济增长，同时能够提高生活质量。①

刘纪远等建立了中国西部地区的绿色发展概念框架。该框架涵盖自然资本、经济资本、社会资本与人力资本，并提供服务于四方面资本共同改善和提升的措施与调控方案。该框架以“发展中促转变，转变中谋发展”的良性循环发展原则为指导原则，根据西部地区当前经济资本、环境资本、社会资本以及人力资本数量，通过政府适当干预，如区域规划、区内调整，最终实现社会经济与生态环境和自然资源相协调的绿色发展。②

钱争鸣与刘晓晨运用DEA效率模型中非径向非角度的SBM模型对1996—2010年中国各省区绿色经济效率值进行测算，并将其与传统经济效率值的对比，分析了东部、中部和西部绿色经济效率水平的区域差异，然后利用Tobit模型考察了各省区绿色经济效率的影响因素。研究发现：绿色经济效率水平在中国东部、中部、西部三大地区依次递减；与传统经济效率水平相比，中国整体的绿色经济效率水平偏低；未考虑资源和环境因素时，传统经济效率指标高估了东部和中部地区的效率，而低估了西部地区的效率；绿色经济效率与人均GDP之间的倒“U”形关系在东、中、西三大区域都存在，但影响各省区绿色经济效率的其他因素在三大区域却各有差异。③

高红贵的研究将绿色经济发展过程视为多方博弈过程，通过建立“子博弈精炼纳什均衡”模型、精炼贝叶斯博弈模型和一般博弈模型，分析了绿色经济体系构建中的诸方利益博弈关系。不同的博弈主体有不同的利益诉求：中央政府以公共利益长期化为核心的社会整体利益最大化诉求、地方政府政绩导向诉求、企业围绕利润最大化原则和消费者在一定观念指导下的效用最大化原则，诸方利益诉求的交集在于实现社会经济的绿色化，减少污染。研究结果表明，发展绿色经济的政策目标和责任目标与政策执行人员自身利益相挂钩的制度安排是制约污染者的有效路径，制度实施机制对制度实施程度及效率有直接的影响。只有通过建立监管者的奖励机制、引导正确的社会舆论评价、提高执法者的综合素质，强化企业治理污染的约束机制和提高对消费者绿色消费的补贴机制才能妥善处理博弈各方的利益诉求，顺利实现绿色经济发展。④

（四）绿色经济与可持续发展制度建设

里约+20峰会的两个主题是在可持续发展和扶贫框架下发展绿色经济与国际可持续发展制度建设。绿色经济是体现经济社会与资源环境相协调和可持续发展的根本途径。绿色经济的发展潮流将引发社会形态由工业文明向生态文明转变。可持续发展制度框架的建设和改革要体现世界各国公平获取可持续发展的理念和原则，全面均衡地反映不同国情和

① 诸大建：《绿色经济新理念及中国开展绿色经济研究的思考》，《中国人口·资源与环境》2012年第5期。

② 刘纪远、邓祥征、刘卫东、李海英：《中国西部绿色发展概念框架》，《中国人口·资源与环境》2013年第5期。

③ 钱争鸣、刘晓晨：《中国绿色经济效率的区域差异与影响因素分析》，《中国人口·资源与环境》2013年第7期。

④ 高红贵：《中国绿色经济发展中的诸方博弈研究》，《中国人口·资源与环境》2012年第4期。

发展阶段国家的利益诉求。①

绿色经济理念对党政领导干部的考评提出了新的要求。黄溶冰等从绿色经济的内涵出发，分析指出作为一种具有中国特色的权力制约监督制度，经济责任审计应该将环境保护责任纳入经济责任审计的评价范围，这是由于政治环境、经济环境、社会环境、法律环境等审计环境变迁带来的审计活动的发展与创新。②

李正图构建了中国发展绿色经济新探索的总体思路。这一总体思路是基于对自然圈、生物圈、经济圈和社会圈所构成的客观运行并自我控制的庞大系统的分析，并且指出经济发展本来就是在这一庞大系统中运行的，并应当适应而不应当违背这一庞大系统。发展路径可以概括为：基于自然圈、生物圈、经济圈和社会圈各自和彼此之间的平衡和循环，从传统经济发展方式转型为现代经济发展方式，最终走向绿色经济形态。③

诸大建提出中国推进绿色经济的三个政策。中国可以运用绿色经济中自然资本消耗规模要控制、资源分配要公平、资源生产率要提高的一般原理和量变关系，倒逼经济模式实现绿色转型，构建三位一体的政策体系，推动绿色转型。第一是绿色经济的生态规模政策。对耕地、能源等重要的自然资本，要实行总量控制，形成倒逼机制，限制 GDP 的规模和速度过快增长。第二是绿色经济的分配公平政策。每个人都有发展的机会，要把资源环境总量按照人口平均分配到各区域。初始分配体现公平，特别是贫穷人口的生态权利。第三是绿色经济的效率提高政策。通过提高技术和管理水平，提高资源环境的生产率，自然资源要通过市场机制配置到最有效率的地方去。④

二　自然资源管理理论进展

环境和自然资源决定着一个地区人类所有活动，是人类赖以生存、经济社会安定发展最重要的物质基础。中国自然资源具有双重性的特点：一方面，中国自然资源总量存储丰富，另一方面，人均自然资源占有量很少。另外，自然资源分布不均以及资源利用技术不高，导致了对自然资源巨大的消耗和破坏。⑤ 因此，如何加强自然资源的管理，也成为中国经济社会发展过程中需要持续关注和解决的重要议题。

谷树忠等根据中国自然资源政策演进的过程，将中国的资源管理发展划分为五个阶段，认为从 2011 年开始中国进入自然资源管理的第五个阶段，这一阶段的主要特点为：以全面落实科学发展观和加速转变经济发展方式为标尺，系统梳理和优化现行资源政策，重点强化资源节约利用和资源优化配置政策力度。他提出，自然资源政策的宗旨主要是坚持资源可持续利用，保障国家资源安全，高效参与全球资源配置，兼顾效率与公平。⑥ 近

---

① 何建坤：《全球绿色低碳发展与公平的国际制度建设》，《中国人口·资源与环境》2012 年第 5 期。

② 黄溶冰、单建宁、时现：《绿色经济视角下的党政领导干部经济责任审计》，《审计研究》2010 年 4 期。

③ 李正图：《中国发展绿色经济新探索的总体思路》，《中国人口·资源与环境》2013 年第 4 期。

④ 诸大建：《从“里约 +20”看绿色经济新理念和新趋势》，《中国人口·资源与环境》2012 年第 9 期。

⑤ 周觅：《中瑞自然资源管理之比较》，《湖南师范大学社会科学学报》2012 年第 3 期。

⑥ 谷树忠、曹小奇、张亮、牛雄、曲冰、何绍雄：《中国自然资源政策演进历程与发展方向》，《中国人口·资源与环境》2011 年第 10 期。

几年，中国的许多学者也对自然资源的管理理论进行了不断的研究和探索，主要包括以下几个方面。

（一）自然资源参与性管理

参与性管理，也可以称作“共同管理”，其基本含义是一样的，即与自然资源相关的利益相关者共同参与自然资源的管理。早在1979年，美国环保署就在其法规中强调了公众参与决策的重要性，并对一些细节做出了相应的规定，2003年，美国环保署又制定了《公众参与政策》以促进公众参与共同管理。中国在1993年就已经开始引入参与式资源管理方式，最早实行共同管理的保护区是贵州的草海自然保护区，至今共同管理工作已经陆续在30个以上的自然保护区推广开展，并取得了一定的成效。①

肖强等通过运用博弈论与纳什均衡的方法，对三峡水库生态退化的问题进行了研究，认为参与性管理对于改进项目方案设计，取得项目各有关利益群体的理解、支持与合作等方面起到了积极的促进作用，并且有利于提高项目参与各方的社会责任感，减少社会矛盾和纠纷，防止负面社会影响和后果的产生；参与式方法的应用还在降低项目建设和运营的社会风险、实现项目投资的经济社会发展目标等方面起到了积极的作用。②

卢小丽、赵奥和王晓玲认为，在自然资源管理过程中引入公众参与是为了满足公众自身利益，提高决策的科学性，最终达到自然资源效率提升和可持续利用的双重目标，参与式管理有助于培养公众可持续利用资源的价值观，使公众在参与过程中自觉意识到自然资源的稀缺性和保护自然资源的必要性。他们通过对比发现，发达国家在自然资源参与性管理方面主要有参与行为法律化、参与主导非政府化、参与意识增强化、参与主体广泛化等特点，而在发展中国家则具有参与主导政府化、参与意识淡薄化、参与途径单一化等特点。另外，他们也指出，公众参与自然资源管理的模式基本上是按照参与认知水平的提升，从政府主导发起型参与向非政府主导发起型参与和公众自觉发起型参与不断演进的。在中国实施公众参与自然资源过程中，要提升公众参与认知水平，强化法律保障建设，转变主导发起者角色，拓宽参与途径，从而实现自然资源的可持续利用。③

（二）自然资源适应性管理

适应性管理是在20世纪70年代提出的，到目前为止，中国有许多专家学者从不同的维度进行了自然资源适应性管理的研究。适应性管理是基于学习决策的一种资源管理框架，是通过实施可操作性的资源管理计划，从中获得新知，进而用来不断改进管理政策，推进管理实践系统化的过程。适应性管理的过程实际上是问题界定、方案设计、执行、监测、评估、管理改进六要素构成的管理循环。④

徐广才、康慕谊和史亚军认为，自然资源适应性管理针对管理系统存在的复杂性和不确定性，通过规划、设计和开展探索性试验，提供了适应性地开展自然资源管理的模式。

---

① 马林娜：《共同管理在我国自然资源管理领域的应用浅析》，《中国渔业经济》2012年第1期。

② 肖强、孙凡、马生丽、向冲：《参与式自然资源管理的博弈论分析》，《重庆文理学院学报》（自然科学版）2012年第6期。

③ 卢小丽、赵奥、王晓玲：《公众参与自然资源管理的实践模式——基于国内外典型案例的对比研究》，《中国人口·资源与环境》2012年第7期。

④ 徐广才、康慕谊、史亚军：《自然资源适应性管理研究综述》，《自然资源学报》2013年第10期。

但是，在自然资源适应性管理尺度效应、自然资源相应的模拟与检测、制度与协调问题、研究与管理机构的利益成本和管理风险以及生态价值之间的冲突等方面，还存在着许多问题需要解决。除了上述共性方面，中国自然资源的适应性管理目前还存在两方面的问题：第一是自然资源适应性管理过多地停留在理论层面上，开展操作实践的适应性管理较为少见；第二是存在适应性管理概念泛化的趋势，导致了适应性管理偏离了自然资源管理模式的内涵。在适应性管理研究过程中，出现了一些新的研究趋势，比如适应性规划、适应性协同管理、适应性风险管理、公众参与平台等，这些新的研究趋势促进了适应性管理不断完善和发展。未来，推进中国自然资源适应性管理，还需要进一步提升对自然资源适应性管理的认识，进一步深化自然资源适应性管理的理论研究，进一步拓展自然资源适应性管理的实践研究。①

（三）自然资源资产化管理

十八届三中全会要求加快生态文明建设，并提出要健全自然资源资产产权制度和用途管理制度，实行资源有偿使用制度和生态补偿制度。

李强认为，自然资源的产权形式具有复杂性和多样性的特点，具体形式一般包括使用或享受自然资源的进入权，利用资源获取利润的收益权，制定和完善资源使用规则的管理权，出售、出租或继承产权的让渡权。同时产权又可分为私人产权、共同产权、开放自由和国家所有四种类型，这四种产权有着不同程度的集体行动问题。政府介入自然资源管理的手段有行政管制和产权保护两种方式。一方面，政府通过对资源使用行为的直接干预，避免资源的过度使用和环境恶化；另一方面，通过保护资源产权，帮助资源使用者跨越集体行动的问题。②

叶榅平指出，目前中国自然资源立法存在立法理念和规范配置混乱的问题，过分强调以行政手段管理和配置资源，自然资源权利界定不明确不充分，尚未形成自然资源权利秩序，缺乏有效的自然资源纠纷处理机制，为此今后需要以私法本位理念涤除公法优位理念对自然资源立法的不正当影响，要以可持续发展理念整合自然资源的多元利益。要以私法为基础建立自然资源立法体系，以私法物权为中心建立自然资源权利秩序，以市场为机制促进自然资源的有效流转。③

（四）自然资源绩效审计

自然资源绩效审计的宏观目标是实现自然资源绩效审计的免疫功能，维护国家的资源安全；微观目标则是通过监督、评判、督促整改，使自然资源管理者制定科学合理的资源政策，严格自然资源的资金和配置、保护、利用管理，使其符合经济性、效率性、效果性和可持续性，最终实现宏观目标。④

国家审计署 2008 年发布的《审计署 2008 至 2012 年审计工作发展规划》要求深入开展自然资源绩效审计，指出“对土地、矿产、森林、海洋等重要资源保护与开发利用情

---

① 李晓西：《世界能源新形势及我们的战略》，《价格理论与实践》2013 年第 8 期。

② 李强：《政府自然资源管理介入度探析——基于集体行动角度的考察》，《人文杂志》2012 年第 4 期。

③ 叶榅平：《自然资源物权化与自然资源管理制度改革导论》，《管理世界》2012 年第 9 期。

④ 徐泓、曲婧：《自然资源绩效审计的目标、内容和评价指标体系初探》，《审计研究》2012 年第 2 期。

况的审计，重点揭露和查处破坏浪费资源、国有资源收益流失、危害资源安全等重大问题，从体制、机制和制度上分析原因，提出建议，促进资源保护和合理开发利用”。

徐泓和曲婧认为，自然资源绩效审计是指以政府审计为主，民间审计和内部审计为辅，对自然资源及有关资金管理开展的绩效审计。它以资源相关资金审计为基础，从资金和资源配置、保护、利用的经济性、效率性、效果性和可持续等方面开展监督、评价和鉴证。目前自然资源绩效审计的评价依据是分散的、不系统的，种类繁多且专业性强，因此，他们依据自然资源绩效审计的目标和内容，建立了五大类绩效审计评价指标，分别是：政策绩效审计评价指标，资金绩效审计评价指标，开发保护绩效审计评价指标，自然资源使用绩效审计评价指标和自然资源收集绩效审计评价指标。每一大类指标下面又分别提出了细分指标以及评价公式和方法，初步建立起了一个系统的自然资源绩效审计的指标体系。①

三　能源管理理论进展

我们看到，当前世界能源供需格局正在发生深刻变化：一方面世界能源供应中心呈现多元化的发展趋势，另一方面世界能源需求继续保持稳定增长态势，亚太地区作为世界能源需求中心的地位更加突出。同时，政治经济形势、能源市场波动、气候环境变化、公众认知和接受度等因素对亚太地区的能源政策制定产生重大影响。另外，能源成本对于该区域高能源强度产业的竞争力起着重要作用。本地区能源供应的多元化和稳定需求、能源通道安全、能源技术创新和有效的能源政策对话论坛对维护本地区的能源安全和可持续发展至关重要。为了推动可持续发展，各经济体既面临着巨大的挑战，同时也孕育着新的机遇。本部分将重点总结2013年度能源政策实践与创新领域的理论进展和创新实践，以及部分代表性成果。

（一）能源战略研究

能源战略是指为适应国民经济和社会发展的需要，一个国家或地区对能源总体发展的谋划、设计和决策，包括制定能源发展的方针、原则、目标及重大措施。能源发展战略具有长期性、全局性、变化性等特点。

能源是国家经济的“命脉”，也是工业经济的“血液”，是现代社会赖以生存和发展的物质基础。在可预见的时期内，能源资源是世界经济发展的主要依赖。而能源的有限性使得其成为炙手可热的战略物资，加之持续严峻且变数极大的能源形势更凸显了能源在国际经济、政治、外交中的重要地位。目前，世界能源市场供需结构性失衡问题突出，世界能源格局的变化已经超越消费国和输出国的界限，扩大至全球范围。各国在能源方面相互依赖，彼此制衡。近两年，学界对于能源战略的研究主要基于地缘层面，不同学者对于世界能源形势、各大国及能源大国的能源战略、能源合作、未来发展趋势有不同角度的论述。

部分学者首先对世界能源形势进行了概括，李晓西提出，当前能源形势可以概括为五个“新”，即：能源国际市场出现新动荡，能源利用与贸易遭遇新压力，能源供应资源约束和环境承载力再现新瓶颈，能源管理体制面临新矛盾，能源技术与能源生产方式可能有新突破。目前，世界能源挑战与机遇并存。对此，各国都在选择、调整应对能源新形势的

① 徐泓、曲婧：《自然资源绩效审计的目标、内容和评价指标体系初探》，《审计研究》2012年第2期。

发展战略。[①]

陈英超、余国合、朱益飞、倪世雄、徐振伟等学者着重剖析了美国的能源战略及中美能源合作问题。陈英超等分析了奥巴马政府的能源战略，指出其战略重点在于清洁替代能源和新能源。从增加国内石油产量、发展替代清洁能源、改善交通系统、节约能源和发展新能源五个方面着手，使得绿色能源成为美国经济的主力引擎，逐步实现能源独立，并将能源武器纳入能源外交之中。[②] 倪世雄等[③]、徐振伟[④]分析了美国能源战略的目的，即实现霸权主义。美国通过大力发展生物能源、能源外交、控制能源产地、控制能源通道、建立石油战略储备、石油美元机制等战略手段，影响国际能源体系中的供应板块、需求板块、能源运输通道和国际石油价格，旨在长期、有计划地提升美国的实力，增加对世界能源市场的影响力，更好地发挥“粮食武器”的作用，最终目的是维护美国的霸权地位。美国国际能源战略与地缘战略密切结合，与谋求霸权密切结合。

刘乾、刘锋、徐海燕、刘涛等学者分析了俄罗斯的能源战略，一致认为，俄罗斯能源储量丰富，愈加能将能源作为实现国家利益的工具，2008 年金融危机后，俄罗斯将能源战略重点转向提高国内能源利用效率、进一步开拓国外能源市场、重视亚太地区。俄罗斯能源战略的中心思想从“资源—原料”模式改变为“资源—创新”模式，以实现国内资源和创新潜力的充分运用，实现能源行业的转型。[⑤] 近年来，俄罗斯加紧实施开拓海外资源市场、扩大国际影响力、外向型能源发展战略。[⑥] 且在维持多边合作的同时，更多关注亚太地区，在东部周边建立友好睦邻与互利合作地带，以扩大在该地区的政治经济影响力。[⑦]

在研究日本能源战略中，必须注意到，日本能源资源较为匮乏，且受 2011 年“3·11”大地震引发的核泄漏事故影响较大。近年来，日本对现有的能源战略进行了调整，重新制定了能源战略，重点集中在去核能化，同时高度重视可再生能源的发展，把节约和提高能源利用率置于能源发展的重要位置，促进能源多元化。给中国的启示是，一定要将核安全置于首要地位，加速可再生能源发展和坚持节约能源战略。[⑧] 在中日能源合作战略方面，张季风认为，中日要加强双方在第三国进行石油、天然气等能源的共同开发、共同购买，继续加强在节能环保领域的技术合作，提升中国能源产业发展水平。[⑨]

---

① 李晓西：《世界能源新形势及我们的战略》，《价格理论与实践》2013 年第 8 期。

② 陈英超、冯连勇、William X. Wei、王宏伟：《美国奥巴马政府新能源战略及其特点》，《中国能源》2013 年第 9 期。

③ 倪世雄、潜旭明：《霸权之基：美国的国际能源战略》，《人民论坛·学术前沿》2012 年第 8 期。

④ 徐振伟：《美国生物能源战略对美国霸权的影响》，《天津师范大学学报》（社会科学版）2013 年第 6 期。

⑤ 刘乾：《俄罗斯能源战略与对外能源政策调整解析》，《国际石油经济》2014 年第 4 期。

⑥ 刘锋、朱显平：《俄罗斯能源企业“走出去”发展战略与中俄合作》，《东北亚论坛》2013 年第 5 期。

⑦ 徐海燕：《大国复兴与俄罗斯能源战略》，《国际石油经济》2012 年第 10 期。

⑧ 李美艳、冯连勇：《福岛核危机对日本能源战略的影响及启示》，《中外能源》2013 年第 3 期；吴学安：《日本能源战略启示录》，《理论参考》2013 年第 1 期。

⑨ 张季风：《日本能源战略调整及中日能源领域的竞争与合作》，《东北亚学刊》2013 年第 3 期。

在中国能源战略方面，必须在科学发展观指导下建立和实施。[①] 第一个能源战略重点在于保证现有的能源安全。中国的能源安全必须要有战略规划，把能源安全战略与经济发展战略紧密结合起来，清醒、审慎、灵活地处理好与各主要大国的关系，保障能源进口。[②] 第二个战略重点在于要节约能源，提高现有能源利用率。深化能源管理体制改革，宏观调控低碳能源发展，强化资源节约和保护生态环境，探求实施低碳能源战略。[③] 同时优化产品结构，降低高能耗行业的比例，提高能源效率，降低生产经营成本，稳定国内能源价格，保持经济发展。[④] 第三个能源战略重点在于实现能源战略转型。新形势下，要从全球化视野、新能源安全观和可持续发展理念的角度出发，研究中国能源战略转型的基本思路，具体可从推进节能降耗，促进能源绿色发展和优化能源结构，构建能源多元供给体系及深化体制改革、释放能源市场活力等方面，实现中国能源的转型。[⑤] 最后，在国际合作方面，重视中国西北能源通道，重视新疆成为新亚欧大陆桥的枢纽作用，形成以能源通道为纽带的资源与市场互补关系，促进国际能源合作。[⑥] 总之，中国 2030 年前能源战略可概括为实施“节能、绿色、结构、安全、改革”五套组合拳的能源战略，应对世界能源新变化。[⑦]

（二）能源经济研究

能源作为人类生存、社会发展的公用性资源，是一个国家与地区经济发展的重要物质保障。能源是种重要的经济资源。今日，能源问题已经上升到国家战略的高度，各国政府纷纷出台一系列能源政策。在我们享受能源所带来的各种利益的同时，一系列问题随之出现，能源短缺以及由能源过度消耗所引起的环境污染、生态环境破坏等问题，严重威胁着人类的生存与发展。近两年关于能源经济的相关研究，主要有以下两个方面：

1. 能源、经济、环境，即“3E”系统协调度分析

在“3E”系统分析的研究中，主要以实证为主。胡绍雨在《我国能源、经济与环境协调发展分析》中，通过对中国能源、经济与环境协调发展评价指标体系的模型构建，运用主成分分析法和因子分析法，测算了三个系统之间的协调发展系数，并进行了它们之间的综合发展评价。他认为，能源与环境处于极不协调状态，能源与经济处于基本协调状态，经济与环境以及能源之间均处于不协调状态。[⑧]

曾鸣等在《基于主成分分析法的我国能源、经济、环境系统耦合协调度研究》中，构建了能源、经济、环境系统耦合协调度评价指标体系，基于主成分分析法对这三个系统的发展水平进行测度分析，利用构建的耦合协调度模型计算系统的协调度水平。结果表明中国能源、经济、环境系统的协调度等级较低。[⑨]

---

① 莫神星、贾艳：《科学发展观指导下的中国能源发展战略》，《中外能源》2013 年第 5 期。

② 刘学敏：《地缘政治与中国国家能源安全》，《全球化》2014 年第 4 期。

③ 陈忠平：《我国低碳能源发展的战略思路与对策措施》，《煤炭技术》2013 年第 6 期。

④ 张振华：《高油价背景下我国的能源战略研究——以石油为例》，《价格月刊》2013 年第 3 期。

⑤ 赵峥、张亮亮：《新形势下如何实现我国能源战略的转型》，《经济纵横》2013 年第 3 期。

⑥ 张磊：《中国西北陆路能源通道构建的重大国际战略意义》，《东北亚论坛》2013 年第 3 期。

⑦ 李晓西：《世界能源新形势及我们的战略》，《价格理论与实践》2013 年第 8 期。

⑧ 胡绍雨：《我国能源、经济与环境协调发展分析》，《技术经济与管理研究》2013 年第 4 期。

⑨ 曾鸣、王亚娟：《基于主成分分析法的我国能源、经济、环境系统耦合协调度研究》，《华北电力大学学报》（社会科学版）2013 年第 3 期。

崔立志在《能源、经济和环境作用机制及其实证分析》中，运用联立方程模型对中国1998—2010年的时间序列数据进行了分析。他认为政府能够通过转变经济增长模式，继续降低能源强度，大力发展第三产业和积极治理环境污染等措施实现能源、经济和环境的可持续发展。①

关华等在《低碳经济下能源—经济—环境系统分析与调控》中，对低碳经济下能源、经济、环境系统进行系统动力学仿真，发现能源、经济、环境系统中能源利用不合理，污染物排放超过环境的承载能力，整个系统协调程度低。②

刘桦等在《工业园区能源、经济、环境协调发展影响因素研究》中，提出了完善节能与环保法律法规、激励政策及其实施机制，建立节能与环保技术创新体系和创新机制，开辟多元化的融资渠道，优化园区经济结构和有效利用资源等促进工业园区能源、经济、环境协调发展的对策和建议。③

2. 能源结构转型

实现能源结构转型是实现经济结构转型的基础。能源消费结构不仅关系着经济增长的速度和质量，也关系着人类生活质量和生态环境建设。随着中国经济、工业化和城市化的快速推进，“能源瓶颈”问题正在变得日益严峻。郝新东在《中美能源消费结构问题研究》中，以能源消费结构为比较对象，分别从中美能源消费绝对量结构和相对量结的演进、中美各能源品种的逐一比较分析等视角展开论述，并借助实证分析方法探寻中美能源消费结构的异同及原因，提出完善风电价格政策、解决可再生能源发电的并网问题等政策建议。④

宋卫东等在《产业和能源消费结构调整对单位产值能耗影响分析》中，对比分析了中国和美国、日本、德国产业结构、能源消费结构与单位产值能耗的变化规律，研究了产业结构和能源消费结构变化对单位产值能耗的影响，总结了日本节能管理对降低单位产值能耗的作用，提出在优化产业、能源消费结构的同时，加强节能管理是降低中国单位产值能耗的现实选择。⑤

毕清华等在《基于CDECGE模型的中国能源需求情景分析》中，提出为减缓能源需求量的快速增长趋势，实现减排目标，可以从改善产业结构、实行碳税政策等方面采取措施，优化能源结构，实现经济结构转型，从而保障能源供应安全和控制温室气体排放。⑥

（三）可再生能源发展研究

1. 对可再生能源发展现状的研究

随着全球化脚步的日益加快，中国作为能源消耗大国，加快经济转型，改变发展模式

---

① 崔立志：《能源、经济和环境作用机制及其实证分析》，《工业技术经济》2013年第1期。

② 关华、赵黎明：《低碳经济下能源—经济—环境系统分析与调控》，《河北经贸大学学报》2013年第5期。

③ 刘桦、杨婷：《工业园区能源、经济、环境协调发展影响因素研究》，《企业经济》2013年第3期。

④ 郝新东：《中美能源消费结构问题研究》，博士学位论文，武汉大学，2013年。

⑤ 宋卫东、王乾坤：《产业和能源消费结构调整对单位产值能耗影响分析》，《中国能源》2013年第12期。

⑥ 毕清华、范英、蔡圣华、夏炎：《基于CDECGE模型的中国能源需求情景分析》，《中国人口·资源与环境》2013年第1期。

迫在眉睫。加快可再生能源发展，有利于减少污染，改善生态环境，提高人民生活水平。李静毅认为，中国在大力发展可再生能源产业、改善能源结构的同时，必须看到其作为新兴产业，产业基础薄弱、技术创新步伐缓慢、可再生能源消耗总量比重低的现实。①

时璟丽分别对中国水电、风电、光伏发电、生物质能发电规模作了统计，认为中国的可再生能源在能源供给、节能减排、促进能源结构调整等方面已经开始发挥一定的作用。②

白旻认为自2010年年末起，中国可再生能源产业频繁遭遇国外“双反制裁”，正面临“保护难”和“出口难”的两难困境。“以市场换技术”战略难以为继，“两头在外”的发展模式也走到了尽头。开放式的发展模式已不适合产业的进一步发展，中国可再生能源产业开始步入主要依靠国内市场、依靠自主创新的内向化发展新阶段。③

2. 对可再生能源发展政策及法案的研究

国内学者针对可再生能源政策做了大量研究，通过研究国内外可再生能源政策法案，提出了改进方案。徐如浓全面分析了美国可再生能源的政策体系以及主要内容，并通过将其与中国的政策体系进行比较，获得相应的启示：中国应该借鉴美国经验，从提升战略规划，注重政策连贯性、持续性，加强政策的可操作性、协调性，加大政策的投入力度等方面来进一步完善中国可再生能源政策体系。④

国网能源研究院的黄碧斌、李琼慧、谢国辉、王乾坤在深入研究国外配额制度典型模式的基础上，以意大利配额政策为例，着重分析了意大利电力体制问题，剖析了意大利配额政策的核心要素，并得到了一些有益的研究。⑤

谢旭轩、王仲颖、高虎通过总结具有国际可再生能源发展领先水平的代表性国家的可再生能源补贴政策机制以及最新动向，基于国际经验，提出对中国目前面临的可再生能源补贴资金不足问题的一些建议。⑥

丁娟、刘元艳通过对英国海洋可再生能源产业的发展过程、规模、融资机制、经济表现、制度创新等方面进行系统分析和总结，将其发展的成果经验做出了总结，对中国海洋可再生能源产业的发展提出了建议。⑦

孙增芹、刘芳则从法治方面入手，针对中国现有的有关可再生能源的五项法律制度存在的问题，在借鉴国外可再生能源运作成熟的相关法律制度的基础上，“对症下药”，提出切实可行的具体完善建议。⑧

于文轩、朱婷婷对中国可再生能源法治的现状做了分析调查，提出中国法律保障机制

---

① 李静毅：《我国可再生能源发展现状及财税政策思路》，《地方财政研究》2013年第4期。

② 时璟丽：《我国可再生能源发展综述》，《自动化博览》2013年第6期。

③ 白旻：《中国可再生能源发展进入阶段转换期》，《中外能源》2013年第8期。

④ 徐如浓：《美国可再生能源政策体系及对我国的启示》，《生态经济》（学术版）2013年第1期。

⑤ 黄碧斌、李琼慧、谢国辉等：《意大利可再生能源配额制及对我国的启示》，《风能》2013年第11期。

⑥ 谢旭轩、王仲颖、高虎等：《先进国家可再生能源发展补贴政策动向及对我国的启示》，《中国能源》2013年第8期。

⑦ 丁娟、刘元艳：《英国海洋可再生能源产业发展现状及政策借鉴》，《海洋经济》2013年第3期。

⑧ 孙增芹、刘芳：《完善我国可再生能源法律制度的几点建议》，《干旱区资源与环境》2013年第2期。

有待改进，并提出了如何完善可再生能源产业发展的法律支撑体系。①

3. 对可再生能源发展前景的研究

可再生能源的发展备受关注，许多学者利用多项指标，采用定性定量分析的办法，构建合理科学的模型来预测可再生能源的发展前景。何旭波通过运用 MARKAL 能源系统模型对陕西省 2010—2030 年的能源生产、主要大气污染物以及二氧化碳排放进行模拟，得出结论以及政策建议。②

甄晓非、孟凡生认为，随着国内"十二五规划"的全面展开，中国可再生能源产业将面临更多不确定性环境因素，产业竞争力的培育和提升也将面临更大的机遇和挑战。③

古丽娜尔·玉素甫、孙慧以可再生能源资源丰富的新疆为例，对其可再生能源发展模式的选择和前景展望做了分析，在对新疆可再生能源发展现状、问题、模式进行分析的基础上，从建立产业体系、立法、增加建设投入以及社会参与等方面提出有针对性的对策建议。④

方国昌、田立新、傅敏、孙梅从非线性动力学入手，分析了新能源对能源强度和经济增长的影响，结果表明，依靠新能源自身发展或单纯加大对新能源的经济投入，并不能很好地控制能源强度。当经济投入过大时会对经济发展带来很大的阻碍作用。只有加大包括新能源在内的节能减排的综合投入，才能很好地降低能源强度；当新能源发展成熟时，这种投入对经济的促进作用也大。⑤

（四）能源与环境关系研究

自 1980 年以来，随着中国经济加速发展，带来的能源消耗越来越严重，环境污染日益突出，全球气候变暖、酸雨、雾霾、荒漠化等恶化的环境问题逐渐成为经济发展的"新常态"，也得到了各界学者的普遍关注。

学者们有关能源与环境关系的相关研究，多以实证研究为主。但其中不乏部分学者提出的能源与环境关系分析总体框架。贺斯琪指出，能源对环境的影响主要体现在能源的开采环节、利用环节和能源事故三个方面。⑥ 裴庆冰、田野根据能源开发利用对生态环境影响的不同特点区分为常态影响和事故影响，并在此基础上将常态影响区分为污染式影响和破坏式影响。⑦ 此外，受到较多关注的能源消费与环境关系的研究中，蔡峰涛将国外的相

---

① 于文轩、朱婷婷：《气候变化背景下可再生能源法治的挑战与对策》，《江苏大学学报》（社会科学版）2013 年第 6 期。

② 何旭波：《补贴政策与排放限制下陕西可再生能源发展预测——基于 MARKAL 模型的情景分析》，《暨南学报》（哲学社会科学版）2013 年第 12 期。

③ 甄晓非、孟凡生：《低碳经济驱动下的中国新能源产业战略发展研究》，《苏州大学学报》（哲学社会科学版）2013 年第 2 期。

④ 古丽娜尔·玉素甫、孙慧：《可再生能源发展模式的选择与前景展望——以新疆为例》，《改革与战略》2013 年第 9 期。

⑤ 方国昌、田立新、傅敏等：《新能源发展对能源强度和经济增长的影响》，《系统工程理论与实践》2013 年第 11 期。

⑥ 贺斯琪：《我国经济—能源—环境系统的数量变动关系研究》，硕士学位论文，华北电力大学，2013 年。

⑦ 裴庆冰、田野：《能源开发的生态环境影响浅析》，《经营管理者》2013 年第 29 期。

关研究概括为经济、技术、政策三个层面。①

从20世纪90年代后期开始，国内学者开始在研究“经济—能源”2E系统中引入环境因素，展开对中国“经济—能源—环境”3E系统的探讨。研究主要从两个角度展开，一是研究3E系统内部三种要素间的协调性；二是运用计量经济学测算3E系统内部要素间互动和反馈机制。在3E系统背景下，能源与环境间的协调性与互动关系得到了更深入的探讨。

朱达在考虑环境影响的情况下建立中国能源需求模型，在假定经济增长速度下，预测了2000—2040年的能源需求量，并在此基础上预测二氧化硫和二氧化碳的排放量。② 贺斯琪选取2006—2011年中国经济、能源和环境发展相关数据，并基于文中构建的评价体系进行评价分析，结果表明现阶段三个子系统协调程度较低，能源与环境之间矛盾较为突出，而碳排放是当前中国环境系统中最需要关注的问题。③ 胡绍雨也对3E系统的协调发展系数进行了测算，结论认为中国能源与环境处于极不协调状态。④ 傅珊研究了3E系统中子要素间局部驱动关系，指出环境污染与能源消费在长期内互为因果关系；而在短期内，工业废气排放量、工业固体废弃物产量与能源消费为双向因果关系，能源消费与工业废水排放量呈现单向因果关系。⑤ 刘慧媛对区域经济增长、能源消耗、环境污染三者间关系和影响机制做了分析，结论显示由能源投入和污染排放导致的无效率约占环境无效率的71.82%。⑥

能源消费与环境质量关系是近几年来学界研究的热点之一，且大都以实证研究的形式展开。杨帆聚焦城乡差异，对北京市城乡居民的直接能源消费、间接能源消费、二氧化碳排放量进行了测算，结果表明居民消费行为对碳排放影响差异显著：北京市居民在服务业中消费所产生的能耗及二氧化碳最多；食品、衣着等基本生活消费项目依然是碳排放产生的重要源头，城镇居民间接碳排放要显著高于农村居民。⑦ 洪富艳、刘岩通过建立动态模型，引入化石能源污染的外部环境成本与可再生能源的外部环境收益之间的关系，探索两者的替代条件，为可再生能源推广增加了可信性。⑧

对于缓解能源消耗与环境恶化之间的矛盾，学者们基于自己的研究纷纷给出了合理化的建议。有学者认为，在资源和环境的约束下，进一步带动产业结构升级，保持经济稳定增长是当务之急；有学者提出加快调整能源结构，合理引导能源技术研发能力的提高是长久之策；也有学者认为，应致力于加速新能源技术创新，推广清洁能源的使用范围，推进

---

① 蔡峰涛：《能源消费、经济增长与环境污染关系的计量分析》，硕士学位论文，西北师范大学，2013年。

② 朱达：《能源—环境的经济分析与政策研究》，中国环境科学出版社2000年版。

③ 贺斯琪：《我国经济—能源—环境系统的数量变动关系研究》，硕士学位论文，华北电力大学，2013年。

④ 胡绍雨：《我国能源、经济与环境协调发展分析》，《技术经济与管理研究》2013年第4期。

⑤ 傅珊：《能源、经济与环境驱动关系的统计研究》，硕士学位论文，湖南大学，2013年。

⑥ 刘慧媛：《能源、环境与区域经济增长研究》，博士学位论文，上海交通大学，2013年。

⑦ 杨帆：《北京市民居能源消费与二氧化碳排放的关系研究》，硕士学位论文，中央民族大学，2013年。

⑧ 洪富艳、刘岩：《基于边际机会成本理论的可再生能源环境价值研究》，《统计与决策》2013年第13期。

可再生能源与传统能源间替代的可能性。中国经济发展模式应实现由“劳动—资本—能源”型向“技术—环保”型的转变。[①]

（五）能源改革与制度建设

1. 国外能源改革研究

各国能源问题迫在眉睫，能源改革问题关乎各个国家的可持续发展。国外也多有能源改革的案例，对中国能源改革有着借鉴意义。

孙阳昭和蓝虹对全球能源治理的框架、新挑战与改革趋势进行了研究，指出：当前的全球能源治理组织架构分散在众多能够影响能源治理的国际机构与国际规则中，仅仅在某一方面发挥着全球能源治理功能且约束力较弱，难以有效应对全球能源治理面临的新挑战。由于参与全球能源治理的重要主体美国、欧盟和以中国为代表的新兴经济体目前正处于博弈之中，不可能在短期内建立目前呼吁较多的自上而下的政府间全球能源治理机制，改革趋势更可能是形成自下而上的路径，在上述重要主体继续实施单边能源政策的同时，加强各国间的相互沟通协调，并注重发挥二十国集团稳定能源价格及协商能源事务的作用。中国应抓住新机遇，积极主动参与全球能源治理规则的制定，成为治理规则的重要建设者。[②]

2013 年，资源国和消费国的能源政策出现了明显的差异。美、俄相继放开 LNG 出口，墨西哥能源改革拉开序幕，俄罗斯等国通过出售股权等形式引入私人资本，并通过一系列财税政策增强项目的营利性，吸引投资。多国开始调整政策加快本国非常规资源开发进程，并通过提高能效、健全税收制度促进本国的清洁能源发展。欧洲、日本等国家和地区核电政策出现新变化，核电发展出现新转机。欧洲各国继续削减对可再生能源的补贴，碳税推进步伐趋稳，多国出台财税政策，支持以天然气为代表的清洁能源发展，发展清洁能源是资源国和消费国的共同政策导向。[③]

美国的能源改革也在不断推进。周念林指出，近两年美国通过重建监管法治框架、强化境内外透明度监管与风险监管、按制度化安排实施监管等，对能源市场治理机制进行了改革，以此来限制石油市场过度金融化和推动全球协调监管。[④] 目的在于防止缺乏透明度导致的价格操纵和市场滥用。[⑤]

此外，西班牙的能源改革也在推进。西班牙政府推出了最新的可再生能源削减政策——撤销了 27 亿欧元的补贴。在此前的 2011 年至 2013 年，它已削减了 56 亿欧元的补贴。当可再生能源蓬勃发展时，政府未能削减补贴，因此现在不得不制定严厉的削减政策。对新产能不设定上限，并在其失控增长时不采取措施。西班牙政府应该引以为戒。[⑥]

---

① 张华、魏晓平：《技术进步对“能源—环境—经济”系统的直接与间接效用研究》，《首都经济贸易大学学报》2013 年第 5 期。

② 孙阳昭、蓝虹：《全球能源治理的框架、新挑战与改革趋势》，《经济问题探索》2013 年第 11 期。

③ 陈嘉茹、雷越、陈建荣：《2013 年世界主要国家油气及相关能源政策分析》，《国际石油经济》2014 年第 1 期。

④ 周念林：《发达国家能源市场监管新进展及启示——以美国为例》，《现代经济探讨》2013 年第 6 期。

⑤ 周念林：《美国能源市场治理机制改革新进展及启示》，《管理现代化》2013 年第 3 期。

⑥ 张建：《西班牙能源“政策撤退”迷途》，《中国石油企业》2013 年第 10 期。

英国政府也开始思考能源改革，更关注从可再生能源领域获得能源供给。从2004年起，英国开始成为能源净进口国，保持能源供应安全的压力开始显现。[①] 2013年12月，英国能源与气候变化部（DECC）正式发布了新一轮电力市场改革法案。该法案以确保获得可靠、清洁和经济的能源为目标，提出了到2030年的低碳路径展望。法案指出，英国政府将投巨资全力扶植低碳电力发展，其中核电、可再生能源和碳捕捉与封存技术的普及将成为重点工作。该法案围绕电力市场改革方案提出了两个关键内容：差价合约和容量市场，并制定了一系列配套措施，同时，还公布了英国的容量市场可靠性标准的缺电小时数为3h/a。[②]

非洲国家也加大能源改革的关注。黄晅、安海忠、张宏亮、丁颖辉和孙晓奇对南非油气资源法律法规和政策的演变、能源战略的阶段性推进、能源管理机构的分步改革进行浅析。发现南非不断完善能源法律法规、重视环保和可持续发展，并出台相关法律对弱势群体加以扶持。南非能源机构的分步改革使得原本夭折的能源部独立计划分阶段逐步实现，其能源行业组织在南非能源管理体制中的重要作用体现了政府和行业组织相辅相成。[③]

2009年，欧盟通过了《欧盟第三次能源改革方案》。本次改革的核心在于能源市场拆分，本次能源改革方案采纳了所有权拆分模式，旨在将能源管网彻底从垄断能源企业中分离出来。[④] 欧盟作为世界上最大的共同体，已经进入一个崭新的能源时代，由于欧盟实行一体化的速度越来越快，成员国的不断壮大使得欧盟逐渐成为全球第二大能源消耗主体，经济实力雄厚但是面临着能源资源严重不足、完全依靠能源进口现象的加深以及能源安全等各方面的问题，所以对于能源的发展问题，现已经成为欧盟总体发展战略里最为关键的内容。在面对问题的同时，欧盟也采取了一系列的能源政策以及法令的改革，欧盟在其发展过程中已经形成了一系列制度化的政策。从欧盟共同能源政策的产生过程来看，它主要从核能以及煤炭单一行业的能源政策逐渐朝着既包括电力、石油又包含其他可再生能源在内的能源政策的方向进行发展，而对于能源政策的任务来说，它也逐渐从消极地进行防范能源供应中断转向积极开发其他替代能源，最后再逐渐转到融合了环境保护问题、能源供应安全以及内部能源市场相关议程的综合性能源政策上来：从欧洲煤钢共同体、欧洲原子能共同体；到两次石油危机后产生的《欧洲能源宪章》；2000年11月，为了保证能源供应的安全性问题、降低能源耗费对大气环境逐渐变暖所造成的影响，欧盟正式制定了《欧盟能源方案绿皮书》，描绘了欧盟统一的能源战略；2005年6月，欧盟又提出了《能源效率的绿皮书》，提出在满足现有技术能力基础上，以降低能源消费作为限定温室气体排放的最根本方法；随后发展至2006年欧盟所提出的《可持续、安全及竞争的欧洲能源战略绿皮书》和《能源2020》等相关政策。[⑤]

2. 中国能源改革研究

国外能源改革研究给中国能源改革研究带来了启发，中国正在探索一条适合本国发展

---

① 苏晓：《英国可再生能源鼓励政策与电力体制改革》，《风能》2014年第2期。

② 冷媛、陈政、欧鹏等：《英国最新电力市场改革法案解读及对中国的启示》，《中国能源》2014年第4期。

③ 黄晅、安海忠、张宏亮等：《南非能源管理体制改革及启示》，《资源与产业》2013年第6期。

④ 孙吉：《〈欧盟第三次能源改革方案〉中的“第三国条款”研究》，《华北电力大学学报》（社会科学版）2013年第1期。

⑤ 雷晓蒙、刘舫、周剑等：《欧盟国家统一电力市场化改革分析》，《电网技术》2014年第2期。

的能源改革方法。能源体制改革是优化能源资源配置的必然选择，是落实科学发展观、实现绿色发展、推进能源生产和消费革命的制度保障，是完善社会主义市场经济体制的重要内容。

改革开放以来，中国能源发展战略发生了重大变革，1982 年党的十二大正式提出在 20 年内经济翻两番的伟大战略目标，但当时作为国民经济命脉的能源、交通是国民经济的薄弱环节，成为国民经济加速发展的瓶颈。可以说，如果能源瓶颈问题解决不好，必然要影响到经济翻两番目标的实现，这在全党全国达成了共识。为此，党中央根据科学的能源发展战略思想，采取了一系列有力的政策措施，包括制定国家能源科学技术发展规划，成立国家能源委员会，建设山西能源基地，提出开发与节约并重，近期以节约为主的方针，各部门、行业和企业建立能源管理机构，全国开展节能月活动，制定节能法，等等。①

但是，中国能源市场化改革滞后于其他领域经济体制改革的进程，能源市场主体不够规范、市场结构不够合理、价格机制不够顺畅、政府管理不够科学，能源体制机制积弊日趋严重，引发了诸多问题和乱象，能源生产关系不能适应新时代背景下能源生产力科学发展的需要。

李晓西、胡必亮和林卫斌指出，能源体制改革需要顶层设计，要求从市场主体、市场结构、市场规则和政府管理等各层面深化能源市场化改革，使“看不见的手”和“看得见的手”有机结合，协同发挥作用。他们建议在取消煤炭价格双轨制的基础上，逐步放开售电端市场，首先实现从“双轨煤、计划电”到“市场煤、双轨电”的转型。石油领域改革应重点放开市场准入，特别是石油进口的市场准入；天然气领域需要进行必要的产业重组。②

靖海也提出通过能源改革应对中国能源发展瓶颈，他指出：要推进电力体制改革，加强智能电网建设，设立新能源建设考核机制，加强政策引导，鼓励使用新能源，提高能源税收水平，形成合理的能源价格比价，转变政府职能，健全能源市场体系，通过能源价格改革实现节能减排目标。③

从政策角度来看，武旭的研究意义很大。他指出：推动充分有效的市场竞争是中国能源领域市场化改革的重要组成部分。他在回顾中国能源市场竞争改革路径的基础上，指出了目前政策存在的问题，并且通过对改革必要性和目标的系统性论证，提出了未来改革一系列的政策建议，主要包括在竞争性领域打破严格的准入限制；分阶段逐步分离具有自然垄断性质的基础网络环节，并加强政府监管；深化能源国有企业改革；注重能源领域间及与关联领域的改革协调性；提高能源管理层级，建立规范的能源监管体系。④

宋鹏从新能源企业的角度进行了研究，他认为：近几年，中国新能源发电产业进入爆发式增长期，市场供大于求，产能过剩已为新能源制造企业带来了实际经营困境，只有创新发展、深化改革、顺应市场，才是长久之计。此外，他还对新能源企业的创新与改革进

① 徐寿波：《改革开放 30 年中国能源发展战略的变革》，《中国国情国力》2008 年第 10 期。

② 李晓西、胡必亮、林卫斌：《中国能源改革战略：“两只手”协同作用》，《经济研究参考》2013 年第 7 期。

③ 靖海：《通过能源改革应对我国能源发展瓶颈》，《企业导报》2013 年第 6 期。

④ 武旭：《深化中国能源市场竞争改革的系统分析》，《中国能源》2013 年第 6 期。

行了一系列思考，提出了新能源企业改革发展的长期规划和短期目标；并从企业管理角度对新能源企业创新与改革的实施步骤与运作方法进行了相关探讨；最后对新能源企业未来的前景及发展提出了建议和思考。①

3. 中国能源管理体制改革研究

在能源管理体制改革方面，史丹、冯永晟和李雪慧指出，当前中国能源管理体制存在的问题主要是能源法律体系建设滞后，市场机制建设进展缓慢，市场监督机制不健全。他们提出新一轮能源管理体制改革的目标：形成比较完整的能源法体系，形成良性的市场竞争秩序，形成综合与分类相结合的能源监管体制，形成以市场为基础的能源定价新机制。他们提出能源管理体制改革思路：以法治建设作为能源管理体制改革的基础，以系统思维和顶层设计的思路确定改革方式，将价格机制改革作为能源管理体制改革的突破口。改革的重点是理顺煤电价格，推进电价改革；改善原油成品油定价机制，尽早推出天然气价格机制，完善市场准入制度，打破企业市场垄断，尽快完善电力监管体系，健全煤炭、石油天然气行业的监管体制，及早应对国际能源格局新变化，积极参与全球能源治理。②

杨解君同样认为当代中国能源立法面临问题与瓶颈，他指出：当前中国能源立法总体上存在着立改任务艰巨、观念未能与时俱进、内容行政化和政策化色彩深厚、体系冲突或不相衔接等问题，在电力立法、煤炭立法、石油天然气立法、节能立法和可再生能源立法等具体领域存在着诸多滞后、矛盾或可操作性不强等欠缺，而且还面临着一系列深层次的难题：能源与经济、环境的关系，法律与政策的关系，改革与法律的关系，市场、企业与政府的关系等。他认为，对于这些问题与难题，能源立法应从理念、目标、技术、体系和制度、改革与回应等多方面综合应对，一并解决。③

4. 中国能源价格改革研究

2012 年最后一周，中国政府宣布了一项关注度似乎不那么高、但却可能影响深远的价格改革：自 2013 年起取消电煤价格双轨制，取消重点电煤合同。此外，改革方案还强调继续实施煤电价格联动机制。这是顺应十八大确立的"更大程度更广范围发挥市场在配置资源中的基础性作用"的改革方向的。由此可见，中国能源价格改革意义重大。④

中国能源价格改革任重而道远。有研究指出，能源价格改革依然存在着许多难点，制约着改革的进一步推进，如能源各领域改革各成体系、分类推进，缺乏统一规划；当前多数领域缺乏有效竞争的市场格局，严重阻碍能源价格改革的顺利推进；能源价格的监督机制不完善，严重影响价格改革措施的具体落实。为此建议：根据行业属性的不同，明确能源各领域、各环节价格改革的方向；完善能源协调管理机制，保障能源价格改革的协调推进；加强对能源价格的监管机制建设，构建公平竞争的市场环境；准确把握价格改革推进的时机和方式，降低改革对经济运行及人民生活的冲击。⑤

---

① 宋鹏：《新能源企业创新与改革的探讨》，《电子世界》2013 年第 5 期。

② 史丹、冯永晟、李雪慧：《深化中国能源管理体制改革——问题、目标、思路与改革重点》，《中国能源》2013 年第 1 期。

③ 杨解君：《当代中国能源立法面临的问题与瓶颈及其破解》，《南京社会科学》2013 年第 12 期。

④ 汪涛、胡志鹏：《中国能源价格改革意义重大》，《中国投资》2013 年第 2 期。

⑤ 国务院发展研究中心重点课题"新形势下节能减排的难点与对策"课题组：《推进我国能源价格改革面临的主要制约与对策建议》，《发展研究》2013 年第 4 期。

刘希颖和林伯强以煤电联动政策为例探讨了能源价格的问题，提出改革能源定价机制以保障可持续发展。研究指出，按政府规定实施煤电价格联动会带来的电价水平波动，以及电价变动后的宏观影响，得出定价机制的市场化改革是煤、电两个部门可持续发展的保障的结论。[①]

如何进行能源价格体制改革，路径在哪？史丹认为，建立反映市场供求状况、资源稀缺程度和环境损害成本的价格形成机制，是推进资源价格改革的重要目标。[②] 孟军基于Fisher-Vande 的一个理论模型，结合中国的实际情况，提出中国可持续的节能降耗路径必须依靠技术进步、产业创新和能源价格改革。[③]

相应的，对于石油、天然气、煤炭等资源价格改革的研究也屡见不鲜。资源性产品的价格是能源改革的一部分，十八大后，深化能源资源性产品的价格改革已成为调整经济结构、转变经济发展方式和实现经济可持续发展的必由之路，具有战略意义。

李波指出，煤炭资源税改革将是资源税改革中的重点内容。煤炭消费占中国能源消费的比重接近 70%，因此煤炭资源税改革的推行要十分慎重。李波以煤炭资源税改革目标为切入点，基于税负转嫁的视角分析了中国煤炭资源税改革目标实现的困境。他利用 1993 年至 2010 年的时间序列数据，选取 GDP 指数、煤炭价格指数、石油价格指数、火电产量指数为解释变量，煤炭需求量为被解释变量进行了回归分析。他还分析了同一期间煤炭对外贸易变化情况和煤炭市场集中度变化情况。研究结果表明，单纯的以提高税负为手段的煤炭资源税改革在煤炭供需失衡、煤炭替代品缺乏以及煤炭产业市场集中度不断提高的情况下，税负极易向下游转嫁，从而导致税改目标难以实现。李波建议通过多种政策的引导和配套来有效增强煤炭资源税改革的政策效力，包括：对煤炭价格进行必要的干预，引导煤炭行业进行合理竞争、鼓励开采企业实现技术进步。[④] 石油作为一种不可再生的稀缺性资源，在中国经济发展中占有举足轻重的地位。李静运用多元函数回归方法分析了石油价格对中国经济发展的影响，探讨了中国石油价格改革的现状，得出中国石油价格变动存在时滞性，在价格调整方法上存在投机性和调价频率过快、油价成本过高以及国际油价波动会对中国经济产生负影响等结论。在此基础上，提出了具体的改革措施。[⑤] 在电力问题上，也有学者对此进行了研究：武建东认为，能源独立是增长与资源的平衡，能源资源价格具有全球性定价的基本属性；电力独立是能源消费和能源生产能力的平衡，电力产品和服务具有本国或本区定价的根本属性。电力体制改革关系中国未来在国际产业上的地位。[⑥]

---

① 刘希颖、林伯强：《改革能源定价机制以保障可持续发展——以煤电联动政策为例》，《金融研究》2013 年第 4 期。

② 史丹：《当前能源价格改革的特点、难点与重点》，《价格理论与实践》2013 年第 1 期。

③ 孟军：《可持续节能路径的选择：技术进步、产业创新与价格改革》，《科学管理研究》2013 年第 1 期。

④ 李波：《煤炭资源税改革目标实现的困境与对策》，《中国人口·资源与环境》2013 年第 1 期。

⑤ 李静：《我国重要资源性产品价格改革问题研究——以石油为例》，《价格月刊》2013 年第 12 期。

⑥ 武建东：《能源杂论——电力体制改革关系中国未来国际产业地位》，《变频器世界》2013 年第 2 期。

四　理论进展总评

探讨人口、资源、环境与发展的作用机制，并通过政策和管理手段使其协调一直是理论界和实践人士关注的主题。学术理论界围绕公共资源与管理的结构、功能、效益及其作用机制，运用管理学、经济学、政治学、社会学、法学等多学科知识，进行了大量积极的探索，并取得了一系列丰富的成果。总体来看，本节各领域的主要研究进展可概括为：

在绿色经济发展方面，绿色经济包括低碳经济、循环经济、生态经济等诸多方面，是实现可持续发展的重要途径。绿色经济发展，既强调人类经济社会发展尊重地球边界和自然极限，又要求将自然资本的利用扩展到人力资本、社会资本的利用，预示全球发展范式迎来新的变革。尽管各方对"绿色经济"的概念还缺乏公认的定义，但围绕绿色经济指标体系的研究开始受到学术界的关注，已有多项研究成果发布，并用于指导政策实践。此外，管理学、经济学者应用系统学、运筹学等建模技术开发出一系列绿色经济模型用于深入理解绿色经济发展模式的驱动因素及影响效果，发展系统内各方因素作用关系。随着全球各国实践的深入，可持续发展框架下的绿色经济发展路径正逐渐清晰，关于绿色经济理论与绿色发展模式的研究将更加系统和深入。

自然资源管理方面，由于自然资源的稀缺性，进一步加强对自然资源的管理是未来大的趋势。在这个过程当中，如何合理地界定划分产权，使得自然资源价格合理反映其市场经济价值是下一步自然资源管理需要讨论的重要问题。通过产权的合理划分，更多靠看不见的手来调节自然资源的价格，既有利于反映其准确价值，又有利于提高自然资源的使用效率，达到节约保护资源、节能减排的作用。

自然资源管理的过程需要所有利益相关者的参与。政府在这个过程中起主导作用，要根据经济社会发展的实际情况，从相关资源型城市、企业以及相关民众的实际情况和实际利益出发，通过良性互动，合理运用法律、经济和行政等手段，探索建立适合本地区的自然资源管理方式。

目前，中国关于自然资源使用和保护的相关法律政策不断推出，各地区也都在进行资源管理模式的探索，相关专家学者对于自然资源管理各个方面的研究也更加深入，可以预见在不远的将来关于自然资源管理的理论与实践将更加丰富与完善。

能源管理领域，当前世界能源格局正在发生深刻变化：一方面世界能源供应中心呈现多元化的发展趋势，另一方面世界能源需求继续保持稳定增长态势，亚太地区作为世界能源需求中心的地位更加突出。同时，政治经济形势、能源市场波动、气候环境变化、公众认知和接受度等因素对亚太地区的能源政策制定产生重大影响。能源成本对于该区域高能源强度产业的竞争力起着重要作用。本地区能源供应的多元化和稳定需求、能源通道安全、能源技术创新和有效的能源政策对话论坛对维护本地区的能源安全和可持续发展至关重要。在能源研究的理论方面，能源战略、能源经济、可再生能源、能源环境关系以及能源政策方面出现了越来越多的研究，也成为资源与环境管理领域的研究热点。

第二节　实践创新

近年来，中国在资源与环境管理领域展开了一系列创新的实践活动，为推进合理有效地开发、利用资源，保护生态环境，以及促进国民经济的持续、健康发展奠定了坚实的基础。本章的实践创新部分重点摘选了2012—2013年度公共资源与环境政策及管理领域中的重大事件及具体实践，并对其要点加以总结。值得一提的是，这些实践活动既是先前活动和经验的延续和总结，也是对今后一段时间政策实践的积极探索，对推动中国资源与环境管理领域改革和创新具有重大意义。本节分为五个部分：绿色经济发展、自然资源管理、国内能源政策、国际能源政策及国内外合作实践与创新，基本与第一节理论进展相对应。

一 绿色经济发展

政策实践中，绿色经济的发展可追溯至联合国1992年召开的环境与发展大会。随着中国可持续发展战略的实行和深入，近年来，绿色发展的主题也逐渐清晰，即节能减排和实现低碳发展。

1990年农业部专门召开绿色食品工作会议，推出绿色食品工程，批准命名了271项128种绿色食品。联合国环境与发展大会后，中国政府于1994年率先发布了《中国21世纪议程——中国21世纪人口、环境与发展白皮书》（以下简称为《白皮书》）。《白皮书》从中国自身国情出发，系统地论述了中国人口、经济、社会发展与资源、环境的相互关系。1996年，中国政府将可持续发展战略上升为国家战略，并开始实施一项为期15年的《跨世纪绿色工程计划》。为有效将《中国21世纪议程》纳入国民经济和社会发展计划，中国成立了由国家发改委为组长单位的“全国推进可持续发展战略领导小组”，指导中长期计划的编制。2003年，《中国可持续发展行动纲要》正式发布，在总结了10年来实施可持续发展的成就与问题的基础上，确定了21世纪初中国可持续发展的重点领域和行动计划。进入新世纪，中国将科学发展观确立为经济社会发展的重要指导方针，其基本要求是“坚持以人为本，实现全面协调可持续发展”。

2004年，国家环保总局和国家统计局联合发布了中国第一份经过环境污染调整的GDP核算报告《中国绿色国民经济核算研究报告（2004）》，指出由于污染造成的损失占当年GDP的3.05%，加入治理环境污染应该投入的虚拟成本，当年的GDP要再增加消耗1.8%。然而，随着城市化、工业化、现代化进程的加快，中国面临的资源环境矛盾日益突出，生态系统面临重重威胁，产业转型升级压力增加；为此，中国政府将节能减排作为实施可持续发展战略的具体举措。从2006年开始，中国正式启动“十一五”节能减排计划，并采取了一系列经济、法律乃至必要的行政手段；各地区、各部门相继做出了工作部署。2007年，国务院成立了国家应对气候变化及节能减排工作领导小组的议事协调结构，由温家宝总理担任领导小组组长。2009年6月17日，国务院常务委员会议明确提出，“做好节能减排工作，大力发展环保产业、循环经济和绿色经济”。这是中国政府首次把发展绿色经济纳入国务院日常工作。2010年，经过5年努力，中国基本完成或超额完成“十一五”单位国内生产总值（GDP）能耗降低20%左右、主要污染物排放总量减少10%的约束性指标。

2011年，国务院发布《“十二五”节能减排综合性工作方案》，对今后5年的节能减排工作进行了全面部署，有步骤地推进了节能减排目标分行业、分地区的分解，以强化节能减排目标责任。[①] 此外，在推进政策法律支持体系和创新公共项目活动中，成果显著，

---

① 国务院：《“十二五”节能减排综合性工作方案》，2011年8月31日。

颁布实施了《清洁生产促进法》《循环经济促进法》，三次修订《大气污染防治法》等法律法规；在实践探索方面，围绕节能减排的量化指标，中国开展了“排污权交易试点”“千家企业节能减排”“合同能源管理”“低碳省市试点”“节能减排全民行动”等项目活动。中国政府从1986年就开始了可持续发展实验区的创建和示范，截至2011年年底，已经建立了131个国家可持续发展实验区，其中遴选出13个国家可持续发展先进示范区。

另一方面，经济全球化背景条件下的气候变化等国际环境治理问题也成为绿色经济发展的重要议题，并要求中国等新兴经济体国家承担更大的国际责任。中国先后签署了《联合国气候变化框架公约》和《京都议定书》，在应对气候变化领域积极参与国际合作。2007年，中国政府颁布了《应对气候变化国家方案》，把应对气候变化纳入经济社会发展规划；同时推动地方各级政府和社会力量积极投身气候减缓和适应活动。为妥善应对气候变化引起的国际政治、经济、贸易格局变动和激烈竞争，同时积极参与国际合作，树立负责任的大国形象，中国政府在走低碳发展的新兴现代化道路方面进行了积极的探索。2009年9月22日，胡锦涛总书记在联合国气候变化峰会上指出：“要大力发展绿色经济，积极发展低碳经济和循环经济，研发和推广气候友好技术。”2012年发布的《中国可持续发展国家报告》总结了中国在推进可持续发展战略实施上的成功经验和做法，包括：坚持政府引导，注重市场调节作用；坚持完善政策法规，强化能力建设；坚持试点示范，积极探索可持续发展模式；坚持务实合作，共享可持续发展经验等。① 在党的十八大报告中有关“大力推进生态文明建设”的论述中，中国正式提出要“着力推进绿色发展、循环发展、低碳发展，形成节约资源和保护环境的空间格局、产业结构、生产方式、生活方式”。

2013年，中国各地、各部门以“绿色创新、循环发展、低碳发展”为主题，落实中国“十二五”绿色发展相关规划，促进节能减排综合性工作方案目标的实现；紧紧把握世界经济低碳转型的机遇，增强中国绿色低碳产品技术的国际竞争力，推动环境产品贸易与投资的便利化；扩大国际绿色低碳领域的合作与交流，积极应对全球气候变化，展示中国负责任国家形象。

为更好落实生态文明建设的战略部署，加快绿色GDP的研究和实践，中国开始调整当前GDP统计指标体系，引入环境、资源等统计指标，扭转政策导向，引导地方主政官员更加关注生态文明建设。2013年9月，经过三年的探索，国家统计局中国经济景气监测中心等单位发布了《2013中国绿色发展指数报告》，公布了中国30个省（区、市）和100个城市的绿色发展指数，并推出各地区的“绿色体检表”、城市绿色发展公众满意度问卷调查等内容。考察的“绿色发展”指标，包括经济增长绿化度、资源环境承载能力和政府政策支持力度三大类。其中，又分为如单位地区生产总值能耗、人均二氧化碳排放量、城市污水处理率、森林覆盖率等57个项目。报告显示：北京、青海、海南、上海、浙江、天津、福建、内蒙古、江苏和陕西等省（区、市）绿色发展水平排名为前10位。有17个省份的绿色发展水平低于全国平均水平。东部省份绿色发展优势较明显，西部省份资源环境表现较突出，中部省份相对缺乏优势，东北区域绿色发展水平有待进一步改善。②

① 国家发展和改革委员会：《中国可持续发展国家报告》，2012年6月1日。

② 齐中熙、陶一萍：《〈2013年中国绿色发展指数报告〉发布》，《解放军报》2013年9月23日。

一些政府部门也积极开展绿色发展相关行动。2013 年 5 月，工业和信息化部发布《2013 年工业节能与绿色发展专项行动实施方案》。该方案选择了电机、涉铅行业等重点领域和行业，通过开展 2013 年工业节能与绿色发展专项行动，力争在能效提升和绿色发展方面取得突破，带动工业节能与综合利用整体工作取得进展。该方案提出了 2013 年工业节能与绿色发展专项行动的主要目标。在电机领域，力争推广、淘汰和节能改造电机及电机系统 1 亿千瓦，扩大高效电机市场份额，促进电机产品升级换代和产业升级，提高电机能效水平，实现全国工业用电节约 1%（300 亿度左右）。在涉铅行业领域，通过加强行业准入管理，促进产业组织结构优化调整，加快实现铅酸蓄电池规范生产、有序回收、合理再生利用；建设一批铅再生循环利用示范工程，铅再生循环利用比重提高到 40%，加快形成全国铅资源循环利用体系。此外，该方案针对工业领域的电机等耗电终端产品，提出了推广高效电机和淘汰低效电机等措施。[①]

在全球发展绿色经济努力实现可持续发展的大背景下，中国要统筹国际、国内两个大局协调推进。何建坤提出，中国发展绿色经济的主要战略对策包括：加速转变发展方式，强化节能优先，控制能源消费总量和二氧化碳排放总量的过快增长；加强能源结构的低碳化，逐步建立并形成以新能源和可再生能源为主题的可持续能源体系；加强城乡统筹、地区平衡，促进生态城市建设；适应国际可持续发展制度改革的趋势，加强绿色低碳和可持续发展的制度建设；抓住机遇，顺应世界绿色低碳发展潮流，自主实现发展方式的转变，把传统的资源依赖型粗放增长的发展方式转变到新型的技术创新型、内涵提高的发展方式上来，基本走上绿色低碳和可持续发展的轨道。[②]

绿色经济在中国的发展需要借鉴国外经验。甄霖等以 OECD 国家为主，基于实地考察调研和座谈以及文献资料分析，总结了其绿色发展相关政策建议以及典型案例区实践活动在推进区域绿色发展中的作用和经验，涉及政策框架和路线图制定、绩效监测评估、经济建设和环境保护同步发展、生态补偿、绿色就业和扶贫等。根据 OECD 等国家经验，他们提出了对中国西部绿色发展的五点启示，主要包括：制定绿色发展的制度安排和路线图；开展动态的绩效监测评估与考核，建立切合实际的可量化的考核体系；建立生态产权或自然资源产权交易市场化的激励机制，并选择典型区先行先试，建立长期稳定有效的生态补偿机制；利益相关者积极主动参与到绿色发展的进程之中；提供绿色就业机会，提高劳动力技能和素质。[③]

针对不同地区的差异化发展策略，从全国看，中国离世界人均生态足迹水平还有一段距离，但发展空间已经不大。按照现在的速度发展，不到 10 年左右的时间，中国人均生态足迹就会超过世界人均水平，因此中国转型时间紧迫。中国的绿色发展应当是生态足迹适度往上走，在不超过世界平均水平和发达国家平均水平的空间内，实现经济增长和社会福利的过程。从区域看，沿海发达地区是生态优化功能区，应该在提高经济社会水平的同

---

① 参见《2013 年工业节能与绿色发展行动实施方案》，2013 年 3 月 26 日，工业和信息化部网站（http://www.miit.gov.cn/n11293472/n11293832/n11293907/n11368223/15317505.html）。

② 何建坤：《全球绿色低碳发展与公平的国际制度建设》，《中国人口·资源与环境》2012 年第 5 期。

③ 甄霖、杜秉贞、刘纪远、孙传谆、张强：《国际经验对中国西部地区绿色发展的启示：政策及实践》，《中国人口·资源与环境》2013 年第 10 期。

时降低生态足迹；中部地区是重点发展功能区，要尽可能提高生态效率，用较少的生态足迹增加实现有质量的经济社会发展；而在生态禁止发展和限制发展功能区，重点是降低贫困人口比例，提供均等化的公共服务。①

周珂等的研究指出，中国作为发展中国家，即使近年来GDP增长迅速，但在发展质量、人均占有量等方面与发达国家相比仍有很大差距。绿色经济本质上是人类经济发展的新阶段，是高度生产力经济，离不开先进的环保技术和充足的资金支持。而中国现在的生产力水平特别是技术水平与经济发达国家还有很大差距，在推进绿色经济时宜量力而行、稳步发展，事实上这种经济合理性的要求也是绿色经济的本来之意。同时，绿色经济是环境保护与经济发展的结合体，具有很强的经济性。中国地区生态系统的差异性较大，经济发展和行业发展不均衡，发展绿色经济不宜按照统一标准来实施，在法律和政策上要特别防止“一刀切”现象。中国目前绿色经济的制度支持，宜多采用政策鼓励手段，相关立法应以指导性意见和规范为主，不宜不成熟地出台强制性和指定性规范和法律，而经济和环保主管部门在此应通力合作，使规范具有超部门的综合性和可操作性。绿色经济要积极鼓励探索，在科学技术、经济体制和政策法律规范的探索中要积极进行试点工作，要在不同地区不同行业进行不同的典型试点，还要加强国际交流，学习借鉴经验；要加大宣传教育力度，尤其是在公众参与、绿色消费等民主和社会机制方面要特别重视。②

此外，绿色经济的发展战略框架问题，应从不同的层面综合考虑。政府层面要加强对绿色产业发展引导、努力完善激励约束政策，保障绿色经济的稳健发展，重视绿色科技人才队伍建设，增强绿色产业自主创新能力。从目前来看，一是对环境定价，政府可以建立有统一规范和标准的排污权交易市场，排污者确定其污染治理程度，从而买入或卖出排污权。通过排污权交易市场，最终确定环境的价格。二是建立健全与绿色经济核算相关的法规制度，尤其是有关资源环境与统计法规、政策和评价标准、资源环境信息共享等。三是要实施绿色GDP的考核制度，从根本上改变经济增长方式问题。企业层面要重视绿色科技人才队伍建设，增强绿色产业自主创新能力、绿色投资，着眼于绿色产业的发展与调整。行业层面着重节能建筑、可再生能源、可持续交通、可持续农业、淡水和生态基础设施等不同行业。消费者层面要加强绿色理念宣传，积极倡导绿色消费。从国际贸易的角度，应积极争取发达国家提供技术支持和技术培训，以帮助环保商品和服务行业的发展。③

二　自然资源管理的实践

20世纪90年代以来，随着经济社会发展，中国相继修改了几个主要的自然资源单行法，如《中华人民共和国水法》《中华人民共和国矿产资源法》《中华人民共和国土地管理法》（分别简称《水法》《矿产资源法》《土地法》）等，使之适应中国市场经济方向的

---

① 诸大建：《从“里约+20”看绿色经济新理念和新趋势》，《中国人口·资源与环境》2012年第9期。

② 周珂、欧阳杉：《绿色经济在中国的启蒙与复兴》，《法学杂志》2012年第3期。

③ 朱婧、孙新章、刘学敏、宋敏：《中国绿色经济战略研究》，《中国人口·资源与环境》2012年第4期。

发展。①

近年来，国务院以及相关部门在自然资源管理方面出台了一系列的规章制度，为以后中国自然资源管理的发展做出了进一步的探索。

2013 年 5 月，农业部发布《关于加快推进现代植物保护体系建设的意见》，并指出，充分认识建设现代植保体系的重要性和紧迫性，提出要建立健全植保信息化平台，强化重大病虫害防控能力，加强植物保护执法监管，强化植保科技创新，加强植保公共服务队伍建设，大力扶持发展植保社会化服务组织，着力改善植保物质装备条件，大力开展植保从业技能培训，并且要加强组织领导、政策扶持、规章制度方面的保障。从而达到确保国家粮食安全以及重要农产品供给，保障农产品质量，发展现代农业的目的。② 此外，国务院《关于促进海洋渔业持续健康发展的若干意见》（2013 年 3 月）、农业部《中华人民共和国水生动植物自然保护区管理办法》（2013 年 5 月）、农业部《农业野生植物保护办法》（2014 年 1 月修订）等相关规章制度的颁布，对于加强中国农林渔业资源的管理和保护工作做了有效的补充和支持。

2005 年中国颁布《农村土地经营权流转管理办法》，允许农村家庭承包的土地通过合法的形式，保留承包权，将经营权转让给其他农户或其他经济组织，以实现规模化、集约化、现代化的农业经营模式。2013 年公布的《中共中央关于全面深化改革若干重大问题的决定》中明确提出，要“建立城乡统一的建设用地市场”，“在符合规划和用途管制前提下，允许农村集体经营性建设用地出让、租赁、入股，实行与国有土地同等入市、同权同价”。

2010 年中国发布了《关于加快水利改革发展的决定》，其中提出了实行最严格的水资源管理制度，即“三条红线”：一是要建立用水总量控制制度，确立水资源开发利用控制红线，抓紧制定主要江河水量分配方案，建立取用水总量控制指标体系；二是要建立用水效率控制制度，确立用水效率控制红线，坚决遏制用水浪费，把节水工作贯穿于经济社会发展和群众生产生活全过程；三是要建立水资源管理责任和考核制度，县级以上地方政府主要负责人对本行政区域水资源管理和保护工作负总责。

2013 年 1 月，国务院印发《实行最严格水资源管理制度考核办法》，对各省、直辖市、自治区用水总量、用水效率以及中央江河湖泊水功能区水质达标率都提出了明确的目标，同时对各省、直辖市、自治区的完成情况进行打分、分级，建立奖惩制度，并将其结果作为考核主要负责人以及领导班子的重要依据。③

与此同时，在矿产能源等方面也出台了许多相应的文件规定，2011 年发布的《“十二五”节能减排综合性工作方案》提出“十二五”期间节能减排的主要目标和重点工作，把降低能源强度、减少主要污染物排放总量、合理控制能源消费总量工作有机结合起来，形成“倒逼机制”，推动经济结构战略性调整，优化产业结构和布局，强化工业、建筑、交通运输、公共机构以及城乡建设和消费领域用能管理，全面建设资源节约型和环境友好

① 刘清江：《自然资源定价问题研究》，博士学位论文，中共中央党校，2011 年。

② 参见《农业部关于加快推进现代植物保护体系建设的意见》，农业部网站（http://www.moa.gov.cn/zwllm/zcfg/nybgz/201305/t20130522_3469116.htm）。

③ 参见《实行最严格水资源管理制度考核办法》，水利部网站（http://www.mwr.gov.cn/zwzc/zcfg/xzfghfgxwj/201301/t20130107_336155.html）。

型社会。[①]

2012 年 12 月，国家发展和改革委员会发布《特殊和稀缺煤类开发利用管理暂行规定》，对特殊和稀缺煤类实行保护性开发利用，坚持统一规划、有序开发、总量控制、高效利用的原则，禁止乱采滥挖和浪费行为。[②]

中国从很早就开始引入参与式管理，1985 年经贵州省人民政府批准建立，1992 年晋升为国家级自然保护区的贵州草海自然保护区是中国最早实行共同管理的自然保护区。此后，共同管理陆续在 30 个以上自然保护区陆续开展。随着社区共管理念在中国的扩展，管理的模式也逐渐从国际合作支持开展到自主开展过渡。

随着共同管理研究的深入，一部分学者开始将目光着眼于国际边界具有争议性的自然资源管理。黄庆波、王孟孟和李焱认为，在争议海域油气资源开发方面，中国可以借鉴其他国家在争议海域油气资源共同开发的模式。在总结了世界上三种主要合作模式（联合经营模式、代理制模式和超国家管理模式）18 个案例的基础上，他们提出要在坚持主权的情况下，搁置争议，共同开发。并针对南海和东海的实际情况提出了开发模式和经营模式的具体选择方案。[③]

王承志则从法律的角度，对南海油气资源的开发进行了探讨，对南海相关各国对于争议海域油气资源开发情况以及法律规定做了详细的梳理，虽然迄今为止，国际社会尚无关于共同开发的明确法律规定，但对跨界资源或争议区的海洋资源进行共同开发具有充分的国际法依据：国际法的基本原则、《联合国海洋法公约》的有关规定以及各国之间的划界协定等共同构成了共同开发的法律基础。同时，他也从法律制度的角度，对于南海争议海域油气资源共同开发范围的确定，共同开发区管理模式的选择，共同开发中第三方权利的处理，共同开发中争端的解决等方面给出了相应的建议。[④]

张炳淳对民族自治地方自然资源自治权进行了关注。中国民族自治地区大多在西部，同时这些地区也是贫困人口密集分布区。虽然贫困程度深，脱贫难度大，但这些民族自治地区却往往拥有丰富的自然资源。然而长期以来，自然资源的禀赋并未带来民族自治地方的经济社会发展。因此，他从以下几个方面提出了相应的建议。一是要细化对森林草场的所有权和使用权的确定原则，行使原则和行使方式。民族自治地方的自治机关应当对本区域内的森林资源进行分类管理，对于以经济效益为主要目的森林资源可以通过立法将所有权确定为集体所有，以刺激地方群众保护森林资源的积极性。对于国家所有的森林资源，必须在确保国家所有权的基础上进行保护和管理，以维护其重要的生态价值或者经济价值，但是民族自治地方有权对自己的管理和保护行为向所有权人（即国家）要求经济补偿。二是在民族自治地方要规范自然资源优先开发利用权，严格限定自然资源优先开发利用权的行使主体和范围，完善自治地方自然资源的有偿使用制度，完善地方建立中

---

① 国务院新闻办公室：《中国的能源政策（2012）》，中华人民共和国中央人民政府门户网站（www. gov. cn）。

② 国家发展和改革委员会：《特殊和稀缺煤类开发利用管理暂行规定》，国家发展和改革委员会网站（http：//www. ndrc. gov. cn/zcfb/zcfbl/201212/t20121220_ 519171. html）。

③ 黄庆波、王孟孟、李焱：《争议海域油气资源共同开发经验剖析及对我国的启示》，《国际贸易》2013 年第 12 期。

④ 王承志：《共同开发南中国海油气资源的法律问题》，《中山大学法律评论》2013 年第 2 期。

央和地方利益分享制度，严格执行环境保护的法律规定，完善相关责任规定。三是要赋予民族自治地方自治机关一定范围内的自然资源行政特许权。四是要明确国家对民族自治地方自然资源开发保护的补偿和扶持义务，完善自然资源保护的专项财政转移支付制度，完善国家和地方的生态补偿立法。五是要完善国家在民族自治地方自然资源自治权的监督，明确国家对民族自治地方的自然资源开发过程开发主体行为的监督责任，加强对民族自治地方的生态环境保护义务的监督，完善自然资源自治权行使中的责任追究制度。①

在矿产资源调控方面，陶建格等提出了四条建议。一是要实施矿产资源安全战略。当前国际形势复杂，军事、政治、外交等方面随时可能影响到矿产资源安全，而矿产资源又进而威胁到国家安全，因此从国家安全与可持续发展角度，建立健全重要矿产资源的战略储备和矿产资源管理危机管理体制迫在眉睫。二是要完善矿产资源管理系统。矿产资源管理涉及的方面多、影响广，矿产资源管理的效应应该是社会、经济、环境效益的统一，由此可见，矿产资源管理系统的分解是多维的，可以按照资源利用部门予以分解，也可以按照矿产资源性质以及按矿产资源利用的结构来划分。三是要加强国内矿产资源市场的管理。根据中国人均矿产资源量明显低于世界平均水平以及中国传统的经济增长方式过度依赖矿产资源消耗的特点，对中国矿产资源利用进行控制时，总体上应该以直接控制为主，以间接控制和自我控制为辅，以总量控制为主，以结构调整为辅。四是要积极参与国际矿产资源市场的竞争。进行产业结构升级，降低对能源、铁矿石等大宗矿产资源的依赖；利用战略矿产资源储备，平抑矿产资源市场，同时也要充分利用矿产资源储备对矿产资源期货市场的影响，保护中国矿产资源贸易的利益；要建立多元化的国际矿产资源市场参与机制和多元化的市场进出口渠道。②

孟致毅和欧李梅针对中国市场机制合理配置自然资源的作用有限、地方政府的政绩目标过于短期逐利化和当前自然资源价格未能完全体现自然资源的稀缺性等问题，提出应该完善中国自然资源价格机制的对策建议。一是自然资源定价机制要体现资源的稀缺性，使价格机制成为对各种类型自然资源稀缺性程度进行正确反映的市场信号，利用价格杠杆有效地抑制稀缺自然资源的过度需求，提高这些资源的使用效率。二是要建立政府主导、市场参与的定价模式。这里的政府监管，是一种充分利用了各种市场机制的调节功能，利用的市场调节因素主要包括资源的市场价格、资源的市场供求关系以及国际市场等所形成的一种新型的符合市场需要的政府监管。市场配置功能主要体现为：自然资源价格形成于市场竞争的过程中，使得市场价格作为重要的信号，从而在自然资源的配置过程中起到配置方向的作用，不断提升资源配置效能。三是完善自然资源价格体系。围绕自然资源可持续利用的这一基本要求，对自然资源价格的差比价关系重新实施合理定位，对于自然资源和资源产品的产出比率，对于可再生资源和不可再生资源的利用结构，以及对于土地、水域、森林以及矿产等资源在市场上表现出的差比价关系进行必要的调节。最终，提升中国自然资源的配置水平，进而有利于中国在使用自然资源过程中能够体现节约和高效的

---

① 张炳淳、陶伯进：《突破与规制：民族自治地方自然资源自治权探讨》，《西安交通大学学报》（社会科学版）2012 年第 6 期。

② 陶建格、沈镭：《矿产资源价值与定价调控机制研究》，《资源科学》2013 年第 10 期。

特点。①

戴小廷等通过对森林环境资源定价的价格构成进行深入分析，结合森林环境资源的特点，提出了森林环境资源的边际生产成本、边际使用者、边际环境成本的具体构成以及计算模型，为开展基于边际机会成本的森林环境资源定价工作奠定了坚实的理论基础。②

以上关于自然资源管理的实践探索，不管是各项政策的颁布实施，还是学者的实际研究，都为中国目前的自然资源管理提供了有益的保障和补充作用。同时，我们也必须看到，在加快完善自然资源管理和保护方面的法律机制和模式探索等方面，我们还有很长的路要走。随着中国转变经济增长方式、调整产业结构和建设生态友好型国家的步伐不断加快，相关政府部门和学者们对于自然资源管理问题和理论的关注度越来越高，未来，中国在自然资源管理与保护方面将做得更好。

三　能源政策实践与创新

马彩虹等研究了发达国家与发展中国家碳排放比较，并据此得出对中国能源政策的启示，采用 IPCC 法计算中国、印度、美国、德国 2001—2009 年的化石能源碳排放额度。研究表明：（1）研究时段内中国和印度能源消费碳排放总量大幅增长，美国趋于稳定，德国下降趋势明显；（2）2009 年，中国的人均碳排量高于印度但远低于德国，更低于美国；（3）中印美德四国中，德国能源消费结构最优，美国次之，印度第三，中国最差，主要表现为煤炭消费比重高，天然气比重低。中国能源消费碳排放总量增长趋势在短期内难以逆转。马彩虹据此提出中国能源结构调整建议。③

张瑞通过研究环境规制、能源生产力与中国经济增长的关系得出：自 20 世纪 90 年代，能源开发与合理利用、环境保护、循环经济等相关研究开始不断涌现，探索如何优化能源消费方式，提高能源生产力；如何合理地环境规制，减少污染排放；如何调整产业结构，促进经济的持续均衡增长成为研究的重点，这也是该研究关注的方向。能源与环境是经济增长的双端约束，环境规制对能源消费与经济增长、能源控制对经济增长的双倒逼机制会促进能源生产力提高和经济发展方式转变。虽然中国出台了能源总量控制的相关政策，但该研究认为提高能源生产力——即全要素能源效率才是能源利用的关键。能源的使用不可避免地带来污染，必然给社会总效用带来影响，利用环境规制的倒逼机制来提高能效，其途径必然是新技术的应用和产业结构的升级，这也促进了中国经济发展方式的转变。④

李文华认为，在全球能源资源和环境约束不断加剧、国际竞争日趋激烈的形势下，要确保为中国经济社会可持续发展提供强有力的能源保障，就必须以加快转变经济发展方式为主线，坚定不移地继续推进能源体制改革，持续扩大能源领域对外开放，统筹利用好国

① 孟致毅、欧李梅：《完善我国自然资源价格机制的思考》，《价格理论与实践》2011 年第 12 期。

② 戴小廷、杨建州、冯祥锦：《森林环境资源边际机会成本定价的理论及构成》，《浙江农林大学学报》2013 年第 3 期。

③ 马彩虹、任志远、赵先贵：《发达国家与发展中国家碳排放比较及对中国的启示》，《干旱区资源与环境》2013 年第 2 期。

④ 张瑞：《环境规制、能源生产力与中国经济增长》，博士学位论文，重庆大学，2013 年。

际、国内两种资源和两个市场，努力形成生产发展、生活富裕、生态良好的文明发展方式，加快建设节约高效、多元发展、清洁环保、科技先行、国际合作的中国特色能源发展道路。在坚持平等互惠、互利共赢的原则下，不断增强与各能源生产国、消费国和国际能源组织的务实合作，共同推动世界能源的可持续发展，这样才能顺利实现中华民族伟大复兴的“中国梦”。①

王韶华在《基于低碳经济的我国能源结构优化研究》中指出世界经济的快速发展，尤其是发展中国家以追求经济增长为单一目标，主要依赖资源的大量投入，其粗放型的经济增长方式，直接导致了经济效益差、资源利用效率低下、环境污染严重等问题的出现，造成了严重的资源浪费和生态破坏。经济与资源、经济与环境以及资源与环境之间的矛盾日益突出，给人类生存环境带来了一系列后果，其中较为严峻的是全球气候变化，它主要是由人类生产生活排放二氧化碳造成的。为应对气候变化，低碳经济这一可持续的经济发展模式被提出。低碳经济的驱动因素众多，其中能源结构优化作为促进经济和环境协调发展的政策选择，对实现碳强度目标的贡献潜力较大。基于此，该文以能源结构在调整过程中不断降低碳强度的最优化思想为主线，基于目标规划理论，从定性和定量角度研究能源结构对低碳经济的影响机理，通过能源结构的持续优化，促进低碳经济的发展。②

卢文刚、刘鸿燕提出完善中国能源政策的对策，改革开放 30 多年来，中国经济持续快速增长，但经济增长的能源依赖性强制约了经济的持续发展。适度的能源政策能够加快经济增长方式转变的步伐。中国能源政策存在的问题主要有：较多运用行政手段、经济手段不足，区域能源政策趋同、忽略区域能源特征，能源政策间存在非一致性，能源政策效果不明显、未达到预期目标等。应进一步完善能源政策，包括选择适度的行政力度、多运用市场化手段，鼓励制定具有区域特色的能源政策，构建系统的能源政策体系，加大能源产学研合作激励力度，对能源政策适时进行效果评估。③

关于完善中国可再生能源政策的对策研究。王衍行等在《中国能源政策的演变及趋势》中指出能源政策是国家政策体系的重要组成部分。中国能源政策取向经历了从自给自足到多元互补，再到节约高效的三个阶段。中国能源政策未来走势是短期内强化节能减排指标的约束效力，中长期内构建较为稳定的国际能源供应体系和更加合理的国内能源价格机制。④ 沈镭、刘立涛从中国能源可持续发展面临的挑战入手，分析了能源可持续发展的主要问题，从能源决策的完整性、能源供给安全、能源消费的可持续性以及能源技术与教育 4 个方面构建中国能源政策可持续性评价指标体系，并对其进行定量评价，揭示出中国可持续能源政策所处阶段及其薄弱环节。研究认为：第一，中国能源供需矛盾日益尖锐、能源价格快速攀升和环境压力不断加大是能源可持续发展面临的三大关键挑战，制定中国可持续能源政策需从能源安全供给、经济竞争力以及环境可持续性三个角度入手，协调好三者之间的关系，促进三者共同发展；第二，通过构建能源政策可持续性评价指标体系并进行定量评价发现，中国现阶段能源政策处在由非可持续性向可持续性转变的过渡阶

---

① 李文华：《新时期国家能源发展战略问题研究》，博士学位论文，南开大学，2013 年。

② 王韶华：《基于低碳经济的我国能源结构优化研究》，博士学位论文，哈尔滨工程大学，2013 年。

③ 卢文刚、刘鸿燕：《完善我国能源政策的对策》，《经济纵横》2013 年第 2 期。

④ 王衍行、汪海波、樊柳言：《中国能源政策的演变及趋势》，《理论学刊》2013 年第 9 期。

段；第三，加快发展以煤为主的相对低碳经济，完善能源市场机制，加大绿色能源消费是推进中国可持续能源发展的政策选择。①

国务院发展研究中心课题组李伟等认为，中国能源发展必须要朝着安全、绿色和高效的方向进行全面而深刻的战略转型，越早越主动。在过去的三十余年里，中国的能源系统取得了显著成就，目前正处于发展转型的关键时期。中国能源系统的快速发展为持续的经济增长和人均收入水平的提高发挥了重要的支撑作用。樊星等通过构建中国能源 CGE 模型，在模型中引入碳税和碳排放变量，细化出能源部门，并将煤炭、石油和天然气三种主要能源作为生产要素，设定节能减排基准情景，针对碳减排、碳税和能源结构调整这三个不同的能源政策对经济发展以及碳排放的冲击效果进行了模拟分析。模拟结果表明，单一的能源政策总有不足之处，要么减排效果欠佳，要么严重制约经济发展，因此国家应该将减排政策系统化，构造一个适应现实需要的低碳经济政策体系。②

四 国际能源政策实践与创新

门丹的《美国低碳经济政策转向研究：原因、定位及经济绩效》通过分析，得出以下主要结论：首先，美国低碳经济政策的转向源自于国际国内两方面的激励与约束。其中国际原因主要是：国际舆论和减排的压力；欧日等国低碳经济强劲的发展对美国构成了威胁；国际制度条件和国际碳市场条件的日趋完善为美国低碳经济发展提供了有力的平台。国内原因，主要是政治上的党政斗争、利益集团博弈和地方“自下而上”的推动，以及经济上寻求新的增长点、极端气候成本和能源结构风险等因素。其次，美国低碳经济政策的转向绝不单单只由国际和国内两方面因素所驱动，实际上还有一层原因是低碳经济政策的转向趋势正好迎合了金融危机后美国国家发展战略的调整。因此，三方主体共同博弈，最终形成了美国低碳经济政策的转向及后续的发展。最后，美国低碳经济政策转向积极以后，即奥巴马执政的第一任期内，效果已经开始凸显。在碳减排方面，美国碳排放总量、部门碳排放量，以及按能源种类划分的排放量较之前历届政府出现了较大的下降趋势。在能源结构方面，总能源消费量出现明显下降趋势，其中煤和石油的消费量首现降低趋势，可再生能源和核能呈上升趋势，页岩气革命更是为美国带来了巨大的能源供给。在低碳技术和产业方面，清洁能源专利激增，低碳技术利用率较高，新能源产业投入不断加大并发展迅速。在碳交易方面，碳市场稳健发展，区域碳交易成果显著，加州等已经开始启动碳排放权交易。③

刘锋的《俄罗斯东部地区油气资源开发与中俄能源合作》基于俄罗斯东部地区与中国地理相连，东西伯利亚和远东地区具有丰富的油气资源，具有与中国开展能源合作的天然地缘优势。因此，论文在理论选择上借用了地缘经济学的研究视角，以地理位置、资源禀赋、资本投资、产业结构、油气贸易等因素作为基本地缘条件，结合区域经济一体化理论和要素禀赋理论，运用区域经济学的研究方法分析和研究俄罗斯东部地区油气资源开发

---

① 沈镭、刘立涛：《中国能源政策可持续性评价与发展路径选择》，《资源科学》2009 年第 8 期。

② 樊星、马树才、朱连洲：《中国碳减排政策的模拟分析——基于中国能源 CGE 模型的研究》，《生态经济》2013 年第 9 期。

③ 门丹：《美国低碳经济政策转向研究：原因、定位及经济绩效》，博士学位论文，辽宁大学，2013 年。

和中俄能源合作的问题。①

白洋的《从三次能源立法看美国能源政策演变》认为，石油危机以后，美国通过相关政策推动能源战略转型，逐步实现了能源的供给安全和使用安全。白洋指出，从其政策制定和实施的历史经验不难发现，能源立法是保障能源政策顺利推行实施并取得预期效果的依据和保障。文章从能源立法的角度研究了2000年以后美国能源政策和能源战略演变情况。指出美国能源立法实践对中国能源立法、能源政策制定及能源战略规划的借鉴意义。②

魏晓莎在《石油危机后美国能源政策制定的政治经济学研究》中指出，政治经济学对经济政策的解释强调政策制定过程中的政治作用，一项经济政策的出台受到政治市场上的政府、党派、国会、选民和利益集团等的影响，在能源领域尤为突出。美国能源政策的制定主体是政府与国会；而利益集团通过国会或直接游说政府等手段参与政策制定，该文从政治经济学视角对石油危机后美国能源政策的制定过程进行研究。③

孔祥永认为，奥巴马入主白宫后对美国能源政策进行了重大调整，主要是通过扩大国内油气资源开发、大力发展清洁能源、提高燃油经济性标准和控制碳排放量等措施以实现美国能源结构的转型。经过四年调整，美国进口石油的比例持续下降并跻身石油产品净出口国之列、页岩气的开发取得突破性进展、美国重获清洁能源领域投资世界第一的位置。美国能源政策调整将引起全球能源市场和地缘政治格局的重要变化。④

李扬认为，能源是现代社会赖以存在和发展的物质基础，是社会经济进步的决定性因素，具有极为特殊的战略价值和战略意义。作为世界唯一的超级大国，美国是名副其实的能源大国，其占世界4.5%的人口消耗着全球20%的能源，生产了占全球总产量15%的能源。⑤

五　国内外合作能源实践与创新

刘晓佳等针对东南亚国家联盟进行水能、太阳能、风能、生物质能、地热能、核能等新能源技术方面的研究，得出东盟在新能源发展方面已渐形成了较为完善的政策框架和配套扶持体系的结论。首先，对东盟十国的新能源整体、水能、太阳能、风能、生物质能、地热能和核能7个方面的新能源政策、法律法规等进行简述，总结各国的新能源政策，从东盟总体作用、国家战略政策、对外合作和吸引投资4个方面进行分析。最后，结合中国国情，从发挥国家整体作用、依据地方特色发展不同新能源、积极对外合作和制定相关法规政策4个方面得出对中国的启示。⑥

徐如浓认为，自20世纪70年代以来，美国把发展可再生能源放在重要的战略地位，

---

① 刘锋：《俄罗斯东部地区油气资源开发与中俄能源合作》，博士学位论文，吉林大学，2013年。

② 白洋：《从三次能源立法看美国能源政策演变》，《经济研究导刊》2013年第4期。

③ 魏晓莎：《石油危机后美国能源政策制定的政治经济学研究》，博士学位论文，吉林大学，2013年。

④ 孔祥永：《奥巴马政府能源政策调整与成效与影响》，《现代国际关系》2013年第1期。

⑤ 李扬：《美国能源战略助推其“能源独立”的实现》，《当代世界》2013年第9期。

⑥ 刘晓佳、安海忠、丛琳、张丽佳、丁颖辉：《东盟国家新能源政策及启示》，《资源与产业》2013年第6期。

相关激励政策持续改进。目前已经形成较为成熟的可再生能源政策体系，政策激励力度大，能较好地协调各方利益，其可再生能源产业发展迅速。文章全面分析了美国可再生能源的政策体系及主要内容，并通过将其与中国的政策体系进行比较，获得相应的启示：中国应该借鉴美国经验，从提升战略规划，注重政策的连贯性、持续性，加强政策的可操作性、协调性，加大政策的投入力度等方面来进一步完善中国可再生能源政策体系。①

六 实践创新总评

资源与环境管理是实现经济、社会、环境效益全面提升的重要途径，无论在国内还是在国际上，都没有统一的模式，需要在漫长的实践中不断探索，循序渐进。中国正处在经济转型的关键时期，推进“绿色发展、循环发展、低碳发展”，改变原有不协调、不可持续的经济发展模式，要积极实践，探索具有中国特色的可持续发展之路。

绿色经济的概念因2008年后的全球经济危机而重新获得世界各国的广泛重视，并成为2012年联合国可持续发展大会的主题之一。绿色经济转型对于创造发展和就业机会，摆脱经济危机，提升国家竞争力和创新能力，并在未来占据全球领先地位具有重要作用。中国作为新兴经济大国，通过近二十年推行可持续发展实践的探索，认识到绿色经济发展正成为实现可持续发展的重要途径。中国政府提出的建设资源节约型社会和环境友好型社会，以及大力发展循环经济和低碳经济已为中国全面实现绿色发展奠定了坚实的基础。中国的绿色经济发展需要学习借鉴国外的先进经验，特别是在尊重市场地位、政策协同、鼓励创新、产业转型等方面；但另一方面，中国绿色经济发展应立足于自身问题，改善现行的以单一GDP为导向的考核体系，综合运用多种政策工具，实现绿色转型。

自然资源管理方面，将自然资源管理的相关理论研究进一步细化、深入和落地是目前自然资源管理实践的一个重要趋势。一方面，国家不断出台相关的政策加强对自然资源的管理，另一方面，许多专家、学者就自然资源管理过程中不同的方面针对具体的问题进行了分析。在涉及自然资源管理相关的法律问题、自然资源管理的效率评估问题、自然资源价格以及市场体系建立等方面都进行了深入的探讨并给出了一定的解决方案。有些学者甚至将目光放到了特殊地区的自然资源管理，比如如何对争议海域油气田进行开发管理的问题。以上这些都必然对下一步自然资源管理的实践提供有益的指导和借鉴。

能源管理领域，由于能源环境问题逐渐成为全球性的共同利益点，各国能源问题迫在眉睫，能源改革问题关乎各个国家的可持续发展。全球能源治理的框架、新挑战与改革趋势快速变化，全球能源治理组织架构分散在众多能够影响能源治理的国际机构与国际规则中，参与全球能源治理的重要主体美国、欧盟和以中国为代表的新兴经济体目前正处于博弈之中，不可能在短期内建立目前呼吁较多的自上而下的政府间全球能源治理机制。全球都面临着能源架构和能源政策方面在实践中的改革。中国正面临着历史机遇，应当积极主动参与全球能源治理规则制定的实践，成为治理规则的重要建设者。对国外能源改革实践的研究给中国能源改革研究也带来了启发，中国正在探索一条适合本国发展的能源改革方法。能源体制改革在实践中的核心问题是优化能源资源配置、实现绿色发展、推进能源生产消费和环境保护革命的保障。

---

① 徐如浓：《美国可再生能源政策体系及对我国的启示》，《生态经济》（学术版）2013年第1期。

第三节　代表性成果

【《中国绿色经济发展研究》】

作　　者： 剧宇宏

出版时间： 2013 年

出版机构： 复旦大学出版社

内容摘要： 绿色经济是遵循经济规律与生态规律，以实现经济的生态化为目标的经济。《中国绿色经济发展研究》明确了绿色经济的内涵，奠定了论证的基础，分析总结了各国绿色经济发展中的经验，着重分析了绿色经济运行机制应该是以市场机制为主导，计划机制为辅助，生态机制与道德机制为有益补充的多元配置机制。《中国绿色经济发展研究》在借鉴国外经验的基础上还对中国绿色经济发展最为重要的几项制度进行了研究，包括绿色企业制度、绿色金融制度、绿色政府采购制度和绿色消费制度。

社会影响： 该书系上海政法学院学术文库经济法学系列丛书之一。研究内容从横向的角度对地区绿色经济发展进行实例论证，从纵向的角度对行业绿色经济发展即会展业绿色化进行了实证分析，对国内各级决策者、专家、学者和公众有较好的参考价值。

【《能源经济学理论与政策研究评述》】

作　　者： 史丹　朱彤

出版时间： 2013 年 5 月

出版机构： 经济管理出版社

内容摘要： 根据国内外能源经济学理论与政策研究的最新进展，精选了八个专题进行评述。评述的内容既有能源经济学基本理论方面的最新研究进展，如“能源价格与经济增长”“能源效率”“能源安全”等研究主题的前沿综述，又有能源产业经济学的重要研究专题，如石油经济学中的“OPEC 行为研究综述”、电力经济学中的“电力市场化改革”研究、“可再生能源政策研究与实践”和“可再生能源价格补贴政策研究”等。对于每个专题，《能源经济学理论与政策研究评述》作者力求做到文献全面，在梳理其研究脉络的同时，对文献的重要发现和观点进行恰当的评述。该书对从事能源经济理论研究和实际工作的人员具有重要的参考价值。

社会影响： 该书对能源经济的理论发展以及政策实践进行了系统的梳理，在能源环境与经济关系日益密切的当前，为能源经济发展和政策制定提供了充分的依据。

【《全球能源大趋势》】

作　　者：［美］斯科特·L. 蒙哥马利

出版时间： 2012 年 8 月

出版机构： 机械工业出版社

内容摘要： 美国一直以来都对能源趋势非常关注，不仅研究细致、高瞻远瞩，而且动用了科研、经济、政治、军事、国际组织等诸多手段实现其能源战略。作者在全书提出了两个核心观点：能源独立很难实现，各国就如同在跳一场华尔兹，虽然不时要互相踩脚，但仍需合作。以往的能源更替，均由一种在六大方面都占优势的能源主导全球。但在未来，能源多元化将占主导，全球的探索和扩展活动将越来越频繁。

社会影响： 该书可谓是美国对于能源趋势和能源战略的集大成者。作者细致地研究了石油、天然气、煤炭、核能、可再生能源、氢、聚变能等各种能源的前世今生和地缘分布，进而提出了未来能源选择和战略。至关重要的一点是，作者并非仅为能源开发提出数据参考，而是站在美国立场为其掌握未来能源先机提出战略参考。从这个角度来讲，该书对于中国的启示性非常重要。

【《中国西部绿色发展概念框架》】

作　　者：刘纪远　邓祥征　刘卫东　李海英等

发表时间：2013 年第 10 期

期刊名称：《中国人口·资源与环境》

内容摘要：该文综合绿色发展的国际经验，以自然资本、经济资本、社会资本与人力资本四大资本为核心，提出了中国西部地区绿色发展概念框架。该框架综合考虑了中国西部在绿色发展道路上特有的挑战与机遇，阐明了社会经济发展与资源环境承载力之间的相互作用机制，明确了中国西部地区“生态友好、社会包容和内生增长”的绿色发展目标。最后，文章针对该绿色发展框架提出了中国西部地区绿色发展的政策建议：“西部地区绿色发展战略”是当前西部地区绿色发展进程中最为迫切的需求，中央政府应当尽快制定和实施“西部地区绿色发展战略”，同时西部地区政府在省级和地方层面应将保护中国西部生态环境与区域扶贫开发相结合，加大对以提升西部地区人力资本为目的的各类工程的投入，强化区域绿色基础建设和生态服务供给，缓解西部地区贫困，提升区域绿色发展进程的速度和质量；开展财政体制机制改革，以提高各级财政资金的使用效率；结合各省发展需求与条件实施以生态城市为发展目标的可持续城镇化发展模式，制定差异化的城镇化发展战略；在西部地区重点和限制开发区尤其是贫困集中和区域发展潜力较大地区，鼓励具有区域特色的新型绿色产业的发展。在发展过程中不断加强制度创新以引导长期绿色发展。

社会影响：该文系中国环境与发展国际合作委员会“中国西部环境与发展战略及政策研究”课题的成果。

【《中国绿色经济效率的区域差异与影响因素分析》】

作　　者：钱争鸣　刘晓晨

发表时间：2013 年第 7 期

期刊名称：《中国人口、资源与环境》

内容摘要：绿色经济效率是一种考虑资源与环境代价后的综合经济效率。该文运用 DEA 效率模型中非径向非角度的 SBM 模型对 1996—2010 年中国各省区绿色经济效率值进行测算，并将其与传统经济效率值进行对比，分析了东部、中部和西部绿色经济效率水平的区域差异，然后利用 Tobit 模型考察了各省区绿色经济效率的影响因素。研究发现：绿色经济效率水平在中国东部、中部、西部三大地区依次递减；与传统经济效率水平相比，中国整体的绿色经济效率水平偏低；未考虑资源和环境因素时，传统经济效率指标高估了东部和中部地区的效率，而低估了西部地区的效率；绿色经济效率与人均 GDP 之间的倒“U”形关系在东、中、西三大区域都存在，但影响各省区绿色经济效率的其他因素在三大区域却各有差异。最后，根据实证分析结果提出了促进各地区经济转型和发展的政策建议。

社会影响：该文系国家社会科学基金项目（编号：08BJY076）、福建省自然科学基金重点项目（编号：2009R0074）、国家自然科学基金项目（编号：73073131）、教育部重点研究基地重大项目（编号：12JJD790027）的成果。

【《公众参与自然资源管理的实践模式——基于国内外典型案例的对比研究》】

作　　者：卢小丽　赵奥　王晓玲

发表时间：2012 年第 7 期

期刊名称：《中国人口·资源与环境》

内容摘要：在自然资源管理过程中引入公众参与是为了满足公众自身利益，提高决策的科学性，最终达到自然资源效率提升和可持续利用的双重目标。该文选取发达国家和发展中国家具有代表性的典型案例，进行对比分析；侧重于主导发起主体的不同，归纳出三种参与模式，进而对模式特点、模式间比较以及模式的整体演变过程进行阐析；以发展中国家中国为例，提出在中国实施公众参与自然资源的措施建议和路径导向。结论如下：1. 发达国家公众参与自然资源管理模式呈现出参与行为的法律化、参与主导的非政府化、参与意识的增强化和参与主体的广泛化特点，而发展中国家的参与模式则呈现出参与主导的政府化、参与意识的淡薄化和参与途径的单一化特点；2. 依据发起主体不同，公众参与自然资源管理的模式分为政府主导发起型参与、非政府主导发起型参与和公众自觉发起型参与，并按照参与认知水平的提升而不断演进；3. 在中国实施公众参与自然资源过程中，要提升公众参与认知水平，强化法律保障建设，转变主导发起者角色，拓宽参与途径，从而实现自然资源的可持续利用。

社会影响： 该文系国家自然科学基金面上项目"不可再生资源全生命周期效率提升的能力建设模式研究（编号：71073016）"的阶段研究成果。

【《自然资源物权化与自然资源管理制度改革导论》】

作　　者： 叶榅平

发表时间： 2012 年第 9 期

期刊名称：《管理世界》

内容摘要： 自然资源物权化在很大程度上仰赖于自然资源管理制度的变革，然而，中国现有的自然资源立法主要是经济法、社会法或行政管理法，对自然资源的管理仍然停留在主要通过行政手段进行管理的计划经济时代，因此，自然资源管理制度改革是顺应自然资源物权化的必然要求。我们认为，要真正实现自然资源物权化，不仅需要私法的进一步发展壮大，而且需要公法特别是自然资源管理法的积极调整和配合。为此，中国应本着自然资源物权化的基本原则，更新自然资源管理理念，转换自然资源管理模式，从私权本位出发，以市场机制为基础，建立新型的自然资源管理制度。

社会影响： 该文为教育部 2010 年度人文社会科学研究项目"自然资源物权化立法研究"（项目编号：10YJC820139）的阶段性成果。

【《自然资源适应性管理研究综述》】

作　　者： 徐广才　康慕宜　史亚军

发表时间： 2013 年第 10 期

期刊名称：《自然资源学报》

内容摘要： 自然资源适应性管理是随着对自然资源开发、利用与保护认识的不断深化，在自然资源管理研究不断推进的背景下，产生的一种新的资源管理模式。适应性管理在充分认识自然资源管理系统复杂性和不确定性的前提下，强调在资源管理的实践中不断增进人们对自然资源系统规律的认识，进而提升自然资源管理水平。研究系统论述了自然资源适应性管理的内涵、要素与组织形式，认为目前自然资源适应性管理中存在的主要问题包括尺度效应、自然资源管理的模拟与监测、制度欠缺灵活性、协调困难、研究与管理机构的利己主义、传统资源管理思维的局限、成本和管理风险以及生态价值之间的取舍等。通过分析，该文总结出自然资源适应性管理研究的发展趋势，包括适应性规划、适应性结果监测、协同适应性管理、适应性风险管理等。建议国内研究应进一步提升对适应性管理的认识，推进适应性管理的理论与实践研究。

社会影响： 该文系国家自然科学基金资助项目（41271059）、北京市哲学社会科学规划办公室项目（PXM2013_ 014207 _ 000065）；北京农学院青年科学基金面上项目（QKM2012004）。

第十四章　公共卫生事业管理

王文娟　欧阳雁玲　陈　航

公共卫生事业的发展，不仅涉及社会民生，起到维护人类身体健康、预防疾病的作用，卫生状况的提高也能促进经济的发展。对公共卫生事业管理领域的研究不仅是学者们研究的热点，也是各国政府关注的重点。随着中国医药卫生体系改革的深入以及中国医疗保障体系的完善、加强和卫生应急等各方面能力的提升，中国公共卫生事业管理在加速从经验型管理向科学化管理转变。2013 年，中国学者在医药卫生体制改革、卫生经济管理、医疗保障体系、医院管理、基层医疗、卫生系统绩效评价、卫生应急等具体领域进行了深入研究，取得了丰硕的科学研究成果。实践方面，2013 年中国在信息惠民普及应用居民健康卡、基本药物制度改革、全科医生特设岗位计划试点、鼓励和引导社会资本举办医疗机构、建立疾病应急救助制度、补偿机制改革、农村大病保障扩容、儿童重大公共卫生项目启动、全国大型义诊活动、妥善应对 H7N9 疫情、打击涉医违法犯罪等方面的实践中不断创新，推动着中国公共卫生事业管理的快速发展。

第一节　理论进展

通过对中国知网（CNKI）2013 年 1 月 1 日至 2013 年 12 月 31 日中国关于公共卫生事业管理的相关文献进行搜索发现：主题为“公共卫生”的有 4019 篇，主题为“卫生事业管理”的有 114 篇，科学研究成果丰硕。对相关文献进一步梳理发现，2013 年，中国公共卫生事业管理领域的理论研究主要集中在医药卫生体制改革、卫生经济管理、医疗保障体系、医院管理、基层医疗、卫生系统绩效评价、卫生应急等方面，这些研究从不同角度、不同领域、不同层次对中国公共卫生事业发展进行了较为深入的探讨，也提出了很多建设性的建议。

一　医药卫生体制改革

（一）医药卫生体制改革政策与方案研究

学者李玲在《中国医改和中国道路》中提到，三年医改，主要做了四件事：公共卫生，主要是预防；生了病要看病，涉及整个医疗服务体系的转变；然后得吃药，涉及基本药物制度；最后是报销，涉及个人保障体系。在医改方案方面，作者推崇安徽模式，安徽建立了一个基本的医疗供应保障制度，乡镇卫生院由政府来办，同时建立竞争性的用人制度，定编定岗定人，强化信息化建设，建立政府给医院拨款的机制和量价挂钩的药品采购制度。作者也指出，从实践来看，医改最核心的问题不是钱的问题，而是政策的制定及领导力和执行力的问题。[①] 陈成文、廖文基于对失业人员、农民工、农业劳动者和老年人四类典型低收入群体的抽样调查，对新型农村合作医疗制度、城镇居民基本医疗保险制度、城乡基本公共卫生服务制度的实施效果进行了评价。研究发现，在新型农村合作医疗制度实施过程中，存在医疗机构的功利性与新农村合作医疗制度的惠民性之间的冲突、乡镇医疗供给不足与新农合乡镇医院就诊导向之间的冲突、大病医疗需求与大病统筹报销比例不足之间的冲突、门诊医疗需求与门诊统筹覆盖率低之间的冲突，导致新农合尚未达到改善民生的理想效果；在城镇居民基本医疗保险制度实施过程中，参保率低、起付线过高、最高支付限额过低、报销比例及范围过小、医疗机构服务价格过高等原因导致了低收入群体医疗需求仍然得不到保障；在城乡基本公共卫生服务制度实施过程中，基本公共卫生服务资源仍然存在严重的城乡差距。要使医疗卫生体制改革达到改善民生的目的，就必须建立基本医疗卫生体制的统一框架，建立基本医疗保险的筹资机制，建立合理的基本医疗保险补偿机制，建立均等化的城乡基本公共卫生服务制度。[②] 侯佳乐、马进应用文献调研和政策分析法对近年来的主要医疗改革政策进行了分析，发现政府定价仍占主导地位是价格机制失效的根本原因所在。从16个试点城市的进展情况来看，目前在体制和机制改革上并没有取得明显突破。因此，建立基于各利益方协商谈判的医药价格形成机制，而非单纯依靠财政补贴是解决以药养医问题的切实可行的方法。公立医院改革的出路在于实现医疗资源的社会化。[③]

（二）公立医院改革

在第七届中国医院院长年会上，学者李玲表示，公立医院改革到现在还没有破题，前四年的公立医院改革核心还在基层。尽管基层医疗机构开展了以取消药品加成为主要内容的综合改革，但是县级以上的公立医院改革依旧在试点。国家层面也没有进行系统布置，仍停留在“摸石头过河”阶段。进而阐释，公立医院改革的推进者必须是政府，与顶层设计相配套的是宏观的综合治理。而目前的公立医院改革在此方面相当欠缺，比如区域卫生规划、医疗资源配置等。由于医疗有供给创造需求的特殊属性，所以几乎任何国家都对医疗资源进行规划，但目前中国却在大力鼓励社会资本进入医疗行业，这在国际上都是不多见的。李玲总结出，医疗体系的改革核心是要建立新机制，而最关键的则是建立医务人员的正确激励机制。[④] 马进在《我国公立医院改革拓展与深化》一文中总结了公立医院改革试点已取得的共识：（1）以改革支付方式为切入点；（2）以破除以药补医、完善补偿机制为关键环节；（3）充分调动医务人员积极性；（4）强化管理、便民惠民，为改革创造良好环境；（5）实施多元化办医，满足不同医疗服务需求。进一步指出了尚需深化探索的领域包括：公立医院治理结构改革、医院收入分配改革以及公立医院规模控制与体系建设。[⑤]

形成多元化办医格局，是公立医院改革的重要内容之一。曹剑涛、袁素维、马进从政

---

① 李玲：《中国医改和中国道路》，《群言》2013年第2期。

② 陈成文、廖文：《医疗卫生体制改革与改善民生》，《山东社会科学》2013年第1期。

③ 侯佳乐、马进：《中国医药卫生体制改革的主要政策分析》，《上海交通大学学报》（医学版）2013年第6期。

④ 张颂奇：《李玲：公立医院改革尚未破题》，《中国医院院长》2013年第24期。

⑤ 马进：《我国公立医院改革拓展与深化》，《中国医院管理》2013年第6期。

府、医院两个层面，对推进多元化办医格局过程中出现的非营利性医疗机构的界定方法不完善，医疗卫生的公益性与社会资本的趋利性矛盾的存在，公立医院的产权模糊、权责不清、管办不分等问题提出了相关对策。①

在公立医院改革的效果评估上，王虎峰在《公立医院改革试点评估：结果及建议》中跟踪评价了公立医院改革试点的进展和成效，深入探讨改革模式和路径，研究遇到的困难和得失，并为下一阶段深化改革提供了对策和建议。② 他在《公立医院改革：阶段性成果和发展趋势》中指出，公立医院改革虽有明确的原则要求，在实施中有不同的实现路径，并在试点工作中取得了阶段性成果，但在落实“四个分开”中还有诸多难点，建议尽快总结完善政策，扩大试点，协同相关领域的政策，以实现改革的深入和行业的协调发展。③

（三）基层医改

医改三年，实现了基层医药体制机制的根本变革。李玲在《基层医改：制度创新的社会实践》中，对基层医改的制度创新实践进行了梳理：一是以建立新的体制机制为核心，探索出基本医疗卫生制度的模式框架；二是以药改促进医改，找到建设新机制的改革路径；三是推动制度平稳转换，撼动既得利益格局；四是带动医疗卫生发展方式和价值取向发生转变；五是促进思想解放和社会建设理论创新；当然，改革还面临一些长期性挑战。④ 何坪、刘平等通过问卷调查在实施“绩效考核、药品零差率、一般诊疗费”前后渝中区 12 家社区卫生服务中心运行情况，深入访谈卫生局、药品配送企业、基层医疗卫生机构负责人与药剂科科长等，研究发现，基层医疗卫生机构服务效率明显提高、服务能力明显加强，新的筹资方式保障基层医疗卫生服务公益性质。针对全科医师不足、基本医疗效率较低、基本药品供销不及时等问题，建议从改革人事制度、拓宽社区卫生筹资渠道、完善基本药物制度等入手，创新管理机制，促进基层医疗卫生机构可持续健康发展。⑤

大力发展社区卫生服务，已成为提高居民的健康水平、控制医疗费用过快增长的普遍共识。国外的基层医疗卫生服务体系经过多年的发展，已基本形成比较完备的体系，特别是其所建立的家庭医生制度以及家庭医生首诊制度，使得健康守门人制度在提高居民健康水平、分级就诊等方面起到了巨大作用。鲍勇等在《健康守门人制度与中国医药卫生改革》一文中回顾国内外关于健康守门人制度的特点及实践基础上，阐述了建立健康守门人制度的意义。就在中国医疗卫生改革中，如何加强社区卫生服务的发展，构建具有中国特色的健康守门人制度提出了政策建议，如规范社区卫生服务功能，推进社区卫生服务模式改革；加强人才队伍建设；加强政策支持和财政补助；加强社区信息化网络建设等。⑥

（四）国外医药卫生体制改革的经验

陈昱方、张亮比较分析了巴西、俄罗斯、印度、中国金砖 4 国医疗保障制度的现状，

---

① 曹剑涛、袁素维、马进：《多元化办医格局面临的问题及对策》，《中国医院管理》2013 年第 4 期。

② 王虎峰：《公立医院改革试点评估：结果及建议》，《医院院长论坛》2013 年第 6 期。

③ 王虎峰：《公立医院改革：阶段性成果和发展趋势》，《中国医疗保险》2013 年第 5 期。

④ 李玲：《基层医改：制度创新的社会实践》，《宏观经济管理》2013 年第 1 期。

⑤ 何坪、刘平、潘传波、杜渝、黄静、舒群、钟宇：《基层医疗卫生机构综合配套改革与实践分析》，《中华全科医学》2013 年第 8A 期。

⑥ 鲍勇、诸培红、王金柱、杜学礼：《健康守门人制度与中国医药卫生改革》，《中华全科医学》2013 年第 3、4 期。

结合中国未来经济社会中长期的发展规划和全面建设小康社会的目标，提出当前医疗卫生体系改革思路和政策建议。其中，巴西建立了统一的医疗制度和“家庭健康计划”，俄罗斯改革的策略核心是将卫生政策和制度设计的决定权下放到各联邦和地方政府，印度建立了全民医疗制度。比较发现，尽管不同政治体制的国家在医疗卫生体制及相关法律规定等内容有所不同，并随着社会经济的快速发展和居民医疗服务需求的变化而不断完善，但各国卫生保健体制的基本功能均体现了“加强政府干预、促进公平可及、合理配置资源，应对人口老龄化，降低疾病风险、控制医疗费用、提高服务质量、改进健康绩效”的原则，其政策的出发点都是围绕保障公民的基本健康权益，持续增进公民健康这一目标。[①] 赵世超等在《苏东地区国家卫生改革综述》一文中对苏东国家转型期间卫生改革措施进行了总结，具体阐述了其中7个典型国家的改革历程，指出了改革取得的成效和不足。在此基础上提出了苏东地区国家卫生体制改革对中国的启示：改革要以立法为先导；保持政策之间的协调和相对稳定；正确处理政府和市场的关系；注重基层卫生建设；加强对医务人员的工作激励。[②] 陈浩、陈婧、张哲对印度的医疗卫生体制进行了阐述，分析总结其特点，指出印度医疗卫生体系对中国有以下启示：加大政府投入，明确政府责任；鼓励社会办医；建立多样化医保项目。[③] 张一飞、冯学山在《英国全科医生制度建设对我国的启示》一文中指出，英国国家卫生服务体系有两个层级，第一层是以社区为主的初级保健服务，由全科医生和护士提供。第二层是医院提供的专业医疗、转诊服务以及紧急事故处理应急，通常由各专科医生负责。在介绍英国全科医生制度建设概貌，分析其全科医生规划、培养和管理实践的基础上，作者提出一些学习与借鉴的方面，为中国全科医生制度的建立与发展提供参考。[④]

二　卫生经济管理

在卫生经济管理研究方面，学者们对这一领域进行了较为广泛、深入的研究，其研究成果分布在医疗保险付费制度、补偿机制改革、医疗卫生财政支出等方面。

（一）医疗保险付费制度研究

付费制度改革是医改的重要组成部分，制定和完善医疗服务付费模式，一直是学者关注的重点和难点问题。中国学者周子君对医保付费制度进行了深入系统的研究。在《按结果付费，未来支付制度改革的方向》一文中，周子君对2013年美国联邦政府开始实施的对住院人群实行“价值为本”（Hospital Value-based Purchasing Program，HVBP）的付费方式进行了深入分析，指出HVBP的付费方式是指政府按照医疗机构和医生的医疗安全和医疗质量结果，以及患者的满意度支付医疗费用，这意味着今后医院和医生将不再按照传统的以量付费，而是以结果付费。这一付费方式的改革将对美国社会和医院未来的发展产生深远的影响：一是促进医疗机构和医务人员实实在在地改进医疗质量和医疗安全，而不仅是停留在理念上和嘴上；二是促进医疗服务资源整合、优化以及医疗服务整体化发展；

---

① 陈昱方、张亮：《金砖四国医疗卫生体制的比较分析》，《中国卫生经济》2013年第3期。

② 赵世超、王欣、卢颖、孟庆跃：《苏东地区国家卫生改革综述》，《中国卫生事业管理》2013年第9期。

③ 陈浩、陈婧、张哲：《印度医疗卫生体系浅析及对我国的启示》，《首都医药》2013年第24期。

④ 张一飞、冯学山：《英国全科医生制度建设对我国的启示》，《中国初级卫生保健》2013年第11期。

三是引导医疗服务机构从注重医疗技术发展和疾病治疗转为重视居民整体健康服务。[①] 在另一篇文章《付费制度改革：总额付费还是打包付费?》中，周子君指出按人头付费、按定额或总额付费属于成本低、效果不好的一类。按人头付费，由于患者的年龄、患病种类、疾病轻重等因素的影响，会导致患者的诊疗费用有高有低，如果医保都按照一样的费用支付，年纪大、病情重、花钱多的患者会成为这一制度的受害者；按定额或总额付费除了上述受害者之外，“得病得的不是时候”的患者也会成为制度的受害者。[②]

在付费制度改革效果评估方面，孙杨、赵要军等学者对河南省支付制度改革试点地区进行了实践调研。他们主要采用定性访谈的方法，并通过问卷调查患者、医护人员、医疗机构管理者以及新农合经办机构的满意度。研究发现，患者对就医便利性和费用情况满意度较高，对医患沟通增加的感受明显，但对医疗质量的改善缺乏直观感受；医护人员对新支付方式下的结余分配机制普遍表示满意，但认为其带来的收入增加尚未达到预期；医疗机构管理者和新农合经办机构对改革带来的发展、管理和运行环境的改善表示满意。[③] 同时，通过机构现有资料与数据收集，他们对宜阳县支付制度改革机构覆盖、费用与用药情况进行了分析。结果显示，新的支付方式覆盖率在县医院超过65%，药占比与抗生素使用率持续降低，住院收入的平均增长速度（6%）低于医院整体收入增速（9.8%）。宜阳县的支付制度改革是宜阳县目前改革的突出成果之一，部分改革效果指标已经出现良好的发展趋势。但改革依然处于起始阶段，需要进一步关注支付病种数量、覆盖面的变化，以及可能出现的住院和门诊患者之间的成本转移情况，同时改进支付标准测算方法，进行精细化管理，以实现改革目标。[④]

（二）补偿机制研究

补偿机制改革一直是学者和业界关注的热点问题。学者常峰、阮骥、李思函以“次均基本药物使用增量”作为指标，运用包含“标尺竞争”的委托代理模型分析一系列因素对激励医疗卫生机构积极使用基本药物的最优补贴机制和激励效果的影响。他们认为政府可以通过以下措施来改善医疗卫生机构补贴，保障基本药物可及性：一是在满足固定补贴的同时，增加一定的弹性补贴，补偿医疗卫生机构使用基本药物的损失，在节约全体支付方总药品费用的同时弥补医方损失的药品加成收入；二是保障国家基本药物制度配套措施的实施，从定价、流通、供应等多角度促进基本药物使用；三是加强对医疗卫生机构运营状况的监管力度，避免其不合理的开支；四是激励医师提高自身对药品信息的掌握程度，并激励药品研发生产单位提高基本药物对非基本药物的治疗替代性，以及在合理范围内降低基本药物相对于非基本药物的医方采购价格水平。[⑤] 湖北省襄阳市财政局课题组在分析了襄阳市基层医疗卫生机构补偿机制运行的基本情况后，给出了相应的对策措施：出

---

① 周子君：《按结果付费，未来支付制度改革的方向》，《医院管理论坛》2013 年第 4 期。

② 周子君：《付费制度改革：总额预付还是打包付费?》，《医院管理论坛》2013 年第 5 期。

③ 孙杨、赵要军、张敏、谢双保、吴建、孟庆跃：《河南省医疗服务供方支付制度改革试点满意度分析》，《中国卫生政策研究》2013 年第 3 期。

④ 孙杨、谢双保、张敏、吴建、赵要军、孟庆跃：《河南省宜阳县供方支付制度改革效果评估》，《中国卫生政策研究》2013 年第 3 期。

⑤ 常峰、阮骥、李思函：《医疗卫生机构使用基本药物的补贴机制探讨》，《中国药房》2013 年第 20 期。

台统一规范、层次更高的基层医药卫生体制改革综合改革政策；增加中央财政医药卫生体制专项预算；制定基层医药卫生人才建设政策措施；整体推进药品流通体制改革；完善医疗信息化管理平台建设；加强基层医疗卫生机构补偿政策监管；强化绩效考核；适时调整基本药物目录；推进基层医疗卫生机构的配套制度改革；清理化解基层医疗卫生机构债务。①

就补偿机制改革实施情况，学者喻倩、刘岩、吴敏、白同禹、王爱文通过问卷调查2010、2011年度山东省1807所政府办基层医疗卫生机构财政补偿数据资料并进行对比，分析了山东省基层医疗卫生机构综合改革财政补偿情况。研究结果表明，山东省对基层医疗卫生机构财经补偿主要有5种方式，2011年实际到位补偿资金比2010年增长59.86%，在职人员经费和基本公共卫生服务补助所占比例超过70%。山东省多渠道的基层医疗卫生机构财政补偿机制已基本建立，政府投入大幅增加，财政补偿导向作用突出。②

（三）医疗卫生财政支出

财政支出是支持公共卫生事业健康发展的核心力量，财政支出的总量及结构关系着中国医疗卫生事业改革的快与慢。学者梁学平阐述了中国医疗卫生领域的政府支出现状，并进行了国际比较，结论表明：中国医疗卫生政府支出水平偏低，主要表现为政府卫生支出占财政支出和GDP的比重偏低以及政府卫生支出在卫生总费用中的比重偏低，较世界平均水平存在较大的差距。为进一步深化医疗卫生体制改革，满足城乡居民医疗卫生服务的基本需求，中国应积极构建医疗卫生政府支出的责任分担机制，提高医疗卫生政府支出总量水平，不断优化医疗卫生政府支出的结构和方向。③ 高云霄、黄振平、赵志伟对如何构建深化医疗卫生体制改革的财政支撑体系进行了研究，他们指出，要构建财政支持医疗卫生发展的投入机制，建立财政支持医疗卫生发展的成本管控机制，大力改善基层医疗服务机构的就医环境，加快改进和完善全民医疗保险体系，继续加大公立医院改革力度，引入民营资本投资医疗服务领域，形成多元办医格局。④ 任其超、周金玲则从政治体制的角度分析了政治体制对政府医疗支出及健康产出的影响。通过分析政治体制对政府提供医疗卫生服务的激励问责机制，综述近年来有关政治体制影响政府医疗卫生支出及健康产出的实证研究，得出结论：与非民主政治体制相比，民主政治体制在增加政府医疗卫生支出、提高健康产出方面有显著的积极作用。⑤

三　医疗保障体系研究

（一）新农合制度研究

在新型农村合作医疗制度方面，王颖、孙梅、李程跃等学者通过对2003—2012年

---

① 湖北省襄阳市财政局课题组：《完善基层医疗卫生机构补偿机制问题研究》，《财政研究》2013年第2期。

② 喻倩、刘岩、吴敏、白同禹、王爱文：《山东省基层医疗卫生机构综合改革财政补偿现况调查》，《中国卫生经济》2013年第1期。

③ 梁学平：《我国医疗卫生政府支出现状及国际比较》，《经济理论与实践》2013年第7期。

④ 高云霄、黄振平、赵志伟：《构建深化医疗卫生体制改革的财政支撑体系研究》，《经济研究参考》2013年第52期。

⑤ 任其超、周金玲：《政治体制对政府医疗支出及健康产出的影响综述》，《中国卫生政策研究》2013年第6期。

2010篇相关文献的归纳论证，发现新农合制度在运行中主要存在如下问题：（1）统筹层次低，筹资水平偏低，缺乏长效增长机制和公平性；（2）补偿方案的设计缺乏科学性，补偿比偏低导致受益人群较少；（3）基金管理透明度不够，管理成本高；（4）新农合医疗费用增长迅速，缺乏有效控费措施；（5）新农合的组织管理、资源保障、制度保障等方面不到位。上述问题均可归结为制度运行中的一系列关键技术难题未解决。因此，为促进新农合稳定运行，需重点完善两方面内容：一是形成新农合方案研制、修正、筹资增长测算的方法学思路；二是形成医疗费用控制方面的策略思路。①

目前北京市新农合已经成为与城镇职工医疗保险、城镇居民医疗保险并驾齐驱的第三大社会基本医疗保障制度。新农合已经具备基本医疗保险的性质。《北京市新农合制度法治化的必要性和可行性研究》指出，从现实情况看，新农合制度还会在一定时期内长期存在，北京市新农合制度实施10年的试点经验，为其法治化积累了丰富的实践经验和制度渊源，新农合地方立法的实践也为立法提供了可资借鉴的基础，将新农合制度纳入法治化的轨道是可行的。未来立法需要不断提高统筹水平，合理确定筹资目标，加强对定点医疗机构的监管和对商业保险机构管理新农合基金做出具体规定。② 学者刘世鹏、纪京平等则根据北京市2011年新型农村合作医疗运行统计报表数据，分析当前北京新农合制度运行中存在的问题，如基金超支、筹资机制不健全和就医流向不合理等，并提出了合理引导就医、创新付费方式及提高统筹层次等建议，为北京市新型农村合作医疗制度的可持续发展提供参考。③

（二）新型农村合作医疗保险方案研制

针对新农合医疗保险方案研制，学者陈飞、刘鹏程、王颖、傅华、林尚立、郝模等从理论到实证做了一系列广泛、深入的研究。

理论方面，《确定人群分类：新型农村合作医疗保险方案研制思路之二》一文从健康状况、年龄、经济水平、就医方式的选择、医疗费用负担等重点影响人群就医经济风险的因素出发，对疾病发生概率或医疗费用高低的影响机制，从横向和纵向两方面区分高危人群、贫困人群、不同就医行为以及不同医疗费用负担4类人群，并介绍了各类人群的界定方法，为准确测量人群就医经济风险分布、合理设计筹资、补偿方案等提供了依据。④ 思路之三是把握农村居民就医经济风险，运用风险管理学和保险精算学的基本原理，借鉴流行病学相对危险度的概念，明确了从风险概率、风险损失额、就医经济风险相对风险度等方面定量表达农村居民就医经济风险的思路与步骤。⑤ 思路之四是界定与测量农村居民因病致贫，借鉴了世界银行评价社会贫困状况的方法，利用样本地区数据验证了因病致贫界

---

① 王颖、孙梅、李程跃、姜庆五、陈英耀、吕军：《文献论证新型农村合作医疗制度实施存在的问题》，《中国卫生资源》2013年第2期。

② 孟雨、王晓燕：《北京市新农合制度法治化的必要性和可行性研究》，《医学与社会》2013年第9期。

③ 刘世鹏、纪京平、高广颖、张毅：《北京市新型合作医疗制度运行分析及建议》，《中国初级卫生保健》2013年第1期。

④ 陈飞、刘鹏程、王颖、傅华、林尚立、郝模：《确定人群分类：新型农村合作医疗保险方案研制思路之二》，《中国卫生资源》2013年第3期。

⑤ 陈飞、陈春、王颖、梁鸿、汤善健、郝模：《把握农村居民就医经济风险：新型农村合作医疗保险方案研制思路之三》，《中国卫生资源》2013年第3期。

定和测量方法的科学性和合理性，为新农合管理者合理把握因病致贫，明确回答“消除因病致贫需要筹多少钱”“因病致贫风险能否解决”提供了技术支撑，为实现“消除因病致贫”的制度目标提供了重点人群。① 思路五是测算解决特定风险所需的筹资，通过建立“就医概率—就医费用—就医经济风险—解决特定风险人均筹资额”的定量联动关系，明确消除或降低特定风险所需的筹资额，回答了“在特定保险费率下能解决农村居民何等就医风险”，解决了新农合筹资测算的技术难题。② 思路六是测算筹资总额，建立起“就医概率—就医费用—就医经济风险—解决特定风险筹资—需求增长—报销范围—补偿比”的动态关系，据此形成保障水平、范围各异的多种筹资方案。③ 思路七是研制补偿方案，首先，在收支平衡的原则下，确保消除因病致贫所需的筹资额；其次，选择方案的风险保障性质，属于“风险型”“福利型”还是“福利风险型”；最后，根据确定的风险保障范围，明确补偿方案的风险共担约束机制，包括起付线、补偿比和封顶线，并确保分段补偿时消除特定风险后基金不透支。④ 思路八是通过比较新农合方案实施前后因病致贫解决程度、收支平衡状况、就医经济风险共担程度等评价指标的变化情况来判断目标达成的程度，构建新农合制度快速评价思路及步骤与方法。⑤ 思路九是依次对补偿方案进行“收支平衡状况分析及调整”“因病致贫状况差距分析及调整”和“就医经济风险分布分析及调整”，实现方案修正。⑥

实证分析方面，李晓姣、李程跃等学者运用样本地区数据进行示例分析，主要评价指标为就医风险概率、就医风险损失额和就医经济相对风险度（RR）。结果表明：（1）住院人群的就医经济风险大于门诊人群；（2）以住院人群为例，不同人群就医经济风险差异很大，风险越高，发生的概率越低；低费用段的发生以乡镇卫生院（低级别医院）为主，高费用段的发生以县级及以上医院（高级别医院）为主。⑦ 周良、李程跃等学者实证研究了如何科学设计一定筹资下的补偿方案，以福利风险型方案研制为例，（1）按照80%补偿比，消除因病致贫风险共需筹资4163.96万元；（2）以就医经济风险约等于1时所对应的医疗费用设定起付线为600元，以人均收入8倍为标准设定封顶线为120000元，观察住院人群的就医概率、经济风险分布状况，将费用段分为600—、3000—、10000—和22000—四段，并分别设定相应的补偿比；（3）按照上述补偿方案，基金60.53万元，

① 孙梅、李程跃、吕军、朱道立、冯学山、郝模：《界定与测量农村居民因病致贫：新型农村合作医疗保险方案研制思路之四》，《中国卫生资源》2013年第3期。

② 孙梅、程佳、王颖、陈文、吴擢春、郝模：《测算解决特定风险所需的筹资：新型农村合作医疗保险方案研制思路之五》，《中国卫生资源》2013年第3期。

③ 周良、孙梅、李程跃、程晓明、姜庆五、郝模：《测算筹资总额：新型农村合作医疗保险方案研制思路之六》，《中国卫生资源》2013年第3期。

④ 李程跃、孙梅、励晓红、陈英耀、屈卫东、郝模：《研制补偿方案：新型农村合作医疗保险方案研制思路之七》，《中国卫生资源》2013年第4期。

⑤ 孙梅、李程跃、苌凤水、周志俊、傅华、郝模：《快速评价方案效果：新型农村合作医疗保险方案研制思路之八》，《中国卫生资源》2013年第4期。

⑥ 励晓红、李程跃、孙梅、林尚立、梁鸿、郝模：《修正方案：新型农村合作医疗保险方案研制思路之九》，《中国卫生资源》2013年第4期。

⑦ 李晓姣、李程跃、孙梅、吕军、苌凤水、郝模：《农村居民就医经济风险：新型农村合作医疗保险方案研制关键技术实证分析之一》，《中国卫生资源》2013年第5期。

实现了“收支平衡，略有结余”。[①]

（三）商业保险

《商业健康保险在医疗卫生服务中的作用》一文，阐述了商业健康保险作用于医疗卫生服务的理论基础，分析了商业健康保险对医疗卫生服务的作用及其不足的原因，对商业健康保险发挥其在医疗卫生服务中的作用提出对策建议，为发展商业健康保险促进医疗卫生服务提供了理论借鉴。[②] 高广颖、常文虎、韩优莉等学者选择新乡、江阴等商业保险机构参与新农合经办业务的六个市区进行现场调研，与全国同期新农合运行指标进行对比分析，研究了商业保险机构参与新农合经办的效果，为商业保险机构介入新农合管理提出对策和建议。结果表明：商业保险机构运行以来，新农合参合率不断提高，农民受益幅度得到提升，医疗费用得到了控制，农村卫生服务体系得到发展；但同时存在管理费到位滞后、人员不稳定、监管不到位等问题。结论：当基金超支严重、管理能力不足、信息系统不健全时，适宜引入商业保险机构经办新农合业务。商业保险机构更适合于大病补偿保险、新农合补充保险等业务。政府要通过招标方式选择保险公司，并对保险公司进行有效监管。[③]

四 医院管理研究

在医院治理结构的研究上，学者韩优莉、梁勇、郭蕊等进行了一系列深入研究。通过对北京、山东、河南三地 92 家大型公立医院进行问卷调查，并使用结构方程模型分析治理结构与医院行为的关系，研究发现治理结构与医院行为的标准化路径系数为 0.644，检验具有显著意义；市场监管、问责和社会功能的加强有利于医院行为，特别是长期行为的改善，因此结论是，问责、市场监管的加强以及社会功能的明晰是重要的改革方向。[④] 另外，他们以北京市 500 张病床以上的三级公立医院以及区县级综合医院作为调查对象，根据研究框架设计调查问卷对医院高层管理者进行调查分析，结果表明，公立医院具有较高的决策权和剩余索权，较低程度的市场开放度、问责机制，政府对公立医院的社会功能缺乏明晰的规定和相应的补助。他们认为，治理结构中公立医院的激励机制和监督机制的不匹配可能是导致公立医院偏离公益性的关键原因。[⑤]

在医院文化建设方面，薛迪、张俊超、白飞等学者在《我国医院文化建设及其相关作用》一文中阐述了医院文化建设的重要性并对中国医院文化建设研究现状进行了总结，指出医院精神文化是医院文化的核心，而精神文化的关键是医院经营的基本信念，即医院的价值观；中国已有一些有关医院价值观、医院文化作用的研究，但较大样本的、跨地区

---

① 周良、李程跃、孙梅、吕军、王颖、郝模：《科学设计一定筹资下的补偿方案：新型农村合作医疗保险方案研制关键技术实证分析之二》，《中国卫生资源》2013 年第 5 期。

② 刘其芹、胡进秋：《商业健康保险在医疗卫生服务中的作用》，《解放军医院管理杂志》2013 年第 1 期。

③ 高广颖、常文虎、韩优莉、李丹、马聘宇、吴妮娜、李颖：《商业保险机构参与新农合经办的条件与对策》，《中国卫生政策研究》2013 年第 5 期。

④ 韩优莉、梁勇、郭蕊、王钊、常文虎、张柠、李星明、吴国安、李文超：《基于结构方程模型的公立医院治理结构与医院行为关系研究》，《中国医院管理》2013 年第 2 期。

⑤ 韩优莉、李文超、郭蕊、吴国安、常文虎、李星明、王钊、张柠：《北京市公立医院治理结构现在调查》，《中国医院管理》2013 年第 2 期。

的、定量研究不足，一些研究分析可能存在聚集性偏倚；为了有利于构建中国医院良好的价值观和医院文化，提高病人和员工的满意度，有必要在中国开展更系统的有关医院价值观的实证研究，分析医院文化的作用。① 周萍、白飞、张俊超等学者对医院文化对病人满意度的多水平影响因素进行了分析，结果显示，病人对医疗服务总体满意度的总体均值为5.257，满分为6分，可见病人对被调查医院的总体评价尚可。同时，作者还从医院文化的角度分析了方向性文化、一致性文化、参与性文化、适应性文化共四个不同文化维度对病人满意度的影响。② 另外，他们分析了医院文化对员工满意度的多水平影响因素，在医院层面上，创新变革文化突出的医院，员工对工作内容的满意度显著高；价值认同文化突出的医院，员工对工作薪酬满意度显著高，能力发展文化对此项员工满意度也有正向影响，但制度规范文化却对员工工作薪酬满意度有显著负向影响；持续发展和团队导向文化均对医院组织氛围的员工满意度有显著正向影响，但制度规范对此项员工满意度有显著负向影响；竞争意识、持续发展和团队导向文化均对医院近5年发展的员工满意度有显著正向影响，但制度规范和组织学习文化对此项员工满意度有显著负向影响；持续发展文化对医院未来发展的员工信心值有显著正向影响，且正向效应巨大，但社会责任文化对此项员工信心值有显著负向影响，但负向效应尚可。在个体层面上，年长者对工作薪酬的满意度和医院未来发展的信心略高，高级职称者对工作内容的满意度显著高，管理者对工作薪酬、医院组织氛围、医院近5年发展的满意度和医院未来发展的信心均显著高，护理人员对工作内容的满意度较低；本院工龄长者对医院未来发展的信心低，但负向效应较小。③为了解目前中国综合性公立医院的价值观面貌特征，白飞、张俊超等实践调查了中国东、中、西部3省（直辖市）9个地区的78所综合性公立医院的13组价值观的倾向性，结果表明：中国综合性公立医院价值观倾向有较大的趋同性；对不同战略定位类型的医院分析显示，B类医院价值观倾向普遍趋向弱势。④

为分析中国2006年后医院床位数加速增长的原因，探讨期间中国发布的医疗卫生政策法规是否影响、如何影响医院床位配置，陈春、王颖、周良等学者系统查阅了1991—2008年《全国卫生事业财务年报资料》和1992—2011年的《中国卫生统计年鉴》获取医院实际床位配置数据，以2006年为分界点，引入虚拟变量构建回归模型并预测。结果表明，2006年前后床位年增量分别为53975和448595张，两者存在显著差异。推测2006年以来，中国发布的相关卫生政策通过直接和间接作用加速推动了中国医院床位配置，而含有虚拟变量的回归模型能较好地模拟这一定性因素的作用，提示该模型在卫生资源配置规划研究中具有广阔的应用前景。⑤

---

① 薛迪、张俊超、白飞、常继乐、黄金星、周萍：《我国医院文化建设及其相关作用》，《中国医院管理》2013年第3期。

② 周萍、白飞、张俊超、常继乐、黄金星、薛迪：《医院文化对病人满意度的多水平影响因素分析》，《中国医院管理》2013年第3期。

③ 同上。

④ 白飞、张俊超、常继乐、黄金屋、周萍、薛迪：《我国综合性公立医院价值观倾向的特征研究》，《中国医院管理》2013年第3期。

⑤ 陈春、王颖、周良、程佳、吕军、郝模：《引入虚拟变量的我国医院床位配置变化与政策影响作用分析》，《医学与社会》2013年第1期。

学者曹剑涛、李志建、马进利用博弈论工具，研究公立医院在“有限理性”的情况下规模扩张的演化博弈，探讨它们如何实现“进化稳定性策略”，分析它们扩大规模的内在机理，发现获取更多医疗资源、诱导需求、扩大医疗市场份额、人事升迁机制等因素是公立医院扩张的内在助因；如果这些因素存在而且大到一定程度，则纵然公立医院是“有限理性的”，也必然会选择“扩张规模”策略。最后，提出抑制公立医院规模扩张的对策：注重医疗资源分配的公平性；推动公立医院人事改革，创新院长激励和考核机制；合理分流大医院就诊的患者；减少诱导需求；加强公立医院监督，增加公立医院扩大规模的成本。①

五　基层医疗卫生研究

（一）基层医疗卫生体系研究

陈飞燕、张连云、杨文秀、徐霁、骆达在《基层医疗卫生服务体系建设现状分析》中梳理及归纳了中国在转变基层医疗卫生机构运行机制和服务模式，改善社区卫生、农村卫生的结构与功能，完善投入机制，加强基层卫生人才队伍建设，努力构建城乡一体化的基层医疗卫生服务体系等方面的探讨与实践，为建立健全基层医疗卫生服务体系，使城乡居民享受到安全、有效、方便、价廉的基本医疗服务提供参考。② 洪兰、王维、贡庆、叶桦比较了目前国内主要的补偿模式，即政府全额补贴模式、多渠道多头补偿模式、以奖代补模式、收支两条线管理模式，指出不同经济发展水平、人口数量、地理位置地区采取的模式有一定差异；部分地区采取多种模式相结合的办法。各地应丰富补偿模式，因地制宜，多方参与。③ 杨肖光、代涛、王芳运用定性研究的思路与方法，在北京、河南、安徽和重庆四省市基层医疗卫生机构开展现场调研，并对所收集的资料整理分析发现，实施绩效工资后基层医务人员工资收入整体有所增加，但存在收入平均化、工作量与收入不对等、激励效果不明显等问题，基层医务人员和管理者对绩效工资认可度不高。工资总额核定标准较低、绩效工资制度设计中缺乏增长机制、工资增长与工作负荷增长不相匹配以及绩效考核不完善等是导致绩效工资激励作用有限的主要原因。因此，绩效工资制度的进一步完善需要合理核定绩效工资总额，真正反映基层医务人员的劳动价值；建立基层医务人员收入增长机制，增强激励作用；科学设置以质量为导向的绩效考核标准和指标，充分发挥绩效工资的引导作用；与人力资源改革同步推进绩效工资制度改革，建立有效的激励新机制。④

（二）农村医疗卫生研究

关于农村医疗问题的研究较为分散，涉及人力资源、资源配置、医疗纠纷等多个方

---

① 曹剑涛、李志建、马进：《公立医院规模扩张的内因及抑制策略——基于演化博弈理论视角》，《中国卫生政策研究》2013 年第 2 期。

② 陈飞燕、张连云、杨文秀、徐霁、骆达：《基层医疗卫生服务体系建设现状分析》，《中国医院管理》2013 年第 3 期。

③ 洪兰、王维、贡庆、叶桦：《基层医疗卫生机构基本药物补偿模式的比较》，《中国药事》2013 年第 12 期。

④ 杨肖光、代涛、王芳：《我国基层医疗卫生机构实施绩效工资的政策分析》，《中国卫生政策研究》2013 年第 5 期。

面。欧阳伟、万真、朱明军从美国农村地区居民卫生医疗服务需求、供给以及支付能力3个维度分析美国农村地区卫生医疗现状，指出医疗供需不平衡产生的主要原因是农村地区卫生人力资源的短缺。继而分析卫生人力短缺问题产生的根源，总结提炼了美国应对农村卫生人力短缺的各项政策措施并对其效果进行简要评述，为中国农村卫生人力资源的培养和发展提供借鉴。[①] 孟雨、王晓燕分析了中国新农合制度下北京农村医疗救助制度现状，指出当前北京市的医疗救助制度存在的问题：医疗费用上涨较快，医疗救助资金相对不足；确定医疗救助的对象的方法还有待改进；医疗救助在救助内容上以大病救助为主，门诊的补偿力度较小。因此，未来应当把医疗救助制度与新农合制度有效衔接，参照国外模式建立医疗救助基金，提高基金运作效率，实现基金的保值与增值；严格实施救助审批程序，动态管理救助对象，同时重视门诊补偿和疾病的预防。[②] 雷迪、徐玲、吴明分析了资源配置对乡镇卫生院基本公共卫生服务提供的影响，研究表明基本公共卫生服务在各地区普遍开展，不同项目服务开展率存在差异；基本公共卫生投入水平、从事基本公共卫生服务人员数量等对服务的开展有影响。[③] 农村卫生室与个体诊所同为中国《医疗机构管理条例》所明文规定的医疗机构，尽管二者在服务人群、建设标准等方面存在一定的交叉，但在具体的定位、执业、服务、税收等方面却存在着诸多根本性的差异，而这些差异一直未被医学界所重视，以至于部分社会公众经常将二者混为一谈，为此，刘炫麟、吕怡青在理论上进行了详细梳理。[④] 针对目前乡村医生执业风险加大，乡村医生队伍稳定性受到影响的问题，孟雨、吕兆丰等学者提出应为乡村医生建立适宜的医疗责任保险，提高乡村医生对医疗纠纷的防范能力，加强在农村地区的法律宣传，提高乡村医生和村民的法律意识。[⑤]

（三）社区医疗卫生研究

为了使社区卫生医疗服务能够成为连接老百姓与各层次医疗机构的桥梁，易均、古和今、张安安、朱晓翠采用面向服务的体系结构（SOA）设计思想开发了一套社区医疗卫生服务系统，详细阐述了该系统的设计原理、功能作用以及取得的实际使用效果。[⑥] 在总结国际的经验上，学者鲍勇在“4CH8”模式方面提出新的观点：“4C”就是健康管理的四个环节（健康档案的建立、健康风险的评估、健康风险因素的干预、健康风险因素干预后评价）；“4H”就是四个健康管理家园（儿童健康管理家园、妇女健康管理家园、老人健康管理家园、慢性病健康管理家园）；“8”就是8个健康管理模块：生物学健康管理

---

① 欧阳伟、万真、朱明军：《美国农村卫生人力短缺问题和对策研究》，《中国卫生经济》2013年第5期。

② 孟雨、王晓燕：《新农合制度下北京农村医疗救助制度现状与问题研究》，《医学与社会》2013年第10期。

③ 雷迪、徐玲、吴明：《资源配置对乡镇卫生院基本公共卫生服务提供的影响分析》，《中国卫生经济》2013年第11期。

④ 刘炫麟、吕怡青、王晓燕、毕晓林、曹欣昕：《论我国农村卫生室与个体诊所的区别》，《医学与社会》2013年第10期。

⑤ 孟雨、吕兆丰、王晓燕、韩优莉、黄昊、李珑：《村卫生室医疗纠纷的现状、原因与对策研究》，《卫生软科学》2013年第1期。

⑥ 易均、古和今、张安安、朱晓翠：《基于SOA的社区医疗卫生服务系统的设计开发研究》，《江西科学》2013年第2期。

（血压和血糖）模块、心理学健康管理模块、社会学健康管理模块、睡眠健康管理模块、眼保健管理模块、体重管理模块、膳食管理模块和体质分析模块。[①] 学者池捷、王微微、鲍勇通过问卷调查的方式、运用统计学方法分析居民与医护人员的需求，探索了目前医院社区联动的优势、问题及进一步发展所需的条件。结果表明，目前信息化医院社区联动模式被大多数居民和医护人员所认知和接受。以长宁区为一个试点，经过信息平台的建立、全科医生的素质培养、居民与医护人员的宣传教育，在目前上海市卫生系统政策的支持和监督，医保制度的完善下，经历几年的实施和成效评估，医院社区联动模式可逐渐完善并逐步向其他地区推广，最终形成符合各个地区现状的联动模式，提高卫生服务质量，推动医疗卫生事业的发展。[②]

六　卫生系统绩效评价研究

如何构建一套合理有效的绩效评价体系是卫生领域长期关注的热点。学者张一飞、冯学山通过文献回顾与相关政策的梳理，论述了英、美、澳三国构建卫生系统绩效评价体系的背景和方法。结合国内卫生系统绩效研究的历史与发展，分析现阶段绩效评价工作中存在的问题，提出“有所侧重、动态发展、信息建设”的思路，为建设符合中国国情的卫生系统绩效体系提供参考。[③]

学者们还在医疗卫生服务效率、卫生资源配置、基层医疗卫生绩效管理等细分领域展开了深入细致的研究。

（一）医疗卫生服务效率

学者杨旎在《公共卫生服务管理视角下医疗卫生服务效率测评》中，对中国医疗卫生服务效率测评的难点、现状进行了分析，并作出了展望。他指出，公共医疗卫生服务目标多重、难以量化，过程开放互动、难以控制等复杂特点是效率测评困难的关键原因。目前的效率测评方法主要有单投入单产出比率法、多重考察的 DEA 法以及考虑误差的 SFA 法。三种方法在回应医疗卫生服务特性方面各有利弊。从公共服务管理特点的角度出发，积极探索更加全面、细化的效率测评方法，完善效率指标体系，考虑质量、利益相关者偏好与参与因素，加强对效率结果的评价和因素分析是目前研究的发展方向。[④] 张安、鲍勇则以随机前沿（SFA）法分别以柯布－道格拉斯函数（C-D 函数）和超越生产函数（Trangslog 函数）拟合中国医疗卫生服务的生产函数，探讨了中国医疗卫生服务的效率。研究表明：（1）人力资本投入是提高中国医疗卫生服务的关键；（2）只有提高综合技术水平，提高管理水平才能提高医疗卫生服务效益。[⑤]

（二）医疗资源配置效率

学者龚锋、卢洪友基于公共品供给的萨缪尔森条件界定了地方公共服务配置效率的内

---

① 鲍勇：《社区健康管理“4CH8”模式理论与实践研究》，《中华全科医学》2013 年第 8 期。

② 池捷、王微微、鲍勇：《基于信息化医院社区健康服务联动模式与需求分析》，《中华全科医学》2013 年第 6 期。

③ 张一飞、冯学山：《卫生系统绩效研究与发展》，《医学与社会》2013 年第 10 期。

④ 杨旎：《公共卫生服务管理视角下医疗卫生服务效率测评》，《山东行政学院学报》2013 年第 2 期。

⑤ 张安、鲍勇：《我国医疗卫生服务生产函数探讨》，《中国卫生统计》2013 年第 6 期。

涵，并实证检验了多维财政分权指标对中国地方义务教育和医疗卫生服务配置效率的影响。研究发现，由地方政府配置和使用更多的财政资金，无论这些资金来自于转移支付还是地方本级财政收入，都会对地方医疗卫生服务配置效率产生不利影响。① 在《地区医疗卫生服务均等化评价指标体系的构建》一文中，学者孙德超研究认为，转移支付是推进地区医疗卫生服务均等化最直接、最有效的途径，但规范的转移支付需要按照地区医疗卫生服务不均等的程度进行，需要坚持系统性、客观性、可行性、整体性与个体性相结合的原则，构建一套包括投入、产出及结果的系统的可操作的评价指标体系。基于可操作性尤其是数据支持的考虑，测量标准应选择医疗卫生服务均等化的中等标准。从地区医疗卫生服务均等化评价指标体系未来发展的角度看，应调整测量标准，建立医疗卫生服务均等化的国家标准，同时，应将医疗卫生服务均等化指标纳入政绩考核体系，推动地方政府政绩考核制度改革。② 学者谢金亮、方鹏骞从《2010 年中国卫生统计年鉴》中提取出中国 31 个省份医疗卫生资源的 7 项指标及其数据，计算投入指标的基尼系数，研究医疗卫生资源配置的公平性；构建 DEA 的 C2R 模型，研究医疗卫生资源的利用效率；通过文献分析，提出影响中国卫生资源利用效率的因素，通过线性回归进行实证。结果表明，中国医疗卫生资源配置相对公平，利用效率有显著性差异。究其原因，经费投入是瓶颈，需求不足是根源；人口密度、居民可支配收入等 4 种因素对医疗卫生资源利用效率有显著性的影响。③ 谭琼、吴平在《基于 GE 指数法的城乡基本医疗卫生资源配置差距分析——以成都市为例》中，利用广义熵指数对 2005—2011 年成都市城乡基本医疗卫生资源配置差距水平进行了分解测度。研究结果表明：城乡之间的差距是构成总体差距的主要因素，其次是农村之间的差距，城镇之间的差距对总体影响最小；分圈层看，成都市第二圈层地区的总体差距小于第三圈层；城乡人力资源配置的差距大于设施资源配置的差距。文章还对成都市城乡基本医疗卫生资源配置差距变化的原因进行了分析，并提出了相关的对策建议，如通过发挥政府在基本医疗卫生资源配置中的主导作用，健全多元的供给模式，建立合理的财政转移支付制度；加大对农村地区医疗卫生人才的引进；增加农民的收入，提高农村居民的医疗保障水平等措施；同时注重区域间平衡发展，在第二圈层地区要注重城乡一体化，在第三圈层地区注重区域城镇协同发展；通过培育新的区域经济增长极，增强政府的医疗卫生资源供给能力。④

（三）基层医疗卫生机构服务效率研究

学者张安、张天晔、夏雯、鲍勇以 2010 年上海市 97 家社区卫生服务中心为研究对象，以柯布－道格拉斯生产函数为基础，通过计量经济学方法进行分析，建立了上海市社区卫生服务生产函数方程：$\ln Y = 0.750 + 0.596\ln L + 0.239\ln K + \mu$，方程显示人力资源投入的边际效应为 0.596，资金投入的边际效应为 0.239，生产函数方程还揭示了上海市社区

① 龚锋、卢洪友：《财政分权与地方公共服务配置效率——基于义务教育和医疗卫生服务的实证研究》，《经济评论》2013 年第 1 期。

② 孙德超：《地区医疗卫生服务均等化评价指标体系的构建》，《中国行政管理》2013 年第 9 期。

③ 谢金亮、方鹏骞：《我国医疗卫生资源省际间的配置公平性和利用效率研究》，《中国卫生经济》2013 年第 1 期。

④ 谭琼、吴平：《基于 GE 指数法的城乡基本医疗卫生资源配置差距分析——以成都市为例》，《消费经济》2013 年第 2 期。

卫生服务规模报酬递减的特征。研究得出，人力资源的投入对社区卫生服务的产出作用大于资金投入的作用，人力资源是促进上海市社区卫生服务发展的主要因素；卫生行政部门在加大对社区卫生服务投入的同时，应进一步提高社区卫生服务中心管理水平和加强对服务模式的探讨。[①] 在《基于信息化的社区卫生服务基本医疗功能评价体系构建》中，鲍勇、栾晶指出：建立以居民健康档案为核心的区域信息共享平台，在此基础上对社区卫生服务基本医疗功能进行绩效评价，使卫生管理者能动态掌握卫生服务资源和利用信息，实现科学管理和决策，从而达到有效地控制医疗费用的不合理增长、减少医疗差错、提高医疗与服务质量的目的。卫生信息化提供了一把刚性的“尺子”，对建立高效、公正、科学的社区卫生服务绩效运行、评估、考核、激励机制有巨大的促进作用。在社区卫生服务管理信息化方面，信息管理系统能很好地通过绩效管理、量化考核分析、星级医患互动、服务评价分析等相关信息化手段促进社区卫生服务中心的服务模式和管理模式创新。[②] 为测算北京市农村基本公共卫生服务项目实施前后的服务效率变化情况，为全国基本公共卫生服务项目的实施提供借鉴和参考，学者张桂林、潘习龙分层随机抽取北京市农村3个区县3个样本乡镇，收集2007—2009年面板数据，运用数据包络分析的方法对静态效率和动态效率进行测算，结果表明：（1）2007—2009年间样本乡镇卫生院平均综合效率值为0.972，非有效的乡镇卫生院的投入指标均有不同程度的过剩，产出指标中信息管理、健康宣教和慢病管理产出不足比例超过10%；（2）全要素生产率2007—2008年度增长8.8%，主要得益于技术进步；2008—2009年度下降6.6%，但技术效率有3.3%的提高。因此，北京市农村基本公共卫生服务项目的综合效率尚有提高空间，应重点关注规模效率的提高，并注重技术效率和技术进步的共同发展，增加项目产出。[③]

七　应急管理

近年来，中国持续面临着一系列突发性公共卫生事件的严峻挑战，对中国突发公共卫生事件应急体系建设提出了较高的要求。在《美国重大突发事件期间医疗卫生资源管理体系》中，王浩针对美国遭受重大灾难之后所面对的医疗需求激增和医疗系统的脆弱性，介绍了美国重大突发事件医疗激增能力管理体系。从医疗激增能力以及医疗激增能力计划引出医疗激增能力管理体系，对该体系的六大层级和管理职责进行深入描述，构建了医疗激增能力管理的框架，明确医疗激增能力管理系统有助于指导公共卫生和发展医疗应急反应工作。[④] 崔娜、孙静等学者采用Delphi法进行两轮问卷咨询，构建了一套适用于社区卫生应急预案评价的指标体系。该体系由3个一级指标、13个二级指标和47个三级指标构成。其中，一级指标是结构（预案的基本框架）、过程（预案的编制及应用）、结果（预案的应用效果及影响）；二级指标是目标明确、协调机制、应急准备、监测报告及通报、

---

① 张安、张天晔、夏雯、鲍勇：《基于生产函数分析的社区卫生服务效率探讨》，《中华全科医学》2013年第4期。

② 鲍勇、栾晶：《基于信息化的社区卫生服务基本医疗功能评价体系构建》，《中华全科医学》2013年第1、2期。

③ 张桂林、潘习龙：《基于数据包络分析方法的北京市农村基本公共卫生服务项目效率评价》，《北京大学学报》（医学版）2013年第2期。

④ 王浩：《美国重大突发事件期间医疗卫生资源管理体系》，《中国卫生事业管理》2013年第7期。

应急反应、总结评估、社会动员、编制过程、日常应用、战时应用、效果、社会经济影响、资源配置改变。① 2013 年 H7N9 禽流感经由长江三角洲地区暴发，来势汹汹。袁素维、俞晔等基于某市暴发 H7N9 的应急处置实际过程分析，挖掘现在中国突发公共卫生事件应急管理方面存在的主要问题，并从体制机制建设、技术能力监测、人员培训教育、信息化和法治化建设以及队伍激励机制等方面提出可行的对策建议，如公共卫生应急处置体系扁平化改革，增强疫情预警和防控能力、提高整体系统的响应性，设立分级危机管理委员会、加强应急队伍模拟演练，完善突发公共卫生事件应急法治建设，完善信息披露机制，全员动员、做好宣传教育工作，政府建立公共卫生应急专项基金，完善奖励机制、调动应急队伍的能动性。②

八　理论进展总评

综上所述，回顾 2013 年公共卫生事业管理领域理论进展，学者们的研究集中在医药卫生体制改革、卫生经济管理、医疗保障体系、医院管理、基层医疗、卫生系统绩效评价、卫生应急等实际重点热点问题，立足中国基本国情，总结国外的经验和教训，分析了中国公共卫生事业管理现状并提出了相应的建设性建议。医药卫生体制改革方面，研究了医药卫生体制改革政策与方案、公立医院改革、基层医改以及国外医药卫生体制改革的经验和教训。卫生经济管理方面，研究成果分布在医疗保险付费制度、补偿机制改革、医疗卫生财政支出等各个领域。医疗保障体系方面，学者们的研究集中在新型农村合作医疗保险和商业保险上，如新型农村合作医疗保险制度和实施方案研制、商业保险在卫生事业中的运用等。医院管理方面，关于医院治理结构、文化建设和规模扩张的研究较为深入。基层医疗卫生方面，主要是针对基层医疗卫生体系、农村医疗和社区卫生的不同角度的探讨。卫生系统绩效评价方面，文献颇丰，集中于医疗卫生服务效率、医疗资源配置效率和基层医疗卫生机构服务效率研究。关于卫生应急管理的研究，集中在基于应对 H7N9 疫情的中国卫生应急系统现状分析以及国外卫生应急系统的经验借鉴。

2013 年是深化医药卫生体制改革，巩固完善基本药物制度和基层运行新机制的关键之年。中国公共卫生事业管理领域取得了丰硕的科学研究成果，但也需看到研究中存在的一些不足，如理论性强、实用性有待提高等问题。

第二节　实践创新

国外公共卫生事业管理实践的发展趋势为信息网络化、管理规范化以及服务人性化。回顾 2013 年中国公共卫生事业管理的实践创新发现，2013 年中国各级政府在实践中均取得了一定的创新成果，主要集中在信息惠民普及应用居民健康卡、基本药物制度改革、全科医生特设岗位计划试点、鼓励和引导社会资本举办医疗机构、建立疾病应急救助制度、补偿机制改革、农村大病保障扩容、儿童重大公共卫生项目启动、全国大型义诊活动、妥

① 崔娜、孙静、王亚东、赵君、丁璐、刘燕燕、梁万年：《社区卫生应急预案评价指标体系的构建研究》，《中华全科医学》2013 年第 10 期。

② 袁素维、俞晔、张哲、王玉珏、曹剑涛、马进：《从 H7N9 看我国突发公共卫生事件应急体系存在的问题及其对策》，《中国预防医学杂志》2013 年第 10 期。

善应对 H7N9 疫情、打击涉医违法犯罪等领域，为推进中国公共卫生事业管理的进一步发展奠定了基础。本文对各个领域的实践创新政策进行了专题综述。

一　信息惠民普及应用居民健康卡

居民健康卡是由国家卫生和计划生育委员会统一标准推进实施、面向全国居民发放、在全国医疗卫生机构通用、方便居民看病就医及实现健康管理的基础载体，是计算机可识别的 CPU 卡，也是人口健康信息化规划框架中的重要环节，通过联结电子健康档案、电子病历、全员人口库和卫生信息平台，实现跨业务系统、跨机构、跨地域互联互通、信息共享以及开展协同服务，推动人口健康信息化建设直接服务群众。

普及应用居民健康卡，能显著推动卫生服务模式创新，促进人口健康信息化和健康服务业发展；同时还将促进国产芯片和国密算法等战略性新兴产业发展和推广应用，推动金融 IC 卡公共服务领域应用，带动智能卡产业与医药卫生行业、金融行业的融合发展，以创新服务实现“信息惠民”。

2013 年 7 月 12 日，国务院总理李克强主持召开国务院常务会议，研究部署加快发展节能环保产业，促进信息消费，拉动国内有效需求，推动经济转型升级。会议要求“推进教育、医疗优质资源共享，普及应用居民健康卡”。同年 8 月 8 日，国务院印发《关于促进信息消费扩大内需的若干意见》，提出实施“信息惠民工程——居民健康卡试点专项”。专项总投资 9.872 亿元，其中中央财政投资 5.036 亿元，实施周期为 2013—2015 年。专项将在 15 个省份的 24 个地市、45 家大型医院重点支持居民健康卡发放、应用环境建设、注册管理环境建设、健康信息共享机制建设等内容。工程的实施必将极大促进居民健康卡在全国的普及推广。

2013 年 12 月，国家卫生计生委、中医药管理局日前联合印发《关于加快推进人口健康信息化建设的指导意见》，提出 2020 年前，中国将实现全员人口信息、电子健康档案和电子病历数据库基本覆盖全国人口并整合共享，全国普及应用居民健康卡。根据意见，“十三五”时期，实现全员人口信息、电子健康档案和电子病历数据库基本覆盖全国人口并整合共享；全面建成互联互通的四级信息平台，实现六大业务应用、业务协同和信息共享；普及应用居民健康卡，全国实现“一卡通”。

在居民健康卡发放的进展方面，2013 年的深圳“两会”上，重点讨论了解决“看病难”问题，拟依托“社会保障卡”整合“居民健康卡”的功能和信息，实现“居民健康卡”与“社会保障卡”双卡合一，让老百姓可以凭健康卡享受“一条龙”服务。2013 年 6 月 4 日，郑州市居民健康卡发放暨体验日活动在郑州市管城区南曹乡卫生院举办。河南省卫生厅副厅长曲杰指出，居民健康卡是河南省卫生厅与中国建设银行河南省分行联合发行的金融 IC 联名卡，除了具有银联 IC 龙卡的所有功能外，还具有卫生系统提供的医院诊疗、新农合服务等功能。就诊患者在各级医疗机构就诊后，可凭居民健康卡实现就诊结算和查询。居民健康卡是优化医疗服务流程、实现医疗服务协同、改善居民就医环境、方便群众就医的重大民生工程，2013 年河南省将发放居民健康卡 1000 万张。郑州市卫生局党委书记、局长顾建钦指出，居民健康卡是“郑州市 2013 年民生十大实事”之一。居民健康卡设计标准全国统一，主要具有身份识别、基础健康信息存储、医疗信息存储、金融应用四大功能，集诊疗卡、新农合卡、银行卡功能于一身，在范围上能够跨地区、跨机构使用，实现多卡合一、一卡通用，居民健康卡的发放能够更好地提升居民的就医体验，实现医疗信息资源的共享，方便群众就医。居民健康卡在河南省将进入快速普及阶段，2013年郑州市将发放居民健康卡100万张。①

二 医药卫生体制改革

自2009年启动新医药卫生体制改革以来，中国医改已经完成了初步的阶段性任务。新一届国家领导集体上任以来，国务院总理李克强多次召开会议并作出重要批示，要求各地方、各有关部门把推进医改作为保障和改善民生的重要任务，向深化改革要红利；新一任国务院医改领导小组组长、国务院副总理刘延东在上海、北京、安徽等地展开密集式医改调研，要求加大攻坚力度，加快改革步伐，推动医改取得新突破。2013年，站在新起点，中国医药卫生体制改革在巩固已有成果的基础上，在改革的关键环节和重点领域取得了新的进展。

（一）基本药物制度改革

为进一步深化改革、扩大医改成果，2013年2月国务院办公厅发布《关于巩固完善基本药物制度和基层运行新机制的意见》，提出以下意见：一是完善基本药物采购和配送；二是加强基本药物使用和监管；四是深化编制、人事和收入分配改革；五是完善稳定长效的多渠道补偿机制；六是进一步提升基层医疗卫生服务能力；七是稳定和优化乡村医生队伍；八是加强基层医疗卫生服务监督。

国家基本药物目录是实施基本药物制度的基础和龙头。2013年3月，《国家基本药物目录》（2012年版，以下简称《目录》）正式发布，随后《国家基本药物临床应用指南和处方集》（2012年版）正式出版发行。《目录》分为化学药品和生物制品、中成药、中药饮片三个部分。《目录》中的化学药品和生物制品数量与世界卫生组织现行推荐的基本药物数量相近，并坚持中西药并重。2012年版《目录》是以2009年的《目录》为基础，坚持“保基本、强基层、建机制”，在数量上与目前基层实际使用数量相衔接，参考WHO《基本药物示范目录》，充分考虑中国现阶段基本国情和基本医疗保障能力。2012年版《目录》具有以下特点：一是增加了品种，能够更好地服务基层医疗卫生机构，推动各级各类医疗卫生机构全面配备、优先使用基本药物。二是优化了结构，补充了抗肿瘤和血液病用药，注重与常见病、多发病特别是重大疾病以及妇女、儿童用药的衔接。三是规范了剂型、规格，初步实现标准化。尽管品种数量增加，但剂型、规格的数量减少，有利于基本药物招标采购，保障供应，落实基本药物全程监管。四是注重与医保（新农合）支付能力相适应，确保基本药物较高的报销比例。新版目录和指南更加适于基层应用。②

---

① 参见《中国卫生信息管理杂志》（http：//www. chim. org. cn/zzs/gzdt/201403/3ce256ff9a2b493999cf08020e168d0c. shtml），2014年3月4日；中华人民共和国中央人民政府门户网站（http：//www. gov. cn/guowuyuan/2013－07/12/content_ 2591127. htm），2013年7月12日；新华网（http：//news. xinhuanet. com/health/2013－12/10/c_ 125832028. htm），2013年12月10日；向日葵保险网（http：//www. xiangrikui. com/jiankang/qita/20130122/291910. html），2013年1月22日；网易财经（http：//money. 163. com/13/0605/08/90JHMUUQ00 254TI5. html），2013年6月4日。

② 参见国家卫生计生委体制改革司（http：//www. moh. gov. cn/tigs/s8340/201309/d0497b2cded74fef81608720410688bd. shtml），2013年2月13日；药物政策与基本药物制度司（http：//www. moh. gov. cn/mohywzc/s3582/201303/b058a4edf14e4dc9a1f6f0f0c 71a2cce. shtml），2013年3月15日。

（二）全科医生特设岗位计划试点

2013 年，国家卫生计生委会同财政部、人社部、国家中医药管理局、国务院医改办印发《关于开展全科医生特设岗位计划试点工作的暂行办法》（以下简称为《办法》），提出 2013 年度首先在安徽、湖南、四川、云南 4 个中西部省份开展全科医生特设岗位试点工作，通过引导和鼓励优秀医疗卫生人才到基层医疗卫生机构从事全科医疗工作，逐步解决基层全科医生紧缺和无执业医师问题，力争试点地区每个乡镇卫生院有 1 名全科医生。

《办法》指出，全科医生特设岗位是在县级公立医疗机构专门设置，并将所聘全科医生派驻乡镇卫生院工作的非常设岗位。全科医生特设岗位不受县级公立医疗机构岗位总量、最高等级和结构比例的限制。实施全科医生特设岗位计划所需资金由中央和地方财政共同承担，2013 年，中央财政对中西部试点地区暂按年人均 3 万元的标准补助。

《办法》提出，特岗全科医生聘期为 4 年。聘期满后，鼓励其到乡镇卫生院工作，卫生院可按有关规定将其聘任到领导岗位或纳入常设岗位管理；也可通过公开招聘到其他医院工作，招聘单位在同等条件下优先聘用。

2013 年 12 月 25 日，全科医生特设岗位计划试点工作启动会在安徽省合肥市召开。国家卫生计生委副主任马晓伟在启动会上指出，全科医生特设岗位实行“县管乡用”模式，是一项制度创新，试点地区要探索形成特岗全科医生下得去、干得好、能流动的长效机制，使乡镇成为农村居民看病就医的首选，努力做到大病不出县、小病不出乡镇。[①]

（三）鼓励和引导社会资本举办医疗机构

2010 年国务院办公厅发布《关于进一步鼓励和引导社会资本举办医疗机构的意见》，广泛动员社会力量，鼓励社会资本进入医疗领域。文件发布以来，各地区积极布局，在实践中不断摸索。

2013 年 1 月，河南省卫生厅制订了《河南省大力支持社会资本举办医疗机构　促进卫生事业改革发展的“332”行动计划》，指出将在接下来的 3 年中，大力引进社会资本举办医疗机构，调整医疗机构投资结构，优化布局，完善医疗服务功能，提高民办医院比重，促进民办医疗机构与公立医疗机构的协调发展，满足公众日益增长的医疗保健需求。“332”计划，是指利用 3 年时间（2013—2015 年），通过独资、合资合作、改制重组等方式，建设涵盖医疗、康复、老年护理、中医保健等业务的二级以上民办医院 30 所，实际利用社会资本 200 亿元以上，形成公立医疗机构与民办医疗机构有序竞争、优势互补、良性发展的多元化办医格局，全面提升省内医疗卫生领域开放水平，满足群众不同层次的医疗保健需求。为此，河南省将积极争取卫生部将河南列为境外资本独资举办医疗机构试点，鼓励境外资本举办独资医疗机构。按照国家要求对外商独资医疗机构先行试点、逐步放开，鼓励境外医疗机构、企业和其他经济组织与省医疗机构、企业和其他经济组织以合资合作形式举办医疗机构。

2013 年 1 月，安徽省发展改革委、安徽省卫生厅、安徽省财政厅、安徽省商务厅、安徽省人力资源和社会保障厅就进一步鼓励和引导社会资本在省内举办医疗机构，加快形成多元化办医格局，促进公立医院改革，提出以下意见：一是进一步放开医疗服务市场，

---

① 参见中国疾病预防控制中心网（http：//www. chinacdc. cn/mtdx/rdxw/201312/t20131226_ 91864. htm），2013 年 12 月 26 日。

支持社会资本进入医疗服务领域，支持社会资本举办各类医疗机构，鼓励社会资本参与公立医院改制，扩大医疗行业对外开放；二是积极为社会资本举办医疗机构创造良好环境；三是促进非公立医疗机构健康发展。

2013 年 3 月，上海市下发《关于进一步促进本市社会医疗机构发展的实施意见》，争取到 2015 年在本市建成和发展一批有一定规模、一定社会影响、一定品牌特色的社会医疗机构，全市社会医疗机构床位数、服务量占比、办医质量和办医水平比现在有明显提高。该意见要求，今后将在调整和新增医疗卫生资源时优先考虑社会资本；鼓励社会资本在高端医疗服务领域举办医疗机构，在医疗资源配置薄弱的基本医疗服务领域举办医疗机构；鼓励社会资本参与公立医疗机构改制，鼓励社会力量参与公立医疗机构管理；鼓励境外资本举办社会医疗机构。政府各级部门要从审批程序、税收和价格政策、大型医用设备准入、政府购买服务等方面给予社会医疗机构优先关心、优先支持。该意见还指出，要逐步取消限制境外资本股权，优化社会医疗机构用人环境。

2013 年 6 月，广州市人民政府办公厅发布《进一步鼓励和引导社会资本举办医疗机构实施办法》，该办法指出，社会资本举办医疗机构纳入全市医疗机构总体设置规划。鼓励和支持社会办医疗机构实施品牌发展战略，不断做大做强，打造国际化、高端化、专业化、连锁化的大型医疗集团，培育国内和国际医疗服务品牌。规划调整和新增医疗资源优先考虑社会资本，力争到 2015 年全市社会办医疗机构床位数达到全市医疗机构床位总数的 15% 以上，门诊服务量达到全市医疗机构的 15% 以上，住院服务量达到全市医疗机构的 10% 以上。

2013 年 10 月，国务院发布《关于促进健康服务业发展的若干意见》。这是继 2010 年国务院办公厅发布《关于进一步鼓励和引导社会资本举办医疗机构的意见》之后，又一个鼓励社会资本进入医疗等健康相关领域的纲领性文件，其广泛动员社会力量、多措并举发展健康服务业的改革思路赢得了社会各界的一致好评。①

（四）《关于建立疾病应急救助制度的指导意见》

随着基本医保覆盖面的扩大和保障水平的提升，人民群众看病就医得到了基本保障，但仍有极少数需要急救的患者因身份不明、无力支付医疗费用等原因，得不到及时有效的治疗，造成了不良后果。2013 年 2 月国务院办公厅发布《关于建立疾病应急救助制度的指导意见》，就建立疾病应急救助制度提出以下指导意见：一是设立疾病应急救助基金，涉及分级设立疾病应急救助基金和多渠道筹集资金。二是救助对象为在中国境内发生急重危伤病、需要急救、身份不明确或无力支付相应费用的患者；救助基金支付范围包括无法查明身份患者所发生的急救费用和身份明确但无力缴费的患者所拖欠的急救费用。三是疾病应急救助基金管理和监管。四是建立多方联动的工作机制，对部门职责、医疗机构职

---

① 参见凤凰网（http：//news. ifeng. com/gundong/detail_ 2013_ 01/07/20875225_ 0. shtml），2013 年 1 月 7 日；安徽福建商会网（http：//www. ahfjsh. com/display. asp? id = 730），2013 年 1 月 24 日；中国行业研究网（http：//www. chinairn. com/news/20130325/190926809. html），2013 年 3 月 25 日；广州市人民政府网站（http：//zwgk. gd. gov. cn/007482532/201307/t20130701_ 379618. html），2013 年 6 月 22 日；中华人民共和国中央人民政府门户网站（http：//www. gov. cn/zwgk/2013 - 10/14/content_ 2506399. htm），2013 年 10 月 14 日。

责、基金管理机构职责和建立联动机制进行了阐述。①

（五）取消以药养医，补偿机制改革

医药卫生体制改革推进以来，破除“以药养医”始终是工作的重中之重。各地探索建立了多渠道补偿方式，并推行综合改革。

1. 价格平移法

北京公立医院的“价格平移法”被作为“医药分开”改革的两点推介。“价格平移法”包括取消15%的药品加成，药品按进价销售，取消挂号费，诊疗费等，同时，按医师职级增设42元—100元的医师服务费。北京医保基金对“医师服务费”给予定额报销，每人次40元。北京已有5家试点医院，包括友谊医院、朝阳医院、同仁医院、天坛医院和积水潭医院。

2. 财政补偿法

陕西省在政府投入和医疗服务收费调整到位的基础上，取消药品加成政策，实行零差率销售。对县级医院由此减少的合理收入，按照“取消多少，补偿多少”的原则，由省、市、县三级政府按比例给予足额补助。

3. 综合补偿法

安徽省实行县级医院全部药品零差率销售，由此减少的费用通过增加政府补助（25%）和收取诊查费（75%）来弥补；降低大型医用设备检查治疗价格，在总量平衡的基础上通过调整手术费、护理费和床位费来弥补。

浙江省取消县级医院药品加成政策，同步建立“五环联动”机制，即调整医疗服务收费、改革医保支付制度、完善财政投入政策、加强医疗服务行为管理、建立医院内部管理机制。

广东省深圳市对67家公立医院实施“1+6”综合改革，“1”即取消全部公立医院药品加成；“6”即改革公立医疗机构补偿机制，改革医疗费用支付制度，改革药品流通竞争制度，改革药品耗材采购制度，强化公立医院商业贿赂防控，加强公立医院行为监管。②

三 农村大病保障扩容

从2002年开始，中国逐步建立了政府组织引导，农民自愿参加，个人、集体和政府多方筹资，以大病统筹为主的新型农村合作医疗制度。截至2012年年底，新农合制度已覆盖约8.12亿人，覆盖率达98%以上。2013年，新农合全国人均筹资达到340元，其中各级政府补助增加到人均280元，新农合总筹资额可达到2700亿元。

2013年1月16日，卫生部介绍，2013年中国农村医疗保障重点将向大病转移，扩大重大疾病保障的覆盖面，提高补偿比例，避免农民因（大）病返贫。肺癌、胃癌等20种疾病全部纳入大病保障范围，大病患者住院费用实际报销比例不低于70%，最高可达到90%。

---

① 参见中华人民共和国中央人民政府门户网站（http://www.gov.cn/zwgk/2013-03/01/content_2342656.htm），2013年3月1日。

② 参见医学论坛网（http://www.cmt.com.cn/detail/175287.html），2013年3月22日；中国经济网（http://district.ce.cn/zg/201301/17/t20130117_24036697.shtml），2013年1月17日。

纳入大病保障的20种疾病包括儿童白血病、先心病、终末期肾病、乳腺癌、宫颈癌、重性精神病、耐药肺结核、艾滋病机会性感染、血友病、慢性粒细胞白血病、唇腭裂、肺癌、食道癌、胃癌、I型糖尿病、甲亢、急性心肌梗死、脑梗死、结肠癌、直肠癌。

在报销方面，卫生部相关负责人表示，2013年，将以省为单位全面推开肺癌等20种重大疾病保障工作，在已开展大病保险试点的地区，要优先将20种重大疾病纳入大病保险范围，先由新农合按照不低于70%的比例进行补偿；补偿后个人负担费用超过大病保险补偿标准的部分，再由大病保险按照不低于50%的比例给予补偿。二次补偿后，困难农民还将额外得到15%的民政医疗救助基金，总报销比例可达到90%。

此外，卫生部对20种重大疾病制定了临床路径，遴选基本药物，并以省为单位，实施集中采购，确保农民重大疾病用药安全。同时，卫生部要求各地卫生行政部门，选择诊疗条件良好、费用控制能力和组织管理能力较强的新农合定点医疗机构作为参合农民重大疾病的定点救治机构。一般大病原则上尽可能在县级医疗机构诊治；复杂疑难杂病，由接诊医院负责转诊到三级医疗机构。①

四 儿童重大公共卫生项目启动

2013年11月20日，国家卫生计生委在青海省西宁市召开2013年儿童重大公共卫生服务项目启动会。该项目将利用中央财政专项补助经费，在国家集中连片特殊困难地区，继续实施贫困地区儿童营养改善项目及新生儿疾病筛查补助项目。

2013年，贫困地区儿童营养改善项目在国家集中连片特殊困难地区的300个县展开，为满6月龄的儿童每天免费提供1个营养包，直至24月龄。营养包由省级卫生（卫生计生）部门集中招标采购，统一配送到项目县或乡镇卫生院，由基层医疗卫生机构人员发放，发放率要达到80%以上，营养包有效复用率达到60%以上。国家卫生计生委妇幼司相关负责人表示目标是让项目地区6—24月龄婴幼儿贫血患病率在基线调查的基础上下降20个百分点，生长迟缓率在基线调查基础上下降5个百分点。

集中连片特殊困难地区的4000万名儿童，在健康和教育等方面的发展水平明显低于全国平均水平。中央财政将贫困地区儿童营养改善项目经费在去年1亿元的基础上增加到3亿元，将贫困地区新生儿疾病筛查项目经费从1250万元增加到5880万元。

为提高贫困地区儿童医疗保健人员服务能力，国家卫生计生委2013年新增培训项目，对21个省（区、市）14个国家集中连片特殊困难地区680个县的儿童医疗保健人员进行培训。②

五 “服务百姓健康行动”开展全国大型义诊活动

为深入开展党的群众路线教育实践活动，着力解决卫生计生系统群众反映强烈的突出问题，学习借鉴先进经验，建设人民满意的医疗卫生计生服务体系，切实提高人民

① 参见百度百科（http://baike.baidu.com/view/9969955.htm?fr=aladdin）。

② 参见《健康报》（http://www.jkb.com.cn/news/dynamicSenior/2013/1121/5148.html），2013年11月21日。

群众的健康水平，推动卫生计生事业科学发展，国家卫生计生委、国家中医药管理局、解放军总后勤部卫生部决定在全国范围内开展“服务百姓健康行动”全国大型义诊活动周。

2013 年 9 月 27 日，国家卫生计生委、国家中医药管理局、解放军总后勤部卫生部联合下发了《“服务百姓健康行动”全国大型义诊活动周实施方案》，活动周时间为 10 月 13—19 日，10 月 13 日全国统一启动。国家卫生计生委还决定，今后把每年 9 月的第 3 周作为“服务百姓健康行动”全国大型义诊活动周，使之成为卫生计生系统为民服务的重点工作，长期坚持。

此次活动周也是卫生计生系统首次举行覆盖全国的大型义诊活动，时间集中，形式多样，指标明确，杜绝形式主义，确保义诊活动周接地气、见实效。活动周主要包括以下内容：

第一，公共场所义诊活动。10 月 13 日，国家卫生计生委与北京市在京举行启动仪式。当天，每个地级市（含省会城市）、每个县（县级市）的一个以上公共场所将开展一天的义诊活动，主要进行常见病、慢性病的咨询、初步筛查、诊断和一般治疗，普及医学常识和健康知识。

第二，在城乡医院对口支援县级医院开展的义诊工作。活动周内，承担城乡医院对口支援任务的医院增派医疗队，在受援县级医院开展义诊工作，集中解决当地患者疑难复杂疾病的诊疗需求，经会诊、查房开展适宜的义诊手术，同时对县医院医务人员进行示教和现场培训、指导。

第三，组织义诊活动走进社区、下到乡镇。活动周内，二级以上医院的专家走进社区卫生服务机构开展义诊活动，县级医疗机构派出由内科、外科、妇产科、儿科、眼科的医师组成的医疗队，重点到医疗服务能力较薄弱的乡镇卫生院，使群众能够就近享受大型医院的优质医疗资源。

第四，举办面向广大人民群众的健康大讲堂。县级以上卫生计生行政部门根据当地的疾病特点，有针对性地派遣相应专科专家，在学校、工厂、建筑工地、社区、党政机关等地举办健康大讲堂，讲授、传播健康知识，提高广大人民群众的健康意识。

第五，在二级以上医院院内开展义诊活动。本次义诊不仅在公共场所开展，还会在二级以上医院内部广泛开展。二级以上医院针对挂号较为困难的特色专科和知名专家，开展形式多样的义诊活动，编印专科疾病防治宣传资料，改善相应专科的诊疗环境和流程，提高优质医疗资源服务效率。

第六，组织国家医疗队赴重点地区开展义诊活动。国家卫生计生委、国家中医药管理局、解放军总后勤部卫生部组织 8 支国家医疗队赴边远贫困、优质医疗资源缺乏的地区，开展包括接诊患者、疾病筛查、指导查房、疑难病例会诊、实施手术、技术管理培训等义诊活动。

国家卫生计生委、国家中医药管理局、解放军总后勤部卫生部统一部署了全国大型义诊活动，全国各省、区、市积极响应，组织省、区、市医疗机构和专家组成医疗队，在当地或分赴老、少、边、穷地区开展义诊活动，服务百姓健康。

六　妥善应对 H7N9 疫情

抗击“非典”取得胜利十年来，卫生应急工作建立了从中央到地方的卫生应急管理体制、卫生计生委作为卫生应急牵头单位的部委间协作机制，以及一系列法规条例和工作制度预案。加快卫生应急指挥决策系统建设步伐，在响应速度、现场处置、信息管理和自我保障等方面得到了全面提升。十年来，最为根本的变化是认识上的，即极大强化了国家决策者的公共卫生理念。卫生应急的"应"字，承载着国家使命，是政府保障人民群众健康与生命的责任所在。如何"应"，体现着管理国家的理念，体现着社会发展的政策，体现着保障民生的能力，同时也影响着国家社会经济和国家形象。

2013 年 3 月，上海市和安徽省发现 3 例人感染 H7N9 禽流感病例，中央政府迅速启动部门间、区域间联防控机制，加强疫情研判、传染源控制、早诊早治、疫情溯源工作。坚持公开透明，及时准确发布疫情和防控工作信息，加强国际合作，有效地控制了疫情发展。

在信息公开方面，疫情发生后，政府反应迅速，及时报告并分享相关数据。早在 2013 年 3 月 31 日，距首例病人患病仅 6 周时间，就向世界卫生组织通报了疫情。同日，还公布了从三个病人体内提取的新病毒的基因测序结果，并被"全球共享禽流感数据倡议"数据库认证。同时，中国还与世界卫生组织共享了全部测序结果，与该组织和其他实验室共享了活体病毒，使得科学家能够及时识别病毒的变异情况，追踪其来源并寻找关键的诊断方法。此外，中国政府每天报告疫情，媒体对 H7N9 的讨论也公开坦率。

在疫情处理方面，政府反应敏锐。诊断测试工作被分散到全国各个医院和科研实验室，整个应对行动由中国疾控中心牵头，联合了临床医生、病毒学家和流行病学家共同参与。2013 年 4 月 2 日，上海启动流感流行应急预案三级响应，并成立流感联防联治小组。上海的 43 个监测点和 130 个发热门诊，每日发布疫情报告。同样出现疫情的江苏省也出台应急预案，并制定了《江苏省人感染 H7N9 禽流感病例监测排查管理方案》。2013 年 4 月 3 日，国家卫生计生委发布了《人感染 H7N9 禽流感疫情防控方案》《人感染 H7N9 禽流感医院感染预防与控制技术指南》《人感染 H7N9 禽流感诊疗方案》。《人感染 H7N9 禽流感疫情防控方案》要求，各级各类医疗机构发现人感染 H7N9 禽流感疑似病例、确诊病例后，应当于 2 小时内进行网络直报。与国家卫生计生委三份指导文件同步问世的，是 H7N9 禽流感病毒检测试剂。4 月 3 日起，检测试剂开始下发到全国各个省（区、市）。浙江还自行合成检测试剂，下发到地、市一级。

此次疫情处理中，卫生部门和农业部门的合作有所加强但仍然存在空间。发现 H7N9 病毒的活禽市场被关闭，所涉及的禽类被扑杀。农业部对数万只禽类和其他动物进行了病毒测试，以确定人类感染源，弄清楚感染区域相隔数百公里的原因。但是，江浙沪皖对于人感染 H7N9 禽流感的防控措施，几乎是在同一步调中推进，而各地对于禽类的监测、溯源和处理方式，却不同步。从动物到人的传染环节，农业部兽医部门起着主导作用，农业部和卫生部必须联手。

5 月 28 日，河南省周口市终止了流感流行应急响应。至此，中国所有人感染 H7N9 禽流感疫区均已终止了流感流行应急响应，相关防控工作转入常态化管理，中国卫生应急管理经受住了新一次的考验。

七 打击涉医违法犯罪

随着人们生活水平和医疗保障水平的提高，人们对医疗服务的需求和服务质量的要求在提高，对自身权益的维护意识也在加强，但医疗卫生事业的改革与发展仍然相对滞后。近年来，医患纠纷数量逐年增加，医患关系日趋紧张，医闹现象时有发生，不仅损害了患者自身和医疗机构及其医务人员双方的合法权益，也不断地冲击着医疗秩序，给社会造成了很大的负面影响。

（一）2013年两起重大涉医违法犯罪事件

2013年10月25日，浙江省台州温岭市患者杀医事件震惊全国。涉事当天，台州温岭市第一人民医院三名医生被一名男子捅伤，其中耳鼻咽喉科主任医师王云杰死亡，其余两人重伤。凶手连恩青此前为该院患者，在该院做鼻内镜下鼻腔微创手术后仍感鼻子不舒服，呼吸不畅。医生数次为其检查认为手术没有问题，患者之后被鉴定为“持久的妄想症障碍”。事发后，医院数百名医护人员自发组织抗议活动，聚集在医院广场内，悼念遇袭身亡的王云杰，并抗议“医闹暴力”，活动在网上得到全国上百家医院的声援。

2013年12月9日，广州伊丽莎白妇产医院，近百人拿着石头砖块对医院大肆打砸，门窗尽毁，造成6名医院保安受伤。事因27岁的产妇彭女士胎死腹中，院方虽积极帮助其家属善后，但彭某家属仍带着十多名老乡在医院门口拜祭、抛撒纸钱等，双方发生肢体冲突。家属要医院赔偿损失。而且，当时警察并未采取有效措施疏散人群，也没有能够制止后续的打砸事件。这起打砸事件当中，有明显的医闹痕迹，具有鲜明的黑社会性质。半个月后，警方将此事定性为刑事案件，并以涉嫌聚众扰乱社会秩序的名义立案侦查，12名涉案嫌疑人被拘捕。在审讯中，多名犯罪嫌疑人承认，与患者家属根本不认识。

（二）公安部等多部门部署打击涉医违法犯罪行动方案

2013年12月20日，国家卫生计生委、中央综治办、公安部、司法部等11个部门联合印发《关于维护医疗秩序打击涉医违法犯罪专项行动方案》（以下简称为《方案》），决定自2013年12月起，开展为期一年的打击涉医违法犯罪专项行动，依法严惩侵害医患人身安全、扰乱正常医疗秩序的违法犯罪活动。

《方案》提出，公安机关要对实施伤害医务人员和患者人身安全的违法犯罪分子采取一切有效措施果断制服，依法严惩。对拉横幅、摆花圈、设灵堂、违规停尸等扰乱医疗秩序等行为，要依据《治安管理处罚法》有关规定进行查处；构成犯罪的，要依法追究刑事责任。要严厉打击职业医闹、医托及号贩子。对专门捏造、寻找、介入他人医患矛盾，故意扩大事态，寻衅滋事，向医务人员、医疗机构敲诈勒索的医闹分子，要严厉打击，坚决依法查处，构成犯罪的要依法追究其刑事责任。

《方案》指出，要提高医疗机构安全防范能力。医疗机构应健全安全防范系统日常管理防范制度，对发生的各类案件要如实登记并及时向所在地公安机关报案。确保重点区域、重点部门视频监控覆盖率达到100%。具备条件的二级以上医院安全监控中心应建设应急报警装置，并与当地公安机关联网。可根据实际需要在二级以上医院设立警务室。要健全警医联动、联防、联控机制，提高突发事件的现场应急处置能力。

《方案》指出，要切实提高医疗服务质量，健全全民医保体系，完善医疗服务监管机制，加大医疗服务信息公开力度，改善人民群众就医感受。完善医疗纠纷人民调解组织网络，力争2014年年底覆盖75%的县级行政区域。及时引导医疗纠纷通过人民调解化解，防止矛盾纠纷扩大升级。鼓励各地探索建立符合当地实际的医疗风险分担机制，推进医疗责任保险，力争覆盖二级以上医疗机构。

《方案》要求，各地要依托创建“平安医院”活动工作小组，统一负责、领导辖区内专项行动，坚决稳妥处置涉医突发事件，及时化解医患矛盾及医疗纠纷。将专项行动情况纳入各省“平安医院”创建考核工作中。

八　《精神卫生法》正式实施

2013 年 5 月 1 日，《精神卫生法》正式实施。《精神卫生法》的颁布实施填补了中国精神卫生领域的法律空白。该法对精神卫生工作的方针原则和管理机制，心理健康促进和精神障碍预防，精神障碍的诊断、治疗和康复，精神卫生工作的保障措施，精神障碍患者合法权益的维护等作了较为全面的规定。

《精神卫生法》首次提出患者自愿住院原则，并一改原先谁送患者入院也须由其接出医院的例行规则，变为一旦医生评估患者达到出院标准，患者可自行决定出院。《精神卫生法》要求政府加大财政投入力度，建设专业队伍，完善精神卫生服务体系。按照要求，到 2015 年，天津市社区将要建立起精神卫生疾病预防体系，管理约 5 万名重性精神病患者，为他们建立健康档案，记录患者个人信息、既往病史和治疗情况，提供每三个月一次的随访和免费的体格检查，以及免费的基本用药。同时，建立起精神障碍的社区康复机构，为精神卫生疾病患者提供生活自理、社会适应的康复训练。

当然，《精神卫生法》的实施，短期内在基层实际工作中难以真正落实，法律的贯彻实施将是一个相对漫长的过程。《精神卫生法》实施后不久，2013 年 7 月 5 日，广西壮族自治区一家精神病专科医院的 42 名精神病患者集体逃跑，主要原因是医院病房拥挤、环境差，患者无法忍受高温酷暑，住院精神病患者想回家、回家难，长期积累的情绪很容易一触即发。2013 年 10 月，有媒体报道“郑州向社区摊派精神病指标，1 千人中找出 2 个重症”。类似事件反映了中国精神卫生防治能力和水平还远远满足不了社会的现实需求，社会对精神疾病及其防治工作的认识也存在很多误区。只有解决了医疗资源稀缺、服务能力薄弱的问题，才能提高精神疾病的检出率、就诊率、治疗率、规范管理率等，最终维护患者合法权益。

九　实践创新总评

《卫生事业发展“十二五”规划》从“大卫生”的角度出发，明确了国家卫生事业的指导思想、基本原则、主要目标和重点工作。2013 年卫生部部署的工作总体思路是全面贯彻落实党的十八大精神，继续把深化医改作为卫生部门的中心任务，按照“保基本、强基层、建机制”的原则，抓住关键问题，完善政策措施，更加注重提高服务质量和改革效果。具体思路体现在：明确改革发展目标，确定各项改革发展的路线图和时间表；完善新型农村合作医疗制度，提高保障水平；巩固、完善国家基本药物制度和基层运行新机制，提高基层医疗卫生服务水平和效率；积极推进公立医院改革，维护公益性；抓好公共卫生工作，遏制重大疾病上升势头；强化食品药品、医疗服务和公共卫生的监督管理，保障人民生命健康安全；做好传承与创新，发展中医药事业；加大卫生人才和科技工作力度，提升卫生信息化水平。

通过梳理总结 2013 年中国中央及地方政府的政策措施，发现 2013 年中国公共卫生事业实践创新政策基于卫生部部署的工作思路展开，并有所拓展。在完善新型农村合作医疗制度方面，2013 年中国农村医疗保障重点将向大病转移，扩大重大疾病保障的覆盖面，提高补偿比例，避免农民因（大）病返贫。肺癌、胃癌等 20 种疾病全部纳入大病保障范围，大病患者住院费用实际报销比例不低于 70%，最高可达到 90%。在完善国家基本药物制度方面，国务院办公厅发布《关于巩固完善基本药物制度和基层运行新机制的意见》，提出了具体的指导性意见；《国家基本药物目录》（2012 年版）也在 2013 年正式发布。在提高基层医疗卫生服务水平和效率方面，中国发布了《关于建立疾病应急救助制度的指导意见》，就建立疾病应急救助制度提出了四项指导意见；启动了“服务百姓健康行动”开展全国大型义诊活动，并把每年 9 月的第 3 周作为“服务百姓健康行动”全国大型义诊活动周；并提出 2013 年度首先在安徽、湖南、四川、云南 4 个中西部省份开展全科医生特设岗位试点工作。

在抓好公共卫生工作方面，儿童重大公共卫生项目启动，该项目利用中央财政专项补助经费，在国家集中连片特殊困难地区，继续实施贫困地区儿童营养改善项目及新生儿疾病筛查补助项目。在提升卫生信息化水平方面，国务院提出实施“信息惠民工程——居民健康卡试点专项”，国家卫生计生委、中医药管理局提出在“十三五”时期，实现全员人口信息、电子健康档案和电子病历数据库基本覆盖全国人口并整合共享；全面建成互联互通的四级信息平台，实现六大业务应用、业务协同和信息共享；普及应用居民健康卡，全国实现“一卡通”。在鼓励和引导社会资本举办医疗机构方面，各地区相继颁布因地制宜的政策法规，积极推进社会资本举办医疗机构的落实。在补偿机制改革方面，各地探索建立了多渠道补偿方式：价格平移法、财政补偿法、综合补偿法。在卫生应急上，积极妥善应对 H7N9 疫情，在信息公开、疫情处理、部门合作等方面都实现了重大突破。针对违法医闹行为，多部门联合打击涉医违法犯罪，在医患关系处理上，再次向前迈进。

第三节　代表性成果

【《民营医院蓝皮书：中国民营医院发展报告（2013）》】

作　　者：朱幼棣

出版时间：2013 年 10 月

出版机构：社会科学文献出版社

内容摘要：该年度报告在回顾总结 2012—2013 年中国民营医院发展情况的基础上，关注民营医院融资、公立医院改制、政府与社会资本合作等行业热点话题。在中国新的医疗体制改革进入“深水区”的今天，探讨行之有效的民营医院发展途径具有较大的现实意义与价值。该书第一部分为总报告，即陈绍福先生的 2013 年中国民营医院发展报告；第二部分为分报告一，主题为“民营医院融资发展”；第三部分为分报告二，主题为“民营：公立医院改制路径的选择”；第三部分为以“公私合营（PPP）模式”为主题的分报告三；第四部分为“温州社会资本办医调查”和“新虹桥医学中心成长记”两个专题报告；第五部分为全国医疗资源和医疗服务统计资料。

社会影响：该书由中国医院协会民营医院管理分会和长策智库共同策划，是继《中国民营医院发展报告（1984—2012）》之后，又一部体现行业权威性和代表性的报告。全书分为总报告、分报告、专题报告、附录四部分，在系统总结 2012—2013 年民营医院发展情况的同时，重点从民营医院融资、公立医院改制、政府与社会资本合作等多方面探讨总结民营医院发展的有效途径。

【《民生中国——新医改的公益性路径》】

作　　者：顾昕

出版时间：2013 年 1 月

出版机构：云南教育出版社

内容摘要：该书作者系北京大学政府管理学院教授，长期从事医疗卫生政策研究。

该书立足于中国共产党为人民服务的宗旨，贴近民生，详细阐述了新医改的公益之路。首先，作者在导言中指明新医改的背景，总述了通向公益性的五条大道；然后各用一章的篇幅来具体阐述了这五条大道，具体为：（1）推进全民医保，缓解“看病贵”；（2）调整管制方略，治理“药价虚高”；（3）促进多元办医，改革公立医院；（4）政府购买服务，建立全新机制；（5）解放医生，开发医疗人力资源。

【《医改驶入深水区》】

作　　者：廖新波

出版时间：2013 年 7 月

出版机构：广东人民出版社

内容摘要：该书作者长期从事医改工作，掌握着第一手资料，强调医改公平性问题。本书内容取自作者的博士论文，全面反映了医改工作情况。该书内容主要包括：（1）向左 or 向右：医改方向之争；（2）中国医改将进入新纪元；（3）新医改方案没有兴奋点；（4）该怎么看待新医改方案；（5）乡医问题困难重重；（6）破解医改难题的钥匙何在；（7）谁来推医改一把；（8）新政带来的是看病更贵；（9）医改最易被忽视的问题；（10）医改应避免自发探索；（11）医改正路是建保障网；（12）一场“一错再错”的革命；（13）免费医疗并非遥远；（14）医改还有多少路；（15）医改呼唤政府的投入。

社会影响：该书作者廖新波系广东省卫生厅副厅长，重视民生和民声，不断探讨中国医疗改革的深层次问题，他的观点引起全国的高度关注，成为官员博客和中国现代民主政治的一个典范。接受过中央电视台多个频道以及《小崔说事》、广东电视台、东方卫视、凤凰卫视、香港有线电视等知名媒体的专访。2006 年开辟了全国级别最高、更新速度最快的官员博客网站，拥有大量“草根”粉丝。《要有尊严别学医》等热门博文引起全国各界高度关注。连续三年成为人民强国博客网的责任博客，成为《2008 中国魅力 50 人》第四名，2010 年度《民间拍案》“十大风云大侠”第四名。2011 年被人民网等主流媒体联合评为“全国十大官员微博”第五名。在新浪与腾讯开设的微博，粉丝数量分别达到 276 万和 174 万。

【《医管之道》】

作　　者：易利华

出版时间：2013 年 9 月

出版机构：中国协和医科大学出版社

内容摘要：该书主要为近两年来易利华发表在搜狐健康网上的博文组成。另有作者在医院管理实战中撰写的讲话稿与专业论文。全书共分五个篇章：第一篇为《医管折桂》，记录了亚洲医院管理奖的认识、申报、折桂项目等艰苦历程。第二篇为《医管感悟》，收录了搜狐健康网上获得 200 多万次点击量，作者每日撰写的博文，涵盖了医院人、财、物的管理之道，生动、真实。第三篇为《医管心语》，收集了作者在医院管理实战中，各项重点工作动员、总结会上的精彩讲演。第四篇为《医管精粹》，收编了作者近两年来发表在中华级、国家级专业杂志上的优秀医院管理论文。第五篇为《医管随笔》，收入了作者撰写的散文、随感。该书在医院人才管理、医院医疗质量管理、医院绩效管理、公立医院改革等问题的思考上独具匠心，反映了作者在这几项医院管理重要任务上的重新认识、工作突破、改革创新，新鲜、务实、领先。

社会影响：该书作者易利华教授为全国卫生系统先进工作者，全国优秀院长，无锡市第二人民医院（南京医科大学附属无锡第二医院）院长，国家自然科学基金项目（管理类）评审委员会专家，中华医学科技奖评审委员会评审专家，江苏省人民政府有突出贡献中青年专家，上海国际金融学院和美国蒙大那大学 MsBA 项目导师，中国医院协会理事。

作者先后主编了《医院管理新论》、《医院经营新论》《医院精细化管理概论》《2011 年中国医药卫生体制改革报告》《医界》《创精益医院》等 16 部医院管理论著，发表研究论文 120 多篇，获省部级科技成果奖 7 项，国内外讲学达 130 多场次。连续 11 次承办“中国医院发展战略高级论坛”，与会人数达一万多人次，已成为业内知名管理品牌。由他率先提出的中国四代医院管理理论层次，被喻为以“管理科学最新发展领域知识与医院管理全面融合”为主要形式的第四代医院管理体系，引起了全国医院管理者的关注。2009 年主研课题获中华医学科技奖卫生管理奖；2011 年、2013 年主研课题两次获得中国医院科技创新奖；2013 年主研课题获亚洲医院管理大奖。

【《新农合制度下医疗服务利用研究》】

作　　者：姜海珊

出版日期：2013 年 1 月

出版机构：知识产权出版社

内容摘要：从 2003 年中国政府开始在农村推行新型农村合作医疗制度，到 2008 年这一制度基本覆盖农村，新型农村合作医疗制度已经成为当前中国农民主要的医疗保险形式。新型农村合作医疗制度实行的初衷是为了解决农民看病难、看病贵、因病致贫和因病返贫的问题，因此，新型农村合作医疗制度实施以来，有很多学者都非常关注这一制度的实施效果，学者们从小同的视角、运用各种方法考察新农合的实施效果。该书把医疗支出看作是农民利用医疗服务的最终结果，使用中国健康与营养调查数据考察新型农村合作医疗制度对农民个人医疗服务利用的影响，同时使用中国健康与养老追踪调查数据考察新型农村合作医疗制度对老年人医疗服务利用的影响，进而探讨新型农村合作医疗制度进一步完善的途径。

社会影响：该书作者曾参与国家社科基金青年项目“农村新型合作医疗制度研究”、北京市教委“北京市农村医疗卫生体制建设研究”等科研项目，对农村医疗保险有着比较丰富的研究经验。近几年发表了《北京市新型农村合作医疗制度的做法与经验》《改革开放以来北京市农村社会救助制度的建设与展望》《发展中国家医疗保险影响医疗支出的研究》等论文。

【《公平与卓越：英国卡梅伦政府医改之路》】

作　　者：吴传俭

出版日期：2013 年 1 月

出版机构：科学出版社

内容摘要：该书以卡梅伦联合政府颁布的医疗服务体系改革白皮书《公平与卓越：解放国民健康服务》为核心，围绕白皮书颁布的背景、主要内容，以及为实现医疗服务改革的整个立法过程、社会民众与相关的科研机构对白皮书内容的评论，进行了梳理分析。全书的结构划分为十个章节，梳理了卡梅伦政府医疗服务体系改革发展的整个历程中的关键内容和社会各界作出的评论，以及改革完善的内容，回顾了英国历届政府的基本改革历程，并结合中国国情进行了系统的评论，对于中国的相关学术研究和制度建设具有重要的参考价值。

【《医院绩效管理》】
作　　者：薛迪　吕军
出版日期：2013 年 8 月
出版机构：复旦大学出版社

内容摘要：该书结合中国医院管理的发展趋势与公立医院的改革方向，系统介绍了医院绩效管理的理论与实践，探讨了医院绩效管理中存在的问题及其对策。该书所涉及的内容包括绩效管理的发展、医院绩效管理的相关概念、绩效管理的基础、医院绩效管理的流程、关键绩效指标的遴选和方法、以目标为导向的绩效管理、平衡计分卡、360 度反馈评估、医院绩效管理的应用以及绩效管理展望。

【《基于顾客价值最大化的医院服务体系构建研究》】
作　　者：王丽华
出版时间：2013 年 4 月
出版机构：经济科学出版社

内容摘要：该书从服务理念、服务线索、服务流程、顾客价值和服务业绩评价等角度切入，研究与构建实现顾客价值最大化而最终实现服务能力不断提升的医院服务组织体系，是对顾客价值研究从抽象到具体的一种有意义的尝试。在理论上，该书丰富和拓展了服务体系生成与演进研究的理论框架，有助于打破眼下顾客价值研究领域和服务体系构建领域较为机械、孤立的研究现状，有助于诠释顾客价值生成的内在机理，有助于破解服务体系各个层面顾客价值创造与传递的路径，有助于对服务体系构建与评价研究。

【《论新医改和扩大内需》】
作　　者：简棣
出版时间：2013 年 8 月
出版机构：知识产权出版社

内容摘要：该书首先从新医改扩大内需的角度上研究卫生事业的发展本身，客观评价了中国卫生事业的发展成果，提出了“医疗卫生事业发展对社会经济发展具有巨大的推动作用”“扩大内需中扩大居民消费水平是关键”“中国卫生总费用不是增长得过快，而是增长得过慢”等观点。该书围绕新医改和扩大内需等问题进行论述，新医改作为提高民生水平、扩大内需的主要措施，是中国卫生事业发展的一个里程碑，是转变经济发展方式后社会经济发展中必须认真做好的一件事情，当然围绕着扩大内需，凡是扩大居民消费率的事情都是转变经济发展方式中的重点。

【《精益医疗》】
作　　者：［美］涂尚德　［美］杰勒德著，余锋　赵克强　译
出版时间：2012 年 8 月
出版机构：机械工业出版社

内容摘要：美国的医疗成本日益增长，但其疗效却不尽如人意。统计数据显示，美国每年会发生 1500 万起医疗事故，其中包括药物误用、手术副作用以及各种感染等。为此，医疗服务必须进行重大的变革。减少事故、降低成本已经势在必行。医学博士涂尚德和杰勒德博士在其著作《精益医疗》中讨论的就是这种革命性的医疗改革。该书翔实、准确地描述了泰德康医院历时 7 年的精益医疗旅程。其目的是减少医疗失误、提高患者疗效、提升员工士气。经过这些年的努力，精益医疗体系已初见成效，在不裁员的情况下，泰德康节省了 2700 万美元。该书开拓创新，既有案例展示，也有精益宣言。它所讲的不仅是一套理论，更是一套工作体系，是屡被证明且行之有效的精益管理系统。它的理论源于工业界，但可被应用于任何一家医疗机构。

社会影响：该书是国内最畅销的医院管理书。

【《再造医疗：向最好的医院学管理（实践篇）》】

作　　者：［美］詹姆斯·钱皮　［美］哈里·格林斯潘著，张丹等译

出版时间：2013年1月

出版机构：机械工业出版社

内容摘要：该书从实际出发，以“流程再造”和“变革管理”为切入点，以患者为中心改进医院服务流程，展示了医疗重组对革新医疗护理服务的巨大潜力，并明确地提出了改善质量、降低成本和提高医疗覆盖度的切实有效的方法。对于如何在大幅降低成本的同时，提供更高效、更安全的医疗服务；如何赢得持怀疑态度的医生和其他医疗护理专业人员的信任，唤起他们的激情；如何利用技术打造更加无缝、易得、受重视和可持续的医疗体系等问题提出了解决办法。

【《卫生应急管理》】

作　　者：吴群红　杨维中

出版时间：2013年8月

出版机构：人民卫生出版社

内容摘要：该书将卫生应急管理的理论与实践紧密结合，积极吸收本领域国内外最新研究成果，力图体现卫生应急管理作为一门新兴学科的特色。该书主要包括两大部分：第一部分为卫生应急管理的理论篇，系统阐述和介绍卫生应急管理的学科内涵、性质、任务和基本理论与方法，主要包括卫生应急风险管理、应急沟通管理、社会心理行为管理、应急要素管理等内容。第二部分是卫生应急管理的实践篇，主要包括卫生应急预防与准备、卫生应急响应与处置、卫生应急中的恢复与重建、卫生应急管理评估、卫生应急协同治理、中外卫生应急管理体系建设等内容。

【《新医改下公立医院信用评价研究》】

作　　者：李乐波

出版时间：2013年12月

出版机构：浙江工商大学出版社

内容摘要：该书对构建医疗机构信用等级评价体系以及医疗机构信用等级评价结果在财政扶植政策的选择、商业银行信贷决策、供应商的信用政策、医疗人才选择就业单位等方面的应用进行了论述，运用综合评分法构建了医疗机构信用等级评价指标体系，为中国医疗机构信用评价理论的建立做了有益的探索和尝试。该书结构主要包括：（1）绪论；（2）公立医院信用评价的特殊性；（3）公立医院信用评价中若干问题的探讨；（4）中国公立医院评价指标体系的构建；（5）案例分析；（6）实践检验；（7）延伸研究。

【《农村合作医疗保险需求与制度创新》】

作　　者：肖诗顺

出版时间：2013年1月

出版机构：电子科技大学出版社

内容摘要：当前新型农村合作医疗保险制度仍处在试点阶段，新型农村合作医疗保险制度基本覆盖全部农村居民的目标的实现关键在于贫困地区。贫困地区农村居民的低收入水平、特殊的人文地理环境等决定了贫困地区新型农村合作医疗保险制度的特殊运行规律。该书以Von Neumann和Morgenstern期望效用理论、制度经济学等为理论基础，在分析了新型农村合作医疗保险制度的运行过程、运作机制的基础上，通过建立农户健康需求、医疗服务需求与医疗保险需求的理论与计量框架，以贵州2003年第一批试点县新型农村合作医疗管理机构问卷调查和241户1121人的农户入户调查作为主要数据来源，以或有估价法（CVM）和多元线性回归等为主要研究方法，研究了贫困地区试点县新型农村合作医疗保险制度的运行和农户对新型农村合作医疗的实际需求、参与与支付意愿及其决定性因素。在此基础上，该

研究还对贫困地区农村合作医疗保险制度的创新特别是运作模式创新进行了研究。

该书主要框架：(1) 导论；(2) 理论基础与相关理论借鉴；(3) 农村合作医疗保险的理论分析框架；(4) 贫困地区新型农村合作医疗保险制度运行评价；(5) 农户对农村医疗保险的需求研究；(6) 农户对新型农村合作医疗保险的参与和支付意愿研究；(7) 贫困地区农村合作医疗保险制度创新的必要性；(8) 研究结论与政策应用。

第十五章　教育经济与管理

栗玉香　周湘林

第一节　理论进展

对2012—2013年教育经济与管理研究领域的理论进展的分析，主要是以国内权威期刊发表的论文为依据，选择具有代表性的理论和实证研究文献进行综述的。鉴于教育管理研究的领域比较宽泛，本部分的理论进展综述主要围绕教育经济学相关研究主题进行。主要涉及教育与经济增长、教育与劳动力市场（含大学生就业）、教育收益、教育成本、教育效率、教育财政、教育政策等专题。

一　教育与经济增长研究

（一）人力资本与经济增长研究

人力资本理论是教育与经济增长研究的核心理论。人力资本不仅是欠发达国家和地区赶超发展的重要条件，也是实现经济持续增长的强大“引擎”。欧美学者首先注意到人力资本在经济增长中的作用。此后，中国学者对人力资本与经济增长关系的研究大多借用和改造国外经典经济计量模型，利用中国数据进行实证分析。

地区经济增长与人力资本水平的提高具有密切的正相关关系，这是大多数学者实证分析的结论。但人力资本外溢性使得欠发达地区对经济增长的贡献低于发达地区。赵显洲基于卢卡斯（Lucas）的人力资本外溢模型，分析中国中部六省人力资本在经济增长中的作用发现，各省人力资本对经济增长的贡献却远低于物质资本的贡献，各省对劳动力资源和人力资本的利用效率也存在较大差异。[①] 高远东等在MRW模型中引入了变量的空间滞后项，运用中国全域及东部、西部面板数据进行固定效应的空间面板估计发现，东部地区人力资本及其空间外溢效应对区域经济增长的贡献值均约为西部地区的两倍。[②] 在地区经济发展水平存在差异的背景下，人力资本外溢会进一步导致地区经济增长差距的扩大。这也导致了欠发达地区缺乏教育投资的动力。

人力资本在经济增长中的作用越来越被强调，但“异质人力资本”却是一个新生概念。国内大多数学者都是从总量上分析人力资本对经济增长的影响机制，忽略了人力资本的异质性机制，即不同类型的人力资本在生产过程中的作用和贡献是不同的，对经济系统

---

① 赵显洲：《人力资本与中部地区经济增长——基于卢卡斯人力资本外溢模型的实证分析》，《现代经济探讨》2012年第5期。

② 高远东、花拥军：《人力资本空间效应与区域经济增长》，《地理研究》2012年第4期。

的影响方式也不应相同。马晓科研究发现，东、中、西部地区高级人力资本在生产过程中的作用和贡献呈现以下特点：地区人力资本积累和物质资本积累之间的比例越大，高级劳动者所占比例也越大；物质资本折旧率越高，高级劳动者所占比例也越大。物质资本折旧率增大时，有利于生产高级劳动者。[①] 在人力资本门槛理论的基础上引入人力资本边际产出波动假设，可以拓展以不同类型人力资本贡献率作为人力资本配置效率度量指标的分析方法，用以评价不同增长类型地区的人力资本配置效率。陈晓迅等将人力资本划分为技能型和普通型两种，对中国省际经济增长中的人力资本配置效率进行实证检验，结果发现各省人力资本对经济增长均有显著推动作用，但是中西部省份的技能型人力资本配置效率低于东部发达省份。[②]

人力资本对经济增长作用的发挥，一方面需要充足的人力资本积累，另一方面需要人力资本与物质资本之间的匹配与协调。地区经济增长过程中，人力资本与物质资本两种要素之间的匹配协调度对经济效率有积极的影响。“人力资本结构研究”课题组借鉴物理学中“耦合协调”的理论，测算了中国工业经济运行中人力资本与物质资本两种要素之间的匹配协调度，结果发现，人力资本与物质资本的匹配协调对经济效率有显著的积极影响，并且这种影响十分稳健。[③] 因此，人力资本与物质资本的有效积累，不仅仅是两者数量上的增加，同时还要关注两者在数量和结构上的匹配和均衡。

人力资本理论的创始人舒尔茨认为，除了教育投资外，健康投资也是人力资本不可忽视的部分。之后，欧美学者构建了含有健康人力资本的增长模型，研究结果表明预期寿命对其后的经济增长有显著的正效应。同时，将教育和健康人力资本均纳入 M-R-W 模型发现，教育和健康人力资本对经济增长都产生了显著的促进作用，同时，劳动者可能在人力资本投资过程中权衡教育和健康的支出比例。王文静等基于这些模型，利用中国数据进行实证研究。研究发现，东部地区经济增长的驱动力正从物质资本向人力资本方向转变；以每万人拥有床位数为代表的健康人力资本促进了全国及区域范围内的经济增长。[④] 王弟海研究发现，来源于食物消费和营养的健康人力资本不能产生内生经济增长机制；如果有外生技术进步，健康人力资本可以扩大经济增长率；健康人力资本会导致经济中存在多重均衡，可以解释世界经济发展过程中的“富国具有高资本、高健康和高消费水平，而穷国正好相反”。[⑤]

人力资本代际传递与经济增长之间交互影响是从另一个视角探讨人力资本与经济增长的关系。一般认为，人力资本投资影响人力资本积累，人力资本积累影响技术进步和收入水平，技术进步影响经济增长和人力资本投资成本，而经济增长影响孩子的收入水平，孩子的收入水平和人力资本投资成本又会联合影响对孙代的人力资本投资，这样循环往复，

---

① 马晓科：《人力资本的异质性与地区经济增长——一个实证研究》，《会计与经济研究》2012 年第 3 期。

② 陈晓迅、夏海勇：《中国省际经济增长中的人力资本配置效率》，《人口与经济》2013 年第 6 期。

③ “人力资本结构研究”课题组：《人力资本与物质资本的匹配及其效率影响》，《统计研究》2012 年第 4 期。

④ 王文静、吕康银、王迪：《教育人力资本、健康人力资本与地区经济增长差异——基于中国省际面板数据的实证研究》，《经济与管理》2012 年第 9 期。

⑤ 王弟海：《健康人力资本、经济增长和贫困陷阱》，《经济研究》2012 年第 4 期。

形成人力资本代际传递与经济增长之间的相互作用。但祝灵敏通过建立个人劳动生产率及社会劳动生产率增长、人力资本投资成本和收入分布相互影响模型，解释了人力资本代际传递与经济增长之间呈现的非线性关系。① 因为从人力资本代际传递、技术进步与经济增长之间的交互关系视角看，假设个人收入遵循非线性马尔科夫链（Markov chain），引起人力资本投资活动与经济增长的内生波动。个人技能的提高对技术进步产生正向影响，而技术进步本身一方面提高经济主体的生活成本，另一方面要求经济主体具有更高技能，要想提高个人技能必然要求追加人力资本投资，从而提高人力资本投资成本。

（二）教育与经济增长研究

最初关于教育对经济增长贡献的估算，是经济学家在寻找经济增长的各种影响因素的时候，发现了教育因素对经济增长的作用，并试图把这种作用分离出来，加以量化，以确定增长余值中有多大部分归因于教育的贡献。西方学者基本是在柯布－道格拉斯生产函数（Cobb—Douglas Production Function）基础上尝试各种计量分析方法。国内不少学者主要是沿用西方学者的计量分析方法，对中国教育对经济增长的贡献率进行估算。陈晋玲基于2000—2011年分地区的面板数据计算发现，全国中等教育对经济增长影响最为显著，高等教育次之，初等教育最小；各层次教育表现出明显的区域差异，东部地区高等教育对经济影响最大，中部地区中等教育对经济影响最大，而西部初等教育对经济增长影响最大。② 王家庭基于丹尼森算法，运用省区面板数据测算1990—2008年教育对区域农村经济增长的贡献率发现，西部地区教育贡献率最大，东部次之，中部最低；东部地区2000—2008年间教育贡献率较之以前有所降低，而中、西部地区均有较大提升。③

教育要促进经济增长，需要与经济协调发展。目前，中国对教育与经济协调发展理论的研究，主要涉及高等教育与经济协调发展存在的问题、高等教育与经济协调发展的实现途径等视角；实践研究主要以某个区域为案例，分析该区域高等教育与经济协调发展的现状、经验及不足，探讨实现协调发展的策略。方鹏等利用2004—2008年动态时间序列数据，对长三角城市群16个城市的高等教育与经济发展水平之间协调程度的实证研究发现，长三角城市群高等教育与区域经济的协调度并没有乐观地呈现出持续向“协调”迈进的发展态势，而是在不同的年份，城市协调度有不同的变化；在不同的年份，城市群高等教育与区域经济呈现出不同的相关关系，虽然均具有显著的正向相关关系，但相关系数却有一定程度的下降。④ 马鹏媛等利用1989—2010年数据，分析高等教育规模与经济增长关系时发现，中国高等教育规模对经济增长的灵敏度逐渐提高，而且基本能做出相应调整，与经济增长日趋同步；高等教育人口重心与经济重心的地理空间分布趋同，而且均有南移态势，迁移距离缩减，高等教育规模变化速度趋于平稳。⑤

---

① 祝灵敏：《人力资本代际传递与中国经济增长潜力》，《财经理论研究》2013年第3期。

② 陈晋玲：《教育层次结构与经济增长关系的实证研究——基于2000—2011年面板数据分析》，《重庆大学学报》（社会科学版）2013年第5期。

③ 王家庭：《教育对我国农村经济贡献率的区域比较研究》，《教育科学》2012年第5期。

④ 方鹏、高耀、顾剑秀：《差异的均衡：长三角城市群高等教育与经济水平协调度的动态考察（2004—2008）》，《中国人民大学教育学刊》2013年第3期。

⑤ 马鹏媛、米红：《高等教育规模与经济增长关系演变的实证研究》，《教育与经济》2012年第2期。

二　教育与劳动力市场研究

教育和劳动力市场是两个相对独立的系统，有各自的发展演变规律。但二者又相互引领和适应，关系密切。教育与劳动力市场的交互作用所显露出来的不平衡和失调，短期内难以通过提高经济增长速度来消除。①

（一）高校扩招与劳动力市场变革研究

赖德胜认为，高校扩招以来，随着人力资本积累得越来越多，劳动力市场也不断地进行了调整和变革。但从人力资本释放和创新型国家建设的要求来看，劳动力市场必须做出更深刻、更全面的变革，以使大学毕业生更优化地配置和更多更好地就业，使教育有更高的经济回报，使人才有更充分的流动，从而使高等教育与劳动力市场更有效地匹配。高校扩招后劳动力市场变革主要表现在：劳动参与率下降，劳动者受教育程度提高，大学生“就业难”和农民工“招工难”并存，大学毕业生区域和行业配置不均衡，部分地区和行业出现过度教育现象，劳动力流动规模不断扩大，就业质量稳步提高，收入差距面临缩小的拐点，劳动力市场法治化程度加强，劳动力市场受经济全球化的影响越来越明显等。②劳动力市场的这些变革，高等教育快速扩张是重要因素，也反映了劳动力市场主动适应高等教育发展所作出的努力。

（二）劳动力市场分割与大学生就业

武毅英等认为，中国因明显的经济发展非均衡、制度性缺失和地方保护主义问题，导致在城乡、区域和行业中存在明显的主、次劳动力市场二元分割。因主、次劳动力市场差距较大，多数高校毕业生选择流向主要劳动力市场就业。学校类型与层次等教育因素对毕业生就业流向有重要影响。随着主要劳动力市场的饱和，次要劳动力市场已逐渐成为高校毕业生就业的主战场，从主要劳动力市场流入次要劳动力市场容易，而逆向流动则十分困难且成本较高。③ 马廷奇认为，劳动力市场分割导致大学生人才配置效率偏低，劳动力市场信息机制失灵导致高等教育人才培养价值取向迷失。实现大学生充分就业，既有赖于高等教育人才培养模式的改革和创新，也有赖于劳动力市场的改革和发展。④

（三）影响大学生就业因素研究

近年来，社会资本对大学生就业的影响引起了学者们的关注。苏丽锋等基于抽样调查数据，考察人力资本、社会资本对大学生就业的影响发现，在提高大学毕业生就业概率方面，人力资本和社会资本都重要，不可或缺；决定大学毕业生起薪水平的因素，是人力资本而非社会资本，即人力资本更为重要。⑤ 而李宏彬等分析了“官二代”学生与非“官二代”学生在劳动力市场上第一份工作的工资差异发现，“官二代”学生的起薪比非“官二代”学生的起薪平均高 13%。这一差异不能被学生家庭的收入、父母的教育程度、学

---

① 贺尊：《教育与劳动力市场的交互关系：一个文献综述》，《税务与经济》2013 年第 1 期。

② 赖德胜：《高等教育扩展背景下的劳动力市场变革》，《文明的和谐与共同繁荣：北京论坛》2012 年 10 月。

③ 武毅英、洪文：《劳动力市场分割视阈下的大学生就业流动》，《高教发展与研究》2013 年第 3 期。

④ 马廷奇：《人才培养模式、劳动力市场与大学生就业》，《高等教育研究》2013 年第 3 期。

⑤ 苏丽锋、孟大虎：《人力资本、社会资本与大学生就业：基于问卷数据的统计分析》，《复旦教育论坛》2012 年第 2 期。

生的高考成绩、就读大学的质量以及学生在大学期间积累的人力资本所解释。① 同时，中国日益突出的行业垄断对大学生就业产生了不利影响，表现在行业垄断减少了大学生就业机会，降低了大学生就业收入，损害了大学生就业公平。② 周德禄将技术进步、资本深化和产业升级三个效率变量作为主要研究变量引入大学生就业模型，结果表明：大学生就业比重与技术进步、资本深化及产业升级之间存在着正向关联性，技术进步对大学生就业的拉动效应明显，资本深化拉动大学生就业的实际效果不够显著。③ 张抗私等研究发现，性别在女大学生就业搜寻过程中起着负面作用，男女生就业搜寻的影响因素差异很大。④

三 教育收益研究

教育与收入的关系始终是教育经济研究领域关注的热点。个人因受教育水平的提高而获得收入增加的部分被用来反映教育的个人经济收益。个人教育收益率的估计，学者最常用的依据是 Mincer 收入方程，该方程应用最小二乘法 OLS 来估计个人的教育收益率。国内学者研究教育收益，主要采用的数据有：中国城乡居民收入分配数据库（CHIPS）、美国北卡罗来纳大学和中国疾病控制和预防中心合作建立的中国家庭营养与健康调查数据库（CHNS）、中国人民大学社会学系等调查的中国综合社会调查数据（CGSS）、中国国家统计局的城镇入户调查数据。当然，限于数据的可获得性，也有部分学者采用调研数据分析教育收益率。

（一）中国教育收益率变化研究

丁小浩等认为，总体而言，中国教育程度与个人教育收益率呈现正相关关系的趋势没有改变。但在不同国家、不同时期教育收益也会出现例外的现象。21 世纪以来，全国的教育收益率并没有延续以往快速稳定增长的势头，中国市场转型过程中的制度变革和经济结构变化对教育收益率的变动都有显著的影响。由于城乡分割的二元经济结构，农村地区教育收益率先高后低。⑤ 近年来教育收益率并没有延续 20 世纪 90 年代至 2000 年的快速增长的态势，而是逐渐趋于平稳，并有轻微的下降迹象。⑥

国际教育收益研究呈现出不同的结论。从国别比较来看，发展中国家的人力资本边际收益高于发达国家；人力资本从穷国流向富国而不是相反，是因为富国的总量劳动生产率高所带来的高工资所致，并不意味着富国的人力资本边际收益比穷国更高。⑦

---

① 李宏彬等：《父母的政治资本如何影响大学生在劳动力市场中的表现？——基于中国高校应届毕业生就业调查的经验研究》，《经济学季刊》2012 年第 3 期。

② 吴克明、肖聪：《论行业垄断对大学生就业的影响》，《教育发展研究》2012 年第 17 期。

③ 周德禄：《技术进步、资本深化、产业升级与大学生就业——2001—2010 年中国省级面板数据分析》，《中国人口科学》2012 年第 2 期。

④ 张抗私、盈帅：《中国女大学生就业搜寻研究——基于 63 所高校的数据分析》，《中国人口科学》2012 年第 1 期。

⑤ 邓峰、丁小浩：《中国教育收益率的长期变动趋势分析》，《统计研究》2013 年第 7 期。

⑥ 丁小浩、于洪霞、余秋梅：《中国城镇居民教育收益率及其变化研究：2002—2009》，《北京大学教育评论》2012 年第 3 期。

⑦ 郭熙保、习明明：《人力资本边际收益递减、后发优势与经济增长——基于国家间面板数据的实证分析》，《世界经济研究》2012 年第 4 期。

（二）影响教育收益的因素研究

教育收益率受多方面影响。比如受教育程度、性别、家庭出身、从事职业、高等教育规模、经济结构和宏观经济形势等。孟美灵指出，CGSS（2006）数据回归分析结果表明，从不同教育阶段来看，无论是男性还是女性，其教育回报率从高中到大学、到研究生基本上是逐层次递增；从单位性质来看，党政机关和个体经营行业的教育收益率显著低于企业单位和事业单位的教育收益率。[①] 杨昌锐等运用 Burdett-Mortensen 模型进行了实证研究，结果表明，职工薪酬的获得，不仅受到教育程度的影响，还直接受到行业失业率的影响。[②] 教育不平等对教育收益也产生重要的影响。杨晓峰指出，中国教育不平等已转入倒“U”形库茨涅茨曲线的右端；东部地区收入差距转入倒“U”形库茨涅茨曲线的右端，中西部地区仍在倒“U”形库茨涅茨曲线的山峰地带。[③]

（三）农村居民教育收益研究

农村大学生教育收益及农民教育收益问题也受到学者的关注。李桂荣等人对山西省怀仁县海北头乡进行了田野调查，结果表明，随着高等教育大众化的推进和高等教育个人成本的提升，农村籍学生的高等教育投资收益率在逐渐下降，并且投资回收期从 10 年延长到了 14 年。[④] 卫龙宝等通过对中国十省百村的一手调研数据进行研究发现，教育不仅影响农民的个人收入，还对农民所在群体的收入产生影响。教育对提高农民非农收入的作用大于对农业收入的作用。农村地区教育存在显著的外溢效应。[⑤]

四 教育成本研究

教育成本研究的主题集中在教育成本分担和教育成本核算两个问题。教育成本分担涉及教育权利公平，如何在不同层次教育中设计政府与居民的合理分担比例是关键问题。美国教育经济学家、纽约州立大学校长约翰斯通 1986 年出版《高等教育成本分担：英国、联邦德国、法国、瑞典和美国的学生资助》一书，正式提出了高等教育成本分担理论。进入 21 世纪，约翰斯通的成本分担理论越来越被广泛地推崇与应用，各国高等教育成本分担的实证研究是学者们关注的热点问题。教育成本核算涉及学校办学效益的提高问题，也是困扰教育界的难题。因为许多学校并没有推行成本核算，教育资源的效益无法准确衡量。部分学者尝试研究大学成本的构成和成本核算问题。

（一）教育成本分担研究

高校扩招以来，高等教育成本分担一直是研究的热点问题，涌现出许多研究文献。洪柳指出，中国通过实施高等教育成本分担制度，不断扩大高等教育规模，增加人们接受高

---

① 孟美灵：《单位性质对在职者教育收益率的影响研究》，《经济视角》2013 年第 12 期。

② 杨昌锐、王耀峰：《失业率对教育收益的影响：Burdett-Mortensen 模型实证》，《教育与经济》2013 年第 2 期。

③ 杨晓锋、赵宏中：《教育不平等、收入差距与经济增长后劲——包容性增长理论视角》，《经济体制比较研究》2013 年第 6 期。

④ 李桂荣、谷晓霞：《农村籍学生接受高等教育的个人成本与收益分析——基于山西省怀仁县海北头乡的调查研究》，《教育研究》2012 年第 7 期。

⑤ 卫龙宝、施晟、刘志斌：《中国农村教育的收益率与外溢性分析》，《浙江大学学报》（社会科学版）2012 年第 6 期。

等教育的机会。但是，通过怎样的制度安排和政策选择来确定成本分担的比例，特别是确定与现有居民收入相匹配的缴费标准，如何保障贫困家庭子女的高等教育机会，让更多的农民子女能够有机会上大学、上好大学，是一个需要具体研究和深入探讨的课题。高等教育成本分担政策具有相当的合理性，而大学收取学费在一定程度上影响了高等教育机会均等目标的实现，应基于高等教育机会均等来研究中国高等教育成本分担问题。① 曾小军认为，民办高等教育领域由于高校自身、政府、社会没有很好地发挥成本分担的主体作用，因而民办高等教育成本分担主体在学费、财政投入、教育消费与教育捐赠等方面存在着路径依赖。唯有在融资、财政资助、社会捐赠、品牌建设等方面实施制度创新，才能破解民办高等教育成本分担中的难题。② 我国台湾学者盖浙生对台湾高等教育学生就学机会可负担性与个人成本分担的实证研究认为，教育成本分担对经济弱势家庭学生仍居于不利地位；高等教育成本“可负担性”公立学校以政府补助为主，私立学校则多仰赖于学杂费收入，造成“可负担性”的偏颇；对经济弱势家庭者政府虽提供多种助学措施，但信息并不充分。③

近几年，学前教育收费贵、乱收费现象成为社会关注的焦点，学前教育的成本分担问题也逐渐成为研究热点。张曾莲认为，应确定学前教育各受益对象（政府、幼儿家长、幼儿园和社会）的成本分担比重，改进学前教育收费。④ 但陈玲认为，不能将已有的对高等教育的研究成果简单地直接套用到学前教育，政府在学前教育成本分担中应该承担主要责任，分担标准以公平原则为主，结合效率原则，设计合适的学前教育成本分担机制。⑤ 文昌娅等认为，构建农村学前教育成本分担机制，需要设置一定的过渡期，分地区、分阶段逐步将学前三年教育纳入义务教育保障体系。在过渡期内，实行以政府投入为主、社会投入为辅、学生家庭合理负担的学前教育成本分担机制。⑥

（二）教育成本核算研究

教育成本核算一直是一个难题，2009 年新版《事业单位财务规则》的出台，无疑为提升学校财务管理水平提供了很好的制度保障。高校教育成本应该包括哪些？冯宝军等的实证研究表明，研究型大学教育成本应由人员成本、学生事务成本、公用成本、建设性成本、科研成本及其他成本构成，离退休人员支出、后勤部门支出等为非教育成本。⑦ 高妍等分析美国研究型大学的成本结构发现，教学支出为最主要支出但存在削弱趋势，科研支出位列教学支出之后有逐年增长之势，折旧支出和摊销支出相对较高，公共服务及图书馆

---

① 洪柳：《高等教育机会均等视角下我国高等教育成本分担问题研究》，《教学研究》2013 年第 3 期。

② 曾小军：《民办高等教育成本分担的路径依赖分析》，《中国高教研究》2013 年第 4 期。

③ 盖浙生：《台湾高等教育学生就学机会可负担性与个人成本分担之探讨》，《文明的和谐与共同繁荣：北京论坛》2012 年 10 月。

④ 张曾莲：《我国学前教育成本分担研究》，《价格理论与实践》2012 年第 4 期。

⑤ 陈玲：《学前教育成本分担文献综述》，《教育导刊》2012 年第 4 期。

⑥ 文晶娅、冉铁星：《农村学前教育成本分担机制研究——基于湖北省长阳县的调查》，《教育与经济》2013 年第 4 期。

⑦ 冯宝军、李延喜、张媛婧：《中国研究型大学教育成本构成的实证研究》，《会计研究》2013 年第 3 期。

支出比例不高。①

刘建民等认为，高校教育成本的合理计量是教育经费足额筹集和有效使用的前提。高校教育成本的计量不应是一个具体数值，而应是一个模型，一种机制。计量高校教育成本应先明确界定高校教育成本计量的内容、范围与计算方法，以设定计量口径，使之尽量细化和相对量化。② 杨世忠等指出，作业成本法（ABC）是以作业消耗资源、成本对象消耗作业为费用归集分配路径的一种成本计算和管理方法。高等学校的教育经费支出对于计算不同专业类别的生均成本而言，其间接费用的比重很大，对于流程管理的作用也要大于对核算结果的报告，特别适用于 ABC 的核算管理理念。而且无论最终的成本对象是类别、专业，抑或是年级，都可以采用作业成本法来完成其核算过程。③ 张曾莲认为，中国学前教育成本核算存在成本项目不完整，公、私体制幼儿园之间在成本项目上具体区分不明确等问题。对此，应明确学前教育成本核算的主体和对象、折旧问题、成本计算期、成本核算的具体内容和项目等，在具体核算的过程中可采用整体核算法和分级核算法。④

五　教育财政研究

王小许等根据洛特卡定律，以第一作者为统计对象，统计结果为 1993—2012 年间教育财政研究共994 篇文献，核心著者发文 142 篇，占论文总数的 14.3%。教育财政研究领域已经形成一批持续、稳定、有影响力的核心著者群，北京师范大学、北京大学、中央财经大学是教育财政研究的主要力量。⑤ 2012—2013 年教育财政研究的主题没有发生大的变化，基本是围绕义务教育财政、高等教育财政、财政分权与教育财政等热点问题进行的。

（一）义务教育财政研究

义务教育财政体制从 20 世纪 90 年代以来经历过两次大的制度变迁，在经费供给方面呈现出持续的集权趋势。2001 年，农村义务教育经费供给由“乡村自给”向“以县为主”过渡；2005 年年底，建立了中央和地方“分项目、按比例”分担的农村义务教育经费保障机制（简称“新机制”）。宗晓华等在肯定“新机制”实施积极意义的同时，也反思了“新机制”和“以县为主”的制度缺陷，认为“新机制”最大的缺陷是未触动政府间的基本财权与事权结构。无论是“以县为主”的“新机制”改革，还是“省直管县”财政改革，对于缩小义务教育经费的城乡差距均具有显著作用。⑥ 黄国平指出，2005 年以来中国义务教育财政支出的地区与城乡差距明显缩小，相对于城乡之间和地区之间的问

① 高妍、毕雪阳：《美国研究型大学教育成本结构分析及其启示》，《广州大学学报》2013 年第 10 期。

② 刘建民、毛军、吴金光：《高校教育成本计量模型及其应用》，《高教探索》2013 年第 2 期。

③ 杨世忠、许江波、张丹：《作业成本法在高校教育成本核算中的应用研究——基于某高校成本核算的实例分析》，《会计研究》2012 年第 4 期。

④ 张曾莲：《当前学前教育成本核算存在的主要问题及其解决》，《学前教育研究》2012 年第 9 期。

⑤ 王小许、蔡文伯：《我国教育财政研究现状及发展态势的计量分析》，《华东经济管理》2013 年第 11 期。

⑥ 宗晓华、丁建福：《我国义务教育财政制度变革与城乡差距——基于 1999—2009 年省级面板数据的实证分析》，《教育发展研究》2013 年第 11 期。

题，今后解决义务教育发展差距的重点应放在城乡内部和地区内部。[①] 黄斌等认为，虽然改革后分布两端的极化现象得到改善，但同时有大量县级单位向分布下四分位区域转移，形成生均教育事业费处于中下和中上水平的县级单位之间的支出分化。两次改革对于县域间生均教育事业费差异都具有一定改善效果，而这一正面效果完全被地区间财力差异所产生的负面效果抵消。[②] 梁文艳等指出，“新机制”实施后，农村义务教育经费保障水平显著提高，城乡义务教育公共投入均衡程度明显改善。但由于政府投入低重心格局尚未改变，县级政府教育投入表现出一定程度“挤出效应”。[③] 李世刚等认为，基础教育财政支出“以县为主”体制的有效性，取决于支出外部性和偏好异质性间的权衡。外溢效应和竞争效应使得县级财政基础教育支出偏离有效率的水平，纠正基础教育财政支出偏低的状况，上级财政应该承担更多的基础教育支出责任。[④]

2005 年中央提出“公共服务均等化”的改革命题，中国的城乡基础教育是否在此过程中朝着更加均等化的方向发展？黄少安等的研究发现，尽管城乡间基础教育经费投入的差距已大大缩小，但是以教师学历结构度量的教育质量差距仍然较大。需要在保持目前教育经费投入增长势头的基础上，加大中央预算内教育经费在不同地区的调控，使公共教育真正按照均等化的原则进行投入。[⑤] 徐占春认为，农民工子女教育权利保障需要教育财政制度的创新，引进教育券制度，改善随迁农民工子女教育财政的供给和配置模式，可以多渠道增强随迁农民工子女教育财政资金的利用率，拓展城市教育对随迁农民工子女的容纳能力。[⑥]

（二）高等教育财政研究

学者对高等教育财政的研究，主要围绕经济和制度层面考察了高等教育财政不平等及其影响因素、财政资源配置模式等问题。

区域间高等教育财政不平等一直是学者关注的问题。胡耀宗的相关实证分析结果显示，31 个省份的生均经费差异呈现扩大趋势，而来自于公共财政的预算内生均事业费差异更为显著。[⑦] 在对影响高等教育支出因素进行分析后，李小克等认为，城镇化水平正向影响高等教育财政支出；而实际人均收入、政府规模和生师比负向影响高等教育财政支

---

① 黄国平：《义务教育财政支出均等化水平的实证考察——基于双变量泰尔指数的综合分析》，《统计信息论坛》2012 年第 11 期。

② 黄斌、郝秀宁、董云霞：《“以县为主”和“新机制”改革是否改善了县域间教育财政支出差异》，《教育与经济》2013 年第 6 期。

③ 梁文艳、胡咏梅：《新机制实施前后农村义务教育财政公平性研究》，《教育研究》2013 年第 8 期。

④ 李世刚、尹恒：《县级基础教育财政支出的外部性分析——兼论“以县为主”体制的有效性》，《中国社会科学》2012 年第 11 期。

⑤ 黄少安、姜树广：《城乡公共基础教育均等化了吗？——对城乡基础教育财政支出和教育质量历史趋势的实证考察》，《社会科学战线》2013 年第 7 期。

⑥ 徐占春：《随迁农民工子女教育财政缺失与制度创新——基于教育券的视角》，《理论导刊》2012 年第 5 期。

⑦ 胡耀宗：《省域高等教育财政差异实证分析》，《教育发展研究》2012 年第 1 期。

出；财政分权度和政府竞争度分别具有显著的正向和负向作用。[①] 赵永辉指出，中国高等教育一直遵循中央与地方“分级负责”的财政责任安排，在克服原有的体制弊端，调动地方办学积极性方面发挥了重要作用，但同时也引发了中央与地方高校获得的财力支持整体上差距较大，中央与地方高校生均财政支出水平差异明显，地方高校虽然根据公共财政的财力与事权相匹配原则、财政均等原则、受益范围原则获得资源，但实际获得的资源远远低于央属高校，应当完善中国中央与地方高等教育财政责任安排。[②] 曲建忠等认为，更需要关注的是，经济发达地区高等教育财政性经费投入总体上滞后于经济发展水平和高等教育规模、政府努力程度总体上不及经济欠发达地区。[③]

刘天佐等指出，高等教育财政资源配置模式是围绕高校办学成本而产生的政府财政性资金投入的组成形式和制度机制。中国高等教育财政资源配置模式建构及转换过程中存在一种“被”公式化的制度现象。高等教育财政资源配置“过程被简单化”以及“内涵被模糊化”，说明政府作为公共教育服务供给者的责任履行没有到位，模糊化的预算过程掩盖了政府职能部门的“机会主义”动机。[④]

（三）财政分权与教育财政研究

1994 年的财政分权改革保障了地方政府在财政支出方面的自由裁量权，但财政分权对教育服务及教育财政支出有何影响，学者们观点存在差异。刘光俊等的实证分析结果显示，财政分权对教育服务均等化具有负向效应，转移支付则对教育服务均等化具有很小的正向效应。[⑤] 李鼎等指出，财政支出分权有利于扩大地方政府预算内和预算外教育支出，而收入分权不利于地方政府预算内教育支出，但有利于预算外教育支出，尤其是对于经济落后地区更是如此。[⑥] 杨良松认为，从省内财政分权和财政自主性的视角看，省级财政自主性，省级和地级政府对县乡级政府的财政支出分权有助于增加教育投入；县乡级自主性会减少义务教育支出，且省级或县乡级财政自主性与省内支出分权之间存在显著影响。[⑦]

（四）义务教育绩效工资研究

自 2009 年 1 月 1 日全国义务教育学校实施绩效工资以来，义务教育绩效工资问题引起学者的关注。学者们肯定了义务教育绩效工资实施的意义和价值，但也指出了实施过程中存在的问题。比如，付卫东、冯晓敏等指出，部分地区义务教育学校教师绩效工资不到位，地区间、城乡之间义务教育教师绩效工资差距拉大、同一县域内不同学校教职工绩效工资分配不均、考评实际仍与升学率挂钩、教师之间存在较大矛盾，甚至出现政策效果与

---

① 李小克、郑小三：《高等教育财政支出影响因素研究——基于 2000—2009 年中部六省的面板数据》，《教育发展研究》2012 年第 11 期。

② 赵永辉：《中央与地方高等教育财政责任安排的审视》，《教育发展研究》2012 年第 1 期。

③ 曲建忠、邢丽荣：《我国经济发达地区高等教育财政性经费投入滞后现象剖析》，《国家教育行政学院学报》2012 年第 4 期。

④ 刘天佐、陈祥东：《论公共高等教育财政资源配置模式的“公式化”现象——以 H 省为例》，《教育与经济》2013 年第 2 期。

⑤ 刘光俊、周玉玺：《财政分权、转移支付与教育服务均等化的关联度》，《改革》2013 年第 9 期。

⑥ 李鼎、赵文哲：《财政分权与公共教育投入的研究》，《经济社会体制比较》2013 年第 4 期。

⑦ 杨良松：《中国的财政分权与地方教育供给——省内分权与财政自主性的视角》，《公共行政评论》2013 年第 2 期。

政策目标相悖的现象。[①] 冯晓敏指出，导致这种现象的原因在于，政策过程缺乏必要的公平性与透明性、政策决策缺乏利益相关者意见的表达与体现、政策执行缺失应有的有效监督。[②] 李孔珍认为，义务教育教师绩效工资改革既蕴含价值取向，也是一个技术选择问题。义务教育绩效工资政策执行过程是一个不断面临分歧、冲突、利益纷争，解决分歧、冲突与平衡利益，逐渐接近政策目标的过程。[③] 吕星宇认为，从未来改革取向看，义务教育教师绩效工资改革应该采用行政化与专业化相结合的路径，绩效考核标准应与学校的发展规划、教师的专业发展结合，并适度加大奖励比例。[④] 从发达国家经验来看，学生的平均成绩与学校是否实行绩效工资并无必然联系，教师绩效工资制度更适应于教师工资较低的国家或地区。就中国而言，问题的关键不是实施和不实施教师绩效工资，而是如何完善义务教育教师绩效工资，以充分发挥绩效工资政策的激励作用。

六　教育效率研究

教育效率是经济学效率原则在教育领域的应用，反映教育资源消耗（即教育成本，也称教育投入）与教育成果（即教育产出）之间的关系。根据这一分析框架，教育生产被比作经济生产，其中教育投入通过教育过程转化为教育产出。目前国内进行教育效率的研究主要采用数据包络分析（Data Envelopment Analysis，简称 DEA），实证分析中国高等教育效率，形成了许多研究文献。但 DEA 在测量教育效率中不能分离随机误差项和技术无效率（Technical Inefficiency）项，直接使用该方法得到的结论存在缺陷。

2012—2013 年教育效率研究的进展集中在测量方法的改进方面，主要表现为在测量同一研究对象时的多种方法综合运用。比如冯艳等利用 CCR 模型和超效率模型对辽宁省高等教育效率进行实证分析。[⑤] SFA 作为效率测量的一种重要手段，可以用来进行教育投入产出的效率分析，以弥补传统的 DEA 在测量教育效率中不能分离随机误差项和技术无效率项的不足。但 SFA 在进行教育测量时面临的最大问题在于该方法不适用于多产出的情况，而教育部门的产出通常需要从多个方面进行衡量。庄赟结合多元统计分析方法中的主成分分析来提取教育产出指标中的主要信息，与 SFA 相结合进行教育效率的测量分析的应用。[⑥] 李博在分析中国高等教育投入效率的实证研究中，综合运用了数据包络分析、超效率数据包络分析、Mamquist 指数、面板数据回归、基于群组的基尼系数分解等方法。[⑦] 教育效率测量方法的改进，对科学评价中国教育效率的实证研究结论具有重要意义。

---

① 付卫东、范先佐：《学校教师绩效工资制度改革与义务教育均衡发展——基于我国 8 省 40 个县市的调查》，《当代教育科学》2013 年第 10 期。

② 冯晓敏：《义务教育绩效工资政策效果与目标相悖的分析》，《教育导刊》2012 年第 4 期。

③ 李孔珍：《义务教育绩效工资政策执行模式分析——基于学校组织变革的视角》，《中国教育学刊》2013 年第 6 期。

④ 吕星宇：《义务教育教师绩效工资改革逻辑分析》，《中国教育学刊》2012 年第 6 期。

⑤ 冯艳、孙欣：《基于 CCR 模型和超效率模型的辽宁省高等教育效率测评》，《辽宁师范大学学报》（自然科学版）2012 年第 3 期。

⑥ 庄赟：《随机前沿分析（SFA）在教育效率测度方面的应用》，《集美大学学报》2012 年第 4 期。

⑦ 李博：《我国地区高等教育投入效率与效果研究》，博士学位论文，南开大学，2012 年。

七　教育政策研究

教育政策是政府实施有效教育管理的基础，也是教育经济与管理研究领域的重要内容。国内教育政策研究领域主要集中在教育政策的价值取向，不同类型、不同阶段的教育政策及教育政策制定与执行、教育效果评价、国外教育政策等方面。2012—2013 年，国内教育政策研究成果主要体现在教育政策理论研究、农村教育政策研究、国外教育政策研究等领域。

（一）教育政策理论研究

教育政策价值是教育研究的核心问题。因为教育政策是基于教育意义表达和教育指向规制的、主动性的、价值选择的过程和活动。杨志成等指出，国内对教育政策价值和价值取向问题的研究领域包括，教育政策价值问题的综合性研究，不同教育领域政策的价值研究，不同学段教育政策价值的研究，专题性、热点性教育政策价值的研究等，形成了不少有价值的研究成果，但也存在对教育政策价值问题缺少分类，尚未形成理论分析框架，对教育政策应用实践价值研究不足等问题。① 王举指出，从政治哲学的视角对教育政策的价值基础进行研究，是以教育政策活动为研究对象，以价值哲学和价值理论为分析工具，以政治哲学为诠释框架和解读路径，建构起由不同价值原则和价值目标所构成的层次清晰、逻辑严密的教育政策价值基础体系。② 劳凯声等指出，教育政策研究应关注民生。因为民生不仅是教育政策的重要概念，而且是教育政策研究的重要立场。民生视角的教育政策研究渗透着人本思想和人文关怀，要把承认和增强民众的利益作为理解和解决教育问题的出发点和落脚点。③ 徐冬青认为，未来十年，弱者权利优先、尊重自由选择、重塑政府角色和走向共同治理等，将是教育政策的价值定位。④

邓旭指出，教育政策的制定与执行是教育政策过程的关键环节。教育政策过程如何“问政于民，问需于民，问计于民”，“表达权”“参与权”渐渐成为中国政治话语体系的亮点。教育政策民意表达“是什么”，这是其起点；教育政策决策、执行、反馈过程中的民意表达是其过程；而教育政策民意表达的路径及每条路径指向的结果则是其实践归宿。⑤ 石火学认为，教育政策的认同必须构建广泛的教育利益表达机制，提高教育政策的预期值，提高公众的认知水平，确保教育政策程序正义，实现科学与伦理的统一。⑥ 范国睿等指出，教育政策监测与评估主体是由教育政策执行者、专业机构、行政部门和立法机关、公众和大众媒体，以及跨部门的教育政策监测与评估委员会等组成的多元复合体。建立复杂、动态、立体的教育政策执行的监测与评估机制，是实现对教育政策的良性监测与

---

① 杨志成、柏维春：《21 世纪以来中国教育政策价值问题研究综述》，《现代教育管理》2013 年第 11 期。

② 王举：《教育政策研究的价值基础》，博士学位论文，华东师范大学，2013 年。

③ 劳凯声、李孔珍：《教育政策研究的民生视角》，《教育科学研究》2012 年第 11 期。

④ 徐冬青：《未来中国教育政策的价值选择》，《教育发展研究》2013 年第 11 期。

⑤ 邓旭：《教育政策民意表达的逻辑架构》，《中国教育学刊》2013 年第 8 期。

⑥ 石火学：《教育政策认同的意义、障碍与对策分析——教育政策执行视域》，《重庆大学学报》2012 年第 1 期。

评估，最终促进并保障政策目标达成的重要选择。[①]

（二）农村教育政策研究

杨润勇指出，农村教育是中国教育的重中之重，过去的十年，是农村教育政策体系完善的黄金时期。主要表现在：农村教育政策体系趋于完善，政策体系勾勒出了农村教育改革与发展的宏大格局，并有机融入到了“社会主义新农村建设”的大环境中，农村教育政策成为中国教育政策重点领域。同时，经历了动态调整，农村教育政策强化了对农村教育改革的引领，指引了农村教育发展方向，提升了农村教育水平。农村教育政策制定、执行过程效果明显。[②] 谭春芳认为，目前农村基础教育政策仍存在促进教育公平方面成效有限，农村教师教育及待遇政策执行力度不够，缺乏监督，缺乏前瞻性和未能满足农村经济社会发展的需要等问题，因而，需要科学规划农村基础教育，加强对农村基础教育政策执行过程的监督。[③] 董博清等梳理韩国农村教育政策发现，韩国农村教育发展与中国存在类似的问题。通过教育改革缩小城乡教育差距、提供相当于城市水平的多样化的教育机会、发挥农村特色打造优秀的农村型优势教育、改善学校教育环境、实现小规模学校的灵活管理机构等韩国农村教育政策调整[④]，杨东平等指出，中国农村教育也应重视因地制宜、多种形式办学，回归平民教育和生活教育，重新启动农村教育综合改革。[⑤] 杨颖秀指出，要使新生代进城务工农民子女在城市享受优质教育，需要教育政策的立足点从保障新生代进城务工农民子女“有学上”向“上好学”转移，保障他们享有平等的受教育权。[⑥]

（三）国外教育政策研究

2012—2013 年，国外教育政策研究成果集中在美国教育政策研究领域。薛二勇通过对美国教育公平诉讼的突发期、低谷期、上升期与财政改革的兴起、低潮、推进的变迁路径的分析，以及教育财政改革案例的政策过程的研究，发现美国促进教育公平发展的财政改革历史脉络及政策博弈。其中，政治、经济、司法环境的影响，法律诉讼及强有力的政治领导，利益相关者的参与和充分协商是教育公平发展中财政政策博弈的关键因素。[⑦] 美国英才教育的发展居于世界前列，其对英才教育的重视和发展经验对其他国家有着重要的引领和示范作用。曹原等从选拔、培养、师资和管理四个方面对美国英才教育的相关政策进行了梳理，并结合中国实际，提出了促进中国英才教育发展的政策建议。[⑧] 宗占美等认为，美国学前教育政策发展和演变的价值取向凸显“排富扶弱”的特点，具体表现为运用国家资源，为处境不利儿童建立学前教育机构，帮助其获得学前教育机会；推行标准化和绩效责任制，确保处境不利儿童接受高质量的教育；实施补偿教育，力保所有儿童都能

---

① 范国睿、孙翠香：《教育政策执行监测与评估体系的构建》，《教育发展研究》2012 年第 5 期。

② 杨润勇：《我国十年农村教育政策进展与分析》，《国家教育行政学院学报》2013 年第 12 期。

③ 谭春芳：《农村基础教育政策变迁的特点、问题及走向》，《教育探索》2013 年第 12 期。

④ 董博清、于海波：《韩国农村教育政策及发展趋势》，《外国教育研究》2013 年第 2 期。

⑤ 杨东平、王帅：《从网点下伸、多种形式办学到撤点并校——徘徊于公平与效率之间的农村义务教育政策》，《清华大学教育研究》2013 年第 5 期。

⑥ 杨颖秀：《新生代进城务工农民子女的教育政策需求及政策制定方式的转变》，《教育研究》2013 年第 1 期。

⑦ 薛二勇：《教育公平发展中财政政策的博弈——美国教育财政改革的政策过程研究》，《教育研究》2012 年第 12 期。

⑧ 曹原、朱庆环：《美国英才教育政策及启示》，《比较教育研究》2012 年第 12 期。

达到国家或州的发展和学业标准。[①] 王兆璟指出，美国是多元文化的国家，美国的少数民族教育政策经历了同化主义政策、"隔离但平等"的教育政策、补偿性的优惠政策以及多元文化教育政策四个政策发展阶段，颁布了诸多少数民族教育法案，以改善少数民族群体的受教育状况，实现教育公平。新多元主义教育政策从更加全面的视角来看待目前多元文化教育所面临的困境，不仅强调不同民族文化的差异性，更重视文化的内在共通性；新多元主义坚持认知和方法论的统一，以期各民族学生获得更平等的受教育权，各民族群体更好地沟通交流、和谐发展。[②]

奥巴马政府首任期内的教师教育改革引起了中国学者的广泛关注。赵萍梳理了奥巴马的教师教育政策，主要包含三个方面：一是关注教师培养的质量，通过增值性评价手段强化教师教育机构的绩效责任；二是大力推动教师培养模式的创新，支持通过驻校教师培养模式为教育薄弱地区提供高质量师资队伍；三是改革师范生资助方式，吸引和鼓励热爱教师职业的师范生进入高质量教师培养项目这对中国教师教育政策改革具有重要的启示。[③]

八　理论研究进展总评

2012—2013 年教育经济与管理研究理论进展，主要围绕国家教育大政方针、教育经济与管理研究主题、国内教育经济与管理热点问题，由多学科学者共同参与，形成了一些具有创新性的研究成果。其中，大部分成果来自国家自然科学基金、社科基金项目的阶段性研究成果，对教育政策的完善及教育实践具有重要的意义。

（一）教育经济学理论和应用研究取得一定程度进展，出现了一些具有创新价值的学术观点

人力资本理论的应用研究是教育经济学研究进展的亮点。运用国外经济计量模型研究中国人力资本与经济增长问题的文献很多，结论大致相同。2012—1013 年，国内人力资本与经济增长研究拓展了人力资本理论在中国应用的内涵。比如马晓科、陈晓迅从"异质人力资本"的概念，分析了异质人力资本在生产过程中的作用和贡献、对经济系统的影响方式，并对东、中、西部地区高级人力资本在生产过程中的作用和贡献进行了实证研究。有学者借鉴物理学中"耦合协调"的理论，测算了中国工业经济运行中人力资本与物质资本两种要素之间的匹配协调度，结果发现，人力资本与物质资本的匹配协调对经济效率有显著的积极影响，并且这种影响十分稳健。祝灵敏通过建立个人劳动生产率及社会劳动生产率增长、人力资本投资成本和收入分布相互影响模型，解释了人力资本代际传递与经济增长之间呈现的非线性关系。

（二）关注教育热点问题，学者的研究独立性不断增强

义务教育财政新体制及实施效果引起学者们的关注，但研究结论出现了差异。与过去的研究相比是一大进步。比如，有学者认为，"新机制"改革对于缩小义务教育经费的城乡差距具有显著作用。也有学者认为，两次改革对于县域间生均教育事业费差异都具有一

---

① 宋占美、阮婷：《美国处境不利儿童补偿教育政策及其对我国的启示》，《学前教育研究》2012 年第 4 期。

② 王兆璟：《美国少数民族教育政策发展的趋向——基于新多元主义的视角》，《社会科学战线》2013 年第 5 期。

③ 赵萍：《奥巴马政府首任内的教师教育政策评析》，《比较教育研究》2013 年第 3 期。

定改善效果，而这一正面效果完全被地区间财力差异所产生的负面效果抵消。财政分权是中国改革趋势，但在分权对教育财政产生的影响上存在不同观点。有学者认为，财政分权对教育服务均等化具有负向效应，转移支付则对教育服务均等化具有很小的正向效应；也有学者认为，财政支出分权有利于扩大地方政府预算内和预算外教育支出。在学前教育的成本分担问题研究上，有学者认为，应确定学前教育各受益对象（政府、幼儿家长、幼儿园和社会）的成本分担比重。也有学者认为，不能将已有的对高等教育的研究成果简单地直接套用到学前教育上，政府在学前教育成本分担中应该承担主要责任。对于农村学前教育成本分担，有学者主张，应分地区、分阶段逐步将学前三年教育纳入义务教育保障体系。对热点问题探讨的不同观点，一方面代表着学者对社会热点问题的关注，另一方面说明了学者在研究问题上的独立性不断增强。

（三）契合中国实际研究国外教育政策，研究结论具有启示价值

教育公平是中国教育改革和发展的主题，也是发达国家发展教育面临的主题。发达国家大多经历过类似中国推进教育公平的过程，梳理研究它们的政策经验对完善中国的教育政策具有启发意义。比如韩国农村教育政策突出缩小城乡教育差距、提供相当于城市水平的多样化的教育机会、发挥农村特色打造优秀的农村型优势教育。美国学前教育政策发展凸显“排富扶弱”，强调运用国家资源为处境不利儿童建立学前教育机构，确保处境不利儿童接受高质量的教育，力保所有儿童都能达到国家或州的发展和学业标准。这对于中国亟待解决的农村教育及弱势群体教育问题具有政策改革的借鉴价值。

第二节　实践创新

2012—2013 年教育经济与管理实践创新主要包括国家、地方各层次教育政策制定、执行，教育管理改革，教育发展举措等方面的实践创新。在教育领域，每一个实践创新都会引起社会的关注，同样也都会在一定程度上促进中国教育改革和发展。

一　教育经费占 GDP 比例首次实现超 4%

2012 年 3 月 5 日，温家宝在十一届全国人大五次会议上明确提出，2012 年中央财政按全国财政性教育经费支出占国内生产总值的 4% 编制预算。根据《政府工作报告》的要求，6 月 29 日，国务院印发《关于进一步加大财政教育投入的意见》，要求落实法定增长要求，切实提高财政教育支出占公共财政支出比重；拓宽经费来源渠道，多方筹集财政性教育经费：统一内外资企业和个人教育费附加制度，全面开征地方教育附加费，从土地出让收益中按比例计提教育资金。7 月 6 日，国务院召开全国教育投入和管理工作电视电话会议，刘延东出席会议并讲话。会议对进一步加大财政教育投入、切实加强教育经费管理工作进行了部署。7 月，为加强 4% 目标落实工作的协调和指导，教育部、财政部、发展和改革委联合成立 4% 办公室，办公室设在教育部。12 月 15 日，温家宝在中央经济工作会议讲话中指出，中国财政性教育经费支出占国内生产总值的比重达到 4% 。

教育部、国家统计局、财政部发布的 2012 年全国教育经费执行情况统计公告具体显示了这一重要变化，2012 年国家财政性教育经费为 22236. 23 亿元，占 GDP 比例为 4. 28%，比上年的 3. 93% 增加了 0. 35 个百分点，持续了 20 年的“追 4”行动如期实现。2012 年，全国教育经费总投入为 27695. 97 亿元，比上年的 23869. 29 亿元增长了

16.03%。其中，国家财政性教育经费（主要包括公共财政预算教育经费，各级政府征收用于教育的税费，企业办学中的企业拨款，校办产业和社会服务收入用于教育的经费等）为22236.23亿元，比上年的18586.70亿元增长了19.64%。据统计，全国公共财政教育支出（包括公共财政预算教育事业费拨款、基建拨款、教育费附加）为20314.17亿元，比上年的16149.47亿元增长了25.79%。其中，中央财政教育支出3781.55亿元，按同口径比较，比上年增长了15.7%，高于中央财政经常性收入的增长幅度。

"4%目标"已经实现，教育投入更需要着眼于某些深层次问题。比如：经费投入的区间不平衡、城乡不平衡，以及义务教育与非义务教育间的不平衡等等。"4%目标"的实现，从长远来看，其实更是个起点。只有逐步提高教育经费占GDP的比例，摆正教育以及其他社会事业的发展水平与经济增长的关系，并切实解决好各具体领域中的问题，才能真正实现教育的持续快速发展。[①]

二　教育部、财政部印发《关于实施高等学校创新能力提升计划的意见》

为贯彻落实胡锦涛在清华大学百年校庆上重要讲话精神，积极推动协同创新，促进高等教育与科技、经济、文化的有机结合，大力提升高等学校的创新能力，支撑创新型国家和人力资源强国建设，2012年，教育部、财政部决定实施高等学校创新能力提升计划，即"2011计划"，并印发了《关于实施高等学校创新能力提升计划的意见》（教技〔2012〕6号，以下简称《意见》）。"2011计划"是继"211工程""985工程"后，中国高等教育战线又一项体现国家意志的重大战略举措，对于大力提升高等学校的创新能力，全面提高高等教育质量，深入实施科教兴国、人才强国战略，具有十分重要的意义。

《意见》提出，以"国家急需、世界一流"为根本出发点，引导高校围绕国家急需的重大问题，组织和集聚一流团队，创造一流的成果，培养一流的人才，形成一流的创新氛围，推动世界一流大学建设；以人才、学科、科研三位一体创新能力提升为核心任务，围绕重大科学问题和国家重大需求，增强三者之间的协同与互动，增强创新要素的有效集成，增强高校创新能力发展的导向性，增强投入与产出的效益；以协同创新中心为载体，构建四类协同创新模式；以创新发展方式转变为主线，深化高校机制体制改革。《意见》要求，通过大力推进高校协同创新组织管理、人事制度、人才培养、人员考评、科研模式、资源配置方式、国际合作以及创新文化建设八个方面的改革，推动实现高校科学研究、人才培养等工作由学科导向为主向需求导向为主转变；创新组织管理要改革个体、封闭、分割方式，逐步向流动、开放、协同的机制转变；创新要素与资源要突破孤立、分散的制约，逐步向汇集、融合的方向转变。

5月7日，教育部、财政部召开"2011计划"工作部署视频会，要求各学校准确把握以全面提升创新能力为目标，以建立健全协同创新机制为工作重点，不断深化机制体制

---

①　崔清新、周英峰：《今年我国财政性教育经费支出占GDP比例首次实现4%》，2012年3月5日，新华网（http://news.xinhuanet.com/politics/2012-03/05/c_111602611.htm）；郭莹：《教育经费占GDP比例去年首次实现超4%》，《新华时报》2013年12月31日。

改革，大力推进高校协同创新。[①]

三 教育部、中科院启动“科教结合协同育人行动计划”

为了贯彻落实全国科技创新大会精神，充分发挥中国科学院研究所与高等学校的互补优势，促进科教结合协同育人，2012 年 8 月 29 日，教育部、中科院在北京联合启动实施“科教结合协同育人行动计划”。刘延东出席启动仪式并讲话。刘延东指出，实施科教结合协同育人行动计划是改革人才培养体制、创新人才培养模式的积极探索，要按照“加强统筹、试点引领、重点突破、全面推进”的原则，以培养创新人才为目标，以提高学生科研实践能力为重点，以建立高校和科研院所协同机制为保障，努力实现高水平科研与高质量人才培养的相互支撑。21 所“211 工程”建设高校和中国科学院 31 个研究所签署了战略合作协议。该计划由科苑学者上讲台计划、重点实验室开放计划、大学生科研实践计划、大学生暑期学校计划、大学生夏令营计划、联合培养大学生计划、联合培养研究生计划、人文社科学者进科苑计划、中科院大学生奖学金计划、科苑学者走进中学计划 10 个项目构成，形成系列行动方案。首批有 80 余家中科院研究所、50 余所高校参加。

实施“科教结合协同育人行动计划”的目的意义在于，探索高等院校与科研院所联合培养人才的新模式，提高学生的实践能力和增强学生的创新本领，促进中国高等教育人才培养质量的提高；带动和促进高等学校与科研院所在教育和科研工作方面的相互配合、相互支持，实现科教结合的有效推进、合作共赢。[②]

四 国务院办公厅印发《关于规范农村义务教育学校布局调整的意见》

现阶段，随着国家经济社会的发展，中国进城务工人员随迁子女逐年增加，农村人口出生率持续降低，农村学龄人口不断下降。根据 2001 年 5 月《国务院关于基础教育改革与发展的决定》提出的优化教育资源配置，合理规划和调整学校布局精神，各地对农村学校的布局进行了积极地调整。布局调整改善了办学条件，优化了教师队伍配置，满足了农村学校开足开齐国家规定课程的要求，提高了农村教师队伍的整体素质、办学效益和办学质量。但是，撤并过程中存在简单急躁现象，导致有些地方出现农村学生上学距离过远，安全隐患增加，经济负担加重，农村寄宿制学校不足，大额班增加等问题。有的地方在学校撤并过程中，规划方案不完善，操作程序不规范，保障措施不到位，影响了农村教育的健康发展。

2012 年 3 月，《政府工作报告》提出农村中小学布局要因地制宜，处理好提高教育质量和方便孩子们就近上学的关系。教育部会同有关部门针对农村义务教育学校布局调整存在的突出问题，开展了调查研究。

---

① 参见《教育部财政部关于实施高等学校创新能力提升计划的意见》，2012 年 4 月 23 日，教育部网（http://www.moeedu.cn/gao_jiao_788/20120423/t20120423_768746.shtml）；《教育部财政部关于印发高等学校创新能力提升计划实施方案的通知》，2012 年 5 月 8 日，新华网（http://news.xinhuanet.com/edu/2012-05/08/c_123094483.htm）。

② 参见丁佳《教育部中科院启动“科教结合协同育人行动计划”》，《中国科学报》2012 年 8 月 30 日；《中国科学院教育部关于印发〈科教结合协同育人行动计划〉的通知》，2012 年 9 月 3 日，中国科学院网站（http://www.cas.cn/zt/sszt/kjjhxtyr/yw/201209/t20120903_3637516.shtml）。

为进一步规范农村义务教育学校布局调整，努力办好人民满意的教育，经国务院同意，国务院办公厅于2012年9月6日印发了《国务院办公厅关于规范农村义务教育学校布局调整的意见》（国办发〔2012〕48号）（以下简称《意见》）。《意见》要求县级人民政府科学制订农村义务教育学校布局专项规划，并经省级人民政府审批汇总后报国家教育体制改革领导小组备案。在完成农村义务教育学校布局专项规划备案之前，暂停农村义务教育学校撤并。《意见》严格规范了学校撤并程序和行为，要求县级人民政府必须严格履行撤并方案的制定、论证、公示、报批等程序，撤并方案要逐级上报省级人民政府审批。《意见》还对办好村小和教学点、解决学校撤并带来的突出问题等作出明确规定。①

五 国务院发布《教育督导条例》

1979年9月，邓小平提出恢复教育督导制度。1991年4月，国家教委印发了《教育督导暂行规定》。1995年3月发布的《中华人民共和国教育法》确定，教育督导与评估制度是中国教育的一项基本制度。为了保证教育法律、法规、规章和国家教育方针、政策的贯彻执行，实施素质教育，提高教育质量，促进教育公平，推动教育事业科学发展，国务院于2012年9月9日发布《教育督导条例》（以下简称《条例》），并于2012年10月1日开始施行。

《条例》是国务院发布的新中国第一部专门的教育督导法规，是国家推进教育管理改革、强化教育监督的重要举措。《条例》扩大了教育督导范围，提高了教育督导的地位，规定了教育督导的范围、内容和原则，明确了教育督导的机构设置和职责职权，制定了教育督导的实施程序和法律责任，明确了督学的合法权利和责任义务。教育督导机构对下列事项实施教育督导：（1）学校实施素质教育的情况，教育教学水平、教育教学管理等教育教学工作情况；（2）校长队伍建设情况，教师资格、职务、聘任等管理制度建设和执行情况，招生、学籍等管理情况和教育质量，学校的安全、卫生制度建设和执行情况，校舍的安全情况，教学和生活设施、设备的配备和使用等教育条件的保障情况，教育投入的管理和使用情况；（3）义务教育普及水平和均衡发展情况，各级各类教育的规划布局、协调发展等情况；（4）法律、法规、规章和国家教育政策规定的其他事项。被督导单位及其工作人员对教育督导机构依法实施的教育督导应当积极配合，不得拒绝和阻挠。

2012年10月11日，国务院教育督导委员会成立，刘延东担任国务院教育督导委员会主任，并聘任新一届国家督学。其主要职责是：研究制定国家教育督导的重大方针政策，审议国家教育督导总体规划和重大事项，统筹指导全国教育督导工作，聘任国家督学，发布国家教育督导报告。刘延东在成立大会上强调，要全面贯彻落实《教育规划纲要》和《条例》，积极构建督政、督学、教育监测相结合的中国特色教育督导体系，推动教育督导工作迈上新台阶。②

---

① 参见《国务院办公厅关于规范农村义务教育学校布局调整的意见》，2012年9月7日，中华人民共和国中央人民政府门户网站（http：//www.gov.cn/zwgk/2012-09/07/content_2218779.htm）。

② 参见《中国颁布教育督导条例10月1日起施行》，2012年9月17日，新华网（http：//news.xinhuanet.com/2012-09/17/c_113109338.htm）；《中华人民共和国国务院令第624号》，2012年9月17日，中华人民共和国中央人民政府门户网站（http：//www.gov.cn/zwgk/2012-09/17/content_2226290.htm）。

六　教育部印发《全面推进依法治校实施纲要》

为贯彻落实党的十八大精神，进一步推动《国家中长期教育改革和发展规划纲要(2010—2020年)》的实施，在各级各类学校全面落实依法治国要求，大力推进依法治校，教育部在全面总结各地依法治校经验、做法的基础上，研究制定了《全面推进依法治校实施纲要》(教政法〔2012〕9号，以下简称《实施纲要》)，并于2012年11月30日予以印发。

《实施纲要》指出了新形势下全面推进依法治校的重要性和紧迫性，明确了工作的指导思想，要求通过依法治校，形成政府依法管理学校，学校依法办学、自主管理，教师依法执教，社会依法支持和参与学校管理的新格局，全面提高学校依法管理的能力和水平。《实施纲要》就依法治校的具体措施和工作重点做出规定：以加强章程建设，建设学校依法办学自主管理的制度体系为出发点，推动各级各类学校依法治定具有自身特色的章程，要求学校提高制度建设质量，建立规范性文件审查与清理机制；以健全科学决策、民主管理机制，完善学校治理结构为着力点，推动学校依法健全校内决策机制，完善决策执行与监督机制，落实校内民主管理和社会参与机制；以依法办学、落实师生主体地位、形成自由平等公正法治的育人环境为落脚点，要求学校依法组织和实施办学活动，弘扬平等意识，尊重和保护师生权利，健全学术监督机制，并对推进信息公开和办事公开提出了具体要求。[①]

七　中小学校校长和教师专业标准发布

为贯彻落实《国务院关于加强教师队伍建设的意见》，进一步明确和规范教师专业素质要求，着力提高教师师德水平和业务能力，2013年，教育部印发《义务教育学校校长专业标准》(以下简称“标准”)。《标准》提出了“以德为先、育人为本、引领发展、能力为重、终身学习”五个基本理念，明确了校长的道德使命、办学宗旨、角色定位以及专业发展的实践导向和持续提升要求；首次系统建构了中国义务教育学校校长“规划学校发展、营造育人文化、领导课程教学、引领教师成长、优化内部管理、调适外部环境”六项专业职责，体现了倡导教育家办学的要求。

2013年1月8日，教育部印发《幼儿园教职工配备标准(暂行)》。该标准明确了幼儿园教职工的范围，对不同类型幼儿园教职工与幼儿的配备比例进行了确定；明确了各年龄层次的班级规模及每班保教人员配备标准，全日制幼儿园每班应配备“两教一保”或“三教轮保”；明确了幼儿园园长、卫生保健人员、炊事人员、财会人员、安保人员及其他人员的配备标准。

9月20日，教育部印发《中等职业学校教师专业标准(试行)》。该标准在内容和结构上突出体现中等职业学校教师“双师型”特色。基本理念是“师德为先、学生为本、能力为重、终身学习”。基本内容包括“专业理念与师德、专业知识、专业能力”三个维度，分为15个领域，细化为60个条目。该标准还对各级教育行政部门、职业教师培养培训院校、中等职业学校如何运用以及职业学校教师专业发展提出具体实施要求。

---

① 参见《教育部关于印发〈全面推进依法治校实施纲要〉的通知》，2013年1月14日，教育部网站(http://www.moe.gov.cn/publicfiles/business/htmlfiles/moe/s5933/201301/146831.html)。

八 三部门联合向社会公布中西部高等教育振兴计划

2013 年 5 月 22 日，由教育部、国家发改委、财政部联合印发的《中西部高等教育振兴计划（2012—2020 年）》正式向社会公布。该计划是贯彻落实党的十八大精神和教育规划纲要，服务国家西部大开发、振兴东北老工业基地和中部崛起战略，服务区域经济社会发展需要的一项重要举措，提出“到 2020 年，中西部高等教育结构更加合理，特色更加鲜明，办学质量显著提升，建成一批有特色、高水平的高等学校……”

进入新世纪以来，中西部地区高校进入了快速发展时期。目前，普通高校数量和在校学生人数均接近全国的 2/3。但是不容忽视的是，中西部高等教育仍存在着国家高水平大学和重点学科数量相对偏少、学科专业设置和师资队伍结构不尽合理、服务区域经济社会发展能力不强、教育观念相对落后等薄弱环节和突出问题。

教育规划纲要颁布后，教育部、国家发改委、财政部三部委将“中西部高等教育振兴计划”列为集中力量实施的 37 项重大发展项目之一，并启动这一全面支持中西部高等教育改革发展的综合性计划。该计划将采取一系列重要举措：提升办学条件：100 亿元投入地方高校；扩大优质资源：重点支持 14 所地方高水平大学；增加入学机会：东部 18.5 万招生名额投放中西部；强化人才队伍：多项计划优先支持中西部；服务区域发展：增强地方高校的造血能力。教育部高教司司长张大良强调指出：“计划实施的责任主体是中西部各地政府和高校。在中央各部委综合协调、加大支持力度的同时，必须发挥中西部地方政府和高校的主体作用，把‘输血’和‘造血’结合起来，调动各方面的资源，综合推进各项改革。”①

九 建好“三通两平台” 推进教育信息化建设

2012 年 9 月 5 日，全国教育信息化工作电视电话会议上，刘延东（时任国务委员）在《把握机遇，加快推进，开创教育信息化工作新局面》的讲话中提出：“十二五”期间，要以建设好“三通两平台”为抓手，将当前的教育信息化建设的核心目标和标志工程都放在这个工作重点上。这是“三通两平台”第一次被提出公布。三通两平台，三通即宽带网络校校通、优质资源班班通、网络学习空间人人通；两平台指建设教育资源公共服务平台、建设教育管理公共服务平台。“三通两平台”建设的核心目标是，基本建成人人可享有优质教育资源的信息化学习环境；基本实现宽带网络的全面覆盖；教育管理信息化水平显著提高；信息技术与教育融合发展的水平显著提升。

当前和今后一个时期，教育部将大力推进“三通两平台”建设。力争实现四个新突破，即教育信息化基础设施建设新突破、优质数字教育资源共建共享新突破、信息技术与教育教学深度融合新突破、教育信息化科学发展机制新突破。“三通”之间是相互关联的，“校校通”是基础，“班班通”是近期工作的一个关键，而“人人通”才是真正要实现的目标，是本质的核心点。从项目投资规模而言，“三通两平台”建设涉及硬件、软件、服务三大领域的诸多细分，项目投资规模根据各建设主体的需求与预算而有所不同。

---

① 参见《三部门联合向社会公布中西部高等教育振兴计划》，2013 年 5 月 23 日，新华网（http：//news. xinhuanet. com/edu/2013 -05/23/c_ 124753526. htm）。

十　深化研究生教育改革

2013 年 3 月，教育部、国家发展和改革委、财政部联合印发《关于深化研究生教育改革的意见》，提出把立德树人作为研究生教育的根本任务，坚持走内涵式发展道路，以服务需求、提高质量为主线，以分类推进培养模式改革、统筹构建质量保障体系为着力点，更加突出服务经济社会发展、创新精神和实践能力培养、科教结合和产学结合、对外开放，为提高国家创新力和国际竞争力提供有力支撑，为建设人才强国和人力资源强国提供坚强保证。

该意见要求，优化类型结构，建立与培养目标相适应的招生选拔制度；鼓励特色发展，构建以研究生成长成才为中心的培养机制；提升指导能力，健全以导师为第一责任人的责权机制；改革评价机制，建立以培养单位为主体的质量保证体系；扩大对外开放，实施合作共赢的发展战略；加大支持力度，健全以政府投入为主的多渠道投入机制。通过改革，实现发展方式、类型结构、培养模式和评价机制的根本转变。到 2020 年，基本建成规模结构适应需要、培养模式各具特色、整体质量不断提升、拔尖创新人才不断涌现的研究生教育体系。

7 月 10 日，刘延东在全国研究生教育工作暨国务院学位委员会第三十次会议上强调，要深化综合改革，创新人才培养模式，健全质量保障体系，促进研究生教育质量提升和内涵发展，为全面建成小康社会提供高端人才支撑。7 月 11 日，国务院学位委员会决定开展学位授权点动态调整工作。11 月 4 日，教育部、人力资源和社会保障部印发《关于深入推进专业学位研究生培养模式改革的意见》。此前，财政部、国家发展和改革委、教育部印发《关于完善研究生教育投入机制的意见》，提出完善研究生教育投入机制“三位一体”的政策体系，包括财政拨款制度、奖助政策体系、建立健全收费制度。①

十一　推进高职教育考试招生制度改革

为贯彻落实党的十八大精神和教育规划纲要，顺应时代要求，着力构建现代职业教育体系和技术技能人才培养“立交桥”，提高中国高素质技术技能人才培养水平和国际竞争力，更好地服务全面建成小康社会的需要，教育部于 2013 年 6 月出台了《关于积极推进高等职业教育考试招生制度改革的指导意见》。意见要求，逐步形成以省级政府为主统筹管理，学生自主选择、学校多元录取、社会有效监督的中国特色高等职业教育考试招生制度。高等职业教育考试招生制度改革的总体要求是，要立足适应经济社会发展需要，着眼优化教育结构和提高教育质量，遵循高等职业教育人才选拔和培养规律，促进普通高中和中等职业学校实施素质教育，为学生发挥个性潜能提供多样化选择。按照有利于科学选拔人才、促进学生健康发展和维护社会公平的原则，逐步与普通高校本科考试分离，重点探索“知识＋技能”的考试评价办法，为学生接受高等职业教育提供多样化入学形式。逐步形成省级政府为主统筹管理，学生自主选择、学校多元录取、社会有效监督的中国特色高等职业教育考试招生制度。为此，应建立和完善多样化的高等职业教育考试招生方式，即建立以高考为基础的考试招生办法，改革单独考试招生办法，探索综合评价招生办法，

① 参见《三部门联合推进深化研究生教育改革》，2013 年 2 月 7 日，教育部网站（http：//www.moe.gov.cn/publicfiles/business/htmlfiles/moe/s5987/201402/163507.html）。

完善面向中职毕业生的技能考试招生办法，规范中高职贯通的招生办法，实施技能拔尖人才免试招生办法等。

为推进职业教育改革发展，更好地服务国家经济发展方式转变，按照中央要求，教育部会同发展改革委、财政部、人社部、农业部、扶贫办等部门筹备召开全国职业教育工作会议。在系统调研行业、企业、学校及社会等方面需求基础上，研究起草了《国务院关于加快发展现代职业教育的决定》与《现代职业教育体系建设规划》，并于 2013 年 9 月 10 日由国家教育体制改革领导小组审议并原则通过。这两个文件共同构成今后一个时期指导职业教育改革创新的基本文件，提出了发展中国现代职业教育的总目标，即“到 2020 年，形成适应发展需求、产教深度融合、中职高职衔接、职普相互沟通，体现终身教育理念，具有中国特色、世界水平的现代职业教育体系”。[①]

十二　全国县域义务教育均衡发展督导评估

为贯彻落实《义务教育法》，保障《国家中长期教育改革和发展规划纲要（2010—2020 年）》提出的义务教育均衡发展目标的实现，教育部决定建立县域义务教育均衡发展督导评估制度，开展义务教育发展基本均衡县（市、区）的评估认定工作，于 2012 年制定并发布《县域义务教育均衡发展督导评估暂行办法》。

2013 年 5 月 18 日，中国教育史上具有重要历史意义的会议——全国县域义务教育均衡发展督导评估认定现场会在江苏苏州张家港市召开，正式启动全国县域义务教育均衡发展评估认定工作，这标志着中国义务教育事业进入一个新的时期，开始新的征程，面临新的目标任务。中国九年义务教育 2011 年底全面普及之后，均衡发展成为义务教育的战略性任务。

党中央、国务院高度重视义务教育均衡发展。2006 年修订的《义务教育法》规定，促进义务教育均衡发展是各级政府的法定责任。2010 年颁布实施的教育规划纲要，明确了义务教育均衡发展的战略地位和目标。2012 年，国务院印发《关于深入推进义务教育均衡发展的意见》。党的十八大报告把“均衡发展九年义务教育”，作为努力办好人民满意的教育、基本实现教育现代化的重要任务。2013 年全国两会《政府工作报告》把“着力推动义务教育均衡发展”，作为教育年度工作特别提到的两项重点之一。

按照中央的决策部署，教育部坚持把推进义务教育均衡发展作为重中之重的工作来抓。2011 年以来，分别与 31 个省（区、市）和新疆生产建设兵团签署了备忘录，按照“一省一案”原则，确定了各地推进均衡发展的时间表和路线图。2012 年，研究制定了《县域义务教育均衡发展督导评估暂行办法》，为推进均衡发展提供了可操作的工作标准和工作方式。

各地认真贯彻落实中央决策部署和教育部工作安排，结合本地实际，统筹规划，分步实施，在政策制度、经费投入等方面提供保障，着力推进义务教育均衡发展，取得了明显成效。根据国务院的要求，到 2015 年，全国义务教育巩固率达到 93%，实现基本均衡的县（市、区）比例达到 65%；到 2020 年，全国义务教育巩固率达到 95%，实现基本均衡

① 参见《教育部出台意见推进高职教育考试招生制度改革》，2013 年 6 月 3 日，中国新闻网（http：//www. chinanews. com/edu/2013/06 - 03/4887735. shtml）。

的县（市、区）比例达到95%。[①]

十三　启动中小学绿色评价　推进中小学教育质量综合评价改革

长期以来，由于教育内外部多方面的原因，单纯以学生学业考试成绩和学校升学率评价中小学教育质量的倾向没有得到根本扭转，导致了重分数轻素质、重知识传授轻全面育人、学生学业负担过重等突出问题，严重影响了学生的全面发展、健康成长，制约了学生社会责任感、创新精神和实践能力的培养。同时，许多发达国家和国际组织把改革教育质量评价作为诊断教育问题、完善教育政策、改进教育教学的重要举措，收到了良好效果。因此，必要借鉴国际经验，建立一套符合中国国情、能够解决中国实际问题的中小学教育质量评价体系。

为深入贯彻落实党的十八大精神和教育规划纲要，教育部于2013年6月发布了《关于推进中小学教育质量综合评价改革的意见》，旨在用一套全新的“绿色评价”体系为中小学校“全面体检”，推进普通中小学教育质量综合评价改革，扭转考评学校只看考试成绩和升学率的倾向。中小学教育质量综合评价改革的总体目标是基本建立体现素质教育要求、以学生发展为核心、科学多元的中小学教育质量评价制度，切实扭转单纯以学生学业考试成绩和学校升学率评价中小学教育质量的倾向，促进学生全面发展、健康成长。《中小学教育质量综合评价指标框架（试行）》突出“绿色评价”，具体内容和指标包括学生品德发展水平、学业发展水平、身心发展水平、兴趣特长养成、学业负担状况等5个方面20个关键性指标。[②]

十四　教育部印发《中小学生学籍管理办法》

为规范中小学生学籍管理，提高新形势下基础教育科学管理水平，保障适龄儿童、少年受教育的权利，根据《中华人民共和国教育法》《中华人民共和国义务教育法》等有关法律，教育部于2013年8月11日印发了《中小学生学籍管理办法》。这是第一个全国性的中小学生学籍管理办法，标志着全国统一的中小学生学籍管理制度的建立，对于规范学籍管理、提高管理水平、服务教育教学、促进教育公平具有十分重要的意义。

2001年《国务院关于基础教育改革和发展的决定》提出，基础教育“实行在国务院领导下，由地方政府负责、分级管理、以县为主的体制”；2006年修订的《义务教育法》规定，“义务教育实行国务院领导，省、自治区、直辖市人民政府统筹规划实施，县级人民政府为主管理的体制”。因此，在此之前，主要强调地方的自主作用，由各省自行制定学籍制度并进行相应管理，全国有23个省份已先后出台了中小学生学籍管理办法。

---

① 参见《教育部关于印发〈县域义务教育均衡发展督导评估暂行办法〉的通知》，2012年1月20日，教育部网站（http：//www. moe. gov. cn/publicfiles/business/htmlfiles/moe/moe_ 1789/2012 05/xxgk_ 136600. html）；《袁贵仁在县域义教均衡发展督导评估认定会的讲话》，《中国教育报》2013年6月3日。

② 参见《教育部就推进中小学教育质量综合评价改革意见答问》，2013年6月18日，中华人民共和国中央人民政府门户网站（http：//www. gov. cn/gzdt/2013 – 06/18/content_ 2428325. htm）；《中小学教育质量综合评价改革启动》，《中国教育报》2013年6月19日。

随着中国经济社会不断发展，城镇化进程加快，流动人口不断增加，特别是跨省份、跨地区转学、升学，使得学籍管理工作面临新的形势和新的要求。这样，建立全国统一的学籍管理制度就显得必要和紧迫。《中小学生学籍管理办法》的发布是一次管理方式、管理模式、管理观念的调整，将对中小学生学籍管理和基础教育管理服务水平的提升产生深远影响。

新的学籍管理系统通俗地讲就是利用计算机和网络全程管理学生学籍。这既是对传统学籍管理方式的创新和改革，又是现代信息技术和教育管理工作的深度融合，将极大提高工作效率，方便学校和家长。电子学籍系统是依托信息技术、教育事业统计规范和教育管理需要构建的全国联网互通的电子政务管理系统，主要包括各级用户软件、数据库、数据交换平台、学生教育卡等内容。《中小学生学籍管理办法》规定的则是各级教育行政部门和学校在学生学籍管理工作中的职责和工作任务，是电子学籍系统的上位制度支撑。由于学生学籍管理一开始就确定用信息化的方式实现，那么，电子学籍系统则自然成了建立全国统一的学籍管理制度的技术支撑和管理平台。《办法》实施和电子学籍系统建设是相互支撑、有机统一的系统工程。①

十五　中小学教师资格考试与定期注册制度改革

为深入贯彻落实教育规划纲要和《国务院关于加强教师队伍建设的意见》（国发〔2012〕41号），建设高素质专业化教师队伍，根据教育部工作总体安排和有关省份的改革意愿，教育部于2013年8月15日正式印发《教育部关于扩大中小学教师资格考试与定期注册制度改革试点的通知》（教师函〔2013〕2号），决定进一步扩大中小学教师资格考试和定期注册改革试点范围。在河北、上海、浙江、湖北、广西、海南等6个省份试点基础上，新增山西、安徽、山东、贵州4个省为试点省。通知要求新增试点省份从2013年下半年开始参加中小学教师资格考试，同时选择1个地级市开展中小学教师资格定期注册试点。原有的试点省份要继续完善中小学教师资格考试的组织实施工作，同时可适当扩大中小学教师资格定期注册试点的区域，逐步在全省（区、市）全面实施。

试点地区的主要改革内容包括：统一教师资格考试标准和考试大纲；完善考试科目设置，突出对教育教学实践能力的考查；将考试命题和考务组织交给专业化的教育考试机构承担；师范毕业生不再直接认定教师资格，统一纳入考试范围；实行五年一周期的定期注册。《中小学教师资格考试暂行办法》指出，参加教师资格考试合格是教师职业准入的前提条件，教师资格定期注册是对教师入职后从教资格的定期核查，并进一步突出对师德的要求，明确规定被撤销教师资格的教师，五年内不得报名参加考试。《中小学教师资格定期注册暂行办法》指出，教师资格定期注册是对教师入职后从教资格的定期核查，实行五年一周期的定期注册。定期注册主要考察教师的职业道德、业务水平和工作业绩等情

---

①　参见《教育部关于印发〈中小学生学籍管理办法〉的通知》，2013年8月23日，中华人民共和国中央人民政府门户网站（http：//www.gov.cn/gzdt/2013－08/23/content_2472290.htm）；《教育部就出台〈中小学生学籍管理办法〉答记者问》，2013年8月22日，教育部网站（http：//edu.southcn.com/jyzg/content/2013－08/22/content_77096659.htm）。

况，不合格或逾期不注册的人员，不得从事教育教学工作。①

十六　首次在全国所有公办高校开展本科教学质量年度报告编制发布工作

为贯彻落实《国家中长期教育改革和发展规划纲要（2010—2020 年）》精神，建立高等学校质量年度报告发布制度，教育部于 2013 年 10 月发布《教育部办公厅关于普通高等学校编制发布 2012 年〈本科教学质量报告〉的通知》（教高厅函〔2013〕33 号），决定普通高校编制发布 2012 年《本科教学质量报告》。按照属地化管理原则，各省级教育行政部门分别组织完成本地区公办高校 2012 年本科教学质量报告编制发布工作，鼓励民办高校积极参与。各省级教育行政部门要指导有关高校完成本科教学质量报告编写工作，并在本地区高校质量报告基础上，经过分析、总结，形成省级本科教学质量分析报告。教育部要求，省级教育行政部门于 2013 年底前将省级本科教学质量分析报告、高校 2012 年度本科教学质量报告纸质文本 1 份及电子文档报至教育部高等教育司，同时组织向社会发布。此后，全国所有公办高校每年都要进行本科教学质量年度报告。

《本科教学质量报告》主要含本科教育基本情况、师资与教学条件、教学建设与改革、质量保障体系、学生学习效果、特色发展、需要解决的问题等七个方面。这是在 2011 年“985 工程”高校、2012 年“211 工程”高校公布本科教学质量年度报告的基础上，教育部首次要求全国所有公办高校开展本科教学质量年度报告编制发布工作，并鼓励民办高校参与；首次实行属地化管理，加强省级教育行政部门统筹，要求各省级教育行政部门按《通知》要求，并结合本地区实际情况，组织完成本地区高校本科教学质量年度报告的编制发布工作。

2013 年 9 月 30 日，高等教育教学评估中心已发布《全国“211 工程”高校本科教学质量报告（2012 年度）》《全国新建本科院校教学质量监测报告（2012 年度）》《全国新建本科院校合格评估报告（2012 年度）》三种高校本科教育质量监测系列报告。②

十七　建立中小学校舍安全保障长效机制

为贯彻落实《中华人民共和国防震减灾法》和《国家中长期教育改革和发展规划纲要（2010—2020 年）》，进一步提高全国中小学校舍防震减灾能力，实现城乡中小学校舍安全达标，2013 年 11 月，教育部、发展改革委、公安部、监察部、财政部、国土资源部、住房城乡建设部、水利部、审计署、国家安监总局、地震局、气象局等部门联合提出意见，拟针对全国城镇和农村、公立和民办、教育系统和非教育系统的所有中小学（含幼儿园）建立中小学校舍安全保障长效机制。《国务院办公厅转发教育部等

---

① 参见《教育部关于扩大中小学教师资格考试与定期注册制度改革试点的通知》，2013 年 9 月 12 日，教育部网站（http：//www. edu. cn/shi_ fan_ news_ 409/20130912/t20130912_ 1016236. shtml）；《中小学教师资格考试扩大试点同时扩大教师定期注册制度改革试点》，《中国教育报》2013 年 9 月 3 日。

② 参见《教育部将编制发布高校质量年度报告》，2013 年 11 月 1 日，新华网（http：//news. xinhuanet. com/edu/2013 - 11/01/c_ 125636545. htm）；《首次在全国所有公办高校开展本科教学质量年度报告编制发布工作，并鼓励民办高校参与》，2014 年 2 月 7 日，教育部网站（http：//www. moe. gov. cn/publicfiles/business/htmlfiles/moe/s5987/201402/163507. html）。

部门关于建立中小学校舍安全保障长效机制意见的通知》（国办发〔2013〕103号）转发了该意见。

该意见指出，中国将通过年检、预警、信息通报公告以及责任追究等途径，建立中小学校舍安全保障长效机制。首先，建立校舍安全年检制度。对城乡各级各类中小学现有校舍每半年要组织一次安全隐患排查。校舍排查鉴定结果要及时录入中小学校舍信息管理系统，以便查询。完善校舍安全预警机制。地方各级政府要将校舍安全纳入当地防灾减灾总体规划，对本行政区域内中小学校舍灾害风险进行综合评估，指导学校编制相应的应急预案，并组织师生开展应急演练。其次，每年定期向社会发布全国中小学校舍安全信息公告。对存在重大安全隐患、影响安全使用的校舍，要及时发布安全预警。优先考虑将部分有条件的中小学建成应急避难场所。再次，要健全校舍安全责任追究制度。对发生因校舍倒塌或其他因防范不力造成安全事故导致师生伤亡的地区，要依法追究当地政府主要负责人责任。如因校舍选址不当或建筑质量问题导致垮塌的，评估鉴定、勘察设计、施工监理等单位负责人要依法承担责任。对挤占、挪用、克扣、截留、套取长效机制专项资金、违规乱收费或玩忽职守影响校舍安全的，要依法追究相关负责人的责任。意见也对校舍安全隐患排除及项目管理等提出相应要求。并提出“企业通过公益性社会团体或者县级以上政府及其部门对中小学校舍建设的捐赠支出，按照相关税收政策规定予以税前扣除”。①

十八 首次核准部分高等学校章程 切实推进高校依章程自主办学

为完善中国特色现代大学制度，指导和规范高等学校章程建设，促进高等学校依法治校、科学发展，依据教育法、高等教育法及其他有关规定，2011年7月制定了《高等学校章程制定暂行办法》，并于2012年1月1日起施行。《高等学校章程制定暂行办法》主要是解决目前公办高校多数还没有章程或者已有章程不符合现代大学制度要求的问题。根据《高等学校章程制定暂行办法》规定，部属高校章程需经过教育部核准。

根据《中华人民共和国高等教育法》《高等学校章程制定暂行办法》，教育部遴选了中国人民大学等12所高校作为章程建设试点学校，并于2013年成立了教育部高校章程核准委员会。2013年8月，教育部公布了6所中央部属高校的大学章程，面向社会公开征求意见。这6所高校分别是中国人民大学、东南大学、东华大学、上海外国语大学、武汉理工大学和华中师范大学。这是首批提请教育部高等学校章程核准委员会核准评议后的高校章程草案，也是中国高等教育为推进依法治学、依法治校迈出的重要一步。核准委员会认为，6所高校章程结合本校实际，定位清晰、各具特色，对其他高校制定章程具有一定的示范性和引领性，建议予以核准。这6所高校的章程的核准，标志着高校章程建设工作取得了实质性进展，对于推进落实高校办学自主权、建设现代大学制度的改革实践具有重要意义。为提高章程质量，特公开征求意见，以听取各方意见，争

① 参见《国务院办公厅转发教育部等部门关于建立中小学校舍安全保障长效机制意见的通知》，2013年11月12日，中华人民共和国中央人民政府门户网站（http://www.gov.cn/zwgk/2013-11/12/content_2525741.htm）；《为保安全我国将建立中小学校舍安全保障长效机制》，2013年11月13日，新华网（http://news.xinhuanet.com/house/nb/2013-11-13/c_118116342.htm）。

取社会的认同与共识。依据《高等学校章程制定暂行办法》规定，高等学校应当公开章程，接受举办者、教育主管部门、其他有关机关以及教师、学生、社会公众依据章程实施的监督、评估。

教育部已依据相关法规对高校章程核准权进行下放，即地方政府举办的高等学校的章程由省级教育行政部门核准，其中本科以上高等学校的章程核准后，报教育部备案；教育部直属高等学校的章程由教育部核准；其他中央部门所属高校的章程，经主管部门同意，报教育部核准。2013 年 9 月 22 日，教育部制定了《中央部委所属高等学校章程建设行动计划（2013—2015 年）》，明确了教育部及中央部门所属的 114 所高等学校章程建设的目标任务与时间要求。11 月 16 日，教育部核准了第一批 6 所高校章程。这进一步确立了高校章程的法律地位和作用，标志着落实扩大高校办学自主权、推动高校依法治校、完善现代大学制度、依章程自主管理迈出了实质性的一步。①

十九　推进高等学校科技评价改革创新

为深入贯彻党的十八大和十八届三中全会精神，加快落实《中共中央国务院关于深化科技体制改革　加快国家创新体系建设的意见》和《国家中长期教育改革和发展规划纲要（2010—2020 年）》，深化高校科技评价改革，2013 年 11 月，教育部颁发了《关于深化高等学校科技评价改革的意见》（教技〔2013〕3 号，以下简称《意见》）。

《意见》明确指出，高校长期以来形成的以统一、量化为特征的科技评价机制，对调动科技人员的积极性和创造性发挥了重要作用。但《意见》也同时指出，面对全面提高质量和创新驱动发展的时代要求，科技评价中的问题日益显现：重数量轻质量、重形式轻内容、重短期轻长远的现象依然存在；评价指标单一化、评价标准定量化、评价方法简单化、评价结果功利化等倾向没有得到根本扭转；分类评价实施不到位，对科技成果转化、科学普及等工作激励不足；科技支撑教学和创新人才培养的导向不够；开放评价、长效评价机制不够健全，这些问题将严重影响高校科技工作的持续健康发展。高校科技评价改革的任务十分紧迫。深化科技评价改革必须坚持鼓励创新、服务需求、科教结合、特色发展的指导原则，坚持分类评价和开放评价。②

实践创新情况总评

2012 年和 2013 年，中国教育领域有许多实践创新。这些实践创新涵盖学前教育到高等教育、学历教育到职业教育等各个方面。实践创新的主题包括加强制度化建设，强化标准，注重质量，促进教育公平，促进教育信息公开，科学化评估等。而贯穿其中的关键点便是“改革”，例如教育领域综合改革、科研创新方式改革、人才培养机制改革、学校布

---

① 参见《高等学校章程制定暂行办法》，2011 年 11 月 28 日，中华人民共和国中央人民政府门户网站（http：//www.gov.cn/gongbao/content/2012/content_ 2161723.htm）；《首次核准中国人民大学等 6 所高等学校章程，切实推进高校依章程自主办学》，2014 年 2 月 7 日，教育部网站（http：//www.moe.gov.cn/publicfiles/business/htmlfiles/moe/s5987/201402/163507.html）。

② 参见《教育部关于深化高等学校科技评价改革的意见》，2013 年 12 月 20 日，中华人民共和国中央人民政府门户网站（http：//www.gov.cn/gzdt/2013－12/20/content_ 2551954.htm）。

局改革、依法治校方略改革、研究生教育改革、高等职业教育考试招生制度改革、中小学教育质量评价改革、中小学教师资格考试改革、异地高考改革、高校科研评价体制改革等。在十八大精神的指引下，通过改革创新，党和政府将不断办好人民满意的教育，中国教育将取得更加良好的发展。

第三节　代表性成果

【《公共财政框架下公共教育财政制度研究》】

作　　者： 王善迈

出版时间： 2012 年 2 月

出版机构： 经济科学出版社

内容摘要： 全书分五个部分。(1) 公共教育财政理论与制度框架。中国公共财政和公共教育财政制度建设起步不久，急需对公共教育财政制度及其框架进行研究，为此作者在对公共财政的本质、特征、职能论述的基础上运用公共产品理论界定了公共教育的性质为准公共产品，分析了公共教育服务在供给上的政府与市场，以及各层级政府间的关系和分工。按教育财政制度功能，规范了教育财政制度中各项具体制度，即筹资制度、分配制度、财政转移支付制度、学费与学生资助制度等。(2) 义务教育财政制度。作者重点研究了中国义务教育财政制度的变迁，并对相应的变迁予以评价；从教育财政视角以大量数据分析了义务教育在城乡间、区域间和学校间差异的现状及原因；分析了义务教育的财政转移支付制度的现状和问题，并提出按因素法测量义务教育经费缺口的方案；最后对进城务工人员子女义务教育经费保障制度的现状、问题与改革对策进行了探讨。(3) 高中阶段教育财政制度。中国高中阶段教育正在加快普及，但高中教育财政制度在学术研究上罕见，在制度政策安排上正在建立。为此，作者在对高中阶段教育性质界定的基础上，对高中阶段教育财政制度的构成做了探讨，着重从充足与公平两个维度，依据官方统计，对中国高中阶段教育财政进行了系统的分析和判断，提出相应的改革对策。(4) 高等教育财政制度。中国高教财政制度已初步建立，但各项制度有待进一步改革和完善。作者首先对中国高教财政制度的变迁进行了概述，对高教扩招十年来的高教财政进行了统计和计量分析，然后着重探讨了高教拨款制度改革，提出了学科生均拨款的模式，提出了会计调整法测量高教成本的方法，以成本函数法计量分析了中国高教的成本与效率，并探讨了高教学生资助制度中贫困生界定的方法，以及高校社会捐赠的激励制度。(5) 中国教育财政制度的评价与改革。作为全书总结，对中国教育财政制度的基本特征做了概括，从充足、公平、效率三个维度对财政制度进行了评价，提出教育财政制度改革的方向。

社会影响： 该书是国内第一部系统阐述中国公共教育财政制度和实践的著作，是王善迈教授主持的教育部哲学社会科学研究重大课题攻关项目的标志性学术专著。

【《县级基础教育财政支出的外部性分析——兼论“以县为主”体制的有效性》】

作　　者： 李世刚　尹恒

发表时间： 2012 年第 11 期

期刊名称： 《中国社会科学》

内容摘要： 作者认为，基础教育财政支出“以县为主”体制的有效性，取决于支出外部性和偏好异质性间的权衡。造成支出外部性的主要原因包括外溢效应和竞争效应，它们都使得县级财政基础教育支出偏离有效率的水平。但它们引起的支出相互影响的性质却是不同的：前者是支出相互替代，后者是支出竞次。利用县级财政的面板数据的实证分析发现，相邻县的财政基础教育支出间呈显著的负相关关系，表明外溢效应是产生基础教育支出外部性的支配性因素。为了纠正基础教育财政支出偏低的状况，上级财政应该承担更多的基础教育支出责任。

社会影响：该文为国家自然科学基金（项目编号：71173019）、教育部哲学社会科学研究重大课题攻关题目（项目编号：11JD015）和教育部新世纪优秀人才支持计划资助的阶段性成果。

【《人力资本与物质资本的匹配及其效率影响》】

作　　者：“人力资本结构研究”课题组

发表时间：2012 年第 4 期

期刊名称：《统计研究》

内容摘要：作者认为，人力资本与物质资本之间的匹配与协调，现有研究大多处于定性分析或局部的经验观察。该文在系统解析两者的匹配协调性与经济增长关系的基础上，借鉴物理学中“耦合协调”的理论，测算了中国工业经济运行中人力资本与物质资本两种要素之间的匹配协调度，并考察了这种匹配协调度对经济效率的影响。研究发现，人力资本与物质资本的匹配协调对经济效率有显著的积极影响，并且这种影响十分稳健。因此，人力资本与物质资本的有效积累，不仅仅是两者数量上的增加，同时还要关注两者在数量和结构上的匹配和均衡。

社会影响：该文系国家自然科学基金重点项目“城乡劳动力市场整合机理与实现机制研究”（项目编号：70933001）的阶段性成果。

【《健康人力资本、经济增长和贫困陷阱》】

作　　者：王弟海

发表时间：2012 年第 6 期

期刊名称：《经济研究》

内容摘要：该文在一个扩展的 Ramsey 模型中，通过考虑食物消费和营养对健康人力资本的作用，探讨了健康人力资本、物质资本和消费之间的关系，并研究了健康对长期经济增长的影响。该文研究有两个重要的含义：第一，研究表明，来源于食物消费和营养的福格尔型健康人力资本不能产生内生经济增长机制；但是，如果有外生技术进步，这种福格尔型的健康人力资本可以扩大经济增长率。这一结论从理论上说明了福格尔关于来自于食物消费和营养的健康人力资本对经济增长具有重大作用的经验结论。第二，通过考虑最低消费和营养水平限制对健康人力资本的作用，证明了福格尔型健康人力资本会导致经济中存在多重均衡，这有助于解释世界经济发展过程中的以下现实，即富国具有高资本、高健康和高消费水平，而穷国正好相反。

社会影响：该文系国家社科基金重大项目（项目编号：11&ZD073）的阶段性成果。

【《教育公平发展中财政政策的博弈——美国教育财政改革的政策过程研究》】

作　　者：薛二勇

发表时间：2012 年第 12 期

期刊名称：《教育研究》

内容摘要：根据政策过程理论中的阶段理论，即制定、执行、评估、监控、终结阶段，以及多源流框架理论，即问题流、政策流、政治流三股源流的交汇构成政策过程，可以发现解决教育公平发展中的财政问题困难重重，在美国通常需要法院的强力干预。该文通过对美国教育公平诉讼的突发期、低谷期、上升期与财政改革的兴起、低潮、推进的变迁路径的分析，以及教育财政改革案例的政策过程的研究，可以清楚地发现美国促进教育公平发展的财政改革的历史脉络及政策博弈。其中，政治、经济、司法环境的影响，法律诉讼及强有力的政治领导，利益相关者的参与和充分协商是教育公平发展中财政政策博弈的关键因素。

社会影响：该文系国家自然科学基金项目“区域内城乡一体化义务教育发展路线图研究”（项目编号：71103018）的阶段性成果。

【《“新机制”实施前后农村义务教育财政公平性研究》】

作　　者：梁文艳　胡咏梅

发表时间：2013 年第 8 期

期刊名称：《教育研究》

内容摘要：“新机制”实施后，农村义务教育经费保障水平显著提高，城乡义务教育公共投入均衡程度明显改善。但由于政府投入低重心格局尚未改变，县级政府教育投入表现出一定程度“挤出效应”，区域内教育经费配置的校际公平性亟待改进；农村教师收入水平偏低，社保制度、补偿性收入制度不够完善；农村家庭教育负担仍然有待减轻，学生资助等相关投入和管理制度存在缺陷。因此，必须重视深化公共财政投入体制改革，真正建立适应教育发展内在秩序的义务教育长效保障机制，实现城乡间、区域间以及区域内教育均衡发展。

社会影响：该文系国家社科基金（教育学）重点课题“跨越中等收入陷阱：教育的作用研究”（课题批准号：AFA110002）的阶段性研究成果。

【《中国城镇居民各级教育收益率及其变化研究：2002—2009 年》】

作　　者：丁小浩　于洪霞　余秋梅

发表时间：2012 年第 3 期

期刊名称：《北京大学教育评论》

内容摘要：该文使用国家统计局城镇入户调查数据对 21 世纪以来中国城镇居民各级教育的收益率及其变化趋势进行了估算，主要结果表明：近年来除初中阶段外，其他各级教育的教育收益率并没有延续整个 20 世纪 90 年代至 21 世纪初的五年那样快速增长的态势，而是逐渐趋于平稳，甚至有轻微的下降迹象。

社会影响：该文系自然科学基金项目（项目编号：71073004）的阶段性成果。

【《中国研究型大学教育成本构成的实证研究》】

作　　者：冯宝军　李延喜　张媛婧

发表时间：2012 年第 4 期

期刊名称：《会计研究》

内容摘要：该文针对中国研究型大学教育成本构成进行研究，自行设计了《研究型大学教育成本构成调查问卷》，并向清华大学等 10 所大学的财务人员及教师发放，采用探索性因子分析与验证性因子分析相结合的方式对问卷回收数据进行实证检验，最终构建了研究型大学教育成本的构成体系。实证结果显示，研究型大学教育成本应由人员成本、学生事务成本、公用成本、建设性成本、科研成本及其他成本六部分构成，离退休人员支出、后勤部门支出等为非教育成本。

社会影响：该文系国家自然科学基金资助项目（项目编号：71240005）的阶段性研究成果。

【《教育改革的转型与教育政策的调整——基于新中国教育60年来的基本经验》】

作　　者：程天君

发表时间：2012年第4期

期刊名称：《北京大学教育评论》

内容摘要：作者认为，新中国60年来的教育经历两大时期：前30年间的重大教育改革多由政治统领，后30年间的重大教育改革则常以经济主导，其间更有政治、经济双重取向的改革，可统称为"政治—经济改革的教育改革"，反思历史经验与存在问题，并着眼当前和未来时期科学发展观、和谐社会和文化强国等治国理念的推行以及中国教育主要矛盾的转变，可提出"教育改革的转型"之命题，即从"作为政治—经济改革的教育改革"走向"作为社会—文化改革的教育改革"。教育改革的转型需要教育政策的调整，在集权与放权、公平与效率、数量与质量等几对重大改革主题上避免偏重一端，把握动态平衡；同时需要理顺几组主要的改革关系：坚持改革和发展的互助互促、改革和革命的区别区用、政策和实施的并重并举，从而克服作为政治—经济改革的教育改革之弊端，实现教育改革的转型。

社会影响：该文系教育部哲学社会科学研究重大课题攻关项目"中国教育改革和发展的社会支持系统研究"的阶段性成果。

【《我国教育科研经费优化配置研究》】

作　　者：曾天山

发表时间：2013年第13期

期刊名称：《教育理论与实践》

内容摘要：经费支持是开展教育科研活动的基本保障。经过多年的探索，中国已形成了政府主导、社会支持的多渠道教育科研资助体系，完善了资助机构的基本业务费和资助个人的课题两套资助制度，融合了各种科研资源。中国教育科研经费配置体现出经费来源多元化和投入经费不断增长等特点。随着社会对教育科研创新能力和服务水平要求的不断提高，中国教育科研经费仍然存在着经费总体不足、多方重复投入、经费使用结构不合理、经费管理粗放等问题。为进一步优化教育科研经费配置，中国教育科研经费改革应从以下几方面进行：各科研机构合理分工，实行管评适度分离，明确劳务经费比例，注重成果质量导向，确保科研项目经费信息公开，建立科研经费管理诚信和奖惩机制，健全科研活动的制度体系。

社会影响：该文系国家社科基金教育学一般课题"中国教育科研成果影响力研究"（课题编号：BFA090019）的研究成果。

【《有关大学章程认识的若干问题》】

作　　者：秦惠民

发表时间：2013年第2期

期刊名称：《教育研究》

内容摘要：中国特色的现代大学制度对于大学章程的呼唤，是走向大学治理和法治的重要一环。制定与核准章程，是实现协商民主、充分体现法治原则的重要实践。法律所规定的高等学校办学自主权，有待通过章程建设的"立法"过程来具体落实。完善大学法人治理结构，提高自主办学行为的合法性应是章程建设核心性的重要任务。大学的自主权不等于大学校长的自主权，为避免"没有灵魂的卓越"，坚持大学的公共性，是大学作为一种学者共同体的重要文化自觉。

【《科教融合：高等教育理念的变革与创新》】

作　　者：周光礼　马海泉

发表时间：2012年第8期

期刊名称：《中国高教研究》

内容摘要：科教融合是一种尽管经受

各种挑战仍顽强延续下来的大学理念。从洪堡的柏林大学到吉尔曼的约翰·霍普金斯大学，再到当代研究型大学，有一个理念始终贯穿其间：始则若隐若现，继而渐明渐亮，最终由应然走向必然，行将成为世界高等教育变革与转型的主旋律，这就是科教融合的理念。科学研究与教学协同创新培养人才是中国高等教育必须面对和解决的一个重要的理论问题和实践问题。从科教分离到科教融合是中国高等教育哲学的重大转变，是实现中国高等教育转型、提高高等教育质量、提升高校创新能力和建设高等教育强国的现实选择。

社会影响：科学研究与高等教育的紧密结合已成为中国高等教育改革发展的必然趋势和选择，体现了高等教育思想和理念的转变与突破，体现了高校人才培养模式在更深层次上的改革与创新。

【《论民办高校的公益性与营利性》】

作　　者：潘懋元　别敦荣　石猛

发表时间：2013 年第 3 期

期刊名称：《教育研究》

内容摘要：民办高校办学具有非商业投机性、社会效益外溢性，所提供的教育服务具有与商品交易不同的特点。在公益性办学的同时，民间投资举办的民办高校还具有营利属性，营利是其生存与发展的必要条件，有利于实现公益性办学目的。民间投资办学具有公共投资替代性，应当制定激励而非限制性政策，鼓励民间资金投资办学，给予民办高校一定的赢利空间，提高民间投资办学的积极性，以促进民办高等教育持续、健康、快速发展。

【《大学中两种组织的矛盾与调适》】

作　　者：胡建华

发表时间：2012 年第 5 期

期刊名称：《教育研究》

内容摘要：学术组织与管理组织是现代大学组织结构中两个重要的组成部分。大学学术组织的主要特征可以概括为：多重的目标、多样的行为方式及多元的文化。大学管理组织的基本特征是“科层制”，主要表现为：同一的目标、有权威的等级结构及追求效率的文化。学术组织与管理组织之间的差异及矛盾在不同组织结构和组织文化的大学中的性质与表现形式是不一样的。中国大学学术组织的科层化和学术组织与管理组织之间的不平衡是需要思考的两大主要问题。对于学术组织与管理组织的调适，首先需要改变现有的学校与学院之间的关系，进一步降低管理重心，扩大学院在教学、研究等学术事务中的自主权；其次需要改变学院内部的组织结构，充分发挥教授在学院学术事务中的作用，使学院褪去“科层制”的色彩，真正成为一种学术组织。

社会影响：该文系全国教育科学“十一五”规划教育部重点课题“大学组织的特性及其变革研究”（课题批准号：DIA080154）的阶段性研究成果。

第十六章　公共危机管理

于　鹏　孙　静

第一节　理论进展

通过对2012—2013年中国公共危机管理领域的研究文献进行梳理，以下将从公共危机管理过程、公共危机管理的“一案三制”建设、公共危机治理、专项公共危机管理以及公共危机管理的国际比较五个模块分别予以分析，并总结2012—2013年中国公共危机管理理论进展的主要特征。

一　公共危机管理过程

公共危机管理过程包括公共危机管理的预防与准备、公共危机管理的应急处置、公共危机管理的重建与恢复、公共危机管理的评估四个阶段。

（一）公共危机管理的预防与准备

在公共危机管理过程中，防范危机胜于处理危机。危机防范能及早地识别出或意识到危机的存在并采取措施将可能危害化解或降至最低，是成本最低廉、最高明的危机管理方式。张小明基于脆弱性分析，对公共危机预防体系进行了研究。他认为一个完整的公共危机预防体系应包括五个方面的主要内容：强化脆弱性定期分析评估制度；设立危机管理团队；制定危机管理计划；重视危机管理科普宣教培训与演练；加强“防灾型社区”的危机管理文化建设，构建组织隐性危机防范系统。其中，脆弱性分析或隐患排查是危机预防的基础，构建组织隐性危机防范系统是公共危机预防体系的前提和基础。①

近年来，中国应急管理体系建设快速推进，突发事件应对能力显著提升。但是，对于一些重特大突发事件，特别是那些前兆不充分、具有明显复杂性特征和潜在次生衍生危害、破坏性严重、采用常规管理方式难以应对处置的非常规突发事件，应急准备工作有待完善。李湖生从应急准备战略规划理论与方法、应急准备系统组成与体系结构、应急通用任务与目标能力、应急准备评估理论与方法、应急准备文化的内涵与特征等五个方面系统研究了应急准备体系的核心科学问题。他提出了非常规突发事件情景的构建方法、应急通用任务清单以及非常规突发事件典型情景应对的目标能力清单；提出了以定性评估指标为主、定量评估指标为辅，并综合考虑基础风险水平差异的区域应急准备能力评估体系及其

① 张小明：《基于脆弱性分析的公共危机预防体系研究》，《北京行政学院学报》2013年第4期。

归一化的综合评分方法；建立了以提升能力为目标导向的应急准备规划理论框架。[①]

（二）公共危机管理的应急处置

科学合理、稳定高效的应急指挥系统是进行应急救援和应急处置的基础和前提，而现场应急指挥则是应急处置的核心步骤，提高其可靠性关系到应急管理的成败。佘廉和贺璇从指挥主体、指挥客体、指挥环境三个核心要素解构了现场应急指挥体系，构建了现场应急指挥体系分析模型。在此基础上，依据现场应急指挥主体、客体、环境的内在属性梳理出三个子系统可靠性的因子集合，指出应从提升主体应急指挥能力、增强对客体的控制以及完善应急指挥体制机制、加强子系统间耦合等方面，提高现场应急指挥体系的整体可靠性。[②]

公共危机应急救援力量管理模式逐渐形成了集权式、授权式、代理式和协同式等模式，这些管理模式大多具有较强的临时性，其协调管理力度受到很大的制约。葛晓霞、郭其云和董希琳结合中国应急救援工作的开展情况，剖析了制约应急救援工作发展的瓶颈问题，他们提出了“政府主导，消防主力；统一指挥，协同有序；平战结合，资源优化”的构建应急救援力量管理模式的基本原则。在此原则的指导下，设计了一种新的应急救援力量管理模式，提出设立应急管理委员会的构想，并从必要性和可行性、构建、特点等方面详细说明。[③]

在重大突发事件应急处置中，应急通信机制是否健全直接决定了事件现场处置能力。张雅丽和王慧从应急通信的基本特点及国内外应急通信响应机制的发展现状出发，剖析国内外突发事件处置的应急通信响应机制间的差距，以国内外典型突发事件的应急通信处置为例，研究应急通信响应机制中互联互通、优先通信和国家通信保障应急工作机制等问题，并结合中国突发事件处置的应急通信响应机制的现状，提出适合国情的应急通信处置策略。[④]

（三）公共危机管理的重建与恢复

恢复重建是公共危机事后管理的重要环节，涉及需求评估、规划选址、工程实施、技术保障、城乡住房、基础设施、公共服务设施、产业、生态环境、组织系统、社会关系、心理援助等工作。张小明提到与国外灾后重建相比，中国的灾后恢复重建工作具有自身的特点，突出表现为三个“兼顾”：一是“紧急”恢复性重建与长远发展性重建兼顾；二是快速度重建与高质量重建兼顾；三是“复原性”重建与“升级性”重建兼顾。他详细分析了公共危机事后恢复与重建的内容与措施，主要包括以下几个方面，即停止应急处置措施、进行损失评估、制定恢复重建计划、支援恢复重建工作、恢复正常社会秩序和公共设施、制定优惠政策、开展救助、补偿、抚慰、抚恤、安置、心理干预等工作、进行事后调

---

① 李湖生：《非常规突发事件应急准备体系的构成及其评估理论与方法研究》，《中国应急管理》2013 年第 8 期。

② 佘廉、贺璇：《现场应急指挥的要素可靠性分析》，《电子政务》2013 年第 6 期。

③ 葛晓霞、郭其云、董希琳：《公共危机应急救援力量管理体系研究》，《灭火指挥与救援》2013 年第 8 期。

④ 张雅丽、王慧：《重大突发事件处置的应急通信响应机制研究》，《中国人民公安大学学报》（自然科学版）2013 年第 3 期。

查与总结报告等。①

地震灾后土地利用应急规划是指破坏性地震或地质灾害发生后，以灾害定性和灾情评估测算待转移安置人口为切入点，科学选址过渡性转移安置临时用地，通过地震、地质灾害调查评估，资源承载力评估与恢复重建选址论证，科学评价灾后土地利用安全性和建设用地恢复重建适宜性，优先安排关系灾区民生的基本生产生活和公共基础服务设施用地，提出灾后恢复重建各类建设用地需求与布局方案、土地整理复垦方案和符合地域特色的用地导向，以有效推进灾后土地利用应急处置、恢复重建和科学指导节约集约用地的应急性、区域性、土地利用专项规划。吴萍、帅佳良、吴克宁通过对地震灾后土地利用应急规划与管理进行研究，旨在构建土地利用应急规划体系，探讨灾害发生后如何集中有限资源，最大程度减少震害损失，快速优化配置恢复重建用地、评估建设用地抗震适宜性及安排防灾需求用地等。②

（四）公共危机管理的评估

闫绪娴和董焱对1986—2013年国内与应急评价相关的研究进行了文献分析，总结出应急管理评价研究呈现的四大特点：第一，学界对于应急管理评价的研究已经从偏重于单项应急管理评价拓展到了综合应急能力评价的研究。从侧重于事前风险评价、事后损失评价，拓展到了事前的风险评价、脆弱评价、能力评价；事中的演化评价、破坏评价、救援评价；事后的损失评价、绩效评价、衍生评价集成的应急管理全过程评价。第二，应急管理评价的一般理论不再是零散的、局部的，而是逐渐成为系统的、体系的、全过程的。第三，AHP、专家打分法、模糊综合评价法、DEA法、粗糙集法、灰色聚类分析是目前常用的应急管理评价方法。第四，城市应急管理评价已经成为现代应急管理评价的主要方面，作为综合性的应急管理评价研究，城市应急管理评价越来越受到学者和决策者的关注与重视。③

翁列恩和李娇娜基于“责任型政府”绩效评估和民主决策理论构建应对重大社会安全事件政府绩效评估的框架模型，根据《中华人民共和国突发事件应对法》和公共危机管理的实践，分别从预防与应急准备、监测与预警、应急处置与救援、事后恢复与重建四个维度设计应对重大社会安全事件的政府绩效评估指标体系，为应对重大社会安全事件政府绩效的评估提供依据和标准。④

朱正威、赵欣欣和蔡李研究了区域公共安全机理的内涵，并梳理了区域公共安全机理的研究现状。在“脆弱性—能力”综合视角下，利用系统动力学的方法，结合广东省实际分析了区域公共安全演化的宏观机理，同时利用尖点突变模型，结合“乌坎村事件”分析了公共安全事件作用机理，为区域公共安全研究和治理提供支持。区域公共安全水平与区域脆弱性水平有着负反馈关系，而与区域公共危机应对能力之间存在着正反馈的回路

① 张小明：《公共危机事后恢复重建的内容与措施研究》，《北京科技大学学报》（社会科学版）2013年第4期。

② 吴萍、帅佳良、吴克宁：《地震灾后土地利用应急规划与管理研究述评》，《国土资源科技管理》2012年第2期。

③ 闫绪娴、董焱：《应急管理评价国内研究文献综述》，《商业时代》2013年第26期。

④ 翁列恩、李娇娜：《应对重大社会安全事件政府绩效评估的理论基础和模型设计》，《中国行政管理》2013年第4期。

关系。当脆弱性与能力的对比超出一定限度时就导致公共安全事件的发生，政府应防微杜渐，避免矛盾积累，降低区域的脆弱性水平，同时积极采取措施提高区域的危机应对能力，防止公共安全事件的发生。①

童文莹和张海波认为，只有处置评估才是真正意义上的应急评估；地方政府应急评估包括应急准备评估、应急执行评估和应急绩效评估三个类型，它们正好代表了应急能力建设的三个阶段；在分析了三种类型应急评估的实质、相互关联和各自要素的基础上，提出了地方政府应急评估的政策框架；对于多数地方政府已具备实施条件的应急准备评估，设计了相应的评估指标体系，对于绝大多数地方还不具备实施条件的应急执行特别是应急绩效评估，也尝试进行了带有前瞻性的探讨。②

钟开斌提出，要在全社会营造一种灾难文化，从吉祥文化变为风险文化；建立独立调查评估机制，从自我评估变为独立评估；建立专业权威的调查队伍，从权力主导变为技术主导；客观公正开展调查，从总结成绩变为吸取教训；强化灾难学习制度建设，从政治问责变为改进提高，在历史灾难中实现历史进步。③

二　公共危机管理的“一案三制”建设

在中国构建的以“一案三制”为核心的应急管理体系中，“一案”是指应急管理预案，“三制”是指应急管理的体制、机制、法治。

（一）应急管理预案建设

应急预案是应急响应的直接依据，应急预案的质量决定着应急响应的质量。因此，提升应急预案的质量不仅是应急管理的基础工作，也是应急管理研究的重要主题。张海波和童星认为从公共政策的视角看，应急预案体系的功能发挥不仅取决于单项预案的功能发挥，也取决于单项预案之间的合作，还取决于应急预案体系与应急体制、机制和法治之间的契合，甚至受制于社会认知和治理机构，以此可以建构中国应急预案体系的公共政策分析框架。在这一框架之下，以交通应急预案体系在2008年南方雪灾中的实际应用为案例的经验观察显示，中国应急预案体系在公共政策层面的制度缺失是一个共性问题。因此，中国应急预案体系的优化不仅需要从技术层面解决，还需要从公共政策层面解决，亟待建立健全应急预案管理制度，重整应急预案体系的隶属关系，建立和完善危险与应急资源数据库，加快相关应急体制、机制与法治的配套建设，提升应急预案综合演练实效，改善公众认知，优化治理结构。④

针对目前中国应急预案的不足，宋劲松和刘文婧提出了四条提高中国应急预案效力的路径：优化顶层设计，解决应急预案“一事一案”；明确预案性质，减少预案法律效力与操作性时间的矛盾；明确应急预案的合格制定主体；规范预案的编制流程，解决应急指挥

① 朱正威、赵欣欣、蔡李：《“脆弱性—能力”综合视角下的区域公共安全机理研究——以广东省为例》，《中国行政管理》2013年第4期。

② 童文莹、张海波：《地方政府应急评估研究》，《华东理工大学学报》（社会科学版）2012年第4期。

③ 钟开斌：《从灾难中学习：教训比经验更宝贵》，《行政管理改革》2013年第6期。

④ 张海波、童星：《中国应急预案体系的优化——基于公共政策的视角》，《上海行政学院学报》2012年第6期。

与协调困难的问题。①

如何提高应急预案的有效性是目前应急预案体系建设面临的最大挑战。基于单件预案生命周期内的关键环节，预案之间的衔接与预案体系设计优化以及预案管理环境三个方面，唐玮、姜传胜和佘廉剖析了与预案有效性密切相关的几个关键问题，提出系统提高预案有效性的现实路径，即完善预案管理机制以明确预案体系层级定位及其他管理要求，建立健全预案编制、预案评估、预案演练等相关法规标准并在实践中检验发展，加大预案管理工作考核力度。②

自2003年“非典”暴发后，中国的应急管理工作以“一案三制”为核心取得了不容否定的成绩。但是，王宏伟认为，在中国应急管理实践中，应急预案工作却存在着六大误区：神化应急预案的功能；重预案，轻规划；以致灾因子为导向；应急规划各自为战；过度强调指挥—控制；价值取向出现偏差。通过反思，应当进行有针对性的改革，使预案工作更加适应新形势下突发事件的情境特征及应急管理工作的实际需要。③

张海波运用结构—功能分析方法，以国家公路应急预案体系为案例，从历史性视角出发，对中国应急预案体系形成过程中的结构约束与功能选择进行了因果分析，揭示了中国应急预案实效的内在原因。他建议要以依法行政和属地管理破解“立法滞后、预案优先”和“横向到边、纵向到底”过程中的结构约束。④

钟开斌认为，从全国的实践情况来看，应急预案在功能定位、编制路径、管理方法、演练导向方面存在四个误区，制约着中国应急预案体系建设的进一步发展。这四个误区是：预案功能的法律化；预案编制的模板化；预案管理的内部化和预案演练的过场化。尽快实现预案从“有”到“优”、从“优”到“精”的转化，提高预案的针对性、操作性和实用性，让预案关键时刻能派上用场，才是当前亟待研究解决的问题。⑤

（二）应急管理的体制、机制和法治建设

应急预案体系、应急预备体系和应急科技体系是应急管理的三大基础，加强这些基础体系建设，将使应急管理得到有力支撑。邱霈恩指出，要以增进针对性和实操性为重点，进一步优化应急预案体系；要以增强储备性和耐耗性为重点，强化应急预备体系；要以增强先进性和便捷性为重点，加强应急科技体系建设；由此全面增强应急管理的切实性和有效性。⑥

近年来，中国应急管理机制建设步伐加快并取得了显著成果，但相关核心管理机制的设计与执行困境也阻碍着当前中国应急管理绩效的提升。童星和陶鹏认为应急管理机制创新与完善的政策措施应包括：更新价值理念，创新制度与技术，推行脆弱性评估机制；实行预案动态管理，建立基础信息平台，提升预案管理绩效；创新应急演练机制，完善组织建设与评估机制，夯实组织应急管理能力；强调地方能力、社会应急参与机制建设，建立

---

① 宋劲松、刘文婧：《提高我国应急预案效力的路径选择》，《应急论坛》2012年。

② 唐玮、姜传胜、佘廉：《提高突发事件应急预案有效性的关键问题分析》，《中国行政管理》2013年第9期。

③ 王宏伟：《反思我国应急预案工作的六大误区》，《北京行政学院学报》2013年第4期。

④ 张海波：《中国应急预案体系：结构与功能》，《公共管理学报》2013年第2期。

⑤ 钟开斌：《应急预案体系建设的四个误区》，《学习时报》2013年3月25日。

⑥ 邱霈恩：《加强应急管理基础体系建设探略》，《云南行政学院学报》2013年第1期。

并推行关键基础设施保护机制；优化灾后恢复机制，强化应急管理评估与问责机制。①

突发公共事件频发导致各国对应急资金的需求大增，应急资金保障不足问题凸显，需要加强对突发公共事件应急资金保障机制的研究。赵尚梅和杨雪美首先明确了突发公共事件应急资金保障的经济属性，为突发公共事件应急资金保障机制的选择奠定了理论基础；其次，深入分析了当前应急资金保障政府和市场失灵的主要原因；最后，基于“合作”思想，借鉴国际经验，结合中国实际，提出了实施突发公共事件强制保险制度、建立国家应急基金的突发公共事件应急资金合作保障机制。②

应急管理社会力量的动员模式及参与效率已成为中国灾害管理制度建设的重要内容。薛澜和陶鹏从2013年“4·20芦山地震”应对过程中的社会动员与政府应急管理体系协调问题中，指出当前社会动员模式存在“重动员、轻协调”现象，他们认为应急管理社会参与存在体制与机制性缺失，提出建立政府与社会力量应急合作网络所需的基本管理理念与制度框架。最后建议通过牢固树立灾害社会动员协调规制理念、强化日常应急管理社会参与制度建设与能力培育、建构政府与社会应急合作网络运作机制、培育社会理性以统筹协调政府与社会灾害响应程度这四个方面来完善中国灾害社会动员协调的基本对策。③

薛澜和刘冰从现有应急管理体系面临的新挑战出发，强调必须尽快加强自上而下的顶层设计，构建新一代具有中国特色的应急管理体系。他们提出了应急管理体系顶层设计的四个关键问题：一是理念问题，强调政府、市场和社会的定位及互动关系；二是体制问题，强调应急管理组织体系中的横向关系和纵向关系；三是机制问题，强调应急管理体系的运行效率；四是工具问题，强调应急管理的政策工具选择。④

中国现行体系中有许多制度具有公共冲突管理的功能，但存在着制度供给不足，制度间衔接存在缝隙，制度执行力弱和制度内容的压抑性导向问题。常健和田岚洁研究指出要在充分发挥现有制度冲突管理作用的基础上，逐步扩展制度的功能空间，提升社会信任度，建立完善、协调、纵横交织的公共领域冲突管理制度体系。⑤

三 公共危机治理：跨区域协同、跨部门协调与多元参与

（一）多元参与的公共危机治理

作为检验整个应急管理系统有效性的关键阶段，如何协同各参与主体在灾难发生有效地完成应急救援，是应急管理中的核心问题。实践表明，政府自身难以独立应对灾害事件的处置，在应急救援过程中总会因自身资源的匮乏而需要第三方的协助。樊博和詹华针对中国应急响应中各参与主体协同问题，构建了基于利益相关者理论的应急响应协同分析模型。通过利益相关者属性分类，即权力性、合法性、紧急性三重属性，来解析各应急响应协同中七种类型的利益相关者，解读应急响应中的协同问题，并以汶川地震的协同救援，

---

① 童星、陶鹏：《论我国应急管理机制的创新——基于源头治理、动态管理、应急处置相结合的理念》，《江海学刊》2013年第2期。

② 赵尚梅、杨雪美：《突发公共事件应急资金保障机制研究》，《中国行政管理》2012年第12期。

③ 薛澜、陶鹏：《从自发无序到协调规制：应急管理体系中的社会动员问题——芦山抗震救灾案例研究》，《行政管理改革》2013年第6期。

④ 薛澜、刘冰：《应急管理体系新挑战及其顶层设计》，《国家行政学院学报》2013年第1期。

⑤ 常健、田岚洁：《公共领域冲突管理的制度建设》，《国家行政学院学报》2013年第5期。

检验所提出理论框架的有效性，从而透视各个类型的利益相关者的应急响应协同行为，为公共突发事件的应急协同救援问题提供新的理论分析视角。①

孔静静和韩传峰基于2008年汶川地震应急组织间关系数据和社会网络分析方法，应用指数随机图模型，剖析应急组织体系的命令传递网络、信息沟通网络和资源流动网络，及其交互作用中的组织间关系。他们构建了应急组织合作的研究框架，包括命令传递、信息沟通和资源流动等三维度，以及二元、三元和高序结构等多层次。研究得出，应急组织合作的命令传递网络具有典型的集权特征；信息沟通网络中，应急组织间交互、传递或循环等关系突出；资源流动网络中，应急组织间关系比较均衡，且不同级别的组织间关系较多；信息与资源交互流动的高序局部结构较少，分布式决策或行动特征不显著。依此分析指出应急组织严格按照直线式命令链传递命令，同级应急组织间信息沟通频繁并呈网络化，资源流动依赖于不同级别应急组织间命令传递等。②

建立有效整合社会资源和社会力量参与应急管理工作的体制机制已成为中国应急管理制度优化创新的重要任务。陶鹏和薛澜聚焦中国政府与社会组织应急管理合作伙伴关系的制度建构，基于应急管理全周期模式，将社会组织应急管理功能做了新梳理与探索，厘清了社会组织在应急管理中的功能与角色；提出并分析了中国政府与社会组织应急合作的四种模式，即补充模式、替代模式、互补模式、疏离模式；通过对中国社会组织参与应急管理所存在的理念性、体制性、机制性、法治性、社会背景性困境与挑战，提出建立政府与社会组织应急管理伙伴关系的对策建议。③

分析政府应对突发公共事件的协调能力是探讨政府应急能力的重要切入口，它着眼于政府与其他主体的互动关系及其行为所发挥的作用，包括政府制度协调能力、政府人员协调能力、政府信息协调能力、政府物资协调能力和政府资金协调能力等五个部分。金太军和徐婷婷提出，目前中国政府协调能力主要存在应急管理主体间的协调缺乏完善的制度框架、机构与人员整合有待加强、信息采集与辨识能力较弱、应急物资多种储备方式间整合不足、调度效率不高及风险和成本分担机制不健全等问题。他们认为这些问题亟须通过建立应急管理主体间合作协议框架、强化应急协调机构的枢纽作用、建立公开化的信息共享机制和科学化的信息处理制度、整合应急物资储备体系、优化物资调度系统以及建立健全风险和成本分担机制来加以解决。④

非政府组织的参与，既是应对危机的现实需要，又是危机管理的发展趋向。赵军锋和金太军研究认为，非政府组织参与的发生依赖于关系纽带的连接：个体层面依赖于感情纽带，组织层面依赖于职能纽带，社会层面依赖于责任纽带。参与的类型包括自发型和引导型两种类型。自发型参与源于微观层面的感情纽带，表现为危机管理中的自组织现象；引导型参与是在责任纽带或职能纽带的作用下产生的，是由组织载体和明确目标引导驱动

---

① 樊博、詹华：《基于利益相关者理论的应急响应协同研究》，《理论探讨》2013年第5期。

② 孔静静、韩传峰：《应急组织合作的结构逻辑及运行机制——以2008年汶川地震应对为例》，《公共管理学报》2013年第4期。

③ 陶鹏、薛澜：《论我国政府与社会组织应急管理合作伙伴关系的建构》，《国家行政学院学报》2013年第3期。

④ 金太军、徐婷婷：《应对突发公共事件的政府协调能力：框架、问题与思路》，《学习与探索》2013年第5期。

的。他们指出，参与的类型影响着非政府组织参与的诉求导向、运行过程和动力结构，从而产生不同的公共危机治理网络演化轨迹和转型模式。自发型参与演化发展的关键在于实现网络内部的合作，一般经历“生成→扩展→进化”三个阶段，由于进化方式的不同，或者解体，或者改组；引导型参与演化发展的关键在于实现网络之间的协调，其演化轨迹就是非政府组织与政府危机管理系统构建合作网络，从而消化异质、处理噪声、纠正偏离的过程。①

实现公民参与的有序性是公共危机治理的重要目标与难点。侯保龙基于治理理论视野，提出建构公共危机治理中公民参与的五大机制：推行公共危机治理公民参与的责任机制；建构公共危机治理的公民教育机制；优化重大灾害性公共危机动员机制；建立重大灾害性公共危机沟通机制；建立志愿者及其公民组织制度化参与机制。②

（二）公共危机管理的跨部门协调

受公共管理体制中传统文化、组织形态和制度缺失等因素制约，中国现行危机管理体制没有构建起跨部门协同治理机制，导致在危机应对过程中出现反应迟钝、效率低下、多元主体配合协调差等问题。为此，王洛忠和秦颖认为，需要设立跨部门协同治理的决策机构，完善覆盖全过程的问责机制，搭建跨部门协同治理的信息平台，培育多元共治、合作信任的政府组织文化，实现跨部门协同治理的目标整合与资源共享，提升多元主体协同治理危机事件的整体效能。③

社会应急联动系统是指政府协调指挥各相关部门资源向社会公众提供紧急救助服务的信息化平台，城市突发事件的联动应急响应对提高应急资源的配备与应急管理的效率具有重要意义。陈鹏、黄展邦、疏学明、文标和吴鹏对某地建立的社会应急联动系统中的公安、消防、急救、交通等不同部门之间的联动响应规律进行了分析。结果表明：不同应急部门之间存在着多级联动现象，其中急救部门参与的联动响应次数最多，反映出城市突发事件应急响应对保障性资源存在较大的需求；此外，在不同时段内，各级别的联动响应分布离散程度均比较小，表现出联动应急响应具有明显的时间聚集性特征；最后，各部门应急响应时间序列之间存在着显著的相关性，表明了各部门应急响应之间具有一定的相互影响，有利于人们进行突发事件预警。④

（三）公共危机管理的跨区域协同

公共危机的跨地域性、灾害性和救援的时效性要求地方政府间共同应对，但危机的偶发性抑制了地方政府间的合作意愿，而条块分割、垂直运行的行政管理体制和资源的非对称性、法律上的障碍又进一步阻碍了府际合作。地方政府间亟须构建一种常态的、稳定的和制度化的应急管理合作框架。因此，鲍芳修和方雷提出必须破除地域主义观念，培养合作文化，进而在法律法规、应急管理组织体系、应急管理处置流程、资源整合与补偿、中

---

① 赵军锋、金太军：《论非政府组织参与危机管理的演化逻辑——基于治理网络的视角》，《学术界》2013 年第 8 期。

② 侯保龙：《论公共危机治理中公民参与机制的建构》，《陕西行政学院学报》2013 年第 2 期。

③ 王洛忠、秦颖：《公共危机治理的跨部门协同机制研究》，《科学社会主义》（双月刊）2012 年第 5 期。

④ 陈鹏、黄展邦、疏学明、文标、吴鹏：《城市突发事件多部门应急联动响应规律研究》，《应急研究》2013 年第 3 期。

央宏观政策等方面搭建制度化平台，以增强公共危机的处置能力。①

建立跨区域的应急管理协调联动机制，整合不同行政区域的应急力量有效应对突发事件是当代应急管理的必然选择。环渤海地区是中国的政治核心区域，也是人口密度较大的经济快速发展区域，又是重大突发事件多发地区，因而是特别需要建立应急管理协调联动机制的重点区域。王庆明认为，要从环渤海地区的实际出发，明确建设目标与原则；加强区域协调机构建设；完善区域协调联动工作内容，推动机制建设的制度化与规范化；完善区域协调联动机制评价体系，落实问责制度；建立区域应急协调联动系统，提供整合应急资源的平台。②

杨安华、童星、王冠群指出，现代社会及其运行机制的深刻变化导致现代危机特性发生了根本性变化，跨边界传播日益成为现代危机的本质特征。近年来国内外几乎所有重大突发事件或公共危机事件的发生、发展与演变，都可以在跨边界传播特征框架下进行解释。跨边界传播本质对现代危机管理能力提出了全新的要求，提升跨边界协同治理能力，识别危机的传播边界，防范与阻断危机的跨边界传播、扩散能力日益成为现代危机管理的核心能力。③

中国空气污染日益显现出来的从局地污染到区域污染的趋势，使空气污染治理中的政府间关系成为关注焦点之一。治理空气污染所涉及的政府间关系，既包括中央政府与地方政府的关系，又包括区域内横向政府之间的关系。那么，怎样的横向和纵向政府间关系才有助于共同治理空气污染？美国加利福尼亚州创新性地制定空气污染控制政策的过程中包含了大量的横向和纵向政府间合作的实践。蔡岚的研究，从政府间关系的视域切入加利福尼亚州治理空气污染的政策分析启示我们，空气污染治理的治本之策，既依赖于中央政府和地方政府在标准控制、法规制定、监督管理等方面有效互动，又在于区域内横向政府间在构建合作平台、丰富合作方式、调动参与者积极性等方面的通力合作。④

四　专项公共危机管理

（一）公共卫生事件的危机管理

为应对食品安全系统的复杂性，食品安全危机管理系统集成专家系统、危害分析和关键控制点、自适应调控系统，从而具备多领域知识集成、自我修正偏差能力，并体现管理者的政策成本优化目标。何维达和陆平在被控对象的结构分析基础上，引入管理者的成本优化目标，对食品安全政策进行数值模拟。结果表明，尽管离目标较远的控制政策设定具有较低的单位成本，但难以在短期内有效地影响目标变量，长期政策与短期政策配合使用

① 鲍芳修、方雷：《省级政府间应急管理协作的进展与制度创新》，《领导科学》2013 年第 5 期。

② 王庆明：《建立环渤海地区应急管理协调联动机制的对策》，《中共济南市委党校学报》2013 年第 1 期。

③ 杨安华、童星、王冠群：《跨边界传播：现代危机的本质特征》，《浙江大学学报》（人文社会科学版）2012 年第 6 期。

④ 蔡岚：《空气污染治理中的政府间关系——以美国加利福尼亚州为例》，《中国行政管理》2013 年第 10 期。

能够起到优化政策总成本的作用。①

政府应通过推进食品安全信息公开加强食品安全监管。食品安全信息公开既是政府的一种义务亦是一种权力。潘丽霞和徐信贵指出政府在食品安全监管工作中具有信息获取权与发布权、食品安全日常监管信息、食品安全风险评估、风险警示信息、食品生产的供应链信息以及食品安全事故信息等是食品安全信息公开的肯定性范围。政府在食品安全信息公开过程中不得发布涉密性信息以及存有争议的食品安全信息，食品安全标准的科学性直接关系到风险警示的效果。为确保食品标准的科学性应当加强食品安全标准制定过程中的公众参与。②

基于食品安全风险的基本理论和风险沟通相关理论，刘鹏提炼出了风险程度与公众关注两个关键因素，同时结合相对应的具体案例，对中国食品风险沟通机制进行了分类研究。将类型划分为“高风险—高关注”“高风险—低关注”“低风险—高关注”和“低风险—低关注”四种理想类型，为食品安全风险沟通的分类工作提供实践指导。与此同时，本文论证了食品安全风险沟通机制分类管理思路，同时提出了改进中国食品安全风险沟通工作的政策建议。③

（二）自然灾害的危机管理

政府间气候变化专门委员会（IPCC）发布的“管理极端气候事件和灾害风险促进气候变化适应特别报告决策者摘要（SREX）”从“极端气候事件+脆弱性+暴露程度”的角度剖析了灾害风险的根源，综合考虑了气候、环境、社会经济条件等因素，提出了管理灾害风险和适应气候变化的各种政策选项，对于中国把风险管理纳入应对气候变化行动的整体框架提供了重要的科学依据。刘冰和薛澜基于特别报告的主要结论，结合中国防灾减灾工作的实际情况，提出加快社会经济发展、实现社会系统重构、发挥政策协同效应是今后防灾减灾工作的重要着力点。④

灾害救助是一个满足灾后需求的过程。巨灾引发了巨量的、多元的、长期的救助需求。张海波和童星对“南方雪灾”和“汶川地震”的案例研究表明，“浪涌能力”“社会脆弱性”和灾后恢复的社会过程在资源需求数量、受灾者需求的内部差异性和灾害需求持续时间三个维度上都对灾害救助体系提出了更高的要求。灾害救助政策需要回应这些要求，通过“全危险”物资储备、资源共享、风险共担等方式来增加救灾物资储备的弹性，通过开展社会脆弱性评估，并依据社会脆弱性的分布来发展和培育NGO满足差异性需求的能力，通过发展本地社区互助网络来推动灾后恢复社会过程的实现。⑤

近年来，随着地震应急指挥体系开放性、共享性、互联程度的不断扩大，地震应急信

① 何维达、陆平：《食品安全危机管理与政策优化》，《中国行政管理》2013年第8期。

② 潘丽霞、徐信贵：《论食品安全监管中的政府信息公开》，《中国行政管理》2013年第4期。

③ 刘鹏：《风险程度与公众认知：食品安全风险沟通机制分类研究》，《国家行政学院学报》2013年第3期。

④ 刘冰、薛澜：《“管理极端气候事件和灾害风险特别报告”对我国的启示》，《中国行政管理》2012年第3期。

⑤ 张海波、童星：《巨灾救助的理论检视与政策适应——以“南方雪灾”和“汶川地震”为案例》，《社会科学》2012年第3期。

息安全保障问题逐渐成为各级地震应急技术平台体系应用、运维的核心业务工作。李敏、李永强和曹彦波通过对应急指挥信息系统规划、建设、管理、运行中可能存在的信息安全隐患进行分析，结合目前主流信息安全技术，从系统设计、硬件造型、抗侵害的容灾备份、虚拟技术应用等方面综合提出针对省级地震应急技术系统的信息安全体系建设的参考建议和新观点。①

尹光辉从地震应急管理的内涵及其与防震减灾工作的关系、应急预案、组织体系、应急救援队伍建设、应急物资与装备、科普宣传、应急培训、应急演练、避难场所建设、应急救援力量建设等10个方面提出了关于加强中国基层应急管理工作的思考与对策。同时还引入国际通用的PDCA循环，提出了如何利用该循环来加强基层防震减灾和地震应急管理能力建设，以期对基层地震应急管理工作起参考作用。②

（三）社会安全事件的危机管理

1. 群体事件的危机管理

社会群体性突发事件是经济转轨、社会转型中利益矛盾和冲突的一种尖锐表现，认识和处置不当会对社会稳定与和谐发展造成严重影响。王郅强、彭宗超、黄文义在已有研究成果的基础上，指明了北京市社会群体性突发事件的特殊性，分析了北京市社会群体性突发事件应急管理机制的现状及问题，进而提出有针对性的对策与建议。③

汪大海、何立军、玛尔哈巴·肖开提将复杂社会网络的理论及研究方法引入群体性事件生成机理的研究。通过研究发现，群体性事件作为一种复杂性社会问题，在事件的生成演化过程中，存在着复杂的人群网络结构，并且在内外因的共同作用下发生着潜移默化或明显的关系与结构的双重变化。由简单随机网络逐渐演化成一个存在明显社团结构的非随机复杂网络，导致事件发生后难以得到有效控制。④

近年来，中国社会各类群体性事件频繁发生，使得认识和把握其冲突升级的规律十分必要。许尧在对一些事件参与者和管理者进行深度访谈及总结相关案例的基础上，尝试对群体性事件中人们的主观心理及其对冲突升级的影响作出分析。依照对抗性强弱的标准，群体性事件可分为和平抗议、有限阻碍、暴力对抗三个阶段。在冲突升级过程中，由认知、情绪、意志和价值构成的人们的主观心理呈现出不同的结构和状态。认知、价值、情绪在三阶段中依次占主导地位，价值和意志在从和平抗议到有限阻碍的过渡中作用显著；情绪在由有限阻碍到暴力对抗的过渡中作用显著；公共冲突管理者应依据不同阶段主观因素的结构和特点有针对性地加以应对。⑤

刘中起和龚维斌认为，在转型时期的中国社会，大量看似偶然的群体事件背后，有着深刻的集体认同逻辑，而其生成的内在路径基本上遵循着一种“边界标记—集体共意—

① 李敏、李永强、曹彦波：《省级地震应急指挥中心信息安全体系建设初探》，《地震研究》2013年第3期。

② 尹光辉：《加强我国基层地震应急管理工作的思考与对策》，《中国应急救援》2013年第6期。

③ 王郅强、彭宗超、黄文义：《社会群体性突发事件的应急管理机制研究——以北京市为例》，《中国行政管理》2012年第7期。

④ 汪大海、何立军、玛尔哈巴·肖开提：《复杂社会网络：群体性事件生成机理研究的新视角》，《中国行政管理》2012年第6期。

⑤ 许尧：《群体性事件中主观因素对冲突升级的影响分析》，《中国行政管理》2013年第11期。

行动仪式”的结构模式。由此，执政者应对策略重点在微观层面需要通过疏导公共话语沟通和监控公共空间仪式表征用以阻断行动参与者的情境定义与集体共意，引导事件回归理性轨道；宏观层面通过维持和提高低地位群体成员的自我激励和信仰体系，改变其内隐社会认知与社会预期，消解行动参与者特别是潜在行动者的群体愤怒和群体效能，从而达到终结集体行动的目的。①

在环境污染群体性事件的发生演化和应急处置过程中，存在着信息传播与利益博弈之间协同演化的现象。刘德海从信息传播和利益博弈协同演化的视角，解构了环境污染群体性突发事件的演化过程。考虑到协商谈判和暗箱操作的权利博弈格局，以及信息匮乏、信息过剩和虚假信息等复杂特征，建立了环境污染群体性事件的协同演化博弈模型，结合渤海溢油事件和青海宜化事件分析了地方政府采取不同的利益调整策略与信息传播策略的协同演化关系。他研究得出，在协商谈判的权利博弈结构下，周边群众高估赔偿值将导致抗议行动的长期化，地方政府和污染企业信息匮乏将延缓事态妥善处置的过程。在暗箱操作的权利博弈结构下，随着地方政府加大舆情引导措施，环境污染群体性突发事件发生的周期逐渐增大，而且均衡状态下参加抗议人数的比例也逐渐下降。②

2. 校园安全事件的危机管理

近年来，高校突发事件、应急管理等问题成为研究热点，高等教育突发事件的概念、类别、性质、特点及应急处置的方法等方面的研究也较丰富，加深了我们对高等教育管理的本质和规律的认识，但总体上还处于研究的起步阶段。刘辉总结自 1979 年至 2012 年近 30 年的研究，能全面了解不同时期高校突发事件的类型，也能了解学者在不同时期对突发事件应急管理的认识，进而为高校突发事件研究及现实应急管理提供借鉴。③

高校应急管理是当前中国公共管理学界的一项重要课题。徐君和田园从国外经验借鉴的角度，对美国印第安纳大学应急管理机制的主体构成及具体运作进行了实证研究，并从其应急管理系统设置完善、应急机制运作有力、信息传播网络全覆盖、注重风险预防和精细化管理等方面，描述和分析相关实践和做法，以为中国高校应急管理工作及能力建设提供一定的启示和参照。④

最近几年来，高校大学生突发事件的不断出现，对专职从事学生工作的高校辅导员来说，提出了如何构建一个高校大学生突发事件辅导员预控机制的重要命题。高军和姜德照认为，高校大学生突发事件的辅导员预控机制的构建策略，要从预警和控制两方面采取措施。其中，建立辅导员预警机制主要包括树立起高度的危机意识和敏锐的政治敏感意识；积极推进大学生思想政治教育工作；多渠道对学生进行信息沟通；对特殊群体学生做好思想工作。构建控制机制主要包括编制大学生突发事件应急处理预案；建立大学生突发事件

---

① 刘中起、龚维斌：《群体事件中的集体认同生成及其干预路径》，《国家行政学院学报》2013 年第 1 期。

② 刘德海：《环境污染群体性突发事件的协同演化机制——基于信息传播和权利博弈的视角》，《公共管理学报》2013 年第 4 期。

③ 刘辉：《高校突发事件研究综述（1979—2012）》，《高教探索》2013 年第 4 期。

④ 徐君、田园：《高校应急管理机制的构成及运作——以美国印第安纳大学为例》，《首都经济贸易大学学报》2013 年第 4 期。

的情报信息网络机制；建立大学生突发事件的善后处理机制。[①]

禹竹蕊认为“一案三制”是学校处置突发事件能力建设的重要抓手。目前，中国学校突发事件的应急预案、应急管理体制、应急管理机制和应急管理法治都存在各种问题，唯有对学校突发事件应急预案进行动态管理、合理构建学校突发事件应急体制、对学校突发事件常态应急机制进行强化和加快建设学校突发事件应急法治，才能全面提升学校应急处置突发事件的能力，真正保障师生安全，构建平安校园。[②]

在界定高校网络舆情发生的空间、主体、客体、传播模式范围的基础上，方然提出了高校网络舆情的定义；总结了高校网络舆情引发的群体性事件的四个特点，即舆情更易快速集结，舆情体现与公众舆情相比更易治理，舆情相对比较理性等；对已有网络舆情管理研究提出的治理发展模式及其可行性和困境等成果进行了综述，借鉴西方治理理论提出了高校网络舆情引发群体性事件的综合治理模型，即建立以“信息公开、对话、事后分析、决策”为流程的治理体系，对于信息不透明、制度缺失和政府不作为等类型的网络群体性事件，信息公开和对话可以增进政府与社会的相互了解，分析和决策能够化解社会矛盾，从而从根本上预防或平息群体性事件。[③]

（四）网络舆情应对与信息处理

1. 网络舆情治理与应对

孙帅和周毅对2008—2012年国内突发事件网络舆情管理研究的相关文献进行了系统综述，梳理了国内突发事件网络舆情管理分析研究存在的流程、要素、主体三个研究视角；利用共词和聚类分析得出了当前国内突发事件网络舆情管理研究的十大主题：Web2.0环境下的突发事件网络信息传播模型与规律、突发事件网络舆情的监测和预警、突发事件网络舆情的研判及其指标体系、突发事件网络舆情与政治监督、舆论学视野下的突发事件网络舆情管理、突发事件网络舆情管理的公众行为解读、突发事件网络舆情管理中的政府信息公开、突发事件网络舆情的政府导控、突发事件网络舆情管理的应急决策支持、网络舆情危机应对过程中的媒体责任；指出突发事件网络舆情管理的实用性处置对策与决策支持、法律与政策制度规制以及多学科间的交叉研究等将成为今后相关研究的侧重。[④]

康伟以2011年重大突发事件“7·23”动车事故为实证研究对象，运用Pajek软件生成了“7·23”信息传播网络拓扑图，基于邻接矩阵数据进行了网络密度、可达性、聚类系数和中心性测度，依据测度结果和位置角色分析对其进行关键节点分层与识别。研究表明，突发事件网络舆情的传播和扩散以社会网络结构为基础，具有复杂性和动态性特征；网络结构与节点位置决定着成员的“影响力”程度；中心关键节点的资源控制能力与信息输入输出效率具有显著的正相关性。可以通过改变中心度、聚类系数等手段嵌入式引导

---

① 高军、姜德照：《高校突发事件辅导员预控机制的构建》，《中国行政管理》2013年第3期。

② 禹竹蕊：《“一案三制”是学校处置突发事件能力建设的抓手》，《南都学坛》（人文社会科学学报）2013年第2期。

③ 方然：《政府教育部门应对网络舆情引发高校群体性事件的机制研究》，《电子政务》2013年第2期。

④ 孙帅、周毅：《2008—2012年国内突发事件网络舆情管理研究综述》，《电子政务》2013年第5期。

关键节点，减少谣言和恐慌情绪的传播。①

随着中国网民数量的高速增长，网络已经改变了中国社会舆论的生态环境，并形成了崭新的网络舆论场。在突发公共事件频发和网络媒介越来越深度介入的现阶段，如何认识、把握并有效引导网络舆情，维持社会和谐稳定，是各级地方政府面临的一个严峻挑战。金太军和苑丰从近年来重大突发公共事件的网络舆论传播的特点和后果来看，认为当前中国一些地方政府存在着网络舆论引导不当的问题，突出表现为以下方面。②

随着互联网网络空间成为公共领域或公共空间，网络新媒体成为舆论主渠道。突发事件和网络舆情之间的关系越来越紧密，突发事件导致网络舆情的产生，而网络舆情反过来推动突发事件的进一步发展。对此，张小明提出必须加强突发事件网络舆情综合治理的体制建设，在加快建立行政监管、行业自律、技术保障相结合的突发事件网络舆情综合治理体制的同时，规范网络媒体管理，提升媒介素养；注重网络伦理道德建设，培育成熟网民。必须加强突发事件网络舆情综合治理的制度保障，完善法律对突发事件网络舆情的管制与保护，加快政府信息公开、网络发言人、互联网实名等制度建设。③

突发性事件状态下网络舆论传播的受众逆反心理有多种表现，其原因也是多样的，对其进行合理的预警十分必要。心理预警模型是逆反心理预警的基础，李伟权从传播者、传播内容、形式和情境四个方面构建逆反心理指标，形成政府应急管理过程中网络舆论的公众逆反心理预警的评估模式，从而建立起“常态性预防”“动态性预警”“发展性干预”的“三位一体”整合型逆反心理干预机制。④

在进入新媒体时代的今天，政府微博在公共危机中承担了越来越重要的信息发布、政治沟通、政治参与和舆论引导的功能。钟伟军试图通过“过程—事件”的研究方法，以深圳“5. 26 飙车事件”中的政府微博为分析对象，剖析在中国特殊的制度体系下地方政府微博在面临公共危机时的运行机制和表现形式，并对中国地方政府微博管理中的深层次问题进行反思。通过案例分析得出：在目前中国，地方政府微博在公共危机中的表现以及最终的效果很大程度上取决于地方政府官员的态度；地方政府微博公共危机应对的核心在于满足公众的期待，及时有效地发布相关信息；地方政府微博沟通的关键在于向公众呈现谦卑诚恳的姿态。为了有效地应对新媒体时代的各种危机，地方政府应该强化和规范微博管理，建立有效的舆情收集机制、政府内部联动机制和线上线下协调机制。⑤

网络舆情研判，是对网络舆情进行定性和定量研究及对网络舆情趋势的判断。张小明认为，当前迫切需要在网络舆情研判与突发事件应急舆论引导之间建立无缝隙的、灵敏

---

① 康伟：《基于 SNA 的突发事件网络舆情关键节点识别——以“7·23 动车事故”为例》，《公共管理学报》2012 年第 3 期。

② 金太军、苑丰：《积极引导网络舆情有效应对突发事件》，《21 世纪》2013 年第 5 期。

③ 张小明：《论突发事件网络舆情的综合治理：体制建设与制度保障》，《上海行政学院学报》2013 年第 5 期。

④ 李伟权：《政府应急管理中网络舆论受众逆反心理预警机制研究》，《中国行政管理》2013 年第 11 期。

⑤ 钟伟军：《公共舆论危机中的地方政府微博回应与网络沟通——基于深圳“5. 26 飙车事件”的个案分析》，《公共管理学报》2013 年第 1 期。

的、高效的切换机制与对接机制。建立健全基于网络舆情研判的突发事件应急舆论引导体系至关重要。必须在主导、引导、疏导网络舆情方面改进工作方式方法，在确保信息公开的前提下，充分重视发挥微博的应急舆论引导功能，加强互联网管控，掌握应急舆论引导技巧。①

2. 公共危机管理中的信息处理

社会化媒体在突发事件应急的信息共享中正起着越来越重要的作用，夏志杰、吴忠和栾东庆从社会化媒体信息在应急信息共享中的应用、信息传播、知识提取及信息内容信任问题四个方面对相关研究进展情况做了梳理和评述，在每一部分都指出了目前的研究进展、研究不足及未来研究方向。为了更好地理解社会化媒体在应急管理中的应用，最后还提出了目前需要加强研究的其他三类重要问题，即危机背景下社会化媒体信息产生和应用的机理机制问题；社会化媒体信息与官方信息的融合集成问题；社会化媒体信息与官方信息的融合集成问题。②

应急决策是应急管理的核心，是一个多主体、多阶段、多层级的适应性动态演进过程。信息不对称是突发事件情景下决策者通常所面临的重大挑战。钟凯斌构建了一个“信息源—信息渠道”解释框架，把信息源和信息渠道看作是两个相互独立的变量，共同决定着应急决策行为。只有信息源清晰、信息渠道畅通并且两者恰当匹配时，决策者才能快速高效地进行决策，迅捷有序地采取有效的应急措施。通过对 2003 年“非典”疫情及 2008 年汶川地震、襄汾溃坝三个应急决策“失败”案例的比较研究，证实了“信息源—信息渠道”解释框架的解释力和说服力。③

金太军指出政府应急信息协调能力是应急信息真实有效的重要保障。然而，应急信息包含的客观和主观成分却分别面临着信息孤岛和价值干预的双重挑战。信息孤岛现象在政府和社会主体中都有所呈现；价值干预则主要表现为应急信息协调过程中的本位主义和突发公共事件情境定义的泛政治化。为消解这双重障碍，提升政府应急信息协调能力，必须建立标准统一、结构优良的信息共享机制和科学高效的信息分析与多主体决策机制。④

（五）城市应急管理

基础设施是现代城市运行的重要基础。但是，随着城市化进程的加快，城市基础设施越发复杂，脆弱性也随之增加。在城市灾害频发的情况下，脆弱的基础设施往往首先显现，城市运行可能因此而中断，并导致灾害影响被放大，因此，王宏伟认为，我们需要站在城市安全运行的角度，提高基础设施应急管理能力，最大限度地减轻灾害所带来的后果。他提出四条应急处置对策，即制定《突发事件应对法》各项配套法规、制度和措施；以能力建设为重点，构建灵活的应急响应体系；加强各行业、部门、地区之间的协调联动；完善社会动员机制，提高全社会参与的程度。⑤

城市应急供水工作是近年来供水行业面临的新问题、新挑战。张晓健、陈超和林朋飞

---

① 张小明：《基于网络舆情研判的突发事件应急舆论引导》，《公共管理变革》2013 年第 4 期。

② 夏志杰、吴忠、栾东庆：《基于社会化媒体的突发事件应急信息共享研究综述》2013 年第 10 期。

③ 钟凯斌：《信息与应急决策：一个解释框架》，《中国行政管理》2013 年第 8 期。

④ 金太军：《政府应急信息协调能力的提升：双重障碍与消解路径》，《晋阳学刊》2013 年第 6 期。

⑤ 王宏伟：《城市基础设施风险与防范》，《现代职业安全》2012 年第 1 期。

对近年来因环境污染事故影响城市供水的情况进行了梳理，剖析水源突发污染事故频发的主要原因。在此基础上，总结了“十一五”以来，中国在自来水厂应急净水技术、应急处理设备和应急处理能力建设等方面的研究进展和主要成果，并以广西龙江河镉污染事件为例，较系统地分析了适用于不同金属污染处置的应急净水技术在实际突发污染事件应急处置过程中如何综合应用。[①]

社区应急管理是区域应急体系中的重要组成部分。社区应急管理的基础工作是明晰应急管理中的薄弱环节，采取有效的针对性措施，提高预防与应急能力。邹清明和肖东生利用模糊综合评价方法，从人口社会特征、政治与经济、地理与环境、公共管理等四个方面，探讨了影响城市社区应急管理的脆弱性因子，分析了城市社区应急管理脆弱性的识别，为制定有效应急预案提供参考。[②]

资源枯竭型城市在转型过程中加强应急管理工作意义重大，务必提前做好各项工作的风险评估，厘清具体挑战，制订应对策略，最大限度地防范和化解风险，确保转型期间经济社会稳定和可持续发展。陈超以目前中国东部地区唯一的资源枯竭城市转型试点市——山东省枣庄市为例，针对传统工业转型，旅游服务业发展，棚户区改造和城市管理，市行政中心西移后城市供电、供水、供热等，生态绿化面积扩大五个方面探讨了资源枯竭城市转型期应急管理工作的挑战与对策。[③]

五　公共危机管理的国际比较

根据美国联邦政府的统一要求和指导意见，纽约市探索建立了由市应急办牵头的规范有序、综合协调、依靠科技、公开透明的自然灾害风险评估体系。通过开展辨识风险、描述风险事件、编写资产清单、评估灾害损失等工作，详细分析了当地的风险环境，确定了所面临的八大类自然灾害风险，为每类风险绘制本地区大比例尺的风险分布图、风险损失表及风险淹没疏散撤离图，为防灾减灾和应急管理部门提供辅助决策支持。钟开斌总结了纽约市自然灾害风险评估的主要经验：一是规范有序，将风险评估与减灾规划、应急预案编制有机结合；二是综合协调，由纽约市应急办牵头、相关政府部门和社会机构积极参与；三是依靠科技，依托各种灾害损失评估模型进行全过程风险评估；四是公开透明，建立社会各界有序参与风险评估和减灾规划编制的平台。[④]

美国政府的应急管理规程体系注重顶层设计，有关文件和方法工具实用性强，规范化管理工作推进扎实，通过持续改进不断完善有关规程和实际做法；但其不足是有关文件过于烦琐，有的文件变化过于频繁，使得地方难以适应。李雪峰重点探讨了美国规程体系建设的长处，并借鉴其做法，提出中国建设应急管理规程体系应以《突发事件应对法》为指针，梳理并确立国家总体应急管理战略和综合应急管理制度框架；针对应急管理领域的

---

① 张晓健、陈超、林朋飞：《应对水源突发污染的城市供水应急处理技术研究与应用》，《中国应急管理》2013 年第 10 期。

② 邹清明、肖东生：《基于模糊综合评价的城市社区应急管理脆弱性分析》，《南华大学学报》（社会科学版）2013 年第 1 期。

③ 陈超：《资源枯竭城市转型期应急管理工作的挑战与对策——以山东省枣庄市为例》，《中国应急管理》2013 年第 2 期。

④ 钟开斌：《纽约市自然灾害风险评估的主要做法与经验》，《中国行政管理》2012 年第 10 期。

各项通用性工作，开发出具体的操作指南及相关工具，作为落实总体战略和综合性制度的具体措施；建设应急管理学习培训平台、工作交流平台、政策推进平台，为规程和工具的推广、经验交流和工作推动提供载体和动力；以系统工程和行动学习的思路，集中各方面力量，系统、高质量地推进上述任务的研究、开发、应用工作。①

应急征用和补偿是中国应急管理研究和实践中非常重要和复杂的问题之一。韩自强、辛瑞萍和巴战龙分析了美国当前与应急征用和补偿相关的法律、机制和实践方案，主要包括公私合作的灾前规划，联邦应急管理署的“买出”项目和强制征用机制。同时，结合近年来中国的实际情况，认为美国应急征用与补偿的相关做法对中国的应急征用与补偿机制建设主要有三点启示：重视灾前规划和公私合作，遵循自愿原则，加强契约模式建设；适当引入其“买出”制度，加强灾害风险源头治理；加强制度化和规范化建设，制订应急征用补偿标准与指南。②

跨区域协同应对各种突发事件是当前世界各国共同面临的重大挑战。2001 年，欧盟建立成员国间的民事保护机制，作为应对各种跨境突发事件的常备体系，其运作内容覆盖“平时”联合防灾、减灾、备灾及重特大突发事件发生后“战时”联合抢险救灾两大方面，应急响应中心发挥联络中枢、信息中心、协调中心的作用。钟开斌指出，欧盟民事保护机制对推进中国跨地区、跨部门、跨行业的应急协作机制建设具有重要的参考和借鉴意义。中国应继续推进跨地区、跨部门、跨行业的应急协作机制；规范应急协作区的协调联动行为；完善军地应急协作机制；加强防灾减灾的国际交流与合作。③

韩国是东北亚地区突发事件较多的国家。除自然灾害外，韩国的公共安全还面临着政治型、经济—技术型及社会型突发事件的挑战。近年来，韩国的应急管理进行了明显的转型，即从单纯应对自然灾害转向多灾种协同应对。此外，王宏伟还认为韩国应急管理全风险、全阶段、全参与的趋势日益明朗，正在朝着综合性应急管理的方向发展。④

中国是海洋灾害频发的国家，海洋灾害对沿海地区经济发展和社会稳定造成很大影响。刘明从海洋灾害应急管理体制、机制、法治和预案体系等方面以及存在的问题，对中国海洋灾害应急管理现状进行分析。基于对适应问题的探讨，并借鉴美日等国在海洋灾害应急管理方面的有益经验，提出了适应海洋灾害的三类措施，即制度性适应措施、工程性适应措施和技术性适应措施。⑤

刘伟认为，西方发达国家公共危机教育是其公共危机管理的一个重要组成部分，具有教育体系的完整性、层次性，教育内容的丰富性、实用性，教育情境的实践性、生活性，教育方法的科学性、人本性，教育效果的显著性、有效性五个方面的特征。借鉴西方发达国家公共危机教育的经验，中国在公共危机教育中必须建设系统完整、层次分明的危机教

---

① 李雪峰：《美国应急管理规程体系建设的启示》，《行政管理改革》2013 年第 2 期。

② 韩自强、辛瑞萍、巴战龙：《美国应急征用和补偿机制及对我国的启示》，《中国应急管理》2013 年第 6 期。

③ 钟开斌：《应对跨境突发事件——欧盟民事保护机制的经验与启示》，《国家行政学院学报》2013 年第 5 期。

④ 王宏伟：《韩国应急管理的转型与发展》，《北京航空航天大学学报》（社会科学版）2012 年第 2 期。

⑤ 刘明：《海洋灾害应急管理的国际经验及对我国的启示》，《生态经济》2013 年第 9 期。

育体系，要注重危机教育内容的多样性和实用性，要通过构建富有实践性和生活性的情境提高危机教育的实际效果，要注意危机教育方法的科学性和人文关怀，要采取切实措施提高教育效果。①

突发事件风险分析是风险管理流程中最复杂的关键环节，可以有效提高政府风险管理科学化水平。目前中国突发事件风险分析工作正处于起步阶段，而德国突发事件风险分析工作起步较早，已经形成了一套较为成熟的风险分析方法，可以为中国突发事件风险分析建设提供有益参考。董泽宇研究认为，德国突发事件风险分析的主要做法与经验对中国具有重要的启示意义，中国应加强法律配套建设，制订风险分析指南与标准；以风险分析为核心，提高政府风险管理水平；发挥机构与专家力量，组织各方参与风险分析。②

20 世纪 90 年代以来，随着信息技术的快速发展和社会民主化水平的提高，韩国国内在威权主义时期受到抑制的各类社会问题开始以理念冲突、阶层冲突、环境冲突、劳资冲突、区域冲突等形式爆发出来。李秀峰指出，为了提高政府的政治合法性和公共政策制定质量，促进社会和谐，维护社会稳定，减少公共冲突导致的社会经济损失，韩国政府推动了制定冲突管理专项法规，设立冲突管理专门机构，明确冲突管理程序和内容，指定冲突管理教育研究机构，改善宏观层面的社会环境等公共冲突管理的制度化建设。韩国的做法为缓解本国的公共冲突起到了积极的作用，也为中国的冲突管理提供了极有借鉴意义的经验。③

社区灾害应急力水平直接影响到全社会自然灾害应急水平，影响到中国经济社会的稳定与发展。罗章和李储学对美国减灾型社区建设中的成功经验进行分析，指出美国注重对社区居民灾害应急意识和能力的培育；灾害应急预案对社区参与的重视；减灾型社区建设中完善的组织体系；减灾型社区建设中合理的协调机制；减灾型社区建设中居民参与的组织化。最后结合中国的实际提出一些启示。④

国外突发事件网络舆情信息流导控实践起步较早，形成了三种主要模式，即致力于彰显个人自由核心价值的自律导控模式、力求个体自律与国家调控相协调的均衡导控模式和凸显政府强制介入作用的东亚导控模式。张玉亮和路瑶认为，借鉴国外先进经验，建立中国突发事件网络舆情信息流导控模式，需要树立正确的突发事件网络舆情信息流导控理念，立足中国具体国情，不断推进导控的法治化进展，并建立健全行业自律和道德引导的辅助导控机制。⑤

六 理论进展总评

通过以上对 2012—2013 年中国公共危机管理理论进展的梳理，可以总结出 2012—2013 年公共危机管理领域的理论研究呈现出以下特征和趋势：

---

① 刘伟：《西方发达国家公共危机教育的主要特征及其启示》，《中州学刊》2013 年第 2 期。

② 董泽宇：《德国突发事件风险分析方法及其经验借鉴》，《行政管理改革》2013 年第 2 期。

③ 李秀峰：《韩国公共冲突管理制度化经验分析》，《国家行政学院学报》2013 年第 5 期。

④ 罗章、李储学：《借鉴美国减灾型社区经验提升我国社区应急力》，《华东经济管理》2013 年第 3 期。

⑤ 张玉亮、路瑶：《国外突发事件网络舆情信息流导控模式及其对中国的借鉴》，《湖北社会科学》2013 年第 7 期。

（一）对公共危机常规领域的研究有了新的着重点

党的十八大报告明确提出，要加快形成源头治理、动态管理、应急处置相结合的社会管理机制。在2012—2013年公共危机管理理论评述中，公共危机管理过程和公共危机管理的“一案三制”建设两大模块一如既往地受到众多学者的关注，在相关研究中加强应急处置被放到一个新的高度。无论是从突发公共事件应急资金保障机制建设，建立政府与社会力量应急合作网络，还是构建新一代具有中国特色的应急管理体系顶层设计，都突显出进一步健全应急处置机制，妥善应对和处置各类突发公共事件对加强和创新社会管理的重要意义。

（二）呈现出跨区域协同治理的大趋势

建立跨区域的应急管理协调联动机制，整合不同行政区域的应急力量有效应对突发事件是当代应急管理的必然选择。尽管跨区域协同早已得到学者的关注，但危机的偶发性抑制了地方政府间的合作意愿，而条块分割、垂直运行的行政管理体制和资源的非对称性、法律上的障碍又进一步阻碍了府际合作。[①] 2013年5月，习近平总书记在天津市考察时指出，要积极推进京津冀区域合作，谱写新世纪社会主义现代化的“双城记”。2013年8月，习近平总书记主持研究河北发展问题，强调指出要推动京津冀协同发展。随着京津冀协同发展受到党中央的高度重视，跨区域协同治理也开启了新的发展篇章。

（三）呈现出社区导向应急管理趋势

在突发事件应对中，作为社会的基层单元，社区的应急响应能力实际上是应急管理的基础。有效的社区应对不仅能成功地遏制与预防突发事件，还能够极大地提升社会公众对应急服务的满意度。[②] 如张小明在《基于脆弱性分析的公共危机预防体系研究》中提出，一个完整的公共危机预防体系就应包括加强“防灾型社区”的危机管理文化建设；张海波和童星在《巨灾救助的理论检视与政策适应——以“南方雪灾”和“汶川地震”为案例》中强调了通过发展本地社区互助网络来推动灾后恢复社会过程的实现的重要性；邹清明和肖东生的《基于模糊综合评价的城市社区应急管理脆弱性分析》为制定有效应急预案探讨了影响城市社区应急管理的脆弱性因子；罗章和李储学的《借鉴美国减灾型社区经验提升我国社区应急力》通过分析美国减灾型社区建设中的成功经验给中国提出了建议。

（四）呈现出大数据与公共危机管理的有效对接

作为一种新兴数据处理技术，大数据有效地集成了各方面的信息资源，突破了时间和空间的限制，为国家治理提供重要数据基础和决策支撑。大数据与公共危机管理的有效对接，有力地推进了政府信息资源进一步开放，推动公共安全信息网络完善，提升公共危机事件的应急响应能力和事前预警能力。但同时，大数据也使得信息时代的危机处理有其特有的复杂性，必须引起政府的高度注意。在未来的公共危机管理研究中应重视建立交叉学科的主导优势，重视公共危机的网络动态复杂性研究，重视大数据的有效运用。

（五）呈现出国际视野下的多元参与趋势

无论是自然灾害风险评估体系、应急征用和补偿机制、海洋灾害管理等中国应急管理研究和实践中重要和复杂的问题，还是突发事件网络舆情信息流导控、公共事件危机教育

---

① 鲍芳修、方雷：《省级政府间应急管理协作的进展与制度创新》，《领导科学》2013年第5期。

② 王宏伟：《公共安全管理研究：非常规突发事件及其应对》，人民出版社2013年版。

等西方发达国家实践起步早的危机管理经验，越来越多的学者在总结国内外应急实践经验的基础上，结合中国应急管理的路径，强调多元参与、共同治理的必要性。对中国变革应急管理具有重要的理论和实践指导意义，推动中国相应的理论研究和应急处置能力进一步提升。

第二节　实践创新

本文将从自然灾害、事故灾难、公共卫生事件、社会安全事件的危机管理等方面对2012—2013 年的中国公共危机管理事件进行介绍。2012—2013 年是中国贯彻执行“十二五”规划的重要阶段，在这段时间内，中国的社会和经济均实现了高速发展。与此同时，中国公共危机事件开始频发，呈现规模大、范围广、机制复杂等特点，对中国的危机管理工作提出了挑战。2012—2013 年度，中国的危机管理工作不断地提升和完善，通过预警、预防、应急处理、善后处理等工作环节有效地控制和缓解了危机事件的进一步扩散和升级。自然灾害方面，东北地区和西南地区均出现了严重的洪涝灾害，灾前的预警工作在减少灾害损失方面起到了重要的作用；四川雅安地震更是牵动公众的心，军事救援和社会救援力量均发挥了重要的作用。与自然灾害相比，事故灾害的发生更敦促政府有关部门总结教训，做好预警和防范工作。“8.26”延安特大车祸造成了人员的巨大伤亡，交通安全方面工作的疏漏警示未来工作需改进的方向；肖家湾煤矿爆炸事故中，在应急救援、善后处理等方面的经验教训值得及时总结；济南民爆公司爆炸事故、青岛输油管道爆炸事故、深圳批发市场火灾事故折射出目前中国高危行业监管所存在的问题。近年来，中国逐步加重对于公共卫生事件的处罚力度。“地沟油”“毒胶囊”“毒奶粉”事件虽层出不穷，但是应对公共卫生事件的应急管理措施已经日益完善。借鉴 SARS 事件的经验，在 H7N9 禽流感事件中，政府部门和卫生组织均体现了较高的应急管理水平，及时进行信息公开，编制应急预案，使疫情得到基本控制。社会安全事件在此时间段内发生较为频繁。昆明市民抵制 PX 事件中反映出民众参与政策制定、与政府进行对话的强烈诉求。河南校园砍人案和首都机场爆炸案中，中国公安机关在危机处理时均体现了良好的专业素质，从及时出警、危机处理和维稳善后等方面开展工作，将事件的负面影响降到最低。针对恐怖袭击事件的处理是危机处理中的难点问题，下一步需动员群众力量，呼吁多元主体参与防恐工作，严厉打击犯罪分子的不法行为。

一　自然灾害的危机管理实践

（一）2012 年 2 月——云南省冬春连旱

1. 事件概述

云南省属于干湿分明的省份，全年的绝大部分降水均来自于夏秋两季的降水，而冬春季节则是云南的季节性干旱期，降水量少，容易发生旱情。若当年的雨季降水量不足，则可能导致冬春季节的连旱灾情。自 2009 年开始，云南省连续多年降水量偏低，导致云南2010—2012 年发生持续的旱灾。2012 年，云南省发生了比较严重的冬春连旱灾情，干旱造成云南全省 13 州市 91 个县（市、区）631.83 万人受灾，饮水困难人口 242.76 万人，其中生活困难需政府救助人口 231.38 万人，饮水困难大牲畜 155.45 万头。部分城镇供水紧张，部分企业、厂矿已经处于停产停工或半停产状态，全省因干旱直接经济损失多达

100亿元左右。①

针对当前云南省部分地区受旱情况，2012年2月16日，国家减灾委办公室组织召开旱情会商会，分析旱情发展趋势，研究旱灾救灾工作。民政部救灾司、财政部社会保障司、国家防办、气象局预测减灾司、国家气候中心、民政部国家减灾中心派员参加。通过会议讨论，国家减灾委、民政部于2月17日针对云南省旱情启动国家四级救灾应急响应，派出工作组赶赴重旱区，查看受旱情况，指导开展救灾工作。2012年2月22日，财政部、民政部紧急下拨1.2亿元中央自然灾害生活救助补助资金，用于帮助云南省旱灾地区解决受灾群众口粮和饮水等问题。2012年2月29日，中央财政紧急拨付云南抗旱救灾资金5亿元，进一步加大对云南省抗旱救灾的支持力度。

针对多年持续干旱，云南省也投入了大量的资金用于抗旱救灾，2012年云南省投入了240亿元用于水利投资，保障城乡供水安全、防洪安全、经济发展和生态用水安全，为全省经济社会发展提供强有力的水利支撑。

2. 经验总结

云南由于其气候因素，容易发生干旱问题，自2010年开始，云南省已多年连续出现旱灾。云南省政府意识到抗旱工作的艰巨性与长期性，进一步加大对于防灾减灾工作的投入，如加大水利建设方面的投资，同时拓展建设资金筹集渠道，形成多元化投资格局，进一步扩大水利建设投入规模。与此同时，云南省政府针对旱情灾害也编制了相应的应急预案，如昆明市出台了《气候变化与昆明气象防灾减灾对策》。云南省也早在2010年完成了应对气候变化气象防灾减灾体系建设研究，但是在实际的减灾救灾过程中，由于其部分预案的复杂性和不可操作性，导致其真正的执行过程中出现问题。

在云南干旱抗灾过程中，国家减灾委、民政部工作开展得也较为及时，针对云南省的实时灾情数据，紧急启动国家救灾应急响应，及时指派工作组赶赴云南，开展救助工作，同时，结合财政部等部委加大对于抗灾工作的资金投入，保证抗灾工作的顺利进行。

（二）2012年5月——甘肃岷县特大冰雹山洪泥石流灾害

1. 事件概述

2012年5月10日17时32分至18时15分，甘肃省岷县发生大范围特大冰雹及强降水，局部地区降雨量高达69.2毫米。集中的强降水引发了山洪泥石流，导致了巨大的人员伤亡和损失。该次灾害共造成49人死亡，23人失踪，18个乡镇35.8万人受灾，直接经济损失超过68亿元。因灾倒塌房屋4080户19445间，严重受损8097户40489间，一般损坏房屋10035户50179间；损失农村家庭生产性固定资产123万元。②

灾害发生后，5月11日，国家减灾委、民政部紧急启动四级应急响应，并成立救灾工作组，及时赶赴灾区进行救灾工作。民政部率领国家发改委、财政部、国土资源部、交通运输部、水利部、农业部、卫生部9个部门组成国务院救灾工作组，指导灾区的救灾工作。5月23日，国家减灾委副主任、民政部部长李立国主持召开国家减灾委协调会议，专题研究中央有关部门对甘肃岷县冰雹山洪泥石流灾区救灾工作加大支持力度的措施。岷县县级政府成立了应急指挥小组，及时启动应急预案，做好灾后的灾民安置、物资发放等工作，较好地控制了灾情。

---

① 乔军伟：《云南大旱：水库可以骑摩托》，《广州日报》，2012年2月20日。

② 资料来源：人民网（http：//society.people.com.cn/GB/8217/243447/）。

2. 经验总结

此次岷县山洪泥石流事件为百年一遇的灾害，给经济本不发达的岷县人民群众的生命财产带来了巨大损失。可以看出，在应急救援的过程中，各级部门及时响应，分工协作，体现了中国应急管理体系的进一步成熟，具体表现在：（1）各级部门积极响应，在第一时间派出人员赶赴灾区，开展救援工作。（2）多部门协同合作，发挥集中优势，可以更好地完成救援工作。（3）及时启动应急预案，调动军队及武装力量参与救援。（4）及时安置受灾群众，救援物资供应及时，有效地减轻了灾害所带来的损失。

（三）2013 年 4 月——四川芦山 7.0 级强烈地震灾害

1. 事件概述

2013 年 4 月 20 日 8 时 02 分，四川省雅安市芦山县发生了 7.0 级地震。震源深度 13 公里。震中距离成都约 100 公里。该次地震伴随着 4045 次余震，造成了巨大的经济损失与人员伤亡。受灾人口高达 152 万，受灾面积 12500 平方公里。该次地震共计造成 196 人死亡，失踪 21 人，11470 人受伤。地震发生后，四川省立刻启动一级应急程序，军区部队紧急出动 2 000 人赶往芦山。[①]

地震发生后，引起了国内外各方的高度关注和积极响应。地震发生当日，中共中央政治局常委、国务院总理李克强，副总理汪洋，国务院秘书长杨晶于中午时分前往四川雅安地震灾区指导救灾。中国地震局启动地震应急Ⅰ级响应，并指派应急工作队赶赴灾区指导救灾。国家减灾委、民政部针对四川雅安 7.0 级地震灾害紧急启动国家三级救灾应急响应。中国红十字总会也启动应急响应，从中国红十字会成都救灾备灾中心调拨 500 顶帐篷到受灾地区，此外，重庆、贵州、山东、广东等省（直辖市）及香港、澳门红会也参与了救灾过程。国家安全监管总局作出紧急部署。由于震中地形为山区，国家矿山救援队 22 支队伍赶赴灾区开展救援工作。与此同时，国家安全监管总局通知灾区的矿井停产撤人，防止发生泄漏、爆炸事故。公安部启动应急机制，国务委员、公安部部长郭声琨，分管部的领导，消防、交管、治安等部门负责同志在指挥中心调度、指挥救援，并且已经派出前方工作组赶赴现场。卫生计生委 20 日紧急部署四川雅安地震医务救援工作，组建国家卫生应急队，指派 180 多名医务人员及车载移动医院赶赴灾区。国资委向中央企业印发紧急通知，要求迅速做好灾情调查、救灾应急等各项工作，第一时间向国资委等有关方面报告情况。具体要求包括：（1）迅速启动抗震救灾应急机制，抓好应急值守、组织协调等工作。（2）迅速摸清震区内所属企业受灾情况，积极组织各央企做好抗震救灾自救工作。（3）中央运输、建筑、电力、通信、石油、物资储备等企业要为抗震救灾提供有力保障。（4）其他央企根据灾情发展积极参与抗震救灾相关工作。此外，二炮各有关部队迅速启动了非战争军事行动应急预案，工程抢险应急救援队迅速收拢人员，判断灾情形势，制定对策措施，开展救援活动。

2. 经验总结

雅安地震发生后，在应急救援的过程中各部门紧急部署，积极响应，多方合作，体现了中国应急管理体系的进一步完善和成熟。具体表现在：（1）中央各个部委迅速响应，地震灾害发生后，国家减灾委、民政部、地震局、公安部、国土资源部等多部委均迅速响应，积极筹措，指派救援力量赶赴灾区。（2）充分发挥了军队、武警和消防力量的优势，

---

① 资料来源：新浪网（http：//sc. sina. com. cn/z/lushan7. 0/）。

组织军队、武警人员第一时间加入到应急救援的队伍中去。由于军队、武警和消防力量本身应急指挥体系健全，他们的加入为应急救援工作提供了良好的保障。（3）应急管理体系进一步完善，2012年8月中国发布了修订后的《国家地震应急预案》，提出抗震救灾工作坚持统一领导、军地联动，分级负责、属地为主，资源共享、快速反应的工作原则，并根据地震灾害分级情况，将地震灾害应急响应分为Ⅰ级、Ⅱ级、Ⅲ级和Ⅳ级。该预案为雅安地震的应急救援提供了借鉴和参考意义。在此次地震救援的过程中，来自社会的救援力量也起到了很大的作用，包括救灾捐款和救灾物资筹集等。下一步，政府应考虑如何提高应急指挥能力，加强武警、军队力量和社会力量的优势协作，从而进一步提升应急救援效果。

（四）2013年7月——四川盆地及西北华北地区洪涝灾害

1. 事件概述

2013年中上旬，四川盆地、西北地区东部、华北南部及黄淮北部出现强降雨，累计降雨量达到100—250毫米，100毫米以上地区有35.3万平方公里，并伴有雷电、大风、冰雹等强对流恶劣天气。与此同时，强降雨引发洪涝、山体滑坡等地质灾害，共造成河北、山西、内蒙古、吉林、山东、河南、四川、陕西、甘肃、青海、宁夏11省（自治区）1590.7万人受灾，319人死亡失踪，101.3万人紧急转移安置；倒塌房屋14.5万间，严重损坏房屋22.6万间，一般损坏房屋53.1万间；农作物受灾面积1078.9千公顷，其中绝收149.4千公顷；直接经济损失527.6亿元。其中，四川、山西、陕西、甘肃为重灾区。[①]

洪涝灾害发生后，四川省减灾委、民政厅及时启动四级应急响应，派工作组赶赴重灾区的绵阳、德阳、成都等城市核查灾情，指导救灾工作。民政部向四川省紧急调运3000顶救灾帐篷、1万床棉被，帮助灾区做好受灾群众临时安置工作。同时，民政部、国家发改委、财政部、国土资源部、交通运输部、农业部、卫生计生委等部门组成的国家减灾委工作组第一时间赶赴灾区指导开展救灾工作。

2. 经验总结

中国部分地区水资源丰富，雨季易发生强降水而导致洪涝灾害。在此次洪涝灾害的应急救援中，多部门均及时响应，参与救援工作，向灾区发送救灾物资，及时转移灾民等，在救援的过程中起到了积极作用，具体表现在：（1）多部门之间协同合作，结合自身资源优势，针对复杂的救灾形势，形成有效的救灾组织。（2）反应迅速，及时预警，最大程度减少了洪涝灾害所带来的损失。（3）救援物资发放及时，灾民在第一时间得到有效安置，最大程度保证了灾区人民的生命安全。

（五）2013年8月——“尤特”台风灾害

1. 事件概述

2013年8月14日15时50分，第11号强台风“尤特”在广东省阳江市阳西县沿海登陆，登陆时中心附近最大风力有14级。受“尤特”和西南季风的共同影响，8月14日到20日，广东大部、广西中东部、湖南局地、海南大部出现暴雨或大暴雨、局地特大暴雨，导致广东、广西、湖南、海南4省（自治区）遭受台风、洪涝灾害。此次灾害过程共造成上述4省（自治区）1176万人受灾，86人死亡，9人失踪，152.4万人紧急转移；5.3万间房屋倒塌，7.3万间房屋不同程度损坏；农作物受灾面积571.6千公顷，其中绝

---

① 国家减灾委办公室、民政部国家减灾中心：《2013年中国十大自然灾害事件》，《中国减灾》2014年第3期。

收 68.1 千公顷；直接经济损失 215 亿元。其中，广东、广西灾情较为严重。“尤特”于 8 月 16 日早晨在广西贺州境内明显减弱，16 日 5 时中央气象台对其停止编号。①

8 月 13 日 11 时，国家减灾委、民政部针对第 11 号强台风“尤特”可能造成的影响紧急启动救灾预警响应，指导地方民政部门做好灾害应急救助各项准备工作，最大限度减轻灾害造成的损失。国家减灾办要求台风影响范围内的福建、广东、广西、海南、云南等地民政部门及时发布预警信息，协助做好渔船回港避风和海上作业人员转移，提前开放避灾场所，实行 24 小时值班，及时报送灾情和救灾工作信息，认真做好应急救助准备，确保各项防范应对措施和责任落实到位，确保受灾群众基本生活。8 月 13 日，国家海洋局 2013 年第 11 号台风“尤特”应急部署工作会在京举行。国家海洋局副局长王宏出席会议并作出部署。他宣布，国家海洋局将启动海洋灾害Ⅰ级应急响应，并要求国家海洋局南海分局立即派出工作组对当地海洋灾害防御工作进行指导，国家海洋局海洋减灾中心立即前往一线开展灾情调查，并按照海洋灾害Ⅰ级应急响应要求开展灾害防御各项工作。8 月 13 日下午，交通运输部召开视频会议，宣布启动Ⅲ级应急响应，全面部署交通运输系统防御 2013 年第 11 号台风“尤特”工作。中央气象台 13 日 10 时发布台风红色预警，“尤特”13 日 8 时已加强为强台风，预计将于 14 日白天在广东阳江到海南琼海一带沿海登陆。中国气象局 13 日 10 时 30 分提升重大气象灾害（台风）Ⅲ级应急响应为Ⅱ级应急响应。气象部门提醒做好防台风应急准备工作。②

台风登陆后，党中央、国务院对此高度重视。中共中央总书记、国家主席、中央军委主席习近平，中共中央政治局常委、国务院总理李克强，中共中央政治局委员、国务院副总理汪洋等中央领导同志先后作出重要批示（指示），要求把确保人民群众生命安全放在第一位，进一步科学有序有效做好各项防汛救灾工作，妥善安排好受灾群众基本生活，及早谋划灾后恢复重建工作。8 月 20 日下午，李克强总理在国务院应急指挥中心主持召开视频会议，听取辽宁、黑龙江、广东省及国务院赴辽宁工作组关于汛情灾情和救灾情况汇报，进一步部署下一阶段抗洪抢险和防灾救灾工作。

2. 经验总结

台风的登陆时间和移动路径是可以进行较为准确的预测和估计的，因此，针对台风的应急管理工作的重点为防御和灾情预警，提前做好工作部署，积极应对。在此次台风“尤特”的应急工作中，国家减灾委、民政部、国家海洋局、交通部等各级单位高度重视，提前开展工作会议，预警及时，积极部署，转移受灾群众，开放避灾场所，有效地控制了台风灾害的损失程度。“尤特”台风的影响区域包括广东、广西、海南、云南等地，导致了大量次生灾害的发生，如广东鉴江发生 20 年一遇的洪水，广西梧州发生山体滑坡等。因此，要求政府在防灾的过程中，要综合考虑受灾区域的实际情况，预警工作部署全面，对次生灾害和灾情演化特点进行分析，积极做好应急预案，最大程度减少次生灾害的发生。

（六）2013 年 8 月——东北地区洪涝风雹灾害

1. 事件概述

2013 年 8 月份，由于东北地区降水过程频繁，大部地区降水量较常年同期偏多，松

---

① 资料来源：中国天气台风网（http：//typhoon. weather. com. cn/tfzt/943046. shtml）。

② 资料来源：中国气象局（http：//www. cma. gov. cn/2011xwzx/2011xqxxw/2011xqxyw/201308/t20130813_ 2230 21. html）。

花江流域发生1998年以来最大流域性洪水，水利部发出洪水橙色预警。受本地降雨及境外客水叠加影响，黑龙江下游同江至抚远江段发生超百年一遇特大洪水，辽宁浑河、寇河等发生超历史纪录洪水，吉林全省多地出现河水暴涨、出槽、漫堤、决口等险情。此次暴雨洪涝风雹灾害共造成内蒙古、辽宁、吉林、黑龙江4省（自治区）687.9万人受灾，219人死亡或失踪（其中辽宁因灾死亡或失踪164人），73.1万人紧急转移安置；倒塌房屋7.7万间，严重损坏房屋13.4万间，一般损坏房屋20.3万间；造成直接经济损失447.1亿元。①

在首次暴雨来临前，8月11日，国家防总发布应急响应级别，由Ⅳ级提高至Ⅲ级。8月12日，黑龙江省防总启动Ⅱ级防汛应急响应。随着降水量的进一步加大，8月15日，国家防总将松花江流域的防汛应急响应级别由Ⅲ级提升为Ⅱ级。8月16日，吉林省政府防汛抗旱指挥部决定，将防汛Ⅲ级应急响应级别提升至Ⅱ级。8月19日，国家减灾委、民政部将四级救灾应急响应紧急提升至三级，国家减灾委秘书长、民政部副部长姜力率领由民政部、财政部组成的国家减灾委工作组紧急赶赴灾区，协助地方政府做好救灾工作。同时，辽宁省下拨1.4亿元救灾资金，省减灾委启动二级救灾响应，调拨帐篷1 000顶、棉被褥1.6万床以及其他救灾物资，认真做好受灾群众临时生活救助工作。8月18日，当地卫生部门组织200多名医务人员和20台急救车奔赴灾区，开展医疗救助工作。截至8月23日，水利部、民政部、辽宁省拨付支持资金、救灾款共计4亿元。辽宁省已紧急转移安置群众19.9万人，其中利用敬老院、学校、村部等场所设立了98个集中安置点，集中安置灾民1.17万人，其余灾民采取投亲靠友、到未受灾村民家中暂住等方式，进行分散安置。

2. 经验总结

在此次洪涝灾害发生前，国家防总及时预警，提前部署，积极应对，及时调整响应级别。洪涝灾害发生后，各级部门均积极行动，协同合作，以求最大程度减少洪涝灾害所造成的损失。此次洪涝灾害的严重程度百年不遇，其发生的主要原因为大气环流异常。自7月份以来，东北地区的累计降水量已经超过350毫米，较常年同期偏多41%，为1995年以来历史同期最多，也是1951年以来历史同期第五高值。其中，黑龙江降水量更是达到历史同期最多。在此情况下，政府部门需对异常天气情况进行预警和预判，做好各项防灾工作，才可以有效减少灾害所造成的损失。同时，北方城市发生洪涝后，要防止次生灾害和城市内涝的发生。在东北洪涝发生后，需及时总结经验，加大对江河的治理，在汛期来临前加固堤坝，进一步修缮水库等，特别是各种问题水库，如果不及时检修，发生强降水时，很有可能造成决堤，从而造成更大的损失。

二　事故灾难的危机管理实践

（一）2012年8月26日——延安"8·26"特大车祸案

1. 事件概述

2012年8月26日凌晨2时40分左右，在陕西省延安市境内包茂高速安塞段，内蒙古呼和浩特市运输集团公司一辆大客车（载荷39人，实载39人），与河南省孟州第一汽车运输公司一辆大货车追尾相撞，引发甲醇泄漏爆燃起火并引燃客车，造成36人死亡，3

① 国家减灾委办公室、民政部国家减灾中心：《2013中国十大自然灾害事件》，《中国减灾》2014年第3期。

人受伤，大客车报废，货车、高速公路路面受损，直接经济损失3160.6万元。①

事故发生后，国务院于当日成立事故调查组，国家安全监管总局和公安部相关负责人均率领工作组赶赴现场，指导地方政府做好事故救援工作。延安市政府也成立了事故调查处理领导小组，并将工作内容细分为伤员抢救、事故调查、善后处理和综合协调四个部分。通过严密调查，认定该事故为一起生产安全责任事故，事故主要原因为卧铺大客车司机疲劳驾驶，遇到货车从匝道驶入高速公路时，未采取安全措施，事故次要原因为货车司机违法从匝道驶入高速公路，在高速公路上违法低速行驶。根据调查结果，对货车司机、客车车主等10名责任人采取刑事强制措施，并建议对涉及该事故的26名官员给予党纪、政纪处分。事故发生后，内蒙古保监局和陕西保监局立即启动保险业应急预案，紧急部署，及时安排保险公司开展理赔工作。截至9月4日，35名遇难者的DNA已经确认，共有26名家属签署了赔偿协议。

2. 经验总结

延安“8·26”特大车祸案的原因为客车司机疲劳驾驶为主，货车司机违法低速行驶为辅，这些原因均反映出现行交通运输管理责任落实不力、监管不力等问题。在该次事件中，前期预警工作存在疏忽和漏洞，如未严格执行驾驶员的落地休息制度，对司机疲劳驾驶情况失察，未对司机作安全措施培训等。事件发生后，国务院及时成立了调查工作组，赶赴现场指导工作，并对事故原因展开调查。大火在第一时间被扑灭，伤员得到了有效救治，后续赔偿也及时开展。此次事件反映出中国目前道路运输监管方面的疏漏，为了进一步加强交通道路安全，需要进一步加大监管力度，形成长期有效的监管机制。

（二）2012年8月29日——肖家湾煤矿瓦斯爆炸事故

1. 事件概述

2012年8月29日18时左右，四川省攀枝花市西区正金工贸公司肖家湾煤矿发生特别重大瓦斯爆炸事故。事故发生时，井下有154人正在作业。此次爆炸事故共造成48人死亡，54人受伤，直接经济损失达到4980万元。

事故发生后，时任国务院总理温家宝、国务院秘书长马凯作出重要指示，要求尽全力抢救人员，做好各项善后工作。国家安全监管总局组成工作小组连夜赶赴事故现场，指导现场救援工作。事故发生后，四川省领导针对该事件作出重要指示：（1）集中救援力量，赶赴现场参与救援，尽最大努力救出井下被困人员并全力救治。（2）立即成立救援指挥部，及时开展抢险救援工作。（3）对全省煤矿和非煤矿山等重点行业进行隐患排查，立即停业整改存在安全隐患的企业和项目。（4）做好后续的被困人员家属的安抚工作，及时启动赔偿措施，保持社会稳定。截至8月30日12时，现场救援指挥部已调集了12支救护队139人赶赴现场救援，并在井下设立了基地指挥所，组织在事故现场进行搜救。9月1日，国家安全监管总局、国家煤矿安监局、监察部、全国总工会、国家能源局、四川省人民政府及有关部门人员组成事故调查组，并邀请专家和最高人民检察院派员协助事故调查工作。通过严密调查、现场取证、综合分析、技术鉴定等环节，最终认定该事件为一起责任事故，事故直接原因为煤矿非法开采区域无风微风作业，使得瓦斯积聚到爆炸程

① 资料来源：人民网（http://leaders.people.com.cn/n/2013/0413/c58278-21122349.html）。

度，后因作业时设备发生电火花，导致瓦斯爆炸及后期的二次爆炸等。①

2. 经验总结

肖家湾煤矿瓦斯爆炸事故反映出目前中国煤矿行业安全生产管理工作还存在以下不足：（1）安全生产监督管理部门管理不力，开展的打击煤矿非法违法生产建设行为（“打非治违”）流于形式，未能真正深入发现潜在问题。（2）国土资源管理部门未按照《国务院关于预防煤矿生产安全事故的特别规定》（国务院令第446号）和《攀枝花市人民政府关于加强煤矿矿政管理及安全管理工作的通知》（攀府发〔2007〕10号）要求，将前期发现的肖家湾煤矿相关问题移交司法机关处理。（3）地方政府对于煤矿安全生产工作部署不力，对于煤矿生产安全问题监督不到位。（4）煤矿安全监察机构工作未达到相关要求，未能及时核查发现煤矿生产过程中的安全隐患。在肖家湾煤矿瓦斯爆炸事故发生后，相关的应急救援工作开展得比较到位，相关部门及负责人均及时响应，赶赴现场，参与救援过程，集中力量最大限度地减少人员伤亡，同时，做好伤亡人员家属的安抚工作，及时成立调查组彻查事件发生原因，并对相关责任人进行了相应的刑事处罚。未来各部门应认真总结经验教训，对于重点行业加大监管力度，发现安全隐患需及时移交相关部门处理，加强检察验收力度，防止此类事件的再次发生。

（三）2013年5月20日——山东保利民爆济南科技有限公司“5·20”特别重大爆炸事故

1. 事件概述

2013年5月20日上午10点45分，山东省章丘市保利民爆济南科技有限公司生产车间发生爆炸，造成车间倒塌、工人被埋，该事故造成33人死亡、19人受伤，直接经济损失6600余万元。

事故发生后，党中央、国务院高度重视，杨晶等作出重要指示，要求有关部门立即指派人员赶赴现场，协助当地政府做好事故救援处理工作，尽全力抢救人员，同时做好死者家属安抚和善后工作。国家安全监管总局、工业和信息化部、公安部、国务院国资委均积极响应中央领导同志的要求，立即指派人员赶赴事故现场，指挥事故抢险救援等工作。事故发生当天，保利民爆济南公司立即向山东省政府、上级主管部门及集团公司报告事故情况，寻求紧急支援，并及时成立了现场救援指挥小组，开始救援工作。济南市政府发出紧急响应，派出救援力量参与现场救援工作。事故发生后2小时内，现场的19名伤员已全部救出并得到及时救治。事故发生后30小时内，已搜寻到13名遇难者遗体，并清理了现场1万吨左右的炸药。后续的救援过程中，现场救援力量对废墟进行了二次清理，并进行DNA样本比对，迅速确认了33名遇难者的身份，同时采取积极措施防止现场危险物品发生再次爆炸。济南市政府组成33个工作组，对遇难者家属进行一对一的安抚，确保当地的社会秩序稳定。5月15日，国务院批准成立了事故调查组，开展事故调查工作，其成员包括国家安全监管总局、监察部、工业和信息化部、公安部、国务院国资委、全国总工会、山东省人民政府有关领导和人员。与此同时，事故调查组聘请了爆破、工业炸药、民爆安全生产等专业领域的有关专家组成专家组，同时邀请最高人民检察院派员参与事故调查工作。事故调查组通过严密调查、科学取证、现场勘察、反复分析论证后，已查明事故

① 资料来源：《四川省攀枝花市西区正金工贸有限责任公司肖家湾煤矿“8·29”特别重大瓦斯爆炸事故调查报告》（http：//www. gov. cn/gzdt/2013－03/27/content_ 2363329. htm）。

发生的原因、过程和处置方式，认定了事故性质。经调查取证后认定山东保利民爆济南科技有限公司“5·20”特别重大爆炸故是一起生产安全责任事故，并对相关负责人采取了刑事处罚和党纪、政纪处分。①

2. 经验总结

在民爆企业的运营过程中，安全生产应是企业日常关注的重点内容，在企业的生产过程中，应切实遵守安全生产条例，严格控制每个生产过程细节，最大限度地减少灾难事故发生。在此次事件中，由于保利民爆济南科技有限公司在生产运营过程中，安全意识淡薄，生产过程存在大量的违规操作，导致了惨剧的发生。除此之外，相关单位的监督、管理不善也是造成该事故的间接原因。下一步，须认真吸取教训，加强安全生产监控，将安全生产监管责任落到实处，加强对于民爆企业的日常监管，加大对于安全问题的处罚力度，有效防范此类事故的再次发生。

（四）2013 年 11 月 22 日——青岛输油管道爆炸

1. 事件概述

2013 年 11 月 22 日凌晨 3 时，位于青岛市黄岛区秦皇岛路与斋堂岛路交会处的中石化输油储运公司的输油管线发生破裂，事故发现后，在 3 时 15 分左右关闭输油，此时，位于斋堂岛街约 1000 平方米的路面已经被原油污染，海面被污染面积约 3000 平方米。黄岛区启动应急响应，在污染海面附近布设两道围油栏。10 点 30 分许，黄岛区沿海河路和斋堂岛路交会处以及入海口被油污染海面上发生原油爆燃。在此次事故中，共造成 62 人遇难，136 人受伤，直接经济损失 7.5 亿元。

事件发生后，党中央、国务院给予高度重视，习近平总书记、李克强总理均作出重要指示，要求组织救援力量，排除险情，及时搜救受伤、失踪人员，并查明事故原因，总结教训，防止此类事故的再次发生。11 月 24 日，习近平总书记亲自赶赴现场，探望、慰问受伤人员及遇难者家属。11 月 22 日下午，国务委员王勇赶赴现场，组织救援工作。爆炸发生后，山东省委书记、省长及时率领相关人员赶赴现场，指挥现场救援工作。11 月 22 日，青岛市政府成立应急指挥部，下设 8 个工作组，进行人员搜救、伤员救治和善后处理等工作。应急指挥部紧急调度 2000 余名消防官兵和救援人员，100 余台大型设备开展救援工作。11 月 22 日，国家卫生计生委派出相关专家医师赶赴现场协助开展伤员救治工作。12 月 2 日，62 名遇难人员身份全部确认并向社会公布，遇难者家属的善后工作基本结束，136 名受伤人员得到妥善救治。

11 月 25 日，经国务院批准，成立了国务院山东省青岛市“11·22”中石化东黄输油管道泄漏爆炸特别重大事故调查组，开展调查工作。事故调查组邀请最高人民检察院派员参加，并聘请了国内有关专家参加事故调查工作。11 月 25 日，事故调查组召开会议，定性该事件为重大责任事故，企业与当地政府存有不可推卸的责任。11 月 25 日，警方控制中石化相关责任人 7 名，青岛经济技术开发区相关人员 2 名。11 月 27 日，中石化将公司

① 资料来源：《山东保利民爆济南科技有限公司“5·20”特别重大爆炸事故调查报告》（http://www.gov.cn/gzdt/2013-09/10/content_2485010.htm）。

相关负责人 2 名停职检查，并协助有关部门进行事故调查工作。①

2. 经验总结

青岛输油管道爆炸事件是一个可以通过提前预警、正确预判阻止其发生的事件，从最初的原油发生泄漏到原油起火发生爆炸，中间经历了 7 个小时的时间。在此时间段内，中国石化公司对于事件的预判出现严重偏失，对事件导致的后续风险估计严重不足，未能及时正确地下达应急预案指令，使得该事件的恶性程度不断升级，造成了重大的人员伤亡和财产损失。在此次事件中，可以看出应急救援过程存在着巨大的疏漏与不足，具体表现在：（1）原油泄漏发现之初，中石化对此事件的严重性估计不足，未及时下达启动相关应急预案的指令，对现场相关信息未全面及时汇报，现场处置过程中的保护防范意识不足，未对现场进行警戒和围挡。（2）市级政府对事件的发展态势估计存在偏失，现场救援过程中指挥不力，未能及时疏散附近群众，未能及时发现救援过程中的违规违章行为，导致了重大的人员伤亡。（3）开发区相关部门的应急管理措施存在不足，开发区应急办接到原油泄漏信息后，未能及时公布、上报该信息，导致事件不断恶化升级。开发区安全监管局在接到事件相关信息后，未能及时采取应急措施。对此，应及时总结经验教训，加大对于安全生产的监控力度，严守核验标准，建立健全“党政同责、一岗双责、齐抓共管”安全生产责任体系，及时发现生产过程中存在的安全隐患。同时，要求各企业在生产经营过程中，提升危机意识，防患于未然，加大安全生产监控，提升人力物力投入，确保安全生产的稳定进行。同时，要提升政府及企业的应急管理能力，完善应急预案编制，灾难发生时，可以对事件进行紧急处置，正确预判，拒绝盲目处置，发现问题需及时上报有关部门，从而可以把事件造成的损失降到最低。

（五）2013 年 12 月——“12·11”深圳批发市场火灾事件

1. 事件概述

2013 年 12 月 11 日凌晨，位于深圳市光明新区的批发市场发生火灾，此次火灾共造成 16 人死亡，5 人受伤，烧毁商铺 21 家左右，过火面积约 1000 平方米。该批发市场于 2007 年建成，总占地面积 15 万平方米，建筑面积约 9 万平方米。据目击者称，火灾发生时，一开始着火的只有两三家店铺，但由于现场缺乏消防设施，火灾无法得到控制，消防车赶到现场时，火灾已经开始蔓延，同时消防通道被其他车辆占用，消防车无法近距离救援。此外，市场内消防栓没有水，消防车需从远处补水。

事故发生后，深圳消防队称，凌晨 1 点 40 分接到报警电话后，立即出动了 8 个中队，29 台消防车，145 名消防员赶往火灾现场进行救援工作。广东省政府有关部门领导第一时间赶赴现场，参与指导救援工作，成立工作组，开展事故调查、火灾消防排查、善后安抚工作等。同时，发生火灾的批发市场负责人第一时间被警方控制。事故调查组通过调查发现，导致事故发生的直接原因为某商铺的自制冷藏室空气冷却器电源线短路。与此同时，调查组发现该批发市场存在违法乱搭建行为，商铺之间未有防火分隔和技术防范措施等。最终，事故调查组认定这是一起违法搭建、消防安全责任不落实、管理不到位造成的重大

① 资料来源：《山东省青岛市“11·22”中石化东黄输油管道泄漏爆炸特别重大事故调查报告》（http://www.chinasafety.gov.cn/newpage/Contents/Channel_21140/2014/0110/229141/content_229141.htm）。

责任事故①。

2. 经验总结

"12·11"深圳火灾事件应给相关单位敲响防火防灾的警钟。从该次事件来看，消防意识薄弱，消防安全责任未落实是造成悲剧的主要原因。政府有关部门应认真总结经验教训，从以下几个方面开展防火防灾工作：（1）重视消防安全工作，加强防火防灾意识，将消防安全责任切实落实到位。（2）加强生产、仓储、居住为一体的"三合一"场所等高危地带的消防安全整顿工作，加强预警，加大监管力度，及时发现违法违规行为，并及时处理。建立长效监管机制，防止"屡禁不止""整顿过后再反弹"的现象发生。（3）对于高危地带消防设备开展定期检查和检修工作，确保灾难发生时消防设备的正常使用。（4）加强对于群众的宣传教育工作，提高群众的消防安全意识，利用宣讲培训的手段提高群众的自救能力，事故发生时尽量把伤亡降到最低。

三　公共卫生事件的危机管理实践

（一）2012 年 4 月——毒胶囊事件

1. 事件概述

2012 年 4 月 15 日，中央电视台《每周质量报告》栏目曝光了重金属铬超标的毒胶囊事件，引起社会的巨大反响。通过记者调查暗访，发现河北一些企业，利用各种皮革废料，熬成工业明胶，卖给绍兴新昌的部分企业制成药用胶囊，最终做成成品药给患者服用。在皮革加工的过程中，需使用含铬的鞣制剂，从而造成"毒胶囊"含有过多的重金属铬，可能会引发癌症，对人体造成危害。在后续的市场检测中，共发现 9 家药厂生产的 13 个批次的药品，所用胶囊的重金属铬含量超过国家标准 2mg/kg 的规定值，其中超标最多的重金属铬含量高达 90 多倍。②

毒胶囊事件曝光后，党中央、国务院领导同志均高度重视，要求严肃彻查处置。国家多部委均积极回应，协同合作，及时启动事件的应急处理工作。原卫生部、商务部等部门积极配合，开展问题药品的产品召回工作。原国家食品药品监督管理局及时发出紧急通知，暂停销售和使用 13 个铬超标的药用空心胶囊产品，并对市场上的胶囊产品展开全面核查，发现问题，立即查封、停产、下架。公安部亦高度重视此次事件，各地公安机关均及时查封问题企业，现场查扣涉案明胶，并控制相关负责人。5 月 2 日，最高人民检察院针对"毒胶囊"事件召开工作座谈会，在会议上通过了要坚决查处"毒胶囊"事件所涉及的职务犯罪，切实维护人民群众的基本利益。"毒胶囊"事件被曝光后，河北省和浙江省政府均及时回应，4 月 15 日，新昌县紧急查封媒体曝光的问题企业，4 名企业负责人被公安机关控制。4 月 15 日，河北省相关单位的执法人员赶赴现场查封有关企业，企业负责人被公安机关执法人员控制。

2. 经验总结

此次"毒胶囊"事件的发生并非毫无预兆。此前，4 月 9 日，央视主持人赵普曾微博爆料，有企业在老酸奶及果冻食品中添加有破烂皮革所制成的工业明胶。对此类传言，相

---

① 资料来源：《深圳市"12·11"重大火灾事故调查报告》（http：//news. southcn. com/g/2014－05/23/content_ 100458568. htm）。

② 资料来源：网易新闻（http：//news. 163. com/12/0416/05/7V6K7QDR00014AED. html）。

关部门并没有在第一时间给予回应，政府监管部门也未采取任何措施。4月15日，央视曝光“毒胶囊”事件后，引发社会上的广泛关注，可以看出，对于此次事件，相关部门的预防、预警工作没有到位。在事件发生后，各部门对于事件的应急处理措施较为有效，对于涉案的产品及时查封、清理，防止不合格产品流入市场，对于市场上的产品进行全面核查，及时公布不合格产品名单，严厉处置相关负责人，最大限度地保护消费者的健康权益。在未来的工作中，各级食品药品监管局需加大监控力度，督促企业严格遵守安全标准红线，建立长期监管体系，同时，需进一步落实食品药品安全责任，杜绝此类事件的再次发生。

（二）2012年3月——云南丰瑞“地沟油”事件

1. 事件概述

2012年5月，云南省昆明市开展食品安全专项整治行动，抽查发现云南丰瑞油脂有限公司涉嫌利用工业用猪油和工业用鱼油作为原材料制作食用油脂，其抽检不合格产品包括“吉象”牌散装猪油、桶装猪油、猪油植物油调和油等，这些产品均在云南省境内广泛销售。工业用猪油主要用来制造肥皂，炼制比较粗糙，其化学污染物和重金属含量超标，食用将严重危害人体健康。

事件发生后，云南省质量技术监督局，药品食品监管局均及时回应，协同合作，成立调查领导小组，调查事件发生原因，认定相关责任人。5月22日下午，监管单位召开新闻发布会，通报事件调查问题及进展。质检相关部门对丰瑞公司的负责人开展紧急约谈，要求立即暂停问题产品的生产线，扣押其食品生产许可证，并责令其对问题产品进行召回。公安部门也将企业负责人进行刑事拘留，并交予当地人民法院进行受理。8月16日，当地人民法院对此案进行公开审判，以生产、销售有毒、有害食品罪判处丰瑞油脂公司罚金2.5亿元，判处公司法定代表人赵建国无期徒刑，剥夺政治权利终身，并没收个人全部财产，同时继续追缴违法所得。①

2. 经验总结

对于食用油安全问题，政府有关部门已经多次宣传和预警，并逐步加大此类事件的处罚力度，但是类似事件总在不断发生。在此次事件中，政府相关部门安全监督和管理工作存在着疏漏：（1）预警和信息管理工作处理不当。在事件曝光前2个月，云南警方查获一批正在运输中的问题原料油，在此案件中，发现了丰瑞公司的违法违规加工食品油的事实，对公司的员工展开相应调查，但并未及时向公众公布该信息，但直到2个月后，此事件才真正进入公众视野。（2）对于食品安全问题的重视程度不足，未建立有效的监管体系，不能及时发现企业生产过程中所存在的问题。对于涉案企业，丰瑞油脂有限公司曾是西南地区最大的油脂加工公司，并曾经获得多种荣誉称号，在之前的安全监控和产品检测过程中，未能深入了解企业运行实际情况，及时发现问题。事件发生后，监管部门的工作相对比较到位，及时与企业负责人约谈，紧急暂停问题产品的生产，撤销其食品生产许可证，有效控制了问题产品在市场上的进一步扩散。同时，在此事件中，涉案企业与负责人均面临着异常严重的处罚，可以看出，目前中国对于食品安全问题的关注程度在不断加大，对于食品安全违法违规行为的处罚力度也在不断增强，这些均体现了政府整治食品安全问题的决心，对于防止此类事件的再次发生均有重要的积极作用。

---

① 资料来源：新华网（http：//news.xinhuanet.com/legal/2013－08/16/c_ 116975480.htm）。

（三）2012 年 5 月——甲醛白菜事件

1. 事件概述

2012 年 5 月，山东媒体曝光了当地菜贩利用甲醛对长途运输的白菜进行保鲜的事件。当地菜贩称，他们发现由于天气炎热，白菜这种水分比较多的蔬菜在长途运输过程中容易腐坏，为了减少损失，他们选择配置甲醛溶液喷洒在白菜上，防止白菜腐烂变质。当地记者现场在菜场购买了白菜送往相关检测部门，发现其中两份标本的检测结果显示含有甲醛成分。据有关人士报道，利用各种保鲜剂来对蔬菜进行保鲜，已经是业内存在已久的“潜规则”，这些保鲜剂含有化学成分或生物提炼成分，会对人体健康产生危害。①

事件发生后，商务部高度重视，并及时进行回应，称将依据《农产品质量安全法》有关条例对该事件进行调查处理，追究相关责任人。《农产品质量安全法》第二十九条明确规定“对农产品在包装、保鲜、贮存、运输中所使用的保鲜剂、防腐剂、添加剂等材料，应当符合国家有关强制性的技术规范”。第三十三条明确规定“含有国家禁止使用的农药、兽药或者其他化学物质的不得销售”。第三十七条明确规定，“农产品批发市场应当设立或者委托农产品质量安全检测机构，对进场销售的农产品质量安全状况进行抽查检测；发现不符合农产品质量安全标准的，应当要求销售者立即停止销售，并向农业行政主管部门报告”等。事件发生前，中国大多数蔬菜批发市场均未对交易的农产品进行检测，现有的少量检测也仅仅限于农药残留量检测，未有对蔬菜的甲醛含量进行检测。事件发生后，部分地区的农业局农产品质量建管处开始部署增加甲醛检测项目，一旦查出农产品甲醛含量超标，立即进行销毁，以确保人民群众的用餐安全。

2. 经验总结

农产品的食品安全问题目前在中国有着愈演愈烈之势，随着媒体进一步的开放，越来越多的食品安全问题暴露在广大群众面前。在甲醛白菜事件中，政府有关部门的预警、预防工作不力。记者调查采访发现，此举在业内存在已久，而政府有关部门却一直未发现、不作为，导致类似事件的不断发生。同时，该次事件还暴露出在现阶段，中国对于农产品质量的监控和检测体系尚不成熟，大部分地区的农产品在交易前都缺失相关检测环节，这也是导致不法商家利用非常手段牟取利益的间接原因。下一步，须及时吸取经验教训，完善农产品质量的检测工作，加大对于类似事件相关责任人的处罚力度，坚决杜绝此类事件的再次发生。

（四）2013 年 3 月——维 C 银翘片含毒事件

1. 事件概述

2013 年 3 月，央视通过调查发现，广药集团控股子公司广西盈康药业有限责任公司生产的维 C 银翘片存在严重的质量问题，其主要制作原材料山银花被种植户用有毒的工业硫黄熏制来进行保鲜，导致药品有效成分遭到破坏，药品中重金属砷、汞含量超标。同时，为了降低成本，该公司还采购本不能入药的山银花的叶梗作为制药原材料。②

事件被曝光后，引发社会上的广泛关注。维 C 银翘片作为家庭常备药物有着庞大的消费群体，此事件发生后，消费者对该类药品的信任度将大大降低。事件发生后，国家食品药品监管总局，广东省食品药品监督局均高度重视，要求相关部门立即响应，积极合

① 资料来源：搜狐新闻（http：//news. sohu. com/20120505/n342417863. shtml）。

② 资料来源：东方财富网（http：//finance. eastmoney. com/news/1345，20130407283579567. html）。

作，查明事件原因，并对问题产品立即暂停销售、停产、查封和召回，对于相关责任人依法进行处置。同时，广药集团也在事件曝光的第一时间成立调查小组，查明事实真相，积极主动配合药监局的核查检测工作。

2. 经验总结

维C银翘片含毒事件直接原因为原材料提供商非法违规操作，利用有毒材料对制药原材料进行污染。此事件亦折射出目前中国对于中成药的安全监管方面仍存在问题：（1）针对中成药的安全监管流程不完善，目前缺乏对于中成药生产链上游的监管措施，这是导致该事件发生的间接原因。（2）制药公司在采购原材料过程中，未对制药原材料进行严格检测，未及时发现原材料供应商提供的不合格产品。（3）各级食品药品监督部门工作不力，未能深入基层开展药品质量安全监督管理工作，监管过程走过场，未能及时发现存在的问题。此外，早在2010年，原国家食品药品监管局曾发布通知称维C银翘片存在安全隐患，服用时会产生若干不良反应，并发布官方预警和消费者服用建议。2013年此次事件的发生也暴露出中国药监局工作的完善性仍待加强，发现问题后，需及时部署响应措施，并针对问题产品建立长期有效的监管体制，这才是保证药品安全生产的关键。

（五）2013年3月——H7N9禽流感事件

1. 事件概述

2013年3月，在上海和安徽两地发现有人感染新型禽流感H7N9病毒的病例，该病毒感染后早期会出现发热等症状。由于H7N9禽流感病毒为新型流感病毒，发现时针对该病毒的疫苗尚未研制成功。2013年4月，该病毒尚未被证实具有人传染人的特性。截至2013年5月29日，全国已确诊131人感染，37人死亡，76人治愈，病例分布于北京、上海、山东、福建等地。

3月31日，中国国家卫生和计划生育委员会发出通报，上海市、安徽省、江苏省南京市发现3例H7N9禽流感感染病例。疫情发生后，国家卫生和计划生育委员会高度重视，立即指派专家组赶赴当地开展疫情应急处理和临床救治工作，组织专家组对疫情进行风险评估，判断疫情发展情况。同时，发现疫情的上海、安徽、江苏等地的卫生部门积极响应委员会要求，采取了对患者进行救治、对密切接触人群进行追踪和医学观察、疫情监测等应急处置措施。截至4月1日，3例病例的密切接触者均未发现异常情况。4月2日，江苏省再次确诊4例感染H7N9禽流感病例，江苏省相关部门成立了H7N9禽流感防治工作领导小组，感染H7N9禽流感疫情预防控制专家组、医疗救治专家组，对疫情实施监控、防治。同时，江苏省政府相关部门还指定了16家三级甲等医院作为江苏省的定点治疗医院。4月3日，中国国家卫生和计划生育委员会发布针对H7N9禽流感诊治方案（第1版），防控方案和预防指南。在诊疗方案中，给出H7N9禽流感病毒的传播途径，高危人群，早期症状等。防控方案中要求各级医疗机构发现符合监测定义病例后，须于24小时内进行网络直报。各级医疗机构发现H7N9禽流感疑似病例、确诊病例后，应当于2小时内进行网络直报。[①] 从4月4日起，在发现确诊病例的省份执行禽流感疫情信息日报告，实现对疫情的及时监控。4月5日，北京市中医药管理局公布禽流感高危人群和中医药预防方案，建议高危人群可服用中药来进行预防。4月10日，中国官方再次发布H7N9禽流感诊疗方案，在这次诊疗方案中，提出目前没有发现存在易感人群，以及病毒人际传播的确切证据。

---

① 资料来源：中国新闻网（http：//www.chinanews.com/gn/2013/04－04/4703747.shtml）。

2. 经验总结

自 SARS 事件后，中国对于流行病毒疫情的应急管理制度已趋于完善，在此次 H7N9 禽流感病毒的防控工作中起到了重要作用，主要表现在：（1）政府相关部门与卫生部门预警及时，反应迅速。在 3 月底发现 H7N9 禽流感感染病例后，利用官方渠道及时公布相关信息，并向公众提出预警。（2）采取对患者临床治疗和对密切接触者追踪检测的应急措施，控制疫情的可能传播路径，防止疫情的进一步扩散。（3）采取高效完善的信息管理措施，要求有关部门发现感染病例后及时公布相关信息，为政府和卫生部门作决策提供依据。（4）及时向公众发布禽流感病毒研究成果和预防方案，有效预防和控制了疫情的升级和扩散，取得了良好的效果。

（六）2013 年 8 月——新西兰毒奶粉事件

1. 事件概述

2013 年 8 月 3 日，恒天然集团新西兰奶制品执行董事加里·罗马诺召开新闻发布会，公布其公司内部有 3 批浓缩乳清蛋白受到污染，出现质量问题，引起国内外舆论一片哗然。8 月 4 日起，中国停止进口所有新西兰奶粉。8 月 4 日，中国国家质检总局公布了受该事件影响的企业名单，分别是娃哈哈、多美滋、可口可乐等。生产原料被污染的产品被紧急召回。8 月 6 日，国家质检总局发布消息，5 日接到新西兰驻华使馆通知，新西兰恒天然集团为雅培生产的部分婴幼儿奶粉存在被肉毒杆菌污染的危险，同时要求雅培公司立即召回污染奶粉。恒天然集团预测，通过各种召回措施，食品安全问题将在 48 小时内得到控制。8 月 28 日，新西兰官员发表声明，此前恒天然问题并未被肉毒杆菌污染，不会对人体造成危害。①

2. 经验总结

早期的“三鹿奶粉事件”和此次的“新西兰毒奶粉事件”，均在社会上引起了巨大反响，使公众质疑政府的食品安全监控。在此次的新西兰毒奶粉事件中，由于信息管理工作的疏漏，导致该事件的预警工作出现问题。2013 年 5 月，恒天然集团已在产品检测中发现部分乳制品存在质量问题，但该集团并未采取应急处理措施，而是将该信息隐瞒不报，造成了非常严重的后果。在此次事件中，新西兰政府的食品安全监督工作亦存在疏漏，监督检测体系尚不成熟，缺乏长期有效的监管体制，不能及时发现国内企业所存在的问题。此次事件发生后，中国相关部门的应急处理措施比较到位，及时公布受影响企业名单，紧急召回和下架问题产品，防止问题产品的进一步扩散，造成更大的损失。同时，中国相关部门和新西兰政府及时沟通，协同合作，获取有关事件的第一手信息，并据此作出相关处理措施。同时，可以看出中国目前对于进口产品的质量检测方面仍存在漏洞，没有主动发现进口产品所存在的质量问题，下一步，需加强对于进口产品的审核和检测工作，加大处罚措施，保障国内人民群众的健康权益。

四　社会安全事件的危机管理实践

（一）2012 年 12 月——“12·14”河南光山校园伤害事件

1. 事件概述

2012 年 12 月 14 日上午 7 时，光山县文殊陈棚村完全小学发生伤害事件。犯罪嫌疑人

---

① 资料来源：中国新闻网（http：//www. chinanews. com/gj/2013/08－28/5216023. shtml）。

闵应军闯入小学，持刀砍伤学生 22 名，群众 1 名。

事件发生后，当地派出所民警立即赶往现场，在周边群众的帮助下，将犯罪嫌疑人闵应军控制。随后，受伤的学生也立即被送到当地医院进行治疗。光山县委、县政府有关领导在事发后第一时间赶往事发现场，指挥现场救援和调查工作，同时对受伤人员家属进行安抚。县政府有关部门成立"12·14"校园伤害事件处置领导小组，进一步调查案件原因。12 月 17 日，信阳市委、市政府紧急召开会议，对全市 3000 多所中小学作安全排查，以明察暗访相结合的方式进行检查，以求发现问题，消除校园的安全隐患。事件发生后，光山县委对相关责任人作出处理：对主持陈棚村小学工作的副校长张宗柱、文殊中心学校校长王生应、文殊派出所所长裴广斌给予撤职处分；对分管教育工作的文殊乡党委委员、武装部部长徐明，负责对该学校进行安全检查工作的县教体局副主任科员、督导室主任徐前进，文殊派出所指导员王恩泽免职。2012 年 12 月 16 日，犯罪嫌疑人闵应军以故意杀人罪、以危险方法危害公共安全罪被光山县人民检察院批准逮捕。2013 年 1 月 16 日，该案报送河南省信阳市人民检察院审查起诉。2013 年 12 月 13 日，被告人闵应军犯故意杀人罪，被判处死刑。①

2. 经验总结

此次事件中，犯罪嫌疑人闵应军受到世界末日言论蛊惑，实施犯罪行为，此案的发生有其偶然性，但从中可以看出目前中国在校园安全管理方面存在着疏漏，校园安全管理防范意识不足，安保力量配备缺失。据犯罪嫌疑人介绍，事发之时，学校大门口附近没有一个老师和大人，导致歹徒可以肆意行凶，造成了多名人员伤亡。农村学校安防薄弱是目前中国存在的普遍现象，大多数偏远村庄小学没有专职保安，缺乏安保方面的资金投入。下一步，政府有关部门应重视农村学校安保建设，加大扶持力度，进行安全宣讲教育，提高防范意识，杜绝此类恶性事件的再次发生。

（二）2013 年 5 月——昆明抵制 PX 项目事件

1. 事件概述

2013 年 4 月，昆明市政府拟引进中石油云南石化 1000 万吨炼油项目，该项目的研究可行性报告于 2013 年 1 月获得国务院批准。该项目投资总额约为 200 亿元，建成后年产值约 1000 亿元，将大幅拉动当地经济增长。该项目的主要产品为苯二甲酸（PTA）和二甲苯（PX），这两种物质均具有低毒性，若不慎口服或皮肤接触后，会对人体产生强烈刺激，严重者会引起肺炎。该项目的拟建地址为安宁市草铺街道距离昆明市市中心 45 公里处，为昆明市上风口，由于担心有害物质会扩散到市区，影响昆明市群众健康，昆明市群众发起游行，呼吁政府取消 PX 项目的建设。

4 月 18 日，昆明市环境组织对该项目进行现场调查，认为在项目推进过程中，政府未能及时向公众发布相关信息，在信息公开方面存在问题。4 月 27 日，环保组织对该项目进行抗议，但主要认为该项目的选址存在问题，会对昆明市区产生影响，建议让工厂迁址。4 月 30 日左右，昆明市群众通过短信、微信、QQ 群等方式接收到信息，被要求在 5 月 4 日下午在昆明市中心的新昆百大门口举行抗议活动。5 月 4 日，昆明市 3000 多名群众戴着口罩，举着"PX 滚出昆明"等横幅走上街头，抗议 PX 项目。抗议发生后，当地警察用人墙围住抗议广场，只允许出，不允许进，此次抗议过程中未发生人员冲突。

① 资料来源：人民网（http：//js. people. com. cn/html/2013/12/13/275053. html）。

5 月 4 日，昆明市所有高等院校收到中共昆明市委发布的通知，通知要求各高校老师学生职工等不得参与或提及 PX 项目相关事宜。5 月 16 日，群众于五华山附近再次游行，游行途中队伍多次突破警察所围成的人墙，最终，昆明市市长李文荣与游行队伍对话，并给出承诺：（1）于 5 月 17 日中午 12 时前开通新浪微博，与网友对话，否则下台。（2）5 月 22 日重新与市民座谈。5 月 25 日左右，昆明市内要求公民购买口罩必须实名登记，“打字复印”实名制，同时禁止销售白色 T 恤衫。[①] 面对昆明市公民的多次抗议，经过多次群众座谈和协商后，昆明市市长李文荣承诺：“大多数群众说不上，市人民政府就决定不上。”

2. 经验总结

近年来，PX 项目在多地遭遇当地群众抵制，从早期的厦门 PX 事件、宁波 PX 事件，到昆明 PX 事件，最终结果都无一例外的是政府顺应民意，将 PX 项目暂停或迁址。从多起 PX 抵制事件中，可以看出中国民众的环保意识愈来愈高，对于政府信息公开的诉求也愈来愈强。在此次事件中，可以看出目前中国应对群体突发事件应急管理工作存在不足：（1）政府信息公开程度不足，政府与公众信息沟通存有障碍。在此次事件中，政府未能及时公布项目进展相关信息及项目对周边环境所带来的影响，导致公众对政府公信力存疑，选择比较激进的方式来表达自身情绪。（2）未能及时预警、提前预防、阻止抗议游行的发生。4 月 30 日左右，当地民众已接到游行通知，但当地政府未及时采取相关措施，及时安抚群众情绪，阻止游行抗议活动的发生。（3）游行抗议活动发生后，政府未采取有效措施，建立沟通渠道。5 月 4 日游行发生后，政府方面未能及时回应民众诉求，直至 5 月 16 日第二次游行活动时，市长及政府有关部门才作出相关回应。同时，事件发生后，政府采取了高压措施来阻止事件升级，比如购买口罩实名制、禁止出售白 T 恤衫等，这些不能从根源上解决该问题，反而会造成群众负面情绪的进一步升级。针对该类事件，政府有关部门需及时反思，认真吸取经验教训，编制有关应急预案等。同时，政府相关工作的展开也要本着与时俱进的原则，在信息高度发达的今天，要完善信息公开渠道，加强与民众的沟通与交流，建立政府公信力形象，真正做到“执政为民”。

（三）2013 年 7 月——“7·20”首都机场爆炸案

1. 事件概述

2013 年 7 月 20 日，山东菏泽人冀中星携带自制爆炸装置，从山东省乘长途汽车到达北京，于当日 18 时左右到达北京首都国际机场三号航站楼二层国际旅客到达 B 出口。18 时 20 分许，冀中星在现场抛撒带有“报仇雪恨”字样的传单，并取出爆炸装置。18 时 23 分左右，北京首都国际机场公安分局民警接到报警后到达现场，对冀中星进行劝说，同时紧急疏散现场旅客。18 时 24 分左右，冀中星提醒周边旅客进行躲避后，立即引爆自制爆炸装置，造成爆炸现场秩序混乱，国际旅客到达出口通道紧急关闭，造成其本人受到重伤，一名民警受到轻伤，两名受伤人员被立即送往医院救治。随后，冀中星被现场警方控制。19 时左右，警方封锁现场，并对大厅进行搜索，排查是否存在其他爆炸物。相关部门紧急调集大批警车和 4 辆消防车在三号航站楼外进行待命。事发之后，警方立即开展现场清理工作，清理血污和爆炸痕迹，现场秩序维持良好，无人员过度惊慌。20 时，B

① 资料来源：腾讯新闻（http：//news. qq. com/a/20130527/005000. htm？pgv_ ref = aio2012&ptlang = 2052）。

出站口开启，旅客开始正常出站。20 时 30 左右，事发现场的警戒线全部撤出，现场秩序完全恢复正常。2013 年 11 月 29 日，冀中星以爆炸罪被判刑 6 年。[①]

2. 经验总结

此次事件中，北京市公安机关和有关部门紧急出动，指派民警赶赴现场，及时封闭现场，与犯罪嫌疑人进行谈判，体现了较好的危机处理能力。事件发生后，公安民警及时封锁现场，进行危险物排查，防止现场存有其他爆炸物而引起爆炸，体现了良好的预警和防范意识。后续工作中，公安机关的维稳和善后工作也比较到位，及时派遣人员进行现场清理工作，在清理工作结束后指挥现场秩序，第一时间疏散旅客，使得现场未因秩序混乱而出现其他事故。在此次事件中，犯罪嫌疑人冀中星为了躲避安检，将爆炸装置装在自己的裤腿中躲避检查，最后顺利将爆炸装置带入机场，这也体现了目前中国机场安保工作存在疏漏。下一步，须继续加强机场的安检工作的检查力度，以求及时发现可疑人物及可疑物品，消除安全隐患。

（四）2013 年 10 月——金水桥“10・28”暴力恐怖袭击案

1. 事件概述

2013 年 10 月 28 日，新疆东突暴力恐怖分子乌斯曼・艾山及其妻子、母亲 3 人驾驶吉普车进入长安街，沿途高速行驶，在行驶过程中故意冲撞路旁游人群众，最终撞向金水桥护栏，点燃车内汽油导致车辆起火燃烧。事件共造成 2 名游客死亡，40 人受伤，车内的 3 名恐怖分子当场死亡。

事件发生后，党中央、政法委领导均高度重视，及时赶赴现场进行指挥处置工作，要求救援力量尽全力抢救受伤人员，并要求迅速查明真相，及时采取有效应对措施，保证首都的安全秩序。事件发生后，北京市相关部门，包括公安局、医院、应急管理部门等均及时响应，迅速启动应急预案，组织开展救援工作，第一时间将伤者送往医院进行救治。事发一小时内，现场的交通秩序已经恢复正常，伤者已全部送往医院进行安置。10 月 30 日，经过两天的严密调查，北京市警方宣布已经破获金水桥暴恐案件，将该案件定性为一起经过严密策划，有组织、有预谋的暴力恐怖袭击案件，同时将 5 名在逃的涉案人员全部抓获。[②] 事件发生后，国家各部委也就此事件发表声明和评论，积极响应和参与事件后续的安置工作。外交部对在此事件中丧生的人员表示哀悼。由于死亡和受伤人员中包括外籍人士，外交部表示会及时将情况通报相关国家驻华使馆，并为使馆领事官员探望伤者、履行领事职务等提供便利条件。国防部及时发表声明，称恐怖主义是国际社会的公敌，中国将根据《国防法》《突发事件应对法》等法律法规，利用军队力量严厉打击暴力恐怖活动。2014 年 5 月 30 日，乌鲁木齐市人民检察院将“10・28”案件涉案的 8 名犯罪嫌疑人以组织、领导、参加恐怖组织罪和以危险方法威胁公共安全罪向乌鲁木齐市中级人民法院提起公诉。2014 年 6 月 13 日，该案在新疆乌鲁木齐中院公开审理。2014 年 6 月 16 日，新疆乌鲁木齐市中级人民法院对该案件进行一审公开宣判，分别以组织、领导恐怖组织罪和以危险方法危害公共安全罪，判处犯罪嫌疑人玉山江・吾许尔、玉苏甫・吾买尔尼亚孜和玉苏普・艾合麦提死刑；以参加恐怖组织罪等，分别判处其他 5 名被告人无期徒刑和有

---

① 资料来源：中国新闻网（http：//www. chinanews. com/fz/2013/11 - 29/5560669. shtml）。

② 资料来源：新闻网（http：//news. xinhuanet. com/legal/2013 - 10/30/c_ 117938784. htm）。

期徒刑5年至20年。[①]

2014年8月16日，天安门金水桥的原有护栏被撤下，换成了金色护栏，该护栏材质为高强度的特殊不锈钢，并内置铰链，在撞击时也能保证护栏不会过度变形或遭到破坏。

2. 经验总结

天安门是我们国家的标志和象征，而暴力分子选择在天安门附近实施违法暴力活动，伤害无辜游客，充分体现了其反人类的凶残本性。暴力恐怖犯罪事件的危机管理难度较大，具体可以从以下几个方面来展开相应工作：（1）加强预警，完善信息管理渠道。对于暴力恐怖事件的高发地区，应加强警力，重点监控，做好防范工作。（2）提高群众防范意识，发挥群众力量，鼓励群众对于可疑人员和可疑事件及时上报，做好暴力恐怖犯罪的排查工作。（3）事件发生后，要应对及时，反应迅速，及时派遣公安机关和武警力量参与救援工作。（4）做好危机处理的善后工作，对于受伤人员及其家属要进行安抚慰问，稳定当地社会秩序，安抚公众情绪。（5）对于暴力恐怖分子，要进行严厉打击，从重处分，对犯罪分子起到警示和震慑的作用。

五　创新实践总评

2012年和2013年，中国公共危机管理领域在实践创新上取得了良好的进展，在应对自然灾害、事故灾难、公共卫生事件、社会安全事件等危机事件中，在以往工作经验的基础上，面对公共危机事件的新特点，积极开展工作部署，科学合理地制定应对方案，及时调整救援策略，在实践中吸取教训，总结经验，不断提高中国公共危机管理水平。结合2012—2013年的公共危机管理的实践过程，中国公共危机管理的实践创新主要体现在以下几个方面：一是更加注重公共危机事件的预防、预警工作。许多公共危机事件是可以预防和预测的，如台风、干旱等自然灾害，对于此类公共危机事件，加强其前期的预防、预警工作，可以有效地减少事件所带来的损失，将事件的影响范围降到最低。目前，中国针对干旱、洪涝、台风等自然灾害已经建立了较为完善的检测、预报体系，可以有效地对灾情进行预测和预警，例如在"尤特"台风的应对过程中，国家减灾委和民政部预警及时，提前开放避难场所，将群众安全转移，有效地控制了人员伤亡数量。二是公共危机事件应对机制的科学性和合理性不断提升。中国突发事件的应急预案体系处于不断建设和完善的过程中，目前中国已经形成《国家总体应急预案》《国家专项应急预案》《国务院部门应急预案》以及《地方应急预案》四个层级的应急预案体系，对未来可能发生的突发事件进行全面分析，并给出应对方案。目前，中国已经形成了较为完备的危机事件的应对机制，事件发生后，相关部门均积极响应，组建工作小组，并进行合理分工，如在青岛输油管道爆炸事件中，青岛市政府及时成立应急指挥部，并下设8个工作组，每个工作组分别负责人员搜救、伤员救治和善后处理等专项工作，通过合理分工、并行开展的工作方式，可以提高救援效率，有效地控制危机事件的蔓延。三是公共危机事件管理的联动机制日趋成熟。随着社会分工的不断细化，社会各组织之间的联动性和互动性进一步加强。近年来，危机事件亦呈现出规模大、范围广、程度严重等特点。在危机事件的处理过程中，部门之间的协同管理成为危机事件管理的必然发展趋势。目前，中国已经形成了较为成熟和完善的部门联动机制，在事件处理过程中，各部门协同管理，分工协作，集中各部门的优

---

① 资料来源：中华网（http：//news. china. com/zh_ cn/hd/11127798/20140824/18732650. html）。

势资源，以求达到“1+1>2”的处理效果。如在应对自然灾害事件中，需要国家减灾委、民政部、国家防总以及地方政府的协同管理。在应对公共卫生事件中，需要国家卫生和计划生育委员会、国家药监局、公安部门等政府机构协同工作等。

第三节　代表性成果

【《中国应急管理：理论、实践、政策》】

作　　者：童星

出版时间：2012 年

出版机构：社会科学文献出版社

内容摘要：该书在厘清应急管理概念，梳理国内外相关理论的基础上，结合中国实践对政府应急管理提出了具有可操作性的建议。书中在应急管理领域有多方面创新，最突出的是将灾害、危机、风险三大概念加以整合重构，即提出“三位一体”的战略治理：系统治理、动态治理、主动治理，首先完善现行的应急管理体系，进而推动公共危机治理，最终达成对社会风险的主动治理。

社会影响：2006 年底由童星担任首席专家、张海波担任学术秘书的课题组被选中承担国家社会科学基金重大项目“建立健全社会预警机制和应急管理体系”（项目批准号：06&ZD025）的研究任务。四年中先后组织召开“风险、危机与公共管理”国际学术研讨会、“灾害与公共管理”两岸三校人文社会科学论坛、“中国社会学会年会灾害社会学分论坛”等大型学术会议，公开发表了一系列研究成果，向政府相关部门提交了一批研究报告和决策咨询报告。最终，以专著形式体现重大项目研究的成果，集成该书。

【《公共安全管理研究：非常规突发事件及其应对》】

作　　者：王宏伟

出版时间：2013 年

出版机构：人民出版社

内容摘要：该书从界定非常规突发事件的概念出发，对非常规突发事件及其应对过程中的重要问题进行了较为全面、系统的研究。由于突发事件应急管理是一个实践性较强的课题，该书对国内外非常规突发事件应对的案例进行了剖析，如“9·11”事件、卡特里娜飓风、玉树地震、汶川地震等，对常规突发事件与非常规突发事件及其应急管理进行了比较全面的对比，紧扣非常规突发事件的复杂性与不确定性，阐述了非常规应急管理活动的特殊性。

社会影响：该书在借鉴国内外理论精华、总结国内外应急实践经验的基础上，探索了非常规突发事件及其应对的规律，研究了官僚体制在应对非常规突发事件中表现出来的弊端，提出了全社会参与、共同治理型应对模式的必要性，思考了中国变革应急管理模式的路径，具有重要的理论价值和实践意义，有助于丰富、深化应急管理的理论研究，也有助于推动中国通过一系列变革进一步提升总体应急能力与水平。

【《应对跨境突发事件——欧盟民事保护机制的经验与启示》】

作　　者：钟凯斌

发表时间：2013 年第 5 期

期刊名称：《国家行政学院学报》

内容摘要：该文指出，跨区域协同应对各种突发事件是当前世界各国共同面临的重大挑战。2001 年，欧盟建立成员国间的民事保护机制，作为应对各种跨境突发事件的常备体系。其运作内容覆盖“平时”联合防灾、减灾、备灾及重特大突发事件发生后“战时”联合抢险救灾两大方面，应急响应中心发挥联络中枢、信息中心、协调中心的作用。该文认为欧盟民事保护机制对推进中国跨地区、跨部门、跨行业的应急协作机制建设具有重要的参考和借鉴意义。

社会影响： 该文系国家社科基金项目“基于信息的适应性政府应急决策机制研究”（项目编号：11CGL090）及国家自然科学基金“新时期中国特色应急管理体系的顶层设计和模式重构”（项目编号：91224009）的阶段性成果。

【《环境污染群体性突发事件的协同演化机制——基于信息传播和权利博弈的视角》】

作　　者： 刘德海

发表时间： 2013 年 10 月第 4 期

期刊名称：《公共管理学报》

内容摘要： 该文认为，在协商谈判的权利博弈结构下，周边群众高估赔偿值将导致抗议行动的长期化，地方政府和污染企业信息匮乏将延缓事态妥善处置的过程。在暗箱操作的权利博弈结构下，随着地方政府加大舆情引导措施，环境污染群体性突发事件发生的周期逐渐增大，而且均衡状态下参加抗议人数的比例也逐渐下降。该文创新点在于从信息传播和利益博弈协同演化的视角，解构了环境污染群体性突发事件的演化规律，同时考虑了信息匮乏、信息过剩和虚假信息等复杂的信息特征。

社会影响： 该文系国家自然科学基金青年项目（项目编号：70901016）及国家自然科学基金面上项目（项目编号：71271045）

【《社会群体性突发事件的应急管理机制研究——以北京市为例》】

作　　者： 王郅强　彭宗超　黄文义

发表时间： 2012 年第 7 期

期刊名称：《中国行政管理》

内容摘要： 社会群体性突发事件是经济转轨、社会转型中利益矛盾和冲突的一种尖锐表现，认识和处置不当会对社会稳定与和谐发展造成严重影响。该文在已有研究成果的基础上，指明了北京市社会群体性突发事件的特殊性，分析了北京市社会群体性突发事件应急管理机制的现状及问题，进而提出有针对性的对策与建议。

社会影响： 该文系北京市哲学社会科学规划重点项目“北京市社会群体性突发事件应急管理机制研究”（项目编号：08AbKD061）、教育部哲学社会科学研究重大课题攻关项目“社会稳定风险评估与社会矛盾预防研究”（项目编号：11JZD029）的阶段性成果。

【《论我国应急管理机制的创新——基于源头治理“动态管理”应急处置相结合的理念》】

作　　者： 童星　陶鹏

发表时间： 2013 年第 2 期

期刊名称：《江海学刊》

内容摘要： 灾害生命周期理论作为人们认识与管理灾害危机的重要基础，引导着应急管理制度的嬗变。该文指出，近年来，中国应急管理机制建设步伐加快并取得了显著成果，但相关核心管理机制的设计与执行困境也阻滞着当前中国应急管理绩效的提升。应急管理机制创新与完善的政策措施应包括：更新价值理念，创新制度与技术，推行脆弱性评估机制；实行预案动态管理，建立基础信息平台，提升预案管理绩效；创新应急演练机制，完善组织建设与评估机制，夯实组织应急管理能力；强调地方能力、社会应急参与机制建设，建立并推行关键基础设施保护机制；优化灾后恢复机制，强化应急管理评估与问责机制。

社会影响： 该文系国家社科基金重大项目“中国东部发达地区率先基本实现现

代化理论和实践研究”（项目编号：11&ZD001）的阶段性成果。

【《论非政府组织参与危机管理的演化逻辑——基于治理网络的视角》】

作　　者：赵军锋　金太军

发表时间：2013 年第 8 期

期刊名称：《学术界》

内容摘要：该文认为，非政府组织参与的类型影响着非政府组织参与的诉求导向、运行过程和动力结构，从而产生不同的公共危机治理网络演化轨迹和转型模式。自发型参与演化发展的关键在于实现网络内部的合作，一般经历“生成→扩展→进化”三个阶段，由于进化方式的不同，或者解体，或者改组；引导型参与演化发展的关键在于实现网络之间的协调，其演化轨迹就是非政府组织与政府危机管理系统构建合作网络，从而消化异质、处理噪声、纠正偏离的过程。

社会影响：该文系国家社科基金一般项目“基层政府创新社会管理与维护社会稳定互动机制研究”（12BZZ046）、山东政法学院科研规划项目（2013Q18B）的阶段性研究成果。

【《应对重大社会安全事件政府绩效评估的理论基础和模型设计》】

作　　者：翁列恩　李娇娜

发表时间：2013 年第 4 期

期刊名称：《中国行政管理》

内容摘要：该文基于责任型政府、绩效评估和民主决策理论构建应对重大社会安全事件政府绩效评估的框架模型。根据《中华人民共和国突发事件应对法》和公共危机管理的实践，分别从预防与应急准备、监测与预警、应急处置与救援、事后恢复与重建四个维度设计应对重大社会安全事件的政府绩效评估指标体系，以期为应对重大社会安全事件政府绩效的评估提供依据和标准。

社会影响：该文系教育部人文社科规划青年项目“应对突发公共事件的政府能力建设研究”（课题批准号：09YJC810044）的阶段性成果。

【《论突发事件网络舆情的综合治理：体制建设与制度保障》】

作　　者：张小明

发表时间：2013 年第 5 期

期刊名称：《上海行政学院学报》

内容摘要：该文认为必须加强突发事件网络舆情综合治理的体制建设，应在加快建立行政监管、行业自律、技术保障相结合的突发事件网络舆情综合治理体制的同时，规范网络媒体管理，提升媒介素养；注重网络伦理道德建设，培育成熟网民。必须加强突发事件网络舆情综合治理的制度保障，完善法律对突发事件网络舆情的管制与保护，加快政府信息公开、网络发言人、互联网实名等制度建设。

社会影响：该文受“教育部人文社会科学研究项目基金”（项目名称：公共危机事件有效治理的长效机制研究——基于利益表达的分析视角，项目批准号：09YJCZH006）、2011 年度国家社科基金重大项目招标课题（项目名称：建立社会稳定风险评估机制研究，项目编号：11&ZD034）以及 2012 年国家行政学院院级科研招标课题资助（项目名称：基于跨域治理的灾害应急联动机制研究，项目编号：2012ZBKT018）。

【《空气污染治理中的政府间关系——以美国加利福尼亚州为例》】

作　　者：蔡岚

发表时间：2013 年第 10 期

期刊名称：《中国行政管理》

内容摘要：该文认为，从政府间关系的视域切入，加利福尼亚州治理空气污染的政策分析启示我们，空气污染治理的治本之策，既依赖于中央政府和地方政府在标准控制、法规制定、监督管理等方面的有效互动，又在于区域内横向政府间在构建合作平台、丰富合作方式、调动参与者积极性等方面的通力合作。

社会影响：该文系教育部人文社会科学研究基金青年项目“区域公共事务的合作治理研究”（项目编号：12YJC630003）、教育部哲学社会科学研究重大课题攻关项目“区域经济一体化中政府合作的法律问题研究”（项目编号：11JZD010）、教育部区域与国别研究培育基地加拿大研究中心一般项目“加拿大和中国地方公共事务合作治理模式比较研究”（项目编号：B2013CCS16）的阶段性成果。

第十七章　电子政务

宋魏巍　孙智慧

电子政务是运用计算机、网络和通信等现代信息技术手段，实现政府组织结构和工作流程的优化重组，超越时间、空间和部门分隔的限制，建成一个精简、高效、廉洁、公平的政府运作模式，以便全方位地向社会提供优质、规范、透明、符合国际水准的管理与服务①。20世纪90年代以来，随着计算机技术在公共管理领域中的应用，电子政务得以不断发展。时至今日，电子政务在业务流程重组、网络舆情、自动办公、公共决策等领域的发展中体现得尤为明显。大数据时代的到来，公共部门决策中数据分析的要求越来越高，电子政务在理论与实践方面的发展也有了新方向。本章对2012—2013年这两年间电子政务相关研究成果进行梳理的基础上，总结电子政务发展的理论与实践进展。

第一节　电子政务发展的理论进展

一　电子政务的整体性设计

随着中国政务信息化实践的深入，整体性的思想被引入电子政务建设中并迅速成为中国电子政务发展的迫切需求。其中，包括电子政务整体架构思想、战略规划思想、顶层设计思想、发展模式设计和管理机制等。

1. 顶层设计思想

顶层设计思想是电子政务设计的方式自上而下进行全国性或区域整体性的考虑。有学者认为顶层设计的基本特征有三个：一是顶层决定性，顶层设计是自高端向低端展开的设计方法，核心理念与目标都源自顶层，因此顶层决定底层，高端决定低端；二是整体关联性，顶层设计强调设计，对象内部要素之间围绕核心理念和顶层目标所形成的关联、匹配与有机衔接；三是实际可操作性，设计的基本要求是表述简洁明确，设计成果具备切实可行性，因此顶层设计成果应是可实施、可操作的②。

设计对象的多样化。顶层指的是概念层级上的顶层，是自高端开始对全局进行总体设计，而非在设计对象上是顶层，从这个意义上讲，电子政务顶层设计的设计对象就不限于国家层面，还包括对省、市、区县甚至部门的电子政务建设进行顶层设计。从顶层、整体的高度去看待和分析电子政务发展的问题，这就需要跳出局部环境、局部利益的约束和限

---

① 徐晓林、杨锐：《电子政务》，华中科技大学出版社2009年版。

② 王欢喜、王璟璇：《EA在电子政务顶层设计中的应用》，《图书情报工作》2012年第3期。

制。所包含的要素内容非常全面。顶层设计不仅要考虑政务层面的内容，如行政管理体制、政府职能及其具体业务类型之间的关系，还应考虑网络建设、安全管理、信息资源建设等诸多技术层面的内容；不仅要考虑设计对象自身的构成要素和体系结构，还应考虑设计对象的外部环境影响。例如一个部门的电子政务顶层设计不仅要考虑部门内各种要素之间的运作关系，还应考虑该部门在政府纵向层面和横向层面上的相互协调。顶层设计的重点在于建立各要素间良好的互动关系。对于中国的电子政务来说，需要探讨如何推动各部门间的业务协同和信息共享，如何确保工作流程、信息系统、数据以及相应技术之间的深度融合。①

2. 整体架构思想

电子政务系统业务层面的“制衡”体现出整体架构的思想，是指需要通过对电子流程中的各类环节的有效控制，建立完整合理的监察监督体系，实现电子政务系统行政权力行使和处理过程的科学严谨、公开透明。行政电子流程中的“制衡”是指行政机关行使的权力的制衡。行政机关行使的权力分为决策权、执行权、监督权三种，三种权力在整个电子流程的基础、决策、执行三个环节中可能嵌套存在，对这三种权力的“制衡”集中表现在对电子流程的整体性设计上。其中，“制衡”分为制衡决策权、制衡执行权、制衡监督权三个方面。制衡电子政务流程的设计原则包括：（1）安全可靠性：电子政务系统必须具有安全可靠性、易维护性、易管理并具有系统故障恢复手段，系统要有保密措施。（2）技术先进性：设计运用模块化的观点，采用多层软件体系结构方式和其他开发工具，构建管理系统。（3）实用性：软件系统的选择与应用系统的开发应在满足“制衡”思想的业务需求的基础上具有稳定、合理、易维护、高效等性能。（4）扩展性：应该具备良好的可移植性、兼容性和适应性，易扩充新业务。（5）易维护性：系统可根据应用需求和应用范围不断扩大的需要，方便地进行扩展和升级。保证系统正常运行。系统的实用性、操作便捷表现在以下几个方面。系统界面友好，操作简单。（6）统一性：为使系统的开发实施顺利进行，便于系统的推广，系统建设中必须遵循统一规划、统一技术标准、统一业务规范、统一组织开发、统一建设的原则。② 整体架构思想通过以下几个方面得以实现：

第一，政府职能结构的优化改造。电子政府的构建，需要技术、经济、制度等多方面因素的相互作用和协调配合，从而要求政府对相关职能领域进行相应的扩展。同时，电子政府对政府运行模式变革的深层次要求，也促使政府重新建构与企业、公民的关系，分离出部分职能。这主要表现在三个方面：（1）发挥中央政府的领导作用，为电子政府构建创造有利的政策环境。由中央政府制定信息化和电子政务建设规划，为电子政府发展提供国家层面的宏观指导和政治推动。（2）塑造政府与企业、社会中间组织的新型合作伙伴关系，实现新形式的公共服务市场化。积极推进电子政务项目外包，采取将政府部门电子政务软硬件系统的日常运行维护等工作部分或全部地委托给专门公司的形式，在政府、企业和社会中间组织之间进行合理分工，以充分发挥各自的优势。（3）重视和强调社区作用发挥，支持建设电子社区。

---

① 王欢喜、王璟璇：《EA 在电子政务顶层设计中的应用》，《图书情报工作》2012 年第 3 期。

② 郝元、叶曦露、李文青：《基于“制衡”思想的电子政务设计》，《科技管理研究》2012 年第 14 期。

第二，组织分权的制度化建设。电子政务系统可以实现组织信息结构的散射性和交错性，加强跨层级、跨专业、跨部门的信息流动，增强组织底层独立处理事务的能力，从而促进权力的分散化。

第三，以行政过程为基础进行组织设计。组织是一个开放系统，必须依靠组织设计来进行调整，以适应客观环境的变化。信息技术影响了官僚系统的信息流动、协调及其工作，使得在远距离范围内进行远程合作、协同解决问题，以及发展高凝聚力的组织成为可能。但出于维护自身利益的考虑，政府部门缺乏理性利用信息技术的激励因素。政府机构以职能为依据从事管理活动，并不鼓励跨机构的活动，而电子政务系统通常会涉及不同层级、不同部门的政府组织，以及私营组织之间的信息共享，不同的部门在一些基本的问题上，如信息系统如何构建，各部门之间的权力与责任管理如何权衡，不同组织之间经常会发生分歧。因此，政府必须主动地适应信息技术的应用，以信息流动为核心，依据政府行政的过程而不是职能对组织进行再设计。

第四，运用灵活的控制和监督方式电子政府是一种开放的、面向结果的、强调直接回应性的政府管理实践。公共管理是以政府为核心的社会公共组织运用公共权力处理社会公共事务、提供公共物品和公共服务的社会运行方式。为适应这一变化，政府将运用灵活的控制方式，将组织控制的形式从复杂的规章制度和等级命令转换为共同的使命和承担绩效责任的制度。

第五，建立一体化的政务管理和运作模式。电子政务的最终目标是构造一个信息时代的新的政府管理模式。电子政务的政务流程模式，意味着对传统政府部门的业务流程进行根本性的、彻底的重新思考和重新设计，集中体现了信息技术所具有的革命性的特质和当代政府治理理念的变化。

第六，发展民主参与和合作机制。当前的电子民主主要停留在形式上或者操作的表层，进一步拓展网络化的民主参与渠道，提升电子民主的效能，仍是各国政府创新的重要目标。首先，建立快捷、即时的政务信息公开体系是一个紧迫的任务。其次，政府仍需进一步扩展公众监督特别是基于网络的公共参与的途径。再次，制度建设是民主参与能否发挥效用的关键。要将信息网络应用与民主制度建设有机结合起来，建立相应的行政问责制度、民意征集制度、民主监督制度。①

3. 发展模式设计

在中国转型时期，城镇化加速、城市能级提升、资源环境约束加剧，社会发展进入矛盾多发期和交织期，电子政务发展面临多重挑战。如公共需求和供给不足触发的挑战、经济社会政府转型触发的挑战、社会治理模式新变化触发的挑战等。② 面对以上挑战，中国电子政务发展模式设计应注意以下几点：第一，坚持规划引领，要立足顶层设计，完善电子政务发展的总体布局，借鉴发达国家电子政务发展的新模式，要以一流的发展规划引领中国电子政务的未来发展；第二，持续优化整合，强化全局性、创新性、风险性认识，积极采用先进的统筹技术，把不同类型、不同格式的政务信息汇合、整序、关联起来，对其进行有效的重构和发展，推动全国电子政务“一网式”或者“一体化”发展；第三，加强技术推广，加强电子政务人才队伍建设，以提升自身素质、增加技术积累、增强竞争能

① 张锐昕、杨国栋：《论电子政府的政府基础：起始条件与构建策略》，《求索》2012 年第 1 期。

② 孙国民：《转型期中国电子政务发展模式研究》，《中国科技论坛》2013 年第 1 期。

力为要求，提升电子政务中的科技含量和服务能力；第四，建立标准体系，政府部门要制定电子政务发展的具体目标，各地在已有标准基础上结合区域、地区发展要求，增加电子政务互动模块，积极发展政务微博，探索微博治理等网络治理新模式，增强电子政务柔性适应社会发展需求的能力；第五，完善保障机制。首先是完善投入机制；其次是完善协同机制，需要从法律机制、监督机制、利益协调机制等多个维度加强政务协同，如完善政府信息共享的法律机制，构建信息资源共享的利益协调机制，健全政府信息管理的监督机制和建立信息共享的技术保障机制等；再次是完善评估机制，要改善长期以来重建设轻评估的错误思想，建立电子政务规划、预算、审批、评估综合协调机制；第六，促进公民参与，提升公民参与度是加快电子政务发展的催化剂，需要政府部门在加大电子政务培训和宣传力度的同时有效设计亲用户的界面和功能，甚至可以增加电子政务网站之间、电子政务与其他门户网站之间的链接，通过提升公民参与度来提升社会信息化水平。①

二 信息技术环境下公共治理的模式的新发展

1. 智慧政务

智慧政务是经济社会发展需求和技术创新为电子政务发展提供的机遇。如何才能抓住这一机遇，转变电子政务发展方式，实现智慧政务，成为中国电子政务建设和公共治理发展的重点。智慧政务建设是一个系统工程，涉及方方面面的问题，其中关键在于以下五方面：智慧政务的对象和范围界定、战略规划的制定、数据采集及标准的确定、资金支持和绩效评估。②

智慧政务的对象和范围界定。对象和范围的明确和界定，是智慧政务建设的前提和基础。一般认为，电子政务的服务对象包括三类，即公众、企业和政府。因此，电子政务公共服务主要包括四种模式，即政府对公众（G2C）、政府对企业（G2B）、政府对政府雇员（G2E）以及政府部门对政府部门（G2G）。这些服务的提供有赖于完善的政务信息基础设施。相比之下，在智慧政务阶段，除了上述领域外，政府还面临着更广泛的公共领域，比如政府的社区服务、公共安全、公共应急以及社会管理等方面，而且公私领域的边界越来越模糊。③

智慧政务的战略规划制定。电子政务的建设更多的是一种自上而下的国家层面推动的行为，某一国家或地区电子政务发展水平的高低往往与其战略规划的制定和执行直接相关。回顾中国二十多年来的电子政务建设，发现其主要问题在于缺乏整体统一的可操作规划，缺乏各部门之间信息资源和共享机制，以及管理体制和机制的缺陷造成跨部门政务协同困难等方面。因此，在建设智慧政务阶段，亟须对战略规划问题倍加重视。智慧政务的战略规划是电子政务战略规划的延伸和深化，其要点包括：移动政务的战略规划、公共领域 RFID 的发展规划、智慧政务基础设施建设的蓝图以及智慧政

---

① 孙国民：《转型期中国电子政务发展模式研究》，《中国科技论坛》2013 年第 1 期。

② 赵玎、陈贵梧：《从电子政务到智慧政务：范式转变、关键问题及政府应对策略》，《情报杂志》2013 年第 1 期。

③ 同上。

务的具体行动计划。①

智慧政务的数据采集标准设计。智慧政务对数据提出了严格的要求。从数据采集的来源看，传统政务的数据主要有两种：业务数据和个人基础信息数据。智慧政务的实现既需要前期已有的传统政务数据，又需要泛在数据。后者则包括活动数据（Activity Data）、地点数据（Location Data）、可视化数据（Visual Information）、移动数据（Moving Information），以及可供每天 24 小时获取的信息。从数据的标准和要求看，智慧政务的数据需要具备以下特征：容易获取、高度相关、质量可靠、组织效率高。容易获取指用户可以无障碍地从政府部门合法获取数据和信息；高度相关指政府部门为用户提供的数据符合用户的需求；质量可靠指政务部门采集和掌握的数据是真实、准确、完整、一致和及时的；组织效率高指政务部门为实现智慧政务所采集的数据符合低成本、高效率的原则。此外，如何处理政务数据的合法公开和隐私保密问题，也是智慧政务数据的采集和使用不可避免的难点问题。②

智慧政务的建设资金支持。电子政务是一项长期的使命，其建设发展过程中需要大量的、持续的资金支持。有调查研究显示，中国中西部地区电子政务的总体建设水平落后于东部，其差距主要体现在资金投入等硬件设施上，而不仅仅是对信息化的认识上。笔者在前期对珠三角地区的调查中，也发现资金是否持续投入是电子政务发展的关键所在。对于智慧政务的建设而言，其初始阶段的资金支持主要体现在两大方面：一是基础设施的建设，包括国家层面和地方层面的政务基础设施；二是先行先试项目的建设，主要包括移动政务、RFID、智慧城市以及智慧商务等方面的建设。③

智慧政务的绩效评估。绩效评估是对电子政务、智慧政务建设的反馈和评价，关系到其是否能持续发展的问题。各国在电子政务建设过程中往往存在仅重视建设、忽视效果评估的严重问题；中国由于缺乏有效的绩效评估体系和评估制度，电子政务建设中重建设轻应用、重电子轻政务的问题仍然突出，对政务监测信息的科学性和实用性认识不深的问题更是普遍存在。④

2. 城市发展转型对电子政务的影响

电子政务是信息化背景下政府适应和推动经济社会发展的重要方式和手段。当前，国内城市纷纷提出并实施了发展转型战略，城市由外延式增长向内涵式发展的转型，对电子政务提出了创新的要求。这种创新的要求具体表现为电子政务价值取向、结构形式和运行方式三个层面的转变。⑤

（1）城市电子政务的人本取向越来越突出

政府是中国城市发展模式的践行者，也是城市发展模式转型的推动者，而城市电子政务是政府践行城市发展模式及推动城市发展模式转型的重要载体和工具。作为重要的载体和工具，电子政务需要满足城市特定发展模式的需要，为特定的城市发展模式服务，并且

---

① 赵玎、陈贵梧：《从电子政务到智慧政务：范式转变、关键问题及政府应对策略》，《情报杂志》2013 年第 1 期。

② 同上。

③ 同上。

④ 同上。

⑤ 易承志：《大都市发展转型与电子政务创新的路径分析》，《社会主义研究》2013 年第 2 期。

随着城市发展模式的转型而改变。这实际上在城市电子政务与发展模式之间形成了一种价值关系，即电子政务以满足城市发展需要为价值取向，而城市的发展需要决定于特定的发展模式，随着城市发展模式的改变，电子政务的价值取向也将发生改变。实际上，在特定城市发展模式和电子政务之间，形成了一种价值的传递关系。即特定的城市发展模式决定了其发展的需要和价值取向，这种需要和价值取向又传递给作为载体和工具的城市电子政务，并成为城市电子政务的价值取向。从生态学的角度来看也是如此，城市电子政务处于特定的发展模式中，后者构成了前者的外在环境，前者需要适应环境的需要并随着环境的改变而进行动态的调适。在特定城市发展模式与电子政务所构成的生态系统中，电子政务以特定的城市发展模式为外在环境并以适应城市发展的需要为价值目标。随着城市发展模式的转型，电子政务也需要调整其价值目标以适应城市新的发展需要。改革开放以来，随着城市化的迅猛推进，城市本身也经历了迅速的增长。然而，传统上中国城市更为强调通过人口、土地、规模大扩张和资源要素投入高增长来追求城市的发展。在这种传统外延式发展模式的背景下，城市电子政务以效率为中心价值，强调的是单位时间完成工作的速度或以既定物质、劳动消耗提供服务的数量，而对于完成工作或提供服务的质量以及这些工作或服务是否能够满足社会公众及每个公民的需要却不甚关注。随着城市从外延式向内涵式发展模式转型，城市电子政务的中心价值也应从效率取向转向人本取向，不仅关注完成工作的速度或提供服务的数量，而且更为关注完成工作或提供服务的质量及其满足社会公众及每一个公民需要的程度。价值取向的转变是城市发展转型对电子政务的创新要求在核心价值层面的体现。[①]

（2）智慧政务成为城市发展和城市规划的重点

城市发展转型要求电子政务的中心价值由效率向人本转变。价值层面是事物的核心层面，价值取向的转变会对城市电子政务的其他层面产生影响并在其他层面体现出来。因此，随着城市由外延式向内涵式发展模式转变，也要求城市电子政务的结构形式进行相应的转变。结构形式的转变又与电子政务的发展阶段和演进过程联系在一起。尽管电子政务出现的时间尚比较短，但由于通信设备和信息技术的迅速发展，电子政务已经经历了多个发展环节，正向着高级化阶段迈进。在电子政务发展的初始时期，其结构形式主要表现为建立在 Web1.0 基础上的单向政务；随着通信设备和信息技术的发展，电子政务的结构形式又演进到了建立在 Web2.0 基础上的双向政务；当前，由各种先进移动终端、光纤宽带网、无线宽带网、下一代广播电视网、云计算等信息设施和技术手段与现实世界紧密结合带来的实境网络不断发展，正在促进电子政务结构形式的高级化，而智慧政务就是电子政务发展到高级阶段的产物。随着信息化的发展，由于具备基础设施和技术方面的优势，一些国内城市正在率先推进以智慧政务为重要内容的智慧城市建设。例如，上海市“推进智慧城市建设 2011—2013 年行动计划”，将推进智慧城市建设作为上海加快实现创新驱动、转型发展的重要手段，而电子政务的智慧化则是其中的一项重要内容。单向电子政务以政府单向发布信息为主，满足的是政府提高效率的需要；双向电子政务在政府与社会公众间实现了一定程度的互动，但仍然以提高政府效率为主；而智慧政务则强调电子服务的实时性、无缝隙性和个体回应性，更为关注的是服务的质量和满足每个公民需要的程度。总的说来，智慧政务综合体现了“以公众为中心”“惠及所有人”“无处不

① 易承志：《大都市发展转型与电子政务创新的路径分析》，《社会主义研究》2013 年第 2 期。

在”“无缝整合”等理念。智慧政务建设则是城市内涵式发展模式对电子政务结构形式转变的要求。这种结构形式的转变是城市发展转型对电子政务的创新要求在外围组织层面的体现。①

（3）信息治理和自动化是城市电子政务实施的关键

城市电子政务包括价值取向、结构形式和运行方式三个层面，其中，电子政务的价值取向处于最核心层面，并通过结构形式最终落实到电子政务的运行实践中。随着城市发展模式的转型，要求电子政务的价值取向和结构形式进行相应的转变，这种要求也必定会在其运行方式上表现出来。电子治理是城市电子政务运行方式转变的产物，也是城市发展模式转型对电子政务的创新要求在运行方式层面的表现。电子政务发展初期浓重的工具理性主义色彩在促进电子政务发展和提高政府效率的同时，也造成了电子政务工具理性与价值理性的紧张，而电子治理的兴起有助于对这种紧张关系进行消解。从运行方式的角度来看，电子治理是对一般电子政务的创新。电子治理是政府以信息通信技术为中介，与私人部门、社会组织和公民个人合作，改善公共管理和服务的过程与方式。与一般的电子政务相比，电子治理首先强调政府部门提供高质量的管理和服务，力求满足社会公众乃至每一个公民的需要，“电子治理中信息技术利用的目标将不再限于提高效率，即降低成本或提高‘产出（output）’，而要求产生更好的‘结果（outcome）’”。其次为了提高管理和服务的质量，电子治理强调政府部门在提供管理和服务的过程中与私人部门、社会组织及公民的合作。由于城市具有相对较好的电子政务基础和社会信息化环境，私人部门和社会组织发展相对较快，市民素质也相对较高，因而城市更具备实施电子治理的条件。运行方式的转变是城市发展转型对电子政务的创新要求在实践运行层面的表现。②

3. 借助技术手段的多元化治理

电子政务以互联网为主要工作平台，实现了信息的快速传递，打破了行政主体对信息的垄断地位，有利于公民参政议政，从而瓦解了管制型治理模式的基础，建立了多元化治理的平台，并以公共利益为依归，彰显了多元化治理的价值理念。③

（1）电子政务对传统行政管理组织结构存在巨大冲击

首先，在电子政务的影响下，科层制组织结构向扁平化组织结构转变。官僚制又称科层制，是指一种以分部—分层、集权—统一、命令—服从等为特征的金字塔形组织结构。科层制组织具有如下特点：一是明确的权威等级，科层制就像一个金字塔，最高的权威处于上层位置，一系列命令自上而下传递；二是严格而缜密的规则，在组织的各个层次，都有成文的规章制度，组织成员必须照章办事；三是明晰的分工，组织内部有明晰的分工，每一个成员的权力和责任都有明确的规定；四是管理权力依附于职位，而不依附于个人。科层式行政管理组织赖以存在的根基是官僚阶层对信息的垄断所带来的信息不对称，“垄断信息就变成根深蒂固的官僚制度的价值。如果说市场制度反对内部交易和利用信息的不对称性，那么相比之下，官僚制度则努力防止有价值交易信息的‘泄露’；市场机制要求信息分享，官僚制则要求信息囤积”。电子政务以互联网为平台，参与治理的多元化主体

① 易承志：《大都市发展转型与电子政务创新的路径分析》，《社会主义研究》2013 年第 2 期。

② 同上。

③ 熊宇：《电子政务：多元化治理视角下行政管理的新模式》，《四川师范大学学报》（社会科学版）2013 年第 5 期。

只是网络上的一个个节点，处于平等的信息传播地位，官僚对信息的持续垄断不复存在，信息不对称的局面得到很大改变，这无疑动摇了科层式行政管理组织的根基。[①]

其次，电子政务改变了科层式行政管理组织的结构。科层制行政管理组织是一个基于权威的纵向控制体系，有着清晰的命令与服从链条。在这个组织内，人与人之间的关系是上下级之间命令与服从的关系，其组织结构是一种金字塔形的集权控制的组织模式，将每一个人从上到下放在不同层级、不同的职位之中，每个人的工作职责和范围都有明确的限定。这种层级控制结构限制了官员的视野，阻碍其发挥应有的作用，因此需要变革。美国哈佛大学教授斯蒂芬·戈德史密斯和威廉·埃格斯认为，在互联网时代，“等级式政府管理的官僚制时代正面临着终结，取而代之的是一种完全不同的模式——网络化治理”。这里的网络化治理就是多元化治理，指在电子政务基础上，为了维护公共利益，行政主体和社会中介组织以及公司、公民等众多治理参与主体彼此合作，互相分享信息，共同管理公共事务的过程。因此，电子政务在建立网状组织形式的过程中，让所有参与主体联结、编织在一张网上，形成富有创造力的网状组织结构，从而改变科层式行政管理组织的结构。[②]

最后，电子政务影响科层式行政管理组织的运行方式。在科层式行政管理组织中，官员们受到了严格遵守成文的规则和程序的训练，养成了机械地照章办事的习惯。科层式不鼓励根据自己的判断进行决策或寻求创造性解决问题的办法，而要求按照一系列客观标准来处理问题，这种僵化将导致所谓的“科层式仪式主义”。也就是说，可能不顾是否还有更好的、更适合的解决问题的办法，仍然不惜一切代价地固守规则。此外，遵守科层制的规则，可能导致程序优先于实现组织目标。过于强调正确的程序，可能失去解决问题的最佳时机，失去对“大局”的把握。科层式行政管理权力运行是自上而下的，它运用行政主体的政治权威，通过发布行政命令，制定和实施政策，对公共事务实行单向管理。而以电子政务为基础的多元化治理则是一个纵向、横向互动的管理过程，它的组织是扁平的网状形式，可以将组织中的每一个人联结起来。这意味着在同一层面有多元的节点，密集的人与人之间的联结，使得信息可以流向各个方向，人与人之间不是命令服从的关系，而是协作对话、精诚合作的关系。可见，电子政务冲击了科层式行政管理组织的运行方式。[③]

（2）行政管理的多元化特点在电子政务中得以体现

可以行政管理机构的弹性化、一体化和竞争性三个方面来理解其在电子政务中的多元化特点。首先，电子政务构建弹性化的行政管理机构。在单一管制型行政管理模式下，存在大量固定化的行政管理机构以及终身雇佣的公务员，形成了自成体系且具有自身利益诉求的官僚机构，对民众诉求漠不关心。行政官僚依靠对信息的垄断做出带有倾向性的决策方案，以维护自身部门利益而排斥公众利益。电子政务的出现使行政主体从科层式变为扁平化结构。纵向而言，电子政务减少了中间层，上下级行政管理主体之间信息传递及时便捷，为弹性化管理提供决策信息。横向而言，电子政务促进行政管理机构一体化，通过网络信息技术建立跨部门、跨地域的信息沟通渠道，使得行政管理机构突破地域和部门的限

---

① 熊宇：《电子政务：多元化治理视角下行政管理的新模式》，《四川师范大学学报》（社会科学版）2013 年第 5 期。

② 同上。

③ 同上。

制，构建灵活的、数字化的、具有弹性的行政管理机构。在此状态下，为了完成各项工作，行政管理机构可以建立临时性工作机构，雇佣短期工作人员，项目完成后即行解散，弹性化行政管理机构逐渐成形。其次，电子政务塑造一体化的行政管理机构。传统科层式的行政管理模式中，上下级之间等级森严，信息的传递要经过重重壁垒，其真实性和实效性均大打折扣，进而影响行政管理的效能。从横向而言，不同职能的部门和不同地域的部门之间缺乏共享的信息资源库，彼此之间缺乏应有的配合支持，不能有效调动各种行政资源完成社会管理职能。电子政务借助互联网信息平台，为参与多元化治理的各方主体提供独立的信息连接点，每一个主体都能直接与其他主体进行信息沟通，不必经过等级制度的藩篱，从而打破信息不对称、构建良好的信息沟通结构，简化政府机构等级，使行政管理机构纵向扁平化、横向一体化。以电子政务为中心的多元化治理工作模式作为一个整体直接面向民众。通过行政管理机构上下级之间和横向管理部门之间的信息交流一体化，塑造一体化的行政管理机构。最后，电子政务建立竞争性的行政管理机构。在传统的行政管理组织中，行政官员实行终身制，服从于官场中或明或暗的各种规则，缺乏竞争意识，主观能动性和创新精神难以发挥，效率低下。多元化治理机制的出现，打破了行政主体对行政管理职能和公共服务职能的垄断，使得行政主体、社会中介组织和公民共同参与治理成为现实。行政主体与社会建立合作机制，将不具有强制性的社会管理和公共服务职能通过招投标等具有竞争性的方式移交给社会组织，由社会组织向社会直接提供服务，建立参与型的公共行政决策架构，实施程序化的公共行政管理模式，推行竞争性的公共行政服务机制。①

（3）在电子政务发展过程中行政管理职能得以优化

政府行政管理职能的转变和优化依赖于技术在公共治理中的应用。首先，电子政务创新网络社会管理的手段。政务微博是电子政务的重要方式，尤其在虚拟的网络社会管理中起着显著作用。政务微博即政府部门及其工作人员开设的主要用于发布政府公共信息，倾听民众的呼声和诉求，与民众互动沟通，从而促进政府权力有序运行的微博。各级行政主体应建立政务微博的组织协调机制，设立专门机构，配备思想及业务素质过硬、网络和电脑操作娴熟的人员来维护、管理微博。微博管理部门在了解民意后，应当将信息迅速传递给相关职能部门，并督促其针对民众的建议对相关问题进行积极处理或进一步规范。开设政务微博应成为各级行政主体推行电子政务的法定义务和职责，对于政务微博开设滞后、管理混乱、怠于沟通回应的机关，应启动问责制度；对于因政务微博的违法、不当行为给相对人造成损失的，还应通过行政复议或者行政诉讼的方式予以追责。完善的政务微博的建立，以互联网为手段实现对网络社会的管理，这对于传统的管理手段而言无疑是行之有效的创新。其次，电子政务提高行政管理的效率。行政管理的效率是指在行政管理过程中，行政权力运行所耗费的社会资源与所实现的社会效益之间所形成的一种比例，提高行政管理效率可算作行政管理的核心问题。电子政务有利于提高行政决策效率，电子政务运用先进的计算机和网络通信技术进行信息的收集、分析、判断和评估，然后将及时、准确的信息提供给决策机构，从而降低了决策成本，提高了决策的效率，同时还增加了行政决策的科学性。电子政务具有结构扁平化和网络化特点，能够减少组织管理层次，打破了职

① 熊宇：《电子政务：多元化治理视角下行政管理的新模式》，《四川师范大学学报》（社会科学版）2013年第5期。

能、地域、时间的限制，及时传达行政管理组织的行政措施、行政命令和行政指导，及时回馈民众的反应和诉求，提高行政管理的效率。同时，电子政务借助网络视频会议、网上信息传播反馈，提高办公效率，从而节约人力、物力、财力资源，达到提高行政管理效率的目的。①

4. 网络环境下政府职能的转变

电子政务能够有效促进政府职能转变，增强政府公共服务能力。在传统计划经济体制下，政府的运作主要是面向管理和控制，而在现代市场经济体制下，政府的运作则主要是围绕公共服务展开。与传统的政府服务相比，电子政务服务着眼于更大范围、更高层次社会需求的实现，电子政务可帮助政府完善自身服务职能，为社会提供平等的资源，包括政治、经济、文化、社会等一切公共领域的信息及服务。因而，电子政府的建立将使得政府职能由管制型向服务型转化。建设电子政务也意味着政府职能转变的深化，即从改善政府服务态度推进到能动地增强政府服务能力，进而使政府能够以前所未有的公信力、回应力和创造力更好地满足民众对其公共服务品质不断增长的需求。②

（1）电子政务与政府职能的互动关联

电子政务与政府职能的内在关联源于两者的内涵，表现在两者之间的交叉域和契合度。政府职能通常被认为是国家行政机关在一定时期内，依据国家和社会发展需要，依法对国家和社会公共事务进行管理时应承担的职责和所具有的功能。围绕政务部门内部、部门之间和部门与公众之间这三条主线，政府的电子政务包括部门内部的办公自动化、部门之间的资源共享和协同办公、部门面向公众提供信息服务、网上办事与互动交流等组成部分。

首先，电子政务和政府职能两者的交叉域体现在：其一，政府职能是电子政务的依据和内容。电子政务的主体是国家各级政府和部门，客体是与公共权力行使相关的公共事务，所实现的内容是现实政府的公务、政务、商务和事务，实施的范围是在既有的政府职能的框架之内，并不是新增加的职能。其二，电子政务是履行政府职能的新的形式。就实现手段而言，传统政府职能是通过书面文件、打字机、电报、电话和办公自动化系统履行的，电子政务使政府职能通过共享的信息系统和网络得以实现，这一实现形式具有规范性、公正性、透明性等特点，体现了信息时代的政府职能运行的基本特征。其三，政府职能与电子政务都以社会职能为主要职能。政府职能的内容体系主要取决于基本的政治制度和经济社会发展水平，在现代国家，社会职能成为政府的主要职能，表现为经济和社会建设。同样，对于公共事务的管理和服务是电子政务的主要内容，强调公共性和服务性是电子政务不断追求的目标。③

其次，电子政务和政府职能两者的契合度在于，电子政务与政府职能之间呈现出不断变化的互动关系：其一，电子政务随政府职能的改变而改变。政府职能转变是行政管理改革的永恒主题，其在不同的历史发展阶段或同一历史发展阶段的不同时期的重点、内容、范围和行使方式都是不同的。电子政务作为电子与政务的结合，是政府职能的电子化、网

---

① 熊宇：《电子政务：多元化治理视角下行政管理的新模式》，《四川师范大学学报》（社会科学版）2013 年第 5 期。

② 赵羚雅：《电子政府的发展与功能探析》，《中国新通信》2013 年第 10 期。

③ 张锐昕、杨国栋：《电子政务与政府职能转变的逻辑关联》，《甘肃社会科学》2012 年第 2 期。

络化实现，政府职能一旦改变，电子政务的内容、形式和流程必将随之改变。其二，电子政务建设与政府职能转变皆为促进公共行政改革。政府职能转变涉及众多内容，在整个政府管理变革中处于核心的地位，起着决定性的作用。电子政务建设是为适应行政网络环境需要，对现有的政务进行革新完善，对组织结构和业务流程进行重组优化，为此，电子政务建设过程成为运用信息技术改革政府的过程。作为公共行政改革体系中的两个重要引擎，电子政务建设与政府职能转变发挥着重要作用。其三，电子政务建设与政府职能转变并不总能同步发展，在应然与实然之间时常存在着矛盾冲突。虽然这些矛盾冲突会造成两者之间发展的不协调甚至造成两者之间的相互牵制，但是，两者最终会从对立趋向统一，这种趋向源于它们之间互相依存的关系。①

（2）电子政务服务于政府职能

就内涵而言，电子政务和政府职能的本质属性，决定了政府职能是目的，电子政务是手段，后者是为前者服务的，两者之间存在着明确的主从关系。如果把两者递推至电子政务建设和政府职能转变，那么后两者之间仍存在这样的主从关系。当初美国构建电子政务的初衷是促进行政管理改革，以及各国电子政务建设成功与否都取决于其行政职能转变是否到位等，都证实了厘清后两者之间的主从关系对于后两者健康有序、协同发展的重大意义。然而，我们发现，后两者之间的主从关系在很多时候表现出向相反的方向转化，即政府部门常常把电子政务建设作为目的，针对电子政务建设中提出的需求再辅以相应的政府职能转变，这种做法看似颠倒了主从位序，但如果使用适当，却有助力政府实现行政管理改革的目的的功效。况且由于实现政府职能转变的主旨并未改变，后两者之间主从关系的逆转只是暂时性的，并没有从根本上动摇这两者之间的位序，这足以证明无论是电子政务（建设）和政府职能（转变）这对事物之间在逻辑上的理想的、原则性的主从关系，还是电子政务建设和政府职能转变之间在实践中的暂时性、策略性的主从关系逆转，政府职能（转变）在电子政务（建设）中的主导地位都是不可变更的，这有助于使政府认识到只有政府职能转变能到位电子政务才能起好的作用，否则，就只能起坏的作用。所以，无论在电子政务建设中出现任何问题，政府都应该先从自己身上找原因，而不应相互推诿，回避责任。②

就过程而言，电子政务的开发过程实际上是开发者理解政府职能内容，优化政府职能运作流程，诠释政府职能施用空间、输出对象、生成结果的过程，其实现形式是电子政务系统。电子政务系统需要模拟现有政府职能的内容、流程、施用空间、输出对象和生成结果，虽然这里的模拟并不是完全或严格意义上的模拟，其中有优化和再造的成分，但是，不可否认的是，电子政务对政府职能的遵从是原则，不能随意改变。因为一旦改变了，电子政务就不再是政府的业务，会因违背行政管理规律或超出政府职能范围而遭到政府排斥拒绝导致生命周期结束。实际上，政府职能转变对电子政务建设的滞后性、延迟性遵从，并没有破坏两者主从位序，某个方面或时间段里政府职能适应电子政务的需求所做出的修正和调整，正是政府适应变化了的行政环境而进行的政府职能转变，需要电子政务再次遵从并做出改正。这种政府职能转变具有改革性、创新性和自适应性，成功的电子政务建设计划和失败的电子政务建设计划之间的差别就在于此。应将电子政务（建设）对政府职

① 张锐昕、杨国栋：《电子政务与政府职能转变的逻辑关联》，《甘肃社会科学》2012年第2期。

② 同上。

能（转变）的遵从置于一个变化的场景——两者相互影响，持续变化，彼此促进，螺旋上升，形成一个闭环系统——中来省察。需要指出的是，虽然有时形式上密切关联的两对事物的主从关系会有所变化，但电子政务（建设）对政府职能（转变）的原则性遵从是不会改变的。当然，这种遵从不是绝对的和无条件的，正向遵从的前提应该是该职能具有这样的条件：适应现实环境，流程规范清晰，相关人员的角色、职责和任务定义合理，结果可预知等。由于电子政务涉及各级政府和部门的各个层面和许多环节，并没有建设和实施的固定模式，所以，政府部门在建设时一定要结合行政环境、公众需求、服务型政府目标去实践，在具体操作中要注意实现目标的方法和措施，并对做法进行定期审查，以保证主旨目标的实现。[①]

（3）政府职能比电子政务更具有稳定性

从本质方面来看，电子政务是政府职能的电子化、网络化，这种技术实现逻辑，决定了电子政务既是政府职能，又是政府职能的虚拟形式。当电子政务作为政府职能出现时，表现的是它的外部特征，而当电子政务作为政府职能的虚拟形式出现时，表现的是它的内在机制，说明电子政务和政府职能之间存在互为表里的依存关系是不争的事实。从存在方式方面来看，政府职能在现实物理空间中实体化运行，目前有一部分且未来将有更多部分的内容以电子化的形式——电子政务在网络空间中虚拟化运行。如果政府职能转变了，电子政务必须随之改变，该项电子政务建设也要随之开展；同时，电子政务建设所提供的统一的信息平台、共享的信息资源、有效的工具手段、先进的管理方式和高效的工作协同，使政府职能电子化、网络化、规范化运作成为可能，其结果是以技术的局限性、程序的强制性和过程的透明性等限制了政府职能的扩展并严格地制约了政府职能的规范行使，从而使电子政务成为政府职能运作的技术规制，使电子政务建设成为政府职能转变的实践动力和发展依托，进而使电子政务建设过程成为政府职能转变过程。从内容方面来看，电子政务涵盖了政府职能在网络空间中运作过程的所有环节和全部生成结果，而电子政务和政府职能的依存关系、主从关系及其遵从性与优先级，决定了电子政务及其过程环节与生成结果的稳定性和变化性取决于政府职能及其过程环节与运作结果的稳定性和变化性。[②]

（4）电子政务为政府职能转变提供环境因素

电子政务建设和政府职能转变首先是行政生态环境变化的背景下国家和社会对于新的政府管理的需求导致的结果。政府职能转变是公共行政改革必须首先选择的方面和关键因素，表明了政府在面临全球化、市场化、信息技术革命，以及传统官僚体制失效和新公共管理模式的示范性影响的宏观背景下，对于如何有效履行自身职能的重新思考。电子政务建设则直接是信息技术的广泛应用和新的信息网络环境生成引发的政府管理创新。对于当代公共行政而言，由于新的行政网络环境已构成了政府职能履行的新的现实环境，将新的行政网络环境和电子政务的理念和行为逻辑嵌入到政府职能转变之中，又以政府职能转变为行政网络环境下的政府管理和电子政务建设创造必要的条件，成为这一触发源发生作用的助力因素。电子政务建设和政府职能转变对公共行政改革的更积极作用的发挥还依赖于政府的主动作为，这就必然涉及两者的互动机制问题。为此，公共管理者需要遵循一些基

---

① 张锐昕、杨国栋：《电子政务与政府职能转变的逻辑关联》，《甘肃社会科学》2012 年第 2 期。

② 同上。

本的原则，使两者实现必要的融合。其一，电子政务建设与政府职能转变要有共同的目标，这可以被归纳为“提高政府的管理水平和行政效率，规范政府的行政行为，降低政府运行成本，实现公共管理的社会公正”。其二，在电子政务建设与政府职能转变之间应建构合理的交叉域。其三，电子政务建设与政府职能转变要统一于公共行政改革的历史进程。①

三　政府信息公开与利用

1. 政府信息公开

通过电子政府政务信息的公开，依法满足了公众的知情权。通过政府信息的公开，公众可以了解到政府提供的公共服务、社会管理和市场经济方面的内容、程序，享受高效、透明、公平的公共服务，并能对政务活动进行有效的监督和反馈。

信息公开制度的完善可以从工作机制、公开理念和信息处理技术三个方面进行。(1) 完善政府信息公开相关工作机制。在健全、充实政府信息公开工作机构和人员方面，应建立主管部分协调、职能部门密切配合的工作模式，以期实现专人专管，明确相关人员和机构的责任和工作。(2) 完善政府信息公开理念。政府信息公开存在的问题根源主要还是思想、理念问题而非技术问题。因此，政府应通过政策的宣传，电子政务知识的学习以及相关业务培训等多种方式，统一各级政府机关的信息公开理念。将电子政府政务信息公开和信息操作人员绩效考核挂钩。(3) 完善信息公开管理技术机制。建立行之有效的云计算中心管理机制，这就要求形成相关管理机构和职能部门共同参与、共同管理、部门间协同的管理体制。②

隐私信息是政府信息公开的例外，但有时政府信息公开又在无形中侵害公民隐私权。③ 信息公开机制中隐私信息的保护可以通过以下几个方面来实现：完善相关立法、设立国家政府信息公开的管理与协调机构、确立政府采集个人信息制度、建立个人信息安全保障制度、设置专门的信息公开审查委员会、制定适合国情的信息公开诉讼制度、完善救济制度、完善隐私权保护的若干机制、构建与公开政府理念相一致的司法方法体系。④

在政府信息公开的影响因素方面，也有学者采用中国地级市截面数据，对政府透明的影响因素进行实证研究，提出了政府资源与能力、政治规范和法治化进程、公众压力和需求等三个方面的因素。研究发现，政府能力、上级政府压力、法治化进程以及公民的教育水平和上网比例等同政府信息公开显著正相关，而财政资源和公民收入水平同政府信息公开无显著相关关系。⑤ 影响政府信息公开的因素包括政府能力、上级政府压力、法治化进程以及公民的教育水平和上网比例等，它们同政府信息公开正相关。财政资源和公民收入水平同政府信息公开无显著相关关系，说明二者的影响尚不明显。由此可见，政府信息公

---

① 张锐昕、杨国栋：《电子政务与政府职能转变的逻辑关联》，《甘肃社会科学》2012 年第 2 期。

② 张敏：《电子政府信息公开机制问题及对策分析》，《哈尔滨学院学报》2013 年第 1 期。

③ 赵培云、郑春辉：《电子政府信息公开隐私权保护制度》，《情报科学》2012 年第 2 期。

④ 同上。

⑤ 马亮：《政府创新扩散视角下的电子政务发展——基于中国省级政府的实证研究》，《图书情报工作》2012 年第 7 期。

开并非纯粹的财政投入，而是包含能力建设、法治建设、公民培育等在内的一系列内容。与此同时，我们也看到对政府信息公开施加压力或提出诉求的并非高收入人群，而主要是高学历人口聚集和上网比例较高的辖区。

信息资源质量是指反映信息资源满足用户的社会现实或潜在信息需求能力的特征、特性的总和。信息质量对政府信息公开的效果起着决定性的影响。有学者指出，政府信息资源质量应当满足以下指标：（1）准确性。政府公开的信息，特别是统计数据是否与事实相符，没有伪造或篡改。若公开的信息涉及多个政府部门，政府各部门公开的信息应保持一致。（2）完整性。政府公开的信息应是完整的；政府公开的信息应确保安全性，不能被未授权的人恶意篡改。（3）客观性。政府公开的信息不能存有偏见或个人情感，应实事求是地将事件信息告诉公民。（4）连续性。若无法律规定，政府公开的信息，特别是统计信息要保持时间的连续性，不能随意变更。如去年政府公开的经济社会发展信息，今年就不公开了。（5）有用性。对公民而言，政府公开的信息是有用的，可理解的，可以满足公民的信息需求。（6）易理解性。政府信息呈现的方式是否符合信息的特质，是否便于用户理解，在一定程度上影响着信息质量。[①]

中国政府信息公开的信息质量改善的举措可以包括以下四个方面：第一，制定关于政府信息公开的信息质量的专门性法律法规。美国联邦政府和新西兰政府通过制定一系列信息质量相关法律法规以指导政府信息公开实践，使政府公开的信息质量得到了重大提升，这些实践凸显了法律法规的重要作用。针对目前中国有关信息质量法律法规的可操作性差，而又没有专门性法律法规的现状，为改善政府信息公开的信息质量，迫切需要制定关于政府信息公开的信息质量的专门性法律法规。第二，提高政府的信息质量意识。意识对行为具有指导作用，要想行为有高度，意识必须要有高度。为提升政府信息公开的信息质量，就需要提高政府及其工作人员的信息质量意识。第三，倾听公民的信息需求。政府公开的部分信息与公民的信息需求不相符的根本原因在于政府未真正转变信息公开的理念，仍按照政府的标准决定公开哪些信息。为提高政府公开的信息对公民的有用性，政府需要认真倾听公民的信息需求。正像用户的需求应置于电子化公共服务发展和提供的中心一样，政府应将公民的信息需求置于信息公开的中心。第四，建立政府信息公开的信息质量绩效评估机制。绩效评估是一个适用于评价政府活动、增强为进展和结果负责的一切有系统的努力的术语。提升政府信息公开的信息质量既需要有压力迫使政府及其工作人员努力工作，又需要有激励刺激政府及其工作人员负起责任。通过建立政府信息公开的信息质量绩效考核机制，将信息质量与政府工作人员的奖惩相结合。[②]

对政府信息公开效率与效用的评价可以进一步提升政府信息资源建设的质量。有学者选取全国 32 个省市的政府门户网站为评价对象，结合权威机构——中国软件评测中心最新的政府网站信息公开指数以及各省级政府门户网站的反向链接、外部链接以及内部链接等反映网站链接构成的指标分别进行定性与定量评价，最终，将定性、定量的评价结果结合做综合评价并对各政府门户网站的政府信息公开效果排名，深度分析评价结果以推进政府网站在政府信息公开方面的积极作用。[③]

---

① 张建彬：《政府信息公开的信息质量研究》，《情报理论与实践》2012 年第 11 期。

② 同上。

③ 闫霏：《基于政府网站的政府信息公开效果评价》，《情报杂志》2012 年第 1 期，第 50—56 页。

2. 信息孤岛

信息孤岛是指一个个相对独立的不同类型不同学科的数字资源系统。由于各系统相互封闭、无法进行正常的信息交流，犹如一个个分散、独立的岛屿。[①] 随着网络社会网络舆情的兴起与发展，对解决“信息孤岛”问题提出了更高的要求，可以从观念、制度、技术、安全这几个层面对这一问题进行分析。[②]

（1）观念层面：全面理解电子政务。政府网站的建立，并不意味着电子政务建设取得了突出的成绩。如果将电子政务建设仅仅视为政府上网，其实是对电子政务建设的一种片面的理解。理解电子政务建设的目的，从整体层面上规划电子政务建设的过程，才有助于取得良好的效果。进行电子政务建设，主要是以政府为中心，而不是以公民为中心。这样，电子政务建设并未实现服务于公众的目的，地方政府各部门首先想到的是本部门的局部利益，而不是公众的整体利益。为此，必须全面理解电子政务建设的意义，明确公众的具体需求，实时监测舆论监督动态，追踪突发事件，了解社情民意，关注民声，维护政府形象，以此为基础，加强政府各部门间的合作。

（2）制度层面：加强法治建设。近年来，西方国家电子政务的发展日益呈现出法治化的趋势，法律法规是电子政务建设的前提性基础。为此，中国也应进行电子政务建设相关领域的立法，尤其是要侧重于信息公开的立法。信息公开法的颁布和实施，有助于减少混乱和模糊，为电子政务建设奠定坚实的政治基础。通过信息公开法的颁布和实施，保证公众知晓信息的权利，有助于抑制地方政府部门对信息公开的惰性，有助于避免地方政府部门将信息资源作为手中掌握的资源，为本部门牟取私利。推进电子政务建设的法律法规体系较为庞大，包括信息法律关系主体的权利义务、网络环境中确定当事人的法律地位，公共利益与私人利益的平衡等。电子政务相关法律法规体系的建设，与国家信息化发展的市场规则密切相关。地方政府网络舆情应对能力相关法律法规的建设，通常是由一些技术方案或技术规范发展到一定阶段后，上升为标准，再上升为法律法规的。

（3）技术层面：加强与 IT 企业的协作。推进电子政务建设，离不开信息技术的有力支持。网络已经成为各级政府一种新的了解民生、关注民意、服务民众的平台和渠道。各地的门户网站，各级政府网站都设立政务公开栏目，都有网络问政和宣传的功效，但相关信息不能对碰，形成信息孤岛，因而有必要整合这些网络平台，进行完整的体系建设。电子政务建设过程中，整合网络平台，难免会碰到技术性与安全性问题。如果仅仅由政府自身来解决，由于技术力量有限，相关的问题是难以得到有效的解决。如果政府可以将技术性、安全性的问题外包给企业，就可能取得良好的效果。当然，在与 IT 企业合作时，需要政府部门的指导，应着力避免因外包而导致的混乱与冲突。在解决政务信息孤岛问题之初，必须设计整体的规划，有计划、分步骤地完成。

（4）安全层面：加强政府信息安全。整合多源信息，避免和消除信息孤岛，也应考虑政府信息安全。及时、实时、全面、定向地搜集信息与监测信息，将隐藏在各个信息孤岛中的潜在价值挖掘出来，促进网络空间安全发展与利用。但小部分政府信息具有一定的保密性，关系到政府的正常运行及国家的安全，做好信息安全工作是电子政务建设的前

---

① 李希明、土丽艳、金科：《从信息孤岛的形成谈数字资源整合的作用》，《图书馆论坛》2003 年第 6 期，第 121 页。

② 闫宇：《信息孤岛背景下提高地方政府网络舆情应对能力的对策性思考》，《情报科学》2012 年。

提。应制定与政府信息安全相关的法律法规，同时，建立区域电子政务安全认证中心，实现国家与各地区，以及各地区之间信息资源的共享，充分保证网上作业的安全。

应急协同机制也是解决电子政务领域中信息孤岛问题的重要方法。一个部门已经远不能实现对事件链信息的有效捕获和分析，必须在多个层面进行信息资源的整合，才能在应急管理全过程中实现信息共享和利用，为应急决策提供足够的信息支持。①

3. 信息资源再利用机制建设

政府信息资源利用依赖于有效的制度建设。良好的制度体系是信息资源开发、利用的保障。政府信息资源再利用机制应该包括三个基本部分，即政府信息资源再利用的保障机制、约束机制、激励机制。

（1）保障机制。第一，政策法律保障。目前，中国所颁布的《政府信息公开条例》属于行政法规的范畴，不具备完全支撑政府信息资源再利用的能力；中国现有的保密制度由来已久，并未随着时代进步而跟进，一部分内容已经阻碍了政府信息资源的获取。前面提到，作为政府信息资源再利用的第三方，中国政府在推进政府信息资源再利用工作时，应当结合中国国情，为中国政府信息资源再利用提供多层面的政策保障和法律支撑，对个人、组织或者企业在进行政府信息资源再利用、增值开发时可能出现的情况进行预判，制订具有前瞻性、全面性的法律法规，以保证政府信息资源再利用的相关业务在一个合乎政策制度与法律规范的范围内进行。第二，技术保障。虽然中国的信息技术水平与欧美发达国家之间还存在一定的差距，但已经初步具备了建立完整信息技术系统的能力。企业或者个人可以利用信息加工技术、信息挖掘技术、信息安全技术等技术手段进行政府信息资源再利用，这是政府信息资源再利用顺利进行的基本技术保障。政府可以考虑“建立统一的专用宽带网络平台，采用自主开发的核心技术，制定统一的文件标准，数据库标准和数据交换标准，分级建立政府专用网络交换中心”，以减少政府信息资源在不同层级和不同媒介载体的传递过程中所产生的损耗、失真等问题。除此之外，政府还应该为政府信息资源再利用主体提供相关信息技术产品和培训。②

（2）约束机制。有别于保障机制，约束机制是一种更注重于保证行为有序化、规范化的机制。在政府信息资源再利用机制中，制约机制主要包括以下两个方面：第一，协调机制。政府信息资源再利用机制中的个人或企业，都是政府信息资源再利用的利益相关者，其相关利益除了按照市场规律进行分配以外，还需要有一个专门的组织或机构来管理和协调各参与者的行为。这个组织或机构可以是政府，也可以是别的民间组织、研究协会等不直接参与政府信息资源再利用直接利益分配的第三方团体。这样既能够确保政府信息资源再利用机制的有序化、可持续化运作，也能有效避免因多头管理或者无人管理而产生的政府信息资源再利用风险与损失。第二，监督机制。政府作为政府信息资源再利用机制中的第三方，可以行使其监督职能，规范参与者的行为。同时也可以引入非相关利益方对政府信息资源再利用工作进行监督，从而实现对政府信息资源从公开到再利用的所有环节的实时监督，这样既有利于减轻政府工作负担，降低政府工作成本，规范政府信息资源再

---

① 曾宇航、许晓东：《基于电子政务平台的应急信息协同机制研究》，《情报杂志》2012 年第 8 期。

② 陈能华、王晓敏：《政府参与下的我国政府信息资源再利用机制探讨》，《图书与情报》2012 年第 1 期。

利用机制运行，也推进了政府信息资源再利用的产业化进程。①

（3）激励机制。政府信息资源再利用的激励机制，是指政府信息资源再利用主体与政府之间相互促进和完善的机制。对于非完全市场状态下的政府信息资源再利用，经济因素是能够激励再利用主体开展相关工作的直接因素，政府信息资源公开工作的深入则能够为政府信息资源再利用主体提供更好的宏观环境。政府应积极推动信息资源与产业、市场的对接，努力推动信息资源的产业发展。政府继续深入推进政府信息资源再利用工作的动力来自于两个方面：一是随着政府职能的转变，政府会更注重政府形象的改善、政府职能的转变、政府行政效率的提高和人民生活质量的提升；二是在企业与个人从现有的政府信息资源再利用机制运行过程和结果中受益的同时，政府也能在税收、GDP 增长等经济方面，及就业、市场环境净化等和社会效益方面获益。因此，政府信息资源再利用机制的建立和运行不仅能够激励企业与个人进行政府信息资源再利用，同时也激励着政府不断进步，政府信息资源建设、政府信息资源再利用等多项工作也会从中受益，从而形成一个良性的、可持续的循环发展模式。②

四 电子民主

1. 公众在电子政务中的参与度分析

电子民主是公众通过计算机系统、网络互联等方式参与国家治理、政府行政管理事务、社区管理等活动的过程。信息技术在公共管理领域的应用使得公众民主意识有效提升，参与公共事务的积极性大大提高，而且参与渠道也得到进一步拓宽。

关欣、张楠、孟庆国选取“首都之窗”网站，邀请参与实验的 147 位学生在“首都之窗”的体验前、体验中、体验后分别填写三份问卷，获取采纳过程各阶段的真实感知数据。经过数据分析，得出公众在体验电子政务平台过程中的以下结论：

第一，公众的高期望值在一定程度上会导致公众确认网络系统质量良好，低期望值往往更容易导致确认系统质量不佳。当电子政务系统质量（稳定性、可靠性）足够优良时，便可从期望较高的公众获得更多的认可。当电子政务系统质量或多或少存在问题时，则更加容易从期望较低的公众那里获得认可。

第二，公众对于电子政务平台的认识不断加深，意识到平台需要为公众提供便捷服务，更为看重平台使用所产生的服务效能。因此，公众对于公共服务感知更容易影响公众对于确认网站服务质量确认。相比而言，网络系统质量的感知与确认之间的正向影响关系略弱。服务体验的满足相比系统性能优越更加能够让公众对于电子政务平台产生认同，说明了电子政务不仅在于“电子”手段的采用，更多承载的是“政务”的实施。“政务”的开展需要以实现公共服务价值为核心，以公众满意为目标。因此，中国电子政务的建设不仅需要强化应用技术手段打造公众易用和放心的系统平台，还需要更加注重实现电子政务平台为民服务的效能和价值，以满足用户对于政府信息和公共服务的需求。

第三，增强电子政务平台的公共服务效能和网络系统使用性能，形成公众良好的质量

---

① 陈能华、王晓敏：《政府参与下的我国政府信息资源再利用机制探讨》，《图书与情报》2012 年第 1 期。

② 同上。

感知，都可提升公众的使用满意度。公众对于电子政务平台公共服务质量的认可也有助于提升满意度。而“网络系统质量确认”对于“满意度”的正向影响关系可能由于部分测度题目设置不够准确等原因，导致在本次研究中未能通过验证，后续研究有待进一步调整和检验。政府机构通过信息通信技术和互联网平台实现技术突破和服务整合，超越地域、时间和部门的分割限制，全方位地向社会公众提供满意、优质、规范、透明的社会管理和公共服务是电子政务的核心价值所在。中国各级政府机构可根据电子政务平台的具体情况，通过宣传讲解、操作培训等手段激励公民选择并使用平台，充分感知电子政务的服务价值和系统便捷，认可平台提供的各类公共服务，为公民缔造更大的公共利益和社会价值，让公众更为满意。

第四，较高的满意度会导致公众具有继续使用和推荐他人使用的意向，其中满意度对于公众推荐他人使用意向的影响更为显著；较高的满意度也有利于提升公众心目中的政府形象；公众初始的使用意愿也会在一定程度上对于持续使用意向产生影响。首先，政府需将“服务为民”作为电子政务的价值取向，树立以“公众满意”为宗旨的服务理念。其次，政府需及时获悉民众所需，并以民众需求为导向，以信息技术为手段开展高效、便捷、满意的公共服务，以形成良好口碑，既树立了政府形象，也促使更多公众（潜在用户）更为主动和愿意使用平台。[①]

网络应用的弱势群体在电子民主方面的意识较高，但其能够使用的硬件设施有待进一步改进。一方面，广大农民对电子化公共服务的采纳意愿比较高。[②] 总体来看，79% 的农民明确表示愿意采纳电子政务服务。对信息服务的采纳意愿最强，对在线办事服务的采纳意愿最低。另一方面，农民认为电子政务服务越有用、自身的上网技能越强、周围使用电子政务服务的人越多、对政府网站的信任度越高，越倾向于使用电子政务服务。不会使用、没听说过政府网站和缺少电脑等硬件是阻碍农民采纳电子政务服务的主要因素。

让电子政务惠及广大农民势在必行。一方面，政府有必要在农村中大力宣传电子政务服务，增强广大农民的感知有用性和感知信任。对广大农民群体来说，农村电子政务服务是个新事物，很多人对其概念和功能的了解程度较低，其接受和普及速度相对缓慢。这就有必要对涉农政府网站的功能进行宣传，扩大农民对电子政务服务的需求，实现电子政务方便公众、降低成本的目标。另一方面，政府通过培训、免费硬件投入等方式提高广大农民对于电子政务服务采纳的自我效能和主观规范。

公众对移动政务服务的采纳是电子民主建设成败的关键。有学者对移动电子政务公众采纳影响因素进行了实证研究，提出移动电子政务中提升电子民主效率可以通过四个层面来进行改善，分别为环境层面、技术层面、个人层面和任务层面。第一，环境层面。加强移动政务功能的宣传，塑造积极的主观范式。目前，公众对移动政务的特点、功能、使用方法了解还不够全面，主观范式的影响没有发挥。因此，有关部门应通过多种渠道宣传移动政务的优越性，让公众深入了解其功能；增加公共服务相关信息，使更多的公众愿意接

---

① 关欣、张楠、孟庆国：《基于全过程的电子政务公众采纳模型及实证研究》，《情报杂志》2012 年第 9 期。

② 王立华、苗婷：《农民对电子政务服务的采纳意愿及影响因素的实证分析——基于陕西省西安市农民的调查数据》，《当代经济科学》2012 年第 6 期。

受并带动周围的人使用。第二，技术层面。不断创新技术，提供个性化服务，增强公众的感知易用和相对优势。移动政务的出发点和立足点就是满足公众需求，这要求政府部门进行人性化系统设计，赋予其更高的可操作性，提供符合个体偏好的定制化服务，以进一步增强公众的感知易用和相对优势。第三，个人层面。开展针对性培训，完善法律法规，增强公众感知信任和自我效能。提高政府机构移动服务质量，规范移动办事流程，逐步完善移动互联网法律并规范相关产业的运作，保障公民隐私不受侵犯。同时开展移动政务相关培训，宣传应用方法和技巧，使公众能轻松使用。第四，任务层面。扩大基础设施建设，建立良好合作机制，降低公众感知成本。政府应投入基础网络建设，便捷系统使用，减少用户适应系统所需的时间和精力。通过政府与运营商之间良好的合作机制，使用户享有适当的优惠和补贴，降低系统采纳费用，使更多公众愿意接受并主动尝试移动政务。①

2. 舆情分析方法与技术的应用

政府舆情分析是通过互联网技术对网络舆论进行内容分析的过程。舆情分析涉及主题定位与分析、数据挖掘、政府数据处理等领域。其中，信息技术的应用和数据分析处理技术的有效利用是舆情分析的重点。

社会舆论包含了公众对政府形象的认知与评价，政府形象在公众认知中的好与坏可以直接通过舆论呈现出来，因而，公众对政府舆论评价的集聚与传播，在某种程度上决定了政府的公众形象。政府形象传播必须依靠正面的、积极的舆论支撑，或是在负面的舆论压力下采取积极有效的应对措施，化舆论被动为主动。引导舆论的前提是掌握舆情，因而建立科学的舆情分析机制，形成舆情监测、分析、预警的制度化安排，能够为政府形象的管理起到有效的防护作用。②

当舆情表达受到阻滞或是表达得不到重视的时候，这就决定着公众舆情表达的行为方式。因此，要及时把不同渠道表达舆情信息汇总起来，并以此做好舆情的分析与引导工作。一是设立基层舆情信息采集点。舆情信息是社情民意的反映，是充分发挥群众参与反腐倡廉工作热情的有效载体。在各单位服务窗口、基层站所、村居和车站、大型商场、农贸市场、医院、学校、银行、社区等社会公共场所处设立舆信采集点。通过这种方式及时收集群众反映的先进典型和负面信息，并着重关注群众反映的原始“情报”，从中发现倾向性、苗头性、社会性的舆情信息。二是加强网上舆情信息的采集。加大对网络信息的采集，找到有价值的舆情点，筛选整理成有效案件线索。③

在舆情分析技术方面，通过简化句法分析的基础上进行情感倾向性判断，包括情感元素的识别、借助句法分析的语言结构分析、情感倾向性计算等。其中，共性知识挖掘方法是进行舆情分析的一种有效方法。共性知识挖掘的目的是在较少的人工干预条件下，尽可能多地发现共性的语言结构与基础性情感元素，既保持特定领域较高的准确率，又方便地扩展舆情分析的适用范围，提高系统的移植性，主要进行共性情感元素挖掘与共性语言结

① 周沛、马静、徐晓林：《移动电子政务公众采纳影响因素的实证研究》，《图书情报工作》2012年第5期。

② 曹劲松：《政府形象传播的舆情分析》，《江海学刊》2012年第3期。

③ 李怀玉：《新型农村社区建设中的舆情分析与引导研究》，《中州学刊》2012年第6期。

构模式挖掘[①]。共性知识挖掘包括共性情感元素挖掘、共性语言结构模式挖掘这两个方面。其中，共性语言结构模式挖掘包括主语转移模型构建、极端情感动词模型构建、情感修饰的短距离依赖模型构建、修正模型间的优先顺序这四个核心环节。

第二节　电子政务实践进展

一　2012年中国电子政务最佳实践概览

在中央的统一部署，各级各部门的积极推进下，电子政务的网络和基础设施支撑能力、业务信息化、信息资源开发与共享、信息安全保障能力、标准规范和法律体系、人才队伍建设等各个方面均取得了显著成效。但同时也存在地区差异和数字鸿沟有所扩大，在线事务处理率有待进一步提高，信息资源利用潜力有待进一步挖掘，公共服务能力和公民参与程度相对较低，电子政务管理体制有待进一步梳理和完善等问题。

为了对中国电子政务建设取得的成就进行客观的梳理，总结电子政务全面大规模发展获得的经验，为解决所面临的问题提供科学的参考，推动中国电子政务建设走向更加科学、有序、高效的发展道路，国家行政学院电子政务研究中心联合有关单位开展了"中国电子政务最佳实践评选活动"。

该次评选面向中央部委、国家机关、地方政府、企事业单位、科研院所、高等院校等各类机构，得到了各相关单位的大力支持。评选通知一经发布，各单位积极踊跃报名。自2012年5月发布申报通知至7月申报截止，共收到申报材料300多份。国家行政学院电子政务研究中心本着客观、公正、公平的原则，组织专家对所有申报材料进行了三轮严格评审。初审和复审阶段共筛选122个案例入围最终评定名单，最终评定阶段从入围的122个案例中评选出"公共服务""管理创新""技术应用""政务微博"四类共40个最佳实践案例，并在2012年中国电子政务论坛上进行表彰和宣讲。[②]

表17—1　　中国电子政务最佳实践评选结果

1. 管理创新类

序号	申报单位	最佳实践名称
1	中国科学院信息化工作领导小组办公室	中国科学院电子政务应用探索与实践
2	黑龙江省政务信息化管理服务中心	黑龙江省电子政务建设与实践
3	中华人民共和国宁波海关	宁波海关在智慧海关工程中的实践

① 段建勇、程利伟、张梅、高振安：《网络舆情分析中共性知识挖掘方法研究》，《现代图书情报技术》2013年第10期。

② 参见《中国电子政务最佳实践评选结果》，2013年4月1日，中国电子政务网（http://www.e-gov.org.cn/news/youxiuwangzhan/2013-04-01/139855.html）。

续表

序号	申报单位	最佳实践名称
4	宜昌市电子政务办公室	湖北省宜昌市构建区域智能办公体系，全面提升行政效能
5	审计署信息化建设办公室	审计署在金审工程中的实践
6	青岛市电子政务和信息资源管理办公室	山东省青岛市电子政务发展模式实践——电子政务发展之“青岛模式”
7	北京市高级人民法院	北京法院“信息球”立体运行模式
8	玉林市人民政府	广西玉林市在电子政务推进机制方面的实践
9	新疆维吾尔自治区社会保险管理局 新疆维吾尔自治区人力资源和社会保障厅信息中心	新疆维吾尔自治区在社会保险基金财务管理及社会保险基金运行管理分析系统的应用实践
10	济源市电子政务办公室	河南省济源市在电子政务建设推进模式方面的实践

2. 公共服务类

序号	申报单位	最佳实践名称
1	成都市人民政府行政效能建设办公室	四川省成都市在基层公开综合服务平台应用的实践
2	中国残疾人联合会信息中心	中国残疾人联合会信息中心开展残疾人网上无障碍服务的实践
3	青岛市行政审批事务和公共资源交易管理办公室、青岛市电子政务和信息资源管理办公室	山东省青岛市网上审批建设和应用实践——“大厅＋网络”双重集中实现审批方式改革
4	北京市东城区信息化工作办公室	北京市东城区在网格化社会服务管理中的创新实践
5	北京市西城区信息化工作办公室	北京市西城区在街道社区办事“全区通办”“三级联动”方面的应用实践
6	兰州市数字城市建设办公室	兰州市民卡
7	广州市人事人才信息资源中心	广州人事人才信息化公共服务平台的建设和应用实践
8	宁波市海曙81890求助服务中心	81890公共信息服务平台
9	南京市国民经济和社会信息化领导小组办公室	江苏省南京市市民卡项目建设实践
10	上海市食品药品监督管理局浦东新区分局	上海市食品药品监督管理局浦东新区分局在食品药品安全诚信信息系统的应用实践

3. 技术应用类

序号	申报单位	最佳实践名称
1	环境保护部信息中心	环境保护部信息中心在电子政务综合平台工程建设中的实践
2	湖北省卫生厅	湖北省在新型农村合作医疗信息化方面的实践
3	农业部信息中心	农业部在农业信息采集系统的应用实践
4	中国人民银行	中国人民银行在金融运行分析系统中的应用实践
5	北京市海淀区政府信息化工作办公室	北京市海淀区基于协同的网上办事与决策支持服务实践
6	北京市突发事件应急委员会办公室	北京市应急指挥系统
7	中共中央组织部信息管理中心、北京人大金仓信息技术股份有限公司	金仓数据库在全国党员、公务员管理系统中的应用
8	浪潮集团	湖南卫生厅应急指挥系统
9	江苏省发展和改革委员会	江苏省发展和改革委员会在行政权力网上公开透明运行系统的应用实践
10	上海市浦东新区卫生局	浦东医疗卫生信息系统共享联动工程一期项目

4. 政务微博类

序号	申报单位	最佳实践名称
1	团中央宣传部网络处	在推进共青团系统微博客建设方面的实践
2	南京市委宣传部	“南京发布”微博客在网络信息宣传方面的实践
3	江苏省常州市公安局	“平安常州”微博客在创新网上群众工作、探索民意主导警务方面的实践
4	杭州市行政服务中心	通过微博客搭建公共服务平台的实践
5	厦门公安局湖里事故科	“交警大刘”微博客在交通安全宣传、警察公共关系形象塑造方面的实践
6	河南省高级人民法院	豫法阳光在搭建司法公开民意沟通网络平台方面的实践
7	河南省公安厅	在打造网络互动公共平台方面的实践
8	湖北省人民检察院	检察官阿明微博客在服务为民方面的实践
9	湖北省武汉市江岸区城管局	“江城故事”微博客在城市管理工作方面的实践
10	银川市委办公厅、市政府办公厅	银川市政务微博在集群建设和管理方面的实践

二 中国科学院 ARP 系统应用探索与实践

由国家行政学院电子政务研究中心、电子政务专家委员会主办的首届中国电子政务最佳实践评选结果于12月6日至7日在北京召开的“2012中国第七届电子政务论坛”上公布，中科院申报的“中国科学院电子政务应用探索与实践（ARP系统应用探索与实践）”获2012年中国电子政务最佳实践管理创新类奖。本次评选活动由国家行政学院组织中国电子政务领域资深专家在来自全国各地300多份申请案例中，共遴选出40个来自中央部委、国家机关、地方政府、企事业单位的电子政务案例获得电子政务最佳实践奖项。

“中国电子政务论坛”是面向中央及国家机关、地方政府信息化主管领导和专家学者的高层次学术交流活动，由国家行政学院、国家信息中心联合发起创办，从2006年开始每年举办一届。论坛以“学术性、公益性、开放性、务实性”为原则，结合年度电子政务发展热点，由政府高层阐述政策导向，介绍具有创新性、普及性的优秀电子政务案例，交流电子政务应用的思路和经验，探讨电子政务发展趋势，促进政企合作，推进中国电子政务健康发展。本次论坛的主题是“中国电子政务十年实践进程”。在为期一天半的会议上，共有40多位领导和专家学者围绕中国电子政务十年进程、电子政务“十二五”规划、互联网与政府管理创新、新媒体与政府管理、电子政务最佳实践、新技术背景下的电子政务建设等多个议题进行了专题研讨和案例介绍。

三 国家林业局综合办公系统①

1. 系统简介

“国家林业局综合办公系统”是根据国家林业局电子政务建设总体规划，全面梳理国家林业局办公业务需求，开发综合办公应用、数据库应用、信息传输在内的综合办公系统，面向用户提供网络化、电子化、规范化、流程化的集中式协同办公和信息资源共享服务平台，实现决策科学化、办公规范化、工作自动化、监督透明化、服务便捷化，全面提升用户的办公水平和办公效率。

2. 系统主要成效

（1）本系统运行在国家林业局内网，业务内容涉及12个司局、25个直属单位，开通用户目前已达1596个。至今为止，共进行了75万多次操作（数据保存、提交），共进行了5万多项文件的办理，总数据量达83.5G。

（2）本系统在保证安全的基础上，坚持物理隔离，实现了外网PC的移动办公和手机终端的移动办公，从而形成了内网PC、外网PC及手机的多终端处理模式，保证了业务办理的及时性。

（3）本系统的使用使局内每份文件的运转周期，从原来的3个星期缩短为现在的1个星期，工作效率大大提高。

（4）本系统的使用大量减少了纸质文件的印制，印制费用降低为过去的10%，既节能又环保。

---

① 参见《中国电子政务十年实践进程》，2012年12月10日，森工总局信息中心（http://www.ljforest.com/sgzjxxzx/xxzxzxdt/2012/12/4844.html）。

3. 系统特点

系统在组织开发阶段，主要有以下特点：（1）高度重视，加强顶层设计。（2）立足实际，着力优化方案。（3）超前谋划，突出综合能力。（4）加强培训，确保全员使用。（5）本系统的使用基本实现了机关办文办事办会的电子化处理。

4. 系统在实施原则

（1）坚持统一技术标准和建设规范的原则。统一标准和规范是互联互通、信息共享、业务协同的基础。系统建设中始终坚持统筹规划、统一标准，通过标准化的规则设计系统，确保系统的技术可行性。

（2）坚持信息安全和网络稳定第一的原则。本系统充分运用身份识别、权限控制、日志与审计等信息技术手段，充分考虑信息安全和网络稳定，保证系统安全、稳定运行。

（3）坚持技术先进、架构合理的原则。本系统建设采用业界公认先进的和标准的信息技术，符合信息技术发展的趋势，保证系统在可预见期内有相对较长的生命力。

（4）坚持平台建设高可靠性的原则。将林业信息化基础平台作为整个林业信息化的基础支撑平台，设计和建设过程中充分考虑高可靠性要求，采用成熟技术及产品，既降低平台研发和运行风险，又提高平台可靠性。

（5）坚持系统平台实用与易用的原则。为确保投资的有效性和系统的实用性，系统设计尽量降低用户的操作难度，降低系统维护和升级成本。系统的界面采用了简单实用、易用的原则。对于系统的管理和维护人员，系统应具有管理方便和易于维护等优点。

（6）坚持系统平台灵活与可扩展的原则。系统的设计充分考虑了需求的变动可能、监管事项的变动可能，从接口、结构、容量等多个方面留有余地，保证系统能够较为方便地扩展和升级，为日后的全面实施推广应用奠定基础。

国家林业局综合办公系统的使用，大大提升了办公水平和办公效率：一是方便文件内容修改，二是方便文件内容摘抄，三是避免文件丢失现象，四是方便文件检索查询，五是方便文件统计汇总，六是方便文件归档保存，七是减少人员体力劳动，八是节约文件运转时间，九是节约纸张、降低成本，十是优化环境、低碳办公。

5. 系统评价

综合办公系统实现多终端移动办公。内网 PC 办公是用户通过国家林业局内网中的综合办公系统进行局内办公；外网 PC 办公是用户通过移动办公系统，将需外部办理的文件用物理转化的方式交换至移动办公系统中，通过外网数字认证的方式进行文件处理；手机移动办公是用户通过手机对接移动办公系统，用无线中间件（MKey3G）的适配，将数据通过数字传输专线接入移动基站，最终通过手机终端实现移动办公。

移动办公系统的上线运行，摆脱了固定场所和固定设备办公的限制，为局领导和各司局、各有关直属单位在外紧急签批公文和处理应急事件提供了极大便利，从而更好地提高了办事效率。

四　湖南省林地测土配方信息系统应用实践①

1. 系统简介

2000年以来，我省根据国家林业发展战略的总体目标和要求，结合省情林情，按照国家信息化发展战略部署，以电子政务为突破口，以网络建设为保障，以信息安全为基础，以实际应用为核心，在大力开发利用信息资源，以信息化带动现代林业发展上做了大量富有成效的尝试与探索。目前，全省林业内外网络建设、应用系统建设相继得到发展，林业信息资源得到有效积累，网络框架基本形成，设备数据逐步到位，系统开发不断推进，特别是内网办公取得了明显成效，基本形成内部文档网上办理、主要业务系统数字化操作、办公网络化和自动化的林业信息化格局。

为更好地利用信息化建设的成果，发挥信息化的优势，加强资源整合，更好地服务于林农，解决林农植树凭感觉走、靠天吃饭的现状，经过多年努力研究和探索，建立起一个诠释土地、树种、土地与树种之间的关系的林地测土配方信息平台，帮助林农了解土地、树种、土地与树种的关系，为林农植树造林提供科学依据。

2. 主要成效

湖南省林地测土配方信息系统自正式启用以来，全省各乡镇通过网络或辅助手段系统可查询率达到100%，林农使用率达到70%以上，为林农科技造林提供了精准、快捷、优质的服务，为发展现代林业、建设绿色湖南作出了巨大贡献。

这项工作得到了国家林业局和境内外媒体的高度肯定，被广大林农称为民本工程、德政工程。《人民日报》、中央电视台、湖南卫视、国家生态网、红网、《中国绿色时报》、凤凰卫视等媒体都进行了特别报道。中央电视台的《新闻联播》对此作了3分钟的报道。媒体评价“湖南林业把科学发展观落实到了山头地块”，其影响远远超出了单纯的技术范畴。

3. 主要做法及思路

湖南省林地测土配方信息系统综合运用“3S”、计算机、网络技术，依托湖南省林业基础地理数据库490多万个小班的8000多万因子，集全省二次土壤普查数据、新中国成立以来湖南省林业取得的1000多项科技成果，85个可以覆盖全省的主要造林树种及由20多位各专业学科专家撰写的针对每个树种的最新栽培技术，经过收集整理、研究整合建立起能对林地的属性进行查询与分析，并推荐适生树种和栽培技术的综合应用系统。该系统在硬件、软件、网络、数据库等各方面都采用了先进的技术和设计理念，在专家评审会上，大家一致认为该系统填补了国内空白，达到国内领先水平。

4. 经济、社会效益分析及评价

湖南省林地测土配方信息系统研发成功并投入使用后，已日益成为林业部门指导适地适树、科学造林的主要技术支撑平台，成为三湘百姓植树造林的好帮手。浏阳、平江等县为打造标准油茶产业带、油茶产业群，邀请省林科院相关专家深入实地采集土样、叶样和测土，并在专家指导下使用林地测土配方信息系统进行油茶造林作业设计。娄星区林业技术人员依据该系统为小碧乡镇南村村民刘志勇承包的山林地立地因子和土壤肥力因子进行

① 参见《中国电子政务十年实践进程》，2012年12月10日，森工总局信息中心（http://www.ljforest.com/sgzjxxzx/xxzxzxdt/2012/12/4844.html）。

了综合分析，作出了承包地刚好适合栽植油茶的科学建议。会同县林业局利用林地测土配方基础数据，制作林权权属小班与立地因子、土壤肥力因子和适生树种推广应用表来指导和发展林业生产。隆回县林业局长刘维湘介绍，林地测土配方信息系统为提高林地生产力提供了巨大动力，为提高造林成功率提供了宝贵经验。《中国绿色时报》2011 年 11 月 23 日报道：湘潭市应用林地测土配方信息系统始于 2010 年 4 月，2011 年初全面向农民推广。据统计，仅从 2010 年冬至 2011 年春，全市造林就节约成本 400 万元，肥料利用率提高了 10 多个百分点。老百姓高兴地说，有了林地测土配方开具的良方，今后造林再不用跟着感觉走了。

5. 问题及下一步设想和计划

（1）整合资源。结合全省林权数据库建设，整合林权小班数据与林地测土配方小班数据，将林业基础数据落实到林权小班，实现通过林权小班查询立地因子及适生树种，全面提升服务林农水平。同时，结合“十二五”森林资源二类调查，对小班立地因子、土壤肥力因子、适生树种进一步修正，并补充乡土树种适生立地因子和栽培技术进入系统，进一步提高林地测土配方信息系统精度。

（2）拓展应用。目前，林地测土配方信息系统小班土壤肥力因子数据是采用第二次土壤普查的资料，历经 20 多年变迁，小班土壤肥力因子数据已发生很大改变。因此，需要有序采集林地小班土壤样方分析化验，及时更新系统小班土壤肥力因子数据，用准确的实时数据科学指导造林。逐步开发主要经济林和用材林树种栽培施肥专家咨询系统。

（3）技术培训。由于基层林业技术人员比较缺乏林地土壤和造林作业设计等知识，2012 年将举办全省林地测土配方施肥技术培训班，现场讲解林地土壤、母质母岩、土壤质地等分类、识别等知识，并邀请专家讲解施肥技术有关知识，提高广大林业基层技术人员测土配方施肥业务水平，更好地维护、更新系统基础数据，提高系统准确率。

（4）宣传推广。充分利用湖南林业信息网、湖南林业电子政务网等现代信息技术平台，大力宣传、推广林地测土配方信息系统的作用与用途，让林地测土配方知识家喻户晓，使广大林农及涉林人员自觉地使用系统科学造林。

6. 推广的意义和价值

建立“湖南省林地测土配方信息系统”，为林农科学植树造林提供网上查询和专家咨询服务，这是湖南省林业厅党组让林农富起来、让山林活起来的初衷。它的成功有着重要的意义。

（1）湖南省林地测土配方信息系统依靠科学指导林业生产和发展，是深入贯彻落实科学发展观的深刻体现。今后，在造林实施方案、作业设计的制定上，将以林地测土配方信息系统为基础，做到土质分析、树种选择、水肥管理等与系统测试数据对接；在造林验收上，尤其长（珠）防林、血防林、油茶等国家有投入、需要验收的重点工程造林，将以湖南省林地测土配方信息系统的应用为支撑，确保造林的科学性和林业的可持续发展。

（2）林地测土配方信息系统及整个工作是林业系统最大的民生工程。它立足于三湘百姓，旨在为林农服务，目的就是要引导林农科学造林、脱贫致富。

（3）林地测土配方信息系统的研发成功是现代林业发展的必然要求。测土配方、科学造林、适地适树在发达资本主义国家已经实现了将近三十年，在中国的山地上，这项工作还未提到议事日程。林农植树造林还是依靠原始的经验，凭着感觉走。体现高新技术的湖南省林地测土配方信息系统顺应现代林业发展要求应运而生，为林农提供了一个科学的造林依据。

（4）湖南林地测土配方信息系统是林业信息化建设的一面旗帜。林地测土配方信息系统的研发成功并投入使用在全国尚属首例，它依托的是信息化的各种高端技术。它既是信息化技术的具体应用的体现，又促进了林业信息化发展。

五　北京市东城区创建网格化社会管理模式

1. 东城区创建网格化社会管理模式的背景

北京市东城区作为社会管理创新综合试点区，将创建网格化社会管理模式确定为主项目和总抓手，具有三个符合：一是符合中央精神。全国社会治安综合治理工作会议指出，加强信息化建设是新形势下提升社会管理效能的必由之路，要把信息化建设作为社会管理的有效手段。二是符合市委市政府要求。刘淇同志明确强调，要着力创新社会服务管理的体制机制，进一步完善网格化社会服务管理模式。市综治委在综合试点工作意见中第一项内容就明确提出试行网格化社会管理模式。三是符合东城区实际情况。起源于东城区的城市管理网格化模式这些年经过不断完善已具备了很好的基础，它与明确责任、有效化解人民内部矛盾的信访代理制，形成合力的城管综合执法机制，以及群防群治的社会治安守望岗等做法，有很多共同相通之处，为我们创建网格化社会管理模式提供了大量值得借鉴的经验，是我们的宝贵资源和独有优势。我们通过综合试点实践，继承、借鉴把这些先进的理念机制、方法和手段，移植到社会管理中，丰富新内容，拓展新领域，求得新发展，创造新经验。

2. 东城区创建网格化社会管理模式的指导思想

以邓小平理论和“三个代表”重要思想为指导，深入贯彻落实科学发展观，深入分析、准确把握当前社会管理建设的形势，抓住社会管理创新综合试点的契机，针对维护社会稳定和社会治安综合治理中突出问题和薄弱环节，将科学理论与社会管理实际紧密结合，将现代化信息技术与传统管理方法融合兼用，将社会群众的力量与专业组织的力量协调整合。通过建立网格化社会管理模式，开展网格化社会管理，做到“管得到、管得了、管得住、管得好”，社会建设服务日益优化完善，社会治安秩序保持良好，社会和谐稳定有效化解矛盾，社会基础牢固群众幸福满意。为建设世界城市，实现国际化、现代化新东城，创造一流的社会安全稳定环境。

3. 东城区创建网格化社会管理模式的基本理念

网格化社会管理模式，是指充分运用网格理念和现代信息技术，以责任制为依托、对社会各类人的管理为重点，综合考虑“地、物、事、组织”等因素，进行精细化管理的工作模式。创建网格化社会管理模式的基本原则是：“区委政府领导，街道牵头统管，各方履行职责，社区落地解决，网格无缝覆盖，信息联通共享”。创建网格化社会管理模式的总体要求是：“坚持以人为本，保障服务为先，强调法治为纲，突出预防为首，力求精细为标，运用调解为主，重在综合为要，立足网格为基。”通过实行网格化社会管理模式达到四个实现：

社会管理的现代化：运用现代科学、精细化的管理理念和科技信息技术，促进社会管理方式的信息化，效果的最优化。

信息资源的共享化：实现对政府行政资源、条块的管理服务资源、社会和市场的开放资源、社区居民、社区单位和志愿者队伍的自治资源等优化配置与整合共享。

综合效能的最大化：降低社会管理和维护稳定工作的整体成本，实现社会管理和服务综合效能最大化。

群众生活的优质化：立足以人为本的宗旨，以公共需求为导向，使网格成为满足群众公共服务与安全多样化需求的实体。

4. 东城区创建网格化社会管理模式的框架体系

网格化社会管理是一项复杂的社会系统工程，要保障这一系统运行顺畅高效，需要有六大系统组成，即：以民生保障为基础的建设服务系统；以现代科技为依托的信息网络系统；以高效顺畅为要求的组织指挥系统；以预警防范为先手的维稳防控系统；以快速反应为特征的应急处置系统；以真实客观为标准的考核评价系统。

围绕上述六项系统建设要做好六项工作，建立六个机制：

第一，做好社会建设服务工作，建立社会基础保障机制。大力发展经济和社会公共事业，不断满足群众文化物质需求，切实解决群众生活困难，通过问需于民，问计于民，对社区网格的居民需求予以量化、归类拉出条目，实行折子任务书，明确区各相关职能部门和各街道任务职责，项目到人，任务到人，责任到人。通过改善群众生活，增加维护社会稳定和谐的积极因素，减少发生社会矛盾纠纷的消极因素。

第二，做好信息网络系统建设工作，建立信息化工作机制。网格化社会管理工作开展依托于网格化社会管理信息系统，整体系统要围绕五个子系统进行建设：以人、地、物、事、组织数据、网格数据、基础地理信息数据为主要内容的基础数据库子系统；应用3G等无线通信技术，采集网格内各类问题、基础数据动态变化等信息的问题上报子系统；对上报问题进行网上登记立案、派遣受理、监督结案的问题受理子系统；区指挥中心、街道分中心和社区工作站、各个专业部门解决各类问题并根据管理对象的动态变化实现管理力量的科学、动态匹配的协同工作子系统；对全区社会管理全方位地实时指挥与调度，掌握工作整体情况的监督指挥子系统。

第三，做好组织机构建设工作，建立高效顺畅的组织管理机制。成立由党政主要领导负责的区、街道（地区和部门）、社区三级网格化社会管理创新试点工作组织管理机构，作为全区网格化社会管理工作的资源配置、信息交流和决策实施平台，并按照“六统一”要求和各自任务分工开展工作：即在工作决策上实行统一规划部署、对工作落实情况实行统一监督指导、对网格管理力量实行统一动员协调、对各类信息实行统一分析研判、对工作运行中的重难点问题实行统一协调解决、对工作绩效实行统一监测评价。

第四，做好信息情报的预判分析工作，建立预警防范工作机制。在网格化社会管理推进过程中，改变“亡羊补牢”式的工作状况，建立“举一反三”式的前馈控制机制。充分利用网格平台强大的信息处理能力，对社会管理中“屡整屡现”“屡治屡犯”的“顽症”进行数据分析，从体制、机制和政策、法规等层面查找深层次的原因，将管理视角前移，与相关责任单位探索建立和完善相关长效管理机制，从源头上减少管理问题的发生率。通过加强信息资源统计、归类、分析，掌握群众的需求和呼声，把握社会管理和公共服务中的薄弱环节以及新情况、新问题，找出社会管理工作的“缺位”和“盲区”，建立社会稳定风险评估机制，为政府科学决策提供依据。

第五，做好应急处置的各项基础工作，建立快速反应的应急处置机制。社会矛盾纠纷和各类问题具有发生突然、情况复杂、任务紧急的特点。要充分发挥信息平台组织指挥系统统筹协调的作用，将公安、消防、卫生等专业队伍统筹纳入全区应急处置体系，不断完善应急预案，定期开展培训演练，查漏补缺，做好各项基础工作，确保危及关头，整个社会管理体系快速运转、快速反应，人员措施迅速到位，工作措施有效，问题处置得当。

第六，做好督察指导工作，建立以真实客观为标准的考评机制。加强对各街道、各部门工作落实情况的监督和指导，建立以管理对象为主体，分地区、分部门的社会管理评价指标体系；建立以管理者为主体的工作绩效考核指标体系；建立以内评价（信息系统客观评价）和外评价（社会公众）为依据的评价模型和信息分析系统，以图文方式产生评价结果。通过评价分析发现社会管理各项工作中的薄弱环节，利用分析指标综合反映全区的工作情况，为领导决策和社会管理服务提供依据。

5. 东城区网格化社会管理的组织层级和网格划分

总体概括为“三级平台，四个层级”。

（1）“三级平台”，即：东城区社会服务管理综合指挥中心、XX 街道社会服务管理综合指挥分中心、XX 街道 XX 社区社会服务管理综合工作站。

（2）“四个层级”，即：区级、街道、社区级、网格级。如果用网格化比喻上述四个层级，也可称为：网纲（区级）、网目（街道）、网结（社区）、网格（最小管理单元）。

（3）“网格划分”：社会管理网格的划分以城市管理网格为借鉴，遵循完整性（四至范围明确）、便利性（有利于管理）、均衡性（每个网格内管理工作量大致均衡）、差异性（特殊情况区别对待）等原则，客观分析一个社区的人员数量、人群类型、人群特点，对“地、物、事、组织”等诸多因素综合分析的基础上，进行科学合理的划分。不仅要看平面外表，更要注重垂直立体、地上地下内部构成情况，要充分考虑网格内服务管理的人员数量，户数不宜过多也不宜过少。网格划分不突破社区界线，一个社区一般划分为 3—5 个网格（个别例外），网格最小不小于一栋楼宇（院落）。

6. 东城区网格化社会管理模式各管理层级主要任务和力量配置

网格化社会管理按照四级管理的模式开展工作。

（1）区级社会服务管理综合指挥中心

主要任务：提出指导工作意见，进行监督协调，开展考核评价，指挥重大事件处置。

力量配置：区委书记、区长为总负责人，分管领导为主管责任人，以区综治办、区公安分局、区信息办等部门为主，组建人员队伍，承担全区指挥中心任务。

（2）街道社会服务管理综合指挥分中心

主要任务：完成区委、区政府交办的社会服务管理各项任务，统管街道辖区内社会建设服务、社会面防控、矛盾纠纷化解、社区工作指导、重点地区整治等，确保一方安全稳定。

力量配置：街道工委书记、办事处主任为总负责人，分管副书记、副主任、派出所所长为主管责任人，各街道根据实际将街道城市管理综合执法组与综治维稳工作中心进行人员力量资源整合，由流管、民政、信访、城管、公安、消防、卫生、工商等部门抽选专业人员成立街道社会管理综合执法组，街道工委书记、办事处主任为组长，主管领导为常务副组长，街道负责对社会管理综合执法组成员的管理、监督、考核，并对干部的任用提出意见。街道社会管理综合执法组主要承担：社会治安防控、环境秩序治理、矛盾纠纷化解、重点时期维稳、专业专项执法、基层平安建设等工作职责。各街道要尽快做到组织机构落实、人员力量落实、办公场所落实、信息平台落实、工作机制落实。

（3）社区社会服务管理综合工作站

主要任务：充分发挥社区党委、社区居委会和社区服务站的作用，搭建社会管理信息平台，将社区人、地、物、事、组织等社会管理基础电子台账纳入其中，形成下联网格基础数据，上接街道社会管理信息平台的动态管理机制。通过分析掌握各种信息，制定工作方案，组织调配力量，发挥各方合力。对重点人和事、重点部位场所开展工作，实施管理。进一步落实信访代理工作，以社区代理为基础及时解决小事、身边事，将矛盾化解在网格内，将隐患消除在萌芽初始期，力争小事不出社区，大事不出街道，确保矛盾不上交。积极拓展社会公共服务（1510 生活服务圈功能）开展各种便民、利民、助民活动。

力量配置：街道委派一名处级领导联系指导社区工作，社区书记、主任为总负责人。深入实施社区警务战略，探索尝试将警区建立在社区的做法，每个警区由 3—5 名民警组成，设警长 1 人，警长与社区治保主任为社区（警区）综治维稳工作主管负责人，同时，街道社会管理综合执法组也根据各社区综治维稳工作的重点和特点，派驻有关人员协助社区开展工作。

（4）网格

主要任务：及时掌握了解网格内的重点人员、重点部位、突出事件、社会组织、群众意见需求等情况，将相关情况报送社区社会服务管理综合工作站。努力在第一时间、第一地点发现问题，上报信息，调解矛盾，妥善处置，稳控事态。努力将矛盾纠纷化解在网格内。组织、动员、培训、指导楼门院长和社会管理信息员、志愿者开展工作。

力量配置：每个网格配备 1 名民警、1 名社区干部、楼门院长和若干社会管理信息员、志愿者。

7. 东城区创建网格化社会管理模式的创新点

（1）融合了网格化管理、信访代理、综合执法等成功经验。我们借鉴城市管理网格化理念，移植到社会管理工作中，与城市管理对部门、事件管理不同的是，更加突出了对人的服务和管理。并将信访代理、城市管理综合执法、矛盾纠纷化解、自治组织调解等工作，借助网格化为载体，对社会管理的内容进一步充实和丰富，使工作的领域得到进一步拓展，形成了网格化社会管理的基本模式。

（2）设计搭建了三级社会管理信息平台。通过建立区、街道、社区三级管理信息平台促进了社会管理工作的现代化、信息化。工作的上传下达更加迅速快捷，各类资源信息实现联通共享、对各类情况问题的掌握和沟通更加迅速准确。

（3）更加突出了社区、网格基层基础的作用。在创建网格化社会管理模式中，采取工作建制下设、工作重心下移、工作力量下沉，进一步加强基层配置，加强基层力量，力争使每个网格都有社区干部、公安民警和社会管理综合执法组人员，以及各种群众志愿者。为“小事调解不出网格，大事化解不出社区、街道”目标的实现提供组织保障。

（4）积极探索了社区警务体制改革。为改变现有 1 社区 1 民警、基础力量薄弱的现状，提出把警力配置最小工作单元建在社区，实现 1 社区 1 警区的组织体制。每个警区设警长 1 人，民警 3—5 人，由 1 社区 1 民警变为 1 社区多警，重点网格也可以是 1 格 1 警。这种深入实施社区警务战略，重在源头预防，把警区建在社区的变革，体现了固本强基的思想。

（5）在街道成立了社会服务管理综合指挥分中心。更加强突出了对基层主动开展各类矛盾纠纷排查发现的要求，更加强调了对矛盾纠纷的调解和控制，避免矛盾纠纷的激化和升级，体现了预防为先的思想。

（6）提出了务实灵活的网格划分标准。社会管理网格的划分依据的是管理对象的现状和变化情况，体现的是对人的管理，表现出立体化和动态化的特点。社会管理网格的划分，既要遵循以行政区划为边界、范围，更加强调的是要有利于加强服务和管理，并尽量考虑到每个网格内工作量的均衡性。

（7）强化了“块”的统筹统管作用。社会管理工作中，各职能部门要委派工作人员加入街道社会管理工作组，融入对社区、网格的服务和管理工作体系中，工作绩效由街道负责考评。这种做法，打破了“条块壁垒”，“条”上各部门和社会各方的工作机制、人员力量和工作手段实现了在“块”上的综合，使工作效能得到进一步提高。

第三节　代表性成果

【《电子政务顶层设计：信息化条件下的政府业务规划》】

作　　者： 于施洋　王璟璇　杜平

出版时间： 2014 年

出版机构： 社会科学文献出版社

内容摘要： 该书结合中国信息化发展和政府改革的时代背景，系统地论述了电子政务顶层设计的基本框架与方法体系。全书分为八章，在分析国内外理论体系与实践现状的基础上，阐明了中国电子政务顶层设计的目标与推进策略，构建了顶层设计的基本框架，并对框架内各架构的具体设计方法进行了详细阐述，探讨了电子政务顶层设计成果的应用方式，最后系统地介绍了福建省和上海市电子政务顶层设计实践的相关思路与方法。该书在确保理论性和系统性的同时，更强调实践指导性。

【《电子政务发展前沿（2013）》】

主　　编： 沈大风

出版时间： 2013 年

出版机构： 中国经济出版社

内容摘要： 该书由沈大风主编、国家信息中心权威发布，对近一年欧美等国电子政务建设的战略规划、政策法规、标准规范、管理方法、实施方案进行了精心选择、严谨释译和认真撰写。该书以促进开放共享、加强安全保障和追踪发展趋势为主线，为中国电子政务理论研究和工程实践打开了一个开放的窗口，可供更多关注电子政务建设发展的政府部门、专家学者、参与电子政务研究与建设的企业、高校、科研院所以及同行参阅。

【《电子政务》】

作　　者： 杨路明

出版时间： 2012 年

出版机构： 电子工业出版社

内容摘要： 该书结合目前电子政务发展的实际，对电子政务的基础内容与应用内容进行了比较详细的讲解与讨论。主要内容包括：电子政务的概念及发展、电子政务系统的总体框架、政府内部电子化办公处理系统、政府电子化公共服务系统、政务信息资源管理系统、政府决策支持系统、电子政务系统的评价、电子政务中的客户关系管理、电子政务与政府流程、电子政务对政府管理的影响、电子政务法律法规、电子政务系统的安全保障等。

【《电子政务应用中的信息资源共享机制研究》】

作　　者： 蔡立辉

出版时间： 2012 年

出版机构： 人民出版社

内容摘要： 该书从政务信息资源共享机制的概念内涵出发。以政务信息资源共享机制所包含的管理机制、保障机制和运行机制为基点。以深化行政管理体制改革、电子政务普遍推进和服务型政府建设的现实为背景。以电子政务应用绩效与政务信息资源共享机制之间的内在关联性为核心。以问题为导向，以揭示问题、分析论证问题和探索具有可操作性的政务信息资源共享机制建设路径为主要研究内容，从而探究建立健全电子政务应用中政务信息资源共享机制、促进深化行政管理体制改革和提高电子政务应用绩效。该书在研究方法、研究运用的知识体系、研究提出的观点和结论等方面。都表现出了强烈的时代性、科学性、可操作性、实用性和多学科交叉性，特色鲜明。

【《2013 江苏省电子政务发展报告》】

编　　者：《江苏省电子政务发展报告》编委会

出版时间：2013 年

出版机构：江苏科学技术出版社

内容摘要：该书分报告篇和案例篇，由总报告、专项报告、地方报告、行业报告、权力阳光及试点应用案例、社会管理和公共服务案例、市场监管和业务管理案例、资源整合和技术支撑案例八部分构成，力求该发展报告能够全面真实地记录江苏电子政务发展的历程。

【《指尖上的“政”能量：如何运营政务微博与微信》】

作　　者：人民网舆情监测室

出版时间：2013 年

出版机构：人民日报出版社

内容摘要：该书将人民网舆情监测室近年来的政务微博研究成果进行汇编和整理，对政务微博发展的脉络、微博在当今政务工作中的重要作用及未来趋势等，结合具体案例，从宏观和微观两方面，做了细致梳理和总结。希望能给各级政府领导和政务微博运营团队、企事业单位微博运营团队、研究者提供有益的借鉴。该书为国家社科基金重大项目的阶段性成果。

【《电子政务研究与实践进展》】

主　　编：图书情报工作杂志社

出版时间：2013 年

出版机构：海洋出版社

内容摘要：该系列丛书聚焦于近几年来图书馆学情报学的热点研究主题，包括知识服务的现在与未来、学科服务进展与创新、微博与信息传播、电子政务研究和电子商务研究与实践进展，从基础理论、技术平台建设、实务和案例等多个角度来组织内容。资料翔实，汇集了多位学科专家的最新研究成果和智慧，观点新颖而富有见地，反映出众多图书馆学情报学前沿研究的现状和发展趋势，对理论研究和管理实践探索均具有十分重要的参考价值和指导意义，可作为图书馆学、情报学及相关学科的教学参考书，以及图书情报领域研究学者和从业人员的专业参考书。

【《中国电子政务最佳实践案例集》】

作　　者：洪毅

出版时间：2012 年

出版机构：国家行政学院出版社

内容摘要：该书主要内容包括：金仓数据在全国党员、公务员管理系统中的应用、中共中央组织部信息管理中心北京人大金仓信息技术股份有限公司、中央统战部在网站建设方面的实验中央统战部信息中心等。

【《中国电子政务十年（2002—2012 年）》】

作　　者：杜平

出版时间：2012 年

出版机构：社会科学文献出版社

内容摘要：该书分为上、下两篇。上篇（实践篇）从总体进展、体制机制、网络基础设施建设、地方典型经验及服务型政府建设等5个方面对过去十年中国电子政务发展进行总结回顾，全面展现中国电子政务的发展历程与成就。下篇（人物篇）围绕重大决策、重点工程、模式创新、网站建设、产业发展等方面，通过对近40位电子政务有关领导、国内外专家和一线建设者的深度访谈，解读政策背景，剖析关键问题，探索下一阶段中国电子政务的发展方向与路径。

【《电子政务需求识别》】

作　　者：张勇进

出版时间：2012年

出版机构：国家行政学院出版社

内容摘要：该书基于社会对象行为、政府行政管理和信息技术系统内在逻辑的一致性，初步打通对象体系、行政体系和技术体系的信息转换衍化流程，提出电子政务需求识别的分析方法，以及应用需求识别结果的转换路径，为政府管理创新和行政管理体制改革提供新的思路。电子政务需求识别，既不是分析政务部门自身的工作需求，更不是理清先进信息技术的具体应用思路，其本质是识别服务对象、管理对象和工作对象对政务部门及其管理人员提出的要求，对成熟先进技术应用可提供的诸多选项进行价值判断。打通社会对象行为、政府行政管理和信息技术系统三者之间的信息衍化路径，为电子政务的应用和发展提供一个无比广阔的空间，比如，提升业务繁忙部门的工作效率，支持跨部门合作和关联数据共享，推进重大社会问题的解决，支撑政府机构改革和职能转变，协助党政官员落实改革发展的宏图大略。

【《面向公共服务的电子政务管理体系研究》】

作　　者：孙宝文

出版时间：2012年

出版机构：经济科学出版社

内容摘要：该书基于新公共管理理论、IT治理理论和现有的电子政务研究文献，立足中国国情，研究了政府部门推进电子政务公共服务过程中管理体系建设中的核心理论问题。通过辨析电子政务管理体系的概念、构建电子政务管理体系的理论框架以及一系列的实证研究，该书力图从理论层面系统地解释面向公共服务的电子政务管理体系建设的核心研究问题，并有针对性地提出构建电子政务管理体系、提升电子政务公共服务能力的政策建议。

【《电子政务与公共服务：中国信息化发展报告》】

编　　者：工业和信息化部信息化推进司

出版时间：2013年

出版机构：电子工业出版社

内容摘要：该书是工业和信息化部信息化推进司组织编写的反映中国信息化发展状况的最新的一份年度报告。报告以“电子政务与公共服务”为主题，力图反映中国电子政务发展的历程和整体架构、反映电子政务在推动政府创新、政府信息公开、社会管理和公共服务方面的巨大作用，反映基层电子政务的发展情况和电子政务公共服务模式创新情况，并从全球视角分析电子政务安全所面临的挑战以及各国在电子政务发展方面的战略、经验和趋势。

第十八章　公共人力资源管理

毕鹏程　张相林

第一节　理论进展

一　总体情况分析

（一）研究论文、著作、课题统计

公共部门的人力资源是指在公共部门工作的人员，尤其是指在国家、政府等公共部门从事公共事务管理的国家公务人员。相对于其他部门的人力资源而言，公共部门人力资源具有公共管理的四个基本特征：1. 履行公共权利，这是公共人力资源管理的基石；2. 追求公共利益，这是公共人力资源管理的宗旨；3. 作用的对象是公共事务，这是公共人力资源管理活动的客体；4. 具有公共责任，这是公共人力资源管理的灵魂。因此，无论是从宏观层面还是从微观层面开展的，依照国家相关政策和法律，对公共部门人力资源进行合理的规划、招聘、考核、激励、培训、开发等一系列的管理与开发活动，都显得尤为重要。①

随着国外对于公共部门人力资源的愈发重视，中国学者也在不断地加强对于公共部门人力资源的理论研究和实践研究，对于公共部门人力资源管理的理念、思路、实施方法等内容都在不断地变化，尤其是理念方面，更加注重人力资源在公共部门工作开展中起到的重要作用。结合公共部门“公益性”的实际情况来灵活地学习企业与之相适应的人力资源管理方法，而非像过去照搬照抄、死板僵化。这逐渐形成了公共部门人力资管理自身的特点，并且在不断地研究中发现问题、分析问题、解决问题，从而推进公共部门人力资源管理的发展。在这些研究中，我们对其进行了分类，以便更好地进行阐释。分类标准包括三大检索源（期刊全文、硕博论文、重要会议论文）以及四种检索方式（题名、关键词、主题、全文）进行了汇总整理（见表 18—1）。除此之外，我们还将文献进行了领域汇总统计，其分类为：公共部门人力资源管理研究的总体情况分析；公共部门人力资源管理战略与规划；公共部门人力资源招聘与配置；公共部门人力资源培训与开发；公共部门薪酬与福利；公共部门绩效与绩效管理；公共部门员工关系管理；国外经验借鉴研究；发展趋势研究和 2012—2013 年公共部门人力资源管理研究述评（见表 18—2）。需要指出的是，仍有些许文献属于公共人力资源范畴，但大多内容较为分散，因此不作处理。由于中国对公共部门人力资源管理研究的越发重视，国家对于相关研究的支持也在逐渐增强，因此我们也统计了 2012—2013 国家社科基金、国家自然基金、省市社科基金和省市自然基金的

① 吴思琼：《公共人力资源管理》，北京大学出版社 2006 年版。

立项和结项课题以及相关著作（见表 18—3 和表 18—4）。

根据对文献的整理，我们发现，期刊类的文献内容更为丰富，而根据检索方式的不同可以看出，全文搜索得到的结果最多。但不同的检索方式，会存在一定的重复性，除此之外，一些按照检索方式搜索到的文献经过进一步的分析，其内容并不属于公共部门人力资源管理范畴，另一些文献中，有的内容包含我们领域分类中的两部分内容，我们将其进行重复统计。如李娟发表的《地方高校岗位绩效工资制实施现状分析》，我们将其分别计入绩效与绩效管理以及薪酬和福利两个领域。[①]

表 18—1　　2012—2013 年公共人力资源管理研究文献汇总　　单位：篇

检索源/发表时间/检索方式			题名	关键词	主题	全文
期刊全文	2012 年		40	9	48	291
	2013 年		28	2	40	196
硕博论文	2012 年	博士论文	0	0	32	2545
		硕士论文	16	0	315	23079
	2013 年	博士论文	0	0	28	2021
		硕士论文	4	0	244	18711
重要会议论文	2012 年		2	0	13	877
	2013 年		0	0	4	608
合计			90	11	724	48328

检索来源：中国知网、万方数据。

表 18—2　　2012—2013 年公共人力资源管理研究文献分领域汇总统计　　单位：篇

领域	数量
公共部门人力资源管理研究总体情况分析	72
公共部门人力资源管理战略与规划	10
公共部门人力资源招聘与配置	7
公共部门人力资源培训与开发	40
公共部门薪酬与福利	31
公共部门绩效与绩效管理	26
国外经验借鉴研究	7
发展趋势研究	9

① 李娟：《地方高校岗位绩效工资制实施现状分析》，《东方企业文化·企业政工》2013 年第 6 期。

续表

领域	数量（篇）
2012—2013 年公共部门人力资源管理研究述评	3
合计	205

检索来源：中国知网、万方数据。

表 18—3　　2012—2013 年公共人力资源管理研究课题统计　　单位：项

基金		数量（项）
国家社科基金	2012 年	13
	2013 年	8
国家自然基金	2012 年	
	2013 年	
省市社科基金	2012 年	
	2013 年	
省市自然基金	2012 年	
	2013 年	

检索来源：相关管理网站。

表 18—4　　2012—2013 年公共人力资源管理研究著作统计　　单位：本

著作	数量（本）
2012 年	1
2013 年	4

检索来源：当当网。

（二）研究热点

在对于国外公共部门人力资源管理的研究并结合自身的情况下，中国许多学者都相继提出了自己的观点和实践成果，除了传统的六大模块外，研究出现了另外几个热点。

首先是公共部门人力资源管理外包。我们知道，对于一个组织来说，把握核心竞争力，将一定的非核心部门以外包的手段交给其他专业组织处理，可以有效地减少公司运营成本，又不会影响公司竞争力。从对于国外公共部门人力资源管理外包的情况的研究，唐权和陶建兵先总结出了国外公共部门人力资源管理外包的体系：一是，外包的相关理论；二是，外包的优势；三是，外包的劣势；四是，外包的实践情况。进而又分析国内组织外包情况①。从分类方面来说，包括如萧鸣政认为政府工作人员应包括公务员、政府雇员、

① 唐权、陶建兵：《北部湾经济区政府部门人力资源外包研究》，《中共山西省直机关党校学报》2013 年第 1 期。

勤杂人员三类[①]，学者马贵舫根据价值和独特性将人力资源外包分为核心类、独特类、外围类和传统类四个类别。[②] 但从实际的运作来看，西方国家拥有一条严密的以“人力资源服务合同”为纽带的理论与实践，而中国的人力资源外包更注重外包理论是否可行。接着唐权和陶建兵正式提出了政府人力资源外包的含义、理论支撑和实际意义，以北部湾经济区政府部门为例，提出其问题，加以分析，并提出相应的建议。

另一个研究热点是政府雇员制。政府雇员制发轫于西方，是指政府以契约形式聘用、管理某些专门技术人才承担部门临时工作的人员的公共人力资源制度。它以劳动合同为主要手段，来界定、规范和调整政府与雇员之间的权利义务关系，其主要目的是通过公共部门人力资源的优化和组织形式的完善，来提高行政效率、降低行政成本，为社会发展提供多样化和高品质的公共产品。张萍萍对中国雇员制作出了她的评价和分析，在文中她首先提出了政府雇员制的内涵和特点。其次，提出了实施政府雇员制的优势，之后她具体写出了中国政府雇员存在的问题及应对措施。最后她总结道：对于政府雇员制，这一西方“舶来品”在中国的试点推行中虽然存在许多问题，但是其可谓打破了中国公共组织传统录用公务人员的坚冰。该文从现代公共组织人力资源管理的理念出发，开始科学地考虑中国公共组织的人事行政问题，从这个角度来说，我们应该倍加称赞。[③]

谈到政府雇员制，罗哲、邓利、侯波的文章也涉及了此内容，他们将政府雇员制效果称为“鲶鱼效应”。“鲶鱼效应”本来应该激发公共部门人力资源的潜力，但是实际操作当中却没有得到预期的效果。他们认为，导致这种现象发生的原因有如下几个：一是没有同一的规章进行规范，各地区政府雇员制的实施办法内容不够完善与充分，甚至还有相互冲突的地方规章，缺乏权威性，不能在更大范围内有效调动公务员队伍的积极性。二是雇员带来的竞争效应不足。三是在有些地方，由于政府雇员薪酬大大高于公务员导致难以激发后者的积极性。四是作为特定领域的专家，政府雇员通常扮演组织中的参谋角色，但其建议很少得到上级领导的认同，严重挫伤了政府雇员的工作热情，难以对公务员体制产生冲击。五是政府雇员权益仍处于弱势地位。同时，他们提出了相应的对策。

（三）理论创新

随着对于公共部门人力资源管理研究的不断深入，中国学者不仅根据国内的情况而对国外的管理理论、方法进行灵活性的学习和采用，同时结合实际情况，提出了许多创新性的观点。主要的创新内容包括以下几个方面：

第一，公共部门人力资源管理理念创新，包括人本理论，新泰罗理论和学习型组织理论和企业家精神；

第二，公共部门人力资源管理机制创新；

第三，公共部门人力资源管理方式方法创新。

思想决定行为。在公共部门人力资源管理的创新中，首先要创新的就是理念。国外对于公共部门人力资源管理的理念有很多，但中国学者结合自身的实际情况，在理论上做出了一定的创新。基于公共部门的特殊性，其管理也应做到“以人为本”。郝瑞卿谈道：

---

① 萧鸣政：《中国政府人力资源开发概论》，北京大学出版社 2004 年版。

② 马贵舫：《试论政府人力资源外包》，《人才开发》2009 年第 5 期。

③ 张萍萍：《公共组织人力资源视角下我国雇员制效应评价》，《辽宁行政学院学报》2012 年第 8 期。

“以人为本”的政府人力资源理念认为，人本身就是一种资源，而且是一种比其他物质资源更加优越的资源，可以持续不断地开发和实用具有高回报率和收益率。公务员不再仅仅被看作是会照章办事的机器，他们是一种潜力巨大、增值率极高的资源。只有调动公务员的积极性和创造性，才能从根本上促进政府的改革和进步；只有实现公务员自身的价值，才能实现社会发展的终极目标。这意味着以人为本的管理理念的制度设计必须贯穿于政府人力资管理的始终。[①] 郑玲也强调人本思想的重要性。她认为中国公共部门人力资源管理存在理念陈旧、弹性管理缺乏、不合理的教育体制等诸多问题。从人本理念的角度对人力资源管理现状进行了审视，并从招聘、培训、绩效考核、激励机制、法治规范等方面提出了相应的对策。[②] 靳宏提出，将心理契约论应用于公共部门人力资源管理中来，为当代公共部门人力资源管理提供了崭新的视角。他认为，当前我国公务员心理契约正在从关系型契约向稳定型契约过渡，公务员对雇佣条件的要求明显提高，而不同部门的公务员对雇佣条件的要求又存在着明显的区别和差异。因此，构建新型公共部门人力资源管理策略必须从心理契约入手，建立人本管理机制，进而促进公共部门的良性发展。[③] 对于心理契约的提出还有另外一名学者——范娜娜，她梳理了心理契约论以及中国公共部门人力资源方面的相关研究，并尝试对两者之间的可行性分析进行阐述，从而提出了构筑中国公共部门良好心理契约的重要途径：人本化管理：以“以人为本”的理念来构筑心理契约；愿景式管理：以共同的愿景来凝聚心理契约；参与式管理：以互动的方式来维护心理契约；激励式管理：以激励为切入点引导心理契约。[④] 杨钰提出曾经的泰罗主义过分追求效率，而运用新泰罗主义的观点，即管理的目标应当是对科学、效率的追求和对人性的追求，两者不可偏废。这从一个新的理论视角看待公共部门人力资源管理的问题，有利于公共部门实现高效率服务公众的目的。[⑤]

学习对于组织甚至是国家来讲都是十分重要的，在知识经济的时代，知识成了十分重要的因素，也是人力资源提高其质量、国家增强全球地位所必不可少的内容。对于组织中的人员而言，学习不仅可以提高自身解决组织中存在问题的能力，同时也有助于自身职业前景的发展。马岚、叶继武和潘友亮根据彼得·圣吉提出的学习型组织的模型将学习型组织和中国公共部门人力资源相结合，提出了公共部门人力资源的发展新模式。[⑥]

理念创新的最后一项是企业家精神应用于公共部门人力资源管理。彼得·德鲁克在《创新与企业家精神》中谈到，企业家精神绝不只是存在于一些一英里为目的的组织当

---

① 郝瑞卿：《试论政府部门人力资源管理的机制创新》，《农村经济与科技》2012 年第 3 期。

② 郑玲：《人本理念下的公共部门人力资源管理创新》，《闽西职业技术学院学报》2013 年第 12 期。

③ 靳宏：《心理契约建构与我国公务员管理的新型策略》，《中共天津市党委党校学报》2013 年第 4 期。

④ 范娜娜：《我国公共部门人力资源管理问题研究——基于心理契约理论的视角》，《中山大学研究生学刊》（社会科学版）2012 年第 3 期。

⑤ 杨钰：《我国政府人力资源存在的问题及战略思考——以新现代泰罗主义的视角》，《领导科学》2012 年第 35 期。

⑥ 马岚、叶继武、潘友亮：《学习型组织理论视角下的政府人力资源管理探析》，《改革与开放》2012 年第 10 期。

中，例如政府部门、非营利组织、学校等部门也更加需要有企业家的创新精神。[①] 杨秀丽、陆艳、朱俊借用这个概念，提出了中国政府人力资源管理如何从中获取优势。并以新疆政府机构为例，从人才选拔、绩效考核、人员培训、激励机制等方面指出现有的不足，进而引入企业家精神对现况进行改善。[②]

公共部门人力资源管理机制创新，对于公共部门人力资源管理的不断完善有着十分紧密的联系。前者是后者实现公共部门目标的重要手段和途径，对培养和提高公职人员能力也起着十分重要的作用。要想提高公共部门工作效率与服务质量，不断创新，与时俱进，充分体现公共部门的“公益性”，就需要注重公共部门的管理机制，这不仅有助于公共部门目标的实现，也有助于公职人员自身能力的提高和前途的发展，同时真正做到了服务为民。郝瑞卿谈道：对于公共部门人力资源管理除了理念上的创新之外，应该注重机制的创新。他提出以下几种方法：建立政府部门人力资源信息管理体系；在政府人力资源管理中强化市场机制作用；加强教育培训，实现知识管理，努力塑造学习型组织。[③] 胡宗义和刘亦文创造性地提出，政府采用雇员制的手段进行人员的管理，他们结合对长沙市的时间研究，发现政府官员制已经发展成为公共部门一个重要的组成部分，与公务员一样不可或缺。随着政府雇员制的运用和发展，这种人事制度必将被纳入到包括公务员制度在内的干部人事制度的范畴，进而形成政府雇员制度与公务员制度优势互补、共同发展的、符合科学发展观的人力资源管理体系。[④]

除了理念和机制上的创新，中国公共部门人力资源需要培养和提升公职人员能力的强有力的方式和方法。当前，中国公共部门人力资源管理方式方法存在许多问题，应当予以重视。王敬涵谈道：公共部门人力资源管理创新上是一个非常复杂的问题，设计原因较多，范围较广。基于此，他提出了一些对策，比如将公共部门人力资源管理外包；改革公共部门人力资源审批制度；建立公共部门人力资源信息系统等。[⑤] 最后，刘洁从更加具有针对性的基层政府进行分析，提出了改革结构、加强监督和培训力度等创新管理途径。[⑥]

二　公共部门人力资源管理战略与规划

人力资源的战略与规划是指视人口为不同于其他物质的有效资源，根据过去的经验、现实的条件和实际情况，对未来人员的使用和潜力的开发进行的计划与安排。人力资源战略与规划对组织的影响十分巨大，它属于长远性的计划和安排，对于组织的发展具有指导性的意义。人力资源战略与规划具有以下三种特点：第一，全局性。它不是单纯指一个人与岗位之间能否匹配的思考，而是涉及组织全局。第二，长远性。它关系到组织长久的未来，虽然对于现在也有影响，但是更看重对未来的影响。第三，适应性。人力资源战略和

---

① ［美］彼得·德鲁克：《创新与企业家精神》，蔡文燕译，机械工业出版社2007年版。

② 杨秀丽、陆艳、朱俊：《论企业家精神运用与政府人力资源管理——以新疆为例》，《现代商贸工业》2012年第23期。

③ 郝瑞卿：《试论政府部门人力资源管理的机制创新》，《农村经济与科技》2012年第3期。

④ 胡宗义、刘亦文：《政府雇员制创新探索：模式、效果和优化——以长沙市为例》，《行政管理改革》2012年第6期。

⑤ 王敬涵：《论我国公共部门人力资源管理创新》，《公共行政》2013年第354期。

⑥ 刘洁：《基层政府人力资源管理的创新发展》，《办公室业务》2012年第6期。

规划要不断地根据内外部环境的变化做出适当的调整，相对于短期的人事安排来讲，人力资源战略和规划属于更加复杂的工作，这就要求管理者拥有丰厚的知识、充足的阅历、灵活的头脑、机智的应对方式来充分发挥人力资源战略与规划给组织带来的优势。人力资源规划意义非同小可，它不仅关系到组织对于人员的需求供给，关系到工作是否能够有序进行，同时还关系到组织的目标以及个人的目标能否实现。

公共部门人力资源战略和非公共部门人力资源战略不同，它有其自身的特点，如发展战略多元、人力资源基础薄弱、战略的制定和实施受影响因素较多等。对于公共部门人力资源的战略和规划，中国学者也做了相关的研究。其中，曹楠认为，公共部门的这些特性，决定了其战略制定的方法不同于企业，她提出了通过信息收集法和现状分析及预测分析法来解决战略制定的问题。① 单世凤和李迎迎更加系统地说明了公共部门人力资源战略制定和实施的问题及应对策略，问题包括：影响公共部门人力资源规划的因素较多；公共部门人力资源规划成本意识缺乏；公共部门缺乏有效的晋升规划和补充规划；公共部门人力资源管理体制不健全。措施包括：减少环境因素对公共部门人力资源规划的影响；树立公共部门人力资源规划的成本意识；合理进行人力资源规划，不断完善晋升机制，加强人才储备；健全公共部门人力资源管理体制。李元和景跃军依据大部制改革的背景，提出公共部门人力资源管理的策略取向，包括：基于能力胜任模型革新公职人员人选体系；基于公共职能转变革新公职人员绩效考核体系；基于公职人员聘任制清除人员流动阻力。② 代青和王鹏飞在发表的文中强调，中国政府传统的人事管理模式已经不能满足服务型政府发展的需要，这就意味着在服务型政府构建过程中，对人事行政方式提出了新的挑战。因此，他们在文中选择论述了在构建服务型政府过程中人事行政战略变革的必然性；构建服务型政府过程中人事行政战略变革的基本内容以及构建服务型政府过程中人事行政战略变革的基本路径。③ 陆楠也提出了他认为合理的公共部门人力资源战略对策，包括：优化人力资本投资方案；调整人才结构；创新人才培养机制；改进培养方案等。④ 郭振中和宋佳从预测方法的角度来谈公共部门人力资源战略和规划。他们认为，制定科学合理的公共部门人力资源规划的关键是对公共部门人力资源各种需求预测和供给分析的准确把握，而这其中核心的环节就是需求与供给分析中预测方法的选择和实用。⑤

总的来说，开展人力资源的战略化管理工作，对于提高中国实力有着十分重要的影响。对于公共部门来说，人力资源战略的规划合理与否，直接决定了公共部门未来的发展，具有长远性的影响和指导性的意义。

三　公共部门人力资源招聘与配置

人员的招聘与配置对于组织来说十分重要。其影响表现在以下几个方面：第一，人员的素质决定了组织的实力。第二，人员的素质决定了组织的效率。第三，人员的素质决定

---

① 曹楠：《公共部门人力资源发展战略的制定与实施》，《中外企业家》2013 年第 9 期。

② 李元、景跃军：《大部制改革后公共部门人力资源管理的策略选择》，《前沿》2013 年第 22 期。

③ 代青、王鹏飞：《浅谈构建服务型政府过程中人事行政战略的变革》，《科技信息》2013 年第 22 期。

④ 陆楠：《浅谈政府人力资源的战略管理时代》，《经营管理者》2013 年第 11 期。

⑤ 郭振中、宋佳：《中国公共部门人力资源规划预测方法的辨析》，全国公共部门人力资源管理研讨会论文，中国人民大学，2012 年 4 月。

了后续工作的展开。

对于公共部门人力资源招聘和配置研究主要涉及两个方面：一方面，是关于公务员考录的情况，另一方面，涉及人才测评问题。

从公务员考录的内容来看，任文硕和梁玉萍首先指出了公务员考录制度的重要性。认为，公务员考录制度是确保公务员队伍稳定、优化、廉洁、高效的重要环节，关系到公共部门管理的效能和目标的实现。他们先分析了公务员考录制度的三个发展阶段，即探索阶段、普及阶段和规范阶段。然后借鉴发达国家的公务员考录制度，提出观点：探索聘任制公务员录用办法；重视考生基层工作经历；逐步建立分级分类的考录制度；进一步创新考录工作机制。[①] 张礼祥更进一步地分析公务员聘任制存在的问题：第一，聘任制公务员概念定位不明确；第二，缺少有关聘任制公务员工资、福利、保险等方面的规定；第三，聘任型公务员与常任型公务员的相处出现矛盾；第四，部分人无法理解与接受公务员聘任制。同时提出相应的对策：一是，完善职位分类管理制度，树立多元人生价值观。二是，协调统一机关中常任与聘用人员的关系，平衡心理差别，建立专门适用于聘任制公务员与机关之间发生争议时的人事争议仲裁制度。三是，转变旧有思想，创造和谐的人文环境。四是，出台相关配套实施条例和细则“补全缺口”，注重实现聘任制公务员人员流动过程中的制度衔接。五是，加大聘任期满后考核力度，切实将考核权交给民众和一般的公务人员，削弱领导层的直接控制，防止奉承和迎合的现象发生。六是，积极借鉴，由点到面，先试点，再推广，不同情况区别对待。[②] 郭欣[③]、刘建国和刘茜[④]也对聘任制提出了自己的看法，总的来说和张礼祥的内容大同小异。

郑建辉从公务员考录的实施情况来谈问题及其对策，他提出的问题包括：首先，报考资格条件设置的局限性；其次，面试评定存在一定的主观性；再次，测评方法的单一性；最后，监督体系的不完善性。并据此提出公务员招录公平性的路径选择：第一，完善法律体系；第二，坚持“凡进必考”原则；第三，科学设置职位和招录条件；第四，改革笔试的机械应试性，增强面试的科学性；第五，完善公务员考试录用监督制度。[⑤]

从人才测评的角度来看，左春伟认为，随着知识经济时代的到来，中国的人力资源管理为适应经济全球化进程，已经逐步从最初的人事管理走向人才管理，并进入战略人力资源管理阶段，作为一门新兴学科，人才测评强调把科学地测评人员素质作为人力资源管理的首要工作。进一步，他通过分析国内外人才测评的情况，提出了人才测评的特点及重要性，指出现代人才测评的技术和手段科学合理地融入人力资源管理，是人力资源管理部门实现岗位合理配置、进行人才招聘，是人尽其才、人尽其用，并取得执法机构等公共部门

---

① 任文硕、梁玉萍：《公务员考录制度的现状及趋势》，《中国人力资源社会保障》2012 年第 12 期。

② 张礼祥：《对完善中国公务员聘任制途径的探讨》，《湖北函授大学学报》2012 年第 4 期。

③ 郭欣：《论我国公务员考录制度的完善》，《法治与社会》2012 年第 10 期。

④ 刘建国、刘茜：《建立与完善公务员职位聘任制：基于深圳实践的理论思考》，《江海学院》2012 年第 4 期。

⑤ 郑建辉：《公务员考试录用制度存在问题及公平性实现路径分析》，《福建广播电视大学学报》2012 年第 1 期。

效益最大化的有效途径。[①]

四　公共部门人力资源培训与开发

公共部门人力资源开发是指政府为了实现一定的目标，在着眼于公正、效率、民生的基础上对管域人员进行考核、录用、使用、福利等流程实施管理的综合。新世纪新阶段，中国如何在日新月异、变化万端的世界大潮中占有一席之地，加速推进改革开放的进程，丰富和扩大经济社会成果？依靠何种力量抢抓机遇、赢得先机？答案毋庸置疑，就是人才。人才至关重要，要培养人才，必须了解时代背景，科学设置人力资源的开发流程。[②]公共部门人力资源开发关系到党和国家建设的兴衰成败，任何国家政策的实施，主要依靠公共部门的人力资源。要科学合理的人力资源开发和规划，调动每一个公共部门工作人员的积极性和创造性，进一步增强公共部门的办事效率，提高公共部门的工作效率与服务水平。

公共部门人力资源的培训与开发在公共部门人力资源管理研究中占有着十分大的比重，根据统计，中国的研究人员研究的内容主要包括四方面的内容：

第一，公共部门人力资源培训与开发的研究背景；

第二，公共部门人力资源培训与开发的问题和解决对策；

第三，公共部门人力资源培训与开发的有效性分析；

第四，人才测评技术在公共部门人力资源培训与开发中的作用。

孔凡瑜谈道：人力资源之所以越来越受到重视，与现阶段社会背景、世界格局密切相关。首先，全球化风起云涌。由于国界的逐渐模糊，各国之间往来的日益密切，国外因合理利用人力资源所获得的优势应当给中国深刻的启发，值得我们借鉴学习。其次，20 世纪中叶以来，以微电子基数为基础，以计算机技术和现代通信技术为主要代表的现代信息技术在信息获取、信息处理、信息传递、信息存储等方面获得了重大成就，深刻影响了社会的各个领域，公共部门人力资源开发也难以遁形。最后，政府改革如火如荼。20 世纪 70 年代以来，各国政府在新形势下探索本国的发展道路，新公共管理理论、新公共服务理论和治理理论竞相角力，相互促进。政府的运作模式、经营理念都在发生着变化。[③]

阿里木·买提斯迪克在其发表的文章中提出，现阶段，中国公共部门人力资源开发存在着如下的几点问题：第一，受传统公共行政模式和官僚层级制的影响，理念滞后；第二，选拔人才时“拉关系”“托人情”等任人唯亲现象仍有存在；第三，对人力资源开发的重视不够，手段单一。并据此提出相应的解决对策：一是，转变公共部门人力资源管理理念；二是，加强公共部门人力资源开发、培训力度；三是，优化竞争机制，完善选拔任用制度。[④]

---

① 左春伟：《浅析人才测评技术在人力资源管理中的应用》，《职业》2012 年第 6 期。

② 孔凡瑜：《影响公共部门人力资源开发的困境与进路》，《公共管理》2012 年第 2 期。

③ 同上。

④ 阿里木·买提斯迪克：《我国公共部门人力资源开发存在的问题与解决对策》，《学理论》2012 年第 19 期。

康中燕[①]、赖金霞[②]以及孔凡瑜[③]和阿里木·买提斯迪克的观点大致相同，但孔凡瑜又提出了公共行政生态之后，配套措施不健全、人力资源布局不均匀，以及区域和部门失衡现象严重的问题。除此以外，他还进一步提出，要营造良好的公共行政环境，为公共部门人力资源开发质量提高奠定基础的建议。

吴红娇和刘振民对人力资源培训和开发的有效性进行了研究。他们先进行了公共部门与企业人力资源开发管理的有效性比较，接着提出公共部门人力资源开发管理有效性的主要评价指标包含的内容：（1）人力资源战略与规划；（2）职位分析；（3）人员招录；（4）绩效管理；（5）薪酬管理；（6）人力资源部门服务水平。[④]

而谈到人才测评技术，左春伟在其发表的文中谈道：中国人才测评起步较晚，始于公务员的录用考试，此后国内涌现了大量的人才测评研究和服务机构。专业测评人员借鉴西方知识技术，开发了本土化的人才测评软件，架构了人才测评系统，采用一系列科学的手段和方法，对人力资源的基本素质及其绩效进行客观、科学的测量和评价。如今，人才测评技术已逐渐成为人力资源管理的核心技术，它在使人尽其才、才尽其用，爱岗敬业的理论和思想深入人心的同时，也越来越得到业内人士和专家学者的广泛关注。之后，他提出人才测评包含科学性、多样性、客观性和准确性的特点，及其评价、预测、人才招聘和人才培训四方面的作用。[⑤]

五　公共部门人力资源薪酬与福利

公共部门人力资源管理激励机制是指公共部门积极引导工作人员的行为方式和价值观念，以实现组织的共同目标，按照规定的程序和标准将公共资源分配给公共部门中工作人员的过程。简而言之，公共部门人力资源管理激励机制是公共部门引导工作人员的行为方式和价值观念以实现公共管理目标的过程。公共部门通过激励来调动公共部门工作人员的积极性、主动性和创造性，是其人力资源开发与管理的一项重要任务。从中国实际情况来看，中国公共部门人力资源管理的激励机制还存在一定的问题，需要积极采取措施加以解决。[⑥]

激励理论的研究，在中国公共部门人力资源管理研究当中受到了高度的重视，也有很多相关的文件，在笔者的统计中发现，对于公共部门激励理论研究的内容可以分为以下三类：

第一，公共部门人力资源管理中激励的必要性；

第二，公共部门人力资源管理激励的问题和解决对策；

第三，公共部门人力资源管理激励问题的改革和发展趋势。

首先，公共部门人力资源管理中激励处在十分重要的位置。许鑫、刘正贵在其发表的

① 康中燕：《论公共部门人力资源的开发和利用》，《城市建设理论研究（电子版）》2012 年第 36 期。

② 赖金霞：《基层事业单位人力资源开发与培育调查与思考》，《人才资源开发》2013 年第 9 期。

③ 孔凡瑜：《影响公共部门人力资源开发的困境与进路》，《公共管理》2012 年第 2 期。

④ 吴红娇、刘振民：《公共部门人力资源开发管理有效性分析》，《投资与合作》2012 年第 4 期。

⑤ 左春伟：《浅析人才测评技术在人力资源管理中的应用》，《职业》2012 年第 6 期。

⑥ 徐晓娜：《公共部门人力资源管理激励机制的现状和解决策略》，《改革与开放》2012 年第 7 期。

文章中提出，只有完善公务员激励机制，才能为政府培养一支高素质的公务员队伍。而激励机制的具体意义在于：有利于提高行政效率；有助增强组织凝聚力。①

在问题和解决对策方面，徐晓娜提出，当前中国公共部门人力资源激励机制存在以下一些问题：公共部门人才流动机制缺乏灵活性和竞争型；公共部门工资缺乏弹性，薪酬制度不公平；公共部门考核制度不完善，可操作性不强，并提出了相应的解决对策：深化人事制度改革，实现竞争上岗；深化薪酬改革，建立合理的薪酬制度；重视绩效考核制度；加强能力培训，提高公务员整体素质；借鉴企业人力资源管理机制的经验。②

焦玉辉③、冯雅琴④、李靳⑤、杨铮勇⑥、姜爱华⑦、米多、孙照峰⑧、关大卫⑨、张小艳⑩、方松森⑪和徐晓娜的观点大同小异，与徐晓娜不同之处在于，焦玉辉、李靳、杨铮勇等人提出了公职人员在思想上存在的问题，即自身的目标与组织目标严重脱节，偏重服从，而没有领会到公共部门"服务"的本质内涵，同时关大卫认为，应当加大激励手段的研究和宣传力度，进而能够更充分地了解激励对于提高公共部门工作效率和质量的意义，除此之外焦玉辉和冯雅琴还提出了非物质激励在公共部门人力资源工作中的重要性。

谈到非物质激励，许鑫、肖印、刘正贵运用粗糙集理论研究方法，发现权力、地位和名誉、职位晋升和人际关系对于公职人员的非物质激励影响更大，因而需要从加强和改善这几种非物质激励手段，进而完善公职人员的非物质激励状况。⑫

对于公共部门的正负激励，顾宏利以激励研究的方法作为切入点来进行研究。在其文章中，他谈到，正负激励是公共部门人力资源管理的重要内容，可以从静态研究和动态研究两个方面来看，静态研究包括行为激励过程和负正激励机制中行为控制理论的引入，动态研究的方法则包括：改变回报值法；改变正向回报法；改变负回报法；正激励系统的动态诱导因素。⑬

就公共部门人力资源激励的发展趋势来讲，中国也做了许多研究，唐乐乐在其文中谈道：国内外对于激励理论都做了许多的研究，而中国的公共部门激励机制将朝着以下几个方面发展：首先，在激励机制的基本理论上，激励会更加突出公共性特征，即公共部门激励机制会独立发展成一个完整的理论体系；其次，在原有静态激励基础上，会发展动态激

---

① 许鑫、刘正贵：《完善我国公共部门人力资源激励机制探讨》，《现代商贸工业》2012 年第 1 期。

② 徐晓娜：《公共部门人力资源管理激励机制的现状和解决策略》，《改革与开放》2012 年第 7 期。

③ 焦玉辉：《公共部门人力资源管理激励机制存在的问题研究》，《现代商业》2013 年第 21 期。

④ 冯雅琴：《公共部门人力资源管理激励机制研究》，《商》2013 年第 22 期。

⑤ 李靳：《公共部门人力资源激励机制研究》，《建筑遗产》2013 年第 17 期。

⑥ 杨铮勇：《公共部门人力资源激励机制综述》，《现代商业》2012 年第 32 期。

⑦ 姜爱华：《浅谈我国公共部门人力资源的激励机制》，《中国化工贸易》2013 年第 7 期。

⑧ 米多、孙照峰：《浅析公共部门人力资源管理激励机制问题》，《商情》2012 年第 39 期。

⑨ 关大卫：《浅析公共部门人力资源管理中的激励机制》，《经济研究导刊》2013 年第 32 期。

⑩ 张小艳：《试论激励理论在公共部门人力资源管理中的应用》，《太原城市职业技术学院学报》2013 年第 5 期。

⑪ 方松森：《我国公共部门人力资源管理机制研究》，《管理学家》2013 年第 21 期。

⑫ 许鑫、肖印、刘正贵：《公共部门人员非物质激励的需求因素分析——以南宁市政府为例》，《企业导报》2013 年第 11 期。

⑬ 顾宏利：《公共部门 HR 负激励机制研究》，《管理学家》2012 年第 21 期。

励，即全面的科学评估激励机制，针对不同的公共部门制定与之相适应的激励机制，同时树立以人为本的思想，重视人力资源的培养；最后，在众多不同的公共部门激励机制中，这些激励机制将会实现制度互补性。随着社会不断发展，公共部门的激励机制也会在不同中实现互补并最终实现统一。①

赵盼盼和胡涛在其发表的文章中谈到宽带薪酬制的引用，可以使中国公共部门的工作人员，无论是高级公务员还是普通公务员，均可以根据自身的工作绩效、工作能力，依据合理的薪酬浮动范围在自己的薪酬等级中找到合理的薪资水平；同时公共部门的工作人员不仅可以通过职位晋升，获得较高的职位满意度，还可以通过自身绩效和能力的提高获得较高的薪资待遇。这样不仅可以保证组织内部的公平性，还可以提高公共部门工作人员的积极性、主动性和创造性，进而提高政府行政效率。②

在公共部门人力资源激励的研究内容当中，许多研究者都做出了新的尝试。朱洵韬和刘军认为，公共部门人力资源的激励问题研究首先应着眼于激励理论的改革。传统的激励理论是以企业为对象，而公共部门的“公益性”和私营部门的“营利性”存在本质的不同，介于这一点，他们在前人的基础之上提出了新的理论——双重力激励理论。所谓的双重激励理论包括动力和压力两方面的内容，其中“动力”扮演着正面拉力的角色，起到“引导”的作用；“压力”扮演着反面推力的角色，起到“威胁”的作用。双重力的配合，共同推进公共部门的有效运作。③

六　绩效与绩效管理

绩效考核起源于英国在19世纪50年代发起的文官制度改革，20世纪80年代以来受到极大的重视，其核心是“借鉴市场竞争机制，将商业管理的理论、方法和技术引入公共部门，以提升公共部门的管理水平和服务质量”。当今，绩效考核已经被世界各国通用于对公共部门和公务人员的管理当中，成为各国提高政府工作效率、提升政府管理水平和自身建设的重要手段。④

公共部门由于其目标、产出、政策安排等不同于非公共部门的特性，使得公共部门的绩效考核和结果运用也和非公共部门不一样。当前公共部门的较小考核没有做到十分完善，这为其提供公共产品和服务造成了巨大的阻碍。因此，对于公共部门绩效考核的实施和运用，仍值得我们深入研究和探讨。

对于公共部门人力资源绩效管理的研究主要集中在公共部门人力资源绩效管理问题和解决对策。李建伟、程莉娜在谈到公共部门人力资源绩效管理时认为，当前中国公共部门绩效考核工作中存在的主要问题包括：考核指标体系设置模糊；考核对象设置过于笼统；考核易受领导的影响；考核缺乏有效的外部监督。根据这些问题，他们提出了相应的解决对策：制定科学有效的考核标准；采用有效的考核方法；完善考核监督机制；增强考核结

---

① 唐乐乐：《公共部门人力资源管理激励机制研究综述》，《传承》（学术理论版）2012年第7期。

② 赵盼盼、胡涛：《宽带薪酬制对中国公共部门薪酬制度改革的启示》，《重庆与世界》（学术版）2013年第6期。

③ 朱洵韬、刘军：《公共部门激励机制的困境及其重构》，《人民论坛》2012年第35期。

④ 李建伟、程莉娜：《对公共部门绩效考核工作的思考》，《陕西教育》（行政）2013年第11期。

果运用。[①] 胡师、刘运嘉、赵岩补充说明了，中国公共部门人力资源及矮小管理存在问题的原因。首先，职位分析的软肋影响公共部门人力资源绩效管理的运作，使之出现障碍。没有明确、到位的职位分析，工作人员的职责和绩效评价标准就难以细化，员工不知道做什么，也不知道什么样的标准才叫合格。其次，思想价值观念的偏差对公共部门人力资源绩效管理也有影响。在中国公共部门中，行政权力的影响还很大，公共部门的职能还没有完全转变到社会服务上来，公众的满意度还没有成为进行人力资源绩效管理评价的参考点。同时在提出应对策略的方面提出了绩效管理法治化的重要性。[②] 从法治化的方面来看，师田不仅提出了公共部门绩效管理的法治化，同时特别指出，要加大违法行为的惩罚力度。人们之所以会冒险去尝试挑战公职人员录用和选拔考试的公平、公正，是因为违法行为有利可图。因而，加大违法行为的处罚力度，才能做到遏制违法乱纪现象，真正实现选贤任能。[③]

孙慧认为，公共部门人力资源绩效管理的问题也出在绩效理论的缺失上，绩效管理这一概念引自西方，大多成果照搬西方，但符合中国国情的相关理论尚未成形，实践可操作层面的研究不足的问题导致公共部门绩效管理的主观性、盲目性严重。与此同时，他指出，中国公共部门在进行绩效管理的过程当中出现了几个理念上的偏差：混淆绩效和绩政；混淆绩效考核和绩效管理；缺乏绩效反馈环节。他也指出了公共部门绩效管理的几个难点：公共部门整体目标多元取向；公共部门个体特征不可忽视；绩效评估困难；战略性人力资源管理缺失。[④] 范赢和沈春萍强调，公共部门与企业不同之处在于，公共部门更强调公益性，而企业更强调利润，前者的特点决定了其提供的产品形态要以服务居多，且大多为无形的，难于做出量化的评估标准，进而加大了绩效管理评估的难度。[⑤] 王巳元在其发表的文中谈到，信息化的建设，对于提高公共部门人力资源绩效管理十分重要，改善公共部门绩效管理，吸引更多的群体参与绩效工作的改进，需要强大的信息系统作为支撑。与此同时，信息化技术的使用和推广不仅大大降低了管理成本，也提高了管理的效率。[⑥]

李志和周艳林则针对公共部门绩效考核的五要素做出了质疑，他们认为，以五要素作为准则进行公共部门绩效考核是不当的，因为：第一，“五要素”整体比重失衡，内容上体现业绩导向不够；第二，“五要素”功能上缺乏岗位适用性，针对性不足；第三，“五要素”操作上不易测量，可测性较差；第四，“五要素”内涵上交叉冲抵，独立性与差异性不够；第五，“五要素”表述上笼统模糊，具体性和敏感度不够。[⑦] 韦鹏认为，公共部门人力资源的绩效考核中，反馈的环节也十分重要。这个反馈包含两方面的意思，一方

---

① 李建伟、程莉娜：《对公共部门绩效考核工作的思考》，《陕西教育》（行政）2013 年第 11 期。

② 胡师、刘运嘉、赵岩：《对我国公共部门人力资源绩效管理问题的思考》，《中国管理信息化》2012 年第 15 期。

③ 师田：《公共部门人力资源管理的有效性分析——从选拔录用的角度出发》，《青年文学家》2012 年第 11 期。

④ 孙慧：《公共部门绩效管理困境分析》，《法治与经济》（下旬刊）2012 年第 2 期。

⑤ 范赢、沈春萍：《公共部门绩效管理研究》，《决策与信息》（中旬刊）2013 年第 8 期。

⑥ 王巳元：《公共部门绩效管理应用困境及路径选择》，《商情》2013 年第 47 期。

⑦ 李志、周艳林：《对公务员绩效考核内容“五要素”的质疑：基于科学绩效考核视角》，公共部门人力资源管理研讨会论文，北京，2012 年 4 月。

面，是对绩效考核结果的反馈，另一方面，是对绩效考核结果运用的反馈。员工之间要进行充分的交流，掌握考核的情况以及运用的水平，并作出及时地调整。只有这样，公共部门人力资源绩效考核才能得到不断地提升。① 贾馨璐谈道，绩效考核人员自身的能力水平有限，也会限制绩效考核的实施。中国大部分公共部门的绩效考核工作由人事部负责，其工作人员沿用了计划经济时期管理工资福利和档案为主的工作内容和方法，缺乏现代人力资源管理的知识和实操经验。②

何坤提出，绩效考核存在一个严重的问题，即只注重年度考核，而不关注平时考核，致使公务员考核结果不准确，不真实。虽然有相关规定，年度考核以平时考核为基础，但是，许多部门仍旧不注重平时考核，自行制定平时考核的办法，或烦琐，或难懂，加重了负担的同时，又与实际需求相脱节，缺乏权威性。同时，他还提出，考核有时过于频繁，带来考核疲惫，导致考核走样。③

总的来讲，随着社会经济的不断发展，目前公务员制度越来越不能适应现实需求，公务员绩效考核制度系统再造迫在眉睫。众多专家、学者都注意到了这点，并积极展开对公务员考核制度的研究，专家学者提出了中国公共部门绩效考核中存在的一系列问题，并试图从理论和实践层面寻找解决途径。但就目前的文献看，众学者提出了种种问题，但针对这些问题，提出的解决方案却大多宽泛，且形式较为单一，缺乏系统的解决方案。邵亚男认为，尤其是针对公务员绩效考核的内容、指标以及考核方法等实际操作层面的问题上，结合相关的定性研究应大量采用定量研究，切实得出每一项内容、指标以及不同的考核方法对绩效考核效果的影响。显然，在这一层面上，仍需进一步探讨研究。④

七　国外经验研究

国外对于公共部门人力资源的研究相对于中国较为靠前，这有助于我们的学习，并灵活地运用到中国的具体实际情况之中。

龙玉其从公务员的养老保险层面对英国、德国、新加坡和中国分别从公平性、效率性以及综合评价进行比较研究，并得到了相应的启示。即：公务员养老保险制度改革必须与中国国情相结合；公务员养老保险制度必须注意公平和效率的结合；走向部分融合是中国公务员养老保险制度改革的必然选择。⑤ 孙小非通过对于国外理论研究和实践研究的学习，了解了政府部门人力资源管理外包的内涵与方式，对中国公共部门人力资源的管理有重大的启示。⑥ 代杨和邹江昱通过研究国外公务员的薪酬制度，得到了些许启示：奖励制度绩效化；津贴奖金透明化；薪酬幅度宽带化。⑦

---

① 韦鹏：《公共部门绩效考核结果运用的问题与对策》，《决策与信息》（下旬刊）2013 年第 12 期。

② 贾馨璐：《公共部门人力资源管理问题分析》，《管理学家》2013 年第 20 期。

③ 何坤：《公务员绩效考核探析》，《卷宗》2013 年第 8 期。

④ 邵亚男：《公务员绩效考核研究文献综述》，《大观周刊》2013 年第 9 期。

⑤ 龙玉其：《不同类型公务员养老保险制度的比较研究——以英国、德国、新加坡为例》，《保险研究》2012 年第 7 期。

⑥ 孙小非：《对我国与西方公共部门人力资源管理的比较思考》，《科技信息》2012 年第 6 期。

⑦ 代杨、邹江昱：《国外公务员薪酬制度给中国的启示》，《经济研究导刊》2012 年第 24 期。

八　发展趋势研究

对于公共部门人力资源的发展趋势，许多学者提出了他们各自的观点。康珍提出了她认为的公共部门人力资源未来发展趋势：人力资源管理理念由“以事为本”到“以人为本”；选人：公共部门人力资源选拔、任用将更加公平、规范；用人：公共部门人力资源的配置更加有针对性；育人：公共部门人力资源管理培训追求全面性和实效性；留人：公共部门人力资源评估与激励机制更加健全。① 袁鑫除了同意康珍的人本化观点外，还提出了另外三个趋势：人力资源管理市场化，人力资源管理地位提升，人力资源管理服务化。②

九　2012—2013 年公共部门人力资源管理研究述评

公共部门人力资源管理研究述评中代表性的文献有两篇：第一篇来自吴丽娟。文中她对 2011 年来中国公共部门人力资源管理研究进行了计量型的评估，之后发现，中国学者对公共部门人力资源管理的关注度很低，现有研究成果较少获得制度性资金的支持，研究更多是概念化的、非经验主义的、非理论取向的，整体研究质量不高，研究的规范性不强，研究方法不够科学，缺乏对中国公共部门人力资源管理的真实世界的了解。加强对西方公共部门人力资源研究成果的挖掘、学习和借鉴，积极深入到中国公共部门人力资源管理实践中去，加强公共行政学方法论的教育、训练和研究，是当前迫切需要重视的几个问题。③ 第二篇来自刘武军，文中主要针对激励机制研究进行了阐述和分析，指出国内关于公务员激励方面的研究文献颇为丰富，尤其在公务员建设方面研究相对比较完善。总括而言，国内有关公务员的条例研究主要分为六种路径：一是强调激励核心或原则的研究路径；二是完善公务员制度的研究路径；三是公务员行政伦理法治化研究路径；四是公务员激励要素研究路径；五是公务员行政环境研究路径；六是公务员人力资本产权研究路径。通过对这六种路径的文献进行分析，他发现，国内对于公务员激励问题的研究，在方法上多呈现出比较研究的特点，在内容上大多集中在微观层面的公务员制度建设方面。并且提出了产生这种现象的原因，一方面是由于国外公务员制度的发展为中国的公务员建设提供了充足的理论基础，另一方面是由于中国不同的有关公务员的条例和法律的实施，为公务员制度探索的建设提供了基础。基于此，他提出了几方面的思考：激励理论运用方面的研究；公务员生育激励的研究；公务员人力资本产权激励的研究。④

第二节　实践创新

公共人力资源管理的理论研究只有以实践为基础和素材，坚持“问题导向”，才能不断解决新问题，创造新思想、新观点和新方法。而实践领域的创新和发展，也需要不断依

---

① 康珍：《公共部门人力资源管理未来走向》，《太原城市职业技术学院学报》2012 年第 1 期。

② 袁鑫：《浅谈中国人力资源管理的发展趋势》，《经营管理者》2013 年第 4 期。

③ 吴丽娟：《我国公共部门人力资源管理研究述评——基于 2001—2011 年期刊论文的计量性评估》，《中共宁波市委党校学报》2013 年第 1 期。

④ 刘武军：《我国公务员激励机制研究述评》，《华北大学学报》（社会科学版）2012 年第 4 期。

赖理论研究的引导，才能推陈出新，实现真正有效的变革效果。通过以上对2012—2013年中国公共人力资源管理领域理论进展的回顾，接下来将重点对这两年度实践领域的创新和发展以案例形式做一个简要总结。

2012年和2013年是中国“十二五”的第二和第三年。在2010年《国家中长期人才发展规划纲要（2010—2020年）》① 和2011年《人力资源和社会保障事业发展“十二五”规划纲要》② 正式颁布的基础上，国家层面的人力资源发展战略在这两年中稳步实施和推进，相继推出了若干具体的实施方案和措施，为中国公共人力资源管理实践领域带来了许多有重大现实意义的创新。本节将以这两项重大战略为背景，选择若干重要的实践和行动，以案例的形式进行总结和归纳。

一 国家重大人才工程的启动、实施保障、评估及进展

（一）国家重大人才工程诞生背景

中共中央、国务院于2010年4月1日印发了《国家中长期人才发展规划纲要（2010—2020年》（中发〔2010〕6号）。③ 这是中国第一个中长期人才发展规划，历时两年完成，是中央在党的十七大之后主抓的第一件大事，是指导今后一个时期全国人才工作的纲领性文件。规划着眼于全面建设小康社会、推进创新型国家建设、提升人才未来竞争力，按照引领性、创新性、示范性的原则和少而精的要求，设计了由国家层面组织实施的12项重大人才工程，这是该规划的重大创新和突出亮点。

国家重大人才工程包括“创新人才推进计划”“青年英才开发计划”“企业经营管理人才素质提升工程”“高素质教育人才培养工程”“文化名家工程”“全民健康卫生人才保障工程”“海外高层次人才引进工程”（“千人计划”）、“专业技术人才知识更新工程”“国家高技能人才振兴计划”“现代农业人才支撑计划”“边远贫困地区、边疆民族地区和革命老区人才支持计划”以及“高校毕业生基层培养计划”。

（二）国家重大人才工程的全面启动④⑤

2011年11月10日，根据《国家中长期人才发展规划纲要（2010—2020年）》的要求，由国家层面组织实施的12项重大人才工程实施方案陆续出台，标志着国家重大人才工程全面启动实施。作为人才发展规划的重大创新和突出亮点，启动实施重大人才工程在国家级人才发展规划中还是第一次。而12项重大工程的全面启动，则意味着在向世界人才强国跨越的征途中，又迈出了具有实质性意义的一步。

---

① 参见《国家中长期人才发展规划纲要（2010—2020年）》，2010年6月6日，中华人民共和国中央人民政府门户网站（http：//www. gov. cn/jrzg/2010 -06/06/content_ 1621777. htm）。

② 参见《人力资源和社会保障事业发展“十二五”规划纲要》，2011年7月21日，中华人民共和国人力资源和社会保障部网站（http：//www. mohrss. gov. cn/ghcws/GHCWSzhengcewenjian/201107/t20110721_ 83609. htm）。

③ 参见《国家中长期人才发展规划纲要（2010—2020年）》，2010年6月6日，中华人民共和国中央人民政府门户网站（http：//www. gov. cn/jrzg/2010 -06/06/content_ 1621777. htm）。

④ 参见《12项实施方案陆续出炉，国家重大人才工程全面启动》，2011年11月16日，人民网（http：//politics. people. com. cn/GB/1026/16260988. html）。

⑤ 参见《国家人才发展规划12项重大人才工程全面启动实施》，2011年11月10日，新华网（http：//news. xinhuanet. com/politics/2011 -11/10/c_ 111159056. htm）。

国家人才发展规划实施以来，中央人才工作协调小组及时对重大人才工程的组织实施作出部署，要求有关部门把实施重大人才工程作为实施人才强国战略、统筹推进各类人才队伍建设的重要抓手，加强组织领导，加大保障力度，狠抓工作落实。针对各工程任务重、涉及部门多、政策性强、完善方案的工作量很大等特点，各工程牵头部门会同参与部门与财政部深入沟通协调，精心编制经费预算，细化完善方案。各工程都组建了工程实施工作的部际协调小组，研究解决工作中的重大问题，建立了良好协调合作机制。财政部专门成立了由部长任组长、分管副部长任副组长、涉及13个司司长参加的协调小组，并召开工程预算审核工作专题会议，对加快工程进度提出明确要求，及时核批1000多亿元的新增经费。中央人才工作协调小组办公室积极沟通协调，及时解决启动实施过程中的重点难点问题。在各部门的密切配合下，各工程实施方案和若干子计划陆续制定印发。

综观12项重大人才工程，涉及专业技术人才、企业经营管理人才、高技能人才、农村实用人才等各支人才队伍，内容覆盖培养、吸引、使用等各个环节，而每项工程清晰的任务直指一项核心目标：人才竞争力。12项重大人才工程实施方案立足现状、着眼长远，提出了类似的、精确的“数字化”目标，将实施步骤和时间规划也一一标明。例如，由教育部等部门牵头的“高素质教育人才培养工程”提出，通过研修培训、学术交流、项目资助等方式，每年重点培训11000名中小学中青年骨干教师、5000名职业学校“双师型”教师、1500名高等学校拔尖创新人才以及2500名学校优秀校长，力争在中小学、职业学校、高等学校培养造就一批教育家、教学名师和学科领军人才。所有项目于2011年全面启动，然后分别在2012年、2015年和2020年进行小结、中期评估和总体验收。

（三）国家重大人才工程的实施保障与评估检验

1. 实施保障

12项重大人才工程均提出了相应的政策和措施，以保障工程的顺利开展。例如，“海外高层次人才引进计划”（即“千人计划”）早在2008年就已经开始实施，当时，中办转发的《中央人才工作协调小组关于实施海外高层次人才引进计划的意见》，对海外高层次人才回国发展的职务职称、科研资金、居留和出入境、落户、医疗、保险、住房、子女入学等方面的问题给予了最大程度的保障，在不到3年的时间，已引进海外高层次人才1650多人。

由国资委等单位牵头的“企业经营管理人才素质提升工程”明确列出“整合培训资源”“强化岗位锻炼”等四大举措；由人社部等单位牵头的“专业技术人才知识更新工程”实施方案中强调了经费、政策、服务和监督等四大保障。比如，为加强国家级专业技术人员继续教育基地运行管理，保障专业技术人才知识更新工程实施，根据《国家中长期人才发展规划纲要（2010—2020年）》和《专业技术人才知识更新工程实施方案》，人社部制定了《国家级专业技术人员继续教育基地管理办法》。

为了保障工程的顺利实施，中央组织部还制定出台了《国家人才发展规划重大人才工程推进协调工作制度》[①]，从六个方面对统筹协调推进重大人才工程作出制度规定。一是重大人才工程协调会制度；二是年度工作计划制度；三是年度工作总结制度；四是工作例会制度；五是信息沟通制度；六是监督及监测评估工作。

---

① 参见《中央组织部制定出台〈国家人才发展规划重大人才工程推进协调工作制度〉》，2012年6月12日，中国共产党新闻网（http：//cpc. people. com. cn/GB/244800/244802/18156739. html）。

2. 分段分层评估检验

除了有各种服务保障措施，严格的监督管理制度同样是“保驾护航”人才工程的举措。在12项重大工程的实施方案中，多项都明确提出了评估和监督办法。

由中组部等单位牵头的“青年英才开发计划”，在子计划“青年拔尖人才支持计划”中，就将采取年度报告、中期评介、终期考核的方式，进行三年一周期的“小考、中考、大考”；由农业部等单位牵头的“现代农业人才支撑计划”提出建立和实施严格的项目执行和资金管理制度。

在实施方案、相关责任人、各项保障陆续到位的情况下，重大人才工程的引领和示范作用已经初步显现。中央人才工作协调小组办公室负责人指出，下一步要进一步建立密切配合、协调高效的推进落实机制，落实工作责任，推动各工程完成目标任务。

（四）国家重大人才工程的进展（2012—2013年）

国家重大人才工程自2011年底正式启动以来，12项工程按照各自的项目实施方案，分别于2012年内陆续开始实施与推进。限于篇幅，本节仅以人力资源和社会保障部牵头组织的“专业技术人才知识更新工程”为例，来一窥国家重大人才工程在2012年及2013年的进展情况。

1. “专业技术人才知识更新工程”的基本情况

2005年初，原国家人事部部长张柏林第一次提出实施专业技术人才知识更新工程，确定从2005—2010年的6年时间里，要在现代农业、现代制造、信息技术、能源技术和现代管理等五个重点领域，培训300万名紧跟科技发展前沿、创新能力强的中高级专业技术人才，即“653工程”。2005年3月14日全国人民代表大会批准的《国民经济和社会发展第十一个五年规划纲要》[①] 将“专业技术人才知识更新工程”（“653工程”）列为“十一五”期间国家组织实施的重大人才培养工程。原国家人事部于2005年9月27日印发了《专业技术人才知识更新工程（“653工程”）实施方案》（国人部发〔2005〕73号）。

在原“653工程”实施的基础上，《国家中长期人才发展规划纲要（2010—2020年）》再次将这项工程列为12项重大人才工程之一，由人力资源和社会保障部牵头组织，并于2011年10月公布工程实施方案。[②] 该实施方案中，共列出四个重点项目，分别是“高级研修项目”“急需紧缺人才培养培训项目”“岗位培训项目”和“国家级专业技术人员继续教育基地建设项目”。以“高级研修项目”为例，该项目按照高水平、小规模、重特色的要求，为高层次人才创造一流的进修和交流环境。每年举办200期左右国家级高级研修班，培养1万名左右高层次人才，建设一支素质优良、创新能力强、具有较强竞争力的专业技术人才队伍。

“653工程”采取分阶段、分步骤、动态调整的方式组织实施。2011年，研究制定《专业技术人才知识更新工程实施方案》，启动“653工程”实施工作；2011—2015年，逐步落实“653工程”各项工作，大规模开展专业技术人才培养培训活动，推动制度改革和机制创新；2016—2020年，全面开展“工程”各项工作，进行中期检查评估，巩固成

---

① 参见《中华人民共和国国民经济和社会发展第十一个五年规划纲要》，2006年3月14日，中华人民共和国中央人民政府门户网站（http：//www. gov. cn/gongbao/content/2006/content_ 268766. htm）。

② 参见《关于印发〈专业技术人才知识更新工程实施方案〉的通知》，2012年6月20日，中国共产党新闻网（http：//cpc. people. com. cn/GB/244800/244856/18246065. html）。

果，加强薄弱环节，适时调整重点方向，力争在制度建设、机制创新上有较大突破；2020年，对“653工程”实施情况进行全面总结和评估。

2. 专业技术人才知识更新工程2012—2013年进展

2012年4月30日，人力资源和社会保障部成立了以人社部副部长王晓初为组长的“国家专业技术人才知识更新工程指导协调小组”。[①] 该小组在中央人才工作协调小组领导下，研究决定工程实施中的重大问题，负责工程的组织实施工作，审定发布工程总体实施方案、实施细则和工作部署，制定工程项目规划和年度计划，对工程实施进行指导监督和评估检查。

2012年5月，人力资源和社会保障部公布了《专业技术人才知识更新工程2012年高级研修项目计划》[②]，高级研修项目是贯彻落实国家中长期人才发展规划纲要的重要举措，是实施专业技术人才知识更新工程的重要内容，是培养培训高层次专业技术人才的重要途径，是专业技术人员继续教育工作的重要抓手，对于加强中国专业技术人才队伍建设、推动经济社会发展和科技创新具有重要意义。2012年的高级研修项目计划共包括100期中央及有关单位承办班和100期地方承办班。经费由人社部全额资助，每期25.8万元。专项经费主要用于支付高级研修项目的需求调查、选题论证、专家授课、教材及课件开发、考察活动、学员食宿补贴等。

2012年8月，国家专业技术人才知识更新工程指导协调小组召开了第一次会议。[③] 人力资源和社会保障部副部长、指导协调小组组长王晓初出席会议并讲话。王晓初强调，专业技术人才知识更新工程是《国家中长期人才发展规划纲要》提出的重大人才工程，是加快经济社会发展重点领域急需紧缺人才培养、提升专业技术人才整体素质的重要抓手，是新时期专业技术人才队伍建设的龙头工程。实施专业技术人才知识更新工程，是中央对经济社会发展重点领域人才队伍建设作出的重要部署，是当前和今后一个时期专业技术人才工作的重要任务。各地各部门要高度重视，将专业技术人才知识更新工程作为头号工程，摆在突出位置，加大力度，全力推进，带动专业技术人才工作发展。

2012年9月20日，全国专业技术人才知识更新工程实施工作座谈会在河北省石家庄市召开。[④] 会议回顾工程实施以来的总体情况，分析当前工程的发展形势，明确下一步工程实施的主要任务，重点推进工程项目特别是急需紧缺人才培养项目和岗位培训项目的实施。人社部副部长王晓初出席会议并指出，2012年是全面实施专业技术人才知识更新工程的第一年，是开局之年，也是关键之年。人社部将其作为专业技术人才队伍建设的龙头

---

① 参见《关于成立国家专业技术人才知识更新工程指导协调小组的通知》，2012年5月8日，全国专业技术人才管理协会网站（http：//www. zyjsrc. org/zcfg/ShowArticle. asp？ArticleID = 339）。

② 参见《关于印发专业技术人才知识更新工程2012年高级研修项目计划的通知》，2012年5月10日，中华人民共和国人力资源和社会保障部网站（http：//www. mohrss. gov. cn/SYrlzyhshbzb/ldbk/rencaiduiwujianshe/zhuanyejishurenyuan/201205/t20120510_ 87115. htm）。

③ 参见《国家专业技术人才知识更新工程指导协调小组第一次会议召开》，2012年8月27日，中华人民共和国人力资源和社会保障部网站（http：//www. mohrss. gov. cn/zyjsrygls/ZYJSRYGLSgongzuodongtai/201208/t20120827_ 82073. htm）。

④ 参见《全国专业技术人才知识更新工程实施工作座谈会召开》，2011年11月5日，中华人民共和国人力资源和社会保障部网站（http：//www. mohrss. gov. cn/SYrlzyhshbzb/ldbk/rencaiduiwujianshe/zhuanyejishurenyuan/201211/t20121105_ 87148. htm）。

工程，集中力量，不断加大推进力度。工程实施方案确定了12个重点领域和9个现代服务业领域的发展项目。截至目前，工程任务初步分解，培训项目逐步实施，领导协调体制逐渐成形，组织运作开始展开，各重点项目均已启动顺利实施。

2013年5月17日，人力资源和社会保障部公布了《专业技术人才知识更新工程2013年高级研修项目计划》，2013年的高级研修项目计划共包括157期中央及有关单位承办班和128期地方承办班。经费仍由人社部全额资助，每期20万元。

二 人力资源和社会保障部关于实施离校未就业高校毕业生就业促进计划

（一）政策出台背景

《人力资源和社会保障事业发展"十二五"规划纲要》中强调："坚持以民生为本、人才优先为主线，实施就业优先战略和人才强国战略"①。就业优先由此成为今后一段时期中国政府人力资源管理事业发展的一项重大战略。

高校毕业生是国家宝贵的人才资源。做好高校毕业生就业工作，关乎经济升级、民生改善和社会稳定。党中央、国务院历来高度重视高校毕业生就业工作，把高校毕业生就业摆在就业工作的首位，制定出台了一系列政策措施，保持了高校毕业生就业局势的稳定。

2013年，全国普通高校毕业生699万人，比上年增加19万人，就业压力增大。为切实做好高校毕业生就业工作，继2011年国务院印发《关于进一步做好普通高等学校毕业生就业工作的通知》（国发〔2011〕16号）后，2013年5月16日，国务院办公厅印发了《关于做好2013年全国普通高等学校毕业生就业工作的通知》（国办发〔2013〕35号）（下称《通知》），从落实就业政策、拓宽就业渠道、鼓励自主创业、加强就业服务、开展就业帮扶和就业援助、大力促进就业公平、推动高等教育更好地适应经济社会发展需要和加强组织领导等八个方面提出了工作要求，明确了新的政策措施。《通知》的出台充分体现了党和国家对高校毕业生就业工作的高度重视，对当前和今后一个时期高校毕业生就业工作具有重要的指导意义。

为帮助已经离校但尚未就业的高校毕业生尽快实现就业，人力资源和社会保障部按照《通知》要求，于2013年5月29日出台了《人力资源和社会保障部关于实施离校未就业高校毕业生就业促进计划的通知》（人社部发〔2013〕41号）（下称《计划》），决定自2013年7月起，在全国范围内组织实施离校未就业高校毕业生就业促进计划。作为国家首次提出的一项计划，就业促进计划一出台就受到社会关注。②

（二）《计划》的内容

1. 目标任务

将有就业意愿的离校未就业高校毕业生全部纳入公共就业人才服务范围，对有就业意

① 参见《人力资源和社会保障事业发展"十二五"规划纲要》，2011年7月21日，中华人民共和国人力资源和社会保障部网站（http://www.mohrss.gov.cn/ghcws/GHCWSzhengcewenjian/201107/t20110721_83609.htm）。

② 参见《人力资源和社会保障部关于实施离校未就业高校毕业生就业促进计划的通知》，2013年5月30日，中华人民共和国人力资源和社会保障部网站（http://www.mohrss.gov.cn/gkml/xxgk/201305/t20130530_104154.htm）。

愿的，及时提供用人信息；对有创业意愿的，组织其参加创业培训，提供创业服务，落实创业扶持政策；对暂时不能实现就业的，组织参加就业见习和职业培训；对就业困难高校毕业生，提供有针对性的就业援助。综合运用各项政策措施和服务手段，力争使每一名有就业意愿的离校未就业高校毕业生在毕业半年内实现就业或参加到就业准备活动中。

2. 工作措施

（1）开展实名登记

地方各级人社部门所属公共就业人才服务机构和基层公共就业服务平台要面向所有离校未就业高校毕业生（包括户籍不在本地的高校毕业生）开放，办理求职登记或失业登记手续，发放《就业失业登记证》，摸清就业服务需求。其中，直辖市为非本地户籍高校毕业生办理失业登记办法按现行规定执行。各地对高校或教育部门提供的有就业意愿的未就业高校毕业生实名制信息，按户籍地进行层层分解，由基层平台主动联系，对回到当地求职的，掌握就业服务需求；对未回当地的，掌握就业状况并宣讲政策。

（2）提供职业指导

对实名登记的所有未就业高校毕业生，各地都要提供更具针对性的职业指导。通过向高校毕业生宣讲就业政策和就业形势，帮助高校毕业生了解当地人力资源市场供求情况，树立正确的求职就业观念；通过开展职业素质测评，帮助高校毕业生了解自身特点、职业能力，合理确定求职方向；通过组织团体指导、应聘模拟训练等活动，帮助高校毕业生提高求职应聘能力。根据高校毕业生的特点和需求，不断改进方式方法，提高职业指导效果。

（3）提供就业信息

对有求职意愿的高校毕业生，各地要及时提供就业信息。广泛收集发布岗位信息，有针对性地开展分行业、分专业专场招聘活动和网络招聘活动。要以地级城市或省（区、市）为单位，建立招聘信息互联共享机制，实现辖区内招聘信息联网共享，使高校毕业生在各级公共就业人才服务机构和基层公共就业服务平台都能看到及时有效的招聘信息。通过短信、微博等方式，为登记求职的离校未就业高校毕业生定制定向发布就业信息。对吸纳离校未就业高校毕业生的企业，帮助其按规定享受相关扶持政策。

（4）提供创业服务

对有创业意愿的高校毕业生，各地要纳入当地创业服务体系，提供政策咨询、项目开发、创业培训、融资服务、跟踪扶持等“一条龙”创业服务。会同有关部门落实好小额担保贷款及贴息、税费减免、落户等各项创业扶持政策。对实名登记的非本地户籍的自主创业高校毕业生，各地都要给予与本地户籍自主创业高校毕业生同等的政策扶持。积极推进大学生创业孵化园建设，大力支持离校未就业高校毕业生从事网络创业。

（5）开展重点就业帮扶

各地要将零就业家庭、经济困难家庭、残疾等就业困难的未就业高校毕业生列为重点工作对象，提供“一对一”个性化就业帮扶，确保实现就业。对残疾高校毕业生，要配合残联向用人单位重点推荐，落实企业按比例吸纳残疾人就业的政策。对接受各项就业创业服务后仍难以实现就业的，可开发临时性就业岗位，保障其基本生活有着落。按规定落实好城乡低保家庭毕业年度内高校毕业生求职补贴政策。

（6）组织就业见习

对有就业见习意愿的高校毕业生，各地要及时纳入就业见习工作对象范围，确保能够随时参加。结合当地产业发展和市场需求，以企业为主体建立并拓展一批见习基地，大力开发就业见习岗位。通过多种途径发布就业见习岗位信息，组织开展见习供需见面活动。规范见习管理，加强见习期间的跟踪指导、考核监督、安全管理，提高见习质量。落实见习期间基本生活费补助政策，积极协调财政部门根据实际情况适当提高补助标准。

（7）组织职业培训

对有培训意愿的离校未就业高校毕业生，各地要结合其专业特点，组织参加职业培训和技能鉴定，按规定落实相关补贴政策。结合当地产业发展和市场需求开发适合高校毕业生的培训项目，及时向社会发布本地区政府补贴培训职业（工种）目录。在全国范围内组织开展“离校未就业高校毕业生技能就业专项活动”，动员1000所国家级重点以上技工院校和职业培训机构开展有针对性的技能培训。

（8）提供人事劳动保障代理服务

地方各级公共就业人才服务机构要为离校未就业高校毕业生免费提供档案托管、人事代理、社会保险办理和接续等一系列服务，简化服务流程，提高服务效率；有条件的地方可对到小微企业就业的离校未就业高校毕业生，提供免费的人事劳动保障代理服务。

（9）加强劳动权益保护

各地要加大人力资源市场监管力度，严厉打击招聘过程中的欺诈行为，及时纠正性别歧视和其他各类就业歧视。加大劳动用工、缴纳社会保险费等方面的劳动保障监察力度，切实维护高校毕业生就业后的合法权益。

3. 工作要求

（1）加强组织领导。各地要高度重视，将实施就业促进计划作为一项重要措施，每年高校毕业生离校前，要提前搞好摸底调查，结合本地实际，确定工作目标，制定实施方案，明确牵头部门、责任单位、工作措施和工作进度，抓好组织实施。要加强工作督促和检查，密切关注工作进展情况，研究解决工作推动中出现的新情况、新问题，重大问题要及时上报。

（2）广泛宣传动员。各地要制定宣传方案，明确宣传重点、宣传措施，通过持续开展主题突出、内容丰富、形式多样的宣传报道，力争让每一名离校未就业高校毕业生知晓计划并积极参与。大力宣传就业促进计划的目标和主要内容，扩大社会影响。结合本地实际，制作宣传画、宣传册、公益广告等各类宣传材料，在公共就业人才服务机构、高校、街道社区、各类招聘现场张贴和发放。积极应用微博、移动互联平台等青年人喜爱的形式广泛宣传。

（3）提高服务水平。各级公共就业人才服务机构以及街道社区要设立专门服务窗口，确定专人负责，实行首问负责制。同一城市的公共就业人才服务机构之间要实现业务互通，数据共享，统一服务标准，让高校毕业生享受同等服务。各技工院校和职业培训机构要精心组织开展离校未就业高校毕业生技能培训，切实提高培训质量，突出培训成效。

（4）开展实名登记高校毕业生就业监测。各地要对实名登记的离校未就业高校毕业生开展跟踪回访，及时了解其就业状况、接受就业服务情况、享受就业政策扶持情况，做好记录，并纳入就业监测基础数据库，定期上传。有关操作性、技术性要求另行部署。

（三）《计划》的实施情况及具体措施解读

《计划》出台后，人社部相继又在2013年出台了系列的政策措施，保障《计划》的顺利实施。如从2013年起，对享受城乡居民最低生活保障家庭的毕业年度内高校毕业生给予一次性求职补贴[①]，等等。进一步提高了《计划》对于推动高校毕业生就业的促进作用，推动了国家就业优先战略的具体化。关于《计划》的具体实施措施，人社部给出了相应的政策解读[②]。

1. 措施一：实名登记

这一措施打破了基于户籍制度形成的就业服务管理模式，允许毕业生异地登记、在登记地享受就业服务和政策扶持，是就业促进计划的最大亮点。这一重大突破适应了高校毕业生流动性大的特点，突破了以户籍为主的就业服务管理模式。

2013 年，人社部公布了全国公共就业和人才服务机构名单和联系方式。离校未就业高校毕业生可在全国公共招聘网、中国国家人才网上查询，就近到公共就业和人才服务机构登记，或通过电话咨询。

2. 措施二：提供精细化职业指导

对实名登记的高校毕业生，公共就业人才服务机构向其宣讲就业政策和就业形势，以及人力资源市场供求情况，为其开展职业素质测评，还通过应聘指导、模拟面试等方式来帮助其提高求职能力。

3. 措施三：积极提供就业信息

2013 年，全国公共招聘网已覆盖全国 180 家公共就业和人才交流服务机构，每天更新发布实时有效岗位数保持在 20 万个左右。同时，通过新浪微博“全国公共招聘网 CJOB”实时对外发布，初步实现了招聘信息的全国联网和共享发布。各地结合民营企业招聘周、就业服务月、就业服务周、就业网络联盟网络招聘周等活动，广泛收集和发布信息。有的开展品牌性的专项招聘活动，有的针对离校未就业高校毕业生需求举办专场招聘会，还有的地方建立招聘信息互联共享机制，实现辖区内招聘信息联网共享，提高毕业生求职效率。

中小企业是吸纳高校毕业生就业的主渠道。吸纳离校未就业高校毕业生的中小企业，可按规定享受职业培训补贴、小额担保贷款、社会保险补贴等。

4. 措施四：提供针对性创业服务

实名登记的非本地户籍自主创业高校毕业生，享受与本地户籍自主创业高校毕业生同等的政策扶持，这主要是为了方便高校毕业生异地创业。另外，对日渐兴起的网络创业模式，就业促进计划明确要求各地给予大力支持。目前，浙江省已经出台文件将网上创业高校毕业生列为小额担保贷款、贴息和社保补贴政策扶持对象。

5. 措施五：开展重点就业帮扶

帮扶就业困难高校毕业生的主要措施有：招收就业困难高校毕业生、签订劳动合同并缴纳社会保险费的企业，按规定给予社会保险补贴。对接受各项就业创业服务后仍难以实现就业的毕业生，开发临时性就业岗位，保障其基本生活有着落。对城乡居民最低生活保障家庭的毕业年度内高校毕业生，发放一次性求职补贴。目前，各地均已出台求职补贴发

---

① 参见《人力资源社会保障部教育部财政部关于做好高校毕业生求职补贴发放工作的通知》，2013 年 6 月 5 日，中华人民共和国人力资源和社会保障部网站（http：//www. mohrss. gov. cn/gkml/xxgk/201306/t20130606_ 104691. htm）。

② 参见《人社部解读〈离校未就业高校毕业生就业促进计划〉》，2013 年 8 月 29 日，全国公共招聘网（http：//www. cjob. gov. cn/otherinformation/8a81f0ac40c4eb770140c7c213130008. html）。

放的具体标准和程序，一些省还扩大了政策享受范围。

6. 措施六：组织就业见习

自2009年以来，已经有100多万名高校毕业生参加了就业见习，多数通过见习实现就业。目前，各地都扩大了就业见习规模，积极动员当地一批条件较好的用人单位参与见习活动，提前储备一批就业见习岗位，确保毕业生能够随时参加。

7. 措施七：组织职业培训

毕业年度高校毕业生和未就业毕业生参加职业培训可以享受职业培训补贴，通过初次职业技能鉴定并取得职业资格证书或专项职业能力证书，可以领取职业技能鉴定补贴。2013年，人社部在全国范围内组织1000所国家级重点以上的技工院校和培训实力雄厚的职业培训机构，开展就业技能培训、企业上岗前培训和创业培训。目前，各地也结合当前产业发展和市场需求，开发了一批适合高校毕业生的培训项目。

8. 措施八：提供人事劳动保障代理服务

2013年，人社部汇总整理了各地接收高校毕业生人事档案及办理报到手续公共就业人才服务机构的联系方式，名单已在全国公共招聘网、中国国家人才网上公布。离校未就业高校毕业生可以查询，选择相应机构存档并享受免费服务。

9. 措施九：加强劳动权益保护

《国务院办公厅关于做好2013年全国普通高等学校毕业生就业工作的通知》中明确规定："用人单位招用人员、职业中介机构从事职业中介活动，不得对求职者设置性别、民族等条件，招聘高校毕业生，不得以毕业院校、年龄、户籍等作为限制性要求。"高校毕业生也当增强依法维权和诚信履约意识，一旦合法就业权益遭到侵害，应直接联系当地劳动保障监察部门。

三　2012—2013年公共人力资源管理实践创新述评

2012年和2013年是中国"十二五"的第二和第三年。在2010年《国家中长期人才发展规划纲要（2010—2020年）》[①] 和2011年《人力资源和社会保障事业发展"十二五"规划纲要》[②] 正式颁布的基础上，国家层面的人力资源战略在这两年中稳步实施和推进，并带动了地方层面相应战略的制定和实施，为中国公共人力资源管理实践领域带来了许多有重大现实意义的创新。可以说，2012年和2013年是中国公共人力资源管理实践的深化年。这两年在公共人力资源管理领域所发生的各种实践也更多地表现为具有战略意义的管理体制、机制的变革和创新。

从中央政府层面来讲，《国家中长期人才发展规划纲要（2010—2020年）》科学确定了当前和今后一个时期中国人才发展的战略目标、指导方针、重大举措，对党的十七大提出的更好实施人才强国战略进行全面部署。这是中国改革发展进入关键阶段人才工作的行动纲领，为开创人才辈出、人尽其才新局面指明了前进方向。按照引领性、创新性、示范

---

① 参见《国家中长期人才发展规划纲要（2010—2020年）》，2010年6月6日，中华人民共和国中央人民政府门户网站（http://www.gov.cn/jrzg/2010-06/06/content_1621777.htm）。

② 参见《人力资源和社会保障事业发展"十二五"规划纲要》，2011年7月21日，中华人民共和国人力资源和社会保障部网站（http://www.mohrss.gov.cn/ghcws/GHCWSzhengcewenjian/201107/t20110721_83609.htm）。

性的原则和少而精的要求，该规划纲要设计了12项重大人才工程，涉及专业技术人才、企业经营管理人才、高技能人才、农村实用人才等各支人才队伍，内容覆盖培养、吸引、使用等各个环节，而每项工程清晰的任务直指一项核心目标：人才竞争力。国家重大人才工程的启动和实施，意味着中国在向世界人才强国跨越的征途中，又迈出了具有实质性意义的一步。同时也说明，在中国，公共人力资源战略已经不是一个概念，而是已经进入到战略制定、战略实施阶段。

限于篇幅，本节从这些公共人力资源管理实践当中，选择了两个具有战略性、典型性的实践，并以案例形式做了系统总结。这两个实践案例分别涉及国家层面的重大人才工程实施和就业优先战略。通过对其背景、过程、内容和创新的整理和归纳，进一步让我们对2012—2013年中国在公共人力资源管理实践领域所做的创新和突破有了直接的认识和体会。

总的来说，2012—2013年中国公共人力资源管理实践的特点突出体现为三个方面：

第一，全面覆盖，重点突出。以12项重大人才工程的实施为代表的公共人力资源管理实践，在2012—2013年都取得了实质性的进展。这些实践的发展，既覆盖了人才发展的方方面面，包括专业技术人才、企业经营管理人才、高技能人才、农村实用人才等各支人才队伍，包括人才培养、吸引、使用等各个环节。同时，又突出高层次人才队伍建设这个战略重点，围绕创新型国家建设，设计了创新人才推进计划、海外高层次人才引进计划、青年英才开发计划等。

第二，注重创新，确保衔接。2012—2013年开展的公共人力资源管理实践中，既包括结合中国实际而设计的新项目，比如12项重大人才工程中的绝大部分项目，还包括一些已经在中国公共领域实施过并证明有效的人力资源管理项目。新项目的设计和实施，充分考虑了中国公共人力资源管理所面临的机遇与挑战，确保项目的针对性和实效性。而对于已实施过的项目，又都注意在现有基础上作进一步延伸和拓展。比如专业技术人才知识更新工程，在全面提高这些专业技术人才整体水平的基础上，重点要提升装备制造、信息、生物技术、新材料、生态环境保护、能源资源、防灾减灾、社会工作等经济社会发展重点领域专业技术人才的能力水平。

第三，强调引领性，又强调示范性。2012年和2013年国家层面人力资源战略的实施，表现出明显的引领性和示范性。以12项国家重大人才工程为例，通过2012年和2013年的大力实施，既引领和带动了相关领域人才发展。同时，又推动了地方和部门制定本地本系统本行业人才工程，充分发挥了各个方面的积极性，加快了中国人才队伍的建设。

第三节 代表性成果

【《公共部门人力资源管理》】

作　　者： 孙柏瑛　祁凡骅

出版时间： 2013年

出版机构： 中国人民大学出版社

内容摘要： 该书把人力资源放在公共组织及其文化变革的框架下进行讨论，并将最新的人力资源管理知识运用于公共部门人力资源管理的分析之中，直观地呈现公共部门人力资源管理的相关知识和管理方法，系统阐述了公共部门人力资源管理的理论、方法与技术。第四版仍然保持全书原有的四篇的框架：公共部门人力资源管理制度与法律规范，公共部门人力资源战略与配置，公共部门人力资源的获取、激励与发展，公共部门人力资源的保障、维持与流动。第四版的修订一方面反映近年来公共部门人力资源管理的新知识、新技能与新方法，另外一方面也在教材的可读性方面及教学的适用性方面下功夫，加入部分案例和知识专栏。

社会影响：该书自1999年首次出版以来，受到了国内高校师生的热烈欢迎，并已成为国内公共部门人力资源管理教材的主流版本。

【《公共部门人力资源管理》】

作　　者：滕玉成　于萍

出版时间：2012年

出版机构：中国人民大学出版社

内容摘要：该书于西方“新公共管理”浪潮持久广泛推进、中国公共管理改革紧张进行、公共管理教育大力发展的背景之下，总结中国传统人事管理经验及近年来人力资源管理的新经验，吸收国外人力资源管理的理论和实践经验，为建立和完善适应国际潮流、适合中国国情的公共部门人力资源管理学科体系而进行的探索。该书的写作，本着既重理论更重操作、理论联系实际、定量分析与定性分析相结合的原则，对公共部门人力资源管理作了比较具体的论述。

社会影响：该书既可作为公共管理各专业的人力资源管理教材，又可用作公务员、企事业单位管理人员学习人力资源管理的理论与实践操作技术方法的自学用书，同时对从事公共部门人力资源管理教学和理论研究的人员具有一定的参考价值，也对工商管理各专业从事人力资源管理的教学研究人员与学生有一定的参考意义。

【《公共部门人力资源管理：系统与战略》】

作　　者：［美］唐纳德·E. 克林纳　［美］纳尔班迪　［美］洛伦斯

译　　者：孙柏瑛　潘娜　游祥斌

出版时间：2013年

出版机构：中国人民大学出版社

内容摘要：该书将公共部门人力资源管理的技术问题与政策制定的政治问题有机地联系在一起，系统地探讨了公共部门人力资源管理的价值、冲突、政治过程和管理技术。全书首先概述了公共部门人力资源管理的主要功能及美国公共部门人力资源管理的现实，进而分为人力资源规划、人力资源获取、人力资源开发、人力资源保障与约束四个部分系统地阐述了公共部门人力资源管理的具体内容。通过对政治过程和管理技术这两个层面的综合分析，该书揭示了当今公共部门人力资源发展的最新趋势，探讨了平衡公共部门人力资源管理的多元利益需求的动力机制，提出了发展公共部门人力资源战略管理的诸多政策和策略，并通过经典案例分析的形式，提供了解决人力资源发展问题的经验与路径。

社会影响：该书是公共部门人力资源管理的经典教材，在亚马逊学术著作排行榜上，在很长时间中，一直位居前列，受到业内外人士的普遍关注。该教材将公共部门人事管理的技术问题与公共政策制定的政策问题有机地联系在了一起，为了凸显当前政治与管理的现实，全面、系统地探讨了公共部门人事管理的系统及战略：它的价值、冲突、政治过程和管理技术。

【《少数民族地区政府人力资源开发研究》】

作　　者：杨林

出版时间：2012年

出版机构：人民出版社

内容摘要：该书以少数民族贫困乡镇新农村建设、政府职能转变对政府人力资源开发的要求为前提，以乡镇政府人力资源现状和公务员胜任力状态为基础，提出少数民族贫困乡镇政府人力资源系统开发的思路、模式、途径和对策。

社会影响：该书的研究切中少数民族乡镇发展中急需解决的重大现实问题，研究中以满足新农村建设和政府职能转变对贫困乡镇政府人力资源开发要求为前提，研究结论具有针对性和可操作性，提升了成果的应用价值；所构建的少数民族贫困乡镇公务员胜任力评价量表能客观公正地测量公务员的胜任力状态，能在较大程度上弥补现有少数民族乡镇公务员测评的局限性，在乡镇公务员胜任力评价中具有较强的推广应用价值；所提出的少数民族贫困乡镇公务员考录任用办法和领导干部选拔任用思路和要求、少数民族贫困乡镇政府公务员能力要求和培训方案、少数民族贫困乡镇政府人力资源开发模式与途径以及少数民族贫困乡镇政府人力资源开发与管理相关制度，符合客观实际，具有明确的政策意义。

【《公共部门人力资源管理的理论与实践前沿问题探讨》】

作　　者：张再生　李祥飞

出版时间：2012 年第 9 期

期刊名称：《中国行政管理》

内容摘要：该文开篇明义，先介绍了公共部门人力资源管理的内涵和四个本质特征：履行公共权力，追求公共利益，作用的对象是公共事务，具有公共责任。接着从理论和实践两个方面对公共部门人力资源管理的前沿问题进行探讨。理论方面，分别从公共伦理、价值观、人力资本、社会资本四个角度阐述了强化和解决公务人员伦理道德问题；公共部门人员的选拔应最注重公共行政价值观；加大对公务员人力资本的保健、教育和职业培训投资；通过社会资本在社会网络中获取稀缺资源来促进未来发展。最后在实践方面，从科学技术进步、公共职能流变、战略人力资源管理、现代功绩制、职业生涯管理等视角对当前公共部门人力资源管理实践面临的新趋势进行分析和探讨。指出科技推动了信息化、知识化、全球化，公共职能也应随之转变，公共部门的人力资源管理必须树立与市场经济相匹配的管理思想，功绩制导向的公务员绩效考核体系有待改进，职业规划利于实现公务员自身价值与公共价值、自身发展目标与组织和社会目标的整合一致。

社会影响：该书所提出的公共部门人力资源管理的理论与实践前沿问题，对于引领该领域研究方向，有着重要意义。

【《试论政府部门人力资源管理的机制创新》】

作　　者：郝瑞卿

出版时间：2012 年第 3 期

期刊名称：《农村经济与科技》

内容摘要：随着现代人力资源管理理论和实践的发展，中国政府部门传统人事行政模式已不能适应现代行政管理体制的需要。因此，引入科学的人力资源管理理论，创新管理机制对提升管理者素质，造就权威型的专业管理人才，促进人的全面发展、提高行政效率具有重要意义。

【《大部制改革后公共部门人力资源管理的策略选择》】

作　　者：李元　景跃军

出版时间：2013 年第 21 期

期刊名称：《前沿》

内容摘要：党的十八大启动了新一轮大部制改革。大部制改革的成败关键在人，因此公共部门人力资源管理的革新是大部制改革的重点。该文在分析中国公共部门人力资源管理存在问题的基础上，阐述了大部制改革为公共部门人力资源管理改革提供的机遇，并着眼于公共职能的转变和公职人员的持续成长，提出了革新中国公共部门人力资源管理的策略与建议。

【《心理契约建构与我国公务员管理的新型策略》】

作　　者：靳宏

出版时间：2013 年第 4 期

期刊名称：《中共天津市委党校学报》

内容摘要：心理契约作为组织行为学和人力资源管理领域的新议题，为当代公共部门人力资源管理提供了崭新的视角。当前中国公务员心理契约正在从关系型契约向稳定型契约过渡，公务员对雇佣条件的明确性要求显著提高，而不同层级的公务员对雇佣条件的预期存在明显差异。建构新型公务员管理策略必须从心理契约入手，建立人本的管理机制，打造积极地参与机制，提供合理的工作预期，建立明确的激励机制。

【《公务员考录制度的现状及趋势》】

作　　者：任文硕　梁玉萍

出版时间：2012 年第 12 期

期刊名称：《中国人力资源社会保障》

内容摘要：1982 年《吸收录用干部问题的若干规定》的发布，标志着公务员考录制度进入初步探索阶段，后来发展到普及阶段和规范阶段，公务员考录制度 30 年的发展历程始终突出考录的竞争性和公开性，打破身份、地域限制，不拘一格选人才。但中国公务员考试录用制度虽已基本建立，但要素方面尚不规范，结构方面尚不完整，功能方面尚不系统，如何在实践中进一步推进规范化与科学化是中国公务员考录制度亟待完善的方面。该文借鉴发达国家公务员考录制度的先进经验如：多元化的公共管理模式，实行分级分类的考录制度，定性与定量相结合的评估考察方法以及严格具体的录用程序等。作者最后结合中国现状，博采众长地指出：积极探索党政机关考录紧缺急需的高层次人才的新途径，重视考生基层工作经历，逐步建立分级分类的考录制度并且进一步创新考录工作机制，将是中国公务员考录制度未来发展的基本路径。

【《建立与完善公务员职位聘任制：基于深圳实践的理论思考》】

作　　者：刘建国　刘茜

出版时间：2012 年第 4 期

期刊名称：《江海学刊》

内容摘要：公务员聘任制是公务员制度的重要组成部分。推行公务员聘任制有利于拓宽用人渠道，增进公共人事系统的活力。深圳市的聘任制试点为推进公务员聘任制提供了有益的经验，《聘任制公务员管理试行办法》的颁布建立了聘任制的基本制度框架。然而，无论是深圳试点还是“试点办法”，都显示聘任制还很不成熟，需要通过培育社会核心价值、完善聘任制管理的制度设计，才能实现推进公务员聘任制的基本目标。

【《不同类型公务员养老保险制度的比较与启示——以英国、德国、新加坡为例》】

作　　者：龙玉其

出版时间：2012 年第 5 期

期刊名称：《现代经济探讨》

内容摘要：公务员养老保险制度根据不同的标准，可以分成不同的类型。该文通过对公务员与其他群体养老保险制度的比较，将国外公务员养老保险制度分为完全融合型、完全独立型、部分融合型三类。新加坡、德国、英国是这三类公务员养老保险制度的代表，其制度模式、运行机制、管理体制均有所不同。在公平性与效率性方面，三个国家的公务员养老保险制度各有优劣。三国公务员养老保险制度，为中国公务员养老保险制度改革提供了启示：必须与中国国情相结合，必须注意公平与效率的结合，走向部分融合是改革的选择。

【《我国公共部门人力资源管理研究述评——基于2001—2011年期刊论文的计量性评估》】

作　　者： 吴丽娟

出版时间： 2013年第1期

期刊名称：《中共宁波市委党校学报》

内容摘要： 该文对近11年来中国公共部门人力资源管理研究进行计量性评估后发现，中国学者对公共部门人力资源管理的关注度很低，现有研究成果较少获得制度性资金的支持，研究更多是概念化的、非经验主义的、非理论取向的，整体研究质量不高，研究的规范性不强，研究方法不够科学，缺乏对中国公共部门人力资源管理的真实世界的了解。加强对西方公共部门人力资源管理研究成果的挖掘、学习和借鉴，积极深入到中国公共部门人力资源管理实践中去，加强公共行政学方法论的教育、训练和研究，是当前迫切需要重视的几个问题。

【《北部湾经济区政府部门人力资源外包研究》】

作　　者： 唐权　陶建兵

出版时间： 2013年第1期

期刊名称：《中共山西省直机关党校学报》

内容摘要： 政府部门人力资源管理是政府公共服务的重要内容之一，如何建立科学化、法治化的现代政府人力资源管理体制，是摆在政府面前亟待解决的问题，人力资源外包已经成为当今政治学理论界较为前沿的话题，针对北部湾经济区HRO（人力资源外包）存在的“维稳与发展压力”、缺乏政策指导、缺少可靠的外包服务商等现状，应该以企业家政府理论为依据，实行渐进式的外包，有计划、分阶段地进行试点改革，培育政府部门人力资源外包良好的内外部环境。

【《我国政府人力资源管理存在的问题及战略思考——以新现代泰罗主义的视角》】

作　　者： 杨钰

出版时间： 2012年第35期

期刊名称：《领导科学》

内容摘要： 2005年《国家公务员法》的通过标志着中国政府人力资源管理的成熟化与运行的法治化。在看到这些成就的同时，作者站在巨人的肩膀上以新现代泰罗主义的视角审视当前中国政府人力资源管理中的不足，认为在价值理念、职位设计的科学性、人员选择的科学性、公务员培训等方面都存在急需改进的地方。随后作者将视角转向了新现代泰罗主义——其重要观点是：管理学的目标应当是对科学、效率的追求和对人性的追求，两者不可偏废。以期它能为中国政府人力资源管理存在的问题提供新的指引。最后一部分说到当前我们必须着眼于从以下几方面来重塑政府人力资源管理体系：（1）构建科学合理的政府人力资源管理价值体系；（2）政府人力资源规划应做好科学的职位设计；（3）在人力资源招募中选择合适的人员；（4）制订科学的公务员培训计划；（5）注重政府整体性人力资源开发。

社会影响： 该文系国家社科基金项目“马克思主义意识形态指导作用的生成与实现机制：以‘三观’为中心的研究”（08BKS059）的阶段性成果。

【《学习型组织理论视角下的政府人力资源管理探析》】

作　　者： 马岚　叶继武　潘友亮

出版时间： 2012年第10期

期刊名称：《改革与开放》

内容摘要： 随着社会问题的扩大化和社会环境的复杂化，现代政府面临着前所未有的考验与挑战，人力资源作为知识经济时代的核心资源，将从根源上推进中国政府的人力资源管理水平，实现政府管理的全面进步。

社会影响： 知识经济时代，传统的政府人力资源管理模式和理念发生了重大转变，它更多地强调发挥公务员个人潜力，培养持续学习的能力。作者基于学习型组织理论提出提高政府人力资源管理的几点现实意义：（1）有利于提高政府能力；（2）是政府迎接国际竞争的必然选择；（3）有利于学习型政府、服务型政府和责任政府的建设。并进一步指出，在学习型组织理论的“五项修炼模型”视角下的现代政府人力资源管理的发展需注意4点：（1）公务员必须进行自我超越的学习修炼，摆脱官本位思想；（2）公务员要树立学习型组织理念，不断学习，不断促进自我心智的觉醒；（3）最重要的是培养公务员们的共同目标追求力；（4）注重团队合作，追求个人与团队进步相结合、个人能力和团体能力提高相结合。

【《当前人才评价实践中亟待解决的几个问题》】

作　　者： 萧鸣政

出版时间： 2012 年第 2 期

期刊名称：《行政论坛》

内容摘要： 该文主要研究人才个体的评价。作者认为人才评价关键在于对人才的政治价值、经济价值、文化价值、管理价值与发展价值作出科学合理的判断，为国家与社会认识人才价值提供依据，为人才开发与管理工作提供标准，为组织发展与个人发展提供参考。然而中国当前人才评价中还存在以下几个问题：（1）人情文化的影响导致有非科学因素介入和官本位思想，加上中国至今尚无人才评价方面的真正意义上的法律与法规，也缺乏科学的行业标准。（2）理论科学虚弱与技术手段的不足。原创少，缺乏定量研究，评价工具数量不多质量不高。（3）主体能力有限性评价标准的空泛。评价主体素质不高且缺乏多元性，人才评价指标缺乏操作与针对性。（4）评价方法的主观性与结果运用的低效性。评价方法单一，过程烦琐，应用不足，规范有余。（5）评价观念的局限性与管理体系的松散性。

【《当下我国人事管理思维应有的预设与阈限思考》】

作　　者： 陈辉

出版时间： 2013 年第 6 期

期刊名称：《行政论坛》

内容摘要： 思维问题是现代管理的首要问题。管理思维合理与否直接决定对策选择的科学性与有效性，并预期了管理成效。该文立足管理本质，从现代管理生态环境对管理实践提出的现实诉求出发，主要阐述两部分内容。一是管理理性化与管理思维。管理发挥作用的基本特性决定了现代人事管理必然是理性化的。管理思维预设决定了管理思维的基本方向，决定了对管理本身在思维中的功能，决定着管理思维要素的选择，进而决定着管理体系的功能导向。二是当下中国人事管理思维应有的预设与阈限。包括：（1）人事管理的本体性与人事管理思维预设。人事管理存在的前提假设是为组织效率和人的利益实现提供保障，人事管理应选择“全面发展人”作为基本人性假设。（2）人事管理思维阈限具体说来包括关系阈限、内容阈限、时间阈限。

第十九章　全球治理*

张　鹏　张占顺　江涛

党的十八大报告指出，“当今世界正在发生深刻复杂变化，和平与发展仍然是时代主题。世界多极化、经济全球化深入发展，文化多样化、社会信息化持续推进，科技革命孕育新突破，全球合作向多层次全方位拓展”“同时，世界仍然很不安宁。国际金融危机影响深远，世界经济增长不稳定不确定因素增多，全球发展不平衡加剧，霸权主义、强权政治和新干涉主义有所上升，局部动荡频繁发生，粮食安全、能源资源安全、网络安全等全球性问题更加突出。”①

本章将概要地阐述2012—2013年国内外学术界全球治理理论研究的进展以及全球治理政策实践的创新。在全球治理理论与方法部分，笔者将以层次为单位，分析中外学者对全球治理的最新看法的观点，并通过跨学科的视角对其进行评述，并在此基础上总结全球治理的未来研究议程。在全球治理政策实践创新部分，笔者将继续以全球经济、政治与安全、环境与资源等问题领域进行案例分析，探究全球公共政策与国际公共管理的政策实践，进而解释国际公共事务的协调、协作、合作与调节等问题。

第一节　理论进展

近年来，全球治理研究的多主体、多维度和多学科特性正在持续走向深入。② 根据治

---

* 本部分由张鹏、张占顺和江涛共同撰写，其中张鹏撰写第一节全球治理理论进展部分，张占顺和江涛撰写第二部分全球治理实践创新，最后由国际政治系全体老师共同讨论定稿。

① 胡锦涛：《坚定不移沿着中国特色社会主义道路前进　为全面建成小康社会而奋斗——在中国共产党第十八次全国代表大会上的报告》，2012年11月19日，新华网（http://www.xj.xinhuanet.com/2012－11/19/c_113722546.htm）。

② 威廉·科尔曼认为，发展全球治理的理论应该从不同理论中汲取合理的元素。例如：批判性国际政治经济学通过对领土权力逻辑与资本主义权力逻辑关系以及霸权危机、金融化的研究，为我们理解全球治理中国家职能的多样性和持续性、社会空间的全球化进程以及全球化中金融的角色提供了重要帮助，以全球化为基础的研究取向通过将信息通信技术对社会生活方面产生的影响联系起来，使我们对社会空间结构的理解更加全面。参见威廉·科尔曼：《世界秩序、全球化和全球治理》，《中国治理评论》2013年第1期；刘贞晔提出并总结了“全球学”学科构建的方法论革命及学科构建的主要路径，即：跨学科—多学科路径、整体性路径、多范式路径和全球关系研究路径，并综述了全球学学科之可能的知识范畴框架——以全球化与全球问题为逻辑起点，经过众议题研究，达至全球秩序之逻辑终点的学科范畴体系。参见刘贞晔：《全球治理变革与全球学学科的构建》，《国际观察》2012年第1期。关于全球治理的这种研究特性，另可参见上海市社会科学界联合会编：《全球治理：新认识与新实践：上海市社会科学界第十届学术年会文集（世界经济·国际政治·国际关系学科卷）》，上海人民出版社2012年版。

理进程参与主体的层次差异，我们选择了“次国家层次”“国家层次”“地区层次”“全球层次”“跨层次”等重要分析层次，并尝试以此为切入点对2012—2013年全球治理理论研究中出现的创新性观点进行分类回顾与评价。此外，由于全球治理研究本身涉及国际关系、政治经济学以及公共管理等多学科视角，因此本章节将对学术界运用的现实主义、制度主义、建构主义、历史唯物主义等重要方法一并进行梳理，同时对全球治理研究的未来议程适当给予展望。

一 次国家层次研究

在全球化进程日趋深入的时代，非政府组织及其跨国活动日益挑战着以国家政府为中心的治理模式，而且已经成为一项与国际责任乃至全球民主密切相关的理论议题。本年度学术界对次国家主体参与全球治理的目标、方式、内涵、路径、机制、前景等问题给予了持续关注，理性主义中的自由主义视角（如制度主义和多元主义）及批判方法（如跨国历史唯物主义和社会运动理论）成为相关学者所运用的重要分析路径。例如：托马斯·诺沃特尼（Thomas Nowotny）对相互依存的世界中国家对外交往发挥的全球治理功能进行了研究。他认为，民族国家应摒弃传统的利益、主权、安全等观念，从全球合作与非零和博弈的角度反思国家对外交往的模式转型，积极推进公共外交和议会外交，尤其是非政府组织之间的跨国交流，如跨国公司、金融组织乃至外交人员等。[①] 吴志成和朱旭认为，随着全球化进程的推进和各种全球性问题的蔓延，民族国家在全球治理中面临越来越多的新挑战，以国家为中心的多边主义治理也不断暴露出内在的局限性，非政府组织、全球公民社会等非国家行为体对全球问题的解决发挥着日益重要的作用，因此全球治理的紧迫现实呼吁一种新的多边主义模式。[②] 所谓“新多边主义”是在多边主义基础上发展起来的，是民族国家政府与全球公民社会在议题塑造、政策倡议、规范建构、促进民主和推动治理变革等方面进行国际合作的产物。虽然新多边主义治理替代传统的多边主义治理并非易事，但是它对全球治理的重构正在缓慢和艰难地向前发展。罗思东从城市外交、全球城市网络和全球治理领域三个方面，对全球城市在全球治理框架中的行为主体作用进行了全面深入的研究。[③]

二 国家层次研究

全球治理参与主体的多元化趋势并不意味着“没有政府的治理”模式已经大行其道，不可否认的是，民族国家无疑是全球治理进程中的首要主体和关键力量。总体来看，大国、强国、新兴国家的全球治理模式问题依旧是学术界研究的重点[④]，而理性主义则成了学者们普遍采用的研究视角，这些研究不仅重点关注了全球治理进程中国家权力和利益的

---

① Thomas Nowotny, *Diplomacy and Global Governance: The Diplomatic Service in an Age of Worldwide Interdependence*, Transaction Publishers, 2012.

② 吴志成、朱旭：《新多边主义视野下的全球治理》，《南开学报》（哲学社会科学版）2012年第3期。

③ 罗思东、陈惠云：《全球城市及其在全球治理中的主体功能》，《上海行政学院学报》2013年第3期。

④ 王毅：《试论新型全球治理体系的构建及制度建设》，《国外理论动态》2013年第8期

演变，而且还探讨了全球治理体系在此背景下酝酿并呈现出的变革，特别是霸权国家和新兴国家在全球治理体系与进程中的角色、关系和互动。例如：刘丰认为，作为国际体系中唯一的超级大国，美国在全球治理领域的战略、政策及行动对全球治理架构具有举足轻重的影响。对于美国霸权与全球治理之间的关系，学术界存在“实用论”“乐观论”“孤立论”和“怀疑论”等几种代表性观点，这反映出人们对于美国全球治理角色的认识具有复杂性。从美国政府的实践来看，美国全球治理战略是其全球战略的一部分，其核心目的仍然是维持美国在国际体系中的主导地位，巩固和扩充其霸权基础。然而，美国的霸权治理模式却面临着“实力困境”“意愿困境”以及“正当性困境”等多重困境，因而无法为有效的全球治理提供保障。在未来全球治理架构的改革过程中，美国仍将发挥至关重要的作用，但是新兴国家的参与和国际制度的改革必将使美国推行霸权治理模式的努力难以为继。① 刘小林对于日本参与全球环境治理进行了案例研究，他认为日本通过环境外交力图在建构全球环境治理机制中发挥主导作用。围绕《京都议定书》的生成，作为会议主办国，日本曾发挥过至关重要的积极作用。但是，由于其参与全球环境治理的战略意图明显带有实现一国自身利益的局限性，导致日本不可能自始至终坚持《京都议定书》所确立的全球环境治理框架及其相关原则。②

2012—2013 年，席卷欧美国家的债务危机及其深远影响仍在发酵，这促使学术界继续反思全球治理体系的变化，尤其是西方主导国以外的其他国家在全球治理进程中的角色。例如：在中国当代世界研究中心与德国卢森堡基金会联合举办的“新兴大国与全球治理”研讨会上，学者们就对新兴大国与西方霸权的相互关系、新兴大国崛起的经验教训、新兴大国发展的未来前景等问题进行了深入交流。③ 相比之下，西方的全球治理理论研究折射出欧美国家的主导地位，其对于新兴国家治理保持着谨慎乐观的态度，这显然无法客观反映全球治理体系的演变和全貌，尤其是广大发展中国家的利益诉求。因此，在这种背景下，持续推进对于“非西方”治理模式的研究便显得尤为重要。④ 刘宗义以印度的“入常梦”为案例研究了该国的全球治理观念，⑤ 他认为 21 世纪全球治理思潮与运动的兴起为印度争取成为安理会常任理事国提供了新的理由，但也成为其“入常”至今未能成功的原因之一。在此过程中印度不仅需要提高其综合国力，而且需要提高其全社会对全球治理的认知；钮松的研究发现，作为一个身兼政治、经济、文化、宗教多重重要性的中东大国，沙特参与 G20 机制既是该国参与全球治理的重要一步，也是伊斯兰—阿拉伯国家开始融入国际体系的积极信号。⑥

需要特别指出的是，“后十八大时代”的中国和平发展、和谐世界观及其与全球治理

---

① 刘丰：《美国霸权与全球治理——美国在全球治理中的角色及其困境》，《南开学报》（哲学社会科学版）2012 年第 3 期。

② 刘小林：《日本参与全球治理及其战略意图——以〈京都议定书〉的全球环境治理框架为例》，《南开学报》（哲学社会科学版）2012 年第 3 期。

③ 中国当代世界研究中心、德国卢森堡基金会主编：《新兴大国与全球治理》，当代世界出版社 2012 年版。

④ ［法］丹尼尔·康帕格农：《全球治理与发展中国家：盲点还是未知领域?》，《国外理论动态》2013 年第 4 期。

⑤ 刘宗义：《印度的全球治理观与安理会常任理事国之梦》，《南亚研究季刊》2013 年第 3 期。

⑥ 钮松、田艺琼：《沙特的全球治理观：以沙特参与 G20 机制为例》，《学术探索》2013 年 5 月。

的相互关系等问题，已经引起了国内外学术界的持续关注，[①] 全球治理研究的所谓“中国视角”正在进一步凸显。例如：庞中英认为，中国应该将“政治意愿”“国家能力”和“知识角色”三类要素紧密结合起来，以期在多边主义效果不彰和国际领导赤字频发的背景下积极强化自身在全球治理进程中的角色[②]；通过回顾有关中国参与全球治理的相关研究，黄超认为中国应坚持在全球治理体系中的“现状国”、建设者的定位，以及“发展中国家”的身份属性，并且认同中国应以加大国际公共品提供、联合金砖国家和培育公民社会作为具体抓手，以承担与中国自身实力和能力相适应的国际责任为原则来参与全球治理。[③] 盛斌、张一平认为，在布雷顿森林体系酝酿调整背景下，中国需厘清各代表性方案的本质，认真比较它们之间的异同，透视各种方案所隐含的政治与经济利益，从而策略性地推进符合中国长远利益的国际货币体系改革，并有效加快人民币的区域化与国际化进程。[④] 刘宏松以 WTO 多哈回合谈判和 G20 进程为案例，考察了中国在全球治理进程中的改革倡议及其特点。他认为随着中国国家权力和影响力的上升，中国对国际制度的主动塑造已成为中国参与全球治理的重要内容。中国利用全球治理改革的“重要时机”，积极致力于全球经济治理机制的改革，提出了一系列的改革倡议：如中国主张全球治理机制应在不改变基本原则的前提下做出适当调整，不谋求对联合倡议的主导，秉持促进发展的理念。[⑤] WTO 总干事帕斯卡尔·拉米认为，中国内部发展已经与全球治理紧密联系在一起，世界渴望中国在全球经济治理机制和进程中更为积极地承担国际责任。[⑥] 坦圭·德·怀尔德（Tanguy De Wilde）、皮埃尔·德弗兰（Pierre Defraigne）和简·克里斯托弗·德弗兰（Jean-Christophe Defraigne）等国外学者分析了全球秩序变革背景下中欧双方在贸易、金融、气候变化、发展问题、国际政治与安全等领域所面临的全新机遇与挑战。这些学者普遍认为，中国和欧盟将在通过多边主义路径合作应对全球性问题方面扮演更加强健的角色。[⑦] 陈玉刚对中欧关系的研究得出了类似的结论，他认为中欧关系在二战后的每个阶段都得到了不同程度的拓展和深化。当前的国际体系进入了一个大发展、大变革和大调整的

① 徐进、刘畅：《中国学者关于全球治理的研究》，《国际政治科学》2013 年第 1 期；黄仁伟：《全球治理机制变革的新特点和中国参与全球治理的新机遇》，《当代世界》2013 年第 2 期；陈须隆：《“建设和谐世界”与“全球治理”——两种全球话语的比较》，《新视野》2013 年第 3 期；庞中英、王瑞平：《全球治理：中国的战略应对》，《国际问题研究》2013 年第 4 期；张晓敏：《和谐世界：全球治理的中国主张》，《理论视野》2013 年第 5 期；虞崇胜：《类文明：推进全球治理变革的价值共识》，《国外理论动态》2013 年第 8 期。

② 庞中英：《全球治理的转型——从世界治理中国到中国治理世界?》，《国外理论动态》2012 年第 10 期。

③ 黄超：《中国参与全球治理的理论述评》，《国际关系研究》2013 年第 4 期。

④ 盛斌、张一平：《全球治理中的国际货币体系改革：历史与现实》，《南开学报》（哲学社会科学版）2012 年第 1 期。

⑤ 刘宏松：《中国在全球治理中的改革倡议：基于 WTO 多哈回合谈判和 G20 进程的分析》，《国际展望》2012 年第 5 期。

⑥ 帕斯卡尔·拉米：《全球治理结构变化与中国在多边贸易体系中的作用》，《全球化》2013 年第 7 期。

⑦ Tanguy De Wilde, Pierre Defraigne, Jean-Christophe Defraigne eds. , *China*, *the European Union and the Restructuring of Global Governance*, Edward Elgar Publishing, 2012.

时期，在认识到中欧关系战略基础的同时，为了推动其进一步发展，有必要从全球治理角度对中欧关系的战略意义进行与时俱进的再界定。因此，中欧双方要对共同崛起互相确认，共同维护战后秩序，推动全球治理体系的重建，合作推进世界的平衡发展。[①]

三　地区层次研究

在经济全球化与地区一体化并行发展的当下，区域治理模式也成了国内外学者竞相关注的重要议题，自由制度主义和跨国主义则成了其所选择的主要分析视角。伴随着欧洲和东亚一体化的深入推进，学术界对以欧盟和东盟为代表的区域治理模式进行了持续研究。例如：基于对欧洲地区案例的研究，庞中英等中国学者认为，2008 年爆发的西方金融危机代表着全球治理的转折点。虽然战后欧洲一直在全球经济治理中居于“霸权”地位，但有两大因素正在改变着欧洲在全球治理的主导地位：第一，欧洲地区一体化（欧洲地区治理）的危机尤其是目前的欧元区危机严重弱化了欧洲在全球治理中的作用。第二，世界政治经济中的“权力转移”尤其是新兴大国在全球治理中作用的上升，必然导致欧洲在全球治理中的作用相对下降。自主权债务危机爆发起，国际货币基金组织与欧盟委员会、欧洲央行、二十国集团等一道介入欧元区危机。在此之前，欧洲和西方通过多边制度介入了非西方世界的经济治理。但是现在，新兴大国通过加强现有国际经济制度历史性地介入了欧洲的经济治理。在未来，西方和非西方之间的相互治理进程能够进一步促进全球治理的转型。具体来看，二十国集团已经建立的宏观经济政策合作机制，即“相互评估进程”具有启发意义，以此为基础，西方大国和非西方大国可以就形成“相互治理进程”进行谈判。[②] 金玲和杨娜等学者的研究发现，在有效推进区域治理和积极应对全球化的进程中，欧盟努力在新兴力量和大西洋关系之间寻求平衡，不断尝试构建和完善自己的全球治理战略。具体来看，欧盟支持并参与了国际机制的“非根本性改革”，并始终以整体身份谋求在国际事务中的代表权和话语权，不断提高集体军事行动能力，还通过提供全球公共产品而努力担当全球公益领域治理的主导力量。欧盟的全球治理战略表现出“包容与排外相混合”“有效多边主义”“关注全球公益”“推广欧盟式民主”等特点，但在实施过程中也面临着“决策效率低”“行动能力差”“内部立场不统一”等诸多制约。[③] 傅聪对于欧盟应对全球气候变化的治理案例进行了研究，其不仅从外交决策角度分析了欧盟的气候治理模式，而且从动机和外部因素两个方面解读了促使欧盟致力于领导国际气候谈判的深层原因。她认为，欧盟的气候决策模式决定了其气候外交行动方式，并对全球气候行动进程具有重大影响。[④] 德国学者尤尔根·鲁兰认为欧盟和东盟分别代表了两种地区多边治理模式，他从“制度化水平”“治理成本”“制度配套”“规范精神”“日程设置”“互动模式”六个方面对两种治理模式进行了比较，还通过东盟安全治理案例具体阐释了东

---

① 陈玉刚：《中欧共同崛起与全球治理体系重建》，《人民论坛·学术前沿》2012 年第 16 期。

② 庞中英、王瑞平：《相互治理进程——欧洲与全球治理的转型》，《世界经济与政治》2012 年第 11 期。

③ 杨娜：《欧盟的全球治理战略》，《南开学报》（哲学社会科学版）2012 年第 3 期；金玲：《欧盟全球治理新思路及对中欧关系的影响》，《国际问题研究》2013 年第 2 期。

④ 傅聪：《欧盟应对气候变化的全球治理：对外决策模式与行动动因》，《欧洲研究》2012 年第 1 期。

盟多边治理模式的“左右逢源”特征，这种模式比较青睐主题广泛、有条件的、低成本的、灵活的制度设计和治理议程。[①] 吴志成的研究发现，伴随着国际体系的加速转型、新兴大国的纷纷崛起和世界发展重心向亚太地区的转移，东亚地区在推动全球治理的实践进程和理念构建中发挥着日益重要的作用。受国际环境、国家实力以及国家间关系的影响，东亚地区参与全球治理最初呈现以国家为单位各自参与的“无组织”状态，随后逐渐发展为由中小国家主导推动区域治理机制建设，进而整个地区积极参与全球治理。[②] 庞中英也认为，东亚地区主义的发展有助于打破传统民族主义和现实主义的“思维牢笼”，并促进亚洲地区治理和地区秩序的转变。[③]

四 体系层次研究

如何在国际和全球体系层面构建起行之有效的治理共识，一直是国内外全球治理学者研究的关键议题。[④] 就总体情况来看，学术界着重推进了全球治理合法性、制度运作、民主责任、认同构建、跨国共同体等方面的理论探讨，研究涵盖了自由主义、建构主义、批判理论等众多视角，研究方法也越来越多体现出交叉性和综合性。例如：通过考察全球金融、安全和环境治理案例，戴维·赫尔德（David Held）等国外学者认为，当前的全球体系在以上三个领域已经呈现出深度的“结构性赤字”，毕竟“参与的不断增加”“社会公正的优先”“可持续性的集中”不仅是一个美好世界的重要价值和道德目标，也是实现有效全球治理的核心操作原则。因此，各国不但需要制定新的全球协议，打破现有体系中政策解决方案欠佳和效率缺乏的僵局，还需要对全球治理政策进行实质性的改革，以便为当前的多边秩序创造一种新的架构。[⑤] 拉斯洛·松鲍法维（Laszlo Szombatfalvy）剖析了当前国际社会面临的四大类“超级问题”，并指出了利用风险评估方法识别以上问题的必要性与可能性，以及通过建立全球法治体系应对这些全球挑战的紧迫性[⑥]；周星俊（Sungjoon Cho）和克莱尔·凯利（Claire R. Kelly）两位学者以二十国集团为案例探讨了全球治理的“制度与网络协调”（coordination of institutions and networks）模式，这种模式通过参与邀请、议程设置和议题联系等方式将各类国际治理机制凝聚成一个治理网络，从而有助于应对全球化时代的诸多复杂挑战[⑦]；俞可平的研究对全球治理进程进行了重新反思，他认为，当前的全球治理日益呈现出“参与主体多元化”“权力边界模糊化”“价值规范异质化”“规则效力准弱化”“国家自主性屡经重塑”等重要趋势。[⑧] 刘雪莲和姚璐认为，治

---

① ［德］尤尔根·鲁兰：《东南亚地区主义与全球治理——“多边效力”还是“左右逢源效力”?》，《南洋资料译丛》2012 年第 3 期。

② 吴志成、杨娜：《全球治理的东亚视角》，《国外理论动态》2012 年第 10 期。

③ 庞中英：《全球治理与世界秩序》，北京大学出版社 2012 年版。

④ 朱杰进、何曜：《全球治理与三重体系的理论探述》，《国际关系研究》2013 年第 1 期。

⑤ 戴维·赫尔德、凯文·扬、朱旭：《有效全球治理的原则》，《南开学报》（哲学社会科学版），2012 年第 3 期。

⑥ ［瑞典］拉斯洛·松鲍法维（Laszlo Szombatfalvy）：《人类风险与全球治理：我们时代面临的最大挑战可能的解决方案》，周亚敏译，中央编译出版社 2012 年版。

⑦ Sungjoon Cho，Claire R. Kelly，Promises and Perils of New Global Governance：A Case of the G20，*Chicago Journal of International Law*，Vol. 12 No. 2，Winter 2012。

⑧ 俞可平：《全球治理的趋势及我国的战略选择》，《国外理论动态》2012 年第 10 期。

理理念之争、治理主体之争、治理价值之争成为2008年后危机时代全球治理面临的新问题，而这三类问题出现的根源主要可以归因于全球体系权力结构的变革、国家利益与全球共有利益的矛盾以及全球化所带来的贫富两极分化。[①] 黄超认为，全球金融危机的爆发为全球治理机制的变革带来了压力和契机，他的研究分析了金融危机背景下全球治理机制变革的必要性与具体实践，并从“建制”和“改制”两个方面概括了后危机时代全球治理机制变革所呈现出的重要趋势：在建制方面，正式国际制度和非正式国际制度相结合的模式成为当前治理机制建设的新趋势；在改制方面，改革现有机制的决策机制和问责机制成为机制改革的新重点。在治理机制变革的背景下，中国应树立积极主动的战略思维，充分利用好联合国和二十国集团等抓手，推进机制变革朝着有利于发展中国家的方向前进。[②] 王明国的研究辨析了“治理机制碎片化”的基本概念与形成条件，梳理了其在全球治理与区域治理中的表现及原因。他认为，全球治理机制需要朝着“整体性治理机制”的方向迈进，其中“机制融合”是这一目标得以实现的中间环节。[③] 赵隆认为，当前治理碎片化的趋势与困境，进一步凸显了议题与模式的联动性和议题设定的重要性。在全球化不断深入发展和国际体系加速转型的背景下，全球议题设定的互动方式以及能力建设影响着治理模式的构成与适应，而议题设定的不同主体通过角色与能力、目的与手段的互动过程，间接决定了治理模式的机制构成与路径适应标准，也在一定程度上决定了治理的有效性。[④] 杨娜研究了“新多边主义治理”的内涵及其与传统治理的相互关系，通过对美国、欧盟、日本等主要治理角色进行案例研究，她认为新多边主义治理具有“超国家中心治理”“弱者治理”“自下而上”“普世中心”“变革现状”等一系列重要特征。[⑤]

另外一些学者则针对近期突出的全球性问题及其治理进行了案例研究。例如：任治俊、胡腾等学者系统梳理了当前全球治理进程中出现的关键议题和领域，具体涵盖了治理话语体系、国际法治、全球贸易、国际金融、环境问题等，并在对比研究的基础上对中国参与全球治理（如汉语推广、金砖合作机制化、中小企业发展、人民币国际化、气候变化谈判等）提出了切实的政策建议[⑥]；盛斌、张一平认为，2008年金融危机爆发后，国际社会重新燃起了对改革布雷顿森林体系瓦解后的国际货币体系的探索与争论，其焦点是减少对美元本位的依赖。其中，改革派方案包括特别提款权（SDRs）、替代账户机制和单一货币机制，改良派主要希望通过区域货币合作方案促进国际货币的多元化。[⑦] 王奇才和刘志云等学者的研究强调了法律规范对于全球治理的积极意义，他们认为法治不仅对“什么是有效的法”以及“法律如何更好地运作”提出了一般规范性要求，同时也对承担重要决策功能、执行功能和裁判功能的全球治理机制提出了明确要求。形式法治理论的优点

---

① 姚璐、刘雪莲：《后危机时代全球治理发展的新动向》，《国外理论动态》2013年第8期。

② 黄超：《金融危机背景下全球治理机制的变革》，《国际观察》2012年第3期。

③ 王明国：《全球治理机制碎片化与机制融合的前景》，《国际关系研究》2013年第5期。

④ 赵隆：《全球治理中的议题设定：要素互动与模式适应》，《国际关系研究》2013年第4期。

⑤ 杨娜：《新多边主义与西方发达世界视角下的全球治理》，《南京大学学报》（哲学·人文科学·社会科学版）2012年第4期。

⑥ 任治俊、胡腾编著：《国际问题与全球治理：新文献综述（2010—2011）》，西南交通大学出版社2012年版。

⑦ 盛斌、张一平：《全球治理中的国际货币体系改革：历史与现实》，《南开学报》（哲学社会科学版）2012年第1期。

在于其具有较少的争议性和较好的扩展性，具体的国际法律制度则成为特定领域的全球治理的主要工具，但我们还要考虑不同文化和不同民族国家参与全球治理特别是全球治理立法层面活动的差异。[①] 陈志瑞、吴文成对于国际海盗等非传统安全问题的治理进行了案例研究，他们认为国际反海盗行动为全球治理的有效合作提供了例证，全球治理与非传统安全问题之间存在着密切关联，各参与方在对其性质和目标理解上的偏差，以及非传统安全合作架构出现的困难，导致既往的全球治理走向碎片化，这不仅降低了国际权力结构的作用，而且忽视了国家尤其是大国合作的基础性作用。因此，有效的全球治理根本上仍有赖于大国参与该进程的意愿和能力，有赖于大国、国际组织以及非政府行为体等不同行为体在该进程中的合作。[②] 赵可金对全球治理进程中国家外交功能的转型进行了研究，他认为国际制度与全球公民社会的兴起，分别从顶层和基层改变了现代外交赖以立足的生存环境，外交的国际法原则和游戏规则开始受到严峻挑战，正在走向“协商性外交”的新形态。[③] 该形态将挑战国家主权平等、不干涉内政、内外有别等传统外交游戏规则，构建一种不同于国家外交体系的新外交体系，此种外交体系将以维护国际公平正义为宗旨，强调国家与国家之间、国家与非国家行为体之间以及非国家行为体之间的积极对话和审慎协商，共同推动国际体系和国际秩序向着公正合理的方向发展。

在当今有关全球治理的国际合作遭受种种质疑和挑战的情况下，能否并且如何构建协调互动的价值理念，依旧是制约全球治理长远发展的深层次因素之一。全球治理的价值取向问题持续引发国内外学者的反思，批判主义对跨国社会运动和全球政治经济体系的阶级剖析，以及建构主义对于全球治理客观性的质疑及其对于全球“认知共同体”的重视，在这些研究中都有不同程度的反映。[④] 例如：胡健梳理并分析了马克思主义世界历史理论视野之下的全球治理研究。他首先比较了“狭义”和“广义”两种全球治理，前者即全球共同治理，是在冷战结束以后伴随全球化日益深化以及全球性问题日益凸显而逐渐兴起的；而后者则是随着资产阶级开创世界历史进程和跨国关系的出现而兴起的，资本主义时代的全球治理是以资本为手段和工具并最终为资本增值而服务的。由于资本的本性是追求最大的剩余价值，因此在资本的全球治理体系中，资本作为一切的核心纽带，同时也是束缚人的全面发展的枷锁，资本的全球治理建立的也必将是一种畸形的、非道德的全球秩序。从价值取向来看，尽管当今全球共同治理存在着事实与价值的疏离，但它的确是基于“民主”和“正义”等普遍认同的人类价值。资本全球治理的以上缺陷，使得马克思把全球善治的实现寄希望于未来共产主义社会的全球治理模式。在“自由人联合体”作为全球治理的模式建立之前，任何全球治理的模式都不可能是有效的，即便它在某些领域内取得一定的效果，那也只是既有全球治理主体之间的暂时性妥协。[⑤] 蔡拓等学者认为，全球治理困境在很大程度上仍然是由于主权国家一直秉持“国家中心主义”理念所造成的，

---

① 王奇才：《法治与全球治理：一种关于全球治理规范性模式的思考》，法律出版社2012年版；刘志云：《论全球治理与国际法》，《厦门大学学报》（哲学社会科学版）2013年第5期。

② 陈志瑞、吴文成：《国际反海盗行动与全球治理合作》，《国际问题研究》2012年第1期。

③ 赵可金：《协商性外交：全球治理的新外交功能研究》，《国外理论动态》2013年第8期。

④ Thomas G. G. Weiss, *Thinking about Global Governance: Why People and Ideas Matter*, CRC Press, 2012.

⑤ 胡健：《马克思世界历史理论视野下的全球治理》，《世界经济与政治》2012年第11期。

传统政治发展观以主权、领土为界限将世界划分为“我者”与“他者”的思维方式便是“国家中心主义”理念的集中体现。这种理念使得主权国家采取孤立式或趋利避害式的行为对待全球治理，从而导致全球治理中出现“参与赤字”和“责任赤字”。要解决全球治理困境，就必须克服“国家中心主义”理念。从政治发展观的角度来讲，全球治理呼吁国家放弃“国家中心主义”主导下的传统政治发展观，进而采取一种开放的、负责任的政治发展观。[①] 刘贞晔的研究细数了21世纪以来全球治理所面临的各种危机与挑战，并考察了学界提出的若干应对思路：如全球深度治理变革、全球法治、全球行政、世界政府与全球公民社会之路径。[②] 刘志云认为，后危机时代的全球治理模式已进入“深度全球治理”的更高层次，深度全球经济治理视野下国际经济法的发展，主要表现在国际经济立法与国际经济组织的权力结构、治理模式、价值观念等方面的调整。这种调整既反映了发达国家与新兴市场国家之间实力对比所发生的变化，也反映了国际社会对资本与国家、资本与社会之间一度失衡的权利义务进行纠正的努力。如何在这一调整过程中保证自身的利益最大化并切实提高国际社会的整体利益，是包括中国在内的进入全球治理核心权力圈的新兴市场国家需要思考的重大问题。[③] 朱同银以全球治理为切入点研究了国际战争问题，他认为国际战争是全球治理中不可回避的议题，深化对其合法性的认识和考量具有重要意义。全球治理视角下的国际战争合法性是国际社会依据一定标准对国际战争权力和行为的自愿赞同与认可。“理念价值”“国际规制”“协商赞同”是形成国际战争合法性的三大源泉基础。而通过对国际战争合法性基础权力特性表现的分析，可将国际战争合法性程度划分为合法性充足、欠足、缺乏和丧失四个等级。[④]

五　跨层次研究

毋庸置疑，当前全球公共政策领域之间的分野日益模糊，不同议题结构之间的交叠区域也逐渐扩大，相关全球性问题的应对急需不同层次参与主体的协调共治，因此多种主体围绕治理议题的跨层次互动便成了全球治理研究的又一重点。例如：张胜军用“马赛克化”来形容当前全球治理机制的演进趋势，他认为不同层次的决策权威出现了跨层次的横向联合与新型合作关系，如“公私”伙伴关系和“私私”伙伴关系[⑤]；赵黎青的研究发现，联合国在代表性和开放性方面的改革有助于促进非政府组织参与全球治理进程，在面对共同挑战与解决共同问题的过程中，非政府组织与联合国之间的互动推动着新型全球治理体制的形成。[⑥] 赵晨考察了中等强国在全球治理体系中的共性与个性，尤其是政治文化对一个国家全球治理观念的深远影响。他以加拿大为案例，分析了这一典型中等强国的国内政治文化是如何影响它与国际组织的互动、它对待非政府行为体的态度以及主权观和人权观等三个全球治理观察指标，探索了加拿大追求妥协的渐进式政治发展历程、多元主

---

① 蔡拓、曹亚斌：《新政治发展观与全球治理困境的超越》，《教学与研究》2012年第4期。

② 刘贞晔：《全球治理变革与全球学学科的构建》，《国际观察》2012年第1期。

③ 刘志云：《后危机时代的全球治理与国际经济法的发展》，《厦门大学学报》（哲学社会科学版）2012年第6期。

④ 朱同银：《全球治理视角下的国际战争合法性》，《国际观察》2012年第5期。

⑤ 张胜军：《全球治理的最新发展和理论动态》，《国外理论动态》2012年第10期。

⑥ 赵黎青：《全球化、非政府组织、联合国与全球治理》，《新远见》2012年第8期。

义文化和对美国复杂矛盾的心理这三者构成的独特的政治文化与其全球治理理念和政策之间的逻辑关系。最后通过比较研究归纳出加拿大全球治理的三个特征，即“依附型多边主义”、宽容尊重非政府行为体平等参与全球治理权利、平衡运用主权和人权观念，为中等强国的全球治理观分析提供了一个个案。① 汤伟认为，当前全球治理系统性日益显著，蝴蝶效应彰显，新议题层出不穷、关联性、纽带性、制度交互感应冲突更为常见。治理的容纳性日益明显，复合多元主义成为常态，私人权威、非政府组织也成为权威来源，政策网络清晰可见。②

第二节 实践创新

2012—2013 年，全球发展依然不平衡，全球性问题愈发突出。持续 5 年的国际金融危机，暴露出国际经济金融体系的结构性和制度性缺陷，使全球治理变得更加紧迫。③ 根据 2012—2013 年国际政治的发展态势和全球治理的实践特点，笔者从中选出了六个案例（其中经济方面三个、政治和安全方面两个、环境和资源方面一个），仍然先简要回顾该案例的历史背景，然后盘点重要事件，接着总结出其特点，最后进行简要的评述。

一 二十国集团洛斯卡沃斯峰会和圣彼得峰会

2012 年是世界经济增长整体放缓的一年。在发达经济体中，美国和日本经济低速增长，欧元区则陷入衰退。在新兴市场与发展中经济体中，由于受到外需急剧下降以及国内调整的影响，一些国家放缓了经济增长步伐。伴随而来的是全球贸易增速明显放缓和争端日益频繁，大宗商品价格逐步走低，全球治理和区域一体化有亮点但是进展缓慢。④ 进入 2013 年，全球工业生产和贸易疲弱，价格水平回落，国际金融市场持续波动，世界经济增速继续小幅回落。其中，发达国家增长动力略有增强，发展中国家困难增多。⑤ 作为全球经济治理的主要平台，二十国集团先后在洛斯卡沃斯和圣彼得堡举行了两次峰会，进一步加强了各国间的合作，促进世界经济的稳定与可持续性增长。

1. 洛斯卡沃斯峰会和圣彼得堡峰会概况

2012 年 6 月 18 日至 19 日，二十国集团领导人第七次峰会在墨西哥南下加州的洛斯卡沃斯举行，本次峰会的主要议程共五项，第一，以增长和就业为基础的经济稳定和结构重组；第二，加强金融体系和促进金融包容性以推动经济增长；第三，完善相互联系的国际金融体系；第四，加强食品安全和应对商品价格波动；第五，促进可持续发展、绿色增长

---

① 赵晨：《国内政治文化与中等强国的全球治理—基于加拿大的考察》，《世界经济与政治》2012 年第 10 期。

② 汤伟：《全球治理的新变化：从国际体系向全球体系的过渡》，《国际关系研究》2013 年第 4 期。

③ 参见《2012 年度国际特别报道：全球治理呼吁机制变革》，2012 年 12 月 24 日，人民网（http：//world. people. com. cn/n/2012/1224/c1002 - 19988141. html）。

④ 王洛林、张宇燕：《世界经济黄皮书：2013 年世界经济形势分析与预测》，社会科学文献出版社 2013 年版。

⑤ 参见中国国家统计局《地区格局悄然变化增长动力略有增强——2013 年世界经济回顾及 2014 年展望》，2014 年 2 月 27 日，中国国家统计局官网（http：//www. stats. gov. cn/tjsj/zxfb/201402/t20140227_ 516899. html）。

和应对气候变化。[1] 来自二十多个国家、地区和国际组织的领导人和特邀代表与会。会议最后通过了《洛斯卡沃斯宣言》，强调将通过支持经济增长和促进金融稳定，来创造高质量的就业机会；承诺将向国际货币基金组织增资4500亿美元；承诺将进行金融部门改革，促进金融包容性；反对各种形式的贸易保护主义；加强粮食安全，控制商品价格波动；消除贫困，实现强劲、可持续、平衡的经济增长；加大反腐败力度等。二十国集团中的欧元区成员在宣言中特别指出，将采取一切必要措施，维护该地区的完整性和稳定性，改善金融市场运作，打破主权债务与银行债务之间的恶性循环。

2013年9月5日至6日，二十国集团领导人第八次峰会在俄罗斯圣彼得堡举行。与会领导人围绕世界经济形势、贸易、发展、国际货币金融体系改革等议题发言。在两天的会期内，二十国集团领导人就经济增长和就业达成共识，即成员国应关注部分发展中国家经济增长放缓，增强大宗商品市场透明度，放弃贸易保护主义并提高包括区域贸易在内的贸易协议透明度，峰会还就气候环境、支持低收入国家发展、税务改革协作及反腐败等诸多问题达成共识。[2] 会后发表了《二十国集团圣彼得堡峰会领导人宣言》和《二十国集团峰会五周年声明》。宣言称，全球经济再平衡过程仍在继续，二十国集团成员国致力于改善金融市场及推动全球经济复苏，取得了重要进展。但同时值得关注的是，美国、欧洲、日本等发达国家经济呈现复苏趋势，而部分新兴市场国家经济增长正面临放缓。宣言认为，全球经济复苏还不够强劲，地区增速不平衡，风险加大。宣言呼吁成员国积极改善就业，把握货币政策调整节奏，妥善处理长期投融资问题，促进经济强劲、可持续的平衡增长，呼吁各国奉行多边自由贸易体制，世界贸易组织（WTO）成员应表现出必要的灵活性，推动多哈回合谈判取得成果。宣言敦促成员于2014年1月底前完成国际货币基金组织（IMF）第15次份额总检查，并尽快落实2010年有关IMF份额和治理改革的方案。

2. 评述与创新

2012年的二十国集团洛斯卡沃斯峰会是在世界经济面临复杂多变局面，下行风险增加的背景下召开的。与会各方在促进全球经济增长与就业、加强国际金融体系、反对贸易保护主义和推动发展等问题上达成多项共识，取得积极成果。分析人士认为，峰会使各方增强了信心，为世界经济复苏增添了动力。[3] 英国首相卡梅伦就指出，“我认为这次会议确实取得了成功，避免了世界经济增长的一些风险因素。一些在世界经济中占主导地位的国家一起来讨论这些风险，商量怎么采取行动应对，这在以前是没有发生过的。”[4] 从此次峰会的议题来看，中规中矩，囊括了当今世界经济面临的紧迫、重大和战略问题；而就问题的新意而言，虽多仍延续既往峰会的探讨思路，但问题的落脚点也放在了世界经济面

---

① 魏亮：《G20洛斯卡沃斯峰会：反危机、谋增长、求落实》，2012年6月18日，中国网（http：//www. china. com. cn/international/txt/2012－06/18/content_ 25671951. htm）。

② 贾靖峰、郭金超：《二十国集团领导人峰会落幕，通过圣彼得堡宣言》，2013年9月7日，新华网（http：//news. xinhuanet. com/world/2013－09/07/c_ 125339311. htm）。

③ 参见《国际观察：二十国集团洛斯卡沃斯峰会取得积极成果》，2012年6月20日，新华网（http：//news. xinhuanet. com/2012－06/20/c_ 112262016. htm）。

④ 参见《二十国集团峰会闭幕与会领导人积极评价峰会成果》，2012年6月20日，国际在线（http：//gb. cri. cn/27824/2012/06/20/5951s3736671. htm）。

临的最新情况和疑难杂症上，尤其是邀请西班牙领导人参会介绍应对银行危机的具体办法，凸显二十国集团峰会的反危机特性，可谓脚踏实地。[①] 此外，墨西哥在峰会内部架构与外部架构两方面都坚持了开放包容的原则，有力地推动了峰会机制建设。不过，由于洛斯卡沃斯峰会与戛纳峰会相隔只有半年，时间仓促使得峰会在不少方面准备不足，加上欧洲债务危机依然困扰着多个国家和国际组织，以及洛斯卡沃斯峰会的参加者多为即将卸任的政治家或者刚刚上任的领导人等原因，这次峰会的过渡性比较明显，仍然是一次承前启后的峰会。

2013 年二十国集团的圣彼得堡峰会虽然因为叙利亚问题的介入而将基本本身设定的议题有所冲淡，但是这一次峰会还是反映了世界经济新的发展态势，展示了主要成员国拓展国际合作的新的努力，同时继续显示出对一些深层次的结构性问题的无奈。峰会强调了世界经济的风险转移和新的不确定性；增长与就业成为本次峰会的压倒性关键词，而公共债务问题出路何在被进一步推后；打击避税天堂可谓异军突起，成为此次峰会较为突出的议题之一；中国在内的新兴经济体最为关切的一些长期性、结构性难题，仍然是口水多于行动。二十国集团不过是一张更大的谈判桌，对其应有合理期待。它能诊断问题，但未必能克服问题；它能救助危机，但未必能消除危机；它能促进对话，但未必能促成协议；它能促成协议，但未必能落实协议；它能增进代表性，但未必能解决合法性；它是最高合作平台，但未必是最重要平台。但是，二十国集团仍然有其存在的独特价值，包括提供最高领导力，就最紧要、最复杂的经济议题展开对话，对增进国家间互信、促进知识分享具有非常积极的意义。

3. 中国的参与与作用

中国领导人历来重视二十国集团峰会，中国作为二十国集团的重要成员也在历次峰会上发挥着建设性的作用。

2012 年，时任国家主席胡锦涛率领中国代表团参加了洛斯卡沃斯峰会。峰会期间，胡锦涛发表重要讲话，全面阐述中国立场主张，并同各国领导人广泛接触，交换看法，发挥了独特和重要的作用。面对纷繁复杂的形势，胡锦涛指出，各国既要巩固应对国际金融危机的成果，保持经济社会稳定和发展，又要稳中求进，探索新思路，采取新举措，解决新问题，推动世界经济强劲、可持续、平衡增长。为此，他提出五点建议：坚定不移推动世界经济稳定复苏；坚定不移深化国际金融体系改革；坚定不移促进国际贸易健康发展；坚定不移推进发展事业；坚定不移促进可持续发展。[②] 时任外交部部长杨洁篪指出，胡锦涛主席出席二十国集团洛斯卡沃斯峰会，有力推动了国际社会凝聚共识、提振信心，为促进世界经济复苏和增长注入新的动力，展示了中国发展、合作、负责任的良好形象，国际舆论予以高度评价，普遍认为中国为维护全球金融稳定、促进世界经济复苏、促进共同发展作出了重大贡献，中国在全球治理中作用越来越突出。[③]

---

① 魏亮：《G20 洛斯卡沃斯峰会：反危机、谋增长、求落实》，2012 年 6 月 18 日，中国网（http://www.china.com.cn/international/txt/2012-06/18/content_25671951.htm）。

② 参见《加强协调合作推动发展繁荣——记胡锦涛主席出席二十国集团领导人第七次峰会》，2012 年 6 月 20 日，新华网（http://news.xinhuanet.com/2012-06/20/c_112259387.htm）。

③ 参见《杨洁篪谈胡锦涛主席出席 G20 领导人第七次峰会成果》，2012 年 6 月 20 日，外交部网站（http://www.fmprc.gov.cn/mfa_chn/zyxw_602251/t943628.shtml）。

2013年，中国国家主席习近平率团出席了圣彼得堡峰会。习近平在会议期间发表了题为《共同维护和发展开放型世界经济》的重要讲话，强调各国要放眼长远，要努力塑造各国发展创新、增长联动、利益融合的世界经济，坚定维护和发展开放型世界经济，建设更加紧密的经济伙伴关系，肩负起应有的责任。中国将坚定不移全面深化改革，坚持互利共赢的开放战略。中国有条件有能力实现经济持续健康发展。[①] 习近平主席提出的重要主张得到与会各国普遍接受和认同，中方的很多观点和建议均被纳入《二十国集团圣彼得堡峰会领导人宣言》，集中发出了“中国声音”，体现了中国的话语权，提高了中国在全球经济治理中的地位与作用。出席二十国集团领导人圣彼得堡峰会是中国采取的又一次重大外交行动。[②]

自国际金融危机爆发以来，中国领导人出席了二十国集团的历次峰会。在这个平台上，中方始终积极参与应对国际金融危机、加强全球经济治理合作，发挥了建设性作用，作出了重要贡献。中方以“首先把国内的事情办好”的表率行动，走出了一条积极应对国际金融危机的有效路径，不仅在世界上率先实现经济回升向好，而且成为世界经济复苏的引擎。中方以负责任的主张和行动，支持国际金融组织根据国际市场变化增加融资能力，加大力度支持受这场金融危机影响的发展中国家，支持发展中国家在国际金融机构中增加代表权和话语权。在一些争议不决的问题上，中国提交的案文，兼顾各方利益和关切，起到了化解分歧、促成共识的效果。[③]

二十国集团峰会连续8次召开，取代八国集团成为国际经济政策协调主平台，在联合发达、发展中国家共同应对危机上作用显著。然而，目前二十国集团峰会实用性突出，延续性、战略性越发显露不足已成为发展的隐患。这表现为，在反危机领域，各国关注度高，易达成共识，尤其是国际金融危机期间，集体行动效率值得称道。但是在危机间歇，各国为防范危机重演而设计的各项改革尤其是改革国际经济金融组织和反对贸易保护主义等则畏葸不前。IMF份额调整难以落实、贸易保护主义势头不弱反强，已使世人开始质疑二十国集团峰会决议和承诺的效力和作用。同时，发达国家常常把饥饿、贫困等发展性、全球性问题作为陪衬也已开始招致多数发展中国家的不满。毕竟危机是一时之患，发展才是长久之计。二十国集团峰会广泛性、实用性、延续性、战略性并举的特点是其能够持续引领国际经济政策协调的重要因素。若剑走偏锋，只注重反危机协调，而忽视长期改革承诺落实、忽视世界发展的战略性问题，则二十国集团峰会退化为危机应急处置议事协调清谈馆的可能性将逐步上升。[④]

二　欧洲债务危机的发展与治理

2012年，欧洲危机进入新的阶段。希腊大选风波、西班牙银行业和国债危机等重大

---

① 参见《习近平在二十国集团领导人第八次峰会第一阶段会议上的发言》，2013年9月6日，新华网（http：//news. xinhuanet. com/world/2013－09/06/c_ 117249618. htm）。

② 参见《王毅谈习近平出席圣彼得堡二十国集团领导人第八次峰会》，2013年9月7日，新华网（http：//news. xinhuanet. com/politics/2013－09/07/c_ 117266982. htm）。

③ 吴绮敏：《全球经济治理进程中的中国》，2012年6月14，人民网（http：//politics. people. com. cn/GB/18175357. html）。

④ 魏亮：《G20洛斯卡沃斯峰会：反危机、谋增长、求落实》，2012年6月18日，中国网（http：//www. china. com. cn/international/txt/2012－06/18/content_ 25671951. htm）。

事件对欧债危机造成进一步的冲击，但由于欧盟出台了一系列抑制危机进一步恶化的拯救措施，欧元区经济市场逐步趋于稳定，财政风险分担机制初现雏形。与此同时，欧元区又出台了一系列政策，在财政联盟、银行业联盟等欧元区一体化项目上取得重大进展。受一系列正面因素的带动，2013 年欧洲经济缓慢调整，经济增长率由负转正，欧债危机出现了拐点的信号，欧元区重现复苏曙光。

1. 2012—2013 年欧洲债务危机的发展与治理

2012 年初开始，欧洲债务危机曾一度趋缓，但希腊的情况仍未显现好转，西班牙银行业的问题逐渐成为焦点。2012 年 1 月 13 日，标准普尔宣布下调法国等欧洲 9 个国家主权信用评级，法国步美国后尘，失去 3A 最高评级。至此，欧元区内保留顶级信用评级的国家仅剩德国、荷兰、芬兰和卢森堡四个国家，而葡萄牙、希腊、爱尔兰则处于“垃圾级”。面对进一步升级的欧洲债务危机，许多国际和地区组织及相关国家纷纷出台相关政策和措施积极应对。作为欧洲债务危机治理的主体，欧盟在 2012 年举行了一系列的会议讨论具体的应对办法。

2012 年 1 月 30 日，欧盟领导人首次非正式会议在布鲁塞尔欧盟总部举行。与会领导人重点讨论了促进经济增长和创造就业的举措，同时还涉及新财政条约和永久性救助机制等议题，并达成了一系列共识。这次会议有三大成果：首先，峰会通过了“财政契约”草案。第二，批准了欧洲稳定机制（ESM）协议。第三，峰会为解决欧盟严重的失业问题开出药方。此次峰会似乎显示，欧盟应对欧债危机的战略有所调整，即从过度偏重整固财政而忽略促进经济增长，转向“两者兼顾”。峰会结束后发表的联合声明指出，为走出债务危机，各国必须整固财政，但光靠整固财政是不够的，必须提高经济竞争力，促进经济增长，创造就业岗位等。

2012 年 3 月 1—2 日，欧盟领导人春季峰会在布鲁塞尔举行。促进经济和就业增长成为这次峰会的主要议题。欧盟委员会主席巴罗佐在一份公开声明中说，“促进经济增长一直都是欧盟的核心议程，欧盟在努力使欧洲步出债务危机的同时，也要作出同等努力使欧洲重回增长”。欧洲从国际金融危机爆发以来，在金融危机中的复苏步伐始终是非常缓慢的。如果要想能够尽快摆脱债务问题的困难，最终也只能通过经济增长，然后改变调整经济结构，约束和限制财政支出，然后把危机缓慢的渡过。除英国和捷克以外的 25 个欧盟成员国在峰会上正式签署《欧洲经济货币联盟稳定、协调和治理公约》，又称“财政契约”，来加强各成员国的财政纪律。欧洲理事会主席范龙佩在签署仪式上说，条约签署以及最终生效将产生深远影响，条约规定的政府间相互监督以及欧盟机构的惩罚措施将有利于避免主权债务危机重演。

2012 年 5 月 23 日，欧洲领导人就如何复兴欧元区经济体作出了讨论，讨论内容主要包括增长和就业，以及希腊局势。几位领导人简单讨论了将欧元区共同债券作为加深经济联盟的方式，关于发行欧元区共同债券的讨论着眼于较长时期。同时希望希腊留在欧元区，同时履行承诺。欧盟领导人希望选举后新的希腊政府将选择继续改革，并将确保欧盟结构基金为希腊提供支持。

2012 年 6 月 28—29 日，欧盟领导人夏季峰会在欧盟总部布鲁塞尔举行。在欧元区国家面临严峻的经济形势下，欧盟 27 国领导人在本次峰会上通过了“增长与就业契约”，同时宣布将允许欧元区救助工具直接为银行业注资，并且可以购买成员国国债。欧洲理事会主席范龙佩在峰会结束后的新闻发布会上宣布，欧盟正式通过了增长与就业契约，核心内容是一个总额1200亿欧元的刺激经济增长的一揽子计划，以此作为此前已经通过的财政契约的补充。各国领导人同意让欧元区永久性救助基金，也就是欧洲稳定机制直接向陷入危机的成员国银行注资。这是一项防止危机扩散的重要措施。同时，欧元区领导人还同意，对于已经采取措施努力削减赤字和债务的成员国，可以动用欧元区的救助基金直接购买其国债，以降低其融资成本，而不必附加新的紧缩或者改革条件。①

2012年10月18—19日，欧盟秋季峰会在布鲁塞尔举行，各国领导人们将在2天的会议上就促进增长与就业、银行业联盟的进展，以及未来财政、经济、政治一体化的路径等问题展开讨论。鉴于目前欧盟所面临的诸多经济、社会与政治困难，欧盟秋季峰会指出，深入推进货币与经济联盟建设，保持欧盟稳定与经济可持续发展至关重要。此次峰会最重要的具体成果是，与会领导人同意2013年1月1日之前搭建成欧洲银行业单一监管机制的法律框架。峰会再次强调欧盟一体化预算框架和经济政策框架对于欧盟保持强劲和可持续经济增长、促进就业与社会凝聚力的重要作用。峰会肯定了实施《增长与就业契约》的进展情况，决心继续推动经济增长与就业。本次峰会为欧洲迈向银行业联盟打下了坚实基础，对欧盟一体化建设及可持续经济繁荣和稳定起到了一定的积极作用。

2012年12月16—17日，欧盟领导人冬季峰会在布鲁塞尔举行。在这场峰会召开之前的几个小时，欧盟27国财政部长就建立银行业单一监管机制达成了一致。该协议被认为是欧债危机爆发三年多来欧盟取得的最重大的成果之一。银行业单一监管机制是欧盟建立银行业联盟的重大步骤，也是欧盟推进一体化进程的重要一环。在这样的背景下，这场峰会的气氛很热烈。各国领导人重点讨论了推进欧洲一体化进程、建立真正意义上的经济与货币联盟的问题。除此之外，会议还讨论了增强欧洲竞争力与经济活力的措施。据范龙佩介绍，欧洲理事会将与欧盟委员会合作，在2013年6月的峰会上提交有关协调各国改革措施、增强竞争力与社会包容度的措施。

除了欧盟领导人的各种系列峰会讨论并采取具体应对危机的措施之外，2012年6月18日至19日在墨西哥洛斯卡沃斯举行的二十国集团领导人第七次峰会也对欧洲债务危机的形势进行了讨论，并一致同意携手应对世界经济领域重大和紧迫问题。

2013年欧债危机的形势明显缓和，欧债危机由"急症期"转入"慢性期"。面对逐步缓和的欧洲债务危机，许多国际和地区组织及相关国家在上一年治理的基础上继续出台相关政策和措施。作为欧洲债务危机治理的主体，欧盟在2013年举行了一系列的会议讨论进一步应付危机、提升经济的方法和措施。

2013年2月7—8日，欧盟27国领导人在布鲁塞尔召开特别峰会，讨论欧盟2014—2020年的财政预算案。欧盟2014—2020年财政预算案总额约为9600亿欧元，与上一个多年金融预算案相比，削减幅度约为3%。范龙佩指出，整个欧洲的经济现实并不乐观，预算案必然有所削减。与上一个多年财政预算案相比，此次预算案削减了很多，这在欧盟的历史上尚属首次。范龙佩在峰会结束后的新闻发布会指出，这个预算案是面向未来的，符合实际情况的，考虑到了各界的紧迫需求。欧盟2014—2020年财政预算案终于在2013年

① 参见《欧盟峰会决定采取切实措施促进经济增长》，2012年6月30日，新华网（http://world.xinhua08.com/a/20120630/980414.shtml）。

的首次峰会上通过，为欧洲经济的复苏奠定了一个良好的基础。

2013 年 3 月 14 日，欧盟春季峰会在布鲁塞尔欧盟总部开幕，此次峰会主要讨论欧盟经济形势及其前景，为促进经济增长和就业、提高竞争力谋划政策方向，并推进旨在强化经济治理和财政纪律及政策协调的机制。在这次峰会上，欧洲理事会主席范龙佩表示，欧盟首脑就促进经济增长战略达成一致。范龙佩强调，新预算虽然比先前的预算有所收缩，但它将更多的重点放在增长，特别是促进年轻人就业上。他表示，过去几年应对危机所做的工作正在取得成效，主要体现在财政的稳定与市场信心的逐渐恢复，欧洲经济正处于转折期，也是一个关键时期。

2013 年 6 月 27 日，为期两天的欧盟夏季峰会在比利时首都布鲁塞尔举行，欧盟领导人在促进青年就业、建立银行业联盟、欧盟扩员等重要议题上达成共识。欧洲理事会主席范龙佩和欧盟委员会主席巴罗佐都高度评价了峰会确定的促进青年就业方案。其中最直接的措施是将促进就业的资金支持从原计划的 60 亿欧元上调至 80 亿欧元。欧盟注资促进就业，更重要的目的是“抛砖引玉”，带动成员国相关刺激就业政策的落实。作为欧盟经济与货币一体化战略的核心内容，建立银行业联盟的努力在本次峰会上取得进展，迈出其“三步走”进程的第二步建立“单一解决机制”。新方案规定银行发生风险时，银行股东、大储户将承担更多责任，减少普通储户和纳税人的损失。其目的是缓解国家主权信用危机，减轻纳税人负担，切断银行倒闭和国家经济危机之间的“恶性关联”。这次峰会取得的成果在一定程度上提振了欧盟对未来发展的信心。

2013 年 10 月 24—25 日，欧盟领导人秋季峰会在布鲁塞尔举行。这次会议的大背景很受外界关注，在欧洲经济经历漫长衰退后终现复苏迹象，欧元区和欧盟经济均在第二季度摆脱衰退出现小幅增长，另外，德国大选结束，新政府组阁也出现曙光。更让人关注的是，爱尔兰年底或率先摆脱国际救助，且西班牙经济复苏也很乐观。此次会议把建立“单一数字市场”列为首要议题，同时围绕减少年轻人失业人数、创建更强的欧洲货币联盟、鼓励创新以及如何制定更好的移民政策等问题进行商议。这意味着，欧盟已经开始为未来经济复苏做准备。

2013 年 12 月 19—20 日，欧盟领导人冬季峰会在布鲁塞尔举行。讨论欧盟共同安全防卫政策、经济金融政策和外交问题。欧债危机有所缓解，但欧洲整体经济形势依然严峻。本次会议继续讨论了经济治理问题，以弥补可能导致债务危机再次爆发的制度漏洞。会议通过了银行业单一清算机制协议，这是欧盟为建立欧洲银行业联盟树起的最后一根支柱，欧洲银行业联盟因此初具雏形。建立银行业联盟将有助于增强欧元区银行业的风险抵御能力，稳定金融环境，但这只是欧盟加强经济治理的一个步骤。欧盟委员会主席巴罗佐表示，欧盟理事会通过单一清算基金决议是一个实实在在的突破。这充分表明欧盟即使在政治敏感的复杂问题上也能迅速达成共识。欧洲理事会主席范龙佩指出，这是欧元区成立以来向前迈出的最大一步。

除了欧盟领导人峰会讨论并采取具体应对危机的措施之外，2013 年 9 月 5 日至 6 日在俄罗斯圣彼得堡举行的二十国集团领导人第八次峰会对全球经济和金融体系、可持续发展、就业和增长：投资和国际贸易等问题进行了讨论。由于金融危机仍未结束、欧洲债务危机复苏缓慢，全球经济（金融）治理成为这次峰会的主题。峰会发表了《二十国集团圣彼得堡峰会领导人声明》，这是一份比较全面和触及要害问题的全球经济治理文件。

2. 评述与创新

自2009年底希腊主权债务危机浮出水面以来，欧盟出台了大量的救市措施，2012年初危机形势曾一度趋缓，然而由于深层原因没有解决，欧债危机呈现不断深化和扩散态势。2012年欧洲债务危机的发展表现出以下几个特点：

首先，欧洲主权债务危机已从债务危机演变为银行危机。由于欧盟各国商业银行交叉持有大量的危机国家主权债务，这些国债的信用等级下调与收益率上升给欧盟银行造成了显著损失。从2012年5月开始，欧洲债务危机已从债务领域扩散到银行领域。欧洲银行业在欧洲金融体系中占据绝对主导地位，是欧洲整个金融系统的核心。欧洲银行业的稳定对应付欧债危机具有重要的作用。其次，欧债危机向欧元区核心国家蔓延和扩散。当欧元区经济持续减速，就不可避免地影响到核心国家德国和法国。2012年1月欧债危机全面恶化和扩散，危机也演变成攸关欧洲整个系统稳定的大危机，就连德国这样欧洲最大的经济体也不是欧债危机中的安全岛。最后，欧债危机已从经济金融危机演变成政治和社会危机。欧债危机爆发后，在高福利社会发展模式下，各国领导人只能通过紧缩财政政策等措施来挽救经济颓势。欧元区减少赤字的努力正受到失业率居高不下的威胁，一边是因为失业而进行的示威流行，一边是政府不得不在社会福利的财政支出上做出的“精简”。因此，双重压力使这场主权债务危机在国内已演变成一场政治经济和社会危机。[①]

总体来看2012年这一年，欧盟应对债务危机确实取得了不小的成绩，正如德国总理默克尔表示：“2012年是艰苦的一年，但正是在这一年中我们取得了进步。”[②] 但欧洲舆论分析说，欧洲要彻底走出债务危机还有很长的路要走。要从根本上解决欧债危机，必须真正建立起银行业、财政和政治三位一体的欧洲联盟。历经半年多才取得进展的欧洲银行业单一监管机制，是欧盟通往银行联盟最简单的一步。该过程的推进都尚且艰难，涉及要求成员国让渡主权的财政联盟和政治联盟将更加步履维艰。欧盟特别是欧元区国家对解决欧债危机有一定的政治意愿，但缺乏行之有效的具体应对措施。要实现真正的金融、财政、经济乃至政治联盟，欧盟仍有漫长的路要走。

2013年欧盟继续出台大量的救市措施，2013年危机形势趋缓，欧洲债务危机的发展表现出以下几个特点：

（1）欧洲经济增长呈缓慢企稳态势。欧洲经济增长率在2013年由负转正，财政紧缩的力度趋向缓和，减弱了对内部需求的抵制。欧盟对成员国财政政策的协调和监管机制不断完善对欧洲经济的调整是有利的。欧盟推行的财政量化宽松计划，缓解了融资压力，稳定了市场。

（2）2013年欧债危机在趋缓的同时，仍存在诸多风险。欧元区国家实施的财政紧缩政策削弱了政府消费对国内需求的拉动作用，固定资本形成总额持续下降。全球经济增长放缓，影响欧元区出口的增长。欧洲各国经济形势差异较大，经济和货币制度设计和政策实施等方面的不完善造成欧洲应对危机的效果不太明显。

（3）欧洲经济一体化需要进一步深化。欧债危机对全球金融市场造成了较大的不稳

---

① 董小君：《欧债危机的现状与前景分析》，载中国国际经济交流中心编《国际经济分析与展望》（2012—2013），社会科学文献出版社2013年版，第202页。

② 参见《欧盟讨论建立真正的经济与货币联盟路线图》，2012年12月14日，国际在线（http://gb.cri.cn/27824/2012/12/14/3245s3958651.htm）。

定性，在长期内，欧债危机的解决机制已步入正轨，在降低欧元区内部宏观经济失衡的基础上，欧元区应进一步加快欧洲一体化进程，也只有欧洲一体化进程出现根本性突破，经济危机才能消除。

3. 中国的参与和作用

中国政府一直持有“支持欧洲一体化进程”的表态，一直很关注欧债问题的解决，这关系到中国自身经济的发展。欧洲是中国最大的出口市场之一，欧债危机的处理情况也关系到中国今后的经济规划和发展。在共同应对欧债危机方面，中国与欧洲具体的合作方式正在进一步沟通、协调与深化。

2012 年 2 月，德国总理默克尔对中国进行正式访问，呼吁中国在解决欧洲债务危机中发挥更加积极的作用。对于默克尔抛出的“求助信号”，时任总理温家宝在与之会面时回应表示，中方有关部门正在对中国通过国际货币基金组织出资的具体方式，以及通过欧洲金融稳定基金和欧洲稳定机制等渠道，更多参与解决欧债问题。“中方愿意与德方通过现有的双边财经合作机制加强沟通，也愿意与其他有关各方保持密切联系。希望欧方为中欧加强金融合作、携手应对欧债问题营造客观积极的环境并提供合适的投资产品。”温家宝表示，在当前世界经济形势依然严峻背景下，解决欧债问题十分紧迫和重要。中方从战略和全局高度重视欧债问题，支持维护欧元稳定，对欧洲经济和欧元抱有信心，坚信欧洲作为世界重要一极的地位是不可改变的。温家宝指出，解决欧债问题最终要靠实现经济强劲和可持续增长。中欧作为世界主要经济体和重要贸易伙伴，要反对各种形式保护主义，扩大相互投资，深化高科技和新兴产业领域合作。中方更希望从实体经济着手，比如通过扩大投资、发展贸易等帮助欧洲走出危机。①

2012 年 2 月 14 日，第十四次中欧领导人会晤在北京人民大会堂举行。中欧双方领导人就世界局势、中欧关系、地区热点问题等广泛议题深入交换了看法，就深化投资、贸易、科研、创新、能源、环保、城镇化、人文等领域合作达成了重要共识。在峰会上，时任总理温家宝代表中国政府表示，中国已做好了加大参与解决欧债问题力度的准备。此种积极态度在双方会晤后发布的联合新闻公报中也有体现：“双方表示将积极看待并支持彼此发展。中方重申将继续支持欧洲一体化进程。”② 中国领导人明确表示，中国支持欧盟应对欧债问题的努力，对欧元和欧洲经济抱有信心，愿就更多参与解决欧债问题与欧方保持沟通。此次中欧领导人会晤传递了中欧携手应对挑战、深化伙伴关系、促进各自发展以及世界经济强劲、可持续增长的积极信息。

欧债危机以来，中国直接购买欧元债券助力欧洲渡过难关。在全球金融危机背景下，中欧贸易逆势而上。2013 年前十个月，欧盟 28 国对华实际投入外资 64.02 亿美元，同比增长 22.26%，中国对欧盟投资几乎翻了一番。不仅如此，2010 年以来，中欧还相继建立政治、经贸、人文三大支柱性对话机制，为双方管控分歧、加强交流打造良好平台，中欧深化合作的动力不断增强。

2013 年 11 月 20—21 日第十六次中国欧盟领导人会晤在北京举行。双方共同宣布启动中欧投资协定谈判。欢迎会晤期间举办中欧创新合作对话，高度赞赏中欧城镇化伙伴关

① 张慧敏：《中国考虑更多解决欧债问题》，《北京商报》2012 年 2 月 3 日。

② 参见《第十四次中欧领导人会晤联合新闻公报》，2012 年 2 月 14 日，新华网（http：//news.xinhuanet.com/politics/2012－02/14/c_111524053.htm）。

系论坛、中欧城市博览会以及第六届中欧能源对话的成功举行和所取得的成果。欢迎会晤期间举办的中欧工商峰会和高级别区域政策对话。会晤期间，双方签署《中欧知识产权合作行政协议》《中欧能源安全联合声明》和《中国农科院与欧委会关于粮食、农业和生物技术研究与创新合作意向书》。双方共同制定《中欧合作 2020 战略规划》，这一全面战略规划确定了中欧在和平与安全、繁荣、可持续发展、人文交流等领域加强合作的共同目标，将促进中欧全面战略伙伴关系在未来数年的进一步发展。双方将以年度领导人会晤为战略引领，以高级别战略对话、经贸高层对话、高级别人文交流对话机制等中欧合作三大支柱为依托，通过定期会晤和各领域广泛对话，全面落实这一规划。这次会晤是中欧把握历史机遇深化合作的一次良机。当前，中国已拉开全面深化改革的大幕，明确提出到 2020 年，要在重要领域和关键环节改革上取得决定性成果。欧盟也在抓紧实施“欧洲 2020 战略”，双方的经济结构高度互补，在基建投资、城市治理、环保产业等多个领域各有所需，以务实互惠的态度扩大中欧合作，必将让中欧合作关系推上新的台阶。

从历史到现实，从理念到实践，中欧存在许多差异，但这不应成为相互借鉴、实现共同繁荣的障碍。中欧应本着相互理解、求同存异的精神，在多层次、多领域开展人文交流，不断缩小双方的认知差距，进一步增进战略互信。中欧全面战略伙伴关系正在进入一个成熟稳定、共谋发展的新的历史时期。中欧合作不仅是战略选择，而且是战略必需。中国与欧盟持续强化共识、扩大共同利益，携手应对挑战，有利于推动中欧关系再上新台阶，为中欧人民创造更多福祉，为世界的和平、稳定与发展作出更大贡献。

三　金砖国家机制与全球经济治理

金砖国家机制是国际形势发展变化和新兴国家群体性崛起的必然产物，是新兴国家为谋发展、求合作、促变革而建立的新型国际发展与合作平台，符合时代的潮流，是历史的进步。金砖国家自 2009 年起每年举行领导人会晤，成员国之间互利合作不断深化，在国际事务中的地位、作用和影响力不断提升。

1. 金砖国家机制与全球经济治理

金砖国家机制是在金砖四国基础上形成的合作机制，包括巴西、俄罗斯、印度、中国及南非五个国家。金砖四国一词最早由高盛公司经济学家吉姆·奥尼尔在 2001 年 11 月发表的一份题为《全球需要更好的经济之砖》中首次提出的。2008 年 5 月，金砖四国外长在俄罗斯叶卡捷琳堡举行会谈，并决定在国际舞台上进行全面合作。2009 年 6 月，金砖四国峰会在俄罗斯叶卡捷琳堡举行，这成为金砖四国的首次峰会。2010 年 4 月，第二次金砖四国峰会在巴西召开，会后四国领导人发表《联合声明》。2011 年 4 月，第三届金砖国家领袖峰会在中国海南三亚举行，南非获邀加入并首次出席会议，会议通过了《三亚宣言》。

2012 年 3 月 29 日，金砖国家领导人在印度首都新德里举行第四次会晤。这次会晤的主题是“金砖国家致力于全球稳定、安全和繁荣的伙伴关系”，与会领导人就全球治理、可持续发展、金砖国家合作等问题深入交换意见，达成广泛共识。五国领导人联合发布了《德里宣言》，全面推进五国在经贸、金融乃至安全、外交领域的合作，以共同的声音向世界宣告金砖光芒不仅没有“褪色”，而且注定会历久弥新。可以说，金砖国家的合作已走过初始阶段，已从代表新兴市场力量的一个概念性名词转变为引领新兴市场国家合作的实质性机制。[①] 纵览金砖国家印度峰会，五国领导人在经贸、金融乃至安全、外交领域的合作等加强协调并达成一致，基主要内容为：

（1）加强全球治理与可持续发展。外交部部长助理马朝旭说，关于全球治理问题，核心是加强全球经济治理。一方面要促进世界经济平稳复苏和强劲增长，为新兴市场和发展中国家发展创造良好环境，一方面要继续改革国际经济金融体系，增加新兴市场和发展中国家发言权和代表性。关于可持续发展，本质上还是发展问题，金砖国家的讨论重点应该是平衡推进经济发展、社会发展和环境保护，尊重发展中国家自主选择的可持续发展道路。

（2）推动增加金砖国家话语权。当前世界一大批新兴市场和发展中国家快速发展，这对推动国际秩序朝着公平合理的方向发展是极为有利的。金砖国家将会进一步加强新兴市场的共同立场，向世界展示出一个新的秩序来取代现在不公平的国际经济秩序，进一步扩大金砖国家的话语权。金砖国家在非常关键的领域中不断地加强协作，不管是银行业还是金融业，还是贸易及投资领域，这对于国际经济新秩序的建立无疑具有强大的推动作用。

（3）讨论设立共同开发银行。此次金砖国家峰会讨论了有关设立共同开发银行议项。虽然金砖国家政治体制迥异且天各一方，但它们有着共同的经济和贸易利益，属于全球大型经济体之列，外汇储备丰富。设立共同开发银行将进一步促进国民储蓄在金砖国家之间的流动。金砖国家宣布成立联合工作组，以探索成立一家共同开发银行的可能性，而且各国开发银行之间也达成了一个多边本币授信协议，这被认为是该次金砖峰会的亮点。它意味着金砖国家的金融合作正在有序地按照三亚峰会所形成的路线图稳步向前推进，并构成金砖国家在既有国际金融体系中施展改革抱负的重要一部分。根据协议，中国国家开发银行、巴西开发银行、俄罗斯开发与对外经济活动银行、印度进出口银行、南非南部非洲开发银行等5家成员行，将稳步扩大本币结算和贷款业务规模，使得金砖国家间贸易和投资便利化。

2013年3月26—27日，金砖国家领导人第五次会晤在南非德班举行。这是南非自2010年加入金砖国家以来首次主办金砖国家峰会，非洲各国对此充满期待，希望利用“金砖机遇”，为非洲发展“添砖加瓦”。此次会晤主题为“金砖国家与非洲：致力于发展、一体化和工业化的伙伴关系”。金砖五国领导人将齐聚南非，商讨未来合作。非盟领导人及十余位非洲国家领导人也将与会。会晤期间，金砖国家领导人将与非洲国家领导人对话，重点讨论非洲基础设施建设，以及各国期待的设立金砖国家开发银行等问题。德班峰会给金砖国家合作机制成立5年来的发展历程涂上了浓墨重彩的一笔，它使得金砖机制的“实在度”超越了以往，注定要成为金砖机制发展进程中的一个里程碑。这次峰会的主要成果表现以下几个方面：

首先，金砖国家一致同意进一步加强战略合作，深化伙伴关系。战略合作是金砖国家合作机制的重要支柱之一。德班峰会上，五国就共同关心的国际政治经济问题表达了一致立场。五国讨论了叙利亚、伊朗、巴勒斯坦、以色列、阿富汗及非洲地区的热点问题，重申对促进国际法和多边主义、发挥联合国中心地位的承诺，呼吁通过政治、外交和对话手

---

① 祝小霖：《用一种声音在国际舞台上发声　金砖国家领导人四度会晤提升国际社会话语权》，《今日中国论坛》2012年第5期。

段解决国际和地区热点问题，让 21 世纪成为和平、安全、发展与合作的世纪。[①] 五国支持俄罗斯作为 2013 年二十国峰会主席国为会议设定的核心目标，特别是增加对投资的融资和保证公共债务的可持续性，以促进世界经济强劲、可持续、包容、平衡增长及扩大就业。五国提出，发达国家央行应避免非常规货币政策加剧资本流动、货币和商品价格的波动性，从而对其他经济体，特别是发展中经济体可能产生的负面影响。五国还呼吁改革国际货币金融体系，增加新兴市场和发展中国家的发言权和代表性，特别是加快国际货币基金组织份额和治理结构的改革进程。[②] 五国呼吁加快推动实现千年发展目标，并在此基础上讨论 2015 年后的国际发展议程，强调要重视低收入国家面临的发展挑战，致力于维护粮食和能源安全、稳定大宗商品价格，支持联合国可持续发展大会成果，重申里约原则以及在消除贫困、实现可持续发展领域的政治承诺。[③] 金砖国家在推动国际关系民主化、维护世界和平与稳定、促进全球经济治理改革、促进解决世界发展等问题上加强了战略合作，深化了伙伴关系。

第二，德班峰会使得金砖机制正式告别了务虚的口头表态而迈向具体项目上的务实合作，务实合作亮点较多。金砖国家不仅签署了多项合作文件，在财经、经贸、科技、卫生、农业、人文等近 20 个领域形成新的合作行动计划，并且在金融合作、企业合作和智库合作三大领域设立了多个实体化运行的合作组织，标志着金砖国家机制化建设迈上了一个新台阶。在金融合作方面，金砖国家领导人正式宣布就成立金砖国家开发银行达成一致，还同意建立一个 1000 亿美元的外汇储备库，以补充现有国际外汇储备安排、加强全球金融安全网。金砖机制在金融合作领域所取得的重要进展证明，该机制不会仅仅是一个空谈俱乐部，它将在国际舞台上发挥实质性作用。

第三，德班峰会建立了金砖国家与非洲国家的经济合作机制。德班峰会期间，金砖国家首次举办了金砖国家与非洲 12 国领导人对话会，会议主题是“释放非洲潜能：金砖国家与非洲在基础设施上的合作”，并达成了《非洲基础设施联合融资多边协议》。《德班宣言》指出，五国认识到地区一体化对非洲可持续增长、发展和减贫的重要性，并重申对非洲大陆一体化进程的支持。五国承诺，将在“非洲发展新伙伴关系”的框架内，通过促进外国直接投资、知识分享、能力建设和从非洲进口多元化等方面支持非洲国家的工业化进程。中国国家主席习近平在峰会上表示，金砖国家要“共同支持非洲在谋求强劲增长、加快一体化、实现工业化方面做出的努力，促进非洲经济成为世界经济的新亮点”。[④] 金砖国家与非洲国家构建伙伴关系的积极举措，体现了金砖国家合作的开放性与包容性。

2. 评述与创新

金砖国家的成员构成和运行方式都独具特色，是一种全新的融多边合作和双边合作于一体的机制。目前来看，金砖国家经济社会发展正呈现出稳步发展、市场扩大、贸易增速的明显特征，五国之间的贸易经济合作形成了相互促进、优势互补的合作机制。这一合作

---

① 参见《金砖国家领导人第五次会晤德班宣言》，2013 年 3 月 27 日，新华网（http://news.xinhuanet.com/world/2013-03/28/c_124511982.htm）。

② 同上。

③ 同上。

④ 参见《携手合作共同发展——习近平在金砖国家领导人第五次会晤时的主旨讲话》，2013 年 3 月 28 日，中新网（http://www.chinanews.com/gn/2013/03-28/4682384.shtml）。

机制表现出三大特点：首先，金砖国家的对话与合作具有广泛性。金砖国家的对话与合作领域广泛，覆盖面广。金砖国家机制下同时拥有广泛的双边合作，如印度、巴西和南非三国建立的IBSA对话论坛和二十国集团等多边平台。金砖国家的合作领域有贸易与投资、基础设施建设融资、工业发展与合作、交通运输合作、食品安全合作、技术教育合作、金融市场发展合作、研发合作、文化旅游合作、能源安全合作、制度建设合作以及国际问题合作等领域。金砖国家合作机制为成员阐述各自利益诉求、理解彼此需要提供了广泛的渠道和途径，进而为成员国之间拓展政治、经贸、外交、安全、军事、教育、卫生和体育等全方位的合作打下了坚实基础。其次，金砖国家合作机制是一个具有包容性的机制。金砖国家首脑三亚峰会顺利达成《三亚宣言》，在实现经济社会包容性发展、国际经济贸易和货币金融改革等一系列问题上达成广泛共识。特别是“包容性发展”的理念以其高度的现实性与深刻的思想性，得到金砖国家的广泛认同和高度关注。2012年在印度举行的金砖国家首脑峰会上，这一包容性发展的理念得以继续贯彻和发扬。“我们展望一个世界和平、经济发展、社会进步、科技兴盛的未来。我们愿与各方共同努力，同发达和发展中国家一道，在公认的国际法准则和多边决策基础上，共同迎接当今世界的机遇和挑战。”①最后，金砖国家合作机制具有开放性和灵活性的特点。金砖国家合作机制是真正的新兴经济体之间的合作机制，从形式到内容、从成员组成到运行机制都表现出高度的开放性和灵活性。从成员组成看，金砖国家成员分布在亚洲、欧洲、南美洲和非洲的广阔地域上，各国制度迥异、发展道路和历史轨迹特色分明。从运行机制来看，“金砖国家”由媒体制造转向主动寻求合作，形成如今的成员国轮流举办政要峰会的对话机制。从合作形式来看，金砖国家并不排他，而且兼容双边会谈和多边会谈，重视对话和沟通，致力于形成共同的立场和解决分歧，但又具有足够的灵活性而不至于对成员国形成过多的约束。金砖国家合作机制不要求成员国让渡政治权力和经济权力，但又试图加强和维护成员国之间的共同立场，这种开放性和灵活性的统一将成为其发展和完善的重要保障。

德班峰会具有承前启后的重要作用，它不仅开启了金砖国家机制化合作的新阶段，也大大提高了金砖机制的国际影响力，不仅可能使金砖机制逐渐成为南南合作的核心，也可能凝聚新的力量，推动国际经济金融体系改革。

（1）这次峰会的召开进一步巩固五国经济增长势头，有助于协作应对危机。在全球经济同步下滑的背景下，金砖国家齐聚德班的首要目标是抱团取暖、联合自救。近年来，尽管五国贸易关系有了迅速发展，但相互投资增长十分缓慢。以促进相互间投资基础设施的金砖发展银行一旦建立，将可能带动其他领域的投资，逐渐改变五国间贸易投资失衡的情况，促进五国形成更加密切的经济产业联系。建立金砖国家开发银行，可以突破经济发展中基础设施发展滞后的瓶颈。基础设施发展滞后已经成为众多发展中国家和地区经济社会发展的掣肘，金砖国家开发银行将主要用于基础设施、基础产业融资，为解决发展滞后瓶颈助一臂之力。如果说金砖发展银行主要着眼于促进经济增长，那么外汇储备库则主要发挥稳定经济的作用。随着新兴市场经济快速发展，发生货币金融危机的风险在逐渐增加。金砖国家外汇储备库的建立，有助于稳定金砖国家的货币，提高抵御风险的能力。正如《德班宣言》所言，“一个由自己管理的应急储备基金将有助于金砖国家强化自身应对

① 参见《金砖国家领导人第四次会晤〈德里宣言〉》，2012年3月30日，新华网（http://news.xinhuanet.com/world/2012-03/30/c_122906770.htm）。

金融风险的能力，帮助金砖国家强化应对短期流动性短缺的能力，为彼此提供共同支持，而且进一步强化金砖国家的金融稳定”。[①]

（2）这次峰会的召开提升了金砖国家机制的国际影响力，有利于世界发展。在国际形势继续发生深刻复杂变化、世界经济复苏面临诸多不确定因素的情况下，金砖国家领导人举行会晤，加强合作，不仅有利于金砖国家自身的发展，提升金砖国家机制的国际影响力，对世界的整体发展也将产生推动作用。许多机构和专家认为，新兴市场将成为下一轮全球化的主要推动力量。金砖国家机制有可能成为南南合作的重要政治、经济和外交平台。德班峰会首开金砖国家元首与非洲12国元首的对话机制，意味着金砖国家开始尝试建立对外联系机制，谋求在地区和国际上发挥更大影响力。该次金砖与非洲国家对话机制的召开，不仅展示了金砖国家对外拓展贸易投资关系的强大意愿和能力，也显示出发展中国家对金砖国家的热切期望，此举将开创金砖国家和非洲共赢的新局面。

（3）此次峰会的召开进一步推动全球经济治理改革。金融危机暴露出了全球治理的缺失，金砖国家机制对推动全球治理结构改革发挥了重要作用。金砖国家发展银行的建立，将弥补国际经济治理体系中公共产品供给的严重不足。发展中国家普遍面临资金紧缺问题，且由于国内金融基础和金融机构薄弱，易于受到外部冲击的影响，金砖国家发展银行的建立可在一定程度上缓解这一矛盾，有利于调动资源、基础设施和可持续发展项目，并补充现有多边和区域中金融机构的不足，有利于促进发展中国家的发展。金砖国家发展银行不同于国际货币基金组织和世界银行，它突出体现发展中国家的特色。因此，金砖国家发展银行的设立或将迫使国际货币基金组织和世界银行重新评估对发展中国家的援助方式。

3. 中国的参与和作用

金砖国家合作机制充满活力，取得了不菲的成就，国际影响力不断上升，作为成色最足、分量最重的金砖，中国是金砖国家其他成员最大的贸易伙伴与战略伙伴，在金砖合作当中发挥至关重要的支持和引领作用。“金砖”概念的发明者吉姆·奥尼尔指出，“金砖国家整体增长情况如何，很大程度上取决于中国”。[②] 中国政府一向高度重视金砖国家间的合作，也一直在积极推动金砖合作从松散的对话论坛向更加制度化的协调机制发展，并将加强金砖国家合作。

（1）通过金砖国家合作机制，中国可以更加有效地推动国际经济治理体系改革，建立稳定、合理的国际经济秩序。虽然随着经济实力和综合国力的增强，中国的国际地位和影响力在大幅提升，但仅靠自身力量去改变全球经济治理中话语权和代表权的不平衡问题，显然是心有余而力不足。而金砖国家是具有最广泛的地域代表性的五大新兴经济体的集合，也是新兴经济体和广大发展中国家的代表，在改革国际经济体系方面有共同的强烈诉求。随着金砖合作机制影响力的不断提升，它必将成为东西沟通的桥梁、南北合作的纽带，促进整个世界治理更加开放、透明和公正。

（2）中国加强与金砖国家之间的合作，还有利于团结发展中国家的力量，探索新时期南南合作的新模式。中国是发展中国家的一员，是南南合作的积极倡导者和支持者，与

---

① 参见《金砖国家领导人第五次会晤德班宣言》，2013年3月27日，新华网（http://news.xinhuanet.com/world/2013-03/28/c_124511982.htm）。

② 朱周良：《“金砖之父”：金砖国家的黄金时期并未结束》，《上海证券报》2013年9月10日。

发展中国家的合作已成为中国全方位对外开放战略的重要部分。由于目前发展中国家因发展水平的差异而发生明显分化，中国与发展中国家的合作也在不断探索更加有效的方式和途径。金砖合作机制是中国与新兴发展中大国之间的一个沟通与合作的核心平台。中国与金砖国家合作的意义不仅体现在经济领域，有利于突破西方发达国家贸易保护主义的围堵。同时，金砖国家在气候变化、防止核武器扩散和打击恐怖主义等全球性问题上的沟通与协调，也有助于推进国际关系的民主化。国际社会普遍认为，加强南南合作、探索新的合作模式不仅可以为发展中国家带来发展机会，还可以减弱世界经济的系统风险，为世界经济带来新的增长空间。

（3）中国通过促进金砖国家之间的合作，可以扩大中国经济持续发展的外部战略空间。金砖国家是当前世界上经济增长最快的发展中经济体，而且具有非常巨大的发展潜力。全球金融、经济危机之后，国际经济格局已经发生了重大转变。西方发达国家经济有可能长期复苏乏力，它们对中国经济增长的贡献能力必然会下降。以金砖国家为核心的新兴经济体在过去十几年中取得了巨大经济发展成就，在金砖国家间推进经济合作，实现优势互补，非常有利于中国经济的可持续增长和结构转型，也有利于其他金砖国家的发展。①

四 叙利亚危机与全球安全治理

2010 年底以来，受到多重因素影响，北非和西亚的多个国家发生动荡。2011 年 3 月中旬，该动荡波及叙利亚。从 2011 年 3 月 15 日起，叙利亚大马士革、阿勒颇、哈塞克、德拉、代尔祖尔、哈马、霍姆斯等主要城市相继出现反政府示威，要求开展政治改革和保障人权。作为回应，阿萨德总统出台了一系列改革措施，并且在 4 月 21 日取消了自 1963 年开始实施的紧急状态。② 但是，抗议民众对政府公布的措施并不满足，要求更大的自由以及政治经济改革，甚至要求现政权下台。不久，叙利亚境内外建立了多个诸如叙利亚全国民主变革力量民族协调机构之类的反对派组织，它们基本上以推翻现政权为宗旨，拒绝民族对话。此后，反对派和政府之间的冲突不断，危机日益暴力化和军事化。

（一）叙利亚危机 2012—2013 年的发展与国际社会的应对

进入 2012 年以来，叙利亚危机继续升温，看不到缓解的迹象。2012 年初，叙利亚总统巴沙尔迫于国内外压力，宣布采取一系列行动，以实施政治和治理改革方案。2 月 26 日，叙利亚举行了核准新国家宪法的全民投票，5 月 7 日举行了议会选举，6 月 23 日任命了新政府。这些举措是在全国各地持续发生暴力事件的情形下单方面实施的，未能满足反对派的要求。7 月中旬，首都大马士革发生爆炸袭击，包括国防部长在内的多名军事、安全高官遇袭身亡。此后，叙利亚局势更趋恶化，政府军与反对派武装在首都大马士革、经济中心阿勒颇等地持续激战。截至 2012 年底，叙利亚局势依然处于胶着状态。一方面，在不少西方国家和部分阿拉伯国家的支持下，叙利亚反对派的力量不断壮大。包括“叙利亚自由军”在内的反政府武装规模继续扩大，各种力量派别开始整合，并在卡塔尔首都多哈宣布成立“叙利亚反对派和革命力量全国联盟”，得到了许多国家和国际组织的承

---

① 主要资料来源：中华人民共和国外交部网站，新华网，人民网，中国新闻网。

② 参见《关注叙利亚局势》，2011 年 4 月 22 日，联合国网站（http：//www. un. org/zh/focus/northafrica/syria. shtml）。

认。而另一方面，中俄在联合国两次联手否决针对叙利亚可能动武的提案，巴沙尔政权在伊朗等国家的支持下，进一步加强了对反对派的全力清剿，并在局部战场上一度掌控战场主动权。总体来看，叙利亚政治对话依然处于僵局，而军事方面政府军在总态势上依然占优势，但是反政府武装藏匿暗处，分散游击，战术灵活，具有较强的生存能力，政府军也难以剿灭它们。

进入2013年，叙利亚危机再度升级。2013年3月中旬，叙利亚政府和反对派武装相互指责对方在阿萨尔地区使用了化学武器。叙利亚政府随即提出请求，希望联合国就相关指称开展调查。潘基文秘书长随后宣布成立调查组，并任命曾经为联合国核查伊拉克生化武器特别委员会工作的瑞典科学家塞尔斯特罗姆担任调查组负责人。8月19日，调查组抵达大马士革。21日，反对派武装声称叙利亚政府军使用含有沙林毒气的火箭弹对大马士革郊区姑塔东区进行袭击，造成数百人死亡。调查组随即对该最新指称进行了调查，并于9月16日发布报告表示，有确凿证据显示，叙利亚冲突方发生的火箭攻击使用了沙林毒气。对于叙利亚发生的化学武器袭击，西方国家尤其是美国反应强烈，奥巴马总统宣布该行动已经越过红线，不可接受。8月27日，美国总统奥巴马与英国首相卡梅伦通电话，一致认为因叙政府使用化学武器，决定数日内对叙境内圈定目标发起导弹打击，以保护叙平民。

为了化解叙利亚危机，多个国家和国际组织介入了该地区的安全治理，这其中发挥主导作用的是联合国，作为对维持国际和平与安全富有特殊责任的联合国安理会从2011年起就一直关注叙利亚问题。

2012年2月，安理会举行第6711次会议，讨论通过由摩洛哥等多个阿拉伯国家以及美国、英国、法国、德国等共同提出的一份有关叙利亚问题的决议草案。由于常任理事国中国和俄罗斯行使否决权，该决议未能获得通过。2012年2月23日，联合国任命前联合国秘书长安南被任命为联合国和阿盟叙利亚危机联合特使，推动叙政府与反对派政治对话。安南上任后，积极与有关各方进行沟通、四处奔走斡旋。3月16日，安南在大马士革与叙总统巴沙尔会谈时，提出了解决叙危机的“六点建议”，主要内容为：承诺在叙利亚人主导的、包容各方的政治进程中与安南合作；各方停止战斗，并立即在联合国监督下切实停止一切形式的武装暴力行为；实现每天两小时的人道主义停火，并通过有效机制协调停火的确切时间和办法；加快释放被任意羁押者；确保记者在叙全境的行动自由；尊重法律保障的结社自由与和平示威权利。此后，由于各方分歧严重，反对派和政府军无法实现真正的停火，安南的调节行动宣布失败。

2012年7月19日，安理会召开第6810次会议，英国、美国、法国、德国和葡萄牙共同提交的一份有关叙利亚的决议草案。该草案要求叙利亚政府在规定期限内停止使用重型武器，否则将面临制裁，并将落实联合国与阿盟特使安南提出的六点和平计划与《联合国宪章》第七章挂钩，即安理会可以在其决议未能得到当事方执行的时候，采取制裁或军事打击等手段。在常任理事国中国和俄罗斯的共同否决下，决议最终未获通过。2012年9月1日，来自阿尔及利亚的拉赫达尔·普拉希米接替安南，成为联合国与阿盟叙利亚问题联合特别代表。卜拉希米于9月13日访叙，与巴沙尔和叙外长穆阿利姆会谈，希望促成叙政府军与反政府武装间实现停火。卜拉希米还先后出访土耳其、伊朗、法国、沙特、埃及等国，呼吁各方推动叙危机的和平解决。除得到伊朗积极回应外，其余各国对卜拉希米的呼吁虚与委蛇。卜拉希米的调停努力同样面临夭折的危险。

2013 年 9 月 14 日，俄罗斯外长拉夫罗夫与美国国务卿克里在日内瓦就转移或销毁叙利亚化学武器达成协议。根据协议，叙利亚必须在一周内向国际禁止化学武器组织提交所有叙境内化学武器清单，最终在 2014 年中彻底销毁其境内的化学武器。9 月 27 日，联合国安理会一致通过关于叙利亚化学武器问题的决议，授权对叙利亚境内的化学武器进行核查和销毁。9 月 29 日，叙利亚总统巴沙尔·阿萨德表示将遵守联合国决议。10 月 14 日，禁止化学武器组织确认叙利亚已正式加入《禁止化学武器公约》。12 月 12 日，联合国调查叙利亚化学武器问题真相小组发布最终调查报告，认为除先前确认的大马士革姑塔东区，另有 4 处地点可能发生过化武袭击，对象包括士兵和平民。12 月 18 日，禁止化学武器组织宣布了销毁叙利亚化学武器的第一份详细计划。根据该计划的详情，叙利亚化武将由美国海军的军舰带到国际海域进行销毁，芬兰将为消除污染的过程提供专家，同时俄罗斯将提供舰船来保障在叙利亚拉塔基亚港和叙利亚海域的海上行动的安全。

此外，一些西方国家和阿拉伯国家还利用除联合国以外的平台和机制对叙利亚政府施压。2012 年 2 月，由美、欧和阿盟一些国家主导的第一次“叙利亚之友”在突尼斯召开。60 多个国家和组织代表参加。会议承认了叙境外主要反对派“叙利亚全国委员会”。4 月，第二届“叙利亚之友”国际会议在土耳其举行。会议主席声明明确支持叙反对派，正式承认“叙利亚全国委员会”是叙人民的“合法代表”，并强调叙当局执行“六点建议”并非“无限期”，安南应当为下一步行动设定时间表。如果暴力仍继续，则应将叙问题重新提交安理会。7 月，第三次“叙利亚之友”国际会议在巴黎闭幕，会议呼吁安理会通过决议，用经济和外交制裁而非军事手段迫使巴沙尔接受“政治过渡计划”。各国同意大规模增加对叙反对派援助，包括提供安全可靠的通信设备。2013 年 6 月，新一轮的叙利亚之友会议在卡塔尔首都多哈召开，会议同意向叙利亚境内的反对派提供紧急援助，其中包括向叙利亚反对派武装提供军事援助。不过分析人士指出，虽然大部分与会者同意向叙利亚反对派提供军事援助，但是并没有对军援提出具体的要求。

未来叙利亚局势的走向有三种可能。第一种是在“第三方”的斡旋推动下，经过选举或其他政治程序，促使巴沙尔把总统权力移交给现有执政集团中各方能接受的人，然后和平地实现政治过渡。第二种是各种力量博弈都不足以打破平衡而长期陷入胶着，恶斗持续，外部激进势力进一步向叙利亚集结，安全局势进一步恶化并大幅外溢周边国家。第三种是局势以其他更为突然而暴烈的形式发展，导致整个地区发生更加激烈的震荡，这可能引发更加难以预料的危机和风险。① 从现有的情况来看，只有在叙利亚内部条件（如军队高层哗变、阿拉维派内讧、复兴党高层分裂及叙国内外反对派强大到足以与现政权分庭抗礼等）成熟时，美欧等西方大国才有机会乘虚而入，促使叙利亚政局发生实质的、戏剧性变化。在此之前叙利亚局势只能是目前这种尴尬的僵局。② 2014 年 1 月 25 日和 2 月 10 日，叙政府与反对派代表先后在日内瓦举行两轮和谈。由于分歧严重，和谈未取得任何实质性进展，这再一次说明了叙利亚问题的复杂性和长期性。

（二）评述与创新

叙利亚出现动荡并且局势持续恶化，原因是多方面的。叙利亚巴沙尔政权自 2000 年

---

① 高祖贵：《中东大变局在重建和冲突中持续》，2013 年 1 月 28 日，求是理论网（http://www.qstheory.cn/gj/gjgc/201301/t20130128_208641.htm）。

② 李绍先、陈双庆：《大国势力博弈叙利亚》，《当代世界》2012 年第 3 期。

7 月诞生以来，表面上地位稳固，实际上一直面临潜在威胁。子承父业式的政权交接方式受到诟病，巴沙尔家族内部腐败盛行，民怨积蓄，而政治改革步伐迟缓，难以满足民众期望。同时，叙利亚经济长期不振，民生凋敝，加上外部势力的广泛干预，叙利亚的动荡已经不可避免。[①]

如今的叙利亚已经成为各个大国博弈的战场。与对埃及、突尼斯等“温和”国家首鼠两端的立场迥然不同，美欧对待叙利亚巴沙尔政权的态度从动荡一开始就格外强硬，先是口头谴责，随后便很快诉诸制裁等行动。阿拉伯国家对叙动荡的反应虽然慢了许多，但力度却迅速加大。随着叙局势持续恶化，阿拉伯国家打破沉默，公开谴责巴沙尔政权的暴力镇压。土耳其也一直在叙危机中“冲锋陷阵”。另一方面，国际层面的俄罗斯因素、地区层面阿盟内部的“挺叙”力量等同样在起作用，从而使叙利亚危机保持了相对平衡。面对西方的步步紧逼，俄罗斯一再表现出“捍卫”叙主权的决心。作为叙在中东地区“盟友”的伊朗不仅在道义上声援叙政权，而且在经济、军事上伸出援手。[②] 目前，美欧和地区亲美国家围绕叙利亚问题斗争的焦点在很大程度上已不是叙利亚“民主化”问题了，更多的则是这些国家的地区地缘政治需要和战略利益考虑。

叙利亚局势凸显联合国安全治理的困境。维护世界和平与安全是联合国的根本宗旨。近几十年来，特别是冷战之后，联合国集体安全机制在维护世界和平与安全方面发挥了重要作用。但是由于国际形势的不断变化，以及联合国集体安全机制自身存在的缺陷，该机制在应对地区安全问题时仍面临诸多问题。叙利亚危机爆发以来，联合国集体安全机制在化解危机上似乎难以作为，目前已陷入僵局。由于常任理事国态度不一致，安理会的作用无法发挥。尽管大会通过了关于叙利亚问题的决议，但是决议没有约束力，更无法授权采取行动。秘书长的作用是否能够发挥，还依赖于叙利亚对抗双方和危机背后施加影响的其他国家是否支持。[③]

（三）中国的参与和作用

中国作为联合国安理会和在中东地区有着重要利益的国家，一直十分关注叙利亚的局势发展，并在其中发挥重要的作用。2012—2013 年，中国在叙利亚危机治理中所扮演的角色令人瞩目。

中国在叙利亚问题上的基本立场是坚持“主权平等和不干涉内政”这一《联合国宪章》所确立的基本准则，主张“叙利亚问题的唯一出路在于政治解决”“叙利亚现领导人的政治生命只能由叙利亚人民来决定。无论是去是留，只要叙利亚内部达成一致，国际社会都将予以尊重”。认为“只有当叙利亚人民的意志得到伸张，旷日持久的流血冲突才有望早日结束，民族和解、重建和平的愿景才会获得可靠保障”。反对外部干涉实现政权更迭，强调冲突双方停火和保护平民，进行不预设结果和条件的政治对话，以推动问题的和平解决。[④]

---

① 陈双庆：《叙利亚局势及其未来走向》，《现代国际关系》2012 年第 1 期。

② 同上。

③ 王跃飞、童楚：《叙利亚危机看联合国集体安全机制面临的困境》，《湖北警官学院学报》2012 年第 10 期。

④ 参见《中国常驻联合国代表李保东在联大叙利亚问题非正式会议上的发言》，2012 年 6 月 15 日，外交部网站（http：//www.fmprc.gov.cn/ce/ceun/chn/gdxw/t939420.htm）。

中国应对叙利亚政治危机的主要方式有：首先，中国与叙利亚问题的相关各方进行了广泛的接触与沟通。叙利亚政治危机爆发后，中国多次向叙利亚派遣特使或代表，向叙利亚政府表达中国的立场。中国政府也同叙利亚反对派进行接触，通过非官方的渠道接待叙利亚反对派领导人访华，呼吁各方停火，开启包容性的政治进程。中国与阿盟也进行了沟通，阐释中方的立场，消除中国动用否决权造成的误解。2012 年 3 月 4 日，中国提出了解决叙利亚问题的“六点方案”，呼吁各方停止暴力，尊重叙利亚主权，通过政治方式解决叙利亚问题。2013 年 9 月，时任外交部部长的王毅在纽约联合国总部会见联合国阿盟叙利亚问题特别代表普拉希米时指出，叙利亚危机已持续近三年，中方对叙严重的人道主义状况深表痛心，衷心希望早日妥善解决叙问题，结束叙人民的苦难。最近，美俄就叙化武问题达成协议，叙政府加入《禁止化学武器公约》并提交化武清单同意销毁化武，以和平手段解决叙化武问题出现了“机会之窗”。中方希望禁化武组织尽快通过决定，早日启动核查销毁叙化武进程。联合国安理会就此达成一致，为解决叙化武问题提供明确政治支持。①

其次，中国支持通过多边途径解决叙利亚问题。中国一直主张联合国和阿盟应当在叙利亚问题的解决中发挥重要作用。2012 年初，安南出任联合国和阿盟特别代表，并亲赴中东调解叙利亚冲突。中国支持联合国和阿盟的立场，主张冲突各方应当遵守安南提出的“六点和平计划”。5 月 31 日，“中阿合作论坛”第五届部长级会议通过了“联合声明”，要求各方坚持不干涉原则，强调阿盟和联合国在解决叙利亚问题中的作用。2013 年 9 月，在中国、俄罗斯等国的斡旋下，联合国安理会通过了 2118 号决议，避免了美国等西方国家对叙利亚的打击，使得叙利亚化武危机得以通过外交手段在联合国框架内解决，除了为未来和平解决其他地区冲突提供可参考的“蓝本”之外，也改变了自 2011 年中东地区发生剧变以来，绕开联合国安理会对其他国家进行干预的“惯例”。

再次，中国多次使用否决权阻止联合国通过可能引发武装干涉的决议。2011 年 10 月和 2012 年 2 月，西欧国家和一些阿拉伯国家相继向联合国提交了两份关于叙利亚问题的决议草案，单方面谴责叙利亚政府持续、广泛和严重的侵犯人权和基本自由，并且向叙利亚政府下了最后通牒式的执行时间表，否则将采取进一步的行动。另一方面，草案则偏袒反对派，对其实施的暴力行为只字不提。这种既缺乏平等而又预设条件的决议草案非但很难取得成效，而且还为西方国家下一步的武装干涉埋下了伏笔。西方国家可以以叙利亚政府“危害人类罪”的名义，以及未在规定时间实现预期目标为借口进行“人道主义干涉”。因此，中国和俄罗斯一道使用了否决权。②

中方在叙利亚问题上始终秉持客观公正立场，没有一己私利，更不会庇护叙利亚任何派别或任何人。作为安理会常任理事国和国际社会负责任的一员，中方始终致力于寻求政治解决叙利亚问题的方案，并为此全面、平衡地做叙利亚政府和反对派双方工作，推动其

---

① 参见《王毅呼吁抓住解决叙利亚问题的“机会之窗”》，2013 年 9 月 25 日，外交部网站（http：//www.fmprc.gov.cn/mfa_chn/gjhdq_603914/gj_603916/yz_603918/1206_604810/xgxw_604816/t1080264.shtml）。

② 姚大学、闫伟：《叙利亚政治危机与中国中东政策的调整》，《内蒙古民族大学学报》（社会科学版）2012 年第 5 期。

通过对话谈判，在各方诉求之间走一条符合自身国情、兼顾各方利益的“中间道路”。中方高度关注叙利亚人道局势，对叙利亚人民遭受的苦难感同身受，并已多渠道、多批次地向叙利亚人民包括境外难民提供了人道援助。中方高度重视有关各方、特别是阿拉伯国家在叙利亚问题上的合理关切。我们愿同有关各方保持密切沟通，为实现叙利亚问题的妥善解决，维护中东地区和平安全做出积极努力。[①] 中国在叙问题上的建设性努力产生了积极效果。随着形势的发展，国际社会越来越趋于达成共识，那就是叙利亚不是利比亚，国情迥异，其地区的地位和影响也大不相同，不存在复制“利比亚模式”的条件，国际社会也不允许这种复制，最终叙危机的解决应取决于叙危机各方博弈和讨论的结果。如果不带偏见、不带私利地去看待和理解中国的立场，就可以清晰地得出结论：中国是在真正维护叙利亚人民的根本利益，坚定维护中东地区的和平和稳定，捍卫的是联合国宪章和国际关系准则。[②] 中国的做法有自己的特点。我们更注重可持续性，注重循序渐进，注重从根本上解决问题。[③]

五　联合国在利比亚重建中的行动与作用

2011 年，在对利比亚的干预中，外部力量扮演了重要的角色。在利比亚开始重建进程之后，各利益相关方经过激烈的讨价还价和力量平衡之后确定由联合国作为主要的外部力量有限介入利比亚重建，为利比亚当局提供必要的支持。

（一）联合国在利比亚重建中的行动与作用概述

目前，联合国共有 15 个专门机构和部门在利比亚重建中发挥作用，但是其中最重要的也是规模最大的就是联合国利比亚支助团。

2011 年 9 月，联合国安理会通过 2009 号决议，设立联合国利比亚支助团。初步任期三个月，其主要任务包括恢复公共安全和秩序、促进法治、开展包容各方的政治对话以及制宪和选举工作、促进和保护人权、采取必要步骤启动经济复苏等。2012 年 3 月，安理会通过第 2040 号决议，将联合国利比亚支助特派团的期限延长一年，并将联利支助团的任务进行了调整，规定其主要任务是协助利比亚过渡政府确定该国需求和优先事项，并提供战略和技术咨询。2013 年 3 月 14 日，联合国安理会通过了第 2095 号决议，再次将联合国利比亚支助团（联利支助团）的任期延长 12 个月，还决定联利支助团作为综合政治特派团完全按照国家自主权原则所承担任务，应是协助利比亚政府确定利比亚各地的国家需要和优先事项，酌情将之与愿意提供的战略和技术咨询相匹配。联利支助团受联合国政治事务部监督和指导，其总部设在利比亚首都的黎波里，在班加西和萨巴设有办事处。截至 2013 年 12 月 31 日，联利支助团共部署 235 名国际和本国工作人员以及 11 名政府提供人

---

① 参见《常驻联合国副代表王民大使在安理会表决将叙利亚局势提交国际刑事法院决议草案后的解释性发言》，2014 年 5 月 22 日，外交部网站（http://www.fmprc.gov.cn/ce/ceun/chn/zgylhg/jjalh/alhrd/zd/syria1/t1158732.htm）。

② 吴思科：《2012 年西亚北非局势和中阿关系》，2012 年 12 月 8 日，中国网（http://news.china.com.cn/txt/2012-12/28/content_27539267.htm）。

③ 参见《以“中国方式”推动解决热点问题》，2014 年 1 月 23 日，外交部网站（http://www.fmprc.gov.cn/mfa_chn/gjhdq_603914/gj_603916/yz_603918/1206_604810/xgxw_604816/t1121977.shtml）。

员，其中 221 人驻利比亚。现任特派团团长是黎巴嫩人塔里克·米特里。

尽管三期联利支助团的重点有所不同，但是总体看来，联利支助团在利比亚的工作主要集中在以下几个方面：第一，介入利比亚民主过渡的管理，促进利比亚的民主转型。在历史上，利比亚的经济曾经有过快速发展的时期，其人均 GDP 在中东和北非地区也算比较高，但是它在政治上却相对落后，利比亚政治重建与民主过渡的任务十分艰巨。为此，支助团着力协助全国过渡委员会按照其颁布的制宪路线图稳步推进。第二，协助利比亚司法建设，监测和保护人权。在卡扎非统治时期，司法系统的特点是腐败、效率低下和缺乏独立性，由于培训不足使其工作人员能力有限，平行机构重叠、立法和监管框架相互矛盾现象十分普遍。[①] 支助团为利比亚当局提供了大量的关于过渡时期的司法技术咨询和国际经验。第三，加强利比亚安全重建，管理安全溢出效应。为应对利比亚重建中的安全挑战，努力为利比亚人民的提高公众的努力提供建议和协助，支助团在 2012 年 7 月成立了安全部门咨询和协调司。该部门为利比亚当局在安全部门政策建议方面提供帮助并在适当情况下提供援助，帮助协调国际努力。在安全重建方面，联利支助团的工作重点主要涉及放在六个相互联系的关键领域：国家安全架构、警察改革、国防改革、武器弹药管理、边境安全以及解除武装、复员和重返社会工作。第四，与有关利益方密切配合，做好国际援助的协调工作。利比亚的重建涉及多个国家和国际组织，为了使得国际援助能够发挥合力，促进利比亚的重建工作，支助团在事实上扮演了国际援助协调人的工作。

（二）评述与创新

与历史上的重建行动和任务（尤其是与伊拉克和阿富汗的重建）相比，联合国在利比亚的行动在很多方面呈现出独特的一面。

首先，联合国在利比亚的行动主要是政治行动，顾问和咨询色彩浓厚。支助团隶属于政治事务部，政治部的主要职责是监测全球的政治事态发展和查明联合国可发挥预防作用的潜在冲突。两期授权建立支助团的决议的主调都是支持利比亚顺利完成民主过渡，协助利比亚过渡政府确定该国需求和优先事项，并提供战略和技术咨询。就支助团的主要行动来看，相较于由军警组成的联合国维和特派团，联合国利比亚支助团的政治顾问色彩也是相当浓厚，核心任务是在利比亚促进政局稳定和战后重建，主要途径是协助利比亚组织选举、修改宪法等。在联合国秘书长提交的关于支助团的报告中，“咨询”“倡议”“建议”等“建设性”词汇使用频率也是相当的高。其次，联合国在利比亚的行动规模较小，灵活机动。无论是与历史上的维和行动（如伊拉克和阿富汗）还是与同期的其他政治行动（如东帝汶综合团）都要小得多。这种小规模的存在，一方面是因为联合国近年来维和经费的不断攀升所带来的压力，另一方面也是为了应对利比亚不断变化的重建环境与需要。同时，支助团的主要任务是政治支持，但是并不限于政治方面，还涉及经济、安全和国际协调等方面，在确定大的原则不超出联合国安理会授权的情况下，支助团的工作相当的灵活。最后，联利支助团行动的效果是喜忧参半，在政治方面进展基本顺利，但是在其他方面尤其是安全重建与管理危机外溢方面则收效甚微。从 2011 年 10 月利比亚冲突基本结束到 2013 年 12 月，利比亚的重建已经进行了两年多。在这两年多的进程中，利比亚的政治重建相对顺利，基本上按照过渡委承诺和国际社会的要求按部就班地展开，但安全重建进

---

① 参见《秘书长关于联合国利比亚支助团的报告》，2011 年 11 月 22 日，联合国网站（http://www.un.org/zh/documents/view_doc.asp?symbol=S/2011/727）。

展缓慢，利比亚的整体安全形势没有根本好转，并在一定的时间内呈现出不断恶化的趋势，陷入了进退两难的困境。整体看，当前的利比亚的安全问题呈现出三个相对独立又密切结合的“三失”困境：游击队和民兵的失控、安全治理机制的失范和地区局势的失衡。[①]

（三）中国的参与与作用

在利比亚危机爆发前，中国有75家企业在利比亚投资，共涉及50多个项目的工程承包，合同总金额约188亿美元。在冲突结束之后，中国在利比亚的原有利益需要保护，利比亚的巨大的重建市场也离不开中国的参与，更为重要的是作为联合国安理会的常任理事国，利比亚问题还事关中国的国际地位和作为负责任的大国的国际形象，中国在利比亚危机前后的表现被看作是中国外交战略调整的重要一环。因此，中国应该而且可以在利比亚的冲突后的重建中发挥作用。目前，中国参与利比亚重建的形式主要有三种：一是支持和参与联合国在利比亚的重建；二是通过多边和双边的渠道为利比亚重建提供人道主义和其他方面的力所能及的援助；三是鼓励中国企业参与利战后重建。

就联合国在利比亚的重建行动，中国主要做了以下几个方面的工作。首先，中国积极推动联合国在利战后过渡和重建进程中发挥主导作用。中国始终强调联合国在利比亚问题上的主导作用，首先是对多灾多难的利比亚人民负责，是对国际关系体系稳定的关照。是对利比亚重建过程中的公正性的维护。[②] 中国认为，由联合国主导利比亚重建，是国际社会的共识。利比亚战后重建工作任重道远，联合国就此发挥主导和协调作用至关重要。只有联合国才有权威和能力帮助利比亚走出战争，开启对话，恢复重建。[③] 中国先后在多个场合表达了这一观点。

其次，中国对于联合国在利比亚的重建尤其是安全重建的努力表示支持，并已适度参与在利比亚的维和行动。对于联合国安理会关于设立联合国利比亚支助团及其他涉及利比亚战后重建的决议，中国都表示支持并投了赞成票。2011年9月，中国常驻联合国代表李保东大使在安理会强调，处理利比亚问题应坚持以下四项原则：第一，尽快恢复利比亚稳定与秩序。这符合利比亚人民和国际社会的共同利益。第二，尊重利比亚人民的意愿和选择。利比亚的主权、独立、统一和领土完整必须得到切实尊重。利比亚前途和国家事务只能由利比亚人民自主决定。第三，尽早启动具有包容性的政治进程，推进民族和解，让利比亚早日走上国家重建和发展的道路。第四，在向利比亚重建提供帮助方面，要根据《联合国宪章》的宗旨和原则，充分发挥联合国和安理会的主导作用。[④] 2013年9月，应联合国要求，中国决定向联合国利比亚任务区派遣一支140人的维和警察防暴队。首批14名先遣队员已经于同年9月30日启程，前往利比亚维和任务区。先遣队主要承担接收维和装备物资、修缮营地、对外联络等工作，为大部队进驻任务区打好基础。这是中国第

① 韩志斌、闫伟：《后卡扎菲时代利比亚政治重建及前景》，《国际论坛》2013年第1期。

② 钟声：《不能削弱联合国主导作用》，2011年9月1日，人民网（http：//opinion. people. com. cn/GB/15560936. html）。

③ 《外交部就中国向巴基斯坦洪灾提供援助情况等答问》，2011年9月13日，中华人民共和国中央人民政府门户网站（http：//www. gov. cn/xwfb/2011 -09/13/content_ 1946375. htm）。

④ 《常驻联合国代表李保东大使在安理会通过利比亚问题决议后的解释性发言》，2011年9月17日，外交部网站（http：//www. fmprc. gov. cn/mfa_ chn/dszlsjt_ 602260/t859881. shtml）。

一次向非洲派遣成建制维和警察防暴队。

最后，中国还派高级别官员参加有关利比亚问题的会议，并提出解决利比亚安全形势的建设性主张。2011 年 9 月，联合国举行利比亚问题高级别会议，时任中国外交部长杨洁篪参加，并提出了平等尊重、包容团结、和衷共济以及统筹协调的四点主张。2012 年 9 月，第 67 届联合国大会一般性辩论在纽约联合国总部举行，中国外交部长杨洁篪再次率团出席并发言。在涉及利比亚问题时，中国再次强调，“中方始终尊重利人民的意愿和选择，相信利人民有智慧、有能力探索出适合本国国情的政治制度和发展道路”“国际社会应充分尊重利主权、独立、统一和领土完整，在联合国框架内为利战后重建工作提供切实帮助。中方支持有关各方为恢复利局势稳定、推动利政权平稳过渡所做的努力，将继续与国际社会一道，推动利早日实现和解与重建。”① 这表明中国正在积极稳步地拓展重建参与领域。

长期以来，中国与包括利比亚在内的广大西亚和北非国家保持着友好关系。在利比亚冲突和重建中，中国既坚持了传统的不干涉原则，又根据具体情况灵活适度地介入，显示“中国的中东外交正在发生令人瞩目的变化，也表明中国作为负责任的大国，在参与全球治理中正日益发挥建设性作用。”②

六　全球海洋治理与中国的参与

世界海洋是维系地球生命的关键。海洋为人类福祉和繁荣做出大量贡献，但是人类的许多活动正在使海洋处于被永久破坏的风险。当前，加强全球海洋治理，促进世界各国的合作变得越来越必要和紧迫。

（一）全球海洋治理的主要机制

20 世纪 90 年代初期，欧美学界开始使用“海洋治理”一词，并开始讨论“总体性海洋与海岸管理”的内涵。③ 对“全球海洋治理”概念，有两种因过于突出某一定义元素而产生偏颇的观点。一种观点是过于突出“全球海洋治理”中“海洋治理”定义元素，将“全球海洋治理”等同于或者从属于“海洋治理”概念。另一种观点是过于突出“全球海洋治理”中“全球化”定义元素，将“全球海洋治理”从属于“全球化”概念。一般说来，“全球海洋治理”可以定义为在全球化背景下，各国政府、国际组织、非政府组织（国际非政府组织）、企业（跨国企业）、个人等主体，为了在海洋领域应对共同的危机和追求共同的利益，通过协商和合作，制定和实施全球性或跨国性的法律、规范、原则、战略、规划、计划和政策等，并采取相应的具体措施，共同解决在利用海洋空间和对海洋资源开发利用活动中出现的各种问题。④ 目前，全球海洋治理由一系列复杂的组织、规则和标准组成。《联合国海洋法公约》是全球海洋治理的最重要的基础，除此之外，海洋治理

---

① 《2012 年第 67 届联合国大会中方立场文件》，2012 年 9 月 21 日，中华人民共和国常驻联合国代表团网站（http://www.china-un.org/chn/zt/67ga/t971885.htm）。

② 王泰：《国际格局调整与中国的中东战略》，《西亚非洲》2014 年第 1 期。

③ 美国海洋政策学界在 1991 年成立了海洋治理研究小组（The ocean governance study group），并召开年度研究会议。国际学术期刊《海洋与海岸管理》（*Ocean and Coastal Management*）在 1994 年曾经推出了题为海洋治理的专题。

④ 黄任望：《“全球海洋治理”概念初探》，《海洋开发与管理》2014 年第 3 期。

涉及大量的组织和规则。这些组织和规则大致可以分为四类。一是处理海洋事务的国际组织，例如，《国际海事组织》《国际捕鲸协会》《南极海洋生物资源保护委员会》以及各种保护海洋生物和资源的组织。二是涉及海洋事务的一般性国际组织。如联合国环境规划署于 1985 年 4 月通过的《保护海洋环境免受陆源污染的蒙特利尔宣言》旨在保护海洋环境免受陆源污染影响。三是区域性的国际组织。如南太平洋论坛限制各国使用会不加选择捕获和杀死海洋生物的流刺网。四是国际非政府部门保护海洋的努力，例如绿色和平组织等非政府组织已经开始敦促保护世界海洋。总体看来，用来规范海洋利用的各种多边条约、国际政府组织、非政府组织以及单个国家的行为正在不断地增长。虽然各国活动以及组织是分立的，但是它们的综合却形成了一个不断扩充的网络，构成了不断发展的全球海洋治理框架。

具体说来，在全球范围内，联合国系统内有相当数量的机构和规划署都在从事海洋事务。联合国大会作为联合国的主要机构之一，定期讨论海洋问题，每年审查海洋事务及海洋法的发展情况。联合国海洋事务和海洋法司、海事组织、国际海床管理局及教科文组织海委会都专门致力于海洋事务。在区域一级也存在很多区域计划署和组织。如区域渔业机构是各国及各组织共同保护、管理和/或发展渔业及处理相关问题的机制。1974 年，环境署设立了区域海洋方案，授权其通过可持续管理及使用海洋及沿海环境，应对世界海洋和沿海地区加速退化的问题。教科文组织海委会设立了若干小组委员会和区域委员会，负责协调和监督区域一级的科学和服务活动。在国家层面，很多部委和机构都有权监管该国专属经济区的海域及资源的使用，并保护和养护此类资源。

1982 年通过的《联合国海洋法公约》（《海洋法公约》）是海洋治理方面具有法律约束力的主要框架，这一综合机制涵盖海洋的各个方面，包括界线划定、环境监控、科学研究、渔业捕捞、经济和商业活动、技术，以及海洋事务争端解决。除了受《海洋法公约》监管，海洋或海洋各方面的事务也受许多具有约束力或不具约束力的双边或多边协定的监管，这些协定涉及多个部门及国家、区域和国际组织。实施机构要确保这些文书都得到遵守和执行，面临巨大的挑战。

目前，治理和监管框架法律有两类，一类是具有约束力的法律，如《海洋法公约》；另一类是“软法律”，即不具约束力的准则、标准和守则，如《负责任渔业行为守则》（1995 年）及其支持文书，如《国际行动计划》。目前已制定多项海洋综合治理工具和办法，支持对海洋进行可持续的利用，也制定了实施工作指导文件。[①]

（二）2012—2013 年全球海洋治理

2012 年是《联合国海洋法公约》通过第 3 周年。8 月 13 日，联合国秘书长潘基文在韩国丽水出席纪念的国际会议时，发起了一个名为“海洋契约”的倡议。这个倡议提出了“健康海洋，促进繁荣”的总体目标以及三个相应的具体目标，即保护人类并提升海洋健康水平，保护、恢复、维持海洋环境和自然资源，以及加深对海洋的了解并提升海洋管理，并确定了为实现目标所应采取的一系列措施。[②] 潘基文指出，海洋契约为联合国系

① 参见《海洋治理及里约 +20 会议取得的成果》，2012 年 7 月 9 日，联合国粮农组织网站（http：//www. fao. org/cofi/24773 – 0717b5b6be09fe135ba56df8604e38e8a. pdf）。

② 参见《联合国海洋契约》，2012 年 8 月，联合国网站（http：//www. un. org/Depts/los/ocean_compact/sgs% 20ocean% 20compact% 202012 – ch – low% 20res. pdf）。

统更一致、更有效地执行联合国可持续发展大会成果文件中与海洋相关的任务确立了战略愿景，旨在调动和提升联合国系统的能力，支持各国政府采取行动，促进政府间组织和非政府组织、科学界、私营部门和产业界的参与，应对在保护和恢复海洋健康和生产力方面的挑战，以造福当代和子孙后代。他鼓励世界各国和社会各界按照契约的要求作出承诺，将恢复海洋系统的健康作为一项迫切任务。[①]

2012 年 6 月 20 日至 22 日，联合国可持续发展会议在巴西的里约热内卢举行，会议集中讨论了两个主要议题：减少贫困、绿色经济和可持续发展问题。在这次会议上，海洋可持续发展是其中的七大关键问题之一。为了解决各级的海洋治理缺乏协调和合作的问题，在这次会议期间，由世界银行倡议，多个组织发起正式成立全球海洋伙伴关系。“全球海洋伙伴关系”是一个政府、私营企业、公民社会、研究机构和国际组织共同致力于维护海洋健康与生产力的新的多元化的联盟，其目标是可持续地推动海洋生态系统及生物资源的经济、社会和生态效益，促进沿海及岛屿发展中国家获得更多利益，并为地球带来更多的益处。截止到 2013 年 3 月，该联盟的成员已经超过 120 个，并且还在不断增加。针对不断恶化的全球海洋形势，全球海洋伙伴关系发表了题为《维护海洋健康与生产力推动减贫宣言》，承诺海洋伙伴关系将动员“重要的人力、财力和机构资源，在优先海洋领域进行有效的公共和私人投资”，目的是提升能力，缩小行动方面的公认差距，履行维护海洋健康与生产力的全球、区域和国家承诺。海洋伙伴关系目前瞄准三大重点领域，捕鱼业和水产养殖业的可持续海产品生产与生计、关键的沿海和海洋栖息地与生物多样性和减少污染，达成的目标主要包括大幅增加可持续水产养殖业和可持续渔业的全球食用鱼产量；将目前自然栖息地丧失速度降低一半；将海洋管理和保护区面积至少增加到海岸和海洋面积的 10%；减少海洋污染，特别是海洋垃圾、污水和营养过剩造成的污染。

（三）中国的参与作用

中国是海洋大国，海洋问题事关国家根本利益。2012 年 11 月 8 日，胡锦涛在党的十八大报告明确提出要提高海洋资源开发能力，大力发展海洋经济，加大海洋生态保护力度，坚决维护国家海洋权益，建设海洋强国。2013 年公布的《国家海洋事业发展“十二五”规划》也指出作为发展中的海洋大国，中国在海洋有着广泛的战略利益。

改革开放以来，中国积极参与国际和地区海洋事务，推动海洋领域的合作与交流，认真履行自己承担的义务，为国际海洋事业的发展作出了应有的贡献。中国支持并积极参与联合国系统开展的各种海洋事务，相继加入了联合国教科文组织政府间海洋学委员会、海洋研究科学委员会、海洋气象委员会、国际海事组织等多个国际组织，并与几十个国家在海洋事务方面开展了广泛的合作与交流。中国参与了联合国第三次海洋法会议的历次会议和《联合国海洋法公约》的制定工作，并成为缔约国。中国重视公海及其资源的保护管理工作，积极参与了全球性海洋科研活动，包括全球海洋污染研究与监测、热带海洋与全球大气研究、世界大洋环流试验、全球联合海洋通量研究、海岸带陆海相互作用研究、全球海洋生态系统动力学等，为推动全球海洋科技合作作出了积极努力。依据平等互利原则，中国积极开展地区性海洋渔业合作。中国还承担了帮助发展中国家培训海洋专业和综

---

① 《联合国发起旨在确保海洋长期可持续性的“海洋契约”倡议》，2012 年 8 月 13 日，联合国网站（http：//www. un. org/chinese/News/story. asp？ newsid = 18246）。

合管理人才的国际义务，并多次举办海洋方面的国际会议。中国为发展海洋事业，开发和保护海洋作出了积极努力。①

“十一五”时期，全民海洋意识显著增强，海洋规划工作有序开展，海洋发展战略逐渐明晰。海洋国际合作深入推进，国家海洋权益和海洋安全得到有效保障，实现了中国管辖海域的定期巡航执法。海洋科学技术取得重大突破，具有标志性的深海勘探等技术达到或接近世界先进水平，领海、专属经济区和国际海域资源环境与科学调查广泛展开。海洋经济持续快速增长，对国民经济发展的拉动作用明显增强。重点海域环境污染防治措施逐步实施，海洋保护区建设取得重大进展。海洋公益服务和防灾减灾的支撑保障能力显著增强，海域、海岛、海上交通、海洋渔业和海上治安管理取得积极成效，海洋综合管理能力进一步提升。②

2012 年是中国是海洋事业发展史上极不寻常的一年。这一年，海洋经济继续保持平稳增长的良好势头，维护海洋权益斗争取得重大胜利，海洋科考与资源调查向深度与广度拓展，保障沿海地区发展能力得到加强，海洋生态文明建设不断推进，海洋基础设施与装备能力得到提升，海洋外交和海洋宣传影响扩大。③

2013 年 7 月 30 日，中共中央政治局就建设海洋强国研究进行第八次集体学习。中共中央总书记习近平在主持学习时强调，建设海洋强国是中国特色社会主义事业的重要组成部分。党的十八大作出了建设海洋强国的重大部署。实施这一重大部署，对推动经济持续健康发展，对维护国家主权、安全、发展利益，对实现全面建成小康社会目标、进而实现中华民族伟大复兴都具有重大而深远的意义。要进一步关心海洋、认识海洋、经略海洋，推动中国海洋强国建设不断取得新成就。习近平的重要讲话为海洋强国建设作出了“顶层设计”，是当前乃至今后一个时期中国海洋工作的根本指针和行动纲领。国家海洋局党组明确细化了 30 项具体工作任务。海南、江苏、广东等沿海各省市提出了建设海洋强省、强市的目标。④

2013 年，中国继续积极参与全球的海洋治理活动。中国签署了中南非、中韩、中巴、中泰、中越海洋合作文件，提出的合作倡议纳入 APEC 领导人会议、中国—东盟领导人会议成果清单，成功举办首届中国—东盟海洋合作论坛、首届中—非海洋科技合作论坛、厦门国际海洋周、第三届发展中国家海洋管理部长级研讨班和首届发展中国家海洋合作高层论坛，实现了由我发起、以我为主、多方参与的地区多边合作新机制。中国积极开展海洋外交。首次组团出席“西北太平洋海上执法机构合作论坛”，建立与周边及海洋大国海上执法合作关系。显著提高《南海及其周边海洋国际合作框架计划》的影响力，成功实施

---

① 中华人民共和国国务院新闻办公室：《中国海洋事业的发展白皮书》（1998 年 5 月），2005 年 5 月 26 日，中华人民共和国中央人民政府门户网站（http：//www. gov. cn/zwgk/2005 - 05/26/content_ 1072. htm）。

② 参见《国家海洋事业发展“十二五”规划》，2013 年 2 月 20 日，江苏省海洋与渔业信息网（http：//www. jsof. gov. cn/art/2013/2/20/art_ 12_ 114870. html）。

③ 刘赐贵：《在全国海洋工作会议上的报告：攻坚克难，2012 年海洋工作取得显著成效》，2013 年 1 月 10 日，国家海洋局网站（http：//www. soa. gov. cn/xw/ztbd/2013/2013qggzhy/xw/201301/t20130110_ 23655. html）。

④ 参见《2013 年具有里程碑意义的三件海洋大事》，2014 年 1 月 17 日，中国海洋在线（http：//oceanol. com/zhuanti/zhuanti1/ztlm12/2014 - 01 - 17/31220. html）。

了多个合作项目，合作区域拓展到环印度洋和太平洋，中国成功赢得 APEC 第四届海洋部长会议举办权，牵头编制 APEC 海洋可持续发展报告、蓝色经济合作倡议；积极参与联大海洋法磋商、公约缔约国会议、大陆架界限委员会、国际海底管理局、国际海洋法法庭等组织事务和规则制订。①

在未来的几年，中国将继续拓展双边和多边海洋合作空间，积极引导区域海洋合作，切实履行国际责任和义务，全面提高中国参与国际海洋事务的能力。首先，中国积极参与联合国相关海洋事务，提高参与国际海洋规则制定和海洋事务磋商能力，主要包括加强对联合国教科文组织政府间海洋学委员会、国际海底管理局等机构工作的实质性参与，深化《联合国海洋法公约》研究，深入参与海洋环境保护、海底资源开发、渔业资源管理、海事与海上救助等涉海国际公约、条约、规则的制定、修订工作，推进与相关国家及国际组织的合作，积极开展国际海洋合作研究与技术培训等。其次，深化拓展双边海洋合作。中国将积极开展政府间、科研机构间的合作，搭建合作平台，加强在海洋观测与调查、海洋生态环境保护与评估、海洋灾害过程研究与防灾减灾、应对气候变化与防范措施、海洋经济发展政策与海洋管理等领域的合作，特别推进中印尼海洋与气候变化联合研究中心建设，加大对发展中国家海洋防灾减灾能力建设的支持和技术援助力度。最后，积极引导多边区域合作。中国将深化与日、韩海洋领域的合作，加强海洋政策磋商，探讨建立高层海洋交流与合作机制，加强与东盟国家在海洋生态环境保护和防灾减灾等领域的合作，推动南海海啸预警与减灾系统建设，进一步发挥在亚太经合组织海洋工作组中的重要作用，做好亚太经合组织海洋可持续发展中心工作。②

第三节　代表性成果

【《全球治理与世界秩序》】

作　　者：庞中英

出版时间：2012 年

出版机构：北京大学出版社

内容摘要：该书的主题是全球治理和世界秩序，其中心考虑是全球经济的结构和全球的国际体系前所未有地复杂、多元、多样，全球问题和全球危机是世界面对的最大挑战，成功和有效的全球治理塑造出新的世界秩序，而全球治理的失败和挫折将加剧世界无序。

【《全球气候变化治理中的中美欧三边关系》】

作　　者：薄燕

出版时间：2012 年

出版机构：上海人民出版社

内容摘要：该书在比较中美欧参与全球环境治理的行为及其影响因素的基础上，运用三边关系的理论和分析框架，探讨了中美欧在全球气候变化治理中的三边关系，包括这种三边关系的演变过程、形态特征及其影响因素，也论及该三边关系对全球气候变化治理的影响及管理这种三边关系的可能策略。

社会影响：在全球气候变化治理的背景下，中美欧作为关键参与者，它们之间

① 参见《2013 年海洋工作的基本情况海洋国际合作领域进一步拓展》，2014 年 1 月 15 日，国家海洋局网站（http：//www. soa. gov. cn/xw/ztbd/2014/gzhy/mbjrw/201401/t20140115_ 30222. html）。

② 参见《国家海洋事业发展“十二五”规划》，2013 年 2 月 20 日，江苏省海洋与渔业信息网（http：//www. jsof. gov. cn/art/2013/2/20/art_ 12_ 114870. html）。

的三边关系已经浮现并经历了动态的演变过程，该书是当今国内学术界对这一重要问题专门进行深入研究的代表。

【《全球安全治理与联合国安全机制改革》】

作　　者：陈东晓

发表时间：2012 年

出版机构：时事出版社

内容摘要：该书分别从全球安全治理的新问题和新格局、联合国改革的理论范式、安理会和集体安全决策机制改革、国际冲突管理与和平重建机制的发展、军备控制及裁军机制的改革与发展等五个专题，综合理论、历史和当前实践等多个视角，分析探讨联合国集体安全机制在全球安全治理的理念下的改革方向和路径，并结合各专题讨论，介绍和阐述中国政府的相关政策立场，以及中国学术界的分析及思考。

社会影响：成果围绕全球安全治理的新形势、新任务与联合国安全机制改革之间的互动这一主线，对新世纪以来全球安全局势和世界政治最新发展态势进行了创新性研究。

【《全球学的构建与全球治理》】

编　　者：蔡拓　刘贞晔

出版时间：2013 年

出版机构：中国政法大学出版社

内容摘要：当今世界，全球化是不可阻挡的历史趋势，但全球化也带来了很多问题和危机，人类历史面临前所未有的挑战。我们该如何认识和思考当前人类所面对的巨大困境？又该采取什么样的手段和治理措施来应对和解决这些问题与挑战？甚至从根本上来说，我们人类究竟需要什么样的知识、理念和方法来重新反思甚或重构日益失败的知识体系和理论解释？为深入探究这些人类所面临的重大问题，中国政法大学全球化与全球问题研究所于2011 年 8 月在北京顺义召开了以“全球治理与全球学学科的构建”为主题的学术研讨会，该书是本次会议论文的集结。

社会影响：成果涉及新世纪以来全球治理面临的危机与深度变革以及全球学的学科建构等方面的问题。

【《全球安全治理》】

编　　者：李东燕

出版时间：2013 年

出版机构：当代中国出版社

内容摘要：随着中国的崛起，中国在全球安全领域的作用和影响正成为全球关注的焦点。该书从不同层面、不同视角介绍了当今人类面临的各类安全问题以及国际社会的共同应对，揭示了中国特色安全观的特点，并就全球安全问题及治理提出了许多值得探究的问题。

社会影响：该书既有对当前全球传统与非传统安全问题及其治理的学术综述和分析，也有关于中国大学生对全球安全问题看法的问卷调查，还收录了调查报告的英文缩写版，以便向国际社会说明和解释具有中国视角、基于中国利益和价值的中国特色安全观。

【《全球气候治理中的公私合作关系》】

作　　者：郦莉

出版时间：2013 年

出版机构：时事出版社

内容摘要：该书力求通过回顾臭氧保护、二氧化硫市场和碳市场的发展历程以及中美碳市场治理实践，回答“哪些行为体如何推动了气候公共物品的可持续提供”的问题。通过案例分析和比较研究，作者发现：全球公私合作关系（PPPs）是解决全球公益供给不足的新型治理模式，均衡的公私供求关系是公益可持续提供的源泉。

社会影响：在联合国气候谈判进展迟

缓的“后京都时代”，世界各地却涌现出多中心的自主治理试验，并与碳市场机制相结合，推进公益市场化的进程，该书是当今学术界为数不多的对这一重要问题进行研究的学术成果。

【《新多边主义视野下的全球治理》】

作　　者：吴志成　朱旭

出版时间：2012 年第 3 期

期刊名称：《南开学报》（哲学社会科学版）

内容摘要：随着全球化进程的深化和各种全球性问题的蔓延，民族国家在全球治理中面临越来越多的新挑战，以国家为中心的多边主义治理也不断暴露出内在的局限性，非政府组织、全球公民社会等非国家行为体对全球问题的解决发挥着日益重要的作用，全球治理的紧迫现实呼吁新的多边主义。新多边主义是在多边主义基础上发展起来的，是全球公民社会进行国际合作的产物。

社会影响：该文代表了新多边主义对全球治理和多边主义治理进行缓慢重构过程中的一家之言。

【《新政治发展观与全球治理困境的超越》】

作　　者：蔡拓　曹亚斌

发表时间：2012 年第 4 期

期刊名称：《教学与研究》

内容摘要：通过分析国家政治发展观的变迁，文章认为传统政治发展观以主权、领土为界限将世界划分为“我者”与“他者”的思维方式便是“国家中心主义”理念的集中体现。要解决全球治理困境，就需要国家放弃“国家中心主义”主导下的传统政治发展观，进而采取一种开放的、负责任的政治发展观。

社会影响：该文从观念意识层面对全球治理困境进行了深刻的反思，并对“国家中心主义理念”导致全球治理出现的参与赤字和责任赤字等现象进行了创新性批判。

【《马克思世界历史理论视野下的全球治理》】

作　　者：胡健

发表时间：2012 年第 11 期

期刊名称：《世界经济与政治》

内容摘要：资本主义时代的全球治理是以资本为手段和工具并最终为资本增值服务的。由于资本的本性是追求最大的剩余价值，资本的全球治理建立的是一种畸形、非道德的全球秩序。在资本的全球治理体系中，资本作为一切的核心纽带，同时也是束缚人的全面发展的枷锁。资本全球治理的这种缺陷，使得马克思把全球善治的实现寄希望于未来共产主义社会的全球治理模式。在“自由人联合体”作为全球治理的模式建立之前，任何全球治理的模式都不可能是有效的，即便它在某些领域内取得一定的效果，那也只是既有全球治理主体之间的暂时性妥协。

社会影响：人们一般都认为，全球治理是在冷战结束以后伴随全球化日益深化、全球化带来的全球性问题日益凸显而兴起的，但严格来说这是狭义上的全球治理即全球共同治理，广义上的全球治理是随着资产阶级开创世界历史进程和跨国关系的出现而兴起的。该文对全球治理基于民主、正义等人类普遍认同的价值取向问题进行了批判性反思。

【《中国学者关于全球治理的研究》】

作　　者：徐进　刘畅

发表时间：2013 年第 1 期

期刊名称：《国际政治科学》

内容摘要：近年来，中国学者对全球治理理论与实践做了大量的引介和研究工作，取得了较为丰富的成果。中国与全球治理的研究与全球治理在中国的引介、扩散、再研究的进程基本上是同步的，中国学者正在逐步超越单纯对全球治理理论的引介与评论阶段，开始对全球治理的具体领域展开视角各异、深浅不同的研究，同时，以中国的视角看全球治理，乃是国内不少学者研究探讨全球治理的“终极”关怀点之一，他们对中国参加全球治理的进程与方式提出了思路各异的针对性建议。

社会影响：该文从全球治理理论及其主体、全球经济治理、全球环境治理、非传统安全全球治理、中国与全球治理五方面入手，全面梳理和总结了2004年以来中国学者对全球治理研究的现状与趋势、成就与不足。

【《全球治理：中国的战略应对》】

作　　者：庞中英　王瑞平

发表时间：2013 年第 4 期

期刊名称：《国际问题研究》

内容摘要：中国的全球治理战略应在理论上阐述中国解决全球性问题的世界观，在实践上提出中国解决全球性问题的方案，并应具有综合性、着眼于长远、现实可行且能够为其他国际行为体所接受和分享。中国的全球治理理论、中国与国际规则制定、中国与现存国际制度改革、中国与地区问题治理、中国的国际领导等议题应是中国的全球治理战略回答的问题。

社会影响：随着中国在全球治理中作用越来越突出，该文对基于中国视角的全球治理研究，尤其是中国的全球治理战略进行了探索性思考。

【《类文明：推进全球治理变革的价值共识》】

作　　者：虞崇胜

发表时间：2013 年第 8 期

期刊名称：《国外理论动态》

内容摘要：类文明不是一国文明，也不是世界文明整体，而是不同文明凝结而成的共识文明，并具有多样性、交互性、开放性、包容性。类文明的价值精髓可能存在于不同文明体之中，但中华文明中无疑蕴含着更多的成分，这种成分就是在中国源远流长的“和而不同”的价值理念中。推进全球治理变革，需要根据“和而不同”的价值理念突出三个基本价值取向：其一，倡导包容性治理；其二，倡导协同性治理；其三，倡导共享性治理。

社会影响：该文对全球治理进程中新型文明形态的内涵、特性及其与中华文明的相互关系进行了创新性研究。

附　大事记

第一章　国家治理大事记

1. 2012 年 11 月，党的十八大报告提出关于社会保障制度的多项重要阐述，明确中国社会保障体系建设的大方向。十八大报告要求，统筹推进城乡社会保障体系建设，坚持全覆盖、保基本、多层次、可持续方针，以增强公平性、适应流动性、保证可持续性为重点，全面建成覆盖城乡居民的社会保障体系。

2. 2013 年 1 月 31 日，中央公布新世纪以来指导“三农”工作的第十个“中央一号”文件，题为《中共中央国务院关于加快发展现代农业进一步增强农村发展活力的若干意见》。内容包括建立重要农产品供给保障机制；健全农业支持保护制度；创新农业生产经营体制；构建农业社会化服务新机制；改革农村集体产权制度；改进农村公共服务机制；完善乡村治理机制。

3. 2013 年 2 月 5 日，国务院批转了国家发展改革委、财政部、人力资源和社会保障部制定的《关于深化收入分配制度改革的若干意见》，在完善收入分配结构和制度，增加城乡居民收入、缩小收入分配差距、规范收入分配秩序等七个方面提出了指导意见。

4. 2013 年 2 月 26 日至 28 日，中国共产党第十八届中央委员会第二次全体会议在北京举行。全会审议通过了在广泛征求意见的基础上提出的《国务院机构改革和职能转变方案》，建议国务院将该方案提交十二届全国人大一次会议审议。

5. 2013 年 3 月 20 日，国务院总理李克强主持召开新一届国务院第一次全体会议，并发表重要讲话。会议宣布了国务院领导同志分工和国务院机构设置，讨论通过了《国务院工作规则》，对政府工作进行了部署，新一届政府开始全面履责。

6. 2013 年 5 月 6 日，国务院总理李克强主持召开国务院常务会议。会议决定，在第一批取消和下放 71 项行政审批项目等事项基础上，再取消和下放 62 项行政审批事项，并依法依规及时公布。5 月 15 日，中国政府网公布了《国务院关于取消和下放一批行政审批项目等事项的决定》。

7. 2013 年 5 月 24 日，国务院日前批转了国家发改委《关于 2013 年深化经济体制改革重点工作的意见》。该意见要求，深化政府机构改革；扩大营业税改征增值税试点范围；稳步推进利率汇率市场化改革；研究制定城镇化发展规划；分类推进户籍制度改革；积极稳妥推进土地管理制度、投融资体制等促进城镇化健康发展的改革；建立健全农村产权确权、登记、颁证制度。

8. 2013 年 5 月 27 日，经中央批准，《中国共产党党内法规制定条例》《中国共产党党内法规和规范性文件备案规定》公开发布。这两部党内法规的制定和发布，对于推进党的建设制度化、规范化、程序化，提高党科学执政、民主执政、依法执政水平，具有十分重要的意义。

9. 从2013年6月15日开始，中国铁路总公司正式实施货运组织改革，推动铁路货运全面走向市场，实现铁路货运加快向现代物流转变。这次铁路货运组织改革主要有四方面重大变化：改革货运受理方式；改革运输组织方式；清理规范货运收费；大力发展铁路“门到门”全程物流服务。铁路总公司向广大客户作出“简化受理、随到随办、规范收费、热情服务”的“四句话”承诺。

10. 2013年7月23日，中共中央办公厅、国务院办公厅近日印发了《关于党政机关停止新建楼堂馆所和清理办公用房的通知》。通知要求，自印发之日起，5年内，各级党政机关一律不得以任何形式和理由新建楼堂馆所；维修改造项目要严格履行审批程序，严格执行维修改造标准，严禁豪华装修；各级党政机关要对占有、使用的办公用房进行全面清理。

11. 2013年7月31日，国务院总理李克强主持召开国务院常务会议，研究推进政府向社会力量购买公共服务。会议明确，将适合市场化方式提供的公共服务事项，交由具备条件且信誉良好的社会组织、机构和企业等承担。

12. 2013年9月6日，国务院总理李克强主持召开国务院常务会议，研究部署有效落实引导民间投资激发活力健康发展的措施。会议要求，各有关部门要认真落实新一届政府推出的深化行政审批制度改革的一系列措施；尽快在金融、石油、电力、铁路、电信、资源开发、公用事业等领域向民间资本推出一批符合产业导向、有利于转型升级的项目；全面清理和修订有关民间投资的行政法规、部门规章及规范性文件。

13. 2013年9月12日，国务院发布《大气污染防治行动计划》，具体指标是：到2017年，全国地级及以上城市可吸入颗粒物浓度比2012年下降10%以上，优良天数逐年提高；京津冀、长三角、珠三角等区域细颗粒物浓度分别下降25%、20%、15%。

14. 2013年9月26日，国务院日前下发《关于严格控制新设行政许可的通知》，强调今后起草法律草案、行政法规草案一般不新设行政许可，确需新设的，必须严格遵守行政许可法的规定，严格设定标准；严格控制新设有关企业投资、产品、生产经营活动和资质资格方面的行政许可；凡通过技术标准、管理规范等其他管理手段或措施能够解决的，不得设定行政许可；凡通过设定一个行政许可能够解决的，不得设定多个行政许可。

15. 2013年9月30日，国务院总理李克强主持召开国务院常务会议，讨论建立健全社会救助制度，推进以法治方式织牢保障困难群众基本生活的安全网。

16. 2013年11月4日，中央党的群众路线教育实践活动领导小组印发《关于开展“四风”突出问题专项整治和加强制度建设的通知》，强调贯彻执行《党政机关厉行节约反对浪费条例》，整治文山会海、检查评比泛滥；整治公款送礼、公款吃喝、奢侈浪费；整治超标配备公车、多占办公用房、滥建楼堂馆所；整治“三公”经费开支过大；整治“形象工程”和“政绩工程”；整治侵害群众利益行为。

17. 2013年11月9日至12日，中国共产党第十八届中央委员会第三次全体会议在北京举行。全会审议通过了《中共中央关于全面深化改革若干重大问题的决定》，指出全面深化改革的总目标是完善和发展中国特色社会主义制度，推进国家治理体系和治理能力现代化。

18. 2013年12月9日，经中共中央批准，中央组织部近日印发《关于改进地方党政领导班子和领导干部政绩考核工作的通知》，规定今后对地方党政领导班子和领导干部的各类考核考察，不能仅仅把地区生产总值及增长率作为政绩评价的主要指标，不能搞地区生产总值及增长率排名，中央有关部门不能单纯依此衡量各省（自治区、直辖市）的发展成效，地方各级党委政府不能简单地依此评定下一级领导班子和领导干部的政绩和考核等次，对限制开发区域和生态脆弱的国家扶贫开发工作重点县取消地区生产总值考核。

19. 2013 年 12 月 30 日中共中央政治局召开会议，决定成立中央全面深化改革领导小组，由习近平任组长。中央全面深化改革领导小组负责改革的总体设计、统筹协调、整体推进、督促落实，主要职责是研究确定经济体制、政治体制、文化体制、社会体制、生态文明体制和党的建设制度等方面改革的重大原则、方针政策、总体方案；统一部署全国性重大改革；统筹协调处理全局性、长远性、跨地区跨部门的重大改革问题；指导、推动、督促中央有关重大改革政策措施的组织落实。

第二章 政府绩效管理大事记

1. 2012 年 8 月，监察部在青岛召开政府绩效管理试点工作推进会，交流汇报试点工作进展情况，研究部署下半年试点工作。国家发展和改革委员会、财政部、国土资源部、环境保护部、农业部、国家质量监督检验检疫总局等 6 个部委和吉林、广西、四川、新疆、北京、福建、杭州、深圳等 8 个地方政府共 14 家绩效管理试点单位分管绩效管理工作的领导同志和相关负责人参加了会议，并就开展绩效管理试点工作的情况、主要做法和经验体会作了交流发言。

2. 2012 年 11 月，党的十八大报告提出关于深化行政体制改革的重要阐述，明确提出创新行政管理方式，提高政府公信力和执行力，推进政府绩效管理。在论述全面提高党的建设科学化水平部分，将完善干部考核评价机制，促进领导干部树立正确政绩观作为深化干部人事制度改革，建设高素质执政骨干队伍的重要举措。

3. 2013 年 1 月，全国政府绩效管理研究会 2012 年会暨“政府绩效管理：顶层设计与实践创新”研讨会在广东佛山召开。本次年会的会议主题是“学习十八大精神，推进政府绩效管理”。

4. 2013 年 11 月，党的十八届三中全会通过《中共中央关于全面深化改革若干重大问题的决定》（下称《决定》），明确提出要完善发展成果考核评价体系，纠正单纯以经济增长速度评定政绩的偏向，加大资源消耗、环境损害、生态效益、产能过剩、科技创新、安全生产、新增债务等指标的权重，更加重视劳动就业、居民收入、社会保障、人民健康状况。《决定》提出，全面深化改革，需要有力的组织保证和人才支撑。其中的关键任务之一是要改革和完善干部考核评价制度，改进竞争性选拔干部办法。

5. 2013 年 12 月，中组部印发《关于改进地方党政领导班子和领导干部政绩考核工作的通知》，规定今后对地方党政领导班子和领导干部的各类考核考察，不能仅仅把地区生产总值及增长率作为政绩评价的主要指标，不能搞地区生产总值及增长率排名，中央有关部门不能单纯依此衡量各省（自治区、直辖市）的发展成效，地方各级党委政府不能简单地依此评定下一级领导班子和领导干部的政绩和考核等次，对限制开发区域和生态脆弱的国家扶贫开发工作重点县取消地区生产总值考核。

第三章　公共政策大事记

1. 2011 年 3 月，第十一届全国人代四次会议审查批准了《中华人民共和国国民经济和社会发展第十二个五年规划纲要》。2012 年，又有两个重要领域“十二五”规划纲要落地。2 月 15 日，《国家“十二五”时期文化改革发展规划纲要》发布，分指导思想、重要方针和主要目标，加强社会主义核心价值体系建设，加快构建公共文化服务体系，加快发展文化产业，加快文化体制机制改革创新，加强文化产品创作生产的引导，加强传播体系建设，加强文化遗产保护传承与利用，加强对外文化交流与合作等 12 部分。6 月 14 日《社会保障“十二五”规划纲要》发布，提出未来五年社会保障事业发展的主要目标是社会保障制度基本完备，体系比较健全，覆盖范围进一步扩大，保障水平稳步提高，历史遗留问题基本得到解决，为全面建设小康社会提供水平适度、持续稳定的社会保障网。

2. 2012 年 2 月 1 日，中共中央、国务院公布《关于加快推进农业科技创新持续增强农产品供给保障能力的若干意见》，这也是本年度中央的一号文件。中共中央在 1982 年至 1986 年连续五年发布以农业、农村和农民为主题的“中央一号”文件，对农村改革和农业发展做出具体部署。2003 年至 2014 年又连续 12 年发布以“三农”（农业、农村、农民）为主题的“中央一号”文件，强调了“三农”问题在中国的社会主义现代化时期“重中之重”的地位。

3. 2012 年 11 月 8 日，中国共产党第十八次全国代表大会在北京开幕。胡锦涛向大会作题为《坚定不移沿着中国特色社会主义道路前进为全面建成小康社会而奋斗》的报告。大会的主题是：高举中国特色社会主义伟大旗帜，以邓小平理论、“三个代表”重要思想、科学发展观为指导，解放思想，改革开放，凝聚力量，攻坚克难，坚定不移沿着中国特色社会主义道路前进，为全面建成小康社会而奋斗。党的十八大规划了中国未来五年宏观政策走向。

4. 2013 年 2 月 20 日，上届政府最后一次国务院常务会议明确房地产调控不松劲，政策措施包括各直辖市、计划单列市和除拉萨外的省会城市制定并公布年度房价控制目标、严格执行限购、严格实施差别化住房信贷政策、扩大个人住房房产税改革试点范围、增加普通商品住房及用地供应、全面落实 2013 年城镇保障性安居工程、推进城镇个人住房信息系统建设、加强市场监测和信息发布管理等。

5. 2012 年 12 月 4 日，中共中央政治局召开会议，一致同意关于改进工作作风、密切联系群众的八项规定。稍后，“八项规定”与“六项禁令”一起，效行全党（详见本章政策创新）。

6. 2013 年 1 月 31 号，“中央一号”文件《关于加快发展现代农业，进一步增强农村发展活力的若干意见》正式公布，首倡家庭农场（详见本章政策创新）。

7. 2013 年 3 月“两会”期间，根据党的十八大和十八届二中全会精神，按照建立中国特色社会主义行政体制目标的总要求，新一届中央政府继续深化国务院机构改革和职能转变的方案公布，包括实行铁路政企分开，组建国家卫生和计划生育委员会，组建国家食品药品监督管理总局，组建国家新闻出版广播电影电视总局，重新组建国家海洋局，重新组建国家能源局等。经过这次改革，国务院正部级机构减少 4 个，其中组成部门减少 2 个，副部级机构增减相抵数量不变。改革后，除国务院办公厅外，国务院设置组成部门

25个。

8. 2013年5月20日，教育部会同有关部门，印发《关于2013年扩大实施农村贫困地区定向招生专项计划的通知》。一是扩大规模，由2012年的一万名重点高校招生专项计划增至三万名。二是扩大区域，由2012年的680个集中连片特殊困难县，扩大到832个贫困县以及重点高校录取比例相对较低的河南、广东、广西等10省区。三是增加高校，由2012年的222所扩大到263所，覆盖所有“211工程”高校和108所中央部属高校。四是鼓励地方采取措施，在国家扩大实施专项计划基础上，依据本地实际情况，制定地方所属重点高校进一步提高招收农村学生比例的政策措施。

9. 2013年6月14日，李克强主持国务院常务会议，提出了十条治污举措，包括提高重点行业排放标准、推进区域联防联控，以实现重点行业主要大气污染物排放强度到2017年底下降30%以上等。会议指出，加快调整能源结构，加大天然气、煤制甲烷等清洁能源供应；强化节能环保指标约束，对未通过能评、环评的项目，不得批准开工建设，不得提供土地，不得提供贷款支持，不得供电供水。

10. 经国务院批准，中国人民银行决定，自2013年7月20日起全面放开金融机构贷款利率管制。一、取消金融机构贷款利率0.7倍的下限，由金融机构根据商业原则自主确定贷款利率水平。二、取消票据贴现利率管制，改变贴现利率在再贴现利率基础上加点确定的方式，由金融机构自主确定。三、对农村信用社贷款利率不再设立上限。四、为继续严格执行差别化的住房信贷政策，促进房地产市场健康发展，个人住房贷款利率浮动区间暂不作调整。

11. 中国共产党第十八届中央委员会第三次全体会议，于2013年11月9日至12日在北京举行，研究了全面深化经济、政治、文化、民生、生态、党建等六大领域的重大改革问题。全会在一些基本制度和理论问题上取得了新的突破，如首次定义市场在资源配置中的决定性作用，更加明确强调了公有制经济和非公有制经济的同等重要性，提出完善产权保护制度、特别提出了赋予农民更多财产权利，提出推进国家治理体系与治理能力现代化，提出建立全国和地方资产负债表制度、自然资源资产负债表制度、股票发行注册制度、权力清单制度、官邸制、涉法涉诉信访依法终结制度等等。这些重大突破，巩固和发展了社会主义制度，丰富和完善了社会主义理论，对个人、社会、国家和世界都会产生深远的影响。

12. 经国务院批准，财政部、国家税务总局联合下发营业税改征增值税试点方案。从2012年1月1日起，在上海交通运输业和部分现代服务业开展营业税改征增值税试点。截至2013年8月1日，“营改增”范围已推广到全国试行。2013年12月12日，财政部、国家税务总局以财税〔2013〕106号印发《关于将铁路运输和邮政业纳入营业税改征增值税试点的通知》，《营业税改征增值税试点实施办法》作为《通知》附件一并印发。该《办法》分纳税人和扣缴义务人，应税服务，税率和征收率，应纳税额的计算，纳税义务、扣缴义务发生时间和纳税地点，税收减免，征收管理，附则8章53条，自2014年1月1日起执行。

13. 2013年9月27日，国务院发布《上海自贸区总体方案》，宣布建立中国（上海）自由贸易试验区（详见本章政策创新）。

14. 2013年12月23日至24日中央农村工作会议在北京举行。会议提出，到2020年要解决约1亿进城常住的农业转移人口落户城镇、约1亿人口的城镇棚户区和城中村改造、约 1 亿人口在中西部地区的城镇化。

15. 2013 年 12 月 28 日，十二届全国人大常务委员会第六次会议通过《关于废止有关劳动教养法律规定的决定》（详见本章政策创新）。

第四章　政府职能转变和行政管理体制改革

1. 2011 年 11 月，《中华人民共和国招标投标法实施条例》已经 2011 年 11 月 30 日国务院第 183 次常务会议通过，自 2012 年 2 月 1 日起施行。

2. 2012 年 2 月 15 日，召开的国务院常务会议，研究部署了 2012 年深化经济体制改革重点工作。会议明确了今年改革的重点工作：推动多种所有制经济共同发展。加快财税体制改革。深化金融体制改革。深化电力、成品油和水资源价格改革。推进社会领域改革。推进行政体制改革。深化农村改革。深化涉外经济体制改革。

3. 2012 年 3 月，十一届全国人大五次会议表决通过的《政府工作报告》在 2012 年主要任务中提出，当前和今后一段时期，改革的重点领域和关键环节是：进一步转变政府职能，完善宏观调控体系，理顺政府与市场的关系，更好地发挥市场配置资源的基础性作用；推进财税体制改革，理顺中央与地方及地方各级政府间财政分配关系，更好地调动中央和地方两个积极性；深化土地、户籍、公共服务改革，理顺城市与农村的关系，推动工业化、城镇化和农业现代化协调发展；推进社会事业、收入分配等改革，理顺经济与社会发展的关系，有效保障社会公平正义；推进依法行政和社会管理创新，理顺政府与公民和社会组织的关系，建设服务、责任、法治、廉洁政府。

4. 2012 年 3 月 28—29 日，2012 年全国经济体制改革工作会议在沈阳市召开。会上，国家发展改革委党组成员、副主任彭森同志作了题为《把握形势　抓住机遇　坚定不移地继续深化改革开放》的重要讲话。国家发展改革委党组成员、副主任连维良同志出席会议，并主持召开了国务院有关部门相关司局、各地发展改革委负责同志参加的经济体制改革座谈会。辽宁省省委常委、常务副省长许卫国同志出席会议并致辞。

5. 2012 年 3 月 26 日国务院召开第五次廉政工作会议，国务院召开第五次廉政工作会议，温家宝强调创造条件让人民群众监督政府。温家宝指出今年要重点抓好以下几方面工作。深入推进行政审批制度改革。推进公共资源配置市场化改革。深化财政管理体制改革。推进行政经费使用管理改革。加强行政机关和国有企业事业单位财务管理。扎实抓好反腐倡廉长期性基础性工作。

6. 2012 年 4 月 16 日，《中共中央国务院关于分类推进事业单位改革的指导意见》发布，新华社 4 月 16 日受权发布《中共中央　国务院关于分类推进事业单位改革的指导意见》。《指导意见》分为改革的重要性和紧迫性，改革的指导思想、基本原则和总体目标，科学划分事业单位类别，推进承担行政职能事业单位改革，推进从事生产经营活动事业单位改革，推进从事公益服务事业单位改革，构建公益服务新格局，完善支持公益事业发展的财政政策，认真做好组织实施工作等 9 部分。

7. 2012 年 4 月 18 日召开的国务院常务会议，研究部署了今年政府信息公开重点工作。会议要求坚持把政务公开作为政府施政的基本准则，继续规范和深化政府信息公开工作，加快公开步伐，扩大公开范围，细化公开内容，提高公开的质量和实效。今年要重点推进以下几方面的政府信息公开：①推进财政预决算、“三公”经费和行政经费公开。②

推进保障性住房信息公开。③推进食品安全信息公开。④推进环境保护信息公开。⑤推进招投标信息公开。⑥推进生产安全事故信息公开。⑦推进征地拆迁信息公开。⑧推进价格和收费信息公开。

8. 2012 年 5 月 16 日，《国家基本公共服务体系“十二五”规划》通过。2012 年 5 月 16 日召开的国务院常务会议，讨论通过《国家基本公共服务体系“十二五”规划》。2012 年 7 月国务院正式印发《国家基本公共服务体系“十二五”规划》。《规划》提出，把基本公共服务制度作为公共产品向全民提供，是中国公共服务发展从理念到体制的创新。中国实行社会主义制度，公民都有获得基本公共服务的权利。保障人人享有基本公共服务是政府的职责，要按照“以人为本，保障基本；政府主导，坚持公益；统筹城乡，强化基层；改革创新，提高效率”的基本要求，着眼制度设计、系统规划、整体推进，建立健全基本公共服务体系。“十二五”时期的主要目标取向是：供给有效扩大；发展较为均衡；服务方便可及；群众比较满意。

9. 2012 年 6 月 13 日，召开的国务院常务会议，审议通过《机关事务管理条例（草案）》。草案按照加强管理、规范工作、保障正常运行、降低运行成本、建设节约型机关的要求，明确了机关运行经费、机关资产和服务管理的基本制度。草案对公务接待、公务用车购置和运行、因公出国（境）的预算管理作了规定，要求各级政府建立健全机关运行经费公开制度，定期公布预算和决算情况；要求各级政府推进机关后勤服务、公务用车和公务接待服务等工作的社会化改革，建立健全相关管理制度。

10. 2012 年 5 月，交通运输工程进入地方公共资源交易市场招投标，交通运输工程进入地方公共资源交易市场招投标。日前，交通运输部发出通知，要求根据建设资金来源和建设主体的不同，分两个层次全面推进交通运输工程建设项目进入地方公共资源交易市场集中交易。第一层次是使用财政性资金、由部属单位实施的项目，根据属地或授权原则，全部纳入地方公共资源交易市场招标投标。第二层次是由地方交通运输部门负责实施的项目，原则上进入公共资源交易市场招标投标，具体进场时间和方式，以地方人民政府的要求为准。

11. 2012 年 6 月，农业部决定将绩效管理延伸至省级农业部门。农业部决定将绩效管理延伸至省级农业部门。2010 年以来，农业部率先在中央国家机关开展绩效管理，在总结两年多来部机关司局和部分直属事业单位绩效管理工作的基础上，农业部研究决定，2012 年选择强农惠农富农政策落实、保持粮食生产稳定、“菜篮子”产品生产、加强重大动物疫病防控和农产品质量安全监管等 5 项重点工作对省级农业部门开展延伸绩效管理；要求各省（区、市）农业部门要突出抓好重点环节，建立完善绩效问责制度，积极探索规范项目管理有效途径，为建立健全强农惠农富农政策落实长效机制积累经验，树立农业系统为民、务实、清廉的良好形象。

12. 2012 年 11 月 8 日，党的十八大报告发布。党的十八大提出和部署了“两个全面”的目标、“两个加快”的任务。党的十八大把发展目标与改革目标一起规划、把发展任务与改革任务一同部署。大会提出了“两个全面”的目标，也就是全面建成小康社会，全面深化改革开放；大会提出了“两个加快”的任务，也就是加快完善社会主义市场经济体制、加快转变经济发展方式。报告包括第一部分“过去五年的工作和十年的基本总结”，第二部分“夺取中国特色社会主义新胜利”，第三部分“全面建成小康社会和全面深化改革开放的目标”，第四部分“加快完善社会主义市场经济体制和加快转变经济发展方式”，第五部分“坚持走中国特色社会主义政治发展道路和推进政治体制改革”。

13. 2013 年 1 月，民政部与浙江省共建温州民政综合改革试验区。民政部、浙江省政府共建温州市民政综合改革试验区合作协议在杭州签订。根据合作协议，部、省将共同推进温州市社会组织成体系、成建制、成规模发展，并在完善基层群众自治制度、推进社会工作专业服务、建立完善适度普惠型社会福利制度、深化绿色生态殡葬改革等方面积极探索，着力构建政府管理与基层民主自治有机结合、充满活力、高效有序的社会管理服务体制机制，为全国民政事业改革发展作出引领示范积累经验。

14. 2013 年 2 月 26—28 日，召开的中共十八届二中全会对行政体制改革作出部署。全会强调，行政体制改革是推动上层建筑适应经济基础的必然要求，要深入推进政企分开、政资分开、政事分开、政社分开，健全部门职责体系，建设职能科学、结构优化、廉洁高效、人民满意的服务型政府。全会通过的《国务院机构改革和职能转变方案》。2013 年 3 月 10 日在第十二届全国人民代表大会第一次会议上国务委员兼国务院秘书长马凯作了《关于国务院机构改革和职能转变方案的说明》。会议审议通过了《国务院机构改革和职能转变方案》，新华社受权发布了该方案。这次改革，国务院正部级机构减少 4 个，其中组成部门减少 2 个，副部级机构增减相抵数量不变。改革后，除国务院办公厅外，国务院设置组成部门 25 个。

15. 2013 年 5 月 13 日，国务院机构职能转变动员电视电话会议。李克强在国务院机构职能转变动员电视电话会议上强调：简政放权，转变职能，创新管理，激发市场创造活力和发展内生动力。新一届政府成立一个多月内，两次召开国务院常务会议，取消和下放了 133 项行政审批事项。开弓没有回头箭，下一步还要继续推进，以更大的勇气和智慧，坚决打好这场攻坚战。李克强强调，行政审批制度改革是转变政府职能的突破口，是释放改革红利、打造中国经济升级版的重要一招，今年要开好头。李克强指出，改革不仅要取消和下放权力，还要创新和改善政府管理，管住管好该管的事。放和管两者齐头并进。李克强指出，市场经济的本质是法治经济，行政权力必须在法律和制度的框架内运行，同时也要依法规范企业、社会组织和个人的行为。

16. 2013 年 5 月 28 日，国务院批转发展改革委关于 2013 年深化经济体制改革重点工作意见的通知（国发〔2013〕20 号）。通知指出：2013 年改革重点工作是，深入推进行政体制改革，加快推进财税、金融、投资、价格等领域改革，积极推动民生保障、城镇化和统筹城乡相关改革。该通知明确了行政体制改革的任务和分工。

17. 2013 年 7 月 31 日，国务院常务会议研究政府向社会购买公共服务。会议明确，将适合市场化方式提供的公共服务事项，交由具备条件、信誉良好的社会组织、机构和企业等承担。一是各地要在准确把握公众需求的基础上，制定政府购买服务指导性目录，明确政府购买服务的种类、性质和内容，并试点推广。二是政府可通过委托、承包、采购等方式购买公共服务。要按照公开、公平、公正原则，严格程序，竞争择优，确定承接主体，并严禁转包。三是严格政府购买服务资金管理，在既有预算中统筹安排，以事定费，规范透明，强化审计，把有限的资金用到群众最需要的地方，用到刀刃上。四是建立严格的监督评价机制，全面公开购买服务的信息，建立由购买主体、服务对象及第三方组成的评审机制，评价结果向社会公布。五是对购买服务项目进行动态调整，对承接主体实行优胜劣汰，使群众享受到丰富优质高效的公共服务。

18. 2013 年 9 月 16—30 日，国务院公布《关于政府向社会力量购买服务的指导意见》。《意见》指出，新一届国务院对进一步转变政府职能、改善公共服务作出重大部署，明确要求在公共服务领域更多利用社会力量，加大政府购买服务力度。《意见》明确，政府向社会力量购买服务的目标任务是："十二五"时期，政府向社会力量购买服务工作在各地逐步推开，统一有效的购买服务平台和机制初步形成，相关制度法规建设取得明显进展。到2020年，在全国基本建立比较完善的政府向社会力量购买服务制度，形成与经济社会发展相适应、高效合理的公共服务资源配置体系和供给体系，公共服务水平和质量显著提高。《意见》要求，地方各级人民政府要结合当地经济社会发展状况和人民群众的实际需求，因地制宜、积极稳妥地推进政府向社会力量购买服务工作，不断创新和完善公共服务供给模式，加快建设服务型政府，努力为广大人民群众提供优质高效的公共服务。

19. 2013年8月16—31日，中共中央政治局召开会议，决定召开十八届三中全会，研究部署地方政府职能转变和机构改革等工作，听取中国（上海）自由贸易试验区筹备工作汇报。会议决定今年11月在北京召开中国共产党第十八届中央委员会第三次全体会议，主要议程是，中共中央政治局向中央委员会报告工作，研究全面深化改革重大问题。会议审议通过了《关于地方政府职能转变和机构改革的意见》，听取了中国（上海）自由贸易试验区筹备工作汇报。

20. 2013年9月18日，召开的国务院常务会议，研究部署进一步加强政府信息公开工作。会议要求，一要完善政府部门新闻发言人制度，使之成为政务信息公开的重要制度安排。各地区各部门要采取多种形式，加强新闻发布。了解民情民意，对社会密切关注的宏观经济、民生等重要信息，增加发布频次。二要主动回应社会关切。重要政策、法规出台后，要通过多种方式做好科学解读，让公众更好地知晓、理解政府经济社会发展政策和改革举措。对重要舆情和社会热点问题，要积极回应、解疑释惑，并注意把人民群众的期盼融入政府决策和工作之中。三要强化责任，抓好落实。把政务信息公开作为依法行政的重要内容，加强督察问责，着力提高实效。发挥好各级政府网站及时、权威、全面、准确发布政务信息的平台作用。认真办好热线电话。努力增强提升政府公信力、社会凝聚力的"软实力"。

21. 2013年10月1—15日，国务院办公厅印发《关于进一步加强政府信息公开回应社会关切提升政府公信力的意见》。《意见》要求进一步做好政府信息公开工作，增强公开实效，提升政府公信力。《意见》的主要内容包括：一是进一步加强平台建设。二是加强机制建设。三是完善保障措施，包括加强组织领导、加强业务培训、加强督察指导。

22. 2013年11月9—12日，十八届三中全会举行，中共十八届三中全会在京举行，审议通过了《中共中央关于全面深化改革若干重大问题的决定》。

23. 2013年11月13日，召开的国务院常务会议，部署深入贯彻党的十八届三中全会精神，要求进一步抓好今年年度改革任务落实。会议指出，改革是决定当代中国命运的关键抉择。党的十八届三中全会对今后一个时期全面深化改革作出了总体部署。各级政府要把思想和行动统一到全会精神和中央决策部署上来，进一步解放思想，以更大的勇气、智慧和魄力，推动改革不断取得新突破，促进经济持续健康发展，让改革和发展成果更多更公平惠及全体人民。

24. 2013年11月25日，中共中央、国务院印发《党政机关厉行节约反对浪费条例》。《条例》共分12章、65条，对党政机关经费管理、国内差旅、因公临时出国（境）、公务接待、公务用车、会议活动、办公用房、资源节约作出全面规范。

25. 2013年11月20日，国务院决定整合不动产登记职责。会议决定，将分散在多个部门的不动产登记职责整合由一个部门承担，理顺部门职责关系，减少办证环节，减轻群众负担。一是由国土资源部负责指导监督全国土地、房屋、草原、林地、海域等不动产统一登记职责，基本做到登记机构、登记簿册、登记依据和信息平台“四统一”。行业管理和不动产交易监管等职责继续由相关部门承担。各地在中央统一监督指导下，结合本地实际，将不动产登记职责统一到一个部门。二是建立不动产登记信息管理基础平台，实现不动产审批、交易和登记信息在有关部门间依法依规互通共享，消除“信息孤岛”。三是推动建立不动产登记信息依法公开查询系统，保证不动产交易安全，保护群众合法权益。会议要求，各有关部门要加强对各地职责整合工作的指导，加快清理相关规章制度，做好有关事项的整理交接，确保不动产登记职责整合工作有序、平稳推进。

26. 2013 年 12 月 4 日，召开的国务院常务会议，围绕落实审批制度改革通过修改一批法律的议案，决定修改部分行政法规。国务院取消和下放一批行政审批项目。据中国政府网 12 月 10 日发布的消息，经研究论证，国务院决定，再取消和下放 68 项行政审批项目（其中有 2 项属于保密项目，按规定另行通知）。另建议取消和下放 7 项依据有关法律设立的行政审批项目，国务院将依照法定程序提请全国人民代表大会常务委员会修订相关法律规定。国务院发布《政府核准的投资项目目录（2013 年本）》。此次目录修订取消和下放力度较大，共取消、下放和转移 49 项核准权限，其中，取消核准改为备案 19 项、下放地方政府核准 20 项、转由国务院行业管理部门核准 10 项。经初步测算，目录修订后，需报中央管理层面核准的项目数量将减少约 60%。

27. 2013 年 12 月 30 日，中央全面深化改革领导小组成立，中共中央政治局召开会议，决定成立中央全面深化改革领导小组。会议决定，成立中央全面深化改革领导小组，由习近平任组长。中央全面深化改革领导小组负责改革的总体设计、统筹协调、整体推进、督促落实，主要职责是研究确定经济体制、政治体制、文化体制、社会体制、生态文明体制和党的建设制度等方面改革的重大原则、方针政策、总体方案；统一部署全国性重大改革；统筹协调处理全局性、长远性、跨地区跨部门的重大改革问题；指导、推动、督促中央有关重大改革政策措施的组织落实。

第五章　廉政建设大事记*

1. 2012 年 1 月 9 日，胡锦涛在十七届中央纪委七次全会上发表重要讲话，要求切实做好保持党的纯洁性各项工作，深入推进党风廉政建设和反腐败斗争。

2. 2012 年 2 月 1 日，《中华人民共和国招标投标法实施条例》正式施行。国务院第 183 次常务会议 2011 年 11 月 30 日通过了《中华人民共和国招标投标法实施条例》。

3. 2012 年 3 月 26 日，国务院召开第五次廉政工作会议，国务院总理温家宝发表讲话。

4. 2012 年 3 月底，全国党政机关公务用车专项治理工作开展一年，取得重要阶段性成果。2011 月 4 月以来，党中央、国务院对全国党政机关公务用车问题专项治理工作作

* 本节参考了李秋芳等主编《中国反腐倡廉建设报告 No. 2》（社会科学文献出版社 2012 年版）中“2012 年中国反腐倡廉建设十件大事”和《中国反腐倡廉建设报告 No. 3》（社会科学文献出版社 2014 年版）中“2013 年反腐倡廉十件大事”。

出重要部署。

5. 2012 年 4 月 10 日，鉴于薄熙来涉嫌严重违纪，中央决定停止其担任的中央政治局委员、中央委员职务，由中央纪委对其立案调查。9 月 28 日，中央政治局会议审议并通过中央纪委《关于薄熙来严重违纪案的审查报告》，决定给予薄熙来开除党籍、开除公职处分。10 月 26 日，全国人大常委会发出公告，重庆市人大常委会罢免了薄熙来十一届全国人大代表职务。随后，最高人民检察院经审查决定，依法对其立案侦查并采取强制措施。

6. 2012 年 4 月 18 日，国务院办公厅下发了《关于印发 2012 年政府信息公开重点工作安排的通知》。

7. 2012 年 5 月，铁道部原部长刘志军被开除党籍，移送司法。

8. 2012 年 8 月 26 日，陕西省安监局长杨达才在延安交通事故现场，因面含微笑被人拍照上网，引发争议并被网友指出杨达才有多块名表。10 月，有网民曝光广州番禺区城管局政委蔡彬及其妻儿名下拥有 21 套房产。"表哥""房叔"均受到党纪政纪处分。

9. 2012 年 11 月 8—14 日，中国共产党第十八次全国代表大会召开，新一届中央领导集体产生。十八届中央纪委一次全会选举王岐山为第十八届中央纪委书记。

10. 2012 年 12 月 4 日，中央政治局作出改进工作作风、密切联系群众的"八项规定"。

11. 2013 年 1 月 22 日，习近平在中国共产党第十八届中央纪律检查委员会第二次全体会议上发表重要讲话，要求更加科学有效地防治腐败，坚定不移把党风廉政建设和反腐败斗争引向深入。

12. 2013 年继八项规定之后，党中央、国务院在强化干部监督、引导示范带头、提倡厉行节约、规范公务接待、严禁公款送礼等方面先后出台了一系列廉政建设的重要规定。

13. 2013 年 3 月 26 日，《国务院办公厅关于实施〈国务院机构改革和职能转变方案〉任务分工的通知》对不动产统一登记制度出台规定时间表和责任部门，提出 2014 年 6 月底前出台不动产登记条例。

14. 2013 年 4 月 19 日，中央政治局召开会议，决定从 2013 年下半年开始，用一年左右时间，在全党自上而下分批开展党的群众路线教育实践活动。

15. 2013 年 4 月 24 日，为落实《国务院机构改革和职能转变方案》，国务院第一批先行取消和下放 71 项行政审批事项。此后，又取消和下放多项审批事项。

16. 2013 年 5 月，中央纪委开始对内设机构和议事协调机构进行调整。运行十年的巡视工作迎来一次重要调整。派驻机构改革也深入开展。

17. 2013 年 7 月 1 日，国务院办公厅印发《当前政府信息公开重点工作安排》，要求各省（区、市）政府要全面公开省本级"三公"经费。"三公"经费逐步走向规范化和公开化。

18. 2013 年 7 月 25 日，薄熙来涉嫌受贿、贪污、滥用职权犯罪一案，经依法指定管辖，由山东省济南市人民检察院向济南市中级人民法院提起公诉。9 月 22 日，济南中院对薄熙来案做出一审判决，数罪并罚，决定执行无期徒刑，剥夺政治权利终身，并处没收个人全部财产。10 月 25 日，山东省高级人民法院裁定驳回薄熙来的上诉，维持一审判决。

19. 2013 年中央纪委监察部网站于 2013 年 9 月上线发布，域名为 www. ccdi. gov. cn。

20. 2013 年全年查处省部级以上高官二十多名，其中包括十八届中央委员蒋洁敏、李东生。同时，查处大量发生在群众身边的腐败案件和腐败分子。

第六章 地方政府与区域治理大事记

1. 2012 年 1 月 3 日，北京、天津、河北、内蒙古、山西五省区市第一次外宣工作联席会在京举行，五省区市外宣办共同签署《华北五省区市对外宣传发展战略合作框架协议》，正式建立京津冀蒙晋对外宣传联席会机制。

2. 2012 年 2 月 10 日，湖北省、江西省、湖南省的相关负责人在武汉举行的三省会商会议上，共同签署了《加快构建长江中游城市集群战略合作框架协议》。三省将携手共筑长江中游城市群，打造中国经济新的增长极。

3. 2012 年 2 月 26 日，湖北省经协办、湖南省经协办、江西省商务厅在武汉签订中三角加强区域合作协议，三省经协部门将共同推进交通、水利、农业、旅游、科教、环保等部门间的交流合作；发挥行业协会、商会在产业合作中的桥梁纽带作用，拓宽省际、企业间合作。

4. 2012 年 3 月 26 日，内蒙古自治区与宁夏回族自治区签战略合作框架协议，加强区域经济合作，统筹推进宁夏沿黄经济区、内蒙古西部沿黄沿线经济带建设，联手打造黄河上中游经济带，推动区域一体化发展。

5. 2012 年 4 月上旬，长三角城市群成立国内首个独立办公区域合作组织，以强化其在市长联席会议闭会期间的协调功能和执行功能。

6. 2012 年 4 月 13 日，国务院同意在吉林省珲春市设立中国图们江区域（珲春）国际合作示范区，为深入实施《全国主体功能区规划》和《中国图们江区域合作开发规划纲要——以长吉图为开发开放先导区》，进一步推动图们江区域国际合作，促进长吉图经济区协调发展，提升中国沿边开发开放水平，就合作区建设提出若干意见。

7. 2012 年 4 月 29 日，川滇黔渝 16 个市州区联袂打造乌蒙片区旅游经济圈，出席在毕节市举行的会议，会议通过了《乌蒙片区旅游联盟毕节宣言》，共同签署了《乌蒙片区旅游联盟合作框架协议》。

8. 2012 年 8 月 10 日，东北四省区行政首长联席会议在黑龙江省举行，共同签署了《东北四省区对俄合作框架协议》《东北地区旅游与航空互动发展合作协议》《东北四省区公路交通项目合作框架协议》。

9. 2012 年 9 月 10 日，国务院正式批复《宁夏内陆开放型经济试验区规划》，并批准设立宁夏回族自治区内陆开放型经济试验区，这是中国内陆地区首个也是唯一一个覆盖整个省级区域的试验区。

10. 2012 年 9 月 27 日，国务院正式批复《重点区域大气污染防治“十二五”规划》。这是中国第一部综合性大气污染防治的规划，规划范围为京津冀、长江三角洲、珠江三角洲地区，以及辽宁中部、山东、武汉及其周边、长株潭、成渝、海峡西岸、山西中北部、陕西关中、甘宁、新疆乌鲁木齐城市群共涉及 19 个省、自治区、直辖市，面积约 132.56 万平方公里，占国土面积的 13.81%。

11. 2012 年 10 月 16 日，西南六省（区、市）检验检疫部门在成都签署合作备忘录，建立检验检疫区域通关协作机制，共同打造检验检疫区域通关快车道，合力推动西南地区开放型经济加快发展。

12. 2012 年 10 月，国务院正式批复《呼包银榆经济区发展规划》，呼包银榆经济区规划目标显示，要把这一经济区打造成为国家综合能源基地和西部地区重要的经济增长极。

13. 2012 年 10 月，国务院正式批复《天山北坡经济带发展规划》，规定采取切实可行的方法、步骤，落实各项工作任务和措施，确保该规划涉及的目标任务、重大政策和建设项目顺利完成。

14. 2012 年 11 月 1 日，国务院批准实施《福建海峡蓝色经济试验区发展规划》。同时，以该规划为依据制定的《福建海洋经济发展试点工作方案》也获得国家发展改革委的批复。福建海洋经济发展上升为国家战略，面临新的重大历史机遇。

15. 2012 年 11 月 17 日，国务院正式批复了《中原经济区规划（2012—2020 年）》。中原经济区成为国内区域地域面积最大、覆盖人口最多的经济区，在经济总量上仅次于长三角、珠三角和京津冀三大经济区，在全国改革发展大局中具有重要战略地位。

16. 2012 年年底，国务院正式批复《长江流域综合规划（2012—2030 年）》，规划明确了长江流域治理开发与保护的目标与任务，为充分发挥长江的多种功能和综合利用效益，实现经济持续发展和社会和谐稳定提供有力支撑。

17. 2013 年 1 月，国务院批复《浙江舟山群岛新区发展规划》，要求“国务院有关部门要按照职能分工，加强对舟山群岛新区建设的指导和支持，按程序建立省部际联席会议制度”，大力促进舟山群岛新区的发展。

18. 2013 年 2 月 23 日，长沙、合肥、南昌、武汉四省会城市达成《武汉共识》，将建立市际联席会议制度以及区域合作工作推进制度；建立四省会城市部门对接和重点园区合作机制；建立信息互通和情况通报制度、咨询机制，以及民间交流机制。四城市联手打造以长江中游城市群为依托的中国经济增长“第四极”。

19. 2013 年 3 月，国务院批复《海河流域综合规划》。国务院在批复中明确提出，《海河流域综合规划》以完善流域防洪减灾、水资源综合利用、水资源与水生态环境保护、流域综合管理体系为目标，为实现经济持续健康发展和社会和谐稳定提供有力支撑。

20. 2013 年 3 月，国务院正式批复《黄河流域综合规划（2012—2030 年）》。按照该规划，到 2020 年，黄河水沙调控和防洪减淤体系将初步建成，以确保下游在防御花园口洪峰流量达到 22000 立方米每秒时堤防不决口，重要河段和重点城市基本达到防洪标准；到 2030 年，黄河水沙调控和防洪减淤体系基本建成，洪水和泥沙得到有效控制，水资源利用效率接近全国先进水平，流域综合管理现代化基本实现。

21. 2013 年 3 月 2 日，国务院批复《淮河流域综合规划（2012—2030）》。这是淮河流域综合规划首次获得国务院正式批复，《淮河流域综合规划（2012—2030）》的批复对进一步指导治淮工作，切实保障流域防洪安全、供水安全、粮食安全和生态安全，全面提升水利服务经济社会的能力具有十分重要的意义。

22. 2013 年 3 月 8 日，国务院批复《珠江流域综合规划》，以完善流域防洪减灾、水资源综合利用、水资源与水生态环境保护、流域综合管理体系为目标，坚持全面规划、统筹兼顾、标本兼治、综合治理，注重科学治水、依法治水，协调好流域兴利与除害、开发与保护、整体与局部、近期与长远等关系，充分发挥珠江的多种功能和综合利用效益，为实现经济持续健康发展和社会和谐稳定提供有力支撑。

23. 2013 年 3 月 8 日，国务院批复《松花江流域综合规划》，要完善流域防洪减灾措施，要合理配置和高效利用水资源，要加强水资源与水生态环境保护，要强化流域综合管理。

24. 2013 年 3 月 8 日，国务院正式批复《太湖流域综合规划（2012—2030 年）》，以完善流域防洪减灾、水资源综合利用、水资源与水生态环境保护、流域综合管理体系为目标，坚持全面规划、统筹兼顾、标本兼治、综合治理，注重科学治水、依法治水，协调好省际、上下游、左右岸、流域与区域以及涉水行业之间的关系，充分发挥太湖的多种功能和综合利用效益。

25. 2013 年 4 月 26 日，上海、江苏、浙江、安徽三省一市在马鞍山市共同签订《长三角地区跨界环境污染事件应急联动工作方案》。方案指出，要从建立各级跨界环境污染纠纷处置和应急联动机制、开展联合执法监督和联合采样监测、协同处置应急事件、妥善协调处理纠纷、做好信息互通共享、加强预警工作、开展后督察工作等 7 个方面加强合作。

26. 2013 年 5 月 22 日，京冀双方签署《北京市—河北省 2013 至 2015 年合作框架协议》和十一个专项协议，进一步深化合作，着力打造首都经济圈，加快区域一体化进程，共促区域经济社会协调发展。

27. 2013 年 8 月上旬，国家发展和改革委员会批复了《甘肃“两江一水”区域综合治理规划》，规划涉及区域面积为 3. 23 万平方公里，主要建设内容包括山洪地质灾害防治、中小河流治理和病险水库除险加固、生态环境综合治理、配套工程、农牧民培训等 5 个方面。

28. 2013 年 8 月 21 日，北京市政府与湖北省政府在京签署战略合作框架协议，湖北与北京经济互补性强，实现互利双赢。

29. 2013 年 9 月 7 日，国家主席习近平在纳扎尔巴耶夫大学演讲时提出建设“丝绸之路经济带”的宏伟设想，使欧亚各国经济联系更加紧密、相互合作更加深入、发展空间更加广阔，中国和中亚国家可以用创新的合作模式，共同建设“丝绸之路经济带”，以点带面，从线到片，逐步形成区域大合作。

30. 2013 年 9 月 10 日，中原经济区涉及 5 省的 30 个市在郑州市举行了“中原经济区首届市长联席会议”，各省省辖市市长签署了共同推进中原城市群建设战略合作框架协议，将全力打造跨省级行政区域的中西部城市群，使之成为与长江中游城市群南北呼应、引领中西部经济发展的重要增长极。

31. 2013 年 9 月，国务院下发的《大气污染防治行动计划》明确提出“建立京津冀、长三角区域大气污染防治协作机制”。2014 年 1 月 7 日，长三角三省一市和国家八部委组成的长三角区域大气污染防治协作机制正式启动，并在上海召开第一次工作会议。

32. 2013 年 10 月 10 日，中俄政商人士出席在哈尔滨举行的“中国黑龙江—俄罗斯远东区域合作暨大型企业项目洽谈会”。本次会议围绕加强中俄全面战略协作伙伴关系，全面贯彻落实《中华人民共和国东北地区与俄罗斯联邦远东及东西伯利亚地区合作规划纲要（2009—2018）》，促进对俄经贸合作创新发展和转型升级，推动双方资源、资本、市场、技术等要素新一轮优化整合，形成新的竞争力，实现中俄合作规模新突破。

第七章 城市管理大事记*

1. 2012 年全国住房城乡建设工作会议召开，会议把农村危房改造、传统村落保护作为下一年的工作重点。要求制定全国传统村落保护发展规划，保护村落的传统文化要素和地区民族特色。扩大绿色低碳重点小城镇试点和特色景观旅游名镇名村示范，启动美丽小镇和美丽乡村示范。

2. 2012 年国务院于各部委积极开展一系列资源与环境保护规划工作，2012 年 4 月 9 日，由国务院办公厅印发了由国家发改委、住房和城乡建设部、环境保护部编制的《“十二五”全国城镇生活垃圾无害化处理设施建设规划》；2012 年 4 月 19 日由国务院办公厅印发了由国家发改委、住房和城乡建设部、环境保护部编制的《“十二五”全国城镇污水处理及再生利用设施建设规划》；2012 年 5 月 17 日环境保护部、国家发改委、财政部和水利部联合发布《重点流域水污染防治规划（2011—2015 年）》；2012 年 8 月 6 日印发《节能减排“十二五”规划》；2012 年 12 月 5 日，国家发改委、环境保护部、财政部印发了获国务院批复的《重点区域大气污染防治“十二五”规划》；2012 年 12 月 12 日，国务院总理温家宝主持召开国务院常务会议，讨论通过《“十二五”循环经济发展目标》。

3. 2012 年，由财政部支持，财政部、住房和城乡建设部共同推进了绿色生态城区建设工作，明确提出为推进绿色建筑的规模化发展，鼓励城市新区按照绿色生态、低碳理念进行规划设计，发展绿色生态城区，中央财政对经审核满足条件的绿色生态城区给予基准为 5000 万元资金的补助。2012 年 11 月，首批 8 个绿色生态城区获得 5000 万资金补助，分别是中新天津生态新城、唐山湾生态城、深圳光明新区、无锡太湖新区、长沙梅溪湖新城、重庆悦来生态城、昆明呈贡新区生态城、贵阳中天未来方舟生态城。

4. 2012 年 6 月 1 日，在国务院新闻办新闻发布会上，中国发布了《中华人民共和国可持续发展国家报告》，阐述了中国实施可持续发展战略付出的努力和取得的进展，分析了存在的差距和面临的挑战，提出了今后的战略举措，并阐明了对于当年 6 月下旬举行的联合国可持续发展大会的原则立场。

5. 2012 年 6 月 12～13 日，中国城市科学研究会主办的城市发展与规划大会在广西桂林召开。大会围绕“宜居、低碳与可持续发展”的主题，举办了绿色建筑、低碳生态城市的规划与设计、绿色交通规划和公交优先策略、历史文化名城保护 30 周年等论坛。

6. 2012 年 7 月 19 日，中国基本公共服务领域首部国家级专项规划——《国家基本公共服务体系“十二五”规划》正式对外公布。规划提出：中国公民有权享受政府提供的基本公共服务项目及其标准；提供基本公共服务是政府的职责。同时，首次明确提出基本公共服务的范围及国家基本标准，提出实施 26 项保障工程。

7. 2012 年 9 月 5 日，住房和城乡建设部、国家发改委、财政部三部委联合出台《关于加强城市步行和自行车交通系统建设的指导意见》，要求加强城市步行和自行车交通系统建设。意见要求，在 2015 年，市区人口在 1000 万以上的城市，步行和自行车出行分担率需达到 45% 以上。

8. 2012 年 10 月 17—19 日，中国城市规划学会主办的城市规划年会在云南省昆明市

---

* 本部分内容根据相关网站、新闻报道等资料整理。

召开。年会以“多元与包容”作为会议的主题，既反映了中国的经济多元化、社会多元化的现实，以及各地在城镇化方面采取的多样化策略，也反映了在城市规划工作中如何因应发展需求，在理论和实践中不断开拓进取的新局面。

9. 2012 年 11 月 8 日至 12 日召开党的十八大，对未来十年国家社会经济发展做出战略性部署，提出“坚持走中国特色新型工业化、信息化、城镇化、农业现代化道路，推动信息化和工业化深度融合，工业化和城镇化良性互动、城镇化和农业现代化相互协调，促进工业化、信息化、城镇化、农业现代化同步发展”的新思路，把“推进城镇化”作为“着力解决制约经济持续健康发展的重大结构性问题”的举措之一，明确提出要“有序推进农业转移人口市民化”。十八大报告提出把生态文明建设作为社会主义现代化建设的重要目标之一，融入经济建设、政治建设、文化建设、社会建设各方面和全过程，努力建设美丽中国。

10. 2012 年 12 月 25 日，全国住房城乡建设工作会议在北京召开。会议全面总结了全国住房城乡建设系统过去 5 年的工作，并对 2013 年重点工作进行了部署。

11. 2012 年 12 月 26 日，住房和城乡建设部、国家发改委、财政部、农业部、国家林业局、国务院侨务办公室、中华全国总工会七部门联合下发通知，要求各地全面落实全国资源型城市与独立工矿区可持续发展及棚户区改造工作座谈会部署，扎实推进各类棚户区（危旧房）改造。

12. 2013 年 1 月，财政部、国家发改委出台了《战略性新兴产业发展专项资金管理暂行办法》，对专项资金的使用和安排做了具体规定，明确支持范围，即：支持新兴产业创业投资计划、支持产学研协同创新、支持技术创新平台、支持区域集聚发展。

13. 2013 年 1 月，由工业和信息化部信息化推进司指导，中国市长协会、中国电子信息产业发展研究院主办，工业和信息化部计算机与微电子发展研究中心（中国软件评测中心）承办的“2013 中国智慧城市年会”在北京新世纪日航饭店隆重召开，会议以“聚焦绿色智慧，助力城市发展”为主题，成立了“中国智慧城市发展促进工作联盟”。

14. 2013 年 2 月，时任国务院总理温家宝主持召开国务院常务会议，研究部署继续做好房地产市场调控工作。会议确定了完善稳定房价工作责任制、坚决抑制投机投资性购房、增加普通商品住房及用地供应、加快保障性安居工程规划建设以及加强市场监管等五项政策措施。

15. 2013 年 3 月，第十二届全国人民代表大会第一次会议和政协第十二届全国委员会第一次会议，分别于 3 月 5 日和 3 月 3 日在北京开幕，选举和决定了新一届国家机构和全国政协领导人员，国家机构领导人顺利实现新老交替。会议期间，代表、委员们聚焦民生、建言献策，顺利完成了大会的各项任务。

16. 2013 年 3 月，为加快形成政社分开、权责明确、依法自治的现代社会组织体制，根据党的十八大精神和中央有关规定，3 月 10 日《国务院机构改革和职能转变方案》说明全文公布，提出改革社会组织管理制度。

17. 2013 年 3 月，环境保护部发布了《2013 年京津冀、长三角、珠三角等重点区域及直辖市和省会城市空气质量报告》，首次对中国自 2013 年实施环境空气质量新标准的 74 个城市进行评价，在空气质量评价指标中纳入了 PM2.5 等，相应指标和评价标准的调整对准确测评空气质量状态，分析现存的问题和未来污染治理重点具有重要意义。

18. 2013 年 4 月，全国人大常委会办公厅将积极稳妥推动城镇化健康发展、解决好大气污染问题等12项内容作为2013年全国人大重点办理的建议。

19. 2013年4月，在十二届全国人大一次会议审议通过包括“建立统一的不动产登记制度”在内的《国务院机构改革和职能转变方案》后，国务院法制办会同住建部、国土部已经开始准备起草《不动产登记条例》作为完成此项工作的法治保障。

20. 2013年5月，中央财政下拨2013年中央补助城市棚户区改造专项资金355亿元，支持相关地区完成2013年城市棚户区改造任务。

21. 2013年6月，在北京举行2013全球移动互联网大会，参会人士达成共识，即中国已进入移动互联网时代，当前，移动化、融合化、宽带化的发展趋势推动了产业形态、商业模式的巨大变革。

22. 2013年7月，国务院办公厅印发《当前政府信息公开重点工作安排》，对当前重点领域政府信息公开工作作出部署，提出2013年各省级政府要全面公开省本级“三公”经费，争取2015年之前实现全国市县级政府“三公”经费全面公开。

23. 2013年8月，由国家发改委城市和小城镇改革发展中心与新京报社联合举办的“2013中国城镇化与企业家论坛”在京举行，会议以“新角色、新机遇”为主题，针对城镇化过程中企业的机遇与挑战进行了充分讨论。

24. 2013年8月，国务院正式批准设立中国（上海）自由贸易试验区。试验区范围涵盖上海市外高桥保税区、外高桥保税物流园区、洋山保税港区和上海浦东机场综合保税区等4个海关特殊监管区域，总面积为28.78平方千米。

25. 2013年9月，国家卫生计生委发布《中国流动人口发展报告2013》，指出从流动人口的总量上看，新生代流动人口已经成为流动人口的主体，流动人口正在经历代际更替。

26. 2013年10月，由神州数码自主研发的国内首个城市公共信息服务平台发布，这是中国智慧城市建设的首个核心支撑系统，该平台立足中国城市发展现状，利用云计算、大数据等新一代信息技术进行融合创新，尝试为市民、企业和城市管理者提供通畅的双向、多向信息沟通机制和便捷的服务渠道。

27. 2013年11月，中国共产党第十八届中央委员会第三次全体会议通过中共中央关于全面深化改革若干重大问题的决定，包括：①全面深化改革的重大意义和指导思想；②坚持和完善基本经济制度；③加快完善现代市场体系；④加快转变政府职能；⑤深化财税体制改革；⑥健全城乡发展一体化体制机制；⑦构建开放型经济新体制；⑧加强社会主义民主政治制度建设；⑨推进法治中国建设；⑩强化权力运行制约和监督体系；⑪推进文化体制机制创新；⑫推进社会事业改革创新；⑬创新社会治理体制；⑭加快生态文明制度建设；⑮深化国防和军队改革；⑯加强和改善党对全面深化改革的领导。

28. 2013年11月，“单独二孩”政策放开，即一方独生子女夫妇可以生育两个孩子。这是中国进入21世纪以来生育政策的重大调整完善，是国家人口发展的重要战略决策，调整可缓解人口老龄化。

29. 2013年11月，国务院发布了《全国资源型城市可持续发展规划（2013—2020年）》，首次确定了资源型城市在全国的分布，并把262个城市区分为成长型、成熟型、衰退型和再生型四种类型，进行分类指导。

30. 2013年12月，中央城镇化工作会议在北京举行。习近平在会上发表重要讲话，分析城镇化发展形势，明确推进城镇化的指导思想、主要目标、基本原则、重点任务。李克强论述了当前城镇化工作的着力点，提出了推进城镇化的具体部署，并作了总结讲话。会议明确了城镇化的重要意义和未来工作重点，指出城镇化对全面建成小康社会、加快推进社会主义现代化具有重大现实意义和深远历史意义。

第八章　新型城镇化管理大事记

1. 2013 年 3 月 17 日，新任国务院总理李克强在第一场记者见面会上强调指出“新型城镇化，是以人为核心的城镇化”，还表示尤为重要的是新型城镇化必须和农业现代化相辅相成，要保住耕地红线，保障粮食安全，保护农民利益。

2. 2013 年 10 月 19 日，由新华通讯社指导、新华社《财经国家周刊》主办的“2013 年中国新型城镇化市长论坛”在新华社大礼堂举行。路建平、路甬祥、李毅中、周其仁等专家对新型城镇化发展进行主旨演讲。

3. 2013 年 12 月 14 日，中央城镇化工作会议召开，提出推进城镇化的六项主要任务，新型城镇化的核心是人的城镇化，将推进农业转移人口市民化作为首要任务。

4. 2013 年 12 月 17 日，针对新型城镇化背景下的户籍制度改革问题，公安部相关负责人表示，到 2020 年，要基本形成以合法稳定住所和合法稳定职业为户口迁移基本条件、以经常居住地登记户口为基本形式，城乡统一、以人为本、科学高效、规范有序的新型户籍制度。

5. 2013 年 5 月，四川省人民政府发布《关于 2013 年加快推进新型城镇化的意见》，在全省加快推进新型城镇化工作会议上，发布《2013 年四川省加快推进新型城镇化重点工作实施方案》，提出六大重点工作和五大改革措施。至此，四川省新型城镇化工作思路已经从原来的以城镇化支撑工业化发展转变为以人为核心的城镇化发展。

6. 2013 年 9 月，成都市打造 8 个乡镇作为新型城镇化综合示范项目，同时选择了 6 个改革创新项目作为“统筹城乡专项改革试点项目”，为推进新型城镇化与新农村建设同步发展、完善城乡经济社会一体化发展的体制机制总结探索更多实践经验。

第十章　政府规制大事记

1. 2012 年 4 月，国务院公布《校车安全管理条例》，对校车的管理责任主体、校车使用地区、制定和修订校车安全国家标准的部门、校车驾驶人资格、校车通行安全、校车乘车安全、相关责任等进行了规定。

2. 2012 年 8 月 30 日，国务院办公厅转发《关于做好进城务工人员随迁子女接受义务教育后在当地参加升学考试工作的意见》，要求各省、自治区、直辖市有关随迁子女升学考试的方案原则上应在 2012 年底前出台。

3. 2013 年 9 月 17 日，环境保护部、国家发改委等 6 部门联合印发《京津冀及周边地区落实大气污染防治行动计划实施细则》，建立了由北京市牵头的涵盖北京、天津、河北、山东、山西、内蒙古的“六省区市协作机制”。按照“六省区市协作机制”的要求，为有效抗击雾霾、防治空气污染，各城市要执行一系列工作制度，包括信息共享制度、空气污染预报预警制度、联动应急响应制度、环评会商制度和联合执法机制。

4. 2013 年 3 月 19 日，第十二届全国人民代表大会宣布，有着六十四年历史的铁道部被撤销。根据国务院机构改革和职能转变方案，国务院将组建国家铁路局，国务院不再保留铁道部，根据国务院机构改革和职能转变方案，实行铁路政企分开。将铁道部拟定铁路发展规划和政策的行政职责划入交通运输部；组建国家铁路局，由交通运输部管理，承担铁道部的其他行政职责；组建中国铁路总公司，承担铁道部的企业职责；不再保留铁道部。铁路机构必须按照政企分开、政资分开、政事分开、政社分开的方向，加快转变铁道部职能，充分发挥铁路运输企业市场主体作用。

5. 2013 年 8 月，国务院正式批准设立中国（上海）自由贸易试验区。以上海外高桥保税区为核心，辅之以机场保税区和洋山港临港新城，成为中国经济新的试验田，实行政府职能转变、金融制度、贸易服务、外商投资和税收政策等多项改革措施，并将大力推动上海市转口、离岸业务的发展。9 月 29 日，中国（上海）自由贸易试验区举行挂牌仪式。36 家中外企业获颁证照，首批入驻试验区。建立上海自由贸易试验区，是中国在改革开放新形势下，顺应全球经贸发展新趋势，实施更加积极主动对外开放战略的一项重大举措，重点任务是要加快政府职能转变、探索管理模式创新、扩大服务业开放、深化金融领域开放创新。这将为全面深化改革和扩大开放，实现制度创新，探索新途径，积累新经验，对激发经济活力、创造制度红利具有十分重要的意义。

6. 2013 年 12 月 30 日，中共中央、国务院印发了《关于调整完善生育政策的意见》，对实施“单独两孩”政策作出总体部署，并明确全国不设统一时间表，由各地根据实际情况确定具体实施时间。

第十一章　社会管理大事记

1. 2012 年 5 月，中共中央办公厅印发《关于加强和改进非公有制企业党的建设工作的意见（试行）》，明确指出：“加强和改进非公有制企业党的建设工作，是坚持和完善中国基本经济制度、引导非公有制经济健康发展、推动经济社会发展的需要，是加强和创新社会管理、构建和谐劳动关系、促进社会和谐的需要，是增强党的阶级基础、扩大党的群众基础、夯实党的执政基础的需要，是以改革创新精神提高党的基层组织建设科学化水平、全面推进党的建设新的伟大工程的需要。”

2. 2012 年 6 月 11 日，原卫生部等 8 部门印发《食品安全国家标准“十二五”规划》，确定 4 大目标：清理整合现行食品标准；加快制定、修订食品安全国家标准；完善食品安全国家标准管理机制；强化标准宣传贯彻和实施工作。7 月印发的《国务院关于加强食品安全工作的决定》，首次明确将食品安全纳入地方政府年度绩效考核内容。

3. 2012 年 8 月 31 日，第十一届全国人民代表大会常务委员会第二十八次会议通过的《中华人民共和国民事诉讼法》修订案规定，“对污染环境、侵害众多消费者合法权益等损害社会公共利益的行为，法律规定的机关和有关组织可以向人民法院提起诉讼。”这是中国法律首次确立公益诉讼制度，并明确将社会组织作为公益诉讼主体之一，为更好地发挥社会组织在公益事业中的积极作用提供了法律保障。

4. 2012 年 11 月，党的十八大报告明确提出在改善民生和创新管理中加强社会建设。报告指出：“加强社会建设，必须加快推进社会体制改革。要围绕构建中国特色社会主义社会管理体系，加快形成党委领导、政府负责、社会协同、公众参与、法治保障的社会管理体制，加快形成政府主导、覆盖城乡、可持续的基本公共服务体系，加快形成政社分开、权责明确、依法自治的现代社会组织体制，加快形成源头治理、动态管理、应急处置相结合的社会管理机制。”

5. 2012 年 12 月 4 日，中共中央政治局召开会议，一致同意中央政治局关于改进工作作风、密切联系群众的“八项规定”，涉及改进调查研究、切实改进会风、切实改进文风、规范出访活动、改进警卫工作、改进新闻报道、严格文稿发表、厉行勤俭节约等。

6. 2012 年 12 月 22 日，第二届“中国社会创新奖”（2012）在北京揭晓，评选出中国社会福利基金会“免费午餐项目”等 10 个优胜奖、深圳市鹏星社会工作服务社“和谐家园深圳市反家暴社工援助计划项目”等 14 个入围奖。

7. 2012 年 12 月 28 日，十一届全国人大常委会第三十次会议通过了《关于加强网络信息保护的决定》。其迈出了“依法用网、依法管网、依法促网”的重要一步，使得互联网领域更加有法可依、有律可循，并指出“国家保护能够识别公民个人身份和涉及公民个人隐私的电子信息。”

8. 2012 年，中央财政首次安排 2 亿元专项资金用于支持社会组织参与社会服务。这是中央政府首次通过建立公共财政资助机制加强对社会组织的培育和扶持。资助项目包括发展示范项目、承接社会服务试点项目、社会工作服务示范项目、人员培训示范项目等，全年共执行项目 377 个，举办培训 120 余期，培训 1.77 万人员。项目共带动社会资金 3.2 亿元，185 万群众直接受益。一些地方和部门也拿出专项资金支持社会组织发展，促进了社会组织能力建设与作用发挥。

9. 2013 年 3 月 14 日，第十二届全国人大一次会议通过了《国务院机构改革和职能转变方案》，第一，方案提出“加快形成政社分开、权责明确、依法自治的现代社会组织体制。逐步推进行业协会商会与行政机关脱钩，强化行业自律，使其真正成为提供服务、反映诉求、规范行为的主体。探索一业多会，引入竞争机制。”第二，在社会组织发展引导方面，方案提出“重点培育、优先发展行业协会商会类、科技类、公益慈善类、城乡社区服务类社会组织。”这些组织的成立可以直接向民政部门依法申请登记，不再需要业务主管单位审查同意。民政部门要依法加强登记审查和监督管理，切实履行责任。第三，在社会组织的法律保障方面，方案提出“完善相关法律法规，建立健全统一登记、各司其职、协调配合、分级负责、依法监管的社会组织管理体制，健全社会组织管理制度，推动社会组织完善内部治理结构。”

10. 2013 年 3 月 22 日，“国家食品药品监督管理局”（SFDA）改名为“国家食品药品监督管理总局”（CFDA）。公告称，在有关机构改革工作进行期间，原国家食品药品监督管理局承担的药品、医疗器械、化妆品、保健食品和餐饮环节食品安全监管各类审评审批、检验检测、认证检查、稽查执法等事项，仍按原有规定办理。各类批件、证书等暂沿用原有格式，所使用的业务印章和文本格式暂不改变，办理程序暂不改变。对于即将要划归过来的食品生产和流通环节的安全监管，“在交接工作完成前，暂仍按原渠道进行”。

11. 2013 年 6 月 18 日，党的群众路线教育实践活动工作会议在北京召开，中共中央总书记、国家主席、中央军委主席习近平出席会议并发表重要讲话，对全党开展教育实践活动进行部署。他强调指出，开展党的群众路线教育实践活动，是实现党的十八大确定的奋斗目标的必然要求，是保持党的先进性和纯洁性、巩固党的执政基础和执政地位的必然要求，是解决群众反映强烈的突出问题的必然要求。全党同志要积极参与到活动中来，以实际行动密切党群干群关系，取得群众满意的成效。

12. 2013 年 9 月 9 日，最高人民法院、最高人民检察院发布了《最高人民法院、最高人民检察院关于办理利用信息网络实施诽谤等刑事案件适用法律若干问题的解释》。明确利用网络实施诽谤行为的入罪标准，该司法解释将于 2013 年 9 月 10 日起施行。该司法解释对包括利用信息网络实施诽谤、寻衅滋事、敲诈勒索、非法经营在内的各种网络谣言等违法犯罪行为作出明确、细化、量化规定。

13. 2013 年 9 月 10 日，国家卫生计生委发布《中国流动人口发展报告 2013》。《中国流动人口发展报告 2013》基于近年来全国流动人口动态监测调查数据，分析了人口流动迁移的趋势及新生代流动人口的发展特征，提出了以新生代流动人口为重点人群、推进人口城镇化的政策建议。该报告还分专题对人口流动迁移和城镇化、流动人口的就业收入、社会融合、生育状况等热点问题进行了分析，探讨了相关的政策。

14. 2013 年，社会组织纳入国家社会信用体系建设范畴，地方率先启动。9 月 20 日，浙江省下发了《关于加强社会组织信用体系建设的通知》，9 月 26 日，上海市下发了《社会组织信用信息记录、共享和使用管理暂行办法》，登记、年检、评估、执法等情况成为评价社会组织信用状况的重要信息。

15. 2013 年 9 月 26 日，国务院办公厅下发《关于政府向社会力量购买服务的指导意见》，对政府向社会组织，以及企业、机构等社会力量购买服务做出系统安排和全面部署，填补了中国政府购买服务政策领域的空白。党的十八大强调，要加强和创新社会管理，改进政府提供公共服务方式。新一届国务院对进一步转变政府职能、改善公共服务作出重大部署，明确要求在公共服务领域更多利用社会力量，加大政府购买服务力度。

16. 2013 年 11 月 8 日，国务院下发《关于取消和下放一批行政审批项目的决定》，12 月 7 日，下发《关于修改部分行政法规的决定》，取消了法律规定自批准之日起即具有法人资格的社会团体及其设立分支机构、代表机构备案，取消了全国性社会团体分支机构、代表机构的设立登记、变更登记和注销登记，取消了商务部对在华外国商会的前置审批，并对《外国商会管理暂行规定》做了相应修改。

17. 2013 年 11 月，十八届三中全会通过的《中共中央关于全面深化改革若干重大问题的决定》指出："全面深化改革的总目标是完善和发展中国特色社会主义制度，推进国家治理体系和治理能力现代化。"该决定多次提到"社会治理"一词，并且单列一章强调创新社会治理体制。

18. 2013 年 12 月 13 日，国家卫生计生委启动流动人口卫生和计划生育基本公共服务均等化试点工作。王培安副主任出席会议并作讲话，要求通过流动人口卫生计生基本公共服务均等化试点，探索流动人口卫生和计划生育基本公共服务的工作模式和有效措施，促进流动人口卫生和计划生育信息共享与应用，提高流动人口卫生和计划生育基本公共服务可及性和水平，为建立流动人口卫生和计划生育基本公共服务制度积累经验。

19. 2013 年 12 月 23 日，中共中央办公厅印发了《关于培育和践行社会主义核心价值观的意见》，并发出通知，要求各地区各部门结合实际认真贯彻执行。

20. 2013 年 12 月，民政部同意将北京市东城区等 31 个单位确认为"全国社区治理和服务创新实验区"，实验时间从 2014 年 1 月至 2016 年 12 月，为期三年。要求各实验区根据《全国社区治理和服务创新实验区管理办法（试行）》，围绕实验主题，扎实推进各项实验任务，为创新社区治理和服务探索新的经验。

第十二章　社会保障管理大事记*

1. 2011 年 11 月，党的十八大报告提出关于社会保障制度的多项重要阐述，明确中国社会保障体系建设的大方向。十八大报告要求，统筹推进城乡社会保障体系建设，坚持全覆盖、保基本、多层次、可持续方针，以增强公平性、适应流动性、保证可持续性为重点，全面建成覆盖城乡居民的社会保障体系。

2. 2012 年 3 月，国务院印发《"十二五"期间深化医药卫生体制改革规划暨实施方案》，该规划以实现 2020 年人人享有基本医疗卫生服务为既定目标，明确了未来四年中中国医药卫生体制改革的重点和主要任务，是深化医药卫生体制改革的指导性文件。

3. 2012 年 4 月，第十一届全国人大常委会第二十六次会议表决通过《中华人民共和国军人保险法》，它是新中国成立以来国家专门就军人保险事务制定的第一部法律。该法弥补了《中华人民共和国社会保险法》中对军人保险规范不足的缺憾，为维护军人社会保险权益，构建具有中国特色的军人保险制度提供了法律依据与保障。

4. 2012 年 5 月，国务院常务会议通过了《社会保障"十二五"规划纲要》。根据纲要，中国"十二五"期间将坚持广覆盖、保基本、多层次、可持续的基本方针，加快建立健全覆盖城乡居民的社会保障体系，提高社会保险的统筹层次并建立有效的社会保险关系转移接续制度，构建起支持全面建设小康社会的社会保障网。

5. 2012 年 8 月，国家发改委、原卫生部、财政部、人力资源和社会保障部、民政部、保监会联合下发《关于开展城乡居民大病保险工作的指导意见》。城乡居民大病医疗保险是对大病患者所发生的高额医疗费用给予进一步保障的制度性安排，有利于解决中国人民因病致贫、因病返贫的问题。

6. 2012 年 8 月，国家审计署发布全国社会保障资金审计结果的公告，这是中国审计部门首次对社会保障资金筹集、管理与支付等进行全面审计。审计结果显示，截止到 2011 年底，各项社会保障资金累计结余 3.11 万亿元，资金总体安全，基金运行平稳，同时也存在着一些需要改进的问题。通过全国社会保障资金的审计，促进和强化了对社会保障资金的管理，对确保资金安全、规范和完善社会保障制度有积极作用。

7. 2012 年 9 月，国务院发布《关于进一步加强和改进最低生活保障工作的意见》。该"意见"的实施，标志着最低生活保障工作逐步走向科学化、规范化、精确化和专业化管理服务方向，对完善这一制度具有重要的意义。

8. 2012 年 10 月，《中华人民共和国政府和大韩民国政府社会保险协定》签字仪式在北京举行，该"协定"是《中华人民共和国社会保险法》颁布实施以来，中国政府与外国政府签署的第一个社会保险双边协定，其签署为保障两国在对方国家就业人员的社会保险权益提供了依据。

9. 2012 年 12 月，第十一届全国人大常委会第三十次会议表决通过了修改后的《中华人民共和国老年人权益保障法》。该法案的修改从多个方面体现了积极老龄化的理念，在人口老龄化日趋严峻的形势下，为全方位化解老年人生活中的困难和风险提供了积极的

* 本部分内容参考 2013 年 2 月、2014 年 2 月举行的"中国社会保障 30 人论坛"评选的"2012 年中国社会保障十大事件""2013 年中国社会保障十大事件"。

对策。

10. 截至2012年底，全国城乡居民社会养老保险制度已实现制度全覆盖，比原计划提前8年。连同已有的城镇职工养老保险制度，中国已经基本形成了覆盖城乡的社会养老保险体系。

11. 2013年3月，财政部在十二届全国人大一次会议上报送了社会保险基金预算，首次将社会保险基金纳入中央预算口径管理，接受国家立法监督，从而有助于加强对社会保险基金的监督管理，促进其规范运营，为社会保险基金的可持续发展提供保障。

12. 2013年4月，人力资源和社会保障部、发改委、财政部、全国总工会和全国社会保障基金理事会组成养老保险顶层设计部级研究工作小组，并委托国务院发展研究中心、中国社会科学院、中国人民大学、浙江大学以及国际劳工局、国际社会保障协会和世界银行共七家研究机构启动养老保险顶层设计。10月16日部级研究工作小组召开内部会议，七家研究机构向人力资源和社会保障部提交了养老保险改革方案。这是中国政府首次公开借助国内外科研机构力量为重大社会保障制度改革提出理论方案。

13. 2013年7月，新修订的《老年人权益保障法》正式实施，该法的两部配套性规章《养老机构设立许可办法》和《养老机构管理办法》同步施行。该法以积极应对人口老龄化为基本理念，确立了有中国特色的社会养老服务体系的框架，它的实施对于保障老年人的权益具有重要意义。

14. 2013年7月，人力资源和社会保障部、民政部发布《关于鼓励社会团体、基金会和民办非企业单位建立企业年金有关问题的通知》，该通知将进一步推动社会组织的健康发展，为社会组织工作人员的退休生活提供更好的保障。

15. 2013年9月，国务院印发《关于加快发展养老服务业的若干意见》。该意见明确提出了加快发展养老服务业的总体要求、主要任务和政策措施。它对于中国积极应对人口老龄化，满足老年人多样化、多层次的养老服务需求，保证养老服务业持续健康发展具有重要意义，同时也标志着中国养老服务业将进入全面发展时期，老有所养制度体系中服务保障不足的短板有望逐步得到缓解。

16. 2013年11月，党的十八届三中全会通过了《关于全面深化改革若干重大问题的决定》，提出要坚持社会统筹和个人账户相结合的基本养老保险制度；完善个人账户制度，健全多缴多得激励机制，确保参保人权益；实现基础养老金全国统筹，坚持精算平衡原则；推进机关事业单位养老保险制度改革；整合城乡居民基本养老保险制度、基本医疗保险制度；推进城乡最低生活保障制度统筹发展。该决定明确了深化社会保障改革的多项目标任务，对全面深化社会保障改革作出了新部署。

17. 2013年12月，财政部、人力资源和社会保障部和国家税务总局发布《关于企业年金职业年金个人所得税有关问题的通知》，自2014年1月1日起，实施企业年金、职业年金个人所得税递延纳税优惠政策。该政策是对年金个人所得税政策体系的完善，对于中国多层次的养老保险体系建设具有积极作用。

18. 2013年12月，住房建设部联合财政部、发改委发布通知，从2014年起各地公共租赁住房和廉租住房实行并轨，统称为公共租赁住房。此项政策有助于优化保障性住房的资源配置，是改善住房保障公共服务质量、完善中国住房保障体系的重要举措。

19. 2013年12月，第十二届全国人民代表大会常务委员会第六次会议通过了国务院关于调整完善生育政策的议案，同意启动实施一方是独生子女的夫妇可生育两个孩子的政策。该决议对于调整和完善中国的生育政策，促进中国人口和经济社会的长期均衡发展具有重要意义。

20. 2013 年 12 月，国务院常务会议决定将《社会救助暂行办法（草案）》向社会公开征求意见。会议提出要通过进一步推进政府职能转变和整合部门职责，逐步完善社会救助制度体系，实现社会救助制度的科学化、规范化和法治化的发展。

21. 2013 年民政部等多部门出台了一系列儿童福利政策，包括《关于进一步做好弃婴相关工作的通知》《关于实施 2013 年孤儿助学工程的通知》和《关于开展适度普惠型儿童福利制度建设试点工作的通知》，以及多部门联合开展的“流浪孩子回校园”专项行动。这一系列事关儿童福利的政策的出台，是维护儿童基本权益、促进中国儿童福利事业不断发展的重要举措。

第十三章　资源与环境管理大事记

一、绿色经济与发展

1. 2012 年 6 月 13—22 日，联合国可持续发展大会（“里约 +20”峰会）在巴西里约热内卢市成功举办，一百多个国家的政府首脑和五万多名来自世界各地的代表出席会议及相关活动。大会主题为“绿色经济与消除贫困”及“构建可持续发展框架”。会议重新确立了可持续发展这一普世原则，通过了《我们憧憬的未来》的决议和成果文件，作为纲领指导实践。

2. 2013 年 1 月 1 日，国务院办公厅转发发展改革委、住房城乡建设部《绿色建筑行动方案》（国办发〔2013〕1 号），要求各级政府结合本地区、本部门实际，认真贯彻落实。方案指出，开展绿色建筑行动，以绿色、循环、低碳理念指导城乡建设，严格执行建筑节能强制性标准，扎实推进既有建筑节能改造，集约节约利用资源，提高建筑的安全性、舒适性和健康性，对转变城乡建设模式，破解能源资源瓶颈约束，改善群众生产生活条件，培育节能环保、新能源等战略性新兴产业，具有十分重要的意义和作用。该方案提出了绿色建筑行动的重点任务：切实抓好新建建筑节能工作；大力推进既有建筑节能改造；开展城镇供热系统改造；推进可再生能源建筑规模化应用；加强公共建筑节能管理；加快绿色建筑相关技术研发推广；推进建筑废弃物资源化利用等。

3. 2013 年年初，联合国环境规划署在日内瓦发布报告说，制定绿色经济指数将有助于经济和社会的可持续发展。报告详细列举了能够促进可持续发展的三类绿色经济指数。第一类是与环境议题和目标有关的指数，其中包括气候变化、生态系统管理、资源节约及化学和垃圾管理等内容。第二类为政策干预指数，包括绿色研发投资、绿色税收改革等。第三类为政策对民生和公平的影响指数，包括就业、健康等内容。报告指出，绿色经济指数能够在各国政府进行政策制定中发挥十分重要的作用，将帮助政策制定者决定政策的目的，并评估政策可以产生的影响。报告认为，政策干预应该增进民生和社会公平，同时能够降低环境危险和生态资源紧缺状况。

4. 2013 年 6 月，在联合国可持续发展大会成功举办一周年之际，联合国可持续城市与交通柏林高层对话暨 2013 全球人居环境论坛在德国柏林市 EUREF 园区隆重举行。作为后“里约 +20”的重要活动，本次会议由联合国经济和社会事务部（UNDESA）、联合国人类住区规划署（UNHABITAT）、联合国环境规划署（UNEP）、全球人居环境论坛理事会（GFHS）、国际地方环境行动理事会（ICLEI）等共同组织，围绕“贯彻‘里约+20’决议，实现我们憧憬的未来”的主题展开相关议题。来自40多个国家和国际组织的近400位代表出席此次会议。由全球人居环境论坛发起的国际人居环境范例新城（IGMC）倡议受到与会代表关注。该倡议是一个高起点的国际低碳城镇建设计划，其主要特点是低碳城镇建设和绿色经济结合，将率先在中国等发展中国家启动。IGMC是配合联合国和全球应对气候变化、可持续土地开发和新型城镇化的新探索，是推动低碳产业快速发展的强力引擎，也是传承人居环境文化的舞台。

5.2013年7月19日至21日，生态文明贵阳国际论坛2013年年会在贵阳召开。作为目前全国唯一以生态文明为主题的国家级国际论坛，生态文明贵阳国际论坛已经成为传播生态文明理念，促进中外交流合作的有力平台。会议的主题为“建设生态文明：绿色变革与转型——绿色产业、绿色城镇、绿色消费引领可持续发展”。在20日的开幕大会上，中共中央政治局常委、国务院副总理张高丽受中国国家主席习近平委托宣读了贺信。习近平在贺信中深刻阐述了中国关于生态文明建设的理念和基本国策。

6.2013年8月1日，国务院颁布《关于加快发展节能环保产业的意见》（国发〔2013〕30号）文件。该意见指出：资源环境制约是当前中国经济社会发展面临的突出矛盾。解决节能环保问题，是扩内需、稳增长、调结构，打造中国经济升级版的一项重要而紧迫的任务。该意见强调：大力发展绿色建材，到2015年，新增绿色建筑面积10亿平方米以上，城镇新建建筑中二星级及以上绿色建筑比例超过20%；建设绿色生态城（区）。提高新建建筑节能标准，推动政府投资建筑、保障性住房及大型公共建筑率先执行绿色建筑标准，新建建筑全面实行供热按户计量；推进既有居住建筑供热计量和节能改造；实施供热管网改造2万公里；在各级机关和教科文卫系统创建节约型公共机构2000家，完成公共机构办公建筑节能改造6000万平方米，带动绿色建筑建设改造投资和相关产业发展。

7.2013年9月21日，2013中国绿色发展指数报告发布暨研讨会在北京隆重举行。会议由西南财经大学绿色经济与经济可持续发展研究基地、北京师范大学科学发展观与经济可持续发展研究基地和国家统计局中国经济景气监测中心联合主办。会上正式发布了《2013中国绿色发展指数报告——区域比较》，公布了中国30个省（区、市）和100个城市的绿色发展指数。《2013中国绿色发展指数报告》从2010年开始，已是连续第四年推出中国绿色发展指数系列报告。

8.2013年11月14日—16日，以“面向绿色发展的环境与社会”为主题的中国环境与发展国际合作委员会2013年年会在北京举办。中共中央政治局常委、国务院副总理、国合会主席张高丽出席开幕式。时任环境保护部部长、国合会执行副主席周生贤主持开幕式。此次年会将分为3个主题论坛展开深入讨论：一是绿色发展与社会和谐；二是公众参与和绿色发展；三是生态文明建设的实践与创新。作为中国环境与发展领域的高层政策咨询机构，国合会为环境与发展领域的中外高层政策对话提供平台，交流传播国际社会环境与发展成功经验；对中国面临的环境与发展重大问题开展研究，向中国政府领导层和各级决策者提出前瞻性、战略性、预警性的相关政策建议；着力支持和促进中国经济的可持续发展，助力生态文明建设。

9.2013年12月1日，联合国绿色气候基金秘书处4日正式落户韩国仁川市，标志着这一“环保领域的世界银行”将开始为发展中国家应对气候变化筹集资金。绿色气候基金是《联合国气候变化框架公约》第十六次缔约方大会（坎昆会议）决定设立的机构，旨在帮助发展中国家适应气候变化。根据此前决议，发达国家应在2010年至2012年出资300亿美元作为绿色气候基金的快速启动资金，并在2013年至2020年间每年出资1000亿美元帮助发展中国家积极应对气候变化。

二、自然资源管理

1. 2010年中国发布了《关于加快水利改革发展的决定》，其中提出了实行最严格的水资源管理制度，即“三条红线”：一是要建立用水总量控制制度，确立水资源开发利用控制红线，抓紧制定主要江河水量分配方案，建立取用水总量控制指标体系；二是要建立用水效率控制制度，确立用水效率控制红线，坚决遏制用水浪费，把节水工作贯穿于经济社会发展和群众生产生活全过程；三是要建立水资源管理责任和考核制度，县级以上地方政府主要负责人对本行政区域水资源管理和保护工作负总责。

2. 2012年6月，国家发展和改革委员会发布《煤炭矿区总体规划管理暂行规定》，规范煤炭资源勘查开发秩序，保护和合理开发利用煤炭资源。

3. 2012年10月，国家发展和改革委员会发布《天然气利用政策》，指出要坚持统筹兼顾，整体考虑全国天然气利用的方向和领域，优化配置国内外资源；坚持区别对待，明确天然气利用顺序，保民生、保重点、保发展，并考虑不同地区的差异化政策；坚持量入为出，根据资源落实情况，有序发展天然气市场。按照科学发展观和构建社会主义和谐社会的要求，优化能源结构、发展低碳经济、促进节能减排、提高人民生活质量，统筹国内外两种资源、两个市场，提高天然气在一次能源消费结构中的比重，优化天然气消费结构，提高利用效率，促进节约使用。

4. 2012年12月，国家发展和改革委员会发布《特殊和稀缺煤类开发利用管理暂行规定》，对特殊和稀缺煤类实行保护性开发利用，坚持统一规划、有序开发、总量控制、高效利用的原则，禁止乱采滥挖和浪费行为。

5. 2013年1月，国务院印发《实行最严格水资源管理制度考核办法》，对各省、直辖市、自治区用水总量，用水效率以及中央江河湖泊水功能区水质达标率都提出了明确的目标，同时对各省、直辖市、自治区的完成情况进行打分、分级，建立奖惩制度，并将其结果作为考核主要负责人以及领导班子的重要依据。

6. 2013年5月，农业部发布《关于加快推进现代植物保护体系建设的意见》指出，充分认识建设现代植保体系的重要性和紧迫性，提出要建立健全植保信息化平台，强化重大病虫害防控能力，加强制备保护执法监管，强化植保科技创新，加强植保公共服务队伍建设，大力扶持发展植保社会化服务组织，助理改善植保物质装备条件，大力开展植保从业技能培训，并且要加强组织领导、政策扶持、规章制度方面的保障。从而达到确保国家粮食安全以及重要农产品供给，保障农产品质量，发展现代农业的目的。此外，国务院《关于促进海洋渔业持续健康发展的若干意见》（2013年3月）、农业部《中华人民共和国水生动植物自然保护区管理办法》（2013年5月）、农业部《农业野生植物保护办法》（2014年1月修订）等相关规章制度的颁布，对于加强中国农林渔业资源的管理和保护工作做了有效的补充和支持。

7. 2013年11月公布的《中共中央关于全面深化改革若干重大问题的决定》中明确提出，要“建立城乡统一的建设用地市场”“在符合规划和用途管制前提下，允许农村集体经营性建设用地出让、租赁、入股，实行与国有土地同等入市、同权同价”。这对于促进农村土地流转、提高利用效率具有重要的指导作用。

三、能源管理部分

1. 2013年1月9日，工信部与国家发改委、科技部、财政部联合印发的《工业领域应对气候变化行动方案（2012—2020年）》要求，到2015年，石化、化工行业单位工业增加值二氧化碳排放量比2010年分别下降18%、17%。这比此前的行业碳减排目标高出2个百分点以上。有关专家表示，通过强化节能工作，加大节能力度方能达到国家要求的碳减排目标。据了解，此前石油和化工行业确定的“十二五”碳减排目标是15%，而国家此次要求的目标提高了2个百分点以上。对此，全国化工节能（减排）中心专家委员会副主任王文堂表示，碳减排与节能密不可分，两者之间有着天然的联系。70%的温室气体效应是由二氧化碳导致的，而二氧化碳主要在能源的使用过程中排放。

2. 2013年2月26日，中国海洋石油有限公司完成收购加拿大尼克森公司的交易。收购尼克森的普通股和优先股的总对价约为151亿美元。这是中国企业成功完成的最大一笔海外并购。中海油称，尼克森分布在加拿大西部、英国北海、墨西哥湾和尼日利亚海上等全球最主要产区的资产中包含了常规油气、油砂以及页岩气资源，是对中海油现有资产的良好补充，同时也使中海油全球化布局得以增强。收购尼克森将进一步拓展其海外业务及资源储备，以实现长期、可持续的发展。

3. 2013年3月26日，国家发展和改革委员会印发了进一步完善国内成品油价格形成机制的通知，成品油调价周期由22个工作日缩短至10个工作日；取消挂靠国际市场油种平均价格波动4%的调价幅度限制，调整挂靠油种。完善后的成品油定价机制使国内油价能更为灵敏地反映国际油价变化，从而使成品油价格与国际油价跟涨不跟跌的情况得到大大缓解。完善后的定价机制也将使市场参与者更趋理性地应对价格波动，引导消费者理性消费。

4. 2013年4月，由中核集团自主研发、具备完整自主知识产权的先进压水堆核电站ACP1000的初步设计，在北京通过了中国核能行业协会、国家核安全局、国家能源局、国防科工局、中国机械工业联合会、环保部核与辐射安全中心等单位近40名行业专家的鉴定，认为ACP1000的技术和安全指标达到了国际同等水平，并具备独立出口条件。提高自主化能力一直是中国核电发展的目标，而全球核电从二代向三代转型，为中国高起点发展提供了机遇。

5. 2013年5月21日，环保部发布《关于开展草甘膦（双甘膦）生产企业环保核查工作的通知》，宣布将按照“企业自查——省级环保部门核查初审——环境保护部复核”的顺序开展草甘膦（双甘膦）生产企业环保核查工作，并发布符合环保要求的草甘膦（双甘膦）生产企业名单公告，该核查行动将由今年开始，并持续至2015年底（每年一次）。长期而言，作为农药最大宗的品种，草甘膦行业的环保核查若能顺利、有效推进，并进一步常态化、规范化，则对于构建草甘膦乃至整个农药行业良性发展的长效机制意义重大，并将促进整个行业资源的优化配置。

6. 2013年5月23日，国家能源局印发《加强风电产业监测和评价体系建设的通知》，要求加强风电产业信息监测和评价工作，建立健全全国风电产业信息监测体系，要求水电水利规划设计总院负责各省（区、市）和各开发企业的风电建设、并网运行、发展规划和年度实施方案完成情况的统计和分析，汇总形成风电建设统计信息，按季度上报国家能源局；按年度综合评价产业发展形势、面临问题和产业政策执行情况，形成评估报告上报国家能源局；于每年初提交上年度风电开发建设总体情况的分析评价报告，经国家能源局审核后对社会公开发布。

7. 2013 年 7 月 3 日，新修订的《国家核应急预案》向社会公布。新版《国家核应急预案》明确了中国核应急工作的组织管理体系，强调实行国家、省、核设施运行单位和上级主管单位三级核应急管理体制。同时，新版《国家核应急预案》还要求，核事故发生后要第一时间向社会发布准确、权威消息。目前，中国在建核电机组数量位居世界第一，核电事业已经进入体系化、规模化的快速发展阶段。新版《国家核应急预案》将建立让老百姓放心的核应急工作体系。

8. 2013 年 7 月 15 日，国务院发布《关于促进光伏产业健康发展的若干意见》，旨在促进中国光伏行业的发展，对装机目标、行业相关规范都有具体指导，这也被业内称为"国八条"。而除此之外，国家发展改革委、财政部、工信部、国家能源局等部委及电网企业也在当年相继出台了电价、补贴、监管、服务等多项细化政策，以保障光伏产业未来的健康发展。2013 年是光伏扶持政策密集发布的一年，在国内市场大幕开启之后，更多的扶持政策将加快光伏行业走向复苏。

9. 2013 年 7 月 27 日，经过谈判中国与欧盟就光伏贸易争端已达成"友好"解决方案。中欧光伏产品贸易争端是中欧贸易史上涉案金额最大的贸易摩擦案件，是当前中欧经贸关系中的重要议题之一。6 月初，欧委会宣布，欧盟从 6 月 6 日起对产自中国的光伏产品征收 11.8% 的临时反倾销税，如果欧中双方未能在 8 月 6 日前达成妥协方案，届时反倾销税率将升至 47.6%。此次谈判结果对于中欧双方意义重大。

10. 2013 年 9 月 6 日，中国石油天然气集团公司与俄罗斯天然气工业股份公司签署通过东线管道向中国供应天然气的框架协议。双方同时商定在年底签订购销合同，实现 2018 年供气的目标。这意味着谈判十余年未果的中俄天然气管道迈出坚实一步，并有望于 2013 年年底瓜熟蒂落。届时，中国油气进口的东北战略要道上，将再添一条天然气进口大动脉。此次中国在中亚和俄罗斯天然气合作方面均取得重大突破，意味着中国能源进口多元化战略取得重要成果。这为中国大规模加快天然气利用奠定资源基础，有利于加快能源结构调整，促进环境优化。

11. 2013 年 10 月 14 日，在十八届三中全会前夕，国家能源局以特急形式下达了《炼油企业进口原油使用资质条件（征求意见稿）》意见函。在有关石油领域的政府文件中，以特急形式向社会下达征求意见函较为罕见。这可能意味着，在三中全会召开之际，能源领域的市场化改革部署将有新的推进。而以放宽原油进口为契机，将可能是推进石油能源领域市场化改革的一部分。长期以来，民营石油销售企业的资源供应一直是个问题，制约着占中国油品市场半壁江山近 4 万民营加油站的生存与发展。

12. 2013 年 10 月 28 日，甲醇期货正式登陆郑州商品交易所，上市首日挂牌基准价为 3050 元/吨。根据郑商所相关公告，首批上市交易合约包括 ME203、ME204、ME205、ME206、ME207、ME208、ME209、ME210，8 个合约的挂牌基准价均为 3050 元/吨。目前中国已成为世界最大的甲醇生产国和消费国，生产商、贸易商群体广泛。与此同时，甲醇价格波动较大可能也会吸引更多投资者参与价格博弈，增加初期的市场炒作氛围。

13. 2013 年 11 月 22 日，中国（上海）自由贸易试验区内最大的企业上海国际能源交易中心股份有限公司挂牌。2014 年 1 月启动测试的原油期货国际平台技术系统，将催生影响世界的又一个“上海价格”，上海最终也将建设成为国际大宗商品定价中心。上海国际能源交易中心的成立，有助于亚洲市场定价中心的形成。

14. 2013 年 11 月 23 日，华沙气候大会经历近 18 个小时的延时，23 日夜间终于打破僵局，达成三项主要共识，落下帷幕。本次气候大会主要有三个成果：一是德班增强行动平台基本体现“共同但有区别的原则”；二是发达国家再次承认应出资支持发展中国家应对气候变化；三是就损失损害补偿机制问题达成初步协议，同意开启有关谈判。然而，三个议题的实质性争议都没有解决。

15. 2013 年 11 月 27 日，中国煤炭工业协会通过官方网站正式公布国务院办公厅《关于促进煤炭行业平稳运行的意见》。该意见就切实减轻煤炭企业税费负担、煤炭资源税、煤炭进出口政策进行明确规定，要求真正做到给煤炭企业减负，减少低质煤进口。虽然煤炭市场回暖氛围日渐浓厚，但是煤炭企业赋税严重、工业转型升级滞后、上下游价格仍未理顺等多重因素依旧是煤炭企业顺利运营的制约因素。意见从多个层面对国内煤炭行业健康发展予以支持，有利于巩固日趋企稳的煤炭市场，为煤炭行业长久健康发展提供保障。

16. 2013 年 12 月 11 日，国家发展改革委出台了《关于完善居民阶梯电价制度的通知》（发改价格〔2013〕2523 号），对相关制度规定进行了补充和完善。目的是更好地发挥价格杠杆引导居民电力消费的作用，进一步提升阶梯电价制度实施效果。通知要求，各地要结合老城区和棚户区改造，加大居民用电“一户一表”改造力度，在 2017 年底前完成全国 95% 以上存量居民合表用户改造，做到抄表到户。

17. 2013 年 12 月 18 日，国土资源部宣布，中国在广东沿海珠江口盆地东部海域首次钻获高纯度天然气水合物（俗称“可燃冰”）样品，并通过钻探获得可观控制储量。时任国土资源部地质勘查司副司长车长波表示，此次发现的天然气水合物样品具有埋藏浅、厚度大、类型多、纯度高等特点。岩芯中天然气水合物含矿率平均为 45%—55%，其中天然气水合物样品中甲烷含量最高达到 99%。

18. 2013 年 12 月 18 日，第五阶段车用汽油国家标准发布并开始实施。与第四阶段车用汽油国家标准相比，国五汽油标准提到了“三降”，即降低了硫含量、锰含量、烯烃含量的指标限值。其中，硫含量是车用汽油中最关键的环保指标。为进一步提高汽车尾气净化系统的能力，硫含量指标限值由第四阶段的 50ppm 降为 10ppm，即每公斤硫含量不高于 10 毫克，降低了 80%。第五阶段车用汽油国家标准是由中国全国石油产品和润滑剂标准化技术委员会组织专家经过试验验证，参考欧洲标准起草的，征求了社会各界意见。

19. 2013 年 12 月 24 日，国家发改委出台了《关于电解铝企业用电实行阶梯电价政策的通知》，决定自 2014 年 1 月 1 日起对电解铝企业用电实行阶梯电价政策。该通知明确，根据电解铝企业上年用电实际水平，分档确定电价。铝液电解交流电耗不高于每吨 13700 千瓦时的，执行正常的电价；高于每吨 13700 千瓦时但不高于 13800 千瓦时的，电价每千瓦时加价 0.02 元；高于每吨 13800 千瓦时的，电价每千瓦时加价 0.08 元。据悉，电价在电解铝成本中占比最大，约占总成本的 40% 左右。差别电价将有效迫使超过能源消耗限额标准和环保不达标的铝冶炼产能退出市场。

第十四章　公共卫生事业管理大事记

1. 2012 年 3 月 1 日，卫生部会同河南省人民政府和内蒙古自治区鄂尔多斯市、辽宁省锦州市、广东省佛山市人民政府，同步举行居民健康卡首批试点地区发卡仪式。

2. 2012 年 3 月 8 日，卫生部办公厅印发了《国家卫生应急综合示范县（市、区）评估管理办法（试行）》，明确表明评估工作周期为 5 年，2011 年为部署建设期；2012 年至 2013 年，每年 5 月底前为申报推荐期，6—10 月为评估复核期，11—12 月为公示命名期；2014 年至 2015 年为巩固推广期。

3. 2012 年 3 月 14 日，国务院印发《“十二五”期间深化医药卫生体制改革规划暨实施方案》，该方案分规划背景、总体要求和主要目标、加快健全全民医保体系、巩固完善基本药物制度和基层医疗卫生机构运行新机制、积极推进公立医院改革、统筹推进相关领域改革、建立强有力的实施保障机制 7 部分。

4. 2012 年 4 月 16 日，卫生部印发《关于加强卫生统计与信息化人才队伍建设的意见》，将全面完成卫生统计与卫生信息化工作任务提供重要的人才保障作为指导思想。

5. 2012 年 6 月 6 日，原卫生部、国家中医药管理局印发《关于加强卫生信息化建设的指导意见》，要求把卫生信息化建设作为保障医药卫生体系有效规范运转的八项措施之一。

6. 2012 年 6 月 7 日，国务院办公厅印发《关于县级公立医院综合改革试点的意见》，全国有 18 个省的 311 个县（市）开展了改革试点。

7. 2012 年 7 月 18—19 日，主题为“创新、实用和共赢”的中国卫生信息技术交流大会在辽宁省大连市召开。

8. 2012 年 7 月 30 日，原卫生部、教育部组织制定了《全科医生规范化培养标准（试行）》，明确了“5 年临床医学本科教育 +3 年全科医生规范化培养”模式下全科医生规范化培养的方式、时间、内容及各项具体要求。

9. 2012 年 8 月 1 日，《抗菌药物临床应用管理办法》正式施行。其发布标志着中国抗菌药物临床应用管理迈入法治化、制度化轨道，为逐步建立抗菌药物临床应用管理长效机制奠定了基础，被业内和网民称为“史上最严厉”的抗菌药物管理政策。

10. 2012 年 9 月 17 日，原卫生部在国务院新闻办公室发布会上介绍了中国实施新农合制度十年来取得的成效。新型农村合作医疗制度实施十年来取得显著成效，建成最大医疗保障网，覆盖人数超 13 亿。

11. 2012 年 10 月 8 日，国务院发布《卫生事业发展“十二五”规划》，从“大卫生”的角度出发，明确了国家卫生事业指导思想、基本原则、主要目标和重点工作。

12. 2012 年 10 月 26 日，《中华人民共和国精神卫生法》经十一届全国人大常委会第二十九次会议审议通过，将于 2013 年 5 月 1 日起实施。《中华人民共和国精神卫生法》的颁布实施对于规范精神卫生服务，预防精神障碍发生，维护精神障碍患者的合法权益，具有重要意义。

13. 2012 年 10 月 30 日，世界卫生组织宣布中国已经消除新生儿破伤风，这是中国妇幼卫生领域取得的重要成就。

14. 2012 年 11 月，党的十八大报告为下一阶段卫生工作指明了方向，报告指出，要坚持为人民健康服务的方向，坚持预防为主、以农村为重点、中西医并重，按照保基本、强基层、建机制要求，重点推进医疗保障、医疗服务、公共卫生、药品供应、监管体制综合改革，完善国民健康政策，为群众提供安全、有效、方便、价廉的公共卫生和基本医疗服务。

15. 2012 年 12 月 1 日前后，党和国家领导人习近平、温家宝、李克强分别看望艾滋病感染者、一线医务人员、艾滋病防治社会组织工作人员和志愿者代表并与他们座谈，指出要坚持预防为主、防治结合、综合治理，扎扎实实做好艾滋病防治工作。

16. 2012 年 12 月 6 日，中国疾控中心、浙江省医科院、湖南省疾控中心联合发布调查报告，公布“黄金大米”事件调查结果。该事件暴露出少数科研人员法律意识淡薄、科学道德自律失范、项目的承担单位对个别的科研项目监管不善的问题。

17. 2012 年 12 月 26 日，国务院新闻办公室发布中国首部医疗卫生事业白皮书，全面客观地介绍了中国医疗卫生改革发展情况，展示中国重视和改善民生的政策措施，增进国际社会对中国医疗卫生事业的了解和支持。

18. 2013 年 1 月 16 日，原卫生部介绍，2013 年中国农村医疗保障重点将向大病转移，扩大重大疾病保障的覆盖面，提高补偿比例，避免农民因（大）病返贫。肺癌、胃癌等 20 种疾病全部纳入大病保障范围，大病患者住院费用实际报销比例不低于 70%，最高可达到 90%。

19. 2013 年 2 月 13 日，国务院办公厅发布《关于巩固完善基本药物制度和基层运行新机制的意见》。

20. 2013 年 2 月 22 日，国务院办公厅发布《关于建立疾病应急救助制度的指导意见》。

21. 2013 年 3 月，2012 年版《国家基本药物目录》正式发布，随后 2012 年版《国家基本药物临床应用指南》和《处方集》正式出版发行。

22. 2013 年 3 月，上海市和安徽省发现 3 例人感染 H7N9 禽流感病例，中国政府迅速启动部门间、区域间联防联控机制，加强疫情研判、传染源控制、早诊早治、疫情溯源工作。坚持公开透明，及时准确发布疫情和防控工作信息，加强国际合作，有效地控制了疫情发展，得到人民群众和国际社会的充分肯定。

23. 2013 年 5 月 1 日，《精神卫生法》正式实施。

24. 2013 年 8 月 28 日，国务院总理李克强主持召开国务院常务会议，健康服务业首次被定性为中国支柱性产业。会议指出，促进健康服务业发展，重点在增加供给，核心要确保质量，关键靠改革创新。

25. 2013 年 9 月 27 日，国家卫生计生委、国家中医药管理局、总后勤部卫生部联合下发了《“服务百姓健康行动”全国大型义诊活动周实施方案》。国家卫生计生委还决定，今后把每年 9 月的第 3 周作为“服务百姓健康行动”全国大型义诊活动周。

26. 2013 年 9 月 28 日，国务院发布《关于促进健康服务业发展的若干意见》。提出了广泛动员社会力量、多措并举发展健康服务业的改革思路。

27. 2013 年 11 月 12 日，党的十八届三中全会通过《中共中央关于全面深化改革若干重大问题的决定》，明确提出深化医药卫生体制改革，统筹推进医疗保障、医疗服务、公共卫生、药品供应、监管体制综合改革。

28. 2013 年 11 月 20 日，国家计生委在青海省西宁市召开 2013 年儿童重大公共卫生服务项目启动会。

29. 2013 年 12 月，国家卫生计生委、中医药管理局联合印发《关于加快推进人口健康信息化建设的指导意见》，提出 2020 年前，中国将实现全员人口信息、电子健康档案和电子病历数据库基本覆盖全国人口并整合共享，全国普及应用居民健康卡。

30. 2013 年 12 月 20 日，国家卫生计生委、中央综治办、公安部、司法部等 11 个部门联合印发《关于维护医疗秩序打击涉医违法犯罪专项行动方案》，决定自 2013 年 12 月起，开展为期 1 年的打击涉医违法犯罪专项行动，依法严惩侵害医患人身安全、扰乱正常医疗秩序的违法犯罪活动。

31. 2013 年 12 月 25 日，全科医生特设岗位计划试点工作启动会在安徽省合肥市召开。国家卫生计生委会同财政部、人社部、国家中医药管理局、国务院医改办印发《关于开展全科医生特设岗位计划试点工作的暂行办法》。

32. 2013 年 12 月 30 日，国家卫生计生委、国家中医药局印发了《关于加快发展社会办医的若干意见》，对加快发展社会办医、提升服务能力、加强监管等做出了规定。

第十五章　教育经济与管理大事记*

1. 2012 年 1 月 4—5 日，第二十次全国高等学校党的建设工作会议在京召开。会议回顾总结了党的十七大以来高校党建工作取得的成绩和经验，深刻分析了高校党建工作面临的新形势新挑战，系统阐述了党的十七届六中全会对高校提出的新要求，全面部署了高校推进社会主义核心价值体系建设各项任务。会议强调加强教师队伍特别是青年教师队伍建设，为建设能够培养高质量大学生的社会主义大学提供坚强的思想、政治和组织保证，以优异成绩迎接党的十八大召开。

2. 2012 年 1 月 5 日，教育部修改《国家教育考试违规处理办法》。为维护国家教育考试的公平公正，有效打击考试作弊行为，针对近年来国家教育考试中出现的新情况、新问题，教育部对 2004 年发布的《国家教育考试违规处理办法》部分条款进行了修订。新《国家教育考试违规处理办法》完善了国家教育考试概念，增强了适用性和准确性；完善了考试作弊的认定规则；明确了考场视频监控录像的证据效力，完善了监考体系；加大了对严重考试作弊行为的惩处力度；完善了考生权益救济机制和考试诚信制度，规范了考生诚信档案制度。5 月 8 日，教育部等十部门印发《关于进一步加强国家教育统一考试环境综合治理和考试安全工作的通知》。

3. 2012 年 2 月 17 日，教育部印发《关于建立中小学幼儿园家长委员会的指导意见》。该意见明确，家长委员会是在学校的指导下，由学生家长代表参加，代表全体家长参与学校民主管理、支持和监督学校做好教育工作的群众性组织；提出家长委员会参与学校管理、参与教育工作和沟通学校与家庭的三项基本职责；强调家长委员会要针对学校教育和家庭教育面临的突出问题，重点做好德育、协助学校开展安全和健康教育、推动减轻学生课业负担、化解家校矛盾等工作。

4. 2012 年 3 月 13 日，教育部印发《教育信息化十年发展规划（2011—2020 年）》。《规划》围绕教育改革发展的目标与任务，提出基本建成人人可享有优质教育资源的信息

* 本部分内容根据教育部网站等资料整理。

化学习环境，基本形成学习型社会的信息化支撑服务体系，基本实现所有地区和各级各类学校宽带网络的全面覆盖，教育管理信息化水平显著提高，信息技术与教育融合发展的水平显著提升。《规划》提出了教育信息化整体上接近国际先进水平，对教育改革发展的支撑与引领作用充分显现的战略目标。确定了坚持面向未来，育人为本；坚持应用驱动，共建共享；坚持统筹规划，分类推进；坚持深度融合，引领创新的工作方针。

5. 2012 年 3 月 15 日，教育部、财政部印发《关于实施高等学校创新能力提升计划的意见》。为贯彻落实胡锦涛在清华大学百年校庆上重要讲话精神，教育部、财政部决定实施高等学校创新能力提升计划，即“2011 计划”。“2011 计划”是继“211 工程”“985工程”后，中国高等教育战线又一项体现国家意志的重大战略举措，对于大力提升高等学校的创新能力，全面提高高等教育质量，深入实施科教兴国、人才强国战略，具有十分重要的意义。

6. 2012 年 3 月 16 日，教育部印发《关于全面提高高等教育质量的若干意见》。2011年，胡锦涛在清华大学百年校庆重要讲话中强调，不断提高质量，是高等教育的生命线，必须始终贯穿于高等学校人才培养、科学研究、社会服务、文化传承创新各项工作之中。该意见提出了高等教育内涵式发展的总体要求，即稳定规模、优化结构、强化特色、注重创新，推动建立以提高高等教育质量为导向的管理制度和工作机制，把教育资源配置和高校工作的重点集中到强化教学环节、提高质量上来。

7. 2012 年 3 月 19 日，教育部、发展改革委、财政部、人力资源和社会保障部、国务院扶贫办印发《关于实施面向贫困地区定向招生专项计划的通知》。该通知规定，自 2012年起在普通高校招生计划中专门安排适量招生计划，面向集中连片特殊困难地区生源，实行定向招生，引导和鼓励学生毕业后回到贫困地区就业创业和服务。从 2012 年开始，“十二五”时期每年在全国普通高校招生年度计划总增量中安排 1 万名左右本科招生计划，面向集中连片特殊困难地区参加全国统考的考生，实行定向招生。生源范围为国务院确定的 21 个省（区、市）的 680 个贫困县。承担专项计划实施任务的高校，将根据贫困地区特别是农村经济社会发展需要，以农林、水利、地矿、机械、师范、医学以及其他适农涉农专业为主招生；国家按贫困地区生源比例和专业需求等因素安排分省计划数量。2012年定向招生共录取 11752 名本科生，集中连片特殊困难地区学生上一本的录取率提高了 10%。

8. 2012 年 3 月 20 日，教育部公布首次面向海内外公开选拔直属高校校长名单。为贯彻落实《教育规划纲要》、深化直属高校干部选拔任用制度改革、推进直属高校事业科学发展，教育部决定面向海内外公开选拔大学校长，以更宽的视野，在更大的范围发现优秀人才、选择优秀人才，在更高的层次上实现“好中选优”。2011 年 12 月，教育部发布《教育部公开选拔直属高校校长公告》，启动了公开选拔东北师范大学校长、西南财经大学校长的工作。

9. 2012 年 4 月 5 日，国务院发布《校车安全管理条例》。该条例针对近年来一些地方特别是一些农村地区多发校车安全事故，造成未成年人重大伤亡事件，建立起有法律约束力的切实可行的校车安全管理制度，保障学生上下学集体乘车安全。该条例对学校和校车服务提供者、校车使用许可、校车驾驶人、校车通行安全、校车乘车安全、法律责任做出规定，赋予校车通过优先权，对校车最高时速和严禁超载作了明确规定，考虑了地区之间、城乡之间的不同情况，在确立全国普遍适用的校车安全管理基本制度的同时，给地方制定符合本地实际情况的具体办法留出了较大空间。

10. 2012 年 5 月 14—16 日，第三届国际职业技术教育大会在上海召开。第三届国际职业技术教育大会以“为工作和生活培养技能”为主题。会议发表了《上海共识》，对改进职业教育的技能培养水平、提升职业教育体系的投入产出效率、消除社会不公和排斥、构建职业技术发展与终身教育相结合的技能体系等多方面，提出了有针对性的措施和意见。由联合国教科文组织主办的第一、二届国际职业技术教育大会分别于 1987 年和 1999 年在德国柏林和韩国首尔召开。

11. 2012 年 5 月 23 日，为落实国务院《关于实施农村义务教育学生营养改善计划的意见》和相关会议精神，教育部、中宣部、发展改革委等十五部门印发《农村义务教育学生营养改善计划实施细则》《农村义务教育学生营养改善计划食品安全保障管理暂行办法》《农村义务教育学校食堂管理暂行办法》《农村义务教育学生营养改善计划实名制学生信息管理暂行办法》《农村义务教育学生营养改善计划信息公开公示暂行办法》等五个配套文件，从实施细则、专项文件和工作制度三个层级指导各地科学有效地实施营养改善计划。2012 年 7 月 24 日，财政部、教育部印发《农村义务教育学生营养改善计划专项资金管理暂行办法》。

12. 2012 年 6 月 14 日，教育部印发《国家教育事业发展第十二个五年规划》。该规划根据《国民经济和社会发展第十二个五年规划纲要》和《教育规划纲要》的战略部署，以经济社会发展需要为出发点，以加强关键和薄弱环节为着力点，提出了现代教育体系建设的重点任务。

13. 2012 年 6 月 18 日，根据 2010 年 5 月国务院印发的《关于鼓励和引导民间投资健康发展的若干意见》，教育部制定《关于鼓励和引导民间资金进入教育领域促进民办教育健康发展的实施意见》，要求以鼓励和引导民间资金进入学前教育和学历教育领域为目标，以现行法律法规为依据，以放宽准入条件、加强扶持力度、依法规范管理为原则，重申明晰民间资金进入教育领域的相关政策，吸引大量的民间资金进入教育领域，真正形成公办教育和民办教育共同发展的格局。

14. 2012 年 7 月 19 日，国家教育考试指导委员会成立暨第一次全体会议在北京举行。国家教育考试指导委员会是为落实《教育规划纲要》、提高教育考试招生决策水平，由国家教育体制改革领导小组成立的。国家教育考试指导委员会成立以来，围绕考试改革重点，在高考改革总体思路和基本框架、分类考试招生改革、高水平大学自主选拔录取改革、高中学业水平考试及综合素质评价、督促指导各地制定进城务工人员随迁子女接受义务教育后在当地参加升学考试实施方案等 13 个方面进行了大量调研，提出了指导意见，有的已经形成文件开始实施。12 月 27 日，国家教育考试指导委员会举行第二次全体会议，听取 2012 年工作汇报，研究落实 2013 年如何推进考试招生制度改革、深化教育领域综合改革、破解教育改革发展热点难点等 15 项任务。

15. 2012 年 7 月 31 日，国家开放大学、北京开放大学、上海开放大学成立大会暨揭牌仪式在人民大会堂举行。根据《教育规划纲要》“办好开放大学”的要求和《国务院办公厅关于开展国家教育体制改革试点的通知》的精神，6 月 21 日，教育部批准在中央广播电视大学基础上建立国家开放大学，同时在北京广播电视大学、上海电视大学基础上建立北京开放大学、上海开放大学。刘延东出席会议并讲话。刘延东指出，要以现代信息技术为支撑，整合共享优质教育资源，创新教育教学模式，办好中国特色的开放大学，为社会成员提供更加灵活、便捷、公平开放的学习方式和多层次、多样化的教育服务，为建设学习型社会和教育强国、人力资源强国做出积极贡献。

16. 2012 年 8 月 29 日，教育部、中科院在北京联合启动实施“科教结合协同育人行动计划”。实施科教结合协同育人行动计划是改革人才培养体制、创新人才培养模式的积极探索，要按照“加强统筹、试点引领、重点突破、全面推进”的原则，以培养创新人才为目标，以提高学生科研实践能力为重点，以建立高校和科研院所协同机制为保障，努力实现高水平科研与高质量人才培养的相互支撑。该计划由科苑学者上讲台计划、重点实验室开放计划、大学生科研实践计划、大学生暑期学校计划、大学生夏令营计划、联合培养研究生计划、联合培养本科生计划、人文社科学者进科苑计划、中科院大学生奖学金计划、科苑学者走进中学计划等 10 个项目构成，形成系列行动方案。首批有 80 余家中科院研究所、50 余所高校参加。

17. 2012 年 8 月 30 日，国务院办公厅转发教育部、发展改革委、公安部、人力资源社会保障部《关于做好进城务工人员随迁子女接受义务教育后在当地参加升学考试工作的意见》。该意见指出，要充分认识做好进城务工人员随迁子女升学考试工作的重要意义，坚持有利于保障进城务工人员随迁子女公平受教育权利和升学机会，坚持有利于促进人口合理有序流动，统筹考虑进城务工人员随迁子女升学考试需求和人口流入地教育资源承载能力等现实可能，积极稳妥地推进随迁子女升学考试工作。因地制宜制定随迁子女升学考试具体政策，加强组织领导和协调配合，按国务院要求出台关于解决进城务工人员随迁子女在当地参加中考和高考的方案。截至 2012 年底，31 个省（区、市）除西藏、海南外都陆续制定了具体实施方案。

18. 2012 年 9 月 5 日，国务院印发《关于深入推进义务教育均衡发展的意见》。该意见提出了义务教育均衡发展的阶段性指标，明确了深入推进义务教育均衡发展的具体政策措施，主要包括均衡配置办学资源、推进义务教育学校标准化建设、均衡配置教师资源、保障特殊群体平等接受义务教育、全面提高义务教育质量等。

19. 2012 年 9 月 6 日，国务院办公厅印发《关于规范农村义务教育学校布局调整的意见》，要求县级人民政府科学制定农村义务教育学校布局专项规划，并经省级人民政府审批汇总后报国家教育体制改革领导小组备案。在完成农村义务教育学校布局专项规划备案之前，暂停农村义务教育学校撤并。该意见严格规范了学校撤并程序和行为，要求县级人民政府必须严格履行撤并方案的制定、论证、公示、报批等程序，撤并方案要逐级上报省级人民政府审批。该意见还对办好村小和教学点、解决学校撤并带来的突出问题等作出明确规定。

20. 2012 年 9 月 9 日，国务院发布《教育督导条例》。《教育督导条例》是国务院发布的新中国第一部专门的教育督导法规，是国家推进教育管理改革、强化教育监督的重要举措。《教育督导条例》扩大了教育督导范围，提高了教育督导的地位，规定了教育督导的范围、内容和原则，明确了教育督导的机构设置和职责职权，制定了教育督导的实施程序和法律责任，明确了督学的合法权利和责任义务。

21. 2012 年 9 月 14 日，教育部印发《普通高等学校本科专业目录（2012 年）》《普通高等学校本科专业设置管理规定》。新目录的学科门类由原来的 11 个增加到 12 个，新增了艺术学门类；专业类由原来的 73 个增加到 92 个；专业由原来的 635 种（其中目录内专业 249 种、目录外专业 386 种）调减到 506 种，其中基本专业 352 种、特设专业 154 种。

22. 2012 年 9 月 29 日，财政部、教育部印发《研究生国家奖学金管理暂行办法》，中国建立起从学前到研究生教育全覆盖的家庭经济困难学生资助体系。该办法决定，从 2012 年秋季学期起，中央财政每年安排 10 亿元设立研究生国家奖学金，用于奖励普通高等学校中表现优异的国家招生计划内的全日制研究生。

23. 2012 年 10 月 9 日，教育部印发《3—6 岁儿童学习与发展指南》。该指南以为幼儿后继学习和终身发展奠定良好素质基础为目标，以促进幼儿体、智、德、美各方面的协调发展为核心，提出 3—6 岁各年龄段儿童学习与发展目标和相应的教育建议，帮助幼儿园教师和家长了解 3—6 岁幼儿学习与发展的基本规律和特点，建立对幼儿发展的合理期望，实施科学的保育和教育，让幼儿度过快乐而有意义的童年。

24. 2012 年 10 月 10 日，《孔子学院发展规划（2012—2020 年）》印发实施，明确了到 2020 年孔子学院发展的指导思想，强调要抢抓机遇，合理布局，以汉语教学为主体，以提高质量为核心，力求开办一所就办好一所，充分发挥孔子学院综合文化交流平台作用；坚持科学定位、突出特色，政府支持、民间参与，中外合作、内生发展，服务当地、互利共赢等 4 项基本原则。

25. 2012 年 10 月 11 日，2012 年全民终身学习活动周全国总开幕式在成都举行。在活动周期间，教育部举办了“高校继续教育改革发展研讨会暨高校继续教育服务学习型城市、学习型企业发展论坛”，来自“终身学习服务体系的建设与示范”系列项目的百余所院校、继续教育城市联盟成员单位、有关行业、企业的代表共计 300 余人参加了论坛。各地紧紧围绕迎接党的十八大和学习贯彻十八大精神，开展了丰富多彩的学习活动，取得了丰硕成果。据不完全统计，共有 24 个省（区、市）533 个县（市、区）举办了全民终身学习活动周。

26. 2012 年 10 月 22 日，国务院办公厅转发教育部、发展改革委、财政部、体育总局《关于进一步加强学校体育工作的若干意见》。该若干意见要求，要充分认识加强学校体育的重要性，确保学生体育课程和课余活动时间，切实提高学校体育质量，不断提高学生体质健康水平和综合素质；力争到“十二五”期末，学校体育场地设施总体达到国家标准，初步配齐体育教师，基本形成学校体育持续健康发展的保障机制；进一步完善学生体质健康监测制度，基本建成科学规范的学校体育评价机制。该若干意见强调，要更加明确责任，基本形成政府主导、部门协调、社会参与的学校体育推进机制。

27. 2012 年 10 月 22 日，财政部、发展改革委、教育部、人力资源和社会保障部印发《关于扩大中等职业学校免学费政策范围进一步完善国家助学金制度的意见》，中国实施农村免费中等职业教育。

28. 2012 年 11 月 27 日，教育部、中组部、财政部、人力资源和社会保障部、国务院扶贫办印发《边远贫困地区、边疆民族地区和革命老区人才支持计划教师专项计划实施方案》。该实施方案提出，从 2013 起至 2020 年，每年选派 3 万名优秀幼儿园、中小学和中等职业学校教师到“三区”支教 1 年，培训 3000 名骨干教师和紧缺专业教师，提升学校教师队伍素质，为“三区”教育改革和发展提供人才支持。

29. 2012 年 11 月 30 日，教育部印发《全面推进依法治校实施纲要》。该实施纲要指出了新形势下全面推进依法治校的重要性和紧迫性，明确了工作的指导思想，要求通过依法治校，形成政府依法管理学校，学校依法办学、自主管理，教师依法执教，社会依法支持和参与学校管理的新格局，全面提高学校依法管理的能力和水平。

30. 2012 年 12 月 28 日，教育部出台《贯彻落实中央改进工作作风、密切联系群众〈八项规定〉和〈实施细则〉的实施办法》。该实施办法提出了改进调查研究、热情服务群众、精简会议活动、精简文件简报、减轻基层负担、加强出访管理、改进新闻报道和文稿发表、厉行勤俭节约、加强检查落实等 9 个方面 20 条举措，以进一步改进工作作风，推进为民务实清廉机关建设，办好人民满意的教育。该实施办法除对机关干部提出要求外，还对直属高校、直属单位、驻外使领馆教育处（组）以及教育部主管的社会组织提出了要求。

31. 2013 年 1 月 4 日，五部门联合部署加强农村留守儿童关爱教育工作。教育部、中华全国妇女联合会、中央社会管理综合治理委员会办公室、共青团中央、中国关心下一代工作委员会联合印发《关于加强义务教育阶段农村留守儿童关爱和教育工作的意见》。该意见提出了留守儿童关爱和教育工作的基本原则，明确了当前的主要任务，要求切实改善留守儿童教育条件，优先满足留守儿童教育基础设施建设，优先改善留守儿童营养状况，优先保障留守儿童交通需求；不断提高留守儿童教育水平，加强留守儿童受教育全程管理，加强留守儿童心理健康教育，加强留守儿童法治安全教育，加强家校联动组织工作；逐步构建社会关爱服务机制，支持做好留守儿童家庭教育工作，支持做好留守儿童社区关爱服务，支持做好留守儿童社会关爱活动。

32. 2013 年 1 月 26 日，全面部署 2013 年深化教育领域综合改革任务。教育部印发《关于 2013 年深化教育领域综合改革的意见》，提出 2013 年深化教育领域综合改革的重点领域和关键环节，并作为教育部“1 号文件”。该意见提出，要以努力办好人民满意的教育为目标，以破解制约教育科学发展的关键领域和薄弱环节为突破口，以完善推进教育改革的体制机制为着力点；坚持正确方向，加强整体谋划，尊重基层首创，增强政策协调，不失时机深化教育领域综合改革。

33. 2013 年 1 月 31 日，首届全国教育科研工作会议明确教育科研主攻方向。会议指出，教育科研要在办好人民满意教育过程中发挥创新理论、服务决策、指导实践、引导舆论的功能，全面提升创新能力和服务水平。

34. 2013 年 2 月 4 日，中小学校校长和教师专业标准发布。《义务教育学校校长专业标准》提出了“以德为先、育人为本、引领发展、能力为重、终身学习”等五个基本理念，明确了校长的道德使命、办学宗旨、角色定位以及专业发展的实践导向和持续提升要求；首次系统建构了中国义务教育学校校长“规划学校发展、营造育人文化、领导课程教学、引领教师成长、优化内部管理、调适外部环境”等六项专业职责，体现了倡导教育家办学的要求。此外，1 月 8 日，教育部曾印发《幼儿园教职工配备标准（暂行）》。该标准明确了幼儿园教职工的范围，对不同类型幼儿园教职工与幼儿的配备比例进行了确定；明确了各年龄层次的班级规模及每班保教人员配备标准，全日制幼儿园每班应配备“两教一保”或“三教轮保”；明确了幼儿园园长、卫生保健人员、炊事人员、财会人员、安保人员及其他人员的配备标准。9 月 20 日，教育部印发《中等职业学校教师专业标准（试行）》，在内容和结构上突出体现中等职业学校教师“双师型”特色。

35. 2013 年 2 月 20 日，三部门联合部署中西部高等教育振兴计划。教育部、国家发展改革委、财政部联合印发《中西部高等教育振兴计划（2012—2020 年）》，确定中西部高等教育总体发展目标：到 2020 年，中西部高等教育结构更加合理，特色更加鲜明，办学质量显著提升，建成一批有特色、高水平的高等学校，为整体提升中国高等教育发展水平、建设高等教育强国奠定坚实基础。

36. 2013 年 2 月 22 日，各级各类学校深入开展“我的中国梦”主题教育活动。教育部党组印发《关于在全国各级各类学校深入开展“我的中国梦”主题教育活动的通知》，提出要通过丰富多彩、生动活泼的形式，教育引导广大学生深刻领会实现中华民族伟大复兴是中华民族近代以来最伟大的梦想；深刻领会每个人的前途命运都与国家和民族的前途命运紧密相连；深刻领会空谈误国，实干兴邦，“中国梦”的实现需要广大学生坚定理想信念，励志刻苦学习，积极投身实践，为把我们的国家建设好、发展好而努力奋斗。

37. 2013 年 3 月 14 日，加快推进以“三通两平台”为核心的教育信息化建设。为落实全国教育信息化工作电视电话会议各项部署，教育部印发了《2013 年教育信息化工作要点》，确定了 2013 年教育信息化工作的思路、方式，以及五大核心目标和九项重点工作。

38. 2013 年 3 月 29 日，三部门联合推进深化研究生教育改革。教育部、国家发展改革委、财政部联合印发《关于深化研究生教育改革的意见》。该意见要求，优化类型结构，建立与培养目标相适应的招生选拔制度；鼓励特色发展，构建以研究生成长成才为中心的培养机制；提升指导能力，健全以导师为第一责任人的责权机制；改革评价机制，建立以培养单位为主体的质量保证体系；扩大对外开放，实施合作共赢的发展战略；加大支持力度，健全以政府投入为主的多渠道投入机制。通过改革，实现发展方式、类型结构、培养模式和评价机制的根本转变。到 2020 年，基本建成规模结构适应需要、培养模式各具特色、整体质量不断提升、拔尖创新人才不断涌现的研究生教育体系。

39. 2013 年 4 月 15 日，教育部下发通知，为推动、指导各地进一步用好管好教育经费，促进事业科学发展，教育部印发了《关于开展“教育经费管理年”活动进一步用好管好教育经费的通知》，对各地提出了具体要求。各地也都就加强教育经费管理印发了文件，制定了工作计划，开展了督察和宣传。

40. 2013 年 4 月 15 日，教育部印发《关于积极推进高等职业教育考试招生制度改革的指导意见》，提出要逐步使高等职业教育考试招生与普通本科考试分离，重点探索“知识 + 技能”的考试评价办法，为学生提供多样化入学形式；逐步形成省级政府为主统筹管理，学生自主选择、学校多元录取、社会有效监督的中国特色高等职业教育考试招生制度。2013 年，改革工作取得积极进展，高职分类考试招生人数达到 144 万名，较 2012 年增加 11 万名，占高职招生计划总量的 43%。

41. 2013 年 5 月 18 日，全国县域义务教育均衡发展督导评估认定正式启动。教育部在江苏省张家港市召开全国县域义务教育均衡发展督导评估认定现场会，对张家港、常熟、太仓三市义务教育均衡发展进行评估认定，正式启动全国县域义务教育均衡发展评估认定工作。

42. 2013 年 5 月 30 日，扩大实施农村贫困地区定向招生专项计划。为贯彻落实国务院常务会议精神，让更多勤奋好学的农村孩子进入重点高校学习深造，教育部会同有关部门，印发《关于 2013 年扩大实施农村贫困地区定向招生专项计划的通知》。一是扩大规模，二是扩大区域，三是增加高校，四是鼓励地方采取措施，依据本地实际情况，制定地方所属重点高校进一步提高招收农村学生比例的政策措施。

43. 2013 年 5 月 30 日，召开中国特色新型智库建设座谈会。刘延东副总理主持座谈会并强调，要深入贯彻落实党的十八大精神和中央领导同志有关要求，充分发挥高校学科齐全、人才密集的优势，繁荣发展高校哲学社会科学，努力打造一批在国内外具有重要影响的高端智库。会后，教育部研究制定了《中国特色新型高校智库建设推进计划》，从主攻方向、机构和队伍建设、体制机制改革等方面对高校智库建设进行了总体规划，提出了一系列重点举措。

44. 2013 年 6 月 5 日，国务院发布《关于公布〈通用规范汉字表〉的通知》。该通知指出，《通用规范汉字表》是贯彻《中华人民共和国国家通用语言文字法》，适应新形势下社会各领域汉字应用需要的重要汉字规范，对提升国家通用语言文字的规范化、标准化、信息化水平，促进国家经济社会和文化教育事业发展具有重要意义。

45. 2013 年 6 月 8 日，发布推进中小学教育质量综合评价改革意见，启动中小学绿色评价。教育部印发了《关于推进中小学教育质量综合评价改革的意见》，推出配套的《中小学教育质量综合评价指标框架》。该意见构建了体现素质教育要求、以学生发展为核心的绿色评价指标体系，包括学生品德发展水平、学业发展水平、身心发展水平、兴趣特长养成、学业负担状况等 5 个方面 20 个关键性指标。指标体系强调综合考查学生发展状况，既关注学生的学业水平，又关注品德发展和身心健康；既关注共同基础，又关注兴趣特长；既关注学习结果，又关注学习过程和学习效益。

46. 2013 年 6 月 19 日，中国加入《华盛顿协议》，高等工程教育取得突破。在韩国首尔召开的国际工程联盟大会上，《华盛顿协议》全会一致通过接纳中国为该协议签约成员。《华盛顿协议》提出的工程专业教育标准，是国际工程界对工科毕业生能力的权威要求。加入《华盛顿协议》，表明中国工程教育的质量得到了国际社会的认可，意味着中国通过工程教育专业认证的学生将来可以在相关的国家或地区按照注册工程师的要求，取得工程师执业资格，获得走向世界所需具备的国际互认质量标准通行证。

47. 2013 年 6 月 20 日，神舟十号航天员太空授课活动成功举行。教育部与中国载人航天工程办公室、中国科学技术协会共同主办神舟十号航天员太空授课活动。在大约 40 分钟的授课中，航天员王亚平通过质量测量、单摆运动、陀螺运动、水膜和水球等 5 个基础物理实验，展示了失重环境下物体运动特性等物理现象，并通过视频与设在中国人民大学附属中学的地面课堂进行互动交流，包括少数民族学生、进城务工人员随迁子女及港澳台地区学生代表在内的 330 余名中小学生参加了地面课堂活动。全国 6000 余万名中小学生通过电视直播同步收看，其余学生通过教育网视频收看。

48. 2013 年 7 月 8 日，深入开展党的群众路线教育实践活动。2013 年 7 月至 2014 年 1 月，根据中央统一部署，教育部党组及机关司局、直属单位、部属高校参加第一批党的群众路线教育实践活动。半年来，在中央第 25 督导组的指导下，在教育部实践活动领导小组领导下，根据《教育部深入开展党的群众路线教育实践活动实施方案》，各项活动扎实推进，顺利完成了各项任务。

49. 2013 年 7 月 26 日，国务院教育督导委员会召开第一次全体会议，构建“政府管教育、学校办教育、社会评教育”的新格局。会议强调，深化教育督导体制改革，是转变政府职能的必然要求，也是提高教育质量的有力保障和解决教育热点难点问题的重要抓手。要按照党的十八大提出的“构建系统完备、科学规范、运行有效的制度体系”要求，建立健全管办评分离的教育管理体制，完善督政、督学和监测工作体系，加强监督指导、监测评估和考评问责，引导地方政府依法履行教育职责，促进各级各类学校规范办学，推动教育质量全面提高。

50. 2013 年 7 月 29 日，七部门部署实施教育扶贫工程。为落实中央扶贫开发工作会议精神和《中国农村扶贫开发纲要（2011—2020 年）》《教育规划纲要》的战略部署，教育部会同发展改革委、财政部、扶贫办、人社部、公安部、农业部等部门研究制定了《关于实施教育扶贫工程的意见》，强调要充分发挥教育在扶贫开发中的重要作用，培养经济社会发展需要的各级各类人才，促进连片特困地区从根本上摆脱贫困。

51. 2013 年 8 月 11 日，中小学生学籍管理办法发布。为规范中小学生学籍管理，提高新形势下基础教育科学管理水平，保障适龄儿童、少年受教育的权利，教育部印发《中小学生学籍管理办法》。这是中国首部全国性的中小学生学籍管理办法。该办法分为总则、学籍建立、学籍变动管理、保障措施、附则等 5 章 30 条，对基础教育阶段学生学籍的建立、审核、转接和监管提出了规范性要求。

52. 2013 年 9 月 13 日，教育部、财政部对实施乡村教师生活费补助政策的连片特困地区给予综合性奖补。根据《中共中央国务院关于加快发展现代农业进一步增强农村发展活力的若干意见》中关于“对在连片特困地区乡、村学校和教学点工作的教师给予生活补助”的要求，教育部、财政部印发《关于落实 2013 年中央 1 号文件要求对在连片特困地区工作的乡村教师给予生活补助的通知》，决定从 2013 年起，中央财政对实施乡村教师生活费补助政策的连片特困地区给予综合性奖补。

53. 2013 年 9 月 30 日，厦门大学马来西亚分校筹建，这是中国 985 高校首次赴境外独立开办分校。该分校计划于 2015 年招生，招收外籍学生，实施本科和研究生教育；优先开设中医学、汉语言文字、电子信息工程等专业。截至 2013 年，中国高校赴境外办学项目共计 89 个，机构 2 个。

54. 2013 年 9—11 月，为贯彻落实《国务院办公厅转发教育部等部门关于进一步加强学校体育工作若干意见的通知》，完善学生体质健康监测评价制度，努力建成科学规范的学校体育评价机制，教育部首次对全国各级各类学校实施《国家学生体质健康标准》测试上报数据进行逐级审核和抽查复核。全国共抽查 128 个地（市、州），近 310 多个县（区、市），抽查大中小学校近 4000 所，学生总量达 45 万人。教育部组织专家开展抽查复核数据统计分析工作，形成《2013 年国家学生体质健康标准测试数据统计分析报告》《2013 年国家学生体质健康标准测试数据抽查复核报告》，有关结果向社会公示。

55. 2013 年 10 月 14 日，教育部印发《关于普通高等学校编制发布 2012 年〈本科教学质量报告〉的通知》，启动 2013 年本科教学质量年度报告编制发布工作。《本科教学质量报告》主要含本科教育基本情况、师资与教学条件、教学建设与改革、质量保障体系、学生学习效果、特色发展、需要解决的问题等七个方面。

56. 2013 年 10 月 21—23 日，首届国际学习型城市大会在北京召开。会议围绕“全民终身学习：城市包容、繁荣与可持续发展”的主题，从民主、民生、公平和改革的视角进行了广泛交流和深入探讨。会议通过了《建设学习型城市北京宣言》和《学习型城市主要特征》。来自 102 个国家的 500 余名代表参加了大会，其中包括来自世界 40 多个城市的市长。

57. 2013 年 11 月 16 日，首次核准中国人民大学等 6 所高等学校章程，切实推进高校依章程自主办学。根据 2011 年颁布实施的《高等教育章程制定暂行办法》，教育部遴选了中国人民大学等 12 所高校作为章程建设试点学校，并于 2013 年成立了教育部高校章程核准委员会。

58. 2013 年 11 月 28 日，教育系统深入学习贯彻习近平总书记系列讲话精神。党的十八大以来，习近平总书记围绕改革发展稳定、内政外交国防、治党治国治军发表了一系列重要讲话，对教育改革发展也作出了一系列重要论述。为进一步深入学习贯彻习近平总书记系列重要讲话精神，中共教育部党组印发《关于教育系统深入学习贯彻习近平总书记系列讲话精神的意见》。该意见指出，教育系统党员干部和广大师生要充分认识深入学习贯彻习近平总书记系列讲话精神的重大意义，切实增强学习贯彻的自觉性主动性。要全面准确学习领会习近平总书记系列讲话精神的基本内涵，深刻把握贯穿其中的立场观点方法，要深入学习领会习近平总书记关于教育工作的重要论述，着力推进教育事业科学发展。

59. 2013 年 11 月 29 日，教育部印发《关于深化高等学校科技评价改革的意见》，强调要按照“鼓励创新、服务需求、科教结合、特色发展”的原则，通过评价机制改革和价值导向调整，把高校和广大科技工作者的目标追求凝聚到创新质量和实际贡献上来，突出围绕科学前沿和现实需求催生重大成果产出的导向，产学研协同创新加快创新驱动发展的导向，推进科教结合提升人才培养质量的导向。

60. 2013 年 12 月 4 日，国务院部署全面改善贫困地区义务教育薄弱学校基本办学条件。国务院召开常务会，审议通过教育部、发改委、财政部《关于全面改善贫困地区义务教育薄弱学校基本办学条件的意见》。会议确定，以中西部农村贫困地区尤其是集中连片特困地区为主，兼顾其他国家扶贫开发重点地区、民族地区、边境地区和东部部分困难地区，按照勤俭办学的原则，把满足基本需求放在首位，调整中央和省级财政教育支出结构，最大限度地向贫困地区义务教育薄弱环节倾斜，由省级政府统筹使用资金，因地制宜、分步逐校实施。

61. 2013 年 12 月 5 日，高校审核评估启动。教育部印发《关于开展普通高等学校本科教学工作审核评估的通知》，决定从 2014 年至 2018 年开展普通高等学校本科教学工作审核评估，并公布了审核评估方案。本次审核评估坚持“以评促建、以评促改、以评促管、评建结合、重在建设”的方针；突出内涵建设，突出特色发展；强化办学合理定位，强化人才培养中心地位，强化质量保障体系建设，不断提高人才培养质量。评估的核心是对学校人才培养目标与培养效果的实现状况进行评价。重点考察办学定位和人才培养目标与国家和区域经济社会发展需求的适应度、教师和教学资源条件的保障度、教学和质量保障体系运行的有效度、学生和社会用人单位的满意度等。

62. 2013 年 12 月 31 日，第一期学前教育三年行动计划圆满完成，学前三年毛入园率达到 65%。按照《国务院关于当前发展学前教育的若干意见》的部署，2011—2013 年，各地以县为单位实施学前教育三年行动计划，同时，国家启动实施 8 个学前教育重大项目，重点支持中西部农村地区和城市学前教育薄弱环节，并在 14 个省（区、市）开展了 17 项学前教育体制改革试点，探索完善学前教育体制机制。三年来，在各级政府和有关部门的共同努力下，学前教育改革发展取得历史性成就：学前教育资源快速增加，学前教育经费大幅增加，教师队伍持续壮大。

第十六章　公共危机管理大事记

1. 2012 年 1 月，国家发展改革委会同国家有关部门召开 2012 年全国春运电视电话会议，会议要求各地区、各有关部门要认真贯彻党中央、国务院的要求，切实做好春运各项工作。

2. 2012年1月，《中国自然灾害风险地图集》在北京发布。该地图集着重展示了中国各类自然灾害风险的区域分布特点，是中国发布的首部中国综合自然灾害风险“警示图”。该项科研成果将为中国各级政府和企业制定综合自然灾害风险防范对策提供翔实的科学依据，也将对中国开展社区减灾，增强公民灾害风险防范意识，掌握避险自救本领具有重要意义。

3. 2012年1月，国务院办公厅印发《2011年全国突发事件信息报告工作情况通报》，该通报全面总结了2011年中国发生的重大突发事件及应对政策，对后续提升中国的应急管理水平有着重要意义。

4. 2012年2月，国家防总、水利部积极应对云南、内蒙古等地旱情。面对云南、内蒙古等地旱情，国家防总、水利部采取了一系列应对措施：一是密切监视旱情发展变化情况，多次召开会商会，下发紧急通知，研判旱情形势，部署抗旱工作；二是近期派出多个工作组，深入云南、江西、四川等重旱区调查了解情况；三是组织指导云南、内蒙古等重旱区摸清抗旱水源现状，制定科学合理的供用水计划，编制完善人饮解困方案，采取水库供水、应急调水、打井取水、拉水送水等应急措施；四是组织做好2011—2012年度引黄济津、引黄入冀等应急调水、珠江枯水期水量调度以及湘江、赣江等江河低枯水位应对工作；五是加强全国和各省抗旱规划实施方案的组织编制工作，加强对各省编制工作的技术指导和督促检查，大力推进《全国抗旱规划》的组织实施。

5. 2012年3月，国务院《关于印发2012食品安全重点工作安排通知》。该通知指出2012年食品安全工作的主要任务是，坚持标本兼治、着力治本、主动出击，继续深化食品安全治理整顿，加大严惩重处力度，切实解决影响人民群众食品安全的突出问题，坚决遏制食品安全违法行为多发态势；进一步完善食品安全监管体制机制和法规、制度、标准体系，努力消除监管盲区、死角，健全食品安全监管长效机制；加强食品安全监管力量，努力提高食品安全监管能力，促进食品安全水平不断提高。

6. 2012年4月，公安部公布《第三批恐怖活动人员名单》，并对恐怖分子的资金及其他资产予以冻结。

7. 2012年4月，《校车安全管理条例》公布，高中不纳入校车服务范围。条例总共62条，分为总则、学校和校车服务提供者、校车使用许可、校车驾驶人、校车通行安全、校车乘车安全、法律责任、附则等8章。高中学生上下学不纳入校车服务范围，幼儿入园也以保障幼儿就近入园和由家长接送为原则。

8. 2012年4月，中国紧急开展中小学食堂食品安全大检查。2012年，个别省相继发生中小学食堂食物中毒事件，严重损害了广大学生的身体健康，造成较大的社会影响。为严控重大食物中毒事件的发生，确保中小学食堂食品安全，4月13日，原国家食品药品监管局和教育部联合下发紧急通知，要求各地迅速开展中小学（含托幼机构）食堂食品安全检查。

9. 2012年4月，国标强制规定食品包装全部添加剂须使用通俗名。国家强制性标准《预包装食品标签通则》于4月20日起正式实施。通则规定，食品标签中应标示食品名称、配料表、净含量和规格，生产者、经营者的名称等内容，特别要求所有食品添加剂必须在食品标签上明显标注，并且必须使用“通俗名”。

10. 2012 年 5 月，四川省举行地震模拟演练，此演练为中国首次大规模防灾救援实战演练。该演练模拟 8.0 级地震，在 18 分钟内救出 14 人。

11. 2012 年 6 月，《中国旅游业应对重大自然灾害机制研究》发布。该书为中国旅游业今后应对重大自然灾害提供借鉴和参考，也为世界旅游业在安全救援、市场恢复和产业规划等相关工作提供了可资借鉴的中国样本。

12. 2012 年 6 月，卫生部发布《手足口病聚集性和暴发疫情处置工作规范》，进一步规范手足口病防控工作，特别是聚集性和暴发疫情的应对处置，保护人民群众特别是儿童的生命安全和身体健康。

13. 2012 年 6 月，天津航空成功处理一起歹徒企图劫机事件。6 月 29 日，天津航空 EMB190/B3171 号飞机，执行和田至乌鲁木齐航班任务。飞机于 12：25 由和田机场起飞，12：31 有 6 名歹徒冲击驾驶舱企图劫持飞机，随即被机组与机上乘客共同制服。该机已于 12：41 安全返航和田机场。机上共有乘客 92 人，机组成员 9 人。

14. 2012 年 7 月，北京 61 年来最强降雨致 10 人死亡至少 10 万人抢险，此次降雨最大点在房山区河北镇，降雨量为 460 毫米，14000 多名群众紧急转移。

15. 2012 年 8 月，北京市防汛办表示，防汛预警短信拟专发受灾害威胁区域。市防汛办相关负责人表示，在今后的灾害预警中，将采用更加广泛和有针对性的方式向公众传播，比如针对灾害威胁区域内的公众发布预警短信。

16. 2012 年 8 月，国务院办公厅印发《国家地震应急预案》。该预案表示，抗震救灾工作坚持统一领导、军地联动，分级负责、属地为主，资源共享、快速反应的工作原则。在地震灾害发生后，地方人民政府和有关部门立即自动按照职责分工和相关预案开展前期处置工作。省级人民政府是应对本行政区域特别重大、重大地震灾害的主体。

17. 2012 年 9 月，工业和信息化部举行 2012 年国家应急通信跨省演练。本次跨省演练以福建遭遇超强台风在沿海地区登陆、四川发生特大泥石流和北京会场周边通信基站负荷超出警戒值为背景，分别设工业和信息化部指挥中心，北京、福建、四川三个省（市）指挥中心和三个演练现场，模拟实战开展了信息报送、视频会商、指挥调度、现场保障等科目的演练，充分展示了中国应急通信保障队伍的综合实力和精神风貌。演练累计投入应急演练人员 200 人、应急指挥和通信保障车辆 30 台、通信设备 50 台（套）。

18. 2012 年 9 月，工业和信息化部开展 2012 年度互联网网络安全演练。为进一步加强公共互联网网络安全应急管理工作，增强对党的十八大等国家重大活动的网络安全保障能力，9 月 4 日，工业和信息化部通信保障局组织北京市通信管理局、江苏省通信管理局、新疆维吾尔自治区通信管理局、中国电信、中国移动、中国联通、国家计算机网络应急技术处理协调中心（CNCERT）及北京分中心等单位，开展了 2012 年互联网网络安全应急演练。

19. 2012 年 9 月，上海举行万人防空疏散演习，模拟居民楼被“炸”。

20. 2012 年 9 月，新修订的国家应急预案发布地震灾害分四级应急响应。根据预案，地震灾害分为特别重大、重大、较大、一般四级。特别重大地震灾害是指造成 300 人以上死亡（含失踪），或者直接经济损失占地震发生地省（区、市）上年国内生产总值 1% 以上的地震灾害。重大地震灾害是指造成 50 人以上、300 人以下死亡（含失踪）或者造成严重经济损失的地震灾害。较大地震灾害是指造成 10 人以上、50 人以下死亡（含失踪）或者造成较重经济损失的地震灾害。一般地震灾害是指造成 10 人以下死亡（含失踪）或者造成一定经济损失的地震灾害。

21. 2012 年 9 月，上海启动突发事件应对立法鼓励设立私车涉水险。上海作为人口密集的国际大都市，以事故灾难为主的突发事件较多，保障城市安全运行的任务艰巨。9 月 24 日，《上海市实施办法（草案）》首次提交市人大常委会第 36 次会议审议。今后，上海市突发事件的应对和处置将有地方性法规予以规范。

22. 2012 年 10 月，国务院安委办要求及时主动公布安全生产事故调查处理情况。国务院安全生产委员会办公室印发关于推进安全生产文化建设的意见指出，要切实提高安全生产舆论引导能力，规范信息发布制度，及时主动公布安全生产事故调查处理情况。

23. 2012 年 10 月，新华网推出县（区、市）级政府专用的网络舆情监测系统。为更好地帮助各县（区、市）级政府了解网络民意，引导网络舆情，提高公共危机管理能力，新华网现基于全国领先的舆情监测优势，与广州邦富软件公司共同合作，全新推出面向县（区、市）级地方政府的网络舆情监测系统。

24. 2012 年 10 月，原卫生部网站公布了《食品标准清理工作方案》。该方案提出，中国食品标准清理工作将在 2013 年底前完成，清理过程将鼓励社会各方参与。根据食品标准清理工作结果，将确定食品安全国家标准立项，启动食品安全国家标准制定和修订工作。

25. 2012 年 10 月，国务院常务会议通过《核电安全规划（2011—2020 年）》。该规划提出，“十二五”时期，要加快能源生产和利用方式变革，强化节能优先战略，全面提高能源开发转化和利用效率，合理控制能源消费总量，构建安全、稳定、经济、清洁的现代能源产业体系。

26. 2012 年 11 月，国家地震灾害紧急救援队陈列馆正式揭牌启用。

27. 2012 年 12 月，北京修订食品安全条例食品犯罪拟终身禁入行。1 月 29 日，北京市十三届人大常委会第三十六次会议对《北京市食品安全条例（修订草案修改稿）》进行审议，一审中被删除的“因食品犯罪被追刑责的经营者终身禁入食品行业”的规定，经修改后再被写入。

28. 2012 年 12 月，西部 13 省应急管理合作联席会议第一次会议在渝召开。为进一步加强西部地区应急管理联动机制建设，强化政府应急管理工作交流与合作，共同提高应对重特大突发事件能力，在国务院应急办的指导下，内蒙古、广西、四川、重庆、贵州、云南、西藏、陕西、甘肃、青海、宁夏、新疆、新疆生产建设兵团 13 省（区、市、兵团）应急办建立应急管理合作联席会议。

29. 2012 年 12 月，六省一市签订高速公路突发事件处置路网联动协议。湖北、湖南、安徽、江西、河南、陕西、重庆“六省一市”交通运输主管部门签署了建立高速公路突发事件处置路网应急联动机制的协议。

30. 2012 年 12 月，全国公路交通联合应急演练在湖北举行。来自国务院应急办、交通运输部、武警交通部队、国家发改委等部委以及湖北、江西、河南、重庆等省市的负责人近 500 人参加了现场观摩。

31. 2012 年 12 月，2012 年度中南五省（区）地震应急救援管理工作联席会议在广州市召开。会议总结交流了 2012 年中南五省（区）地震应急救援管理工作经验，围绕“如何实现区域有效应对地震灾害‘一盘棋’”进行了深入探讨，取得了显著的成效，达到了预期的目标。

32. 2012 年 12 月，国务院办公厅印发《国家森林火灾应急预案》，以进一步建立健全森林火灾应对工作机制，依法有力有序有效实施森林火灾应急，最大程度减少森林火灾及其造成人员伤亡和财产损失。其中，该预案对气象部门在预警发布、应急响应措施、通信与信息保障等环节上作出了明确规定。

33. 2012 年 12 月，国家安全监管总局和中石化共建安全教育培训基地。

34. 2012 年 12 月，国家安全监管总局通报"十二五"首批 643 个关闭煤矿。安全监管总局指出，2011 年以来，各有关产煤地区依法关闭不符合安全生产条件的煤矿，并陆续在当地主流媒体上公告了已经关闭和确定关闭的煤矿名单。各地要落实煤矿整顿关闭责任，加强社会监督，对已经关闭的煤矿要防止死灰复燃；对公告但正在实施关闭的矿井，要坚决关闭到位，不留后患。

35. 2013 年 1 月，原卫生部在其网站上发布了《〈食品中污染物限量〉（GB2762—2012）问答》，对将于当年 6 月 1 日起施行的修订后的《食品中污染物限量》标准进行解释说明。新标准逐项清理了以往食品标准中的所有污染物限量规定，整合修订为铅、镉、汞、砷等 13 种污染物在谷物、蔬菜、水果、肉类、水产品、调味品、饮料、酒类等 20 余大类食品的限量规定，删除了硒、铝、氟等 3 项指标，共设定 160 余个限量指标。

36. 2013 年 3 月，广州市电梯救援网络正式覆盖全市，市民困梯可拨 96333。

37. 2013 年 3 月，国务院将组建国家食品药品监督管理总局。

38. 2013 年 3 月，成都建成世界最大地震预警系统，价值 1.6 亿元。该地震预警系统包括布设在甘肃、陕西、四川、云南等 8 个省市部分区域的 1213 台地震监测仪器、预警中心，以及通过多种方式的信息发布和接收，总价值 1.6 亿元。该系统可为覆盖区域及其周边的 8000 万人和高铁、地铁、化工、核电等生命线工程提供地震预警服务。

39. 2013 年 4 月，为进一步做好人感染 H7N9 禽流感病例的医疗救治工作，更好地指导各级各类医疗机构开展人感染 H7N9 禽流感病例的规范化诊疗工作，国家卫生计生委办公厅印发人感染 H7N9 禽流感诊疗方案及防控方案。

40. 2013 年 4 月，食药监管体系将实现基层全覆盖告别"九龙治水"。

41. 2013 年 4 月，环境所发布了《雾霾天气人群健康风险专题评估报告》，由环境健康风险评估室、信息与健康教育室和空气质量安全监测室共同合作完成。《雾霾天气人群健康风险专题评估报告》依据环境所《城市雾霾天气人群健康影响监测、风险评估及预警工作方案》制定，对中国雾霾天气人群健康风险特征与 2013 年 1 月北京市雾霾天气事件人群超额死亡风险进行了分析。该报告发布的基础定量人群健康风险评估数据可为相关政策措施制定提供依据。

42. 2013 年 5 月，广东省医学会应急（灾难）医学分会正式成立。

43. 2013 年 6 月，福建省厦门市发生一起公交车纵火案，共造成 47 人死亡、34 人因伤住院。

44. 2013 年 6 月，国务院常务会议部署大气污染防治十条措施，包括减少污染物排放，推行清洁生产等。

45. 2013 年 6 月，四川省芦山县全面启动农村灾后恢复重建工作。芦山县立足实际，发挥优势，对全县所有村庄都按层次进行了规划设计，特别对黎明村、古城村、红星村、凤凰村等亮点村和特色村进行了高水平规划，力争通过三年努力，建成基础设施和公共服务设施配套完善、居住与产业发展相适应、人与自然和谐相融、传统文化和地方风貌鲜明、宜居宜游的震后美丽新农村，帮助受灾群众致富奔小康。

46. 2013 年 7 月，“7·21” 特大自然灾害一周年，北京举行防汛演练。本次防汛综合演练采用桌面推演与实地演练相结合方式，以蓝、黄、橙、红四色预警为主线，按照“雨情由小到大，险情由少到多，灾情由轻到重” 的原则，在预警过程中重点安排有针对性的专项演练。

47. 2013 年 8 月，国家安全监管总局和国家煤矿安监局通报近期三起煤矿事故，要求全面排查隐患。国家安全监管总局和国家煤矿安监局 6 日通报之前发生在河南、四川和黑龙江的三起煤矿事故。通报指出，各地要全面排查治理各类安全生产隐患，有效防范和坚决遏制事故发生，科学处置事故，严禁违章指挥和盲目施救。

48. 2013 年 8 月，安监总局拟于 2014 年实现重大事故调查报告全文公开。国家安全监管总局 9 日对外公布相关通知，要求各地加强生产安全事故调查处理信息公开。在事故批复结案后，除依法应当保密的内容外，各级安全监管监察部门要按要求主动向社会公开。

49. 2013 年 8 月，北京市食品药品监督管理局正式揭牌。新成立的食品药品监督管理局加挂北京市食品药品安全委员会办公室牌子，承担本市食品药品安全委员会的具体工作。根据市政府《关于设立北京市食品药品监督管理局的通知》，北京市食品药品监督管理局为市政府直属机构，负责对本市生产、流通、消费环节食品和药品的安全性、有效性实施统一监督管理。

50. 2013 年 8 月，黑龙江堤坝溃口水质监测受限，紧急转移 23 万余人。

51. 2013 年 9 月，四川省政府决定成立省抗震救灾指挥部。为进一步加强防震减灾工作，建立、完善抗震救灾应急指挥体系，提高对破坏性地震的应急反应和指挥能力，省政府决定成立省抗震救灾指挥部。根据《四川省地震应急预案》，一旦发生重大、特别重大地震灾害，省地震局迅速向省政府报告，经省政府同意，省抗震救灾指挥部开始运作。

52. 2013 年 9 月，国土资源部启动地灾防治高标准“十有县” 建设。2009 年至 2012 年，国土资源部组织开展地质灾害群测群防“十有县” 建设，全国累计建成 1765 个，覆盖了绝大部分地质灾害易发区，原定五年完成的“十有县” 建设任务提前一年完成。为进一步提升基层地质灾害防治能力，国土资源部研究决定，从 2013 年起，启动地质灾害防治高标准“十有县” 建设。

53. 2013 年 10 月，《北京空气重污染应急预案（试行）》发布，重污染日机动车单双号限行。北京将采取单日和多日重污染综合分级的方式，发布空气重污染预警，并将加大最高预警级别的强制性减排和健康防护提醒措施。包括机动车单双号限行、重点排污企业停产减排等。

54. 2013 年 10 月，四川 11 市发布重污染天气应急预案。为有效应对雾霾天气，四川省环保厅要求全省 21 个市州均要制定《重污染天气应急预案》。到 10 月前已发布预案的 11 个市是：成都、巴中、内江、宜宾、达州、南充、眉山、雅安、绵阳、遂宁、泸州。

55. 2013 年 10 月，86 名游客被困珠峰大本营，西藏自治区启动应急预案。13 日受孟加拉湾超级气旋风暴“费林” 影响，日喀则地区西南部普降大雪。14 日，在珠峰大本营观光完毕准备下山的 86 名游客被困，其中有 13 名外国人。西藏自治区立即启动应急预案，实施救援。

56. 2013 年 10 月，中央将投 50 亿元治理京津冀等 6 省份大气污染。中央财政安排 50

亿元资金，全部用于京津冀及周边地区大气污染治理工作，重点向治理任务重的河北省倾斜。该项资金将以“以奖代补”的方式，按上述地区预期污染物减排量、污染治理投入、PM2.5浓度下降比例三项因素分配。

57.2013年10月，国家食品药品监管总局就《中华人民共和国食品安全法（修订草案送审稿）》向社会公开征求意见，其将非法添加等严重危害食品安全的行为罚款额度由原法中五至十倍罚款提高到十五至三十倍。

58.2013年11月，哈尔滨降下当年冬天最大降雪，部分高速公路封闭。哈尔滨市气象局17日5时发布暴雪蓝色预警，哈尔滨太平国际机场启动航班大面积延误黄色预警。17日晨，黑龙江省哈同高速全线封闭，鹤佳高速全线封闭，哈牡高速全线封闭，鹤大高速明义、曙光、桦南站封闭，依七高速道台桥、三道岗站封闭。

59.2013年11月，山东省青岛市开发区管线泄漏爆燃造成35人死亡。

60.2013年12月，国家应急广播中心揭牌，这标志着中国国家应急广播体系进入全面建设阶段。到2015年年底前，中国将实现各类灾害预警通过国家应急广播体系实时发布。

61.2013年12月，国家安全监管总局印发《关于生产安全事故调查处理中有关问题的规定》，进一步规范生产安全事故的调查处理，认真查处每一起事故，吸取事故教训，有效遏制重特大事故发生。

62.2013年12月，国务院办公厅发布《关于加强农产品质量安全监管工作的通知》。通知中提出强化属地管理责任，落实监管任务，推进农业标准化生产等措施。

第十七章 电子政务大事记*

1.2012年2月8日，国家行政学院电子政务研究中心在京发布《2011年中国政务微博客评估报告》。报告显示，截至2011年年底，中国政务微博客总数达到50561个，较2011年初增长了776.58%。

2.2012年2月21日，工业和信息化部发布了《国家电子政务“十二五”规划》，提出要以深化应用和注重成效为主线，转变电子政务发展方式，走一条立足国情、讲求实效、面向未来的电子政务发展道路。该规划明确了“十二五”期间中国电子政务的发展方向和应用重点，即：一、加快推动重要政务应用发展；二、加强保障和改善民生应用；三、加强创新社会管理应用；四、强化政务信息资源开发利用；五、建设完善电子政务公共平台；六、提高政府信息系统的信息安全保障能力。

3.2012年3月15日，2012中国个人信息保护大会在北京召开。时任工业和信息化部副部长杨学山出席大会并致辞。

4.2012年3月26日，《2012年联合国电子政务调查报告：面向公众的电子政务》（中文版）在国家行政学院正式发布。此次发布由联合国经济和社会事务部与国家行政学院电子政务研究中心共同主办。该报告是唯一的全球范围的电子政务调查报告。报告对联合国193个成员国政府近两年的电子政务发展进行了评估并进行排名，韩国、荷兰、英国名列前三甲。中国电子政务的整体发展稳步前进，排名第78位。此次报告中文版的翻译

---

* 本部分内容根据中国电子政务资讯网站资料整理。

工作是由联合国经济和社会事务部公共行政和发展管理司首次授权国家行政学院电子政务研究中心负责完成。

5. 2012 年 3 月至 12 月，工信部选择在陕西、福建、海南等地方部署开展试点，取得了明显成效。陕西省通过电子政务公共平台建设和运行，减少了省级部门机房和数据中心 30 多个，节省信息化基础设施投资约 55%，节省运行维护服务费约 50%，每年节约投资约 10 亿元，依托全省统一的电子政务公共平台部署业务应用，建设周期平均缩短 70% 以上，建设资金平均降低 50% 以上，应用推广时间平均缩短 70% 以上。深圳市通过电子政务公共资源的集中建设和管理，每年节省资金约 2 亿元。北京、上海、广州等地方依托统一的电子政务公共平台，实现人口、法人、空间地理等基础信息资源跨地区、跨部门、跨层级共享，提高了政府部门间协同工作能力①。

6. 2012 年 11 月 3 日，河北省首部规范信息化建设和管理的地方性法规——《河北省信息化条例》获得通过，将于 2013 年 1 月 1 日开始实施。

7. 2012 年 11 月 8 日，中国共产党第十八次全国代表大会报告提出，“要把保障和改善民生放在更加突出的位置，加强和创新社会管理”“推动实现更高质量的就业”“统筹推进城乡社会保障体系建设”“深化干部人事制度改革，建设高素质执政骨干队伍”“统筹推进各类人才队伍建设”“千方百计增加居民收入”“构建和谐劳动关系”等任务，对人力资源社会保障工作提出了更高更新的要求，也给新时期人力资源社会保障信息化工作指明了重点和方向。

8. 2012 年 11 月 13—15 日，“2012 · 政府网站集约化建设与精品栏目管理经验交流大会”在广西北海举行。本次会议由电子政务杂志社、电子政务理事会主办。

9. 2012 年 12 月 6 日，由国家行政学院、国家信息中心联合主办的“2012（第七届）中国电子政务论坛”在国家行政学院成功举办。本次论坛的主题是：“中国电子政务十年实践进程”。来自中央和国家机关、地方政府、地方行政学院、有关科研单位和企业负责信息化工作的 300 多位代表参加了论坛。在为期一天半的会议上，共有 40 多位领导和专家学者围绕中国电子政务十年进程、电子政务“十二五”规划、互联网与政府管理创新、新媒体与政府管理、电子政务最佳实践、新技术背景下的电子政务建设等多个议题进行了专题研讨和案例介绍。

10. 2012 年 12 月 26 日，国土资源部作为中国信息化成果奖评选的首批五个试点之一，会同中国信息协会，共同组织开展 2012 年中国信息化成果评选，共评选出国土资源领域优秀信息化成果 78 项，其中一等奖 12 项，二等奖 28 项，三等奖 38 项。该评选扩大了国土资源信息化成果的社会影响力，对全国国土资源信息化快速发展产生了积极影响。

11. 2012 年 12 月，出台《南京市政务信息化项目管理办法》。在《南京市政务信息资源共享管理办法（试行）》《市政府关于加快建设政务数据中心的意见》等规范性文件基础上，结合工作实际和政务信息化项目管理需求，起草了《南京市政务信息化项目管理办法》，对全市政务信息化项目的审批、资金安排、建设监管、信息资源整合共享等方面进行了规范，旨在抑制重复投资，防止出现信息孤岛现象，以有效提升部门间资源共享和业务协同能力。

---

① 国家信息中心：《2012—2013 电子政务发展概况》，http：//www. sic. gov. cn/News/249/2206. htm. 2014 年 2 月 28 日。

12. 2012 年底，国土资源部门户网站获“最具影响力政府网站奖”“中国政府网站领先奖”等两大奖项。《土地市场》和《新闻》和两个栏目被评为“精品栏目”。

13. 2013 年 1 月 11 日，工业和信息化部发布《关于数据中心建设布局的指导意见》（以下简称《指导意见》）。《指导意见》提出了科学推动数据中心的建设和布局的指导思想。坚持以市场为导向，以资源节约和提高效率为着力点，通过引导市场主体合理选址、长远设计、按需按标建设，逐渐形成技术先进、结构合理、协调发展的数据中心新格局。

14. 2013 年 2 月 16 日，国家发改委下发《国家发展改革委关于加强和完善国家电子政务建设管理的意见》，规范国家电子政务工程建设，加强国家电子政务建设项目的管理，促进政府信息共享和业务协同。

15. 2013 年 2 月 20 日，工业和信息化部信息化推进司印发《基于云计算的电子政务公共平台顶层设计指南》，要求各地积极开展基于云计算的电子政务公共平台顶层设计，避免电子政务基础设施重复建设和投资浪费，进一步提高电子政务发展质量。

16. 2013 年 3 月 13 日，交通运输部办公厅印发《2013 年交通运输政府网站工作要点》，要求进一步加强政府网站建设管理，全面提升行业政府网站服务能力和水平，充分发挥政府网站在服务交通运输转型与发展中的重要平台、窗口和渠道作用，加快推进交通运输现代化。

17. 2013 年 3 月 23 日，全国地方电子政务公共平台顶层设计工作座谈会在西安举行，来自全国各省、自治区、直辖市及计划单列市、新疆生产建设兵团负责电子政务工作的同志，围绕新时期电子政务公共平台顶层设计、业务协同与共享、更好地服务经济社会发展等问题进行交流与探讨。

18. 2013 年 4 月 8 日，农业部网站英、俄、日、韩语种版上线运行。其中，英文版网站由农业新闻、政策法规、热点专题、国际合作等 12 个一级栏目及 37 个二级栏目组成；俄、日、韩网站分别由农业新闻、通知公告等 10 个一级栏目组成。4 个语种网站都加强了农业各领域有关政策法则、行政许可和部令公告、农产品价格行情及分析信息、农业热点问题信息等的发布和报道。网站信息内容丰富，风格简洁明快，页面布局合理，功能更加完善，必将成为中国农业对外宣传的重要窗口和对外服务的重要平台。

19. 2013 年 4 月 12 日，国家发展改革委、中编办、工业和信息化部、财政部、审计署、质检总局、国家电子政务内网协调小组办公室等七部委联合发布了《关于进一步加强政务部门信息共享建设管理的指导意见》，提出的具体工作包括明确共享范围和方式、发挥基础设施的支撑作用、制定标准规范以及加强组织领导等。

20. 2013 年 5 月 15 日，国家电子政务形势分析会在北京召开。此次会议由工业和信息化部信息化推进司指导，中国电子技术标准化研究院、中国电子信息产业发展研究院、国家行政学院电子政务研究中心共同举办。来自中央部委、地方政府的 60 多位电子政务主管部门代表参加了会议，会议发布了《2012 年国家电子政务发展报告》，汇编了《2012 年国家电子政务发展综述》，以及 28 个部委、21 个省级（自治区、直辖市）、13 个副省级城市的电子政务发展报告。

21. 2013 年 6 月 5 日，《中国电子政务年鉴（2012）》新闻发布会在中国社会科学院举行。该年鉴由电子政务理事会组编，记载中央国家机关和地方政府电子政务的主要进程，汇集国家主管部门指导电子政务发展的重要文件，收录年度电子政务的专题报告和观察评述，发布电子政务的重要成果和年度人物等先进个人信息，整理电子政务发展水平的基础数据的工具书。全书正文9篇，附录6篇，共计100余家作者单位向编辑部提供了150余篇稿件，全书约160万字。

22. 2013年6月25日，电子政务理事会主办的“2013电子政务理事会年鉴工作会议”在银川召开。来自十余个部委、21个省市的180多位电子政务工作者参加了此次大会。大会以“汇集经验，构建中国电子政务知识体系”为主题学习知识，交流经验、表彰“电子政务年度人物”和推进电子政务应用的先进单位。

23. 2013年7月1日，国务院办公厅公布《关于印发当前政府信息公开重点工作安排的通知》，要求当前要重点推进9个方面的政府信息公开，包括推进行政审批信息公开、推进财政预算决算和“三公”经费公开、推进保障性住房信息公开等。

24. 2013年7月18日，贵州省政府办公厅正式印发《贵州省人民政府门户网站管理办法》。该办法要求，省政府门户网站的建设要以公众为中心、以服务为导向，遵循“统筹规划，服务优先，资源共享，安全保密”的原则，着力打造服务型政府网站，促进政府行政效能和服务效率的提升。

25. 2013年8月8日，经国务院常务会议讨论通过，国务院印发《关于促进信息消费扩大内需的若干意见》（以下简称《意见》）。《意见》指出，促进信息消费，要以深化改革为动力，以科技创新为支撑，坚持市场导向、改革推进、需求引领、有序安全发展的原则，围绕挖掘消费潜力、增强供给能力、激发市场活力、改善消费环境，加强信息基础设施建设，加快信息产业优化升级，大力丰富信息消费内容，提高信息网络安全保障能力，推动面向生产、生活和管理的信息消费快速健康增长。

26. 2013年8月15日，国务院办公厅印发了《政府机关使用正版软件管理办法》（以下简称《办法》)，对各级政府机关使用正版软件工作提出具体要求。《办法》明确要求各级政府机关的计算机办公设备及系统必须使用正版软件，禁止使用未经授权和未经软件产业主管部门登记备案的软件。各级政府机关工作人员不得随意在计算机办公设备及系统中安装或卸载软件。

27. 2013年9月1日，甘肃省政府制定《甘肃省政务公开规定》，明确对涉及人民群众切身利益的重要事项，将实行三个公开。规定于9月1日起施行。

28. 2013年9月2日，中央纪委监察部网站正式开通上线。网站公布了中央纪委监察部组织机构框图。网站作为中央纪委监察部信息公开、新闻发布、政策阐释、民意倾听、网络举报的主渠道、主阵地，紧紧围绕党风廉政建设和反腐败工作中心任务，以中央纪委监察部和各级纪检监察机关为支撑，倾力打造权威发布平台、宣传教育平台、工作展示平台、互动交流平台、网络监督平台和纪检监察业务数据库，为党风廉政建设和反腐败工作提供舆论支持和宣传服务。

29. 2013年9月12日，工信部经研究确定北京市等18个省级地方和北京市海淀区等59个市（县、区）作为首批基于云计算的电子政务公共平台建设和应用试点示范地区，鼓励地方在现有基础上建设集中统一的区域性电子政务云平台，支撑各部门业务应用发展，防止重复建设和投资浪费，促进互联互通和信息共享，增强电子政务安全保障能力，推动电子政务朝集约、高效、安全和服务方向发展。

30. 2013年10月11日，由国土资源部地质环境司和中国地质环境监测院联合主办的全国省级地质环境信息化建设研讨会在重庆市召开。会议传达了国土资源部办公厅印发的《全国地质环境信息化建设方案》（国土资厅〔2013〕28号文）的相关精神，参观了重庆市国土资源和房屋管理局信息平台建设成果，交流了各省地质环境信息化工作中出现的问题，总结了各省地质环境信息化工作成效和经验，通报了地质环境信息化今后推广应用的方案，进一步梳理和明确了今后地质环境信息化建设的总体思路和重点任务。

31. 2013 年 10 月 14 日—18 日，受中组部委托，工业和信息化部在南京举办了“2013 年第十一期政府管理创新和公共服务能力建设——电子政务专题研究班”。研究班通过专题讲座和现场教学参观等多种形式，向学员们介绍了以信息化手段创新政府管理和服务、“十二五”信息化发展与展望、智慧城市建设、电子政务应用与实践、网络舆情监测与引导、新时期信息安全态势、行政管理体制改革与建设服务型政府等内容。来自全国 30 个地市分管工业和信息化工作的副市长参加了此次培训。

32. 2013 年 11 月 20 日，受国家发展和改革委员会委托，国家工商总局在北京组织召开了企业信用监管一期工程建设项目竣工验收会。国家工商总局相关负责人在会上指出，要大力加强信息化建设，充分利用已有信息化成果，积极推进国家法人库、社会信用体系等重点信息化工程建设，为工商行政管理创新发展提供重要支撑。验收委员会经过严格的验收审查，对企业信用监管一期工程建设项目给予充分肯定，认为完成了全部建设任务，项目组织实施有力，工程建设成效显著。验收委员会一致同意该项目通过竣工验收。

33. 2013 年 11 月 25 日，民政部、工业和信息化部在上海联合全国社区公共服务综合信息平台建设推进会。会议的主要任务是深入贯彻党的十八届三中全会精神，全面落实民政部、国家发展改革委、工业和信息化部、公安部、财政部《关于推进社区公共服务综合信息平台建设的指导意见》的文件精神，总结交流各地社区信息化建设经验，统一思想、提高认识、明确任务、密切协作，加快社区信息化建设步伐，为深化社会体制改革、构建新型基层社会管理和服务体系奠定坚实基础。

34. 2013 年 12 月，国家电子文件管理信息系统建设试点——全国宗地统一代码电子文件管理信息系统工程，在北京通过初步验收。试点工程将以宗地统一代码为核心的土地管理信息融入国家信息化试点，为不动产统一登记信息平台建设奠定了技术基础。

第十八章　公共人力资源管理大事记*

1. 2012 年 4 月 30 日，人力资源和社会保障部成立了“国家专业技术人才知识更新工程指导协调小组”。该小组在中央人才工作协调小组领导下，研究决定国家专业技术人才知识更新工程实施中的重大问题，负责工程的组织实施工作，审定发布工程总体实施方案、实施细则和工作部署，制定工程项目规划和年度计划，对工程实施进行指导监督和评估检查。

2. 2012 年 5 月 10 日，人力资源和社会保障部公布了《专业技术人才知识更新工程 2012 年高级研修项目计划》，高级研修项目是贯彻落实国家中长期人才发展规划纲要的重要举措，是实施专业技术人才知识更新工程的重要内容，是培养培训高层次专业技术人才的重要途径，是专业技术人员继续教育工作的重要抓手，对于加强中国专业技术人才队伍建设，推动经济社会发展和科技创新具有重要意义。2012 年的高级研修项目计划共包括

* 本部分内容根据中华人民共和国人力资源和社会保障站网部等资料整理。

100 期中央及有关单位承办班和 100 期地方承办班。经费由人社部全额资助，每期 25.8 万元。专项经费主要用于支付高级研修项目的需求调查、选题论证、专家授课、教材及课件开发、考察活动、学员食宿补贴等。

3. 2012 年 8 月 26 日，中华人民共和国人力资源和社会保障部与中华人民共和国监察部颁布《事业单位工作人员处分暂行规定》（人社部监察部令第 18 号），并自 2012 年 9 月 1 日起实施。其内容涉及总则、处分的种类和适用、违法违纪行为及其适用的处分、处分的权限和程序、处分的解除、复核和申诉和附则部分。颁布实施处分规定，贯彻体现了中央有关事业单位改革和发展的精神，填补了事业单位人员管理制度的空白，为加强和规范事业单位人事管理提供了重要依据，总的来说，对于保障事业单位深化改革具有不可替代的作用。

4. 2012 年 8 月 27 日，国家专业技术人才知识更新工程指导协调小组召开第一次会议。时任人力资源和社会保障部副部长、指导协调小组组长王晓初出席会议并讲话。王晓初强调，专业技术人才知识更新工程是《国家中长期人才发展规划纲要》提出的重大人才工程，是加快经济社会发展重点领域急需紧缺人才培养、提升专业技术人才整体素质的重要抓手，是新时期专业技术人才队伍建设的龙头工程。实施专业技术人才知识更新工程，是中央对经济社会发展重点领域人才队伍建设做出的重要部署，是当前和今后一个时期专业技术人才工作的重要任务。各地各部门要高度重视，将专业技术人才知识更新工程作为头号工程，摆在突出位置，加大力度，全力推进，带动专业技术人才工作发展。

5. 2012 年 9 月 20 日，全国专业技术人才知识更新工程实施工作座谈会在河北省石家庄市召开。会议回顾工程实施以来的总体情况，分析当前工程的发展形势，明确下一步工程实施的主要任务，重点推进工程项目特别是急需紧缺人才培养项目和岗位培训项目的实施。

6. 2012 年 12 月 26 日，人力资源和社会保障部和财政部颁布《关于进一步完善公共就业服务体系有关问题的通知》（人社部发〔2012〕103 号）。通知涵盖公共就业服务基本原则、范围及主要内容、加强公共就业服务体系建设、提升公共就业服务水平、健全公共就业服务经费保障机制、加强监督管理六个方面，旨在深入贯彻落实就业促进法和国家基本公共服务体系“十二五”规划、“十二五”促进就业规划，进一步加强公共就业服务体系建设，完善公共就业服务机构管理体制，健全公共就业服务经费保障机制，面向社会更好地提供公共就业服务。

7. 2013 年 3 月 28 日，人力资源和社会保障部制定印发《关于做好未就业普通高校毕业生信息衔接工作的通知》（人社厅发〔2013〕30 号），提出为贯彻落实《国务院关于进一步做好普通高等学校毕业生就业工作的通知》（国发〔2011〕16 号）文件精神，进一步完善以实名制为基础的普通高校毕业生就业统计制度，做好毕业前后的信息衔接和服务接续工作，要求各单位部门做到高度重视，密切合作、建立信息衔接机制、深入开展实名制就业服务及其他相关工作要求，进一步引领、服务高校毕业生就业工作。

8. 2013 年 4 月 8 日，人力资源和社会保障部颁布《关于建立 31 个大中城市就业形势分析月报制度的通知》（人社部函〔2013〕67 号），在北京、天津、上海等 31 个大中城市简历就业形势分析月报制度，依托现有就业数据统计监测基础，细化部分数据指标内容，调整统计周期，旨在实现该批大中城市就业形势相关数据信息的按月汇总，为及时准确掌握各地就业情况变化，做好就业判断及进行科学决策提供支撑。

9. 2013 年 5 月 3 日，中共中央组织部、人力资源和社会保障部制定印发《公务员公开遴选办法（试行）》（下称《办法》），为建立公开遴选长效机制提供了制度保障。《办法》共 8 章 36 条，对公开遴选的原则、程序与权限、纪律与监督等方面作出了明确的规定。公开遴选是指市（地）级以上党政机关从下级机关择优选拔任用内设机构公务员，是公务员转任方式之一。《办法》规定，公开遴选机关在进行公务员队伍结构和职位分析的基础上，根据工作需要，提出公开遴选职位及其资格条件，拟定公开遴选计划，报同级公务员主管部门审批。公开遴选是落实中央关于深化干部人事制度改革、完善公务员制度要求的重要创新，有利于领导机关优化公务员队伍结构、扩大选人用人视野、规范选人用人方式、匡正选人用人风气，对于畅通和规范基层公务员“上行通道”、建立中央与省市县乡各级机关相互联系的公务员培养选拔机制，具有重要意义。

10. 2013 年 5 月 16 日，国务院办公厅印发了《关于做好 2013 年全国普通高等学校毕业生就业工作的通知》（国办发〔2013〕35 号）（下称《通知》），从落实就业政策、拓宽就业渠道、鼓励自主创业、加强就业服务、开展就业帮扶和就业援助、大力促进就业公平、推动高等教育更好地适应经济社会发展需要和加强组织领导等八个方面工作提出了要求，明确了新的政策措施。《通知》的出台充分体现了党和国家对高校毕业生就业工作的高度重视，对当前和今后一个时期高校毕业生就业工作具有重要的指导意义。

11. 2013 年 5 月 17 日，人力资源和社会保障部公布《专业技术人才知识更新工程 2013 年高级研修项目计划》，2013 年的高级研修项目计划共包括 157 期中央及有关单位承办班和 128 期地方承办班。经费仍由国家人社部全额资助，每期 20 万元。

12. 2013 年 5 月 20 日，人力资源和社会保障部制定印发《人力资源和社会保障部关于印发人事考试工作人员纪律规定的通知》（人社部发〔2013〕36 号），提出了切实加强组织领导、广泛开展宣传教育和严格执行纪律要求的规定，为进一步推进考试规范化建设，不断加强制度建设和队伍建设，较好维护考试工作的公平公正和广大考生的合法权益提供制度保障。

13. 2013 年 5 月 29 日，为帮助已经离校但尚未就业的高校毕业生尽快实现就业，人力资源和社会保障部出台了《人力资源和社会保障部关于实施离校未就业高校毕业生就业促进计划的通知》（人社部发〔2013〕41 号）（下称《计划》），决定自 2013 年 7 月起，在全国范围内组织实施离校未就业高校毕业生就业促进计划。《计划》提出了明确的目标任务，具体工作涵盖开展实名登记、提供职业指导、提供就业信息、提供创业服务、开展重点就业帮扶、组织就业见习、组织职业培训、提供人事劳动保障代理服务和加强劳动权益保护等九项措施和四项工作要求，作为国家首次提出的一项计划，就业促进计划一出台就受到社会关注。

14. 2013 年 6 月 20 日，人力资源和社会保障部颁布《劳务派遣行政许可实施办法》（人社部令第 19 号），共 5 章 35 条，细化了劳务派遣行政许可、监督检查和法律责任等方方面面，为规范劳动派遣，完善劳动市场，保障用人单位及劳动者权益提供了基础。

15. 2013 年 9 月，《人力资源蓝皮书：中国人力资源发展报告（2013）》出版。该发布会在北京会议中心举行，本书以党的十八大提出的推动实现更高质量的就业为主题，从多个层面和角度，以丰富的事实和大量数据为依据，反映了近年来中国政府和社会各界在实施积极的就业政策，不断扩大就业，提升就业质量等方面的理论认识、政策方针、重要举措以及发展现状，并对进一步推动实现更高质量的就业提出了对策建议。

16. 2013 年，根据《军人抚恤优待条例》（国务院、中央军委第602 号令）有关规定，财政部和民政部已于近日联合下发文件，规定从 10 月 1 日起，再次提高优抚对象等人员抚恤和生活补助标准。中央财政下拨 2013 年优抚对象等人员抚恤和生活补助资金 9. 16 亿元，用于提高残疾人员、“三属”（烈属、因公牺牲军人遗属、病故军人遗属）、“三红”（在乡退伍红军老战士、在乡西路军红军老战士、红军失散人员）、在乡老复员军人、带病回乡退伍军人和参战参试人员（含参与铀矿开采军队退役人员），以及老党员（新中国成立前入党的农村老党员和未享受离退休待遇的城镇老党员）抚恤和生活补助标准。残疾人员、“三属”“三红”补助标准，在现行基础上分别提高 15%；在乡老复员军人定期定量补助标准在现行基础上每人每年提高 600 元（月人均提高 50 元）；带病回乡退伍军人、参战参试人员（含参与铀矿开采军队退役人员）和未享受抚恤补助的老党员生活补助标准，在现行基础上每人每年提高 420 元（月人均提高 35 元）。

第十九章　全球治理大事记

1. 2012 年 3 月 5 日，十一届全国人大五次会议在人民大会堂开幕。温家宝向大会作政府工作报告。温家宝在报告中指出，新的一年，外交工作要更好地服务于改革开放和社会主义现代化建设大局，为促进世界经济增长、维护和平稳定作出更大贡献。中国将积极参与多边事务和全球治理，推动国际秩序朝着更加公正合理的方向发展。

2. 2012 年 3 月 23 日，复旦大学举办“全球治理中的金砖国家国际研讨会暨金砖国家研究中心成立大会”。中国首任驻 WTO 大使、前商务部常务副部长孙振宇、印度前财政部长和前外交部部长 Yashwant Sinha 阁下和俄罗斯经济大学校长 Yaroslav Kuzminov 教授先后在会上作了讲演。

3. 2012 年 6 月 18—19 日，二十国集团领导人第七次峰会在墨西哥南下加州的洛斯卡沃斯举行。时任中国国家主席胡锦涛率中国代表团出席峰会。在峰会第一次全会上，胡锦涛发表题为《稳中求进　共促发展》的重要讲话，全面阐述中国对于解决国际金融危机和完善全球治理的立场，呼吁各国协调合作，共同推动世界发展繁荣。

4. 2012 年 11 月 8—14 日，中国共产党第十八次全国代表大会在北京召开，胡锦涛代表第十七届中央委员会向大会做报告。胡锦涛指出，中国将加强同主要经济体宏观经济政策协调，通过协商妥善解决经贸摩擦。中国坚持权利和义务相平衡，积极参与全球经济治理，推动贸易和投资自由化便利化，反对各种形式的保护主义。

5. 2012 年 12 月 17 日，由联合国开发计划署和中国国际经济交流中心共同举办的全球治理高层政策论坛在北京召开，会议围绕全球治理问题，研究改革和完善全球治理机制，探讨促进全人类共同发展的有效途径。来自中国等 10 多个国家、地区和国际组织约 100 位政府官员、专家学者出席会议。

6. 2012 年 12 月 28 日，由中国政法大学、武汉大学、厦门大学、南开大学、对外经济贸易大学共同组建的“全球治理与国际法治协同创新中心”培育启动仪式在北京举行。

7. 2013 年 3 月 5 日，第十二届全国人民代表大会第一次会议在人民大会堂开幕。温家宝向大会作政府工作报告。温家宝指出，我们要继续高举和平、发展、合作、共赢的旗帜，始终不渝走和平发展道路，坚持独立自主的和平外交政策，推动世界持久和平、共同繁荣。

8. 2013 年 3 月 27 日，金砖国家领导人第五次会晤在南非德班举行。中国国家主席习近平、南非总统祖马、巴西总统罗塞夫、俄罗斯总统普京、印度总理辛格出席。在讨论促进包容性增长和全球治理议题时，习近平指出，要完善全球经济治理，增加金砖国家代表性和发言权，塑造有利于自身经济发展的全球经济治理体系。

9. 2013 年 6 月 20 日，“全国首届全球学与全球治理论坛学术研讨会”在北京花园饭店成功举行。此次会议由中国政法大学全球治理与国际法治协同创新中心、国际法学院、全球化与全球问题研究所、中共中央编译局全球治理与发展战略研究中心、南开大学周恩来政府管理学院、武汉大学国际法研究所和上海大学全球学研究中心联合主办，全球化与全球问题研究所承办。

10. 2013 年 9 月 22—24 日，中共中央编译局全球治理与发展战略中心在京举办“全球治理的理论与实践研讨会”。来自中共中央编译局、中国政法大学、中国社会科学院、北京师范大学以及对外经济贸易大学等单位的 10 多位专家学者参加了本次会议。与会专家学者们围绕“全球治理研究的新进展”“全球治理中的热点问题”“全球治理中的行为者”“全球治理研究的展望”四个主题展开热烈的探讨和交流。

11. 2013 年 9 月 5 日，二十国集团领导人第八次峰会在俄罗斯圣彼得堡举行，习近平出席会议并发表重要讲话。习近平强调，要完善全球经济治理，使之更加公平公正。各有关国家要进一步抓紧落实好国际货币基金组织份额和治理改革方案。要制定反映各国经济总量在世界经济中权重的新份额公式。

12. 2013 年 10 月 12—13 日，“第五届上海全球问题青年论坛”在上海对外经贸大学松江校区举行。该论坛由上海社会科学院国际关系研究所和上海对外经贸大学国际战略与政策分析研究所共同主办。30 多位来自全国各地高等院校的青年学者，以“21 世纪的全球治理：制度变迁和战略选择”为主题展开热烈讨论。

13. 2013 年 11 月 19 日，第六届全国国际关系、国际政治专业博士生学术论坛近日在北京大学举行。本届论坛由北京大学国际关系学院和察哈尔学会联合主办，主题为“全球治理：保护的责任和发展援助”。

14. 2013 年 11 月 30 日，由国际关系学院国际战略与安全研究中心主办、《国际安全研究》编辑部协办的第 13 届国家安全论坛在北京举行，主题为“共享安全与全球治理”。来自全国 40 余所高校、科研机构及军队院校的 100 多位专家学者参加了本次论坛。